Detlev Kirst
Costa Rica

Willst du wissen, was Schönheit ist,
so gehe hinaus in die Natur,
dort findest du sie.
(Albrecht Dürer)

606 cr Foto: dk

Impressum

Detlev Kirst
Costa Rica

erschienen im
Reise Know-How Verlag Peter Rump GmbH
Osnabrücker Str. 79
33649 Bielefeld

7., komplett aktualisierte Auflage 2005

Gestaltung
Umschlag: M. Schömann, P. Rump (Layout);
Günter Pawlak (Realisierung)
Inhalt: Günter Pawlak (Layout und Realisierung)
Fotos: der Autor
Coverfoto: der Autor
Karten: Catherine Raisin, Bernhard Spachmüller (hintere Umschlagklappe), der Verlag
Bildbearbeitung: Thomas Buri

Lektorat (Aktualisierung): Elfi Gilissen, Caroline Tiemann

Druck und Bindung: Wilhelm & Adam, Heusenstamm

ISBN 3-8317-1391-X
Printed in Germany

Dieses Buch ist erhältlich in jeder Buchhandlung Deutschlands, der Schweiz, Österreichs, Belgiens und der Niederlande.
Bitte informieren Sie Ihren Buchhändler über folgende Bezugsadressen:

Deutschland:
Prolit GmbH, Postfach 9, D-35461 Fernwald (Annerod) sowie alle Barsortimente

Schweiz
AVA-buch 2000
Postfach, CH-8910 Affoltern

Österreich
Mohr Morawa Buchvertrieb GmbH
Sulzengasse 2, A-1230 Wien

Niederlande, Belgien
Willems Adventure
Postbus 403, NL-3140 AK Maassluis

Wer im Buchhandel trotzdem kein Glück hat, bekommt unsere Bücher auch über unseren **Büchershop im Internet: www.reise-know-how.de**

Wir freuen uns über Kritik, Kommentare und Verbesserungsvorschläge.

Alle Informationen in diesem Buch sind vom Autor mit größter Sorgfalt gesammelt und vom Lektorat des Verlages gewissenhaft bearbeitet und überprüft worden. Da inhaltliche und sachliche Fehler nicht ausgeschlossen werden können, erklärt der Verlag, dass alle Angaben im Sinne der Produkthaftung ohne Garantie erfolgen und dass Verlag wie Autor keinerlei Verantwortung und Haftung für inhaltliche und sachliche Fehler übernehmen. Die Nennung von Firmen und ihren Produkten und ihre Reihenfolge sind als Beispiel ohne Wertung gegenüber anderen anzusehen. Qualitäts- und Quantitätsangaben sind rein subjektive Einschätzungen des Autors und dienen keinesfalls der Bewerbung von Firmen oder Produkten.

Detlev Kirst

Costa Rica

Reise Know-How im Internet

Aktuelle Reisetipps und Neuigkeiten
Ergänzungen nach Redaktionsschluss
Büchershop und Sonderangebote

www.reise-know-how.de
info@reise-know-how.de

Wir freuen uns über Anregung und Kritik.

Reise Know-How

Vorwort

Liebe(r) Leser(in),

für die vorliegende 7. Auflage bin ich (wie auch zahlreiche Mitarbeiter) wieder kreuz und quer durchs Land gereist, um alle Informationen zu aktualisieren, neue empfehlenswerte Unterkünfte aufzuspüren und neue „Attraktionen" zu bewerten. Tausende von Einzelinformationen wurden korrigiert und ergänzt, Karten und Pläne überarbeitet, neue Tipps aufgenommen – und dennoch wird es niemals möglich sein, ALLE Informationen aufzulisten, denn die Preise ändern sich ständig und auch der Fehlerteufel ist trotz aller Bemühungen nicht immer auszuschließen. Daher rufen wir alle Leser zur Mitarbeit auf: Schreiben Sie uns, was es Neues gibt in Costa Rica! Auf der Homepage des Verlages können diese aktuellen Infos und Korrekturen unter „Latest News" abgerufen werden: **www.reise-know-how.de.**

Was hat sich getan in Costa Rica? Der neue Flughafen von San José ist (fast) fertig, und auch die Brücke über den Río Tempique ist endlich eröffnet und verkürzt die Fahrzeit auf die Halbinsel Nicoya erheblich. Obwohl noch immer neue Unterkünfte entstehen, hat der Bauboom inzwischen nachgelassen. Aufgrund zahlreicher Leserbriefe entsteht bei mir der Eindruck, dass fast alle Besucher immer zu den gleichen Orten fahren (Fortuna, Monteverde, Playa Tamarindo, Montezuma, Manuel Antonio!). Unverständlich – wo es doch problemlos möglich ist, den Massen zu entgehen, die sich an wenigen populären Orten sammeln (vgl. Exkurs „Die Highlights"): Abgelegene Urwald-Lodges versprechen Naturabenteuer pur, auf den Wanderwegen in den meisten Nationalparks ist man fast allein unterwegs, einsame Buchten warten nach wie vor auf ihre Entdecker.

Wo sonst gibt es so viele Nationalparks und Naturreservate, in denen man die Flora und Fauna ohne großen Aufwand erkunden kann? Welches andere lateinamerikanische Land kann auf größere politische Stabilität verweisen, wo sonst in Mittelamerika findet man eine ähnliche touristische Infrastruktur?

In dem kleinen Land zwischen Karibik und Pazifik liegen verschiedenste Landschaftstypen dicht beieinander. Die Vielfalt reicht von Korallenriffen bis zu Lava speienden Vulkanen, von Vogelparadiesen im Sumpfland bis zu fast 4000 m hohen Bergen. Ohne Schwierigkeiten kann man Exkursionen im tropischen Regenwald und einen Badeurlaub unter Palmen miteinander verbinden. Oder soll es ein aktiver Urlaub sein? Kein Problem: Wandern, Reiten, Wildwasserfahren, Tauchen, Surfen – jeder kommt auf seine Kosten. Nicht zuletzt auch die Natur: Fast ein Viertel des Landes wird inzwischen als Nationalpark oder Schutzgebiet vor der Zerstörung bewahrt.

Reisen in Costa Rica ist zwar nicht billig, aber dafür recht unproblematisch. Ob mit Bussen, Mietwagen oder per Fahrrad – es gibt viele Möglichkeiten, das Land zu erkunden.

Und eines ist fast sicher: Überall wird man netten Leuten begegnen, die gerne weiterhelfen. Auch mit wenig Spanischkenntnissen lernt man schnell Menschen kennen, deren positive Lebensart überaus gewinnend ist. Oder wie sonst sollte man es erklären, dass bei einer Befragung von Costa-Rica-Urlaubern „die Costaricaner" noch vor „die Naturschönheiten" genannt wurden, als es darum ging, was ihnen bei ihrem Aufenthalt am besten gefallen habe?

Dieses Buch soll helfen, sich in Costa Rica zurechtzufinden und die schönsten Ecken des Landes zu entdecken. Ich habe es mir zum Ziel gemacht, die für Individualreisende so wichtigen Informationen so praxisgerecht wie möglich zu gestalten. Eine umfangreiche Sammlung von Web-Adressen findet sich auf meiner Homepage: **www.costarica-reise.de.**

Zum Schluss noch eine Bitte: Bei der Recherche ist es besonders schwierig, die zahlreichen Restaurants zu beurteilen – über entsprechende Hinweise mit Preisangaben (inkl. Tax) bin ich immer dankbar. Natürlich auch für Hoteltipps (bitte angeben: genaue Lage, Tel., Preise) und alle weiteren Informationen.

Also dann: Viel Spaß beim Reisen im Land der Tukane, Faultiere und Brüllaffen!

Detlev Kirst

Inhalt

Valle Central

Karibische Küstenebene

Exkurse

Der Norden

Der Nordwesten

Halbinsel Nicoya

Zentrale Pazifikküste

Der Süden

Anhang

Kartenatlas

Hinweise zur Benutzung

Das vorliegende Reisehandbuch ist nach praktischen Gesichtspunkten aufgebaut. Zunächst erhält man im Kapitel **Vor der Reise** wichtige Hinweise zur Reisevorbereitung – von einer Übersicht der Regionen über Tipps zu Billigflügen bis zur Ausrüstungs-Checkliste. Danach folgt das Kapitel **Praktische Infos A–Z,** in dem all die wichtigen Tipps und Adressen zu finden sind, die das Reisen im Land erleichtern. Das Kapitel **Land und Leute** gibt allgemeine Informationen über Geographie, Pflanzen und Tiere sowie Geschichte, Wirtschaft und Bevölkerung.

Die **Ortsbeschreibungen** sind in acht Hauptkapitel unterteilt, wobei vom Zentrum des Landes ein großer Kreis entgegen dem Uhrzeigersinn beschrieben wird: Zunächst San José, wo die meisten Besucher ankommen, und das Valle Central, von dort an die Karibikküste, weiter in den Norden des Landes, danach in den Nordwesten und über die Halbinsel Nicoya und der zentralen Pazifikküste nach Süden.

Die **einzelnen Kapitel** sind nach reisetechnischen Gesichtspunkten aufgebaut. Die meisten beginnen in San José und beschreiben eine nachvollziehbare Reiseroute; eine Ausnahme bilden die Kapitel *Halbinsel Nicoya* (ab Liberia) und *Zentrale Pazifikküste* (ab Puntarenas). Bei den einzelnen Orten

531cr Foto: dk

folgen nach einer allgemeinen Ortsbeschreibung und ein wenig Geschichte die einzelnen Sehenswürdigkeiten, danach Tipps für Unterkünfte und Restaurants, Infos von A bis Z und die Verkehrsverbindungen zur Weiterreise. Bei Nationalparks und privaten Schutzgebieten sind diese Informationen in einem Kasten der Beschreibung des Gebietes vorangestellt.

Im Text findet man zudem **Exkurse,** kleine Artikel zu einem bestimmten Thema, die interessantes Hintergrundwissen vermitteln.

Zusätzlich sollen **Karten und Stadtpläne** die Orientierung erleichtern. Entfernungen sind auf den Stadtplänen zwar nicht angegeben, aber man kann sich daran orientieren, dass die Breite eines Häuserblocks ca. 100 m beträgt. Ein farbiger **Kartenatlas** am Ende des Buches gibt einen Überblick über das gesamte Land, wobei Verweise auf römische Seitenzahlen in den Kopfzeilen das Auffinden des gewünschten Kartenausschnittes erleichtern.

540cr Foto: dk

Im **Anhang** befinden sich u.a. die Reise-Gesundheits-Information, Literaturhinweise, ein Sprachführer, Listen der Tier- und Pflanzennamen und eine Entfernungstabelle. Ein ausführliches Register und ein Verzeichnis der Karten erleichtern den Zugriff auf gesuchte Informationen.

Preise sind wegen der großen Kursschwankungen in US-Dollar und jeweils für Einzelzimmer/Doppelzimmer/Dreibettzimmer bzw. Frühstück/Mittag-/Abendessen aufgeführt. Außerdem werden Informationen zur Zahlung mit **Kreditkarte** gegeben. Besonders **empfehlenswerte Unterkünfte** sind mit einem Stern (*) gekennzeichnet. Allerdings sollte man beachten, dass sich Preise, Busabfahrtszeiten oder Telefonnummern schnell ändern, ständig werden neue Hotels und Restaurants eröffnet – das Tourismus-Karussell in Costa Rica dreht sich immer schneller.

Dieser Reiseführer will das Reisen im Land erleichtern und unnötigen Ärger vermeiden; selbstständiges Reisen kann er aber nicht ersetzen. Auch Fehler können leider, trotz sorgfältiger Recherche, nicht vermieden werden. Es ist daher empfehlenswert, sich vor Ort auf den neuesten Stand zu bringen. Auskünfte erhält man bei den entsprechenden Informationsstellen oder indem man bei dem Hotel oder der Busgesellschaft anruft, auch wenn die Spanischkenntnisse bescheiden sind.

„Netter" Zeitgenosse – ein Kaiman

Danke! ¡Gracias!

Für Ihre freundliche Unterstützung danke ich ganz besonders **ADOBE Rent a Car,** meinen Mitarbeiterinnen Kerstin Wimmer und Elfriede Herbert sowie Wolf-Dieter Pfistner (Traveldesign München) und den Globetrottern Moni & Klaus.

Weiterhin möchte ich mich bedanken für die wertvolle Mitarbeit vor Ort bei der Aktualisierung dieses Reiseführers bei Jürg (Sta. Ana), Ethel und Ariane (San José), Heike & Reiner (Alajuela), Godo & Dora (Cacao/Alajuela), Conny & Andi (Orosi), Willie (Cahuita), Yvonne & Thomas (Cahuita), Tom Nickel (Pto. Viejo), Barbara (Tortuguero), Ursina (Fortuna), Malte & Ariane (Arenalsee), Walter (Sta. Elena), Tina (Sta. Elena), Gunter, Mari & Nancy (Playas del Coco), Anja & Thomas (Playa Tamarindo), Alice (Playa Junquillal), Regina & Amadeo (Nosara), Michaela (Sámara), Anke (Sámara), Birgit (Montezuma), Myriam (Playa Jacó), Julia (Quepos), Anette (Uvita), Helen (Rincón/Golfo Dulce) und Peter (Golfito).

Ein besonderer Dank gilt auch **allen Lesern,** die mich mit ihren zahlreichen Briefen immer auf dem aktuellen Stand halten. Weiter so!

Abkürzungen

AC	Klimaanlage *(Air Condition)*
Apt.	Apartment
Av.	Straße von Ost nach West *(Avenida)*
Av. C.	Straße im Zentrum *(Avenida Central)*
B&B	Privatunterkunft mit Frühstück *(bed & breakfast)*
C.	*Colón* (Währung) oder Straße von Nord nach Süd *(Calle)*
bc	Gemeinschaftsbad *(baño común)*
bp	Privatbad im Zimmer *(baño privado)*
Cab.	einfache Zimmer mit Dusche/ WC *(Cabinas)*
C. C.	Straße im Zentrum *(Calle Central)*
Cd.	Stadt *(Ciudad)*
Du.	Dusche
DV	Deckenventilator
DZ	Doppelzimmer
EZ	Einzelzimmer
HP	Halbpension
ICT	Staatl. Tourismusgesellschaft
KK	Kreditkarte wird akzeptiert
KK (VISA)	nur VISA wird akzeptiert
(+6 %)	+6 % Aufschlag
KW	Kaltwasser
MB	Meerblick
NP	Nationalpark
NS	Nebensaison
R.C.	Autovermietung *(Rent a Car)*
Rest.	Restaurant
ÜF	Übernachtung/Frühstück
Urb.	Städtische Wohnsiedlung
Vent.	Ventilator
VP	Vollpension
WW	Warmwasser
Zi.	Zimmer
*	Der **Stern** vor dem Namen bedeutet: besonders empfehlenswerte Unterkunft

501cr Foto: dk

Vor der Reise

502cr Foto: dk

503cr Foto: dk

Reiseempfehlungen

Neben den Stränden an Atlantik und Pazifik sind es vor allem die zahlreichen Nationalparks und Naturreservate, die für Besucher von Interesse sind. Der aktive Vulkan Arenal und der nicht nur bei Windsurfern beliebte Arenal-See sind weitere Hauptanziehungspunkte. Die Städte haben meist wenig zu bieten und dienen dem Reisenden eher als Standpunkt bzw. Umsteigestation.

Die Regionen des Landes im Überblick

Valle Central

Trotz der Eröffnung des Flughafens bei Liberia kommen nach wie vor fast alle Reisenden im **Valle Central** an, dem zentralen Hochtal. Hier, wo etwa die Hälfte der Bevölkerung lebt, lohnt es sich bestimmt nicht nur wegen des angenehmen gemäßigten Klimas für einige Tage zu verweilen.

Alle Wege führen nach San José – zumindest in Costa Rica. Da dies so ist, empfiehlt es sich, in der Hauptstadt oder Umgebung (Alajuela, Heredia, Escazú etc.) eine Art Basislager zu errichten, wo man nicht benötigtes Gepäck deponiert. Von hier kann man in alle Richtungen reisen und ist meist nicht allzuweit vom Zentrum entfernt.

Die **Stadt San José** ist zwar nicht besonders attraktiv, hat aber doch drei Museen, deren Besuch sich unbedingt lohnt: das Nationalmuseum (guter Überblick über präkolumbische Kulturen und Geschichte), das Jademuseum (mit schöner Keramik) und das Goldmuseum. Als Alternative zum Übernachten bieten sich auch die ruhigeren Nachbarstädtchen Alajuela, Heredia und Escazú an.

Die beiden Nationalparks **Vulkan Poás** und **Vulkan Irazú** gehören zu den beliebtesten des Landes, und mindestens einen davon sollte man unbedingt besuchen: Beide Vulkane gelten als aktiv und haben einen sehr fotogenen Kratersee.

Im Osten des Valle Central lohnt das beschauliche **Orosí-Tal** einen Besuch. Die alte Kirche des Ortes Orosí zählt neben der **Basilika von Cartago** zu den sehenswertesten Kirchen des Landes.

Die Karibikküste

Eine Welt für sich ist die **Karibikseite** des Landes. Ein anderer Menschenschlag, eine andere Sprache, eine lokal geprägte Küche und ein karibisch-lockeres Lebensgefühl prägen diese Region.

An der Hauptstraße nach Limón liegt der **Nationalpark Braulio Carillo,** an dem viele Touristen einfach vorbeifahren. Eine kleine Wanderung durch den Regenwald ist ein guter Einstieg in die vielfältige Flora und Fauna des Landes. Am Nordostrand des National-

Buchtipp

- *Roland Hanewald:* **Handbuch für Tropenreisen,** erschienen in der Praxis-Reihe, Reise Know-How Verlag

504cr Foto: dk

parks befindet sich die **„Regenwald-Seilbahn"**.

Im Süden der wenig attraktiven Hafenstadt Puerto Limón locken zahlreiche palmenbestandene Sandstrände die Besucher. Die beiden wichtigsten Touristenorte sind **Cahuita** mit einem schönen Nationalpark am Meer und **Puerto Viejo** weiter südlich. Ein Geheimtipp sind beide schon längst nicht mehr, aber dennoch durchaus einen Besuch wert. Eine Reise zur südlichen Karibikküste endet in einer Sackgasse, d.h. man muss über den gleichen Weg wieder zurück – außer man reist nach Panamá (mit Mietwagen nicht möglich) und über Paso Canoas im Süden wieder nach Costa Rica ein.

Nördlich von Limón durchzieht ein System von natürlichen Kanälen das Hinterland der Küste, die hier weitgehend unter Naturschutz steht und nicht zum Baden geeignet ist. Eine Bootsfahrt durch den **Nationalpark Tortuguero** ist fast schon ein Muss – am besten bucht man bereits in San José. Das weiter nördlich liegende **Wildtierreservat Barra del Colorado** ähnelt Tortuguero, ist aber bisher vorwiegend für Sportfischer erschlossen. Denkbar ist auch die An- bzw. Rückreise mit dem Flugzeug. Eine aufwendigere Variante ist die Bootsfahrt von Tortuguero nach Pto. Viejo de Sarapiquí, es gibt keine reguläre Verbindung, und man muss sich ein Boot chartern.

Nationalpark Tortuguero

Der Norden

Der Norden des Landes ist in erster Linie durch die Regionen Sarapiquí und Arenal wichtig. Die Landschaft ist nur am Rande der Berge attraktiv, ansonsten eher flach und langweilig, Zuckerrohr und Zitrusfrüchte beherrschen das Bild.

Wer von der karibischen Seite kommt und nicht ins Valle Central zurückreisen möchte, kann über Pto. Viejo de Sarapiquí nach Fortuna bzw. Los Chiles fahren. Eine mögliche Variante wäre auch der Schlenker von Los Chiles über den Nicaragua-See (nur für abgehärtete *traveller)* und wieder im Nordwesten zurück nach Costa Rica.

Die Stadt **Puerto Viejo de Sarapiquí** ist ein wichtiger Ausgangspunkt für Exkursionen in den Regenwald und auf dem gleichnamigen Fluss. Viele Angebote in dieser Region sind zwar interessant, aber nicht gerade billig (z.B. *Rara Avis, Selva Verde);* für den Besuch der biologischen Station La Selva ist eine vorherige Anmeldung in San José erforderlich.

Ciudad Quesada (auch San Carlos genannt) ist die größte Stadt des Nordens und für Reisende als Verkehrsknotenpunkt wichtig. Im äußersten Norden, nahe der Grenze zum Nachbarland Nicaragua, liegt das **Reservat Caño Negro,** ein echtes Vogelparadies. Wichtigster Ausgangspunkt für Bootstouren dorthin ist die Stadt Los Chiles. Ausflüge nach Caño Negro werden auch ab San José und Fortuna angeboten.

Zu einem echten (und dabei sympathischen) Touristenzentrum hat sich in letzter Zeit der Ort **Fortuna** zu Füßen des **Vulkans Arenal** entwickelt. Auch wenn der Vulkan seine „aktive" Seite vom Ort abwendet (was für viele eher beruhigend sein mag), so kann man doch bei einem nächtlichen Ausflug mit etwas Glück den einzigen voll aktiven Vulkan des Landes in Aktion sehen - ein unvergessliches Erlebnis. Westlich von Fortuna liegt der **Arenal-See,** ein künstlicher Stausee von rund 75 qkm Fläche (in etwa vergleichbar mit dem Chiemsee). Der größte See Costa Ricas gilt wegen seiner beständigen Winde v.a. am Westufer als eines der weltweit besten Reviere zum **Windsurfen.** Entlang der Nordküste gibt es eine ganze Reihe von Unterkünften, wo man sich in angenehmem Klima erholen kann.

Von Fortuna aus (das man von San José am besten über Cd. Quesada erreicht) kann man um den Arenal-See herum nach Tilarán fahren. Von dort hat man die Wahl, direkt nach Monteverde oder nach Cañas weiterzureisen.

Der Nordwesten

Der Nordwesten, das ist vor allem die trockene Provinz Guanacaste, die Heimat der *sabañeros,* der Cowboys des Landes. Eine Vielzahl von sehenswerten Naturparks und die Nähe zu den Stränden der Halbinsel Nicoya macht diese Region für Touristen attraktiv.

Auf dem Weg nach Liberia kann man einen Abstecher in die Region von **Monteverde** einplanen. Hier, im kühlen Bergland um den Ort Santa

Elena, gibt es zwei Naturreservate, die wohl zu den interessantesten des Landes gehören.

Etwas abseits der *Interamericana* liegt im Mündungsgebiet des Río Tempisque der **Nationalpark Palo Verde,** in dem eine Vielzahl von Vögeln brüten. Einen Bootsausflug sollte man schon vorher in San José, Fortuna, Cañas oder Liberia buchen.

Die wichtigste Stadt des Nordwestens heißt **Liberia,** sie ist ein guter Ausgangspunkt für Ausflüge in die Umgebung, z.B. zum nahe gelegenen **Nationalpark Rincón de la Vieja** mit zahlreichen Wandermöglichkeiten zu dampfenden Fumarolen, blubbernden Schlammlöchern und anderen vulkanischen Erscheinungsformen.

Weiter nördlich befindet sich der **Nationalpark Santa Rosa,** auf einer Halbinsel gelegen, die weit ins Meer ragt. Neben einigen schönen Stränden ist hier vor allem die Trockenwald - Vegetation bedeutend.

Die Halbinsel Nicoya

Die beliebtesten und vielleicht schönsten Strände des Landes findet man auf der **Halbinsel Nicoya.** Neben einigen touristischen „Rummelplätzen" findet man immer noch viele ruhigere Orte an den zahlreichen Sandstränden des Pazifik.

Die **Strände** der Nicoya-Halbinsel erreicht man auf drei verschiedenen Wegen: den nördlichen Teil über Liberia, den Mittelteil über die neue Tempisque-Brücke und den Süden mit der Paquera-Fähre ab Puntarenas. Eine Rundfahrt bietet sich an, allerdings gibt es zwischen Nicoya und dem Süden keine Busverbindung (nur bis Playa Naranjo).

Auch wenn der Strand von **Playa de Coco** nicht unbedingt überzeugt, so kann man hier dem Treiben der Fischer zuschauen, die, ungerührt vom starken Tourismus der Region, ihrer Tätigkeit nachgehen. Außerdem gibt es in der Nachbarschaft einige schöne Strände, die man aber nach Möglichkeit am Wochenende meiden sollte: Coco ist der Hausstrand von Liberia und entsprechend beliebt und auch ein Treffpunkt für den Tauchsport.

Weiter südlich schließt sich der Nobelort **Playa Flamingo** mit seinen Luxushotel-Burgen an. Wer jedoch nicht über überschüssige Geldmittel verfügt und es lieber etwas beschaulicher mag, der ist in **Playa Brasilito** besser aufgehoben.

Einer der größten Badeorte auf Nicoya ist **Playa Tamarindo** mit einer Vielzahl von Hotels und Restaurants (fast) jeder Preisklasse und einem schönen Sandstrand. Weiter südlich liegt **Playa Junquillal,** das man besser über Santa Cruz erreicht. Der Ort ist weit weniger belebt, dafür ist das Meer hier etwas rauer.

Von der Stadt Nicoya kommt man zu den verschiedenen Stränden in der Nähe des kleinen Ortes **Nosara,** der selbst nicht am Meer liegt. Die Unterkünfte verteilen sich meist im durchaus attraktiven Hinterland und die Strände sind somit verhältnismäßig ruhig.

Ganz anders im aufstrebenden Strandort **Sámara,** der an einer fast perfekten Sandbucht liegt und für je-

Die Highlights – kritisch betrachtet

Ob Tortuguero, Monteverde, Manuel Antonio, der Vulkan Poás oder die Regenwald-Seilbahn – fast alle Besucher Costa Ricas waren dort, denn diese Punkte stehen bei fast allen Reisenden auf dem Programm, egal, ob sie individuell oder im Rahmen einer organisierten Rundreise unterwegs sind. Natürlich sind diese Orte nicht ohne Grund so beliebt, aber dennoch lohnt sich auch hier ein kritischer Blick auf die **„Top Ten"**, die 10 beliebtesten und meistbesuchten Sehenswürdigkeiten und Orte des Landes, um falschen Vorstellungen und Enttäuschungen vorzubeugen:

Der Vulkan Poás

Jedes Jahr blicken über 200.000 staunende Besucher in den Krater des nach wie vor aktiven Vulkans Poás. Doch viele sehen nur Nebel, und vom Krater keine Spur! Der Vulkan ist zweifellos eine Top-Attraktion, aber eben nur bei gutem Wetter. Mein Tipp: Sind die Berge von Wolken eingehüllt, verschieben Sie den Besuch lieber auf einen anderen Zeitpunkt, sind die Gipfel allerdings frei (auch von San José aus zu sehen): nichts wie hin!

Der Grund für die Beliebtheit des meistbesuchten Nationalparks des Landes ist seine bequeme Erreichbarkeit und seine Nähe zu den Zentren des Hochlandes. Mit Menschenmassen muss daher (vor allem am Wochenende) gerechnet werden. Aber die beiden kurzen Wanderwege im Park nutzen nur wenige Besucher, die meisten tummeln sich auf dem geteerten Weg zwischen Besucherzentrum und Krater.

Der Vulkan Irazú

Im Prinzip gilt für den 2.-meistbesuchten Nationalpark des Landes (120.000 Besucher/Jahr) das gleiche wie für den Poás: **gutes Wetter** nutzen und nach Möglichkeit die **Wochenenden meiden.** Leider gibt es auf dem Irazú keine Wandermöglichkeiten, aber ein Ausflug lohnt sich auf alle Fälle, wie gesagt: gutes Wetter vorausgesetzt.

Die Ochsenkarren von Sarchí

Sarchí gilt als das Zentrum für Kunsthandwerk in Costa Rica, und zweifellos werden in den Artesanía-Läden des Ortes auch künstlerisch anspruchsvolle Dinge verkauft – aber eben wohl eher als Zugabe. Ansonsten findet sich dort jede Menge überteuerter **Kitsch,** dem Geschmack der überwiegend nordamerikanischen Kundschaft angepasst. Lohnenswert ist der **Besuch einer Fabrik,** in der die Ochsenkarren gefertigt und bemalt werden, den Besuch der Shops hingegen kann man sich getrost sparen.

Die Regenwald-Seilbahn

Ursprünglich als ökologisch verträgliches Projekt zum Kennenlernen der ansonsten für den Normalbürger unzugänglichen Baumkronenregion gedacht, verkommt der von *Donald Perry* entwickelte Rainforest Aerial Tram zunehmend zum **Touristen-Nepp.** Täglich werden Unmengen von Pauschaltouristen (u.a. von den Kreuzfahrtschiffen) zum Teleférico gekarrt, wo wegen der großen Nachfrage allmählich das Angebot an qualifizierten Führern knapp wird. **Lange Wartezeiten, überteuerte Preise** (auch im Restaurant) und die geringe Chance, Tiere zu sehen, machen viele Besucher unzufrieden. Zudem kann man sich bei einem plötzlichen Regenschauer auch ganz schön nasse Füße holen.

Eine weitere Seilbahn wurde inzwischen in Jacó eröffnet.

Weitaus günstigere **Alternativen** sind die Hängebrückensysteme in Monteverde (siehe umseitig) und am Arenal-See, wo man über mehrere Hängebrücken ebenfalls bequem in die Baumkronenregion vordringen kann. Für aktive und etwas abenteuerlustige Reisende bietet sich zudem die Möglichkeit, an verschiedenen Stellen des Landes (u.a. Monteverde und Rincón de la Vieja) an einer **Canopy-tour** teilzunehmen, wobei man sich mit Seilen hoch in den Bäumen von Plattform zu Plattform bewegt.

Die Kanäle von Tortuguero

Eine der größten noch weitgehend unberührten Naturregionen Mittelamerikas liegt im Nordosten des Landes an der Atlantikküste: Zwischen dem Río Parismina und dem Río San Juan erstreckt sich ein Feuchtgebiet mit zahlreichen Kanälen, das einer **Vielzahl von Tier- und Pflanzenarten** idealen Lebensraum bietet.

Ein Besuch dieser „Kanäle von Tortuguero" gehört sicherlich zu den **Highlights** einer Reise nach Costa Rica. Allerdings sollte man wissen, dass die **Niederschlagsmengen** hier weltrekordverdächtig sind und es in den zahlreichen „einsamen Dschungel-Lodges" manchmal zugeht wie auf dem **Jahrmarkt.** Die Bootsausflüge der verschiedenen Lodges führen meist in die gleichen Seitenkanäle, wo man dann in den Abgasen der anderen Boote die Stille (?) des Regenwaldes genießen (?) kann. Am besten, man versucht, diesen Ausflügen auszuweichen und organisiert **auf eigene Faust** eine Exkursion mit einem qualifizierten Führer (siehe Kapitel Tortuguero). Ein weiterer Tipp ist das nördlich gelegene **Reservat Barra del Colorado,** wohin sich außer Sportfischern nur selten ein Tourist verirrt.

Alternativen? Weitaus billiger und problemlos zu organisieren sind Bootsausflüge auf dem Río Frío bei Los Chiles (=Reservat **Caño Negro**) auf dem Río Tempisque/Bebedero (=Nationalpark **Palo Verde**) und auf dem Río Coto (**Golfito**), wo man eine ähnliche Tier- und Pflanzenwelt zu sehen bekommt wie in Tortuguero.

Der Vulkan Arenal

Der Vulkan Arenal im Norden des Landes ist einer der aktivsten Vulkane der Erde, und so nimmt es nicht Wunder, dass sich der kleine Ort **La Fortuna** zu seinen Füßen in den letzten Jahren zu einem der meistbesuchten Touristenorte des Landes entwickelt hat.

Sicherlich ist La Fortuna ein guter Ausgangspunkt für Exkursionen in die Gegend, doch sollte man wissen, dass die **aktive Seite des Vulkans** von hier aus nicht zu sehen ist. Hierzu muss man sich in Richtung Arenalsee begeben, die Aktivitäten bekommt man dann ab dem **Reservat Los Lagos** zu sehen. Wer also vom Hotel aus einen nächtlichen Vulkanausbruch erleben möchte, muss schon ein wenig tiefer in die Tasche greifen, um sich in einem Hotel in entsprechender Lage einzuquartieren (siehe Kapitel „Von Fortuna zum Vulkan Arenal").

Ferner bleibt zu erwähnen, dass sich auch der Arenal viel zu oft bedeckt hält, und so mancher Reisende sich mit dem Vulkan begnügen muss, der auf den Hochglanz-Postkarten abgebildet ist.

Die Region Monteverde

Vor allem während der Hochsaison kann es vorkommen, dass in den zahlreichen Hotels und Pensionen von Santa Elena und Monteverde kein Zimmer mehr frei ist, und das, obwohl die Anfahrt alles andere als bequem ist. Das private Reservat Monteverde genießt nunmal vor allem in den USA einen sehr **hohen Bekanntheitsgrad,** und so strömen immer mehr Besucher in diese Nebelwaldregion.

Der Besuch von einem der inzwischen drei Reservate ist ein **großartiges Erlebnis,** und der bereits erwähnte **Sky Walk** sowie die Konkurrenz **Selvatura** sind weitere Gründe, hierher zu reisen. Wer allerdings den sagenhaften **Göttervogel Quetzal** mit eigenen Augen sehen möchte, hat im Bereich der Talamanca-Berge am **Cerro de la Muerte** die besseren Chancen (siehe Kapitel „Von San José nach San Isidro")! Ansonsten bleibt der Tipp, in Monteverde möglichst **früh aufzustehen,** denn erstens schließt das Reservat Monteverde seine Pforten, wenn 120 Besucher drin sind, und zweitens lassen sich die Tiere, wenn überhaupt, dann am ehesten in den frühen Morgenstunden blicken.

Sky Walk

505cr Foto: dk

Playa Tamarindo

Gab es vor 15 Jahren hier noch einen einsamen Strand mit so gut wie keinen Unterkunftsmöglichkeiten, so entwickelt sich Playa Tamarindo inzwischen immer mehr zum populärsten Strand auf der Nicoya-Halbinsel, vor allem bei Nordamerikanern. Die Folge sind immer **höhere Preise, nachlassende Qualität** und **viele Menschen!** Sicherlich ist ein Sonnenuntergang über dem Pazifik ein bleibendes Erlebnis, aber zum Baden eignet sich der teilweise felsige Strandabschnitt nur bedingt. Also in erster Linie eine Destination **für Urlauber, die „action" lieben** und sich von meist überhöhten Preisen nicht abschrecken lassen.

Montezuma

Was für Tamarindo recht ist, ist für Montezuma nur billig: die **Preise,** die hier v.a. während der Hochsaison für Kost und Logis verlangt werden, entbehren jedem Realitätsbezug. Doch solange immer mehr Besucher den „Geheimtipp" Montezuma für sich „entdecken" wollen, wird erbarmungslos weiter an der Preisschraube gedreht. Also besser **weiterreisen** zu den Unterkünften an dem schönen Küstenabschnitt zwischen Montezuma und dem Reservat Cabo Blanco, oder sich in einem der Hotels einmieten, die **oberhalb der Stadt** über dem Meer trohnen und von dort aus den herrlichen Ausblick genießen.

Allerdings: um den besagten Sonnenuntergang über dem Meer zu erleben, muss man schon nach Malpaís fahren...

Manuel Antonio

Dieser Name steht für viele als Synonym für **herrliche Strände** und eine traumhafte Küstenlandschaft. Ich denke dabei eher an unverschämt **teure Hotels** (vielfach in schöner Lage) und an einen kleinen, bis zum Rande der Erträglichkeit **überfüllten Nationalpark** (mit schönen Stränden). Besonders während der Hochsaison geht es an den Stränden zu wie in Rimini und Caorle – die rund 115.000 Besucher pro Jahr drängen sich in den Monaten Dezember bis März und im Juli. Auch die Tiere des Parks haben gelernt, von diesem Besucheransturm zu profitieren: Besonders die vorwitzigen und oft auch agressiven Kapuzineraffen betteln nach Essbarem oder besorgen sich dieses aus unbeaufsichtigt zurückgelassenen Taschen. Dem Begriff „Naturschutz" kommt bei all dem wohl eher eine untergeordnete Rolle zu.

Dennoch gibt es gute Gründe, diesen Park zu besuchen, denn nicht viele Besucher finden an den Stränden vorbei auf die **Wanderwege,** an denen man mit etwas Glück sogar den seltenen Totenkopfäffchen begegnen kann. **Günstiger übernachten und essen** als in den Hotels an der Straße zum Park kann man in der Stadt Quepos, von dort verkehren regelmäßig Shuttle-Busse nach Manuel Antonio.

Und noch ein **Tipp:** Unter allen Umständen sollte man die Zeit zwischen Weihnachten und Neujahr sowie die Osterwoche meiden, wenn Tausende von Ticos hierher strömen und die Hotels ganz besondere „Spezialtarife" anbieten!

den Geldbeutel ein Angebot bereithält. Die Strände weiter südlich sind oft nur schwer erreichbar und haben fast keine touristische Infrastruktur.

Östlich von Nicoya liegt der **Nationalpark Barra Honda,** der in erster Linie wegen seiner Höhlen besucht wird.

Der Süden der Halbinsel ist am besten mit einer Fähre von Puntarenas aus zu erreichen. **Playa Montezuma** hat sich zu einer Art „alternativem" Strandort entwickelt und zieht vor allem jüngere Besucher aus aller Welt an. Nicht weit entfernt liegt das **Naturreservat Cabo Blanco** an der äußersten Südspitze der Halbinsel.

Fußbad: Ohne Allradantrieb kommt man in der Regenzeit oft nicht weiter!

Zentrale Pazifikküste

Die zentrale Pazifikküste bietet neben zahlreichen Stränden, die auch bei Einheimischen sehr beliebt sind, einige sehenswerte Naturparks. Je weiter südlich man vordringt, umso einsamer werden die Strände. Wegen der Strömung ist Baden jedoch nicht immer unbedenklich, Surfer hingegen finden hier ideale Bedingungen.

Puntarenas, die wichtigste Hafenstadt an der Pazifikseite, ist Ausgangspunkt für Bootsausflüge im Golf von Nicoya und über mehrere Fähren mit dem Süden der Halbinsel Nicoya verbunden. Zum Baden sollte man allerdings weiter nach Süden reisen, die Strände bei Puntarenas sind nicht empfehlenswert.

085cr Foto: dk

Die zentrale Pazifikküste ist hervorragend mit dem Valle Central verbunden. Wer nicht auf dem gleichen Weg zurückreisen möchte, nutzt die Busverbindung zwischen Quepos und San Isidro. Diese Route empfiehlt sich auch mit Mietwagen.

Direkt an der „Einflugschneise" zu den beliebten Badeorten Jacó und Manuel Antonio liegt das viel besuchte **Reservat Carara.** Es zählt zu den lohnenswertesten Naturparks, nicht nur wegen der dort lebenden roten Aras.

Seine Nähe zum dicht besiedelten Valle Central macht **Playa Jacó** zu einem äußerst beliebten Badeort, auch wenn man dort so etwas wie Atmosphäre vergeblich sucht. Eine gute Alternative ist der nahe gelegene Ort **Playa Herradura,** auch das Meer ist dort zum Baden besser geeignet. Südlich von Jacó liegt der vor allem von Surfern frequentierte **Playa Hermosa,** ein weiter Sandstrand mit starkem Wellengang.

Quepos hat zwar selbst keine Badestrände, ist aber Ausgangspunkt für die berühmten Strände des **Nationalparks Manuel Antonio,** die immer mehr Besucher anlocken. An der Straße zum Nationalpark findet sich ein Angebot an Hotels, wie es seinesgleichen sucht und eine entsprechend hohe Bettenkapazität schafft. Aber der Park ist nicht nur wegen seiner schönen Sandstrände einen Besuch wert. Neben anderen Tieren, die sich schon sehr an den Menschen gewöhnt haben, ist hier eines der letzten Rückzugsgebiete des scheuen Totenkopfäffchens.

Vor Jahren noch unbekannt, hat sich **Playa Matapalo** in letzter Zeit zu einem netten Badeort mit einem bescheidenen Angebot an Unterkünften entwickelt. Der richtige Platz für alle, die dem Rummel weiter nördlich entfliehen wollen. Der nächste wichtige Ort am Meer mit zahlreichen Übernachtungsmöglichkeiten heißt **Dominical.** Er ist v.a. für Surfer interessant! Hier zweigt auch eine Straße nach San Isidro im Landesinneren ab. Weiter südlich wird es zunehmend ruhiger, auch wenn die relativ neue Teerstraße eine rege Bautätigkeit ausgelöst hat. Der **Meeresnationalpark Ballena** ist ein guter Ort, um Wale zu beobachten, es können Boote gemietet werden.

Der Süden

Der Süden ist wohl die vielfältigste Region des Landes: die hohen Berge der unzugänglichen Talamanca-Kordillere, die Naturschönheiten der Osa-Halbinsel und die Strände am Golfo Dulce – Gründe mehr als genug für eine Reise in den Süden Costa Ricas.

Im Süden sind San Isidro und Palmar Sur wichtige Umsteigeorte. Eine denkbare Rundreise mit öffentlichen Verkehrsmitteln führt über San Vito nach Cd. Neily und weiter nach Golfito/Playa Zancudo. Von Golfito mit dem Schiff nach Pto. Jimenez und von dort über Palmar Norte zurück nach San Isidro.

Bereits die Anfahrt von San José über den **Cerro de la Muerte** ist ein Erlebnis: Bis auf rund 3300 m schraubt sich die Straße in die Region des ewigen Nebels – manchmal scheint auch die Sonne.

San Isidro, ein lebhaftes landwirtschaftliches Zentrum, ist Ausgangspunkt für den Besuch des **Nationalparks Chirripó** mit seiner eigentümlich-schönen Berglandschaft. Für die Besteigung des höchsten Berges ist eine rechtzeitige Anmeldung in San Isidro erforderlich, in der Hochsaison kann die Wartezeit bis zu vier Wochen betragen!

Die *Interamericana* führt weiter über Palmar Norte und Cd. Neily zur Grenze nach Panama. Abseits dieser Hauptstraße liegen die eigentlichen Attraktionen dieser Region: Ein interessanter Abstecher führt nach **San Vito,** einem kleinen Städtchen in einem hübschen Tal zu Füßen des riesigen und noch weitgehend unerschlossenen **Nationalparks La Amistad.** In der Nähe liegt der **Jardín Wilson,** der wohl schönste botanische Garten des Landes.

Von Palmar Norte am mächtigen Río Térraba führt eine Abzweigung nach **Sierpe,** von wo aus man über den gleichnamigen Fluss das offene Meer erreichen kann. An der **Bahía Drake** gibt es schön gelegene Unterkünfte, allerdings auch hier nicht billig.

Weiter südlich zweigt die einzige Straße ab zur **Osa-Halbinsel.** Im Hauptort **Pto. Jiménez,** wo es auch eine Schiffsverbindung über den Golfo Dulce nach Golfito gibt, organisiert man einen Besuch des **Nationalparks Corcovado,** einem Eldorado für engagierte Wanderer. Die mehrtägige Durchquerung dieses einmaligen Parks kann man – bei ausreichender Vorbereitung – durchaus auch auf eigene Faust realisieren.

Vor allem die schöne Lage an einer tief eingeschnittenen Bucht macht das Städtchen **Golfito** zu einem beliebten Touristenort, auch wenn die Stadt selbst nicht besonders attraktiv ist. Viele reisen deshalb schon bald weiter zu den südlich liegenden Stränden: **Playa Zancudo** hat zahlreiche Unterkunftsmöglichkeiten und ist zum Baden besser geeignet, **Playa Pavones** weiter südlich wird wegen seiner Wellen eher von Surfern bevorzugt.

Über 500 km südöstlich des Festlandes liegt mitten im Pazifik die legendäre Schatzinsel **Isla del Coco,** 1978 zum Nationalpark erklärt. Da die Insel unbewohnt ist und es auch keine Landepiste gibt, ist die einzige Möglichkeit, dorthin zu gelangen, ein Schiff.

Empfehlenswerte Unterkünfte abseits vom Rummel

Viele kommen nach Costa Rica und suchen Ruhe, Natur, Erholung. Und wo suchen sie? In Cahuita, Monteverde und Manuel Antonio, wie alle anderen auch! Aber es gibt sie, die stillen Plätze mitten in der Natur, man muss sie nur suchen. Um die Suche ein wenig zu erleichtern, hier eine (unvollständige) Auflistung einiger Unterkünfte unterschiedlichster Preisklasse, denen alle eines gemeinsam ist: Sie liegen ruhig, abseits der größeren Orte, meist in landschaftlich besonders schöner Umgebung. Manchmal sind sie allerdings nur schwer zu erreichen, oft nur mit Mietwagen, manchmal gar nur mit Allrad oder Pferden. Genauere Informationen über Lage, Ausstattung etc. sind in den Beschreibungen im Reiseteil zu finden. Dort sind diese Unterkünfte (und weitere empfehlenswerte) mit einem **Stern** (*) gekennzeichnet. Man findet sie, indem man nach dem Ort im Register oder Inhaltsverzeichnis sucht.

Preisangabe (Hauptsaison) in US-$, EZ/DZ = Einzelzimmer/Doppelzimmer. Weitere Kürzel: ÜF = Übernachtung mit Frühstück; p.P./VP = pro Person inkl. Vollpension.

Valle Central

- **Villa Arboleda,** Sta. Ana (ÜF 49/65 $)
- **Hotel Buena Vista,** Alajuela – Poasito (ÜF ab 60/85 $)
- **Lagunillas Lodge,** Poasito – NP Poás (ÜF ab 25/25 $)
- **Poás Volcano Lodge,** Poasito – Varablanca (ÜF ab 55/64 $)
- **Apartamentos Atenas,** Umgebung Atenas (30/35 $)
- **Las Mariposas B&B,** Umgebung Atenas (DZ ab 52 $)
- **Sanchiri Lodge,** Paraíso – Orosí (ÜF 45/55 $)
- **Kiri Lodge,** Orosí – NP Tapantí (ÜF 30/45 $)
- **Turrialtico Mountain Lodge,** Turrialba – Siquirres (ÜF 52/64 $)

Karibik

- **Selva Bananito Lodge,** Limón – Cahuita (140 $ p.P./VP)
- **Aviarios del Caribe B&B,** Limón – Cahuita (ÜF 76/87 $)
- **Samasati Lodge & Nature Retreat,** Cahuita – Pto. Viejo (90/138 $/VP)
- **Cariblue Hotel,** Pto. Viejo – Manzanillo (ÜF ab 87/87 $)
- **Cabinas Río Cocles,** Pto. Viejo – Manzanillo (ÜF ab 30 $)
- **Almonds & Corals Lodge Tent Camp,** Pto. Viejo – Manzanillo (100/150 $)

Norden

- **La Laguna del Lagarto Lodge,** Río San Carlos (ÜF ab 52/68 $)
- **La Quinta de Sarapiquí Country Inn,** La Virgen – Pto. Viejo (68/68 $)
- **Hotel de Montaña Lomas del Volcán,** Fortuna – Arenal (ÜF 81/81 $)
- **La Ceiba Tree Lodge,** Fortuna – Nuevo Arenal (ÜF 39/64 $)
- **Chalet Nicholas B&B,** Nuevo Arenal – Tilarán (ÜF 57/79 $)
- **Mystica Lake Lodge,** Nuevo Arenal – Tilarán (ÜF 47/70 $)

Nordwesten

- **Hotel Vista Golfo de Nicoya,** Puntarenas – Cañas (DZ ab 30/58 $)
- **Ensenada Lodge,** Puntarenas – Cañas (38 $ p.P./VP)
- **Cabinas El Sol,** Río Lagarto – Sta. Elena (DZ ab 60 $)
- **Posada El Encuentro,** NP Rincón de la Vieja (ÜF ab 50/70 $)
- **Los Inocentes Lodge,** La Cruz – Sta. Cecilia (48 $ p.P./VP)
- **Finca Cañas Castilla,** La Cruz – P. Blancas (ÜF ab 32/44 $)

Halbinsel Nicoya

- **Hotel Cantarana,** Playa Grande (ÜF 60/85 $)
- **Guacamaya Lodge,** Playa Junquillal (ÜF 52/58)
- **Lagarta Lodge,** Playa Pelada – Nosara (70/76 $)
- **Flying Crocodile Lodge,** Sámara – Nosara (DZ 45/55 $)
- **Hotel El Sueño Tropical,** Playa Carillo (ÜF 58/64 $)
- **Finca Los Caballos Nature Lodge,** Cóbano – Montezuma (72/82 $)
- **Hotel Horizontes de Montezuma,** Cóbano, Montezuma (ab 39/58 $)

Zentrale Pazifikküste

- **Auberge du Pélican,** Playa Esterillos Este (ÜF DZ 70 $)
- **Auberge Beso del Viento B&B,** Playa Palo Seco (ÜF DZ ab 68 $)

- **El Coquito del Pacífico,**
Playa Matapalo (45/55 $)
- **Bahari Beach Bungalows,**
Playa Matapalo (ab 58/76 $)
- **Hotel Villas Paraíso Tropical,**
Dominical - San Isidro (ÜF ab 47/52 $)
- **Costa Paraíso Lodge,**
Dominical - Uvita (DZ/ÜF 75 $)
- **Cabinas Punta Dominical,**
Playa Dominicalito (58/58 $)
- **Finca Bavaria,**
Palmar - Uvita (DZ ab 52 $)
- **Hotel Resort Cristal de Ballena,**
Palmar - Uvita (ÜF ab 66/66 $)
- **Hotel Villas Gaia,**
Uvita - Palmar (75/87 $)

Süden

- **Genesis II Lodge,**
Cartago - San Isidro (88 $ p.P./VP)
- **El Toucanet Lodge,**
Copey de Dota (ÜF 58/68 $)
- **Trogon Lodge,**
San Gerardo de Dota (DZ 73 $)
- **Talari Mountain Lodge,**
San Isidro - Chirripó (ÜF 36/56 $)
- **La Amistad Lodge,**
San Vito - Las Tablas (96/85 $ p.P./VP)
- **Veragua River House,**
Umgebung Sierpe (ÜF ca. 35/70 $)
- **Cabinas Las Caletas,**
Bahía Drake (85/130 $ inkl. VP)
- **Punta Marenco Lodge,**
Drake Bay (DZ 87 $ p.P./VP)
- **Suital Lodge,**
Golfo Dulce (35/52/70 $)
- **Carate Jungle Camp,**
Carate (ab 40 $ p.P./VP)
- **Esquinas Rainforest Lodge,**
Umgebung Golfito (DZ 100 $ p.P./VP)
- **La Purruja Lodge,**
Umgebung Golfito (20/25 $)
- **Golfo Dulce Lodge,**
Umgebung Golfito (DZ ab 105 $ p.P./VP)

Reisezeit

Überall steht zu lesen, dass die **Trockenzeit** von Dezember bis April die beste Reisezeit für Costa Rica ist. Tatsache ist, dass dann statistisch gesehen die geringste Niederschlagsmenge fällt - doch ist es deswegen die „beste Reisezeit"?

Mit Sicherheit ist es die beliebteste und **teuerste Reisezeit:** Vor allem um Weihnachten und Ostern wird es eng. Strände und Nationalparks sind ebenso überfüllt wie die Hotels, Mietwagen kosten das Doppelte, die Temperaturen steigen manchmal ins Unerträgliche, die Natur macht vor allem im Nordwesten einen vertrockneten und leblosen Eindruck. In letzter Zeit hat sich eine Art **Zwischensaison im Juli** herausgebildet, wenn auch nicht annähernd mit dem Besucheransturm der Hochsaison: Der Niederschlag geht in dieser Zeit etwas zurück, bevor im September/Oktober der Jahreshöchststand erreicht wird. Auch an der Karibikküste regnet es dann relativ wenig (vgl. Klimatabelle im Kap. „Land und Leute"). Der **November** ist ein guter Monat: Die Regenzeit ist (fast) vorbei, und der große Besucheransturm beginnt erst gegen Mitte Dezember. Übrigens: An der Karibikküste ist der September der regenärmste Monat und auch in den Monaten August und Oktober ist meist schönes Wetter.

Wer sich an gelegentlichen Regenschauern nicht stört, kann **außerhalb der Hochsaison** erheblich billiger reisen: Die meisten Hotels reduzieren ihre Preise um 20-30 %. Außerdem zeigt sich die Natur in den Regenmonaten von ihrer grünen Seite, und eine Wolken-Stimmung nach einem Gewitter ist für den Fotografen allemal interessanter als ein wolkenloser Himmel über trockener Graslandschaft.

Reisedauer

Lassen Sie sich von der verhältnismäßig geringen Fläche des Landes nicht täuschen: Wegen der außergewöhnlichen Vielfalt an Naturräumen gibt es eine Menge zu sehen, und viele Unternehmungen benötigen mehrere Tage. Außerdem bietet das Land auch zahlreiche schöne Strände zur Entspannung. Das absolute **Minimum von zwei Wochen** sei also nur für Zeitgenossen mit einem begrenzten Terminkalender empfohlen. Wer mehr Zeit hat – umso besser.

Alles zu sehen ist nicht möglich. Besser ist es, eine Auswahl zu treffen, um nicht von Ort zu Ort zu hetzen, um möglichst viel „abzuhaken". Verständlicherweise können hier auch nur **grobe Richtlinien** gegeben werden, um die individuelle Planung zu erleichtern.

- **Valle Central:** 3-4 Tage sollte man sich Zeit nehmen, besser eine Woche.
- **Karibik:** Je nach Dauer des Strandaufenthaltes sollte man mindestens 5-6 Tage rechnen (inkl. Tortuguero).
- **Norden:** Region Sarapiquí 3-4 Tage, Fortuna 3-4 Tage, Arenal-See 2-3 Tage.
- **Nordwesten:** In Monteverde kann man in 2-3 Tagen eine Menge sehen, am besten pro Nationalpark 1-2 Tage.
- **Halbinsel Nicoya:** Wer nur wenig Wert legt auf einen Badeaufenthalt, wird hier nicht allzulange verweilen, obwohl es auch schöne Landschaften gibt. Ansonsten 4 Tage bis 2 Wochen zum Baden.
- **Zentrale Pazifikküste:** Naturfreunde können die Parks in 3-4 Tagen besuchen, Badefans bleiben entsprechend länger.
- **Der Süden:** Die zeitaufwendigste Region. Chirripó 4 Tage (inkl. An- und Abreise), Bahía Drake 3-4 Tage (ab Sierpe), Corcovado 4 Tage (ab Pto. Jimenez), Isla de Coco mind. 1 Woche.

Informationsstellen

Das staatliche costaricanische **Fremdenverkehrsbüro I.C.T.** unterhält keine Informationsstelle in Deutschland, Österreich oder der Schweiz. Englischsprachige Infos bietet das I.C.T. im Internet unter www. tourism-costarica. com. Außerdem gibt es Informationen bei:

- **Costa Rica Reisedienst,** Brunnwiese 17, 83278 Traunstein, Tel. 0861/165906, Fax 1666872, dkirst@t-online.de, www.costarica-reise.de. Der Autor dieses Reiseführers bietet individuelle Reiseberatung und vermittelt Hotels, Mietwagen und Rundreisen zu oft vergünstigten Preisen. Bei Buchungen ist die Beratung gratis.
- **Traveldesign,** Bauernfeindstr. 12, 80939 München, Tel. 089/325134, Fax 32455477, traveldesign@t-online.de, www.traveldesign.de. Der langjährige Landeskenner *Wolf-Dieter Pfistner* bietet gegen Honorar individuelle Reiseberatung, Buchung von Unterkünften, Mietwagen und Touren und erarbeitet einen ausführlichen Reiseplan.

Als Frau allein unterwegs

Auch wenn der *machismo* in ganz Lateinamerika allgegenwärtig ist, brauchen alleinreisende Frauen in Costa Rica nicht mit größeren Problemen zu rechnen. Um „Verwechslungen" zu vermeiden, sollten Frauen bestimmte Stadtteile (vor allem in San José) bei Nacht nicht alleine besuchen und in Discos o.Ä. zurückhaltend sein, denn eine Frau ohne Mann ist für Ticos eine Frau, die einen Mann sucht. Wichtig ist auch eine relativ dezente Kleidung. Unerwünschte Anmachen werden am besten ignoriert, im Falle eines zudringlicheren Verehrers hilft ein freundliches, aber deutliches „Nein". Auch ein „Ehering" oder der Hinweis auf den mitreisenden Freund/Ehemann wirken oft Wunder.

Mit Kindern reisen

Wenn es ein Land in Mittelamerika gibt, das man auch mit Kindern bereisen kann, dann ist es Costa Rica. Die hygienischen Verhältnisse und die Gesundheitsversorgung sind relativ gut, in den Geschäften gibt es ein zufriedenstellendes Angebot an Windeln und Kindernahrung (ausländische Produkte sind teuer), und – ganz wichtig – die Entfernungen sind nicht allzu groß. Natürlich sollte man zuerst bedenken, ob es auch für das Kind ein Reise-Erlebnis wird: Der Transatlantik-Flug, die Klima- und Zeitumstellung sind für Erwachsene anstrengend und für Babys und Kleinkinder auch kein Vergnügen.

Aber sobald der Nachwuchs laufen kann, steht einer gemeinsamen Reise eigentlich nichts mehr im Wege; vorausgesetzt, man stimmt seinen Reiseplan mit den Bedürfnissen der Kinder ab. Die meisten Ticos haben Kinder sehr gerne, und nur in wenigen Luxus-Hotels sind Kinder nicht erwünscht. Die meisten Strände sind flach (und somit kinderfreundlich), und die Tiere

Buchtipp

- *Birgit Adam:* **Als Frau allein unterwegs,** Praxis-Reihe, Reise Know-How Verlag

127cr Foto:dk

Eine Tica mit Kind

in den Nationalparks sind nicht nur für die Erwachsenen ein Erlebnis. Der Autor ist selbst monatelang mit seiner 1½-jährigen Tochter problemlos durch das Land gereist. Noch ein Tipp: Wer mit einem Mietwagen reist, sollte rechtzeitig einen Kindersitz (Vorschrift!) reservieren.

Bus oder Mietwagen?

Busse

Schon vor Antritt der Reise sollte man sich Gedanken machen, welche Verkehrsmittel man in Costa Rica benutzen möchte. Grundsätzlich erreicht man mit Bussen recht günstig fast alle Regionen des Landes. Wo keine Busse verkehren, kann man es auch mit Trampen versuchen, vorausgesetzt, man bringt die nötige Zeit mit. Einige Fährverbindungen und Inlandsflüge ergänzen das öffentliche Verkehrsnetz.

Eine gute Alternative zu öffentlichen Bussen sind Privattransfers, wie sie z.B. von **Interbus** angeboten werden. Mit modernen Kleinbussen werden täglich bestimmte Routen befahren, die Gäste vom Hotel abgeholt und am Zielort bis zum Hotel gebracht. Nähere Infos siehe Kapitel „San José/Verkehrsverbindungen".

Mietwagen

Wer jedoch seine begrenzte Zeit optimal nutzen will, sollte es sich überlegen, einen Mietwagen zu nehmen, um so völlig ungebunden jede Region des Landes zu erreichen. Während der Trockenzeit (Dezember bis April) ist ein Allrad-Fahrzeug übrigens meist entbehrlich, ansonsten ist man mit einem „4x4" besser bedient. Die Preise für Leihfahrzeuge sind nicht unbedingt günstig, je nach Reisezeit sollte man pro Woche für einen normalen Mittelklassewagen zwischen 350 und 500 $ inkl. Versicherung und unbegrenzter Kilometerzahl rechnen. (Dafür ist Sprit günstiger als bei uns: rund 0,67 € pro Liter Normalbenzin.) In der Hochsaison (Dezember bis April) ist es unbedingt ratsam, sich einen Mietwagen schon ab Deutschland zu reservieren, ansonsten kann man sich auch vor Ort nach dem Fahrzeug seiner Wahl umschauen. Weitere Informationen siehe unter „Verkehrsmittel" im Kap. „Praktische Infos A–Z".

Urlaub mit dem Fahrrad

Bei weitem ökologischer, aber auch erheblich anstrengender ist die Fortbewegung mit dem Fahrrad: Durch die oft großen Höhenunterschiede und das feuchtheiße Klima kann eine Tour mit dem Fahrrad leicht zu einer „Tor-Tour" werden; andererseits ist es ein großartiges Erlebnis, sich auf diese Weise gemächlich von Ort zu Ort zu bewegen und leichter in Kontakt mit Einheimischen zu kommen. (Eine sehr schöne Strecke ist die Tour um den Arenal-See und durch das Orosí-Tal.)

Die Versorgung mit **Zubehörgeschäften** und **Reparaturwerkstätten** ist zufriedenstellend, wenn auch nicht lückenlos. Den Drahtesel sollte man am besten von zu Hause mitbringen, da es erst wenige Orte gibt, in denen Fahrräder verliehen werden. Empfehlenswert sind stabile 26-Zoll-Räder (Mountainbikes), möglichst funktionell und robust und ohne großen Schnickschnack. Ersatzteile für Marken der mittleren Preisklasse sind vor Ort erhältlich, Werkzeug und eine Ersatzkette sollte man auf alle Fälle mitführen. Das Reisegepäck sollte auf 10-15 kg reduziert werden, dabei auf guten Regenschutz aber nicht verzichten. Genaues **Kartenmaterial** erhält man in den großen Büchereien in San José.

Wichtig ist es, das Rad für den **Transport im Flugzeug** gut zu verpacken, am besten mit Schaumstoff gepolstert in einem stabilen Karton. Da die Fluglinien bei Beschädigung nur etwa 25 € pro kg erstatten, sollte man vor der Abreise das Rad bei einem Gutachter schätzen lassen und eine Fahrradversicherung abschließen. Eine andere Möglichkeit ist es, das Rad erst **vor Ort zu kaufen** und nach der Reise über ein Inserat in einer der Tageszeitungen wieder zu verkaufen.

Transportkosten: s. „Hin- und Rückreise"; **Radverleih:** s. Kap. „Praktische Infos A–Z, Sport und Erholung".

Mit dem Zelt unterwegs

Camping ist eine preisgünstige Alternative zu den oft teuren Hotels, die man sich ernsthaft überlegen sollte. Immer mehr Campingplätze sind in den letzten Jahren entstanden, vor allem in den Küstenorten, wenn man auch noch nicht von einem flächendeckenden Angebot sprechen kann. Dem gegenüber stehen ein Mehr an Gepäck und deutliche Komforteinschränkungen, denn die sanitären Einrichtungen der Campingplätze lassen oft zu wünschen übrig. Außerdem besteht ein erhöhtes Sicherheitsrisiko, da es oft keine Möglichkeit gibt, sein Gepäck sicher zu deponieren (nicht im Auto!).

Die Zeltausrüstung sollte man von zu Hause mitbringen, Zubehör wie Gaskocher, Kühlbox etc. gibt es in San José. Siehe hierzu auch „Camping" im Kap. „Praktische Infos A–Z".

Pauschalurlaub in Costa Rica

Mehr als zwei Dutzend deutsche Reiseveranstalter haben das Land im Programm. Wer auf Nummer Sicher gehen möchte, kann auf diese Weise seinen Urlaub schon ab Deutschland planen. Wer die angebotenen Hotels mit den Infos und Beschreibungen in diesem Handbuch vergleicht, kann sich

Überraschungen ersparen. Zwei Wochen „Badeurlaub" in Puntarenas beispielsweise sind blanker Unsinn, werden aber angeboten und auch verkauft. Kombinieren Sie Ihren Badeaufenthalt mit einer Rundreise, die überall angeboten wird, denn nur zum Baden ist Costa Rica zu schade. Billiger und individueller können Sie diese Rundreise aber auch selbst organisieren.

Bei Pauschalreiseveranstaltern gibt es außerdem **erhebliche Preisunterschiede** für dieselben Destinationen in derselben Hotelklasse. Die maximalen Preisunterschiede können zwischen 13 und 26 % liegen, das macht einen Preisunterschied von bis zu 700 €.

Hier gilt es die **Preise sehr gründlich zu vergleichen,** was nicht einfach ist. Auch bei den Kinderpreisen sollte man Acht geben, manche Anbieter unterscheiden kleine Kinder (2 bis 6 Jahre) und große Kinder (7 bis 11, 12, 13, 14 oder gar 15 Jahre), andere wiederum gar nicht.

Viele **Internetanbieter** bieten Restplätze für Pauschalreisen von den gängigen Veranstaltern an, allerdings oft nicht preiswerter, sondern lediglich „Last Minute". Insbesondere wenn man den **Katalogpreis** nicht kennt, hat man schnell ein angebliches Schnäppchen gebucht, das dann doch nicht preiswerter als im Katalog ist.

Wenn man bedenkt, wie viel Zeit die Sucherei im Internet in Anspruch nimmt, ist es allerdings häufig günstiger, sich an ein **Reisebüro in der Nähe** zu wenden, welches aus der Flut der Angebote die gewünschte Reise innerhalb eines Preislimits heraussucht.

Hier eine Auswahl von **Veranstaltern,** die Costa Rica im Programm haben:

- **Chamäleon** (Tel. 030/347996-0)
- **Colibri Umwelt Reisen** (Tel. 030/28390232)
- **Ikarus Tours** (Tel. 06174/29020)
- **Jahn Reisen** (Tel. 089/57900)
- **Medico Flugreisen** (Tel. 07221/366353)
- **Meier's Weltreisen** (Tel. 089/57060158)
- **Miller** (Tel. 07529/97130)
- **THR Tours** (Tel. 0211/841553)
- **Travel to Nature** (vormals „Waschbär") (Tel. 07634/591155)
- **Windrose** (Tel. 030/2017210)

Buchung der o.g. Veranstalter auch über:

- **Costa Rica Reisedienst,** Tel. 0861/165906, Fax 1666872, dkirst@t-online.de, www.costarica-reise.de

Hin- und Rückreise

Per Flugzeug

Die einfachste (und günstigste) Möglichkeit, von Europa nach Costa Rica zu reisen, ist per Flugzeug. **Direktverbindungen** aus dem deutschsprachigen Raum nach Costa Rica bestehen nur zweimal wöchentlich mit *Condor* von Frankfurt nach San José. Daneben gibt es einige Umsteigeverbindungen über europäische und amerikanische Großstädte, die zwar billiger sein können als der Direktflug, bei denen man aber auch eine längere Flugdauer einkalkulieren muss.

Flugverbindungen

Dies sind die wichtigsten Fluggesellschaften mit Verbindungen von Mitteleuropa nach San José:

- **Air Canada,** www.aircanada.ca. Von Frankfurt und München via Toronto.
- **American Airlines,** www.aa.com. Von Frankfurt und Zürich via Dallas.
- **Condor,** www.condor.com. Direkt von Frankfurt.
- **Continental Airlines,** www.continental.com. Von Berlin, Frankfurt, Hamburg und Zürich via New York.
- **Delta Air Lines,** www.delta.com. Von Berlin, Frankfurt, München, Stuttgart, Zürich via Atlanta.
- **Iberia,** www.iberia.de. Von Berlin, Düsseldorf, Frankfurt, Hamburg, Hannover, München, Basel, Genf, Zürich und Wien via Madrid.
- **Martinair,** www.martinair.de. Direkt von Amsterdam. Anschlussflüge mit KLM von vielen Flughäfen in Deutschland sowie Wien, Bern, Genf und Zürich möglich.
- **United Airlines,** www.united.com. Von Frankfurt, München und Zürich via Washington.
- **US Airways,** www.usair.com. Von Frankfurt und München via Charlotte oder Philadelphia.

Flugpreise

Je nach Fluggesellschaft, Jahreszeit und Aufenthaltsdauer in Costa Rica ist ein Hin- und Rückflug von Mitteleuropa ab **750 € bzw. 809 SFr** zu haben. Am höchsten sind die Flugpreise in der Hauptsaison im Winter von Mitte Dezember bis Anfang Januar.

Preiswerter sind **Jugend- und Studententickets** (je nach Airline für alle jungen Leute bis 29 Jahre und Studenten bis 34 Jahre). Außerhalb der Hauptsaison gibt es einen Hin- und Rückflug von Frankfurt nach San José ab etwa 700 €.

Von Zeit zu Zeit offerieren die Fluggesellschaften **befristete Sonderangebote.** Dann kann man z.B. mit KLM und Martinair für 550 € von vielen Flughäfen in Deutschland, Österreich und der Schweiz über Amsterdam nach San José und zurück fliegen. Ob für die gewünschte Reisezeit gerade Sonderangebote für Flüge nach Costa Rica auf dem Markt sind, lässt sich der Website von Jet-Travel (www.jet-travel.de) unter „Flüge" entnehmen, wo sie als **Schnäppchenflüge** nach Mittelamerika mit aufgeführt sind.

Preiswert sind oft Tickets mit nur 30 oder 45 Tagen **Gültigkeitsdauer,** die sich jedoch nicht für Langzeitreisende eignen. Andere Tickets sind günstiger, weil die gebuchten **Reisetermine** nicht mehr geändert werden können. Solche Tickets sollte man eher früher als später kaufen, da die billigsten Kontingente als Erstes verkauft werden.

In Deutschland gibt es von Frankfurt aus die häufigsten Verbindungen nach San José. Tickets für Flüge von und nach anderen deutschen Flughäfen sind oft teurer. Da kann es für Deutsche attraktiver sein, mit einem **Rail-and-Fly-Ticket** per Bahn nach Frankfurt zu reisen (entweder bereits im Flugpreis enthalten oder nur 30 bis 60 € extra).

Man kann in Deutschland auch einen preiswerten **Zubringerflug** der gleichen Airline von einem kleineren Flughafen buchen.

Außerdem gibt es **Fly & Drive-Angebote,** wobei eine Fahrt zum und vom Flughafen mit einem Mietwagen im Ticketpreis inbegriffen ist.

Indirekt sparen kann man auch als Vielflieger, indem man Mitglied bei einem **Vielflieger-Programm** wird. *American Airlines* und *Iberia* gehören der www.oneworld.com an, während *Delta Air Lines* und *Continental Airlines* im Verbund www.skyteam.com sowie *Air Canada, United Airlines* und *US Airways* dem Verbund www.star-alliance.com angehören.

Buchung

Folgende **zuverlässigen Reisebüros** haben meistens günstigere Preise als viele andere:

- **Jet-Travel,** Buchholzstr. 35, 53127 Bonn, Tel. 0228/284315, Fax 284086, info@jet-travel.de, www.jet-travel.de. Auch für Jugend- und Studententickets. Sonderangebote auf der Website unter „Schnäppchenflüge".
- **Globetrotter Travel Service,** Löwenstr. 61, 8023 Zürich, Tel. 01/2286666, zh-loewenstrasse@globetrotter.ch, www.globetrotter.ch. Weitere Filialen gibt es in Baden, Basel, Bern, Biel, Chur, Freiburg, Luzern, Olten, St. Gallen, Thun, Winterthur und Zug.
- **Air Fair,** Rokin 52, 1012 KV Amsterdam, Tel. 0031/20/6205121, Fax 6205306, info@AirFair.nl, www.AirFair.nl. Ideal für Tickets ab Amsterdam. Angebote auf der Website unter „Aanbiedingen" und „AirFair Specials" (auf Niederländisch).

Die vergünstigten Spezialtarife und befristeten Sonderangebote kann man nur bei wenigen Fluggesellschaften in ihren Büros oder direkt auf ihren Websites buchen; diese sind jedoch immer auch bei den oben genannten Reisebüros erhältlich.

Last-Minute

Wer sich erst im letzten Augenblick für eine Reise nach Costa Rica entscheidet oder gern pokert, kann Ausschau nach Last-Minute-Flügen halten, die von einigen Airlines mit deutlicher Ermäßigung **ab etwa 14 Tage vor Abflug** angeboten werden, wenn noch Plätze zu füllen sind. Diese Last-Minute-Flüge lassen sich nur bei Spezialisten buchen (bei den Rufnummern werden 0,12-0,20 € bzw. 0,12 SFr pro Minute berechnet):

- **L'Tur,** www.ltur.com; D: Tel. 01805/212121; A: Tel. 0820/600800, CH: Tel. 0848/808088, NL: 0900/2023008, sowie 140 Niederlassungen europaweit. Unter „Super Last Minute" gibt es Angebote für den Abflug innerhalb der nächsten 72 Stunden.
- **5 vor Flug,** www.5vorflug.de, D: Tel. 01805/105105.

Kleines „Flug-Know-How"

Komfort und Service

Nicht vergessen: Ohne einen **gültigen Reisepass** kommt man nicht an Bord! Man sollte sich auch darüber im Klaren sein, dass man neuerdings bei einem Stopover in den USA (und auch wenn man im Transit das Flugzeug verlässt), die **neuen Sicherheitsvorkehrungen** der Amerikaner über sich ergehen lassen muss, d.h. man wird erkennungsdienstlich per Kamera und Fingerabdruck erfasst. Entsprechend benötigen Kinder nun auch ihren eigenen Reisepass, ein Eintrag im Pass der Eltern wird nicht länger akzeptiert.

Benötigt man eine **besondere Mahlzeit,** z.B. vegetarisch, vegan oder glutenfrei, sollte man dies schon bei der Buchung im Reisebüro deutlich machen, damit es entsprechend bei der Fluglinie veranlasst wird.

Man achte auf den **Abstand zwischen den Sitzreihen,** denn dabei sind die Airlines durchaus unterschiedlich. Bis zu 5 cm mehr Beinfreiheit können für große Nordeuropäer schon einiges an Mehrkomfort bedeuten. *Continental Airlines* und *Iberia* bewegen sich mit nur 79-82 cm ganz unten auf der Skala des Beinkomforts. Bei *Air Canada* und *American Airlines* z.B. ist je nach eingesetztem Flugzeug ein Sitzabstand bis zu 86 cm möglich.

Für Personen, die auf einem Flug einfach nicht schlafen können, ist das Bordprogramm auf individuellen **Videobildschirmen** an der Rückseite des Sitzes des Vordermanns sicher wichtig. Statt nur 2-3 Filme im allgemeinen Kabinenraum geboten zu bekommen, kann man per Fernbedienung selbst aus dem nonstop verfügbaren, vielfältigen Video-, Audio- und oft auch Videospielprogramm seine Wahl treffen. Ein solch individuelles Bordprogramm bieten z.B. *American Airlines, Continental Airlines* in B767 und B777 sowie *Iberia,* nicht jedoch *Air Canada.*

Man sollte beim Reisebüro prüfen, ob alle **Teilstrecken** von der gleichen Airline oder zumindest einer gleichwertigen Airline geflogen werden und nicht im **Codeshare** von einer weniger komfortablen Gesellschaft ausgeführt werden.

Check-in

Bei den meisten internationalen Flügen muss man **zwei bis drei Stunden vor Abflug** am Schalter der Airline eingecheckt haben. Viele Airlines neigen zum Überbuchen, d.h., sie buchen mehr Passagiere ein, als Sitze im Flugzeug vorhanden sind, und wer zuletzt kommt, hat dann möglicherweise das Nachsehen. Wenn ein **vorheriges Reservieren** der Sitzplätze nicht möglich ist, hat man die Chance, einen Wunsch bezüglich des Sitzplatzes zu äußern.

Das Ticket

Die **Gültigkeitsdauer des Tickets** kann 30 oder 45 Tage, 3, 6 und 12 Monate betragen. Nach Ablauf der Frist (siehe Gültigkeitsdauer in der Mitte des Tickets über der Flugstreckenangabe) ist keine Verlängerung möglich, das Ticket verfällt dann. Sonst kann der Flugtermin innerhalb der Geltungsdauer beliebig oft verschoben werden, wofür aber fast immer Gebühren erhoben werden. Aber Achtung, in der Hochsaison sind alle Plätze oft auf Wochen ausgebucht!

Bei **Billigtickets,** die einen fixen Termin beinhalten, gibt es keine Änderungsmöglichkeit. Wenn man den Flug verpasst, hat man einfach Pech gehabt.

Geht ein **Ticket verloren,** das schon rückbestätigt wurde, hat man gute Chancen, einen Ersatz dafür zu erhalten. Einige Airlines kassieren dafür aber noch einmal 50 bis 100 € und bei manchen läuft gar nichts mehr. Gut ist es, deutlich lesbare Fotokopien des Tickets zu machen und bei einer Vertrauensperson zu hinterlegen. Dies hilft enorm bei einer Neuausstellung des Tickets.

All das kann man sich ersparen, indem man von den **elektronischen Tickets** (E-Tickets) Gebrauch macht, die immer mehr Fluggesellschaften anbieten. Die werden im Reservierungssystem der Airline, bei der man einen Flug gebucht hat, gespeichert und können nicht verloren gehen oder gestohlen werden. Hinzu kommt, dass für die Ausstellung von Papiertickets Zuschläge von bis zu 10 € berechnet werden.

Das Gepäck

Viele Flüge gehen über die USA, wo man als **Transitpassagier** darauf achten sollte, dass das Gepäck von Europa aus als *Transit Baggage* gekennzeichnet wird, sonst muss man es in den USA auch noch durch den Zoll schleppen.

In der **Economy-Class** gilt bei den meisten Airlines für Flüge nach und von sowie über Nordamerika (USA, Kanada und Mexiko) eine **Sonderregelung,** der zufolge man zwei Gepäckstücke bis jeweils 32 kg ohne Mehrkosten als Freigepäck aufgeben kann.

Sonst darf man **in der Regel** nur Gepäck bis zu 20 kg pro Person einchecken (steht auf dem Flugticket) und zusätzlich ein Handgepäck von 7 kg in die Kabine mitnehmen, welches eine bestimmte Größe von 55 x 40 x 23 cm nicht überschreiten darf. Man sollte sich beim Kauf des Tickets über die Bestimmungen der Airline informieren.

Wenn das Gepäck die Gewichtsgrenze übersteigt, ist die Airline nicht verpflichtet, es auf dem gleichen Flug zu befördern und man trägt die **Mehrkosten** für die Versendung als Frachtgut oder die Zulassung als Übergepäck. Wenn man Glück hat, wird ein Auge zugedrückt. Gepäckstücke, die mehr als 32 kg wiegen, können nicht normal eingecheckt werden – zum gesundheitlichen Schutz des Personals, das diese Gepäckstücke heben muss.

Sperrige Gepäckstücke (z.B. Fahrräder) müssen bei der Fluggesellschaft vorab angemeldet werden. Deren Beförderung kann mit Zusatzkosten verknüpft sein, die je nach Airline unterschiedlich sind: Continental verlangt ca. 60 $ und Lufthansa ca. 100 €. American Airlines, Iberia und United Airlines betrachten ein Fahrrad als eines der beiden Freigepäckstücke, die jeweils max. 32 kg wiegen dürfen. KLM und Martinair rechnen Fahrräder auf das Freigepäck von 20 kg an und verlangen ggf. einen Übergepäckzuschlag.

Auch eine **Windsurf-Ausrüstung** transportiert man günstiger mit einem Charterflieger. Deutlich teurer wird es bei den Linienfluggesellschaften: *Continental* ca. 160 $, *American* 480 $, *United* 720 $, *KLM* und *Iberia* betrachten ein Surfbrett als Frachtgut und berechnen nach Volumen: ca. 375 bis 400 € (ohne Segel).

Die Mitnahme einer **Tauchausrüstung** bis 30 kg ist meist kostenlos.

Aus Sicherheitsgründen gehören Waffen (auch Nagelscheren und Taschenmesser), Explosivstoffe, Munition, Feuerwerke, leicht entzündliche Gase (z.B. in Sprühdosen, Campinggas), entflammbare Stoffe (z.B. in Benzinfeuerzeugen, Feuerzeugfüllung) sowie Aktentaschen oder Sicherheitskoffer mit installierten Alarmvorrichtungen nicht ins Passagiergepäck.

Rückbestätigung

Bei den meisten Airlines ist heutzutage die **Bestätigung des Rückfluges** nicht mehr notwendig. Allerdings empfehlen alle Airlines, sich dennoch telefonisch zu erkundigen, ob sich an der Flugzeit nichts geändert hat, denn kurzfristige Änderungen der genauen Abflugzeit kommen beim zunehmenden Luftverkehr immer häufiger vor.

Buchtipps

- *Frank Littek:* **Fliegen ohne Angst,** und *Erich Witschi:* **Clever buchen, besser fliegen,** Praxis-Reihe, Reise Know-How Verlag.

Wenn die Airline allerdings eine Rückbestätigung *(reconfirmation)* **bis 72 oder 48 Stunden vor dem Rückflug** verlangt, sollte man auf keinen Fall versäumen, die Airline kurz anzurufen, sonst kann es passieren, dass die Buchung im Computer der Airline gestrichen wird; der Flugtermin ist dahin. Das Ticket verfällt aber nicht dadurch, es sei denn, die Gültigkeitsdauer wird überschritten, aber unter Umständen ist in der Hochsaison nicht sofort ein Platz auf einem anderen Flieger frei.

Die **Rufnummer** kann man von Mitarbeitern der Airline bei der Ankunft, im Hotel, dem Telefonbuch oder auf der Website der Airline erfahren (s.o.).

Der Rückflug

Die **Flughafensteuer** für internationale Flüge beträgt in San José 26 $ und kann auch zum Tageskurs in Colones bezahlt werden.

Wer seinen Aufenthalt über 90 Tage hinaus verlängert hat, muss eine höhere Steuer bezahlen (zusätzlich etwa 500 Colones pro Monat). Je ein Schalter befindet sich in der Abflughalle links und rechts. Als Beleg wird eine Marke auf die Touristenkarte geklebt.

Landeswährung kann an der Bank oder bei mobilen Geldwechslern mit geringem Verlust in Dollars zurückgetauscht werden. **Keine Wechselmöglichkeit nach der Passkontrolle!**

Per Schiff

Die einzige Alternative zum Flugzeug ist die **Überfahrt mit einem Frachtschiff.** Da dies aber nicht nur länger dauert, sondern auch deutlich teurer ist, kommt es wohl nur für überzeugte Nicht-Flieger und solche in Frage, für die eine Schiffsreise über den Atlantik für sich ein Erlebnis darstellt. Eine Kombination Schiff/Flug ist möglich.

- **Antwerpen – Moín:** Drei Container-Schiffe der deutschen Horn-Linie pendeln zwischen Hamburg und Moín bei Pto. Limón an der Karibikseite Costa Ricas, wo Bananen verladen werden. Die Schiffe verkehren regelmäßig alle 1 bis 2 Wochen, die Fahrt geht über Le Havre (Frankreich), Point-á-Pitre (Guadeloupe), Fort-de-France (Martinique), Curacao, Kolumbien und Panama nach Costa Rica, wo man nach etwa 18 Tagen ankommt. Die vier ordentlichen Doppelkabinen sind mit einzeln stehenden Betten und eigener Du/WC ausgestattet. Die einfache Überfahrt kostet ca. 1627 € p.P. (Doppelkabine), ca. 1780 € (Einzelkabine). Die Rückfahrt ist schon ab 1320 € (Doppelkabine) zu haben. Auskünfte und Reservierung bei:

Internaves Frachtschiffreisen, Lichtentalerstr. 14, 76530 Baden Baden, Tel. 07221/ 393837, Fax 393836, horn@internaves.com.

Über Land

Eine reizvolle Alternative für alle, die über ausreichend Zeit verfügen, ist die An- oder Ausreise über eines der beiden Nachbarländer. Vom Süden her gibt es zwei Grenzübergänge mit **Panama:** der Hauptübergang an der Interamericana bei Paso Canoas und ein selten benutzter bei Sixaola an der Karibikküste (siehe hierzu auch im Reiseteil bei Paso Canoas bzw. Sixaola).

Der nördliche Nachbar ist **Nicaragua,** der wichtigste Grenzübergang liegt im Nordwesten Costa Ricas bei Peñas Blancas an der Interamericana. Inzwischen ist auch eine Einreise über Los Chiles möglich: zweimal pro Woche (Mo/Do 15 Uhr) per Schiff von Granada über den Nicaragua-See nach San Carlos in Nicaragua, und weiter mit einem Boot nach Los Chiles in Costa Rica (siehe hierzu auch im Reiseteil bei Peñas Blancas bzw. Los Chiles). Die Einreise nach Nicaragua ist inzwischen auch ohne Visum problemlos möglich. Erkundigen Sie sich dennoch vorher bei der **Botschaft von Nicaragua:**

- **Deutschland/Schweiz:** Joachim-Karnatz-Allee 45, 10557 Berlin, Tel. 030/2064380, Fax 22487891, Mo-Fr 9-16 Uhr.
- **Österreich:** Ebendorferstr. 10, 3. Stock, Büro 12, 1010 Wien, Tel. 01/4031838, -39, Fax 4032752, Mo-Fr 9.30-12.30 Uhr.

Denkbar ist beispielsweise ein Flug nach Mexico City, Cancun oder Guatemala City, von wo aus es täglich (13 Uhr) eine Busverbindung mit Tica-Bus nach Costa Rica gibt, Zwischenübernachtung in San Salvador und Managua. Eine Anreise über Land von Kolumbien nach Panama ist nur zu Fuß und mit dem Kanu möglich, dementsprechend äußerst schwierig und zeitaufwendig.

Einreisebestimmungen

Deutsche, Schweizer und Österreicher benötigen für einen Aufenthalt bis 90 Tage den **Reisepass,** der 6 Monate über das Einreisedatum hinaus gültig ist. Touristen können vor Ort (*Migraciones* in San José) verlängern. Eine andere Möglichkeit ist die Ausreise in ein Nachbarland und die Wiedereinreise nach Costa Rica (erneut 90 Tage).

Diplomatische Vertretungen

Botschaften Costa Ricas

● **Deutschland:** Botschaft der Republik Costa Rica, Dessauer Str. 28-29, 10963 Berlin, Tel. 030/2639-8990, Fax 2655-7210, emb@botschaft-costarica.de, www.botschaft-costarica.de, Mo-Fr 9-17.30 Uhr.

Es gibt überdies Konsulate in Hamburg, Frankfurt/M., Hannover und Leipzig, die jedoch nur sehr begrenzte Öffnungszeiten haben. Daher ist es besser, sich gleich an die Botschaft in Berlin zu wenden. Diese ist gleichzeitig die offizielle Auskunftsstelle, bei der man u.a. eine Hotelliste und viele andere touristische Informationen, aber auch Videos und Dias anfordern kann. Es muss aber entsprechend ausreichendes Rückporto (je nach Gewicht) beigelegt werden.

● **Österreich:** Botschaft, Hadikgasse 32, 3. Stock, 1140 Wien, Tel. 01/8040537, Fax 80405372, embajadaaustria_costa.rica@chello.at, Mo-Fr 9-16 Uhr. Es gibt überdies ein Konsulat in Salzburg.

● **Schweiz:** Botschaft, Schwarztorstr. 11, 3007 Bern, Tel. 031/3727887, Fax 9526457, embajada.costa.rica@thenet.ch, Mo-Fr 9-16 Uhr. Es gibt außerdem je ein Konsulat in Lausanne, Lugano und Zürich.

Heimatbotschaften in Costa Rica

Die Adressen der Vertretungen in Costa Rica finden sich unter „Botschaften und Konsulate" im Kapitel „Praktische Infos A–Z".

Zahlungsmittel und Reisekosten

Reisekosten

Costa Rica ist im Vergleich zu den anderen mittelamerikanischen Ländern ein relativ teures Reiseland. Lediglich öffentliche Busse und Essen in einfachen Restaurants sind günstig; ausländische Produkte hingegen sowie die meisten Hotels, Restaurants, Ausflüge etc. erreichen oft mitteleuropäisches Preisniveau. Im Durchschnitt sollte man für Kost und Logis etwa 20 bis 30 $ pro Person und Tag rechnen, hinzu kommen Kosten für Transport und Sonstiges, wie beispielsweise die teuren Eintritte in die Nationalparks. Doch auch für den Low Budget Traveller ist es möglich, halbwegs sparsam zu reisen, sofern die Ansprüche nicht allzu hoch sind (15 $/Tag sind möglich).

Preisbeispiele

- Übernachtung in sehr einfachem Hotel: ab ca. 5 € p.P., Mittelklasse: ca. 20-35 €.
- Essen in einfachem Restaurant: Tagesmenü ab ca. 3 €.
- Abendessen 6-10 €, Coca Cola: ca. 0,80 €, Bier: ca. 1,60 €
- Busfahrt: z.B. San José – Pto. Limón (168 km): 3,30 €
- Taxifahrt: Innenstadt San José ca. 2 €, San José – Flughafen ca. 14 €
- Mietwagen: ab ca. 50 €/Tag inkl. Vers.
- Benzin: etwa 0,60 €/Liter
- Eintritt Nationalpark: 6-8 US-$

Auch in Costa Rica kann man **Rabatte** bei bestimmten Unterkünften, Tourveranstaltern etc. erhalten, wenn man im Besitz eines internationalen Jugendherbergsausweises, eines Ausweises für Studenten (ISIC), Lehrer (ITIC) oder Schüler (IYTC) ist. Diese muss man allerdings schon zu Hause erworben haben.

Welche **Jugendherbergen** in Costa Rica dem YHA-Verbund angeschlossen sind, kann man über die europäischen Verbände erfahren. Tipp: Den

Jugendherbergsausweis kann man auch als Familie beantragen!

- **Deutsches Jugendherbergswerk,** Bismarckstr. 8, 32657 Detmold, Tel. 05231/ 74010, www.jugendherberge.de, 12-20 €.
- **Österreichischer Jugendherbergsverband,** Schottenring 28, 1010 Wien, Tel. 01/ 5335353, www.oejhv.or.at, 15-20 €.
- **Schweizer Jugendherbergen,** Schaffhauserstr. 14, 8042 Zürich, Tel. 01/3601414, www.youthhostel.ch, 22-33 SFr.
- **ISIC/ITIC/IYTC,** zum Kauf (9,20 € bzw. 20 SFr) geht man zum AStA, in ein Reisebüro oder zum Studentenwerk und muss Immatrikulationsbescheinigung bzw. Schüler- oder Lehrerausweis, Personalausweis und Passbild vorlegen. Den nächsten Verkaufspunkt findet man unter www.isic.org oder www.isic.de.

Schecks, Karten und Bargeld

Empfehlenswert ist es, **US-$-Reiseschecks** und **-Bargeld** in kleineren Mengen mitzunehmen. Die amerikanische Währung wird fast überall gewechselt, wohingegen der Euro wohl noch einige Zeit bis zu seiner Durchsetzung brauchen wird. Andere europäische Währungen sind weitgehend unbekannt und können nur in wenigen Banken und Wechselstuben zu einem weniger günstigen Kurs umgetauscht werden. Leider können Reiseschecks nur in Banken und Wechselstuben (z.T. hohe Gebühr!) eingelöst werden. Hotels lehnen meist ab, da die Schecks erst nach etwa einem Monat gutgeschrieben werden. Manche Banken tauschen aus Sicherheitsgründen Reiseschecks nur maximal bis 100 $ pro Tag ...

Kreditkarten (v.a. VISA, oft auch MasterCard, American Express) werden von den meisten größeren Hotels und Restaurants, den Autovermietern und Reiseveranstaltern akzeptiert, manchmal werden jedoch, v.a. in den Hotels, Gebühren bis zu 10 % erhoben! Am gängigsten ist VISA, in abgelegenen Urwaldlodges werden meist keine Kreditkarten akzeptiert. Wer ein Auto mieten möchte, sollte unbedingt eine Kreditkarte mitnehmen, da er sonst eine hohe Kaution hinterlegen muss! Viele Tankstellen akzeptieren Kreditkarten (ohne Aufschlag). Von Barabhebungen per **Kreditkarte** ist abzuraten, weil dabei bis zu 5,5 % an Gebühr einbehalten werden. Aber für das **bargeldlose Zahlen** berechnet der Kreditkartenaussteller nur eine Gebühr für den Auslandseinsatz in Höhe von ca. 1-2 %.

Inzwischen ist es problemlos möglich, mit einer **EC-Karte** (Maestro-Karte) Bargeld abzuheben. Je nach Hausbank wird dafür pro Abhebung eine Gebühr von ca. 3-4 € bzw. 5-6 SFr berechnet. Voraussetzung ist, dass die Karte das „MAESTRO“-Zeichen trägt. Geldautomaten mit diesem Zeichen gibt es u.a. in San José (z.B. Plaza de la Cultura), Alajuela, Cartago, Liberia, Playa Tamarindo und Quepos.

Es ist wegen des schlechten Kurses nicht notwendig, schon in Europa **Colones,** die einheimische Währung, zu besorgen. Nehmen Sie für den Ankunftstag einige **kleinere Dollar-Scheine** mit, damit Sie die Taxifahrt und die erste Übernachtung bezahlen können. (Siehe auch Stichpunkt „Geld und Währung“ im Kapitel „Praktische Infos A–Z“.)

Gesundheitsvorsorge

An dieser Stelle sei auf die **Reise-Gesundheits-Informationen** zu Costa Rica im **Anhang** hingewiesen.

Impfungen

Bei der Einreise aus Europa sind keine Impfungen vorgeschrieben. Bei der Einreise aus Choleragebieten kann eine Impfung verlangt werden. Empfohlen werden Impfungen gegen **Hepatitis A und B** (sofern keine Immunität besteht, vorher Test beim Gesundheitsamt durchführen lassen), **Tetanus** und **Diphterie.** Bei höherem Risiko (z.B. Trekkingtouren) können auch Impfungen gegen **Tollwut** und **Typhus** sinnvoll sein.

Malaria

Als Gebiete mit **geringem Malariarisiko** gelten die Gebiete unter 500 m Höhe der Provinzen Alajuela, Guanacaste, Limón und Puntarenas. Die übrigen Landesteile und auch die Städte dieser Regionen gelten als malariafrei. Deshalb gilt als wichtigste Maßnahme der **Schutz vor Mückenstichen:** Bei Aufenthalt im Freien abends und nachts körperbedeckende, helle Kleidung tragen und die freien Stellen mit einem Mückenschutzmittel *(repelente)* einreiben; im Raum ein Moskitonetz verwenden. Im Falle einer **Erkrankung** wird die Sofortbehandlung mit Chloroquin empfohlen (keine Selbstdiagnose!). Bei längerem Aufenthalt in gefährdeten Gebieten (Dschungeltouren) kann eine **Prophylaxe** mit Chloroquin sinnvoll sein, die eine Woche vor Betreten des Gebietes beginnen sollte und vier Wochen nach seinem Verlassen fortgesetzt werden muss. **Auskünfte** erteilen Apotheken oder Tropeninstitute.

Dengue

Immer mehr Fälle dieser tropischen Krankheit – die bei Nichtbehandlung auch tödlich enden kann – werden in Costa Rica registriert. Der einzige Schutz ist die Abwehr von Mücken, die den Erreger dieses Fiebers übertragen (ähnlich wie bei Malaria), denn es gibt noch keine wirksame Prophylaxe.

Medikamente

Wichtige Medikamente sollte man sich in Europa besorgen; auf alle Fälle mitnehmen: ein kleines Notfall-Set (Pflaster, Verbandspäckchen, Wunddesinfektion), Präparate gegen Durchfall, Verstopfung, Erkältung und Sonnenbrand.

Bei längerem Aufenthalt

Bei Aufenthalt von mehr als drei Monaten Dauer wird ein Gesundheitszeugnis verlangt. Nach der Ankunft kann man auf AIDS getestet werden.

Versicherungen

Die Kosten für eine Behandlung in Costa Rica werden von den gesetzlichen Krankenversicherungen in Europa nicht übernommen, daher ist der Abschluss einer privaten **Auslandskrankenversicherung unverzichtbar.** Diese sind in Deutschland ab 5-10 € pro Jahr auch sehr günstig. Bei der Wahl der Versicherung sollte man typische **Leistungsunterschiede** prüfen:

- **Reisedauer:** Bei einigen Versicherern wird von einer maximalen Reisedauer von 30 oder auch 62 Tagen ausgegangen. Bei längerem Aufenthalt wird auch die Versicherung teurer.
- **Rücktransport:** Wird in der Regel nur auf ärztliches Anraten übernommen. Im Todesfall werden unterschiedlich hohe Beträge für die Rücküberführung gezahlt.
- **Selbstbeteiligung:** Einige haben z.B. bei Zahnbehandlungen eine Selbstbeteiligung, andere zahlen 100 %.
- **Nachleistungsfrist:** Kann man nicht wie geplant nach Hause reisen, sollte die Versicherung die Rechnungen noch eine Zeit lang weiterzahlen.
- **Altersgrenze:** Die Kosten sind nach Alter gestaffelt. Die Altersgrenzen sind je nach Versicherer unterschiedlich.
- **Chronische Krankheiten:** Wird aufgrund einer Krankheit, die schon vor Urlaubsantritt bestand, eine Behandlung fällig, ist diese nur von wenigen Versicherungen gedeckt.

Zur Erstattung der Kosten benötigt man grundsätzlich ausführliche **Quittungen** (mit Datum, Namen, Bericht über Art und Umfang der Behandlung, Kosten der Behandlung und Medikamente).

Reiserücktrittskostenversicherung

Eine solche Versicherung lohnt sich vor allem, wenn man ein **„preiswertes" Flugticket** mit einer geringen Gültigkeitsdauer oder mit festen Reiseterminen gebucht hat, die nicht mehr geändert werden können. Denn sonst kann der Flugtermin für eine geringe Gebühr innerhalb der Gültigkeitsdauer beliebig oft verschoben werden.

Ob es sich lohnt, die teuren 35-80 € auszugeben, hängt nicht zuletzt von der Höhe der **Stornogebühr** ab, die im Falle des Reiserücktritts fällig würde. Wie hoch die Stornogebühr sein und wann sie fällig wird, sollte man bei Buchung der Reise genau klären.

In jedem Fall muss man eine solche Versicherung je nach Versicherer **binnen 8-14 Tagen nach Reisebuchung** abschließen, sonst ist es nicht mehr möglich, sich gegen den Reiserücktritt zu versichern. Bucht man weniger als 14 Tage vor Reiseantritt Last-Minute, kann man diese Reise nicht versichern.

Bei der Wahl der Versicherung sollte man **typische Leistungsunterschiede** prüfen:

- **Gründe für Rücktritt:** Tod, schwerer Unfall oder Erkrankung, Impfunverträglichkeit, betriebsbedingte Kündigung, neuer Arbeitsplatz nach Arbeitslosigkeit, Schwangerschaft, Schaden an Eigentum durch Feuer u.Ä. Es gelten nicht als Grund: Krieg, Unruhen, Streik, etc.
- **Schadensgrenze:** Es sollten 100 % der Stornokosten, Reiseabbruchkosten sowie Umbuchungskosten übernommen werden.
- **Selbstbeteiligung:** Bei Krankheit 20 % oder mindestens 25 €.

Reisegepäckversicherung

Der Abschluss einer Reisegepäckversicherung **lohnt sich seltener,** da die Policen zu viele Einschränkungen enthalten. Überdies besteht die Gefahr der Doppeltversicherung, denn Einbruch, Raub und Beschädigung von Eigentum sind in der Regel auch im Ausland durch die **Hausratversicherung** gedeckt.

- **Verlorenes Gepäck:** Wird bei Flugreisen oft nur nach Kilopreis ersetzt, damit ist der „Armani"-Anzug dann wohl kaum gedeckt. Der Zeitwert wird nur nach Vorlage der Rechnung ersetzt.
- **Sorgfalt:** Wurde eine Wertsache nicht im Safe aufbewahrt, gibt es bei Diebstahl keinen Ersatz. Kameraausrüstung und Laptop dürfen beim Flug nicht als Gepäck eingecheckt worden sein. Gepäck im unbeaufsichtigt abgestellten Fahrzeug ist ebenfalls nicht versichert. Die Liste ist endlos ...
- **Höchstsumme:** Die Höchstsumme, für die man sich versichern kann, deckt meist nur einen Bruchteil der Wiederbeschaffungskosten für Laptop, Kameraausrüstung etc.
- **Protokoll:** Egal, ob man den Flug verpasst – ohne das detaillierte polizeiliche Protokoll oder die Verlustmeldung bei der Airline bekommt man nichts erstattet.

Anbieterauswahl

Der Abschluss einer **Jahresversicherung** ist in der Regel kostengünstiger als mehrere Einzelversicherungen. Günstiger ist auch die **Versicherung als Familie** statt als Einzelpersonen. Hier sollte man nur die Definition von „Familie" genau prüfen.

Eine Privathaftpflichtversicherung hat man in der Regel schon. Diese ist jedoch oftmals in **„Reiseversicherungspaketen"** enthalten, wodurch man unnötig doppelt – aber nicht besser – versichert ist. Bei der Unfallversicherung, die man schon hat, sollte man prüfen, ob diese im Falle plötzlicher Arbeitsunfähigkeit aufgrund eines Unfalls im Urlaub zahlt.

Auch durch manche **Kreditkarten** oder eine **Automobilclubmitgliedschaft** ist man für bestimmte Fälle schon versichert. Das sollte man klären, bevor man sich unnötig doppelt versichert. Achtung: Die Versicherung über die Kreditkarte gilt immer nur für den Karteninhaber!

Die **Stiftung Warentest** in Deutschland und **Konsument.at** in Österreich testen regelmäßig verschiedene Versicherungsarten. Über ihre Websiten kann man Testberichte herunterladen, Online-Abonnent werden oder Hefte zum Thema bestellen: www.warentest.de; www.konsument.at.

Weitere Informationen erhält man in Deutschland bei der **Verbraucherzentrale** (www.verbraucherzentrale.com) und in Österreich bei der **Arbeiterkammer** (www.arbeiterkammer.at).

Tipp: Für alle abgeschlossenen Versicherungen die **Notfallnummern notieren** und mit der Policenummer gut aufheben! Bei Eintreten eines Notfalles sollte die Versicherungsgesellschaft unverzüglich telefonisch verständigt werden.

Veranstalter: Pleite!

Jeder, der eine **Rundreise** oder eine **Pauschalreise** bucht, hat das Recht darauf, sich zu vergewissern, dass der Veranstalter **gegen eine Insolvenz versichert** ist.

Spätestens bei der ersten (An-)Zahlung sollte der Veranstalter bzw. das Reisebüro dem Kunden deshalb einen **Sicherungsschein** aushändigen.

Wenn kein Sicherungsschein ausgehändigt wurde und man annehmen muss, das der Veranstalter nicht versichert ist, sollte man ermessen, wie wahrscheinlich eine Insolvenz bei diesem Unternehmen ist. Das Risiko ist bei namhaften Veranstaltern eher gering, bei so genannten **Billigveranstaltern** jedoch durchaus möglich. Im Zweifelsfall erhält man bereits bezahlte Reiseleistungen nicht – beispielsweise den Rückflug ...

Bei den deutschen Verbraucherzentralen kann man die **Broschüre „Recht auf Reisen"** für 7,15 € erwerben, die bei Ärger mit Veranstaltern weiterhilft (www.verbraucherzentrale.com).

Ausrüstung

Koffer oder Rucksack?

Es ist sinnvoll, ein größeres und ein kleineres Gepäckstück mitzuführen, damit man einen Teil des Gepäcks im Hotel in San José oder Umgebung lassen kann, während man in anderen Landesteilen unterwegs ist. Wer mit öffentlichen Verkehrsmitteln reist, ist mit einem Rucksack gut bedient, auch wenn sich *mochileros* nicht immer und überall ungeteilter Beliebtheit erfreuen. Wer plant, mit einem Mietwagen zu reisen, kann hingegen getrost einen abschließbaren (Hartschalen-)Koffer mitnehmen – nicht vergessen, ein zusätzlicher Koffergurt hält den Koffer beim Flug sicher zusammen!

Buchtipps

- *Rainer Höh:* **Wildnis-Ausrüstung**
- *Helmut Hermann:* **Reisefotografie**
- *Volker Heinrich:* **Reisefotografie digital**
- *Wolfram Schwieder:* **Richtig Kartenlesen,** alle erschienen in der Praxis-Reihe, Reise Know-How Verlag

Kleidung

Neben leichter, atmungsaktiver Kleidung und kurzen wie langen Hosen sollte man für kühle Abende im Hochland auch einen Pullover und/oder eine Jacke mitnehmen. Ein Regenschutz sollte nicht fehlen – auch in der „Trockenzeit" kann es, vor allem an der Karibikküste, regnen! Neben bequemen Schuhen sind für Wanderungen in den Nationalparks leichte Wanderschuhe empfehlenswert; Gummistiefel kann man meist vor Ort ausleihen.

Foto und Video

Die Regel lautet: möglichst alles von zu Hause mitnehmen. Das Angebot an Fotobedarf ist in Costa Rica beschränkt und verhältnismäßig teuer. Am ehesten bekommt man Fotoartikel in San José (siehe dort). Nicht vergessen sollte man **Ersatzbatterien** für Kamera und Blitz.

Karten

Eine einfache Straßenkarte erhält man kostenlos beim ICT in San José (siehe „Auskunftsstellen" im Kapitel „Praktische Infos A–Z"). Alle weiteren Karten kann man im Fachbuchhandel und bei Online-Buchhandlungen kaufen. Eine gute Karte ist die im world mapping project bei Reise Know-How erschienene Karte **„Costa Rica/Panama"** im Maßstab 1:550.000 (8,90 €). Sie besteht aus reiß- und wasserfestem

Papier, ist gps-tauglich, enthält einen Ortsindex und ist mit Höhenlinien sowie farbigen Höhenschichten versehen.

Bücher

Für alle diejenigen, die des Spanischen nicht oder nur wenig mächtig sind, empfiehlt sich der **Kauderwelsch-Sprechführer** Band 113 „Spanisch für Costa Rica – Wort für Wort" von *Regine Rauin,* erschienen im Reise Know-How Verlag. Begleitendes Tonmaterial (Kassette oder CD) ist ebenfalls erhältlich.

Ein kleines **Wörterbuch** ist ebenfalls hilfreich. **Deutschsprachige Literatur** ist vor Ort so gut wie gar nicht zu bekommen; englischsprachige Bücher gibt es in San José.

Sonstiges

Wer plant, den Nationalpark Chirripó zu besuchen, sollte unbedingt einen guten **Schlafsack** mitnehmen. Ansonsten leistet ein leichter Leinenschlafsack (oder Bettbezug) in Hotels der untersten Preisklasse gute Dienste. **Tauch- und Surfausrüstungen** leiht man vor Ort, evtl. lohnt sich die Mitnahme einer **Schnorchelausrüstung.**

Checkliste

- Reisepass, Führerschein, Flugtickets
- Kopien der o.g. Dokumente (getrennt aufbewahren)
- Reiseschecks, Bargeld, Kreditkarte
- Fotoausrüstung
- Fernglas (für Naturfreunde unentbehrlich!)
- Taschenlampe und Batterien
- Taschenmesser
- Wasserflasche
- Strom-Adapter
- Literatur, Wörterbuch
- Wanderschuhe, Gummistiefel
- Regenschutz, evtl. Regenschirm
- Badeschlappen
- Damen: Sport-BH
- Medikamente (s. „Gesundheitsvorsorge")
- Verhütungsmittel
- Sonnenbrille, Sonnencreme, Kopfbedeckung
- Mückenschutzmittel, juckreizstillende Creme
- Moskitonetz
- Lärmschutz (Ohrenstöpsel)
- evtl. (Leinen-)Schlafsack
- evtl. Zeltausrüstung
- evtl. Sportgeräte (Taucherbrille, Schnorchel)

506cr Foto: dk

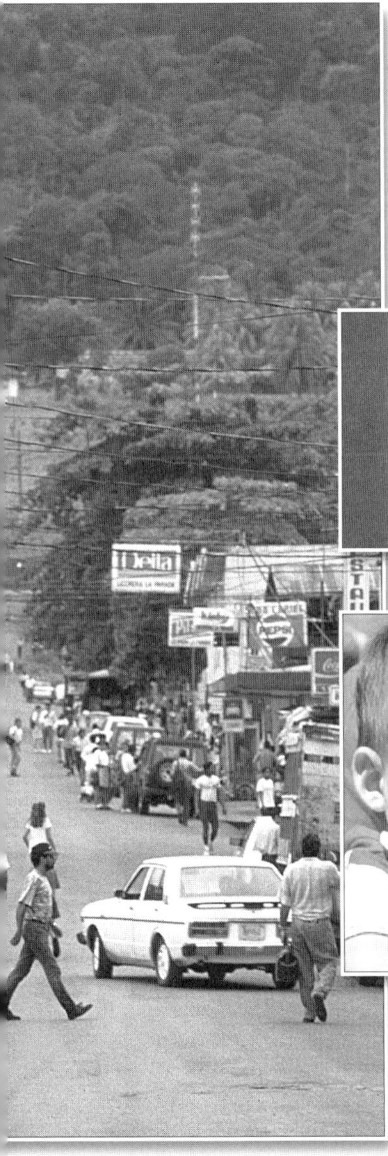

Praktische Infos A–Z

508cr Foto: dk

507cr Foto: dk

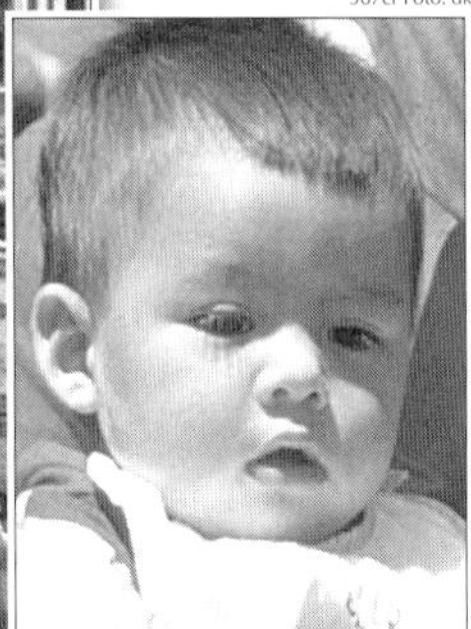

Ankunft

Derzeit erreichen fast alle europäischen Touristen Costa Rica über den internationalen Flughafen Juan Santamaría, etwa 3 km südlich von Alajuela und rund 17 km nordwestlich der Hauptstadt San José. Normalerweise wird bereits im Flugzeug eine **Touristenkarte** zusammen mit einer **Zollerklärung** ausgeteilt.

Nach der Pass- und Gepäckkontrolle werden beim Verlassen der **Ankunftshalle** gelegentlich die Gepäckscheine am Flugticket kontrolliert, um so die Rechtmäßigkeit des Kofferbesitzes sicherzustellen. Hinter der Gepäckkontrolle gibt es zwei **Informationsstände:** I.C.T. und CANATUR.

In der **Abflughalle** im Obergeschoss gibt es einige öffentliche **Fernsprecher. Geldautomat/-wechsel** bei der Banco de Costa Rica (Mo-Fr 5.30-20 Uhr). Hinter dem Hotel Hampton Inn gibt es eine private **Gepäckaufbewahrung:** *Tourist Lockers & Info Center* (Surfbretter, Fahrräder, Koffer etc.), Tel. 442.3671, tägl. 7-19 Uhr.

Mehrere **Autoverleiher** bieten ihre Dienste an. Auf alle Fälle gilt es, die Preise zu vergleichen, denn immer wieder gibt es interessante Angebote. Die Verleiher in San José sind dabei nicht unbedingt billiger (siehe hierzu auch „Mietwagen" beim Stichpunkt „Verkehrsmittel" in diesem Kapitel). In der Hochsaison ist es jedoch ratsam, den Wagen schon in Deutschland zu buchen (vgl. Anzeige S. 589).

Weiterfahrt nach San José oder Alajuela

- **Flughafen-Taxi** (direkt am Ausgang): nach San José 12 $ (Festpreis!), Alajuela ca. 4 $.
- **Colectivo** (ebenfalls am Ausgang): rote Kleinbusse, Fahrpreis nach San José etwa 8 $.
- **„Normale" Taxis:** Beim Verlassen des Flughafens stehen an der Straße oft weitere Taxis, die etwas günstigere Tarife bieten: nach San José etwa 9 $, nach Alajuela ca. 3 $.
- **Bus:** Tagsüber und abends (5.30-24 Uhr, danach alle Std.) verkehren regelmäßig Busse zwischen Alajuela und San José, die auch am Flughafen halten: Haltestelle hinter den Autoverleihern, Fahrpreis ca. 1 $.

Auskunftsstellen

I.C.T. (Instituto Costarricense de Turismo)

- Die **staatliche Tourismusbehörde** unterhält eine Auskunftsstelle **in San José** (C. 5/ Av. C.-2, unter der Plaza de la Cultura, Tel. 222.1090 oder 223.1733, Fax 223.5452, Postfachadresse: Apto. 777.1000), die Mo-Fr 9-17 Uhr geöffnet ist (auch im Postamt von San José). Hier bekommt man neben einer kostenlosen Landkarte und zahlreichen Infos über Busverbindungen, Museums-Öffnungszeiten etc. auch den (ebenfalls kostenlosen) Costa Rica Tourist Orientation Guide, der neben viel Werbung auch einige nützliche Informationen und Adressen bereithält.
- Weitere Informationsstellen des ICT gibt es am Flughafen **in Peñas Blancas** (Grenze zu Nicaragua) und **in Paso Canoas** (Grenze zu Panama).
- **Flughafen-Information:** Tel. 443.2622.

SINAC (Sistema Nacional de Areas de Conservación)

- **Telefonische Informationen** unter Tel. 192.
- Ein Informationsbüro für Nationalparks und Naturreservate gibt es derzeit nicht; die **Nationalparkverwaltung** wurde dezentralisiert.

- **Regionalbüros** gibt es in San José, Cartago, Limón, Guápiles, Cd. Quesada, Santa Rosa, Nicoya, Puriscal, San Isidro, Pto. Jiménez.
- **Fundación de Parques Nacionales,** Tel. 257.2239 (Mo-Fr 8-17 Uhr).

Botschaften und Konsulate in Costa Rica

Europäische Vertretungen

- **Botschaft der Bundesrepublik Deutschland** *(Embajada de la República Federal de Alemania),* San José, Barrio Rohrmoser, von der Residenz des spanischen Botschafters 200 m nördl. und 50 m östl., Tel. 232.5450, 232.5533 und Notfall-Tel. 3817968.
- **Generalkonsulat der Republik Österreich** *(Consulado General de Austria),* San José, Toyota-Gebäude in Paseo Colón, 200 m südl. und 50 m östl., gegenüber Parque de Mata Redonda, No. 3650, Tel. 255.3007.
- **Botschaft der Schweiz** *(Embajada de Suiza),* San José, Paseo Colón/C. 38-40, Edificio Centro Colón (10. Stock), Tel. 221.4829, 222.3229.

Vertretungen der Nachbarländer

- **Botschaft der Republik Nicaragua** *(Embajada de la República de Nicaragua),* San José, Av. C./C. 27, Tel. 222.2373.
- **Botschaft der Republik Panama** *(Embajada de la República de Panamá),* San Pedro, 600 m südl. des Antiguo Higueron, Tel. 280. 1570, 281.2442.

Camping

Möglichkeiten zum Zelten gibt es in zahlreichen Nationalparks sowie an vielen Strandorten, und ständig kommen neue Campingplätze hinzu. Die hygienischen Verhältnisse lassen oft zu wünschen übrig. Die Preise liegen normalerweise zwischen 2,50 $ und 5 $ pro Person, manchmal wird für das Zelt noch eine Extragebühr fällig. In Orten ohne Zeltplatz kann man bei kleinen Hotels und Cabinas oder auch Privathäusern fragen, ob man sein Zelt für eine Nacht aufschlagen darf, ansonsten gibt es meist eine günstige Unterkunft am Ort. Wildcampen ist nicht zu empfehlen.

Campingplätze in Costa Rica

- **Valle Central:** Nationalpark Braulio Carrillo (Sektor Barva), Guayabo.
- **Karibik:** Cahuita, Pto. Viejo, Tortuguero.
- **Norden:** Fortuna.
- **Nordwesten:** Sta. Elena, Nationalpark Palo Verde, Res. Lomas Barbudal, Nationalpark Rincón de la Vieja, Nationalpark Santa Rosa, Bahía Salinas.
- **Halbinsel Nicoya:** Playa del Coco, Pl. Panamá, Pl. Brasilito, Pl. Grande, Pl. Tamarindo, Pl. Junquillal, Sámara, Nationalpark Barra Honda, Playa Tambor, Montezuma.
- **Zentrale Pazifikküste:** Playa Herradura, Jacó, Pl. Esterillos Oeste, Pl. Palma, Manuel Antonio, Uvita.
- **Süden:** Pto. Jiménez, Nationalpark Corcovado, Golfito, Nationalpark La Amistad.

Drogen

Längst ist auch Costa Rica in den Strudel des internationalen Drogenhandels geraten. Das Land ist eine wichtige Durchgangsstation auf dem Weg von Südamerika nach den USA. In der östlichen Talamanca-Region (im schwer zugänglichen Hinterland von Cahuita und Bribri sowie in der Provinz Guanacaste) wird in erster Linie Marihuana angebaut. Zwar wird der Konsum unter Einheimischen bisher nicht bestraft, bei Touristen, denen Drogenbesitz nachgewiesen werden kann, versteht die Polizei allerdings keinen Spaß, es drohen **harte Strafen** (5-20 Jahre Haft sind keine Seltenheit) für den Besitz und Handel von Drogen!

Buchtipp

- *Martin Lutterjohann:* **Drogen in Reiseländern** – Gesetz und Realität, Praxis-Reihe, Reise Know-How Verlag

Einkaufen

In allen größeren Städten des Landes gibt es **Supermärkte,** deren Angebot von US-amerikanischen Produkten beherrscht wird. Die Kette Palí führt eine beschränkte Produktauswahl zu günstigen Preisen. Ein breiteres Angebot bieten die modernen Supermärkte der Rayo-Azul-Kette, die oft auch sonntags geöffnet sind, fast überall findet man auch Märkte der Periféricos-Kette.

Auf dem Land decken unzählige **pulperías** (auch: **abastacedor)** den Bedarf an Lebensmitteln und anderen Produkten, meist kleine Läden, wo man auch nach Feierabend noch etwas bekommen kann. **Mini-Mercados** sind kleine Selbstbedienungsmärkte.

Ebenfalls in allen größeren Städten gibt es überdachte **Märkte** *(mercados)* mit einem meist reichhaltigen Angebot. Obst und Gemüse kann man hier gut einkaufen, speziell Bananen, Papaya, Melonen und Ananas werden ganzjährig angeboten. Äpfel sind meist importiert und entsprechend teuer. In San José wird allerlei Obst auch im Straßenverkauf lautstark angeboten. Vorsicht: Nicht alle „Bananen" sind ungekocht essbar! Koch- bzw. Bratbananen sind größer als normale.

Kein Mangel herrscht in der Brotversorgung. An fast jeder Ecke gibt es eine **Bäckerei** *(panadería),* die neben allerlei Brotwaren (kein Schwarzbrot, liebe Deutsche!) auch Kuchen und bunt verzierte Torten anbietet. In San José bieten die zahlreichen Musmannia-Läden ein recht appetitliches Angebot.

Fleisch- und Wurstprodukte findet man nur gelegentlich in einer eigenen **Metzgerei** *(carnicería),* ansonsten in Supermärkten und auf den Märkten.

Die **Preise** für Grundnahrungsmittel, Obst und Zigaretten sind relativ günstig, ansonsten entsprechen die Preise im wesentlichen mitteleuropäischem Standard. Bekleidung wird oft recht billig angeboten, die Qualität ist jedoch nicht immer befriedigend. Bei Büchern gibt es keine Preisbindung – Preisvergleiche lohnen.

Souvenirs

Souvenirs werden vor allem in der **Hauptstadt** angeboten: In zahlreichen *Artesanía*-Läden werden Holzschnitzereien (oft aus tropischen Edelhölzern!), Lederwaren, Nachbildungen antiker Kunstgegenstände und allerlei Kitsch verkauft. An der Plaza de la Cultura ist die ganze Woche **Kunsthandwerksmarkt,** wobei die angebotenen Textilien meist aus Guatemala stammen. Handeln ist hier ebenso üblich wie beim Kauf von **Hängematten,** die nebenan vor dem Gran Hotel Costa Rica verkauft werden. Im Mercado Central und Borbon werden ebenfalls Mitbringsel angeboten.

Ein weiteres Zentrum für Kunsthandwerk, vor allem **Holzschnitzereien,** ist Sarchí, wobei sich die Preise dort nicht wesentlich von denen in San José unterscheiden. Ursprünglich vor allem wegen seiner **Lederarbeiten** bekannt, gibt es heute im Nachbarort Moravia (9 km von San José) so gut wie alles, was das Touristenherz begehrt.

Ebenfalls in San José gibt es eine ganze Reihe von **Kunstgalerien,** die aber auch nicht gerade durch ihre günstigen Preise auffallen.

Ein beliebtes Mitbringsel, und dabei nicht nur nützlich, sondern sicher auch landestypisch, ist **Kaffee,** der schön verpackt in Jute-Säckchen angeboten wird. **Alkoholische Getränke** (z.B. Rum oder Guaro) kauft man am besten bei der Ausreise an einem der Duty-Free-Läden am Flughafen, was aber nicht unbedingt billiger ist! Zahlreiche Läden in San José bieten inzwischen auch Zigarren an, meist aus Cuba importiert, aber es gibt auch *puros* aus heimischer Produktion.

Wer auf seiner Reise durchs Land auf die Nicoya-Halbinsel kommt, hat dort die Gelegenheit, schöne **Töpferwaren** zu günstigen Preisen zu erstehen.

Zollbestimmungen

Bei der Rückreise gibt es auch auf europäischer Seite **Freigrenzen, Verbote und Einschränkungen,** die man beachten sollte, um eine böse Überraschung zu vermeiden. Folgende **Freimengen** darf man zollfrei einführen:

- **Rauchwaren** (über 17-Jährige in EU-Länder und in die Schweiz): 200 Zigaretten oder 100 Zigarillos oder 50 Zigarren oder 250 g Tabak.
- **Alkohol** (über 17-Jährige in EU-Länder): 1 l über 22 % Vol. oder 2 l bis 22 % Vol. und zusätzlich 2 Liter nicht-schäumende Weine; in die Schweiz: 2 Liter bis 15 % Vol. und 1 Liter über 15 % Vol.
- **Andere Waren für den persönlichen Gebrauch** (über 15-Jährige): in die BRD 500 g Kaffee, nach Österreich zusätzlich 100 g Tee, (ohne Altersbeschränkung): 50 g Parfüm und 0,25 Liter Eau de Toilette sowie Waren bis zu 175 €. In die Schweiz Waren bis zu einem Gesamtwert von 300 SFr pro Person.

Wird der Warenwert von 175 € bzw. 300 SFr überschritten, sind **Einfuhrabgaben** auf den Gesamtwert der Ware zu zahlen und nicht nur auf den die Freigrenze übersteigenden Anteil. Die Berechnung erfolgt entweder pauschalisiert oder nach dem Zolltarif jeder einzelnen Ware zuzüglich sonstiger Steuern.

Einfuhrbeschränkungen bestehen in ganz Europa z.B. für Drogen, Arzneimittel, Waffen, Lebensmittel, Feuerwerkskörper, Raubkopien, Pornographie, Tiere und Pflanzen; in der BRD überdies für verfassungswidrige Schriften, in Österreich für Rohgold und in der Schweiz für CB-Funkgeräte etc. **Nähere Informationen:**

- **BRD:** www.zoll.de oder beim Zoll-Infocenter, Tel. 069/469976-00.
- **Österreich:** www.bmf.gv.at oder beim Zollamt Villach, Tel. 04242/33233.
- **Schweiz:** www.zoll.admin.ch oder bei der Zollkreisdirektion in Basel, Tel. 061/2871111.

103cr Foto: dk

Elektrizität

Die Stromspannung beträgt allgemein 110 Volt, einen Adapter *(adaptador de corriente)* für europäische Stecker mit abgeflachten Kontakten (wie USA) gibt es nur in besseren Hotels.

Essen und Trinken

Restaurants

Die **Auswahl** an Restaurants aller Preisklassen ist in der Hauptstadt enorm, in den touristischen Zentren gut, in den größeren Städten akzeptabel und ansonsten beschränkt. Neben einfachen Restaurants *(Sodas)* mit einheimischer Küche findet man häufig chinesische Lokale, die meist einfache und günstige Gerichte anbieten. Ab und zu gibt es auch italienische Restaurants – eine willkommene Abwechslung. Die besten Steaks kommen aus der Provinz Guanacaste, dem „Klein-Argentinien" des Landes. Vegetarier finden nur wenige spezielle Restaurants, können aber überall ein vegetarisches Gericht *(plato vegetariano)* bestellen.

Zettelkasten: Restaurant Linda Vista an der Straße zum Vulkan Irazú

Preise

Da es meist keine **Speisekarte** draußen vor den Restaurants gibt, sollte man sich im Zweifelsfall drinnen die *lista* zeigen lassen. Achtung: Auf den Preis, der in der Speisekarte genannt wird, kommen meist noch 10 % **Service** *(servicio)* und weitere 13 % **Steuer** *(impuestos)* hinzu. Alle in diesem Handbuch genannten Preise (für Frühstück/Mittag-/Abendessen) enthalten bereits diese Zuschläge. Wer für gute Bedienung zusätzlich ein **Trinkgeld** *(propina)* geben möchte, sollte dies einfach auf dem Tisch liegenlassen.

Die einheimische Küche

Die einheimische Küche basiert im wesentlichen auf der Kombination **Reis mit Bohnen;** gegessen wird im allgemeinen nicht so scharf wie z.B. in Mexico.

Zum **Frühstück** gibt es *Gallo Pinto,* gekochten Reis mit dicken schwarzen Bohnen und Zwiebeln vermischt, dazu ein Spiegelei *(huevo frito)* oder Rührei *(huevo revuelto)*, je nach Hunger auch ein Steak. Der Kaffee (schwarz: *café negro,* mit Milch: *café con leche)* ist nicht unbedingt jedermanns Geschmack, die besten Bohnen werden schließlich exportiert ...

Das **Mittagsmenü** *(casado)* besteht ebenfalls aus Reis und Bohnen, außerdem Kochbanane *(plátano)*, Gemüse, manchmal auch Maniok *(yuca)*, und dazu entweder Schmorfleisch *(carne)*, Hähnchen *(pollo)* oder Fisch *(pescado)*. Wer gegrilltes Fleisch möchte, fragt nach *bistek* oder *lomito* (Steak), auf Wunsch auch mit Pommes Frites *(papas fritas* oder *papas a la francesa)*.

Oft gibt es vorher eine **Suppe,** z.B. mit Bohnen *(sopa de frijoles)* oder als Eintopf mit Fleisch und Gemüse *(olla de carne)*. Wer nur eine klare Brühe möchte, fragt nach einer *consomé*.

Salate *(ensalada)* sollte man nur dann bestellen, wenn man den hygienischen Verhältnissen des Lokales vertraut, und auch dann nur ohne Mayonnaise. Besonders schmackhaft sind Salate mit frischen Palmherzen *(palmito)*.

Wie in Lateinamerika üblich, wird auch in Costa Rica viel **Huhn** gegessen, entweder mit dem schon erwähnten *casado,* gegrillt *(pollo a la brasa, pollo campesina)* oder mit Reis *(arroz con pollo)*.

Günstig und sättigend sind übrigens auch die anderen Variationen von **Reisgerichten:** mit Fleisch *(arroz con carne)*, Garnelen *(con camarones)* oder nur mit Gemüse *(con verdura)*.

Fast überall im Land bekommt man frischen **Fisch,** das Meer ist ja meist nicht weit: Am häufigsten wird Seebarsch *(corvina)* angeboten, meist kurz gebraten *(frito)*, manchmal auch in Knoblauchsoße *(al ajillo)* oder roh als kalte Vorspeise, gewürfelt und in Limonen eingelegt *(ceviche)*. Weitere Fischarten sind Rotbarsch *(pargo)* und Goldmakrele *(dorado)*.

In zahlreichen Restaurants werden auch Meeresfrüchte *(mariscos)* angeboten: Neben Garnelen/Shrimps *(camarones)* und Muscheln *(ostiones)* kann besonders eine frische Languste *(langosta)* ein echter Leckerbissen sein – allerdings ein nicht gerade billiger.

Zum **Nachtisch** bekommt man überall *arroz con leche* angeboten, einen süßen Milchreis. Außerdem natürlich den obligatorischen *flan,* einen Vanillepudding mit Karamelsoße.

Weitere **Spezialitäten** der lokalen Küche sind *tamales,* Fleisch mit Maismehl in Bananenblätter eingerollt (die allerdings nur als Verpackung dienen), sowie *empanadas,* mit Hackfleisch, Käse oder Gemüse gefüllte Teigtaschen. Mais isst man entweder als gerösteten bzw. gekochten Kolben *(elote),* als Eintopf *(guiso de maíz),* als Maispfannkuchen *(chorreado)* als Maisbrot *(pan de maíz)* oder als Maisfladen *(tortillas).*

Eine **karibisch geprägte Küche** findet man an der Atlantikküste: Grundlage der *cocina criolla* sind ebenfalls Reis und Bohnen *(rice and beans),* die in Kokosöl ausgebacken werden.

In einigen Bars werden in guter alter spanischer Tradition zum Bier **Tapas** gereicht, die man hier als *bocas* bezeichnet, also kleine Beilagen, die aber manchmal durchaus ein Essen ersparen können.

Getränke

Alkoholfreie **Erfrischungsgetränke** *(refrescos)* sind meist amerikanische Produkte, die im Land abgefüllt werden. Sie werden normalerweise mit reichlich Eiswürfeln serviert; da dies wegen der Infektionsgefahr nicht empfehlenswert ist, sagt man bei der Bestellung *sin hielo.* Mineralwasser *(agua mineral)* wird im Land produziert und enthält meist Kohlensäure *(con gas).* Oft wird zum Essen kostenlos Wasser gereicht, das allerdings gefiltert *(purificada)* sein sollte.

Am besten trinkt man in Costa Rica jedoch einen frischen **Fruchtsaft** *(fresco),* der entweder mit Wasser *(en agua)* oder Milch *(en leche)* angeboten wird. Neben den gängigen Sorten Banane *(banano),* Ananas *(piña),* Papaya, Honigmelone *(melón),* Wassermelone *(sandía)* und Brombeere *(mora),* die ganzjährig angeboten werden, sollte man – sofern erhältlich – unbedingt einen wohlschmeckenden und erfrischenden *Guanabana*-Saft probieren (zu deutsch: „Stech-Anone"). Außerdem gibt es manchmal auch Mango, Maracuja und Sternfrucht *(carambola).* Nicht jedermanns Sache sind *Tamarindo*-Säfte, doch probieren geht bekanntlich ja über studieren.

An den Stränden werden oft auch frische **Kokosnüsse** angeboten, deren Flüssigkeit *(agua de pipa)* recht erfrischend schmeckt. Mit einem Schuss Rum nennt sich das Ganze *Coco Loco* – aber Vorsicht: Die Sonne verzeiht keinen Alkohol!

Da in Costa Rica kein erwähnenswerter **Wein** hergestellt wird – im Normalfall bekommt man chilenischen oder kalifornischen Wein angeboten, manchmal auch französischen – allerdings reichlich teuer – heißt das beliebteste alkoholische Getränk auch hier Bier.

In den beiden staatlichen Brauereien werden mehrere durchaus schmackhafte **Biersorten** gebraut: Tropical („Leichtbier" mit 3,7 %), Imperial (die Standard-Sorte, 4 %), Bavaria (hochwertiger, 4 %) und Pilsen (etwas herber, 4,5 %). Außerdem gibt es noch Bavaria-Light (2,7 %), Rock-Ice (Geschmackssache!), das schmackhafte Bavaria Dark (Dunkelbier, 4,3 %) und das ebenfalls hier gebraute Heineken (4 %).

Bei allen Ticos beliebt (weil billig) ist *Guaro,* ein einfacher **Zuckerrohrschnaps** – um ehrlich zu sein: ein rechter Fusel. Besser ist da schon der einheimische **Rum** (z.B. *Ron Tico),* der ebenfalls relativ billig ist und sich gut für einen Cuba Libre eignet, sowie **Kaffeelikör** *(Café Rica).* Sonstige Alkoholika sind importiert und entsprechend teuer. Beliebte **Cocktails** sind Cuba Libre, Margerita, Ron Punch und Piña Colada.

Feste und Feiertage

Da Costa Rica ein vom katholischen Glauben geprägtes Land ist, werden die **religiösen Feiertage** mit großer Anteilnahme gefeiert. Außerdem begeht jeder Ort den **Jahrestag** „seines" Schutzheiligen, und auch sonst gibt es genügend Anlässe für ausgelassene Feierlichkeiten.

Zu den größten nicht-religiösen Festen gehören der **Karneval** in Limón und das Stadtfest in Liberia. Die *fiestas* werden oft begleitet von Stierkämpfen *(corrida de toros),* die aber in Costa Rica glücklicherweise unblutig enden.

Ämter, Banken, Post usw. sowie die meisten Läden sind an offiziellen Feiertagen (in der umseitigen Liste mit * gekennzeichnet) geschlossen. Viele Geschäfte und die meisten Firmen und Behörden schließen während der ganzen **Woche vor Ostern** *(semana santa)* sowie zwischen **Weihnachten** und **Neujahr.** Am **Gründonnerstag** und **Karfreitag** ist praktisch alles geschlossen, der Busverkehr ruht an diesen Tagen weitgehend. **Bustickets** sollte man vor den Weihnachts- und Osterfeiertagen rechtzeitig besorgen, da es an diesen Tagen oft zu Engpässen kommt. Nähere **Informationen** zu den jeweiligen Veranstaltungsorten bekommt man im Büro der ICT (siehe Stichpunkt „Auskunftsstellen").

Festtagskalender: s. nächste Seite.

Fluglinien

Siehe unter dem Stichpunkt „Verkehrsmittel" in diesem Kapitel und Stichpunkt „Verkehrsverbindungen" im Kapitel „San José".

Festtagskalender

Mit (*) gekennzeichnete Daten sind offizielle Feiertage.
*1. **Januar:** Neujahrstag *(Año Nuevo);* letzter Tag der Feierlichkeiten in San José und im Indianerort Boruca
6. Januar: Heilige drei Könige
12. Januar: Festlichkeiten in Boruca
14. Januar: *Santo Cristo de Esquipulas;* Messe und Pilgerzug in Alajuelita (südlich von San José); Fest in Dulce Nombre de Cartago
ca. 14.-18. Januar: Volksfest in Santa Cruz mit Stierkämpfen
25. Januar: Tag des Hl. Paulus *(San Pablo),* Festlichkeiten in San Pablo (Heredia) und San Pablo de Turrubares (San José)
Ende Januar: Viehausstellung, Landwirtschaftsmesse und Stierkämpfe in San Isidro de El General
2. Februar: Mariä Lichtmess *(Día de la Candelaria);* zahlreiche Veranstaltungen zu Ehren der Jungfrau, u.a. in Paraíso u. Esparza (Puntarenas)
10. Februar: San Caralampio; Festlichkeiten in Bagaces (Guanacaste) und San Mateo de Orotina (Alajuela)
11. Februar: *Nuestra Sra. de Lourdes;* religiöse Feiern in Lourdes de Montes de Oca (San Pedro), Naranjo (Alajuela), Barva (Heredia) und Coto Brus (San Vito)
Ca. Mitte März (Sa/So): *Festival de los Boyeros,* Escazú; Umzug festlich geschmückter Ochsenkarren durch das Städtchen Escazú.
*19. **März:** St.-Josephs-Tag *(Día de San José),* Schutzheiliger von San José; Veranstaltungen in San José und San Josecito de Alajuelita (südlich von San José), traditioneller Besuch des Vulkans Poás
***Ostern** (Gründonnerstag bis Ostersonntag): Karwoche *(Semana Santa);* vor allem Karfreitag zahlreiche Prozessionen im ganzen Land, u.a. in Cartago und San Joaquín de Flores
5. April: *Día de San Vicente;* religiöse Feierlichkeiten in San Vicente de Moravia
*11. **April:** *Día de Juán Santamaría* (Jahrestag der Schlacht von Rivas); offizielles Programm in Alajuela
19. April: Tag des Costaricanischen Indianers *(Día del Indigena Costaricense);* Wallfahrt von Paraíso nach Ujarrás; in Boruca feiert man den Día de muchos diablos
23. April: *Día de San Jorge;* dreitägige Feierlichkeiten in Abangares (Provinz Guanacaste), z.B. in Las Juntas, Prozession am 24. April
Ende April: Woche der Universität von Costa Rica (UCR) in San Pedro mit Fiestas, Tänzen und kulturellen Veranstaltungen; Landwirtschaftsmesse in San Carlos (Cd. Quesada)
*1. **Mai:** Tag der Arbeit *(Día del Trabajo);* Tanzfeste in Limón
15. Mai: Tag der costaricanischen Bauern *(Día de San Isidro Labrador);* Veranstaltungen u.a. in Sta. Barbara de Heredia, San Isidro de Coronado, San Isidro de El General, Pacayas de Cartago, San Isidro de Grecia; San Isidro de Sta. Ana
3. Maiwoche: Feiern mit Tanz und Musik in Turrialba
13. Juni: San Antonio de Padua; Volksfest in Curridabat (bei San José) und Tilarán (4-5 Tage mit Stierkampf etc.); Vatertag
***Mitte Juni:** Fronleichnam *(Corpus Cristi);* religiöse Feiern u.a. in Pacayas (Cartago) und Cartago
24. Juni: Johannes der Täufer *(San Juan Bautista);* religiöse Feiern in San Juan de Tibás (bei San José) und San Juan de Abangares (Guanacaste)
*29. **Juni:** Hl. Peter und Paul *(Día de San Pedro y San Pablo);* zahlreiche religiöse Veranstaltungen vor allem im Valle Central
16. Juli: *Dia de la Virgen del Mar* in Puntarenas und Playa del Coco, Prozessionen mit Fischerbooten; *Virgen del Carmen:* Prozession in Alajuela/Barrio El Carmen
*25. **Juli:** Jahrestag der Annexion von Guanacaste (Nationalfeiertag); zahlreiche

Festlichkeiten im ganzen Land, vor allem in der Provinz Guanac aste: Fiesta in Nicoya, Cañas, Bagaces und Abangares, einwöchiges Stadtfest in Liberia *(Feria Ganadera)*; religiöse Feierlichkeiten in Puriscal (San José) und Sarchí zum Tag des Apostels Johannes *(Santiago Apostol)*

31. Juli: Stadtfest in San Ignacio de Acosta (bei San José)

***2. August:** Tag der Jungfrau von Los Angeles *(Virgen de los Angeles,* Nationalheilige); Prozessionen nach Cartago; Prozession in Naranjo *(Virgen de Piedades)*

8. August: religiöse Feiern in Santo Domingo de Heredia

***15. August:** Maria Himmelfahrt *(Asunción)*, auch Muttertag

19. August: Festwoche in Aserí (bei San José)

3. Augustwoche: *Fiestas* in Turrialba mit Stierkämpfen etc.

24.-26. August: *Fiestas* in Barba de Heredia

31. August: Feierlichkeiten und Prozessionen in San Ramón

1. September: *Pasada de la Virgen;* religiöses Fest in Cartago

9. September: Tag des Kindes *(Dia del Niño)*

***15. September:** Tag der Unabhängigkeit *(Día de la Independencia)*; Straßenparaden im ganzen Land, Fackelumzüge am Vorabend

21. September: *Fiestas* in San Mateo de Orotina (Alajuela)

24. September: *Día de las Mercedes;* mehrtägige Feierlichkeiten in Grecia

5. Oktober: *Nstra. Sra. del Rosario;* religiöse Feiern in Sto. Domingo de Heredia

***12. Oktober:** Kolumbus-Tag, Tag der Entdeckung Amerikas *(Día de la Raza)*; Karneval in Limón (4-5 Tage): Umzüge, Paraden, Straßenfeste; mehrtägiges Maisfest in Upala, Wahl der „Maiskönigin"

24. Oktober: *Día de San Rafael;* Volksfeste u.a. in Atenas, Zarcero, San Rafael de Escazú und San Rafael de Heredia

509cr Foto: dk

Musikzug bei einem der zahlreichen Feste

2. November: Allerseelen; Totenmessen und Friedhofsbesuche

4. Nov: *Fiestas* in San Carlos (Cd. Quesada)

7.-9. Dezember: *Fiestas* in Quepos

***8. Dezember:** Mariä Empfängnis *(Inmaculada Concepción)*; religiöse Feste im ganzen Land; Boruca feiert den *Día de los Negritos*

12. Dezember: Tag der Jungfrau von Guadelupe *(Día de la Virgen de Guadelupe)*; religiöse Feierlichkeiten in Nicoya (seit 8.12.)

***24./25. Dezember: Weihnachten** *(Navidad)*; am 25. Beginn eines einwöchigen Volksfestes in San José (bis 1. Jan.), Stierkämpfe in Zapote

27. Dez: *El Tope;* Reiterumzüge in San José

29. Dezember: Karnevalsfeiern am Jahresende, Umzug in San José

30./31. Dezember: *Día de los Diablitos* im Indianerort Boruca, am Sylvesterabend spielen Musikgruppen in den Stadtparks

Fotografieren

Wer seinen Fotoapparat nicht mitbringt, ist selbst schuld! Man sollte daran denken, dass in tropischen Breiten andere Lichtverhältnisse herrschen als bei uns: gleißendes Sonnenlicht am Strand, diffuses Halbdunkel im Regenwald.

Tipps zum Fotografieren unterwegs

- Zur **Ausrüstung** gehören unbedingt ein Blitzlicht und neben den 50 oder 100-ASA Standardfilmen auch höherempfindliche Filme sowie für Tierfotografie ein Teleobjektiv und ein Stativ.
- Gute Fotos im tropischen **Regenwald** sind nicht einfach. Nur wenig Licht gelangt durch den dichten Bewuchs. Also: hochempfindlicher Film (mindestens 400 ASA) und/oder Blitz.
- Unter freiem Himmel knallt die Sonne erbarmungslos, das Ergebnis sind knallharte Schlagschatten. Bei **Porträts** hilft ein Blitz zur Aufhellung der Schattenpartien. Gleiches gilt für Gegenlicht.
- Ein **Polfilter** reduziert die einfallende Lichtmenge, vermindert Dunst und verstärkt das Himmelsblau, ein **UV-** oder **Skylightfilter** filtert die UV-Strahlung.
- Bei Fotos von **fremden Menschen** versteht es sich von selbst, diese vorher um Erlaubnis zu bitten. *(Me permite sacar una foto de Usted, por favor?)*
- Die beste **Zeit** zum Fotografieren (nicht nur in den Tropen) ist der frühe Morgen und der Spätnachmittag. Aber Achtung: Etwa um 18 Uhr wird es schlagartig dunkel, es gibt keine lange Dämmerung.
- **Tiere** gut abzulichten erfordert Glück, Geduld und die richtige Ausrüstung. Viele Tiere halten sich in den Baumkronen auf, der Fotograf hingegen meist am Boden. Dadurch ergeben sich oft unangenehme Gegenlichtsituationen, die man nur selten mit einem Blitzlicht ausgleichen kann. Blende öffnen (ca. + 1,5 bis 3 Blenden) oder Belichtungsreihe.
- Für **Pflanzenfotografie** ist ein Makroobjektiv und Blitzlicht unerlässlich.
- Grundsätzlich gilt: Wenn Sie über die **Lichtverhältnisse** unsicher sind, machen Sie besser eine kleine Belichtungsreihe: Zusätzlich zur gemessenen Belichtungs-/Blendenkombination je eine weitere Aufnahme mit +1,5 und -1,5 Blendenstufen (bessere Kompaktkameras verfügen über diese Sonderfunktion).

Buchtipp

- *Helmut Hermann:* **Reisefotografie** und *Volker Heinrich:* **Reisefotografie digital,** Praxis-Reihe, Reise Know-How Verlag

Vor Ort

- Falls das **Filmmaterial** ausgeht: Negativfilme *(rollo para fotos)* sind relativ leicht zu bekommen (achten Sie auf Lagerung und Verfallsdatum), Diafilme *(rollo para diapositivas)* und Zubehör hingegen nur schwer, am ehesten in San José.
- Bei einem **technischen Defekt** an Ihrer Kamera wenden Sie sich an die bei San José angegebene Reparaturstelle.
- Negativfilme können vor Ort **entwickelt** werden, am besten in San José: Negativentwicklung und Abzüge 9x13 kosten ca. 2000 bis 2500 C.

Geld und Währung

Die Landeswährung ist der **Colón** (span. für Kolumbus). Im Umlauf sind Geldscheine zu 50, 100, 500, 1000, 2000, 5000 und 10.000 Colones (C.) sowie Münzen zu 5, 10, 20, 25, 50, 100 und 500 C. Mehr für Sammler oder als Souvenir dient der 5-Colón-Schein, der zu den schönsten Banknoten der Welt gerechnet wird.

Der **Wechselkurs** liegt im Januar 2005 bei 468 C. für 1 US-$. 1 € entspricht etwa 621 C., 1 SFr etwa 401 C. 1 US-$ liegt bei 1,17 SFr und 0,75 €.

Auch wenn der US-Dollar fast überall akzeptiert wird, sollte man diese „heimliche" Währung nicht unnötig stützen und in Colones bezahlen. Die **Inflationsrate** liegt im Jahr 2004 bei 9,4 %. Viele größere Hotels, Tourveranstalter und Autovermieter bieten ihre Leistungen in Dollar an und akzeptieren auch meist Dollar-Reiseschecks bzw. Kreditkarten.

Bar-Dollars und Dollar-Reiseschecks kann man in fast allen Banken **wechseln,** die meist Mo-Fr 9-15 Uhr geöffnet sind (günstiger bei der Banco Nacional); in San José gibt es auch einige Wechselstuben. Beide erheben eine Gebühr von etwa 0,5-1 % des zu wechselnden Geldbetrages. Ein Tipp: schneller geht es bei Privatbanken! Der Umtausch von Euro ist zwar grundsätzlich möglich, der Kurs aber in der Regel schlecht. Einige Banken berechnen sogar 10 % Bearbeitungsgebühr! Am Wochenende wechselt man am besten in den größeren Hotels (meist etwas schlechterer Kurs). Geldwechseln auf der Straße ist nicht empfehlenswert. Es ist offiziell verboten, da der Schwarzmarkt-Kurs kaum besser ist als der Bankkurs, lohnt sich das Risiko nicht.

Geldwechseln in einer **Bank** ist meist ein mühsames Unterfangen, mit 30 bis 60 Minuten muss man auf alle Fälle rechnen. Zunächst geht man zu einem Schalter, wo man die Schecks bzw. Banknoten und seinen Reisepass (!) vorweist. Danach heißt es Geduld üben und an der Kasse Schlange stehen. Falls am Eingang ein orangeroter Kasten mit dem Hinweis *tome ficha* steht, muss man eine Nummer ziehen und warten, bis diese aufgerufen wird. Vermeiden sollte man nach Möglichkeit Montage und das Monatsende, da dann die Banken erfahrungsgemäß stark frequentiert werden.

Bargeld auf **Kreditkarte** bekommt man nur in San José (Gebühr bei Banco Popular am Automaten), ansonsten entstehen beim Bezahlen mit Kreditkarte Zusatzkosten bis zu 5,5 %! Besser ist es da mit einer Maestro-Karte (vgl. Stichpunkt „Zahlungsmittel und Reisekosten" im Kap. „Vor der Reise").

Für **Geldüberweisungen** aus Europa brauchen Sie zunächst eine Bankverbindung in Costa Rica. Wenn Sie keine Bekannte haben, auf deren Konto Sie überweisen lassen können, suchen Sie sich eine Bank, die Ihnen weiterhilft. Die Gebühren für den Geldtransfer, der etwa 3 bis 4 Tage dauert, betragen rund 10 € (bis 2500 € Überweisungssumme) bei der Absenderbank und noch einmal etwa so viel bei der Empfängerbank.

Bei **Verlust der Reiseschecks bzw. Geldkarten** s. Stichpunkt „Sicherheit".

Achtung: Keine Colones zurück nach Europa nehmen, die heimischen Banken wechseln nicht!

Medizinische Versorgung

Die Gesundheitsversorgung in Costa Rica ist im Vergleich zu anderen lateinamerikanischen Ländern vorbildlich. Vor allem im Valle Central gibt es eine ganze Reihe **guter Kliniken und Hospitäler.** Auf dem Land existiert ein dichtes Netz von Krankenstationen *(puesto de salud)* und ähnlichen Einrichtungen.

In fast allen Städten hat das **Rote Kreuz** *(Cruz Roja)* eine Notfallstation. Die Versorgung mit **Apotheken** *(farmácia)* ist ebenfalls gut. Informationen zu Apotheken, Krankenstationen und Rotem Kreuz findet man bei den jeweiligen Orten. Notrufnummern siehe Stichpunkt „Sicherheit".

Staatliche Krankenhäuser in oder bei San José

- **Hospital Calderón Guardia:** San José/Nordost, Tel. 222.4133
- **Hospital Clínica Ohrlich:** San José/Zentrum, Tel. 222.0711
- **Hospital México:** Autobahn Richtung Flughafen, Tel. 232.6122
- **Hospital San Juan de Dios:** San José/Zentrum, Tel. 222.0166
- **Hospital de Niños** („Kinderkrankenhaus"): im Komplex San Juán de Dios, Tel. 222.0122
- **Centro Médico Homeopático** („Homöopathisches Zentrum"), San José/West, Tel. 223.9555

Privatkliniken in San José

- **Hospital CIMA:** Tel. 208.1000
- **Clínica Americana:** San José/Süd, Tel. 222.1010
- **Clínica Bíblica:** San José/Süd, Tel. 257.5252
- **Clínica Católica:** Barrio Guadelupe, Tel. 283.6616
- **Clínica Santa Rita** (Frauenklinik): San José/Südost, Tel. 221.6433

Deutschsprachige Ärzte in San José

- **Allgemeinmedizin:** Dr. Jorge Quesada Vargas, Tel. 233.4674 (vormittags: Hospital San Juan de Dios), Tel. 257.2890 (nachmittags: Clínica Bíblica), Notruf 296.2626; Dr. Iris Schmitz, Tel. 290.1580 (Centro Médico)
- **Augenarzt:** Dr. Tomás Quesada Vargas, Tel. 233.2301, Notruf 296.2626; Dr. Federico Trejos Neurohr, Tel. 232.7720
- **Gynäkologe:** Dr. Kenneth Loáiciga Vega, Tel. 257.4215, Notruf 233.3333 (Centro Médico M. D.); Dr. Andreas Rauff C., Tel. 208. 1208 (Hospital CIMA), Notruf 225.2500
- **Hautarzt:** Dr. Mario Sancho Torres, Tel. 222.0122 (Hospital de Niños)
- **Internist:** Dr. Manfred Amrhein, Tel. 222.1010 (Clínica Americana)
- **Kinderarzt:** Dr. Walter Kitzing, Tel. 221. 2292; Dr. Mario Sancho, Tel. 255.4655; Dra. Ana Frater, Tel. 288.8919 (Clínica San Gabriel), Notruf 256.7890
- **Kinderzahnarzt:** Dr. Ronaldo Hirsch, Tel. 240.7383; Dra. María del Carmen Navas Aparicio; Tel. 232.9489 (Centro Médico Navas)
- **Neurologe:** Dr. Manuel Carvajal Lizano, Tel. 234.6070 (Clínica Católica); Dr. Carl Walter Fabián Macaya, Tel. 551.0611 (Hospital Dr. Max Peralta)

Buchtipp

- *M. Dürfeld, E. Rickels:* **Selbstdiagnose und Behandlung unterwegs,** Praxis-Reihe, Reise Know-How Verlag

- **Urologe:** Dr. Avelino Hérnandez Osti, Tel. 232.1622 (Hospital México); Dr. Francisco J. Díaz Marín, Tel. 255.0122
- **Zahnärzte:** Dr. Ricardo Kriebel, Tel. 222. 5522; Dr. Carlos Lehmann, Tel. 225.1818; Dr. Georg Steinvorth, Tel. 221.0625 (Clinica de ortodoncia); Dr. Carl Walter Steinvorth, Tel. 253. 6518

Gesundheitstipps

Empfehlungen zu **Impfungen** und **Malariaprophylaxe** sind im Kapitel „Vor der Reise" unter dem Stichpunkt „Gesundheitsvorsorge" aufgeführt. Allgemeine Reise-Gesundheits-Informationen zu Costa Rica, zusammengestellt vom Centrum für Reisemedizin, finden sich im Anhang. Zu den Gefahren durch **Schlangen- und Spinnenbisse** gibt es einen Exkurs im Kapitel „Valle Central".

Maße und Gewichte

In Costa Rica gilt wie in Mitteleuropa das **metrische System.** Lediglich beim Reifendruck *(pound/square inch)* und beim Holzmaß *(board inch)* werden noch die alten britischen Maße verwendet. Das altspanische Gewichtsmaß *quintal* wird ebenfalls noch gelegentlich benutzt, ebenso das Flächenmaß *manzana,* das in etwa einen Häuserblock (100 x 100 m) umfasst.

Öffnungszeiten

Es gibt keine gesetzlichen Ladenschlusszeiten, meist sind die **Geschäfte** Mo bis Fr von ca. 8 bis 18 Uhr geöffnet, wobei manche mittags (12-13 Uhr) geschlossen sind. Samstags bleiben viele Läden ganztags geöffnet, und auch sonntags findet man vormittags meist einen offenen Laden. Supermärkte sind manchmal bis 21 Uhr geöffnet.

- **Banken:** nur Mo-Fr, meist von 8.30 oder 9 bis 15 Uhr
- **Behörden:** Mo-Fr von 8 bis 15.30 oder 16.30 Uhr
- **Reisebüros:** meist von 9 bis 17 oder 18 Uhr
- **Post:** Mo-Fr meist von 7.30 bis 17.30 Uhr, Sa teilweise vormittags
- **Museen:** unterschiedliche Öffnungszeiten, oft Mo geschlossen
- **Restaurants:** manche Lokale öffnen nur abends, viele haben einen Ruhetag (oft So)

Ökologisch reisen

Müll

Dass Müll nicht einfach in die Landschaft geworfen wird, sollte selbstverständlich sein. Aber zunächst gilt es, Abfall zu **vermeiden,** und das ist nicht immer ganz einfach. Damit sich unterwegs nicht dauernd leere Getränkedosen bzw. Plastikflaschen anhäufen, kann man z.B. eine Plastik- oder Glasflasche mehrmals benutzen. Außerdem gibt es fast überall Getränke in Pfandflaschen. Mit dem Kauf von frischem Obst, Gemüse, Brot usw. vermeidet man unnötige Verpackungen. Batterien sollte man zu Hause entsorgen – oder gleich Akkus verwenden.

Tiere und Pflanzen

Am besten, man lässt der Natur ihre Ruhe. In den Parks sollte man auf den

Wegen bleiben und keine Blätter oder Blüten abreißen. Tiere nicht füttern oder berühren.

Camping

Verlassen Sie den Zeltplatz so, wie Sie ihn vorgefunden haben. **Offenes Feuer** sollte man wegen der Waldbrandgefahr (vor allem im trockenen Nordwesten) vermeiden.

Mietwagen

Am umweltfreundlichsten ist es natürlich, mit **öffentlichen Verkehrsmitteln** zu reisen. Wer sich dennoch entschließt, mit einem Mietwagen zu reisen, sollte bei der Wahl des Modells auch auf den **Benzinverbrauch** (Allrad!) achten. Nicht nur ökologischer, sondern auch ökonomischer ist es, sich mit anderen zusammenzutun und eine **Fahrgemeinschaft** zu bilden. Mit allradgetriebenen Fahrzeugen sollte man auf den **öffentlichen Straßen** und Wegen bleiben.

Noch eine Bitte: Nehmen Sie nach Möglichkeit andere Touristen und auch Einheimische mit, die oft kilometerlang zu Fuß gehen oder stundenlang auf einen Bus warten, ohne vorbeifahrenden Autos ein Handzeichen zu geben!

Hotelauswahl

Auch wenn sich viele Hotels als „ökologisch" bezeichnen, ist es mit dem Umweltschutz hinter den Kulissen oft nicht weit her. Abwässer gelangen häufig ungeklärt in Flüsse und ins Meer, Müll wird nur selten korrekt „entsorgt". **Reklamieren** Sie vor Ort und **berichten** Sie dem Autor über positive wie negative Beispiele, damit zukünftig vor Umweltsündern gewarnt werden kann. **Klimaanlagen** und **Swimmingpool** sind zwar angenehm, gleichzeitig aber Energie- und Wasserfresser.

Kunsthandwerk

Nicht alles was glänzt, ist Gold. Schnitzarbeiten sind oft aus **tropischen Edelhölzern,** und **Muscheln, Korallen** usw. bleiben besser dort, wo sie hingehören.

Sport

Hochseeangeln, Motorbootfahren oder **Golfspielen** sind Sportarten, die zwar Freude bereiten mögen, der Umwelt aber keinen Gefallen tun.

Orientierung

Straßennetz

Das verkehrstechnische Herz des Landes ist die Hauptstadt San José, von wo aus wichtige Verbindungsstraßen in alle Richtungen gehen. Die berühmte **Panamericana,** die in Costa Rica und in diesem Buch als *Carretera Interamericana* bezeichnet wird, ist sicherlich die wichtigste Straße des Landes. Sie führt von hier nach Süden an die Grenze Panamas und nach Norden über Liberia nach Nicaragua. Die zweite wichtige Verbindung ist die „neue" Straße nach Pto. Limón an der Pazifikküste.

Orientierung in Städten

Da die Städte in Costa Rica von den Spaniern nach dem **Schachbrettprinzip** angelegt wurden, ist die Orientierung hier einfach: Straßen von Ost nach West (horizontal) heißen **Avenidas** (Av.), von Nord nach Süd (vertikal) **Calles** (C.), sprich: „kahje", nicht „kalle". Im Zentrum der Stadt schneiden sich die **Avenida Central** (Av. C.) und die **Calle Central** (C. C.), in der Nähe befindet sich meist der *Parque Central* mit der Kirche an der Ostseite.

Südlich der Av. C. haben die Avenidas gerade **Nummern** (2, 4, 6 usw.), nördlich ungerade (1, 3, 5 usw.). Das gleiche gilt für die Calles: westlich die geraden Ziffern, östlich die ungeraden. Ist z.B. eine Adresse folgendermaßen angegeben: Av. C./C. 3-5, so wissen Sie, dass der gesuchte Punkt sich auf der Avenida Central, zwischen den Calles 3 und 5 (also östlich des Zentrums) befindet. Wer dieses Prinzip einmal verinnerlicht hat, wird sich in jeder Stadt schnell zurechtfinden.

Ein **Häuserblock,** d.h. die Entfernung von einer Straße zur nächsten, wird als *cuadra* bezeichnet und misst (theoretisch) 100 Meter. Die Richtungsangabe *300 metros al norte* bedeutet in Costa Rica: drei Straßen weiter nördlich.

Post

Postämter der staatl. Postgesellschaft Cortel (Abk. für *Correos y telégrafos)* sind durch ein rot-blaues Schild gekennzeichnet. Geöffnet sind sie meist Mo-Fr 7.30-17.30 Uhr, in einigen Städten auch Samstagvormittag. Telefonieren kann man von hier nur in Ausnahmefällen (siehe Stichpunkt „Telefon, Fax, E-Mail").

Der Preis für eine Postkarte nach Europa beträgt 120 C., für einen Brief (bis 20 g) 130 C. Wer sehr viel Post zu erledigen hat, kann im Untergeschoss der Banco Crédito Agricola in der Av. 4/C. 2 Briefmarken mit 10 % Rabatt erwerben. Briefkästen gibt es so gut wie keine, am besten wirft man die Post direkt am Postamt ein oder vertraut sie seinem Hotel an, was aber oft länger dauert.

Post nach Europa ist etwa ein bis zwei Wochen unterwegs. Wer dringend Post verschicken muss, sollte sich von Briefmarken von zu Hause mitnehmen und am Flughafen einen Reisenden bitten, den Brief mitzunehmen.

Postlagernde Sendungen nach Costa Rica müssen folgendermaßen adressiert sein: *Name des Empfängers, General Post Office, Lista de Correos (oder Poste Restante), San José, Costa Rica, Centroamerica.* Der Name des Empfängers sollte deutlich in Druckbuchstaben zu lesen sein. Fragen Sie bei der Abholung sowohl nach dem Vor- als auch nach dem Nachnamen, da die Briefe oft falsch einsortiert sind.

Briefe nach Costa Rica gehen meist an eine Postfachadresse: *Apartado,* abgekürzt *Apto.,* das ist schneller und sicherer.

Päckchen und Pakete nach Costa Rica zu verschicken ist teuer und zeitaufwendig, da hohe Zollgebühren fällig werden. Wer eine Sendung aus dem Zoll holen möchte, kann sich dabei von einer *agencia de aduana* helfen lassen (siehe im Telefonbuch vor Ort und im Kapitel „San José" unter „Infos A–Z" beim Stichpunkt „Post").

Reiseveranstalter

Eine unüberschaubare Zahl von Veranstaltern bietet Touren in alle Regionen des Landes an. Begleitet werden die Ausflüge und Exkursionen von Reiseleitern, die meist neben Spanisch auch Englisch sprechen. Deutschsprachige Reisebegleiter sind die Ausnahme, da über 75 % aller Touristen aus Nord- und Mittelamerika kommen, aus Deutschland nicht einmal 5 %.

Veranstalter (Auswahl)

- **ARA Tours** (Tel. 232.0400, Fax 232.0363, info@aratours.com): deutschsprachiger Veranstalter, Vermittlung von Hotels und Touren.
- **Armo-Tours** (C.1/Av.C.-1, Tel. 222.0523, Fax 257.1389, armotour@racsa.co.cr): empfehlenswerte deutschsprachige Agentur.
- **Bi. Costa Rica Bike Tours** (Tel. 258.0303, Fax 258.0606, kitcom@yellowweb.co.cr): Fahrradtouren, kleine Gruppen (max. 6 Pers.).
- **Camino-Travel** (C. 1/Av. C.-1, Tel. 257.0107, Fax 257.0243): veranstaltet Touren z.T. mit deutschsprachiger Reiseleitung, u.a. Chirripó, Arenal, Monteverde.
- **Costa Rica Moto Tour Off Road** (Siquirres, Tel. 768.9546, mototour@racsa.co.cr): Motorradtouren im Zentraltal und Karibikküste mit Yamaha TT-R 250.
- **Costa Rica Sun Tours** (Av. 7/C. 5, Tel. 255.3418, Fax 2554410): Natur- und Abenteuerreisen.
- **Costa Rican Trails** (Av. 15/C. 23, Tel. 280.6705): veranstaltet Touren mit deutschsprachigen Reiseleitern (ab 4 Pers.).
- **Cultourica** (in La Trinidad bei Santa Ana, Tel. 249.1271, Fax 249.1761, cultourica@expreso.co.cr, in D: Tel. 0861/165906, Fax 1666872): günstige Rundreisen mit Besuch sozialer Projekte, deutschsprachig.
- **Ecole Travel** (C. 7/Av. C.-1, im 7th Street-Buchladen, Tel. 223.2240, Fax 223.4128, ecolecr@racsa.co.cr): kleiner Veranstalter, preisgünstige Touren nach Tortuguero, Halbinsel Osa und Monteverde.
- **Explore Costa Rica** (Rohrmoser, Tel. 220.2121, Fax 232.3321): Natur- u. Reittouren.
- **Horizontes Nature Tours** (C. 28/Av. 1-3, Tel. 222.2022, horizont@racsa.co.cr): Schwerpunkt Naturreisen.
- **Ocarina Tours** (San Pedro, Tel. 221.5322, Fax 221.5031, ocarina@racsa.co.cr): Reit- und Trekkingtouren, deutschsprachig!
- **Swiss Travel Service** (Hotel Corobicí, Tel. 282.4896, Fax 282.4890, swisstvl@racsa.co.cr): einer der größten Reiseveranstalter des Landes, TUI-Vertretung.
- **TAM-Tours** (C. 1/Av. C.-1, Tel. 256.0203, Fax 222.1828): Bustouren, Kreuzfahrten.
- **Tikal Tours** (Av. 2/C. 7-9, Tel. 257.1494, Fax 223.1916): u.a. deutschsprachige Touren, Vertretung von Äquator-Tours.
- **Viajes Colón** (Tel. 257.6262, Fax 257.2367).
- **Weitere Reiseveranstalter** u.a. in Liberia, Limón, Playa del Coco, Puntarenas und Jacó sind in den jeweiligen Kapiteln aufgeführt.

Wildwasser-Touren

- **Aventuras Naturales:** Barrio Escalantes, AV.5/C.33-35, Tel. 225.3939, Fax 253.6934, avenat@racsa.co.cr.
- **Expediciones Tropicales:** C.3 bis/Av.11-13, Tel. 257.4171.
- **Pioneer Raft:** Sabanilla, Tel. 253.9132, Fax 253.4687, pioneros@racsa.co.cr.
- **Ríos Tropicales:** C. 32/Av. 2, Tel. 233.6455, Fax 255.4354, info@riostropicales.com.
- **Costa Rica Ríos Aventuras:** Tel. 556.9617, rmclain@racsa.co.cr.
- **Costa Sol Rafting:** Tel. 293.2150, Fax 293.2155.
- **Weitere Veranstalter** findet man in Cañas, Turrialba, Fortuna und Quepos.

Kreuzfahrten

- **Bay Island Cruises:** Tel. 239.4951
- **Calypso Tours:** Tel. 256.2727
- **Costa Sol Cruises:** Tel. 239.4544
- **Fantasia Fun Cruises:** Tel. 661.0697
- **Pacific Island Cruises:** Tel. 258.3536, Fax 258.1189, bayislan@racsa.co.cr
- **Sea-Scape:** Tel. 257.2904, Fax 257.3139

Sicherheit

Im Vergleich beispielsweise zu einigen Regionen Südamerikas lässt es sich in Costa Rica relativ gefahrlos reisen – ein wichtiger Grund für die Beliebtheit des Landes. Es gibt kein Militär, keine Guerillas, Terroristen usw. Dennoch sollte man einige allgemeine Vorsichtsmaßnahmen ergreifen, um unliebsame Überraschungen zu vermeiden, denn auch hier spezialisieren sich immer mehr Kriminelle auf das „schnelle" Geld der Touristen. Überfälle und Raub werden in zunehmender Zahl registriert, sind aber dennoch selten.

Vorbeugemaßnahmen

- Tragen Sie nur so viel **Bargeld** bei sich, wie sie auch brauchen.
- Lassen Sie niemals **Wertsachen** im Hotelzimmer, es ist kein Problem, eine Zimmertür zu öffnen oder durchs Fenster einzudringen.
- Nutzen Sie **Safes** in den Hotels, (Quittung nicht vergessen).

Buchtipp

- *M. Faermann:* **Schutz vor Gewalt und Kriminalität unterwegs,** Praxis-Reihe, Reise Know-How Verlag

- Zeigen Sie Ihren **Besitz** nicht nach außen (Kamera, Bargeld etc.)
- Meiden Sie **unsichere Viertel in San José** bei Nacht: das Stadtviertel Coca Cola (Busbahnhöfe) und Umgebung sowie die Gegend um Av. 6/C. 6. Tagsüber sind **Taschendiebe** aktiv, vor allem an den Busbahnhöfen und auf der Plaza de la Cultura. Besondere Wachsamkeit ist an roten Ampeln geboten, da in letzter Zeit von **Überfällen** auf wartende Autofahrer berichtet wird.
- Weitere Diebstahl- und **Überfallschwerpunkte** sind Cahuita, Playa Jacó und Manuel Antonio, was nicht heißt, dass man nicht hinreisen sollte. Einfach vorsichtiger sein.
- Auch in Costa Rica wird der **Trick mit dem „Anspritzen"** immer beliebter: Eine adrett gekleidetet Person bespritzt Sie „versehentlich" mit Senf oder Ketchup und ist Ihnen dann beim Reinigen behilflich, während ein Komplize ihre mangelnde Aufmerksamkeit nutzt und sie „erleichtert".
- Immer häufiger wird auch von **Diebstählen in Bussen** berichtet, besonders aus Gepäckräumen heraus. Am besten, man nimmt sein Gepäck ins Innere des Busses und lässt es während der gesamten Fahrt nicht aus den Augen. Leser berichten, dass ihr Rucksack auf der einen Seite des Busses auf das Dach aufgeladen und im nächsten Moment auf der anderen Seite wieder abgeladen wurde! Auf alle Fälle gilt: immer aufmerksam!
- Keine Wertsachen an den **Strand** mitnehmen!
- Lassen Sie einen **Mietwagen** nicht unbeaufsichtigt stehen, immer häufi-

ger werden Fahrzeuge aufgebrochen oder gestohlen, und die Selbstbeteiligung bei einem Verlust ist hoch! Meist findet sich ein Parkwächter, der für wenig Geld das Fahrzeug beaufsichtigt (oder es den Autodieben übergibt ...). Also: **Kein Gepäck im Auto lassen!**

Im Krankheitsfall

• Man muss man sich vom Arzt eine **ausführliche Bescheinigung** über Diagnose und Behandlungsmaßnahmen einschließlich verordneter Medikamente sowie eine **Quittung** über die bezahlte Behandlung ausstellen lassen, damit man hinterher die Kosten erstattet bekommt. Auch von Apotheken sollte man sich Quittungen geben lassen.

Notrufnummern

• **Notruf** (landesweit): 911
• **Polizei in Städten** *(Radiopatrullas)*: 117
• **Polizei in ländlichen Gebieten** *(Guardia Rural)*: 127
• **Verkehrspolizei** *(Policía de Tránsito)*: 222.9330
• **Kriminalpolizei** *(Organismo de Investigación Judicial)*: 222.1365 (San José)
• **Feuerwehr** *(Bomberos)*: 118
• **Rotes Kreuz** *(Cruz Roja)*: 128, in San José: 221.5818
• **Vergiftungen** *(intoxicación)*: 223.1028 (San José)
• **Drogen und Alkoholhilfe:** 224.5052 (San José)

• Bei **schweren Fällen** sollte außer dem Notfallservice der Versicherung auch die Botschaft bzw. das Konsulat informiert werden.

Verlust/Diebstahl

• Von der **Polizei** sollte ein ausführliches Protokoll ausgestellt werden.
• Den betroffenen Stellen sollte der **Verlust zügig gemeldet** werden, möglichst zusammen mit Nummern bzw. Kopien der verlorenen Dokumente (Pass: Botschaft bzw. Konsulat, Tickets: Fluggesellschaft).
• Botschaften bzw. Konsulate stellen bei Passverlust einen **Ersatzpass** aus, nachdem die Identität geklärt ist. Beste Voraussetzung dafür ist eine Fotokopie des Originals. Sonst wird beim Einwohnermeldeamt der Heimatstadt angefragt, was natürlich Zeit kostet.

Verlust von Reiseschecks oder Geldkarten

Bei Verlust oder Diebstahl der Geldkarte oder Reiseschecks sollte man diese umgehend sperren lassen. Einige Banken haben **eigene Sperrnummern.** Die unten stehenden Kontakte können Ihnen in der Regel dennoch die für Ihre Kreditkarte zutreffende Sperrnummer nennen. **Tipp:** Nummer der Kreditkarte und Kartensperrnummer vorher notieren! Sie stehen auf der Kreditkarte. Bei Maestro-Karten muss man für die computerisierte Sperrung die Kontonummer kennen.

Der Verlust oder Diebstahl der **Travellers Cheques** muss umgehend bei der örtlichen Polizei und auch bei

American Express bzw. Travelex/Thomas Cook gemeldet werden. Nur wenn man den Kaufbeleg mit den Seriennummern der Reiseschecks sowie den Polizeibericht vorlegen kann, wird der Geldbetrag von einer größeren Bank vor Ort binnen 24 Stunden zurückerstattet. Die Notfall-Dienste sind (mit Landesvorwahl 0049 für die BRD, 0041 für die Schweiz, 0043 für Österreich):

- **Maestro-Karte,** D: Tel. 01805/021021; A: Tel. 01/2048800; CH: Tel. 01/2712230; UBS: 08488/88601; Credit Suisse: 08008/00488.
- **MasterCard/VISA,** D: Tel. 069/79331910; A: Tel. 01/717014500 (MasterCard) bzw. Tel. 01/71111770 (VISA); CH: Tel. 044/2008383 für alle Banken außer Credit Suisse, Corner Bank Lugano und UBS.
- **American Express,** D: Tel. 069/97971000 (auch für Österreich); CH: Tel. 01/6596666.
- **Diners Club,** D: Tel. 069/66166123; A: Tel. 01/501350; CH: Tel. 01/8354545.
- **American Express Reiseschecks,** D: Tel. 069/97971850; A: Tel. 01/5450120; CH: Tel. 01/7454020.
- **Travelex/Thomas Cook,** weltweit: Tel. 0044/1733318949 (in Großbritannien).

Beschaffung von Geld

- **Blitzüberweisung** von der **Hausbank.** Dazu sollte man schon vor der Reise die jeweiligen Bedingungen, insbesondere die Korrespondenzbank im Reiseland, klären.
- **Blitzüberweisung** durch eine **Vertrauensperson.** Spezialisiert auf schnelle Verbindungen ist u.a. die Postbank in Deutschland. Die nächstgelegene Repräsentanz der Western Union kann man im Telefonbuch oder unter **www.westernunion.com** nachschlagen.
- **Reise-Notfall-Versicherungen** zahlen je nach Vertragsklauseln bis zu 1500 € Notfalldarlehen, direkt über Vertreter im Reiseland, falls vorhanden.
- Die **Botschaften bzw. Konsulate** leihen nur in absoluten Ausnahmefällen Geld, zumeist auch nur in Form von Rückflugticket oder Zugfahrkarte. Allerdings kann in Notfällen eine Information an Verwandte in Deutschland erfolgen, die das benötigte Geld auf ein Konto des Auswärtigen Amtes einzahlen müssen.

Deutschsprachige Anwälte in San José

- **Bufete André Tinoco & Asociados,** Zivil-, Handels-, Einreiserecht, Tel. 283.3070, Fax 283.3234, aandre@racsa.co.cr.
- **Niehaus & Niehaus,** Zivil-, Handels-, Einreise-, Tel. 258.4333, Fax 223.2630, info@niehauslaw.com, www.niehauslaw.com.
- **KPMG Abogados,** Int. Wirtschafts-, Steuer-, Investitionsrecht, Projektfinanz., Schiedsgericht, Tel. 204.3232, Fax 204.3141, kpmgpm@kpmg.com.
- **Thomas A. Burke,** Immobilien-, Korporations-, Umweltrecht, Rentista Status, Tel. 236.8024, Fax 240.6467, tomburke@racsa.co.cr.
- **Dr. Carlos Tiffer,** Strafrecht, Tel. 233.5359, Fax 221.5601, Tiffer@racsa.co.cr.
- **Dr. Daniel Muñoz-Jiménez,** Steuer-, Handels-, Einreiserecht, Int. öffentl. Ausschreibungen, Notariat, Tel. 308.7611, Fax 236.6450, dmunoz@abogados.or.cr.
- **Bufete Serrano Mattey,** Einreise-, Handelsrecht, Notariat, Rechtsbeistand, Tel. 280.6131, Fax 225.5337, serranomattey@racsa.co.cr, www.serranomattey.com.

Sport und Erholung

Für einen reinen Erholungsurlaub am Strand ist Costa Rica viel zu schade. Wer jedoch im Urlaub aktiv sein möchte, hat die Auswahl zwischen **vielen attraktiven Sportarten.** Kaum irgendwo sonst in den Tropen kann man so problemlos wandern wie in den Naturparks des Landes, und mit unzähligen Stränden an zwei Meeren ist Costa Rica ein „El Dorado" für Wassersportler. Siehe Stichpunkt „Reiseveranstalter" für konkrete Veranstalter-Empfehlungen.

Schwimmen

Die Wassertemperaturen der beiden Meere sind eigentlich immer angenehm, am Arenal-See kann es kühl werden. In Flüssen sollte man aus hygienischen Gründen nicht schwimmen, öffentliche Bäder sind nicht immer unbedenklich. Nacktbaden (auch „oben ohne") ist nicht erwünscht.

Achten Sie beim Schwimmen im Meer auf **gefährliche Strömungen** (pro Jahr ertrinken rund 200 Menschen). Die Gefährlichkeit der Meeresströmungen, vor allem an der Pazifikküste, wird leider von vielen unterschätzt, was immer wieder zu Todesopfern führt. Warnhinweise an den Stränden sollten unbedingt beachtet werden, Kinder sollten nie allein im Meer schwimmen.

Surfen (Wellenreiten)

Die **besten Surfplätze** finden sich an der Pazifikküste, beliebt sind neben einigen Stränden an der Westküste der Nicoya-Halbinsel (z.B. Umgebung von Nosara) u.a. Playa Jacó (auch für Anfänger geeignet), Playa Hermosa (südlich von Jacó, anspruchsvoller), Playa Esterillos Oeste (zwischen Jacó und Quepos, starke Wellen), Playa Dominical (auch für Anfänger) und Playa Pavones (im äußersten Süden, gute Wellen). Auf dieser Seite ist das Meer von Dezember bis Februar meist relativ ruhig, ab März werden die Wellen heftiger, und Surf-Profis kommen am besten in den Monaten Juli/August und Oktober/November auf ihre Kosten.

Auch auf der Karibikseite gibt es gute Plätze, z.B. südlich von Pto. Viejo (Salsa Brava). Hier ist die beste Zeit in der Hochsaison von Dezember bis März. Manche Hotels bieten in der Nebensaison spezielle Surfer-Tarife an, die man aber meist auch als Nicht-Surfer aushandeln kann.

Tauchen

Auch wenn Schnorcheln wegen der selten ganz ruhigen See nicht immer ein großes Erlebnis ist, gibt es in Costa Rica neben der Isla del Coco, die leider nur schwer zu erreichen ist, eine Reihe weiterer guter Plätze zum Gerätetauchen. **Tauchschulen** gibt es u.a. in Playa del Coco und seinen Nachbarstränden, Playa Flamingo, Playa Junquillal (bei Sta. Cruz), Nosara und Playa Lapita (zw. Carara und Jacó). **Gute Tauchgründe** sind außerdem der Meeresnationalpark Ballena, die Region Drake Bay und natürlich der Cahuita-Nationalpark an der Karibikküste und Pta. Uva südlich von Pto. Viejo (Manzanillo).

116cr Foto: dk

Surfen auf dem Arenal-See

Windsurfen

Der **Arenal-See,** speziell sein Westufer, zählt unter Windsurfern zu den weltbesten Plätzen. Es ist ein Starkwindrevier und daher für Anfänger nicht geeignet. Board, Segel und Surfanzug können vor Ort gemietet werden. Ein weiteres, bislang recht unbekanntes Revier ist die **Bahía Salinas** (bei La Cruz) an der nordwestlichen Pazifikküste, wo ebenfalls ganzjährig ein guter Surfwind bläst. Wer sein eigenes Brett mitbringen will, beachte die Hinweise zum Transport beim Stichwort „Hin- und Rückreise" im Kapitel „Vor der Reise".

Buchtipp

- *Klaus Becker:* **Tauchen in warmen Gewässern,** Praxis-Reihe, Reise Know-How Verlag

Segeln

Bisher ist dieser Sport noch recht wenig verbreitet. In einigen Strandorten an der **Pazifikküste** (z.B. Playa Hermosa) werden Ausflüge mit Segeljachten angeboten. Ein wichtiger Anlegeort für Segler aus aller Welt ist **Puntarenas.**

Hochseeangeln

Eine „Sportart", die ich bis heute nicht verstanden habe: Man gibt höllisch viel Geld aus für eine Motorjacht und die entsprechende Ausrüstung, fängt mit etwas Glück einen Marlin oder anderen Fisch, nur um ihn als Trophäe präsentieren zu können? Es sei an dieser Stelle dennoch erwähnt, weil

Costa Rica speziell von betuchten Amerikanern regelmäßig aus diesem Grund heimgesucht wird.

Kajakfahren

Auf den **zahlreichen Flüssen** des Landes ist Kajakfahren eine besonders schöne Möglichkeit, die üppige Natur zu erleben. In Costa Rica gibt es auch einige Flüsse für anspruchsvolle Kajakfahrer, im Jahre 1991 wurden hier sogar die Kajak-Weltmeisterschaften ausgetragen.

Das **Zentrum für Kajakfahrer** aus aller Welt ist Turrialba, in dessen Nähe sich zwei der besten Flüsse befinden: der Río Reventazón, der am Cachi-Stausee beginnt und sich über zahlreiche Stromschnellen in wildem Lauf seinen Weg durch die Berge bahnt, und sein Parallelfluss Río Pacuare mit ebenfalls gehobenem Schwierigkeitsgrad.

Etwas weniger anspruchsvoll ist der Río Sarapiquí nördlich des Valle Central, außerdem werden auch Touren auf dem Río General im Süden von San Isidro angeboten, einem Quellfluss des Río Grande de Terraba.

Kajak-Verleih gibt es außer in San José u.a. auch in La Virgen am Río Sarapiquí; in den größeren Strandorten gibt es auch meerestaugliche Kajaks zu mieten. Einige Veranstalter haben auch mehrtägige Touren im Programm.

River-Rafting

Ein tolles Vergnügen ist es schon, mit einem Schlauchboot den **Río Pacuaré, Sarapiquí, Savegre** oder einen anderen Wildwasserfluss des Landes zu befahren. Leider erreichen die Flüsse ausgerechnet in der Hochsaison, zwischen Februar und April, ihren Tiefststand, wenn die meisten Touristen im Land sind! Wildwassertouren sind **auch für Anfänger** geeignet und werden angeboten u.a. in San José, Fortuna und Quepos.

Bergwandern

Der beliebteste und auch meistbestiegene Berg des Landes ist mit 3820 m zugleich der höchste: der **Cerro Chirripó.** Wer körperlich fit ist, kann den Aufstieg ohne größere Ausrüstung wagen (s. im Kapitel „Der Süden" Stichpunkt „Nationalpark Chirripó"), vorausgesetzt, er meldet sich rechtzeitig bei der Nationalparkverwaltung in San José oder San Isidro an; in der Hochsaison kann die Wartezeit bis zu drei Wochen betragen.

Auch der **Rincón** (1806 m) und der **Cacao** (1659 m) im Nordwesten des Landes können problemlos bestiegen werden. Etwas aufwendiger gestaltet sich eine (mehrtägige) Bergwanderung zu einem der Gipfel der Talamanca-Kordillere, z.B. zum **Cerro Chirripó** (3820 m) oder zum **Cerro Kamuk** (3549 m). Weitere Informationen erteilt der **Club de Montanismo** (Tel. 235.3147).

Wandern

Wie schon erwähnt, kann man in Costa Rica wunderbar wandern, und zwar **in unterschiedlichsten Klima- und Vegetationszonen.** Ob an der feuchtheißen Karibikküste, im Nebelwald von Monteverde, im trockenen Nordwesten oder auf der regenreichen Osa-Halbinsel, das Angebot ist vielfältig. Alles, **was man braucht,** sind ein Paar vernünftige Wanderschuhe, ein Regen- und Sonnenshutz sowie ein wirkungsvolles Mückenschutzmittel. Spezielle Wandertipps finden sich jeweils in den Kapiteln zu den einzelnen Nationalparks und Schutzgebieten.

Radfahren

Wer nicht sein eigenes Fahrrad mitgebracht hat, kann entweder an einer **organisierten Fahrradtour** teilnehmen oder sich an einem der Strandorte ein Fahrrad mieten. **Fahrradverleiher** gibt es u.a. in Cahuita, Fortuna, Playa Tamarindo, Nosara, Sámara, Playa Jacó, Manuel Antonio und Pto. Jiménez.

Reiten

Überall im Land kann man sich für etwa 5 bis 10 $ pro Stunde ein Pferd **mieten** und so die Natur erleben. Oft ist in diesem Preis auch ein Begleiter eingeschlossen, sofern dies gewünscht wird. Schöne Plätze zum Reiten sind u.a. die Region Arenal, Monteverde, die Umgebung des Rincón de la Vieja und natürlich die vielen Strände des Landes. Viele Veranstalter haben **Tagestouren** mit Pferden im Programm.

„Nicht vom Weg abkommen“

118cr Foto: dk

Infos A–Z

Canopy

Ein aufregendes Erlebnis ist es schon, wenn man zum ersten Mal an einem Stahlseil hängend von Plattform zu Plattform durch die Baumkronen schwebt. Inzwischen bieten zahlreiche Veranstalter dieses Vergnügen an, das für (fast) jeden problemlos machbar ist. Der Erfinder dieser „Canopy-Touren" bietet diese mit seinem Unternehmen „The Original Canopy Tour" an sechs verschiedenen Orten im ganzen Land an: in der Nähe von Cd. Quesada, am Vulkan Arenal (Tabacon), im Bereich der „Iguana Farm" bei Orotina, auf der Isla Tortuga, in Monteverde und im Cazm Canyon am Nationalpark Rincón de la Vieja.

Tennis und Golf

Diese Sportarten sind in Costa Rica einer kleinen Schicht vorbehalten. **Tennisplätze** gibt es praktisch nur bei größeren Hotels, sie können aber meist nur von Hausgästen genutzt werden. Versuchen kann man es im Costa Rica Tennis Club in Sabana Sur (Tel. 232. 1266) und im Los Reyes Country Club in La Guácima bei Alajuela sowie in der Anlage *Valle del Sol* in Pozos/Sta. Ana und in Gasita.

Golfplätze gibt es u.a. im Cariari Country Club, am Hotel Herradura und im Costa Rica Country Club in Escazú sowie auf der Halbinsel Nicoya.

Sprache

Spanisch

Das in Costa Rica gesprochene Spanisch ist für Europäer relativ **gut zu verstehen,** da es klar gesprochen und betont wird. Dennoch weist es einige landesspezifische **Eigenheiten** auf, die selbst für einen waschechten Spanier zum Problem werden können.

Englisch

Englisch wird vor allem **von den Jüngeren gesprochen,** aber auch bei fast allen Einrichtungen, die sich auf **Tourismus** spezialisiert haben (Hotels, Autoverleiher, Reiseveranstalter etc.).

Patois

An der Karibikküste hört man oft einen eigenartigen Dialekt, der manchmal an schlecht gesprochenes Englisch erinnert: Die Nachfahren der aus Jamaica stammenden Einwanderer sprechen noch heute Patois, eine **Kreolsprache,** die in der Tat vom Englischen herrührt, aber im Laufe der Zeit von vielen anderen Einflüssen durchsetzt wurde, so dass viele Wörter ihre Bedeutung änderten und völlig neue Satzkonstruktionen entstanden. Beispiel: *Me no know* („ich weiß nicht") oder *Go good* („mach's gut").

Buchtipps

- **Spanisch für Costa Rica – Wort für Wort** und **Patois für Jamaica – Wort für Wort,** Kauderwelsch-Reihe, REISE KNOW-HOW Verlag. Begleitendes Tonmaterial ist ebenfalls erhältlich.

Bezeichnungen und Redewendungen in Costa Rica

abarrotes – Lebensmittel
abastacedor – Laden, (Lebensmittel-) Geschäft
adiós – wird oft im Sinne von „Grüß Gott" als Gruß verwendet
bomba – Tankstelle
chile – Witz
¿cómo amaneció? – Wie geht's? (wörtlich: wie sind Sie aufgewacht?)
con mucho gusto – sehr gern!
con permiso – erlauben Sie, gestatten Sie
hay campo – gibt es Platz? (z.B. im Bus)
paño – Handtuch (nicht toalla, das heißt Damenbinde)
pipa – Kokosnuss
pulpería – kleiner (Lebensmittel-) Laden
¡pura vida! – alles klar! (wörtlich: das pure Leben)
regálame – geben Sie mir (wörtlich: schenk' mir)
soda – einfaches Restaurant
vos – du

Ein **Minisprachführer Spanisch** findet sich im Anhang.

Sprachschulen

Wer genügend Zeit und den Willen mitbringt, hat in Costa Rica zahlreiche Möglichkeiten, Spanisch zu lernen. Das im Land gesprochene Spanisch ist zweifelsohne besser zum Lernen geeignet als z.B. das Spanisch in Andalusien. Wie alles in Costa Rica konzentrieren sich auch die Sprachschulen auf die Hauptstadt San José und ihre direkte Umgebung. Empfehlenswert ist jedoch eine Schule außerhalb der lärmenden Großstadt. Eine Reservierung ab Deutschland ist nicht unbedingt nötig, besser man schaut sich die Schule erst einmal vor Ort an, bevor man sich entscheidet.

Preisbeispiele

(max. 6 Pers./Gruppe)
- **3-Tages-Kurs** (6 Std./Tag): 120 $
- **2-Wochen-Kurs** (3 Std./Tag): 205 $
- **Einzelunterricht** (mind. 20 Std.): 13 $/Std. (2 Pers.: 20 $)
- erhoben werden **Einschreibgebühr** (30 $) und Kosten für **Lehrmaterial** (15 $)
- **Privatunterkunft** inkl. Essen u. Wäscheservice: 115 $/Woche

Sprachschulen in San José

- **Costa Rican Language Academy:** Barrio Dent, Tel. 233.8938, 280.5834, Fax 280.2548, crlang@racsa.co.cr
- **Centro Lingüístico Conversa:** C. 38/Av. 3-5, Tel. 221.7649, Fax 233.2418, conversa@racsa.co.cr
- **Instituto Británico:** Tel. 225.0256, Fax 253,1894, instbrit@racsa.co.cr
- **Instituto de Inglés USA:** Av. 4/C. 3-5, Tel. 223.0780, 223.0780
- **Instituto Educativo Yunis:** Tel. 256.7141, Fax 221.5026
- **Instituto ICAI:** Tel. 233.8571, Fax 221.5238, icai@expreso.co.cr
- **Instituto Universal de Idiomas:** Av. 2/C. 9, Tel. 223.9921 universa@racsa.co.cr
- **INTENSA:** C. 33/Av. 5-7, Tel. 225.6009
- **Simply Spanish:** Barrio Escalante, Tel. 253.0277

Sprachschulen in der Umgebung von San José

- **Academia Tica de Español:** San Rafael de Coronado, Tel. 229.0013, Fax 2927136, actica@racsa.co.cr; deutschsprachig!
- **Ad Astra:** Moravia, Tel./Fax 236.7401
- **Centro Panamericano de Idiomas (C.P.I.):** Heredia, Tel. 265.6866, Tel./Fax 263.6213, anajarro@racsa.co.cr
- **COMUNICARE:** San Pedro, Tel./Fax 224.4473

- **COSI** (Costa Rica Spanish Institut): San Pedro, Tel. 253.9272, Fax 253.2117, cosicr@racsa.co.cr
- **Cultourica:** La Trinidad bei Santa Ana, Tel. 249.1271, Fax 249.1761, cultourica@racsa.co.cr, in D: Tel. 089.280370; deutschsprachig, anerkannter Bildungsurlaub
- **Culture and Language Institute:** Alajuela, Tel./Fax 443.9154
- **Forester Instituto Internacional:** Los Yoses, Tel. 2253155, Fax 225.9236
- **ILERI:** Escazú, Tel./Fax 228.1687
- **Instituto de Español „Costa Rica":** Guadalupe, Tel./Fax 283.4733, iespr@racsa.co.cr, deutschsprachig!
- **Instituto Latinoamericano de Idiomas** (ILISA): San Pedro, Tel. 233.2546, Fax 225.4665
- **Instituto Pura Vida:** Heredia, Av. 3/C. 8-10, Tel./Fax 237.0387
- **Intercultura Siglo XXI:** Heredia, Tel. 260.8480
- **IPEE:** Curridabat, Tel. 283.7731, Fax 225.7860, ipeecr@racsa.co.cr
- **John F. Kennedy Center:** San Antonio de Belén, Tel. 257.1138
- **Learning Spanish:** Alajuela/Heredia/San José, Tel. 441.9202
- **Mesoamerica Language Institute:** San Pedro, Tel./Fax 224.8910
- **Rancho de Español:** Alajuela, Tel./Fax 438.0071, ranchesp@racsa.co.cr

Sprachschulen in anderen Gebieten

- **Instituto Británico,** Liberia, Tel. 666.0966
- **Escuela Rey de Nosara,** Nosara, Tel./Fax 680.0856 oder 382.8735
- **Los Horizontes,** Montezuma, Tel./Fax 642.0534, collina@racsa.co.cr
- **La Escuela de Idiomas d'Amore,** Manuel Antonio, Tel./Fax 777.1143, damore@racsa.co.cr
- **Instituto Lingüístico Atenas,** Atenas, Tel./Fax 446.5952, inlinat@racsa.co.cr
- **Instituto de Wayra,** Playa Tamarindo, Tel./Fax 653.0359, spanishw@racsa.co.cr
- **City Playa Language Institute,** Playa Jacó, Tel. 643.2123, Fax 643.2122, citima@racsa.co.cr
- **Centro Panamericano de Idiomas (C.P.I.),** Monteverde, Tel. 645.5441, Tel./Fax 645. 5448, anajarro@racsa.co.cr
- **La Escuelita de Dominical,** Tel. 787.0012, Fax 772.2175, domini@racsa.co.cr

Telefon, Fax, E-Mail

Das Telefonsystem in Costa Rica ist relativ effizient, auch wenn nicht von jeder Stadt aus Ferngespräche vermittelt werden und viele der öffentlichen Fernsprecher oft außer Betrieb sind.

Inlandsgespräche

Es gibt innerhalb des Landes **keine Vorwahlnummern,** man kann jedoch an den ersten Ziffern den Ort ablesen (z.B. 2: San José, 44: Alajuela). Alle **Telefonnummern** sind 7-stellig. Telefonnummern, die mit einer „3" beginnen, sind meist Funktelefone und daher manchmal schwer erreichbar.

Gespräche kann man entweder von einer (meist offenen und lauten) Telefonzelle oder überall dort führen, wo ein gelbes Schild *Teléfono público* („öffentliches Telefon") vor der Tür hängt. Man benötigt **Münzen** zu 5, 10 oder 20 C., **Telefonkarten** gibt es zu 500, 1000, 2000 und 3000 C. sowie zu 10 $, erhältlich in vielen Läden. Bei manchen Karten (mit höherem Wert) kann man auch von Münztelefonen aus sprechen: Man wählt die Nummer 199 bzw. 197, drückt nach der Ansage die Taste „2“ für eine englische Ansage und tippt anschließend die Kartennummer ein. Danach wählt man die Nummer, die verbleibende Gesprächszeit wird angesagt.

Man kann sich auch in einer Telefonzelle **anrufen lassen,** die Nummer ist dort angeschlagen.

Ferngespräche

Die nationale Elektrizitätsbehörde **ICE** (Instituto Nacional Costaricense de Electricidad) betreut auch die Installation von Fernsprecheinrichtungen in Costa Rica (Info-Nummer: 124). Bei den meisten (nicht bei allen!) Stadtbüros sind Ferngespräche möglich, in San José kann man auch bei **Radiográfica Costaricense** telefonieren (Av. 5/C. 1, tgl. 7.30-21 Uhr; etwas günstiger).

Meistens muss man zunächst eine Nummer ziehen *(tome ficha)* und warten. Viel einfacher, schneller und billiger ist der Gebrauch von **Telefonkarten.** Achtung: Telefonieren mit Kreditkarte kann sehr teuer werden!

Preise für ein Ferngespräch nach Mitteleuropa

- **Normales Gespräch:** 0,86 $/Min. (RACSA), jederzeit gültig.
- **Telefonkarte:** mit einer Karte kann man für 0,70 $/Min. nach Europa telefonieren.

Mobiltelefone

Leider haben die Mobilfunkunternehmen von Deutschland, Österreich und der Schweiz noch **keinen Roamingvertrag** mit Costa Ricas Mobilfunkunternehmen, daher funktioniert das eigene Handy dort nicht (Stand: Januar 2005). Wer jedoch viel innerhalb Costa Ricas telefonieren muss, kann sich ein *cellular,* sprich Mobiltelefon, **mieten,** z.B. über einen Autoverleiher.

R-Gespräche

R-Gespräche *(por cobrar)* sind eine weitere Möglichkeit, sich zu Hause zu melden. Allerdings wird nach Auskunft der Deutschen Telekom inzwischen auch eine **Vermittlungsgebühr** in Höhe von 5,62 € fällig (Preisbeispiel: 3 Min. von Deutschland nach Costa Rica = ca. 7 € + Gebühr = 12,62 €).

R-Gespräche sind auch **von jedem öffentlichen Fernsprecher gebührenfrei** möglich: Mit der entsprechenden Nummer (D: 00800/00490049, CH: 00800/23412341) und etwas Geduld erreicht man das Fernamt in Frankfurt bzw. Zürich, von wo aus man zum je-

Vorwahlnummern

Aus Europa nach Costa Rica: 00506

Aus Costa Rica nach:
- **Deutschland:** 0049, weiter ohne 0
- **Österreich:** 0043, weiter ohne 0
- **Schweiz:** 0041, weiter ohne 0

Auskunft

- **National:** 113
- **International:** 124
- **Vermittlung:** 116

122cr Foto: dk:

weiligen Gesprächspartner vermittelt wird, sofern sich dieser bereit erklärt, die Kosten für das Gespräch zu zahlen. R-Gespräche nach Österreich sind derzeit noch nicht möglich, und auch die T-Card kann man für Gespräche aus Costa Rica zurzeit noch nicht benutzen.

Tipp: Eine günstige Möglichkeit, von Deutschland nach Costa Rica zu telefonieren, bietet derzeit der Call-by-Call-Anbieter mit der Vorwahl 01051, danach die volle Nummer wählen.

Die Hauptpost in San José

Fax und E-Mail

Wie in Europa sind diese beiden Arten der Kommunikation in Costa Rica sehr verbreitet. Ein **Fax** kann man von vielen ICE-Büros (nationale Elektrizitäts- und Telefongesellschaft) und manchmal auch von der Post verschicken. Beim RASCA in San José bezahlt man nach Deutschland ca. 1 $ pro Blatt. Von dort kann man auch sehr günstig **E-Mails** verschicken. Weitere **Internet-Cafés** siehe unter dem Stichpunkt „Infos A–Z" in den Ortsbeschreibungen (z.B. San José, Heredia, Fortuna, Manuel Antonio).

Trinkgelder

- **Restaurant:** Normalerweise kommen zu dem Rechnungsbetrag neben der Steuer auch 10 % *servicio* hinzu. Wenn man mit der Bedienung zufrieden war, gibt man ein zusätzliches Trinkgeld, das man auf dem Tisch liegen lässt.
- **Taxi:** Einheimische geben hier kein Trinkgeld, dennoch erwarten viele Fahrer von Touristen ein kleines *propina*.
- **Reiseleiter:** Abhängig von der Reisedauer und Gruppengröße können als Richtlinie ein bis zwei $ pro Person und Tag gelten.

Unterhaltung

Auch in diesem Bereich ist das **Angebot höchst ungleich verteilt:** Kann man sich in San José kaum entscheiden, wie man die Zeit verbringt, sind auf dem Land ein Billardsalon und der Stadtpark oft die einzige Möglichkeit zur Unterhaltung. So etwas wie Nightlife gibt es außerhalb der Hauptstadt fast nur in den größeren Strandorten wie Playa Tamarindo, Jacó oder Manuel Antonio.

Kino

Die meisten Kinos in den kleineren Städten mussten wegen Besuchermangels schließen, man sieht sich lieber zu Hause Videos an. In San José gibt es eine Reihe von Kinos (siehe dort), die meist **amerikanische Produktionen in Originalfassung** mit spanischen Untertiteln zeigen. Anspruchsvollere Filme zeigen die Kinos Sala Garbo und Laurence Olivier im Westen der Stadt. Der Eintritt ist verhältnismäßig billig, er liegt normalerweise bei 3-4 $. Das **Filmprogramm** ersehen Sie aus den Zeitungen (La República und La Nación).

Konzerte

In San José gibt es gelegentlich **klassische Konzerte** sowie Auftritte von **Rock- und Popgruppen** (siehe Tagespresse).

Theater

Ebenfalls auf San José beschränkt. Neben den beiden großen Theatern, **Teatro Melico Salazar** und **Teatro Nacional,** gibt es **zahlreiche kleine Theater,** die meist in der Nähe des Nationalmuseums liegen (siehe Kapitel „San José").

Casino

In San José bieten viele der größeren **Hotels** Spielcasinos auch für Nicht-Hotelgäste an (s. dort). Meist gibt es keine besonderen Kleidungsvorschriften.

Nachtleben

In San José gibt es eine ganze Reihe Bars unterschiedlichster Qualität (s. dort). Oft bieten Sie zur **Happy Hour** (meist 18-19 Uhr) günstigere Drinks bzw. zwei zum Preis von einem an. In den Strandorten befinden sich die Bars meist in den größeren **Hotels.**

Disco

Diskotheken findet man ebenfalls nur in San José und den größeren

Touristenorten der Pazifikküste. Für Touristen gibt es praktisch **keine Einlassbeschränkungen,** ein halbwegs ordentliches Erscheinungsbild genügt. Der **Eintrittspreis ist meist niedrig** oder frei, die Getränkepreise sind (natürlich) höher, halten sich aber meist in erträglichem Rahmen.

Unterkunft

Das Angebot an Unterkünften in Costa Rica ist allgemein gut und erweitert sich ständig. Während in den Küstenorten laufend neue Hotels, *Cabinas* und Privatunterkünfte entstehen, bleibt in den Orten, die etwas abseits der Haupttouristenpfade liegen, das Angebot bescheiden.

Unterkunftstypen

Um in dem Wirrwarr der verschiedenen Bezeichnungen ein wenig Ordnung zu schaffen, hier ein Überblick über die einzelnen Typen von Übernachtungsmöglichkeiten.

Hotel

Da es in Costa Rica keine Sterne-Klassifikation gibt, ist die Bezeichnung *Hotel* **kein Qualitätsmerkmal.** Hinter so schönen Namen wie Hotel Royal oder Gran Hotel Plaza verbergen sich oft recht heruntergekommene Etablissements, die nicht immer nur zum Schlafen dienen und oft auch stundenweise vermietet werden.

In den Billig-Hotels der Städte hat man die Wahl, ob man lieber ein helles Zimmer nimmt, das aber zur Straße zeigt und entsprechend laut ist, oder ob man ein ruhigeres Zimmer wählt, das dann meist auf einen dunklen Innenhof zeigt. Man sollte sich auf alle Fälle das **Zimmer vorher anschauen** und sich auch noch andere Zimmer zeigen lassen.

Apartotel

Vermietet werden kleine **Apartments** mit Küche, Bad und Aufenthalts- bzw. Essraum, gleichzeitig gibt es aber auch **Hotelservice** (nur im Großraum San José).

Pensión

Diese meist **einfachen, familiär** geführten Häuser variieren sehr in der Qualität, von nett und ordentlich bis heruntergekommen.

Bed and Breakfast

Bed and Breakfast (B&B) bieten, nach englischem Vorbild, meist **Privatunterkünfte,** bei denen ein **Frühstück** im Zimmerpreis eingeschlossen ist *(con desayuno).* Oft sind sie sehr empfehlenswert.

Hospedaje

Unter dieser Bezeichnung findet man eine einfache Unterkunft **ohne Komfort,** meist für einheimische Reisende gedacht.

Hostal

Diese einfache Herberge bietet meist auch **Gemeinschaftsschlafräume.** Es gibt zwar in ganz Costa Rica nur eine echte Jugendherberge (Hostal

Toruma im Osten von San José), aber dem Verband sind mehrere private Herbergen angeschlossen, die sich allerdings preislich meist nicht von anderen Unterkünften unterscheiden.

Cabinas

Cabinas sind Zimmer in einstöckigen Betongebäuden, die nicht über einen Gang, sondern direkt von außen zu betreten sind. Diese einfachen Unterkünfte findet man oft **an der Küste.**

Albergue/Lodge

Viele dieser **rustikalen** Unterkünfte **außerhalb der Städte** haben sogar ein eigenes kleines Naturreservat. Leider sind sie vielfach überteuert.

Preise und Ausstattung

Preise sind für Einzelzimmer/Doppelzimmer/Dreibettzimmer aufgeführt. Besonders **empfehlenswerte Unterkünfte** mit einem guten Preis-Leistungsverhältnis sind mit einem **Sternchen** (*) gekennzeichnet.

Die angegebenen Preise verstehen sich für die Hochsaison, über Weihnachten/Neujahr und Ostern kommt oft noch ein **Zuschlag** hinzu (meist 10 $), dafür gibt es in der Nebensaison oft deutlich niedrigere Preise – in den meisten kleineren Hotels sind die Zimmer um etwa 10 $ billiger. Besondere Nebensaisonpreise sind bei den Hotelbeschreibungen mit „NS" gekennzeichnet.

Außerdem lohnt es sich, nach **Barzahlungs-Rabatten** zu fragen: Bei den besseren Hotels sind meist 10 % drin (übrigens auch beim Einkaufen!). Das gilt jedoch nicht in der Spitzensaison und bei Bezahlung mit **Kreditkarte** (= KK; die meisten Hotels akzeptieren VISA und verlangen oft einen Zuschlag von 6 % oder mehr). Entsprechende Vermerke sind in den Hotelbeschreibungen gemacht.

Der Übernachtungspreis richtet sich zunächst einmal danach, ob sich das Bad im Zimmer befindet *(baño privado = bp)* oder ob man sich ein Gemeinschaftsbad *(baño compartido =*

Hotel-Kooperationen

Viele Hotels haben sich inzwischen einer Kooperation angeschlossen, um so eine bessere Vermarktung zu sichern. Nachstehend eine Auswahl:

- **Tucan Hotels:** Neuer Zusammenschluss von derzeit 8 preisgünstigen Hotels, alle deutschsprachig geführt. Kontakt: info@tucan-hotels.com, www.tucan-hotels.com
- **Charming & Nature Hotels of Costa Rica:** 8 kleine, deutschsprachig geführte Hotels der mittleren Kategorie – sehr empfehlenswert! Kontakt: Esther Furrer, Nuevo Arenal, Tel./Fax 694.4516, oficina@charminghotels.net, www. charminghotels.net
- **Rincones de Ensueño:** 12 teilweise empfehlenswerte Hotels der mittleren und gehobenen Kategorie, Büro in San José (Paseo Colón/C.38), Tel. 221.9029, terrainc@racsa.co.cr, www.terraincognit.com
- **Best Western Hotels:** zahlreiche Hotels in Costa Rica haben sich diesem internationalen Hotelverbund angeschlossen, es gibt jedoch in Costa Rica kein gemeinsames Buchungsbüro. www.bestwestern.com
- **Small Distinctive Hotels of Costa Rica:** 5 Hotels der gehobenen Kategorie, Büro in San José, Tel. 258.0150, www.distinctivehotels.com

bc) teilen muss. Ein privates Badezimmer verfügt meist nur über Dusche/WC, eine Badewanne *(tina)* wird man nur in Ausnahmefällen vorfinden, was sich dann ebenfalls im Preis niederschlägt. Ein Gemeinschaftsbad sollte man aus hygienischen Gründen nur mit Badeschlappen betreten. In kühleren Regionen (z.B. Monteverde) haben eigentlich alle Zimmer Warmwasser *(agua caliente)*, jedoch kommt dies in billigeren Unterkünften oft aus elektrischen Durchlauferhitzern, die eine Prüfung durch den TÜV wohl kaum bestehen würden und meist nur lauwarmes Wasser ausspucken. Je weniger man das Wasser aufdreht, um so wärmer wird es.

Zimmer mit **Klimaanlage** sind meist unverhältnismäßig teurer als vergleichbare Zimmer mit einem Ventilator, da *Air Condition* neben Wasser auch ungeheure Mengen an Strom frisst – nicht gerade umweltfreundlich. Ist im Zimmer ein **Ventilator** – und das sollte in wärmeren Regionen unbedingt der Fall sein – so empfiehlt es sich, zu prüfen, ob das Gerät funktioniert und einen überhaupt schlafen lässt. Angenehm sind Deckenventilatoren, am besten ist natürlich ein gut durchlüftetes Zimmer. Grundsätzlich empfehlenswert ist ein **Moskitonetz,** das man meist mit einigen längeren Schnüren irgendwie im Zimmer befestigen kann.

Ein **Frühstück** ist im Zimmerpreis normalerweise nicht eingeschlossen. Falls doch, ist dies durch ein B&B-Zeichen oder den Hinweis *desayuno incluido* ausgewiesen. Manche Hotels bieten ihre Zimmer nur mit **Vollpension** an, allerdings liegen diese auch meist abseits, und es gibt sowieso keine Alternativen. Entsprechende Vermerke sind in den Hotelbeschreibungen gemacht: VP = Vollpension, HP = Halbpension, ÜF = Übernachtung mit Frühstück.

Kinder unter 12 Jahren sind im Zimmer der Eltern meist frei oder bezahlen nur eine geringe Gebühr, manchmal werden jedoch bis zu 50 % des regulären Tarifs fällig.

Bei den Hotels der mittleren und gehobenen Preisklasse kommen zu den offiziellen Hotelpreisen noch 10 % **Steuern** hinzu sowie meist weitere 3 % für die **Arbeit des ICT** (nicht verbindlich). Alle in diesem Buch angegebenen Preise sind Inklusivpreise und enthalten sämtliche Zuschläge.

Die Zimmer müssen meist erst gegen 14 Uhr verlassen werden, diese **check-out time** *(hora de salida)* wird zumindest von der staatlichen Tourismusbehörde ICT empfohlen, ist aber nicht verbindlich.

Verkehrsmittel

Zu Fuß

Vor allem in San José leben Fußgänger gefährlich. Grundsätzlich gilt: **Der Autofahrer hat Vorfahrt** und rechnet damit, dass der Fußgänger sich rechtzeitig außer Gefahr bringt. Fußgängerampeln sind selten, am besten richtet man sich nach den Ampeln für den motorisierten Verkehr.

Fahrrad

Radfahren in Costa Rica ist zwar manchmal anstrengend, und Radwege oder ähnliche Einrichtungen gibt es auch nicht, aber es bleibt dennoch eine **erwägenswerte Alternative.** Wer sein Fahrrad nicht bereits von zu Hause mitgebracht hat (siehe Kapitel „Vor der Reise“ beim Stichpunkt „Hin- und Rückreise per Flugzeug“), kann sich entweder an seinem Standort ein **Fahrrad leihen** oder an einer **organisierten Fahrradtour** teilnehmen (siehe Stichpunkt „Reiseveranstalter“ in diesem Kapitel).

Taxi

Taxifahren ist in Costa Rica **verhältnismäßig günstig,** vorausgesetzt, man lässt sich nicht übers Ohr hauen. Die meist roten Fahrzeuge sind normalerweise mit einem Taxameter ausgestattet, der aber oft nicht eingeschaltet und angeblich kaputt ist. Machen Sie dann auf alle Fälle vor Antritt der Fahrt einen Preis aus, sonst wird es bestimmt teuer. Der Grundpreis beträgt im Stadtverkehr 195 C., für eine Stadtfahrt rechnet man mit etwa 300 bis 500 C. Im Reiseteil finden Sie im jeweiligen Ort eine Telefonnummer, unter der Sie ein Taxi bestellen können.

Bus

Es gibt landesweit gute Verbindungen, teils mit modernen Reisebussen, manchmal auch mit alten, klapprigen Gefährten.

Fast alle Busgesellschaften haben ihren Sitz in San José, wo auch die meisten Verbindungen beginnen oder enden. Leider gibt es keinen zentralen **Omnibusbahnhof,** die einzelnen Anbieter sind über die ganze Stadt verstreut, mit einer gewissen Konzentration im Stadtviertel Coca-Cola. Im Kapitel „San José/Verkehrsverbindungen“ finden Sie eine Aufstellung aller **Busverbindungen** ab San José und der entsprechenden Abfahrtsstellen. Außerdem hält auch das Informationsbüro der ICT in San José eine solche Liste bereit. Die **Busfahrpreise** im Land sind sehr günstig, und die **Fahrtdauer** überschreitet nur selten ein Maximum von 8 Stunden (z.B. San José – Paso Canoas).

Bei Strecken, die nicht sehr häufig befahren werden (z.B. von San José nach Cahuita, Monteverde, Playa del Coco etc.) sollte man sich rechtzeitig vorher **Tickets** besorgen, was aber meist frühestens zwei Tage vor Abfahrt möglich ist. Hauptverbindungen werden regelmäßig angefahren (z.B. von San José nach Alajuela, Pto. Limón, Puntarenas etc.), eine Reservierung ist daher nicht notwendig. Bei manchen Verbindungen werden die Fahrkarten erst im Bus verkauft, am besten erkundigt man sich vor Ort. Noch etwas: Wenn der Kontrolleur während oder am Ende der Reise die Fahrscheine wieder einsammelt, ist dies ist für die Firma eine Kontrolle und für ihn möglicherweise die Grundlage seiner (Gehalts-) Abrechnung.

Die Frage nach dem besten **Sitzplatz** stellt sich meist erst gar nicht, da

125cr Foto: dk

man mit dem Platz vorliebnimmt, der gerade frei ist. Grundsätzlich spricht einiges für einen Gangplatz, auch wenn man von dort nicht so viel von der Landschaft zu sehen bekommt: Zeitgenossen mit längeren Beinen können hier eher dieselben ausstrecken, denn der Sitzabstand ist manchmal unglaublich eng. Weiterhin ist man in der Mitte besser vor der oft erbarmungslosen Sonne geschützt als an einem Fensterplatz. Denken Sie bei einer Platzreservierung auch an die Fahrtstrecke: Auf welcher Seite ist die schönere Landschaft zu erwarten, wo steht die Sonne?

Unterwegs steigen bei längeren Fahrten Verkäufer zu, die den durstigen Fahrgästen (teure) Getränke anbieten, meist Coca Cola und Fanta. Manchmal werden auch *tamales* oder andere Speisen angeboten, aber bei Fahrten über die Mittagszeit wird sowieso an einem Straßenrestaurant Halt gemacht, wo man einen Happen essen und die *servicios* benutzen kann.

Möchten Sie vor dem nächsten regulären Halt **aussteigen,** so kündigen

„Coca-Cola"-Busbahnhof in San José

Sie dies an, indem Sie entweder den entsprechenden Knopf drücken bzw. an einer Schnur ziehen, *Parada, por favor* rufen oder laut pfeifen. Bei längeren Strecken informieren Sie besser den Fahrer rechtzeitig über Ihre Absicht.

Trampen

Wo keine oder nur selten Busse verkehren, kommt man mit Trampen **meist gut** voran, (auch wenn bisweilen gegenteilige Erfahrungen gemacht werden). Die besseren Chancen hat man bei Einheimischen, Touristen im Mietwagen fahren meist vorbei – warum eigentlich? Manchmal wird ein geringer **Beitrag zum Benzingeld** erwartet, auf alle Fälle sollte man vor Verlassen des Wagens fragen *(Quanto debo?).*

Eisenbahn

Die alte Zuglinie von **San José** nach **Pto. Calderas** an der Pazifikküste (südlich von Puntarenas) wurde reaktiviert. Jeden Samstag und Sonntag (kurzfristige Änderungen möglich) fährt frühmorgens ein Sonderzug mit renovierten Waggons am Bahnhof Nähe „Parque Central" (Estación del Ferrocarril al Pacifico) ab. Die Strecke geht über San Antonio de Belén, Rio Grande de Atenas und Orotina nach Calderas/Mata de Limón. Die Rückfahrt ist nachmittags (genaue Abfahrtszeiten beim Veranstalter erfragen). Der Fahrpreis beträgt pro Person 30 $ und schließt einen Imbiss, Betreuung im Waggon und Versicherung ein. Der Veranstalter heißt *America Travel,* Tel. 233.3300, Fax 233.3311, www.americatravelcr.com.

Die Bahnlinie von San José nach **Pto. Limón** (Jungle-Train) an der Karibikküste wurde 1992 nach einem Erdrutsch endgültig **eingestellt.**

Schiff

Fährverbindungen existieren von Puntarenas zur Nicoya-Halbinsel (auch Autotransport) sowie zwischen Golfito und Pto.Jiménez (nur Passagiere). Außerdem lässt sich mit einer kleinen Fähre der Rio Coto Colorado (nach Playa Zancudo im Süden) überqueren. Zu den Zeiten, Fahrpreisen sowie Schiffsverbindungen nach Tortuguero und auf dem Río Sarapiquí siehe in der jeweiligen Ortsbeschreibung.

Mietwagen

Wer wenig Zeit mitbringt und ungebunden reisen will, für den kann ein Mietwagen die richtige Alternative sein. Zahlreiche **Verleihfirmen,** vor allem in San José und am internationalen Flughafen bei Alajuela (siehe im Kapitel „San José" unter Stichpunkt „Infos von A bis Z") bieten hauptsächlich japanische Mittelklassemodelle und Allradfahrzeuge an; die Auswahl an kleinen und billigeren Mietwagen ist beschränkt. Außerdem gibt es Verleiher in Pto. Limón, Cd. Quesada, Liberia, Puntarenas, Playa Jacó und San Isidro.

Eine ungewollte Begegnung mit Folgen

Nicht nur Vogelfreunde und Botaniker, sondern auch die Liebhaber einer ganz besonderen und hier inzwischen sehr häufigen Spezies kommen in Costa Rica voll auf ihre Kosten. Überall im Land finden sich riesige Exemplare, deren Durchmesser nicht selten einen Meter überschreitet. Doch aufgepasst: eine Begegnung mit diesen Wesen bleibt meist nicht ohne Folgen. Besonders wer in diesem schönen Land mit dem Mietwagen unterwegs ist, sollte sich dieser nicht zu unterschätzenden Gefahr bewusst sein. Denn speziell bei Regen und bei Nacht verstehen sie sich ausgezeichnet auf die Kunst des Mimikry. Die Konsequenzen, die sich aus einem ungewollten Zusammentreffen ergeben, sind erheblich: ein platter Reifen, ein zerplatzter Schlauch und eine zerbeulte Felge sind noch das mindeste. Der Name der Übeltäter: *huecos,* so der einheimische Name – zu gut deutsch: Schlaglöcher.

Nein – die Rede ist nicht von irgendwelchen einsamen, abgelegenen Straßen, sondern von den Hauptverbindungsstraßen innerhalb des Landes wie beispielsweise von San José nach Pto. Limón im Bereich zwischen Guápiles und Siquirres oder die Interamericana nach Liberia. Ein Ende dieser katastrophalen Straßenzustände ist leider nicht in Sicht, denn während auf der einen Seite Straßen ausgebessert oder sogar neu geteert werden, verwandeln sich zeitgleich ehemals gute Fernstraßen in gefährliche Schlaglochfallen, die die Aufmerksamkeit des Autofahrers aufs Äußerste beanspruchen. Die Ursachen für diese teilweise katastrophalen Zustände sind einerseits in den extremen Klimaverhältnissen und den starken Nierderschlägen zu suchen, andererseits aber auch in der mangelhaften Verarbeitungsqualität der Asphaltdecke.

Was also tun? Sich den teilweise selbstmörderischen Fahrkünsten der Busfahrer anvertrauen, oder sich doch mit einem eigenen fahrbaren Untersatz auf den Asphalt begeben – oder auf das, was davon noch übrig ist? Falls Sie sich für die letztgenannte Alternative entscheiden, achten Sie unbedingt darauf, dass Sie immer einen funktionsfähigen Ersatzreifen an Bord haben. Auf alle Fälle sollte man sich rechtzeitig in die Kunst des Radwechselns einarbeiten (an jeder Tankstelle werden Reifen schnell und günstig repariert). Und noch ein Tipp: Allradgetriebene Fahrzeuge stecken die Schlaglöcher besser weg. Ansonsten heißt die Devise: vorsichtig fahren und vor allem nicht zu schnell (denn überall lauern auch die Polizisten mit ihren Radarpistolen) und besonders auf Unebenheiten der Straße achten, die sich jederzeit als kleine Kraterseen der etwas anderen Art entpuppen können.

510cr Foto: dk

Voraussetzungen zum Mieten eines Fahrzeugs

- Nationaler oder besser internationaler **Führerschein**
- **Mindestalter** je nach Anbieter zwischen 18 und 25 Jahren, meist jedoch 21 Jahre
- **Kreditkarte,** sonst Kaution (750 bis 1000 $), die meisten Anbieter arbeiten nur über Kreditkarte.

Kosten

- Je nach Saison muss man für einen **Mittelklassewagen** zwischen 300 und 350 $ pro Woche rechnen (inkl. freier Kilometerzahl und Teilkasko-Versicherung), Allradfahrzeuge liegen etwa 100-250 $ (je nach Modell) darüber.
- Einige Verleihfirmen bieten **Vollkasko** *(copertura total)* für etwa 5 $/Tag an. Ansonsten beträgt die **Selbstbeteiligung** bei einem selbstverursachten Schaden 750 bis 1000 $, bei Diebstahl 1000 bis 1500 $. Die Selbstbeteiligung bei Diebstahl bleibt bei den meisten Anbietern auch bei Abschluss einer Vollkaskoversicherung bestehen!!! Außerdem liegt bei einem selbstverschuldeten Unfall die Selbstbeteiligung am Schaden des Unfallgegners bei 20 % (gesetzlich eingeschränkte Haftpflichtversicherung)! Da die Versicherung staatlich ist, gibt es keinen Wettbewerb und entsprechend starre Regeln. Eine Freigabe des Monopols ist geplant.
- **Verkehrsstrafen** gehen (logischerweise) zu Kosten des Verursachers.
- **Mautgebühren** sind nur auf den Autobahnen im Hochland zu entrichten und sehr billig: PKW zahlen 60-120 C.
- Preise für **Treibstoff:** Normalbenzin bleifrei (*regular* oder *corriente*): ca. 264 C. (ca. 0,67 $); Super: ca. 277 C.; (0,70 $), Diesel: ca. 196 C (0,50 $).

Hinweise zum Automieten

- **Vergleichen** Sie Angebote! Vor allem in der Nebensaison kann man bei längerer Leihdauer mit etwas Geschick günstige Konditionen aushandeln. Misstrauen Sie Lockangeboten in den Zeitschriften. Angebotene Fahrzeuge gibt es entweder gar nicht, oder sie sind gerade ausgeliehen ...

Achtung: Strafzettel

Überall im Land, vor allem an den Hauptverbindungsstraßen, sind Polizisten mit **Radarpistolen** postiert, um zu schnell fahrende Fahrzeuge zu erfassen. Natürlich sind diese Kontrollen immer dort, wo man sie nicht erwartet, also unter schattigen Bäumen oder an Abschnitten, wo man bequem schneller fahren könnte, gerne auch nach Ende einer Geschwindigkeitsbegrenzung.

Falls Sie angehalten werden, zeigen Sie Ihre Fahrzeugpapiere und den Führerschein. Obwohl die Polizisten in der Regel freundlich sind, versuchen sie immer mal wieder von den ausländischen Touristen Bargeld zu kassieren, um so vermeintlich hohe Strafen zu „mildern". Dies ist illegal! Zahlen Sie **NIEMALS** Geld an einen Polizisten. Dieser ist nicht berechtigt, von Ihnen etwas zu kassieren. Lassen Sie sich einen Strafzettel ausstellen und übergeben Sie diesen an Ihren Autovermieter. Falls der Polizist sich weigert, Sie weiterfahren zu lassen, notieren Sie dessen Namen und die Nummer seines Fahrzeugs und melden diesen Vorfall an Ihren Autovermieter.

Autofahren in Costa Rica

Mit eigenem Wagen in Costa Rica – das ist zwar etwas gewöhnungsbedürftig, denn die normalerweise so freundlichen Ticos und Ticas sind oft rücksichtslose Autofahrer, aber auch nicht schlimmer als im Feierabendverkehr in einer deutschen Großstadt. Also: Ruhe bewahren, auch in schwierigen Situationen. Und vor allem: so schnell wie möglich raus aus San José!

- **Verkehrsregeln** und -schilder entsprechen den uns bekannten. Es herrscht Rechtsverkehr.
- **Rechtsabbiegen bei roter Ampel** ist normalerweise erlaubt.
- Das Tragen eines **Sicherheitsgurtes** *(cinturón)* ist vorgeschrieben (Geldstrafe bei Nichteinhaltung).
- Die **Höchstgeschwindigkeit** *(velocidad máxima)* wird meist angegeben und beträgt normalerweise innerorts 50 km/h, außerhalb geschlossener Ortschaften 80 km/h und auf den wenigen Autobahnabschnitten 90 km/h. Wer sich nicht daran hält, riskiert eine empfindliche Geldbuße; die Verkehrspolizei ist vor allem auf der Interamericana mit Radargeräten präsent.
- Sowohl in den Städten als auch auf Landstraßen tauchen manchmal unvermittelt metergroße (!) **Schlaglöcher** im Asphalt auf. Wer da mit voller Geschwindigkeit durchfährt, riskiert einen Achsbruch (siehe Exkurs „Eine ungewollte Begegnung mit Folgen"). Auch auf **ungeteerten Straßen** sollte man langsam fahren und auf spitze Steine achten.
- **Reifenschaden?** Kein Problem! Auch wer seit der Fahrschule keinen Reifen mehr gewechselt hat, wird nach einem Urlaub mit einem Mietwagen in Costa Rica Übung haben. Den defekten Reifen bei der nächsten Tankstelle reparieren zu lassen, geht schnell und ist nicht teuer.
- **Achtung:** Viele LKWs, die eine freie Straße zum Überholen anzeigen wollen, blinken links (nicht rechts).
- Die Versorgung mit **Tankstellen** ist in den Städten und wichtigen Durchfahrtsstraßen gut. Ansonsten gilt, immer vollzutanken, wenn sich die Gelegenheit dazu ergibt.
- Auf der Straße liegendes **Ast- oder Buschwerk** hat oft die Funktion eines Warndreiecks und weist auf eine Gefahrenstelle bzw. ein liegengebliebenes Fahrzeug hin. Geschwindigkeit drosseln!
- Vor allem während der Regenzeit kommt es häufig zu *derrumbes*, vom heftigen Regen ausgelösten **Erdrutschen.** Besonders gefährdete Strecken: San José – Guápiles, San José – Puntarenas, Cartago – San Isidro, Buenos Aires – Palmar.
- **Nachts** unbedingt auf Fußgänger und unbeleuchtete Fahrzeuge achten, nach Möglichkeit ganz auf Nachtfahrten verzichten!

Verkehrsschilder

- **Alto:** Das Stopschild hat bei den Einheimischen oft nur die Funktion von „Vorfahrt achten".
- **No virar a la derecha (izquierda):** Das gelbe Schild bedeutet: rechts (links) abbiegen verboten.
- **Ceda el Paso:** Vorfahrt achten
- **Intersección adelante:** Kreuzung voraus
- **Deténganse antes de virar con rojo:** vor dem Rechtsabbiegen an roter Ampel stehenbleiben
- **No adelantar:** Überholverbot
- **No estacionar:** Parkverbot
- **Reduzca la Velocidad:** Fuß vom Gas
- **Curva peligrosa** weist auf eine gefährliche Kurve hin, und **Despacio** bedeutet langsam – man tut besser daran, beide Schilder ernst zu nehmen.
- **No hay paso:** Einbahnstraße. Immer wieder enden vermeintliche Hauptstraßen mit diesem Hinweis, und man muss abbiegen.

- Besser fahren Sie fast immer mit **Alles-Inklusiv-Angeboten,** die im Tages- bzw. Wochenpreis bereits Versicherung und unbegrenzte Kilometerleistung enthalten. Ausnahme: Sie wissen sicher, dass Sie nur wenige Kilometer fahren werden und der Wagen längere Zeit steht – aber ist es dann überhaupt sinnvoll, einen kostspieligen Wagen zu mieten?
- In der Trockenzeit (Dez. bis April) kommt man auch ohne teures **Allradfahrzeug** fast überallhin, in der Regenzeit sieht die Sache hingegen etwas anders aus, da viele Flüsse anschwellen und ohne Allrad ein unüberwindliches Hindernis darstellen. In jedem Fall sollte man darauf achten, dass der Wagen nicht zu tief liegt und genügend Freiraum unter dem Fahrzeugboden vorhanden ist.
- Vor der Entscheidung für einen bestimmten Wagen sollte man sich unbedingt Zeit dafür nehmen, das **Fahrzeug genau zu inspizieren:** Sind die Reifen (Ersatzreifen auch) in Ordnung, funktionieren Licht, Bremsen etc., sind Warndreieck (Vorschrift) und Werkzeug zum Reifenwechsel vorhanden und die Papiere o.k.?
- Der **Tank** ist normalerweise bei Übernahme gefüllt.
- Mietwagen haben oft kein Nummernschild, sondern nur einen **Versicherungsnachweis** an der Frontscheibe.
- Im Vertrag muss ein **zweiter Fahrer** namentlich genannt werden. Wenn nicht, ist er zum Führen des Fahrzeugs nicht berechtigt! (Meist wird eine Extra-Gebühr fällig von ca. 2 $/Tag.)
- Zum Vertrag gehört auch eine Skizze des Fahrzeugs, auf der alle **Schäden markiert** sind (Kratzer, Beulen usw).
- Stellen Sie kurz nach Verlassen der Mietwagenfirma einen **Defekt** fest, zögern sie nicht, diesen umgehend zu reklamieren.
- Ausflüge in die **Nachbarländer** sind ebensowenig gestattet wie das **Durchqueren von Flüssen** und Fahrten auf dem **Strand.** Für so manchen hatte eine Flussdurchfahrt teure Folgen! Lassen Sie sich jedoch auf keinen Fall vertraglich festlegen, dass Sie keine **ungeteerten Straßen** befahren dürfen, das wäre praktisch kaum durchführbar.
- **Parken** Sie Ihr Fahrzeug nach Möglichkeit auf einem bewachten Parkplatz (sonst kann der Versicherungsschutz entfallen). In San José den Wagen auf keinen Fall am Straßenrand abstellen – er wird abgeschleppt!
- Im **Schadensfall** unbedingt die Verkehrspolizei (*Policía de Tránsito,* Tel. 222.7150) verständigen und sofort den Autoverleiher informieren (gilt nicht für kleine Schäden). Machen Sie Fotos am Unfallort. Sollte es zu rechtlichen Streitfragen kommen, wenden Sie sich an einen der deutschsprachigen Anwälte, die unter „Sicherheit" aufgelistet sind.
- **Reparaturen** mit dem Verleiher absprechen.
- Bei **Rückgabe** sollte der Wagen wieder vollgetankt sein. Nachdem er auf Beschädigungen überprüft wurde, ist der Mietpreis (in bar, mit Reiseschecks oder Kreditkarte) zu entrichten. Geben Sie das Fahrzeug rechtzeitig wieder zurück, d.h. zur gleichen Uhrzeit,

wie Sie es angemietet haben, sonst werden ca. 10 $ pro Stunde fällig.

• Man kann zwar auch **Motorräder** mieten, was wegen des hohen Versicherungsanteils aber nicht billiger ist.

(Dieses Kapitel entstand mit freundlicher Unterstützung von **Adobe RC** in San José.)

Flugzeug

Eine staatliche (SANSA) und eine private **Fluggesellschaft** (Nature Air) verbinden San José mit 11 Inlandszielen.

Außerdem gibt es mehrere Gesellschaften, bei denen man Kleinflugzeuge chartern kann:

Die Zeiten, als die **Preise** für Inlandsflüge recht niedrig waren, sind jedoch längst vorbei. Je nach Entfernung kostet der einfache Flug mit SANSA zwischen 55 und 70 $, mit Nature Air zwischen 50 und 85 $.

Die **Flugzeiten** und genauen Preise ab San José ersehen Sie unter „Verkehrsverbindungen" im Kap. „San José", ansonsten bei dem jeweiligen Ort im Reiseteil.

• **Flughafeninformation:** Tel. 437.2626

Das **Gepäcklimit** für Inlandsflüge beträgt 12 kg, für Mehrgepäck wird eine geringe Gebühr verlangt.

Auch wenn man per Flugzeug schnell und bequem abgelegene Landesteile erreichen kann, sollte man bedenken, dass man mit öffentlichen Bussen innerhalb von maximal acht Stunden von San José die meisten Landesteile erreicht (Ausnahme: Tortuguero), so dass die Fliegerei **nicht unbedingt notwendig** erscheint.

Inlandsflüge

• **SANSA** (Tel. 257.9444 od. 221.9414, info@flysansa.com, Stadtbüro C. 24/ Av. C.-1): Die staatliche Inlandslinie unterhält regelmäßige Flugverbindung zwischen San José/Flughafen Juan Santamaría und Barra del Colorado, Tortuguero, Tamarindo, Nosara, Carillo (Sámara), Quepos, Palmar Sur, Golfito, Pto. Jiménez und Coto 47 (Cd. Neily).

• **Nature Air** (Tel. 220.3054, Fax 220. 0413, reservations@natureair-costarica. com, Büro am Flughafen Pavas): Der private Inlands-Carrier bedient ab San José bzw. dem nahe gelegenen Flughafen Tobias Bolaños bei Pavas täglich alle obenstehenden Flugziele (Ausnahme: Coto 47) sowie Liberia, Playa Tambor und Bahía Drake.

Charterflüge mit Kleinmaschinen

• **Aero Costa Sol** (Tel. 441.1444): ab Flughafen Juan Santamaría

• **Alas Anfibias** (Tel. 232.9567): Wasserflugzeuge

• **Aviones Taxi Aéreo** (Tel. 441.1626): ab Juan Santamaría

• **SAETA Air Charter** (Tel. 232.1474): ab Pavas

• **Taxis Aéreo Centroamericano** (Tel. 232.1317): ab Pavas

• **Helisa Helicópteros** (Tel. 231.5885, helisa@racsa.co.cr): Hubschrauberflüge

• **Heli-Tours** (Tel. 220.3940, comvatro@racsa.co.cr)

• **Paradise Air** (Tel. 231.0938 und 296.3800, paradise1@racsa.co.cr): Charterflüge in alle Landesteile, Rundflüge

Internationale Flüge

• **Aeroperlas** (Tel. 440.0093, info@aero perlas.com): diverse Ziele in Panama (Bocas del Toro, Changuinola, Panama-City)

- **American Airlines** (Tel. 257.1266): Miami, Dallas
- **Avianca** (Tel. 233.3066): Kolumbien
- **Continental** (Tel. 296.4911): Houston
- **Copa** (Tel. 222.6640): Panama-City; vgl. Liste im Kapitel „San José" beim Stichpunkt „Verkehrsverbindungen/Flugzeug"
- **Grupo Taca** (Tel. 257.9444): Zusammenschluss der Airlines Aviateca (Guatemala), LASCA (El Salvdor), NICA (Nicaragua) und LASCA (Costa Rica).
- **Iberia** (Tel. 257.8266 und 441.2591): Madrid
- **Martinair** (Tel. 232.3246): Amsterdam
- **Mexicana** (Tel. 257.6334): Mexico-City
- **SAHSA** (Tel. 221.9414): Tegucigalpa/Honduras
- **United Airlines** (Tel. 220.4844): Mexico-City, Miami
- **Varig** (Tel. 290.5222): Sao Paulo, Panama-City

Zeitungen

Tageszeitungen

Spanischsprachige Tageszeitungen gibt es praktisch an jeder Straßenecke zu kaufen. Die beiden etwas anspruchsvolleren Blätter heißen **La República** und **La Nación**. Außerdem gibt es noch eine Reihe weiterer Publikationen, zum Beispiel **El Diario, El Día** etc. Preise um 60 C.

Englischsprachige Wochenzeitungen

Speziell für Touristen ist die englisch- und spanischsprachige Wochenzeitung **Costa Rica Today** gedacht, die neben viel Werbung auch eine Fülle von nützlichen Informationen enthält. Sie liegt meist kostenlos in vielen Hotels, Reisebüros etc. aus. (Eine deutschsprachige Version ist geplant.) Ebenfalls wöchentlich erscheint die englischsprachige **Tico Times** (info@ticotimes.co.cr), die sich an in Costa Rica lebende Amerikaner richtet. Neben viel Werbung enthält sie des öfteren interessante Artikel und Veranstaltungshinweise.

Deutsche Zeitungen

Wer auch im außereuropäischen Ausland nicht auf deutsche Zeitschriften verzichten will, kann in der **Librería Francesa** (C. 1, neben Lehmann) den Stern und Spiegel kaufen – für läppische 10 $.

Zeitunterschied

Im europäischen **Winterhalbjahr** beträgt der Zeitunterschied zwischen Mitteleuropa (MEZ) und Costa Rica (Central Standard Time) **7 Stunden,** d.h. um 12 Uhr in Costa Rica ist es in Deutschland bereits 19 Uhr. Während der deutschen **Sommerzeit** (Ende März bis Ende Oktober) beträgt der Zeitunterschied **8 Stunden.**

511cr Foto: dk

Land und Leute

513cr Foto: dk

512cr Foto: dk

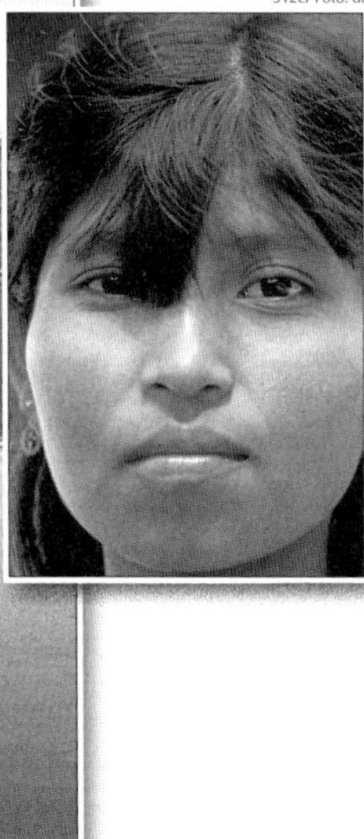

Costa Rica im Überblick

- **Offizieller Name:**
República de Costa Rica
- **Fläche:**
51.100 km² (Niedersachsen: 47.363 km²)
- **Maximale Ausdehnung:**
Nord-Süd 464 km, Ost-West 259 km
- **Küstenlänge:**
Pazifik 1020 km, Atlantik 210 km
- **Höchster Berg:**
Cerro Chirripó Grande (3839 m)
- **Längster Fluss:**
Río Grande de Térraba (196 km)
- **Einwohner:**
4,17 Mio. (davon über 50 % im Valle Central)
- **Bevölkerungsdichte:**
81 Ew./km² (Deutschland: 231 Ew./km²)
- **Städtische Bevölkerung:**
51 %
- **Sprachen:**
Spanisch, Patois, lokale Indianersprachen
- **Religion:**
ca. 85 % katholisch, 8 % protestantisch
- **Analphabetenrate:**
ca. 5 %
- **Staatsform:**
Präsidialrepublik
- **Staatsoberhaupt:**
seit 2002 Präsident *Abel Pacheco*
- **Verwaltungsgliederung:**
7 Provinzen, in 81 Cantone unterteilt
- **Städte:**
San José (Hauptstadt, Großraum ca. 1 Mio. Einw.), Alajuela, Heredia, Cartago, Pto. Limón, Puntarenas, Liberia, San Isidro
- **Wirtschaft:**
Tourismus, Textilindustrie, Bananen, Kaffee, Zierpflanzen, trop. Früchte, Fisch
- **Währung:**
Colón (1 € = ca. 621 C.)
- **Nationalblume:**
Guaria Morada
- **Nationalbaum:**
Guanacaste
- **Nationalvogel:** Schlichtdrossel
- **Zeitzone:** Central Standard Time (MEZ -7 Std.)

Geographie

Naturräume

Costa Rica wird häufig als das abwechslungsreichste Land Mittelamerikas bezeichnet, und tatsächlich kann die Vielfalt naturgeographischer Erscheinungsformen wohl von keinem der Nachbarländer übertroffen werden. Das kleine Land, kaum größer als das Bundesland Niedersachsen, ist Teil der mittelamerikanischen Landbrücke und erstreckt sich auf einer Länge von etwa 450 km zwischen Karibischem Meer und Pazifik. Eine Gebirgskette mit Höhen über 3000 m trennt das atlantisch-karibische vom pazifischen Küstentiefland.

Bergland

Das Bergland ist **größtenteils vulkanischen Ursprungs,** verantwortlich ist das Abtauchen der pazifischen unter die karibische Kontinentalplatte.

Der von Nordwest nach Südost verlaufende Hauptgebirgszug Costa Ricas besteht aus vier unterschiedlich aufgebauten Gebirgseinheiten:

- **Cordillera de Guanacaste:** Diese Bergkette im Nordwesten besteht aus einer Aneinanderreihung erdgeschichtlich junger Vulkankegel (Orosí, Rincón de la Vieja, Miravalles, Arenal), die sich auf quartärzeitlichen vulkanischen Ablagerungen bis zu 2000 m erheben.
- **Cordillera de Tilarán:** Dieser kleine Gebirgszug ist der Cordillera de Guanacaste südöstlich vorgelagert und bildet ein Bindeglied zur Cordillera

Central. Die Berge sind meist bewaldet und erreichen Höhen bis etwa 1300 m. Die Cordillera de Tilarán wird von vielen Geologen jedoch nur als niedriger Ausläufer der südöstlich gelegenen Cordillera de Talamanca betrachtet.

- **Cordillera Central:** Die Arenalsenke trennt die Cordillera de Guanacaste von der sich im Südosten anschließenden Cordillera Central, in der sich die bekanntesten und am besten erschlossenen Vulkane des Landes aneinanderreihen (Poás, Barva, Irazú, Turrialba). Sie erreichen Höhen von über 2500 m. Die südwestlichen Gebirgshangzonen gehen sanft in das auf ca. 1000 m Höhe gelegene Valle Central (Zentraltal) über; nach Osten hingegen fallen sie steil zum karibischen Küstentiefland ab.
- **Cordillera de Talamanca:** Südöstlich der Cordillera Central folgt dieses bisher am wenigsten erschlossene Gebirgsmassiv, das im 3820 m hohen Vulkan Chirripó gipfelt. Während die vorgenannten Gebirgseinheiten rein vulkanischen Ursprungs sind, ist die Cordillera de Talamanca aus klastischen (d.h. zertrümmerten und wieder zusammengebackenen) Gesteinen und Kalken mit vulkanischen Einschlüssen aufgebaut. Im Südosten reicht die Gebirgszone der Cordillera de Talamanca bis auf wenige Kilometer an das Karibische Meer heran.

Karibisches Tiefland

Östlich der Cordilleras erstreckt sich das karibische Tiefland. Geologisch ist es aus **erdgeschichtlich jungen Sedimenten** aufgebaut, die mit den Flüssen aus dem Bergland in das Küstentiefland transportiert wurden. Im Südosten, im Grenzbereich zu Pamana, schrumpft das Tiefland auf wenige hundert Meter zwischen Küste und dem Anstieg zur Cordillera de Talamanca zusammen. Weiter nach Norden verbreitert sich die karibische Tieflandzone auf bis zu 200 km im Grenzbereich zu Nicaragua. Dort befinden sich die ausgedehntesten Überschwemmungs- und Sumpfgebiete des Landes. Im Übergangsbereich zu den Bergländern sind angehobene, meist stark durch Flussläufe zerfurchte Platten mit wenige hundert Meter aufragenden Bergkuppen vulkanischen Ursprungs anzutreffen.

Die **karibische Küste** erstreckt sich von der nicaraguanischen Grenze im Norden auf über 200 km Länge bis nach Panama. Mangrovensümpfe, Lagunen, Sandstrände mit vorgelagerten Riffen und angehobene Korallenriffe wechseln sich ab. Trotz der vielfältigen Küstenformen ist der Küstenverlauf großräumig wenig gegliedert.

Pazifikküste

Die Pazifikküste weist dagegen zahlreiche **Buchten** (Golfo de Nicoya, Golfo Dulce), **Halbinseln** (Nicoya, Osa, Burica) und **Inseln** auf. Die Halbinseln bestehen aus stark zerklüfteten Berg- und Hügelländern, die größtenteils aus kreidezeitlichen Ablagerungen aufgebaut sind. Das pazifische Tiefland ist im Gegensatz zum karibischen Tiefland ein schmaler Streifen zwischen der Küste und den Ausläufern der Gebirgsketten.

Vulkanismus

Zentralamerika ist eine der vulkanisch aktivsten Zonen der Erde. Überall dort, wo die **Kontinentalplatten** aneinanderstoßen oder sich voneinander entfernen, treten vulkanische Erscheinungen auf. Im Falle Costa Ricas schiebt sich die pazifische unter die karibische Platte. **Erdbeben und Vulkanausbrüche** sind die wohl gefürchtetsten Folgen. Doch auch **heiße Quellen, Fumarolen und Solfataren** sind Zeugen vulkanischer Tätigkeit im Erdinnern. Hierbei suchen sich heiße Gase ihren Weg an die Erdoberfläche. Durch chemische Umsetzungsvorgänge wird das Gestein stark angegriffen. An den Gasaustrittsstellen entstehen häufig mineralische Ausblühungen, z.B. gelbe Schwefelkristalle. Treffen heiße Gase aus dem Erdinnern hingegen auf Grundwasser, dann entstehen heiße Quellen oder brodelnde Schlammtöpfe (Solfataren). Am Vulkan Rincón de la Vieja ist dies deutlich zu sehen.

Tritt **Magma** an die Erdoberfläche, so kann dies auf unterschiedlichste Weise erfolgen. Vulkanologen unterscheiden lineare und punktförmige Eruptionen. **Lineare Eruptionen** treten an Dehnungsspalten auf, an denen entweder dünnflüssiges Magma an die Erdoberfläche tritt und sich ausbreitet oder die Magmenfördertätigkeit sich auf bestimmte Bereiche der Spalte konzentriert. Im zweiten Fall entstehen Lavafontänen aus heißen Schlacken, die um die Förderkanäle herum abgelagert werden, woraus so genannte Schlackenkegel wachsen.

Häufiger sind jedoch **punktuelle Eruptionen** an mehr oder weniger kreisförmigen Förderschloten. Kommt es über längere Zeit zur Förderung von heißen Schlacken, können Schlackenkegel von über einem Kilometer Durchmesser entstehen, die als **Ringwallvulkane** oder Tephraringe bezeichnet werden. Natürlich gibt es auch Vulkane, die durch eine einzige Explosion entstehen, wenn die Füllung eines Förderschlotes unter hohem Druck explosionsartig in die Höhe geschleudert wird. Zurück bleibt ein tiefer Explosionskrater. Mit Wasser gefüllte Explosionskrater werden in der wissenschaftlichen Literatur als Maare bezeichnet. Häufig ist jedoch die Zuordnung vulkanischer Oberflächenformen zu bestimmten Fördermechanismen nicht eindeutig zu klären, da es auch Kombinationen gibt.

Der Prototyp des Vulkans schlechthin – der **Strato- oder Schichtvulkan** – basiert auf einer Abfolge unterschiedlicher Magmenförderung. Durch Auswurf ungeheurer Mengen an Schlacken, die zum Teil mehrere Kilometer in die Höhe geschleudert werden, kommt es zunächst um den För-

Der Arenal: ein klassischer Schichtvulkan

017cr Foto: dk

derkanal herum zur Bildung eines Schlackenkegels. Dieser Kegel aus Lockermaterial und miteinander verschweißten Schlacken (Tuff) würde jedoch durch Erosionsvorgänge in erdgeschichtlich kürzester Zeit abgetragen werden. Durch anschließende Förderung von dünnflüssigem Magma aus der Tiefe kommt es zu einer Verfestigung der Lockermaterialien, wenn sich die Magmenmassen über den Kraterrand ergießen. Erneute Förderung von Lockermaterial führt zu einer Erhöhung, der darauf folgende Erguss von glutflüssigem Material zur weiteren Verfestigung des Vulkankegels.

Der Vulkan Arenal ist in Costa Rica wohl das beste Beispiel für diesen Vulkantypus. Die Mehrzahl der Vulkane Costa Ricas weisen jedoch nicht die klassische Kegelform auf. Dies liegt daran, dass sich bei den genannten Vulkanen der Hauptförderschlot in mehrere Förderkanäle verzweigt, die zur Bildung mehrerer Krater geführt haben. So weist beispielsweise der Vulkan Rincón de la Vieja im Gipfelbereich neun Krater auf. Häufig kommt es in den jüngeren Kratern zu vulkanischen Begleiterscheinungen. So können im Krater des Vulkans Poás Dampfaustritte (Fumarolen) und Solfataren bewundert werden.

Klima

Costa Rica liegt in der **tropischen Klimazone,** gekennzeichnet durch geringe jahreszeitliche Temperaturschwankungen. Das Klima ist geprägt von der jeweiligen Höhenlage und der Niederschlagsmenge. Von Oktober bis März liegt Costa Rica im Einzugsbereich der **Nordost-Passate,** die der karibischen Abdachung monatliche Niederschläge von über 400 mm bescheren. Auf der pazifischen Seite herrscht von Dezember bis April **Trockenzeit.** Ab Mai überwiegen **Winde aus südwestlichen Richtungen,** die auf der pazifischen Seite Costa Ricas zu Niederschlägen führen. Tropische Tiefdruckgebiete sorgen aber gleichzeitig im karibischen Tiefland für Regen. Somit herrscht im pazifischen Bereich Costa Ricas wechselfeuchtes Klima mit einer mehrere Monate andauernden Trockenzeit vor. Im karibischen Tiefland fallen ganzjährig Niederschläge bis zu 6000 mm im Jahr.

019cr Foto: dk

Tropischer Regenwald

Klimazonen

Vereinfachend kann man das Land in drei Klimazonen aufteilen:

- **Valle Central:** Dieses ins Gebirge eingesenkte Becken liegt auf einer Höhe von ca. 950-1450 m und erhält rund 2000 mm Niederschlag im Jahr. Die mittleren Jahrestemperaturen liegen um 20 °C.
- **Atlantischer Bereich:** Charakteristisch sind fast konstante Jahrestemperaturen (um 26 °C) und ganzjährige Niederschläge; die mittlere Niederschlagsmenge beträgt 3000-4500 mm.
- **Pazifischer Bereich:** wechselfeucht mit 2000-2500 mm Niederschlag und einer ausgeprägten Trockenzeit von Dezember bis April im Nordwesten, an der Südküste (Halbinsel Osa, Golfo Dulce) immerfeucht mit höheren Niederschlagswerten. Mittlere Jahrestemperaturen um 26 °C.

Höhenstufung

Aufgrund der ausgeprägten thermischen Höhenstufung weist Costa Rica unterschiedliche Vegetationszonen auf.

Bis in Höhen von 500-600 m, in der **Tierra Caliente** (heiße Zone), herrscht eine mittlere Jahrestemperatur von ca. 24 °C. vor. Immergrüner tropischer Regenwald beherrscht die karibischen Tiefländer, an der Pazifikküste – insbesondere im Nordwesten – dominieren hingegen Trocken- und Feuchtwälder.

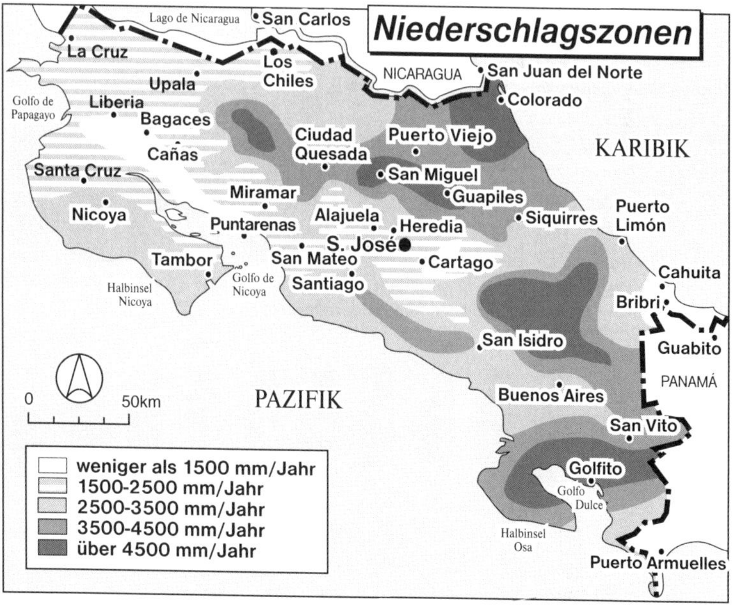

San José · Alajuela · Vulkan Poás

Mittlere Niederschlagsmenge pro Monat in mm

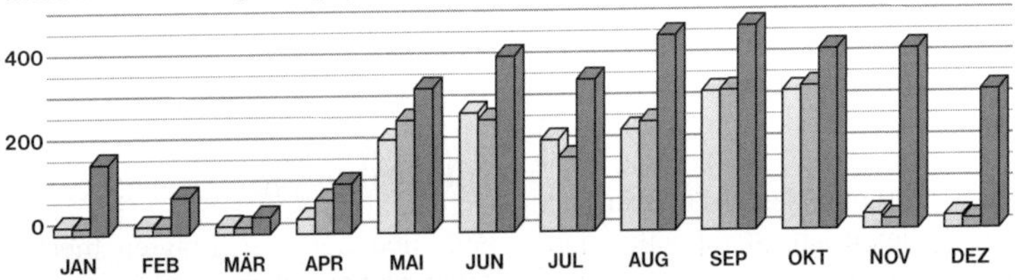

Mittlere tägliche Maximum- und Minimumtemperaturen in °C

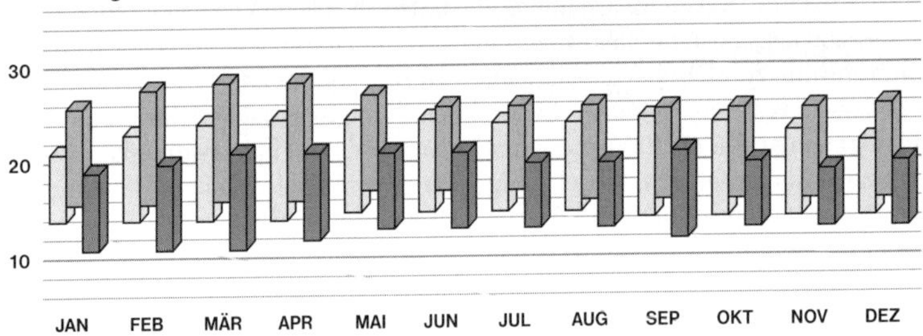

Vulkan Irazú · Limón · Ciudad Quesada

Mittlere Niederschlagsmenge pro Monat in mm

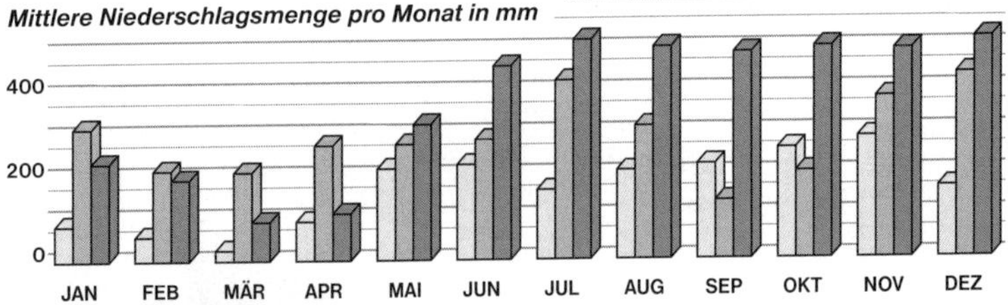

Mittlere tägliche Maximum- und Minimumtemperaturen in °C

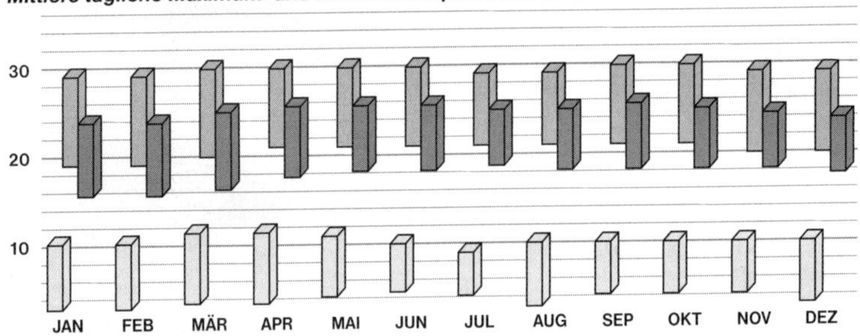

☐ Liberia ☐ Nicoya ☐ Puntarenas

Mittlere Niederschlagsmenge pro Monat in mm

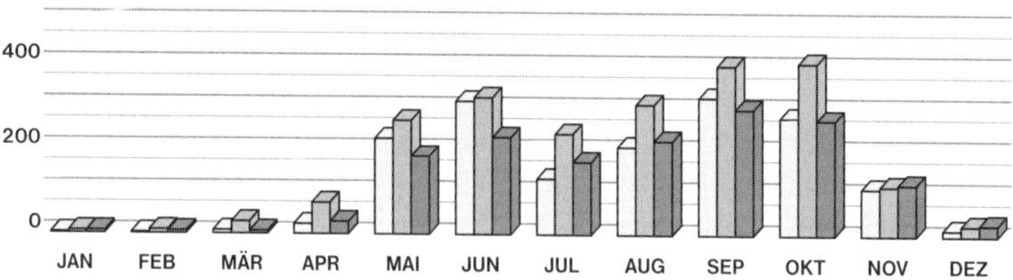

Mittlere tägliche Maximum- und Minimumtemperaturen in °C

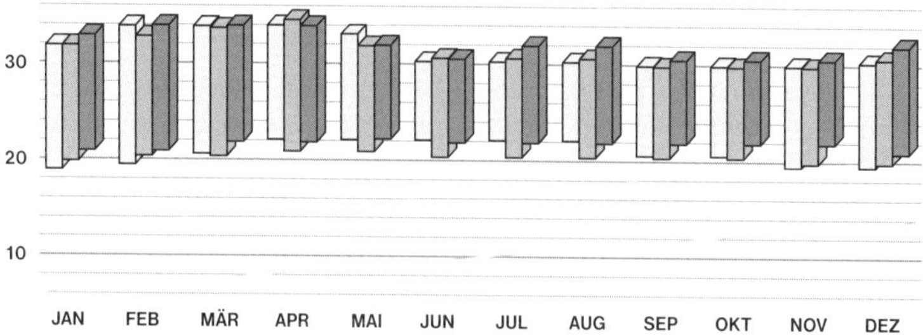

☐ Quepos ☐ Palmar Sur ☐ Golfito

Mittlere Niederschlagsmenge pro Monat in mm

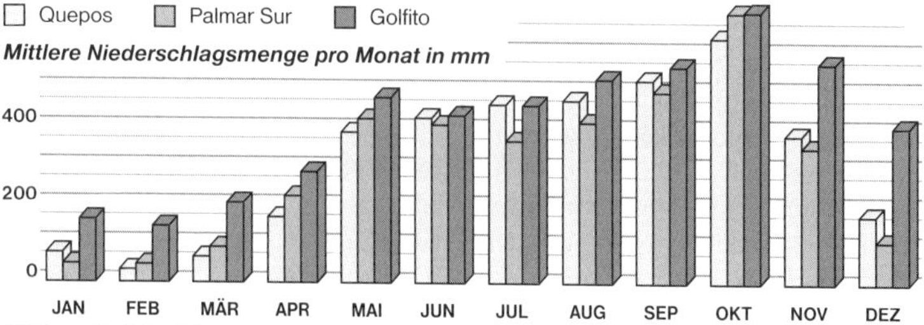

Mittlere tägliche Maximum- und Minimumtemperaturen in °C

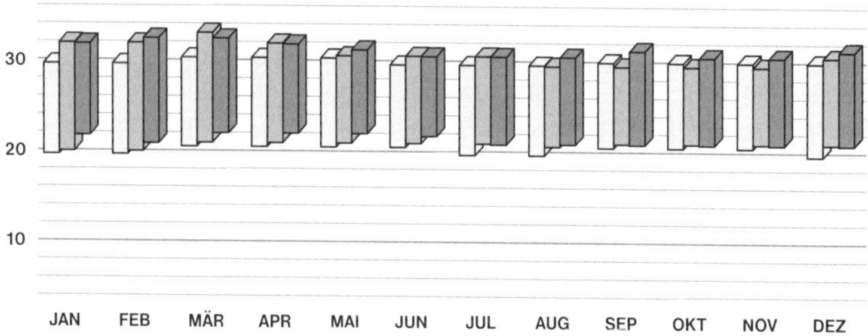

Die sich daran anschließende **Tierra Calida** (warmgemäßigte Zone), die sich bis auf Höhen von ca. 1600 m erstreckt, markiert den Übergangsbereich zu prämontanen Feucht- und Regenwäldern.

In der gemäßigten Klimazone, der **Tierra Templada,** beträgt das jährliche Temperaturmittel 14-18 °C. Diese Stufe reicht bis ca. 2300 m. Hier dominieren montane Feucht- und Regenwälder.

Die **Tierra Fría** (kühle Zone) mit Durchschnittstemperaturen von 10-14 °C geht bei ca. 3000 m in die **Paramozone** über, die die Gipfelregionen der höchsten Vulkane umfasst.

Die Tierwelt Costa Ricas

Die Fauna Costa Ricas ist sehr artenreich, und dennoch sollte man nicht erwarten, überall wilde Tiere zu sehen. Die meisten Tierarten leben im tropischen Regenwald, dem komplexesten Ökosystem der Erde. Aufgrund der dichten Vegetation und ihrer ausgezeichneten Tarnung sind sie dort jedoch nur schwer auszumachen. Hinzu kommt, dass viele Tiere vorwiegend nachts aktiv sind und die Nähe des Menschen scheuen. Doch wer Geduld hat und die Augen aufhält, wird mit Sicherheit zahlreiche Tiere zu Gesicht bekommen, vor allem natürlich wunderschöne Vögel, aber auch Affen und andere Säugetiere sowie verschiedene Reptilien und Amphibien. Nachfolgend sind die wichtigsten Säugetiere und eine Auswahl der Vögel und anderer Tierarten aufgeführt und beschrieben. Nach dem deutschen Namen steht in Klammern der in Costa Rica gebräuchliche spanische Name. Eine Liste mit deutschen, spanischen und wissenschaftlichen Tier- und Pflanzennamen ist im Anhang zu finden.

Säugetiere

Über 200 Säugetierarten (+20 Meeressäuger) kommen in Costa Rica vor, davon sind allerdings etwa die Hälfte Fledermaus-Arten (107). Am häufigsten bekommt man Affen zu Gesicht.

Affen (Simiae)

In Costa Rica kommen vier Arten vor. Wegen ihrer breiten Nasen mit weit auseinanderstehenden Nasenlöchern werden sie als Überfamilie der Breitnasen *(Platyrrhina)* zusammengefasst. Alle vier Arten gehören zur Familie der Kapuzinerartigen *(Cebidae)*. Sie leben als tagaktive Baumbewohner in Paaren oder Gruppenverbänden von 10 bis 40 Tieren.

- **Mantelbrüllaffe** *(mono congo):* Die häufigste Art in Costa Rica. Ihre Fellfärbung ist meist schwarz, manchmal auch bräunlich. Auffällig sind ihre langsamen Bewegungen, denn sie ernähren sich ausschließlich von Blättern und Früchten und müssen daher mit ihren Energiereserven haushalten. Dies ist auch der Grund dafür, dass die Männchen ihr Revier nicht mit Kämpfen verteidigen, sondern durch ein ohrenbetäubendes Gebrüll, das eher an

020cr Foto: dk

Arbeitet vierhändig: Klammeraffe

eine wildgewordene Elefantenherde erinnert als an mittelgroße Affen.

• **Geoffroy-Klammeraffe** *(mono colorado* oder *mono araña):* Die beiden spanischen Namen nehmen Bezug auf die rotbraune Färbung des Felles und ihre starken Klammerschwänze (*araña* = Spinne), mit denen sie sich geschickt in den Bäumen fortbewegen und sich gelegentlich sogar daran aufhängen, um alle vier „Hände" frei zu haben. Diese sehr aktiven Tiere bevorzugen dichte Waldgebiete und fressen Insekten, kleine Tiere und Früchte.

• **Weißschulterkapuziner** *(mono carablanca):* Diese drolligen Tiere kommen in Waldgebieten des ganzen Landes vor. Den Namen tragen sie wegen ihrer „Kapuzinerkutte": schwarzes Fell, im Gesichtsumfeld und oberen Brustbereich weiß. Kapuzineraffen leben in großen Sozialverbänden und ernähren sich von Insekten und Früchten.

• **Rotrücken-Totenkopfaffe** *(mono tití* oder *mono ardilla):* Die kleinste Affenart des Landes gilt inzwischen in ihrem Bestand als stark bedroht und kommt in Costa Rica nur noch im südpazifischen Raum vor (Manuel Antonio, Corcovado). Auffällig ist die orangegoldene Fellfärbung und die weiße Gesichtsmaske.

Raubkatzen (Felidae)

Sechs verschiedene Arten von Raubkatzen leben meist sehr zurückgezogen in verschiedenen Regionen des Landes. Da die Tiere scheu und oft nachtaktiv sind, sind die Chancen gering, ihnen in freier Wildbahn zu begegnen.

• **Ozelotkatze** *(caucel):* Die kleinste, auch Tigerkatze genannte Fleckkatze erreicht in etwa die Größe einer großen Hauskatze (40 bis 55 cm). Sie lebt in Höhenlagen bis 3200 m und ernährt sich von kleinen Säugetieren und Vögeln.

• **Wieselkatze** *(león breñero):* Die auch *Jaguarundi* genannte Raubkatze besitzt ein einfarbig braunes oder schwarzes Fell ohne Flecken. Ohne ihren langen, schlanken Schwanz erreicht sie eine Länge von 50 bis 77 cm. Das Tier lebt in Höhen bis zu 2200 m und erbeutet Vögel und kleine Säugetiere.

• **Baumozelot** *(margay):* Wegen seines auffällig langen Schwanzes wird das Tier auch als *Langschwanzkatze* bezeichnet. Es hat ein geflecktes Fell und erreicht eine Länge von 53 bis 79 cm. Das nachtaktive Tier lebt als scheuer Einzelgänger in Höhen bis 900 m vorwiegend auf Bäumen.

• **Ozelot** *(manigordo):* Die mittelgroße Fleckkatze wird etwa 70 bis 100 cm lang, bei einer Schulterhöhe von etwa 45 cm. Das Fell weist längliche Flecken auf, und der Schwanz ist kürzer als beim Baumozelot. Wie dieser lebt es als Einzelgänger und ist vorwiegend nachtaktiv. Der Ozelot ist jedoch nur selten auf Bäumen anzutreffen, meist lebt er am Boden in Höhenlagen bis 1000 m. Gelegentlich kommt er auch in die Nähe menschlicher Siedlungen, wo er sich auch schon mal Geflügel fängt. Wegen seines schönen Felles werden diese in den Wäldern Mittel- und Südamerikas lebenden Tiere nach wie vor stark bejagt.

• **Puma oder Berglöwe** *(puma):* Der einfarbig braune Bergbewohner erreicht eine Länge von 105 bis 180 cm, eine Schulterhöhe von etwa 60-90 cm und ein Gewicht von bis zu 100 kg. Auffällig ist das dunkle Schwanzende. Der scheue Einzelgänger ist für Menschen relativ ungefährlich und kommt in ganz Amerika bis auf 4500 m Höhe vor (in Costa Rica bis 3300 m), sowohl in Wüstenregionen wie auch im Regenwald. Er ist tag- als auch nachtaktiv. Seine Beute sind Hirsche, Agutis, Pakas, Ratten und Schlangen.

• **Jaguar** *(tigre):* Das größte Raubtier des Landes wird bis 1,80 m lang und bis zu 150 kg schwer, bei einer Schulterhöhe von 55 bis 80 cm. Die Fellzeichnung besteht aus Ringen, die einen oder mehrere Flecken aufweisen. Der tag- und nachtaktive Einzelgänger lebt häufig in Feuchtgebieten bis 2000 m Höhe und erbeutet dort größere Säugetiere, Kaimane, Schildkröten, Vögel und Fische. Diese Tierart ist weltweit in ihrem Bestand bedroht und auch in Costa Rica selten.

Hundeartige (Canidae)

• **Kojote** *(coyote):* Die Vertreter dieser kleinen Wolfsart sind auch als *Heulwolf* oder *Präriewolf* bekannt. Einst waren sie vor allem in den Prärien Nordamerikas weit verbreitet. Ihre Beute besteht aus Vögeln und kleinen Wirbeltieren, sie ernähren sich aber auch von Aas und kleinen Früchten.

• **Graufuchs** *(zorra gris):* Das kleine, fuchsartige Tier hat ein silbergraues und rötlichbraunes Fell. Das sehr scheue Tier ist in der Dämmerung und nachts aktiv. Als einziger Vertreter seiner Ordnung ist er ein guter Kletterer und verbringt einen Teil seines Lebens in Bäumen. Graufüchse findet man in ganz Nord- und Mittelamerika, vom südlichen Kanada bis Nordkolumbien.

Kleinbären (Procyonidae)

Alle 16 Arten dieser Raubtierfamilie, die gelegentlich auch als *Waschbärenartige* bezeichnet werden, sind in Amerika heimisch. In Costa Rica leben sechs Vertreter dieser Bären-Familie, die meist abends oder nachts auf Futtersuche gehen.

•**Nordam. Waschbär** *(mapache):* Mit seiner schwarze Gesichtsmaske und dem gestreiften, buschigen Schwanz wirkt dieses Tier, das von Kanada über die USA bis in den Süden Mittelamerikas anzutreffen ist, recht drollig. Waschbären, die eine Körperlänge von bis zu 60 cm erreichen, sind vorwiegend nachtaktiv und leben meist in Wassernähe, denn sie sind gute Schwimmer. Ihren Namen haben sie von ihrer Angewohnheit, ihre Nahrung vor dem Verzehr zu „waschen". Die Allesfresser ernähren sich u.a. von Fröschen, Fischen, kleinen Tieren, und Früchten.

•**Krabbenwaschbär** *(mapache cangrejero):* Diese besondere Waschbärenart trifft man in Costa Rica nur an der Ostküste an. Er hat ein rauheres Fell als sein oben genannter Verwandter und einen buschigeren Schwanz. Der Krabbenwaschbär lebt vorwiegend am Boden und ist spezialisiert auf Krabben- und Fischfang, er ernährt sich aber auch von Insekten und anderen Tieren. Mit seinen massiven Backenzähnen ist er in der Lage, die Panzer von Krabben und anderen Schalentieren aufzubeißen.

•**Nasenbär** *(pizote):* Die Chancen, in Costa Rica einen Nasen- oder Weißrüsselnasenbären, wie er wegen seiner rüsselartigen Nase genannt wird, anzutreffen, sind relativ groß. Die Tiere sind etwa 60 cm groß und haben ein braunes Fell und einen gestreiften Schwanz. Sie leben im Tiefland am Boden und auf Bäumen, sind gute Kletterer und Schwimmer. Weibchen und Jungtiere leben in großen Gruppen von bis zu 100 Tieren zusammen, wohingegen Männchen als Einzelgänger umherstreifen. Ihre Nahrung besteht aus Früchten, Insekten und kleinen Tieren.

•**Wickelbär** *(martilla):* Eher selten bekommt man diesen nachtaktiven Baumbewohner zu Gesicht, der auch als *Kinkajou* bezeichnet wird. Er hat ein braunes Fell, eine spitze Nase und erreicht eine Körperlänge von etwa 57 cm, den rund 45 cm langen und kräftigen Klammerschwanz nicht eingerechnet. Er lebt als Einzelgänger oder in Paaren in Höhen bis 2000 m; seine Nahrung besteht zu etwa 80 % aus Früchten, außerdem frisst er Insekten und in der Trockenzeit auch Blütennektar und Honig.

•**Makibär** *(olingo):* Wegen seines im Vergleich zum Wickelbären schlanken Körpers wird der *olingo* auch *Schlankbär* genannt. Er ist etwas kleiner als der Wickelbär (Körperlänge 40 cm), sein Fell ist grau bis braun gefärbt, und der gestreifte Schwanz ist buschiger. Makibären leben in den Bäumen feuchter Waldgebiete.

•**Mittelam. Katzenfrett** *(cacomistle):* Das Katzenfrett ist dem Makibären ähnlich, es trägt jedoch eine dunkle Gesichtsmaske und die Streifen im Schwanz sind besser zu erkennen. Der Baumbewohner erreicht eine Körperlänge von maximal 49 cm plus einer Schwanzlänge von 35 bis 50 cm. Diese scheuen Nachttiere leben vorwiegend von Insekten und Kleintieren. Zwischen Mai und Juni bringen sie 1 bis 3 Junge zur Welt, die bis 23 Jahre alt werden können. In manchen Gegenden Mittel- und Südamerikas werden sie als Haustiere zur Mäuse- und Rattenvertilgung gehalten.

Marderartige (Mustelidae)

•**Langschwanzwiesel** *(comadreja):* Dieses kleine tag- und nachtaktive Raubtier (Körperlänge bis 26 cm) hat ein braunes Fell mit einer schwarzen Schwanzquaste und lebt als Einzelgänger. Es kommt von den USA bis Nordperu in Höhen bis 3000 m vor. Seine Beute sind kleine Nagetiere, Vögel und Reptilien.

•**Tayra** *(tolomuco):* Diese auch *Hyrare* genannten Tiere sind in Costa Rica völlig schwarz und erreichen eine Körperlänge bis 71 cm ohne Schwanz. Obwohl sie Waldgebiete bevorzugen und gute Kletterer sind, sind sie überwiegend am Boden anzutreffen. Sie ernähren sich von kleinen Säugetieren, gelegentlich auch von Insekten.

•**Skunk** *(zorro hediondo):* Das berühmt-berüchtigte Stinktier mit dem weißen Streifen auf dem Rücken lebt meist in trockenen Gebieten, ist aber auch im Regenwald anzutreffen. Es ernährt sich von Insekten, kleinen Tieren und Früchten. Bei Gefahr verspritzt das ansonsten recht wehrlose Tier eine übelriechende Flüssigkeit, die seine Feinde wirkungsvoll abschreckt. In Costa Rica unterscheidet man drei Arten, der Amazonasskunk *(Conepatus semistriatus)* ist die häufigste.

•**Neotropischer Fischotter** *(nutria):* Mit ihrem dichten, braunen Fell, den kurzen Beinen mit Schwimmhäuten zwischen den Zehen und dem kräftigen Schwimmschwanz sind die rund 80 cm großen Tiere ideal an das Leben im Wasser angepasst. Die ausgezeichneten Schwimmer und Taucher leben bevorzugt in schnell fließenden Flüssen, wo sie Fische, Krustentiere und andere Wassertiere erbeuten.

Nagetiere (Rodentia)

Es gibt zahlreiche Arten von Boden- und Baumratten, Land- und Wassermäuse, u.a. die **Stacheltaschenmaus** *(ratón semiespinoso)* und die **Baumwollratte** *(rata algodonera).*

•**Hörnchen:** In Costa Rica leben u.a. das Rothörnchen *(ardilla roja),* das Grauhörnchen *(chiza)* sowie verschiedene Streifenhörnchen und Zwerghörnchen.

•**Paka** *(tepezcuinte):* Das mit den Meerschweinchen verwandte Paka erreicht eine Körperlänge von rund 70 cm. Der nachtaktive Waldbewohner lebt in Erdhöhlen, die er in Wassernähe anlegt. Wie auch das kleinere Aguti wurden Pakas über Jahrhunderte wegen ihres Fleisches gejagt, aber auch für viele tierische Waldbewohner sind sie ein Leckerbissen.

•**Mittelamerikanisches Aguti** *(guatusa):* Das Aguti, auch *Goldhase* genannt, ist kleiner als das Paka und erreicht etwa Kaninchengröße (max. 50 cm). Das mit seinem braunen Fell gut getarnte tagaktive Nagetier, dessen Hinterfüße in nur drei langen Zehen enden (vorn vier Zehen), ist mit dem Meerschweinchen verwandt. Durch seine Angewohnheit, Früchte und Samen in zahlreichen Löchern zu vergraben, spielt es eine wichtige Rolle für die Verbreitung von Pflanzen.

• **Brasilien-Waldkaninchen** *(conejo de monte):* Das auch *Tapeti* genannte Tier erreicht eine Körperlänge bis 42 cm und hat ein dunkles Fell und einen sehr kurzen Schwanz. Es kommt im tropischen und gemäßigten Mittel- und Südamerika vor und lebt in Höhen bis 4000 m (sein spanischer Name bedeutet „Bergkaninchen").

• **Baumstachler** *(puercoespín):* Zu dieser Nagetierfamilie zählen in Costa Rica zwei Arten: der Greifstachler und der Wollgreifstachler. Die geschickten Kletterer bewohnen Waldgebiete, wo sie sich von Blättern, Früchten und anderer pflanzlicher Kost, teilweise auch von Insekten und Reptilien ernähren. Die einzellebenden Tiere haben ein aufrichtbares Stachelkleid, dessen Stacheln sich bei Berührung leicht lösen und sich in der Haut des Angreifers verhaken. Baumstachler sind nachtaktiv, tagsüber schlafen sie.

Fledertiere (Chiroptera)

In Costa Rica leben über 100 Arten Fledermäuse *(murciélagos),* die meisten von ihnen sind recht klein, die größte Art erreicht allerdings gut einen Meter Spannweite. Einige nachtaktive Tiere sind schon am späten Nachmittag unterwegs. Die meisten Fledermäuse Costa Ricas sind Insekten- oder Früchtefresser, es gibt aber auch einige Nektar- und sogar eine fischfressende Art; nur drei Arten, so genannte „Vampire", saugen das Blut von Wirbeltieren.

• Die **Große Hasenmaul-Fledermaus** *(murciélago pescador)* ist eine Besonderheit: Als eine von zwei Arten weltweit ernährt sie sich von Fischen, die sie im Flug aus dem Wasser greift.

Beutelratten (Didelphidae)

Beuteltiere gibt es nicht nur in Australien, die nachtaktiven Baumbewohner haben einen zugespitzten Kopf und verfügen über einen nackten Klammerschwanz, mit dessen Hilfe sie sich geschickt in den Bäumen bewegen.

• **Vieraugenbeutelratte** *(zorro cuatro ojos):* Das etwa rattengroße Tier verdankt seinen Namen zwei auffallenden weißen Flecken, die wie Augen aussehen. Wenn die Jungen den Beutel verlassen, klettern sie auf den Rücken der Mutter, wo sie sich festhalten, indem sie ihren Schwanz um den der Mutter klammern.

• **Wollbeutelratte** *(zorro de balsa):* Dieses kleine, schlanke Beuteltier mit einem auffällig langen Greifschwanz lebt auf Bäumen, wo es sich von Früchten und Insekten ernährt.

• **Zentralam. Opossum** *(zorro pelón):* Dieser nahe Verwandte der nordamerikanischen Beutelratte lebt ebenfalls in Waldgebieten und ernährt sich dort von Früchten, Eiern und Insekten; gelegentlich erbeutet er auch kleine Vögel oder Säuger.

Faultiere (Bradypodidae)

In Costa Rica gibt es zwei sehr ähnliche Arten dieser rein amerikanischen Säugetierfamilie, die man an der Fellfärbung und der Fingerzahl der Vorderfüße unterscheidet (an den Hinterfüßen haben beide Arten je 3 Zehen!). Beide leben in Baumkronen, die sie nur alle 1 bis 2 Wochen verlassen, um ihr Geschäft zu verrichten. Ihre sprichwörtliche Langsamkeit lässt sie ihre Futterquellen optimal nutzen: Die Nahrung wächst ihnen sozusagen entgegen. Die langsamen Bewegungen dienen jedoch nicht nur der Energieeinsparung, sondern stellen auch einen guten Schutz vor Feinden dar, von denen sie meist gar nicht wahrgenommen werden.

• **Zweifingerfaultier** *(perezoso de dos dedos):* Die größere Faultierart, Unau, wird bis zu 85 cm groß und hat ein bräunliches Fell.

• **Dreifingerfaultier** *(perezoso de tres dedos):* Das Fell des Ai ist gräulich mit einer Gesichtsmaske, das Tier wird bis 50 cm groß.

Gürteltiere (Dasypodidae)

• **Neunbindengürteltier** *(armadillo* oder *cusuco):* Der schützende Panzer des Tieres, das eine Länge von 36-57 cm und ein Gewicht von nur 3-6 kg erreicht, ist in 8-10 Gürtel unterteilt. Das als Einzelgänger vorkommende Tier ist vorwiegend nachtaktiv und lebt in Höhen bis 1500 m. Wie die Ameisenbären ernährt es sich vorwiegend von Ameisen, und anderen Insekten. Wegen seines wohlschmeckenden Fleisches wurde und wird es vom Menschen gejagt.

Ameisenfresser (Myrmecophagidae)

• **Zwerg-Ameisenbär** *(serafín de platanar):* Das nur 16-22 cm kleine Tier wird auch Pygmäen-Ameisenfresser genannt. Der nachtaktive Baumbewohner hat ein helles, goldgelbes Fell und einen langen Wickelschwanz. Tagsüber schläft der Einzelgänger eingerollt wie ein Tennisball in Bäumen, wo er nur sehr schwer zu entdecken ist.

• **Nördlicher Tamandua** *(oso hormiguero* oder *oso colmenero):* Die häufigste Ameisenbärenart erreicht eine Länge bis 67 cm und hat ein gelblichhellbraunes Fell mit einer schwarzen „Weste“. Auffällig sind die spitze Maul-Nasenpartie und der lange Schwanz mit nacktem Ende. In Höhenlagen bis 2000 m lebt das Tier am Boden und auf Bäumen. Es ernährt sich von Ameisen und Termiten, deren Bau es mit seinen langen, starken Vorderkrallen zerstört, sowie von Früchten. Bei einem Angriff richtet sich das Tier auf und kann mit seinen Krallen dem Gegner tiefe Wunden zufügen.

• **Riesen-Ameisenbär** *(oso caballo): Pferdebär* nennen die Einheimischen dieses bis 1,30 m lange Tier mit dem langen „Schnabel“. Sein Fell ist graubraun mit einem großen schwarzen Streifen an Hals und Schulter. Da dieses Tier in Costa Rica schon länger nicht mehr gesichtet wurde, ist es nicht auszuschließen, dass es hier schon ausgerottet ist.

Huftiere (Ungulata)

• **Großer Roter Spießhirsch** *(cabro de monte):* Diese kleine Hirschart (Schulterhöhe 70 cm) hat als Geweih zwei einfache Spieße (10-13 cm), die ihm den Namen geben. Das Tier lebt einzeln oder paarweise und bevorzugt Waldgebiete in Wassernähe, wo es sich vorwiegend von Blättern, aber auch Früchten und Gras ernährt. Seine

natürlichen Feinde sind Raubkatzen, Adler und Riesenschlangen.

• **Weißwedelhirsch** *(venado):* Diese Hirschart ist identisch mit dem nordamerikanischen Virginiahirsch, auch wenn die hiesigen Vertreter nicht so groß werden: Die Weibchen erreichen bis 90 cm, die Männchen bis 100 cm Schulterhöhe. In Costa Rica leben sie vorwiegend in den wenigen Rückzugsgebieten der Trockenregion von Guanacaste, wo sie früher zu Tausenden abgeschlachtet wurden. Beobachten kann man sie am besten während der Trockenzeit in den Nationalparks des Nordwestens.

Dieser Ameisenbär heißt auf Spanisch *oso hormiguero*

• **Mittelamerikanischer Tapir** *(danta):* Auch wenn seine Schnauze zu einem kurzem Rüssel verlängert ist, ist das Tapir nicht mit den Elefanten verwandt, sondern vielmehr mit Pferden und Nashörnern. Der Unpaarhufer hat an den Vorderfüßen vier, an den Hinterfüßen drei Zehen und wird bis 2,40 m lang. Das massige Tier erreicht eine Schulterhöhe von etwa 1,20 m und ein Gewicht von bis zu 300 kg.

In Costa Rica ist der Urwaldbewohner auch im Bergland bis 3350 m anzutreffen, in jedem Fall jedoch in Wassernähe. Der *Baird-Tapir,* wie er in Anlehnung an seinen lateinischen Namen auch genannt wird, ernährt sich rein pflanzlich, zu seinen Feinden zählen große Raubkatzen wie der Puma und der Jaguar.

025cr Foto: dk

Das Pekari lebt im tropischen Regenwald

•**Halsbandpekari** *(saíno):* Einer von zwei costaricanischen Vertretern der Familie Pekaris *(Tayassuidae),* einer amerikanischen Unterfamilie der Schweine. Das kleinere Halsbandpekari, auch *Nabelschwein* genannt, erreicht eine Länge von 80 bis 105 cm, eine Schulterhöhe von 30 bis 50 cm und ein Gewicht bis 31 kg. Markant ist das weiße „Halsband", das dem Tier seinen Namen gibt. Die tagaktiven Paarhufer leben in Gruppenverbänden von 2 bis 22 Tieren (meist etwa 8). Sie sind Allesfresser, denn sie verschmähen auch kleine Säugetiere, Reptilien, Frösche und Insekten nicht.

•**Weißbartpekari** *(cariblanco):* Die größere Pekari-Art erreicht eine Länge bis 1,20 m, eine Schulterhöhe von 40-60 cm und ein Gewicht von 25-40 kg. Unterkiefer und Kehle des auch *Bisamschwein* genannten Tieres sind weiß. Weißbartpekaris leben in tropischen Regenwäldern, wo sie große gemischte Herden von 40-300 Tieren bilden. Die Allesfresser ernähren sich von Wurzeln, Früchten, Nüssen, Samen, Gräsern und Blättern, aber auch von Kleintieren und Aas.

Meeressäuger

Von der Vielzahl der wasserbewohnenden Säugetiere sei hier nur eine Auswahl aufgeführt.

•**Buckelwal** *(ballena jorobada):* Der zur Unterordnung der Bartenwale

(*Mystacoceti*) gehörige Buckelwal erreicht eine Körperlänge bis 15 m und ein für Wale „mittleres" Gewicht von 30 bis 45 t. Die mit fast 5 m riesige Brustflosse dient zur Stabilisierung beim Schwimmen. Die Nahrung des Meeressäugers besteht aus Krill, Tintenfischen und Fischen. Die Tiere sind in permanenter Wanderschaft zwischen dem Äquator und den polaren Gebieten. Der Buckelwal gilt mit weltweit etwa 5000 Tieren als bedrohte Tierart.

- **Gewöhnlicher Delphin** (*delfín común*): Diese Zahnwale leben in großen Gruppen (Schulen). Delphine sind sehr gute Schwimmer, sie erreichen Geschwindigkeiten bis 60 km/h. Eine Nasenöffnung an der Kopfoberseite, die sich unter Wasser verschließt, ermöglicht ihnen zu atmen. Die Fischfresser werden bis 2 m lang und ziehen ein Junges pro Jahr groß.
- **Großer Tümmler** (*delfín de nariz de botella*): Bis etwa 4 m Körperlänge erreicht der Große Tümmler, der wegen seiner spitzen Schnauze in Lateinamerika *Flaschennasendelphin* genannt wird. Wie alle Delphine gehört er zur Unterordnung der Zahnwale und ernährt sich vorwiegend von Fischen.
- **Karibischer Manati oder Seekuh** (*manatí* oder *vaca marina*): Die Seekuh ist kein reiner Meeresbewohner, da sie nicht nur in küstennahen Gewässern, sondern auch im Mündungsbereich größerer Flüsse lebt. Trotz des plumpen Körperbaus ist das mit dem Elefanten verwandte Tier ein hervorragender Schwimmer. Seekühe sind die einzigen wasserlebenden Säugetiere, die sich rein pflanzlich ernähren.

Vögel

Die Vogelwelt Costa Ricas ist mit rund 850 Arten – mehr als doppelt so viel wie Mitteleuropa – außergewöhnlich vielfätig. In allen Regionen und Lebensbereichen des Landes findet man eine Vielzahl von Vögeln aller Größen und Farben. Eine Auswahl:

Habichtartige (Accipitridae)

- **Harpyie** (*águila arpipa*): Einer der stärksten Greifvögel der Erde. Er erreicht eine Körpergröße von 80-100 cm, hat ein dunkles Gefieder mit einer aufrichtbaren Kopfhaube (*Federohren*) und sehr große Krallen.
- **Würgadler** (*águila crestada*): Der Raubvogel wird 68-80 cm groß, hat eine Spannweite von etwa 1,50 m, graues Gefieder, eine helle Unterseite und eine Federhaube (span. Name).
- **Schwarzweiß-Haubenadler** (*águila blanco y negro*): Der kleine Adler lebt im Tiefland, wo er Kleinsäuger, Vögel und Kriechtiere jagt.
- Der **Cayenne-Milan** (*gavilán cabecigris*) gehört zur Unterfamilie der Wespenbussarde. Gefieder und Kopf sind grau, die Unterseite hell. Charakteristisch ist die grau-weiß gestreifte Schwanzinnenseite.
- **Weißbussard** (*gavilán blanco*): Der kurzflüglige und langschwänzige Waldvogel hat eine Länge von etwa 50 cm, sein Gefieder ist bis auf seine schwarzen Schwingen und den Schwanz weiß.
- **Schwarzhalsbussard** (*gavilán pescador*): Der 45 bis 50 cm große Greifvogel hat lange Flügel, einen kurzen

Schwanz und ein rotbraunes Gefieder mit einer helleren Kopfpartie und schwarzen Flecken am Hinterhals und der Kehle. Sein Verbreitungsgebiet reicht von Nordmexiko bis Argentinien, wo er in Wassernähe und an der Küste lebt. Sein Speisezettel besteht vorwiegend aus Krabben und Fischen.

• **Krabbenbussard** *(gavilán cangrejero)*: Die zur Gattung der Schwarzbussarde zählende Vogelart kommt in ganz Mittelamerika und an der Nordküste Südamerikas vor.

Fischadler (Pandionidae)

• **Fischadler** *(águila pescadora)*: Diese weltweit einzige Art einer eigenen Greifvogelfamilie erreicht eine Größe bis 61 cm und eine Flügelspannweite von mehr als 1,50 m. Der Vogel ernährt sich fast ausschließlich von Fischen, die er aus großer Höhe erspäht und im Sturzflug aus dem Wasser holt.

Falken (Falconidae)

Diese Greifvögel gehören zu einer Familie mit ca. 60 Arten. Auffällig ist ein sehr schneller Flug.

• **Wanderfalke** *(falcón peregrino)*: Bei der stärksten Falkenart sind die Weibchen größer als die Männchen. Der Wanderfalke erreicht Fluggeschwindigkeiten bis 314 km/h und ist damit eines der schnellsten Tiere überhaupt. Er nistet in fremden Horsten, wo er 2-4 Eier ausbrütet.

• **Lachhabicht** *(guaco)*: Trotz seines Namens zählt das Tier zu den Falken und ist eng mit dem Wanderfalken verwandt. Sein Gefieder ist dunkel mit einer helleren Unterseite und einer schwarzen Gesichtsmaske, gelbem Schabelansatz und einem langen, gestreiften Schwanz. Mit Hilfe seiner kurzen, runden Schwingen wird er zu einem sehr wendigen Flieger. Lachhabichte bewohnen die Waldgebiete des tropischen Amerikas.

• **Karakara** *(carancho)*: Ein Greiffalke mit gestreiftem Gefieder, einem kleinen, aufrichtbaren Federschopf am Hinterkopf, rötlicher Schnabelfärbung und gelben Läufen. Er bevorzugt Trockengebiete, wie sie im Nordwesten Costa Ricas zu finden sind.

027cr Foto: dk

Rabengeier sieht man im ganzen Land

Neuweltgeier (Cathartidae)

Zu dieser sechs Arten umfassenden Familie zählt auch der Kondor. Alle Neuweltgeier haben nackte Köpfe und sind vorwiegend Aasfresser. Manche Arten erbeuten aber auch lebende Säugetiere und Vögel. In Costa Rica gibt es 3 Arten.

- **Rabengeier** *(zopilote negro):* Der hässlich wirkende Aasfresser hat ein schwarzes Gefieder und einen nackten, grauen Kopf. Die meist in Gruppenverbänden lebenden Tiere verfügen über eine gute Sehfähigkeit. Häufig halten sie sich in der Nähe menschlicher Siedlungen auf, wo sie den Müll durchsuchen.
- **Truthahngeier** *(zopilote cabecirrojo):* Auffällig ist der rote Kopf, der an einen Truthahn erinnert. Das häufig vorkommende Tier (Größe ca. 74 cm) stöbert Aas besonders durch seinen empfindlichen Geruchssinnn auf.
- **Königsgeier** *(rey de zopilote):* Die größte Geierart Costa Ricas wird bis 80 cm groß und erreicht das doppelte Körpergewicht des Rabengeiers. Das inzwischen seltene Tier hat einen auffällig bunten Kopf und eine schwarze Halskrause. In der Mythologie der Indianer spielte es eine wichtige Rolle als Mittler zwischen den Welten.

Eulenvögel (Strigiformes)

- **Brillenkauz** *(búho de anteojos):* Das Gefieder ist braun mit einer hellen Unterseite. Seinen Namen verdankt der Brillenkauz den weißen Querstreifen ober- und unterhalb der Augen. Männchen erreichen ein Gewicht bis 6 kg, Weibchen bis 8 kg.
- **Schleiereule** *(lechuza ratonera):* Diese auch bei uns vorkommende Eulenart wird etwa 35 cm groß und hat eine Spannweite von 95 cm. Das Gefieder ist gelbbraun mit dunklen Feldern und Punkten, charakteristisch sind der herzförmige, weiße Gesichtsschleier und die schwarzen, knopfförmigen Augen. Ihre Beute sind kleine Säugetiere und Vögel.

Singvögel (Oscines)

Größte Unterordnung der Ordnung Sperlingsvögel *(Passeriformes),* die rund 5000 Arten weltweit besitzt, das sind mehr als die Hälfte aller Vogelarten. Weltweit gibt es ca. 4000 Singvogel-Arten in 35 Familien.

- **Nicaragua-Bootsschwanz** *(clarinero nicaraguensis):* Diese nur in der Umgebung des Nicaraguasees lebende Vogelart aus der Familie der Ammern *(Emberizidae)* hat einen gestuften, halbschräg abwärts gerichteten Schwanz. Das Gefieder ist beim Männchen metallisch glänzend.
- Die **Scharlachbürzel-Tangare** *(sargento)* ist der auffälligste Vertreter der Tangaren *(Thraupidae),* einer amerik. Singvogelfamilie. Das Männchen trägt ein leuchtend dunkelrot gefärbtes Gefieder.
- **Passerini-Tangere:** Die schwarz-gefiederten Männchen gehören wegen ihrer leuchtend roten Rückenpartie zu den auffälligsten Singvögeln des Landes.
- **Blautangare** *(viuda azul):* Die „blaue Witwe", wie der Vogel auf spanisch genannt wird, hat ein graublaues Gefieder. Blautangaren stehlen gelegent-

lich Nester anderer Vögel zum Brüten, die einmal gefundenen Paare bleiben auf Lebenszeit zusammen.

• **Scharlachtangare** *(tangara escarlata):* Diese häufige Tangarenart hat ein glänzend schwarzes Gefieder.

• **Montezuma-Stirnvogel** *(oropéndola de montezuma):* Ein recht häufiger Vertreter der Familie Stirnvögel, mit gelbem Schnabel und gelben Schwanzfedern, das Gefieder ist rötlichbraun. Im ganzen Land sieht man seine hängenden Nester.

• **Schlichtdrossel** *(yiguirro):* Der unscheinbare Nationalvogel Costa Ricas gehört zur der Familie der Drosseln *(Turdinae).* Zur Nahrungsaufnahme begibt er sich meist an den Boden.

• **Elsterhäher** *(urraca copetona):* Dieser Vertreter der Familie Rabenvögel *(Corvidae)* hat ein blau-weiß-gefärbtes Gefieder und ist vor allem in Guanacaste und auf der Nicoya-Halbinsel zu sehen.

Schreivögel (Tyranni)

Die Schreivögel bilden eine weitere Unterordnung der Sperlingsvögel. Zu ihnen zählen u.a. Ameisenvögel, Töpfervögel, Pittas, Tyrannen, Schmuckvögel und Cotingas. Die Tyrannen *(Tyrannidae)* sind die artenreichste Vogelfamilie der Westhalbkugel und kommen in ganz Amerika vor, von Nordkanada bis Feuerland.

• **Schirmvogel** *(pájaro sombrilla):* Der etwa 40 cm große Vertreter der Familie Cotingas *(Cotingidae)* trägt einen bläulich schimmernden Federnbusch am Kopf und ein seltsames, aufblasbares Hautgehänge vor der Brust, das mit Federn bedeckt ist und zur Balz hin und her bewegt wird. Er kann brüllende Töne hervorbringen, die kilometerweit zu hören sind.

• **Hämmerling** *(pájaro campana):* Der ebenfalls zur Familie der Cotingas gehörige Vogel hat eine kräftige, glockenähnliche und metallische Stimme, die auf weite Distanz hörbar ist (span./engl. „Glockenvogel"). Er wird bis 28 cm groß, der Kopf und die obere Brusthälfte sind weiß, das übrige Gefieder braun. Hämmerlinge sind von Nicaragua bis Panama verbreitet. Sie nisten in Baumhöhlen und fressen verschiedene Pflanzen und Früchte.

Trogons (Trogoniformes)

Die Trogons bilden eine eigene Ordnung mit einer Familie *(Trogonidae)* und 35 Arten, die in den Tropen der alten und neuen Welt vorkommen. Sie zählen zu den buntesten und schönsten Vögeln der Welt. Sie sind meist mittelgroß, langschwänzig, haben einen kurzen, kräftigen Schnabel und ernähren sich von Insekten oder Früchten. Zum Nisten höhlen sie mit dem Schnabel morsche Baumstämme aus, daher bezeichnet man sie als *Nageschnäbler.*

• **Quetzal** *(quetzal):* Dieser sagenumwobene Vogel bewegt wie kein anderer die Gemüter der Menschen. Mit seinem grünen Gefieder, das an der Unterseite rot und am Rücken bläulich ist, vor allem aber mit seinen langen Schwanzfedern gilt er als einer der schönsten Vögel überhaupt. Er kommt ausschließlich in den Nebelwäldern Mittelamerikas vor (s. Exkurs im Kap. „Nordwesten, Monteverde").

- Der **Halsbandtrogon** *(trogón collarejo)* hat eine ähnliche Gefiederfärbung wie der Quetzal, ist jedoch kleiner und hat kürzere Schwanzfedern. Der Vogel lebt in den mittleren Höhenlagen der Gebirge (600-2000 m) in Feuchtwäldern und ernährt sich vor allem von Insekten und Früchten.
- Der **Veilchentrogon** *(trogón violaceo)* ist bis 23 cm groß. Er zeichnet sich durch einen dunklen Kopf, eine gelbe Bauchpartie und einen auffällig schwarz-weiß gestreiften Schwanz aus. Er verharrt wie der Quetzal lange Zeit bewegungslos auf einem Ast, frisst Papierwespen und deren Larven, um dann deren Nest auszuhöhlen und als Bruthöhle zu benutzen.
- **Kupferschwanztrogon** *(viuda roja):* Die „rote Witwe", wie der Vogel auf spanisch heißt, hat kupferfarbene Schwanzfedern und hellgraue Flügeldecken.
- **Massena-Trogon** *(trogón coliplomizo):* Wie alle Trogone baut er sein Nest in vermodertem Holz, benutzt aber auch bewohnte Nester von Baumtermiten, in die er 3 Eier ablegt. Bereits nach 16 bis 17 Tagen verlassen die Jungen ihr Nest.

Kolibris (Trochilidae)

Diese nur in Amerika vorkommende Vogelfamilie zählt zur Ordnung der Seglervögel *(Apodiformes),* Kolibris sind also direkt verwandt mit unserem Mauersegler. Zu den rund 320 Arten, die von Kanada bis Feuerland vorkommen, zählt auch der kleinste Vogel der Welt, der nur etwa 2 Gramm Körpergewicht erreicht. Selbst die größte Art, der Riesenkolibri, erreicht nur etwa 20 Gramm und damit kaum das Gewicht eines Sperlings. In Costa Rica kommen 52 Arten vor.

Wegen der Schmuckfedern, die besonders beim Männchen sehr farbenprächtig sind, wurden Kolibris im 20. Jahrhundert erbarmungslos gejagt. Auffällig ist ihr schwirrender, hummelähnlicher Flug, bei dem sie ihre Flügel bis zu 200-mal in der Sekunde auf und ab bewegen. Dabei können sie wie ein Hubschrauber in der Luft stehenbleiben. Ihre Nahrung besteht aus Insekten, die sie im Flug fangen oder Nektar, den sie wie Insekten aus Blüten saugen. Der Schnabel der verschiedenen Arten ist der jeweiligen Blütenform angepasst und kann sehr lang sein. Weibchen legen zwei weiße Eier, die sie 14 bis 19 Tage lang ausbrüten. Die Männchen sind vor allem während der Brutzeit sehr aggressiv und kämpferisch und attackieren dabei auch furchtlos größere Angreifer wie Raubvögel.

Spechte (Picidae)

Spechte bilden eine Unterordnung der Spechtvögel *(Piciformes)* mit weltweit 109 Familien. Allen gemeinsam sind ihre Füße mit je zwei nach vorne und hinten gebogenen Zehen und der kräftige, spitze Schnabel.

- **Rotschopfspecht** *(carpintero cando):* Er gehört zur Familie der Spitzhaubenspechte, die mit 7 Arten von Mexiko bis Argentinien vertreten sind. Das Männchen trägt einen auffälligen roten Scheitel.

029/1cr Foto: dk

Fünffarbiger Schnabel: Regenbogentukan

• **Eichelspecht** *(carpintero careto):* Diese etwa 25 cm große Spechtart ist von Kalifornien bis Kolumbien verbreitet. Sein Gefieder ist schwarzweiß mit einem roten Scheitel.

Tukane (Ramphastidae)

Diese Familie der Ordnung Spechtvögel, die auch *Pfefferfresser* genannt wird, hat 37 Arten, die ausschließlich in den Wäldern Mittel- und Südamerikas vorkommen. Sie leben in lockeren Familienverbänden von bis zu 12 Mitgliedern und ernähren sich vorwiegend von Früchten, die sie mit ihrem großen Schnabel von den Zweigen pflücken, sowie von Insekten und Spinnen. Tukane nisten in Baumhöhlen, die Jungen bleiben bei den großen Arten bis zu 50 Tage im Nest.

• **Regenbogentukan** *(tucán, curré negro):* Dieser farbenprächtigste Tukan hat einen fünffarbigen Schnabel (Unterseite meist blau), eine gelbe Halspartie; das restliche Gefieder ist schwarz. Der als *Fischertukan* bekannte Vogel wird 45-50 cm groß.

• **Braunrückentukan** *(tucán de swainson, gran curré negro)* Dieser 50 bis 55 cm große Tukan hat einen gelben Schnabel mit braunem Fleck, eine weiße Halspartie und braunes Gefieder.

• **Lauch-Arassari** *(tucancillo verde):* Diese kleine, auch *Grüner Tukan* genannte Tukanart (35 cm) hat grünes Gefieder, eine blaue Gesichtspartie und weiße Trennlinien am Schnabelansatz. Lauch-Arassaris leben in Wäldern über 900 m.

Papageien (Psittacidae)

Diese einzige Familie der Vogelordnung Papageienartige *(Psittaciformes)* hat weltweit 317 Arten, die vor allem in den wärmeren Zonen vorkommen. Äußere Merkmale sind ein kräftiger, stark gebogener Schnabel und kräftige Greiffüße mit krallenbewehrten Zehen. Papageien leben in größeren oder kleinen Verbänden zusammen. Obwohl zahlreiche Arten bereits vom Aussterben bedroht sind, werden sie weiter eingefangen und zur Käfighaltung verkauft.

Der Tovi-Sittich ist ein guter Kletterer

• **Gelbwangenamazone** *(loro frentirojo):* Eine von weltweit 26 Amazonenarten. Amazonen haben meist grünes Gefieder und werden bis 47 cm groß. Die Vögel sind Waldbewohner und gute Kletterer.

• **Hellroter Ara** *(lapa roja):* Einer der farbenprächtigsten Vögel des Landes mit 78-90 cm Größe. Kopf und Schwanzfedern sind rot, das Rückengefieder blau und gelb. Der natürliche Bestand des beliebten Haustieres ist stark bedroht, in Costa Rica kommt es nur noch an der zentralen und südlichen Pazifikküste (Carara, Corcovado) und im Nationalpark Palo Verde vor. Die Aras fressen Samen und brüten in Baumhöhlen.

• **Keilschwanzsittich** *(catano/zapoyol):* Eine von weltweit 20 Arten der Gattungsgruppe Araini, die meisen- bis fasanengroß werden.

Kuckucksvögel (Cuculiformes)

Diese Vogelordnung mit 2 Familien und 143 Arten weist Ähnlichkeiten zu den Papageien auf. Übrigens legen nicht alle Arten ihre Eier in fremde Nester. In Costa Rica gibt es auf der Isla de Coco auch eine endemische Kuckucks-Art.

• **Cayenne-Fuchskuckuck** *(bobo chizo):* Diese etwa 45 cm große Kuckucksart hat ein braunes Gefieder mit einer hellen Unterseite und einen langen, dunklen Schwanz mit hellen Flecken. Die Tiere rufen ihren lateinischen Namen *Píaya* und bauen ein Nest, in dem sie 2 Eier ablegen.

Rackenvögel (Coraciiformes)

Ordnung mit 10 Familien, die vorwiegend in tropischen und subtropischen Zonen vorkommen. Weltweit gibt es 53 Gattungen mit ca. 200 Arten, die alle auffallend kleine Füße haben.

• Der **grüne Eisvogel** *(martín pescador verde)* ist eine von weltweit 86 Arten der Familie Eisvögel *(Alcedinidae),* die meist in den Tropen vorkommen (in Deutschland gibt es nur eine Art). Eisvögel sind hervorragende Fischer und sind vor allem an den Ufern größerer Flüsse anzutreffen.

•Der **Blauscheitelmotmot** *(momoto cejiceleste, pájaro bobo)* ist ein auffälliger Vertreter der Familie Sägeracken *(Momotidae)*, deren acht Arten nur im tropischen Amerika vorkommen. Das Gefieder ist grünlich mit langen blauen Schwanzfedern, die sich am Ende verbreitern. Der etwa 32 cm große Vogel bewohnt vorzugsweise Waldgebiete, wo er Insekten, kleine Eidechsen und Schnecken erbeutet.

Reiher (Ardeidae)

•**Silberreiher** *(garza real):* Der „Königsreiher", wie er auf spanisch heißt, wird 90 cm groß und erreicht eine Spannweite von 1,40 m. Wegen seiner schönen weißen Schmuckfedern, die er auch aufstellen kann, wurde er um die Wende vom 19. zum 20. Jahrhundert stark gejagt. Der auch in Europa vorkommende Stelzvogel bevorzugt ruhige Lagunen und Flussufer.

•**Amerikan. Graureiher** *(garzón azul):* Dieser Vogel wird auch *Kanadareiher* genannt und ist nahe verwandt mit unserem Graureiher. Seine Größe entspricht der des Silberreihers, er hat einen schwarzen Bauch und rotbraune „Hosen".

•**Kuhreiher** *(garcilla bueyera):* Auch die kleine weiße Reiherart mit den roten Füßen ist weltweit verbreitet. Häufig leben die Tiere in der Nähe von Rinderherden, wo sie Insekten erbeuten, die durch die Hufe der Rinder freigelegt werden.

•**Schmuckreiher** sind leicht mit Kuhreiher zu verwechseln, haben aber einen dunklen Schnabel und während der Brutzeit Schmuckfedern.

030cr Foto: dk

•Der **Cayenne-Nachtreiher** *(garza nocturna)* ist nachtaktiv und lebt im Küstengebiet, wo er gerne Krabben verzeht. Daher wird er auch *Krabbenreiher* genannt. Die größte Kolonie dieser Tierart in Costa Rica befindet sich auf der Isla de Pajaros im Río Tempisque, die zum Nationalpark Palo Verde gehört.

•**Grünreiher** *(garcilla verde)* brüten einzeln oder in einer kleinen Kolonie auf Bäumen und Büschen (Mangroven) in der Nähe von Flüssen und Seen. Grünreiher sind gute Schwimmer.

Der Silberreiher lebt an Flussufern

Träger Geselle: Kahnschnabel

Ibisse (Threskiornithidae)

Ibisse haben einen sichelförmig gebogenen Schnabel, mit dem sie Insekten, Würmer und Schnecken aus dem Boden picken.

• **Weißer Sichler** *(ibis blanco):* Diese nur in Mittelamerika vorkommende Ibisart legt seine Nester meist in Mangroven an. Das Weibchen legt im April oder Mai 3 bis 4 Eier, die etwa 22 Tage bebrütet werden. Die Jungen werden von beiden Eltern betreut, bis sie nach etwa 3 Wochen das Nest verlassen können.

• **Brauner Sichler** *(ibis morito):* Dieser auch *Sichelreiher* genannte Ibis kommt weltweit vor. Er erreicht eine Körperlänge von 55 cm und eine Spannweite von fast 1 m. Sumpfgebiete, Süß- und Salzwasserlagunen sind sein bevorzugter Lebensraum, wo er sich vorwiegend von kleinen Muscheln, aber auch von Reptilien, Fischen und Insekten ernährt.

• **Rosa Löffler** *(garza rosada):* Der rosarot gefärbte Wasservogel hat einen großen, am Ende löffelartig verbreiterten Schnabel. Seine schöne Färbung erhält er wie die Flamingos durch karotinreiche Nahrung. Das scheue Tier bewohnt offene Sumpfgebiete und die Uferzonen meeresnaher Gewässer. Seine Nahrung besteht vor allem aus Amphibien, Schalentieren, Wasserinsekten und Pflanzentrieben. Die gefährdete Tierart nistet in Kolonien und baut ihr Nest in Mangroven oder andere Bäumer. Brutzeit ist April und Mai.

Kahnschnäbel (Cochleariidae)

• **Kahnschnabel** *(chocuaco):* Der einzige Vertreter einer eigenen Familie wird bis 54 cm groß, hat graues Gefieder mit einer hellen Brustpartie und trägt eine schwarze Federmütze. Er lebt in Sumpfgebieten und Mangroven, wo er vorwiegend nachts auf Nahrungssuche geht und sonst eine eher träge Lebensweise hat.

Störche (Ciconiidae)

• **Amerika-Nimmersatt** *(cigüeñón):* Die große Storchart wird in den USA *wood-stork* („Waldstorch") genannt. Das Gefieder ist bis auf schwarze Schwingen und Schwanz weiß, Kopf und Hals sind nackt, die Füße bläulichschwarz. Auf der Stirn trägt er eine Hornplatte. Er lebt in Baumkolonien und geht bis zu 40 km von seinem Nest entfernt auf Fischfang – seine Segelflugtechnik hilft ihm dabei, Energie zu sparen. Wichtige Brutplätze sind in Caño Negro und Palo Verde.

• **Jabiru** *(galán sin ventura):* Der „glücklose Liebhaber", wie er auf Spanisch heißt, ist eine bedrohte Großstorchart mit einer Flügellänge von 60 cm – er gilt als größter Vogel Mittelamerikas. Der Jabiru, der sich vorwiegend von großen Fischen ernährt, hat einen schwarzen Kopf und Schnabel und ein rotes „Halsband". Sein Verbreitungsgebiet reicht von Florida und Südmexiko bis nach Argentinien. In Costa Rica hat man in Caño Negro und Palo Verde die größten Chancen, dieses außergewöhnliche Tier zu beobachten.

Ruderfüßler (Pelecaniformes)

Zu diese Wasservogel-Ordnung gehören: Tropikvögel, Fregattvögel, Kormorane, Schlangenhalsvögel, Tölpel und Pelikane. Bei allen sind die vier Zehen durch Schwimmhäute verbunden, die Nahrung besteht vorwiegend aus Fischen.

• **Amerikanischer Schlangenhalsvogel** *(pato aguja):* Seinen Namen verdankt der bis 82 cm große Wasservogel seinem langen, äußerst beweglichen Hals. Er macht tauchend Jagd auf Fische und ernährt sich außerdem von Amphibien, Wasserinsekten und Garnelen. Er ist nicht nur ein guter Schwimmer und Taucher, sondern fliegt auch ausgezeichnet.

• **Brauner Pelikan** *(pelícano pardo):* Die kleinste der weltweit 8 Pelikanarten und der einzige Stoßtaucher dieser Familie. Hat er aus der Luft einen Fisch entdeckt, legt er die Flügel an und stürzt sich auf seine Beute. Braune Pelikane nisten in Mangroven und Gebüsch, wichtige Brutplätze in Costa Rica sind die Isla Bolaños und die Guayabo-Insel im Golf von Nicoya.

• **Biguascharbe** *(cormorán neotropical):* Mit bis zu 76 cm Körperlänge und einer Flügelspannweite von über 1 m ist dieser ausgezeichnete Taucher einer der größten Vertreter der Familie der Kormorane *(Phalacrocoracidae)*, von der es weltweit rund 30 Arten gibt. Der langschnäblige Ruderfüßler hat ein glänzend schwarzes Gefieder mit einer nackten Gesichtspartie und gelber Kehle. Sein Schwanz ist bemerkenswert lang, die Füße sind schwarz. Sein Verbreitungsgebiet reicht vom karibischen Raum und entlang der gesamten amerikanischen Westküste von Mexiko bis Südchile und -argentinien. Das wichtigste Brutgebiet in Costa Rica ist in Caño Negro.

• **Prachtfregattvogel** *(tijereta de mar):* In der Luft erkennt man den schwarzen Vogel an seinem gespaltenen Schwanz, an seinem starken, am Ende gekrümmten Schnabel und seinem grünlich schimmernden Gefieder. Mit

nur 2 kg Gewicht bei einer Flügelspannweite von 2,50 m sind Fregattvögel hervorragende Flieger, die unter besonders guten Bedingungen hohe Fluggeschwindigkeiten erreichen können – sie gelten als die schnellsten Tiere überhaupt. Ihre Hauptnahrung besteht aus Fisch, den sie aber meist nicht selbst fangen, sondern anderen Seevögeln im Flug abjagen (*Kleptoparasitismus* heißt das Fachwort). Wichtige Brutplätze der „Luftpiraten" befinden sich auf der Isla Bolaños und Isla del Coco. Zur Brautwerbung blasen die Männchen ihren roten Kehlsack ballonartig auf und sind so auch aus weiter Distanz zu erkennen.

Der schnellste Flieger: Fregattvogel

• Der **Brauntölpel** *(piquero moreno)* ist einer der häufigsten Seevögel der Tropen. Tölpel sind ausgezeichnete Flieger, an Land wirkt ihr watschelnder Gang jedoch etwas unbeholfen, „tölpelhaft" sozusagen. Das Gefieder der Brauntölpel, die in Küstennähe fischen, ist braun mit einer weißen Unterseite. Sie legen 1 bis 2 Eier in ein sehr einfaches Nest, die sie abwechselnd bebrüten.

Wat- und Möwenvögel (Charadriiformes)

Zu dieser Ordnung mit 16 Familien gehören Möwen, Raubmöwen, Seeschwalben, Alken, Blatthühnchen, Austernfischer und Regenpfeifer.

• **Amerikan. Austernfischer** *(ostrero americano)*: Austernfischer bilden eine eigene Familie *(Charadridae)* mit weltweit vier Arten. Auffällig sind der lange, rote Schnabel und die roten Füße der Küstenbewohner. Im Watt suchen sie vor allem nach Muscheln, erbeuten dabei aber auch Würmer, Krebse, Schnecken und kleine Fische. Ein wichtiges Brutgebiet befindet sich auf der Isla Bolaños.

• **Gelbstirnjassana** *(gallito de agua)*: Der nur etwa 25 cm große Wasservogel zählt zur Familie der Blatthühnchen *(Jacanidae)*. Er hat ein rötliches Gefieder und einen markanten gelben Stirnfleck; seine äußerst langen Zehen erlauben ein leichtes Laufen auf der Schwimmblattvegetation. In Costa Rica sieht man ihn häufig im Bereich der Kanäle von Tortuguero und Barra del Colorado.

• **Königseeschwalbe** *(golondrina de mar):* Die größte Art der Gattung Seeschwalben *(Sternidae)* wird bis 48 cm groß, die Flügelspannweite beträgt 109 cm. Das Gefieder ist hellgrau mir einem Federschopf, der meist schwarz ist. Der kräftige Schnabel ist rot gefärbt, die Füße sind schwarz. In Westindien ist sie die häufigste Seeschwalbe, aber auch an der Pazifikküste Mittelamerikas ist die Art verbreitet.

• **Aztekenmöwe** *(gaviota reidora):* Der etwa 42 cm große Küstenbewohner bevorzugt warme Meeresströmungen. In den USA heißt sie *laughing-gull*, unterscheidet sich aber von der Lachmöwe durch den grauschwarzen Kopf und Hals. Aztekenmöwen sind Beuteschmarotzer der Pelikane.

Hühnervögel (Galliformes)

Zu dieser Vogelordnung mit weltweit 240 Arten und sieben Familien gehören unter anderem Großfußhühner, Hokkohühner, Fasanenvögel und Truthühner. Die Scharrvögel verfügen über ein geringes Flugvermögen, die Männchen sind oft prächtiger gefärbt als die Weibchen.

• **Tuberkelhokko** *(pavón grande):* Das bis zu 70 cm große Baumhuhn ist schwarz gefiedert mit einem Kopfkranz und einer gelben Schnabelhaube. Ansonsten eher ein Baumbewohner, geht der Hokko zur Nahrungssuche auf den Erdboden, wo er Früchte, Beeren, Insekten und Würmer aufpickt. Die Jungen verlassen sofort nach dem Schlüpfen das Nest, das der Hokko auf Bäumen in dichtem Wald anlegt.

• **Rotbauch-Schakuhuhn** *(pava granadera):* Das bis zu 88 cm große Baumhuhn ist schwarz mit weißem Gesichtsfeld und weißer Kopfhaube. Die meiste Zeit verbringt es in Baumkronen, wo es sich vorwiegend von Früchten ernährt. Nach der Brutperiode schließt sich das gesellige Tier in großen Gruppen zusammen.

• Der **Schwarzbauchguan** *(pava negra)* ist ein mittelgroßer Vertreter der Hokkohühner *(Cracidae)*, einer Baumhuhn-Familie mit 39 Arten.

Reptilien

Krokodile (Crocodylia)

• **Spitzkrokodil** *(cocodrilo):* Vom südlichen Florida über ganz Mittelamerika bis in den Nordwesten Südamerikas findet man diese zu den echten Krokodilen zählende Reptilienart. Mit einer Länge von bis zu 7 m zählt sie zu den größten Krokodilarten überhaupt – in Costa Rica hat man jedoch noch keins über 3,50 m Länge gesichtet. Das Spitzkrokodil, das man an seiner gelben Iris erkennt, kann sogar ins offene Meer schwimmen.

• **Krokodilkaiman** *(caimán):* Dieser südamerikanische Brillenkaiman erreicht eine Länge bis 2,70 m. Das Tier ist dunkeloliv gefärbt, die Regenbogenhaut ist grünlich. Die Tiere bevorzugen langsam fließende Gewässer und tote Flussarme.

Die größte Giftschlange Amerikas: Buschmeister

Schlangen (Serpentes)

In Costa Rica gibt es 135 Schlangenarten, das sind etwas mehr als 5 % aller weltweit vorkommenden Arten. Nur 18 Arten sind giftig.

• **Abgottschlange** *(boa):* Für viele ist die *Boa Constrictor* die klassische Riesenschlange schlechthin. Mit einer Länge von 3 bis 4 m (maximal 4,5 m) und einem Gewicht bis 60 kg ist sie zwar nicht gerade klein, aber immer noch kleiner als die Anakonda und einige Pythonarten. Die auch als „Königsschlange" oder „Götterschlange" bezeichnete Schlangenart ist von Mexiko bis Nordargentinien verbreitet, wo sie besonders Gebirgswälder bewohnt. In den religiösen Kulten der Indianer und schwarzen Sklaven spielte das schön gezeichnete Tier eine herausragende Rolle. Im Gegensatz zur Anakonda lebt die Boa am Boden und ernährt sich von kleinen Säugetieren, Vögeln und Leguanen. Trotz ihres starken Gebisses wird sie dem Menschen nicht wirklich gefährlich; in manchen Gegenden Brasiliens wird sie sogar als „Haustier" gehalten: zur Vertilgung von Mäusen und Ratten.

• **Buschmeister** *(matabuey):* Die größte und gefährlichste Grubenotter (der spanische Name bedeutet „Ochsentöter") wird bis 3,75 m lang und ist damit die größte Giftschlange Amerikas und nach der Königskobra die zweitgrößte Giftschlange überhaupt. Sie ist nahe verwandt mit der Klapperschlange, was man auch an einem verhornten Stachel am Schwanzende erkennen kann. Die Haut ist bräunlich und mit dreieckigen Feldern gezeichnet. Über den Schläfen verläuft ein dunkles Band, das gelb gesäumt ist. Das Reptil lebt in bergigen, dichten Urwaldgebieten mit hoher Luftfeuchtigkeit und relativ geringer Temperatur (um 20 °C). Doch auch in den kühlen, nebelverhangenen Gebirgswäldern kommt das scheue Tier erst abends aus seinem Versteck, um Nagetiere zu jagen. Das Gift der Buschmeister ist weniger gefährlich als z.B. das der amerikanischen Grubenottern. Doch mit ihren bis 35 mm langen Giftzähnen und durch kräftiges Zubeißen kann sie das Gift tief in das Gewebe des Opfers hineinspritzen.

• **Trop. Klapperschlange** *(cascabel):* Die auch *cascaval* genannte Grubenotter ist die einzige Art der Gattung *Crotalus* (echte Klapperschlangen), die auch in Südamerika vorkommt. Ihren Namen erhält sie von den Hornrasseln am Schwanzende, mit denen sie ein klapperndes Geräusch verursacht. Bei jeder Häutung bildet sich ein neues Rasselglied. Das Gift der bis 1,80 m langen Schlange, die in 6 Unterarten vom südlichen Mexiko bis nach Brasilien verbreitet ist, enthält erhebliche Mengen an Nervengift. Ein Biss dieser Schlange wirkt wie der einer Puffotter und einer Kobra gleichzeitig. Die Todesrate liegt bei gebissenen Menschen bei 75 %; bei Anwendung des Serums jedoch unter 10 %.

• **Lanzenotter** *(terciopelo):* Die auch als *fer-de-lance* bekannte Grubenotter erreicht eine Länge bis 1,90 m und ist sehr giftig. Für den Menschen ist ein Biss ohne sofortige Behandlung lebensgefährlich. Die Fortpflanzungsrate ist mit bis zu 71 Jungtieren sehr hoch, und vor allem in Costa Rica ist die Schlange in feuchten Waldgebieten häufig. Nicht zu verwechseln ist diese Art mit der wesentlich kleineren schlegel'schen Lanzenotter, die in mehreren Farbschattierungen vorkommt.

• **Korallenschlangen** *(corál):* Die bis 1,50 m lange Giftnatter der Gattung *Micrurus* ist in Mittelamerika mit 26 Arten vertreten. Ihre Beute besteht aus Eidechsen und kleinen Schlangen, selten aus Jungvögeln, Fröschen und Insekten. Da ihre Kieferknochen nur wenig dehnbar sind, verschlingt die Giftschlange ihre Beute langsam. Bissverletzungen bei Menschen sind selten. Zahlreiche ungiftige Schlangen der Familie Nattern *(Colubridae)* kopieren das rot-gelb-schwarze „Korallenkleid" der Korallenschlange. Eine Faustregel besagt, dass bei den Giftnattern wie bei einer Verkehrsampel gelbe (manchmal auch weiße) Ringe direkt an rote Ringe grenzen, während bei den ungiftigen Arten zwischen rot und gelb ein schwarzer Zwischenring liegt. Aber es gibt auch ungiftige Schlangen, deren Färbung mit den Giftnattern identisch ist.

Meeresschildkröten (Chelonioidea)

Neben den Sumpfschildkröten *(Emydidae)* und Landschildkröten *(Testudinidae)* ist diese Gruppe der Schildkröten schon allein wegen ihrer enormen Größe auffällig. Die Tiere gehen nur zur Eiablage an den Strand, kehren dabei an den Ort ihrer Geburt zurück, Nahrung: Krebse und Weichtiere.

•**Lederschildkröte** *(tortuga baula):* Die größte Meeresschildkrötenart wird über 2 m lang und erreicht ein Gewicht bis 600 kg. Ihr Panzer besteht aus kleinen Knochenblättchen, die mit einer dicken, lederartigen Haut bedeckt sind. Das Weibchen legt an der Karibikküste von Februar bis Juli seine Eier ab (vor allem im April und Mai), an der Pazifikküste von Oktober bis Mitte März.

•**Grüne Meeresschildkröte** *(tortuga verde):* Diese lange als Speisetier verwendete und daher auch als *Suppenschildkröte* bezeichnete Art wird bis 1,50 m lang und bis 150 kg schwer. Zur Eiablage (Juli–September) geht sie in großen Mengen an die Strände der karibischen wie pazifischen Seite Costa Ricas. Weitere Informationen hierzu im Kapitel Karibik bei Tortuguero.

•**Karettschildkröte** *(tortuga carey):* Die kleinste Art der Meeresschildkröten wird bis 1 m lang. Ihr Rückenpanzer besteht aus echtem Schildpatt, weshalb sie intensiv bejagt wurde (und wird).

•**Olive Bastardschildkröte** *(tortuga lora):* Auch diese Meeresschildkröte, die im Indischen Ozean, an der Westküste Afrikas und der Pazifikküste Mittel- und Südamerikas vorkommt, hat einen schönen Panzer. Das wichtigste Eiablagegebiet in Costa Rica ist der Nationalpark Sta. Rosa, wo in den Monaten September und Oktober Tausende von Tieren in so genannten *arribadas* an Land gehen.

•**Unechte Karettschildkröte** *(tortuga jicotea negra):* Diese Schildkröten haben einen glatten Rückenschild und ernähren sich von Krabben, Muscheln und anderen Meerestieren.

Echsen (Sauria)

Neben zahlreichen Eidechsen (span. *lagartijas*) sind es vor allem die Leguane *(Iguanidae),* die besonders im Nordwesten sehr häufig vorkommen. Leguane sind Insekten- und Pflanzenfresser.

•**Grüner Leguan** *(iguana verde):* Die größte Art der Leguan-Familie erreicht eine Gesamtlänge bis 2,20 m, wovon allerdings nur etwa 45 cm auf die Kopf-Rumpf-Partie entfallen. Der Rückenkamm des Männchens wird bis 8 cm hoch, beide Geschlechter haben einen großen Kehlsack. Die Tiere leben bevorzugt an Flussrändern und können bis in 20 m Höhe klettern. Zu ihrer Verteidigung können sie mit ihrem muskulösen Schwanz kräftige Peitschenhiebe austeilen, was ihnen allerdings beim Menschen wenig hilft, der sie wegen ihres Fleisches bejagt. Das Weibchen vergräbt etwa 30 Eier im Boden; die Jungen schlüpfen erst nach über zwei Monaten.

•**Schwarzleguan** *(garrobo):* Nur die Alttiere der bis über 1 m langen Echsen sind dunkel gefärbt, junge Schwarzleguane sind intensiv grün. Der Körper der Tiere ist seitlich abgeflacht, der Kamm ist kurz und der Schwanz mit Stachelschuppen besetzt, was eine wirkungsvolle Waffe darstellt. Da er einen geringeren Wasserbedarf hat als der Grüne Leguan, ist er auch in trockeneren Gebieten anzutreffen (z.B. Nicoya). Alttiere verbergen sich häufig in Baumhöhlen oder Felsspalten.

035cr Foto: dk

• **Helmbasilisk** *(cherepo):* Erwachsene Männchen dieser Leguanart haben einen aufstellbaren, knorpligen Kopfhelm und hohe Schwanz- und Rückenkämme. Auf olivbraunem Grund verlaufen zwei helle Seitenstreifen mit dunklen Querflecken. Die bis 80 cm langen Tiere sind hervorragende Schwimmer und ernähren sich vorwiegend von Kleintieren und Früchten. Eine Besonderheit sind ihre langen Beine, mit denen sie auf der Wasseroberfläche laufen können, (weshalb sie auch im Englischen als *Jesus Christ Lizard* bezeichnet werden). Ermöglicht wird diese Fähigkeit durch die Zehen der Hinterbeine, die durch einen Hautsaum verbreitert sind. Außerdem wird die Wasseroberfläche durch die schnelle Bewegung nur sehr kurz berührt. Da diese Fortbewegungsart wesentlich schneller als Schwimmen ist – es wurden Geschwindigkeiten bis zu 12 km/h gemessen – ist sie eine überaus wirksame Möglichkeit der Flucht vor Feinden. Eng verwandt sind auch der grüne **Stirnlappenbasilisk** (siehe Foto) und der **Streifenbasilisk.**

Zu Fuß auf Seen und Tümpeln unterwegs: Stirnlappenbasilisk

Amphibien

Mit 160 Arten beherbergt Costa Rica gut 8 % aller weltweit vorkommenden Arten.

Frösche (Ranidae)

Die meisten Frösche Costa Ricas leben im Blattwerk von Bäumen oder Bromelien, wo man sie nur selten zu Gesicht bekommt. Viele sind auffällig bunt gefärbt, was als Warnung zu verstehen ist: Sie sind nämlich giftig. Zahlreiche Arten wie der Grüne Baumfrosch oder der Rotaugen-Laubfrosch haben eine gesunde Population, andere dagegen gelten als gefährdet.

- **Zentralamerikan. Glasfrosch** *(rana transparente)*: Diese Froschart hat eine fast durchsichtige Haut. Die Eier werden in einer gelatineartigen Masse an einer Blattspitze aufgehängt und vom Männchen behütet. Nach dem Schlüpfen fallen die Kaulquappen ins Wasser, wo sie sich zu Fröschen entwickeln können.
- **Südamerikan. Ochsenfrosch** *(rana ternero)*: Nach der Aga-Kröte ist dies die zweitgrößte Amphibie Costa Ricas (bis 20 cm). Der Ochsenfrosch sieht zwar aus wie eine Kröte, gehört aber zu den echten Pfeilfröschen und wird daher auch von Menschen gegessen. Einen auffälligen Kontrast zu seiner unscheinbar braunen Haut bilden die orangen Gliedmaßen im Paarungskleid. Bei einem Angriff verfällt er in eine Scheinstarre *(Katalepsie)*, bei Berührung der Brust schnappt dann die Falle zu: Die dornenbesetzten Daumen klappen plötzlich gegen die ebenfalls mit Dornen bewehrte Brust.
- **Pfeilgiftfrosch** *(rana venenosa)*: Diese nur etwa 2 cm kleinen Baumsteigerfrösche produzieren ein Hautgift, das als Nervengift wirkt und von den Indianern in Südamerika zum Vergiften ihrer Pfeilspitzen benutzt wurde. Vor der Eiablage kämpfen die Tiere miteinander – nicht nur Männchen.
- **Giftlaubfrosch** *(rana venenosa)*: Der ca. 8 cm große Frosch verbringt sein ganzes Leben in den Bäumen, höchstens zur Fortpflanzung begibt er sich ins freie Wasser. Es reicht ihm aber auch eine Regenpfütze in einer Astgabel, um seinen Laich darin abzulegen. Er hat im Gegensatz zu unserem Laubfrosch seitlich ausstülpbare Schallblasen und Giftdrüsen in der Nackenhaut.

036cr Foto: dk

Aga-Kröte – bitte Abstand halten!

Kröten (Bufonidae)

Von diesen auf dem Land lebenden Nachttieren gibt es in Costa Rica einige sehr große Exemplare, u.a. die Aga-Kröte.

- **Goldkröte** *(sapo dorado)*: Diese seltene Krötenart trägt ihren Namen wegen der goldgelben Färbung der Haut. Sie ist endemisch für die Cordillera de Tilarán (Monteverde etc.), wo sie 1989 letztmalig gesehen wurde. Man ist sich nicht sicher, ob es überhaupt noch lebende Exemplare gibt oder ob diese Art bereits ausgestorben ist.

- **Aga-Kröte** *(sapo):* Mit einer Körpergröße bis über 20 cm ist diese in ganz Süd- und Mittelamerika bis Texas vorkommende Kröte die größte Amphibie Costa Ricas. Man kann sie oft in der Nähe menschlicher Siedlungen antreffen, wo sie im Lichtstrahl von Häusern oder Straßenlaternen Insekten fängt. Die Eier der Aga-Kröte sind sehr giftig, doch auch das Tier selbst kann über eine Ohrdrüse Gift bis über 30 cm weit spritzen.

Insekten und Spinnentiere

Rund 750.000 Arten von Insekten gibt es weltweit, das entspricht etwa einem Drittel aller Tierarten. Spinnen gibt es weltweit etwa 20.000 Arten.

Schmetterlinge (Lepidoptera)

Rund 1400 Schmetterlings-Arten zählt man in Costa Rica, das sind mindestens 10 % aller weltweit vorkommenden Arten.

- **Morphofalter** (Fam. *Morphoidae,* span. *mariposa monarca):* Mit rund 50 Arten sind die Morphofalter ausschließlich im tropischen Amerika heimisch. Sie erreichen eine Flügelspannweite von immerhin 20 cm, und während das Weibchen unscheinbar bräunlich ist, fällt das Männchen durch seine schillernd blauen Flügel ins Auge.
- **Monarchfalter** *(Danaus plexippus,* span. *mariposa monarca):* Diese orangen Tagfalter begeben sich jedes Jahr im Frühjahr auf Wanderung nach Nordamerika und kehren im Herbst nach Süden zurück. Sie folgen bestimmten Wanderstraßen und können auch den Ozean überqueren.
- **Zebrafalter** *(Heliconius charitonius,* span. *mariposa cebra):* Der kleine, gelb-schwarz gestreifte Tagfalter ist für die meisten Insektenfresser ungenießbar und daher auch oft in größeren Verbänden anzutreffen. Viele andere Arten versuchen, dessen Zeichnung als Mimikry zu imitieren, um sich so vor Feinden zu schützen.

Hautflügler (Hymenoptera)

Zu dieser außerordentlich artenreichen Insektenordnung (ca. 280.000 Arten) zählen u.a. Wespen und Ameisen (fast 100.000 Arten).

- Bei einem Spaziergang durch den Regenwald besonders auffällig sind die **Blattschneiderameisen** (Familie *Atta).* Auf langen, regelrecht ausgetretenen Ameisenstraßen, die durch Geruchsstoffe markiert sind, tragen sie Blatteile in ihren Bau. Doch nicht diese Blätter stellen ihre Nahrung dar, sondern ein Pilz, der sich auf diesen bildet. In einer Kolonie leben mehrere Millionen Arbeiterinnen und die vielfach größeren Männchen. Ihr größter Feind ist die Scharfrichterfliege, die ihre Eier in einen Ameisenbau ablegt. Die Larven ernähren sich von den Ameisen, die sie regelrecht köpfen.

Netzflügler (Neuropteria)

- **Baumtermiten** *(termina de bosque seco):* Diese auf den ersten Blick den Ameisen ähnlichen Insekten bauen in

Astgabelungen und an Stämmen größerer Bäume ihr Nest aus zerkautem Holz. Trogone nutzen verlassene Bauten, um darin ihr Nest anzulegen. Termiten sind die bevorzugte Nahrung von Ameisenbären.

Käfer (Coleoptera)

- **Herkuleskäfer** (*Dynastes hercules*, span. *escarabajo hercules*): Die Männchen dieser mit bis 20 cm Körperlänge größten Käferart Costa Ricas tragen während der Paarungszeit Kämpfe mit ihrem schwarzen Horn aus.

Spinnen (Araneae)

- **Vogelspinne** (Fam. *Aviculariidae*): Die mit bis zu 9 cm Körperlänge größte und bekannteste der zahlreichen Spinnenarten in Costa Rica sind wohl die Vogelspinnen, in Amerika auch *Tarantel* genannt. Sie sind dicht behaart und ernähren sich vorwiegend von Insekten, gelegentlich erbeuten sie auch kranke oder nestjunge Vögel. Ihr Gift verursacht bei Menschen ein brennendes Jucken, manchmal auch eine lokale Lähmung. Wirklich gefährlich kann sie uns also nicht werden.

Die Pflanzenwelt Costa Ricas

In Costa Rica wurden bisher rund 12.000 Pflanzenarten festgestellt, das entspricht fast 4 % aller weltweit vorkommenden Arten – und das auf der Fläche Niedersachsens. Allein über 3000 Arten Harthölzer sind hier heimisch, rund 10-mal so viel wie in ganz Nordamerika. Aus dieser Vielzahl können hier nur stellvertretend einige Pflanzenarten vorgestellt werden. Die wissenschaftlichen, spanischen und deutschen Pflanzennamen sind in einer Liste im Anhang aufgeführt.

Übrigens: 258 Pflanzenarten gelten in Costa Rica als bedroht, 53 als gefährdet, und 4 Arten sind bereits ausgestorben.

Pflanzen des Regenwaldes

- **Mahagoni** (*Caoba*): Der echte Mahagonibaum ist in den Regenwäldern Mittel- und Südamerikas heimisch. Der mächtige Baum stützt sich mit Brettwurzeln, sein Holz hat eine rotbraune Färbung und eine große Festigkeit, es ist daher ein beliebtes Furnierholz. Die natürlichen Vorkommen dieses Tropenbaumes sind heute praktisch erschöpft. Inzwischen versucht man, mit Plantagen den Bedarf an Mahagoniholz zu decken.
- **Kapokbaum** (*ceiba*): Die Heimat des Kapokbaumes sind die Regenwälder und Savannengebiete Mittel- und Südamerikas, wo der Baum bis in 2000 m Höhe vorkommt. Charakteristisch für den bis 60 m großen Urwaldriesen sind seine rechtwinklig abstehenden Äste und die schirmförmige Krone. Auch der Kapokbaum hat mächtige Brettwurzeln, der Stamm ist bei jungen Pflanzen mit Stacheln besetzt, später glatt. Die wolligen Samenhaare (Kapokfasern) werden als Isoliermaterial und als Füllmaterial für Matratzen und wegen ihrer hohen Tragkraft für

0040cr Foto: dk

Der Kanonenbaum ist innen hohl

Schwimmwesten verwendet. Der ölhaltige Samen liefert Speiseöl und dient zur Herstellung von Seife. Der Baum hatte eine große mythologische Bedeutung bei den Indianerkulturen Mittelamerikas. Noch heute findet er sich im Staatswappen von Nicaragua und ist Nationalbaum von Guatemala.

• **Balsabaum** *(balsa):* Die Heimat des auch *Hasenpfotenbaum* genannten Baumes sind die Bergwälder der Küste und die Regenwälder Südamerikas. Obwohl er sich mit nährstoffarmen Böden begnügt, wächst der Balsabaum schnell und wird bis 30 m hoch. Er hat eine helle Rinde, große weiße Blüten und ein weiches und leichtes Holz (leichter als Kork), das noch heute für Boote und besonders im Modellbau Verwendung findet.

• **Cecropia oder Kanonenbaum** *(guarumo):* Das Holz dieser schnellwachsenden Bäume, die mit 75 Arten ausschließlich im tropischen Amerika vorkommen, ist sehr leicht, und die Stämme sind innen hohl. Die gefiederten Blätter erinnern ein wenig an die der Kastanie. Die Früchte bilden die Nahrung für Fledermäuse und Vögel, außerdem ernähren sich zahlreiche Pflanzenfresser vom Blattwerk. Eine bemerkenswerte Symbiose besteht mit der Azteken-Ameise (der Baum ist daher auch als Ameisenbaum bekannt): Die Ameisen leben in den hohlen Ästen des Baumes, der an den Blättern eine Art Nektar und an den Blattstielen eine eiweiß- und stärkehaltige Substanz absondert, die den Ameisen als Nahrung dient. Als Gegenleistung halten diese ihre Wirtspflanze von Kletterpflanzen und Epiphyten frei.

• **Kautschukbaum** *(hule):* Ursprünglich in den Regenwäldern der Amazonas-Region beheimatet, wird der 20 bis 30 m hohe laubabwerfende Baum heute in den Tropen der ganzen Welt angebaut. Hinter der glatten, hellgrauen Rinde führen die Zellen einen weißlichen Milchsaft (Latex), der schon vor Kolumbus von den Indianern zur Herstellung von Hartgummibällen genutzt wurde. Ein wahrer Kautschukboom entbrannte im 18. und 19. Jahrhundert. Die Entwicklung von synthetischem Gummi führte vorübergehend zu einem Einbruch, inzwischen ist die

Was sind „die Tropen"?

Unter „Tropen" versteht man allgemein das Gebiet zwischen den Wendekreisen, in dem die Sonne mindestens einmal im Jahr im Zenit steht. Geringe jährliche Unterschiede der Tages- und Nachtlänge sind prägend für diesen Bereich. Jahreszeitliche Temperaturschwankungen sind geringer als die während eines Tages. Schon *Alexander von Humboldt* erkannte bei seiner mehrjährigen Forschungsreise durch Lateinamerika zu Beginn des 19. Jahrhunderts, dass die Vegetation der Tropen primär von der jeweiligen Höhenlage geprägt ist.

Der tropische Regenwald

Kein **Ökosystem** der Erde ist so komplex wie der tropische Regenwald. Tausende zum Teil noch unerforschte Pflanzenarten bieten Lebensraum für eine ebenso vielfältige Tierwelt. Über 300 verschiedene Baumarten pro Quadratkilometer sind die Regel, und jeder dieser Urwaldriesen beherbergt unzählige weitere Kletter- und Aufsitzerpflanzen (etwa 8 % der Pflanzen im Tieflandregenwald sind Kletterer). Denn der Kampf ums Überleben bedeutet für die Pflanzen den Kampf um den besten Standort, also um Sonnenlicht.

Da nur ein verschwindend geringer Prozentsatz der tropischen Sonne bis zum **Urwaldboden** durchdringt, leben hier nur genügsame Pflanzen wie Farne und Kräuter. Diesen Lebensraum bezeichnet man als Bodenschicht. Die nächste Etage, der sogenannte **Unterwuchs,** wird von niederen und jungen Bäumen bewohnt. In der **Mittelschicht** – einer Art „Zwischengeschoss" – findet man mittelhohe Bäume mit 5 bis 20 m Höhe. Eine **geschlossene Laubschicht** bilden die 20 bis 40 m hohen Bäume im obersten Stockwerk. Aus diesem Laubdach ragen vereinzelt die Kronen von riesigen Urwaldbäumen (sogenannte „Überständer") hervor, die Höhen von 60 m und mehr erreichen können.

Angesichts dieser Artenvielfalt sollte man annehmen, dass tropische Böden besonders fruchtbar sind. Doch de facto sind Urwaldböden recht **nährstoffarm,** denn sie sind erdgeschichtlich sehr alt. Zudem wird durch das Klima ein rascher Stoffumsatz bewirkt, so dass die Humusschicht nur sehr dünn ist. Größere Bäume können sich daher nicht mit tiefen Wurzeln im Erdinnern verankern. Die Natur hilft sich hier mit massiven Brettwurzeln und einem weit verzweigten Wurzelsystem. In diesem Zusammenhang lässt sich auch erklären, dass gerodete Regenwaldflächen nur begrenzt für den menschlichen Feldbau geeignet und bereits nach wenigen Ernteperioden ausgelaugt und ausgewaschen sind.

Voraussetzung für das Entstehen eines solchen **Lebensraumes** sind gleichbleibend hohe Temperaturen und ein ganzjähriger Niederschlag, der im Jahresmittel etwa zwischen 2000 und 6000 mm liegt. Neben dem „klassischen" Tieflandregenwald gibt es in den Tropen noch eine ganze Reihe weiterer spezifischer Lebensräume, wie die Ufervegetation der Flüsse und Seen, Mangrovensümpfe, Küstenvegetation und Nebelwälder etc. Zum tropischen Trockenwald siehe das nächste Kapitel.

039cr Foto: dk

Nachfrage nach Naturgummi wieder steigend. Obwohl man erst Ende des 19. Jahrhunderts mit dem Anbau in Asien begann, entfällt heute über 90 % der Weltproduktion auf Sri Lanka und Südostasien.

• **Kakaostrauch** *(cacao):* Der Lieferant des Kakaopulvers ist im Unterholz der tropischen Regenwälder Mittel- und Südamerikas zu Hause. Der immergrüne Strauch, der wildwachsend bis 15 m erreicht, bevorzugt schattige Standorte und ein immerfeuchtes Klima. Er hat bis 30 cm lange, lanzettförmige Blätter, die Früchte werden bis 25 cm groß, sie sind zunächst grün, später gelb und in reifem Zustand rotbraun. Innerhalb der harten Schale befinden sich, von weißem Fruchtmus umschlossen, etwa 30 bis 50 Samen (Kakaobohnen), die fermentiert, geröstet und gemahlen das Kakaopulver ergeben. Ein wichtiges Nebenprodukt ist hierbei die Kakaobutter, die zur Schokoladenherstellung, aber auch für pharmazeutische Produkte und Kosmetika dient. Die Verwendung von Kakao war schon lange vor Kolumbus bekannt; Maya, Azteken und Inka brauten damit ihren Göttertrank, bei den Azteken dienten die Kakaobohnen auch als Zahlungsmittel.

• **Weißgummibaum** *(indio desnudo):* Der nackte, rötliche Stamm gibt dem Tropenbaum seinen spanischen Namen „nackter Indianer“. Die oberste Rindenschicht schält sich wie menschliche Haut nach einem Sonnenbrand.

• **Würgfeige** *(matapalo):* Die Früchte dieser Feigen – insgesamt gibt es über 800 Arten der Gattung Ficus – sind die bevorzugte Nahrung zahlreicher Vögel und Affen, die über ihren Kot für die Verbreitung der Samen sorgen. Gelangt so ein Keimling auf den Ast eines fremden Baumes, treibt dieser lange Luftwurzeln und lebt zunächst als Epiphyt. Mit der Zeit wächst er am Wirtsbaum entlang, bis seine verdickenden Wurzeln schließlich den Stützbaum regelrecht erwürgen, bzw. ihm die Photosynthese verhindern und so seinen lukrativen Standort übernehmen. Der spanische Name *matapalo* („Baumtöter“) weist unmissverständlich auf diese Eigenart hin.

• **Schwarze Palme** *(palmera chonta):* Auch wenn man Palmen eher an der Meeresküste vermutet, sind sie doch typische Bewohner des tropischen Regenwaldes. Die Schwarze Palme schützt ihre unreifen Früchte durch nadelspitze Dornen am Stamm und an den Blättern, die reifen Früchte fallen herunter und bilden die Nahrung für Nasenbären, Pakas und Beutelratten. Für sie sind die darin enthaltenen harten Samenschalen nicht zu knacken, lediglich Pekaris, Taschenmäuse und Eichhörnchen brechen bzw. nagen die Schalen auf. Ausgerechnet mit einem Samenfresser betreibt die Pflanze eine lebenswichtige Symbiose: Der Aguti frisst zwar die Samen, vergräbt jedoch einen Teil als Futtervorrat.

• **Breiapfelbaum, Zapotill** *(nispero, zapota):* Der in Mittelamerika beheimatete, immergrüne Baum wird nur etwa 10 bis 15 m hoch. Sein sehr hartes Holz führt einen Milchsaft, das zur Gewinnung von *chicle* abgezapft wird. Dieses *chicle* ist Grundlage für die

Herstellung von Kaugummi, das aber inzwischen auch vollsynthetisch produziert wird. Die meist runden, 3 bis 8 cm großen Früchte haben eine rauhe, braune Haut. Aufgeschnitten bildet das Kerngehäuse der Früchte einen Stern, weshalb die Pflanze gelegentlich auch Sternapfelbaum genannt wird. Das süßliche Fruchtfleisch wird meist frisch verzehrt oder zu Saft gepresst und ergibt eine schmackhafte Marmelade.

- **Baumfarne** (Fam. *Dicksoniaceae* und *Cyathaceae*): In Costa Rica unterscheidet man rund 800 Arten Farne. Wegen ihrer Größe besonders auffällige Vertreter sind die Baumfarne, die mit rund 300 Arten im tropischen Amerika beheimatet sind. In den feuchten Berg- und Nebelwäldern z.B. der Cordillera de Tilarán erreichen sie eine Höhe bis 12 m. Bei den *Dicksoniaceae* ist der Stamm behaart, bei den *Cyathaceae* manchmal stachelig.
- **Fensterblatt** *(mano de tigre):*Bei uns als Topfpflanze beliebt, ist der Wurzelkletterer mit den durchlöcherten Blättern in den tropischen Regenwäldern Mittel- und Südamerikas zu Hause. Er bildet Luftwurzeln, seine Blütenkolben sind von einem weißen Hochblatt umschlossen, was auf eine nahe Verwandtschaft zur Gattung *Philodendron* hindeutet.
- **Orchideen** (Fam. *Orchidaceae*): Mit weltweit über 30.000 Arten bilden die Orchideen die größte Blütenpflanzen-Familie. In Costa Rica kommen über 1400 Arten vor, unter anderem die *Cattleya skinerii,* die zur Nationalblume erklärt wurde. Orchideen wachsen meist epiphytisch und bevorzugen sonnige Standorte, wie Bäume auf Lichtungen und am Waldrand. Orchideen sind in ihrer natürlichen Umgebung nur schwer auszumachen, es empfiehlt sich daher ein Besuch eines der Botanischen Gärten: Jardín Lankester bei Cartago, Arenal Botanical Gardens bei Nuevo Arenal und Jardín Wilson bei San Vito im Süden. Die besten Monate sind Februar bis Mai, wenn die meisten Arten blühen.

514cr Foto: dk

Bromelie

• **Bromelien** (Fam. *Bromeliaceae*): Die *Ananasgewächse* sind eine amerikanische Pflanzenfamilie, die an unterschiedliche klimatische Verhältnisse angepasst sind und in Höhen bis 4000 m meist epiphytisch leben. Es handelt sich um stammlose Rosettenpflanzen, in deren Blatttrichter sich Wasser ansammelt und eine Art Mikrokosmos bildet. Zahlreiche Tierarten profitieren von diesem Wasserreservoir, für manche Frösche und Salamander bietet es sogar einen ausreichenden Lebensraum. Aus den pflanzlichen und tierischen Resten (Blätter, tote Insekten etc.), die sich in diesem Trichter ansammeln, bezieht die Pflanze ihre Nährstoffe. Weltweit gibt es über 4000 Bromelien-Arten, in Costa Rica immerhin rund 200 heimische Arten, die verschiedenen Gattungen angehören (u.a. *Guzmania, Tillandsia, Vriesea*). Der bekannteste Vertreter dieser Familie ist die Ananas, deren Wildform *Ananas comosus* aus Amerika stammt.

• **Gunnera insignis** (*sombrilla de pobre*): Der „Sonnenschirm der Armen" ähnelt dem Rhabarber und gedeiht in feuchten Bergwäldern (Braulio Carrillo, Poás etc.). Mit seinen großen Blättern, deren Durchmesser bis 2 m erreicht, kann man sich tatsächlich gegen Sonne und Regen schützen, wenn man die Stacheln am Stamm vorher entfernt.

• **Heliconien** (Fam. *Heliconiaceae*): Die bis 3 m hohen Stauden zählten früher wegen ihrer bananenähnlichen Blätter zur Familie der Bananengewächse, bilden aber inzwischen eine eigene Pflanzenfamilie mit einer einzigen Gattung. Ihre Heimat ist das tropische und subtropische Amerika, wo man etwa 100 bis 150 Arten unterscheidet. In Costa Rica gibt es etwa 30 Arten, von denen einige sogar endemisch sind. Der Blütenspross, je nach Art hängend oder stehend, trägt auffällig gefärbte Deckblätter, um damit die Kolibris anzulocken. Die Blüten selbst sind unscheinbar, die Samen oft leuchtend blau.

• **Passionsblume** (Fam. *Passifloraceae*): Die Gattung *Passiflora* zählt rund 500 Arten, die meist im tropischen Amerika beheimatet sind. Die raschwüchsigen Kletterpflanzen haben auffällige, oft bunt gefärbte Blüten mit einem Strahlenkranz und Beerenfrüchte, die oft recht groß werden können und für die menschliche Ernährung dienen, wie z.B. die *Passiflora maracuya* (Maracuja) oder *Passiflora edulis* (Granadille). Der Name *Passionsblume* bezieht sich auf die Leiden Christi, die verschiedene Pflanzenteile symbolisieren sollen. So vergleicht man die drei Narben mit den Nägeln am Kreuz, den Strahlenkranz mit der Dornenkrone usw.

Der tropische Trockenwald

Ein weitgehend unbekannter und dennoch einmaliger Lebensraum ist der tropische Trockenwald, der in Costa Rica nur noch in einigen Restbeständen im Nordwesten vorkommt. Einst war die gesamte Pazifikküste Mittelamerikas von Mexiko bis nach Südecuador von diesen blattwechselnden Wäldern bedeckt. Voraussetzung für diesen recht artenarmen Waldtypus ist eine klar definierte Regen- und Trockenzeit. Die Bäume erreichen selten Höhen über 15 m und sind in der Trockenzeit nackt und grau, die Blätter sind oft zu Dornen umgewandelt, um unnötigen Flüssigkeitsverlust zu vermeiden. Kurz vor Einsetzen der Regenzeit verwandelt sich der scheinbar leblose Wald in ein wahres Blütenmeer.

Pflanzen des Trockenwaldes

- **Kaschubaum** *(espavel):* Die Heimat der bis 12 m hohen, immergrünen Bäume ist das tropische Amerika. Die Pflanze bevorzugt relativ trockene Gegenden (z.B. Nicoya-Halbinsel) mit guten Böden. Die nierenförmigen Früchte (Cashew-Nüsse) werden geröstet, sie sitzen auf gelb oder rot gefärbten, birnenförmigen Fruchtstielen (Kaschu-Äpfel), die roh essbar sind, aber auch zu Marmelade und Säften verarbeitet werden. Die Schalen der Früchte sind ölhaltig und werden zu Kunstharz verarbeitet, die Indianer brauten aus den Fruchtstielen ein Bier.
- **Goldregenbaum** *(carao):* Es gibt sowohl in Asien als auch in Amerika beheimatete Vertreter der Gattung *Cassia,* bis 20 m hohe, laubabwerfende Bäume. Sie bevorzugen trockene Waldregionen, wie sie im Nordwesten Costa Ricas vorkommen. Ihre hängenden, gelben Blütentrauben, die im Februar/März blühen, sind weithin sichtbar. Andere Kassien-Arten haben rosa- oder orangefarbene Blüten und sind daher als Zierbäume beliebt.
- **Goldbaum** *(corteza amarillo):* Etwa 120 *Tababuia*-Arten gibt es in Mittel- und Südamerika. Die laubabwerfenden Zier- und Schattenbäume liefern ein wertvolles hartes und schweres Nutzholz, das resistent ist gegenüber Pilzbefall und daher bevorzugt für Eisenbahnschwellen und Wagenräder verwendet wird. Der Goldbaum hat leuchtend gelbe Blüten, die ebenfalls während der Trockenzeit blühen.
- **Kalebassenbaum** *(jicaro):* Die Heimat des nur 8 bis 10 m hohen Baumes sind die Savannen des tropischen Amerika. Seine kugelförmigen, hartschaligen Kapselfrüchte erreichen einen Durchmesser bis 40 cm und ein Gewicht von 7 bis 10 kg. Die getrockneten Fruchtschalen wurden von den Einheimischen als Gefäße und Musikinstrumente verwendet, das Fruchtfleisch dient als Abführmittel. Das Wachstum kann durch Einschnüren verändert werden, so entstand auch die typische Form der Rumba-Rasseln.
- **Pochote** *(pochote):* Ein typischer Baum der Trockenwälder Mittelamerikas, dessen grauer Stamm mit Stacheln besetzt ist. Sein schnellwachsendes, weiches Holz ist resistent gegen Ungeziefer und wegen des hohen Gerbstoffanteils sehr haltbar. Es wird für den Bau von Fischerbooten und Häusern benutzt.
- **Guanacaste-Baum** *(guanacaste):* Der Nationalbaum Costa Ricas bevorzugt ebenfalls den trockenen Nordwesten des Landes, wo er auch einer Provinz ihren Namen gab. Der oft riesige Guanacaste-Baum ist verwandt mit den Akazien und hat wie diese fein ge-

fiederte Blätter. *Guanacaste* bedeutet in der Indianersprache „Ohren", was sich auf die ohrenähnlichen Früchte bezieht.

- **Mimosen** (Fam. *Mimosaceae):* Die Holzpflanzen erreichen Strauch- bis Baumgröße (Akazien), die Zweige sind häufig mit Dornen besetzt. Charakteristisch sind die doppelt gefiederten Blätter, die Samen sind in Hülsenfrüchten eingelegt. Mehrere Arten leben in Symbiose mit Ameisen, die ihre Dornen besiedeln. Die echte Mimose *(Mimosa pudica),* auch Sinnpflanze genannt, eine bodenbewohnende Rankpflanze, schützt sich, indem sie ihre Blätter bei Berührung einklappt und dann verwelkt aussieht (lat. *mimus* = „Schauspieler").

Küstenvegetation

Entlang der Meeresküste bilden sich besondere Vegetationsformen, die an salzreiche Böden angepasst sind.

- Der wohl bekannteste Küstenbewohner ist die **Kokospalme** *(cocotero):* Die ursprüngliche Heimat der bis zu 30 m hohen Fiederpalme ist Melanesien, doch war sie schon vor Kolumbus im gesamten Tropengebiet verbreitet. Der gekrümmte Stamm wächst meist in Richtung Meer, damit die schwimmfähigen Früchte (Kokosnüsse) ins Wasser fallen, wo sie lange Zeit lebensfähig sind. So erklärt sich das weite Verbreitungsgebiet der Palme, von der praktisch alle Pflanzenteile genutzt werden: Kokosöl und Kokoswasser aus der Frucht, Palmwein aus dem Saft der Blütenstände, die Schalen dienen als Brennmaterial, die Blätter zum Dachdecken, die Stämme als Bauholz etc.
- **Meertraube** *(papatturro):* Die Heimat des nur 6 bis 8 m hohen Baumes ist Mittelamerika, die Karibik und das nördliche Südamerika. Inzwischen ist der wind- und salzresistente Baum in den gesamten Tropen ein beliebter Zier- und Schattenbaum. Er hat große, runde, derb ledrige Blätter und beerenartige Früchte, die an Trauben erinnern. Aus ihnen stellt man Gelee und Likör her, aus der Rinde gewinnt man einen roten Farbstoff, und das Holz dient als Brennholz.
- **Indischer Mandelbaum** *(almendro):* Ursprünglich in Südostasien und Nordaustralien beheimatet, findet man den salzverträglichen Baum heute weltweit als Schattenbaum. Auffällig sind die sehr großen Blätter und die etwa 5 cm großen, schwimmfähigen Früchte. Diese enthalten bis zu 50 % Öl und können roh gegessen werden.
- **Manzanillobaum** *(manzanillo):* Die auch Strandapfelbaum genannte Pflanze ist eigentlich ein Strauch mit großen, birnenförmigen Früchten, die von Fledermäusen gefressen werden. Für den Menschen sind alle Teile der Pflanze giftig, da ihr Milchsaft toxische Tannine enthält, die sehr starke Hautentzündunge hervorrufen; bei Verzehr der Früchte kann es zu inneren Verätzungen und Entzündungen kommen. Selbst das Berühren der Früchte kann schon zu einem unangenehmen Hautausschlag führen.

Wasserpflanzen

• **Wasserhyazinthe** *(lirio de agua, choreja):* Die Heimat dieser frei schwimmenden Wasserpflanze ist das tropische und subtropische Amerika, in Costa Rica ist sie besonders an der nördlichen Karibikküste (Tortuguero) häufig. Sie ist leicht an den blauvioletten Blüten zu erkennen, das mittlere Blütenblatt trägt einen gelben Fleck. Die sich rasch vermehrende Pflanze ist inzwischen auch auf anderen Kontinenten heimisch geworden. Da sie dort keine Feinde hat, verstopft sie vielfach Flüsse und Kanäle und behindert dadurch die Schifffahrt. Der Gattungsname *Eichornia* bezieht sich auf den preußischen Kultusminister *Johann Eichhorn* (1840-48).

• **Mangroven** *(mangle):* Mangroven sind Halophyten, d.h. an Salzwasser angepasste Pflanzen, mit Stelzwurzeln zur Befestigung und Atemwurzeln zur Anpassung an den sauerstoffarmen Boden. Die immergrünen Holzgewächse zeichnen sich durch eine hohe Salztoleranz aus und leben im Brackwasserbereich an Flussmündungen und Meeresbuchten. Mangroven sind wichtiger Lebensraum und Brutgebiet zahlreicher Tierarten und daher ein äußerst schützenswerter Vegetationsraum. In Costa Rica findet man Weiße, Rote und Schwarze Mangrove und Knopfmangrove.

Zierpflanzen

• **Korallenbaum** *(poró):* Die meisten Arten haben ihre Heimat in Brasilien, einige auch in Zentral- und Ostafrika, heute findet man sie in allen tropischen Gebieten als Zierbäume. Die bis 12 m hohen, laubabwerfenden Bäume haben kräftige Stämme, weiches Holz und leuchtend rote Blüten, die durch Kolibris bestäubt werden. Wegen diesen wird der Baum auch Feuerbaum genannt (engl. *red hot poker tree).* Weltweit gibt es etwa 100 Arten der Gattung Erythrina.

• **Bougainvillea** (Fam. *Nyctaginaceae):* Die auch Drillingsblume genannte Pflanze ist in Brasilien beheimatet, wo sie bis in 3500 m Höhe vorkommt – heute ist sie eine der beliebtesten tropischen Zierpflanzen der Welt. Der französische Botaniker und Seefahrer *Louis de Bougainville* entdeckte sie bei einer Expedition 1766. Die echten Blüten, die zu dritt stehen, sind unscheinbar, die Hochblätter intensiv gefärbt.

• **Weihnachtsstern** (Fam. *Euphorbiaceae):* In Mittelamerika beheimatet, ist der Weihnachtsstern heute als Zierstrauch weltweit verbreitet und als Topfpflanze auch bei uns beliebt. Der Strauch erreicht in Wildform etwa 3 bis 4 m Höhe. Auffällig sind die roten Scheinblüten – wie bei der Bougainvillea sind die eigentlichen Blüten unscheinbar. Die Pflanze blüht bei einer Tageslänge unter 12 Stunden, also vorwiegend um die Weihnachtszeit, daher auch der spanische Name *flor de noche buena* (Blume der heiligen Nacht). Für die Azteken galten die Blüten als Symbol der Reinheit und lieferten Farbstoff und Medizin.

• **Stechapfel** (Fam. *Solanaceae):* Mittel- und Südamerika ist die Heimat der

044/1cr Foto: dk

hohen Sträucher, die sonnige Standorte bis 3500 m bevorzugen und ganzjährig blühen. Die länglichen, trichterförmigen Blüten sind meist weiß, manchmal auch gelb oder rot. Alle Pflanzenteile sind giftig, die Indianer bereiteten aus den Früchten eine stark wirkende Droge.

- **Pfauenstrauch** (Fam. *Leguminosae):* Ursprünglich im tropischen Südamerika beheimatet, ist der Pfauenstrauch heute weltweit ein beliebter Zierstrauch. Der immergrüne, stachelige Strauch wird bis 5 m hoch und hat orange-rote Blütenstände. Die Früchte sind reich an Gerbsäuren und werden zur Herstellung von Farben verwendet.
- **Roseneibisch/Hibiscus** (Fam. *Malvaceae):* Die Heimat der heute weltweit verbreiteten Pflanze liegt wahrscheinlich im tropischen Asien. Als Strauch oder kleiner Baum bringt sie einzelstehende, gestielte Blüten mit einer weit hervorragenden Staubblattsäule hervor, die 10-15 cm breit und meist rot sind, manchmal auch orange, gelb oder weiß. Der Hibiscus ist die Nationalblume von Malaysia und Hawaii.
- **Baum der Reisenden** (Fam. *Musaceae):* Die Heimat des beliebten tropischen Zierbaumes ist Madagaskar. Eigentlich weder Baum noch Palme, sondern eine bananenähnliche Staude mit Stamm und fächerartig angeordneten Blättern, die denen der Bananen gleichen. Der Name bezieht sich auf eine Wasseransammlung am Blattgrund, die im Notfall getrunken werden kann.
- **Gummibaum** *(gomero):* Von seiner Heimat im tropischen Asien hat sich der Gummibaum weltweit in Tropen und Subtropen als Schattenbaum etabliert. Der hohe, schnell wachsende Baum ist meist vielstämmig, oft mit Luftwurzeln und hat große, fleischige Blätter. Früher wurde er zur Gewinnung von Latex angebaut.

Nutzpflanzen

Neben den bereits aufgeführten heimischen Baumarten, die als Holzlieferant, zur Ernährung sowie für medizinische, kosmetische und industrielle

Der Orleansbaum liefert rote Farbe, ...

Zwecke dienen, gibt es eine Reihe Nutzpflanzen, die zum Teil eingeführt wurden:

• **Orleansbaum** (Fam. *Bixaceae*): Die Wildform der im tropischen Amerika bis auf etwa 1000 m Höhe beheimateten Pflanze wird bis 10 m groß, angebaut wird sie jedoch zur leichteren Ernte als Strauch. Die Samenkapseln enthalten die roten Farbstoffe Bixin und Norbixin (*bixa* bedeutet in einer karibischen Sprache „rot"), die als Speisefärber, als Farbstoff für Textilien und für kosmetische Produkte (Lippenstifte, Rouge etc.) Verwendung finden. Die Indianer färben damit auch ihre Haut; zahlreiche weitere Pflanzenteile finden Verwendung in der Medizin. Das Samenpulver ist bis heute ein wichtiger Exportartikel.

• **Rizinus oder Wunderbaum** (Fam. *Euphorbiaceae*): Die Heimat des *Ricinus communis* liegt in Afrika. Die 10 bis 12 m Höhe erreichende Pflanze wird als Kulturpflanze einjährig als Strauch gezogen. Die lang gestielten Blätter sind fächerförmig eingeschnitten, die Blüten in bis 50 cm langen Rispen. Die stacheligen Fruchtkapseln enthalten bis über 50 % Öl und werden zu dessen Gewinnung geschält und ausgepresst. Rizinusöl dient hauptsächlich zur Herstellung von Synthesefasern und Kunstharzen, als Schmiermittel sowie für pharmazeutische Produkte und auch für Kosmetika.

• **Teakholzbaum** *(teca):* Die ostasiatischen Monsungebiete sind die Heimat des 25-35 m hohen, laubabwerfenden Baumes. Der schnellwachsende Baum hat einen hohen Stamm, sehr große Blätter und hellbraunes, im Kern dunkles Holz, das termitenfest und resistent gegenüber Pilz- und Insektenbefall ist. Teakholz gilt als gutes Schiffsholz und ist für die Möbelherstellung beliebt. In Costa Rica findet man Teakholz-Plantagen auf der Halbinsel Nicoya.

• **Zuckerrohr** *(caña):* Die Herkunft des *Saccharum officinarum* ist ungewiss, wahrscheinlich handelt es sich um eine Kreuzung verschiedener Grasarten. In Europa begann man im 7. Jahrhundert in Spanien und später dann auf den Kanarischen Inseln mit dem An-

044/2cr Foto: dk

... der Brotfruchtbaum Holz und Früchte

bau; heute wird Zuckerrohr vor allem im karibischen Raum, in Mittelamerika und im nördlichen Südamerika angebaut. Das mehrjährige, schilfähnliche Gras wird bis 9 m hoch, der Spross ist wie beim Bambus in Knoten unterteilt. Der Zuckergehalt im Rohr erreicht bis über 15 %. In den Herkunftsländern wird das Rohr auch zum Kauen angeboten und zu Saft gepresst. Ein Nebenprodukt der Zuckergewinnung ist die Melasse, aus der, nach dem Vergären, Rum destilliert wird.

• **Brotfruchtbaum** *(fruta de pan):* Der 15 bis 20 m hohe, immergrüne Baum, dessen Heimat in Südostasien und Polynesien liegt, hat große, gelappte Blätter und kugelige Früchte mit 20 bis 30 cm Durchmesser. Das wohlschmeckende Fruchtfleisch wird meist gekocht oder gebacken. Das Holz dient zum Bootsbau, auch der Rindenbast findet als Flechtmaterial Verwendung.

• **Maniok, Yucca** *(yuca):* In seiner Heimat Südamerika (vermutlich Amazonas-Region) wird der Maniok *(Manihot esculenta)* als *yuca* bezeichnet. Die mehrjährige, krautige Pflanze wird bis 3 m groß und trägt langgestielte, gefingerte Blätter. Die stärkehaltigen Wurzelknollen enthalten 10-mal mehr Stärke als Mais. Sie haben eine braune Schale und sind innen weiß. Der Milchsaft enthält Blausäure, die man durch Wässern, Erhitzen oder Trocknen entfernt. Stärke gewinnt man durch Ausschlämmen. Maniok wird meist fritiert (wie Pommes frites) oder als Brei zubereitet. Obwohl bei uns nahezu unbekannt, ist Maniok, der seit 4000 Jahren angebaut wird, heute ein wichtiges Grundnahrungsmittel auch in Afrika und Asien.

• **Reis** *(arroz): Oryza sativa* bildet die Nahrungsgrundlage für mehr als die Hälfte der Weltbevölkerung und ist auch in Costa Rica Bestandteil der täglichen Ernährung. Weltweit gibt es mehrere tausend Sorten von Reis, einer der ältesten Kulturpflanzen der Menschheit (in China schon 2800 v. Chr.). Die Hauptanbaugebiete in Costa Rica befinden sich in Guanacaste und an der zentralen Pazifikküste.

Obst

• **Ananas** *(piña):* Die Wildform ist im tropischen Südamerika beheimatet, die Kulturform *Ananas sativus* wird heute v.a. in Mittelamerika und Hawaii angebaut. Die Bromelienpflanze bevorzugt trockene Standorte, sie kann monatelang ohne Regen auskommen. Sie hat bis 1 m lange, dornenbesetzte Blätter, die in dichter Rosette zusammenstehen. Im Zentrum sitzt eine Sammelfrucht mit säure- und vitaminreichem Fruchtfleisch. Die Pflanze trägt zweimal Früchte: im 3. und 5. Jahr. Die Spanier nannten sie wegen ihrer Ähnlichkeit zu Pinienzapfen *piña.*

• **Avocado** *(aguacate):* Die Bergwälder Mittelamerikas und des nördlichen Südamerikas sind die Heimat von *Persea americana,* einem immergrünen, bis 20 m hohen Baum. Seine birnenförmigen Steinfrüchte werden bis 20 cm groß und bis über 1 kg schwer. Sie sind meist grün, gelegentlich auch schwarz, haben eine glatte Außenhaut, schmackhaftes, butterweiches

045/1cr Foto: dk

Guanabana verdirbt sehr schnell

045/2cr Foto: dk

Papayas halten sich länger

Fruchtfleisch und einen großen Samenkern. Die proteinreichste Frucht der Tropen war schon den Azteken als *ahuacatl* bekannt. Sie wird roh mit Zucker und Zitrone verzehrt oder als Salat zubereitet. Die Schalen und Samen enthalten bis 32 % Öl, das schon vor 2000 Jahren als Kosmetikum und Arzneimittel genutzt wurde. Bis heute dient es hauptsächlich zur Herstellung von Kosmetika und Seifen und als Speiseöl.

• **Bananen** (Fam. *Musaceae*): Eine große Familie mit zahlreichen verschiedenen Arten, wie z.B. der Essbanane *(Musa paradisiaca)*, der Apfelbanane mit einer rötlichen Schale oder den Gemüse- und Kochbananen.

• **Baumtomate** (Fam. *Solanaceae*): Der 4 bis 5 m große Halbstrauch ist im Andenraum bis 2500 m beheimatet. Er hat große, längliche Blätter und rote, vitaminreiche Früchte, die wie längliche Tomaten aussehen. Die Schale ist ungenießbar, das Fruchtfleisch süßsauer und etwas bitter. Es ist roh essbar, wird jedoch meist gekocht oder zu Marmelade oder Saft verarbeitet.

• **Stachelannone** *(guanabana):* Ebenfalls im tropischen Amerika zu Hause ist die *Annona muricata,* die eng mit der südamerikanischen *Chirimoya* verwandt ist. Die grünen Früchte wiegen bis 4 kg und haben ein weißes, aromatisches Fruchtfleisch, das roh verzehrt oder zu einem wohlschmeckenden Saft verarbeitet wird. Da die Früchte leicht verderblich sind, kann man sie nicht exportieren.

• **Guave** *(guayaba):* Der kleine, anspruchslose Baum, ein Myrtengewächs aus dem tropischen Amerika, wird bis 10 m groß, ist als Kulturpflanze jedoch meist strauchförmig. Die runden oder birnenförmigen Früchte sind bis 10 cm groß und haben eine glatte, gelb-grüne Außenhaut. Guaven sind wohlschmeckend und reich an Vitamin C. Meist verarbeitet man sie zu Säften oder Marmelade, manchmal auch zu Likör und Wein. Die Blätter helfen gegen Verdauungsstörungen.

• **Mango** *(mango):* Indien ist die Heimat des immergrünen, bis 30 m hohen Baumes, wo er seit über 4000 Jahren kultiviert wird. Auch in Costa Rica ist er oft in Städten als Schattenbaum anzutreffen. Die Steinfrucht, normalerweise etwa 10 cm groß und grün, gelb oder rot gefärbt, hat eine dünne, ledrige Haut (nicht essbar) und aromatisches Fruchtfleisch, das reich an Vitamin A und C ist und roh oder als Saft verzehrt wird. In Costa Rica werden je nach Saison an der Straße auch grüne Mangos angeboten, die mit Salz gegessen werden.

• **Papaya** *(papaya):* Die Heimat der auch Melonenbaum genannten Papaya *(Carica papaya)* liegt wahrscheinlich in Mittel- und Südamerika, heute wird sie weltweit angebaut, als Berg-Papaya bis in Höhen von 1500 m. Die Wuchsform ist ähnlich wie die der Palme: ein schlanker, bis 6 m langer Stamm und große, tief eingeschnittene Blätter. Die länglichen Früchte sind grün, in reifem Zustand gelb, und wiegen normalerweise um 1 kg. Gelegentlich werden sie aber bis 50 cm groß und 10 kg schwer. In das gelbe, butterartige Fruchtfleisch sind zahlreiche schwarz-grüne Samen eingelegt, die normalerweise nicht verzehrt werden, aber zur Anregung der Darmaktivität eingesetzt werden. Der Geschmack der Früchte ist je nach Sorte variabel, das vitaminreiche Fruchtfleisch wird roh verzehrt oder zu Saft gepresst. Die druckempfindlichen Früchte sind nicht lange haltbar, vollreife Früchte haben einen etwas unangeMilchsaft der Pflanze ist enzymhaltig und findet im Brauwesen, in der Medizin und bei Woll- und Seideherstellung Verwendung.

• **Sternfrucht** *(carambola):* Bei uns eher unbekannt, ist die ursprünglich in Südostasien beheimatete Sternfrucht *(Averrhoa carambola)* eine beliebte Tropenfrucht. Der baumartige Strauch hat gefiederte Blätter und fünfkantige, gelbe Früchte, die bis 12 cm lang werden und im Querschnitt sternförmig sind. Das Fruchtfleisch ist saftig, mild säuerlich und wird zu Fruchtsalat oder Saft, seltener zu Marmelade verarbeitet.

• **Tamarinde** *(tamarindo):* Die Heimat des bis 25 m hohen, Baumes ist Afrika;

als Zier-, Schatten- und Fruchtbaum ist er heute weltweit verbreitet. Er hat gefiederte Blätter, die Früchte sind dicke braune Hülsen, die ein breiiges Fruchtmark mit erfrischendem Geschmack umschließen. Es wird zu Säften gepresst und ist Bestandteil von Würzsoßen (z.B. Worcestersauce) und Bonbons. Die darin eingelegten Samen sind ebenfalls essbar und dienen als Gummilieferant.

Nationalparks und Naturschutzgebiete

Das erste staatliche Naturschutzgebiet Costa Ricas war der Vulkan Irazú, der schon 1955 zum Nationalpark erklärt wurde. Aber erst nachdem Anfang der 70er Jahren eine Nationalparkverwaltung (*Servicio de Parques Nacionales, SPN)* geschaffen wurde, begann ein Netz von staatlichen Schutzgebieten zu wachsen. Heute besitzt das kleine Land bereits 25 Nationalparks, 5 Biologische Reservate und zahlreiche weitere Naturschutzgebiete mit einer Fläche von insgesamt rund 740.000 ha. Dazu kommen noch geschützte Forstreservate und zahlreiche kleinere private Schutzgebiete, so dass insgesamt rund ein Viertel der gesamten Landesfläche geschützt ist – ein Wert, den wohl kaum ein Land der Erde überbieten kann.

Die Schutzgebiete befinden sich in allen Landesteilen, so dass **alle wichtigen Naturräume geschützt** sind: vom tropischen Regenwald und Mangrovengebieten über Feucht- und Trockenwald bis hin zu Nebelwäldern und Paramovegetation in Höhen über 3000 m. Unter besonderem Schutz stehen auch wichtige Rückzugsgebiete bedrohter Tierarten, wie z.B. die Eiablageplätze von Meeresschildkröten an beiden Küsten oder die Brutplätze von See- und Wasservögeln. Ein Schutzbedarf ist offensichtlich: Waren z.B. 1950 noch rund 53 % der Landesfläche von tropischem Regen-, Feucht- und Trockenwald bedeckt, so sind es heute weniger als 20 %. (Im Vergleich: Deutschland hat 29 % Waldanteil.) Zweifelsohne werden auch heute noch Lebensräume von Tieren und Pflanzen von Menschen zerstört, aber nicht zuletzt wegen des immer wichtiger werdenden Tourismus werden weiterhin neue Flächen zu Schutzgebieten erklärt. Fraglich ist, ob es die Parkverwaltung auch in Zukunft verstehen wird, die Interessen der Parkbesucher mit denen der geschützten Flora und Fauna zu vereinbaren.

Klassifizierung der Schutzgebiete

Je nach ihrer Bedeutung und ihrer Aufgabe unterscheidet man verschiedene Kategorien der Schutzgebiete.

- Ein **Nationalpark** *(Parque Nacional)* umfasst eine relativ große Fläche (sowohl zu Land als auch im Meer) zum Schutz und der Erhaltung von Tier- und Pflanzenarten, die von „nationalem und internationalem Interesse“ sind. Diese Gebiete dienen auch zur begrenzten Nutzung durch den

Menschen, zur Erholung oder zu touristischen oder wissenschaftlichen Zwecken.

- **Biologische Reservate** *(Reserva Biológica)* sind meist kleinere Gebiete zum Schutz von Ökosystemen mit einer besonders verwundbaren Flora und Fauna. Um die biologische Entwicklung möglichst nicht zu stören, soll eine Nutzung durch den Menschen nur wissenschaftlichen oder Bildungszwecken dienen.
- **Naturreservat** *(Reserva Natural Absoluta):* Derzeit gibt es in dieser Kate-

gorie nur das 1963 gegründete Reservat Cabo Blanco an der Spitze der Nicoya-Halbinsel. Auch hier soll in erster Linie der Lebensraum von Pflanzen und Tieren geschützt werden.

- **Nationale Monumente** *(Monumento Nacional)* sind historisch oder archäologisch bedeutende Stätten, die ebenfalls von der *SPN* verwaltet werden. Zurzeit gehören nur die Ausgrabungen von Guayabo zu dieser Klassifizierung.
- **Nationales Naturschutzgebiet** *(Refugio Nacional de Vida Silvestre):* Diese

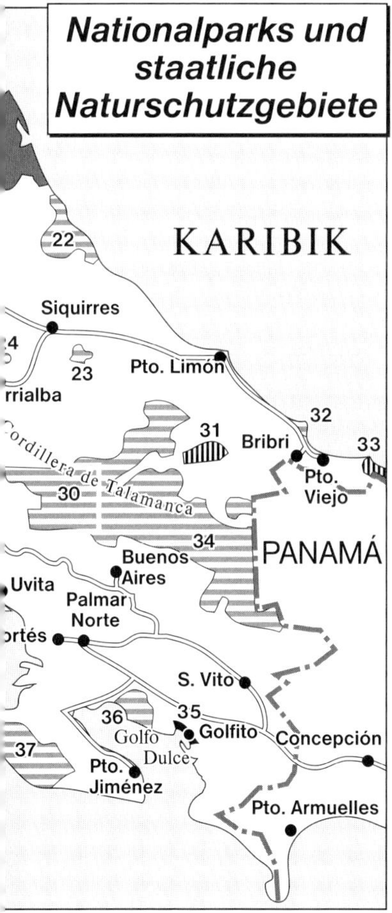

1	Nat. Tierschutzgebiet Isla Bolaños
2	NP Santa Rosa
3	NP Guanacaste
4	NP Rincón de la Vieja
5	NP Vulkan Tenorio
6	Nat. Naturschutzgebiet Caño Negro
7	NP Vulkan Arenal
8	Biolog. Reservat Lomas Barbudal
9	NP Palo Verde
10	NP Barra Honda
11	Meeresnationalpark Las Baulas
12	Nat. Tierschutzgebiet Ostional
13	Naturreservat Cabo Blanco
14	Tierschutzgebiet Curú
15	Biolog. Reservate Guayabo, Negritos und Pájaros
16	NP Carara
17	Biolog. Reservat Manuel Brenes
18	NP Juan Castro Blanco
19	NP Vulkan Poás
20	NP Braulio Carrillo
21	Nat. Tierschutzgebiet Barra del Colorado
22	NP Tortuguero
23	NP Barbilla
24	Nationalmonument Guayabo
25	NP Vulkan Turribala
26	NP Vulkan Irazú
27	NP Tapanti-Macizo de la Muerte
28	NP Manuel Antonio
29	Meeresnationalpark Ballena
30	NP Chirripó
31	Biolog. Reservat Hitoy Cerere
32	NP Cahuita
33	Nat. Tierschutzgebiet Gandoca-Manzanillo
34	Internationalpark La Amistad
35	Nat. Tierschutzgebiet Golfito
36	NP Piedras Blancas
37	NP Corcovado
38	Biolog. Reservat Isla del Caño
39	NP Isla del Coco

geschützten Gebiete, z.T. auch als *Refugio Nacional de Fauna Silvestre* ausgewiesen, dienen dem Schutz bestimmter Tierarten und stellen so eine Art Vorstufe zu den Biologischen Reservaten und Nationalparks dar. Manchmal schließen sie auch menschliche Siedlungen ein (z.B. Gandoca und Manzanillo). Sie werden nicht von der *SPN* verwaltet, sondern unterstehen der *Dirección General de Vida Silvestre.*

Kurzprofile der einzelnen Schutzzonen

Um auch großflächigere Ökosysteme besser schützen und verwalten zu können, wurden Schutzzonen *(Áreas de Conservación)* geschaffen, die geographisch zusammengehörige Parks und Reservate mit Forstgebieten und „Pufferzonen" verbinden.

- **Schutzzone Zentralkordillere:** Nördlich des Valle Central erstreckt sich die Zentralkordillere mit den Nationalparks Juan Castro Blanco, Vulkan Poás, Braulio Carrillo, Vulkan Irazú und Vulkan Turrialba sowie dem Nationalmonument Guayabo. Die Vulkane erreichen eine Höhe bis 3442 m (Irazú), und an einigen Stellen kann man noch vulkanische Aktivität beobachten. Im Umfeld des großen Nationalparks Braulio Carrillo, der sich bis in die Niederungen des karibischen Tieflandes erstreckt, liegen außerdem einige wichtige Privatreservate (La Selva, Rara Avis etc.).
- **Schutzzone Amistad:** Die größte Schutzzone des Landes umfasst beinahe die gesamte Talamanca-Kordillere (Nationalpark Tapantí, Nationalpark Chirripó, Internationalpark La Amistad, Biologisches Reservat Hitoy Cerere) und einige Abschnitte der südlichen Karibikküste (Nationalpark Cahuita, Schutzgebiet Gandoca-Manzanillo). Hier findet man praktisch alle Vegetations- und Höhenstufen des Landes vereint. Bisher ist diese Region noch weitgehend unerschlossen und vom Tourismus beinahe ungestört.
- **Schutzzone Tortuguero:** Verbunden durch einen biologischen Korridor, umfassen der Nationalpark Tortuguero und das Tierschutzgebiet Barra del Colorado die gesamte nördliche Karibikküste und einen großen Teils des Hinterlandes. Von zahlreichen Flüssen

Eintrittspreise für Nationalparks und Reservate

- **Eintritt für Ausländer:** 6-8 $ pro Tag und Park
- Eintritt für **Einheimische** und im Lande lebende Ausländer: 600 C. (= ca. 1,50 $)
- Derzeit keine Ermäßigung für einzelreisende Studenten (ist geplant).
- **Kinder** bis 12 Jahre frei.

Alle Preise verstehen sich pro Tag und Park und gelten für alle Nationalparks und Biologischen Reservate sowie für das Naturreservat Cabo Blanco.

und natürlichen Kanälen durchzogen, ist es eines der wichtigsten Rückzugsgebiete für Wasservögel; die Strände sind außerdem wichtige Eiablageplätze von Meeresschildkröten.

- **Schutzzone Arenal:** Neben den Nationalparks Vulkan Arenal und Vulkan Tenorio und dem Biologischen Reservat Manuel Brenes zählt auch das etwas abseits liegende Schutzgebiet Caño Negro zu dieser Schutzzone. Südlich des Arenal liegen in den Höhenlagen der Cordillera de Tilarán auch mehrere private Nebelwaldreservate (z.B. Monteverde, Sta. Elena).
- **Schutzzone Tempisque:** Der Mündungsbereich des Río Tempisque gehört zu den interessantesten Regionen des Landes mit einigen der letzten Bestände tropischen Trockenwaldes in Mittelamerika. Außerdem finden hier unzählige Wasservögel ideale Brutbedingungen. Es bleibt zu hoffen, dass die Nationalparks Barra Honda und Palo Verde sowie das Biologische Reservat Lomas Barbudal bald zu einem einzigen großen Nationalpark zusammengeschlossen werden. Rund um die Halbinsel Nicoya reihen sich mehrere kleine Naturparks, die alle am oder im Meer liegen: der Meeresnationalpark Las Baulas mit dem Tierschutzgebiet Ostional, das Naturreservat Cabo Blanco, das Schutzgebiet Curú und die Reservate Islas Pájaros, Guayabo und Negritos im Golf von Nicoya. Neben Meeresschildkröten sind es vor allem die Brutgebiete von Seevögeln, die hier geschützt sind.
- **Schutzzone Guanacaste:** Die Fläche der geschützten Gebiete im äußersten Nordwesten des Landes ist in den letzten Jahren durch die Vergrößerung des Nationalparks Sta. Rosa und die Gründung des Nationalparks Guanacaste mehr als verdoppelt worden. Zusammen mit dem Nationalpark Rincón de la Vieja und dem Schutzgebiet Isla Bolaños umfasst die Schutzzone weite Teile der Cordillera de Guanacaste und der nördlichen Pazifikküste, wo sich ebenfalls wichtige Brutgebiete für Meeresschildkröten befinden.

047cr Foto: dk

Scheinblüte der Heliconie

Land und Leute

• Schutzzone Zentrale Pazifikküste: Relativ weit auseinder liegen der Nationalpark Carara und der viel besuchte Nationalpark Manuel Antonio. Beide liegen an einer Übergangszone von trockenen Waldgebieten im Norden und tropischem Feuchtwald weiter südlich.

• Schutzzone Osa: Diese Schutzzone umfasst die gesamte südliche Pazifikküste und reicht vom Meeres-Nationalpark Ballena bei Uvita über das Biologische Reservat Isla del Caño und die Halbinsel Osa mit dem Nationalpark Corcovado bis zum Schutzgebiet Golfito. Eine außergewöhnliche Vielfalt an Flora und Fauna und hohe Niederschlagswerte prägen diese Region.

• Schutzzone Isla del Coco: Weit außerhalb im pazifischen Ozean liegt ein ganz besonderes Juwel unter den Nationalparks des Landes: die Isla del Coco. Die höchste Erhebung des ansonsten untermeerisch verlaufenden Cocos-Rückens brachte im Laufe der Evolution aufgrund ihrer isolierten Lage zahlreiche endemische Tier- und Pflanzenarten hervor. Außergewöhnlich artenreich ist auch die Meeresflora und -fauna um die Insel.

Privatreservate

Im ganzen Land verteilt findet man private Naturschutzgebiete, die für wissenschaftliche Forschungen, für den Tourismus oder einfach zum Erhalt der Natur gegründet wurden. Ein Schwerpunkt liegt im Umfeld des NPs Braulio Carrillo und in der Cordillera de Tilarán. Nachfolgend eine (unvollständi-

Staatliche Nationalparks und Naturreservate

NP Vulkan Poás	5600 ha
NP Vulkan Irazú	2309 ha
NP Tapantí	6080 ha
NP Vulkan Turrialba	1577 ha
Nationalmonument Guayabo	217 ha
NP Braulio Carillo	45.899 ha
NP Barbilla	12.830 ha
Biolog. Reservat Hitoy Cerere	9154 ha
NP Cahuita	1068 ha*
Schutzgeb. Gandoca-Manzanillo	9449 ha
NP Tortugero	18.947 ha*
Schutzgeb. Barra del Colorado	98.000 ha
NP Juan Castro Blanco	14.258 ha
Nat. Naturschutzgeb. Caño Negro	9969 ha
NP Vulkan Arenal	5208 ha
NP Vulkan Tenorio	12.000ha
Biolog. Reservat Manuel Brenes	7800 ha
NP Palo Verde	16.804 ha
Biolog. Reservat Lomas Barbudal	2279 ha
NP Rincón de la Vieja	14.084 ha
NP Santa Rosa	37.117 ha*
NP Guanacaste	32.512 ha
Nat. Tierschutzgebiet Isla Bolaños	25 ha
Las Baulas und Tamarindo	500 ha*
Nat. Tierschutzgebiet Ostional	162 ha*
NP Barra Honda	2295 ha
Guayabo, Negritos und Pájaros	147 ha
Tierschutzgebiet Curú	84 ha
Naturreservat Cabo Blanco	1172 ha
Nationalpark Carara	4700 ha
NP Manuel Antonio	683 ha*
Meeresnationalpark Ballena	110 ha*
Biolog. Reservat Cerro Vueltas	2500 ha
NP Chirripó	50.150 ha
Biolog. Reservat Isla de Caño	200 ha*
NP Corcovado	54.539 ha*
Internationalpark La Amistad	193.929 ha
Nat. Tierschutzgebiet Golfito	1309 ha
NP Piedras Blancas	14.750 ha
NP Isla del Coco	2400 ha*

*= sowie Meeresgebiete

Reservat	nächster Ort	Fläche
La Marta Rainforest	Turrialba	1500 ha
Aerial Tram	Guápiles	454 ha
Morpho	Guápiles	250 ha
Selva Bananito	Pto. Limón	850 ha
Selva Verde	Pto. Viejo Sar.	200 ha
La Selva	Pto. Viejo Sar.	1538 ha
Rara Avis	Horquetas	1280 ha
Laguna de Lagarto	Boca Tapada	500 ha
Magil Forest	San Rafael de Guatuso	419 ha
Los Lagos	Fortuna	500 ha
Lago Cote	Nuevo Arenal	520 ha
Los Angeles Cloud Forest	San Ramón	810 ha
Los Alpes	San Ramón	200 ha
Valle Escondido	San Lorenzo	400 ha
Monteverde	Sta. Elena	4500 ha
Sta. Elena	Sta. Elena	319 ha
Hacienda Barú	Dominical	155 ha
Río Claro	Sierpe	500 ha
Lapa Ríos	Pto. Jiménez	400 ha
Las Tablas	San Vito	19.000 ha
Las Cruces	San Vito	150 ha
Tiskita	Bahía de Pavón	165 ha

ge) Auflistung wichtiger Privatreservate mit über 100 ha Fläche:

Tiergärten und Aufzuchtstationen

Viele Besucher von Costa Rica kommen mit der Erwartung, überall massenhaft wilde Tiere zu sehen und sind schnell enttäuscht, denn es erfordert schon einen geübten Blick, ein gutes Fernglas und etwas Geduld, um im grünen Dickicht der tropischen Regenwälder Tiere zu erspähen. Wem das zu mühsam ist, dem bleibt immer noch die Möglichkeit, einige der zahlreichen Tiergärten und Aufzuchtstationen zu besuchen, die in den jeweiligen Ortskapiteln näher beschrieben werden – mit Tier-Garantie!

- **Zoologischer Garten,** San José: der einzige richtige „Zoo" in Costa Rica, etwas heruntergekommen, aber dennoch geeignet für einen ersten Überblick zur Fauna des Landes.
- Der **Zoo Ave** bei Alajuela beherrbergt zahlreiche Vogelarten, die man in freier Natur nicht unbedingt zu Gesicht bekommt.
- Im **Zoo La Marina** bei Cd. Quesada landen ausschließlich verletzte und illegal gefangene Tiere, die hier gesundgepflegt werden.
- In der **Krokodilfarm** bei Fortuna werden Kaimane und Krokodile gezüchtet, um später in die Natur ausgesetzt zu werden.
- Auch im **Mini-Zoo Las Pumas** bei Cañas finden verletzte Wildtiere ein Heim, in diesem Fall ausschließlich Raubkatzen.
- **Serpentarien** (= Schlangenzoos) gibt es in San José, bei Sarchí („World of Snakes"), außerhalb von Turrialba und in Sta. Elena/Monteverde.
- **Schmetterlingsgärten** findet man u.a. in San José, in Fortuna, am Arenalsee und in Monteverde.
- **Botanische Gärten** gibt es u.a. bei Cartago, bei Guápiles, am Arenalsee und bei San Vito, eine **Heliconienfarm** auf dem Weg nach Limón.

Umweltschutz in Costa Rica

Fragen Sie irgendeinen beliebigen Costaricaner: Er wird sich für einen vorbildlichen Umweltschützer halten. Schließlich sind in seinem Land fast ein Viertel der Fläche geschützt – das soll mal einer nachmachen! Dass aber die verbleibenden drei Viertel mehr und mehr von Menschenhand zerstört werden, täglich Dutzende (oder gar Hunderte?) von vollbeladenen LKWs mit tonnenschweren Ladungen von edlem Tropenholz aus dem Regenwald unterwegs sind, überall an der Küste sich neue Hotelanlagen in die unberührte Natur fressen, täglich neue Flächen für Bananenplantagen und Weideland gerodet werden – darüber schweigt des Sängers Höflichkeit.

Auch im Alltag ist von Umweltschutz nicht viel zu beobachten. Müll ist kein Problem, er wird einfach weggeschmissen. Immer wieder fliegen Getränkedosen und sonstiger Abfall aus den Fenstern der Busse, PKW und LKW und säumen den Straßenrand; immer wieder trifft man auf mehr oder weniger wilde Müllkippen, und die Flüsse transportieren den Abfall an die Strände der beiden Meere. Auf den meisten Kaffee- und Bananenplantagen werden Insektenvernichtungsmittel nach dem Motto „besser zu viel als zu wenig" versprüht.

Wegen des guten Natur-Images wird in Costa Rica fast alles mit dem Markenzeichen „Öko" verkauft: „Öko-Tourismus", „Öko-Hotel", es gab sogar mal eine „Öko-Autovermietung"! Mit echt ökologisch orientiertem Verhalten hat dies in den meisten Fällen nur sehr wenig zu tun. Was kann schon „ökologisch" sein an strom- und wasserfressenden Klimaanlagen, an Swimmingpools und Hotels, deren Abwässer auf höchst ungeklärten Wegen in Richtung Meer streben?

Fazit: Es ist immer noch ein weiter Weg, bis Costa Rica zum „Öko-Paradies" wird, auch wenn sich verschiedene Umweltschutzgruppen für die Erhaltung der Natur einsetzen.

Geschichte

Die frühen Kulturen

Der **Ursprung menschlicher Besiedlung** in Amerika liegt, darüber sind sich die Wissenschaftler inzwischen weitgehend einig, in Asien: Sibirische Jägerstämme folgten vor etwa 40.000 Jahren über die zugefrorene oder verlandete Beringstraße ihrem Wild nach Alaska. Von dort breiteten sie sich schrittweise nach Süden bis nach Südamerika aus, wobei sie vor rund 25.000 Jahren die zentralamerikanische Landbrücke überquerten. Der erste Nachweis menschlicher Besiedlung ist ein archäologischer Fund auf der Halbinsel Nicoya, der etwa auf 9000 v. Chr. datiert wird.

Die **Urbewohner der Region** lebten zunächst lange Zeit als Jäger und Sammler, bis sie ab ca. 2500 v. Chr. mit der Kultivierung von Maniok und Mais begannen. Bis zur Eroberung durch die Spanier, die aus Europa erstmals andere Getreidearten mitbrachten, diente Mais als wichtigste Nahrungsgrundlage. Insgesamt war die Besiedlungsdichte spärlich, bei Ankunft der Spanier lebten wahrscheinlich kaum mehr als 100.000 Menschen auf der

Fläche des heutigen Staates Costa Rica. Das Gebiet zwischen Ostnicaragua, Costa Rica, Panama und der Karibikküste Kolumbiens und Venezuelas bezeichnet man als **zirkumkaribischen Kulturraum.** Im Gegensatz zu den benachbarten Hochkulturen (Mesoamerika im Norden und andiner Kulturraum im Süden) entstanden hier keine Pyramiden, Tempel oder Paläste, und auch sonst ist wenig erhalten - nicht zuletzt durch die blinde Zerstörungswut der spanischen Eroberer.

Archäologische Zonen

Costa Rica teilt sich in drei große archäologische Zonen. Die Region **Gran Nicoya** im Nordwesten reicht von der Halbinsel Nicoya über den Norden Guanacastes bis zum Nicaragua-See. Die ersten exakten Zeugnisse über Töpferei und Steinbearbeitung reichen zurück bis etwa 300 v. Chr. Im 4./5. Jh. n. Chr. entstanden die kunstvollsten Jadearbeiten (siehe Exkurs „Jade"). Etwa ab dem 8. Jh. brachten die aus Mexiko zugewanderten Chorotegas neue Techniken der Keramikverarbeitung mit, und so entstanden bis zur spanischen Besiedlung im 16. Jh. fein gearbeitete polychrome Keramiken und Tongefäße, deren mexikanischer Einfluss deutlich zu sehen ist.

In der **Zentralregion,** dem Siedlungsraum der Huetares, fand man u.a. Steinkistengräber und Rundplastiken mit Menschendarstellungen sowie fein gearbeitete Kult-Metates, Grabplatten und Skulpturen aus vulkanischem Gestein. Über die Bedeutung der Metates ist man sich noch uneinig, möglicherweise dienten sie als Häuptlingsthron oder als Opferaltar, ihre ursprüngliche Funktion als Mais-Reibsteine jedenfalls dürften sie verloren haben, zu aufwendig ist die Gestaltung. In Línea Vieja wurden kunstvoll gearbeitete Kultgegenstände und kostbare Schmuckstücke aus Gold und Jade ausgegraben. Die wichtigste archäologische Stätte des Landes ist jedoch Guayabo an den Hängen des Vulkanes Turrialba, eine Stadt, die etwa 1000 v. Chr.-1400 n. Chr. existierte. Neben Petroglyphen, Gräbern und Keramik fand man hier auch Reste von Rundhütten und sogar Bewässerungskanäle und gepflasterte Straßen.

Im Südwesten des Landes liegt die **Diquís-Region,** die bis in den Norden Panamas hineinreicht. Hier lebte das Volk der Bruncas, das sich vor allem durch seine hervorragenden Goldarbeiten auszeichnete (siehe Goldmuseum in San José im Reiseteil). Die Bedeutung der wahrscheinlich von ihnen gefertigten, teilweise riesigen Steinkugeln liegt nach wie vor im Dunkeln.

Präkolumbische Volksgruppen

Man unterscheidet im wesentlichen drei große Kulturkreise, die sich in viele kleine Stämme und Volksgruppen aufsplittern (nach *Prof. Jorge A. Lines,* costaricanischer Archäologe): die Chorotegas im Nordwesten, die Huetares im Zentrum und an der Atlantikküste, und die Bruncas im Südwesten. Alle drei Völker lebten als einfache Bauern im Schatten der großen präkolumbischen Kulturen. Die Spanier zerstörten alle Kulturen, sowohl durch die Unterdrückung althergebrachter Lebensformen und die zwangsweise „Bekehrung" zum christlichen Glauben als auch durch kriegerische Auseinandersetzungen und eingeschleppte Krankheiten wie Grippe, Masern und Pocken, denen die Menschen schutzlos ausgeliefert waren. Die wenigen heute noch in Costa Rica lebenden Indianer sind Nachkommen einer dieser drei Volksgruppen.

• **Die Chorotegas:** Der Name dieses Volkes bedeutet „fliehendes Volk", denn seine Vorfahren waren im 8. Jh. aus dem südlichen Mexiko geflohen, woraus sich auch der deutliche mesoamerikanische Einfluss in ihren Lebensformen und ihrer Kultur erklären lässt. Ihr Lebensraum erstreckte sich über die gesamte Gran-Nicoya-Region im Nordwesten von Costa Rica. Aus den Berichten des spanischen Forschers *Gonzalo Fernández de Oviedo,* der 1529 für einige Zeit bei diesem Volk lebte, weiß man, dass sie die am weitesten entwickelte Gruppe innerhalb des heutigen Costa Rica waren. Dies äußerte sich sowohl in ihrem ausgereiften sozialen Gefüge als auch in ihrer fortgeschrittenen Kultur mit eigenständigem Kunsthandwerk, Architektur und einem hohen Stand der Landwirtschaft mit aufwendigen Bewässerungssystemen. Auch besaßen sie eine Schrift, die mit pflanzlichen und tierischen Farben auf Hirschleder geschrieben wurde, und hatten einen Kalender.

Sie lebten in großen Gemeinschaften und in Siedlungen und Städten mit einem zentralen Platz. Ihre Hauptstadt war Nicoya, das damals über 20.000 Einwohner zählte. Die Chorotegas hatten eine straffe gesellschaftliche Hierarchie und betrieben regen Handel bis nach Mexiko und Ekuador, wobei sie wie die Atzeken und andere mesoamerikanische Völker Kakaobohnen als Zahlungsmittel benutzten. Mit ihren Nachbarn lebten sie in kriegerischen Auseinandersetzungen, um Land und Sklaven zu erbeuten. Ihr Kunsthandwerk bestand vorwiegend aus Keramik, die zwei- oder dreifarbig bemalt wurde, aber man beherrschte auch die Bearbeitung von Jade und Granit.

• **Die Huetares:** Das älteste und zahlenmäßig größte Volk lebte an der Karibikküste, im nördlichen Tiefland am Río San Juan, im Valle Central sowie an einem kleinen Abschnitt der zentralen Pazifikküste. Ihre Vorfahren wanderten vermutlich aus dem Amazonas-Gebiet in den karibischen Raum, bevor sie an die Ostküste Mittelamerikas kamen. Daher erklärt sich auch der Einfluss der Antillana-Kultur (Caribe-Arawak). Ihr Lebensraum teilte sich in zwei Königreiche, die durch den Río Virilla getrennt waren: das östliche Reich mit der Hauptstadt Ujarrás (bei Cartago) erstreckte sich bis zum Chirripó, das westliche bis zu den Tilarán-Bergen, die Hauptstadt lag in der Nähe des heutigen San Ramón.

Die Huetares lebten als Halbnomaden vom Wanderfeldbau, ihr Leben wurde stark von mythischen Zeremonien und Regeln bestimmt. Auch wenn ihre Keramik und andere kunsthandwerkliche Produkte eher einfach waren, erreichten sie ein erstaunlich

Das Geheimnis der Steinkugeln

Immer wieder sieht man in den Vorgärten reicher Villen im Valle Central seltsame, gleichförmig runde Steinkugeln, denen man ihr stattliches Alter nicht ansieht. Sie stammen aus dem Süden des Landes aus einer Region, die vor Ankunft der Spanier vom Volk der Bruncas bewohnt wurde. Die spanischen Eroberer vermuteten, dass sie Gold enthielten, doch als sie einige der Kugeln aufbrachen und feststellten, dass sie aus massivem Granit bestehen, verloren sie schnell ihr Interesse. Eine solche halbierte und eine ganze Reihe noch intakter Steinkugeln kann man auch im Nationalmuseum sehen.

1940 fand die US-Archäologin *Doris Stone* im Tal des Río Grande de Térraba und auf der Isla del Caño einige dieser runden, glatten Granitkugeln, deren Durchmesser von 5,5 cm bis 2,40 m variert. Ernsthafte Forschungen begannen jedoch erst seit den 60er Jahren, und so bleiben bis heute noch viele Fragen offen. Man schätzt, dass die Kugeln in einem Zeitraum von etwa 200 bis 1200 n. Chr. gefertigt wurden.

Wissenschaftler versuchten, einen Lageplan zu erstellen, um von der Position der Kugeln Rückschlüsse auf deren Bedeutung zu ziehen. Doch zu viele waren von ihrer ursprünglichen Position weggeschafft worden, um die Eingangsportale und Vorgärten der Reichen zu zieren. Als man in den 1930er Jahren mit der Pflanzung von Bananen in der Region begann, beseitigten die Plantagenarbeiter Hunderte der „störenden" Steinkugeln.

Das vulkanische Gestein, aus dem die Kugeln geschaffen wurden, stammt vermutlich aus den Bergen nördlich von Palmar, doch ein Steinbruch, der Aufschluss über die Herstellungsweise geben könnte oder gar halbfertige Kugeln in verschiedene Bearbeitungsstufen wurden bislang nicht gefunden. Besonders irritierend ist die Tatsache, dass man zahlreiche Kugeln auf der Isla del Caño gefunden hat, wo dieses Gestein aber gar nicht vorkommt. Die gewaltigen Steinbrocken, deren Gewicht bis zu 25 t beträgt, mussten demnach mit Booten oder Flößen dorthin geschafft werden. Doch wozu?

Die Bedeutung der Kugeln ist bislang unbekannt. Man vermutet, dass sie eine wichtige Stellung innerhalb der Mythologie hatten, vielleicht sollten sie aber auch das soziale Ansehen der Menschen dokumentieren, vor deren Haus sie aufgestellt wurden. Eine Art astronomischer Garten, ähnlich den mysteriösen Scharrbildern von Nazca in Peru, vermutet der US-Archäologe *Samuel Lothrop,* der in den 1960er Jahren hier Forschungen betrieb. Der Schweizer Schriftsteller *Erich von Däniken* sieht in den Kugeln wieder einmal den Beweis für einen Besuch außerirdischer Wesen, die mit runden Raumkapseln gelandet sind, welche die Einheimischen in Stein nachbildeten und verehrten.

054cr Foto: dk

hohes Niveau der Steinbearbeitung: Ihre kunstvoll gearbeiteten Statuen und Zeremonialaltäre aus Granit gehören zu den bedeutendsten Steinmetzarbeiten Amerikas.

- **Die Bruncas:** Das Volk der Bruncas lebte in der Nähe der südlichen Pazifikküste im Grenzgebiet zum heutigen Panama. Sie sind die nördlichsten Vertreter der Chibchas, einer Sprach- und Stammesgruppe aus den nördlichen Anden (heute Kolumbien), von wo sie zugewandert sind. Im Gegensatz zu den Huetares waren sie sesshaft und pflanzten Mais, Baumwolle, Maniok und Gemüse an. Ihre Siedlungen waren geschützt und gut bewacht, denn sie waren ein kriegerisches Volk, das auch häufig von seinen Nachbarn angegriffen wurde. Ein Grund hierfür mag ihr „Reichtum" an Gold gewesen sein, das sie in den Bergen und Flüssen der Region fanden und zu Schmuck und Kultobjekten verarbeiteten. Um die Härte des Goldes zu erhöhen und den Schmelzpunkt zu senken, arbeiteten sie mit Kupfer-Gold-Legierungen. Die zweifelsohne besten Goldschmiede des Landes stellten auch Keramik her und webten Baumwollstoffe, die sie zu Hemden und auch Totentüchern verarbeiteten.
- **Nahuas:** Außer den vorgenannten Völkern gab es kleine Kolonien von Nahuas, die u.a. an der Mündung des Río San Juán und an der südlichen Talamamca-Küste (Bribri) siedelten. Sie brachten Kakaosamen aus Mexiko mit und verehrten u.a. den mexikanischen Kriegsgott Huitzilopochtli, dem sie Blutopfer darbrachten.

Die Lebensweise der Indianer

Jede Volksgruppe hatte ihre eigene **Sprache:** Die Bruncas sprachen Boruka (im gleichnamigen Dorf wird von Nachfahren der Bruncas bis heute eine abgeleitete Sprache gesprochen), die Huetares Huetar, die Nahuas Nahua und die Sprache der Chorotegas hieß Mangue. Bribri, Cabécar und Chirripó sind von Nahua abgeleitete Dialekte.

Da der Anbau und die Verarbeitung von **Baumwolle** den Völkern bekannt war, trugen viele Baumwollhemden, die sie mit Gürteln befestigten, andere waren nur mit einem einfachen Schurz bekleidet oder völlig nackt; alle waren aber geschmückt mit Goldobjekten, Federn und Halsketten aus Schmucksteinen oder Muscheln. Körperbemalung und Tätowierungen waren ebenfalls verbreitet.

Die frühen Bewohner Costa Ricas lebten in runden oder rechteckigen **Hütten,** so genannten *palenques,* die mit Holz- oder Bambuspfosten gestützt waren und Dächer aus getrockneten Palmblättern hatten, manche waren auf Steinfundamenten gebaut. Die Größe der Hütten variierte von Volk zu Volk: Während bei den Chorotegas nur jeweils eine Familie darin lebte, fanden bei den Huetares mehrere Familien Platz; bei den Bruncas waren sie so groß, dass bis zu 20 Familien gemeinsam unter einem Dach lebten. Die Menschen schliefen in Hängematten und benutzten Steinsitze.

Die **Äcker** wurden mit einfachsten Methoden bearbeitet, da die Eisenverarbeitung unbekannt war: Man benutzte Pflanzstöcke aus Holz und Steinäxte sowie Werkzeuge aus Kupfer und Gold, sogar Schaufeln aus Muscheln. Fast ausschließlich für den Eigenbedarf kultivierte man Mais, Maniok, Bohnen und anderes Gemüse, Kakao, Tabak und Baumwolle. Ferner gab es Pflanzungen von Obstbäumen, und man zähmte Tapire, Bergschweine und andere Tiere, die als Jungtiere gefangen wurden. Neben der Landwirtschaft gingen die Männer gelegentlich auf die Jagd, am Meer und in der Nähe von Flüssen erweiterte der Fischfang den Speisezettel.

Die Region profitierte von der zentralen Lage zwischen Nord- und Südamerika, es wurde **Handel** betrieben bis nach Mexiko und Ecuador. Als Handelsobjekte dienten Sklaven, Goldschmuck, gewebte Decken und Kakao; bei den Chorotega und Nahua dienten Kakaobohnen als Zahlungsmittel. Mexikanische Händler kamen mit Kanus an die atlantische Küste und brachten Decken, Baumwollhemden, Schmelztiegel, Holzschwerte und andere Gegenstände, die sie gegen Gold tauschten.

Die **Gesellschaft** war streng hierarchisch gegliedert, wobei man zwei Klassen unterscheiden konnte: die Adligen und das einfache Volk, das der Oberschicht Dienstleistungen erbringen und für deren Ernährung sorgen musste. Die Familie und der absolute Gehorsam gegenüber den Adligen waren die Basis der sozialen Ordnung. Jede Familie bildete eine eigene Agrargemeinschaft, mehrere Familien einen Stamm und die Stämme zusammen ein Volk. Die Kaziken regierten mit absoluter Autorität, das Amt des Häuptlings vererbte sich auf den Sohn oder den Erstgeborenen der Tochter, bei einigen Stämmen wurde es sogar von einer Frau bekleidet.

Auch gab es eine klar definierte Aufgabenteilung: Während die Männer Krieg führten, jagten, fischten, Acker-

056cr

Bemalte Steinfigur, 1. Jh.

bau betrieben und Werkzeuge und Waffen fertigten, erledigten die Frauen die Hausarbeit, spannten und webten Baumwolle und halfen teilweise bei der Feldarbeit mit. Normalerweise herrschte Monogamie, aber die Kaziken und hohen Adligen hatten mehrere Frauen. Die Menschen waren sehr reinlich und badeten mehrmals täglich. Ihre Lieblingsbeschäftigung unterscheidet sich kaum von den heutigen Bewohnern: tanzen und Chicha (Maisbier) trinken. Als Musikinstrumente dienten Flöten aus Knochen und Ton, Kürbisrasseln und Tontrommeln.

Die einzelnen Stämme lebten in permanentem **Kriegszustand** miteinander. Krieg wurde in erster Linie geführt, um Gefangene zu machen, die dann versklavt wurden oder für Opferzeremonien dienten.

Auch wenn die **Religionen** der einzelnen Völker unterschiedlich waren, hatten sie einiges gemeinsam. Alle Völker glaubten an eine überirdische Kraft und die Unsterblichkeit der Seele, sie verehrten die Sonne, den Mond und die Naturelemente, welche durch die Götter des Feuers, des Wassers und des Windes verkörpert wurden. Alle Völker opferten ihren Göttern Tiere und auch Menschenblut, aber nur Nahuas und Chorotegas aßen vom Fleisch der Geopferten, wie dies z.B. bei den Azteken üblich war. Die Priester genossen ein hohes Ansehen und waren gleichzeitig Medizinmänner, Ratgeber und Zauberer.

Keramik mit Phallusdarstellungen und weibliche Tonfiguren mit überdimensionalen Geschlechtsmerkmalen deuten auf einen ausgeprägten Fruchtbarkeitskult hin. Auch die Toten wurden sehr verehrt: Beim Tod einer adligen Persönlichkeit mussten ihm seine Sklaven in den Tod folgen, um ihm im Jenseits zu dienen. Außerdem versorgte man den Toten mit Grabbeigaben wie Schmuck, Waffen, häuslichen Gegenständen und Behältern mit Wasser und Nahrung, um ihm die lange Reise ins Jenseits so angenehm wie möglich zu gestalten.

Die spanische Kolonialepoche

Entdeckung und Eroberung (16. Jh.)

Am 18. September 1502 landete **Christoph Kolumbus** auf der kleinen Insel Uvita vor dem späteren Puerto Limón und war damit der erste Europäer in Costa Rica. Von hier unternahm er mehrere Erkundungsfahrten entlang der Küste. Er benannte die Region *Costa Rica y Castillo de Oro* („Reiche Küste und Goldene Burg"), und obwohl sich seine Hoffnung auf Gold und Reichtum nicht erfüllte, blieb der Name *Costa Rica* bestehen. Das Land wirkte nicht gerade einladend für Kolumbus, denn es war vollständig mit Urwald bedeckt und somit nahezu unzugänglich.

1519 startet *Hernán Ponce de León* und *Juan de Castañeda* von Panama zu einer **Expedition**, bei der sie den Golfo Dulce und den Golf von Nicoya erreicht, ohne jedoch an Land zu gehen. Daraufhin kam 1522 Kapitän *Gil González Dávila* von Panama über Land mit 100 Mann bis zur Bucht von Caldera und an den Golf von Nicoya, wo er einige Tage in der Chorotega-Hauptstadt verweilte. Über Land zog er weiter nach Nicaragua und entdeckte den Lago Cocibolca, es kam zu Kämpfen mit Einheimischen, woraufhin er sich Richtung Süden zurückzog. Während dieser Expedition wurden angeblich 32.000 Indianer getauft.

Die **erste spanische Siedlung** Bruselas an der Ostseite des Golfes von Nicoya wurde im Jahre 1524 auf Befehl von *Francisco Fernández de Córdoba* gegründet. Das zunächst freundschaftliche Verhältnis zu den Ureinwohnern, den Chorotega, schlug durch die Besatzermentalität der Spanier schon bald ins Gegenteil um, was mit der Zerstörung der Siedlungen durch die Indios endete.

1540 wurde Costa Rica, das bisher Panama unterstand, der *Audiencia de Guatemala* angeschlossen und damit **von Guatemala aus verwaltet.** Das Land besaß zunächst lediglich als Durchgangsgebiet bei Handelsbeziehungen zwischen Panama und Guatemala eine untergeordnete Bedeutung.

Das **Landesinnere,** die fruchtbare und klimatisch angenehme, eher europäische Hochebene des Valle Central, wurde erst in den 60er Jahren des 16. Jahrhunderts verstärkt kolonialisiert. 1560 wurde der junge Rechtsanwalt *Juan de Cavallón,* bis dahin Verwalter von Nikaragua, beauftragt, diesen Teil des Landes für die spanische Krone zu erobern. Anfang 1561 gründete er mehrere Siedlungen zwischen der Pazifikküste und dem Hochland, das er aber wegen der aufständischen Indianer nicht unter Kontrolle bringen konnte.

Sein Nachfolger als Verwalter Nikaraguas, *Juan Vásquez de Coronado,* erreichte im folgenden Jahr mit 80 Mann das Valle Central und konnte durch geschickte Verhandlungen mit den Indianern Fuß fassen. So gründete er, der zwei Jahre später zum ersten Gouverneur Costa Ricas bestimmt wurde, im Juni 1563 die **Stadt Cartago,** die bis 1823 Costa Ricas Hauptstadt sein sollte.

Im Jahre 1575 legte der spanische *König Felipe II.* die **Grenzen der Provinz Costa Rica** fest. Sie reichte im Süden bis zur Laguna de Chiriquí ins heutige Panama hinein, schloss aber den Norden der heutigen Provinz Guanacaste und die Halbinsel Nicoya noch nicht ein.

Die Herrschaft der Spanier (17./18. Jh.)

Vom zentralen Hochland aus erfolgte im 17. Jahrhundert nach und nach die **Besiedlung der gesamten Hochebene.** Die Spanier hatten Getreide, Rinder, Schweine sowie Pferde, Esel und Hühner aus Europa mitgebracht. Die Küstengebiete hingegen wurden immer wieder von Freibeutern angegriffen, was eine Besiedlung verhinderte.

Wie in allen Provinzen des spanischen Kolonialreiches etablierte sich auch in Costa Rica das **System der Encomienda,** welches den Konquistadores und Siedlern aus Spanien Ländereien zur Verwaltung übergab und sie berechtigte, die dort lebende indianische Bevölkerung zu Arbeitsdiensten und Tributzahlungen zu verpflichten. Dafür sollten diese von den spanischen Herren im katholischen Glauben unterrichtet werden, was aber vor allem als Vorwand diente, um die Ausbeutung zu rechtfertigen. Die bereits zu Beginn der spanischen Eroberung zahlenmäßig schwache indianische Bevölkerung wurde von den Eroberern für den Getreideanbau und die Viehwirtschaft versklavt.

In vielen blutigen Aufständen leisteten die Indios im 16., 17. und 18. Jahrhundert erbitterten **Widerstand** gegen die grausame Kolonisation der Spanier, wodurch sich ihre Zahl noch mehr verringerte. Bereits während der ersten 100 Jahre spanischer Herrschaft schrumpfte ihre Zahl bis auf die Hälfte zusammen.

Die **Entwicklung der Provinz Costa Rica** ging sehr schleppend voran, da im Gegensatz zu Mexiko und Bolivien keine nennenswerten Bodenschätze ausgebeutet werden konnten und die Verwaltungshauptstadt Santiago de los Caballeros (das heutige Antigua Guatemala) zu weit entfernt war. So waren die Städte, die im 18. Jh. gegründet wurden (Heredia 1706, San José 1737, Alajuela 1782), zunächst nur kleine Dörfer mit einer Kirche im Zentrum.

Zum Ende des 18. Jahrhunderts war erst ein sehr kleiner Teil des Landes landwirtschaftlich nutzbar gemacht worden, die Fläche warf wenig Früchte ab, die Anbaumethoden waren primitiv und die Bevölkerung entsprechend arm. Für Spanien war das arme Costa Rica dadurch weitgehend uninteressant und entwickelte sich zu einer **Randprovinz** der Audiencia Guatemala.

Das einzige **Exportprodukt** (neben dem Handel mit Sklaven) wurde in der Karibikregion angebaut: Das Klima dort ist ideal für Kakao, und mit den Sklaven standen kostenlose Arbeitskräfte zur Verfügung. Nachdem der Handel mit Kakao aber Mitte des 18. Jh. in eine Krise geriet, begann man, **Tabak** anzubauen, und da die Nachfrage hierfür stieg, konnte man einen bescheidenen wirtschaftlichen Aufschwung verbuchen. In dem 1737 mit dem Bau einer Pfarrkirche gegründeten Villa Nueva de la Boca del Monte, dem späteren San José, wurde durch eine eigene Ausfuhrkonzession ein neuer und gut organisierter Tabakhandel ermöglicht. Doch der Tabak war von minderer Qualität, und die Verwaltungshauptstadt Guatemala zog diese Konzession 1810 zur Verbesserung der eigenen Einnahmen zurück.

Anfang des 19. Jahrhunderts brachte ein costaricanischer Tabakhändler eine **Kaffeepflanze** aus Kuba mit. Zum ersten Mal wurde auf dem lateinamerikanischen Festland Kaffee angebaut, was bald für einen immensen wirtschaftlichen Aufschwung des Landes sorgen sollte.

Der unabhängige Staat

Die Unabhängigkeit und ihre Folgen (1821-1835)

Am 15. September 1821 erklärte das Generalkapitanat Guatemala, zu dem auch Costa Rica gehörte, seine **Unab-**

hängigkeit von Spanien. Dadurch wurde auch Costa Rica automatisch unabhängig und erlangte seine Freiheit – im Gegensatz zu vielen anderen spanischen Kolonien – gänzlich kampflos. Durch die schlechten Verkehrsverbindungen kam die Nachricht von der Loslösung von Spanien erst etwa einen Monat später in Cartago an.

Zunächst wurde vom Stadtrat von Cartago eine Übergangsregierung gebildet. Doch schon bald kam es zu **Auseinandersetzungen** um die weitere politische Zugehörigkeit oder Selbstständigkeit des Landes: Die Monarchisten in Cartago und Heredia wollten den Anschluss an das konservativ regierte Königreich Mexiko unter *Iturbide,* der sich später zum Kaiser ernennen ließ. Die Republikaner in Alajuela und San José sprachen sich hingegen für einen unabhängigen und liberalen Staat aus, welcher der geplanten Zentralamerikanischen Föderation beitreten sollte. Es kam zum **Bürgerkrieg,** der im April 1823 in einer Schlacht an den Hängen des Irazú-Massivs bei Cartago zugunsten der Republikaner ausging. Kurze Zeit später kam, mit der üblichen einmonatigen Verspätung, die Nachricht vom Zerfall des Iturbide-Reiches, die die Kämpfe überflüssig machte.

Costa Rica gründete am 1. Juli 1823 mit den Staaten Guatemala, Honduras, El Salvador und Nicaragua die **Zentralamerikanische Föderation.** Der erste Präsident Costa Ricas, *Juan Mora Fernández,* wurde 1824 gewählt und regierte bis 1833. Bereits 1825 wurde eine neue Verfassung geschaffen; das Land nannte sich nunmehr offiziell *El Estado Libre de Costa Rica.*

Leben in Costa Rica: geschönte Allegorie auf einem Geldschein

Die bislang unabhängige Provinz Nicoya im Nordwesten – heute Guanacaste – schloss sich 1828 freiwillig an Costa Rica an. Die Zentralamerikanische Föderation ging im Jahre 1838 am Separatismus der einzelnen Länder und an den Rivalitäten und Machtkämpfen zwischen den verschiedenen Gruppen der Landbesitzer zugrunde. Costa Rica, das kurz zuvor ausgeschieden war, musste einen Teil der Schuldenlast der Föderation auf sich nehmen, was die wirtschaftliche Situation belastete.

Die Regierungszeit Braulio Carrillos (1835-1842)

Nach dem Rücktritt des wenig erfolgreichen Präsidenten *José Rafael de Gallegos* wurde 1835 *Braulio Carrillo Colina* zu dessen Nachfolger bestimmt. Dieser machte sich durch **liberale Reformen** wie die Einführung eines Zivil- und Strafrechtes sowie durch antiklerikale Maßnahmen, z.B. Abschaffung mehrerer religiöser Feiertage, bei den konservativen Kräften unbeliebt. Vor allem aber seine **Steuerreformen** führten zu heftigen Auseinandersetzungen: Er schaffte die kirchliche Zehntsteuer ab und erhob stattdessen eine direkte Steuer auf landwirtschaftlichen Besitz. Wirtschaftlich stärkte er die internationale Kreditwürdigkeit des Landes durch die Rückzahlung von Staatsschulden und setzte verstärkt auf den Export von Kaffee nach Europa, wobei er San José zum Zentrum der Kaffeewirtschaft machte.

Dies und die Unzufriedenheit über seine Reformen führten im September 1835 zu einem **bewaffneten Aufstand der Städte Cartago, Heredia und Alajuela,** der unter dem Begriff *Guerra de la Liga* (Krieg des Städtebundes) in die Geschichte einging. Nachdem mehrere Schlachten zugunsten der staatlichen Truppen geschlagen waren, wurde San José nominell zur Hauptstadt erklärt. Nach dem Ende seiner Präsidentschaft 1837 gab *Braulio Carrillo* schließlich sein Amt an seinen Nachfolger *Manuel Aguilar Chacón* ab, putschte sich aber im folgenden Jahr erneut an die Macht, erklärte sich zum Präsidenten auf Lebenszeit und regierte mit diktatorischen Mitteln.

Nach dem Scheitern der Zentralamerikanischen Föderation verkündete die Regierung unter *Braulio Carrillo* am 14. November 1838 die **staatliche Souveränität** Costa Ricas.

Im April 1842 landete der frühere Präsident der Föderation, der aus Honduras stammende **Francisco Morazán Quesada,** mit 500 Männern aus El Salvador an der Atlantikküste Costa Ricas und zog in Richtung Hauptstadt. *Braulio Carrillo* schickte ihm 2000 Mann entgegen, die er teilweise unter den Befehl von General *Vicente Villaseñor* stellte, einem früheren Untergebenen von *Morazán.* Dieser war jedoch des Despoten *Carrillo* überdrüssig und schloss daher einen Pakt mit *Morazán. Braulio Carrillo* musste daraufhin außer Landes fliehen; er wurde 1845 in El Salvador von einem persönlichen Feind erschossen. Doch auch *Morazán* erging es nicht viel besser: Nachdem er zunächst wie ein Befreier empfangen und im Juli von der wiederhergestellten gesetzgebenden Versammlung zum Übergangspräsidenten gewählt wurde, wollte er von Costa Rica aus seine Föderation wiederaufleben lassen und begann, hierfür Soldaten zu rekrutieren und Steuern zu erheben. Zunächst waren es die Anhänger *Carillos* in San José, später auch andere Kräfte aus Cartago, Heredia und Alajuela, die sich gegen ihn richteten, bis er schließlich gefangengenommen und am 15.9.1842 im Zentralpark von San José hingerichtet wurde.

Interessant ist in diesem Zusammenhang, dass sowohl *Braulio Carrillo* als auch *Morazán,* obwohl beide sehr zweifelhafte und widersprüchliche Persönlichkeiten waren, bis heute in Costa Rica als große Staatsmänner verehrt werden.

Ausrufung der Republik (1843-1849)

1843 wurde unter Staatschef *Alfaro Zamora* eine neue **konservative Verfassung** proklamiert. Erneute Kämpfe und Regierungswechsel endeten 1847 mit dem Triumph der Liberalen, die *José Castro Madriz* zum Präsidenten wählten.

Am 30. August 1848 wurde das Land zur **selbstständigen Republik** und nennt sich seither *República de Costa Rica.* Die Verfassung von 1848 verkündete wichtige demokratische Rechte und ersetzte die Armee durch eine Miliz. Im Jahre 1850 erkannte auch die ehemalige Kolonialmacht Spanien die Unabhängigkeit Costa Ricas formell an.

Die Wirtschaft konzentrierte sich in der ersten Hälfte des 19. Jahrhunderts überwiegend auf den **Kaffeeanbau** im Valle Central, was auch durch die Regierung gefördert wurde. Unter Präsident *Braulio Carrillo* gab es den so genannten Kaffeeanbauplan, der die Besteuerung des Kaffees aufhob und darüber hinaus die Möglichkeit schaffte, dass brachliegende Grundstücke nach fünf Jahren Anbau an die Pächter übereignet wurden. Mitte des 19. Jahrhunderts wanderten zahlreiche nordamerikanische Bauern nach Costa Rica ein, um ebenfalls Kaffee anzupflanzen. Die Produktion wurde gesteigert, so dass wieder ein Export von Kaffee möglich war, der von Jahr zu Jahr anwuchs.

Die Kaffeeplantagen Costa Ricas waren zunächst im Gegensatz zu z.B. Brasilien relativ klein, umfassten meist nur bis zu 500 Hektar, weil nur wenige Arbeitskräfte für längere Zeiträume zu finden waren. Während der Erntemonate mussten sehr hohe Löhne an jene Bauern gezahlt werden, die ihre eigenen Höfe in dieser Zeit im Stich ließen. So festigten sich die kleinen und mittleren Bauern. Durch die zersplitterte Produktion gab es auch gute Möglichkeiten für die Entwicklung eines Transport- und Verarbeitungsgewerbes. Bereits in dieser Zeit wurden einige nationale Handelshäuser gegründet, von denen Kaffee exportiert und ausländische Waren importiert wurden, die im Lande gut verkauft werden konnten.

Später änderten sich die Eigentumsverhältnisse. Eine kleine Gruppe von

Bauern entwickelte sich zu Großgrundbesitzern, indem sie an Kleinbauern ungünstige Kredite vergaben, worauf diese ihr Land an die Großgrundbesitzer verloren. So mussten sie sich als Saisonarbeiter auf den Plantagen verdingen, um den Lebensunterhalt für ihre Familien recht und schlecht zu sichern.

Das relative wirtschaftliche Wohlergehen und das Entstehen einer staatlichen Verwaltung ließ Costa Rica auch im Ausland diplomatische Anerkennung finden.

Die Regierung Rafael Mora (1849-1859)

Nach dem Rücktritt des 1847 gewählten Präsidenten *Dr. José Maria Castro Madriz* im Jahre 1849 wurde der beim Volk beliebte Geschäftsmann *Juan Rafael Mora Porras* zum ersten Mal zum Präsidenten der neuen Republik gewählt. Trotz zahlreicher politischer Gegner wurde *Mora,* Miteigentümer des größten und einflussreichsten Export-Import-Unternehmens Costa Ricas, nach Ende seiner Amtszeit 1853 erneut und 1859 ein drittes Mal für sechs Jahre zum Präsidenten gewählt.

Der US-amerikanische Abenteurer *William Walker* war von der Idee besessen, ganz Mittelamerika unter seine Herrschaft zu bringen und die Sklaverei dort wieder einzuführen. 1856 nutzte er die nationale und politische Zerrissenheit Nicaraguas aus und ernannte sich zum Präsidenten der Republik Nicaragua. Als solcher erklärte er dann Costa Rica den **Krieg.**

Costa Ricas Präsident *Juan Rafael Mora* stellte daraufhin in kürzester Zeit eine rund 9000 Mann starke Freiwilligen-Armee auf, die *Walker* und seinen einige hundert Mann zählenden Filibuster-Truppen entgegenzog. Am 20. März 1856 kam es zur legendären **Schlacht von Santa Rosa,** bei der die überraschten Eindringlinge innerhalb einer Viertelstunde aufgerieben wurden.

Zu einer weiteren militärischen Konfrontation kam es am 11. April 1856 in der **Schlacht von Rivas** in Süd-Nicaragua, bei der auf seiten der Costaricaner 800 Soldaten fielen. Das costaricanische Heer hatte die Truppen *Walkers* in einen Holzbautrakt in Rivas nahe dem Nicaraguasee zurückgedrängt. Um das Gebäude in Brand zu setzen, meldete sich freiwillig der 25-jährige Soldat *Juan Santamaría,* der mit einer brennenden Fackel in der Hand auf den Feind zustürmte und dessen Lager in Brand setzte. Dadurch war die Schlacht zugunsten der costaricanischen Truppen entschieden, und der bis dahin unbekannnte Soldat *Juan Santamaría,* der seinen mutigen Einsatz mit dem Leben bezahlte, wird bis heute als **Nationalheld** verehrt, auch wenn einige Stimmen behaupten, er sei zum Zeitpunkt seiner Tat betrunken gewesen.

Doch *Walker* erhielt weitere Unterstützung aus den USA, vor allem von den Sklavenhändlern der Südstaaten, und so kam es zu **weiteren Kampfhandlungen** auf nicaraguanischem Territorium, bis *Walker* am 1. Mai 1857 endgültig die Kapitulation unterzeichnete. Bei einem erneuten Versuch der Machtergreifung wurde er im September 1860 in Honduras gefangengenommen und hingerichtet.

Schon bald, nachdem diese Aggression abgewendet werden konnte, bahnte sich ein neuer **internationaler Konflikt** an: Nicaragua drohte mit Krieg, falls es seinen Anspruch auf Guanacaste nicht durchsetzen könnte. Nur dem vermittelnden Einsatz von El Salvador ist es zu verdanken, dass die Krise friedlich beigelegt wurde.

Präsident Mora wurde 1859 durch die mächtige Kaffeearistokratie **gestürzt,** weil er eine Nationalbank gründen wollte, die an Kleinbauern günstige Kredite vergeben sollte. Mit Hilfe El Salvadors versuchte er, sich 1860 wieder den Präsidentenplatz zu sichern, wurde aber gefangengenommen und zusammen mit seinem General *Cañas* am 28. September 1860 hingerichtet.

Das folgende Jahrzehnt war geprägt von **politischer Instabilität** und vom Einfluss der reichen Kaffee-Oligarchie. Präsident *Jesús Jiménez Zamora* (1863-66 und 1868-70) führte die Schulpflicht ein und trieb die Arbeiten der Straßenverbindung Cartago – Pto. Limón voran.

Bedingt durch den Erfolg der Kaffeepflanzungen, kamen auch europäische Einwanderer nach Costa Rica, die sich in San José niederließen. Mit überlegten Handelsgeschäften und einen dadurch bedingten wirtschaftlichen Erfolg stiegen sie alsbald in die Kaffeearistokratie auf. Durch den **wirtschaftlichen Aufschwung** des Landes

061cr Foto: dk

Heldentat im Vollrausch?
Standbild Juán Santamarías in Alajuela

entstand eine gut ausgebaute Infrastruktur mit gepflasterten Straßen, dem Ausbau der Häfen Puntarenas und Puerto Limón sowie dem Bau von Krankenhäusern und Schulen.

Der Weg zur „Bananenrepublik“ (1870-1900)

Nach mehreren Staatsstreichen kam im Oktober 1870 durch einen Umsturz General *Tomás Guardia Gutiérrez* an die Macht, Sohn einer der reichsten

Plantagenbesitzerfamilien. Im Jahre 1876 übergab er die Regierungsgewalt an Vertrauensmänner und agierte kurzzeitig aus dem Hintergrund, bis er 1877 wieder die Macht übernahm. Obwohl er bis zu seinem Tode im Juli 1882 mit diktatorischen Mitteln regierte, gilt er als liberaler und gerechter Politiker, dessen neue Verfassung den Ausbau des Bildungswesens und die Abschaffung der Todesstrafe vorsah. Nach einer Zeit der politischen Instabilität zerschlug er die Kaffeearistokratie, öffnete Märkte und ebnete so den **Weg in die Demokratie.**

Der stark steigende Kaffeeabsatz in Europa steigerte auch die Produktion im Lande und führte zu einer ungünstigen Monokultur. Der **Bau einer Eisenbahn** zum Atlantikhafen Puerto Limón war für die Kaffeehändler die optimale Möglichkeit, ihre Ware auf direktem Wege nach London, dem europäischen Handelszentrum für das Modegetränk, zu verschiffen, denn immerhin konnte man so den Seeweg nach Europa, der bisher von der Pazifikküste um Kap Hoorn herum führte, um rund 3 Monate verkürzen.

1871 kam der US-Amerikaner *Minor Kooper Keith* nach Costa Rica, um als Projektleiter die 160 km lange Eisenbahnlinie von San José nach Puerto Limón zu bauen. Zum Eisenbahnbau wurden Tausende von Arbeitern aus dem karibischen Raum, vorwiegend Schwarze aus Jamaika sowie Chinesen ins Land geholt. Dadurch entstand das noch heute in der atlantischen Küstenregion vorherrschende Bevölkerungsgemisch.

Mit dem Bau begann man gleichzeitig in Puerto Limon und in Alajuela, um die dortige Bevölkerung für das Projekt zu gewinnen. Doch musste man hierfür die Baumaterialien über Puntarenas mühsam ins Hochland schaffen, und so war der Kreditrahmen dann auch bald ausgeschöpft, zumal aus einem 1871 geschlossenen Kredit-Vertrag mit einem Konsortium Londoner Banken über 3,4 Mio. Pfund Sterling nicht viel mehr als 1 Mio. Pfund ins Land gelangten. Costa Rica geriet damals erstmalig in **finanzielle Auslandsabhängigkeit.** *Keith* bot weiteres Kapital an, verlangte aber als Gegenleistung die Nutzung der fertig gestellten Schienen für den Transport seiner Bananenernte. Mit der Rodung des Urwaldes für die Eisenbahntrasse entstanden weitere fruchtbare Flächen, die zum lukrativen Bananenanbau genutzt wurden.

Unter Präsident *Próspero Fernández Oreamuno* (1882-85) entwickelte sich *Minor Kooper Keith* zum **ungekrönten König Zentralamerikas.** 1884 bekam er vertraglich über 300.000 Hektar ungenutztes Land entlang der Bahnstrecke sowie ein 99jähriges Nutzungsrecht für die noch nicht fertig gestellte Bahntrasse. Als Gegenleistung verpflichtete er sich zum Bau des noch fehlenden Teilstücks zwischen Siquirres und Cartago, das zwar nur 84 km lang, aber durch den enormen Höhenunterschied von über 1000 m der schwierigste Abschnitt der insgesamt 241 km langen Bahnstrecke war. Die Eisenbahnstrecke in den steilen Hängen der Cordillera Central, die mit dichten Nebelwäldern überwuchert waren, wurde 1890 fertig gestellt. Fast genau ein Jahrhundert später, im Jahre 1991, wurde die inzwischen marode und reparaturbedürftige Strecke durch Erdrutsche zerstört und ist seither unbenutzbar.

Keith kaufte weitere Bananenplantagen und verband sich 1894 mit der Boston Fruit Company. Die aus diesem Zusammenschluss 1899 gegründete **United Fruit Company** besaß riesige Ländereien, pachtete und kaufte weitere hinzu und monopolisierte ebenso wie in den übrigen Ländern Mittelamerikas – mit Ausnahme El Salvadors – die gesamte Produktion von Bananen sowie deren Absatz. Damit begann die wirtschaftliche Abhängigkeit Costa Ricas von den USA. Seiner United Fruit Company wurde vorgeworfen, sich nicht nur in Costa Rica zur Sicherung ihrer wirtschaftlichen Interessen vehement in die politischen Verhältnisse des jeweiligen Staates eingemischt zu haben.

Der **wirtschaftliche Aufschwung** veränderte die soziale Struktur des Landes. Durch die Entstehung von Großplantagen und der daraus folgenden Konkurrenz landlos gewordene Bauern mussten auf den Plantagen arbeiten. Die einheimischen Indios wurden mehr und mehr in unwegsame Gebiete zurückgedrängt.

Durch die zunächst stabile Wirtschaftssituation des Landes, bedingt durch einen starken Preisanstieg von Kaffee, herrschte eine **liberale Innenpolitik** vor. Unter Präsident *Bernardo Soto Alfaro* (1885-89) wurde die Trennung von Kirche und Staat durch Gesetze besiegelt. Die standesamtliche Trauung, die staatliche Verwaltung des Bildungswesens und der Friedhöfe wurde eingeführt, die katholische Universität Santo Tomás geschlossen. Um auch im kulturellen Bereich die Bevormundung durch die Kirche einzuschränken, wurde eine Nationalbibliothek und ein Nationalmuseum gegründet.

Auch im **wirtschaftlichen Bereich** gab es fortschrittliche Maßnahmen wie die Errichtung eines Strom-, Post- und Telefonnetzes. Außerdem wurde mit dem Bau einer Eisenbahnlinie auch an die Pazifikküste begonnen. Das allgemeine Wahlrecht – das zunächst nur für Männer galt – wurde eingeführt, durch das Präsident *José Rodriguez Zeledón* an die Macht (1890-94) gelangte. Mit dem wirtschaftlichen Aufschwung stieg auch die Bevölkerungszahl rapide an; in den letzten drei Jahrzehnten des 19. Jh. verdoppelte sie sich auf rund 300.000 Einwohner.

Costa Rica zu Beginn des 20. Jahrhunderts (1901-1928)

Die Exportwirtschaft festigte sich durch steigende Kaffee- und Bananenausfuhren. Die USA investierten zunehmend in Costa Rica, insbesondere die Bananenpflanzungsgesellschaften. Unter den Präsidenten *Esquivel* (1902-1906), *Gonzalez Víquez* (1906-1910), *R. Jiménez Oreamuno* (1910-1914) und *Alfredo González Flores* (1914-17) wurde Costa Rica mehr und mehr zu einer **Bananenrepublik.**

Alfredo González Flores wurde als erster Präsident Mittelamerikas auf der Grundlage einer freien, geheimen, direkten und allgemeinen Wahl gewählt. Er führte 1916 eine Einkommens- und Grundsteuer ein, damit der Staat die sozialen Folgen der **Wirtschaftskrise** besser auffangen konnte, die durch die mangelnde Nachfrage während des 1. Weltkrieges entstand.

Die aufgrund dieser Maßnahmen wachsende Opposition gegen *González Flores* und Konflikte innerhalb der Mächtigen erlaubten 1917 dem Kriegsminister *Frederico Tinoco Granados* durch einen **Militärputsch** und mit Unterstützung der US-Gesellschaften an die Macht zu gelangen. Er führte ein diktatorisches Regime ein, wurde allerdings von den USA nicht anerkannt, weil er nicht bereit war, ihnen Zugeständnisse zu machen. Nach der Landung nordamerikanischer Marineinfanterie 1919 wurde er durch einen militärischen Staatsstreich abgesetzt.

Die Weltwirtschaftskrise und ihre Folgen (1929-1947)

Durch einen rasanten Anstieg des Bananen- und Kaffee-Exportes erfolgte nach dem Ende des 1. Weltkrieges ein wirtschaftlicher Aufschwung. Mit Beginn der Weltwirtschaftskrise von 1929-33 sanken jedoch die Weltmarktpreise für Kaffee und auch die Nachfrage nach Bananen weltweit. Dadurch verschärften sich die **sozialen und wirtschaftlichen Spannungen** auch in Costa Rica. Parteien und Gewerkschaften entstanden, so auch im Jahre 1931 die Kommunistische Partei; **die demokratische Bewegung** nahm einen bedeutenden Aufschwung. Es entwickelte sich eine zunehmende Unzufriedenheit mit den Ausbeutungsmethoden der United Fruit Company, die in Streiks gipfelten. Ein Aufstand revolutionärer Kräfte 1932 wurde niedergeschlagen, 1933/34 brachen **Massenstreiks** der Plantagenarbeiter in der Bananenregion aus. Präsident *Rafael Angel Calderón Guardia* (1940-44) von der *Partido Republicano Nacional* (PRN) musste daraufhin der Bevölkerung unter anderem das Streik- und Organisationsrecht zubilligen und einen gesetzlichen Mindestlohn sowie das Sozialversicherungssystem einführen.

Im Dezember 1941 erklärte Costa Rica Japan und Deutschland formell den **Krieg** und stand wie schon im 1. Weltkrieg auf seiten der Alliierten, ohne jedoch aktiv in den Krieg einbezogen zu sein.

Bei den Parlamentswahlen 1944 siegte erneut die PRN um *Calderón Guardia,* Präsident wurde *Teodoro Picado Michalski.* Die Opposition sprach von Wahlbetrug und begann, sich für einen Machtwechsel zu organisieren.

Die Ära Figueres (1948-58)

Im Februar 1948 gewann der gemeinsame Kandidat der 1945 gegründeten Sozialdemokratischen Partei (PSD) und der Nationalen Union, *Otilio Ulate Blanco,* die Präsidentschaftswahlen. Die national-republikanische Parlamentsmehrheit annulierte jedoch das Wahlergebnis wegen angeblicher

Wahlfälschung, was zu einem **Bürgerkrieg** führte. *José María Figueres Ferrer,* der Führer dieser Bewegung, bezeichnete den Aufstand euphorisch als „Krieg der nationalen Befreiung". Ihm schlossen sich Bauern und Arbeiter an. Die amtierende Regierung holte Verstärkung aus Nicaragua ins Land, die jedoch geschlagen wurde. Innerhalb von nur 6 Wochen waren 2000 Männer umgekommen.

Nach Beendigung des Bürgerkrieges erklärte *Picado* seinen Rücktritt, und *Don Pepe,* wie seine Anhänger *Figueres* nannten, wurde am 19. April 1948 provisorischer Präsident. (1952-58 und 1970-74 amtierte er dann auch als gewählter Präsident.) Er erließ eine Generalamnestie und setzte **grundlegende Reformen** durch, die später in der neuen Verfassung festgeschrieben wurden. Vor allem wurde die Gleichberechtigung der Schwarzen sowie das allgemeine Wahlrecht – auch für Frauen und Schwarze – eingeführt. Allerdings verbot *Figueres* im Jahre 1948 die Kommunistische Partei *(Partido Vanguardia Popular);* dieses Verbot wurde erst 1975 wieder aufgehoben.

Am 8. Mai 1948 rief er die „Zweite Republik" aus, und am 7.11.1949 wurde von der verfassungsgebenden Versammlung die **neue Verfassung** verabschiedet, die noch heute in Kraft ist. Das stehende Heer wurde unwiderruflich abgeschafft, eine Polizeitruppe zum Schutz der Grenzen nahm dessen Stelle ein. Gleichzeitig wurde die Nationalisierung des Bank- und Transportwesens in Angriff genommen.

Figueres übergab wie vorgesehen im November 1949 die Macht an den Wahlsieger von 1948, **Otilio Ulate Blanco.** Dieser verwandte das freigewordene Verteidigungsbudget für ein neues Bildungssystem. Außerdem führte er die Mehrwertsteuer sowie eine Steuer für Importwaren ein. Er modernisierte das Gesundheitswesen, die Landbestellung und holte ausländische Investoren ins Land. Seine Hauptaufgabe sah er im Ausbau einer neuartigen Industrie, um die Abhängigkeit vom unsicheren Bananen- und Kaffee-Export zu verringern. Vor allem aber durch den raschen Aufbau von Rinderzucht und Holzindustrie entstanden zum Teil besorgniserregende Rodungen. Am 14. Oktober 1951 wurde Costa Rica Mitbegründer der Organisation Zentralamerikanischer Staaten (ODECA).

Die **Präsidentschaftswahlen von 1953** gewann *Figueres Ferrer* mit einem Wahl- und Reformprogramm unter dem Motto eines „Dritten Weges". Seine Partei, die *Partido de Liberación Nacional* (PLN), war eine an sozialdemokratischen Zielen orientierte Partei, in der sich, entsprechend der Sozialstruktur des Landes, mittlere und kleine Kaffeebauern, städtische Intellektuelle und staatliche Angestellte verbanden. Die versprochene Enteignung der United Fruit Company wurde von *Figueres* nicht verwirklicht, allerdings wurde deren Besteuerung in einem Vertrag von 1954 auf 30 % des Gewinns erhöht. Gleichzeitig wurden die Krankenhäuser und die Schulen verstaatlicht, so dass Costa Rica mit einer Analphabetenrate von 7 % die Spitzenposition in Mittelamerika einnimmt.

Der Sohn des früheren Präsidenten *Picado*, der ein Sekretär des nicaraguanischen Diktators *Somoza* war, versuchte 1955 gemeinsam mit Anhängern *Calderóns*, den Präsidenten von Nicaragua aus zu stürzen. Die Luftwaffe von *Somoza* bombardierte zu ihrer Unterstützung San José und weitere Städte Costa Ricas; der Putsch wurde jedoch niedergeschlagen.

Pause von der schweren Arbeit für Mensch und Tier

Costa Rica nach 1958

Am 8. Mai 1958 wurde *Mario Echandí Jiménez*, Führer der rechtsliberalen Koalition, Präsident. Im Jahre 1960 begann man auf Drängen der USA auch mit dem **Anbau von Zuckerrohr**, da diese mit Kuba ihren Hauptlieferanten verloren hatten. Im Mai 1962 kam mit *Francisco Orlich* wieder ein Kandidat der PLN an die Macht. Die Wirtschaft Costa Ricas wurde 1964 durch **Ausbrüche des Vulkans Irazú** schwer in Mitleidenschaft gezogen, da dabei ein Großteil der Kaffeeplantagen zerstört wurde.

Am 8. Mai 1966 gewann *José Joaquín Trejos Fernández* von der konservativen Nationalen Union (PUN) die Präsidentschaftswahlen. Costa Rica trat am 7. September 1967 unter dem Druck der demokratischen Kräfte aus

527bcr Foto: dk

dem Mittelamerikanischen Verteidigungsrat aus.

1970 wurde *José Figueres Ferrer* (PLN) nochmals für 4 Jahre zum Präsidenten gewählt. 1971 nahm Costa Rica als erstes Land Zentralamerikas **diplomatische Beziehungen zur Sowjetunion** auf.

Der im Mai 1974 gewählte Präsident *Daniel Oduber Quirós* (PLN) setzte die von *Figueres* begonnenen freundschaftlichen Beziehungen zu den sozialistischen Staaten fort.

Bei den Präsidentschaftswahlen vom 5. Februar 1978 erlitt die PLN eine schwere Niederlage. Der Kandidat der Partei der Nationalen Einheit (PUN), *Rodriguez Carazo Odio,* wurde vom Volk zum neuen Präsidenten gewählt. In den Jahren 1978/79 unterstützte der **konservative Präsident** die sandinistische Befreiungsbewegung im benachbarten Nicaragua beim Sturz des Diktators *Somoza*.

Achtziger und neunziger Jahre

Zu Beginn der achtziger Jahre ging das Wachstum der Wirtschaft durch **fallende Weltmarktpreise** für Kaffee, Bananen und Zucker sowie steigende Kosten für Öl und soziale Ausgaben zurück, wodurch das bis dahin stabile soziale System des Landes gefährdet wurde. Inflation, sinkender Wohlstand und zunehmende internationale Verschuldung waren die Folge. Costa Rica musste sich Auflagen des Internationalen Währungsfonds (IWF) beu-

Land und Leute

Wahlwerbung für den letzten Präsidenten Miguel Angel Rodríguez

065cr Foto: dk

gen und seine Staatsausgaben drastisch kürzen, um die inzwischen auf über 3 Mrd. US-$ angewachsenen **Auslandsschulden** zu tilgen.

In der **Landwirtschaft** verdrängten große ausländische Unternehmen mit riesigen Plantagen die Kleinbauern, die dann wiederum in die Gebiete der Indios eindrangen. In der Rinderzucht sollen sich nach Schätzungen 70 % des Bewirtschaftungsgebietes in der Hand weniger großer ausländischer Konzerne befinden – zum Zwecke der Steak- und Fastfood-Produktion.

Unter dem Druck der sich zuspitzenden Konfrontation mit Nicaragua gab sich Costa Rica am 17. September 1983 unter Präsident *Luís Alberto Monge* (PLN, 1982-86) den politischen Status der permanenten, aktiven und unbewaffneten Neutralität, der auch in der Verfassung verankert wurde. Costa Rica befand sich in einer Zwangslage: Es gab Grenzverletzungen durch die kriegführenden Parteien in den nördlichen Nachbarstaaten, viele politische Flüchtlinge, denen geholfen werden sollte, sowie Unruhe im eigenen Land. Mit der **Neutralitätserklärung** sollte den anderen Staaten gezeigt werden, dass Costa Rica mit Nicaragua nichts zu tun haben wollte und sich stattdessen wieder auf seinen eigenen wirtschaftlichen Aufbau konzentrierte. Die Erklärung Costa Ricas erhielt starken nationalen und internationalen Zuspruch.

Allerdings errichteten die USA im Norden des Landes bereits Mitte der 80er Jahre einen Militärstützpunkt. Auch erhielten die **paramilitärische Einheit** und der Geheimdienst unter dem Vorwand des Kampfes gegen den Drogenhandel eine amerikanische Militärausbildung. Die politischen Verhältnisse Costa Ricas zählen dennoch seit nahezu 40 Jahren zu den stabilsten in Lateinamerika.

Am 2. Februar 1986 wurde der Rechtsanwalt **Oscar Arias Sánchez** (PLN) zum Staatspräsidenten gewählt, nachdem er zuvor Parlamentsmitglied und Generalsekretär seiner Partei war. Bei seinem Amtsantritt verkündete er nicht nur solche innerstaatlichen Ziele wie Bekämpfung von Korruption, wirtschaftliche Strukturreformen, Dezentralisierung, Gleichstellung der Frau und Förderung der Jugend, sondern sprach sich vor allem für Verhandlungen zwischen den am Bürgerkrieg in Nicaragua beteiligten Kräften aus.

Zunächst sorgte er für die Vertreibung der Contras im Norden des Landes mit Hinweis auf die Neutralitätserklärung von 1983. Nach dem Scheitern der Vermittlungsversuche durch die so genannten Contadora-Staaten (Mexiko, Panama, Kolumbien und Venezuela), die vom Sicherheitsrat der UN zur Vermittlung im Nicaragua-Konflikt eingesetzt wurden, erarbeitete der promovierte Staatswissenschaftler einen eigenen **Friedensplan,** der eine Neutralisierung und Entmilitarisierung der gesamten **Krisenregion Mittelamerika** vorsieht, eine Amnestie der politischen Häftlinge verlangt und die Regierungen zu gezielten Gesprächen mit Guerilleros auffordert. Nach der Unterzeichnung dieses Abkommens in Esquipulas (Guatemala) im Jahre 1987 wurde er für seine

Bemühungen um die Beilegung des Nicaragua-Konflikts und um den Frieden in Mittelamerika mit dem **Friedensnobelpreis** ausgezeichnet. Dennoch blieben bislang die meisten Forderungen des Arias-Planes unerfüllt.

Unter der Regierung von *Oscar Arias* wuchs aber auch das **Handels- und Haushaltsdefizit** Costa Ricas, das Land erreichte eine der größten Pro-Kopf-Verschuldungen der Erde.

Bei den Präsidentschaftswahlen im Februar 1990 gewann knapp der konservative Rechtsanwalt *Rafael Angel Calderón Fournier,* Sohn des früheren Präsidenten *Calderón Guardia,* von der *Partido Unidad Social Cristiana* (PUSC). Auch bei den Parlamentswahlen erlangten die **Konservativen wieder die Mehrheit.** Der neue Präsident setzte im wesentlichen die neoliberale Politik seiner beiden Vorgänger fort, versuchte aber die wirtschaftliche Situation des Landes zu verbessern und die **Staatsschulden** von fast 5 Mrd. US-$ zu **senken.** Obwohl viele seiner Maßnahmen nur halbherzig durchgeführt wurden und sich weite Teile der Bevölkerung enttäuscht zeigten, gelang es ihm doch, die Inflationsrate von rund 25 % bei Amtsbeginn auf knapp 10 % zu senken. Kurz vor Ende seiner Regierungszeit unterzeichnete er zusammen mit dem Staatspräsidenten von Mexiko einen Freihandelsvertrag zwischen den beiden Staaten, der am 1.1.1995 in Kraft trat.

Am 1.2.1993 gründeten die mittelamerikanischen Länder Guatemala, El Salvador, Honduras, Nicaragua, Costa Rica und Panama das Zentralamerikanische Integrationssystem (SICA) als Nachfolge-Organisation des Zentralamerikanischen Gemeinsamen Marktes (MCCA), der 1960 geschaffen worden war. Das gemeinsame Ziel ist die **Einheit Mittelamerikas** durch die Schaffung einer Region des Friedens, der Demokratie und des Fortschritts.

Die **Wahlen 1994** gewann der erst 39-jährige *José María Figueres* (PLN), der Sohn des früheren Präsidenten *„Don Pepe" Figueres,* obwohl ihn sein Konkurrent *Miguel Angel Rodriguez* (PUSC) durch eine schmutzige Wahlkampagne, wie man sie in Costa Rica bisher nicht gekannt hat, zu verdrängen versucht hatte. Damit stellte die

0E6cr Foto: dk

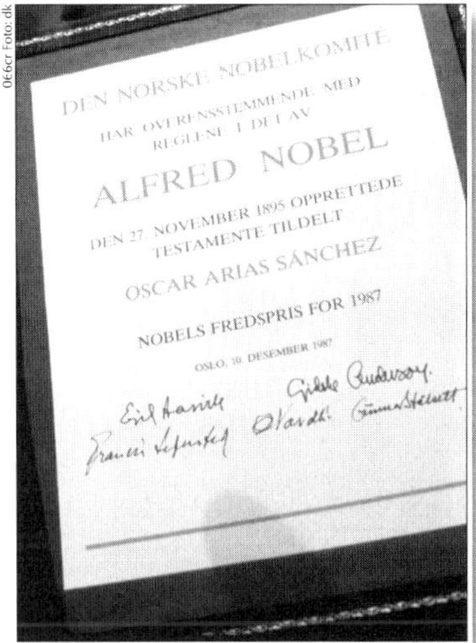

Unter Glas: die Verleihungsurkunde

Geschichte im Überblick

1502 *Christoph Kolumbus* landet auf seiner 4. Reise auf der Isla Uvita vor der heutigen Stadt Pto. Limón
1524 erste spanische Siedlung Bruselas, 1526 vernichtet
1540 Trennung von Panama, Costa Rica gehört zur *Audiencia de Guatemala*
1563 *Juan Vázquez de Coronado* gründet Cartago
1575 Grenzfestlegung der Provinz Costa Rica durch den spanischen König *Felipe II.*
1821 Unabhängigkeit Guatemalas von Spanien, damit auch für Costa Rica
1823 Schlacht bei Cartago, Costa Rica tritt der Zentralamerikan. Föderation bei
1835 *Guerra de la Liga*, San José gewinnt und wird Hauptstadt
1835 *Braulio Carrillo Colina* wird Präsident
1838 Austritt aus der Zentralamerikanischen Föderation
1841 Präsident *Braulio Carrillo* entlässt die Regierung und ernennt sich zum Präsident auf Lebenszeit
1848 Ausrufung der Republik unter Präsident *Juan Rafael Mora Porras*
1850 Anerkennung durch Spanien, nominelle Unabhängigkeit
1856 Schlacht bei Sta. Rosa und Rivas: Sieg gegen Aggressor *William Walker* und seine Truppen, *Juán Santamaría* wird Volksheld
1869 Einführung der allgemeinen Schulpflicht
1871 *Minor Cooper Keith* beginnt mit dem Anbau von Bananen
1890 Fertigstellung der Eisenbahnlinie nach Pto. Limón
1899 Gründung der United Fruit Company (UFC), Ansiedlung von 1000 Arbeitern aus Jamaica
1914 Präsident *Gonzáles Flores* will die Steuergesetze zugunsten der Armen ändern
1917 Nach dem Militärputsch unter *Frederico Tinoca* beginnt eine 2-jährige Diktatur
1920 Bei demokratischen Wahlen kommt *Julio Acosta Garcia* an die Macht
1929 Infolge der Weltwirtschaftskrise stürzen die Weltmarktpreise für Kaffee und Bananen, was zu Arbeitslosigkeit und sozialen Spannungen führt
1934 Streik von rund 10.000 Arbeitern gegen die United Fruit Company
1940 Die Koalitionsregierung unter Präsident *Angel Calderón Guardia* beginnt soziale Reformen
1941 Costa Rica erklärt Deutschland und Japan formell den Krieg, greift aber nicht in Kampfhandlungen ein
1944 Koalitionsregierung unter Präsident *Teodoro Picado*, Gründung der Sozialdemokratischen Partei (PSD) unter *José Figueres Ferrer*
1947 Mehrtägiger Generalstreik
1948 Die Regierung annulliert Wahlen, bei denen der Oppositionskandidat *Ulate* knapp gewonnen hatte, Präsident wird dadurch erneut *Calderón*. Nach einem Bürgerkrieg kommt es zur Kapitulation der Regierungstruppen und einer Junta unter *Figueres*. Er beginnt soziale Reformen, eine neue Verfassung beinhaltet die Abschaffung des Militärs
1949 Unter Präsident *Ulate* beginnt ein Bildungsprogramm. Es kommt zur Einführung der Mehrwertsteuer und Verbesserungen im Gesundheitswesen
1953 Präsident *José Figueres Ferrer* (PLN)
1974 Präsident *Daniel Oduber Quiros* (PLN)
1978 Präsident *Rodrigo Carazo Odio* (PUO, konservativ)
1982 Präsident *Luis Albert Monge* (PLN)
1983 Erklärung der unbewaffneten Neutralität
1986 Präsident *Oscar Arias Sánchez* (PLN)
1987 Für seinen Friedensplan für Mittelamerika erhält Präsident *Oscar Arias Sánchez* den Friedensnobelpreis
1990 Präsident *Rafael Angel Calderón Fournier* (PUSC, konservativ)
1994 Präsident *José Maria Figueres* (PLN)
1998 Präsident *Miguel Angel Rodriguez* (PUSC)
2001 Im März erteilt die Regierung einer US-Ölfirma die Genehmigung für Explorationsbohrungen in der Region Talamanca. Diese Entscheidung stößt auf heftige Kritik bei Umweltorganisationen
Seit 2002 Präsident *Abel Pacheco* (PUSC)

515cr Foto: dk

Die Casa Amarilla in San José

„Partei der nationalen Befreiung" zum achten Mal (bei 11 Wahlen) seit 1948 den Staatspräsidenten. Doch sein Wahlversprechen, Korruption und Armut wirkungsvoll zu bekämpfen, konnte auch er nicht einlösen.

Daher triumphierte bei den nächsten **Wahlen** im Jahre 1998 schließlich doch sein früherer Kontrahent *Miguel Angel Rodriguez*, der sich knapp gegen den Kandidaten der PLN durchsetzen konnte. Damit wechselte die Regierungspartei. Auch bei der Wahl 2002 gewann der Kandidat der konservativen PUSC, der Partei der christlich-sozialen Einheit. Er erhielt 58 % der Stimmen. Seitdem ist *Abel Pacheco de la Espriella* **Präsident** Costa Ricas.

Außenpolitisch unterhält Costa Rica nach wie vor sehr enge Kontakte zu den USA, von denen das Land durch Auslandsbeteiligungen in einer Höhe von etwa 75 % wirtschaftlich faktisch abhängig ist. Die nächsten Präsidentschaftswahlen finden im Februar 2006 statt.

Politik

Nationalsymbole

•**Flagge:** Die heutige Flagge geht zurück auf das Jahr 1848, als Costa Rica selbstständige Republik wurde. Als Vorbild dienten die Farben der französischen Tricolore, kombiniert mit der blau-weiß-blauen Flagge der Zentralamerikanischen Föderation, die bis heute von El Salvador, Honduras und Nicaragua verwendet wird. Ins Zentrum legte man einen breiten, roten Streifen und darüber das Nationalwappen, das seit 1906 nur noch ein kleines weißes Feld links der Mitte ausfüllt.

•**Wappen:** Das Nationalwappen, in der heutigen Form seit 1964, zeigt im Vordergrund den pazifischen Ozean und eine dreimastige spanische Fregatte, im Mittelgrund drei überhöht dargestellte Vulkankegel und im Hintergrund den atlantischen Ozean mit einer weiteren Fregatte und der aufgehenden Sonne. Die Blickrichtung von West nach Ost hat zwei Gründe: Erstens wurde Costa Rica durch die Spanier von der pazifischen Seite her erobert, und zweitens würde die Darstellung einer untergehenden Sonne (bei Blickrichtung aus dem Osten) als schlechtes Omen gewertet. Über diesem Bild sind sieben weiße Sterne zu sehen, die die 7 Provinzen des Landes darstellen, und der Schriftzug *República de Costa Rica.* Darüber steht auf einem blauen Band *América Central,* was die gemeinsame Geschichte und die Verbundenheit mit den anderen

Staaten Zentralamerikas symbolisieren soll.

•**Nationalhymne:** Mitte des 19. Jahrhunderts hatte der seit 1838 souveräne Staat Costa Rica immer noch keine Nationalhymne. Der damalige Präsident *Juan Rafael Mora* erklärte daraufhin eine Komposition von *Manuel María Gutiérrez* zur Hymne, die am 11. Juni 1853 erstmals erklang. Den heutigen Text *noble patria, tu hermosa bandera* (Edles Vaterland, deine schöne Fahne) verfasste *José María Zeledon* im Jahre 1900.

Staatssystem

Costa Rica ist eine demokratische Präsidialrepublik. Die **Verfassung von 1949** sieht u.a. die politische Gewaltenteilung und das allgemeine Wahlrecht ab 18 Jahren vor.

Staatsoberhaupt

Der **Staatspräsident** ist zugleich **Staats- und Regierungschef,** er wird alle vier Jahre direkt vom Volk gewählt, eine Wiederwahl ist für die folgenden zwei Amtsperioden ausgeschlossen.

Exekutive

Die **Regierung** besteht aus dem Staatspräsidenten, 2 Vizepräsidenten und dem 17-köpfigen Regierungsrat *(Consejo de Gobierno).*

Legislative

Die **Gesetzgebende Versammlung** *(Asamblea Legislativa* und *Congreso Nacional)* zählt 57 Mitglieder *(diputados)* und wird alle vier Jahre entsprechend dem Verhältnis der Kantonal-Verwaltungen gewählt; eine einmalige Wiederwahl der Abgeordneten ist erst nach vierjähriger Unterbrechung möglich. Der Kongress kann Entscheidungen der Regierung mit Zweidrittelmehrheit widerrufen, den Staatshaushalt ergänzen und ernennt die Richter des **Obersten Gerichtshofes.**

Verwaltung

Die sieben **Provinzen** *(provincias)* San José, Alajuela, Heredia, Cartago, Pto. Limón, Puntarenas und Guanacaste werden durch Gouverneure verwaltet, die durch den Präsidenten ernannt werden. Mit Ausnahme von Guanacaste, dessen Hauptstadt Liberia ist, sind alle Provinzen nach ihrer Hauptstadt benannt. Im Valle Central liegen vier der sieben Hauptstädte auf engstem Raum zusammen, und bis auf Liberia und Pto. Limón befinden sie sich nicht im Zentrum, sondern eher am Rande der jeweiligen Provinz, so dass viele Orte im Hinterland weitab der Hauptstadt liegen. Paso Canoas beispielsweise liegt über 200 km Luftlinie von Puntarenas entfernt, was mit dem Bus über San José einer Fahrzeit von etwa 10 Stunden entspricht.

Die Provinzen sind unterteilt in 81 **Bezirke** *(cantón),* die z.T. erst in den 70er Jahren gegründet wurden (Garabito sogar erst 1980, Puntarenas 1984). Die Bezirke unterscheiden sich stark in ihrer Größe (z.B. Flores 7,6 km²; San Carlos 3373 km²) und Einwohnerzahl (Garabito ca. 4300 Ew.; San José ca. 320.000 Einw.) und sind ihrerseits unterteilt in 421 **Distrikte** *(districtos).*

Parteien

- **PUSC** (*Partido Unidad Socialcristiana;* „Partei der sozialchristlichen Einheit"), gegründet 1983 als Koalition von vier konservativen Parteien, stellt 19 von 57 Parlamentsabgeordneten.
- **PLN** (*Partido de Liberación Nacional;* „Partei der nationalen Befreiung"), gegründet 1948 von *José María Figueres,* sozialdemokratisch, stellt 17 Parlamentsabgeordnete.
- **PAC** (Partido Acción Ciudana): diese erst Anfang 2001 gegründete Partei gewann bei den letzten Wahlen auf Anhieb 13 Sitze im Parlament und ist damit die drittstärkste Kraft in Lande. Ihr Spitzenkandidat *Otón Solis* brachte es bei der Präsidentschaftswahl auf überraschende 26,3 %.
- **Weitere Parteien** sind unbedeutend, aber dennoch manchmal das „Zünglein an der Waage". Die in den 70er Jahren bedeutende marxistische Linke verschwand aus dem Parlament.

Wahlen

Die Wahlen sind allgemein und geheim, alle Staatsbürger ab 18 Jahren haben das Wahlrecht, und das nehmen sie auch überwiegend wahr: Die Wahlbeteiligung bei Präsidentschaftswahlen liegt meist über 80 %. Schon Monate vor einer Wahl geben die *Ticos* (Costaricaner) ihre Sympathien kund: Riesige Fahnen mit den Farben der bevorzugten Partei werden am Haus oder im Garten aufgesteckt, auch die Autos sind geschmückt mit Fähnchen und Fotos des Wunschkandidaten.

Die Wahl selbst wird von einer eigens einberufenen Kommision, dem *Tribunal Supremo Electoral (TSE)* vorbereitet, und am Wahltag sorgen rund 50.000 Freiwillige für einen reibungslosen Ablauf. Da eine Wahl nur in dem Ort möglich ist, in dem man amtlich registriert ist, viele Bürger jedoch in einem anderen Landesteil wohnen, bringen rund 30.000 Fahrzeuge die Wähler kostenlos zum Wahlort. Die Wahlen kommen so einer kleinen Völkerwanderung gleich, und die *Ticos* verwandeln die nüchterne Stimmabgabe in ein ausgelassenes Volksfest. Nach Auszählung der Stimmen wird wie nach einem Fußballspiel der Wahlsieg gefeiert – hat der Wunschkandidat nicht gewonnen, fährt man eben wieder nach Hause, vielleicht klappt's ja das nächste Mal.

Wirtschaft

Zur Zeit der spanischen Kolonialherrschaft war Costa Rica ein armes Land, das traditionell von Landwirtschaft lebte. Im 18. Jahrhundert begann man mit dem Export von Kakao und Tabak, doch der wirtschaftliche Durchbruch bahnte sich erst im 19. Jahrhundert mit dem Anbau von Kaffee an, der für lange Zeit der entscheidende Wirtschaftsfaktor des Landes sein sollte. Ende des 19. Jahrhunderts begann man, zunächst im karibischen Küstentiefland, mit dem Anbau von Bananen, was zu einer Verlagerung der wirtschaftlichen Aktivitäten führte.

Seit einigen Jahren befindet sich das Land abermals in einem ökonomischen Strukturwandel. Da sich die traditionellen Exportgüter wie Bananen, Kaffee, Rindfleisch und Zucker immer schwerer auf dem Weltmarkt absetzen lassen, wurde der Bereich der nicht-traditionellen Exportgüter massiv ausgebaut: Neben „neuen“ Agrarprodukten wie Zierpflanzen, Schnittblumen, Ananas, Melonen und anderen Früchten wurden auch im Bereich der Lohnveredelung und verarbeitenden Industrie wichtige Fortschritte erzielt. Der Anteil dieser nicht-traditionellen Exportgüter am Gesamtexport hat sich seit den achtziger Jahren fast verdoppelt. Besonders expandiert hat der Bereich Tourismus, der inzwischen zur wichtigsten Einnahmequelle des Landes avancierte. Seit Anfang der neunziger Jahre liegen sie über denen aus dem Bananenexport, und der Trend ist weiter steigend. Lediglich bei europäischen Touristen war nach den beiden Entführungsfällen Mitte der 90er Jahre ein Rückgang zu beobachten. Das Wirtschaftswachstum lag 2003 bei 5,6 %, für 2004 wird es auf 3,8 % geschätzt.

Wirtschaftsdaten

Das **Brutto-Inlandsprodukt** konnte in den letzten Jahren kontinuierlich gesteigert werden: Lag es 1998 noch bei 10,5 Mrd. $, waren es 2003 schon 17,5 Mrd. $. Das entspricht einer Wirtschaftsleistung von 4193 $ pro Einwohner. Den wichtigsten Anteil daran hat der Dienstleistungsbereich mit 61 %, gefolgt von Industrie und Bau (28 %) und der Landwirtschaft (11 %).

Die **Auslandsverschuldung** liegt 2004 bei rund 58 % des jährlich erwirtschafteten Bruttosozialproduktes. Die **Inflationsrate** liegt 2004 bei etwa 10 %. Die tatsächlichen Lebenshaltungskosten sind verhältnismäßig hoch und steigen schnell.

Der **Arbeitsmarkt** verzeichnete 2003 etwa 1,75 Mio. Beschäftigte und eine Arbeitslosigkeit von 6,7 %. Von den Erwerbstätigen waren 2001 15,6 % in der Landwirtschaft, 21,9 % in der Industrie und im Bausektor und 62,5 % im Dienstleistungssektor tätig. Etwa 20 % der Bevölkerung lebt 2004 unter der **Armutsgrenze.**

Außenhandel

Die Außenhandelsbilanz Costa Ricas ist traditionell negativ: Dem Exportvolumen von 6,1 Mrd. $ standen 2003 Importe im Wert von 7,7 Mrd. $ gegenüber. Das Außenhandels-Defizit lag damit bei etwa 1,5 Mio. $; im Jahr 2000 lag es bei lediglich 211 Mio. $. Das erklärt sich in erster Linie durch den seit Jahren sinkenden Anteil der Hauptexportprodukte Kaffee und Bananen. Nicht berücksichtigt sind hierbei jedoch die kontinuierlich steigenden Deviseneinnahmen durch den Tourismus. Ebenfalls nicht berücksichtigt sind Schuldendienste, also Zinsaufwendungen für Auslandsschulden.

Import

Die Steigerung der Gesamtsumme des Imports ist augenfällig: Lag diese 1995 noch bei 3274 Mio. $, so steigerte sie sich 2003 bereits auf 7663 Mio. $. Importiert werden vorwiegend Rohmaterialien zur industriellen Weiterverarbeitung (54 %), Nahrungsmittel (18 %), Maschinen und Industriegüter (17 %), Brennstoffe (6 %) und Transportmittel. Wichtigste Lieferanten waren 2003 die USA (23 %), Mexico (4,7 %), Japan und Venezuela (je 3,2 %), weiterhin Guatemala, Deutschland und Kolumbien (je etwa 2-3 %).

Export

2004 liegt das Exportvolumen bei etwa 6102 Mio. $. Hauptabnehmer sind die USA (46 %), die Länder Zentralamerikas: Guatemala, Nicaragua, El Salvador, Panama und Honduras (zusammen 15 %), die Niederlande (6 %), Deutschland (3 %), Belgien und Luxemburg (3 %), Italien (3 %), Mexiko (3 %).

Bananen

Die Zeiten der „Bananenrepublik“ Costa Rica scheinen endgültig vorbei zu sein. 1990 war die gelbe Frucht noch das wichtigste Exportprodukt, seitdem gehen die Exporterlöse, die mit Bananen erzielt werden, kontinuierlich zurück.

Die EU-Verordnung über eine Festlegung von Höchstquoten hat zunächst die costaricanischen Bananenproduzenten beunruhigt, aber Bananen werden auch weiterhin nach Europa exportiert. Der wichtigste Kunde heißt jedoch USA. Die wichtigsten Anbaugebiete liegen im karibischen Küstentiefland, aber auch an der südlichen Pazifikküste werden Bananen angebaut. Weitere Informationen siehe Exkurs „Der Fluch der Bananen“.

Kaffee

Bis Ende der 80er Jahre waren die Bohnen des Kaffeestrauchs wichtigstes Exportprodukt, doch seither ist der Trend stark rückläufig. Das klassische Exportprodukt Costa Ricas brachte es 2000 mit 272 Mio. $ nur noch auf rund 4,6 % der Exporteinnahmen.

Die traditionellen Anbaugebiete Costa Ricas liegen im Valle Central, vor allem in der Umgebung der Städte Heredia, Alajuela Atenas und San Ramón. Außerdem wird im Valle Coto Brus im Süden des Landes, im Bereich der Stadt San Vito, und auch bei Cd. Quesada, Tilarán und Nicoya Kaffee angepflanzt. Weiteres zum Thema Kaffee siehe Exkurs „Kaffee – ein sensibles Pflänzchen“.

Rinderzucht und Zuckerrohr

Einst die Hoffnung des Landes, der einseitigen Abhängigkeit von Kaffee und Bananen zu entkommen, nimmt die Bedeutung der Rinderzucht seit Jahren ab, sie hatte 2000 nur noch 0,5 % Anteil am Exportvolumen. Dennoch ist die Rinderzucht, die vorwiegend in der Trockenregion Guanacaste betrieben wird, für den Inlandsmarkt von großer Bedeutung.

Bei fallenden Weltmarktpreisen verzeichnet das Exportvolumen von Zucker seit 1995 einen Rückgang auf 28,6 Mio. $ im Jahr 2000. Der Anteil am Gesamtexport ist mit etwa 0,5 % gering. Größere Anbaugebiete findet man im Valle Central, nördlich von Cd. Quesada und in Guanacaste.

Ananas, Zierpflanzen etc.

Neue Agrarprodukte wie Zierpflanzen, Schnittblumen und Pflanzenteile sowie Ananas, Melonen, Papaya, Macadamia-Nüsse und andere Früchte verzeichnen einen steigenden Trand bei den Exporten. Diese „nicht-traditionellen“ Exportprodukte haben sich damit auf den 3. Rang vorgeschoben, noch vor den traditionellen Produkten Fleisch und Zucker. Angebaut werden Sie im ganzen Land, Zierpflanzen z.B. in den Höhenlagen des Valle Central und im karibischen Küstentiefland, Melonen vorwiegend auf der Halbinsel Guanacaste.

Textilindustrie und Computer

In den letzten Jahren hat sich in der Wirtschaft des Landes ein deutlicher **Wandel** vollzogen: Die Produktion und Weiterverarbeitung von Textilien - noch vor wenigen Jahren eher unbedeutend - hat sich unbemerkt auf Platz 1 emporgearbeitet. Auch im Bereich der Computerzubehör-Fertigung ist ein deutlicher Anstieg zu verzeichnen. Die Bedeutung dieses innovativen Sektors dürfte also in nächster Zeit weiter steigen.

Tourismus

Der Tourismus gilt inzwischen als der **wichtigste Wirtschaftsfaktor** des Landes. Bereits 1992 beliefen sich die Einnahmen aus dem Tourismus auf 431 Mio. $, über das Doppelte der Kaffee-Exporte, 1993 waren es mit 577 Mio. $ erstmals mehr als die Exporterlöse durch Bananen. 1999 wurde erstmals die Millionengrenze überschritten und erreichte 2001 die Rekordmarke von 1.131.400 (allerdings inklusive über 250.000 „Besucher" aus den Nachbarländern Nicaragua und Panama). Im Jahr 2002 musste man erstmals seit vielen Jahren einen - wenn auch mit -1,6 % geringen - Rückgang verbuchen.

Die meisten Ankünfte registriert man in den Monaten Dezember bis Februar, die „schwächsten" Monate sind Mai/Juni und September/Oktober.

Hinweis: Aktuelle Infos zur Wirtschaftslage in Costa Rica sind erhältlich bei der **Bundesagentur für Außenwirtschaft in Köln,** Tel. 0221/ 20570, info@bfai.de, www.bfai.de.

Bevölkerung

Die Einwohner Costa Ricas, die sich selbst als *Ticos* bezeichnen, sind zum größten Teil Nachfahren der spanischen Eroberer, so genannte **Kreolen** (über 75 %). Heute ist diese Gruppe kaum mehr zu trennen von den **Mestizos,** die sowohl spanische als auch indianische Vorfahren haben. Zusammen machen die beiden Gruppen über 80 % der Gesamtbevölkerung aus. Der Anteil der **Schwarzen** und **Mulatten,** die vorwiegend an der Karibikküste leben, liegt unter 3 %. Im ganzen Land trifft man auch eine Minderheit von **Chinesen,** die meist Ende des 19. Jahrhunderts zum Eisenbahnbau ins Land kamen und heute als Händler oder Restaurantbesitzer ihr Leben bestreiten. Von der **indianischen Urbevölkerung** des Landes leben nur noch etwa 25.000 in Costa Rica, das entspricht einem Anteil von etwa 0,7 %. In 22 Reservaten mit einer Gesamtfläche von über 320.000 ha leben Angehörige von neun ethnisch verschiedenen Gruppen - direkte Nachkommen der präkolumbischen Kultu-

Ausländische Touristen

Die meisten Touristen in Costa Rica kommen mit über 40 % aus den USA und Kanada. Aus Zentralamerika und Mexiko sind es etwa 30 %, aus Europa kommen ca. 15 %. Von ihnen sind die meisten Deutsche, Schweizer und Österreicher, gefolgt von Spaniern, Niederländern, Engländern, Franzosen und Italienern.

ren des Landes. Die rund 250.000 in Costa Rica lebenden **Ausländer** stellen etwa 7,6 % der Bevölkerung.

Bevölkerungszahlen

Rund 4,2 Mio. Menschen leben in Costa Rica (2003). Somit hat sich die **Gesamtbevölkerung** des kleinen Landes in den letzten 30 Jahren mehr als verdoppelt: 1970 waren es 1,73 Mio., 1980 schon 2,28 Mio. und 1990 zählte man 3,01 Mio. Costaricaner. Die jährliche **Wachstumsrate** liegt derzeit bei etwa 1,7 %, was im Vergleich zu früheren Jahren zwar deutlich weniger ist (1950 z.B. 3,5 %), aber dennoch ein Bevölkerungswachstum von rund 70.000 Menschen pro Jahr bedeutet.

Im Vergleich zu Mitteleuropa ist aber Costa Rica immer noch **dünn besiedelt:** 82 Einwohner/km² gegenüber 231 Einwohner/km² in Deutschland oder 391 Einwohner/km² in den Niederlanden. Doch die Bevölkerung des Landes ist höchst **ungleich verteilt:** Über 50 % leben im Valle Central, dem zentralen Hochtal, das nur etwa 10 % der Fläche bedeckt. Im weiten Nordwesten, in der Provinz Guanacaste, die rund 20 % der Landesfläche einnimmt, leben hingegen nur etwa 7 % der Bevölkerung. Der Anteil der städtischen Bevölkerung ist steigend, er liegt derzeit bei etwa 51 %.

Bildung

Rund 96 % aller erwachsenen Ticos haben Lesen und Schreiben gelernt, eine im Vergleich zu anderen latein-

Die Ticos – ein Volk für sich

Als Tourist kommt man zunächst mit einer bestimmten „Schicht" von Ticos zusammen, nämlich denen, die vom Tourismus leben, sei es in Hotels, Restaurants, bei Autovermietern oder Reiseveranstaltern. Diese sind gegenüber Touristen meist freundlich und hilfsbereit, doch in manchen Fällen drängt sich der Eindruck auf, dass einige vor allem das Geld sehen, das der Tourist bringt – kann man's ihnen verdenken?

Tatsache ist, dass die Einwohner von Costa Rica und ihre meist **sympathische Wesensart** für viele Ausländer ein Argument sind, das Land zu besuchen: Bei einer Umfrage des staatlichen Tourismus-Institutes ICT antworteten auf die Frage, was ihnen bei ihrem Aufenthalt in Costa Rica am meisten gefallen hat, 36 % der befragten Touristen mit „die Costaricaner" – die Naturschönheiten folgten mit 33 % erst an 2. Stelle!

Doch wer die „normalen" Ticos kennen lernen möchte, sollte schon ein paar Spanischkenntnisse mitbringen, denn **kommunikativ** sind sie auf alle Fälle: Ob im Bus oder auf der Plaza – nach den üblichen Begrüßungsfloskeln und einigen allgemeinen Bemerkungen über das Wetter und die letzten Fußballergebnisse kommt man schnell zu Themen wie Familie, Wirtschaft oder Politik, und alle Ticos wollen natürlich wissen, wie es dem Besucher in ihrem Land gefällt, auf das sie mit Recht so stolz sind.

Überhaupt sind die Ticos in guter alter spanischer Tradition ein stolzes Völkchen, ohne dabei überheblich zu wirken. Auch wenn es vielen wirtschaftlich nicht gerade rosig geht – man lässt es sich nicht anmerken. Auffällig ist die **gepflegte Erscheinung** nicht nur der Damen, man kleidet sich modisch (auch wenn die Mode nicht die gleiche ist wie bei uns), und die Friseure machen gute Geschäfte – so mancher Tourist könnte sich ein Beispiel nehmen.

Ticos sind normalerweise **friedliche** Menschen und tragen Auseinandersetzungen meist mündlich aus (es gibt schließlich auch keine Armee), und sie sind sehr religiös – Kirchen und kirchliche Feste sind immer gut besucht. Die Familie spielt eine zentrale Rolle in ihrem Leben. Das **Familienleben** verläuft noch recht „traditionell", d.h. der Vater geht arbeiten, und die Mutter versorgt Kinder und Haushalt, doch auch hier brechen langsam alte Strukturen auf.

Kinderlieb sind die Ticos, und Kinder genießen weitgehende Freiheit – ein Schild „Spielen verboten" sucht man vergeblich. Rund 80.000 Babys erblicken jedes Jahr in Costa Rica das Licht der Welt. Sie werden wie kleine Prinzen und Prinzessinen verehrt und in für unsere Augen kitschige Kleidung mit Schleifchen und Rüschen gesteckt.

Zwei Leidenschaften bestimmen das Leben fast aller Ticos: der **Sport** und das (Lotterie-)Spiel. Im Gegensatz zu den Nachbarländern Panama und Nicaragua, wo nordamerikanische Sportarten wie Baseball und Basketball dominieren, ist es in Costa Rica vor allem der Fußball, um den sich alles dreht, und man sollte sich auf keinen Fall die Gelegenheit entgehen lassen, ein Fußballspiel selbst mitzuerleben. Aber viele sind nicht nur als Zuschauer, sondern auch selbst sportlich aktiv: Mit Fahrradfahren, Joggen und Wassersport halten sich viele fit – wer's nicht glaubt, der soll am Wochenende einen Blick in den Sabana-Park im Westen von San José werfen.

Ist es die Hoffnung auf den großen Treffer oder die Lust am Spielen, die nicht nur der staatlichen **Lotterie** riesige Umsätze einbringt? Vor allem in der Hauptstadt sieht man überall Losverkäufer, die das Glück beschwören – und damit erfolgreich sind.

Schließlich bleibt noch zu erwähnen, dass die Ticos – wie alle Latinos – gerne und ausgelassen **feiern,** und dazu findet sich immer ein Anlass: Ob Geburtstage und andere Familienfeiern, religiöse Feiertage oder der Erfolg der bevorzugten Fußballmannschaft – Hauptsache, man trifft sich, redet, trinkt und ist fröhlich!

Losverkäuferin in San José

075cr Foto: dk

amerikanischen Ländern erstaunlich hohe Rate. Ein Viertel aller Einwohner sind Schüler und Studenten, denn es herrscht **Schulpflicht.** Knapp 90 % besuchen eine staatliche (kostenlose), nur etwa 11 % eine private oder halbprivate Bildungseinrichtung.

Nach der Vorschule beginnt für die jungen Ticos und Ticas im Alter von 6 Jahren der Ernst des Lebens: die neun Jahre dauernde Grundschule *(primaria)* ist Pflicht, danach kann eine weiterführende Schule *(secundaria)* besucht werden, die nach weiteren drei Jahren zum Besuch einer Universität oder anderen Hochschule berechtigt.

An den vier staatlichen und zahlreichen privaten **Universitäten** des Landes – insgesamt sind es über 20 Hochschulen – sind rund 83.000 Studenten eingeschrieben. Die größte Universität des Landes mit über 50.000 Studenten ist die seit 1940 bestehende *Universidad de Costa Rica* (UCR) in San Pedro, östlich der Hauptstadt. Eine weitere große staatliche Universität (rund 10.000 Studenten) ist die 1973 gegründete *Universidad Nacional Autónoma* (UNA) in Heredia. Das 1971 gegründete *Instituto Tecnológico de Costa Rica* (ITCR) mit Niederlassungen in Cartago und Cd. Quesada/San Carlos ist eine technische Universität, deren Ausbildung sehr praxisorientiert und berufsbezogen ist. Im Gegensatz zu den vorgenannten Unis ist die *Universidad Estatal a Distancia* (UNED) eine Fernuniversität. Die 1977 gegründete und damit jüngste staatliche Universität des Landes betreibt auch Umweltschutzforschung und richtet sich mit speziellen Projekten und Seminaren auch an die Öffentlichkeit.

Die beiden bedeutendsten **Privatuniversitäten** des Landes sind die *Universidad Internacional de las Américas*

355cr Foto: dk

(UIA) im Westen von San José und die *Universidad Latinoamericano de Ciencia y Tecnología* (ULACIT) im Norden der Hauptstadt.

Religion

Seit die ersten Spanier sich vor nahezu 500 Jahren in Amerika niederließen, ist die **katholische Religion** prägend für ganz Lateinamerika. In Costa Rica ist sie zwar nicht mehr Staatsreligion, aber immer noch sind rund 76 % der Bevölkerung katholisch; auch die meisten Indios bekennen sich heute zur katholischen Lehre. Die Ticos sind überwiegend sehr religiös, und so sind kirchliche Feste und Prozessionen immer gut besucht, wie übrigens auch die Kirchen selbst.

Neben der Katholischen Kirche, die einen großen gesellschaftlichen und politischen Einfluss besitzt, gibt es eine **steigende Zahl protestantischer Glaubensgruppen,** die meist aus den USA kommen und immer mehr Anhänger finden (ca. 14 %). Eine Minderheit stellen die rund 1500 **Juden** und die **Rastafaris** an der Karibikküste dar, eine Glaubensgemeinschaft, die vor allem in Jamaica stark ist und mit einer eigenen Bibelauslegung für das Selbstbestimmungsrecht der Schwarzen eintritt.

Sprache

Offizielle Landessprache ist **Spanisch,** daneben wird an der Karibikküste die jamaicanische Form des **Patois** gesprochen, einer Kreolsprache aus der Karibik, die sich zwar vom Englischen ableitet, aber dennoch schwer verständlich ist. Nur wenige **Indianersprachen** haben sich bis heute erhalten und werden auch meist nur noch von den Älteren gesprochen.

Das in Costa Rica gesprochene Spanisch hat sich wie überall in Lateinamerika im Laufe der Zeit vom Kastilischen hin zu einem eigenen Dialekt entwickelt. Die **Aussprache** ist härter, der spanische, dem englischen *th* ähnliche Lispellaut für das *s* entfällt, stattdessen wird das *s* stimmhaft gesprochen. Außerdem kommt einer ganzen Reihe von Wörtern eine andere Bedeutung zu, es gibt sogar einige eigene Wortschöpfungen, die für jeden Spanier unverständlich sind.

Kultur

Malerei

Obwohl bereits im 19. Jahrhundert in Costa Rica verschiedene einheimische und ausländische Maler tätig waren, begann die eigentliche künstlerische Tradition dieses Landes erst im 20. Jahrhundert. Wie allgemein üblich, begann die Malerei mit jungen Künstlern, die durch Europa gereist und dabei in Kontakt mit den großen Meisterwerken europäischer Kunst gekommen waren. Unter ihnen war auch **Enrique Echandi** (1866-1959), der nach Deutschland gegangen war, um dort Musik und Malerei zu studieren. Als er nach Costa Rica zurückkam, gab er Klavierstunden und widmete sich der

Portrait- und Landschaftsmalerei sowie den einfachen, familiären Themen. Er führte jedoch seine Malkunst mit einer derartig großen Sorgfalt, Hingabe und Meisterhaftigkeit aus, dass dieser hohe technische und ästhetische Standard für alle nachfolgenden Maler zur Richtschnur wurde. Die Werke *Enchandis* befinden sich im Museum für costaricanische Kunst und in Privatsammlungen. Zahlreiche Costaricaner bezeichnen ihn als den Gründer der nationalen Maltradition, und jeder gebildete Staatsbürger ist stolz auf die Werke dieses Meisters.

Esequiel Jiménez ist ein typischer Sonntagsmaler. Ihm ist es zu verdanken, dass sich der impressionistische Brauch, im Freien zu malen, in Costa Rica noch vor dem Impressionismus selbst einbürgerte. Regelmäßig malte er Landschaften, wobei sein Malstil eher naiv und erfrischend wie ein sonntäglicher Morgenspaziergang war.

Oft wurde *Jiménez* auf seinen Malausflügen von **Teodorico Quirós** (1897-1977) begleitet, der 1914 in die USA reiste, um dort Architektur zu studieren. Nach seiner Rückkehr malte er die costaricanische Landschaft, wobei der Einfluss europäischer Kunsttechniken unverkennbar war. Sein Stil war

T. Quirós „Straßen in Santo Domingo" (Abb. aus: Arte Contemporaneo Costarricense, ICT)

078cr

fortschrittlicher und sicherer als bei seinen Vorgängern, und im Laufe der Zeit entstand unter seinem Pinsel die großartigste Ölgemäldesammlung von Costa Rica. Immer in landestypischen Themen und Geist verwurzelt, war seine Kunst dennoch richtungsweisend und modern.

Quirós war nicht nur ein außergewöhnlicher Maler, sondern auch ein begeisterter Kunstförderer. Von 1929 bis 1936 organisierte er eine Reihe von Ausstellungen im Nationaltheater. Viele der späteren Persönlichkeiten costaricanischer Kunst zeigten hier zum ersten Mal ihre Arbeiten. Unter ihnen war auch **Fausto Pacheco** (1899-1966). Er arbeitete mit *Quirós* zusammen und spezialisierte sich auf Darstellungen von kleinen Landschaften und Adobehäusern. Seine bevorzugte Ausdrucksform war das Aquarell, worin er eine bewundernswerte Technik entwickelte. Dass *Pacheco* wahrscheinlich der populärste costaricanische Maler ist, lässt sich auf zwei Gründe zurückführen: einmal, weil er meistens Adobehäuser malte, die wie kaum etwas anderes die traditionelle Lebensweise in Costa Rica symbolisieren, und zum anderen erlaubte ihm

Francisco Amighetti: „Das Mädchen und der Wind" (Abb. aus: Arte Contemporaneo Costarricense, ICT)

079cr

Luisa González de Sáenz: „Portrait von Cristina Goicoecha“ (Abb. aus: Arte Contemporaneo Costarricense, ICT)

seine Geschicklichkeit in der Aquarellmalerei, Tausende von Bildern anzufertigen, die auch Familien des Mittelstandes ohne weiteres erwerben konnten.

Zur Gruppe der hervorragenden Maler, die ihre Laufbahn mit den Ausstellungen im Nationaltheater begannen, gehörte auch **Luisa González de Sáenz** (1899-1982). Mit einer starken romantischen Veranlagung entwickelte sie einen persönlichen Stil, der oft dem Surrealismus nahe kam.

Ein weiterer berühmter Künstler des 20. Jahrhunderts ist **Francisco Amighetti** (geb. 1907). Seine farbigen Holzschnitte, weitgehend von landesüblichen Themen geprägt, sind auf der ganzen Welt in den besten Sammlungen dieser Kunstart zu sehen.

Max Jiménez (1900-1947) war ein eng mit dem euroäischen Surrealismus in Verbindung stehender Maler, Bildhauer und Poet, der ebenfalls eindeutig von Heimatthemen inspiriert war.

Margarita Bertheau ist nicht nur eine ausgezeichnete Aquarellmalerin, sondern gleichzeitig auch eine vorbildliche Lehrerin in dieser feinen Maltechnik für mehrere costaricanische Malergenerationen. Die auffallende Tatsache, dass in Costa Rica das Aquarellgemälde in der Kunst einen erstrangigen Platz einnimmt und nicht etwa als Nebensache dasteht, ist hauptsächlich *Margarita Bertheau* und *Fausto Pacheco* zu verdanken.

Manuel de la Cruz González (1909-1986) ist das jüngste Mitglied dieser Gruppe, die im allgemeinen als die nationalistische Generation costaricanischer Künstler bekannt ist. Er begann seine Laufbahn mit heimatlichen Themen und ging dann später auf kosmopolitischere und abstrakte Szenen über. In den vergangenen Jahren ist er jedoch wieder auf seine ursprüngliche Ausdrucksform zurückgekommen.

Im Verlauf der letzten Jahrzehnte tauchten noch weitere Talente in Costa Rica auf. Heutzutage kennt man viele andere Malarten, Techniken und Stile in diesem Land, von der christlichen religiösen Kunst eines **Jorge Gallardo** bis zum experimentalen Konkretismus eines **Juan Luis Rodríguez** (geb. 1934). Die grundlegende Tendenz ist und war immer die einfache, wirklichkeitsnahe Malerei, die in der Umwelt, der Landschaft und dem bäuerlichen Leben von Costa Rica ihre Anregung suchte.

Literatur

Costa Rica brachte im Gegensatz zu beispielsweise Mexiko oder Kolumbien keine großen und international bekannten Schriftsteller hervor. Deutschsprachige Übersetzungen der wichtigen Werke costaricanischer Literatur sucht man daher auch vergeblich. Auch heute leben nur einige wenige Autoren von ihrer Schreibkunst. Zwei wichtige **Stilepochen** prägten die Literatur Costa Ricas: Der *Costumbrismo* (*costumbre* = „Brauch") und später der *Modernismo*.

Costumbrismo

Mitte des 19. bis Anfang des 20. Jahrhunderts beschrieben die *Costumbristas* in romantisierender Weise Leben und Bräuche des einfachen Volkes. Zwei der wichtigsten Vertreter dieser literarischen Stilrichtung sind **Manuel González Zeledón** (1864-1936), der unter dem Pseudonym *Magón* arbeitete, und **Joaquín García Monge** (1881-1958), der ebenfalls zahlreiche Romane und Erzählungen verfasste. Weitere bekannte Vertreter des *Costumbrismo* sind *Claudio González Rucavado* (1865-1925), *Jenaro Cardona* (1863-1930) und *Luís Dobles Segreda* (1890-1956). Einer der bedeutendsten Poeten dieser Zeit war **Aquileo Echeverría** (1866-1909), der in seinen Gedichten das einfache Leben der Bauern aufgriff.

Modernismo

Die Vertreter des Modernismo setzten sich unter dem Eindruck der sozialen Unruhen der 30er Jahre kritisch mit der Situation des Landes und seiner Bewohner auseinander. Der Prosaschriftsteller **Carlos Luis Fallas** (1909-1966) gilt als bekanntester Vertreter dieser Richtung. In seinem Roman *Mamita Yunai* (gemeint ist die dominierende United Fruit Company) aus dem Jahre 1941 beschreibt er das Leben und die Nöte der Arbeiter auf den Bananenplantagen an der Karibikküste. Als Begründer dieser neuen Stilrichtung gilt jedoch **Roberto Brenes Mesén** (1874-1947). Den Höhepunkt erreichte die Bewegung in den 40er Jahren mit Autoren wie *Fabián Doblas* (geb. 1918), *Joaquín Gutierrez* (geb. 1918) und *Carlos Salazar Herrera* (geb. 1906).

Zwei der wichtigsten Schriftstellerinnen des Landes sind **Carmen Lyra** (1888-1949), die auch erstmals Literatur für Kinder verfasste, und **Yolanda Oreamuno** (1916-1956), die sich vor allem mit sozialen Themen auseinandersetzte und damit international Anerkennung fand. Der zeitgenössische Autor **Rafael Angel Herra** (*1943) war zeitweise als costaricanischer Botschafter in Berlin tätig.

516cr Foto: dk

Orte und Regionen

518cr Foto: dk

517cr Foto: dk

San José Das Herz des Landes

- **Einwohner:** City ca. 100.000, Kanton 282.000, Großraum ca. 1 Mio.
- **Höhe:** 1160 m ü.M.
- **Temperatur:** um 20 °C, geringe jahreszeitliche Schwankungen; warm: April-Juni; kühl: Dez.-Feb.
- **Regenreichste Monate:** Juni, Sept., Okt.

An San José kommt keiner vorbei, denn das ganze Land ist zentralistisch auf diese Stadt ausgerichtet. Von hier aus wird Costa Rica politisch verwaltet, hier schlägt das wirtschaftliche Herz des Landes. In San José gibt es mehrere Universitäten und die wichtigsten Krankenhäuser des Landes. Praktisch alle Busgesellschaften haben hier ihren Sitz, sogar die legendäre Traumstraße *Panamericana* führt durch San José. Tausende von PKWs, Bussen und LKWs pumpt die Stadt stündlich durch ihre Verkehrsadern, entsprechend dick ist die Luft im Zentrum.

Doch man ist durchaus bemüht, das Bild der Stadt zu verschönern: Zahlreiche Parks werden hergerichtet, Gebäude renoviert, ganze Stadtviertel (z.B. Amón) putzen sich heraus. Doch die blühende Stadt, die San José wohl um die Wende vom 19. zum 20. Jahrhundert gewesen sein muss, wird dadurch nicht wieder auferstehen, zu groß sind die Probleme, zu viele Menschen drängen sich hier auf engstem Raum.

San José um 1900: die Calle Central
(mit freundlicher Genehmigung des ICT)

136cr

Geschichte

Die Gründung

Trotz ihrer heutigen Größe und Bedeutung ist San José eine relativ junge Stadt. Sie geht zurück auf eine Kirchengründung im Valle de Asserí, die der Stadtrat von León im Jahre **1736** am Ort La Boca del Monte anordnete und die zwei Jahre später fertig gestellt wurde. Aber ein blühender Ort war dennoch nicht entstanden, im Jahre **1751** zählte man erst 11 ziegelgedeckte Häuser und 15 mit Strohdächern, und es gab weder Straßen noch einen Plaza. Niemand wollte in *Villa Nueva de la Boca del Monte* leben, wie die neue Stadt zunächst hieß, denn es gab kein Wasser, und selbst als dies schließlich doch gefunden wurde, resultierte daraus kaum ein Zuwachs. Um die Situation zu ändern, erließ der damalige Bürgermeister von Cartago unter Androhung von harten Strafen den Befehl, dass alle Anwohner des Asserí-Tals in den Ort umzusiedeln hätten.

Zentrum des Kaffeeanbaus

Die eigentliche Geburtsstunde der Stadt schlug aber erst mit dem Anbau von Kaffee zu **Beginn des 19. Jahrhunderts.** Es stellte sich nämlich heraus, dass die Böden in diesem Tal hierfür hervorragend geeignet waren, und die Folge war ein schneller Zuwachs der Bevölkerung: Innerhalb von 15 Jahren hatte sich diese nahezu ver-

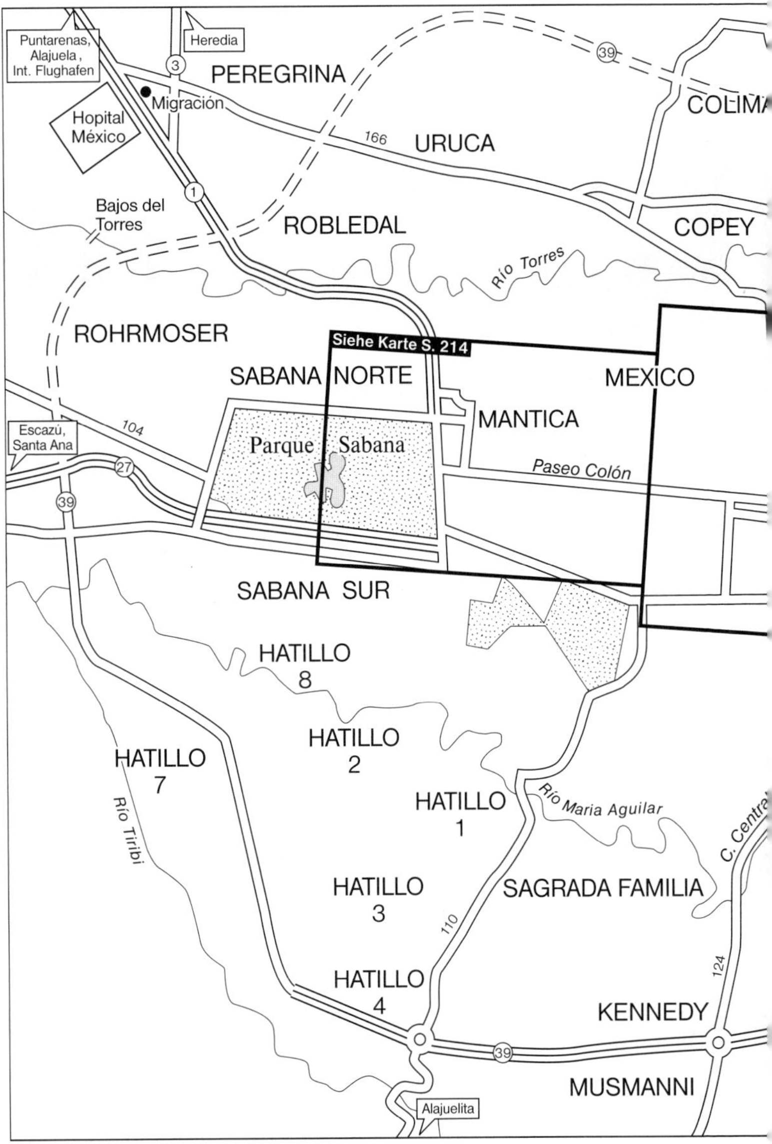

Puntarenas, Alajuela, Int. Flughafen
Heredia
3
PEREGRINA
39
COLIM
Migración
Hopital México
166
URUCA
1
Bajos del Torres
ROBLEDAL
COPEY
Río Torres
ROHRMOSER
Siehe Karte S. 214
SABANA NORTE
MEXICO
MANTICA
Escazú, Santa Ana
104
Parque Sabana
Paseo Colón
27
39
SABANA SUR
HATILLO 8
HATILLO 2
HATILLO 7
HATILLO 1
Río Maria Aguilar
Río Tiribi
C. Central
HATILLO 3
SAGRADA FAMILIA
110
124
HATILLO 4
KENNEDY
39
MUSMANNI
Alajuelita

Großraum San José
Santo Domingo
Braulio Carrillo, Pto. Limón, Guapiles
5
32
MONTELIMAR
109
C. Central
CINCO ESQUINAS
SANTO TOMAS
218
39
SAN FRANCISCO
Siehe Karte im Umschlag hinten
UCR
SAN PEDRO
2
LOS YOSES
Cartago
204
215
SAN CAYETANO
CALDERON MUÑOZ
215
QUESADA DURAN
39
PASO ANCHO
GRIEGA
JARDINES DE CASCAJAL
SAUCES
213
209
207
0
500 m

doppelt und betrug **1824** bereits 15.472 Einwohner.

Hauptstadt

Im Jahre zuvor hatte sich San José, wie die Stadt inzwischen nach dem örtlichen Schutzheiligen genannt wurde, im **Bürgerkrieg** um die politische Zukunft des Landes auf die Seite von Alajuela (Republikaner) geschlagen und gegen den Verbund von Cartago und Heredia gekämpft, die sich nach der Unabhängigkeit von Spanien dem neuen Kaiserreich Mexiko anschließen wollten. Nachdem der Kampf gegen die Anhänger dieser Idee entschieden war, beschloss der Kongress die Verlegung der Hauptstadt von Cartago nach San José.

1837 verbündeten sich im *Guerra de la Liga* die drei anderen Städte Alajuela, Cartago und Heredia gegen San José und wollten die Regierung unter Braulio Carrillo stürzen, was aber misslang und somit die Vormachtstellung von San José nur weiter festigte. Von da ab war die **rasche Entwicklung** nicht mehr aufzuhalten: Straßen wurden gepflastert, Kerosinlampen installiert und die elektrische Straßenbeleuchtung eingeführt – als dritte Stadt der Welt.

Ende des Jahrhunderts, im Jahre **1890,** zählte die Bevölkerung bereits über 39.000 Einwohner (bei einer Gesamtbevölkerung von 243.000), damit war San José schon damals mit Abstand die größte Stadt des Landes. Repräsentative Gebäude wie das Natio-

137cr Foto: dk

naltheater entstanden in dieser Zeit, die vor allem den Kaffeebaronen großen Reichtum bescherte – Bananen waren damals noch von untergeordneter Bedeutung.

San José heute

In den **1940er Jahren** zählte man bereits etwa 70.000 Einwohner, und **nach dem 2. Weltkrieg** begann die Stadt unkontrolliert zu wachsen und sich in alle Richtungen auszubreiten – ein Trend, der sich bis heute fortsetzt. Dabei wurden immer mehr Vororte geschluckt, und viele der alten Gebäude fielen diesem rasanten Wachstum zum Opfer. Stattdessen entstanden Betonhochhäuser, Zeugen eines bedingungslosen Fortschrittsglaubens auf Kosten städtebaulicher Harmonie.

Orientierung

Vom **Flughafen** kommend, erreicht man San José über die **Autopista General Cañas,** eine der wenigen vierspurigen Straßen des Landes. Am **Sabana-Park,** dem größten Stadtpark, biegt man links ein in den **Paseo Colón,** eine breite Zufahrtsstraße, an der sich zahlreiche Autovermieter und Autohändler sowie einige Nobelrestaurants niedergelassen haben. Nach dem **Krankenhauskomplex** San Juan de Dios wechselt man in die **Avenida Segunda** (Av.2), die das Zentrum in zwei Hälften teilt. Die Kathedrale, die beiden großen Theaterhäuser, das Nationalmuseum und weitere wichtige Gebäude reihen sich an dieser Hauptverkehrsstraße auf.

Etwas geruhsamer geht es in der nördlich parallel verlaufenden **Avenida Central** zu, die zwischen Calle 6 und Calle 9 zu einer Fußgängerzone umgestaltet wurde und die Haupteinkaufsstraße der Stadt ist. Sie mündet in den immer belebten **Plaza de la Cultura,** praktisch im Zentrum der Stadt. Die nächste Parallelstraße im Norden ist die **Avenida 1** (Av.1), an der sich zahlreiche Restaurants befinden (siehe auch Stichwort „Orientierung" im Kapitel „Praktische Infos A–Z").

San José heute: Plaza de la Cultura

Sehenswertes

Auch wenn die Stadt kaum über herausragende Sehenswürdigkeiten verfügt – mindestens eines der drei wichtigen **Museen** sollte man gesehen haben: Das Nationalmuseum gibt einen guten Überblick über präkolumbische Kunst, Kolonialzeit und die Entwicklung nach der Unabhängigkeit, im Jademuseum gibt es neben einer Vielzahl von Jadeexponaten auch schöne Keramiken und Steinmetzarbeiten zu sehen, und das Goldmuseum hält eine außergewöhnliche Sammlung präkolumbischer Goldarbeiten bereit. Nähere Beschreibungen sowie Öffnungszeiten siehe Stichpunkt „Museen".

138cr Foto: dk

Die Zentralmarkthalle

Zu den wichtigen **Gebäuden** der Stadt zählt neben der innen eher schmucklosen Kathedrale mit Sicherheit das Nationaltheater und das Theater Melico Salazar, auch die Hauptpost ist architektonisch sehenswert. Eine Vielzahl interessanter Stadthäuser der Wende vom 19. zum 20. Jahrhundert findet man im Stadtviertel Amón.

Einen Besuch lohnen außerdem die **Stadtparks,** die vielfach in neuem Glanz erstrahlen: der Parque Central, früher Zentrum der kolonialen Stadt, der Parque Morazán und der sich östlich anschließende Parque España, der angenehme Parque Nacional und der riesige Parque La Sabana im Westen sind gute Orte, um sich von der Hektik der Stadt ein wenig zu erholen.

Ein Spaziergang durch die Hauptstadt – vom Mercado Central zum Nationalmuseum

San José ist nicht gerade eine Schönheit, aber dennoch gibt es einiges zu sehen und zu entdecken in dieser Stadt, und am besten tut man dies zu Fuß. Der beschriebene Spaziergang führt vom Zentralmarkt im Westen des Zentrums an einigen sehenswerten Gebäuden vorbei zum Nationalmuseum im Westen und dauert etwa 2 bis 3 Stunden (Besichtigungszeiten der Museen nicht eingeschlossen). Ein guter Tag ist der Sonntag (vor allem morgens), wenn die meisten Geschäfte geschlossen sind und auch der Verkehr weniger hektisch verläuft, allerdings sind dann der Zentralmarkt, die Post und das Nationaltheater geschlossen.

Die eingeklammerten Zahlen bei den Sehenswürdigkeiten beziehen sich auf deren Markierung auf der nebenstehenden Karte.

Der **Mercado Central (1)** („Zentralmarkt") ist der größte und wichtigste von drei überdachten Märkten im Osten des Zentrums. Ein Besuch dieses bereits im Jahre 1880 gegründeten Marktes gibt einen guten Einblick in das Leben der *Josefinos,* wie sich die Einwohner der Stadt nennen, und ist auf alle Fälle lohnenswert: Ob Obst, Gemüse, Fleisch, Fisch, Blumen, Kleidung, Leder- oder Haushaltswaren – hier wird auf engstem Raum einfach alles angeboten. Im Zentrum befinden sich außerdem einige *Sodas* (einfache

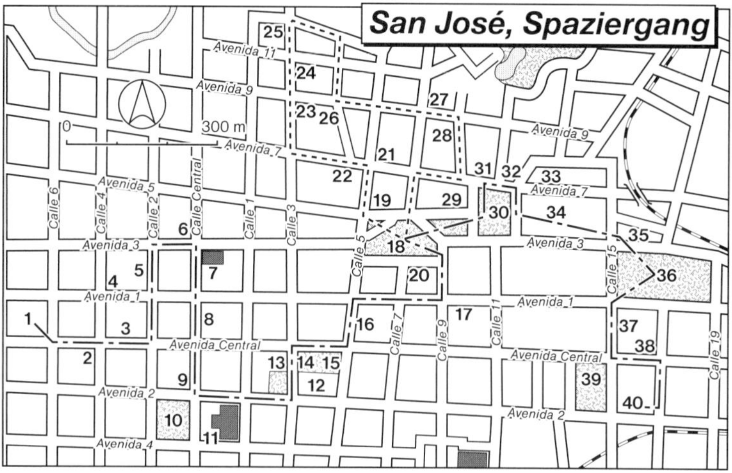

Restaurants), in denen sich die Einheimischen verköstigen. Verkauft wird aber nicht nur im Markt selbst, sondern auch in der Gebäudereihe nördlich vom Markt und natürlich überall auf der Straße.

- Achten Sie auf **Taschendiebe.**
- Der Markt ist von 6.30 bis 18.30 Uhr geöffnet, sonntags geschlossen.

Vom Haupteingang an der Südwestseite führt die Avenida Central (Av.C.) ostwärts zum **Bankenviertel:** Rechts erhebt sich die **Banco de Costa Rica (2),** wegen der schwarzen Fassade im Volksmund auch *Banco Negro* genannt, links liegt, von einem kleinen Park umgeben, die **Zentralbank (3),** dahinter die Hauptverwaltung der **Nationalbank (4).** Überraschend wenig Verkehr herrscht auf dieser Straße, und östlich des kleinen Parks zwischen Calle 4 und Calle 2, in dem regelmäßig Geldwechsler ihre (illegalen) Dienste anbieten, wird sie sogar zu einer Fußgängerzone mit zahlreichen Geschäften und Läden aller Art.

Das Gebäude der **Hauptpost (5)** *(Correos),* eine Straße weiter nördlich gelegen, wurde im Jahre 1914 von englischen Architekten erbaut und zählt mit seiner grünlichen Fassade zu den eindrucksvollsten Gebäuden der Stadt. Im Obergeschoss befindet sich ein kleines Postmuseum (siehe Stichpunkt „Museen"). Vor der Post versprechen Losverkäufer das große Glück, und auf dem kleinen Platz gegenüber werden Blumen angeboten.

- Die **Post** ist Mo-Fr 8-16 Uhr geöffnet.

Geht man auf der Av.3 ostwärts, so trifft man bereits an der nächsten Straßenkreuzung auf zwei weitere interessante Gebäude: links die **Banco de Costa Rica (6)** mit einer auffälligen

140cr Foto: dk

Spitzkuppel, diagonal gegenüber die **Iglesia del Carmen (7),** eine eher unscheinbare Kirche mit einer eigenwilligen Fassade. 150 Meter weiter südlich befindet sich auf der gleichen Straßenseite das vom Verfall bedrohte **Casona-Haus (8),** in dem heute ein Kunsthandwerksgeschäft untergebracht ist.

Das **Teatro Melico Salazar (9)** liegt etwas weiter südlich an der stark befahrenen Avenida Segunda (Av.2). Benannt wurde das in den 1920er Jahren erbaute Theater nach dem auch in Europa erfolgreichen costaricanischen Operntenor *Manuel Salazar Zuñiga* (1887-1950). Hier finden neben anderen Aufführungen auch regelmäßig Konzerte des nationalen Symphonieorchesters statt.

Der gegenüberliegende **Parque Central (10)** („Zentralpark") wurde während der Kolonialzeit als Hauptplatz der Stadt angelegt. Inzwischen hat sich das Zentrum 300 m ostwärts verlagert. Nach jahrelangen Bauarbeiten erstrahlt er heute wieder in neuem Glanz. Der mehr oder weniger dekorative Pavillon in seiner Mitte ist ein Geschenk des Nachbarlandes Nicaragua unter dem früheren Diktator *Somoza*. Auf der Bühne finden sonn-

Auf der Plaza de la Cultura

tags (gegen 10 Uhr) gelegentlich Platzkonzerte statt, im Untergeschoss befindet sich eine Kunstgalerie. Daneben konzentriert sich die größte Ansammlung von Telefonzellen im ganzen Land.

Die **Kathedrale (11)** an der Ostseite des Platzes mit ihrem von mächtigen Säulen geprägten klassizistischen Eingangsbereich und einer blauen Kuppel wurde im Jahre 1871 fertig gestellt, nachdem ein früheres Gebäude 1821 durch ein Erdbeben zerstört worden war. Innen präsentiert sich das umfangreich renovierte Kirchengebäude eher schlicht, mit viel Holz und sehenswerten Glasfenstern. Seitlich an der Av.2 schließt sich die schöne Kapelle **Capilla de Santísimo Sacramento** an, an der Südseite liegt der Palast des Erzbischofs aus dem späten 18. Jahrhundert.

Zwei Straßen weiter ostwärts liegt auf der gegenüberliegenden Seite der Av.2 das eindrucksvolle Gebäude des **Nationaltheaters (12)** (siehe Exkurs „Das Nationaltheater – der Stolz aller Ticos"). Schräg gegenüber des Eingangs steht das altehrwürdige **Gran Hotel de Costa Rica (13),** das älteste noch bestehende Hotel des Landes. Als es 1930 erbaut wurde, war es das höchste Gebäude der Stadt – wie sich die Zeiten doch ändern ... Das Terrassencafé ist ein beliebter Treffpunkt.

Die **Plaza de la Cultura (14)** ist das eigentliche Zentrum der Stadt. Eher schmucklos und unscheinbar, von zahlreichen Fastfood-Restaurants umgeben, ist sie der Treffpunkt schlechthin für Ticos wie Touristen.

Unter dem Platz (Eingang C.5) befindet sich die **Touristen-Information** des ICT und auf mehreren Etagen der **Museumskomplex (15)** der Banco Central mit dem sehenswerten Goldmuseum und einem numismatischen Museum (siehe Stichpunkt „Museen").

Folgt man der Calle 5 in nördlicher Richtung, fällt rechts eine Fassade mit dem Schriftzug **Variedades (16)** auf: Dieses Gebäude, vor rund 100 Jahren als Filmtheater erbaut, dient noch bis heute als Kino.

Im Umfeld der ebenfalls stark befahrenen Av.1 liegen zahlreiche Restaurants und Bars. An der Ecke zur C.9 fällt die rosarote Fassade des **Hotel del Rey (17)** ins Auge. Für den Bau des innen modernen Hotels wurde die Originalfassade renoviert und nach Norden im gleichen Stil ergänzt – ein gelungenes Beispiel für Denkmalschutz, auch wenn sich über die Farbgebung streiten lässt.

Ein Stück weiter nördlich schließt sich der **Parque Morazán (18)** an, der ebenfalls vor nicht allzu langer Zeit renoviert wurde, mit dem weithin sichtbaren Glaspalast des **Hotel Aurola Holiday Inn (19)** im Norden. Auch hier steht im Zentrum ein Musikpavillon aus Spannbeton, in dem öfters sonntags Platzkonzerte stattfinden.

Ein interessantes Gebäude befindet sich an der Südseite des Parks, Ecke Calle 7: In einem ehemaligen Wohnhaus im neoklassizistischen Stil befindet sich heute die Bar **Key Largo (20).** Auffällig sind der Metallfirst und die schöne Deckengestaltung im Inneren.

Das Nationaltheater – der Stolz aller Ticos

142cr Foto: dk

Das Teatro Nacional gilt als das schönste Gebäude der Stadt, vielleicht sogar des ganzen Landes. Den Anstoß zu seinem Bau gab eine Tournee der berühmten Opernsängerin *Adelina Patti* im Jahre 1890, die nicht in Costa Rica auftreten konnte, weil kein geeigneter Rahmen zur Verfügung stand. (Das alte Theater an dieser Stelle war kurz zuvor einem Erdbeben zum Opfer gefallen.) Darüber waren vor allem die Vertreter der Oberschicht so gekränkt, dass sich schließlich die Kaffeebarone darauf einigten, alle Kaffee-Exporte freiwillig mit einer Art Sondersteuer zu belegen und damit den Bau des neuen Theaters zu finanzieren. Als Vorbild für den Bau diente die 1875 fertig gestellte Pariser Oper, und man ließ Architekten, Künstler und edle Baumaterialien aus Europa kommen, um künftig einen standesgemäßen Rahmen für kulturelle Veranstaltungen zu haben. Feierlich **eingeweiht** wurde das Theater nach rund siebenjähriger Bauzeit am 19.10.1897 mit einer Aufführung der Pariser Oper.

Nach dem Erdbeben von 1991 musste das 1965 zum **Nationalmonument** erklärte Gebäude vorübergehend für 2 Jahre geschlossen werden.

Die klassizistische **Fassade** wird von drei weiblichen Figuren gekrönt, die die Begriffe Musik (links), Ruhm (Mitte) und Tanz (rechts) symbolisieren. Die Marmor-Originale wurden übrigens wegen der hohen Luftverschmutzung durch Duplikate ersetzt.

Die **Eingangshalle** ist im barocken Stil gehalten und üppig mit Marmor und Gold ausgestattet. Links befindet sich ein stilvolles Café mit einem sehenswerten Deckengemälde.

Vor Betreten des Theatersaales lohnt sich ein Blick zur **Decke:** Das Gemälde des italienischen Künstlers *J. Villa,* entstanden 1897 in Mailand, wurde auf der 5-Colones-Banknote verewigt. Örtliche Reiseleiter weisen immer wieder auf einige gravierende Fehler in diesem Werk hin, unter anderem die Tatsache, dass Kaffee bekanntlich nicht an der Küste wächst und die Pflückerinnen normalerweise weder so glücklich noch so gut gekleidet sind, wie dies auf dem Bild zu sehen ist. Aber der Titel des Werkes lautet *Alegoría,* und wie sonst hätte der Künstler die beiden wichtigsten Wirtschaftsgüter des Landes – Kaffee und Bananen – auf einem Bild darstellen können? Dass das Gemälde aber dennoch von einem „unwissenden" Europäer gefertigt wurde, sieht man an einer anderen Kleinigkeit: Die Bananen in der Bildmitte scheinen von oben nach unten gewachsen zu sein...

Der halbrunde **Zuschauerraum** bietet auf drei Stockwerken 1040 Besuchern Platz und verfügt über eine gute Akustik. Der Boden kann mechanisch angehoben werden, so dass er mit der Bühne auf ein Niveau kommt und der Raum so als Ballsaal genutzt werden kann. Ebenfalls von spanischen und italienischen Künstlern stammt die Innendekoration: das Deckenfresko ist ein Werk von *Roberto Fontana* und trägt den Titel *Allegorien der schönen Künste.*

- **Besichtigung:** Mo-Sa 9-17 Uhr, Eintritt 600 C. (= ca. 1,80 $), Kinder und Studenten frei, Tel. 221.1329 und 233.6354; Fotografieren ist zwar erlaubt, Blitz und Stativ dürfen jedoch nicht benutzt werden.

Abstecher in das Stadtviertel Amón

Wer möchte, kann vom Parque Morazán den „Hauptweg" verlassen zu einem Abstecher in das Barrio Amón mit seinen schönen Stadthäusern, die um die Wende vom 19. zum 20. Jahrhundert entstanden. Der Rundgang endet am Parque España und schließt dort wieder an den beschriebenen Spaziergang an.

Das Viertel mit seiner architektonischen Stilvielfalt war **früher ein gehobenes Wohngebiet** in ruhiger Lage abseits des Stadtzentrums: Mehrere Präsidenten, Kaffeepflanzer, Bankiers, Doktoren und Rechtsanwälte, aber auch Schriftsteller und Maler hatten hier ihre Residenz.

In den letzten Jahrzehnten war es dann zusehends heruntergekommen, zahlreiche Bars und Nachtclubs siedelten sich an, und Hunderte von lärmenden und stinkenden Bussen taten ein übriges. Heute ist man ernsthaft bemüht, das **alte Stadtbild wiederherzustellen,** und so werden immer wieder neue Hotels in renovierten historischen Gebäuden eröffnet. Geplant ist auch ein Fußgängerweg durch das Viertel, der über den Parque Nacional bis zum Nationalmuseum führen soll – die Stadtverwaltung hält hierfür eine Summe von 15 Mio. C. bereit.

Vom Parque Morazán gelangt man nach Nordwesten, am Aurola-Hotelhochhaus vorbei, zur Av.7. Das **viktorianische Wohnhaus (21)** an der gegenüberliegenden Ecke wurde 1895 im Auftrag von *Dr. Lara-Iraeta* erbaut, die Bauelemente hatte man extra aus Belgien hierhergebracht. Das Gebäude ist seit 1965 Sitz der Alianza Cultural Franco-Costaricense.

Geht man die Av.7 nach Westen, trifft man linker Hand auf ein Gebäude, in dem heute das **Hotel Santo Tomás (22)** untergebracht ist. Es wurde 1910 von einer Kaffeepflanzerfamilie erbaut und ist innen reich mit dunklem Holz ausgestattet.

An der Ecke C.3/Av.9 befindet sich rechts ein gepflegtes, **weiß getünchtes Haus (23),** das Anfang des 20. Jahrhunderts von Nachfahren des Präsidenten *Cleto González* erbaut wurde. Später wurde es bewohnt von *Virginia Aguilar,* der Nichte des Präsidenten.

Ebenfalls in der C.3 kommt man etwas weiter nördlich zum **Hotel Britannia (24).** Das architektonisch interessante Gebäude, von einer Veranda im spanischen Stil umgeben, entstand 1910 im Auftrag des spanischen Kaffeehändlers *Don Cipriano Herrero de Peral.* Auch wenn Sie nicht vorhaben, eine Nacht in diesem Hotel der gehobenen Preisklasse zu verbringen, sollten Sie einen Blick in die elegante Eingangshalle werfen.

Weitere 100 m nach Norden steht auf der linken Seite ein **„maurischer Palast" (25)** mit schönen Glasarbeiten, der leider einen verwahrlosten Eindruck macht. Angeregt von der Alhambra in Granada entwarf der Spanier *Antonio Herrero* im Jahre 1939 dieses Gebäude für seinen Sohn und ließ für den Bau alle Materialien aus Spanien importieren. Später lebte hier die Familie des Erzbischofs *Monseñor Rodríguez,* nach dessen Tod 1986 wur-

144cr Foto: dk

de es verlassen und ist seither unbewohnt.

Wieder in östlicher Richtung gelangt man über die Av.13 in die C.3/bis, wo an der Kreuzung mit der Av.7 ein weißes Gebäude im maurischen Stil auffällt: Das **Casa Morisca (26)** stammt vom Anfang des 20. Jahrhunderts und wird bis heute als Wohnhaus genutzt.

200 m nach Osten steht an der Ecke Av.9/C.7 ein grünes Holzhaus, in dem sich heute das **Hotel Casa Verde (27)** befindet. Das viktorianische Herrenhaus wurde 1910 als Domizil von *Don Carlos Saborio Iglesias,* einer wichtigen Figur in der Geschichte des Landes, erbaut. Etwa 200 m nördlich befindet sich der **Zoo**.

An der Ecke zur nächsten Straße steht das ehemalige Privathaus des Präsidenten *Tomás Guardia*. Bereits seit 1965 ist hier das **Hotel Don Carlos (28)** untergebracht, dessen Gründer *Carlos Balser* ein Experte für präkolumbische Kunst war. Einige Skulpturen seiner Privatsammlung sind zu sehen.

Das Wohnhaus an der C.3/Av.9

Weiter auf der Hauptroute

Die Ostseite des Parque Morazán, auch als Parque Chino bekannt, wird im Norden von einem auffälligen Gebäude beherrscht, das völlig aus Metall besteht: Das **Edificio Metálico (29)** wurde 1890 als Studentenwohnheim vom französischen Architekten *Victor Baltard* erbaut, der auch die berühmten alten Markthallen in Paris plante. Genaugenommen wurde es in Europa erbaut: Die vorgefertigten Teile kamen per Schiff aus Belgien und wurden hier zusammengefügt. Im Laufe der Zeit diente es mehreren Schulen als Gebäude, wie auch die Inschrift *Escuela Graduados* erkennen lässt.

Unmittelbar östlich davon schließt sich der erst kürzlich renovierte **Parque España (30)** an, ein geeigneter Platz, um sich ein wenig auszuruhen und den Vögeln zu lauschen, die im Astwerk der hohen Bäume leben. Sonntags findet hier auch gelegentlich ein Kunstmarkt statt. An der Südwestecke steht ein Standbild des spanischen Konquistador *Juan Vázquez de Coronado,* an der gegenüberliegenden Ecke ein kleiner maurischer Brunnen mit blauen Kacheln *(azulejos)*, auf denen die wichtigen Kirchen des Landes abgebildet sind.

An der Nordseite ragt das hässliche Betonhochhaus der staatlichen Versicherungsgesellschaft INS in den Himmel. Zum Glück war der Präsident der INS, *Fidel Tristan,* ein begeisterter Sammler präkolumbischer Kunst, so dass heute dem Besucher im 11. Stock eines der wichtigsten Museen des Landes offensteht, das **Museo de Jade (31).** Neben einer beeindruckenden Jadesammlung sind hier auch viel guterhaltene Keramik und Steinmetzarbeiten zu sehen (siehe Stichpunkt „Museen"). Außerdem hat man von dort oben einen ausgezeichneten Blick über die Stadt.

Rechts neben dem INS-Hochhaus fällt ein außergewöhnlich schönes, gelb getünchtes Kolonialhaus ins Auge, die **Casa Amarilla (32).** Ursprünglich Sitz des Mittelamerikanischen Gerichtshofes, dient es der Regierung heute u.a. für Empfänge und ist der Öffentlichkeit nicht zugänglich.

Etwas weiter östlich ist die **Botschaft von Mexico (33)** *(Legación de México)* ebenfalls in einem sehenswerten Gebäude im Kolonialstil untergebracht.

Das **Nationale Kulturzentrum (34)** *(Centro Nacional de la Cultura)* an der Ostseite des Parque España wurde 1994 auf dem Gelände der früheren staatlichen Likörfabrik eröffnet, wo seit 1851 Rum, Guaro und andere alkoholische Getränke hergestellt wurden. Es beherbergt neben den Büros des Ministeriums für Kultur, Jugend und Sport auch zahlreiche Ausstellungs- und Veranstaltungsräume, u.a. das **Museum für zeitgenössische Kunst** (siehe „Museen") sowie mehrere Theater. Am gegenüberliegenden Ausgang ist die alte Sonnenuhr bemerkenswert.

Im sich östlich anschließenden modernen Gebäudekomplex ist die **Nationalbibliothek (35)** untergebracht (geöffnet Mo-Fr 8-18.30 Uhr).

Zahlreiche verschiedene Baum- und Vogelarten sind im etwas erhöht über der Stadt gelegenen **Parque Nacional (36)** vertreten, dem größten Park der Innenstadt. In der Mitte des Parks steht ein Monument zum Gedenken an die Schlachten von Sta. Rosa und Rivas, das in den Werkstätten von *Auguste Rodin* in Paris in Bronze gegossen, per

Schiff nach Costa Rica transportiert und hier dann 1885 eingeweiht wurde. Im Nordosten des Parks steht eine Büste des Nationalhelden *Miguel Hilgado* (1753-1811).

Das weiße Gebäude südlich des „Nationalparks" aus dem Jahre 1939, ursprünglich als Präsidentenpalast geplant, ist heute Sitz der **Asamblea Legislativa (37)** („Gesetzgebende Versammlung"), dem nationalen Parlament.

Direkt dahinter in östlicher Richtung befindet sich der **Palacio Azul (38)** („blauer Palast"). Das schöne Stadtgebäude diente früher als US-Botschaft und gehört heute ebenfalls zum Parlament. Über die Calle 17, eine schöne Fußgängerallee, führt der Rundgang weiter.

Auf der 1989 eingeweihten **Plaza de la Democracia (39)** finden öfters Freiluftveranstaltungen statt. In der näheren Umgebung des Platzes finden sich sechs kleinere Theater und ein Kunsthandwerksmarkt

Im Osten wird der „Platz der Demokratie" überragt vom einem festungsartigen Bau, in dem schon seit 1888 das sehenswerte **Nationalmuseum (40)** untergebracht ist (siehe Stichpunkt „Museen"). Der Haupteingang ist auf der Rückseite, aber es gibt auch einen Zugang von Westen. Vom Innenhof des **Cuartel Buenavista,** das 1870 vom deutschen Naturforscher Alexander v. Frantzius erbaut wurde und der Armee von 1910 bis zu ihrer Abschaffung im Jahre 1948 als Hauptquartier diente, bietet sich ein schöner Blick über die Stadt.

Weitere Sehenswürdigkeiten

Zoologischer Garten Simon Bolívar

Der bereits im Jahre 1916 gegründete Nationale Zoologische Garten macht einen etwas verwahrlosten Eindruck. Die meisten Besucher sind Ticos, für die der Zoo vor allem am Wochenende ein beliebtes Ausflugsziel darstellt, da er billig und nah ist. Das Füttern der Tiere ist zwar ausdrücklich verboten, aber leider dennoch üblich.

Zu sehen sind neben einem Tiger und einem Löwen fast ausschließlich Tiere aus Costa Rica, und so kann man sich wenigstens einen ersten Überblick über die Fauna des Landes verschaffen, auch gibt es einige schöne tropische Bäume zu sehen. Eine Renovierung des Zoos ist im Gange, dennoch macht alles einen recht verwahrlosten Eindruck.

● C.7/Av.11, Tel. 233.6701, Eintritt ca. 2 $, Mo-Fr 9-13.30, Sa/So 9-16.30 Uhr.

Spirogyra-Schmetterlingsgarten

Der kleinste der vier Schmetterlingsgärten im Valle Central ist vom Stadtzentrum aus zu Fuß oder per Bus zu erreichen. Etwa 30 Arten Schmetterlinge kann man hier beobachten, wie sie um die jeweiligen Futterpflanzen herumflattern. Die Tiere sind vor allem bei Sonnenschein aktiv.

● Av.C. de Guadalupe, im Norden der Stadt nahe Centro Comercial El Pueblo, Bus Calle Blancos ab C.3/Av.5, Tel. 222.2937, geöffnet tgl. 8-16 Uhr, Eintritt: Erw. 6 $, Stud. 3 $, Kinder (5-10 J.) 3 $.

Parque La Merced

Offiziell heißt der östlich des Krankenhauskomplexes San Juan de Dios gelegene Park Braulio Carrillo, aber da nebenan die Kirche La Merced steht, ist er weiterhin allgemein als Merced-Park bekannt. Er wurde im Jahre 1993 nach jahrelangen Renovierungsarbeiten wieder eröffnet. Neben der Kirche, die wegen ihrer goldenen Altaraufsätze und der schönen Holzdecke durchaus einen Blick ins Innere lohnt, steht ein Standbild des Astronomen *Kopernikus*.

Parque La Sabana

Der Central-Park von San José erstreckt sich vom westlichen Ende des Paseo Colón über mehr als 1 km bis zum Nobel-Stadtviertel Rohrmoser. An der Stelle, wo sich früher die Landepiste des alten Flughafens befand, liegt heute das wichtigste Erholungsgebiet der Stadt mit vielen Bäumen, Sportplätzen und einem künstlichen See. Besonders am Wochenende kommen viele Erholungssuchende hierher: Überall sieht man Jogger und Spaziergänger, immer wieder finden sich spontan Mannschaften zusammen für Volleyball, Fußball und andere Sportarten. Berittene Polizeieinheiten sorgen dafür, dass dies alles in geregelten Bahnen verläuft. (Über die Sicherheit bei Nacht liegen dem Autor keine Informationen vor!)

An der Ostseite befindet sich im ehemaligen Flughafengebäude das **Museum für Costaricanische Kunst** (siehe Stichpunkt „Museen"), davor der Plaza V. Centenario, der im Jahre 1991 vom spanischen König *Juan Carlos* eingeweiht wurde. Etwas weiter südlich steht eine große Sporthalle, dahinter ein **Sportstadion** und ein Schwimmbecken mit olympischen Ausmaßen, auf der Westseite des Parks liegt das Nationalstadion.

Museen

Nationalmuseum (Museo Nacional)

Das bereits seit 1888 bestehende Nationalmuseum gibt einen guten Überblick über die Kultur und Geschichte Costa Ricas, sowohl über die präkolumbische Zeit, als auch über die Kolonialepoche und die Entwicklung nach der Unabhängigkeit von Spanien. Gezeigt wird ein repräsentativer Ausschnitt, so dass eine Besichtigung selten länger als zwei Stunden dauert. Der Haupteingang befindet sich an der Ostseite des Gebäudes, der hier beschriebene Rundgang führt von dort entgegen dem Uhrzeigersinn durch das Museum.

- **Archäologische Abteilung:** Anhand eines lebensgroßen **Modells** wird das Leben der ersten Menschen veranschaulicht, die vor etwa 12.000 Jahren die mittelamerikanische Landbrücke erreichten und hier als Jäger und Sammler lebten. Die drei **archäologischen Regionen** des Landes (vgl. „Frühgeschichte" im Kapitel „Land und Leute") sind auf einer Landkarte dargestellt: Gran Nicoya im Nordwesten (Chorotegas), die Zentralregion (Huetares) und die Diquís-Region im Süden (Bruncas).

Die zahlreichen **Keramiken,** die meist als Grabbeigaben gefunden wurden, sind vorwiegend dem Volk der Chorotega zuzuschreiben, das aus dem mesoamerikanischen Kulturraum von Norden zuwanderte und ein verhältnismäßig hohes Kulturniveau erreichte.

Die Huetares im zentralen und karibischen Raum zeichneten sich vor allem durch ihre hohe **Steinmetzkunst** aus: dekorative Grabplatten und kunstvoll gearbeitete Kult-Metates aus vulkanischem Gestein, deren Form auf die traditionellen Mais-Reibsteine zurückgeht und die wohl als Opferaltar oder Häuptlingsthron dienten.

Bis heute ungeklärt ist das Geheimnis der mysteriösen **Steinkugeln,** die man im Süden des Landes gefunden hat und die man dem Volk der Bruncas zuschreibt: Die fast exakt runden Kugeln aus Granit, die einen Durchmesser bis zu 2,40 m erreichen, fand man auch auf der Isla del Caño, wo dieses Gestein gar nicht vorkommt (vgl. Exkurs „Das Geheimnis der Steinkugeln“).

An einer Nachbildung eines **Grabfundes** sieht man, dass neben Keramik (als Speisebehälter) auch Edelsteine und Schmuck gefunden wurden, die den Verstorbenen auf dem Weg ins Jenseits begleiten sollten.

Interessant sind auch die Modelle der verschiedenen **Hausbauformen.** Wände und Dächer der zum Teil riesigen Gemeinschaftshäuser (bei den Bruncas lebten bis zu 100 Personen unter einem Dach!) waren meist aus Holz, nur die Fundamente waren aus Stein. Dies ist der Grund, dass heute nur sehr wenig von den präkolumbischen Siedlungen Costa Ricas erhalten ist.

In einer weiteren Vitrine sind **Tiere** dargestellt, die für diese Völker eine starke Symbolik hatten, sowie deren Pendants aus Keramik (z.B. Königsgeier, Kröte, Jaguar, Krokodil).

• **Goldsaal:** In zwei kleinen Räumen sind zahlreiche **Goldarbeiten der Bruncas** zu sehen, die aus dem nördlichen Andenraum zugewandert waren, wo auch andere Chibcha-Völker eine hohe Stufe der Goldverarbeitung erreichten. Wurde das Gold zunächst nur gehämmert und getrieben, konnte man mit der Technik der „verlorenen Form“ auch kompliziertere Formen herstellen. Mit einer Kupfer-Gold-Legierung gelang es, den Schmelzpunkt unter 1000 °C zu senken. Ein immer wiederkehrendes Motiv sind neben dem Frosch (Fruchtbarkeit) und dem Krokodil (Erdgottheit) die *veraguas,* wahrscheinlich symbolhafte Darstellungen des Königsgeiers, der als Vermittler zur Über-Welt galt. In einer weiteren Vitrine sind Goldarbeiten aus Südamerika ausgestellt, die man in Costa Rica fand – ein Beweis, dass ein reger Handel mit anderen Völkern bestand.

• **Sala Colonial:** Ein spartanisch eingerichteter Wohnraum des kolonialen Costa Rica zeigt deutlich, dass das Land unter den Spaniern bis zum be-

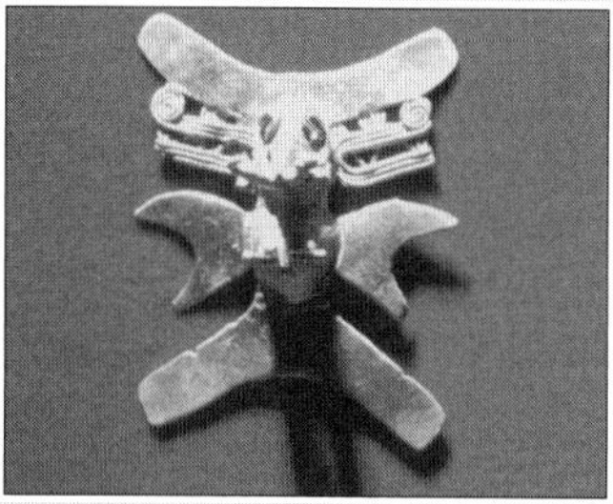

151cr Foto: dk

Die Technik der „verlorenen Form“

Bei diesem Verfahren wurde zunächst ein Abbild des gewünschten Schmuckes in Wachs modelliert und mit dünnen Wachsfäden versehen. Das Modell wurde dann mit Holzkohle überpudert und mit einer Form aus Ton umgeben. Beim Brennen schmolz das Wachs und floss über die dünnen Kanäle der Wachsfäden ab. In den so entstandenen Hohlraum goss man flüssiges Gold ein, die Gussform wurde nach dem Erkalten zerschlagen und das Goldmodell durch Feilen, Glätten und Polieren fertig gestellt.

ginnenden Kaffeeanbau ein Dasein „am Rande der Geschichte" gefristet hat.

• **Historische Abteilung:** Anhand zahlreicher Dokumente, Fotos und anderer Ausstellungsstücke soll hier dem Besucher ein Überblick über die Geschichte von *Kolumbus* bis heute vermittelt werden. Das reicht von historischen Landkarten und einem Portrait des Gründers der ersten Hauptstadt Cartago über Zeugnisse der Missionstätigkeit bis zum Spaten, mit dem der erste Stich für die Karibik-Eisenbahnlinie getätigt wurde.

Wie **San José** zu seiner Blütezeit Anfang des 20. Jahrhunderts ausgesehen hat, ist auf einigen Schwarz-Weiß-Fotos festgehalten. Zeitungsausschnitte belegen wichtige Ereignisse des Jahrhunderts, u.a. die Wirtschaftskrise der 1930er Jahre und der Bürgerkrieg 1948 zwischen den Anhängern von Calderón und Figueres.

Eine Galerie der **Präsidenten** Costa Ricas beschließt den Rundgang; der bekannteste von ihnen – *Oscar Arías Sanchez* – erhielt 1987 den Friedensnobelpreis, dessen Original-Urkunde ebenfalls ausgestellt ist.

• C.17/Av.C.-2, Tel. 257.1433, geöffnet Di-So 8.30-16.30 Uhr, Eintritt: 4 $. Fotografieren ohne Blitz und Stativ erlaubt.

Goldmuseum (Museo de Oro)

Im unterirdischen Museumskomplex der Banco Central versteckt sich eine der größten Goldsammlungen Amerikas. Um diese zu sehen, muss man zunächst eine Sicherheitskontrolle passieren wie am Flughafen und sämtliches Gepäck (inkl. Kamera) abgeben.

Nach einer kurzen ethnologischen Einführung, in der die Lebensweise der frühen Bewohner dieser Region eindrucksvoll veranschaulicht wird, folgt eine eindrucksvolle Sammlung von **Schmuck- und Kultgegenständen** aus Gold: Zu den über 2000 schön präsentierten Exponaten gehört neben Masken und Tierfiguren auch der größte Gold-Nugget der Welt (leider nicht öffentlich zugänglich). Auf zahlreichen Schautafeln werden u.a. die

Jade, das grüne Gold

Schon bei den frühen mesoamerikanischen Kulturvölkern war Jade ein gefragtes Material, aus dem man **Schmuck und religiöse Kult-Objekte** fertigte. Jade-Künstler waren bei den Olmeken und Maya bedeutende und geachtete Persönlichkeiten, die oft mit ihren Werkzeugen und einigen ihrer Arbeiten beerdigt wurden.

Auf der Suche nach der begehrten blauen Jade, die man hier vermutete, kamen bereits etwa 800 v.Chr. die **Olmeken** und mit ihnen die erste Jade ins Land. Aber sie wurden enttäuscht, und auch Archäologen, die auf der Halbinsel Santa Elena, dem geologisch ältesten Teil des Landes, nach Jade forschten, waren erfolglos.

Die Tatsache, dass in einem Land, in dem niemals Jade gefunden wurde, die Bearbeitung dieses harten Gesteins dennoch eine Blüte erlebte, ist mit dem regen **Handel** zu erklären, der vor allem in Richtung Guatemala bestand, wo die reichsten Jadevorkommen Zentralamerikas liegen.

Waren die frühen Stücke noch etwas grob gearbeitet, so wurden mit immer ausgereifteren Techniken auch mehr und mehr Details plastisch herausgearbeitet. Ihren **Höhepunkt** erreichte die Kunst der Jadebearbeitung in Costa Rica um das 5. Jh., aber noch bis hinein ins frühe 16. Jh. wurden aus Jade und Nephrit, einem sehr ähnlichen Gestein, in einem komplizierten Bearbeitungsprozess Amulette, Halsketten und auch Büstenhalter für die Damen des gehobenen Standes gefertigt. Häufig findet man auch Tiermotive, deren mythologische Kraft dem Schamanen zu Hilfe kam.

symbolischen Bedeutungen der verschiedenen Tiere und die unterschiedlichen Techniken der Goldverarbeitung erklärt, die das Volk der Bruncas im Süden des Landes benutzte. Die wertvolle Sammlung stellt einen Teil der Rücklagen für die Landeswährung dar.

Im gleichen Komplex befindet sich auch ein **Numismatisches Museum** und eine wechselnde **Ausstellung moderner Kunst.**

● **Plaza de la Cultura** (UG), Tel. 243.4202, geöffnet tgl. 9.30-16.30 Uhr, Eintritt 5 $, Kinder (7-12 Jahre) 1000 C. = ca. 2,50 $. Fotografieren nicht erlaubt. Mittwochs ist der Eintritt für Einheimische frei.

Jademuseum (Museo de Jade)

Die archäologische Sammlung der staatlichen Versicherungsgesellschaft INS wurde unter ihrem früheren Präsidenten *Marco Fidel Tristan* zusammengetragen. Sie umfasst neben der wahrscheinlich größten Jadesammlung Amerikas auch zahlreiche steinerne Kult-Metates und außergewöhnlich gut erhaltene Exemplare präkolumbischer Keramik, die in Form von Menschen, Tieren und Früchten gearbeitet sind – bei einigen lässt sich ihre Fruchtbarkeitssymbolik nicht übersehen. Nach einem Umbau darf die erweiterte Ausstellung als eine der **bedeutendsten Sammlungen präko-**

lumbischer Kunst Zentralamerikas gelten! Vom Museum im 11. Stock des INS-Gebäudes, das seit 1977 der Öffentlichkeit zugänglich ist, hat man einen eindrucksvollen Ausblick über die Stadt.

● Av.7/C.9-11 (INS-Hochhaus, 11. Stock), Tel. 223.5800, geöffnet Mo-Fr (außer Feiertage) 8.30-16 Uhr, Eintritt ca. 3 $.

Museum Costaricanischer Kunst (Museo de Arte Costaricense)

Im früheren Flughafengebäude am Sabana-Stadtpark befindet sich seit 1978 das wichtigste Kunstmuseum des Landes. Vor allem **Gemälde und Plastiken** costaricanischer Künstler des 20. Jahrhunderts werden hier gezeigt. Besonders herausragend sind die Gemälde von *Max Jiménez,* der als der erste Vertreter der modernen Malerei in Costa Rica gilt, und die Skulpturen von *Hernán González,* die in den 60er Jahren entstanden. Monatlich wechselnde Ausstellungen ergänzen das Angebot des Museums, für dessen Besichtigung man etwa ein bis zwei Stunden benötigt. Im oberen Stockwerk befindet sich der Salón Diplomático, ein ehemaliger Warteraum der 1. Klasse. Die Wände sind aus goldbemaltem Stuck mit Darstellungen aus dem Leben während der Conquista.

● C.42/P.C. (Ostseite Sabana-Park), Tel. 222.7155, geöffnet Di-Sa 10-16 Uhr, So 10-14 Uhr, Eintritt 5 $, (Studenten frei), So Eintritt frei.

153cr Foto: dk

Kunstflug: Das Towergebäude des ehemaligen Flughafens beherbergt jetzt die Kunstschätze des Landes

Museum für zeitgenössische Kunst (Museo de Arte y Diseño Contemporáneo)

Das Museum, das früher im Untergeschoss der Nationalbibliothek untergebracht war, befindet sich seit 1994 in den Räumen der früheren staatlichen Likörfabrik. In wechselnden Ausstellungen werden Gemälde, Skulpturen, Fotos, Videos und andere Werke **zeitgenössischer Künstler aus aller Welt** gezeigt.

● Im Nationalen Kulturzentrum, Eingang C.15/Av.3, Tel. 256.4934, geöffnet Di-Sa 10-17 Uhr, Eintritt 300 C. (ca. 0,80 $), Stud. 150 C., Kinder frei.

Kriminologisches Museum (Museo de Criminología)

Nicht unbedingt jedermanns Geschmack ist diese eigenwillige Sammlung. Neben historischen Waffen, diversen Mordwerkzeugen und fotografischen Dokumenten von Gewalttaten, Verkehrsunfällen etc. werden auch abgetrennte menschliche Gliedmaßen gezeigt, die in Alkohol konserviert wurden. Gedacht ist diese Ausstellung wohl vorrangig für pädagogische Zwecke ...

• Av.6/C.17, im Gebäude des *Corte Suprema* („oberster Gerichtshof"), Tel. 295.3000, geöffnet Mo-Fr 7-12 und 13-16.30 Uhr, Eintritt frei.

Naturwissenschaftliches Museum La Salle (Museo de Ciencias Naturales)

Das 1960 eröffnete Naturkundemuseum, das sich seit 1971 an dieser Stelle befindet, hat ein Problem: Es gibt einfach nicht genügend Platz für die über 32.000 Ausstellungsstücke, und so sind auch die Verhältnisse derzeit noch etwas beengt. Aber ein Anbau ist in Arbeit, damit man die zahlreichen Exponate, **Tiere, Fossilien und Mineralien** aus aller Welt, für die steigende Zahl von Besuchern besser präsentieren kann.

Am auffälligsten sind die Säugetiere, darunter auch viele im Land vorkommende Arten wie Ameisenbären, Tapire und Affen und die rund 1200 Vogelarten, die hier ausgestellt werden. Ferner gibt es Reptilien, Fische und über 12.500 Insekten, vor allem Schmetterlinge.

Einer der Höhepunkte des Museums ist die über 13.500 Exponate umfassende Muschelsammlung.

• Im M.A.G.-Gebäude (Südost-Ecke Sabana-Park), Tel. 232.1306, geöffnet Mo-Sa 7.30-16 Uhr, So 9-17 Uhr, Eintritt 500 C. (ca. 1,30 $), Kinder 400 C. Anfahrt: Bus Sabana – Estadio ab Av.2 (neben Kathedrale).

Insektenmuseum (Museo de Insectos)

Die auch als *Museo de Entomología* bekannte wissenschaftliche Sammlung der Universidad de Costa Rica besteht seit 1962 und umfasst neben zahlreichen Schmetterlingen auch Käfer, Bienen, Libellen und andere Insekten. Mit 1 Mio. Exponaten gilt sie als **eine der größten Insektensammlungen der Welt.**

• San Pedro, UCR, Escuela de Artes Musicales (Facultad de Agronomía), Tel. 207.5647, geöffnet Mo-Fr 13-17 Uhr, Eintritt 2,50 $. Anfahrt: Bus ab Av.2/C.5-7.

Weitere Museen

Museum der Formen, Räume und Töne *(Museo de Formas, Espacios y Sonidos):* Im alten Atlantik-Bahnhof.

• Av.3/C.19-23, Tel. 222.9462, Mo-Fr 9.30-15 Uhr, Eintritt 400 C. (= ca. 1 $).

Kindermuseum *(Museo del Niño):* Ein Museum speziell für Schulkinder, die hier viel über Kultur, Geschichte, Wissenschaft und Technologie des Landes erfahren. Im gleichen Gebäude befindet sich auch die **Nationalgalerie** mit einer Ausstellung zeitgenössischer Kunst.

• Im ehemaligen Zentralgefängnis, Nordende der C.4, Tel. 258.4929, geöffnet Di-Fr 8-16.30 Uhr, Sa/So 9.30-17.30 Uhr, Eintritt 600 C. (ca. 1,50 $), Sa/So 700 C., Kinder 400 C., Sa/So 500 C.

Numismatisches Museum *(Museo de Numismática):* Diese Sammlung befindet sich im Museumskomplex der Banco Central unter der Plaza de la Cultura. u.a. ist auch die erste Münze Costa Ricas ausgestellt, der halbe Gold-Escudo von 1825.

- Öffnungszeiten wie das Goldmuseum.

Postmuseum *(Museo Postal, Telegráfico y Filatélico):* Eine kleine Ausstellung von Briefmarken und historischen Gerätschaften im Gebäude der Hauptpost.

- C.2/Av.1-3, 1. Stock, Tel. 223.6918, geöffnet Mo-Fr 8-16.30 Uhr, Eintritt frei.

168cr Foto: dk

Unterkünfte

Hotels und Pensionen

An San José kommt man nicht vorbei (außer man weicht nach Alajuela oder Heredia aus), und obwohl es weit über 100 Hotels und Pensionen aller Preisklassen gibt, ist es gar nicht so leicht, die richtige Unterkunft zu finden.

Die **Hotels im Zentrum** sind meist laut und oft überteuert, es ist daher geratsam, eine Unterkunft zu wählen, die in akzeptabler Distanz zum Zentrum eine ruhige Nacht garantiert. Vor allem die Unterkünfte in der Nähe der Busbahnhöfe, an der Av.2 sowie südlich davon sind oft sehr unruhig und alleinreisenden **Frauen** auch **nicht unbedingt anzuraten.**

Angenehm sind die Hotels in den Stadtvierteln Amón und Otoya nördlich vom Zentrum (siehe Karte hintere Umschlagklappe) und die Umgebung des Paseo Colón. Wer nicht unbedingt in direkter Zentrumsnähe wohnen muss, kann auch in die **Vororte** im Osten (Los Yoses, San Pedro) oder auch nach Escazú ausweichen.

Billighotels

(DZ bis 14 $)

In der untersten Preisklasse gibt es insbesondere im Osten des Zentrums (eine Gegend, die v.a. nachts unsicher ist) eine Unzahl von Hotels. Bei vielen sind jedoch die Zimmer dermaßen schmuddelig und primitiv, dass man sie mit gutem Gewissen nicht empfehlen kann. Viele dienen außerdem als Absteige (= Stundenhotel!).

- **Hotel Boruca** (C.14/Av.1-3, Tel. 223.0016): Nähe Coca-Cola, 22 enge und hellhörige Zi., bc: 5/7 $; einf., aber akzeptabel.

●**Pensión Otoya** (C.1/Av.3-5, Tel. 221.3925): 22 Zi., etwas heruntergekommen, oft ausgebucht, Waschservice, Kühlschrank, Schlafraum 4 $ p.P.; Zi., bc: 8/14/20 $; bp: 10/17/23 $; beliebter Travellertreff (v.a. aus Israel).

●**Hotel Generaleño** (Av.2/C.8-10, Tel. 233.7877): 47 einfachste Zi., meist dunkel, hellhörig: bc 5/10 $; bp 14/14 $; für eine Nacht akzeptabel.

●**Hotel Crucero** (C.4/Av.7-9, Tel. 233.3124): 7 Zi., bp, einf., aber sauber: 11/11 $.

●**Hotel Avenida Segunda** (Av.2/C.9-11, Tel. 222.0260): zentrale Lage, 17 z.T. dunkle Zi., bc: 8/12/15 $.

●**Hotel Musoc** (C.16/Av.1-3, Tel. 222.9437): direkt am Coca-Cola-Bahnhof, 44 ordentl. Zi.: bc 8/13 $; bp 9/15/19 $.

●**Hotel Compostela** (C.6/Av.3-5, Tel. 257.1514): 28 einf., z.T. kl. Zi., aber sauber, span. Leitung: bc 7 $ p.P.; bp 16/18 $.

●**Tranquilo Backpackers** (C.7/Av.9-11 (im Zentrum, Nähe Zoo, Tel. 355.5103, Fax 222.2493, tranquilobackpackers@hotmail.com): schweiz. Leitung, freundl., Wäscheservice, TV-Zi., Gem.-Küche, Internet (gratis); 4 saubere Mehrbettzi.: 17 $ p.P.; 11 zweckmäßige Zi. mit bc (WW): 11/19 $.

Einfache Hotels

(DZ 15 bis 25 $)

In der nächst höheren Preisklasse gibt es bereits einige recht ordentliche Unterkünfte:

●**Hotel La Posada** (C.12/Av.7- 9, Tel. 233.8754): 24 recht ordentl. Zi.: bc 10/15 $; bp 15/20/24 $.

●**Hotel Príncipe** (Av.6/C.C.-2, Tel. 222.7983): 35 Zi., bp, 4 Stockwerke (kein Aufzug): 12/16/24 $.

●**Hotel Capital** (C.4/Av.3-5, Tel. 221.8497, Fax 221.8583, Wäscheservice, freundlicher Besitzer; 15 schlichte, aber brauchbare Zi. mit Kabel-TV, bp: 16/16/20 $.

●**Nuevo Hotel Central** (Av.3/C.6-8, Tel. 222.3509): 5 Stockwerke (Aufzug), 45 einf. Zi., bp: ca. 14/18/20 $.

●**Costa Rica Backpackers** (Av.6./C.21-23, Tel. 221.6191, Fax 223.2406, vincetzs@hotmail.com): Gratis-Parkplatz und Internet, Pool, Gem.küche, TV-Zimmer; 13 Schlafräume: 9 $ p.P., DZ: 20 $.

●**Pangea Hostel** (Av.11/C.3 bis, Tel. 221.1992, Fax 232.9534, hostel@email.com): Billigunterkunft im Barrio Amón, Küchenbenutzung, Wäscheservice, TV-Zi., Flughafen-Abholservice, Internet-Zugang (gratis für Gäste), Gratis-Frühstück: Schlafraum ab 9 $ p.P., 40 Zi. bc: 20/24 $; bp: DZ 28 $; keine KK.

●**Casa Ridgway** (C.15/Av.6-8, Tel./Fax 233.6168): ruhige Lage, angenehme Atmosphäre, sauber, Gem.küche, Waschgelegenheit, 3 Schlafräume 8 $ p.P.; Zi. mit bc: 10/20 $, bp: 12/24 $.

●**Hotel Cocorí** (C.16/Av.3-5, Tel. 233.0081): Nähe Coca-Cola, 25 einf., ordentl. Zi., bp: 12/18/22 $.

●**Hotel Bienvenido** (C.10/Av.1-3, Tel. 233.2161, Fax 221.1872): mit Rest.; 51 einf., saubere Zi., bp: 18/18/27 $.

●**Hotel Boston** (Av.8/C.C.-2, Tel. 221.0563): 22 einf. Zi. mit bp: 15/19 $.

●**Hotel Diplomat** (C.6/Av.C.2, Tel. 221.8133, Fax 233.7474, hvillas@racsa.co.cr): Rest., Bar; 29 ordentl. Zi., bp: 18/20/30 $.

***Casa Leon** (C.13/Av.6, Tel. 222.9725, casa_leon_sa@hotmail.com): nette Pension in zentraler, ruhiger Lage, schweiz. Leitung, Frühstücksküche; Schlafraum: 10 $ p.P.; 5 ordentl. Zi.: bc 15/25/30 $; bp 20/30/35 $.

***Kap's Place** (C.19, Nr. 1142, Av.11-13, Tel. 221.1169, Fax 256.4850, kapsplace@racsa.co.cr): kl. Gästehaus, etwas abseits in ruhigem Wohnviertel, Küchenbenutzung, Terrasse; 21 Zi., bp, Kabel-TV: von 20/25/36 $ bis 40/50/60 $; 1 Apt. mit Küche, 2 Badezi. 70/70/75; Kinder bis 10 J. frei; KK (kein Zuschlag).

●**Hotel Aranjuez** (C.19/Av.11-13, Tel. 256.1825, Fax 223.3528, info@hotelaranjuez.com): etwas abseits in ruhigem Wohnviertel gelegen, 2 Holzhäuser mit Garten, angenehme Atmosphäre, Parkplatz; 36 ordentl. Zi. mit Kabel-TV, Safe: bc 22/25 $ (ÜF); bp ab 28/38/45 $ (ÜF); Barzahlungspreise. Das Hotel ist häufig überbucht!

Einfache Mittelklasse

(DZ 30 bis 52 $)

Hier kann man zwischen einigen ordentlichen Unterkünften wählen, alle mit Frühstück.

*Casa Hilda (Av.11/C.3-3b, Tel. 221.0037, Fax 221.2881, c1hilda@racsa.co.cr): Privathaus im Barrio Amón, familiäre Atmosphäre, freundlich; 5 ordentl. Zi., bp, Safe, recht ruhig: 22/30/48 $; KK (+7 %).

●**Diana's Inn** (Av.3/C.5, Tel. 223.6542, Fax 233.0495, dianas@racsa.co.cr): zentrale Lage; 7 Zi., AC, TV, Safe, einf., sauber; 30/40/45 $; KK (kein Zuschlag).

●**Cinco Hormigas Rojas B&B** (C.15/Av.9-11, Tel./Fax 257.8581, gali@racsa.co.cr): Privathaus, farbenfrohe Einrichtung, 6 sympathische Zi., bc (je 2 Zi.): 35/40 $; bp: 45/58 $.

●**Hotel Vesuvio** (Av.11/C.13-15, Tel. 221.7586, Fax 221.8325, info@hotelvesuvio.com: angenehm, ruhige Lage, hilfsbereit, Rest., Parkplatz; 20 ordentl. Zi., mit Kabel-TV, Safe, hellhörig: 41/47/52 $; KK (+6 %).

*Classic Hotel B&B (C.20/Av.3, Nähe Coca-Cola, Tel. 223.4316, Fax 257.3123): nettes Hotel in ehem. Wohnhaus, Personal freundlich und hilfsbereit, 9 schöne, gepflegte Zi. mit Kabel-TV: 39/49/59 $; Kinder unter 15 J. frei; Schlafsaal: 10 $ p.P.; KK.

●**Hotel Mesón del Angel** (C. 20/Av.3-3b, Nähe Coca-Cola, Tel. 222.1997, Fax 223.2706, hmdangel@racsa.co.cr): angenehm, mit Innenhof, 20 ordentl. Zi. mit Kabel-TV, Safe: 39/49/59 $; KK.

●**Hotel Inca Real** (Av.11/C.5-7, Tel./Fax 223.8883, info@hotelincareal.com): Frühstücksrest.; ca. 30 etwas kitschige aber gute Zi., bp (klein), Kabel-TV: 39/49/59 $; Barzahlungspreise; KK (VISA +16,39 %).

●**Taylors Inn B&B** (Av.13/C.3, Tel. 257.4333, Fax 221.1475, catours@racsa.co.cr): kl. Hotel mit angenehmer Atmosphäre; 9 nette Zi., Kabel-TV: 40/50/60 $ (ÜF); KK.

Gehobene Mittelklasse

(DZ 56 bis 73 $)

In der gehobenen Mittelklasse schließt der Übernachtungspreis bei allen Hotels ein Frühstück ein, alle Zimmer mit Bad:

●**Hotel Joluva** (C.3b/Av.9-11, Tel. 223.7961, Fax 257.7668, joluva@racsa.co.cr): Gay-Hotel, 7 ordentl. Zi., Kabel-TV: 41/58/70 $; KK (+6 %).

●**Hotel Doña Inés** (C.11/Av.2-6, Tel. 222.7443, Fax 223.5426, notadea@racsa.co.cr): ehem. Wohnhaus, Rest.-Service, ital. Leitung; 20 schön eingerichtete Zi., TV: 47/58/70 $; NS: -5 $ (April-Nov.); KK (+6 %).

●**Hemingway Inn** (Av.9/C.9, Tel./Fax 221.1804, hemingway@hemingwayinn.com): historisches Gebäude mit Innenhof, Whirlpool, Küchenbenutzung; 17 ordentl. Zi., Kabel-TV, Safe, z.T. Vent., laut (Straße): ab 46/58/72 $; Suite: 66/77/84 $; Barzahlungspreise; KK (+10 %).

●**Hotel Rincón de San José** (Av.9/C.15, Tel. 221.9702, Fax 222.1241, info@hotelrincondesanjose.com): niederl. Leitung, Gratis-Internet; 28 angenehme Zi. mit TV: 49/61/73 $; Kinder unter 12 J. frei; KK (+6,5 %).

●**Hotel Dunn Inn** (Av.11/C.5, Tel. 222.3232, Fax 221.4596, eisabel@hotmail.com): Rest., Parkplatz, 25 angenehme Zi., Kabel-TV, individuell ausgestattet, z.T. mit Kühlschrank; Standard: 54/66 $, Kingsize: 43/54 $; KK (nur VISA).

*Hotel Kekoldi (Av. 9/C. 5-7, Tel. 248.0804, Fax 248.0767, in D: Tel. 0861/165906, kekoldi@racsa.co.cr): symp. Hotel in renoviertem Art-Déco-Gebäude mit Garten, Gepäckraum, freundl. Ambiente, deutschspr.; 10 helle Zi., Kabel-TV, Safe, gr. Betten; 62/73/87 $; KK (5 % Barzahlungsrabatt).

Komfortklasse

(DZ ab 76 $)

Die Hotels der gehobenen Preisklasse verfügen über jeden Komfort – natürlich zu den entsprechenden Preisen:

●**Hotel Casa Morazan** (C.7/Av.7-9, Tel. 257.4187, Fax 257.4175, anakeith@racsa.co.cr): Rest., 9 ordentl. Zi., Kabel-TV, AC: 64/76/99 $; NS (14.4.-15.11.): 52/64/76 $.

●**Best Western Downtown San José** (Av.7/C.6-8, Tel. 255.4766, Fax 255.4613, bwsjreservas@webgotravel.com): gutes Stadthotel mit internat. Standard, etwas abseits, beheizter Pool, Rest., Cafetería, Parkplatz; 69 angenehme Zi., bp, AC, Kabel-TV, kostenlose Inlandsgespräche, Gratistransfer zum Flughafen: 66/78/78 $; KK.

●**Hotel Santo Tomás** (Av.7/C.3-5, Tel. 255.0448, Fax 222.3950, info@hotelsantotomas.com): historisches Gebäude (erbaut 1910), beheizter Pool, Rest., Bar; 20 Zi. mit DV, Kabel-TV: 70/81 $; Komfort-Zi.: ab 81/93/128 $; KK (kein Zuschlag).

●**Hotel Don Carlos** (C.9/Av.7-9, Tel. 221.6707, Fax 258.1152, hotel@doncarloshotel.com): schönes Haus mit Rest., Bar, Garten, Pool, Parkplatz; 33 Zi. mit Kabel-TV, Safe: 69/81/92 $; Komfortz.: 81/92/104 $; KK.

***Hotel Fleur de Lys** (C.13/Av.2-6, Tel. 223.1206, Fax 221.6310, in D: Tel. 0861/165906, reservaciones@hotelfleurdelys.com): viktorianisches Herrenhaus (Ende 19.Jh.), zentrale, dennoch recht ruhige Lage, Rest. (nur abends), nette Bar, kostenlose Abholung vom Flughafen, Gratis-Parkplatz; 31 angenehme Zi. und Suiten, Kabel-TV: ab 80/92/109 $; KK.

●**Hotel Britannia** (C.3/Av.11, Tel. 223.6667, Fax 223.6411, info@hotelbritanniacostarica.com): stilvolles Haus mit Rest., Bar, 24 schöne Zi. mit Kabel-TV, Safe; Standardzi.: 90/104 $, Deluxe ab 108/122/134 $; KK.

Westlich des Zentrums (Paseo Colón/Sabana Norte)

●**Gandy's Backpacker Hostel** (Av.5/C.36-18, Tel./Fax 258.2937, gandys@backpacker.co.cr): Billigunterkunft, Kochgelegenheit, Internet: Schlafraum: 7 $ p.P.; DZ, bp (WW): 20 $.

●**La Mariposa Azul** (Av.4/C.40-42, Tel./Fax 258.7878, reservations@lamariposaazul.com): Billigunterkunft in Sabana Este, Flughafentransfer, Wäscheservice, TV-Zi., für Gäste Internet gratis; Schlafraum: 7 $ p.P.; Privatzi., bp: 20 $ (ÜF); KK.

●**Hotel Ritmo del Caribe** (P.Colón/C.32, Tel. 256.1636, hotel@ritmo-del-caribe.com): Travellertreff, kl. Garten, TV-Zimmer, Flughafentransfer (ab 2 Nächten gratis), Internet (gratis), Tagestouren, dt. Leitung; 16 recht ordentl. Zi., teilw. laut, bp: 28/38/48 $ (ÜF); KK (+7 %).

●**Hotel Petit Victoria** (C.28/Av.2, Tel. 233.1812, Fax Fax 221.8616): schönes altes Holzhaus (1925), ruhig, angenehme Atmosphäre; 26 Zi., z.T. m. Kühlschrank, bp: 37/53/65 $ (ÜF); keine KK.

●**Hotel Cacts** (Av.3 bis/C.28-30, Tel. 233.0486, Fax 221.8616, hcacts@racsa.co.cr): gut geführtes Traveller-Hotel, Frühstücksrest., Parkplatz, Terrasse mit Ausblick, Pool, Flughafentransfer (20 $ bis 5 Pers.); 4 ordentl. Zi. mit bc und 12 Zi. bp (WW), DV: 42/55/65 $ (ÜF); 14 gute Zi., bp, DV, TV (alle Nichtraucher): 50/60/70 $ (ÜF); KK (ohne Zuschlag).

●**Hotel Rosa del Paseo** (P. Colón/C.28-30, Tel. 257.3225, Fax 223.2776, rosadelp@racsa.co.cr): ehem. Wohnhaus (erbaut 1890) mit Innenhof; 18 stilvoll eingerichtete Zi. mit Kabel-TV, Vent., Safe: ab 70/81/93 $ (ÜF); 3 Suiten mit AC: 82/93/105 $ (ÜF); KK (+7 %).

***Hotel Grano de Oro** (C.30/Av.2-4, Tel. 255.3322, Fax 221.2782, info@hotelgranodeoro.com): in hölzernem Wohnhaus (Anf. 20. Jh.), Rest. (Frühstück 4-7 $, Mittagessen um 23 $, Abendessen um 34 $), Aussichtsbar, Garten, Sonnenterrasse mit Whirlpool, angenehme Atmosphäre; 35 geschmackvolle Zi. (Nichtraucher) mit Kabel-TV, DV, Mini-Bar ab 99/105/111 $; KK.

Östlich des Zentrums (Barrio La California/Los Yoses):

●**Hostal Toruma** (Av.C./C.29-31, Tel./Fax 224.4085, recajhi@racsa.co.cr): einzige echte Jugendherberge des Landes in denkmalgeschütztem Gebäude; 15 einf., aber ordentl. Gem.schlafräume für 2-6 Pers.; 4 Zi. mit abschließbaren „Schlafboxen", bc (sauber); 12 $ p.P. (ÜF, mit Jugendherbergsausweis 10 $); DZ: 20 $; Safe, Gepäckverwahrung.

●**Ara Macao Inn B&B** (Barrio La California, C.25, 50 m südl. Pizza Hut, Tel. 233.2742, Fax 257.6228, aramacao@hotels.co.cr): Innenhof, Küchenbenutzung, kostenloser Wäscheservice, Safe; 11 ordentl. Zi., Kabel-TV, bp: 40/50/60 $ (ÜF); KK (+6 %).

●**Hotel Don Fadrique** (Los Yoses, C.37/Av.8, Tel. 224.7583, Fax 224.9746, info@hoteldonfadrique.com): nettes Hotel mit Rest.; 20 ordentl. Zi. mit Kabel-TV, bp 70/81/95 $ (ÜF), NS (Mai-Okt.): 57/70/83 $; KK.

●**Hotel Le Bergerac** (Los Yoses, C.35 Süd, Tel. 234.7850, Fax 225.9103, bergerac@racsa.co.cr): angenehmes kl. Hotel mit Innenhof, gutes Rest. (L'Ile de France, gehobene Preisklasse, nur Abendessen), Parkplatz, frz. Leitung; 19 gr., ruhige Zi. mit Kabel-TV, Tel., Safe: 68/79 $ (ÜF), Komfortzi. mit kl. Privatgarten: ab 88/99/117 $ (ÜF); KK.

Apartotels

Wer länger in der Region San José verweilt oder wer mit Kindern reist und selbst kochen möchte, für den kann diese Mischung aus Hotel und Mietapartments die richtige Alternative zu den normalen Hotels sein. Die Apartments verfügen über 1 bis 3 Zimmer, Bad, Küche und meist einen kleinen Wohnraum. Die genannten Preise für Belegung mit 1/2/3 Personen gelten für eine Nacht, auch wenn Einzelübernachtungen oft nicht gerne gesehen werden. Alle Apartotels bieten günstigere Wochen- und Monatstarife an.

- **Apartotel Cristina** (Sabana Norte, Tel. 220.0453, Fax 220.2096): neueres Hotel mit Pool, Parkgarage, Münzwaschmaschinen; 48 angenehme Apt. mit Küche, Kabel-TV, AC: 1-2 Pers. ab 64 $, 3 Pers. ab 84 $ (ÜF), ab 1 Woche: 58 bzw. 71 $/Tag; KK.
- **Apartotel El Sesteo** (Sabana Sur, 200 m südl. McDonald's, Tel. 296.1805, Fax 296. 1865, sesteo@racsa.co.cr): Pool; 16 Zi. mit Kabel-TV: 55/55/65 $ (ÜF); 20 Apt. mit Küche: 64/64/74 $ (ÜF); gr. Apt. mit 2 Schlafzi., 2 Bäder: 99 $ (1-4 Pers., ÜF); KK (kein Zuschlag).
- **Apartotel La Sabana** (Sabana Norte, Tel. 220.2422, Fax 231.7386, info@apartotel-lasabana.com): Pool, Sauna, Parkplatz; Zi., bp (1-2 Pers.): ab 53 $, Apt. mit Du./WC, Küche, Kabel-TV, Tel.; 1-2 Pers. ab 63 $, 3-4 Pers. ab 76 $ (ÜF); KK.
- **Apartotel Los Yoses** (vor Fuente de la Hispanidad rechts, Tel. 225.0033, Fax 225.5595, losyoses@apartotel.com): Pool, Sonnendeck, Parkplatz; 23 Apt. (max. 4 Pers.) mit Küche, AC, Kabel-TV: ab 55/68/92/105 $; KK.

Weitere Apartotels gibt es in Santo Domingo, Escazú, Heredia und Alajuela (siehe dort).

Private Apartments

Weit günstiger als Apartotels sind von Privat vermietete Zimmer und Wohnungen, für die in Kleinanzeigen geworben wird (Costa Rica Today, Costa Rica Times etc.). Die Preise für ein einfaches Apartment in der Umgebung von San José liegen bei ca. 100 $ pro Woche und 300 bis 400 $ pro Monat. Einzelübernachtungen sind normalerweise nicht möglich, wer aber z.B. eine Woche dort gewohnt hat und nach einer Reise durch das Land wieder zurückkommt, wird sicherlich auch für die letzte Nacht vor dem Rückflug ein Bett bekommen.

001cr Foto: dk

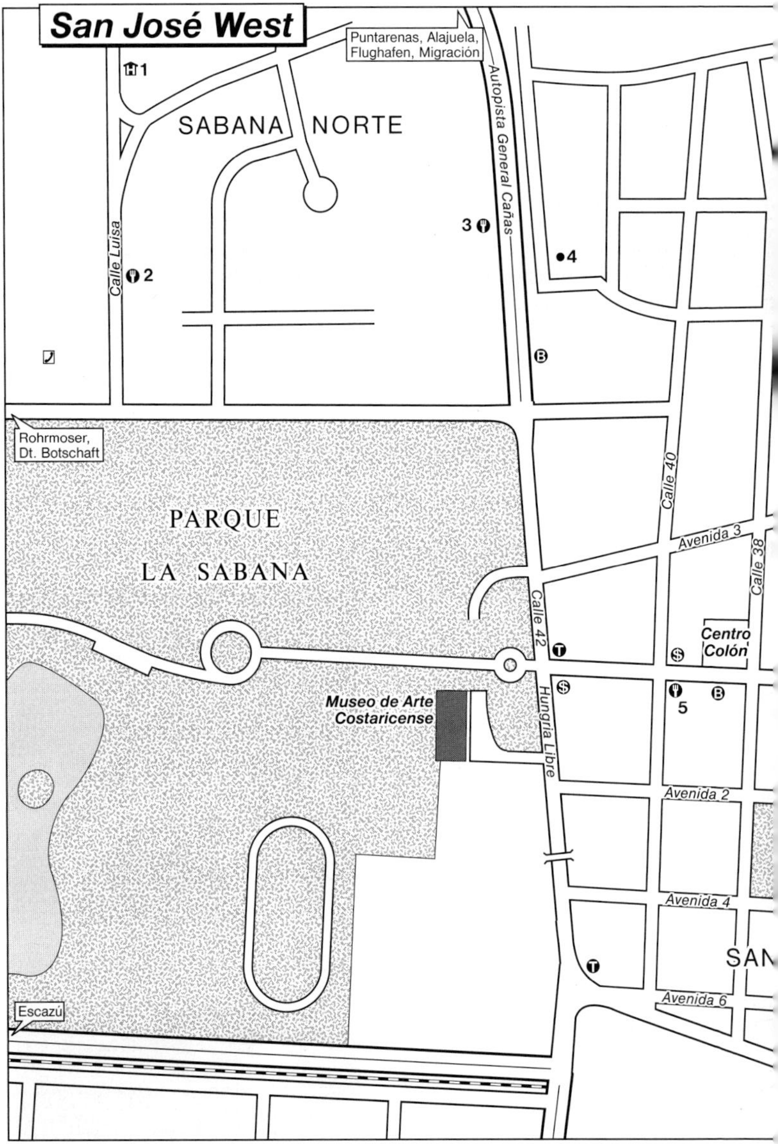
San José West
Puntarenas, Alajuela, Flughafen, Migración
SABANA NORTE
Autopista General Cañas
Calle Luisa
1
2
3
4
Rohrmoser, Dt. Botschaft
PARQUE
LA SABANA
Calle 40
Avenida 3
Calle 38
Calle 42
Centro Colón
5
Museo de Arte Costaricense
Hungria Libre
Avenida 2
Avenida 4
SAN
Avenida 6
Escazú

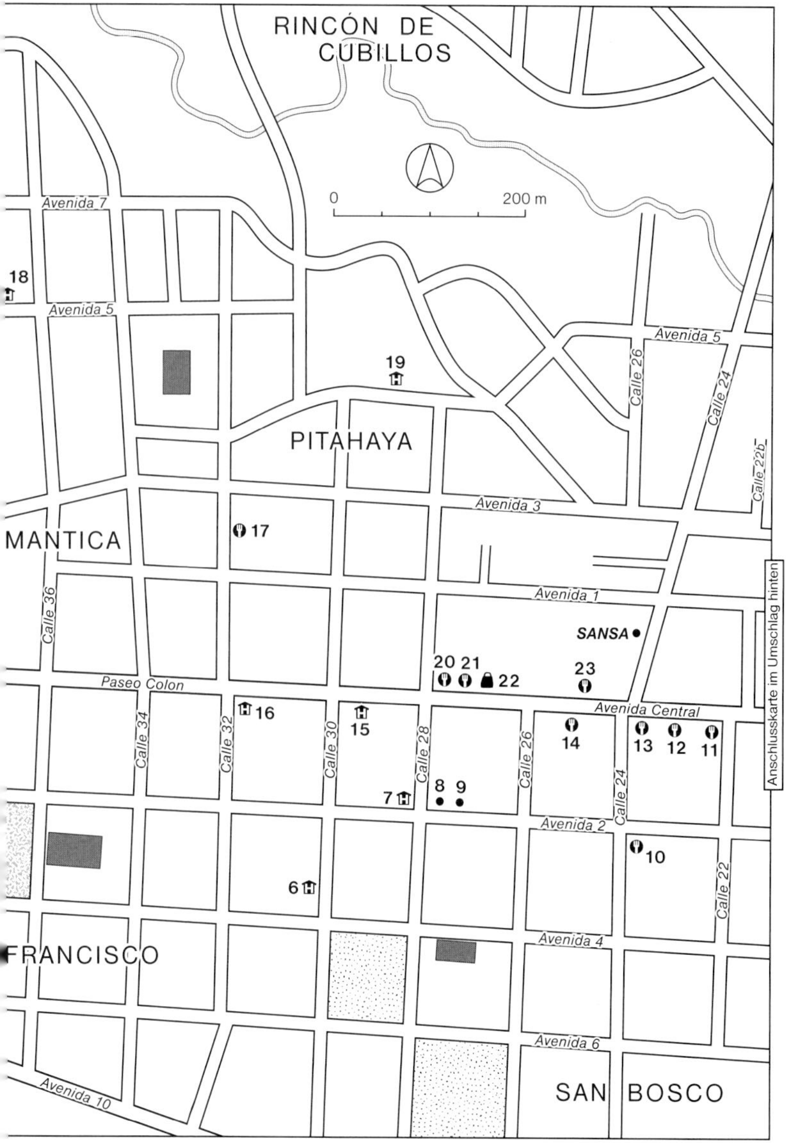
RINCÓN DE CUBILLOS
0
200 m
Avenida 7
Avenida 5
18
19
PITAHAYA
Avenida 5
Calle 26
Calle 24
Calle 22b
Avenida 3
MANTICA
17
Avenida 1
Calle 36
SANSA
20 21 22
23
Paseo Colon
Avenida Central
16
15
14
13 12 11
Calle 34
Calle 32
Calle 30
Calle 28
Calle 26
Calle 24
8 9
7
Avenida 2
10
6
Calle 22
FRANCISCO
Avenida 4
Avenida 6
Avenida 10
SAN BOSCO
Anschlusskarte im Umschlag hinten

Restaurants

Die Hauptstadt verfügt über ein schier unüberschaubares Angebot an Restaurants und Lokalen aller Preisklassen, so dass eigentlich jeder auf seine Kosten kommen müsste: Neben ungezählten *Sodas* (einfache Lokale mit typischer Küche) gibt es eine stattliche Zahl europäischer und asiatischer Spezialitätenrestaurants. Einige Cafés runden das Angebot ab.

Die hier genannten Restaurants befinden sich alle im **Zentrum** (vor allem östlich der Plaza de la Cultura) und im **Westen der Innenstadt** (Paseo Colón, Sabana Norte). Andere Restaurants (v.a. der gehobenen Preisklasse) gibt es in den Vororten **San Pedro** (östlich) und **Escazú** (westlich) - vgl. Kap. „Valle Central" unter „Umgebung von San José". Alle angegebenen Preise sind inkl. Steuer und Bedienung. Viele Restaurants sind sonntags geschlossen.

Preiswert essen

Praktisch **an jeder Ecke** findet man ein *Soda*, wo vor allem die Einheimischen zu günstigen Preisen ein *Casado* („Mittagsmahl") zu sich nehmen. Das Interieur ist meist einfach, Tischdecken sind die Ausnahme.

- **Soda Chips** (Westseite Plaza de la Cultura).
- **Repostería Spoon** (Av.C./C.5-7): Sandwiches, kl. Gerichte und Torten, So geschl.
- **Manolo's Churrería** (Av.C./C.C.-2), 24 Std.
- **King's** (Av.1./C.2-4): einf., ordentl. asiatische Küche, sehr günstig.

Aber auch viele der sonst etwas teureren Lokale bieten einen günstigen Mittagstisch an, zu Preisen um 4 $.

Einheimische Küche

Die Auswahl an Restaurants mit costaricanischer Küche ist beschränkt (abgesehen von den unzähligen Sodas), die besseren Lokale liegen außerhalb, z.B. in der Umgebung von Alajuela (Richtung Poas und Richtung Atenas).

- **Nuestra Tierra** (Av.2/C.15, Tel. 258.6500): einf. Lokal („Bretterverschlag") mit günstigen einheimischen Gerichten, Mittagstisch, 24 Std. geöffnet!
- **Nuestra Tierra** (Av.9/C.3 bis): nettes Lokal im Barrio Amón, Kellner in landestypischer Tracht.
- **La Cocina de Leña** (Centro Comercial El Pueblo, Tel. 255.1360): gute Küche, nicht billig, kein Ruhetag; KK.

Steaks

- **Kamakiri Steak-House** (Centro Kamakiri, C.C./Av.11-13, Tel. 257.8133): Steaks ab 9,50 $, nebenan Schmuse-Disco und Tapa-Bar, So. Ruhetag; KK.

Fisch und Meeresfrüchte

- **Restaurant Machu Picchu:** (C.32/Av.1-3, Tel. 222.7384): einf., aber nettes Lokal, peruanische Gerichte ab 4 $, Spezialität: Fisch und Meeresfrüchte ab 5 $, So Ruhetag; KK.
- **Lobsters Inn** (P. Colón/C.26, Tel. 223.8594) vornehmes Fischrest., Meeresfrüchte und Fleischgerichte.
- **Restaurant Mariscar** (Av.C./C.7-9, Tel. 256.8980): preiswerte Meeresfrüchte.

Italienische Küche im Zentrum

- **El Balcon de Europa/Franco** (C.9/Av.C.-1, Tel. 221.4841): ältestes Rest. in San José (seit 1909), nettes Lokal mit hist. Fotos, Pasta um 7 $, Fleischgerichte um 10 $, keine Pizza, Essen nicht überragend, Sa Ruhetag.

●**Pizzametro** (Av.2/C.5-7, Tel. 223.0306): Pizza und Pasta ab 5,50 $, Mo Ruhetag; KK (nur VISA).
●**Restaurante Alpino Rodrigo** (Av.8/C.17, Tel. 222.4950): Pasta, Pizza um 5 $, Fleisch und Fisch ab 6 $, Sa Ruhetag; KK.

Italienisch im Westen

●**Pizzería Da Pino** (C.24/Av.2): Pizza und Pasta ab 5 $, Di Ruhetag.
●**Restaurante Ana** (P. Colón/C.24-26, Tel. 222.6153): traditionsreiches Haus (seit 1950), Pasta und Fischgerichte, Essen nicht überragend, Mo Ruhetag; KK.
●**La Piazzetta** (P.C./C.40, Tel. 222.7896): gut, aber teuer, So geschl., gilt als eines der besten Rest. in Costa Rica; KK.
●**L'Olivo** (Sabana Norte, 300 m nördlich des ICE-Hochhauses, Tel. 232.9440): angenehmes Lokal, gute Küche.

Spanisch

●**Restaurant Goya** (Av.1/C.5-7, Tel. 221.3887): nette Bar mit Tapas, günstiges Mittagsmenü (4 $), Hauptgerichte ab 6 $, Paella ab 13 $ (2 Pers.), So Ruhetag.
●**Restaurant La Masía de Triquell** (Sabana Norte, im Casa de España, Tel. 296.3528): span. Spezialitäten in gediegener Atmosphäre, gehobene Preisklasse, So Ruhetag; KK.

Französisch/Schweizerisch

●**L'Ile de France** (Los Yoses, C. 35 im Hotel Le Bergerac, Tel. 283.5812): gute Küche, Hauptgerichte ab 10 $, So Ruhetag; KK.
●**El Mirador** (Hotel Aurola, 17. Stock, Tel. 233.7233): Blick über die Stadt, gehobene Preisklasse, nur abends, So Ruhetag; KK.
●**La Bastille** (P. Colón/C.22, Tel. 255.4994): frz. und schweiz. Küche, gehobene Preisklasse, So Ruhetag; KK.
●**Restaurant Zermatt** (C.23/Av.11, Tel. 222.0604): gutes Fondue und Raclette zu gehobenen Preisen, Sa nur abends, So Ruhetag; KK.

Legende zur Karte auf S. 214/215

San José West

🏨	**Hotels**
1	Apartotel Cristina
6	Hotel Grano de Oro
7	Hotel Petit Victoria
15	Hotel Rosa del Paseo
16	Hotel Ritmo del Caribe
18	Gandy's Backpacker Hostel
19	Hotel Cacts
🍴	**Restaurants**
2	Flor de Loto
3	Fuji
5	La Piazetta
10	Pizzeria Da Pino
11	La Bastille
12	Lubnan
13	Lobster's Inn
14	Mil Sabores
17	Restaurant Machu Picchu
20	Pizza Hut
21	Sus Antojitos
23	Restaurant Ana
4	Centro Comercial Yaohan
8	Cine Sala Garbo
9	Cine Laurence Olivier
22	Supermarkt
B	Bushaltestelle
T	Tankstelle
$	Bank
☎	Telefon
⊗	Taxi

Asiatische Küche im Zentrum

●**Lung Mun** (Av.1/C.5-7, Tel. 222.9256): sehr einf. Lokal, gr. Auswahl an chinesischen und internationalen Gerichten ab 4 $.
●**Don Wang** (C.11/Av.6-8, Tel. 223.5925): ordentl. Lokal, Hauptgerichte ab 9 $, kein Ruhetag; KK.
●**Tin-Jo** (C.11/Av.6-8, Tel. 221.7605): leckere asiatische Gerichte (chinesisch, thailändisch, indisch etc.), kein Ruhetag, gilt als eines der besten asiatischen Rest. in Costa Rica, dennoch bezahlbar; täglich ab 11.30 Uhr; KK.

Asiatische Küche außerhalb des Zentrums

●**Mil Sabores** (P. Colón/C.24-26): Chinesische Gerichte ab 7 $, nicht überragend.
●**Lubnan** (P. Colón/C.22-24, Tel. 257.6071): libanesische Spezialitäten, Hauptgerichte ab 7,50 $, Mo geschlossen; KK.
●**Kings Garden** (Sabana Norte, Centro Comercial Yaohan, Tel. 255.3838): Chinesische Küche, kein Ruhetag; KK.
●**Flor de Loto** (Sabana Norte, Nähe ICE (Elektrizitäts- und Telefongesellschaft), Tel. 232.4652): Chinesische Gerichte um 8 $.
●**El Palacio Real** (Tibas, nördl. der Kirche, Tel. 235.4487): gute chinesische Küche, kein Ruhetag; KK (VISA).
●**Fuji** (im Hotel Corobici, Tel. 232.8122): japan. Sushi-Bar, gehobene Preisklasse, Mo-Fr Mittagsmenü ab 9 $, kein Ruhetag; KK.
●**Sakura** (im Hotel Herradura, Tel. 239.0033): japan. Rest., Sushi, Sashimi und Teppanyaki in gediegener Atmosphäre, gut und teuer, kein Ruhetag; KK.
●**Arirang** (P. Colón/C.38-40, im Centro Colón, Tel. 223.2838): koreanische und japanische Spezialitäten, So Ruhetag; KK.

Mexikanisch

●**México Bar** (C.16/Av.13, Tel. 221.8461): *Bocas* („kleine Beilagen") und Menüs, geöffnet bis 24 Uhr, Sa auch mittags, So Ruhetag.
●**Sus Antojitos** (P. Colón/C.26-28, Tel. 222.9086): einf. Lokal, Essen mäßig, Hauptgerichte um 10 $, So. Ruhetag; KK.
●**Padrísimo** (C.C./Av.4-6, Tel. 257.6353): gr. Auswahl, Gerichte ab 3,50 $, Fr. Música Latina; KK (VISA).

Vegetarische Küche

●**Naturama Uno** (Av.1): gute Küche, So geschl.
●**Vishnu** (Av.3/C.1-3, Tel. 233.9976): tgl. ab 7 Uhr, einf. Lokal, relativ günstig, weitere Filialen am Parque La Merced und C.1/Av.4.
●**Nirvana** (Av.3/C.C.-1): Tagesmenü 3 $, tgl. 7.30-21.30 Uhr, Filiale in Av.8/C.9-11: tgl. 9-18 Uhr.
●**Shakti** (C.13/Av.8): makrobiotische Küche und Produkte, 10-19 Uhr, So geschl.

Nach Mitternacht

Rund um die Uhr geöffnet sind:
●**Café Parisien** im Gran Hotel de Costa Rica.
●Das recht nett renovierte **Restaurant El Imán** (C.2/Av.C.-2): gr. Auswahl, *Casado* 3 $, Fleischgerichte ab 4 $.
●**Restaurant Lukas** im Centro El Pueblo (Tel. 233.8145)
●**Restaurant Magnolias** im Club Colonial (Av.1/C.9-11)
●**City Café** (C.9/Av.1, im Hotel del Rey).
●**Rest. Nuestra Tierra** (Av.2/C.15)

Nicht besonders gemütlich, aber täglich 24 Std. geöffnet sind:
●**Manolo's Churrería** (Av.C./C.C.-2): Churros, Hauptgerichte ab 3,50 $.
●**Soda Palace** (C.2/Av.2)
●**Soda Chelles** (Av.C./C.9)

Cafés

●**Café Mundo** (Av.9/C.15, Tel. 222.6190): nettes Café, Rest., Bar, angenehme Atmosphäre, Salate, Pizza, Pasta, Fischgerichte etc. ab 5,50 $, abends beliebter Treffpunkt, So. geschlossen.
●**Café Parisien** (im Gran Hotel de Costa Rica): beliebter Treffpunkt, Frühstücksbuffet 8 $, tgl. 24 Std. geöffnet.

- **Café Ruiseñor** (im Nationaltheater, Tel. 256.6094): stilvolle Atmosphäre, neben Kaffee und Kuchen auch Salate und kl. Snacks, etwas teurer, Mo-Sa 9.30-18 Uhr, bei Vorstellungen bis 20 Uhr.
- **Coffee Shop El Correo** (C.2/Av.3): nettes Café im Nordflügel der Hauptpost, leckere Kuchen, nicht ganz billig. Mo-Sa 9-19 Uhr, So geschl.
- **Café Galería** (im Museo de Arte Costaricense): Blick auf Sabana-Park, 10-18.30 Uhr, Mo geschl.
- **Café La Maga** (Fuente de la Hispanidad, bei der Mall von San Pedro): Künstlercafé mit kl. Gerichten und Cocktails zu normalen Preisen, internationale Zeitungen, gelegentlich Livemusik (Eintritt).
- **Café Hilde** (Rohrmoser, in der Nähe der deutschen Botschaft): ein Tipp für Fans deutscher Vollwertküche, Vollkornbrot, deutsche Zeitungen, geöffnet Mo-Fr 10-18 Uhr.
- Frische **Brot- und Backwaren** gibt es in den zahlreichen Filialen der **Panadería Musmanni.**

Nachtleben

Kneipen mit (Live-)Musik

- **Cuartel del Boca de Monte** (Av.1/C.23, Tel. 221.0327): beliebte Kneipe mit Rest., Mo, Mi und So Live-Bands.
- **Area City** (Av.C.-2/C.21): Nette kl. Bar mit Rockmusik.
- **Soda Blues** (C.11/Av.10-12, Tel. 221.8368): gelegentlich Livemusik (Blues, Jazz, Calypso).
- **Bar O.Key** (Av.C./C.17-19, neben Cine Bellavista, Tel. 221.7403): am Wochenende Livemusik.
- **Bar El Río** (Av.C./C.37)
- Der wichtigste **Treffpunkt für Mariachi-Kapellen** ist **La Esmeralda** (Av.2/C.5-7, So geschl.), außerdem die **México Bar** (C.16/Av.13) und **Sus Antojitos** (P. Colón/C.26-28).
- Eine nette kl. Bar mit gelegentlicher Livemusik befindet sich im **Hotel Fleur de Lys.**
- Jede Menge weiterer Kneipen befinden sich im **Nachbarort San Pedro** (vgl. „Umgebung von San José" im Kap. „Valle Central").

Bars

Die Bars südlich des Parque Morazán sind meist von eher zweifelhaftem Ruf. Einheimische bevorzugen die Region südlich des Parque Central und in den einfachen Bars, dort ist auch meist mehr Leben. Viele Bars haben eine *Happy Hour*, meist von 18 bis 19 Uhr.

- **Bar El Escorial** (Av.1/C.5-7, im Rest. Goya): spanische Bar mit *Tapas*.
- **Blue Marlin Bar** (Av.1/C.9, im Hotel del Rey): Anmach-Bar im amerikanischen Stil, mit US-Sport-TV.
- **New Yesterday's Bar** (Av.1/C.5-7): So bis 24 Uhr, sonst bis 2 Uhr.
- **Café Loft** (Av.11/C.3, gegenüber Hotel Britannia): schickes Ambiente, Club-Charakter (House, Hip-Hop).
- **Bar Nashville South** (C.5/Av.1-3): Country and Western Bar mit US-TV.
- **Key Largo** (C.7/Parque Morazán, Tel. 233.4879): schönes Gebäude, schöne Mädchen ... tgl. bis 5 Uhr, Eintritt ca. 2 $.

Nachtclubs

Striptease und „Tanz"-Shows bieten u.a.:
- **Alcasar** (C.C./Av.7, Tel. 222.1250): So geschl.
- **Casablanca** (Av.2/C.28)
- **Olympus** (C.C./Av.5-7, Tel. 223.4058): tgl. ab 21 Uhr.
- **Josephine's** (Av.9/C.2-4, Tel. 257.2269): So geschl.
- **Hollywood** (Sabana Sur).

Discos

- **Disco Salsa 54** (C.3/Av.1-3): Música Latina.
- **El Tunnel del Tiempo** (Av.C./C.7-9): Música Latina, tgl. bis 2 Uhr o. später, Eintritt 2 $.
- **El Imán** (C.2/Av.C.-2): hinter dem gleichnamigen Rest., nur Fr-So, Eintritt 4 $.
- **Coco Loco** (Centro Com. El Pueblo): Live-Bands, So/Mo geschl.

●**Ebony 56** (Centro Com. El Pueblo): Rock und Música Latina.
●**Kakatua** (Centro Com. El Pueblo): Reggae und Calypso, Live-Bands.
●**La Plaza** (gegenüber Centro El Pueblo, Tel. 233.5516).
●**Dynasty** (Centro Com. del Sur): Funk, Soul und Reggae.
●**Dejá Vu** (gegenüber Südbahnhof): Gay-Treff.
●**Las Tunas** (Sabana Norte, gegenüber Estadio Nacional, Tel. 232.6730): tgl. ab 18 Uhr.
●**Kalua** (Centro Com. Plaza del Sol, Curridabat, Tel. 253.5181): gelegentlich Live-Bands.

Unterhaltung

Casinos

Wer sein Glück bei Roulette oder Black Jack versuchen will, kann dies u.a. in den Hotels Balmoral, Morazán, Amstel Amón, Hotel del Rey, Royal Garden, Gran Hotel de Costa Rica, Corobici, Irazú und San José Palacio sowie im Club Colonial (Av.1/C.9-11) tun. Die meisten Casinos sind rund um die Uhr geöffnet, kein Anzug-Zwang.

Kinos

Die meisten Filme in dem mehr als einem Dutzend Kinos in San José sind amerikanische Produktionen, die im Original mit spanischen Untertiteln gezeigt werden. Der Eintritt liegt bei 500 C., Vorführungen sind meist um 16, 19 und 21 Uhr. Anspruchsvolle Filme zeigen u.a.:

●**Cine Laurence Olivier**
(Av.2/C.26-28, Tel. 223.1960).
●**Cine Sala Garbo**
(Av.2/C.28, Tel. 222.1034).

Theater

Die beiden bedeutendsten Theater der Stadt liegen nur 200 m voneinander entfernt an der Av.2. Außerdem gibt es viele kleinere Theater, meist in der Umgebung des Nationalmuseums, Eintrittspreise ab 2,50 $.

●**Teatro Nacional** (Tel. 221.1329 und 221.5341); Spielzeit ist nur von April bis Dezember.
●**Teatro Melico Salazar** (Tel. 233.5172)

Folklore

●**Folk-Show,** von Fr bis So, im *Pueblo Antiguo* im La Uruca, Tel. 296.2212.

Rollschuhsalons

●**Salon de Patines El Music,** San Pedro, 100 m östlich der Mall San Pedro, Tel. 224.6821.

Light Show: die Av.1 bei Nacht

163cr Foto: dk

San José

Infos von A bis Z

Apotheken

Im Stadtbereich gibt es keinen Mangel an Apotheken *(farmacia)*. **Rund um die Uhr geöffnet** sind:

- **Farmacia Clínica Bíblica** (Av.14/C.C.-1, Tel. 257.5252).
- **Farmacia Clínica Católica** (Barrio Guadalupe, Tel. 225.5055).
- **Farmacia del Este** (San Pedro, gegenüber Banco Popular, Tel. 253.5121).

Buchläden

- **7th Street Books** (C.7/Av.C.-1, Tel. 256.8251): engl. Literatur und größte Auswahl an Reiseführern in San José, tgl. 9-18 Uhr.
- **Lehmann** (Av.C./C.3): Bücher, Schreibwaren, Bürobedarf, Landkarten.
- **Universal** (Av.C./C.C.-1): Bücher im OG.
- **Mora Books** (Av.1/C.3-5, im Centro Comercial Omni, über Pizza Hut): günstige gebrauchte Bücher und Reiseführer (Englisch, Spanisch, Deutsch), An- und Verkauf, geöffnet Mo-Sa ca. 10.30-19 Uhr.
- **Librería International** (San Pedro, Barrio Dent, 300 m westl. Taco Bell sowie Einkaufszentrum Multiplaza in Escazú, Tel. 201.8320): deutschsprachige Buchhandlung, große Auswahl.

Campingartikel

- **Ferretería El Mar** und **Royal:** Pasaje Jimenez (C. 4-6/Av.1-3).
- **Ferretería Almacenes Unidos:** Av.3/C.6-8, Tel. 255.4444.

Einreisebehörde

- **Migraciones,** an der Autobahn zum Flughafen gegenüber Hospital México, Mo-Fr 8-15 Uhr, Tel. 220.0355.

Erste Hilfe

- **Notruf** 128.
- **Rotes Kreuz:** Tel. 233.7033.

Fahrradzubehör

- **Ciclo 2000** (Av.8/C.7-9, Tel. 221.0571).
- **El Mundo del Ciclismo** (C.26/P. Colón, Tel. 233.7070).
- **Ciclo Central Caso** (C.4/Av.6, Tel. 223.6620).

Foto

- **Filmentwicklung** bei *Fuji* (Av.1/C.C.-1, Tel. 222.2222; im Universal-Kaufhaus Av.C.), *IFSA* (Av.C./Pl. Cultura sowie Av.5/C.C.-2, Tel. 223.1444 und P. Colón/C.34-36) und *Agfa* (Av.5/C.C.-2).
- **Kameras und Zubehör:** *DIMA* (Av.C./Pl. Cultura, Tel. 222.3969) und *Canon* (Av.3/C., Tel. 233.0176).
- **Kamerareparatur:** *Canon* (s.o.) sowie *Tecfot Minolta* (Av.7/C.5, Tel. 221.1438).
- **Ferngläser:** u.a. gegenüber Librería Lehmann (Av.C.).

Geldwechsel

- **Banken:** *Banco Banex* (Av.1/C.C.), *Banco de Costa Rica* (Av.1/C.7), *Banco Nacional* (Av.7/C.1-3); im Westen: *Banco de Costa Rica* (P. Colón/C.40), *Banco Nacional* (P. Colón/C.42) und *Banco BAC San José* (etliche Filialen), jeweils bis 20 Uhr offen.
- **Wechselstuben:** *Financiera de Londres* (C. C./Av.C.-1, 3. Stock), Mo-Fr 8.15-16 Uhr, Tel. 258.3003; hohe Gebühren für TC!
- Am **Wochenende** kann man bei den größeren Hotels wechseln.
- Täglich rund um die Uhr bei **Soda Palace** (C.2/Av.2) zu akzeptablem Kurs (auch TC).
- **Geldanweisung:** *Western Union* (C.9/ Av.2-4, neben Tica-Bus), Tel. 283.6336.

Goethe-Institut

- **Goethe-Institut** (Av.C./C.29, Tel. 255.4863, Fax 255.4758): Mo-Fr 9-12 und 15-17 Uhr; Deutschkurse, deutschsprachige Tageszeitungen liegen aus, gelegentlich Filme und Ausstellungen.

Internet

Es gibt in der ganzen Stadt zahlreiche Internet-Cafés, die Stunde *online* kostet um 1 $.

- **Cyber Café** (Av.2/C.1-3, im Edificio Las Arcadas, UG, Tel. 233.3310, roger@searchcostarica.com), tgl. 7-23 Uhr.
- **Internet Café/Web Station #1** (Paseo Colón/C.38, im Centro Colón, Local 2-1, Tel. 222.2584): Mindestkonsum: 2,50 $/Std.
- **RACSA** (Av.5/C.1): tgl. 7.30-21Uhr.
- **uno@diez Café Internet** (C.1/Av.9-11, Tel./ Fax 258.4561), Mo-Sa 9-22 Uhr.

Kunsthandwerk

- **Galería Casa Amon** (Av.11/C.3-3b): heimische Kunst und Kunsthandwerk.
- **Markt** an der Plaza de la Democracia, *Artesanía ANDA* (Av.C./C.5-7), *Mercanapi* (Av.1/ C.11), *Galería Artesanal Doble A* (C. C./Av.5-7), *Mercado Nacional de Artesanía* (C.11/ Av.2-6), Artesanía La Casona (C.C./Av.C.-1), *Centro Comercial El Nuevo Pueblo.*

Motorradverleih

- **Motocross-Maschinen:** Wild Rider Motocycles, Paseo Colón/C.32, Tel. 258.4604 (deutschsprachig), info@wild-rider.com.
- **Rent-A-Harley Davidson:** María Alexandra Tours, Tel. 289.5552, Fax 289.5551, matour@racsa.co.cr.
- **Tour Harley:** Tel. 253.4938, Fax 225.3451, harleytr@racsa.co.cr.

Nationalparkverwaltung

- **Info-Telefon:** Tel. 192, tgl. 7-19 Uhr (Spanisch und Englisch).

●**Bibliothek:** hinter Hospital Calderón Guardia, Tel. 222.2407, geöffnet Mo-Fr 8-16 Uhr.

Parkplätze

●Überall in der Innenstadt gibt es bewachte Parkplätze, ca. 500 C./Std.

Polizei

●**Notruf** 911 (Polizei, Feuerwehr, Rotes Kreuz).
●**Anzeige** (Diebstahl etc.) bei Organismo Investigación Judicial (Av.6/C.17-19, Tel. 222. 1365).
●**Verkehrspolizei** *(Policía de Transito):* Tel. 222.9330 und 222.9245.

Post

●**Hauptpost** (C.2/Av.1-3, Tel. 223.9766): Mo-Fr 8-16 Uhr; Briefeinwurf Haupteingang links, nach Europa: *Resto del Mundo.*
●**Postlagernde Sendungen** *(Lista de Correos,* linker Eingang Hauptpost): Mo-Fr 8-16 Uhr.
●**Filiale** in der C.9/Av.10-12.
●**Briefkasten** und ein **Frankierautomat:** am Gran Hotel de Costa Rica (außen).

Reisebüro

Die meisten Reisebüros des Landes konzentrieren sich auf das Zentrum der Hauptstadt. Vor allem **nordwestlich des Parque Morazán** sind zahlrei-

Autovermietung

Diese Autovermieter-Liste nennt große Anbieter in San José und Alajuela/Flughafen (ohne Anspruch auf Vollständigkeit).

●**Adobe**:** Tel. 258.4242, 442.2422, Fax 221.9286, adobecar@rasca.co.cr
●**Alamo (ADA)*:** 242.7733, 222.7929, Fax 242.7755, autosADA@racsa.co.cr
●**Avis*:** Tel. 293.2222, Fax 293.1111
●**Budget:** Tel. 223.3284, Fax 258.3017, budget@racsa.co.cr
●**Dollar*:** Tel. 443.2950, 257.0671, Fax 440.1401, info@dollarcostarica.com
●**Economy*:** Tel. 231.5410, Fax 232.7041, economy1@racsa.co.cr
●**Elegante:** Tel. 257.0026, Fax 221.5761, elegante@racsa.co.cr
●**Hola:** Tel. 231.5666, Fax 296.2562, holacar@racsa.co.cr
●**Mapache:** Tel. 286.0404,Fax 286.0211, mapache@racsa.co.cr
●**Meir:** Tel. 257.4666, Fax 222.7447, meircar@racsa.co.cr
●**National*:** Tel. 242.7878, 290 8787, Fax 242.7979, reservations@natcar.com
●**Pilot:** Tel. 222.8715, Fax 442.7500, piloto@racsa.co.cr
●**Poás*:** Tel. 223.4249, Fax 442.6685, poascar@racsa.co.cr
●**Prego:** Tel. 255.4492, Fax 255.4492, pregomot@racsa.co.cr
●**Santos*:** Tel. 257.0035, Fax 223.4030, casantos@racsa.co.cr
●**Thrifty:** Tel. 257.3434, Fax 223.0660, thrifty@racsa.co.cr
●**Toyota*:** Tel. 258.5797, Fax 222.7875, toyorent@racsa.co.cr
●**Tricolor:** Tel. 257.4455, Fax 233.4433, tricolor@racsa.co.cr
●**Tropical*:** Tel. 442.8000, Fax 443.4757 rayosol@racsa.co.cr
●**U-Haul:** Tel. 442.6000, Fax 442.9000, info@rentacarcostarica.com

* Büro am Flughafen (vor dem Ankunfts-Terminal)
** Büro in Flughafennähe (vom Hotel Hampton Inn ca. 100 m in Richtung Alajuela)

Anmerkung: Der **Autor** dieses Reiseführers **vermittelt Mietwagen** zu günstigen Konditionen und umfangreichen Versicherungsschutz (siehe Anzeige im Anhang oder www.costarica-reise.de).

che Reisebüros und Fluggesellschaften vertreten. Eine Liste wichtiger Reiseveranstalter und der Fluglinien finden sich im Info-Teil.

Supermärkte

- **La Gran Vía** (Av.C./C.3): Mo-Do 8-19.30 Uhr, Fr/Sa bis 20 Uhr, So 8-13 Uhr.
- **Auto Mercado** (C./Av.3): Mo-Sa 8-20 Uhr.
- **Mas x Menos** (Av.C/C.11-13 und P. Colón/ C.26): tgl. 8–20 Uhr (Fr/Sa bis 21 Uhr).
- **24 Std. geöffnet** sind die Läden der Shell- & Texaco-Tankstellen an der Peripherie-Schnellstraße.

Tauchen

- **Tauchkurse und Ausrüstung** bietet Mundo Acuático in San Pedro, Tel. 224.9729.

Telefon/Fax

- **ICE** (Av.2/C.C.-1): tgl. 7-21 Uhr
- **Radiográfica Costaricense (RACSA)** (Av.5/ C.1, Tel. 287.0087): tgl. 7.30-21 Uhr.

Tourist-Info

- **ICT** (Plaza de la Cultura, Av.4/C.5-7, Untergeschoss, Tel. 223.1733, info@tourism-costarica.com); Mo-Fr 9-17 Uhr, kostenlose Landkarte und Liste mit Bus-Abfahrtszeiten.

Wäscherei

- **La Margerita** (P. Colón/C.34-36, Tel. 222.1052 sowie C.3/Av.7 und Av.10/C.8-10).
- **Sixaola** (Av.2/C.7-9, Tel. 221.2111): ca. 1000 C. pro Maschine.
- **Lava-Más** (Selbstbedienung) (Los Yoses, C. 45/Av.8-10, Tel. 225.1645).

Verkehrsverbindungen

Taxis

Taxifahren in San José ist relativ preiswert: Eine Fahrt im Stadtbereich kostet zwischen 300 und 500 C. Achten Sie darauf, dass der Taxameter (María) eingeschaltet wird: Der **Grundtarif** liegt bei 220 C. Für eine **Fahrt zum Flughafen** sollte man ab Stadtzentrum etwa 15 $ veranschlagen. Taxis können überall angehalten werden, zu Stoßzeiten kann es allerdings schwierig sein, ein unbesetztes Taxi zu finden.

- **Standplätze** befinden sich u.a. am Parque Central, vor dem Hotel Aurola Holiday Inn und in der Av.2 vor dem Gran Hotel de Costa Rica.
- **Rufnummern** einiger Taxigesellschaften: 221.0466 (Coopealfaro), 227.9300 (Coopeguaria), 254.3211 (Coopeirazú), 235.9966 (Coopetaxi), 237.6163 (Coopetico), 254.6667 (Coopeuno), 221.6865 (Taxis Unidos am internationalen Flughafen).

Stadtbusse

Ebenfalls günstig sind die Stadtbusse: Haltestelle suchen *(parada)*, Schlange stehen *(hacer cola)* und Kleingeld bereithalten *(monedas)*.

- Auf der Linie **Innenstadt – Paseo Colón** verkehren mehrere Linien, der Fahrpreis beträgt 20 C.:
  Sabana – Cementerio
  (ab Av.3/C.C.-2 zum Paseo Colón);
  Sabana – Estadio
  (ab Paseo Colón bis Av.2/C.1);
  Cementerio – Sabana
  (Paseo Colón bis Av.2/C.5).
- **Busse in die nähere Umgebung:**
  San Pedro: ab Av.2/C.5-6;
  Sto. Domingo de Heredia: C.2/Av.7-9.

Überlandbusse

Die angegebene **Zeiten und Preise** sind ohne Gewähr. Die aktuellen Abfahrtszeiten sind unter den angegebenen Telefonnummern oder beim Büro der ICT an der Plaza de la Cultura erfragbar. Eine Liste mit den Busabfahrtszeiten gibt es außerdem bei Ecole Travel, C.7/Av.C.-1 (7th Street Books).

Neben den öffentlichen Busverbindungen sind auch die Busse von **Costa Rica Interbus** verzeichnet. Die Kleinbusse fahren täglich um 8 Uhr ab San José zu mehreren Zielorten (Abholung vom Hotel). Sie sind schneller, sicherer und bequemer, dafür aber auch deutlich teurer als „normale" Busse (Preise in $). Angefahren werden von San José folgende Orte: La Fortuna, Monteverde, Liberia, Playa Tamarindo, Playa Jacó, Quepos/Manuel Antonio und Cahuita/Pto. Viejo. Gefahren wird ab 2 (Monteverde: 3) Personen.

- Weitere **Informationen** zu Costa Rica Interbus bei Viajes Sin Fronteras (Tel. 283.5573, Fax 283.7655, interbus@costaricapass.com), Büro in San Pedro: nach der Brücke nächste Straße links.
- Einen weiteren **Shuttlebus-Service** bietet Gray Line an: tgl. um 8 Uhr startet ein Kleinbus nach Tamarindo, Liberia, Arenal und Pto. Viejo, um 9 Uhr nach Playa Jacó und Manuel Antonio. Preis für alle Fahrten 19 $. Reservierung: Tel. 326.8279 oder im Hotel Best Western Dowtown in San José.
- **Aufbau:** Reiseziel, Transportgesellschaft, Telefon, Abfahrtsort, Fahrtzeiten; Entfernung, Fahrtdauer, z.T. Preise. Beim **Abfahrtsort** ist mit Ⓑ die Nummer angegeben, unter der die Haltestelle auf der hinteren Umschlagklappe zu finden ist.

Valle Central

- **Alajuela/Flughafen:** *TUASA* (Tel. 222.5325), Av.2/C.12-14 (Ⓑ 19): 5-24 Uhr alle 5-10, danach alle 30 Min.; *SWT,* Av.2/C.10-12 (Ⓑ 20): tagsüber alle 5 Min.; 24-5 Uhr stdl. ab C.2/Av.2 (Ⓑ 21); 17 km, 30 Min.
- **Asserí:** Av. 6/C.C.-2 (Ⓑ 29): tagsüber alle 15 Min.
- **Atenas:** Coca-Cola-Bhf. (Ⓑ 4): 5-19 Uhr regelmäßig.
- **Cartago:** *SACSA* (Tel. 233.5350), C.5/Av.18 (Ⓑ 31): 5-20.30 Uhr alle 10 Min., 20.30-24 Uhr alle 20 Min. ab Av.2/C.1-3; 22 km, 50 Min.
- **Coronado:** C.3/Av.5-7 (Ⓑ 35): 5-22 Uhr alle 20 Min.
- **Escazú:** San Rafael ab Av.1/C.18 (Ⓑ 3); San Antonio ab Av.6/C.12-14, tagsüber alle 20 Min.
- **Grecia:** C.20/Av.5 (Ⓑ 10a): 6-22 Uhr etwa alle 30 Min. (Tel. 258.2004).
- **Heredia:** *Microbuses Rapidos Heredia* (Tel. 233. 8392), ab C.1/Av.7-9 (Ⓑ 28): tgl. 5-22 Uhr alle 10 Min., ab 22 Uhr alle 30 Min. ab Av.2/C.12 und C.4/Av.5–7; *TUASA* (Tel. 442.3226) ab Av.3/C.6-8 (Ⓑ 24): 5-22 Uhr alle 15 Min. sowie ab Av.2/C.10-12 (Ⓑ 21): tgl. 5-23 Uhr alle 15 Min. (über Autobahn); 11 km, ca. 25 Min.
- **Moravia:** Av.3/C.3-5 (Ⓑ 34): 5-22 Uhr alle 15 Min.
- **Naranjo:** Coca-Cola-Bhf. (Ⓑ 4): 5.50-22 Uhr jede Stunde.
- **Pavas** (Inlandsflughafen der Nature Air): Av.1/C.16-18 (Ⓑ 3): tgl. außer Sa regelmäßig.
- **San Antonio Belén** (Ojo de Agua): Av.1/C.20-22 (Ⓑ 1): 7.30-17.30 Uhr stündl.
- **San Ignacio de Acosta** (südl. San José): C.8/Av.12-14: 5.30-22.30 Uhr jede Stunde (Rückfahrt 4.30-21 Uhr); 29 km, 1 Std.
- **San Ramón:** *Transportes Mora* (Tel. 222.8231), C.16/Av.10-12 (Ⓑ 22a): direkt 5.15-19.30 Uhr jede Std.; *Interbus* (auf Anfrage).
- **Sarchí:** *TUAN* (Tel. 441.3781), C.16/Av.3-5 (Ⓑ 8): Mo-Fr 12.15, 17.30, 17.55 Uhr; So 12 Uhr; 70 km, 2 Std.
- **Sta. María de Dota** (südl. San José): Av.16/C.19–21: 7.15, 9, 11.30, 12.30, 15, 17 und 19 Uhr (Rückfahrt 4.30, 5.40, 7.15, 9.15, 12, 15 und 17 Uhr); 65 km, 2,5 Std.
- **Turrialba:** *TRANSTUSA* (Tel. 591.4145), C.13/Av.6 (Ⓑ 39): tgl. 5-22 Uhr alle 30 Min., (Rückfahrt 5-21 Uhr); 65 km, 1,5 Std.

166cr Foto: dk

- **Vulkan Irazú:** „Buses Metropoli" (Tel. 534. 4125), Av.2/1-3 (Ⓑ 33, vor Gran Hotel de Costa Rica): nur Sa/So 8 Uhr (Rückfahrt 12.15 Uhr); 54 km, 2 Std., Reservierung empfohlen.
- **Vulkan Poás:** *TUASA* (Tel. 222.5325), Av.2/ C.12-14 (B 19); tgl. 8.30 Uhr (Rückfahrt 14.30 Uhr); 55 km, 2 Std.; Alternative: Bus nach Alajuela und Taxi.
- **Zarcero:** *Auto Transp. Cd. Quesada* (Tel. 255.4318) ab Coca-Cola-Bhf. (Ⓑ 4): tgl. 5-19.30 alle Std. (Bus nach Cd. Quesada); 77 km, 1,5 Std.

Karibik

- **Cahuita:** *Mepe* (Tel. 257.8129), C.C./Av.13 (Terminal Caribe, Ⓑ 27a): tgl. 6, 8.45, 10, 13.30 und 15.30 Uhr; 195 km, 4 Std., Preis: 1975 C. (= ca. 5 $); *Interbus:* tgl. 10 Uhr, Preis: 25 $.
- **Cariari** (Tortuguero): ab „Terminal Caribe", tgl. 9 Uhr und 10.30 Uhr.
- **Guápiles (Braulio Carrillo):** *Coopetragua* (Tel. 222.0610), C.C/Av.13 (Ⓑ 27a): tgl. 5-21 Uhr alle 30 Min.; 70 km, 1 Std., Preis: 430 C. (= ca. 1,10 $); sowie mit Bus nach Siquirres; bis Braulio Carrillo auch Bus nach Pto. Viejo Sarapiquí.
- **Manzanillo:** Direktverbindung eingestellt (über Pto. Viejo).
- **Pto. Limón:** *Coopelimón* (Tel. 221.2596), C.C./Av.13 (Ⓑ 27a): tgl. 5.30-19 Uhr alle Std. sowie klimatisierter Direktbus jeweils zur

Warten auf den Linienbus

halben Stunde; 162 km, 3 Std., Preis: 1550 C. (= ca. 3,90 $); *Interbus:* tgl. 10 Uhr, Preis: 25 $.

- **Pto. Viejo de Talamanca:** *Transportes Mepe* (Tel. 257.8129), C.C/Av.13 (Ⓑ 27a): tgl. 6.45, 8.45, 10, 13.30 und 15.30 Uhr; 215 km, 4,5 Std., Preis: 2350 C. (= ca. 6 $); Alternative: mit klimatisiertem Bus nach Pto. Limón, von dort weiter nach Pto. Viejo oder Sixaola-Bus um 6 Uhr (fährt ca. 5 km an Pto. Viejo vorbei); *Interbus:* tgl. 10 Uhr, Preis: 25 $.
- **Siquirres:** *Coopelimón* (Tel. 223.7811), C.C./Av.13 (Ⓑ 27a): tgl. 6.30, 8.30-18 Uhr alle Std.; sowie *LINACO* (Tel. 221.1334): 5.45-18.15 Uhr etwa alle 2 Std. ab C.12/Av.3-5 (Ⓑ 17); 105 km, 1,5 Std., Preis: ca. 2,20 $.
- **Sixaola:** direkt mit *Transportes Mepe* (Tel. 257.8129), C.C/Av.13 (Ⓑ 27a): tgl. 6, 10, 13.30 und 15.30 Uhr; 240 km, 6 Std., Preis: 7,20 $.

Alternative: mit klimatisiertem Bus nach Pto. Limón, von dort weiter nach Cahuita/Sixaola, oder (moderner) Bus nach Changuinola/Panama.

Norden

- **Cd. Quesada** (San Carlos): *Auto Transp. Cd. Quesada* (Tel. 256.8914), C.12/Av.7-9 (Ⓑ 4): tgl. 5-19.30 Uhr alle Std. sowie mit Bus nach Fortuna; 110 km, 2,5 Std., 20 $.
- **Fortuna:** *Auto Transp. Cd. Quesada* (Tel. 256.4318), C.12/Av.7-9 (Ⓑ 13): tgl. 6.15, 8.40 und 11.30 Uhr; 130 km, 4,5 Std., Preis: 1150 C. (= ca. 2,90 $); Alternative: Bus nach Cd. Quesada, von dort stündl. nach Fortuna; *Interbus:* tgl. 8 und 13 Uhr, 25 $.
- **Horquetas:** siehe Pto. Viejo de Sarapiquí.
- **Los Chiles:** (Tel. 222.3854) tgl. 5.30 und 15.30 Uhr ab C.12/Av.7-9 (Ⓑ 4); 217 km, 5 Std.; Alternative: Bus nach Cd. Quesada, von dort 8-mal tgl. nach Los Chiles.
- **Pto. Viejo Sarapiquí:** (Tel. 257.6859) C.12/Av.7-9 (Ⓑ 14): über Horquetas (schneller): tgl. 6.30, 8, 10, 11, 13.30, 14.30, 15.30, 16.30, 18 Uhr; über San Miguel: 6.30, 12 und 15 Uhr; 97 km, 1,5 bzw. 4 Std., Preis: ca. 3,10 $.
- **San Miguel:** Bus nach Pto. Viejo um 6.30, 12 und 15 Uhr.
- **Tilarán:** *Auto Transp. Tilarán* (Tel. 222.3854), C.12/Av.7-9 (Ⓑ 11): tgl. 7.30, 9.30 (außer So.) 12.45, 15.45 und 18.30 Uhr; 191 km, 4 Std., Preis: 1120 C. (= ca. 2,80 $).
- **Upala:** *Autotransp. Upala* (Tel. 221.3318), C.12/Av.7-9 (Ⓑ 17): 15.15 Uhr (über Cañas) und 15.45 Uhr (über San Carlos); sowie *Transp. Cañas* (Tel. 222.3006), C.16/Av.3 (Ⓑ 9): tgl. 6.20 Uhr (über Cañas) und 7.15 Uhr (über San Carlos).

Nordwesten

- **Cañas:** *Transp. Cañas* (Tel. 222.3006), C.16/Av.3-5 (Ⓑ 9): tgl. 8.30, 10.20, 11.50, 13.40 und 15 Uhr sowie Busse nach Upala, Liberia und La Cruz: tgl. 6.50 und 14.45 Uhr; 188 km, 3,5 Std.; *Interbus:* tgl. 8 und 14 Uhr, Preis: 25 $.
- **La Cruz/Peñas Blancas** (Grenze Nicaragua): *CARSOL* (Tel. 256.9072), C.14/Av.3-5 (Ⓑ 9): tgl. 5, 7, 7.45, 10.45, 13.20 und 16.10 Uhr; 293 km, 6 Std.
- **Liberia:** *Pulmitan* (Tel. 256.9552), C.24/Av.5-7 (Ⓑ 7): tgl. 6, 7, 9, 10, 11, 12, 13, 15 (direkt), 17 (direkt), 18 und 20 Uhr sowie mit Bussen nach La Cruz, Santa Cruz und Nicoya (nicht: *ferry!);* 217 km, 4 Std., Preis: 4 $; *Interbus:* tgl. 8 und 14 Uhr, Preis: 25 $.
- **Monteverde/Sta. Elena:** *Auto Transp. Tilarán* (Tel. 222.3854), C.12/Av.7-9 (Ⓑ 11): tgl.6.30 und 14.30 Uhr; 167 km, 4,5 Std., Preis: 1475 C. (= ca. 3,70 $); Alternative: Bus nach Puntarenas, weiter 14.15 Uhr nach Sta. Elena; *Interbus:* tgl. 9 und 14 Uhr, Preis: 30 $.

Halbinsel Nicoya

- **Nicoya:** *Alfaro* (Tel. 222.2666), C.14/Av.5 (Ⓑ 10): tgl. 6, 8 10.30, 12.30, 13.30, 14, 15, 17 und 18.15 Uhr; 296 km, 6 Std., Preis: 1860 C. (= ca. 4,70 $); Alternative: Bus nach Liberia, von dort stündl. nach Nicoya.
- **Nosara:** *Alfaro* (Tel. 222.2666), C.14/Av.5 (Ⓑ 10): tgl. 6 und 12.30 Uhr; 361 km, ca. 6,5 Std.; Alternative: Bus nach Nicoya, von dort 13 Uhr Bus nach Nosara.
- **Playa Brasilito/Flamingo/Potrero:** *Tralapa* (Tel. 221.7202), C.20/Av.3 (Ⓑ 2): tgl. 8, 11 und 15 Uhr; 320 km, 6 Std., Preis: 2130 (= ca. 5,40 $). Alternative: Bus nach Sta. Cruz, von dort 5-mal tgl. nach Brasilito: 9, 11, 14, 16 und 18.30 Uhr; *Interbus:* tgl. 8 und 14 Uhr, Preis: 25 $.
- **Playa Coyote:** C.12/Av.5-7 (Ⓑ 15): tgl. 15.30 Uhr über Jicaral; 340 km, ca. 7 Std.

●**Playa del Coco:** „Pulmitan" (Tel. 222.1650), C.24/Av.5-7): tgl. 8, 14, 16 und 18.55 Uhr; 250 km, 5 Std., Preis: 2200 C. (= ca. 4,80 $); Alternative: Bus nach Liberia, von dort 5-mal tgl. nach Pl. del Coco; *Interbus:* tgl. 8 und 14 Uhr, Preis: 25 $.

●**Playa Flamingo:** siehe Playa Brasilito; *Interbus:* tgl. 8 und 14 Uhr, Preis: 25 $.

●**Playa Hermosa/Pl. Panamá:** *Esquivel* (Tel. Liberia 221.7202), C.20/Av.3 (Ⓑ 16): tgl. 15.20 Uhr; 285 km, 5 Std.; Alternative: Bus nach Liberia, von dort tgl. 7.30, 11.30, 15.30, 16.45 und 19 Uhr nach Playa Hermosa.

●**Playa Junquillal:** *Tralapa* (Tel. 221.7202, Liberia 680.0392), C.20/Av.3 (Ⓑ 2); tgl. 2 Uhr; 298 km, 5 Std.; tgl. Bus nach Sta.Cruz, 7 oder 9.30 Uhr, von dort tgl. 14.30 Uhr nach Playa Junquillal.

●**Playa Montezuma:** Bus nach Puntarenas, von dort 3-mal tgl. Fähre n. Paquera um 6, 11 und 15.15 Uhr, mit Anschlussbus um 7.30, 12.30 und 17.45 Uhr.

●**Playa Panamá:** siehe Playa Hermosa.

●**Playa Sámara:** *Alfaro* (Tel. 222.2666), C.14/Av.5 (Ⓑ 10): Mo-Sa 12.30 und 18.15 Uhr; 331 km, 6 Std., Preis: ca. 6 $); *Interbus:* 8.30 Uhr, 30 $.

Alternative: morgens Bus nach Nicoya, von dort Mo-Fr 15 Uhr nach Sámara.

●**Playa Tamarindo:** *Alfaro* (Tel. 222.2666), C.14/Av.3-5 (Ⓑ 10): tgl. 11.30 und 15.30 Uhr; 285 km, 5,5 Std., Preis: 2350 C. (= ca. 5,20 $); sowie *Tralapa* (Tel. 221.7202), C.20/Av.3 (Ⓑ 2): Bus nach Sta. Cruz von dort 4-mal täglich nach Tamarindo: 10.30, 13.30, 15.30 und 20.30 Uhr; *Interbus:* tgl. 8 und 14 Uhr, Preis: 25 $.

●**Playa Tambor:** Bus/Fähre s. Montezuma.

●**Sta. Cruz:** *Tralapa* (Tel. 221.7202), C.20/Av.3 (Ⓑ 2): tgl. 7, 9, 10, 11, 12, 13, 14, 16 und 18 Uhr; 274 km, 5 Std., Preis: 1860 C. (= ca. 4,70 $); Alternative: Bus nach Liberia, von dort stündl. nach Sta. Cruz.

Zentrale Pazifikküste

●**Matapalo/Dominical/Uvita:** *Transp. Morales* (Tel. 223.5567), Coca-Cola-Busbhf. (Ⓑ 4): tgl. 15 Uhr, Sa/So und in der Hochsaison auch 5.30 Uhr, 7 Std. (Uvita), Preis (Uvita): ca. 5 $.

●**Playa Jacó:** *Transp. Jacó* (Tel. 223.1109), Coca-Cola-Bhf. (Ⓑ 4): tgl. 7.30, 10.30, 13, 15.30 und 18 Uhr (direkt, nur Hochsaison) sowie 7.30, 10.30 und 15.30 Uhr (indirekt); sonst mit Quepos-Bus; 102 km, 2,5 Std., Preis: ca. 2,10 $; *Interbus:* tgl. 9.30 und 14 Uhr, Preis: 17 $.

●**Puntarenas:** *Emp. Unidos Puntarenas* (Tel. 222.0064), C.16/Av.10-12 (Ⓑ 22a): tgl. 6-17 Uhr (direkt) und 4-21 Uhr (indirekt) ca. alle 40 Min.; 110 km, 2 Std.

●**Quepos/Manuel Antonio:** *Transportes Morales* (Tel. 223.5567), Coca-Cola-Busbhf. (Ⓑ 4): tgl. 6, 12 und 18 Uhr (direkt = 3,5 Std.) sowie 7, 10, 14 und 16 Uhr nur bis Quepos (indirekt = 5 Std.); 110 km, Preis: 1640 C. (= ca. 4,20 $); *Interbus:* tgl. .9.30 und 14 Uhr, Preis: 25 $.

●**Uvita:** Coca-Cola-Bhf. (Ⓑ 4): tgl. 15 Uhr, Sa auch 5.30 Uhr.

Süden

●**Cd. Neily:** Bus nach Paso Canoas oder über San Vito mit *ALFARO* (s. Golfito): tgl. 5, 10, 13, 16.30 und 18 Uhr, 300 km, 8 Std.

●**Golfito:** *ALFARO* (Tel. 222.2666), C.14/Av.3-5 (Ⓑ 10): tgl. 8 und 16 Uhr; 339 km, 8 Std., Preis: ca. 6 $.

●**Palmar Norte:** *ALFARO* (s. Golfito): tgl. 5, 7, 8.30, 10, 13. 14.30 und 18 Uhr; 258 km, 5 Std., Preis: 1910 C. (= ca. 4,80 $).

●**Paso Canoas:** *ALFARO* (s. Golfito): tgl. 5, 7.30, 8.30, 10.30, 13, 14.30 und 18 Uhr; 349 km, 8 Std., Preis: ca. 6 $.

●**Pto. Jiménez:** *Transp. Blanco* (Tel. 257.4121), Av.9/C.14–16 (Ⓑ 12): tgl. 6 (nur Hochsaison) und 12 Uhr; 378 km, ca. 9 Std., Preis: ca. 6 $.

●**San Isidro:** *MUSOC* (Tel. 222.2422), C.C./Av.22-24: tgl. 5.30-17.30 Uhr etwa stündlich; 136 km, 3 Std., Preis: 1495 C. (= ca. 3,80 $).

●**San Vito:** *ALFARO* (Tel. 222.2666), C.14/Av.3-5 (Ⓑ 10): tgl. 5.45, 8.15, 11.30 und 14.45 Uhr; 271 km, 7 Std.

Internationale Busverbindungen

- **Changuinola** (Panama, Karibikseite): C.14/Av.3-5 (Ⓑ 9): tgl. 9.55 Uhr; 225 km, 8 Std.; Info über *Sr. Bernardo Fumero* (Tel. 556.1432).
- **David** (Panama): *Tracopa* (Tel. 222.2666), C.14/Av.3-5 (Ⓑ 10): tgl. 7.30; 400 km, 9 Std., Preis: ca. 9 $.
- **Panama-City:** *Panaline* (Tel. 255.1205), C.16/Av.3-5 (Ⓑ 9): tgl. 14 Uhr; sowie *Tica-Bus* (Tel. 221.8954), Av.4/C.9 (Ⓑ 38): tgl. 22 Uhr; 903 km, 20 Std., Preis: 8400 C. (= ca. 21,50 $); Alternative: Bus nach David, von dort Verbindung nach Panama-City.
- **Managua** (Nicaragua): *Tica-Bus* (s.o.): tgl. 6 und 7.30 und 10 Uhr, *Nica-Bus*, Tel. 256. 4248, C.C./Av.13: tgl. 6 und 10 Uhr; *Transnica*, C.22/Av.3-5 (Ⓑ 10a): tgl. 5.30 Uhr sowie *Sirca* (Tel. 222.5541), C.6/Av.7-9 (Ⓑ 34): Mo/Mi/Fr/So 5.45 Uhr; 450 km, 10-11 Std.
- **Tegucigalpa** (Honduras): *Tica-Bus* (s.o.): tgl. 6 und 7.30 Uhr; 909 km, ca. 48 Std. (Übernachtung in Managua auf eigene Kosten).
- **San Salvador** (El Salvador): *Tica-Bus* (s.o.): tgl. 6 und 7.30 Uhr; ca. 48 Std. (Übernachtung in Managua auf eigene Kosten).
- **Guatemala-City:** *Tica-Bus* (s.o.): tgl. 6 und 7.30 Uhr; ca. 60 Std. (Übernachtung in Managua und El Salvador auf eigene Kosten).

Achtung: Bei Fahrten nach und durch Nicaragua unbedingt vorher Einreisebestimmungen checken!

Flugzeug

Inlandsflüge

Es gibt zwei Anbieter für Inlandsflüge in Costa Rica:

- Die staatliche Inlands-Fluggesellschaft **SANSA** (Tel. 221.9414, Fax 255. 2176, reservations@flysansa.com, Büro: C.24/Av.C.-1) fliegt vom Flughafen Juán Santamaría bei Alajuela (kostenloser Transfer).
- Die private **Nature Air** (Tel. 220. 3054, Fax 220.0413, reservations@natureair.com) fliegt vom Flughafen Tobias Bolaños bei Pavas, 6 km westlich von San José.

Preisangaben: einfacher Flug (bei *Nature Air* Weihnachten/Neujahr ca. 10 $ Aufschlag), kurzfristige Änderungen möglich.

- **Barra del Colorado:** *SANSA:* tgl. 6 Uhr, Flugzeit: 35 Min., Preis: 58 $; *Nature Air:* tgl. 6.15 Uhr, Preis: 60 $.
- **Coto 47** (ca. 5 km südl. von Cd. Neily): *SANSA:* tgl. 6 Uhr, Flugzeit: 55 Min., Preis: 71 $.
- **Drake Bay:** *SANSA:* tgl. 6 Uhr, Flugzeit: 50 Min., Preis: 70 $; *Nature Air:* tgl. 8.30 Uhr, Preis: 85 $.
- **Golfito:** *SANSA:* tgl. 6.50, 11.30 , 15.15 Uhr, Flugzeit: 1 Std., Preis: 71 $; *Nature Air:* tgl. 6 Uhr über Pto. Jiménez, Flugzeit: 70 Min., Preis: 84 $.
- **Liberia:** *SANSA:* tgl. 11.50 Uhr, Flugzeit: 50 Min., Preis: 71 $; *Nature Air:* tgl. 9.45, 12.15 und 17.10 Uhr über Tamarindo, Flugzeit: 1,5 Std., Preis: 80 $.
- **Nosara:** *SANSA:* tgl. 8.40 Uhr, Flugzeit: 40 Min., Preis: 71 $; *Nature Air:* tgl. 8.30 und 13 Uhr, Preis 80 $.
- **Palmar Sur:** *SANSA:* tgl. 9.30 Uhr, Flugzeit: 50 Min., Preis: 66 $; Nature Air: tgl. 9 Uhr über Quepos, Flugzeit: 70 Min., Preis: 73 $.
- **Pto. Jiménez:** *SANSA:* tgl. 6, 13 Uhr, Flugzeit: 55 Min., Preis: 71 $; *Nature Air:* tgl. 6.50, 9.40, 12.05 und 15.20 Uhr, Flugzeit: 50 Min., Preis: 84 $.
- **Pta. Islita:** *SANSA:* tgl. 7 Uhr, Flugzeit: 40 Min., Preis: 71 $; *Nature Air:* tgl. 13 Uhr über Tambor, Flugzeit: 1 Std., Preis: 80 $.
- **Quepos:** *SANSA:* tgl. 6.30, 8.15, 9.30, 11.30 und 14 Uhr, Flugzeit: 30 Min., Preis: 44 $; *Nature Air:* tgl. 7.35, 9, 11 und 16.30 Uhr, Flugzeit: 30 Min., Preis: 50 $.
- **Sámara** (Landepiste bei Playa Carillo): *SANSA:* tgl. 7.50 und 11.50 Uhr, Flugzeit: 1 Std., Preis: 71 $; *Nature Air:* tgl. 13 Uhr über Tambor und Pta. Islita, Flugzeit: 80 Min., Preis: 80 $.
- **Tamarindo:** *SANSA:* tgl. 5.15, 8.40, 11.35 13.30, 14.30 und 15.50 Uhr, Flugzeit: 55

Min., Preis: 71 $; *Nature Air:* tgl. 8.30, 11 und 16 Uhr, Flugzeit: 1 Std., Preis: 80 $.

- **Tambor:** *SANSA:* tgl. 7 und 11.45 Uhr, Flugzeit: 30 Min., Preis: 58 $; *Nature Air:* tgl. 8.30 u. 13 Uhr, Flugzeit: 30 Min., Preis: 66 $.
- **Tortuguero:** *SANSA:* tgl. 6 Uhr, Flugzeit: 35 Min., Preis: 58 $; *Nature Air:* tgl. 6.15 Uhr, Flugzeit: 30 Min., Preis: 66 $.

Flüge ins benachbarte Ausland

- **Panama-City:** *COPA* (Tel. 223.2672, Fax 295.7474): tgl. 10 und 16.20 Uhr, Preis: ca. 138 $ plus Steuer (einf. Flug); *Lacsa* (Tel. 296.9353): tgl. 14 Uhr.
- **Managua** (Nicaragua): *COPA* (Tel. 223. 2672, Fax 295 7474): tgl. 17.30 Uhr; *Lacsa* (Tel. 296.9353): tgl. 16 Uhr; Preis: ca. 108 $ plus Steuer.
- **Granada** (Nicaragua): *Nature Air* (s.o.): Mi und Fr 6.15 Uhr, Flugzeit: 45 Min., sowie Mi, Fr und So 15 Uhr; Preis: 120 $ (einfach).
- Weitere **internationale Fluglinien** siehe Kapitel „Praktische Infos A–Z“, Stichpunkt „Verkehrsmittel“.

Ausflüge von San José

Asserí

Über den südöstlichen Vorort Desamparadaos windet sich eine Straße rund 15 km bergauf nach Asserí (1300 m). An der Straße nach Tabarca (1800 m) befinden sich Lokale mit Ausblick auf San José und die Vulkane der Zentralkordillere (z.B. Mirador Ram Luna, El Páramo Tico, Restaurant La Tranca).

- **Busverbindung** ab Av.6/C.C.-2
- Wer mit dem **Mietwagen** unterwegs ist, kann auch über Tabarca nach San Ignacio de Acosta (1100 m) weiterfahren und über Tabarcia und Ciudad Colón nach San José zurückkehren.

InBio Parque

Eine gute Einführung zum Thema Artenvielfalt am Beispiel Costa Rica. Nähere Infos siehe im Kapitel „Valle Central“ unter „Umgebung von Heredia“.

Waterfall Gardens

An der Straße von Heredia in den Norden liegt oberhalb des Wasserfalls *Cascada La Paz* diese touristische Einrichtung: Neben einem schön angelegten tropischen Garten (u.a. Orchideen), einer Kolibri-Fütterstelle und dem angeblich größten Schmetterlingsgehege der Welt gibt es einige gut befestigte Wanderwege entlang eines Urwaldflusses, der hier über mehrere Wasserfälle hinabstürzt.

• **Restaurant:** Mittagsbuffet 8 $ inkl. Getränke. **Eintritt:** 16 $, Kinder (bis 12 Jahre) und Studenten mit Ausweis: 12 $, Guide: 25 $; **geöffnet:** tgl. 8.30-16 Uhr (letzter Einlass: 15.15 Uhr), **Info:** Tel. 482.2720, wgardens@racsa.co.cr, www.waterfallgardens.com, **Anreise:** mit PKW über Heredia und Varablanca, oder Bus nach Pto. Viejo de Sarapiqui (über La Virgen!).

Parque de Diversiones/Pueblo Antiguo

Über die Autobahn zum Flughafen erreicht man 2 km westlich des Hospital México diesen größten Vergnügungspark des Landes mit einer Nachbildung eines alten Dorfes *(Pueblo Antiguo)*.

• **Geöffnet:** Do/Fr 10-18 Uhr, Sa/So 9-21 Uhr; **Bus:** ab San José: Av.2/C.8, alle 15-30 Min. (während der Öffnungszeiten); **Eintritt:** 4,50 $, Spezial (inkl. Freifahrten) ca. 7 $; Tel. 296.2212.

Moravia, Coronado

Vor allem freitags ein lohnenswerter Ausflug, wenn im Instituto Picado die Schlangen „gemolken" werden. Nähere Informationen siehe dort.

Vulkane Poás/Barva/Irazú

Nähere Informationen zu den drei **Vulkanen** im Valle Central – mindestens einen sollte man besucht haben – findet man im Kapitel „Valle Central" unter Alajuela (Poás), Heredia (Barva) und Cartago (Irazú).

Butterfly Farm

Nähere Informationen zur **Butterfly Farm** (Schmetterlingsgarten) bei La Juácima siehe Kapitel „Valle Central" unter „Die Umgebung von Alajuela".

Valle Central

Das zentrale Hochland ist das geographische, politische und wirtschaftliche **Zentrum des Landes.** Eingebettet zwischen der Cordillera Central im Norden und den nördlichen Ausläufern der Cordillera de Talamanca im Südosten erstreckt sich das Valle Central von San Ramón über Alajuela und San José bis östlich von Cartago.

In den vier größten und wichtigsten Städten des Landes und einer Vielzahl kleinerer Gemeinden leben über 50 % der Bevölkerung Costa Ricas, denn nirgends sonst ist das Klima so angenehm und der Boden so fruchtbar wie hier. Das erkannten schon die ersten Spanier, die sich Mitte des 16. Jh. ansiedelten und nach und nach die Urbevölkerung verdrängten.

Der richtige wirtschaftliche Aufschwung kam aber erst im 18. Jh. durch die steigende Nachfrage nach **Kaffee** in Europa, der hier auf den vulkanischen Böden hervorragend gedeiht und auch heute noch das wichtigste Exportprodukt des Hochlandes ist. Ferner konzentriert sich hier die noch bescheidene Industrie des Landes und auch fast der gesamte Dienstleistungsbereich ist hier beheimatet.

Die meisten Touristen kommen am internationalen Flughafen bei Alajuela an, und so ist San José mit seinen lohnenswerten Museen Ausgangspunkt für Ausflüge in die Umgebung. Auch hier ist es zunächst die **Natur,** die für Besucher interessant ist, denn auch im Hochland gibt es einige Nationalparks – allen voran die immer noch tätigen Vulkane Poás und Irazú sowie die Vielfalt des Nationalparks Braulio Carrillo und die dichten Wälder des Nationalparks Tapantí. Natürlich findet man hier auch die wichtigsten Kirchen und Denkmäler des Landes, wie z.B. das Nationaltheater in San José oder die Basilika in Cartago. Also Grund genug, einige Tage zu verweilen, bevor man weiterreist.

Die Umgebung von San José

San Pedro

Kein Vorort von San José, sondern eine eigenständige Gemeinde ist San Pedro im Westen der Hauptstadt, auch wenn die beiden ungleichen Schwestern schon längst zusammengewachsen sind. Die Grenze zum Stadtviertel Los Yoses, das eigentlich zu San Pedro gehört, liegt etwa bei dem Fuente de la Hispanidad, einem Brunnen, der von einer mächtigen Brücke überspannt wird.

Im **Zentrum** von San Pedro, der Hauptstadt des kleinen Kantons Montes de Oca, befindet sich ein kleiner **Park** mit einem Kiosk und eine schneeweiße Kirche an seiner Ostseite. Nördlich davon befindet sich der Campus der Universidad de Costa Rica (UCR), der für sich schon eine kleine Stadt bildet, die *Ciudad Universitaria.* Mit über 30.000 Studenten ist sie die größte **Universität** des Landes.

Unterkünfte

- **Hostal la Granja** (50 m südl. El Antiguo Higueron, Tel./Fax 280.9632): 6 saubere Gem. schlafräume (2-5 Pers.) mit Vent., bc: ca. 18/26/39 $; bp ca. 24/43/55 $; 15 % Rabatt mit Jugendherbergsausweis.
- **Hotel D'Galah** (östl. UCR, Tel./Fax 234.1743, dgalah@racsa.co.cr): nüchterne Atmosphäre, Cafétería, kl. Pool, Sauna; 25 ordentl. Zi., bp, TV, Tel., z.T. Küche: DZ ab 54 $ (ÜF); KK.
- **Hotel Ave del Paraíso** (350 m nördl. Fuente de la Hispanidad, Tel. 225.8515, Fax 253.5138, aparaiso@racsa.co.cr): Gratis-Parkplatz, Internet (gratis); 30 ordentliche Zi., bp, Kabel-TV, Kühlschrank: 45/57/64 $ (ÜF); Superior-Zi.: 57/69 $ (ÜF); KK (kein Zuschlag).
- **Hotel Milvia** (Abzw. Muñoz y Nanne Nord, Tel. 225.4543, Fax 225.7801, hotelmilvia@racsa.co.cr): schönes Haus in ruhiger Lage; 9 gr. Zi., bp, TV, Tel., Mini-Bar, stilvoll möbliert; 69/80/87 (ÜF); KK (kein Zuschlag).

Restaurants

- Im **Centro Comercial Calle Real,** 100 m östl. der Banco Popular, befinden sich zahlreiche Restaurants, u.a. das **Marbella Restaurant** (Tel. 224.9452), das spanische Spezialitäten sowie internationale Küche anbietet, das **Ambrosia** (Tel. 253.8012, So abends geschl.) mit intern. Küche und **Carusos** (Tel. 224.4801) mit hausgemachter italienischer Pasta und Weinen.
- Zu den besseren **chinesischen Restaurants** zählen das Nueva China (100 m östl. der Banco Popular, Tel. 224.4478) und das Ave Fenix (175 m westl. der Kirche, Tel. 225.3362).
- Nebenan liegt das gute italienische Restaurant **Il Ponte Vecchio** (Tel. 283.1810, So Ruhetag).

Zwei der vornehmsten Restaurants des Landes liegen im Umfeld des ICE-Gebäudes (Ortsteil Los Yoses):

- **La Galería** (125 m westl., Tel. 234.0850): Fleisch- und Fischgerichte bei klassischer Musik, So Ruhetag.
- **Le Chandelier** (100 m östl. und 100 m südl., Tel. 225.3980), exklusives französisches Rest., So Ruhetag.

Abends

Das Viertel hinter der Kirche in Richtung Uni-Campus beherbergt zahlreiche Restaurants, Bars und Kneipen, die v.a. am Wochenende gut besucht sind.

● Ein Tipp ist die bei Studenten sehr beliebte **Bar Opium** im Centro Comercial San Pedro.

● Etwas teurer und schicker ist das **Cocodrilo,** wo jetzt auch Essen serviert wird.

● **La Maga** (Fuente de la Hispanidad, bei der Mall San Pedro): Künstlercafé mit kl. Gerichten und Cocktails zu normalen Preisen, gelegentlich Livemusik (Eintritt).

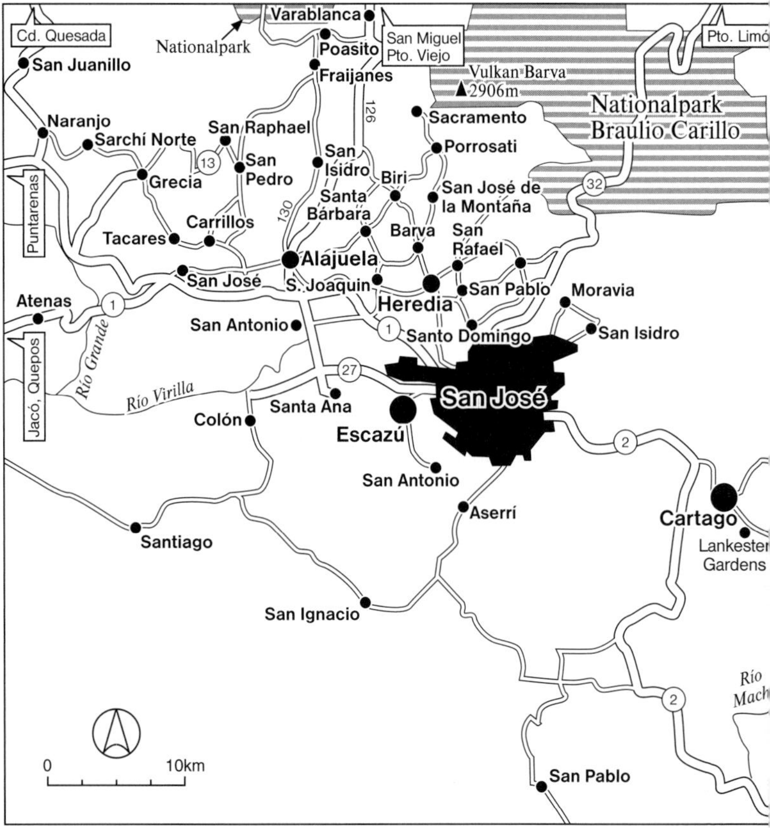

Moravia/Coronado

Nordöstlich der Hauptstadt kommt man über das Stadtviertel Guadeloupe auf die Zufahrtsstraße, die nach **San Vincente de Moravia** (1230 m) führt. Moravia, wie der Ort kurz genannt wird, wird auch von Touristen besucht, die sich hier mit Lederwaren und anderen Souvenirs versorgen.

Nach 2 km erreicht man **San Isidro de Coronado.** Die neugotische Kirche im Ortszentrum zählt zu den schönsten Gotteshäusern des Landes.

Beide Orte wurden wegen des angenehmen Klimas nach und nach beliebte Wohnviertel der *Josefinos*.

Busverbindung

- **San José:** Von 5 bis 22 Uhr alle 20 min

Instituto Clodomiro Picado

Dieses **Forschungsinstitut** der UCR in Coronado befasst sich ausschließlich mit den **Giftschlangen des Landes.** Besucher können sich hier anhand von Schautafeln und Fotos ein Bild vom Aussehen von Giftschlangen machen. Außerdem werden **Seren** hergestellt und verkauft (Vorbestellung).

Dieses Institut ist kein Zoo oder Museum, sondern eine wissenschaftliche Einrichtung. Schlangen bekommt man außer bei der Vorführung der Giftabnahme am Freitag um 14 Uhr in Natura normalerweise nicht zu sehen. Erklärungen können meist nur in spanischer Sprache gegeben werden.

- **Anfahrt:** Bus nach Dulce Nombre de Coronado ab Av.3/C.3-5; geöffnet Mo-Fr 8-16 Uhr, Tel. 229.0344, Eintritt frei.

Schlangen, Spinnen und Skorpione

Weltweit gibt es rund 2500 verschiedene Schlangenarten, von denen etwa 10 % giftig sind. Zu den **17 Giftschlangen,** die in Costa Rica vorkommen, zählen die Buschmeister, die echte Korallenschlange, die Klapperschlange und verschiedene Vipern-Arten. Ungiftig sind z.B. die Abgottschlange *(Boa constrictor)*, die tropische Rattenschlange und die falsche Korallenschlange.

Im Falle eines Bisses sollte nicht an der Wunde gesaugt oder geschnitten werden. Das Gift verlangsamt die Blutgerinnung und jede weitere Wunde verschlimmert den Zustand. Das Opfer muss so schnell wie möglich in ärztliche Behandlung. Für den Transport sollte man das betroffene Körperteil oberhalb der Wunde abbinden, der Blutfluss muss aber alle 20-30 Minuten für ca. 60 Sekunden gelockert werden, sonst kann der betreffende Körperteil absterben.

Als **Gegenmittel** werden Seren aus dem Gift der Schlangen hergestellt. Durch Druck auf die seitlich am Kopf befindlichen Giftdrüsen wird ein Tropfen Gift gewonnen, der durch Gefriertrocknung konserviert und dann weiterverarbeitet wird.

In Costa Rica existieren **zwei Seren für alle heimischen Giftschlangen:** *Suero Anticoral* gegen Bisse der Korallenschlange und das *Suero Antiofidico Polivalente Liofizado* für alle übrigen Schlangenarten. Gekühlt sind die Seren bis zu zwei Jahre haltbar.

Skorpionstiche und **Spinnenbisse** können zwar schmerzhaft sein, sind aber **in der Regel nicht tödlich.** Sie verursachen eine Lähmung, die nur für Kleinkinder und ältere Menschen sowie für Allergiker gefährlich werden kann, deren Immunsystem geschwächt ist.

Maßnahmen zur Vorbeugung

- wadenhohe, feste Schuhe tragen (Boots)
- nicht in Baumlöcher oder Steinhöhlen greifen
- fest auftreten, denn Schlangen sind zwar taub, reagieren aber auf Erschütterungen
- Kleider und Schuhe vor dem Anziehen ausschütteln
- Schlafsack und Bettzeug gründlich inspizieren
- niemals barfuß laufen

Weitere Informationen zu Schlangen und den damit verbundenen Gefahren erteilt der österreichische Schlangenexperte Robert Meidinger, der die Schlangenausstellung „World of Snakes" bei Sarchí leitet (siehe dort).

Sto. Domingo de Heredia

Nur etwa 7 km nördlich von San José, auf halbem Weg nach Heredia liegt auf einer Höhe von 1170 m die angenehm ruhige Ortschaft Santo Domingo de Heredia. Die Hauptstadt des gleichnamigen Kantons (ca. 30.000 Ew.) verfügt über zwei schneeweiße **Kirchen:** die **Iglesia de El Rosario** aus dem 19. Jahrhundert und **La Basílica,** die in den 30er Jahren entstand. Nach San José und Heredia bestehen Busverbindungen.

Unterkunft

- **Hotel Bougainvillea** (Ortsteil Santo Tomas, Tel. 244.1414, Fax 244.1313, info@bougainvillea.co.cr: Zufahrt ausgeschildert, Hotel mit Rest. (6/14/16 $); Gartenanlage, Pool, Tennisplatz, kostenloser Shuttle-Service nach San José, Internetcafé; 81 ordentl. Zi., bp, Kabel-TV, Tel., Balkon: 82/93/105 $; 4 Suiten; KK (kein Zuschlag).

Escazú

Über eine Schnellstraße, die südlich des Sabana-Parks beginnt, erreicht man nach rund 6 km diesen ruhigen Ort an den Hängen der Cerros de Escazú. Aufgeteilt in mehrere verstreut liegende Ortsteile, ist Escazú ein **beliebter Wohnort** in der Nähe der Hauptstadt. An der Zufahrt im Ortsteil San Rafael (1040 m) befinden sich viele moderne Einkaufszentren und Fastfood-Restaurants, weiter nördlich ist dann das eher verschlafene Zentrum des Ortes (1100 m). Von den Hotels und Restaurants nördlich des Zentrums, vor allem im Ortsteil San Antonio (1250 m), hat man einen wunderbaren Blick über San José und das Valle Central.

Unterkünfte

Mit Ausnahme eines Luxushotels finden sich hier vor allem Unterkünfte der mittleren Preisklasse mit Bed und Breakfast, zum Teil in sehr schöner und ruhiger Lage. Viele sind allerdings mit öffentlichen Verkehrsmitteln nicht oder nur schwer zu erreichen. Billigunterkünfte hingegen wird man hier vergeblich suchen.

Am Ortseingang rechts liegen **im Barrio Trejos Montealegre:**

- **Apartotel María Alexandra** (Tel. 228.1507, Fax 289.5192, apartotel@mariaalexandra.com): Pool, Sauna, Rest., Harley-Verleih; 14 Apt. mit Küche, AC, Kabel-TV, Tel.; EZ/DZ 93 $ (ÜF); KK.
- **Hotel Pine Tree Inn** (Tel. 289.7405, Fax 228.2180, pinetree@racsa.co.cr): Pool, Snack-Bar, Parkplatz; 14 ordentl. Zi., bp, Kabel-TV, Tel., Safe; ab 43/55/65 $ (ÜF); KK.

An der Straße in **Richtung Sta. Ana** liegt:

- **Hotel San Gildar** (Tel. 289.8843, Fax 228.6454, info@hotelsangildar.com): nette Hotelanlage mit Pool, Rest.; 27 geräumige Zi. mit AC, Kabel-TV: 114/114/132 $ (ÜF); KK.

Hinter der Abzw. nach Sta. Ana geradeaus Richtung Ortszentrum liegen im **Ortsteil San Rafael** auf der linken Seite:

- **Casa de las Tías** (Tel. 289.5517, Fax 289.7353, casatias@kitcom.net): schönes Holzhaus mit Garten; 4 angenehme Zi., bp, Vent. sowie 1 Junoir-Suite: ab 63/76/87 $ (ÜF); KK (+7 %).

Am Ortsrand von Escazú, 400 m vom *cementerio* entfernt, liegt:

- **Costa Verde Inn** (Tel. 228.4080, 289.9509, Fax 289.8591, inn@costaverde.com): schönes Landhaus, Garten, Pool, Tennisplatz; 11 Zi., bp, Kabel-TV: 52/64/76 $ (ÜF); NS: 47/52/66 $ (ÜF); 6 Apt. mit Internet, kl. Küche: DZ 87 $; KK (kein Zuschlag).

Oberhalb des Ortszentrums am Hang im Ortsteil San Antonio mit schönem Blick (ausgeschildert) liegen ein Luxushotel und ein einfacheres Hotel. Dieses lässt sich ab San José auch mit dem Bus San Antonio Escazú/Filtros (ab C.16/Av. C.-1) erreichen.

- **Tara Resort Hotel** (Tel. 228.6992, Fax 228.9651): Luxushotel in schöner Lage mit Rest., Pool;5 Luxuszi. und 9 Suiten; ab 151/151/163 $ (ÜF).
- **Pico Blanco Inn** (Tel. 228.1908, Fax 289.5189, frontdesk@hotelpicoblanco.com): Hotel mit Aussichtsrest., Bar, Pool, Flughafen-Transfer (20 $); 18 ordentl. Zi., bp, kl. Balkon, alle mit Blick über San José: 50/56/62 $; 6 Suiten: 50/56/62 $; KK (+7 %).

Restaurants

- **Taos Bar & Restaurant** (im Centro Comercial Trejos Montealegre, Tel. 289. 5923): internat. Küche, So Ruhetag.
- **Quiubo Restaurant & Q'tal Bar** (San Rafael, neben McDonald's, Tel. 289.9335): gute internat. und landestypische Küche, Bar nur Fr/Sa geöffnet.

175cr Foto: dk

●**Chango** (700 m nach der o.g. Abzw., Tel. 228.1173): Steaks.

●**Pizzería Sale e Pepe** (San Rafael, Centro Comercial El Valle, Tel. 289.5750): Di Ruhetag.

●**Restaurant Pomodoro** (Richtung Country Club, 300 m nach der US-Botschaft links, Tel. 289.7470): italienisches Rest., Pizza und Pasta zu moderaten Preisen, Mo Ruhetag.

●**Sushi-Itto** (Multicentro Paco, Tel. 228. 7896): exklusives japanisches Rest. mit Sushi-Bar, teuer.

●**El Embrujo de Limeño** (im Aparthotel Maria Alexander, Tel. 228.1507): peruanische Küche, Fisch/Meeresfrüchte, klein und gemütlich, feine Küche, Mo geschlossen.

●**Los Anonos** (San Rafael, Tel. 228.0180): rustikales Steakhaus, guter Service, gr. Portionen, Mo Ruhetag.

●**Le Monastere** (1 km südöstlich des Multicentro Paco, Tel. 289.4404): tolle Aussicht, gediegen, gehobene Preisklasse, nur abends, Sa Ruhetag.

●**Tre Fratelli** (Multicentro Paco, Tel. 289. 4389): mit Terrasse, sehr gute Pasta.

Sta. Ana

Etwa 5 km westlich von Escazú liegt das Städtchen Sta. Ana, nur etwa 10 km vom internationalen Flughafen entfernt. In der Umgebung gibt es einige sehr empfehlenswerte Unterkünfte.

Unterkünfte

***Villa Arboleda** (Sta. Ana, Tel. 825.1688, Tel./Fax 282. 2786, in D: Tel. 0861/165906, staubli@racsa.co.cr): Privathaus in ruhiger Lage am Waldrand in gepflegtem Villenviertel, herrlicher Blick über Valle Central, Flughafentransfer (gratis), schweiz. Leitung; 2 schöne Zi. mit Privateingang, bp, Terrasse: 49/65 $ (ÜF); NS: 44/55 $ (ÜF).

***Hotel Posada Canal Grande** (Piedades de Santa Ana, Tel. 282.4089, Fax 282.5733, canalgra@racsa.co.cr): Rest., Pool, ital. Leitung; 12 angenehme Zi., bp (WW), Kabel-TV, Safe: 64/87/99 $ (ÜF); KK (+6 %).

***Albergue El Marañon** (La Trinidad, zw. Piedades und Cd. Colón, Tel. 249.1271, Fax 249. 1761, cultourica@racsa.co.cr): schöne Lage am Hang mit Garten, Blick über das Valle Central, Sprachschule mit Kinderbetreuung, Rest.service (auch vegetarisch), ökol. orientiert, Touren (1-2-wöchige Rundreisen), Flughafentransfer (13 $), dt. Leitung; 11 Zi., bp (WW): 31/44/55 $ (ÜF); 4 Apt. (bis 4 Pers.): 50/70/ 80 $.

Heredia

- **Einwohner:** ca. 35.000, mit Vororten (Canton) ca. 95.000
- **Lage:** 1150 m ü.M., 11 km nordwestl. von San José
- **Temperatur:** 22 °C (Jahresdurchschnitt)

Die Hauptstadt der kleinsten Provinz des Landes ist eine recht **gemütliche Kleinstadt,** etwa 11 km nordwestlich von San José. Stolz ist man hier auf die erfolgreiche Fußballmannschaft, die bei einem Heimspiel ein großes Stadion und viele treue Fans zur Verfügung hat. Im Osten des Zentrums befindet sich die *Universidad Nacional,* eine der großen staatlichen Hochschulen des Landes.

Trotz der bescheidenen Auswahl an Unterkünften ist Heredia eine gute Alternative zur hektischen Hauptstadt und ein **guter Standort** für verschiedene Ausflüge in die Umgebung. Im Gegensatz zur Nachbarstadt Alajuela ist das Leben in Heredia noch etwas beschaulicher und auch der Verkehr ist nicht ganz so hektisch. Nach San José besteht regelmäßige Busverbindung, die Fahrzeit beträgt etwa 20 Minuten.

Stadtgeschichte

Als die Spanier in der zweiten Hälfte des 16. Jahrhunderts das Zentraltal erreichten, lebten nur wenige Indianer verstreut im Valle de Barva. Bald ließen sich auch die ersten Spanier in dieser wasserreichen Gegend nieder und gründeten mehrere Fincas. Bis zum Ende des 17. Jh. war die Zahl der hier lebenden Spanier so angewachsen, dass diese um Erlaubnis baten, den Gottesdienst in der nahe gelegenen Kirche von Barva zu besuchen. Dies wurde zwar abgelehnt, aber dafür der **Bau einer Pfarrkirche** erlaubt, die 1706 in der Gegend von Alvirilla entstand und der *Inmaculada Concepción* (unbefleckte Empfängnis) geweiht wurde. **Wegen Wassermangels** wurde diese im Jahre 1714 nach Cubujiquí **verlegt,** dem heutigen Heredia.

Daraufhin begann um die Kirche ein **kleiner Ort** zu wachsen, der fünf Jahre später aus acht strohgedeckten Häusern und einem ziegelgedeckten Schuppen bestand. Nachdem **1734** in dem Ort eine Pfarrei gegründet wurde, wuchs dieser weiter an, **1751** gab es bereits vier Straßen in Ost-West-Richtung und 5 Straßen von Nord nach Süd. Man zählte 24 Adobehäuser mit Strohdächern und 69 gemauerte Häuser, was auf eine Bevölkerung von rund 500 Einwohnern schließen lässt.

Am 1.6.1763 wurde der aufstrebenden Kleinstadt vom Generalkapitän von Guatemala der Titel *Villa de la Inmaculada Concepción de Cubujiquí de Heredia* verliehen. Der Zusatz *de He-*

redia bezog sich auf den spanischen Militärkommandanten *Gonzalo Fernández de Heredia,* der das Dekret zur Gründung des Ortes unterschrieb. Da dieser **Name** auch den Spaniern etwas lang erschien, nannte man die Stadt seit Ende des 18. Jh. einfach *Villa Vieja* (alte Stadt), schließlich war sie die älteste spanische Siedlung im westlichen Zentraltal. Erst später bürgerte sich dann der Name ein, unter dem wir heute die Stadt kennen.

Im Jahre 1797 wurde mit dem Bau der noch heute stehenden Pfarrkirche *Templo de la Inmaculada Concepción* begonnen, der rund 10 Jahre dauern sollte. Nach der Unabhängigkeit folgte die Zeit des **Bürgerkriegs** (1823), der für Heredia ebenso mit einer Niederlage endete wie der **Aufstand** gegen die Regierung *Braulio Carrillo* in San José (1835). Doch der Wohlstand, der im 20. Jahrhundert auch Heredia erreichte, gründete sich nicht auf militärische Erfolge, sondern auf die in Europa zunehmende Popularität von **Kaffee,** der bis heute an den Hängen um die Stadt angebaut wird.

Heredia – Mitte des 19. Jh. zählte man noch keine 3000 Einwohner – wurde **1851** von einem **schweren Erdbeben** heimgesucht, bei dem auch die Fassade der Kirche zerstört wurde.

1872 verkehrte die erste **Eisenbahn** zwischen Alajuela, Heredia und San José, und 1876 begann man mit dem Bau des Fortín. Nach und nach erhielt der Ort einen **städtischen Charakter,** der mit dem Bau der zentralen Markthalle (1889) und der Elektrifizierung (1897) noch unterstrichen wurde.

Hatte sich die **Bevölkerungszahl** in der ersten Hälfte des 20. Jahrhunderts von etwa 6500 auf rund 12.000 Einwohner kaum verdoppelt, so stieg diese in den folgenden Jahren stärker an und überschritt bereits Mitte der 1960er Jahre die 20.000-Marke. Mit der Niederlassung der **Universidad Nacional** im Jahre 1973 kamen bis heute rund 10.000 Studenten hinzu, was natürlich das Leben der Stadt entscheidend mitprägt.

Sehenswertes

Praktisch alle wichtigen Sehenswürdigkeiten der Stadt reihen sich um den **Parque Central,** einen gepflegten Platz im Zentrum der Stadt, der von zahlreichen Mangobäumen und kubanischen Königspalmen überragt wird. An seiner Ostseite steht – wie könnte es anders sein – die massive **Pfarrkirche,** mit deren Bau bereits 1797 begonnen wurde – sie zählt damit zu den ältesten Kolonialkirchen des Landes. Die Fassade wurde beim Erdbeben von 1851 zerstört und später wieder aufgebaut. Von außen macht das Gotteshaus einen verfallenen Eindruck, dafür ist es aber innen gut in Schuss und schön in Grau und Gold ausgestaltet.

An der Nordostecke des Parks schließt sich das **Casa de la Cultura** an, ein schönes Wohnhaus im Kolonialstil aus dem 19. Jahrhundert, in dem auch *Alfredo González Flores* lebte (Präsident der Republik von 1914 bis 1917). Im Inneren befindet sich eine Gemäldeausstellung, gelegentlich finden hier auch kulturelle Veranstaltungen statt. Nebenan fällt hinter einem kleinen Platz ein runder Backsteinturm ins Auge, der allgemein als **El Fortín** bekannt ist. Im Inneren des 1876 erbauten Wachturmes führt eine Wendeltreppe aufs Dach, von wo aus sich ein schöner Blick auf die Stadt und das Umland bietet. Den Schlüssel bekommt man bei der Gemeindeverwaltung, die im Gebäude nebenan untergebracht ist (1. Tür rechts, Mo-Fr 7-16 Uhr). Links neben dem Rathaus *(Palacio Municipal)* steht das Anfang des 20. Jahrhunderts erbaute **Postamt** mit seiner schönen weißen Fassade.

Im Osten der Stadt befindet sich die UNA *(Universidad Nacional Autónoma)*, wo sich ein Besuch im **Museum für Meeresbiologie** *(Museo Biológica Marina,* Tel. 261.0101) lohnt: Mo-Do 8-12 u. 13-16.30 Uhr, Fr 8-12 Uhr, Eintritt 1 $, Spenden willkommen.

Unterkünfte

- Sehr einf. Unterkunft mit Gemeinschaftsbad findet man im **Hotel Colonial** (Av.4/C.4-6, Tel. 237.5258): 5 $ p.P.,Frühstück verfügbar, sowie in der **Pensión Herediana** (C.C./Av.4-6, Tel. 237.3217): 6 $ p.P.; beste Wahl in dieser Kategorie.
- **Hotel Heredia** (C.6/Av.3-5, Tel. 238.0880): ruhige Lage; 10 einf., ungepflegte Zi. (bis 4 Pers.), bp, z.T. Etagenbetten: 15/25/30 $.
- **Apartotel Vargas** (ca. 1 km nordwestl. des Zentrums, Tel. 237.8526, Fax 260.4698, vagol@hotmail.com): Parkplatz; 5 ordentl. Zi.: EZ/DZ 35 $; 7 ordentl. Apt. mit Küche, TV: DZ 65 $.
- **Hotel América** (C.C./Av.2-4, Tel. 260.9292, Fax 260.9293, info@hamerica.net: Drei-Sterne-Hotel, zentrale Lage, dennoch relativ ruhig, Rest., Parkplatz, Wäscheservice; 37 gute Zi. zum Innenhof, bp (WW), z.T. TV: 35/45/55 $ (ÜF); Studentenermäßigung, Sondertarife pro Woche; KK.
- **Hotel Valladolid** (C.7/Av.7, Tel. 260.2905, Fax 260.2912, valladol@racsa.co.cr): Luxushotel mit Bar, Whirlpool, Sauna; 11 angenehme Zi., bp, AC, TV, kl. Küche, Kühlschrank, Mikrowelle, Blick über die Stadt: 68/78/88 $ (ÜF); 1 Suite: 90 $ (ÜF); KK.

Außerhalb

- **La Casa que Canta** (Sta. Barbara de Heredia, Tel. 269.6591, Fax 269.5571, casaquecant@racsa.co.cr): ruhige Lage, Garten, Wäscheservice, kanad. Leitung; 7 Zi. und Bungalows mit Kochgel. und Kühlschrank: Bad (WW): 45/65/85 $, Frühstück 5 $, keine KK.

189cr Foto: dk

Für den Überblick: „El Fortín"

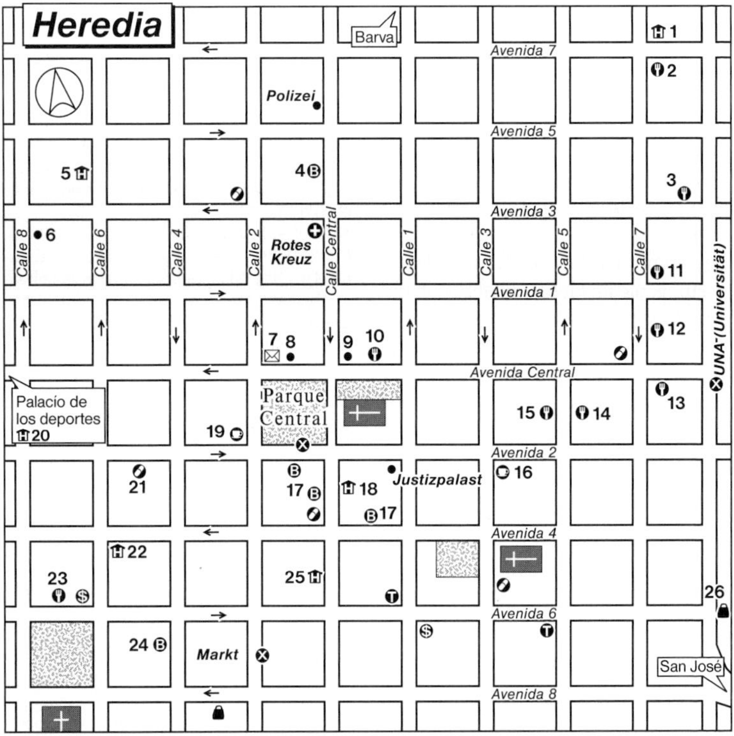

	Hotels
1	Hotel Valladolid
5	Hotel Heredia
18	Hotel América
20	Vargas Apartotel
22	Hotel Colonial
25	Pensión Herediana

	Busse
4	Bus n. San Pedro de Barva
17	Bus n. San José
24	Bus n. San José de la Montãna

6	Wäscherei
7	Post
8	Rathaus + Turm El Fortín
9	Casa de la Cultura
21	Apotheke

	Restaurants, Cafés und Bars
2	Restaurant Antiqua Roma
3	Restaurant Gran Papa
10	Restaurant El Gran Chapparal
11	Restaurant Fresas
12	Restaurant Vishnu
13	Bar/Restaurant El Rancho de Fofo
14	Restaurant El Príncipe
15	Restaurant Le Petit Paris
16	Café Scarlett
19	Café Azurra
23	Restaurant Sabroso
26	Centro Comercial Plaza Heredia

- Taxi
- Bank
- Supermarkt
- Tankstelle
- Apotheke

- **Hotel Chalet Tirol** (9 km nordöstl. von San Rafael, Tel. 267.6222, Fax 269.6373, tirolcr@racsa.co.cr): ruhige Lage an den Hängen des Vulkan Barva, Nebelwald, Rest.; 10 Chalets (Holz-Bungalows) und 14 Luxuszi. mit Kamin: 93/93/111 $ (ÜF); Kinder unter 12 J. frei; KK.
- **Finca Rosa Blanca Country Inn** (Nähe von Santa Barbara, Tel. 269.9392, Fax 269.9555, info@fincarosablanca.com): kl. Luxushotel, schöne Lage, Blick auf Valle Central, gr. Pool, Rest. (Abendessen: Menü 43 $). Der Luxus hat seinen Preis: 3 Standardzi. 180-270 $ (ÜF); 3 Junior-Suites, 2 Villen und eine Master-Suite mit herrlichem Rundblick; KK.
- **weitere Unterkünfte** im Umland von Heredia siehe im folgenden Kapitel.

Restaurants

- **Café Scarlett** (Av.2/C.3, Tel. 260.1921): netter Platz für einen Kaffee oder Imbiss, Frühstück, Tagesmenü (3 $), Salatteller, Mo-Sa 9-19 Uhr, So Ruhetag.
- **Restaurant Antiqua Roma** (C.7/Av.7): italienische und spanische Küche sowie Hühnchen vom Holzgrill.
- **Café Spoon** (im Centro Comercial Plaza Heredia): frischer Kuchen, geöffnet: tgl. 9-21 Uhr.
- **Bar/Restaurant El Rancho de Fofo** (Av.C./C.7-9): nettes Lokal mit mexikanischer Küche, relativ günstig.
- **Restaurant Le Petit Paris** (C.5/Av.C.-2): nettes Lokal, französ. Küche, Mo. Ruhetag; KK.
- **Restaurant El Príncipe** (C.5/Av.C.-2): gute Küche, gr. Auswahl und Portionen, gehobene Preisklasse, aber empfehlenswert.
- **Restaurant The Cowboy** (C.9/Av.5): Steakh.
- **Restaurant Fresas** (C.7/Av.1): im UG einf. Sode, im OG ab 17 Uhr Rest..
- **Marisquería Santa Bárbara** (im Centro Comercial Plaza Heredia, Tel. 260.2442): spezialisiert auf Fisch & Meeresfrüchte; KK.
- **Restaurant Vishnu** (C.7/Av.C.-1): vegetarisches Rest.
- Außerdem gibt es zahlreiche **chinesische Restaurants,** die allerdings alle nicht sehr einladend wirken, z.B.: **El Gran Chaparral** (Av.C./C.C.-1) und **Restaurant Sabroso** (A.6/C.6-8).

Infos von A bis Z

- **Disco:** *Miraflores Disco Club* (Av.2/C.2-4); *Tanzsalon Típico Latino* (an der Straße nach San José, Tel. 237.1121): Fr-Mo; *Champs Elysees* (im Centro Comercial Plaza Heredia).
- **Internet:** *Café Azurra* sowie bei der Post.
- **Einkaufen:** *Rayo Azul* (Av.6/C.4-6): Mo-Sa 8-20 Uhr, So 8-19 Uhr; *Más x Menos* (Av.6/C.6-8): Mo-Sa 8-24 Uhr, So 8-21 Uhr; *Hypermas* (Ortsausgang Richtung Hajuela): tgl. 8-24 Uhr.
- **Erste Hilfe:** Rotes Kreuz (C.C./Av.1-3, Tel. 263.3836 und 262.6955).
- **Fahrradzubehör:** *Ciclo* (C.4/Av.4-6).
- **Geldwechsel:** *Banco Nacional* (Av.6/C.6): Mo-Fr 8.30-15.45 Uhr, *Banco de Costa Rica,* Mo-Fr 12-18 Uhr. Sonst im Hotel América.
- **Post:** Av.C./C.2, Mo-Fr 7.30-18 Uhr, Sa 7.30-12 Uhr.
- **Reisebüro:** *Viajes Colón* (C.6/Av.2, Tel.260.8989, Fax 230.1998); *Tucan Tico* (Av.2/C.7-9, Tel./Fax 260.6161, tucanti@racsa.co.cr): Rafting (ab 95 $), Ausflüge zum Poás (75 $), nach Tortuguero (1 Tag 139 $), Corcovado (4 Tage/3 Nächte: 230 $ p.P.), Arenal (75 $).
- **Taxi:** Tel. 237.6162, 237.3863; Standplätze: Av.2/Parque Central und C.2/Av.6-8 (Westseite Mercado Central).
- **Wäscherei:** *Lavandería Sol y Mar,* C.8/Av.C.-1.

Busverbindungen

- **San José:** *Busetas Heredianas,* regelmäßig vom Zentralpark 200 m südlich und 150 m östlich; *TUASA* ab Casa Blanca im Zentrum: alle 15 Min. über Autobahn bis Av.3/C.6-8, Fahrzeit 20 Min.
- **Alajuela:** *TUASA,* tagsüber regelmäßig 300 m nördlich vom Zentralpark sowie an der Universidad Nacional de Heredia.
- **San Pedro de Barva:** 5-23 Uhr ca. alle 15 Min. ab Av.1/C.C.-1.
- **San José de la Montaña:** tgl. 6.30-19.15 Uhr etwa alle 15 Min. ab C.C./Av.3-5.
- **Monte La Cruz:** alle 30 Min. am südlichen Ausgang vom Markt.

Die Umgebung von Heredia

InBio Parque

Diese Attraktion im Raum Heredia ist ein Zentrum zur Veranschaulichung der Artenvielfalt am Beispiel Costa Rica. Nach einem einführenden audiovisuellen Vortrag erhält man im Rahmen einer Führung (spanisch oder englisch) in zwei Ausstellungsräumen interessante Informationen zu den Themen *Artenvielfalt* und *Nationalparks*. Danach führen Wanderwege (gesamt: 2 km) durch die verschiedenen Naturräume des Landes; ein Schmetterlingsgarten ist im Bau.

- **Geöffnet:** tgl. 8-16 Uhr, **Eintritt:** 15 $, Studenten 12 $, Kinder (5-12 Jahre) 8 $.
- **Infos:** Tel. 507.8107, inbioparque@inbio.ac.cr, www.inbio.ac.cr/inbioparque.

Museo de Cultura Popular

An der Straße, die nördlich aus Heredia Richtung Barva führt, weist nach 2 km rechts ein Schild zu dem kleinen Museum, das einen guten Einblick ins einfache Leben der Menschen zu Beginn des 20. Jahrhunderts vermittelt. In dem alten Wohnhaus sind Möbel, Einrichtungsgegenstände und andere Relikte aus früheren Zeiten ausgestellt. Nebenan kann man in einem kleinen Restaurant landestypische Gerichte probieren.

- Museum und Restaurant sind in der Hochsaison von Mo-Fr 8-16 und Sa/So 10-17 Uhr **geöffnet,** der **Eintritt** beträgt 700 C. (ca. 1,50 $).

Kaffeerösterei Britt

Die kleine Rösterei, die auch Kaffee nach Deutschland exportiert, bietet täglich eine (leider überteuerte) *coffeetour* in englischer und spanischer Sprache an: Nach dem Besuch einer Plantage mit den entsprechenden Erklärungen informieren Schauspieler auf unterhaltsame Weise über Geschichte und Verarbeitung des „schwarzen Goldes". Nach einem Besuch der Rösterei und der Verpackungsanlagen kann man einem Kaffeetester (*catador*) bei seiner Arbeit zuschauen. Zum Abschluss hat man schließlich selbst Gelegenheit, verschiedene Kaffeesorten zu probieren, um individuelle Geschmacksunterschiede zu erkennen.

- **Termine:** Nebensaison tgl. 11 Uhr, während der Hochsaison (15. Dez.–30. April): 11 und 15 Uhr, Reservierung empfohlen.
- **Eintritt:** 19 $ p.P., Studenten mit Ausweis: 15 $, 30 $ ab/bis San José; Combi-Tour mit Butterfly Farm: 60 $ p.P. (Studenten 50 $) ab/bis San José
- **Infos:** Tel. 261.0707, Ext. 3, Fax 238.1848, info@cafebritt.com
- **Anfahrt:** Kurz vor Barva Abzw. links (ausgeschildert). **Bus** von Heredia nach Barva.

Monte La Cruz

Dieses beliebte Ausflugsziel befindet sich etwa 10 km nördlich von Heredia. Am Ende der Straße, die auch zum Hotel Chalet Tirol führt, kommt man nach 100 m zum **Wasserfall** Monte La Cruz am Rio Segundo.

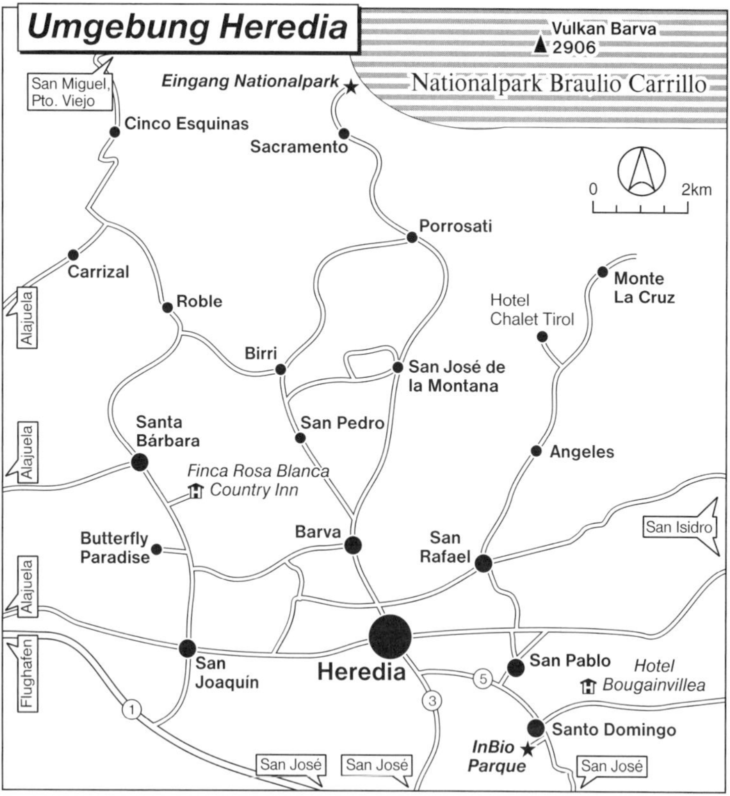

Von Heredia zum Vulkan Barva

Das kleine Städtchen **Barva de Heredia** liegt nur 3 km nördlich von Heredia auf einer Höhe von 1176 m. Der Ort entstand durch eine Kirchengründung im Jahre 1613 und ist heute Hauptstadt des gleichnamigen Kantons (24.000 Ew.). Ein Erdbeben zerstörte 1888 die frühere Pfarrkirche, die danach erbaute Kirche steht heute, von Palmen umgeben, als Blickfang im Ortszentrum. Zur Weiterfahrt gibt es zwei Möglichkeiten: entweder direkt nach San José de la Montaña oder mit einem Umweg über San Pedro de Barva und Birrí.

Etwa 100 m nördlich des Dorfplatzes von San Pedro de Barva gabelt sich die Straße: Rechts führt sie zurück nach Barva de Heredia und von dort

192cr Foto: dk

über Sacramento zum Vulkan Barva, links über Birrí nach Vara Blanca und weiter zum Vulkan Poás (s. dort) oder nach San Miguel und Puerto Viejo im Norden (s. Kapitel „Der Norden").

Im kleinen Ort **Birrí** (7,5 km nach der Abzweigung) führt rechts eine schmale Teerstraße bergauf, häufig sieht man Schilder *se alquila cabina* („Cabinas zu vermieten").

Unterkünfte

- 100 m weiter befinden sich links die **Cabañas las Ardillas** (Tel./Fax 260.2172, ardillas @rasca.co.cr): 15 rustikale Holzhäuser, bp, kl. Küche u. Kamin (max 8 Pers.): DZ 60 $; KK.
- 200 m weiter links, ca. 1,5 km vor der Abzw. nach San José de la Montaña, erreicht man das **Hotel El Pórtico** (Tel./Fax 237.6022, crica line@aol.com): Bar, Rest. (5/9/9 $), Pool, Sauna, TV-Saal, Wanderwege; 14 Zi., bp, Heizung: 50/60/80 $ (ÜF); KK.

San José de la Montaña, ein lang gestrecktes Bergdorf, liegt auf einer Höhe von 1500 bis 1800 m.

Die Straße nach **Sacramento** führt nach rechts bergauf, etwa 1,5 km vor dem kleinen Ort endet die Teerstraße. Die kleine Ortschaft liegt auf etwa 2100 m Höhe und besteht nur aus einigen Häusern (keine reguläre Unterkunftsmöglichkeit)! Von hier zum Vulkan Barva geht es nur noch zu Fuß oder mit dem Pferd weiter, mit Allrad ist es zwar möglich, aber nicht empfehlenswert!

Busverbindung

- Tgl. 7.30 (außer So), 13 und 17 Uhr nach Heredia.

Nationalpark Braulio Carrillo/Vulkan Barva

- **Geöffnet:** Di-So 8-16 Uhr, Hochsaison tgl.
- **Eintritt:** 6 $
- **Unterkunft:** Camping (300 C. p.P.), Reservierung unter Tel. 233.4160
- **Infos:** Tel. 256.2611 oder 261.0257

Der längst erloschene Vulkan Barva ist Teil des Nationalparks Braulio Carrillo, der im Kapitel „Karibische Küstenebene“ unter „Von San José nach Limón“ ausführlich beschrieben wird. Zu Füßen des 2906 m hohen Gipfels liegt die **Laguna Barva,** ein **Kratersee** mit einem Durchmesser von 70 m, etwas weiter die **Laguna Danta** mit einem Durchmesser von 500 m. Im Gegensatz zu seinen berühmten Nachbarn Poás und Irazú blieb der Barva von größeren Touristen-Invasionen bisher verschont. Die Anreise ist zwar nicht ganz so einfach, aber dafür kann man hier ungestört in herrlicher Natur wandern.

Wanderungen

- **Zum Eingang des Nationalparks:** Ab Sacramento ca. 5 km bergauf über einen nur mit Allrad befahrbaren Fahrweg; ab Sacramento etwa 1 Std. Gehzeit.
- **Zur Laguna Barva** (ab Nationalparkeingang ca. 1,5 Std. hin und zurück): Von der Rangerstation führt ein bequemer, breiter Weg leicht bergauf. Nach ca. 30 Min. Gehzeit kommt man zu einer Abzweigung: Geradeaus geht es zur Laguna Copey, rechts zur Laguna Barva. Kurz vorher überdachter **Rastplatz** mit Tischen und einer Feuerstelle.

  Rechts führt ein kurzer, schöner Weg durch einen märchenhaften **Nebelwald** nach einigen Minuten zu einer weiteren Abzweigung: Links geht es bergab zur **Laguna** (5 Min.), deren Wasser recht kalt ist und nur an heißen Tagen zum Baden einlädt; rechts führt ein schmaler, z.T. schlammiger Weg bergauf zu einem **Aussichtspunkt** mit Blick auf die tiefer liegende Laguna (10 Min.).
- **Zur Laguna Copey** (ab Nationalparkeingang 2,5-3 Std. hin und zurück): Für diese etwas **anspruchsvollere Wanderung** sollte man unbedingt festes Schuhwerk oder Gummistiefel haben. Von der o.g. Abzweigung geht es zunächst auf einem schmaleren Weg überwiegend leicht bergab, an riesigen *sombrillas del pobre* vorbei, deren Blattdurchmesser bis über 2 m betragen. Der zweite Teil des Weges führt steiler bergab und ist teilweise wegen des schlammigen Untergrundes recht anstrengend. Nach etwa 45 Min. erreicht man die kleine **Laguna;** für den Rückweg zur Rangerstation sollte man mindestens 1,5 Std. veranschlagen.

194cr Foto: dk

Kaffee – ein sensibles Pflänzchen

Der Kaffeestrauch, der im Wildwuchs eine Höhe bis zu 15 m erreichen kann, gehört zur botanischen Familie der Krappgewächse *(Rubiaceae)*. Von den rund 60 in den Tropen der alten und neuen Welt verbreiteten **Arten** stammen alle, die vom Menschen angebaut werden, aus Afrika. Die mit über 70 % häufigste Art ist dabei der *Coffea arabica*, einen Anteil von fast 25 % hat die Art *Coffea canephora*, auch als Robusta-Kaffee bekannt.

Die Kaffeepflanze benötigt für **optimales Wachstum** eine Höhe von etwa 800 bis maximal 1700 m, fruchtbare Böden und regelmäßigen Niederschlag in der richtigen Dosierung. Nach drei bis vier Jahren Aufzucht im Samenbeet tragen die jungen Pflanzen erstmals Blüten und Früchte. Die Reifezeit der Steinfrüchte (auch **Kaffeekirschen** genannt) beträgt 8-10 Monate, die vollreifen Früchte haben dann eine rote Farbe. Die Kirsche hat eine harte Fruchtschale und saftiges Fruchtfleisch, das zwei Samen umschließt – die eigentlichen Kaffeebohnen. Diese sind nochmals von einer feinen Silberhaut umgeben.

Nach der Ernte (die Haupterntezeit ist in Costa Rica in den Monaten Dezember und Januar), die bis heute von Hand gemacht wird, müssen zunächst die Bohnen mittels eines Entpulpers vom Fruchtfleisch getrennt und danach getrocknet werden, damit anschließend auch mühsam die Silberhaut entfernt werden kann. Danach werden die grünen Bohnen, die fast unbegrenzt haltbar sind, nach Größe und Gewicht sortiert, in Säcke abgefüllt und auf Schiffen nach Nordamerika und Europa transportiert.

Erst vor Ort, in den großen **Kaffeeröstereien** in Hamburg und Bremen beispielsweise, werden die Bohnen in 400 bis 600 Grad heißer Luft geröstet, wobei die Bohnen selbst auf über 200 Grad erhitzt werden. Dabei verlieren sie Feuchtigkeit und dehnen sich aus, der charakteristische Geruch verbreitet sich aber erst nach dem Mahlen.

Kaffee ist als Getränk wesentlich jünger als beispielsweise Tee, sein **Anbau** begann erst zwischen 1000 und 1300 n. Chr. an der Küste des Roten Meeres. Von dort gelangte er über die Türkei im 17. Jahrhundert nach Europa. Zu einem Massengetränk avancierte Kaffee dann im 19. Jahrhundert, und heute zählt er zu den weltweit beliebtesten Getränken überhaupt.

Alajuela

- **Einwohner:** ca. 50.000 (Stadt), 178.000 (Kanton)
- **Lage:** 950 m, 20 km nordwestl. von San José
- **Durchschnittstemperatur:** 22-24°C
- **Niederschlag:** 1500-2100 mm/Jahr

Alajuela, Hauptstadt der drittgrößten Provinz und **zweitgrößte Stadt des Landes,** macht auf den Besucher einen beschaulichen, **kleinstädtischen Eindruck.** Wenig ist zu spüren von der Hektik, die nur etwa 20 km entfernt in San José das Leben bestimmt, obwohl auch Alajuela eine wichtige Handels- und Industriestadt ist.

Wem San José zu laut, zu dreckig und zu hektisch ist, für den ist Alajuela eine weitere **Alternative als Standort für das Zentraltal.** Die Nähe zum Nationalpark Poás und vielen anderen Sehenswürdigkeiten, eine bescheidene Auswahl an günstigen Hotels und Restaurants, regelmäßige Busverbindungen nach San José rund um die Uhr sowie die Nähe zum internationalen Flughafen (3 km) sind weitere Pluspunkte. Sogar das Wetter ist hier im allgemeinen milder als in der Hauptstadt.

Stadtgeschichte

Die **Herkunft des Namens** Alajuela ist bis heute nicht restlos geklärt. Eine populäre Version besagt, dass der Fluss Río Itiquis früher den Beinamen Río *La Abuela* („Großmutter") hatte, was dann zu *Alajuela* wurde. Sicher ist, dass es hier **Anfang des 18. Jh.** eine kleine Siedlung namens *La Lajuela* gab, deren Aufschwung mit dem Bau einer Kirche für die umliegenden Dörfer im Jahre 1782 begann. Damals hatte Villahermosa, wie der Ort auch genannt wurde, zusammen mit vier Nachbargemeinden gerade einmal 267 Einwohner.

Rund um die Kirche entstand in den folgenden Jahrzehnten eine kleine Stadt, die im Jahre **1823** unter *Gregorio José Ramírez* zusammen mit den Bewohnern des damals noch unbedeutenden San José gegen die Monarchisten zu kämpfen hatte, die nach der Unabhängigkeit von Spanien den Zusammenschluss mit dem neu gegründeten Königreich Mexiko anstrebten. Am 5. April 1823 kam es zur Entscheidungsschlacht in Ochomongo, die die Republikaner für sich entscheiden konnten. Zum ersten Mal war in Costa Rica Blut geflossen bei einer Auseinandersetzung unter Brüdern.

Durch **mehrere Erdbeben** wurden in den Jahren 1851 bis 1889 viele der alten Gebäude zerstört, so dass man heute den kolonialen Charakter der Stadt fast nur noch am schachbrettartigen Straßenbild ablesen kann.

Sehenswertes

Normalerweise erreicht man Alajuela von Süden her über die Calle Segunda, die am Zentralpark vorbei und geradeaus weiterführt zum Vulkan Poás. Diese **Hauptstraße** durchschneidet die Stadt von Süd nach Nord: Westlich liegen die Hauptgeschäftsstraßen, der Zentralmarkt und die Busbahnhöfe, im Osten die ruhigeren Wohnviertel.

Genau in der Mitte der Stadt befindet sich - nach spanischem Vorbild - der **Zentralpark** *(Parque Central)* mit zahlreichen Palmen und schattenspendenden Mangobäumen - ein beliebter Treffpunkt für Jung und Alt, vor allem sonntags, wenn regelmäßig Platzkonzerte stattfinden.

An der Ostseite des Parks erhebt sich stolz die strahlend weiße **Kathedrale** mit der charakteristischen roten Wellblech-Kuppel. Das imposante Kirchengebäude vom Beginn des 20. Jh. musste wegen des schweren Erdbebens vom 22.12.1990 renoviert werden.

Nördlich des Parks wurde 1980 in einem früheren Kasernengebäude das **Museo Juán Santamaría** eingerichtet (Eingang Av. 3, Di-So 8-17 Uhr, Mo geschl., Eintritt frei, Tel. 441.4775). Das kleine Museum zeigt Gemälde, Fotos, Waffen etc., die meist mit dem Befreiungskampf gegen die Truppen von *William Walker* im Jahre 1856 in Verbindung stehen. Der aus Alajuela stammende junge Soldat *Juán Santamaria* hatte am 11. April 1856 in der Schlacht von Rivas sein Leben geopfert, um das Lager der Feinde in Brand zu setzen und damit den Kampf zugunsten des jungen Staates Costa Rica zu entscheiden. Noch heute munkelt man, dass er dabei betrunken gewesen sei, was aber seiner Rolle als Nationalheld keinen Abbruch tut.

100 m südlich des Zentralparks hat man im **Parque Juán Santamaría** dem wohl bedeutendsten Sohn der Stadt ein Denkmal gesetzt: Mit der Fackel in der einen und dem Gewehr in der anderen Hand begegnet er entschlossen der größten Bedrohung für die Freiheit der jungen costaricanischen Nation.

Freitags ab 14 Uhr (bis ca. 22 Uhr) und samstags von 5.30 bis 14.30 Uhr findet an der Plaza Feria, ca. 1 km westlich vom Zentralpark, ein sehr sehenswerter **Wochenmarkt** statt, auf dem neben Obst, Gemüse, Fleisch etc. auch Kleidung und Souvenirs angeboten werden. Jeden zweiten Samstag gibt es außerdem ab ca. 11 Uhr Livemusik und Folkloretänze.

Unterkünfte

- Im Umfeld der Busbahnhöfe liegen die beiden **nicht empfehlenswerten** Hotels **El Real** und **Rex**, beide zwar billig, aber schmuddelig und primitiv.
- **5ta. Avenida Hostel** (Av.5/C.0-1, Tel. 441. 1563, hostel5taavenida@yahoo.com): neue Unterkunft, Küchenbenutzung; 4 kl. Zi., einf., sauber: bc/bp ab 10 $ p.P.
- **Mango Verde Hostel** (Av./C.2-4, Tel. 441. 6330, Fax 441.7116, mirafloresbb@hotmail. com): Backpacker-Unterk., 8 Zi.: 15/25/35 $.
- **Hotel Alajuela** (C.2/Av.C., Tel. 441.1241, Fax 441.7912, alajuela@racsa.co.cr): zentrale Lage, Parkplatz; 40 ordentl. Zi., bp (bessere Zi. mit Tel., Vent.): 20/25/30 $; mit AC 30/ 41/45; 4 Apt. (bis 6 Pers.): 60 $; KK.
- **Hotel Mi Tierra** (Av.2/C.3-5, Tel. 441.1974, reservation@hotelmitierra.com): Kostenlose Abholung vom Flughafen; 2 Zi., bc (WW): 25/25/30 $ (ÜF); 5 Zi., bp: 35/35/40 $ (ÜF); KK (+7 %).
- **Charlie's Albergue** (Av.5/C.C.-2, Tel./Fax 440.6853): 10 ordentl. aber hellhörige Zi.; bc (sauber): 25/30/35 $, bp: 30/35/45 $.
- **Hotel Pacande** (Av.5/C.2-4, Tel. 443. 8481, tititabo@racsa.co.cr): familiär, Wäscheservice, Gratis-Abholung vom Flughafen; 3 saubere Zi. mit Stockbetten, bc: 25/30/36 $ (ÜF); 3 Zi., bp (WW): 30/35 $ (ÜF). Dependance an der Straße zum Poás: Villa Pacandé (Tel. 441.6795): gleiche Preise.

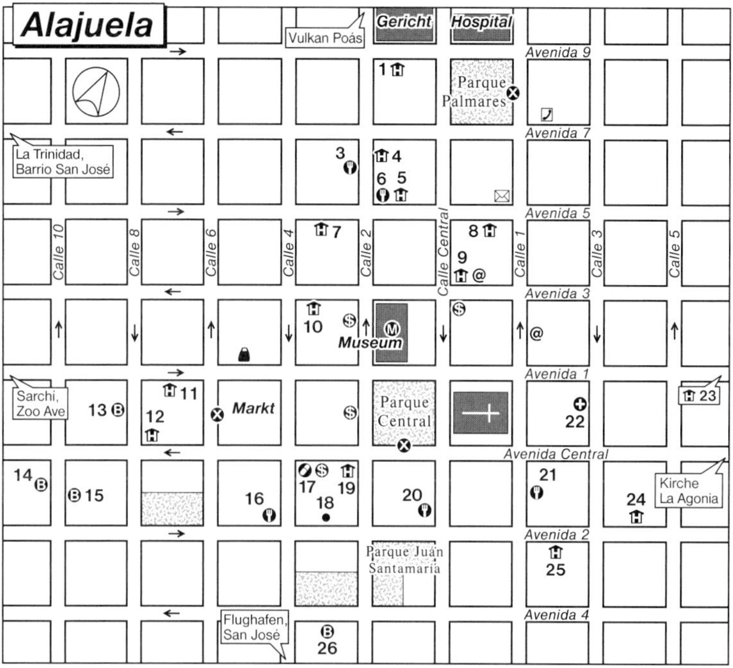

Hotels

1 Pension Alajuela
4 Hotel 1915
5 Charlie's Albergue
7 Hotel Pacande
8 Sta. Avenida Hostel
9 Hotel Los Volcanes
10 Mango Verde Hostel
11 Hotel Rex
14 Hotel El Real
19 Hotel Alajuela
23 Islands B&B
24 Hotel Mi Tierra
25 La Guaria Inn

Restaurants

3 Rest. Rincón Valluno
6 Rest. Ambrosia
16 Trigo Miel
20 La Mansarda
21 Rest. Kun Wah

13 Busbahnhof
14 Bus n. San Pedro Poás
15 Bus n. Atenas (Zoo Ave)
17 Apotheke
18 Reisebüro
22 Rotes Kreuz
26 Bus n. San José

Supermarkt
Internet Café
Bank
Telefon
Taxi
Bushaltestelle

●**Pension Alajuela** (Av.9/C.C.-2, Tel. 441. 6251, Fax 442.2329, pension@racsa.co.cr): kl. Bar, US-Leitung; 12 Zi., einf., aber sauber; bc: 26/33/40 $; bp, TV: 35/41/47 $; KK.
●**La Guaria Inn** (Av.2/C.1-3, Tel. 440.2948, Fax 441.9573, laguariahotel@netscape.net): Küchenbenutzung; 23 Zi., bp, Kabel-TV: ab 33/35/42 $ (ÜF); KK.
●**Islands B&B** (Av.1/C.7-9, Tel. 442.0573, Fax 442.2909, islandsbb@hotmail.com): ruhig, 8 ordentl. Zi., bp: 35/40/45 $ (ÜF); NS: 30/35 $; KK (kein Zuschlag).
●**Hotel Los Volcanes** (Av.3/Calle Real, Tel. 441.0525, Fax 440.8006, losvolcanes@racsa.co.cr): nettes Hotel in historischem Gebäude (1920), Gratis-Abholung vom Flughafen, freundlich, Touren, Parkplatz, Shuttleservice nach Montezuma, bc: 29/41 $; bp: 41/52 $.
●**Hotel 1915** (C.2/Av.5-7, Tel. 440.7163, Fax 441.0495): 9 Zi., Kabel-TV, DV, bp (WW): ab 45/45/50 $ ÜF).
●**Apartotel El Erizo** (Av.C./C.18-20, Tel./Fax 441.2840): etwas abseits, aber ruhig, mit Innenhof, Parkplatz, Wäscherei; 11 saubere Apt. (max. 4 Pers.) mit Wohnzi., 1 oder 2 Schlafzi., Küche, bp, TV, Tel., z.T. AC: 50 $ (1-2 Pers.); 60 $ (1-4 Pers.).
●**Paraíso Tropical Hotel** (C.2/Av.15, nach Fábrica Pto. Rojo links, Tel./Fax 441.4882): angenehm ruhige Lage am nördl. Stadtrand, gr. Garten, kostenloser Flughafentransfer, freundlich; 7 ordentl. Zi., bp, sauber: 50/55/60 $ (ÜF).

Hotels in der Umgebung

***Hotel Coconut House** (1,5 km westlich vom Zentralpark im Wohnviertel La Trinidad, Bus bis Parque La Loma, Tel. 441.1249, Fax 442.7158, hotel@coconuthouse.info): Flughafentransfer (ab 2 Nächten gratis), Parkplatz, Frühstücksbüffet, Wäscheservice, gute Landesinfos, dt. Leitung; geräumige, helle Zimmer, z.T. Safe, bc: 15/24$ (ÜF); bp: 20/30 $ (ÜF); Anfahrtsbeschreibung für Taxifahrer: del Super 100 Sur y 350 Oeste.
●**Hotel Hortensia** (wie Coconut House im Wohnviertel La Trinidad, Tel. 440.1910, Fax 443.4349): Parkplatz; bc: 15/25 $ (ÜF); bp: 20/30 $ (ÜF); Anfahrtsbeschreibung für Taxifahrer: del Super 100 Sur y 250 Oeste.
●**Casa del Suizo B&B** (2,8 km vom Zentrum im Wohnviertel La Giralda, Tel./Fax 443. 3561, georgstock_52@hotmail.com): Wäscheservice, Tagestouren, Flughafentransfer (5 $), schweiz. Leitung; 3 einf. Zi., bc: 20/30 $ (ÜF); 1 Zi., bp: 25/35 (ÜF); keine KK.
***Pension Berna Tica** (ca. 9 km westlich von Alajuela an der Straße nach Grecia, 4 km hinter dem Dorf Cacao, Tel. 827.0339, in D: Tel. 0861/165906, bernatica@suizostours.com): ruhige Lage, persönliche schweiz. Leitung, Pool, Ausflüge, Rest.service, Gratis-Transfer v. Flughafen ab zwei Nächten; 6 einf., ordentl. Zi., bp (WW): 29/39/49 $; Frühstück 5 $.
***Pension los Alemanes** (ca. 9 km westlich von Alajuela, Tel./Fax 458.3098, losalemanes@racsa.co.cr): Privatpension oberhalb der Ortschaft Carrillos, schöner Garten, Pool im Bau, Rest.service (Frühstück 5 $), Abholung vom Flughafen (ab 2 Übernachtungen gratis); dt. Besitzer gibt Infos und bietet Tages- und Mehrtagestouren an; 6 Zi. im Haupthaus, bc: 18/29/44 $; 6 Cab., bp: 23/35 $.
●**Vida Tropical B&B** (100 m östl., 300 m nördl. vom Hospital San Rafael, Tel./Fax 443. 9576, ranchos@racsa.co.cr): kl. Garten mit Hängematte, Gratis-Abholung vom Flughafen, Küchenbenutzung: 25/35/45 $ (ÜF).
●**Hotel La Rosa de América** (im Barrio San José, Anfahrt: Richtung Grecia, an der Kirche Barrio San José links Richtung Zoo Ave, ausgeschildert, Tel./Fax 433.2741, info@larosadeamerica.com) gepflegte Anlage mit Pool, US-Leitung; 12 ordentl. Zi. mit TV, DV, bp (WW): 49/65/81 $ (ÜF); mit KK: 53/69/86 $.
●**Hotel Orquídeas Inn** (ca. 4 km westlich, Tel. 433.9346, Fax 433.9740): Pool, Bar, Rest.service, US-Leitung; 26 freundl. Zi., bp, z.T. nahe an der Straße: ab 64/76/87 $ (ÜF); 3 Suiten ab 140/145/157 $ (ÜF); KK.
●**Chatelle Country Resort** (ca. 12 km südwestl. in La Garita, Tel. 487.8282, Fax 487. 8181, chatelle@racsa.co.cr): Gratis-Flughafentransfer; Rest., Bar, Pool; ruhige Lage, 15 geräumige Zi. mit Du./WC, Tel., Vent.: 80/80/98 $ (ÜF); „Master"-Zi. mit Küche: 104/104/121 $ (ÜF); KK.
●**Hotel Martino Med-Spa & Resort** (gegenüber Zoo Ave, Tel. 433.8382, Fax 433.9052, in D: 0861/165906, martino@racsa.co.cr,): Luxushotel in ruhiger Lage, gutes ital. Rest., gr.

Pool, Fitness- und Gesundheitsbereich, Tennis; 37 komfortable Junior-Suiten mit Balkon, AC, Kabel-TV, Mini-Bar: ab 163/186/204 $ (ÜF); 4 Deluxe-Suiten und 1 Villa: DZ 244 $ (ÜF); Sonderpreise anfragen!

Weitere Hotels an der Straße zum Vulkan Poás, siehe dort.

Hotels am Flughafen

- **Hotel Garden Court Aeropuerto** (1. Kreuzung Richtung San José links, Tel. 443.0043, Fax 442.9532, hampton@racsa.co.cr): Flughafenhotel nach nordamerikan. Qualitätsnormen, Pool, kein Rest., Shuttle-Busse zum Flughafen; 100 gute Zi. mit Kabel-TV, AC, Lärmschutzfenster: 115/122 $ (ÜF); KK.
- **Hotel Brilla Sol** (im Ortsteil El Roble, etwa 4 km vom Flughafen entfernt, Tel. 442.5129, florelo@racsa.co.cr): einf. Anlage mit Pool, Rest.; zweckmäßige Zi., bp (WW), TV: 35/45/55 $ (ÜF).
- **Robledal B&B** (El Roble, Tel. 438.3937, Fax 438.8302, info@hotelrobledal.com), Abholung vom Flughafen, Wäsche- und Rest.service, Internet; Zi. mit Bad (WW): 40/50/65 $.

An der **Schnellstraße vom Flughafen nach San José** reihen sich zahlreiche Luxushotels, die sich auf Geschäftsreisende und Kongresse spezialisiert haben. Eine Auswahl:

- **Costa Rica Marriott** (San Antonio de Belén, Tel. 298.0000, Fax 298.0011): gr. Hotelanlage, 252 luxuriöse Zi.: DZ ca. 214 $.
- **Hotel Residencias del Golf** (neben Hotel Cariari, Tel. 239.2272, Fax 239.2001): gepflegte Hotelanlage mit Pool, gutes Rest., airport-Shuttle; 90 gute Zi. mit AC, Kabel-TV, Safe, EZ/DZ ab 105 $.
- **Best Western Irazú** (an der Puente Juan Pablo II, Tel. 232.4811, Fax 232.4549): gr. Hotel mit Pool, Casino, kostenloser Flughafen-Shuttle; 207 ordentl. Zi. mit AC, Kabel-TV, Safe: 94/107 $ (ÜF); 118 „premier rooms“: 123/135 $ (ÜF); KK.

Weitere Hotels in der Umgebung von Alajuela siehe „Von Alajuela zum Vulkan Poás“.

Restaurants

- **La Mansarda** (C.C./Av.C.-1), Tel. 441.4390. Fisch und Meeresfrüchte, gut und günstig.
- **Restaurant Rincón Valluno** (C.2/Av.5-7): Gute kolumbianische Küche, Hauptgericht um 5 $.
- **Restaurant Ambrosia** (C.2/Av.5): internationale und landestypische Gerichte, nicht ganz billig.
- **Palermo** (C.2/Av.8): gute chines. Küche.
- **Restaurant Kun Wah** (C.1/Av.C.-2): chinesische Küche, gr. Portionen, Menü ab 3 $.
- **Soda Alberto** (C.4/Av.1-3): gutes, preisgünstiges Vegetarisches, Tagesmenü 3 $.
- **Restaurant La Jarra** (Plaza Garibaldi, ca. 1 km Richtung Sarchí): beliebtes Rest., Fisch, Fleisch etc., Cocktails.
- **Rosti Pollos** (am Flughafen, beim Hotel Hampton Inn): nett eingerichtetes Lokal, auf Huhngerichte spezialisiert.
- **Café Galería** (C.10/Av.5): mehrere Kaffeesorten, gelegentlich Live-Jazz.
- **Trigo Miel** (am Parque Central), gute Konditorei.
- **Pizzeria La Rueda,** (Stadtteil Barrio San José, 300 m östl. der Kirche, Tel. 433.9876): sehr gute, preisgünstige italienische Küche.
- **La Princesa Marina** (im Ortsteil San José, etwa 4 km westl., Tel. 433.7117): gute Fischgerichte, nicht teuer.
- **Delicias del Maiz,** landestypische Küche, beliebtes Restaurant.
- ausgezeichnete italienische Küche bietet das Restaurant im **Hotel Martino** gegenüber Zoo Ave.

Infos von A bis Z

- **Autovermietung:** *A 1* (Av.3), *Colón R.C.* (Tel. 441.1661); an der **Straße zum Flughafen:** *Dollar R.C.* (Tel. 443.2078), *Prego R.C.* (Tel. 443.2336); zahlreiche **weitere Vermieter am Flughafen** (siehe Liste der Autovermieter im Kapitel „San José“).
- **Erste Hilfe:** Rotes Kreuz (C.3/Av.C.-1, Tel. 441.3939), *Clinica Norza* (C. ./Av.10, Tel. 441.3572). Neues Krankenhaus und Ärztezentrum (gegenüber vom Mall International auf dem Weg zum Flughafen, Tel. 436.1001).
- **Souvenirs:** *Artesania* (Av.1/C.8-9) und in der Mall Alajuela, *Green Turtle Souvenir Outlet* (300 m nördlich von der Einfahrt am Hotel Garden Court Aeropuerto).

- **Geldwechsel:** bei zahlreichen Banken, u.a. *Banco Nacional,* geöffnet Mo-Fr 9-15 Uhr, Sa 9-12 Uhr und *Banco de Costa Rica,* geöffnet Mo-Fr 9-14 Uhr; schneller geht es in den Privatbanken wie *Scotia Bank* oder *Interfin-Bank* (Av.2/C.3) und *Banco de San José* (Av.1/ C.C.); am Wochenende im Hotel Alajuela.
- **Kino:** in der Shopping Mall Richtung Flughafen.
- **Post:** Av.5/C.1, Mo-Fr 7.30-17 Uhr.
- **Reisebüro:** *Agencia de Viajes Alajuela* (Av.2/ C.3-5, Tel. 442.1515); *Cinco Continentes* (Av.1/ C.1-3, Tel. 442.1414, Fax 440.0014).
- **Supermarkt:** *Rayo Azul* (Av.1/C.4-6), Mo-Fr 8-21.30 Uhr, Sa/So 8-19 Uhr, *Maxi Mercado* (1 km westlich vom Zentralpark), Mo-So 9-21 Uhr; *Mega Super* (in der Urb. La Trinidad an der Straße nach Barrio San José).
- **Taxi:** *Cootaxa* (Tel. 442.3030), Standplätze am Parque Central (Westseite), Parque Palmares (Ost) und vor der Kirche La Agonia. **Fahrpreise** zum Flughafen: ca. 3 $., zum Vulkan Poás inkl. 1 Std. Wartezeit: ca. 35 $.

Busverbindungen

Die Überlandbusse von San José in den Nordwesten, zur Halbinsel Nicoya und an die zentrale Pazifikküste halten an der Straße von Alajuela zum Flughafen neben einer Shell-Tankstelle, besser bekannt als *Toyota.* (Obwohl es dort keine Toyota-Vertretung mehr gibt!)

- **Flughafen/San José:** Fahrtzeit ca. 30 Min., Preis 55 C.; TUASA (Tel. 442.6900, C.8/ Av.C.-1), tagsüber alle 5 Min.; *SWA* (Tel. 441. 1181, Av.2/C.10-12), tagsüber alle 5-10 Min., 23.30-5.30 Uhr stündlich, fährt Flughafen nur bei Bedarf an.
- **Heredia:** tagsüber regelmäßig ab dem TUASA-Busbahnhof (C.8/Av.C.-1).
- **Laguna de Fraijanes:** *Coopetransasi* (Tel. 449.5141), Mo-Sa 6-18 Uhr (stdl.), So 8-17 Uhr; Abfahrt 300 m westl. des Mercado Central.
- **Vulkan Poás:** tgl. 9.15 Uhr TUASA-Bahnhof, sonntags ab C.C./Parque Central (Bus kommt aus San José, oft überfüllt), Rückfahrt 14.30 Uhr, Fahrpreis: ca 3 $; Alternative: tgl. 6 und 12 Uhr bis Poasito (Fahrzeit 30 Min.); die letzten 10 km müssen dann aber zu Fuß oder per Autostopp zurückgelegt werden.
- **Sarchí:** *TUAN* (Tel. 441.3781), tgl. 5-22 Uhr alle 30 Min. ab C.8/Av.C-1 (Busbahnhof).
- **Atenas** (Zoo Ave): C.10/Av.C.-2 (Bus 2).
- **La Guacima Abajo** (Butterfly-Farm): tgl. 6.20, 9, 11 und 13 Uhr ab C.10/Av.C.-2 (Bus 1).
- **San Antonio Belén** (Ojo de Agua): C.10/Av.C.-2 (Bus 1).

Die Umgebung von Alajuela

Zoo Ave

- **Geöffnet:** tgl. 9-17 Uhr
- **Eintritt:** 9 $, Studenten 8 $, Kinder (2-12 Jahre) 1 $
- **Info:** Tel. 433.8989, Fax 433.9140
- **Anreise PKW:** ab San José über Autobahn Richtung Puntarenas, Ausfahrt Atenas rechts; ab Alajuela über Barrio San José); **Bus** ab Alajuela Richtung Atenas oder La Garita; **Taxi** ab Alajuela inkl. 1 Std. Wartezeit ca. 5 $.

Der Zoo Ave ist ein **Privatzoo** unter nordamerikanischer Leitung ohne finanzielle Unterstützung durch den Staat. Gezeigt werden vor allem **Vögel,** u.a. Papageien, Tukane, Adler und Geier. Insgesamt leben hier über 100 Arten, die vorwiegend in Costa Rica beheimatet sind. Kolibris und den schönen Quetzal wird man hier allerdings vergeblich suchen, denn diese Tiere können in Gefangenschaft nicht überleben. Außer den Vögeln gibt es hier drei der vier heimischen Affenarten und einige Reptilien. Fazit: der teure Eintritt lohnt nicht!

Butterfly Farm

- **Geöffnet:** tgl. 8.30-17 Uhr (letzte Führung 15 Uhr)
- **Eintritt** (inkl. Führung): 15 $, Studenten: 10 $, Kinder (unter 12 Jahre): 7 $, Kinder unter 5 Jahre frei
- **Info:** Tel. 438.0400, Fax 438.0300, info@butterflyfarm.co.cr
- **Anreise:** PKW ab San José über Autobahn Richtung Flughafen, an der Kreuzung nach dem Hotel Herradura links, Ausschilderung folgen (blauer Schmetterling); Öffentlicher Bus (La Guacima Abajo) ab San José (Av.1/C.20-22) Mo-Sa 11 und 14 Uhr, Rückfahrt 15.15 Uhr; ab Alajuela alle 30 Min.; Tourbus: ein Kleinbus der Schmetterlings-Farm fährt 3 x tgl. (7.20, 10 und 14 Uhr) ab San José; Abfahrtsstellen: Hotel Aurola Holiday Inn (Parque Morazan) und Gran Hotel Costa Rica (Av.2), Fahrpreis (hin und zurück inkl. Eintritt): 30 $ p.P., Studenten 20 $, Kinder 15 $.
- **Verpflegung:** Zu empfehlen ist das nahe gelegene Rest. Tucán (günstige Preise, gute landestypische Küche).

Diese **Schmetterlingsfarm** wurde 1990 zur Zucht und dem Verkauf von Schmetterlingspuppen in alle Welt gegründet. Für Besucher wird eine etwa 2-stündige Tour angeboten, inkl. eines ca. 30-Min. Videos und einer Führung durch den Garten mit Erklärungen über das Leben der Tiere (Führungen und Video auch in Deutsch). Leider ist die Schmetterlingsfarm vor allem in der Hochsaison oft sehr stark besucht.

In dem mit Netzen überspannten Garten (700 m²) mit etwa 1000 frei fliegenden Schmetterlingen kann man mit etwas Glück einen Schmetterling bei der Eiablage beobachten. Im dahinter liegenden Demonstrationsraum bewahrt man die Puppen auf, immer wieder schlüpfen „neugeborene" Schmetterlinge. Außerdem gibt es einen Ausstellungsraum, ein Restaurant, eine Snackbar und einen Souvenir-Shop mit schönem Blick auf die Vulkane der Zentral-Kordillere. Zum Abschluss der Tour kann man mit einem Ochsenkarren durch die weitläufige Anlage fahren.

Von Alajuela zum Vulkan Poás (37 km)

Nördlich von Alajuela führt eine kurvige Straße durch **ausgedehnte Kaffeeplantagen** bergauf. Immer wieder hat man einen herrlichen Ausblick auf das Zentraltal. 3,2 km nach dem Stadtzentrum führt links eine Straße zu den **Villas Xandari** (auf „X"-Symbol achten). Nach etwa 5 km erreicht man das Dorf **Las Pailas** mit dem **Hotel Buena Vista.** Im Dorf San Isidro zweigt kurz vor der Kirche eine Straße nach links ab zur „Doka Kaffeetour" (Schilder DOKA). Eine ca. 45-minütige Führung zeigt einen Einblick in die **Produktion des costaricanischen Kaffees** (Reservierung: Tel. 449.5152). Nach weiteren 15 km liegt linker Hand auf 1650 m Höhe der 20 ha große Erholungspark **Laguna de Fraijanes** mit einem kleinen künstlichen See, Picknicktischen, Sportplätzen, Pferdeverleih und Campinggelegenheit (Di-So 9-15.30 Uhr, Eintritt).

Etwa 23 km nach Alajuela gabelt sich die Straße: links geht es nach San Pedro de Poás, rechts bergauf zum Vulkan Poás. Direkt an der Abzwei-

180cr Foto: dk

gung befindet sich das **Restaurant/ Cabinas Los Jaulares.**

Auf der weiteren Fahrt sieht man überall mit schwarzen Netzen überdeckte Plantagen: **Blumen, Lederfarne** und andere **Zierpflanzen** werden hier für den Export nach USA und Europa gezüchtet. Diese relativ neue Form landwirtschaftlicher Produktion gewinnt in Costa Rica zunehmend an Bedeutung. Die Erdbeerfelder hingegen decken mehr den eigenen Bedarf, meist werden auch frische Erdbeeren am Straßenrand günstig angeboten.

Kurz vor der Abzweigung zum Vulkan Poás zweigt rechts eine Straße zu der Anlage Colinas del Poás ab. Hier ist seit 2004 eine neue **Canopy-Tour** mit 24 Plattformen (maximale Seillänge ca. 600 Meter) in Betrieb. Bei schönem Wetter bietet die Anlage eine Traumsicht auf das Valle Central und den Vulkan Barva. Reservierung: Tel. 430.4575. Die angegliederte Forellenfischerei ist wohl mehr für die Einheimischen gedacht.

In **Poasito,** der letzten Ortschaft vor dem Vulkan (Tankstelle), zweigt rechts eine Teerstraße (Restaurant Churrasco) nach Varablanca ab. Kurz vor Varablanca (5 km nach Poasito) führt links ein Weg zur **Poás Volcano Lodge B&B.** Die Strecke von Varablanca in Richtung San Miguel ist im Kapitel „Der Norden" beschrieben.

Höllenschlund: der Hauptkrater des Vulkan Poás

Von Poasito sind es noch 10 km bis zum **Eingang des Nationalparks,** und wer über kein eigenes Fahrzeug verfügt und den einzigen Bus von Alajuela zum Poás verpasst hat, dem bleibt nichts anderes übrig, als zu Fuß zu gehen (ein wunderschöner, aber anstrengender Spaziergang) oder es mit Trampen zu versuchen. 4 km oberhalb von Poasito liegen mit schönem Blick auf das Zentraltal die **Cabinas Quetzal.** Bald darauf biegt links die Zufahrt ab (1km) zur **Lagunillas Lodge.**

Kurz vor dem Eingang zum Nationalpark zweigt links ein Schotterweg ab zur nicht empfehlenswerten „La Providencia" Mountain Lodge.

Unterkünfte und Restaurants

●**Xandari Resort Hotel** (Tel. 443.2020, Fax 442.4847, paradise@xandari.com): exklusive Anlage inmitten einer großzügigen Gartenanlage mit Pool, Rest.; 17 luxuriöse Villen mit Ausblick, von einem amerikanischen Star-Architekten geplant, ab 186/210/233 $ (ÜF); NS: ab 145/169/192 $ (ÜF).

*__Hotel Buena Vista__ (Las Pailas, Tel. 442. 8595, Fax 442.8701, in D: Tel. 0861/165906 bvista@racsa.co.cr): angenehmes Hotel mit Rest., Pool, US-Leitung, kostenloser Flughafen-Transfer; 25 schöne Zi. mit TV, Tel., z.T. vom Balkon Blick ins Valle Central oder zu den Vulkanen Poás und Barva: ab 60/85/95 $ (ÜF); KK.

●**Restaurant/Cabinas Los Jaulares** (Tel. 482. 2155, Fax 482.2174, restjaulares@racsa.co.cr): typische Küche, gut u. günstig; 4 rustikale Holzhäuser am Waldrand (max. 2 Pers.), bp (WW); 1 gr. Haus (bis 6 Pers.): 10 $ p.P.; KK (+6 %).

●**Restaurant Churrasco** (Tel. 482.2125): gutes Steak-Restaurant.

●**Restaurant Colinas del Poás** (Tel. 430. 4113): Restaurant bei der Canopy Tour.

*__Poás Volcano Lodge__ (Tel. 482.2194, Fax 482.2513, poasvl@racsa.co.cr): Das Haupthaus der 200 ha gr. Hacienda liegt eingebettet zwischen den Vulkanen Poás und Barva auf einer Höhe von etwa 1900 m; Wanderwege, Mountainbikeverleih, Rest. (Mittagessen/Abendessen 9-17 $), gemütliches Kaminzi.; 9 ordentl., rustikale Zi.; mit bc (WW): 55/64/76 $ (ÜF); bp (WW): 64/87/105 $ (ÜF); 2 neuere Suiten, bp (WW): ab 75/105/122 $; KK (kein Zuschlag).

●**Cabinas/Restaurant Mirador Quetzal** (Tel. 482.2090): Souvenirshop, 3 einf. Zi., bp (WW), herrlicher Blick, 30/35/45 $.

*__Lagunillas Lodge__ (kein Tel.): einf. Unterkunft mit Rest. im Farmhaus (2/5/5 $), Pferdeverleih, familiär, schöner Ausblick; 6 Zi. mit bc (sauber): ca. 25/25/30 $; 1 Cab. mit Küche: DZ 35 $; KK.

Nationalpark Vulkan Poás

●**Geöffnet:** tgl. 8-15.30 Uhr. Maximal 1800 Besucher gleichzeitig im Park
●**Eintritt:** 7 $
●**Infos:** Tel. 256.2611 oder 441.0308
●**Fläche:** 5600 ha
●**Höhe:** ca. 2000 m bis max. 2708 m
●**Tipp:** Die **beste Zeit** für den Nationalpark ist morgens vor 9 Uhr, wenn wenige Besucher im Park sind. Dann ist auch die Chance groß, den Krater wolkenfrei zu erleben. Meiden Sie nach Möglichkeit die **Wochenenden,** da dann neben den Touristengruppen auch viele Einheimische den meistbesuchten Nationalpark des Landes frequentieren. Lassen Sie keine Wertsachen im Auto und nehmen Sie auf alle Fälle eine warme Jacke und einen Regenschutz mit.
●**Anreise: PKW:** ab Alajuela über Fraijanes (wie beschrieben) oder San Pedro Poás, ca. 37 km; ab San José über Heredia, Barva und Varablanca; **Bus:** tgl. 8.30 Uhr ab San José über Alajuela, zurück 14.30 Uhr, sonst 2-mal täglich bis Poasito (10 km vor dem Nationalparkeingang) oder bis San Pedro Poás; **Taxi:** ab Alajuela inkl. 1 Std. Wartezeit ca. 20 $.

Geologie

Der **Stratovulkan** Poás ist einer der vier aktiven Vulkane des Landes und zählt zu den wichtigsten Natur-Sehenswürdigkeiten in Costa Rica. Auch wenn er zurzeit nur wenig aktiv ist (Fumarolen etc.), blickt er auf eine weit zurückreichende Geschichte **starker Eruptionen** zurück, die man seit dem Ausbruch 1834 wissenschaftlich registriert. Am 25. Januar 1910 ereignete sich der wahrscheinlich größte Ausbruch mit einer Aschensäule, die bis zu 8 km in den Himmel ragte. 1952-54 war die bisher letzte eruptive Phase, als neben weißglühendem Gesteinsmaterial und Lava auch große Aschewolken ausgestoßen wurden, die große Teile des Zentraltals mit Vulkanasche bedeckten. Seit Januar 1981 kommt es wieder verstärkt zu Gasaustritten, was besonders der umliegenden Pflanzenwelt zu schaffen macht.

Flora und Fauna

Im Bereich des Nationalparks unterscheidet man **vier Vegetationstypen:**

- **Niederer Höhenwald** (*arrayanes*, z.B. am Weg zum Hauptkrater): Zwergwuchs, Sträucher und Bäume nicht über 3 m. Charakteristische Pflanzen: *sombrilla de pobre* (Gunnera insignis), Stechginster und Vaccinium poasanum, eine Pflanze aus der Familie der Ericaceae, die den Heidelbeeren verwandt ist und nur hier vorkommt.
- **Kraterbereich:** ohne Pflanzenbewuchs oder nur wenige z.T. verkrüppelte Pflanzen, die sich den extremen Lebensverhältnissen angepasst haben.
- **Krüppelwald:** undurchdringlich, gekrümmte Bäume.
- **Nebelwald** (z.B. am Lehrpfad): sehr feucht und dunkel, Bäume bis 20 m Höhe (vor allem Eichen, Zedern, Weiße Zypressen), zahlreiche epiphytisch wachsende Pflanzen wie Moose, Farne, Bromelien und Orchideen.

Säugetiere sind wegen der Höhenlage eher selten. Im Gebiet des Nationalparks leben Koyoten, Opposums, Kaninchen, Stinktiere und einige Raubkatzen. **Vögel** hingegen sind sehr zahlreich, bisher hat man im Park 79 Arten gezählt. Neben verschiedenen Kolibri-Arten lebt hier auch der sagenumwobene Quetzal, der Schwarzbauchguan, und der Laucharassari (Grüner Tukan).

Rundgang

Vom Parkplatz führt ein etwa 600 m langer geteerter Weg zum Kraterrand. Zu Beginn des Weges befindet sich ein erst kürzlich renoviertes **Info-Zentrum** mit Auditorium, Cafetería, WC und einem Ausstellungsraum, in dem der Besucher einiges über den Vulkan erfährt. An einem Modell des Nationalparks kann man sich einen guten Überblick verschaffen.

Am **Weg zum Kraterrand** fallen großblättrige Pflanzen auf, die ein wenig an Rhabarber erinnern: *sombrilla de pobre* – „Sonnenschirm der Armen" – nennen die Einheimischen diese Pflanze (Gunnera insignis). Tatsächlich werden sie von ihnen auch gerne als Sonnen- bzw. Regenschirm genutzt, auch wenn das in den Grenzen des Nationalparks verboten ist.

Von der Aussichtsplattform am Kraterrand auf 2574 m Höhe hat man bei klarem Wetter einen überwältigenden Blick in den **Hauptkrater,** der bei den Eruptionen in den Jahren 1952-54 entstand. Mit einem Durchmesser von über 1,3 km und einer Tiefe von rund 300 m braucht er den Vergleich mit anderen großen Vulkanen nicht zu scheuen. Am Boden des Kraters befindet sich ein grünlich-türkiser **Kratersee** mit einem Durchmesser von 350 m. Die Wassertemperatur schwankt zwischen 40° und 80°C; die schwefelhaltigen Dämpfe der Fumarolen im Uferbereich können sogar Temperaturen bis 870°C erreichen. Gegen Ende der Trockenzeit (März/April) trocknet der See meistens aus.

Achtung: Es ist verboten, in den Krater hinunterzusteigen.

Kurz vor dem Kraterrand zweigt rechts ein ca. 1 km langer geteerter Weg zur Laguna Botos ab (angenehm, leichte Steigung). Zunächst führt der Weg durch halbhohen Buschwald. Im weiteren Verlauf fällt auf, dass die Bäume hier merklich höher sind, da die Vegetation nicht vom Ausbruch in den Jahren 1952-54 in Mitleidenschaft gezogen wurde. Von einem Aussichtspunkt hat man einen schönen Blick in den **alten Krater,** der seit 7500 Jahren nicht mehr aktiv ist und inzwischen völlig erkaltet ist. Der **Kratersee Laguna Botos,** mit einem Durchmesser von 400 m und einer Tiefe von 14 m, fließt über den Río Angel und den Río Sarapiquí zum karibischen Meer.

Auf dem Rückweg zum Parkplatz empfiehlt es sich, den nur 560 m langen **Lehrpfad** durch den Nebelwald zu nehmen (zurzeit gesperrt, leichter Anstieg). Erwarten Sie bitte keinen Natur-Lehrpfad, die Erklärungen auf den Schautafeln haben eher poetischen Charakter. Es ist aber eine gute Möglichkeit, Regenwald auf einer Höhe von etwa 2500 m hautnah zu erleben. Überall sieht man Bromelien und andere Epiphyten, die sich in den Astgabeln großer Bäume eingenistet haben – wohlgemerkt, ohne diese zu schädigen.

Über Grecia nach Sarchí

Den Ausflug zum Vulkan Poás kann man gut mit einem Besuch der Stadt Sarchí verbinden, der Heimat der buntbemalten Ochsenkarren.

Von Poasito aus führt die Straße nach San Pedro Poás (1150 m), von wo aus man direkt nach Grecia fahren kann. Etwa 8 km weiter bergab trifft man in **Carrillos de Poás** auf die Straße von Alajuela. In der nächsten Ortschaft **Tacares** zweigt nach der Kirche rechts die Zufahrt ab zu den **Cataratas de los Chorros,** einem kleinen Naturreservat mit Wanderwegen, schönen Wasserfällen mit herrlichen Bademöglichkeiten und Campingtischen. Eintritt: 4 $, Info: Tel. 444.6332.

Weiter in westlicher Richtung gelangt man an Kaffee- und Zuckerrohrplantagen vorbei in den Ort **Grecia,** ein wohlhabendes landwirtschaftliches Zentrum auf 1000 m Höhe. Das auffälligste Gebäude in Grecia ist mit Sicherheit die rotbraune Kirche, die im Jahre 1892 aus Metall erbaut wurde.

Das Baumaterial erbat man aus Europa, nachdem ein Erdbeben im Jahre 1888 die frühere Kirche aus Mauerwerk zerstört hatte.

World of Snakes

- **Geöffnet:** tgl. 8-16 Uhr
- **Eintritt:** (inkl. Führung): 11 $, Kinder (7-15 Jahre) und Studenten (Ausweis!) 6 $
- **Info:** Tel./Fax 494.3700, A: 02163-2823, snakes@racsa.co.cr, (R. Meidinger)
- **Anfahrt:** von Alajuela nach Grecia, 2 km vor Grecia links

Die (nach eigenen Angaben) größte Schlangenausstellung und -zuchtstation Lateinamerikas wurde 1996 vom österreichischen Schlangenexperten Robert Meidinger errichtet. Neben zahlreichen einheimischen Schlangen finden sich in den Terrarien auch Riesen- und Giftschlangen aus aller Welt. Bei den (auf Wunsch deutschsprachigen) Führungen wird man auch über die planmäßige Zucht bedrohter Schlangenarten informiert und erfährt viel Wissenswertes aus dem Leben diesen faszinierenden Reptilien.

Es gab Beschwerden, dass die Führungen von wenig qualifizierten Mitarbeitern durchgeführt wurden und der hohe Eintrittspreis nicht gerechtfertigt sei!

Sarchí

„Wiege des nationalen Kunsthandwerks" nennt sich der schön gelegene Ort (etwa 7 km westlich von Grecia) selbstbewusst, und das Geschäft mit den Touristen aus dem In- und Ausland hat sich für die Einwohner von Sarchí de Valverde Vega, wie der offizielle Ortsname lautet, zu einer der wichtigsten Einkommensquellen entwickelt.

An der Zufahrtsstraße reiht sich im Ortsteil Sarchi Sur ein Souvenirladen an den anderen, in denen vorwiegend **Schnitzarbeiten** angeboten werden – leider auch viel Kitsch, der obendrein auch noch vielfach aus Edelhölzern gefertigt wurde. Daneben gibt es auch eine ganze Reihe von Möbelgeschäften, deren Kundschaft vorwiegend aus San José und Umgebung kommt.

Berühmt wurde der Ort aber durch die bunten Ochsenkarren (*carretas*), die noch heute in mehreren Fabriken gefertigt und bemalt werden. Die älteste und bekannteste **Ochsenkarren-Fabrik** ist die von *Joaquín Chaverri*, dessen Enkel *Carlos Chaverri* die Familientradition fortführt. Eine weitere Fabrik, die man besichtigen kann, ist die der Cooperativa de Artesanos im Ortsteil Sarchí Norte, der Hauptstadt des Kantons Valverde Vega.

Hier, im Zentrum von Sarchí, befindet sich auch die **Kirche** im Zuckerbäcker-Stil, die zwar weder alt noch architektonisch bedeutsam, aber dennoch bemerkenswert ist. Im Centro Cultural gibt es ein **Regionalmuseum,** Öffnungszeiten auf Anfrage.

Obwohl der Besuch von Sarchí zum Standardprogramm aller Tourveranstalter gehört, handelt es sich doch ausschließlich um Tagestouristen – nach 17 Uhr könnte man fast meinen, in einem „normalen" Ort in Costa Rica zu sein.

184cr Foto: dk

Die bunten Ochsenkarren

Die bemalten Ochsenkarren sind in Costa Rica fast so etwas wie ein nationales Symbol. Der Gebrauch der – zunächst unbemalten – Fuhrwerke geht auf das 17. Jahrhundert zurück. Die eigentliche Erfolgsgeschichte der *carretas* begann aber erst viel später, als Mitte des 19. Jahrhunderts mit der Nachfrage nach Kaffee auch der Bedarf an Ochsenkarren wuchs. Bald entstanden die ersten speziellen Ochsenkarren-Fabriken, und gegen Ende des 19. Jahrhunderts, als nach Fertigstellung der Eisenbahnstrecke zum Karibikhafen Limón der Kaffee auf die Bahn verladen wurde, waren die Ochsenkarren bereits überall verbreitet.

Bunt wurden die Gefährte aber erst zu Beginn des 20. Jahrhunderts, und zunächst auch nur die Räder: *Fructuoso Chaverri* war der erste, der im Jahre 1903 in der Werkstatt seines Vaters damit begann, die Räder eines Karrens mit einen weiß-blauen Stern auf rotem Hintergrund zu bemalen – den Nationalfarben Costa Ricas.

Damals hatte man zur Herstellung der Räder massive Holzscheiben aus den Stämmen von Zedern und anderen Baumriesen herausgeschnitten. Als es dann immer schwieriger wurde, Baumstämme entsprechender Größe zu besorgen, ging man dazu über, Räder aus 16 Holzkeilen zusammenzusetzen, die verleimt und mit einem Eisenring umspannt wurden. Um 1915 begann man dann, auch die Karren selbst zu bemalen, zunächst mit Blumen, in den 20er Jahren dann auch mit Hintergrundfarben, wobei sich Orange nach einiger Zeit als Standardfarbe überall durchgesetzt hatte.

Immer phantasievoller wurden die Motive und Farbkombinationen, und längst war die Fertigung der Ochsenkarren nicht mehr dem Zentraltal allein vorbehalten und gab es Wettbewerbe um den schönsten Karren. Der letzte dieser Wettbewerbe im Jahre 1940 wurde im Nationaltheater in San José abgehalten. Doch nicht nur die Bemalung war entscheidend, sondern auch der richtige „Klang". Ein Karren, der bei der Fahrt nicht das typische Quietschgeräusch abgab, galt als mindere Qualität und schlecht gebaut.

Als dann Mitte der 60er Jahre die Nachfrage zurückging, zeichnete sich nach und nach ein neues Käuferpotential ab: immer mehr Touristen verspürten den dringenden Wunsch, sich einen dieser bunten Kunst-Stücke in den Vorgarten oder gar ins Wohnzimmer zu stellen. Also begann man, auch verkleinerte Versionen zu produzieren. Heute gibt es sie in allen Größen und Formen zu kaufen. Längst werden auch Milchkannen und andere Gegenstände bemalt.

Heute sind die Gefährte auf den Straßen des Landes selten geworden, nur manchmal sieht man noch auf der Nicoya-Halbinsel oder in anderen abgelegenen Regionen einen schmucklosen Karren, die Holzräder oft durch Gummireifen ersetzt. Die traditionellen bunten Exemplare sind inzwischen sowieso schon viel zu teuer, um damit Kaffeesäcke zu transportieren: Ein bemalter Ochsenkarren kostet um die 1000 $, kleine Souvenir-Karren für die Haus-Bar werden ab etwa 150 $ verkauft.

Wer Mitte März durch Costa Rica reist, sollte sich den großen Ochsenkarren-Umzug in Escazú nicht entgehen lassen (vgl. Festtagskalender).

Eine selten befahrene und dabei landschaftlich sehr **lohnende Fahrtstrecke** in den Norden des Landes führt von Sarchí (Abzweigung gegenüber Chaverrí-Fabrik) bergauf in Richtung Toro Amarillo (fragen; Schilder: „Planta Hydroelectrica Toto I + II"!) und weiter zu den Wasserfällen **Catarata del Toro** (siehe Kapitel „Der Norden" unter „Region Sarapiquí"). Bis auf einen kurzen Abschnitt hinter Toro Amarillo ist die Strecke durchgehend geteert und bietet herrliche Ausblicke ins Zentraltal und auf die Abhänge des Vulkan Poás.

Unterkünfte und Restaurants

- **Hotel Villa Sarchí** (1 km nordöstlich Tankstelle Shell, Sarchí Valverde Vega, Tel. 454.4596, Fax 454.3029, hotelvilla@racsa.co.cr): 8 Zi. mit Bad (WW): 40/40/50 $; KK.
- **Restaurant Super Mariscos** (Ortszentrum, neben Banco Nacional, Tel. 454.4330): Meeresfrüchte, Di geschlossen.

Außerhalb:

***Cabinas Paraíso Río Verde** (San Pedro de Sarchí, Tel./Fax 454.3003, paraisorioverde@racsa.co.cr): empfehlenswerte Unterkunft in schöner Lage in einer Kaffeeplantage mit freiem Blick auf die umliegenden Vulkane, familiäre Atmosphäre, dt. Leitung, Pool, Garten, Internetzugang, Touren ins ganze Land, Flughafentransfer; 7 einf., saubere Zi., bp: 20/25 $; bessere Zi.: ab 30/35 $; Frühstück: 5 $.

Busverbindungen

- **San José:** tgl. 5.30, 6.15 und 13.45 Uhr.
- **Alajuela:** tgl. 5-22 Uhr (alle 30 Min.).

Von Sarchí nach San Ramón

Nur etwa 5 km westlich von Sarchí liegt auf einer Höhe von 1043 m **Naranjo,** die Hauptstadt des gleichnamigen Bezirks, die im Jahre 1835 gegründet wurde. Die Böden der Umgebung sind hervorragend geeignet für den Anbau von Kaffee, aber auch Tabak, Mais und Zuckerrohr wird in der Gegend angebaut. Etwa 8 km südwestlich der Stadt liegt der **Mirador Espiritu Santo,** ein eindrucksvoller Aussichtspunkt mit einem 360°-Rundumblick.

Hinter Naranjo schraubt sich die Straße in teilweise abenteuerlich engen Kurven bergauf, nach 8 km befindet man sich im Ort **San Juanillo** bereits auf 1500 m Höhe. Kurz danach liegt an der Straße das Restaurant **El Mirador,** ein weiterer schöner Aussichtspunkt. 4,3 km weiter zweigt links die Straße nach San Ramón ab, geradeaus geht es über Zarcero nach Cd. Quesada (siehe Kapitel „Der Norden" unter „Von San José nach Cd. Quesada").

An der „Autobahn" vom Flughafen nach San Ramón zweigt etwa 20 km nach dem Flughafen, kurz vor einer Tankstelle rechts die beschilderte Zufahrt ab zum:

- **Hotel Vista del Valle** (Tel./Fax 451.1165, sales@vistadelvalle.com): luxuriöse Bungalowanlage in einer Kaffeplantage, schöner Blick ins Valle Central, Pool, Pferde, Wanderwege, US-Leitung; Zi. im Haupthaus, bp: DZ ab ca. 104 $ (ÜF); 10 komfortable Bungalows m. Balkon: EZ/DZ ab 163 $ (ÜF); KK.

Zarcero

17 km hinter Naranjo erreicht man Zarcero, die Hauptstadt des Bezirks Alfaro Ruiz, die nach dem Erbauer der ersten Straßenverbindung nach Norden benannt wurde. Die Stadt liegt auf kühlen 1735 Metern Höhe und lohnt einen Halt. Es gibt zwei Banken, mehrere Restaurants und einen **außergewöhnlichen Park** vor der Kirche: Ein „doppelter Bogengang" aus Zypressen führt zum Haupteingang, daneben stehen Dutzende von Figuren, die ebenfalls aus Hecken herausgearbeitet wurden. Schöpfer dieser lebenden Skulpturen ist der Stadtgärtner *Evangelista Blanco,* der vor rund 35 Jahren mit der Verschönerung des Parks begann. Die Themen seiner Kunstwerke stehen meist im Zusammenhang mit dem Land: Da ist der Stierkämpfer mit dem Bullen, der Ochsenkarren mit Ochsen und einem Bauern, der Pfau – aber auch Phantasiegebilde wie ein Affe auf dem Motorrad oder ein Elefant mit skurrilen Lampenaugen sind hier zu finden.

Zwar dauert es fünf Jahre, bis eine solche „Skulptur" fertig gestellt ist, doch inzwischen ist im Park kein Platz mehr vorhanden für weitere Kunstwerke. Über Mangel an Arbeit kann sich der Künstler dennoch nicht beklagen, denn die lebendigen Schöpfungen bedürfen ständiger Pflege.

Unterkunft

- **Hotel Don Beto** (links neben Kirche, Tel./Fax 463.3137): je 2 Zi. mit bc/bp: ab 25 $.

Erste Hilfe

- **Rotes Kreuz:** Tel. 463.3131
- **Polizei:** Tel. 463.3231

Busverbindungen

- **San José:** Abfahrt Nordwestende des Parks; tagsüber alle Std. (Fahrzeit 1,5 Std.).
- **Cd. Quesada:** ca. alle 30 Min.

Etwa 4 km nördlich von Zarcero führt beim Ort **Laguna** (1850 m) rechts eine ungeteerte Straße in den Ort **Palmira,** in dessen Nähe die **Catarata de Palmira,** ein **Wasserfall** des Río Tapezco, rund 40 m in die Tiefe stürzt. Nach der Ortschaft **Zapote** (ebenfalls 1850 m) geht die geteerte Straße in ungezählten Kurven wieder bergab, bis sie nach etwa 30 km die Stadt Quesada auf 650 m Höhe erreicht.

San Ramón und Umgebung

Rund 66 km nordwestlich von San José liegt am Westrand des Valle Central, auf einer Höhe von 1057 m, die Stadt San Ramón. Anfang des 19. Jh. ließen sich Bauern aus der Provinzstadt Palmares hier nieder, um Ackerbau zu betreiben. Zu dieser Zeit wurden politische Feinde und Kleinkriminelle wie Tabakschmuggler von der Regierung ins „Exil" geschickt, und nicht wenige landeten an diesem Ort. Offiziell gegründet wurde die Stadt dann 1844, und 1856 wurde sie zur Hauptstadt des neu gebildeten Bezirks erklärt.

254cr Foto: dk

Heute lebt die 13.000 Einwohner zählende Stadt vom Anbau von **Kaffee und Zuckerrohr,** es gibt auch eine Regionaluniversität und eine auffällige Kirche, eine Stahlkonstruktion aus dem 20. Jahrhundert. Einen Besuch lohnt auch das **Regionalmuseum** am Stadtpark, das im ehemaligen Palacio Municipal untergebracht ist, einem schönen historischen Gebäude aus dem Jahre 1878 (geöffnet Mo-Fr 8-18 Uhr). Ebenso lohnenswert ist das Museo *José Figueres Ferrer* im Geburtshaus des legendären Präsidenten (Di-So 10-19 Uhr).

Restaurants und Unterkünfte

- **Cafe Típico Los Arcos** (Tel. 447.6965): nördl. der Tankstelle Bomba Chury; gepflegtes Lokal mit Garten, gute Hausmannskost, nicht teuer.
- **Gran Hotel** (von der Kathedrale 100 m nach Süden, 350 m nach Osten, Tel. 445. 6363): Rest.service; 25 einf. Zi., ok, bc oder bp: 7/10/13 $; KK.
- **Hotel La Posada** (Tel. 445.7359, Fax 447. 2021, johotel@racsa.co.cr): 400 m nördl. der Kathedrale (vom Hospital 100 m südl., 50 m östl.); Privathaus mit gesichertem Parkplatz, 27 ordentl. Zi, bp, Teppich, Kabel-TV: 30/ 40/60 $ (ÜF); KK (+16 %!).

Außerhalb:

- **Villablanca Hotel,** s.u. „Privatreservat Los Angeles Cloud Forest“.

Busverbindung

- **San José:** 8-21 Uhr, etwa alle 45 Min. (direkt) sowie 8-mal von 4.30 bis 21.15 Uhr (indirekt).

Umgebung von San Ramón

Etwa 7 km südlich von San Ramón erreicht man auf geteerter Straße den Ort San Rafael, in dessen Nähe sich der **Aussichtspunkt Mirador Berlin** befindet. Von hier hat man einen schönen Blick zum Valle Central und zur Pazifikküste.

Nördlich von San Ramón führt eine kurvige, aber durchgängig gut geteerte Straße durch die Berge nach **Fortuna.** Oft ist es neblig, doch bei gutem Wetter hat man bei **San Lorenzo** einen tollen Blick in die nördliche Tiefebene. Über diese landschaftlich reizvolle Strecke, die sich allerdings teilweise in miserablem Zustand befindet, erreicht man auch das Privatreservat **Los Angeles Cloud Forest** und das Reservat **Alberto Manuel Breñes.**

Unterkunft

- Etwa 32 km nördlich von San Ramón, in der Nähe von San Lorenzo, befindet sich die **Valle Escondido Lodge,** die allerdings Ende 2004 geschlossen war. Eine Canopy-Tour wird aber weiterhin angeboten.

Privatreservat Los Alpes

- **Fläche:** derzeit 200 ha
- **Höhe:** ca. 1300-1500 m
- **Eintritt:** 15 $ inkl. Führung (deutschsprachig), Pferdetour: 25 $/halber Tag, für Gäste der Lodge kostenlos
- **Geöffnet:** Jan.-April, Voranmeldung erforderlich
- **Unterkunft:** Hacienda Los Alpes: stilvolle Lodge im Landhaus-Stil (170 m²), Terrasse mit MB, Kapazität: 8 Pers. (offene Bauweise): DZ 150 $ (inkl. VP), jede weitere Person 25 $, frühzeitige Voranmeldung unbedingt erforderlich!
- **Lage:** 17 km westl. von San Ramón bei Bureal de Piedades Sur
- **Info:** Tel. 447.4269, Fax 447.1278 in Deutschland: 040/32558015 *(Klaus Lemberg),* rainer.krefft@t-online.de

Dieses erst vor wenigen Jahren gegründete Reservat wird von deutschen Umweltschützern in Zusammenarbeit mit der Universität von San Ramón als **Non-profit-Organisation** betrieben. Sämtliche Gewinne werden in weiteren Landkauf investiert.

In dem zur Cordillera de Tilarán gehörigen Schutzgebiet, das aus **Primär- und Sekundärwald** besteht, leben zahlreiche **Raubkatzen** und über 250 **Vogelarten,** darunter der Quetzal.

Ein 5 km langes Netz von wenig begangenen **Wanderwegen** und Reitpferde stehen den Besuchern zur Verfügung.

Privatreservat Los Angeles Cloud Forest

- **Fläche:** 810 ha., **Höhe:** 850–1190 m
- **Eintritt:** 15 $, Tagestour ab San José inkl. Guide u. Mittagessen: 77 $
- **Unterkunft:** *Villablanca Hotel* (Tel. 461.0300, Fax 461.0302, information @villablanca-costarica.com): Pool, Rest.; Superior Bungalows mit Kamin: 157/157/180 $ (ÜF); Deluxe Bungalows: 186/186/210 $ (ÜF)
- **Anfahrt:** Von San Ramón über San Juan und Angeles Norte, ausgeschildert (Villablanca)

Das Reservat liegt am südöstlichen Ende der Cordillera de Tilarán und hat eine ähnliche Flora und Fauna wie die Region Monteverde, aber weniger Besucher: Wer dem Rummel in Monteverde entgehen möchte, findet hier eine Alternative – allerdings liegt das Reservat rund 500 m tiefer, einen echten Nebelwald gibt es hier nicht. Doch auch hier sind die Bäume überzogen von Bromelien, Orchideen und anderen Epiphyten, umschwirrt von Kolibris. Mit etwas Glück kann man auch Papageien, Glockenvögel und Trogone sehen (ein Quetzal wurde bisher noch nicht gesichtet). Schwieriger ist es, eines der Säugetiere zu Gesicht zu bekommen, die hier leben (u.a. Raubkatzen, Pakas, Tayras, Gürteltiere, Waschbären, Brüllaffen und Kapuziner-affen sowie Eichhörnchen).

Es gibt zwei kürzere **Wanderwege** (1,5 und 3 km) und einen längeren (7 km, 6-9 Std.), die man allein oder mit einem (englischsprachigen) Guide begehen kann (7 $/Tour: etwa 3 Std.). Pferdeverleih: 1 Std. 9 $, 4 Std. 20 $.

Reservat Alberto Manuel Brenes

- **Fläche:** 7800 ha
- **Niederschlag:** 5500 mm/Jahr
- **Lage:** Cordillera de Tilarán, nordwestlich von San Ramón
- **Gegründet:** 10.8.1993 (als Forstreservat Juni 1975)
- Keine **Öffnungszeiten**, kein **Eintritt**
- **Anfahrt:** Entweder von San Ramón nach Norden über Los Angeles auf ungeteerter Straße nach Colonia Palmereña oder über Miramar auf ebenfalls ungeteerter Straße nach Zapotal

Tief eingeschnittene Flusstäler und dichte Feuchtwälder prägen das Reservat, das auf älteren Landkarten noch als *Reserva Forestal San Ramón* zu finden ist. Dieses große, praktisch unberührte Bergwaldgebiet erhält Niederschläge sowohl von der Atlantik- als auch von der Pazifikseite und zählt somit zu den regenreichsten Regionen des Landes. Entsprechend groß ist auch seine hydrologische Bedeutung: Hier entspringen u.a. die Flüsse Río Palmital, Río Jamaical und Río San Lorencito.

In den niedrigen Hanglagen findet man tropischen **Feuchtwald,** in den höheren Lagen prämontanen **Regenwald.** Dichte Vegetation herrscht auf über 70 % der Fläche. Zu den häufigsten Baumarten gehören Eiche, Süßzeder, Bitterzeder und Wilder Avocado sowie zahllose Palmenarten. Außerdem ist das Gebiet reich an Bromelien, Orchideen, Moosen, Farnen und Pilzen.

Die **Tierwelt** ist sehr artenreich, u.a. leben hier Pumas und andere Raubkatzen, Tapire, zahlreiche Vogelarten (u.a. der Quetzal und der Schwarzbauchguan) sowie mehrere Arten Amphibien. Die in dieser Region endemische Goldkröte gilt allerdings inzwischen als ausgestorben.

Atenas und Umgebung

Die Hauptzufahrt von San José an die Strände der zentralen Pazifikküste führt **über Atenas und Orotina nach Süden.** Vor dem Bau der direkten Straßenverbindung von San Ramón nach Puntarenas war dies die einzige Straßenverbindung in die Provinzhauptstadt. Da diese Strecke **landschaftlich sehr attraktiv** ist und nur wenig vom Schwerlastverkehr frequentiert wird, ist sie auch eine gute Alternative auf der Fahrt nach Puntarenas und weiter nach Norden.

Atenas

Das angenehm frische Klima von **Atenas** auf rund 700 m ü.M. soll laut einer Studie der NASA das beste der Welt sein. Auf alle Fälle gedeihen hier Kaffee und andere Nutzpflanzen, die für viele der ca. 16.000 Einwohner (mit umliegenden Dörfern) als Lebensgrundlage dienen. Für Touristen ist der Ort eine willkommene Gelegenheit für einen Zwischenstopp auf dem Weg an die Strände der Pazifikküste und außerdem auch eine gute Alternative zu San José als zentrale **Ausgangsbasis** für Ausflüge in alle Landesteile.

Verkehrsverbindungen

- **Anfahrt:** von San José auf der Autobahn in Richtung San Ramón, beschilderte Ausfahrt.
- **Busse** verkehren tagsüber alle Std. in Richtung Jacó u. Alajuela/San José.

Restaurants und Unterkünfte

*__Anas Place__ (Anfahrt: Von San José kommend an der Tankstelle links, 3. Straße links, Tel. 446.5019, Fax 446.6975, davegrey@yahoo.com): Privathaus in ruhiger Lage mit schönem Garten, kl. Pool, Bar, familiäre Atmosphäre; 6 ordentl. Zi., bp (WW); 2 Zi., bc: 40/50 $ (ÜF); 3 Apt. mit Küche: 1200 $/Monat; keine KK.

- **Hotel Colinas del Sol** (im Ortsteil Barrio Boqueron oberhalb von Atenas, Tel. 446.4244, Fax 446.7582, infohcs@hotelcolinasdelsol.com): schöne Anlage auf einem Hügel, Garten mit Pool, deutschsprachig; 8 schöne Zi. mit Küche: 52/52/64 $; KK.
- **El Cafetal Inn B&B** (außerhalb im Ortsteil St. Eulalia (4,7 km in Richtung Grecia, Tel. 446.5785, Fax 446. 7028, cafetal@cafetal.com): Privathaus in schöner Lage in Kaffeeplantage, Rest.service, gr. Pool; 11 ordentl. Zi., bp (WW), Balkon: 87/99/116 $ (ÜF); 1 kl. Haus und 3 Bungalows m. Küche: 115-155 $ (bis 4 Pers.); KK (kein Zuschlag, aber Barzahlungsrabatt).

Außerhalb:

(Die Entfernungsangaben beziehen sich auf die Ampel in Atenas in Richtung Orotina/Jacó):

- **Vista Atenas B&B** (2,8 km links, 900 m, Tel./Fax 446.4272): Privathaus in erhöhter Lage, 5 ordentl. Zi. und 2 Cab., bp (WW): 35/40/45 $ (ÜF).

*__Apartamentos Atenas__ (3,3 km rechts, Tel. 446.5792, 446.6511, apatenas@racsa.co.cr): gepflegte Anlage mit Garten, schöner Pool, dt. Leitung; 5 angenehme Bungalows (bis 4 Pers.) mit Küche, bp (WW), Moskitonetze: 30/35/ab 45 $.

- **El Paraíso Verde** (im Ortsteil Barrio Fatima, 50 m nördl der Schule, bei Ampel rechts Richtung Palmares, 2 km auf der Calle Mimi, Tel. 446.7142, chinfred@racsa.co.cr): schöne Lage, Pool, schweiz. Leitung; 2 Bungalows mit Küche und Ausblick: 30/35/40 $; keine KK.

*__Las Mariposas B&B__ (ca. 2,9 km links, Tel./Fax 446.8603, theoleti@racsa.co.cr): schönes Privathaus abseits der Hauptstraße im Barrio Vista Atenas, gepflegte Gartenanlage, solarbeheizter Pool, Gratis-Abholung vom Flughafen, dt-schweiz. Leitung; 1 nettes Gästezi., bp: DZ 52 $; ein abseits gelegenes Gästehaus für 2 Pers. mit Kochnische: 62 $; ab 3 Nächten Rabatt.

- **Villas de la Colina B&B** (4,9 km rechts, 2 km, im Barrio Mercedes, Tel. 446.5015, Fax 446.6635): Pool, exponierte Lage; 6 nette Holzhäuser mit Küche, DV, WW, Veranda mit schönem Blick, Hängematte: ca. 35/58/70 $ (ÜF).

Von Atenas nach Orotina

(20 Km)

Von Atenas führt eine kurvige Bergstrecke nach Süden, die immer wieder **eindrucksvolle Blicke** eröffnet, u.a. auf die Bergwelt der Cordillera de Talamanca. Durch ausgedehnte Mango-Plantagen kommt man nach **San Mateo.** Achtung: Geradeaus führt die Straße nach Esparza; Richtung **Orotina** links durch den Park!

Unterkünfte

- Am Ortseingang von San Mateo rechts (ausgeschildert) liegt die **Rancho Oropéndola** (Tel./Fax 428.8600): schöne Anlage mit Garten, Pool, Rest.; 5 ordentl. Cab., bp (WW): DZ ab 39 $; KK.

Von San José über Puriscal nach Quepos

(133 km)

Eine alternative Fahrtstrecke von San José an die zentrale Pazifikküste führt über Santa Ana zunächst nach Cd. Colón und weiter über Santiago de Puriscal nach Süden, wo die Straße dann in der Nähe von Parrita auf die Küstenstraße trifft. Diese Variante nimmt deutlich mehr Zeit in Anspruch als die geteerte Hauptstraße über Atenas, aber für Reisende mit Muße ist es eine gute Möglichkeit, das Land **abseits der Hauptrouten** kennenzulernen (übrigens auch für Mountainbiker!). Von San José kann man die Schnellstraße nehmen, die südlich des Parque Sabana beginnt, oder über Escazú nach **Santa Ana** und weiter in Richtung Cd. Colón fahren.

Etwa 8 km südlich von Cd. Colón zweigt die Zufahrtsstraße nach San Ignacio de Acosta ab, die weiterführt nach Tabarca und Frailes/San Cristóbal. Nach weiteren 8 km erreicht man die quirlige Stadt **Santiago de Puriscal,** in deren Ortsmitte sich mächtige Araukarien erheben.

Unterkunft

- Einf. Unterkunft findet man in der **Pension Santiago** (gegenüber der Kathedrale an der Plaza, kein Tel.): einf. Zi., bc: DZ 12 $.

Knapp 19 km hinter Puriscal verwandelt sich die löchrige Teerstraße Nr. 239 in eine zunächst recht ordentliche Piste, die während der Trockenzeit auch ohne Allrad befahren werden kann. Über zahlreiche Kurven windet sich die Straße nun durch die **Bergwelt,** bis nach etwa 62 km ab Puriscal endlich der Pazifik in Sicht kommt. Weiter geht es durch **Teakholz- und Ölpalmenplantagen,** bis man schließlich nach weiteren 5 km die geteerte Küstenstraße erreicht. Von hier sind es noch 6 km nach Parrita und 31 km nach Quepos.

Cartago

- **Einwohner:** ca. 35.000, Bezirk ca. 115.000
- **Lage:** 1432 m ü.M. (Bahnhof), 22 km östl. von San José
- **Klima:** Jahresdurchschnitt 20-24 °C

Obwohl die **ehemalige Hauptstadt** der spanischen Provinz die erste dauerhafte Stadtgründung der Spanier war, sind praktisch keine alten Gebäude erhalten. Der Grund sind die zahlreichen Erdbeben, die Cartago immer wieder heimsuchten. Heute präsentiert sich die Hauptstadt der gleichnamigen Provinz, 22 km östlich von San José zu Füßen des noch aktiven Vulkans Irazú gelegen, als **geschäftige Kleinstadt** mit Universität (UCA) und als religiöses Zentrum Costa Ricas. Die Basilika gilt als die wichtigste Kirche des Landes und lohnt einen Besuch. Außerdem ist die Stadt Ausgangspunkt für Ausflüge zum Irazú-Vulkan und ins Orosí-Tal.

Stadtgeschichte

Gegründet wurde Cartago bereits **1563** vom spanischen Gouverneur *Juan Vásquez de Coronado,* eine erste Pfarrkirche, die dem Apostel Jakobus (*Santiago*) geweiht wurde, entstand im Jahre 1574. Obwohl der Standort anfangs mehrmals verlegt werden musste und zahlreiche Erdbeben die Stadt immer wieder in Trümmer legten, war sie doch während der gesamten Kolonialzeit, also rund 260 Jahre lang, **Hauptstadt** des Landes. Nachdem sich das Vizekönigreich Guatemala, dem ja auch Costa Rica angehörte, 1821 von Spanien loslöste, wurde die Unabhängigkeitserklärung am 29.10. 1821 an der Stelle des heutigen Palacio Municipal unterzeichnet. Im Jahre 1823 musste Cartago zusammen mit Heredia **im Bürgerkrieg eine Niederlage** hinnehmen; in der Folge wurde San José zur neuen Hauptstadt erklärt. Bei **schweren Erdbeben** 1841 und 1910 wurde die Stadt völlig zerstört, u.a. auch das Gebäude des *Corte Centroamericana* (zentralamerikanisches Gericht), das hier tagte. 1948 war Cartago dann abermals Hauptschauplatz eines **Bürgerkrieges.**

Sehenswertes

Die Hauptsehenswürdigkeit der Stadt ist mit Sicherheit die **Basilica de Nuestra Señora de Los Angeles** im Osten der Stadt, die der Schutzpatronin Costa Ricas, der *Negrita,* geweiht ist.

An dieser Stelle, damals noch außerhalb der Stadt, hatte das Indianermädchen *Juana Pereira* im Jahre 1635 eine steinerne Marienfigur gefunden. Nach der Überlieferung kehrte die Figur zweimal auf wundersame Weise an den gleichen Platz zurück, was als ein Zeichen Gottes gewertet wurde, hier eine Kirche zu erbauen.

Heute ist die 1926 an diesem Platz erbaute Basilika die **wichtigste Pilgerstätte des Landes.** Vor allem am 2. August, dem Jahrestag der Erscheinung, kommen Pilger aus allen Landesteilen und auch aus Panama und Nicaragua zu dieser Weihestätte, viele demütig auf Knien rutschend. In einer großen Prozession wird das Bildnis der dunkelhäutigen Jungfrau durch die Straßen der Stadt getragen.

Im **Inneren** des schön mit Holz gestalteten Gotteshauses befindet sich links neben dem goldenen Hauptaltar, der von einem Schrein mit einer kleinen Statue der *Negrita* dominiert wird, eine wichtige Seitenkapelle mit einer sehenswerten **Sammlung von Bitt-**

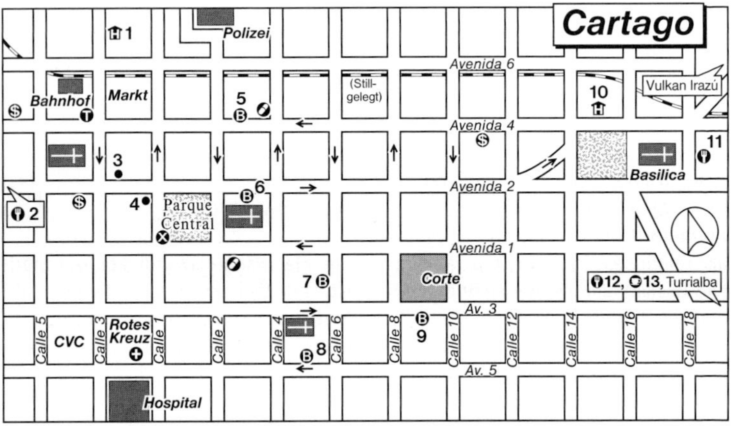

	Hotels		**Busse**
1	Hotel Dinastia	5	Bus n. San José
10	Los Angeles Lodge B&B	6	Bus n. Vulkan Irazú
		7	Bus n. Orosí
	Restaurants	8	Bus n. Paraíso
2	Restaurant Excelente	9	Bus n. Turrialba
11	Restaurant de la Basilika		
12	Restaurant Casa Vieja	3	Bibliothek
13	Café Cappuccino del Este	4	Kino
			Apotheke
			Taxi
			Tankstelle

und Dankesgaben an die schwarze Madonna. In großen Mengen sind hier u.a. silberne Arme und Beine zu sehen, die als Dank für wundersam geheilte Krankheiten hier abgelegt wurden. Über eine Treppe gelangt man zu einer Art Gruft mit dem Original-Felsen, an dem die Marienstatue gefunden wurde und an den sie wieder zurückkehrte.

Neben der Kirche werden Heiligenbilder, Kreuze und andere Devotionalien verkauft, und wer möchte, kann hier auch „heiliges" Wasser erstehen, das man von einer Quelle hinter der Kirche gewinnt und dem man eine hohe Heilkraft zuspricht.

Im Zentrum der Stadt an der Ostseite des Parque Central liegt die **Ruine der Pfarrkirche,** die erstmals 1774 errichtet wurde. Mehrmals von Erdbeben zerstört und wieder aufgebaut, fiel sie dann endgültig dem schweren Erdbeben 1910 zum Opfer. Der Garten im Inneren der Ruinen ist wegen Einsturzgefahr der Mauern nicht zugänglich.

Nördlich des Parque steht das mächtige Gebäude des **Palacio Municipal** („Gemeindepalast"), das in den 50er Jahren unter der Regierung von Präsident Figueres erbaut wurde. Eine Tafel an seiner Ostseite erinnert an die Unabhängigkeitserklärung, die an dieser Stelle unterschrieben wurde.

Einen Besuch lohnt auch der **Mercado Central** zwei Häuserblocks nördlich des Parque Central, wo neben Obst, Gemüse, Fleisch und Fisch auch alle anderen Dinge des täglichen Bedarfs verkauft werden. In diesem Stadtteil befinden sich auch die meisten Geschäfte und Läden, wohingegen man im Süden und Osten einige schöne Wohnhäuser aus Holz sehen kann.

Unterkünfte

Die Auswahl an Unterkünften ist sehr begrenzt. Die meisten werden offensichtlich vorwiegend als Bordell genutzt. Besser ist es, auf die Umgebung (z.B. Orosí-Tal) auszuweichen.

- **Hotel Dinastia** (C.3/Av.6-8, Tel. 551.7057): 22 kl., z.T. dunkle Zi., bc (WW): DZ, bp ca. 20 $; nur für den Notfall.
- **Los Angeles Lodge B&B,** (Av.4/C.14-16, Tel. 591.4169, Fax 591.2218): 5 angenehme Zi., bp (WW), sauber, Holzwände, Aufenthalts- u. Frühstücksraum, Blick auf Basilika und Park: 20/35/50 $ (ÜF); KK.

Restaurants

- **Restaurant de la Basilika** (C.18/Av.2-4): im Park hinter der Basilika gelegen (Picknicktische); Reisgerichte ab 3 $, Fleischgerichte ab 4 $.
- **Restaurante Excelente** (Av.2/C.19-21): ordentl. chines. Lokal, Hauptgerichte ab 4 $, Fisch um 5,50 $; KK.
- **Café Cappuccino del Este** (1,5 km Richtung Paraíso, nach der Tankstelle Los Angeles rechts, Tel. 551.9698): nettes Café, guter Kuchen und Gebäck, günstiges Tagesgericht (ca. 3,50 $).
- **Restaurant Casa Vieja** (4 km Richtung Paraíso, Tel. 591.1165): nettes Lokal mit kl., aber feiner Auswahl an Fleisch- u. Fischgerichten der gehobenen Preisklasse (ab 7,50 $), Mo geschlossen.

Infos von A bis Z

- **Erste Hilfe:** Rotes Kreuz (Av.5/C.1-3, Tel. 551.0421); Krankenhaus (Av.5/C.1-3, Tel. 551. 0611, Notruf: 550.1911).
- **Geldwechsel:** *Banco de Costa Rica,* Mo-Fr 9-16.30 Uhr; *Banco Nacional,* Mo-Fr 8.30-15.45 Uhr; *Banco Crédito Agrícola,* Mo-Fr 8.30-14.30 Uhr; Bankautomat (Maestro): Av.2/C.2 (Ecke Parque Central) sowie an der Tankstelle „Los Angeles" (1,5 km Richtung Paraíso).
- **Kino:** *Mall Paraíso* (ca. 3,5 km Ri. Paraíso)
- **Polizei:** Av.6/C.2, Tel. 551.0455.
- **Post:** Av.2/C.15-17, Mo-Fr 8.30-17 Uhr.
- **Reisebüro:** *Viajes Colón,* Av.1/C.10-12, Tel. 552.5050, Fax 591.1552.
- **Supermarkt:** Más x Menos (im Metrocentro Centro Commercial).
- **Taxi:** Tel. 551.5151, Standplätze: C.1/Parque Central und C.3/Av.4-6 (Mercado Central). Preise: Lancester Gardens: ca. 3 $, inkl. 1 Std. Wartezeit: ca. 6 $, Orosí: ca. 9 $, Irazú ca. 25 $.

Busverbindungen

- **San José:** *SACSA,* tagsüber 5-21 Uhr alle 5-10 Min. sowie 22, 23, 0 und 4 Uhr ab Av.4/C.2-4 (Bus 1); Fahrtzeit ca. 40 Min., ca. 0,60 $.
- **Vulkan Irazú:** nur Sa/So 8 Uhr ab Av.3/C.4 (Bus 2), der Bus kommt aus San José.
- **Paraíso** (Lankester Garden): *Autotransportes MATA* (Tel. 533.8801), 4.30-22.30 Uhr etwa alle 10 Min. ab Av.5/C.4-6 (Bus 3).

198cr Foto: dk

Cartagos Hauptsehenswürdigkeit:
Basilika de Nuestra Señora de Los Angeles

- **Orosí:** *Autotransportes Mata* (Tel. 551.6810) Mo-Fr 5.30-19 Uhr alle 20-30 Min. und 19-22 Uhr stündlich ab C.6/Av.1-3 (Bus 4), Fahrzeit 30 Min.
- **Tapantí:** 6 Uhr bis Purisil (5 km vor Nationalparkeingang), sonst bis Río Macho (9 km vor Eingang) oder bis Orosí und dann mit dem Taxi.
- **Ujarras/Cachí:** 5.30-22 Uhr ca. alle 45 Min. ab C.6/Av.1-2 (Bus 5).
- **Turrialba:** *Transtusa* (Tel. 591.4145): 6-22.45 Uhr alle Std. ab Av.3/C.8-10, Fahrzeit ca. 1 Std. 15 Min., Preis: ca. 1 $.

Die Umgebung von Cartago

Von Cartago zum Vulkan Irazú

Auch wenn es von Cartago zum Irazú-Vulkan nur 32 km sind: Der Höhenunterschied beträgt rund 2000 m! Also: möglichst früh starten und unbedingt eine Jacke mitnehmen. Der Zustand der kurvigen Straße ist überraschend gut, doch es kommt häufig vor, dass man im Nebel fährt, der sich jedoch oft in der Gipfelregion wieder lichtet. Es gibt keine Regel: Manchmal liegt das Tal im Nebel, und die Berge sind frei, an anderen Tagen ist es genau umgekehrt, und das Wetter wechselt schnell.

Eine ausgeschilderte Straße führt hinter der Basilika von Cartago bergauf in Richtung Vulkan Irazú, vorbei an gemütlich grasenden Rindern und vielen Feldern – besonders Kartoffeln, Zwiebeln und anderes Gemüse gedeihen gut auf den vulkanischen Böden. Nach 11 km zweigt links eine Straße in den Ort Tierra Blanca ab, wo man im recht einfachen **Restaurant Paguitos** günstig essen und übernachten kann (DZ 35 $).

14 km nach Cartago erreicht man **Potrero Cerrado,** die letzte Ortschaft mit einer regelmäßigen Busverbindung. Eineinhalb Kilometer später liegt links ein *mirador* („Aussichtspunkt") des ICT, von dem aus man einen schönen Blick über Cartago und die dahinter liegenden Berge hat.

Etwa bei Kilometer 14 liegt der Sektor **Prusia** des Nationalparks Irazú mit Wanderwegen, Picknicktischen und Campingmöglichkeit (Eintritt 7 $, gilt auch für NP Irazú).

Im Dorf **San Juán de Chicúa,** etwa 20 km nach Cartago, liegt links das **Hotel/Restaurant Irazú.**

Eine weitaus bessere Alternative bietet sich anderthalb Kilometer weiter: **Bar/Restaurant Linda Vista.**

Im weiteren Verlauf der Fahrt ändert sich die Vegetation zusehends: Verkrüppelte Bäume, Disteln, Baumfarne und Bromelien deuten an, dass man sich bereits in einer **Höhe über 3000 m** befindet. Nach etwa 32 km erreicht man die Grenze des Nationalparks.

Restaurants und Unterkünfte

- **Restaurant 1910** (Tel. 536.6063): ca. 6 km nach Cartago, nettes Lokal mit Fotos zum Erdbeben 1910, landestypische Küche, aber nicht billig.
- **Bar/Restaurant Linda Vista** (Tel. 225.5808): Eine urige Kneipe auf 3100 m Höhe mit schönem Ausblick. Das Lokal ist voller Visitenkarten, Geldscheinen und Ausweisen, die an allen Wänden kleben. Es gibt auch eine Cab. zu mieten (bis 6 Pers.), bp (WW), einf., aber ordentl.: DZ ca. 22 $ (6 Pers.: 28 $); KK.

Nationalpark Vulkan Irazú

- **Fläche:** ca. 2000 ha
- **Höhe:** ca. 2700 m bis max. 3432 m
- **Niederschlag:** 2158 mm/Jahr (vor allem Mai-Nov.)
- **Gegründet:** 30.7.1955 (ältester Nationalpark)
- **Geöffnet:** tgl. 8-15.30 Uhr
- **Eintritt:** 7 $, max. 950 Pers. gleichzeitig
- **Info:** Tel. 256.2611
- **Tipp:** Den Besuch des Parks nach Möglichkeit auf einen Wochentag legen. Am Wochenende ist er ziemlich überlaufen. Früh starten!
- **Anreise: PKW** 32 km ab Cartago; **Bus** ab San José: Sa/So 8 Uhr ab Gran Hotel Costa Rica; ab Cartago: gleicher Bus, gegen 8 Uhr ab Av. 2/C. 2-4, Rückfahrt 12.15 Uhr; **Taxi** ab Cartago ca. 20 $ inkl. 1 Std. Wartezeit.

Geologie

Der erste Nationalpark war über 15 Jahre lang der einzige des Landes. Er wurde rund um den 3432 m hohen Vulkan Irazú angelegt, die höchste Erhebung der Cordillera Central und auch der höchste der aktiven Vulkane des Landes (zuletzt im Jahre 1994). Der **Stratovulkan** mit seinen 12 Nebengipfeln breitet sich auf einer Fläche von 500 km² aus und ist damit der größte Vulkan Costa Ricas. Das Gebiet ist von großer hydrologischer Bedeutung: Zahlreiche Flüsse entspringen hier, die die großen Flüsse des Landes speisen, u.a. den Río Chirripó, Reventazón, Sarapiquí und den Río Grande de Tárcoles.

Der **Ursprung des Namens** geht zurück auf eine Indianer-Siedlung an den Hängen des Vulkans, die man *Iztarú* nannte, was so viel bedeutet wie „zitternder und donnernder Berg". Tatsächlich weist der Vulkan eine lange Geschichte von **Eruptionen** und eruptiven Phasen auf. Die letzte Phase starker Eruptionen begann im Jahre 1963 während eines Besuches von Präsident *John F. Kennedy* und dauerte etwa zwei Jahre. Seither wirft der Irazú regelmäßig Asche und Schlacke aus, oft begleitet von Erderschütterungen und unterirdischem Grollen; gelegentlich sieht man auch Rauchwolken aufsteigen.

Der fast runde, steile **Hauptkrater** *(cráter principal)* hat einen Durchmesser von über einem Kilometer und eine Tiefe von rund 300 m. An seinem Boden hat sich ein grün-gelblicher Kratersee gebildet. Nebenan liegt der ebenfalls runde, 100 m tiefe **Krater Diego de la Haya,** dessen Durchmesser über 600 m beträgt. In ihm bildet sich bei Regen gelegentlich ebenfalls ein kleiner See. Südöstlich und nordöstlich des Hauptkraters befinden sich außerdem **zwei kleinere Krater.**

Flora und Fauna

Wie auch beim Vulkan Poás hat sich hier im Umfeld der Krater die Vegetation völlig verändert und den **extremen Lebensbedingungen** angepasst: Der spärliche und verkümmerte Bewuchs besteht vorwiegend aus Myrten *(Vaccinium consanguineum),* einem Strauch mit ledrigen Blättern.

Oberhalb von etwa 3300 m findet man **andine Vegetation** vor, die man als *páramo* bezeichnet *(páramo pluvial subalpino).* Diese Vegetationsform trifft man sonst nur in den höchsten Regionen der Talamaca-Kordillere (z.B. Cerro Chirripó).

In den etwas **niedrigeren Regionen** des Parks gibt es Sekundärwälder und Reste von Primärwald. Die häufigsten Baumarten sind Miconien *(Miconia sp.),* Schwarzeiche, Balsamfeige und *sombrilla de pobre (Gunnera insignis).*

Die Tierwelt ist wegen der extremen Bedingungen recht artenarm; an **Säugetieren** leben hier u.a. Bergkaninchen, Koyoten, Gürteltiere, Stachelschweine, Langschwanz-Wiesel, Rothörnchen und die Tigerkatze.

Zahlreicher sind die **Vögel** vertreten: u.a. Kolibris, der *Junco volcanero* (eine Scharrammer der Gattung Junco), der Eichelspecht, die kleine Brauneule, der *Jilguero* (eine Trugdrossel-Art), die Schlichtdrossel und der Rote Kleiber.

Besichtigung

Hinter der Kasse gabelt sich die Zufahrtsstraße. Geradeaus führt eine geteerte Straße bis **zum Gipfel Cerro Alto Grande** (3432 m). Von hier bietet sich bei entsprechendem Wetter ein toller Blick über das Gebiet des Nationalparks, an klaren Tagen kann man sogar beide Ozeane sehen. Meist ist es windig und kalt, eine Jacke sollte man also dabeihaben.

Rechts endet die Straße an einem Parkplatz mit überdachten Picknickplätzen. In einem Souvenirladen gibt es warme und kalte Snacks und Getränke. Von hier führt ein **kurzer Spaziergang zu den beiden Kratern:** Zunächst kommt man zum Cráter Diego de la Haya, danach zum überwältigenden Hauptkrater, der zu den beliebtesten Fotomotiven Costa Ricas zählt. Ein Holzzaun markiert das zugängliche Gebiet, der Bereich dahinter ist gesperrt.

Botanischer Garten Lankester

- **Fläche:** 10,7 ha
- **Höhe:** 1400 m
- **Klima**: Durchschnittstemperatur: 18-24 °C, Niederschlag: 1000-1300 mm/Jahr (vor allem Sept./Okt.)
- **Beste Besuchszeit:** Februar bis Mai (Orchideenblüte)
- **Geöffnet:** tgl. 8.30-16.30 Uhr (letzter Einlass 15.30 Uhr!)
- **Eintritt**: 5 $, Kinder bis 12 J. 1 $; Tel. 552.3247, Fax 552.3135
- **Info:** Tel. 552.3247, jbl@cariari.vcr.ac.cr
- **Anfahrt: PKW** ca. 4 km hinter Cartago Richtung Paraíso: links Rest. Casa Vieja, rechts Abzw. (ausgeschildert); Achtung: **Diebstahlgefahr** am „bewachten" Parkplatz! **Bus** von Cartago nach Paraíso; **Taxi** ab Cartago ca. 1500 C. (inkl. 1 Std. Wartezeit).

Der botanische Garten Carlos H. Lankester, der zur Universität von Costa Rica (UCR) gehört, ist ein Muss für Freunde von **Orchideen und anderen tropischen Pflanzen.** Gegründet in den 50er Jahren vom englischen Naturforscher *Charles Lankester,* wurde er später von der American Orchid Society und der Stanley Smith Foundation of England übernommen und 1973 an die UCR übergeben.

Bei einem **Rundgang** durch die Anlage, der etwa ein bis zwei Stunden in Anspruch nimmt, bekommt man im Freien und in Gewächshäusern unzählige Orchideen unterschiedlichster Farbe und Form zu sehen. Insgesamt werden hier über 800 in- und ausländische Orchideenarten gezüchtet, darunter auch die wunderschöne Natio-

200cr Foto: dk

Der Sonnenschirm des Armen (Gunnera insignis)

Valle Central

nalblume Costa Ricas, die *guaria morada (Guarianthe skinnerii).* Man erfährt, woran man Orchideen erkennt und dass die meisten Arten epiphytisch wachsen, d.h. an Bäumen und anderen Wirtspflanzen, die aber durch sie nicht geschädigt werden. Man kann auch ein junges Orchideenpflänzchen kaufen und zu Hause die Aufzucht versuchen.

Außer Orchideen sind noch **zahlreiche weitere Pflanzenarten** zu sehen, u.a. Heliconien, Bromelien, Farne und verschiedene Palmen- und Bambusarten; sogar einen Kaktusgarten gibt es. Mehrere gut angelegte Wege führen durch einen prämontanen Feuchtwald mit 81 Baumarten. Neben vielen eingeführten Arten wachsen hier auch einige in der Region endemische Arten wie Kirschmyrte *(Eugenia cartagensis), guava maría (Inga montaniana)* und *yos (Sapium oligoneurum).*

Hinweis: ein Leser schreibt, dass die Anlage derzeit einen ungepflegten Eindruck macht!

Von Cartago ins Orosí-Tal

Südlich der Stadt Paraíso erstreckt sich auf einer Höhe von rund 1000 m das schöne Tal des Río Grande de Orosí, der zusammen mit dem Río Aguacaliente den Cachí-Stausee speist. Neben der kleinen Ortschaft Orosí mit der ältesten Kirche des Landes lohnt vor allem der Nationalpark Tapantí am Oberlauf des Flusses einen Besuch.

Paraíso, das „Tor zum Orosí-Tal" auf 1325 m Höhe, ist die Hauptstadt des gleichnamigen Kantons (ca. 35.000 Ew.), zu dem auch die Regionen Orosí und Cachí gehören. Gegründet wurde der 5 km östlich von Cartago gelegene Ort von Einwohnern der Stadt Ujarras, die durch eine Überschwemmung im Jahre 1732 zerstört wurde.

Busverbindung

- Tgl. 4.30-22.30 Uhr alle 30 Min. nach **Cartago.**

Unterkunft und Restaurants

- **Restaurant Continental:** am Ortseingang an der Hauptstraße aus Richtung Cartago, internationale Küche.

***Sanchiri Lodge** (Tel. 574.5454, Fax 574.8586, sanchiri@racsa.co.cr), ca. 1,6 km Richtung Orosí, Abzw. rechts: Familienbetrieb (Ticos), gutes Rest. (landestypische Küche, MEI-AE ab 7 $) mit Aussicht, Pferde (1 Std./10 $); Schmetterlingsgarten; 5 schöne Holzhäuser (max 3 Pers.), bp (WW), Balkon (Blick ins Orosí-Tal), sauber; 12 neuere Zi.: 45/55/65 $ (ÜF); NS: 40/50/60 $ (ÜF); 1 Haus mit Küche, TV, (bis 7 Pers.): 120 $; KK.

Etwa 3 km nach Paraíso liegt rechts der **Mirador Orosí,** ein **Aussichtspunkt** der ICT mit schönem Blick auf das Orosí-Tal und den Cachí-Stausee. Die großzügige Anlage mit einer Vielzahl überdachter Picknickplätze ist täglich von 6 bis 16.30 Uhr geöffnet (Eintritt frei). Die Straße schlängelt sich nun bergab in das Orosí-Tal mit ausgedehnten Kaffeeplantagen.

Hinter der Brücke über den Río Navarro zweigt rechts die Zufahrt ab (ca. 2,5 km) zum:

- **Hotel Río Perlas** (Tel. 533.3341, Fax 533.3085, info@hotelrioperlas.com): 5-Sterne-Resort mit Thermalpool, Schwimmbad, Restau-

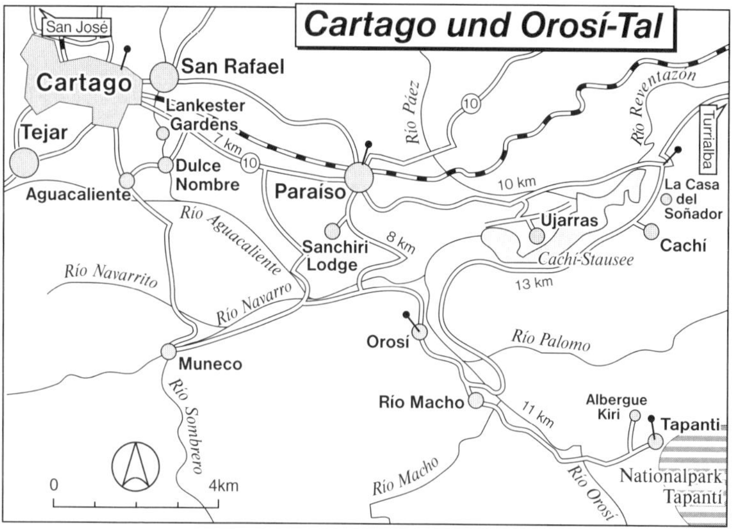

rant; 54 komfortable Zi.: 107/115/150 $; 15 Suiten: 179/180/245 $ (ÜF); KK (kein Zuschlag).

Orosí

Nachdem man den Río Navarro überquert hat, erreicht man nach 8 km nach Paraíso den auf 1050 m Höhe liegenden Ort **Orosí,** der vor allem wegen seiner Kirche von Bedeutung ist. Die **Klosterkirche** von Orosí gilt als die älteste noch erhaltene Kolonialkirche Costa Ricas. Nachdem der Franziskanerorden hier 1753 das Kloster Parroquía San José de Orosí gegründet hatte, begann man mit dem Bau von Kirche und Klostergebäude, die 1766 fertig gestellt wurden. Nur 80 Jahre später mussten die Missionare den Ort wieder verlassen – erst 1947 kehrten die Franziskaner aus Spanien zurück.

Neben der Kirche befindet sich ein **Museum religiöser Kunst** (*Museo Arte Religioso)*, in dem Kultobjekte aus dem 18. und 19. Jhd. ausgestellt werden, u.a. Gewänder, silberne Kerzenhalter, Christusfiguren, Mobiliar und Messbücher. Das Museum ist Di-So 13 bis 17 Uhr geöffnet, Mo geschlossen, Eintritt: 1 $.

Busverbindung

- **nach Cartago:** Mo-Fr 5.15-21.15 Uhr alle 30 Min., Sa/So und Feiertage 5.45-19.15 Uhr alle 30 Min.

Unterkunft

- **Albergue Montaña Linda** (200 m nach der Kirche rechts, Tel. 533.3640, Fax 533.2153, info@montanalinda.com): Privathaus mit einf. Unterkunft, Küchenbenutzung, günstige Sprachkurse (ab 115 $ inkl. 4 Übernachtungen und HP); Schlafraum: 6,50 $ p.P., Zi. mit bc: 9/14 $, Camping 3 $ p.P.

●**Cabinas Orokay** (an der Hauptstraße, 50 m von Supermarkt Anita, Tel. 533.3090, 352.3152): Backpackerunterkunft, bp, Küche, Kühlschrank: 7 $ p.P.
●**Las Torrejas B&B** (Ortseingang links, Tel. 533.3534): familiär, Küchenbenutzung, einf., ordentl. Zi., bp (WW): DZ 16 $ p.P. (ÜF), 3 Schlafräume mit Stockbetten, bc: 8 $ p.P.
●**Cabinas Sueño de Oro** (an der Hauptstraße über der Metzgerei, Tel. 533.3476): 3 Zi. mit Küche, bp: 35/35/45 $.
●**Cabinas Media Libra** (ca. 200 m östl. des Thermalbad Martínez, Tel. 533.3838, Fax 533.3737): einfach, ordentlich, im „Motel"-Stil; 7 saubere, nett dekorierte Zi., bp, DV, TV: 40/40/50 $; KK (+7 %).
*__Orosí Lodge__ (neben Thermo-Mineralbad Orosí, Tel./Fax 533.3578, in D: Tel. 0861/165906, info@orosílodge.com): empfehlenswerte Lodge in schöner Lage mit Blick zum Vulkan Irazú, Cafetería (tolles Frühstück 5 $), Art Gallery, Verleih von Mountainbikes, Kanus und Pferden, geführte Touren, Internet, sehr hilfsbereit, dt. Leitung; 6 geschmackvoll eingerichtete Zi., bp (WW), DV, Küchenzeile mit Kühlschrank, Kaffeemaschine: 52/52/64 $; NS: 44/44/55 $; Kinder unter 12 J. frei; KK.

Restaurants

●**Pizzeria Luz de Luna** (neben dem Supermarkt Super Anita an der Hauptstraße): gute Pizza (6 $).
●**Restaurant Coto** (am Sportplatz, Tel. 533.3032): gr. Auswahl, „gut-bürgerlich", tgl. 9-22 Uhr geöffnet.
●**Restaurant Media Libra** (neben gleichnamigen Cabinas): nettes Lokal in offenem Rancho mit Blick, gute regionale und intern. Küche um 7-10 $.
●**Soda Luz** (100 m nördlich der Polizeistation): landestypische Küche, sehr gutes Preis-Leistungsverhältnis, 7-16 Uhr, Fr-So bis 21 Uhr.
●**Restaurant El Nido** (Hauptstraße, 200 m nördlich vom Sportplatz): am Wochenende Huhn vom Grill, tgl. 12-24 Uhr geöffnet.
●**Orosí Lodge Coffee Shop** (neben dem Thermo-Mineralbad): Kaffeespezialitäten, leckere hausgemachte Kuchen, Croissants, Bagels, Sandwiches.
●**Restaurant Rincón de Memo** (Ortsausfahrt Orosí Richtung Tapanti): landestypische Küche.

Infos von A bis Z

●**Apotheke:** *Farmacia Tabor* (100 m östlich der Plaza, Tel. 533.3395): Mo-Sa 8-12 und 14-20 Uhr, So 8-12 Uhr.
●**Geldwechsel:** Bank mit Geldautomat neben Supermarkt Super Anita.
●**Kaffee-Tour** bei der Finca Cristina (bei Paraíso, Tel. 574.6426, info@cafecristina.com): biologischer Anbau, 1,5-Std.-Tour (10 $ p.P.), Infos auch c/o Orosí Lodge.
●**Sprachschule:** *Flor's Spanischschule* (Tel. 533.2480, florgrandecr@hotmail.com): günstige Sprachkurse und Vermittlung von Unterkunft bei einheimischen Gastfamilien; sowie Albergue Montaña Linda (s.o.).
●**Tankstelle:** am Ortsausgang, tgl. 4-23 Uhr, KK.

Thermalbäder

Südlich des Ortes gibt es zwei **Thermalbäder:**
●**Termo-Mineralbad Orosí** am Ortsende rechts neben Orosí Lodge, tgl. 7-16 Uhr, drei Becken, Wassertemperatur 35 °C, Rest., Eintritt 700 C. (ca. 1,50 $).
●**Balneario Los Patios,** 2 km hinter Orosí links, Di-So 8-16 Uhr, Mo geschl.; das Wasser tritt mit ca. 50 °C aus der Erde, Warmwasserbecken mit 37 °C, weiteres Becken mit „nur" 21 °C, Rest., Eintritt 700 C. (ca. 2 $).

Von Orosí zum NP Tapantí

Knapp 3 km nach Orosí gabelt sich die Straße: Links führt sie über eine Brücke zum Hotel Río Palomo und weiter zum Cachí-Stausee, geradeaus kommt man zum Tapantí-Nationalpark. Kurz nach der Abzweigung endet am **Wasserkraftwerk** Río Macho nicht nur die öffentliche Busverbindung, sondern auch die bis dahin gute Teerstraße. Die folgenden **8 km bis**

Tapantí führen durch ein Kaffeeanbaugebiet. Etwa 5 km hinter Orosí zweigt rechts die Zufahrt ab zum Nebelwaldreservat Monte Sky.

Nebelwaldreservat Monte Sky

- **Öffnungszeiten:** tgl. 7-17 Uhr
- **Eintritt:** 3 $, geführte Tour mit Transport, Mittagessen und Spende: 45 $
- **Infos:** Tel. 533.3818, 833.9271, www.montesky.org

Dieses Privatreservat verfügt über zahlreiche Wanderwege durch Nebelwald (z.T. Primärwald) mit schönen Aussichtspunkten und Wasserfällen und einem Selbsterkundungspfad. Auch **Vogelfreunde** kommen auf ihre Kosten: 183 Vogelarten wurden bereits identifiziert. Das Reservat wird von der *Fundacion Ecologica Monte Sky* verwaltet, mit dem Ziel, den Nebelwald zu erhalten, die ökologische Bildung an lokalen Schulen zu fördern und einen Forschungsort für Studenten zu schaffen. Mit Eintrittsgeldern und Spenden soll weiteres Land hinzugekauft werden.

Unterkunft

***Kiri Lodge** (ca. 1,5 km vor dem Nationalparkeingang Abzw. links, Tel. 553.2272, Fax 533 1289, info@kirilodge.com): sehr ruhig am Rande des Regenwaldes gelegen, Rest. (Casado 4,50 $, Forellen aus eigener Züchtung 6,50 $), Wanderwege; 6 recht ordentl. Zi. (max 4 Pers.), bp (WW), sauber: 30/45/55 $ (ÜF); NS: 25/40/50 $ (ÜF); keine KK; empfehlenswert für alle, die Einsamkeit lieben.

- **Cabañas Los Maestres** (800 m vor dem Eingang zum NP Tapantí links): freundlich, Pferde, Rest.service; Zi., bp: ca. 10/15 $, Camping: ca. 2 $ p.P.

Nationalpark Tapantí, öffentlich zugänglicher Bereich

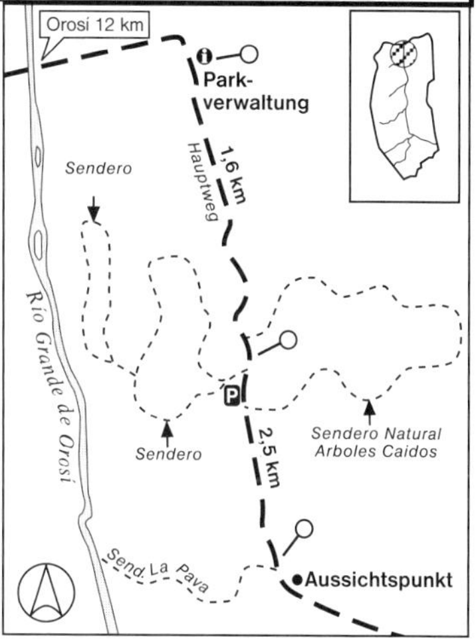

Nationalpark Tapantí

- **Fläche:** 6080 ha
- **Höhe:** 1220-2560 m
- **Niederschlag:** Mai-Okt. über 6500 mm
- **Gegründet:** 23.3.1992
- **Geöffnet:** tgl. 8-16 Uhr
- **Eintritt:** 6 $
- **Info:** Tel./Fax: 771.3155, 771.3297
- **Übernachtung:** Keine Übernachtungsmöglichkeit mehr! Camping geplant.
- **Anreise: PKW** von San José über Cartago, Paraíso und Orosí (24 km ab Cartago); **Bus** ab Cartago nach Orosí, Río Macho; **Taxi** ab Orosí.

Der Nationalpark - bis 1992 hatte er den Status eines Nationalen Tierschutzgebietes - nimmt den oberen Teil des Flusstals des Río Grande de

Orosí ein, dem wichtigsten Quellfluss des Río Reventazón, und ist größtenteils vom Forstreservat Río Macho umgeben. Mit einer jährlichen Niederschlagsmenge von über 6500 mm zählt das Gebiet zu den regenreichsten Regionen des Landes und ist von großer Bedeutung für die Wasserversorgung auch der Hauptstadt San José.

Flora und Fauna

Im Gegensatz zu den vulkanischen Gebieten gibt es hier eine große Vielfalt vor allem in der **Pflanzenwelt.** Im hier vorkommenden prämontanen und niederen mollntanen Regenwald sind die häufigsten Baumarten Eichen, *burío (Heliocarpus appendiculatus),* Wilder Avocado, Erle *(Alnus acuminata), canilla de mula (Licania arborea)* und *papayillo (Didymopanax pittieri).* Außerdem gibt es eine Vielzahl von Bromelien, Orchideen, Moosen und Farnen sowie den „Regenschirm der Armen“ *(Gunnera insignis).*

Zu den etwa 45 hier heimischen **Säugetierarten** zählen u.a. vom Aussterben bedrohte Tierarten wie der Tapir und Raubkatzen wie Ozelot, Wieselkatze und Tigerkatze. Außerdem leben hier Bergziegen, Wickelbären, Waschbären und Nasenbären, Pakas und Agutis sowie Brüll- und Kapuzineraffen.

Tapantí in den Strahlen der untergehenden Sonne

205cr Foto: dk

Bisher hat man rund 260 **Vogelarten** gesichtet, u.a. Quetzal, Kolibris, Sperber, Falken, Truthennen, Tauben, *jilguero* (Trugdrossel), Keilschwanzsittiche, Amazonen, Berghühner, Tangaren und Stirnvögel.

Wanderwege

Im öffentlich zugänglichen Teil des Parks gibt es mehrere angelegte Wege, die wegen des hohen Niederschlages matschig sein können. Die Chance, hier größere Tiere zu sehen, ist aber gering, die Wassertemperatur des Río Orosí meist kühl.

- **Sendero Oropéndola:** Ca. 1,5 km nach dem Eingang rechts; Rundweg, Gehzeit ca. 30 Min. Unterwegs zweigt ein weiterer Rundweg ab, **Sendero Pantanoso:** Gehzeit ca. 20 Min., Zugang zum Fluss (Bademöglichkeit) und überdachten Picknickplatz.
- **Sendero Arboles Caidos:** Auf der gegenüberliegenden Seite der Hauptstraße; lohnenswerter Rundweg mit einigen Steigungen, u. U. matschig, Gehzeit etwa 1,5 Std.
- **Sendero La Pava:** Etwa 3,5 km (ab Eingang) rechts, ca. 30 Min. bergab zum Fluss.
- **Sendero La Catarata:** Zweigt vom Sendero La Pava ab und führt über eine kleine Hängebrücke über den Fluss zu einem schönen Wasserfall (Bademöglichkeit).

Der Chachí-Stausee

- **Sendero al Mirador:** Am Ende des öffentlich zugänglichen Teils des Nationalparks (ca. 4 km ab Eingang) führt ein 100 m langer, steiler Weg zu einem schönen Aussichtspunkt mit Blick ins Tal und auf einen Wasserfall, bei schönem Wetter sogar bis zum Irazú.
- Zurzeit werden zwei neue Wege fertig gestellt, geführte Nachttouren sind geplant.

Rund um den Cachí-Stausee

Die Fahrt über Paraíso nach Orosí wurde bereits im vorigen Kapitel beschrieben. Etwa 2 km nach der Ortschaft Orosí zweigt links eine Straße ab, die zunächst auf einer abenteuerlich anmutenden Hängebrücke über den Río Orosí führt. Gleich danach liegt linker Hand am Fluss das **Hotel Río Palomo.**

Bald hat man von der (durchweg geteerten) Straße aus einen schönen Blick auf den 559 ha großen Cachí-Stausee, der im Jahre 1966 aufgestaut wurde. Eine Stichstraße führt kurz hinter dem Ort Cachí links zum Restaurant La Casona del Cafetal. Etwas weiter liegt rechterhand vor einer Brücke **La Casa del Sonador:** das *Haus des Träumers,* die Wirkungsstätte des 1995 verstorbenen Schnitzers und Bildhauers Macedonio Quesada, ein liebenswertes Sammelsurium teilweise recht bizarrer Holzskulpturen. Die Söhne des Meisters führen die Arbeit ihres Vaters fort; die Ausstellung ist im Prinzip jederzeit zugänglich.

11 km nach der Brücke kann man auf der rechts abzweigenden Straße einen **Abstecher nach Turrialba** machen. Nach 4,5 km endet die Teerstraße an einem erhöhten **Aussichtspunkt:** Von hier hat man bei schönem Wetter einen phantastischen Blick auf das tief eingeschnittene Tal des wilden Río Reventazón sowie zurück auf den See und die dahinter liegenden Vulkane. Die geteerte Straße führt hinunter in den Ort **Tucurrique.**

Bleibt man jedoch auf der **Hauptstrecke,** überquert man kurz nach der Abzweigung nach Turrialba die 96 m hohe **Staumauer,** die 1966 erbaut wurde. Unterhalb des Wasserkraftwerks stürzt der Río Reventazón in Richtung Atlantik.

Restaurants und Unterkünfte

- **Hotel Río Palomo** (Tel. 533.3128, Fax 533. 3057): Rest. (bis 17 Uhr) und gr. Pool (36 m, Eintritt für Hausgäste frei), Pferdeverleih etwas verwahrlost; 12 Zi., bp (WW) ca. 20/20/ 30 $.
- **La Casona del Cafetal** (Tel. 577.1414): Nettes Rest. direkt am Cachí-Stausee, Pferde, Bootsverleih; geöffnet tgl. 11-18 Uhr.
- **Restaurant La Milpa** (gegenüber der Einfahrt zum Casona del Cafetal): traditionelle Küche, Sa/So Kunsthandwerksmarkt, geöffnet Fr-So 11-18 Uhr.
- **Peñas Blancas B&B** (Straße Richtung Peñas Blancas, Tel. 551.9701): Pferdetouren, Anfahrt: Allrad erforderlich, 2 Zi. (4 Betten) à 60 $.

Ujarras

Nach weiteren 3,5 km durch fruchtbares Ackerland führt eine Abzweigung links nach **Ujarras.** Der frühere Hauptort der Region wurde nach meh-

210cr Foto: dk

reren Erdbeben und Überschwemmungen im Jahre 1833 von seinen Bewohnern verlassen, die daraufhin 6 km weiter den Ort Paraíso gründeten. Nach knapp 1 km zweigt links eine Straße ab zum **Paradero Lacustre Charrara** (Tel. 574.7557), einer parkähnlichen Freizeitanlage am See mit Campingplatz (2700 C. = ca. 5 $ p.P.). Die Anlage verfügt über Picknickplätze, einen Pool, Sporteinrichtungen, einen Bootsanleger und ein Restaurant (geöffnet: tgl. 8-18 Uhr, Eintritt: 1300 C. (= ca. 2,90 $), Kinder 650 C. (= ca. 1,60 $), Auto 900 C. (= ca. 2 $).

Hält man sich an der Abzweigung rechts, kommt man zunächst zum **Balneario Ujarras**, einem kleinen Freibad mit einem Schwimmbecken (geöffnet Sa/So 9-16 Uhr, in der Hochsaison täglich) und gegenüber zur **Kirchenruine von Ujarras** (geöffnet tgl. 7-16 Uhr). Hier wurde bereits in den Jahren 1561-69 eine kleine Holzkirche erbaut, die als erste Kirche in Costa Rica überhaupt gilt. Ein zweiter Kirchenbau aus dem Jahre 1638 im Adobe-Stil wurde von einem Erdbeben zerstört. Als im Jahre 1666 die Piraten Mansfield und Morgan einen Überfall auf den Ort Ujarrás planten, geschah das Wunder: Die Jungfrau selbst erschien und schlug die Piraten in die Flucht. Daraufhin begann man 1681 mit dem Bau einer Steinkirche, die 1693 geweiht wurde. Zum Gedenken an die Rettung des Ortes weihte man sie

Epiphyten am Baum

Nuestra Señora de la Limpia Concepción del Rescate de Ujarras (Unsere Dame der unbefleckten Empfängnis der Befreiung von Ujarras). Die 1833 verlassene Kirche ist heute nur noch eine Ruine und steht unter Denkmalschutz. In jüngster Zeit steigt der Seespiegel immer mehr, das Wasser nähert sich den Ruinen und droht, diese zu zerstören.

Turrialba und Umgebung

- **Einwohner:** ca. 20.000, Bezirk ca. 70.000
- **Lage:** 646 m ü.M., 64 km östlich von San José
- **Klima:** Tagestemperatur 20-26 °C

Die geschäftige Stadt Turrialba liegt am Ostende des Valle Central, ungefähr auf halber Strecke zwischen Cartago und Siquirres am Río Turrialba, einem wichtigen Nebenfluss des Río Reventazón. Die Hauptstadt des gleichnamigen über 1600 km² großen Kantons, der zur Provinz Cartago gehört, ist ein wichtiges **Landwirtschaftszentrum,** denn auf den guten vulkanischen Böden im Umland gedeiht allerlei Obst und Gemüse. Mag die Stadt selbst auch nicht sonderlich attraktiv sein, wird sie doch immer beliebter als Ausgangspunkt nicht nur zum Nationalmonument Guayabo, der einzigen bedeutenden archäologischen Stätte des Landes, sondern vor allem auch für **Kajak- und Schlauchboot-Touren** auf den nahe gelegenen Flüssen Río Reventazón und Río Pacuare.

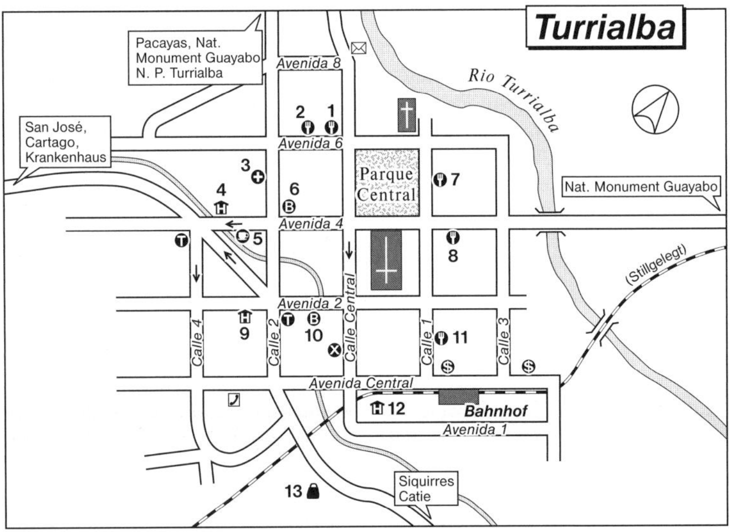

Stadtgeschichte

Der Ort wurde erst sehr spät von den Spaniern besiedelt und war zunächst von Indianern bewohnt. Über die **Bedeutung des Namens** gibt es verschiedene Vermutungen: In der lokalen Indianersprache heißt *turire* Feuer und *aba* Fluss, wahrscheinlicher ist aber, dass die Silben *turris* („Turm") und *alba* („weiß") sich auf den nahe gelegenen Vulkan Turrialba beziehen.

1564 wurde der Kazike von Turrialba erstmals erwähnt, und **1569** sollen hier bereits 1800 Menschen gelebt haben. Bei einer Volkszählung im Jahre **1700** bestand das Dorf nur noch aus 50 indianischen Einwohnern: Seuchen und Wanderungsbewegungen hatten die Bevölkerung dezimiert.

Europäische Siedler ließen sich erst im 18. und 19. Jahrhundert hier nieder, vorwiegend um auf den fruchtbaren Böden Ackerbau zu betreiben. Den größten Aufschwung erlebte die Stadt dann mit der Fertigstellung der **Eisenbahnlinie** im Jahre 1890 – rund ein Jahrhundert sollte Turrialba eine wichtige Haltestelle auf der Strecke San José – Limón sein.

	Hotels
4	Hotel Wagelia
9	Hotel Turrialba
12	Hotel Interamericano
	Restaurants
1	Rest. La Garza
2	Pizzería Capriccio
5	Café Gourmet
7	Pizza Mama Mia
8	Rest. Nueva Hong Kong
11	Rest. Hong Kong
	Busse
6	Bus n. San José, Cartago, Siquirres
10	lokale Busverbindungen
3	Rotes Kreuz
13	Supermarkt

Unterkünfte

- **Hotel Turrialba** (Av.2/C.2-4, Tel./Fax 556.6654): 11 recht ordentl. Zi., bp (WW), DV, Kabel-TV, z.T. dunkel: 12/16/22 $; KK (kein Zuschlag).
- **Hotel Interamericano** (Av.1, hinter dem Bahngleis, Tel. 556.0142, Fax 556.7790, hotelint@racsa.co.cr): 24 Zi., einf., aber ok; bc (sauber, WW): 10/20/30 $; bp (KW): 20/25/40 $; Frühstück 4 $; keine KK; guter Billig-Tipp.
- **Hotel Wagelia** (Av.4/C.2-4, Tel. 556.1566, Fax 556.1596, contact@hotelwagelia.com): bestes Haus am Platze, mit Rest., Bar; 18 ordentl. Zi., bp (WW), z.T. AC: 67/83/92 $ (ÜF).

Außerhalb:

- **Hotel Geliwa** (ca. 1,5 km nördlich Richtung Pacayas, Tel. 556.1142, Fax 556.1029, hotelgeliwa@racsa.co.cr): Rest., Pool, Blick auf Kaffeeplantagen und Vulkan; 26 Zi., bp, Vent.: 61/75/83 $ (ÜF).
- Weitere Unterkünfte siehe folgende Kapitel.

Restaurants

- **Café Gourmet** (Av.4/C.2-4) gemütliches kl. Café in Holzhaus, Mo-Sa 14-19 Uhr, So geschl.
- **Restaurant La Garza** (Av.6/C.C.): Standard-Speisekarte, nicht teuer, gute Säfte.
- Wer **Pizza** mag, kann auch die **Pizzería Capriccio** (Av.6/C.C.-2) und die **Pizzería Mama Mia** (C.1/Parque Central) versuchen.
- Chinesische Küche gibt es im **Restaurant Nueva Hong Kong** (Av.4/C.1) und **Restaurant Hong Kong** (C.1/Av. C.-2).
- **Bar/Restaurant Wagelia** (Av.4/C.2-4, im Hotel Wagelia): schöne Sitzgelegenheiten auf Veranda, Fleisch- u. Fisch um 7 $; KK.

Infos von A bis Z

●**Erste Hilfe:** Rotes Kreuz (C.2/Av.4-6, Tel. 556.0191), Krankenhaus (an der Hauptstraße nach Paraíso und Cartago).

●**Fahrradbedarf:** *Ciclo González* (neben Restaurant La Graza, Tel. 556.9427): Radwerkstatt, deutschsprachig.

●**Geldwechsel:** *Banco Nacional* (Av.C., Mo-Fr 8.30-15.45 Uhr) und *Banco de Costa Rica* (Av.C., Mo-Fr 9-15 Uhr).

●**Internet:** *Turrialba net* (C.20, 20 m nördl. der Tankstelle), ca. 1,50 $/Std. sowie im Hotel Interamericano, 5 $/Std.

●**River-Rafting:** zahlreiche Anbieter, u.a. *Costa Rica Rios* (s. Tourveranstalter), *Instinct Tropical Outdoors* (Tel. 556.2592): Rafting, Canyoning; *Rainforest World* (Tel. 556.2678): Río Pacuaré: Tagestour 65 $, 2 Tage inkl. Übern. 145 $ p.P/VP., Río Reventazón 75 $, Jungle Safari 2 Tage 145 $ p.P.; *Ticos River Adventures* (Tel. 556.6035, riolocos@whiteh2o.com): Kajaks (35 $), Rafting (85 $).

●**Tourist-Info:** c/o Hotel Interamericano.

●**Tourveranstalter:** *Costa Rica Rios* (C.1/Av.6-8, Tel. 556.9617, info@costaricarios.com): Touren im ganzen Land, Rafting, Kajak etc.; *T.T. Tours* (Tel./Fax 556. 0568, ssalazar@racsa.co.cr): Ausflüge in Umgebung, z.B. CATIE (Touren ab 20 $), Kaffeeplantage (1,5 Std.), Guayabo (halber Tag).

●**Post:** C.C./Av.8, Mo-Fr 7.30-18 Uhr, Sa 7.10-12 Uhr.

●**Taxi:** Standplatz: C.C./Av.C.-2, Tel. 556. 1021, 556.0824.

Busverbindungen

●**Cartago/San José:** *Transtusa* (Tel. 556. 0073), tgl. 5-21 Uhr (stündl.), Fahrzeit ca. 2 Std., Preis ca. 1,50 $.

●**Siquirres:** Di-Do 6-18.15 Uhr (alle 2 Std.), Fr-Mo 6-19 Uhr (stündl.).

●**Guayabo:** direkt nur 9 Uhr (Rückfahrt: 16.15 Uhr; sonst Bus nach Sta. Teresita, Mo-Sa 9, 10.30, 13.30, 15.45, 17.30 u. 18.30 Uhr.

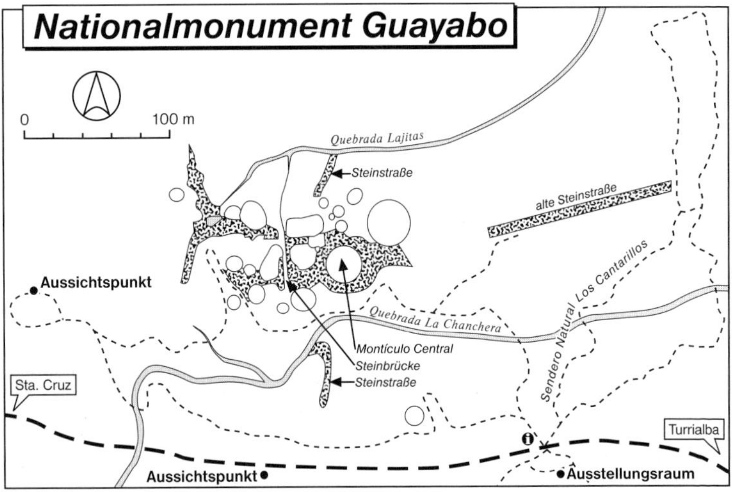

211cr Foto: dk

Fast undurchdringlich

Nationalmonument Guayabo

- **Fläche:** 218 ha (davon 197 ha Waldgebiet)
- **Höhe:** 1100 m
- **Niederschlag:** 3500-4000 mm/Jahr
- **Gegründet:** 13.10.1973
- **Geöffnet:** tgl. 8-15.30 Uhr
- **Eintritt:** 4 $
- **Info:** Tel. 256.2611 oder 556.8205
- **Unterkünfte: Campingmöglichkeit** (300 C. p.P.). südlich **La Calzada Lodge** (Tel. 556.0465): Rest.; 4 einf. Zi., 2 Pers. mit Gemeinschaftsbad: EZ/DZ 2500 C.
- **Anreise** mit dem **PKW:** von Turrialba über Sta. Rosa (ausgeschildert, nach 13 km Abzw. rechts, 10 km Piste) oder über Pacayas nach Sta.Cruz, Abzw. links: 8,5 km ungeteert; in beiden Fällen ist das letzte Stück in schlechtem Zustand. **Bus:** ab Turrialba bis Sta. Teresita und 4 km zu Fuß, zurück um 13.30 und 16.30 Uhr.
- **Tipp:** Essen und Getränke mitbringen!

Guayabo ist die **wichtigste und größte archäologische Stätte** des Landes, lohnt aber auch wegen des Naturerlebnisses einen Besuch. Ab etwa 500 v. Chr. besiedelt, hatte diese **frühe Kultstätte** ihre Blütezeit von 800 bis 1400 n. Chr. Man vermutet, dass im Umfeld dieses Zentrums eine Reihe von Dörfern existiert hat, in denen etwa 1500 bis 2000 Menschen gelebt haben. Auf einer Fläche von 15-20 ha entstanden hier künstliche Erdhügel *(montículos)*, Steinmauern, gepflasterte Straßen, Brücken, Wasserauffangbecken, Aquädukte, Bewässerungskanäle und Gräber, von denen bis heute erst ein Teil freigelegt wurde.

1884 fand man erstmals ausgeraubte Gräber, wissenschaftliche Ausgrabungen begannen jedoch erst 1954 unter Leitung des Archäologen *Carlos Humberto Aguilar Piedra*. Für archäologisch Interessierte ist ein Besuch eine gute Ergänzung zum Nationalmuseum in San José, wo u.a. Steintische und Keramikscherben aus Guayabo zu sehen sind.

Flora und Fauna

Guayabo ist nicht nur wegen seiner archäologischen Bedeutung einen Besuch wert, sondern auch wegen seiner Natur. Mehrere kurze Wanderwege führen durch die **üppige Vegetation** der für die Region typischen Feuchtwälder. Die häufigsten Baumarten sind die Mexikanische Ulme, die Bitterzeder, Magnolien, Schweinsgummibaum, Feigenbaum *(Ficus costaricana)* und *quizarrá (Phoebe valeriana),* die von zahlreichen Epiphyten wie Bromelien und Orchideen bedeckt sind.

Rundgang

Vom Eingang führt nach links ein etwa 1,2 km langer, leicht begehbarer Rundweg zu den Ausgrabungen (Sendero Los Montículos). An der ersten Weggabelung zweigt nach rechts ein **direkter Weg** zu der archäologischen Stätte ab, der rollstuhlgerecht ausgebaut ist.

Nach links kommt man über eine Art **Lehrpfad** durch immergrünen Regenwald zu einem Monolithen, der in Form eines Jaguars und eines Krokodils bearbeitet wurde. Daneben erkennt man Reste von Gräbern, deren Alter auf über 1000 Jahre geschätzt wird. Leider wurden die Grabbeigaben (vor allem Keramik) schon vor 1960 geplündert. Die nächste Abzweigung führt links zu einem Aussichtspunkt *(mirador)*, von wo aus man einen guten Überblick über die Anlage hat.

Nach rechts kommt man kurz darauf zu den eigentlichen **Ausgrabungen** (Gehzeit: ca. 10 Min. ab Eingang). Auf der linken Seite erkennt man gut erhaltene Reste eines Aquäduktes und eines Wassertanks, daneben die wohl älteste Brücke des Landes. Wegen der großen Niederschlagsmenge war es für die Bewohner dieses Flusstals nicht das Problem, Wasser zu bekommen, sondern sie mussten sich im Gegenteil Gedanken machen, wie sie sich vor zu viel Wasser schützen konnten.

Weiter rechts fallen mehrere **Erdhügel mit Steinmauern** ins Auge, wobei der zentrale und größte Hügel wohl dem Häuptling oder Schamanen vorbehalten war. Man nimmt an, dass auf diesen Hügeln runde Häuser aus Holzpfählen errichtet wurden, die mit Palmblättern gedeckt waren. Von den ehemals 45 **Petroglyphen,** die man hier fand, sind heute noch zwei zu sehen: Auf einigen sind Tiere dargestellt (Vögel, Raubkatzen), andere weisen Steinstrukturen scheinbar ohne Sinn auf.

Auf einer **Schautafel** kann man anhand einer Zeichnung erahnen, wie es hier wohl einmal ausgesehen hat, als Guayabo eine wichtige Kult- und Wohnstätte war. Derzeit wird eine alte Steinstraße renoviert, die mindestens

9 km lang und bis zu 10 m breit war. Aber es gibt noch viel zu tun, und mit Sicherheit wird man in den nächsten Jahren noch einige interessante Ausgrabungen machen.

Ein weiterer, etwa 1 km langer Rundwanderweg (Sendero Natural los Cantarillos) führt zum Río Lajas. Gegenüber des Einganges gibt es einen **Ausstellungssaal** mit Keramik und Steinskulpturen.

Über die „Panoramaroute" von Turrialba nach Cartago

(42 km)

Eine landschaftlich überaus reizvolle Fahrtstrecke führt von Turrialba **an den Hängen der Vulkane** Turrialba und Irazú entlang nach Cartago: 3 km nördlich von Turrialba durchquert man die Ortschaft Sta. Rosa und kommt nach weiteren 10 km zu einer der Zufahrten zum Nationalmonument Guayabo (10 km). 3,5 km weiter zweigt an der Bar La Cañada die Piste ab, die hinaufführt bis zur **Volcan Turrialba Lodge** und weiter zum Kraterrand des Vulkans Turrialba (ca. 17 km). Die nur selten befahrene Straße führt nun weiter durch landschaftlich genutztes Gebiet, bis sie nach 29 km das Städtchen Pacayas erreicht. 11 km weiter verzweigt sich die Straße: Nach rechts geht es bergauf zum Vulkan Irazú (26 km), nach links kommt man nach Cartago (2 km). Nach San José hält man sich an der Abfahrt nach Cartago geradeaus und erreicht etwa 4 km nach der Abzweigung die Autobahn.

Nationalpark Vulkan Turrialba

- **Fläche:** ca. 1850 ha
- **Info:** Tel. 256.2611 oder 556.8205
- **Geöffnet:** zurzeit kein Eintritt
- **Anfahrt:** von Turrialba in Richtung Pacayas, nach 17 km an der Bar La Cañada rechts, ca. 17 km Piste zum Gipfel (Allrad erforderlich)

Weithin sichtbar ist dieser östlichste Ausläufer und mit 3328 m **zweithöchste Gipfel der Cordillera Central.** Das Gebiet um den Vulkan, der noch im 19. Jahrhundert sehr aktiv war, wurde zwar inzwischen zum Nationalpark erklärt, aber bisher kommen nur wenige Besucher in diese Gegend, und es bleibt zu hoffen, dass die Tier- und Pflanzenwelt von einem Massenansturm wie bei den Nachbarvulkanen Poás und Irazú verschont bleibt. Lohnenswert ist sicherlich ein Aufstieg zum Gipfel, eine Straße führt vom Ort La Cruz nördlich in Richtung Vulkan. Einfacher ist es, mit einem Pferd in die Gipfelregion vorzudringen.

Unterkunft

- **Volcan Turrialba Lodge** (Tel./San José 273.4335, Fax 273.0703, volturri@racsa.co.cr): nette Berg-Lodge zwischen den Vulkanen Irazú und Turrialba, Rest.service, Pferde, Fahrradverleih; 14 Zi., bp (WW): 45 $ p.P./VP; KK. Die Lodge ist nur mit Allrad zu erreichen: von Turrialba über Sta. Cruz und Pastora Richtung Vulkan Turrialba; von Pacayas über San Rafael zur Hacierda La Esperanza Richtung Vulkan Turrialba, ca. 12 km).

Von Turrialba nach Siquirres

(ca. 45 km)

Früher war die Carretera 10 von Turrialba nach Siquirres die einzige Verbindung vom Zentraltal in die karibische Küstenebene. Nach dem Bau der Braulio-Carrillo-Schnellstraße verlor sie jedoch schnell an Bedeutung und ist daher eine gute Alternative, zumal landschaftlich sehr schön. Der größte Teil der Strecke wurde inzwischen neu geteert.

Nach 4 km liegt links die Zufahrt zum **C.A.T.I.E.** Das Forschungs- und Ausbildungszentrum für tropische Landwirtschaft (*Centro Agronómico de Investigación y Enseñanza)* liegt inmitten eines über 800 ha großen Gebietes, in dem die unterschiedlichsten Tropenpflanzen auf ihre landwirtschaftliche Nutzbarkeit untersucht werden. Die Bibliothek über tropische Landwirtschaft gilt als die größte der Welt. Für Besucher gibt es angelegte Wanderwege und Führungen, Anmeldung ist erwünscht (Tel. 556.6431), geöffnet Mo-Fr 7-16 Uhr, Tour 2,5 Std.: 20 $.

Hinter der **Brücke über den Río Reventazón** (Wildwassertouren siehe unter „Sport" im Kapitel „Praktische Informationen A–Z") gabelt sich die Straße: links geht es weiter in Richtung Siquirres, geradeaus ins Tal des Río Tuis nach La Suiza. An dieser Straße zweigt rechts die Zufahrt (ca. 6 km über Atirro) zum **Casa Turire** und zur **Rancho Naturalista** ab (bei Tuis 1,7 km Richtung Platanillo, links, 1,5 km).

Einige Kilometer auf der Hauptstrecke Richtung Siquirres weiter steigt die Straße zu einem kleinen Pass an. Oben liegt an exponierter Stelle mit tollem Blick auf Turrialba und Umgebung (8 km ab Turrialba) das **Hotel/ Restaurant Turrialtico.**

Etwa 2 km weiter zweigt rechts die Zufahrt ab zum **Hotel/Restaurant Pochotel.** Bis Siquirres sind es noch etwa 37 km wenig befahrener Straße mit zahlreichen schönen Ausblicken.

Parque Viborana

500 m weiter führt links eine Abzweigung zum **Parque Viborana.** Diese Schlangenfarm ist nicht nur eine Ausstellung von 26 einheimischen Schlangenarten – hier bekommt der Besucher auch ausführliche Erklärungen über diese faszinierenden Tiere. Neben Bildungs- und Forschungsarbeiten werden auch Schlangen gezüchtet, zum Verkauf oder um sie wieder in die freie Natur auszusetzen. Innerhalb von 2 Jahren wurden beispielsweise über 200 Boas, die hier aufgezogen wurden, in Nationalparks angesiedelt.

- Geöffnet tgl. 9-17 Uhr, Eintritt 5 $ (inkl. Führung), Tel. 538.1510, viborana@racsa.co.cr

Unterkünfte

***Casa Turire** (Tel. 531.1111, Fax 531.1075, turire@racsa.co.cr): gediegenes Luxushotel direkt am Stausee La Angostura mit sehr gutem Rest., Pool, Pferde- und Fahrradverleih, schweiz. Leitung; 12 geschmackvoll und individuell eingerichtete Zi., bp, DV, TV, Balkon: 151/151/175 $ (ÜF); NS: 128/128/ 151 $); 4 Suiten: DZ ab 175 $ (ÜF); KK.

●**Rancho Naturalista** (Tel. 297.4134, Fax 297.4135): gehobene Lodge für Birdwatcher, DZ 163 $ p.P./VP.
●**Turrialtico Mountain Lodge** (Tel. 538.1111, Fax 538.1575, info@turrialtico.com): gr. Holzhaus in schöner Lage (herrlicher Ausblick), Rest. mit einheimischer Küche (Fisch- und Fleischgerichte ab 6 $), Ausflüge zum Vulkan Turrialba, Guayabo und Rafting-Touren; 18 ordentl. Zi., bp (WW), z.T. Balkon mit Aussicht: 52/64/75 $ (ÜF); NS: 52/58/70 $ (ÜF); KK (kein Zuschlag).
●**Hotel de Montaña Pochotel** (Tel. 538.1515, Fax 538.1212, info@pochotel.com): einf. Rest. mit Ausblick; 9 rustikale Zi., bp (WW): ca. 23/27/32 $; KK (nur VISA, +5 %).

An der Straße nach Siquirres zweigt bei Tres Equis rechts ein Zufahrtsweg ab zum **Río Pacuare.** Hier beginnen die vielleicht **schönsten Rafting-Touren** in Costa Rica. Ein besonderes Erlebnis ist auch eine Zwischenübernachtung am Fluss in einer Urwald-Lodge, die nur per Schlauchboot erreichbar ist:

***Pacuare Lodge** (Río Pacuare, Tel. 225. 3939, in D: 0861/165906, Fax 253.6934, avenat@racsa.co.cr): schön gelegene Lodge am Wildwasserfluss Río Pacuare; komfortable Holzbungalows mit palmgedeckten Dach; nur in Verbindung mit einer River-Rafting-Tour buchbar.
●**Ríos Tropicales Lodge** (Straße Richtung Turrialba, Tel. 233.6455, Fax 255,4354, info@riostr.com): nur in Verbindung mit einer River-Rafting-Tour buchbar.

Karibische Küstenebene

Als am 18.10.1502 Christoph Kolumbus auf seiner vierten Reise wegen eines Schadens an einem seiner Schiffe auf der Isla Uvita vor der heutigen Stadt Pto. Limón an Land ging, glaubte er, in Asien zu sein. Dabei war er der erste Weiße, der seinen Fuß auf ein Land setzte, das später Costa Rica heißen sollte.

Da aber die Eroberung dieses Landes durch die Spanier von Norden her über die Pazifikküste erfolgte, setzte eine **Besiedlung** durch die Weißen auf der atlantischen Seite erst **sehr spät** ein. Bis zur Mitte des 19. Jh. waren es fast ausschließlich Indianer, die hier lebten, bis man im Hochland beschloss, eine **Eisenbahn** zu einem Hafen zu bauen, von dem aus der Kaffee direkt nach Europa verschifft werden konnte. Das war die Geburtsstunde von Pto. Limón und der Anfang der Erschließung der Karibikregion. Zum Bau der Eisenbahnlinie wurden Arbeiter aus China und Jamaica hierhergebracht, die dann später auf den Bananenplantagen der neu gegründeten United Fruit Company arbeiten konnten. Seither dreht sich hier alles um die **Banane,** auch heute noch Wirtschaftsfaktor Nr. 1 in dieser Region. Viehzucht und Fischerei sind von eher untergeordneter Bedeutung; in steigendem Maße wird auch der Tourismus wichtig.

Die Karibikküste Costa Ricas ist eine **Welt für sich:** Hier gibt es einen anderen Menschenschlag, eine regionale, karibisch geprägte Küche und sogar eine eigene Sprache, das Patois. Die schönen Strände mit Kokospalmen im

Süden und das verzweigte Kanalsystem mit seiner reichen Tierwelt im Norden sind handfeste Argumente für einen Besuch dieser Region. Aber Achtung: Das Klima ist sehr niederschlagsreich und heiß!

Von San José nach Limón (168 Km)

Die Eröffnung der **neuen Straße** Braulio Carrillo im Jahre 1989 war ein wichtiger Schritt zur Integration der Karibikregion und verkürzte die Autofahrt von San José nach Limón um mehrere Stunden.

Durch bislang unerschlossenes Gebiet, das teilweise zum Nationalpark Braulio Carrillo erklärt wurde, vorbei an Privatreservaten und Forschungsprojekten, führt die Straße mitten durch die Cordillera Central und die karibische Küstenebene über Guápiles und Siquirres nach Puerto Limón.

- Rund 12 km nach San José führt am Rest. Las Orquideas links die Zufahrtsstraße nach San Isidro de Heredia (4 km).
- Etwa 14 km nach San José liegt kurz nach einer Tankstelle (vor der Mautstation) rechts das **Hotel Villa Zurquí** (Tel. 268.5084, Tel./Fax 268.8856, hvzurqui@racsa.co.cr): Bar, Rest., Pferde, ruhige Lage; 20 ordentl. Zi., in netten Häuschen, bp: ab ca. 47/58/70 $; Haus mit Küche: ca. 116 $ (bis 4 Pers.); KK.

3 km nach der Mautstation (ca. 1 $) erreicht man die Passhöhe und damit die Grenze zum Nationalpark Braulio Carrillo. Die Straße durchquert den Park auf einer Länge von 23 km und bietet dabei immer neue Ausblicke.

Nationalpark Braulio Carrillo

- **Fläche:** 45.899 ha
- **Höhe:** ca. 36 m bis max. 2906 m
- **Niederschlag:** 4500 mm/Jahr.
- **Gegründet:** 5.4.1978
- **Geöffnet:** tgl. 8-15.30 Uhr, Mo geschl.
- **Eintritt:** 6 $
- **Info:** Tel. 256.2611 oder 766.6129
- **Übernachtung:** Campingmöglichkeit im Sektor Barva (s. Heredia)
- **Anreise** mit dem **PKW:** ab San José nach Norden Richtung Limón (20 km), **Bus:** nach Guápiles oder Pto. Viejo Sarapiquí

Der Park mit seinen enormen Ausmaßen gilt als eine der **topographisch vielfältigsten** Zonen des Landes: Seine Ausläufer reichen von der feuchtheißen Ebene der Karibikabdachung bis hinauf zur Gipfelregion mehrerer erloschener Vulkane, unter ihnen der Vulkan Barva (2906 m), der Cerro Cacho Negro (2150 m) und der Cerro Hondura (2047 m). Bedingt durch den Nordost-Passat, ist die **Niederschlagsmenge** extrem hoch, die Folgen sind ein üppiges Wachstum und eine Vielzahl von Flüssen und Wasserfällen.

Doch nicht nur tiefe Flusstäler, sondern auch eine der wichtigsten Verbindungsstraßen des Landes zerschneiden den viertgrößten Nationalpark Costa Ricas. Benannt wurde er nach dem 3. Staatschef des Landes, *Braulio Carrillo Colina,* der von 1835 bis 1842 regierte. Er hatte erstmals den Plan, hier eine **Straßenverbindung** vom Hochland an die atlantische Küste zu bauen. Doch es sollte noch bis zum Jahre 1978 dauern, bis die Straße tatsächlich eröffnet werden konnte. Im

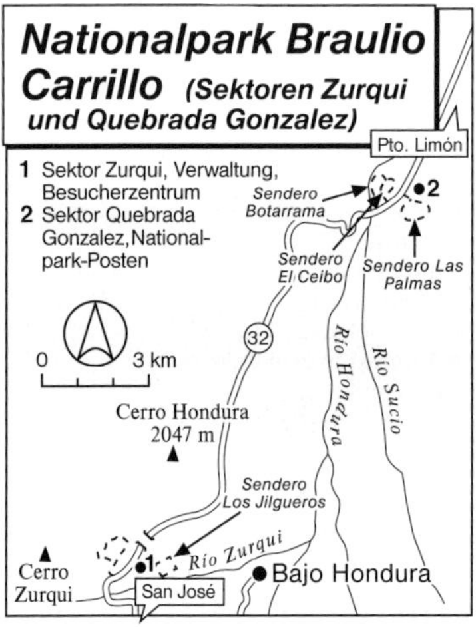

gleichen Jahr erklärte man das Gebiet um die neue Straße zum Nationalpark, um neue Siedlungen und Rodungen entlang der Trasse zu verhindern. Dennoch bedeutet die Straße, die den Park von Nordost nach Südwest auf einer Länge von 23 km durchschneidet, eine **permanente Bedrohung** speziell für die Tierwelt: Immer wieder werden Tiere von Fahrzeugen getötet, angestammte Reviere werden durchschnitten, Lärm und Abgase drängen die Tiere in abgelegene Teile.

Flora und Fauna

Man schätzt, dass auf der größtenteils mit Primärwald bedeckten Fläche des Nationalparks etwa 6000 verschiedene Pflanzenarten vorkommen, das entspricht rund der Hälfte aller in Costa Rica heimischen Arten. Der Grund ist eine **Vielzahl verschiedener Vegetationszonen,** die von der jeweiligen Höhenlage und Niederschlagsmenge geprägt werden.

Dabei weisen die **tiefer liegenden Gebiete** die größere Artenvielfalt auf, hier gedeihen u.a. Baumfarne, Heliconien, Palmen, Bromelien, und der *sombrilla de pobre*. Auch die Bäume erreichen in diesem Bereich größere Höhen. Häufig kommen hier u.a. vor: Butternussbaum, Mahagoni, Eiche und Kapokbaum. In Gefahr zu verschwinden sind *nazareno,* Kalebassenbaum, *palmito dulce* und Erdpalme.

Charakterpflanzen im **höchsten Bereich** (z.B. Vulkan Barva) sind die Eskallonie, Magnolien und die weiße Eiche.

135 Arten von **Säugetieren** und 347 **Vogelarten** wurden bisher gezählt.

Frösche und Kröten findet man häufig um Bajo de Hondura; die Kröte *bufo holdridgei* ist im Park endemisch, sie lebt in der Umgebung des Barva und bei Bajos del Tigre.

Rund 70 **Schlangenarten** leben im Park, u.a. der Buschmeister, die größte Giftschlange Amerikas.

Wanderungen

- **Sektor Zurqui:** Hinter der Mautstelle, 500 m vor dem Tunnel rechts, befindet sich ein Nationalpark-Posten, an dem der etwa 250 m lange **Wanderweg Sendero Los Gilgeros** beginnt.
- **Sektor Quebrada González:** 2 km, nachdem der Río Sucio überquert wurde, befindet sich rechts ein weiterer Nationalpark-Posten (Infos, WC, Eintritt, Gummistiefel zu vermieten). Hier gibt es drei Wanderwege, leider herrscht hier hoher Verkehrslärm:

•**Sendero Las Palmas:** Rundweg, 1,6 km durch tropischen Regenwald, Weg uneben, oft matschig, über Steine und Wurzeln, dennoch tolles Erlebnis. Dieser Weg ist ein guter Einstieg, um den tropischen Regenwald kennen zu lernen. Wegen des dichten Bewuchses ist die Chance jedoch gering, größere Tiere zu sehen. Mit Sicherheit sieht man aber Vögel, schöne Blüten und eifrige Blattschneiderameisen, vielleicht sogar einige Affen.

•**Sendero El Ceibo:** andere Straßenseite, Rundweg, ca. 1 km, relativ flach, nicht so matschig wie o.g. Weg, Aussichtspunkt zum Río Sucio.

•**Sendero Botorrama:** andere Straßenseite (ca. 1,5 km Richtung Brücke), schöner **Rundweg** (ca. 1,3 km), flach. Eine Verbindung mit Sendero El Ceibo ist geplant.

•Zu Wandermöglichkeiten im **Sektor Barva** siehe Kapitel „Valle Central" unter „Heredia".

•Weitere Wandermöglichkeiten gibt es in den **Sektoren Ceibo** und **Magsasay.** Diese sind aber zeitweise geschlossen, deshalb besser vorher bei der Verwaltung in San José erkundigen.

Vom Nationalpark Braulio Carrillo nach Guápiles

Kurz vor dem Sektor Quebrada überquert man eine Brücke, von der aus man ein besonderes Schauspiel beobachten kann: den Zusammenfluss des **Río Sucio** („schmutziger Fluss"), der von Sedimenten aus den Bergen braun gefärbt ist, mit dem „sauberen" **Río Hondura.**

215cr Foto: dk

Aufgewecktes Kerlchen: Faultier

Achtung: Fahrzeug nicht unbeaufsichtigt lassen – Diebstahlgefahr!

3 km nach der Brücke über den Río Sucio liegt rechts der kleine Schmetterlingsgarten **Mariposario Los Heliconios** mit einem Schmetterlingsmuseum. Mit dazu gehört auch das etwa 120 ha große Privatreservat **Reserva Ecoturística El Tapir** mit 6 km Wanderwegen. Eintritt jeweils 6 $, zusammen 8 $, Cab. sind geplant. Infos: Tel. 222.5052 oder 224.2400.

5 km hinter der Brücke liegt rechts ein Parkplatz, von dem Shuttle-Busse

zu **Rainforest Aerial Tram** (s. Exkurs „Per Seilbahn durch den Urwald") fahren, knapp 5 km später zweigt links die **Zufahrtsstraße nach Horquetas und Pto. Viejo Sarapiquí** ab, die inzwischen durchgehend geteert ist (siehe Kapitel „Der Norden"). Direkt an der Abzweigung liegt das empfehlenswerte Restaurant **Robertos Rancho** mit guter landestypischer Küche. Daneben gibt es eine **Tropical Frog Farm** mit über 200 Amphibien (Eintritt 5 $).

3,1 km nach der Abzweigung (9,8 km vor Guápiles) führt links ein Weg (1,7 km) zum **Hotel Huetar.** 6,5 km nach der Abzweigung führt kurz vor der Brücke über den Río Blanco rechts ein beschilderter Weg (steinige Piste) nach 1,1 km zum **Casa Río Blanco B&B.** Etwa 200 m vor dieser Brücke passiert man das **Restaurant La Ponderosa,** nach der Brücke links liegt das **Restaurant Río Blanco.** 1,3 Km nach der Brücke führt rechts eine Zufahrt zum Río Danta (Restaurant und Canopy-Tour).

Hotels und Restaurants

- **Hotel Huetar** (Tel. 710.6736): sehr ruhige Lage, Bar, kein Strom; 5 einf. Zi., bp, 4,50 $ p.P.
- **Casa Río Blanco Ecolodge** (Tel./Fax 710.4124, info@casarioblanco.com), ruhig gelegenes Wohnhaus mit Garten, Wanderwegen (kl. Privatreservat), von amerikanischem Ehepaar geleitet, vegetarische Küche; 2 ordentl. Zi. und 4 kl. Holzhäuschen, bp: 52/76/93 $ (ÜF), für Hausgäste Rabatt beim Besuch des *Teleférico.*
- **Restaurant La Ponderosa** (Tel. 710.7144): Steak-House, Mi/So Abend Livemusik.
- **Centro Turístico Río Blanco:** Rest. mit guten Fruchtsäften; 5 Zi., bp, Vent., kl. TV, einf. und ordentl.: ca. 10/20/25 $ (ÜF).

Guápiles

- **Einwohner:** 17.000
- **Lage:** 262 m ü.M., 65 km nordöstl. von San José
- **Niederschlag:** 2100 mm/Jahr

Rund 13 km nach der Abzweigung nach Pto. Viejo führt an einer Tankstelle links die Zufahrtsstraße nach Guápiles, Hauptstadt des 2350 km² großen Bezirks Pococí, der bis hinauf nach Barra del Colorado an der Grenze zu Nicaragua reicht. Ein feuchtheißes Klima bestimmt das Leben in dieser Stadt, die Ende des 19. Jahrhunderts mit dem Bau der Eisenbahn entstand. Bis heute sind **Bananen,** die in der Umgebung in großen Plantagen angebaut werden, der wichtigste Wirtschaftszweig der Region, auch wenn diese nicht mehr mit der Eisenbahn, sondern mit modernen Container-LKW abtransportiert werden.

Unterkünfte

- **Hotel Keng Wa** (gegenüber Banco Nacional, kein Tel.): 23 Zi., sehr einf., aber akzeptabel; bc: ca. 4 $ p.P.; bp: ca. 9/9 $.
- **Cabinas Irdama** (gegenüber Cabinas Lily, Tel. 710.7034): 22 Zi. mit Vent., TV, einf. und ordentl., bp: 9/10/12 $.
- **Cabinas As de Oros** (im Centro Comercial El Carao, Tel. 710.6663): 8 Zi. mit Vent., kl. TV, einf. und ordentl.; bp: 11 $ (1-3 Pers.).
- **Cabinas del Río** (100 m nördl. Banco Popular, Tel./Fax 710.6441): Motel mit 27 ordentl. Zi. mit Vent., TV, sauber, bp; 12/15/20 $; DZ mit AC: 18 $.
- **Cabinas Lily** (etwas außerhalb, östlich des Zentrums, 100 m nördl. Getränkedepot, Tel. 710.7802): 27 einf. Zi. mit AC, TV, bp; 14/20/26 $.

217cr Foto: dk

Per Seilbahn durch den Urwald

Seit 1994 die **Raintorest Aerial Tram** *(Teleférico del Bosque Lluvioso)* eröffnet wurde, spricht alle Welt von dem Seilbahn-Projekt, das von dem amerikanischen Wissenschaftler *Donald Perry,* der mit seinen Forschungen im Reservat Rara Avis international Beachtung fand, gegründet wurde.

Um es gleich vorweg zu sagen: wer sich von einer (nicht eben billigen) Fahrt mit der Urwald-Seilbahn einen aufregenden Einblick in die reiche **Tierwelt** der Tropen verspricht, wird enttäuscht sein. Außer einigen Vögeln (Kolibris, Trogone, kleine Tukane, Tangare) und Insekten (vor allem Schmetterlinge) bekommt man kaum Tiere zu Gesicht, obwohl auch schon Ameisenbären, Nasenbären und Faultiere gesichtet wurden (Tipp: möglichst früh kommen!). Doch wo sonst kann man sich leise schwebend über den Urwaldboden erheben und die überaus vielfältige **Flora** des tropischen Regenwaldes aus verschiedenen Ebenen studieren? Immerhin leben rund 50 % aller Pflanzen- und Tierarten in der **Baumkronenregion,** die man normalerweise nicht zu sehen bekommt.

22 **halboffene Kabinen,** in denen jeweils fünf Passagiere und ein Guide Platz finden, bewegen sich mit gemächlichen 2 km/h fast lautlos durch den Urwald. Zunächst führt die Fahrt nur wenig über dem Urwaldboden, auf der Rückfahrt dann in Höhen bis zu 45 m durch das 454 ha große Privatreservat auf etwa 500 m Höhe, das etwa zur Hälfte aus Primärwald besteht. Die einfache Fahrzeit zum 1,3 km entfernten Wendepunkt beträgt ca. 30-45 min – wer möchte, kann dort die Fahrt für einen kleinen Rundgang unterbrechen. Für weitere Erkundungen stehen drei **Wanderwege** zwischen 700 m und 1,5 km Länge zur Verfügung. In der Cafeteria werden neben überteuerten Souvenirs Sandwiches, Kuchen und Mittagessen (9,50 $) angeboten.

- **Geöffnet:** tgl. 6.30-16 Uhr
- **Eintritt:** 49,50 $, Kinder und Studenten mit Ausweis 50 %; inkl. Transfer ab San José: 69 $; KK.
- **Auskunft:** Info-Büro in San José, 7/C. 5-7, Tel. 257.5961, Fax 257.6053, tgl. 6-21 Uhr, reservas@rainforest.co.cr, Internet: www.rainforest.co.cr
- **Buchtipp:** Donald R. Perry: *Leben im Dach des Dschungels.* (Leichter erhältlich: engl. Version: *Life above the jungle floor.)*
- **Anfahrt:** PKW (5,1 km nach Río Sucio rechts) oder Bus nach Guápiles.
- **Unterkunft:** 10 Zi., bp (WW) und Terrasse: 95/80 $ p. P./VP inkl. Eintritt.

Eine weitere Seilbahn wurde inzwischen bei Jacó eröffnet (siehe Kapitel „Von Puntarenas bis Jacó").

218cr Foto: dk

Baum der Reisenden
(Ravenala Madagascariensis)

- **Cabinas Car** (50 m westlich der Kirche, gegenüber Tankstelle, Tel. 710.1488): 10 saubere Zi. mit Vent., TV, bp; 12/15/23 $.

Außerhalb:

- **Hotel/Country Club Suerre** (Tel. 710.7551, Fax 710.6376, info@suerre.com): 1 km hinter Guápiles Abzw. links, 1,7 km: Rest., Bar, Cafetería, Pool, Tennis etc. (nur für Hotelgäste); 55 Zi. mit AC usw.: ab 70/87/101 $; KK.

Busverbindungen

- **San José:** 5.30-19 Uhr alle 30-40 Min., Preis: ca. 1,40 $.
- **Siquirres:** 6-19 Uhr ca. alle Std., Preis: ca. 0,80 $.
- **Limón:** 5-19 Uhr ca. alle Std., Preis: ca. 2,30 $ *(directo)*.
- **Pto. Viejo de Sarapiquí:** etwa alle 1,5 Std, Fahrtzeit ca. 1 Std, Preis: ca. 1 $.

Privatreservat La Suerte

- **Eintritt:** 8 $
- **Unterkunft:** 4-Bett-Zi. oder Privatzi., bp (WW): 30 $ p.P/VP; 35 $ p.P./VP inkl. Tour
- **Anfahrt:** über Cariari nach Primavera
- **Info:** Tel. 710.8005, info@lasuerte.org

Dieses Privatreservat umfasst etwa 350 ha Tieflandregenwald (überwiegend Primärwald) mit vielen Wanderwegen. Neben rund 300 Vogel- und über 100 Reptilien- und Amphibienarten wurden hier auch 3 Affenarten, Tapire und Jaguare gesichtet. Das Reservat und die angeschlossene wissenschaftliche Forschungsstation für tropische Biologie am Ufer des Río Suerte wurde 2002 für Touristen geöffnet.

Von Guápiles nach Siquirres

Auf den 36 Straßenkilometern bis Siquirres sieht man neben der traditionellen **Weidewirtschaft** auch immer mehr Anbauflächen für „nicht-traditionelle" **Exportprodukte** wie Zierpflanzen und Guanábana-Früchte, die am Straßenrand verkauft werden. Hierzu zählen auch die wohlschmeckenden Macadamia-Nüsse, die ursprünglich in Australien heimisch sind und seit ca. 20 Jahren auch in Costa Rica angebaut werden. Zuletzt betrug der Export zwar erst 1,8 Mio. $, aber die Zahlen sind steigend, denn das Anbaurisiko ist relativ gering, und die Gewinne sind offensichtlich attraktiv.

11,4 km nach Guápiles stehen bei Guácimo links der Hauptstraße die **Cabinas El Higuito.**

Von Guácimo kann man einen Abstecher zur **Heliconienfarm Costa Flores** machen. 21 km nach Guápiles liegt rechts das **Hotel/Restaurant Río Palmas,** 8 km weiter auf der linken Seite das **Hotel Montana.** Nach der Brücke über den mächtigen Río Reventazón erreicht man schon bald die Stadt Siquirres. 1,4 km vor dem Ort findet man links die schöne Unterkunft **Cabinas Algo Differente.**

Hotels und Restaurants

- **Cabinas El Higuito** (bei Guácimo, neben Rest. Los Tabacones): 13 Zi., bp, Vent. oder AC, schlicht, aber akzeptabel: ca. 11/13 $.
- **Hotel/Restaurant Río Palmas** (21 km nach Guápiles rechts, Tel. 760.0330, Fax 760.0296, riopalma@racsa.co.cr): schöne Anlage mit Garten und Pool, Wanderwege, Pferde, Rafting-Touren; 28 Zi., bp (WW), Vent., TV: 36/41/55 $; Frühstück 5 $; KK.
- **Cabinas Algo Differente** (1,4 km vor Siquirres links, Tel. 768.7901): beliebte Absteige, laut, 11 recht ordentl. Zi., bp (KW): 15/15/22 $.

Heliconienfarm Costa Flores

- **Geöffnet:** tgl. 8-15.30 Uhr
- **Eintritt:** inkl. Tour 15 $ (1,5 Std.)
- **Info:** Tel. 716.6065 und 716.6457, Fax 716.6439 (telefonische Vorbestellung empfohlen)
- **Anfahrt:** in Guácimo beschildert

Auf einer Fläche von rund 120 ha werden hier **Heliconien** angebaut und als Zierpflanzen in alle Welt exportiert. Hohe Niederschlagsmengen und tropisch-heiße Sonne sind ideale Wachstumsbedingungen für diese Pflanzen mit den leuchtend bunten (Schein-) Blüten, die früher den Bananengewächsen zugeordnet wurden, inzwischen aber eine eigene Familie bilden.

Auf einer etwa 1- bis 2-stündigen **Tour** wird in spanischer und englischer Sprache der „agrarische" Prozess erklärt, außerdem stehen **mehrere befestigte Wege** zur Verfügung. Übrigens: Da die meisten Heliconien-Arten von **Kolibris** bestäubt werden, ist ein Besuch nicht nur für Pflanzenfreunde lohnend.

Siquirres

- **Einwohner:** 26.00
- **Lage:** 62 m ü.M., 57 km vor Pto. Limón
- **Niederschlag:** 2100 mm/Jahr

Siquirres, die Hauptstadt des gleichnamigen Kantons, ist die wichtigste Stadt zwischen San José und Pto. Limón. Hier trifft auch die alte Verbindungsstraße von Turrialba auf die neuere Straße nach Limón. Die Entstehung der Stadt in der Nähe des Río Reventazón geht ebenfalls auf den Eisenbahnbau zurück, und von je her lebt hier ein relativ hoher schwarzer Bevölkerungsanteil.

Unterkünfte

- Von den Unterkünften im Bahnhofsviertel scheint nur das **Hotel Alcema** (50 m östl. vom Markt, Tel. 768.6004) empfehlenswert: 23 einf. Zi. mit Vent., z.T. dunkel, aber sauber, bc: ca. 5 $ p.P.

Die besseren Unterkünfte liegen **außerhalb** in Richtung Limón:

- **Centro Turístico Pacuaré** (600 m nach der Hauptzufahrt nach Siquirres rechts, Tel. 768. 6482, Fax 768.6483): Rest., gr. Pool; 6 or-

220cr Foto: dk

Die Hauptstraße von Siquirres

dentl. Zi., bp, Vent.: 15/20 $; 3 Zi. mit AC: 29/35/40 $.

- **Cabinas/Restaurant Don Quito** (3,3 km nach Siquirres links, Tel. 768.8533): angenehmes, sauberes Rest.; 9 einf. Zi., bp, Vent. und TV: EZ/DZ ca. 27 $.

Infos von A bis Z

- **Apotheke:** Eine Apotheke und mehrere Arztpraxen befinden sich an der Ostseite des Stadtparks.
- **Erste Hilfe:** Krankenstation (Tel. 768.8038).
- **Geldwechsel:** Banco de Costa Rica (gegenüber Busbahnhof): Mo-Fr 9-15 Uhr und Banco Nacional (100 m westl. des Bahnhofs neben einer Tankstelle): Mo-Fr 8.30-15 Uhr.
- **Taxi:** an der Hauptstr., nach Caño Blanco (Bootsanleger nach Tortuguero): ca. 25 $.

Busverbindungen

- Der Busbahnhof liegt 200 m südlich des Bahnhofs an der Hauptzufahrtsstraße.
- **San José:** 5.30-19 Uhr etwa alle Std.
- **Limón:** 5-20 Uhr etwa alle 30 Min.
- **Guápiles:** 5-19.15 Uhr etwa alle30 Min.
- **Turrialba:** 6-16 Uhr alle 2 Std. und 18.30 Uhr.
- **Caño Blanco (Bootsanleger nach Tortuguero):** tgl. 4 und 12 Uhr (Transp. Aguilar, Tel. 768.7482).

Von Siquirres nach Limón

Bis zur Hafenstadt Pto. Limón sind es noch etwa 57 km durch die **karibische Küstenebene,** vorbei an Kakao-, Palmen- und natürlich ausgedehnten Bananenplantagen. Zunächst überquert man den Río Pacuare und später auch den Río Chirripó auf einer über 400 m langen Brücke – zwei der größten Flüsse auf der atlantischen Seite. Unterwegs werden am Straßenrand immer wieder Guanábana-Früchte verkauft, die hier angebaut werden. Etwa 5,5 km nach der Hauptzufahrt nach Siquirres zweigt rechts die 16 km Piste ab zum **Nationalpark Barbilla** (Allrad erforderlich). 52 km nach Siquirres zweigt links die Straße nach **Moín** ab (siehe im Kapitel „Nördliche Karibikküste"). Von hier sind es noch weitere 7 km bis ins Zentrum von Limón, vorher zweigt rechts die Zufahrtsstraße nach **Cahuita** und **Pto. Viejo** ab.

Nationalpark Barbilla

- **Fläche:** 12.830 ha
- **Klima:** ganzjähriger Niederschlag, Temperaturen 18-28° C
- **Anfahrt:** 5,5 km nach der Zufahrt nach Siquirres Abzw. rechts, 16 km (Allrad erforderlich)
- **Eintritt:** zurzeit kein Eintritt

Dieser relativ neue Nationalpark hatte früher den Status eines biologischen Reservates und ist nur schwer zu erreichen – mit seiner Lage an den atlantischen Hängen der Cordillera de Talamanca. Mit seinen **ausgedehnten Waldbeständen** bildet er ein überaus wichtiges Rückzugsgebiet für zahlreiche Tier- und Pflanzenarten. Zahlreiche Flüsse durchziehen das Gebiet und bilden tiefe Schluchten. Innerhalb des Schutzgebietes leben einige **Cabécar-Indianer** – noch weitgehend im Einklang mit der Natur.

Puerto Limón

- **Einwohner:** 55.000, Kanton ca. 72.000
- **Lage:** 168 km östlich von San José
- **Temperatur:** 29° C
- **Niederschlag:** 3500 mm/Jahr
- **Tipp:** Wer einen Mietwagen fährt, sollte sein Fahrzeug nicht über Nacht an der Straße stehen lassen. Einen bewachten Parkplatz hat z.B. das Hotel Acón.

Puerto Limón (meist nur *Limón* genannt) gilt als die **wichtigste Hafenstadt** des Landes. Sie ist Hauptstadt der gleichnamigen Provinz, die sich entlang der gesamten Atlantikküste erstreckt, und **Zentrum der karibischen Region.** Das Leben der Stadt ist geprägt von einem bunten Völkergemisch mit Menschen europäischer, asiatischer und afrikanischer Herkunft.

Für Touristen gibt es kaum Gründe, sich länger in der **wenig attraktiven Stadt** aufzuhalten; normalerweise dient sie nur als Umsteigestation auf dem Weg nach Tortuguero oder Cahuita/Pto. Viejo.

Für einige Tage im Oktober allerdings wird Limón zum Ziel von bis zu 200.000 in- und ausländischen Besuchern: dann nämlich, wenn der berühmte **Karneval von Limón** mit Umzügen und Straßenfesten gefeiert wird. Anlass ist der Jahrestag der Landung von *Christopher Kolumbus* am 12. Oktober, der *Día de la Raza*; die Feiern dauern vier bis fünf Tage und schließen das dem 12.10. nächstgelegene Wochenende mit ein.

221cr Foto: dk

dauern, dass ihnen als Folge des Bürgerkrieges die gleichen staatsbürgerlichen Rechte zuteil wurden wie den übrigen Ticos und Ticas.

Ein schwerer Schlag im wahrsten Sinn des Wortes war für die Bewohner der Region das **Erdbeben** am 22.4. 1991, das eine Stärke von 7,4 auf der Richter-Skala erreichte. Dabei hob sich das der Küste vorgelagerte Korallenriff über 1,50 m aus dem Meer und machte damit den **Hafen für Ozeanriesen unzugänglich.** Daraufhin errichtete man die neue Hafenanlage in Moín, etwa 7 km westlich an der gleichnamigen Bucht gelegen, in der heute bis zu vier Containerschiffe gleichzeitig beladen werden (meist mit Bananen).

Stadtgeschichte

Mitte des 19. Jahrhunderts beschloss man in San José den Bau einer **Hafenstadt** an der Karibikseite zum **Abtransport des Kaffees,** der bisher umständlich über die Pazifikseite erfolgte. Nach eingehender Prüfung entschied man sich schließlich für die Halbinsel gegenüber der Isla Uvita, an der 1502 *Christoph Kolumbus* als erster Weißer gelandet war. Der Grundstein wurde 1867 gelegt, und da an dieser Stelle ein Limonenbaum stand, taufte man den Ort einfach *Puerto Limón.*

Bald darauf kamen durch den **Eisenbahnbau** viele Arbeiter in die Region, vor allem Schwarze aus Jamaica und Chinesen, die sich anschließend hier niederließen. Von San José ignoriert, führten sie lange Zeit ein Leben abseits der restlichen Gesellschaft des Landes, und es sollte noch bis 1948

Sehenswertes

Die meisten Besucher, die auf der Durchreise nach Tortuguero oder den südlichen Stränden in Limón landen, sind von der Stadt enttäuscht: Statt einer gepflegten Kleinstadt mit einer weißen Kirche am Parque Central präsentiert sich Limón als karibische Hafenstadt, deren Bewohner andere Sorgen haben, als ihre Stadt in Ordnung zu halten: **Prostitution** und **Kriminalität** sind Folgen der **hohen Arbeitslosigkeit,** und überall trifft man auf Betrunkene.

Im Zentrum füllt ein lebendiger Markt den Platz – die Kirchen der Stadt stehen abseits. Die vielleicht größte Sehenswürdigkeit der Stadt ist der **Parque Vargas,** eine Art urbaner Urwald mit *laurel de la india* und Palmen, deren Stämme vollständig von Kletterpflanzen bedeckt sind. Hier lebt

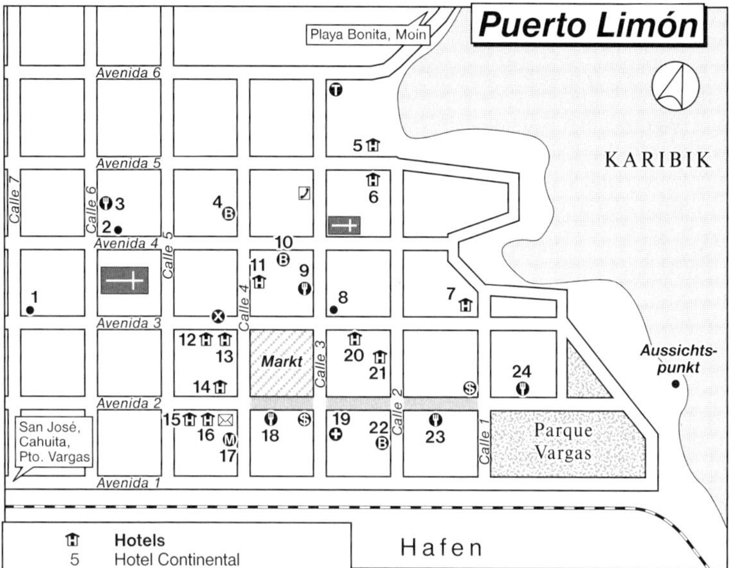

Hotels
- 5 Hotel Continental
- 6 Hotel International
- 7 Park Hotel
- 11 Hotel Nuevo Oriental
- 12 Hotel Wilson
- 13 Hotel Tete
- 14 Hotel Fung
- 15 Hotel Miami
- 16 Hotel King
- 20 Hotel Acón
- 21 Hotel Palace

Restaurants
- 3 Rest. Antillita
- 9 Rest. La Fuente
- 18 Rest. Mares
- 23 Marisqueria El Cevichito
- 24 Rest. Brisas del Caribe

Busse
- 4 Bus n. Moín
- 10 Bus n. Cahuita, Pto. Viejo, Manzanillo, Sixaola
- 22 Bus n. San José, Siquirres

- 1 Migracion
- 2 Western Unión
- 8 Supermarkt
- 17 Museum
- 19 Rotes Kreuz

auch mindestens ein Faultier, das man mit etwas Geduld in den Baumkronen entdecken kann. Östlich des Parks kann man von einer Aussichtsplattform am Meer die Folgen des Erdbebens und die nahe gelegene **Isla Uvita** sehen, die 1985 zum Nationalmonument erklärt wurde; wer möchte, kann sich auch von einem Fischerboot hinbringen lassen.

Wer Zeit hat, sollte einfach einen **Spaziergang** durch die Stadt machen, wo man immer wieder schöne **alte Holzhäuser** mit Balkonen im karibischen Stil sehen kann, die z.T. noch aus der „Gründerzeit“ stammen.

Im historischen Gebäude an der Südwestecke der Plaza, in dem sich heute die Hauptpost befindet, wurde im Obergeschoss ein **Museum** *(Museo Etnohistórico)* eingerichtet. Neben einer kleinen Keramiksammlung sind hier wechselnde Ausstellungen zur Stadtgeschichte mit historischen Fotos etc. untergebracht. Geöffnet Mo-Fr 9-12 und 13-16 Uhr.

Unterkünfte

In Limón gibt es eine Menge einfacher Unterkünfte, die eher für abgehärtete Traveller in Frage kommen, aber auch einige ordentliche Hotels. Die besten Hotels der Stadt liegen **außerhalb** am Meer (siehe Kapitel „Nördliche Karibikküste"). Während der Karnevalswoche sind die Zimmerpreise höher, aber dann ist es sowieso fast unmöglich, ein Zimmer zu bekommen.

- Einfache Zimmer mit Gemeinschaftsbad (ca. 4 $ p.P.) für anspruchslose Reisende bieten: **Hotel Wilson** (Av.3/C.4-5, Tel. 758.5028, bp 9/13 $), **Nuevo Hotel Oriental** (C.4/Av.3-4), **Hotel King** (Av.2/C.4-5, Tel. 758.1033, bp: 9/9 $), **Hotel Fung** (Av.2/C.4-5, Tel. 758.3309, bp: 7/11 $), **Hotel Palace** (C.2/Av.2-3, bp: 9/13 $).
- Einfache, aber ordentliche Zi. mit Bad (DZ ca. 10 $; mit AC: ca. 14 $) gibt es im **Hotel Continental** (Av.5/C.2-3, Tel. 798.0532) und gegenüber im **Hotel Internacional** (Tel. 798.0545).
- **Hotel Miami** (Av.2/C.4-5, Tel. 758.0490): 35 Zi., bp, TV, einf., aber sauber: 14/19/21 $; mit AC: 18/24/29 $.
- **Hotel Tete** (Av.3/C.4-5, Tel. 758.1122, Fax 758.0707): 14 ordentl. Zi. (bis 5 Pers.), bp, sauber: mit Vent. 12/22/30 $; mit AC: 14/24/32 $.
- **Hotel Acón** (Av.3/C.2-3, Tel. 758.1010, Fax 758.2924): 39 ältere, aber ordentl. Zi., bp und AC: 24/32/39 $; KK (kein Zuschlag).
- **Park Hotel** (Av.3/C.1, Tel. 798.0555, Fax 758.4364): bestes Hotel im Zentrum, Rest.; 32 ordentl. Zi. mit AC, TV, bp (WW): ab 35/45/50 $; mit MB ab 37/48/54 $; KK.
- **Weitere Hotels** an der Straße nach Moín siehe Kapitel „Nördliche Karibikküste".

Restaurants

Mit den Restaurants ist es wie mit den Hotels: es gibt viele billige Lokale, aber wenige bessere.

- **Restaurant Mares** (Av.2/C.3-4): beliebtes Lokal im Zentrum, günstige Gerichte, Frühstück ab 8 Uhr, So 7-14 Uhr geöffnet.
- **Marisquería El Cevichito** (Av.2/C.3-4, Tel. 758.1380): nettes Fischlokal an der Fußgängerzone, ein gutes Plätzchen, um auf den nächsten Bus zu warten; Ceviche ab 4 $, Fischgerichte.
- **Restaurant Brisas del Caribe** (Av.2/C.1): am Parque Vargas; Fleisch, Meeresfrüchte, Reis und Nudeln, günstig.
- Aus der Vielzahl chinesischer Lokale ist das **Restaurant La Fuente** (C.3/Av.3-4) empfehlenswert, ordentl. und günstige Preise.
- Das Restaurant im **Hotel Acon** (Av.3/C.2-3) macht ebenfalls einen recht ordentl. Eindruck.
- **Restaurant Antillita** (C.6/Av.4-5): typisch kreolische Küche, *Rice and Beans,* Fleischgerichte.
- **Bar Aello** (bei Hotel Maribú Caribe am Meer): Rest. (Seafood), beliebte Bar mit MB.

Infos von A bis Z

- **Erste Hilfe:** Rotes Kreuz (C.3/Av.1-2, Tel. 758.0125), Krankenhaus (nördl. der Stadt an der Straße nach Moín rechts, Tel. 758.3549).
- **Geldwechsel:** *Banco Nacional* (Av.2/C.3, B.1), Mo-Fr 8.30-15.45 Uhr; *Banco de Costa Rica* (Av.2/C.1, B.2), Mo-Fr 9-14 Uhr, *Scotiabank.*
- **Kino:** *Cine Hong Kong* (Av.2/C.9).
- **Polizei:** Tel. 758.0365, Posten gegenüber Restaurant Mares.
- **Post:** Av.2/C.4, Mo-Fr 7.30-18 Uhr, Sa 7.30-12 Uhr; Briefkasten auch im Restaurant Mares.
- **Reisebüro:** *Laura's Tropical Tours* (Tel./Fax 795.2410).
- **Supermarkt:** *Rayo Azul* (C.3/Av.3), geöffnet Mo-Sa 8-20 Uhr, So 8-18 Uhr sowie *Caribeña Centro* (Av.2/C.3-4), auch So Vormittag geöffnet.
- **Taxi:** Tel. 758.1601, 758.1473; Standplatz Av.3/C.4-5; Fahrt nach Moín ca. 3 $, Cahuita ca. 20 $.

Busverbindungen

- Die beiden **Busbahnhöfe** nach San José und Cahuita/Pto. Viejo liegen etwa 400 m auseinander.
- **San José:** Caribeño und Coopelimón ab C.2/Av.1-2; „Normal“: 5-19 Uhr stündl., So auch 20 Uhr, Fahrzeit 3 Std., Preis 2,30 $; „Luxus“ (direkt, AC): 5.30-16.30 Uhr stündl., Fr-So auch 18.30 und 19.30 Uhr, Preis 3,20 $
- **Sixaola:** Av.4/C.3-4; 5, 8, 10, 13, 16 und 18 Uhr.
- **Manzanillo:** Av.4/C.3-4; 6 und 14.30 Uhr.
- **Cahuita:** Sixaola-Bus, Manzanillo-Bus (teurer).
- **Pto.Viejo de Talamanca:** direkt mit Manzanillo Bus oder mit Sixaola-Bus bis Abzweig und 5 km zu Fuß oder Autostopp.
- **Moín:** C.4/Av.4; 6-22 Uhr alle 30 Min.
- **Siquirres/Guápiles:** 13-mal täglich, *directo* 8-mal täglich.

Flugverbindungen

Einige Kilometer südlich des Ortes befindet sich ein kleiner Flughafen mit einer asphaltierten Landebahn, bis jetzt gibt es aber noch keine regelmäßigen Flüge.

Die südliche Karibikküste

Von Limón nach Cahuita (43 km)

Da es nördlich von Limón keine attraktiven Bade- oder Surfstrände gibt, konzentriert sich der **Badetourismus** an den Stränden der südlichen Karibikküste, speziell in den Orten Cahuita und Pto. Viejo. Die Frage, an welcher Küste die Strände schöner sind, ist schwer zu beantworten und außerdem Geschmackssache – ein Abstecher lohnt sich auf alle Fälle.

Vor der Fahrt sollte man unbedingt noch **Geld wechseln!**

Die Fahrt von Limón nach Süden führt meist in Sichtweite des karibischen Meeres vorbei an Kokos- und Bananenplantagen. Dabei überquert man mehrere Flüsse, und oft sieht man neben der neuen noch die alte, durch das Erdbeben zerstörte Brücke.

Zunächst am Flughafen vorbei, erreicht man nach 11,4 km den Ort **Westfalia.** Die Hauptstraße zweigt hier nach links ab. Nach weiteren 5,7 km zweigt rechts die Zufahrt ab in den Ort **Bananito Sur** (5 km).

Privatreservat Selva Bananito

- **Fläche:** 850 ha. (Primärwald)
- **Höhe:** ca. 120-450 m
- **Info:** Conselvatur, San José, (siehe Selva Bananito Lodge)
- **Eintritt (nur für Hausgäste)/Unterkunft:** s.u. (nur Voranmeldung)
- **Anfahrt:** über Bananito Sur, ab dort Allrad erforderlich

Dieses Privatreservat unter deutscher Leitung erstreckt sich am Ostabhang der Cordillera de Talamanca und grenzt an den Parque Internacional La Amistad - damit ist es Teil des größten Naturschutzgebietes Mittelamerikas. Die Quellregion des Río Bananito, der das Trinkwasser für Pto. Limón liefert, ist ein **feuchtes Habitat** mit vielen Flüssen und Wasserfällen. Neben zahlreichen Vogelarten leben im Dickicht des Regenwaldes Tapire, Pakas, Gürteltiere, Waschbären, Stinktiere, Opossums, Faultiere und Pekaris, sogar Ozelots und Jaguarundis wurden gesichtet.

Für die Besucher der Lodge (wegen der langen Anfahrt macht ein Tagesbesuch nur wenig Sinn) stehen mehrere Wanderwege zur Verfügung, die allerdings meist nicht befestigt sind - eine ortskundige Begleitung ist daher erforderlich. Weitere **Aktivitäten** sind Reitausflüge, Mountainbike-Touren, Tree-Climbing und landwirtschaftliche Erkundungstouren auf der dazugehörigen Finca.

Übrigens: rund 10 % der Einnahmen werden für eine Stiftung verwendet, um damit legale wie illegale Abholzung in dieser Gegend zu überwachen und zu limitieren.

Unterkünfte

*__Selva Bananito Lodge__ (Tel. 386.1005, Büro: 253.8118, Fax 280.0820; in D: Tel. 0861/165906, conselva@racsa.co.cr): 11 gepflegte Holzhäuser mit Veranda (Hängematten), schön gekacheltes Bad, kein Strom (Solaranlage), maximal 22 Gäste; gutes Rest. mit schönem Ausblick, landestypische Küche; Preise: 1 Übernachtung 140/220/270 $ p.P./VP; Paket 3 Tage/2 Nächte ab/bis San José (VP, inkl. 3 Touren): 340/300 $ p.P.; keine KK.

*31 km nach Limón liegt links **Aviarios del Caribe B&B** (Tel. 750.0775, Fax 750.0725, aviarios@costarica.net): schönes Haus am Fluss, gute Gelegenheit zur Vogelbeobachtung, Bootsausflüge (3,5 Std., 30 $ p.P.), Faultier-Aufzuchtstation, Privatreservat (60 ha, Eintritt für Hausgäste frei, sonst 20 $ p.P.); 6 gute, gr. Zi. (WW): ab 76/87/105 $ (ÜF); KK (+7 %).

Bootsausflüge

- Etwa 24 km nach Limón weiter rechts werden Bootsausflüge angeboten: 20 $/Tag (bis 4 Pers.) sowie c/o Aviarios del Caribe.

Nach 34 km überquert man auf einer großen **Eisenbrücke** den Río Estrella. Hier befand sich das Epizentrum des Erdbebens von 1991. Nach der Brücke liegt rechts eine **Bananenfabrik,** die man auch besichtigen kann.

Kurz darauf zweigt in **Penshurt** (letzte Tankstelle) nach rechts die Straße zum Valle de la Estrella ab, an deren Ende das **Reservat Hitoy Cerere** liegt. Geradeaus erreicht man nach weiteren 9 km **Cahuita.**

Der Fluch der Bananen

Bananen sind **extrem schnell wachsende Pflanzen:** Nach nur 7 bis 9 Monaten hat sich der Setzling zu einer ausgewachsenen Staude entwickelt, die bereits eine Blüte austreibt. Nach weiteren 3 Monaten sind die Früchte reif, und die Pflanze stirbt ab. Doch ein neuer Trieb hat sich bereits am Scheinstamm gebildet, der seinerseits in einem Jahr Früchte tragen wird. Die Bananenfrüchte wachsen zu mehreren nebeneinander *(manos)* von unten nach oben, die einzelnen Früchte, die grün geerntet werden, bezeichnet man als Finger.

Um den europäischen und nordamerikanischen Wunsch-Normen zu entsprechen, wurden immer größere Früchte gezüchtet, deren Gewicht inzwischen so groß ist, dass die Stauden abgestützt bzw. mit Seilen verzurrt werden müssen. Die Bananenbündel werden mit **Plastiktüten** umhüllt, um sie vor Vögeln und anderen Schädlingen zu schützen. Über die Entwässerungskanäle geraten diese Folien immer wieder in die Flüsse und ins Meer, wo sie Meeresschildkröten, die sie mit Quallen verwechseln, zu fressen versuchen und daran qualvoll verenden.

Da **Monokulturen** anfällig sind für Krankheiten aller Art, werden Unmengen von **Pestiziden** verspritzt, die in die Böden und ins Grundwasser gelangen, und um den Ertrag möglichst hoch zu halten, wird die Fruchtbarkeit der Böden mit **Kunstdünger** erhöht. Dennoch sind diese nach etwa 8-10 Jahren ausgelaugt und müssen mehrere Jahre brachliegen, bevor sie erneut bebaut werden können. So werden neue Flächen benötigt – allein in den letzten 10 Jahren wurden dafür in Costa Rica etwa 30.000 ha Regenwald gerodet.

Internationale Organisationen erheben immer wieder schwere Vorwürfe gegen die Umwelt-Praktiken der Bananenkonzerne, die u.a. durch Experimente mit organischen Pestiziden versuchen, ihr angeschlagenes Image wieder zu verbessern.

Doch nicht nur Tiere und Pflanzen leiden unter dem großflächigen Anbau von Bananen, auch die rund 200.000 Arbeiter in der Atlantik-Region klagen über **gesundheitliche Folgen:** Die Arbeit auf den Plantagen bei schwüler Hitze ist knochenhart. Die schweren Bündel (ein Bündel wiegt zwischen 35-50 kg) werden von Hand bis zur nächsten „Seilbahn" geschleppt und von dort zur Verpackungsanlage gezogen. Durch den oft nicht sachgemäßen Umgang mit gefährlichen Chemikalien, die in Europa oft schon lange verboten sind, steigt die Zahl **unfruchtbarer** Männer und Frauen, die man bis heute auf etwa 8000 schätzt.

Auch wer nicht direkt mit diesen Giftstoffen arbeitet, bekommt seine „Ration" ab: durch die Sprühflugzeuge, die großflächig die Plantagen einnebeln und damit natürlich auch die dazwischenliegenden Wohnsiedlungen der Arbeiter. Nachweislich liegt die **Krebsrate und die Säuglingssterblichkeit** in dieserion weit über dem Landesdurchschnitt – Fälle von Hautkrebs sind um ein Vielfaches häufiger als anderswo.

Klagen gegen die Bananenmultis wegen Sterilität als Folge der Arbeit auf den Plantagen wurden zunächst abgewiesen und schließlich mit einer einmaligen Entschädigung von 7500 $ abgetan.

Und wofür das alles? Mit einem **Tageslohn** zwischen 7 und 14 $ kann man sich auch in Costa Rica nur mit Mühe und Not über Wasser halten – Akkordarbeit und 6-Tage-Woche vorausgesetzt. Oft stellt die Firma eine Wohnung und bezahlt Strom und Wasser, auch Schulen werden gebaut. Man kann nicht behaupten, dass die Menschen glücklich sind mit ihrer Arbeit – aber dennoch: Besser diese als gar keine Arbeit, denn die Auswahl an Arbeitsplätzen ist gering in der Region.

Biologische Reservat Hitoy Cerere

- **Fläche:** 9155 ha
- **Höhe:** ca. 200 m bis max. 1025 m
- **Niederschlag:** über 3000 mm/Jahr
- **Gegründet:** 4.4.1978
- **Geöffnet:** tgl. 8-16 Uhr
- **Info:** Tel./Fax 758.3996
- **Eintritt:** 6 $
- **Unterkunft:** 3 Zi. mit Stockbetten für Forscher, auf Anfrage auch für Besucher
- **Anfahrt:** mit Allrad ab Penshurst bis Eingang (ca. 26 km); Busverbindung: Valle Estrella bis Finca 12 (6 km bis Eingang)

Eines der bisher am wenigsten besuchten Naturreservate des Landes erschließt eine der abgelegensten Regionen Costa Ricas. Es gehört zum Biosphären-Reservat Talamanca. Durch die **hohe Niederschlagsmenge** haben sich unzählige Flüsse und Wasserfälle gebildet, und die Bäume sind von Epiphyten übersät. Auch der Name, der sich von den beiden Flüssen Río Hitoy und Río Cerere herleitet, deutet auf diesen Wasserreichtum hin: *hitoy* bedeutet in der lokalen Indianersprache „wollig" (die Steine im Fluss sind von Algen und Moosen bedeckt), *cerere* bedeutet „klares Wasser".

Flora und Fauna

Die immergrünen **Wälder** sind sehr dicht und weisen eine große biologische Komplexität auf. Die Mehrzahl der Bäume sind über 30 m hoch, einige erreichen sogar über 50 m: Kapokbaum, Andiroba, *gavilán*, Gummiapfel (Kalababaum), Sandbüchsenbaum, *guayabón, pilón*, Weißgummibaum, Milchbaum. Oft sind diese mit Moosen überzogen, an den Zweigen hängen Orchideen und andere Epiphyten.

Tiere sind zwar zahlreich, aber schwer zu sehen, da viele in den Baumkronen leben oder nachtaktiv sind. An **Säugetieren** leben hier u.a. das Dreizehen-Faultier, der tagsüber wie ein Tennisball eingerollte Zwergameisenbär, Brüll- und Kapuzineraffen, verschiedene Raubkatzen, der Fischotter, der Tapir, das Tayra und das Halsbandpekari.

Zu den 115 **Vogelarten,** die man bisher registriert hat, zählen verschiedene Kolibris, Massena-Trogon, Cayenne-Fuchskuckuck, Grüner Eisvogel und Regenbogentukan.

Cahuita

- **Einwohner:** ca. 3000
- **Lage:** 43 km südöstl. von Limón am Meer
- **Niederschlag:** ca. 2500 mm/Jahr
- **Tipp:** Wegen der Diebstahlsgefahr keine Wertsachen an die Strände mitnehmen!

Cahuita ist eines der Zentren des Tourismus in Costa Rica - bisher allerdings vorwiegend **Individualtourismus,** es gibt nur zwei Hotels mit Gruppenkapazität. Der Durchgangsverkehr geht einige Kilometer am Ort vorbei. Früher vorwiegend Treffpunkt der Alternativ-Szene, hat sich der Besucherstrom (und der Drogenhandel) inzwischen weitgehend ins nahegelegene Puerto Viejo verlagert. Dennoch ist Cahuita, das sich sein karibisches *easy-going* bewahrt hat, nach wie vor einen

Besuch wert (besonders für ruhesuchende Reisende), vor allem wegen seiner schönen Strände und des gleichnamigen Nationalparks.

Unterkünfte im südlichen Ortsteil

Es gibt eine schier unüberschaubare Vielzahl von einfachen Unterkünften *(Cabinas)*, alle mit Bad (nicht immer Heißwasser), meist mit Ventilator.

- Wer möglichst günstig übernachten will (DZ um 12 $), sollte es bei **Cabinas Rhode Island** (Tel. 755.0264) oder **Cabinas Mina** (Tel. 755.0192, mit Küche) versuchen.
- Einf. DZ um 15 $ bieten: **Cabinas Riverside** (Tel 755.0153, renoviert, dt. Leitung, WW), **Cabinas Sol y Mar** (Tel. 755.0237, 755.0418) oder **Cabinas Smith** (Tel. 755. 0068).
- **Cabinas Atlantic Surf** (Tel./Fax 755.0116), 5 Zi. mit Vent., Hängematten: DZ 20-25 $.
- **Villa Delmar** (Tel. 755.0392, 755.0375): kl. Rest. für Hotelgäste; 7 Zi. (bis 6 Pers.) in kl. Garten, Hängematten, teilw. mit Küche: DZ 10-35 $.
- **Cabinas Brisas del Mar** (Tel. 755.0011), DZ ca. 20 $.
- **Hotel Surfside** (Tel. 755.0246): renoviert, Küchenbenützung: 15/20/25 $.
- **Cabinas Vaz** (Tel. 755.0218, Fax 755. 0283): 16 einf. Zi. mit WW: 15/20/25 $; 2 neuere Zi. mit AC, Minibar und Sat-TV: 60 $ (1-4 Pers.), Parkplatz; KK.
- **Cabinas Sunshine** (Tel./Fax 755.0368, 371. 0049): Parkplatz, 8 Zi., bp (WW), DV, Veranda: DZ 20-25 $; mit Küche 30 $.
- **Cabinas Jenny** (Tel. 755.0256): 6 Zi. mit WW am Meer, Hängematte: 20 $ (1-3 Pers.), bessere Zi. mit MB: 25 $ (1-3 Pers.).
- **Cabinas Surfside** (c/o Hotel Surfside): 4 Cab. am Meer: ca. 25 $ (1-4 Pers.).
- **Spencer Seaside Lodge** (Tel./Fax 755. 0027, hernanspencer@hotmail.com). Zi. unten, bp (WW): 12/16/21 $; im oberen Stock 16/20/26 $ sowie 20/30/35 $, zusätzlich Kühlschrank.
- **Cabinas Honeymoon,** 7 Cab., WW, 30 $.
- **Linda's Secret Garden** (Tel./Fax 755.0327): Parkplatz, kanad. Leitung; 4 sehr saubere Zi., bp, Gartenküche, (WW): 15/20/25 $, Familienzi. (bis 5 Pers.) 40 $; keine KK.
- **Cabinas Arrecife** (Tel. 755.0081): schöne u. ruhige Lage, kl. Rest. mit MB; 10 ordentl. Zi., WW: 20/20/25 $; KK.
- **Cabinas Boboshanti** (Tel./Fax 755.0122): ruhige Lage in Meernähe, 4 zweckmäßige aber ordentl. Zi., bp (WW), Küche: DZ 20 $ (NS: 15 $); KK (+8 %).
- **Hotel Cahuita Nationalpark** (Tel. 755. 0244, Fax 755.0065): Rest., 18 saubere Zi., bp (WW), teilw. mit MB: 15/30/35 $; 3 Zi. mit AC und TV: DZ 70 $; KK.
- **Cabinas Safari** (Tel. 755.0405): 15/20/25 $ (bp); 7/12 $ (bc); Safari Ocean View: 6 DZ 35 $; KK (+6 %).
- **Cabinas Palmer** (Tel./Fax 755.0046, cabinaspalmer@racsa.co.cr): 16 recht ordentl. Zi., WW: 15/20/25 $ (ÜF); KK.
- **Hotel Kelly Creek** (Tel./Fax 755.0007, kellycr@racsa.co.cr): Holzhaus,nettes Rest., Veranda, span. Leitung, 4 schöne, sehr gr. Zi., DV, WW: 40/45/55 $, Kinder 5 $; KK (+6 %).

*__Bungalows Aché__ (Tel. 755 0119, ache_cr@yahoo.com): ruhig und doch zentral gelegen am Rande des Nationalparks, schweiz. Leitung; 2 nette Bungalows (1-mal behindertengerecht) für 2-4 Pers., bp (WW), Moskitonetz, Vent., Kühlschrank und Kaffeemaschine, Veranda mit Hängematte: 40/45/50 $ (NS: 35/35/40 $); keine KK.

*__Alby Lodge__ (Tel./Fax 755.0031, alby_lodge@racsa.co.cr, in D: Tel. 0861/165906): gepflegte Anlage mit schönem, gr. Garten, ruhig und doch zentral, Gemeinschaftsküche mit Veranda öster. Leitung; 4 nette Holzhäuschen (bis 4 Pers.), bp (WW), Veranda, Hängematte, Moskitonetz, Vent.: 40/40/45 $, NS (Mai–Nov.): 35/35/40 $; Kinder bis 12 Jahre frei; keine KK.

Unterkünfte im nördlichen Ortsteil

Sofern nicht anders vermerkt, sind alle Unterkünfte mit Bad und Ventilator ausgestattet.

- **Cabinas Margerita** (Tel. 755.0205, Fax 755. 0096): 10 einf. Zi. (KW), ruhig: 7/13/18 $.
- **Cabinas Belo Horizonte** (Tel. 755.0206): 3 sehr einf. Zi.: DZ 15 $; 6 bessere Zi. mit WW: 20 $ (1-4 Pers.).

•**Cabinas Piscina Natural** (Tel. 755.0146): Schöne Lage direkt am Meer, 5 renovierte Zi., bp, WW): DZ 16 $; gute Campingmöglichkeit.
•**Cabinas Nirvana** (Tel. 755.0110, nirvana99 @racsa.co.cr): 6 ordentl. Zi.: DZ, 20 $ (ÜF); mit Bad (WW), Moskitonetz und Hängematte: 30 $ (ÜF); KK (+7%).
•**Cabinas Blue Spirit** (Tel. 755.0122): Rest.; 3 neue Bungalows (bis 4 Pers.) direkt am Meer: DZ 20-25 $.
***Cabinas Iguana** (Tel. 755.0005, Fax 755. 0054, iguanas@racsa.co.cr): ruhige Lage, schöner Pool, Wäscheservice, schweiz. Leitung; 3 saubere Cab. mit Moskitonetz, bc: DZ ab 20 $; 3 nette Häuschen (bis 6 Pers.): DZ 35 $, mit Küche: ab 45 $; KK (+6 %).
***Cabinas Tito** (Tel./Fax 755.0286): 6 sehr saubere Häuser in kl. Garten, ruhige Lage: 15/25/35 $.
•**Jardin Rocalla** (Tel./Fax 755.0291): schöner Garten, kinderfreundlich, dt. Leitung; 2 gemütliche, voll eingerichtete Holzhäuser (bis 6 Pers.): ab 140 $/Woche bzw. 300 $/ Monat; KK.
•**Cabinas Colibri Paradise:** 2 Zi., bp (WW), DZ 25 $, keine KK.
•**Cabinas Algebra** (Tel./Fax 755.0057, alan sa@racsa.co.cr): ruhige Lage, Rest., dt. Leitung: kl. Haus (bis 6 Pers.); 1 nettes kl. Holzhaus mit Küche (bis 3 Pers.): 18/25/33 $.
•**Casa Brigitte** (Tel./Fax 755.0053, brigitte cahuita@hotmail.com): Reittouren, Wäscherei, dt. Leitung; komplett eingerichtetes Haus (bis 4 Pers.): DZ ab 25 $ (ÜF).
•**Tropicana B&B** (Tel./Fax 755.0059, borga to@racsa.co.cr): gr. Haus in ruhiger Lage, 5 Zi. m. Du./WC: ca. 25/35/45 $ (ÜF); KK.
•**Cabinas Hibiscus** (Tel. 755.0021, Fax 755. 0015, hibiscus@racsa.co.cr): schöne Anlage in Meernähe, Pool, schweiz. Leitung; 3 angenehme Zi.: 45/45/55 $, 2 Häuser mit Küche ab 100 $; Frühstück 5 $; KK.
•**Bungalows Malú** (Tel./Fax 755.0114, bun galowmalu@hotmail.com): Rest., Bar (Di geschl.), schöner Garten, ital. Leitung, 4 ordentl. Bungalows (bis 4 Pers.) mit Kühlschrank: 35/41/47 (ÜF); AC +12 $; KK (VISA).
•**Cabinas Mambo** (Infos c/o Jardín Tropical): Gem.küche, ital. Leitung; 4 ordentl. Zi. mit Hängematte, Moskitonetz, WW: 36/45/60 $.
•**Cabinas Jardin Tropical** (Tel./Fax 755. 0033, jardintropical@racsa.co.cr): 3 ordentl. Bungalows (bis 3 Pers): 36/45/60 $; Haus mit Küche (bis 5 Pers.): DZ 60 $; KK.
•**Atlantida Lodge** (Tel. 755.0015, Fax 755. 0213, atlantis@racsa.co.cr): schöne Anlage in tropischem Garten mit gr. Pool, Rest., Bar, Fitnessraum; 30 ordentl. Zi., bp (WW): 52/64/76 $, NS 35/47/58 $, Kinder bis 12 J. frei; KK (kein Zuschlag).
***El Encanto B&B** (Tel. 755.0113, Fax 755. 0432, info@elencantobedandbreakfast.com): schöner Garten, kanad. Leitung; 3 angenehme, schön dekorierte Zi., DV: 57/69/80 $ (ÜF), NS: 49/59/69 $ (ÜF); 1 Apt. mit kl. Wohnzi., kl. Küche, Balkon: 92 $ (NS 79 $); 1 Haus m. Küche, 3 Schlafzi. (bis 6 Pers.): 186 $ (NS: 160 $); KK (+6 %).
•**Suizo Loco Lodge** (Tel. 755.0394, Fax 755. 0493, suizolocolodge@racsa.co.cr): in Strandnähe mit Pool, Rest., Bar, Touren, schweiz. Leitung; 8 Zi. mit TV, Minibar, Safe: 55/72 $ (ÜF); 1 Suite mit Whirlpool: DZ 100 $ (ÜF); 2 separate Apt. mit Küche: ab 75/85/90 $ (ÜF); Kinder bis 12 J. gratis; KK (kein Zuschlag).
•**Magellan Inn** (Tel./Fax 755.0035, magellan inn@racsa.co.cr): nette Anlage mit Garten und Pool, nette Bar, Rest.; 6 gepflegte Zi. mit WW, Teppich: DZ 80 $ (ÜF), NS: 69 $ (ÜF); mit AC: 104 $ (ÜF), NS: 92 $ (ÜF); KK.

Restaurants, Bars und Discos

Die Auflistung der Restaurants erfolgt vom Nationalparkeingang nach Norden.
•**Restaurant Kelly Creek:** gemütlich, mit MB, hervorragende spanische Küche (Paella!), à la carte und wechselndes Menü um 10 $.
•**Restaurant/Bar Cahuita Nationalpark:** Direkt am Strand.
•**Restaurant Vista del Mar:** günstige chinesische u.a. Gerichte ab 3 $, gr. Portionen; KK (+7 %).
•**Restaurant Sol y Mar:** nur Frühstück, jedoch reichhaltig.
•**Priscila's Café:** Frühstück und Mittagessen sowie Fastfood.

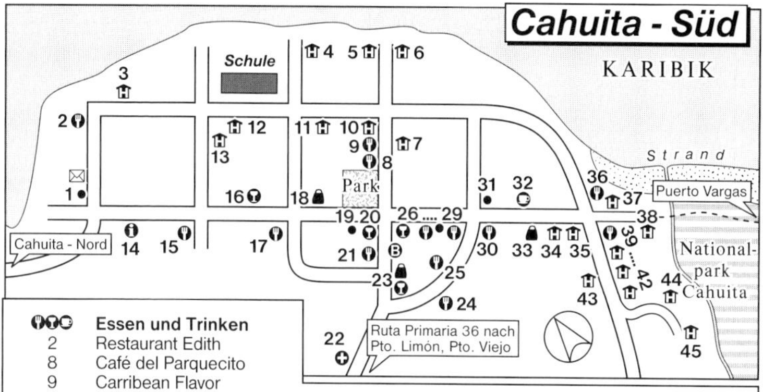

Essen und Trinken

2 Restaurant Edith
8 Café del Parquecito
9 Carribean Flavor
15 Restaurant Cha Cha Cha
16 Bar Hannia
17 Restaurant Palenque Luisa
20 Cocos Bar
21 Restaurant Tio Caymán
23 Bar & Restaurant Billar Vaz
25 Restaurant Tipico Cahuita
26 Ricky's Luna Bar
27 Restaurant & Pizzeria Relax
29 Restaurant Roberto
32 Priscila's Café
36 Restaurant Cahuita N.P.
39 Restaurant Vista del Mar

1 Polizei
14 Cahuita Tours
18 Einkaufen
19 Touristica Cahuita
22 Clínica
28 Roberto Tours
31 Mister Big J
33 Einkaufen

Unterkunft

3 Cabinas Arrecife
4 Cabinas Brisas del Mar
5 Cabinas Jenny
6 Spencer Seaside Lodge
7 Cabinas Palmer
10 Cabinas Safari
11 Cabinas Bocoshanti
12 Hotel/Cabinas Surfside
13 Cabinas Smith
24 Cabinas Honeymoon
30 Cabinas Mina
34 Cabinas Vaz
35 Cabinas/Rest. Sol y Mar
37 Hotel Cahuita Nationalpark
38 Kelly Creek
40 Cabinas Rhode Island
41 Cabinas Atlantic Surf
42 Cabinas Riverside
43 Linda's Secret Garden
44 Bungalows Aché
45 Alby Lodge

• **Restaurant Tipico Cahuita:** Fleisch und Fisch ab 4 $.

• **Restaurant Roberto:** Fisch und Meeresfrüchte, nettes Ambiente, ab 7-22 Uhr; KK.

• **La Soda 100 % Natural** (Tel. 755.0317) Frühstück, Sandwich und Fruchtsalate, tgl. 6.30-16 Uhr.

• **Restaurant & Pizzeria Relax** (im 1.Stock über Ricky's Luna Bar, Tel. 755.0322): gute italienische und internationale Küche, Pasta- und Pizzagerichte ab 4 $, Fisch- und Grillgerichte ab 6 $ (gutes Pfeffersteak!), geöffnet 18 bis 22 Uhr, Mi Ruhetag.

• **Ricky's Luna Bar** (755.0228): Livemusik, geöffnet 13-2.30 Uhr, Mi. Ruhetag, deutsche Leitung.

• **Cocos Bar:** (Tel. 755. 0437) immer noch der Treff in „Cahuita Downtown" (deutschsprachig), Live-Events, frische Fruchtcocktails, geöffnet 12 Uhr bis open end!

• **Restaurant Tio Caymán:** (hinter Cocos Bar, Tel. 755.0133): gr. Auswahl an italienischen und karibischen Spezialitäten ab 4 $: Ceviche, Carpaccio, hausgemachte Pasta, Fisch, Fleisch und Meeresfrüchte, geöffnet 10 bis 1 Uhr.

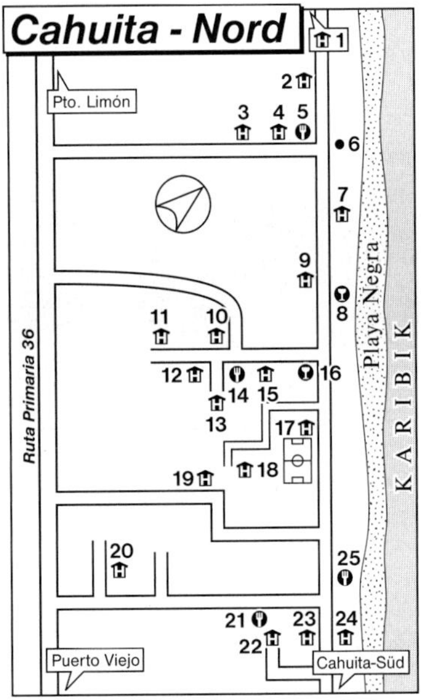

	Hotels
1	Tropicana B&B
2	Cabinas Algebra
3	Suizo Loco Lodge
4	Magellan Inn
7	Cabinas Hibiscus
9	Bungalows Malú
10	Cabinas Mambo
11	Cabinas Nirvana
12	Cabinas Iguana
13	Cabinas Jardin Tropical
15	Casa Brigitte
17	Atlantida Lodge
18	Cabinas Rocalla
19	Cabinas Colibri Paradise
20	Cabinas Margerita
22	Cabinas Tito
23	El Encanto B&B
24	Cabinas Belo Horizonte und Bäckerei
	Restaurants + Bars
5	Restaurant Casa Creole
8	Café Christina
14	Stargate Garden Cafe
16	Reggae Bar
21	Pizzería El Cactus
25	Sobre Las Olas
6	Javier Tours

- **Bar & Restaurant Billar Vaz:** beim Busstop, Billardbar mit Cocktail Night, gutes frittiertes Huhn, 6-24 Uhr.
- **Carribean Flavor:** Frühstück, günstiges Tagesmenue, lokale Küche; KK.
- **Café del Parquecito:** Frühstück, Snacks, Crèpes.
- **Restaurant La Fe:** typisch karib. Spezialitäten, Casado, vegetarische Gerichte ab 4 $, Fisch und Fleisch ab 5 $, 8-22 Uhr, kein Ruhetag.
- **Palenque Luisa:** sehr gute karibisch-kreolische Küche, Fleischgerichte ab 3 $, Fisch ab 4 $.
- **Restaurant Gran Chimu** (Tel. 755.0409): neues peruanisches Lokal, gutes Seafood ab 5 $.
- **Bar Hannia:** nur Getränke und *Bocas.*
- **Restaurant Cha Cha Cha:** gute internat. und französ.-kreolische Küche, Tex-mex und Thai, Pasta ab 5 $, Fischgerichte ab 6 $, Fleisch ab 8 $, Mo Ruhetag.
- **Restaurant Edith:** einf. Lokal, vegetarische und karibische Küche ab 7 $, guter Fisch, Lobster ca. 14 $, gr. Auswahl, oft lange Wartezeit und mäßiger Service.
- **Restaurant Blue Spirit** (siehe Cabinas Blue Spirit, Tel. 755.0122): nettes Lokal mit MB, Barbecue, internationale Gerichte.
- **Bäckerei Belo Horizonte** (siehe Cabinas Belo Horizonte): Frühstück, Sandwiches, karibische Kuchen, frische Obstsäfte.
- **Sobre Las Olas** *(Over the ocean):* tolle Lage direkt am Meer, typ. karibische Küche, leckerer Fisch, Pasta, vegetar. Gerichte, Preise: gehobene Mittelklasse; nach Meinung eines Lesers das beste Restaurant in Cahuita!
- **Pizzería El Cactus:** gute Pizza und Pasta, freundlicher Service.
- **Reggae Bar/Restaurant:** guter Platz, um nach dem Baden ein paar Getränke zu genießen. Donnerstags Livemusik.
- **Stargate Garden Cafe** (Tel. 755.0304): *Renate* serviert Frühstück auf der Terrasse ihres

gemütlichen Hauses. Außerdem bietet sie verschiedene Massagen und Taxi-Service an.
- **Chao's Paradise:** traditionelle karibische Küche, leckere Fisch- und Fleischgerichte um 6 $.
- **Café Christina:** Frühstück (ab 8 Uhr), Tagesmenü ab 3 $.
- **Restaurant Casa Creole** (Tel. 755.0035): gediegenes Rest. (Hauptgericht ab 7 $), Seafood, gute französisch-karibische Küche, nur abends.
- **Restaurant Bananas:** Frühstück und Abendessen (karib. Küche) auf gemütlicher Veranda; cool!

Infos von A bis Z

- **Apotheke:** in Pto. Limón, Medikamente erhältlich im Supermarkt.
- **Büchertausch:** *Mister Big J* und *Carribean Flavour* sowie bei *Cabinas Iguana,* auch deutschsprachige Bände.
- **Einkaufen:** Supermarkt neben Cabinas Vaz, geöffnet tgl. 6.30-20 Uhr sowie am Park (bis 23 Uhr).
- **Internet:** *Spencer Seaside Lodge, Cabinas Palmer, Willie Tours, Casa Brigitte.*
- **Erste Hilfe:** *Clínica* am Ortseingang oder in der Ortschaft Hone Creek (24 Std.).
- **Fahrradverleih:** *Cabinas Nirvana, Brigitte, Carribean Flavour,* neben Spermarkt *Safari* im Hotel Nationalpark und bei den Tourbüros.
- **Geldwechsel:** Die nächsten **Banken** befinden sich in Bribri und Limón. In Cahuita wechseln Cabinas Safari und die beiden Supermärkte.
- **Information:** in den Tourbüros und bei den Hotels, z.B. *Willie's Tours.*
- **Pferdeverleih:** c/o *Brigitte* (Haus zwischen Reggae-Bar und Cabinas Mambo): 3 Std. mit Guide: 25 $, 5-6 Std. 40 $, und Mister Big J.
- **Polizei:** 3 Straßen nordwestlich vom Zentrum.
- **Post:** neben Polizei, Mo-Fr 7.30-18 Uhr, Sa 7.30-12 Uhr.
- **Tankstelle:** Die nächste Tankstelle befindet sich in Penshurt, ca. 9 km Richtung Limón. Im Ort wird Benzin literweise zu überhöhten Preisen verkauft. Also rechtzeitig voll tanken!
- **Taxi:** über *Cabinas Safari,* Supermarkt *Safari* (7550013), sowie *Renate* (Tel. 755.0304 oder 845.2184).
- **Tauchausrüstung:** bei Cabinas Arrecife und Cahuita Tours.
- **Tourbüros:** *Willie's Tours* (Büro gegenüber der Bushaltestelle, Tel. 843.4700, Fax 755. 0267, williestours@hotmail.com): Der Deutsche *Willie* bietet div. Touren an zu günstigen Preisen (z.B. Schnorcheln & Fischen, Rafting, Tortuguero, Bri-Bri-Indianerreservat, Ausflüge nach Panama), geöffnet Mo-Sa 8-20 Uhr. *Cahuita Tours* (Tel. 758.0232, Fax 758.0082): Ausflüge mit Jeep, Bus und Boot (ca. 5 Std., 20 $ p.P., ab 5 Pers. 15 $ p.P.), Bergtouren, Reiten, Schnorcheln u. Tauchen (Verleih v. Ausrüstung). *Roberto Tours* (Tel./Fax 755. 0117): Bootstouren, Tauchen. Außerdem bieten *Touristica Cahuita* und *Mister Big J.* Touren an und vermieten Schnorchelbedarf. *Javier Tours* (Tel. 755.0320): empfehlenswerter einheimischer Führer, spricht Englisch, schöne Dschungeltour zum Wasserfall (35 $), Schnorcheln (15 $), Delfintour (25 $). Ein Leser empfiehlt Touren mit *Ernie* (Tel. 755.0320 oder über Alby Lodge): Schnorcheln: 15 $, Jungle Tour (Indianer, Wasserfall, Frösche, eigenes Fahrzeug erforderlich): 25 $, Fischen: 35 $, Delfine: 30 $.
- **Wäscherei:** gegenüber Supermarkt *Vaz* bei *Mister Big J,* im *Casa Brigitte* sowie neben El Encanto im nördl. Ortsteil (sehr preiswert!).

Busverbindungen

- Die **Abfahrtsstelle** liegt an der Haupteinfahrtstraße ca. 30 m vor dem „Park".
- **San José** (direkt): 7.30, 9.30, 11.30 und 16.30 Uhr, Bus kommt aus Sixaola.

Alternative: Bus nach Limón und umsteigen.
- **Pto. Limón:** 6.30, 7, 8, 8.30, 10, 11, 12, 12.30, 14, 15, 16, 17, 18, 18.30 und 20 Uhr.
- **Pto. Viejo:** ca. 6, 8, 9, 10, 12, 13, 14, 15, 17 , 17.30, 18 und 19 Uhr.
- **Manzanillo:** 7, 11.30, 16 und 19 Uhr.
- **Sixaola** (Grenze Panama): ab 6 Uhr stündlich, Fahrtzeit etwa 2,5 Std., ca. 2 $.

Nationalpark Cahuita

- **Fläche:** 1068 ha (Land), 22.400 ha (Meer)
- **Niederschlag:** 3000 mm/Jahr
- **Gegründet:** 7. Sept. 1970
- **Geöffnet:** tgl. 8-16 Uhr, Sa/So 8-17 Uhr
- **Eintritt:** 6 $, vom Eingang Cahuita nur Spende erwünscht (ca. 1 $)
- **Info:** Tel. 758.3996 oder 755.0268
- **Unterkunft:** Camping am Strand im Sektor Puerto Vargas (300 C. p.P.)

Der zweitälteste Nationalpark des Landes wurde zum Schutz des einzigen voll entwickelten **Korallenriffs** auf der karibischen Seite gegründet. Das etwa 600 ha große Riff hat durch das Erdbeben vom 22.4.1991 schwersten Schaden erlitten und sich um etwa 1 m angehoben. Ein weiteres ernstes Umweltproblem stellt die aus der Landwirtschaft stammende Verschmutzung der Gewässer dar, dessen Ablagerungen die empfindlichen Korallen außerdem nachhaltig schädigen.

Dennoch besuchen immer mehr Erholungssuchende und Naturfreunde die fächerförmige Halbinsel um Punta Cahuita – türkisblaues Meer und 15 km weiße **Strände** mit Kokospalmen sind nun einmal Argumente, die für sich sprechen.

Flora und Fauna im Meeresbereich

Das **Saumriff** besteht aus einem „Randriff" mit Außenkamm und einer Art innerer Lagune, das aus abgestorbenen Korallen geformt und von Sand bedeckt ist; obenauf sitzen lebende Korallen. In der geschützten Riffinnenseite hat sich eine **Seegraswiese** gebildet, das sind untermeerische Flächen des Schildkröten-Grases *(Thalassia testudinum)*. Bis heute wurden im Riff 35 Korallen-Arten, 140 Arten Weichtiere, 44 Arten Krustentiere, 128 Algenarten und 123 Fischarten gezählt. Die häufigsten **Korallenarten** sind die Elchhornkoralle *(Acropora palmata)* und die Hirnkoralle *(Diploria strigosa)*, ferner Korallen der Arten *Poritis poritis, Montastrea cavernosa* (groß) und *Poritis divaricata*. Ebenfalls häufig findet man Seeigel und Seefächer *(Gorgonia flabellum)*.

Das Riff ist ein idealer Lebensraum für **Fische.** Einer der schönsten ist der *pez angel reína (queen angelfish)*, aber auch der französische Engelrochen *(pez angel francés)*, die *isabelita (rock beauty)* und der Blaue Papageienfisch

232cr Foto: dk

(pez loro azul) haben brillante Regenbogen-Farben. Weniger harmlos sind die Barracudas, Streifenrochen, Muränen und drei Arten Haie.

Flora und Fauna an Land

Hier findet man vier Vegetationszonen. Am Cahuita Point ist meist **Sumpfgebiet.** Häufige Baumarten sind *cativo (Prioria copaifera),* Flügelfruchtbaum und *fruta dorada (Virola sebifera).* Im **Mischwald,** der nicht überflutet wird, herrschen *jorco* und Schweinsgummibaum vor. Die **Küstenvegetation** wird geprägt von Kokospalmen und dem Meermandelbaum. Häufig sind die roten Kerzenblüten der *caña agria,* die nur in Salzwassernähe gedeiht.

Häufige **Säugetiere** sind Brüll- und Kapuzineraffen sowie Faultiere. Auch der Krabben fressende Waschbär, Nasenbären und Fischotter finden hier Lebensraum. Im Sumpfgebiet finden sich verschiedene Eisvogelarten, Ibisse und verschiedene Reiherarten. Auch Tukane sind häufig zu sehen.

Wanderung

Ein traumhaft schöner Weg führt um die Halbinsel am Meer entlang vom Ort Cahuita bis zum Eingang Puerto Vargas; Länge 7 km, Gehzeit 2 Std.

Der Weg ist leicht und eben; er verläuft immer in Meernähe, dennoch ist er meist schattig. Nach Regen gibt es einige matschige Abschnitte (Holzstege im Bau), unterwegs muss zweimal ein Fluss durchquert werden (normalerweise max. knietief). Rascheln in den Bäumen könnte auf Affen hinweisen; schwerer zu entdecken sind Faultiere und andere Säuger, dafür sieht man sicher jede Menge Schmetterlin-

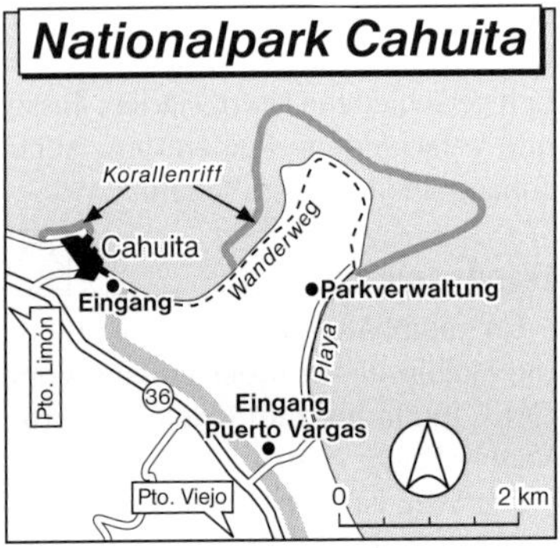

ge, Eidechsen, (kleine) Spinnen und Vögel. An beiden Enden des Weges gibt es Picknicktische und -bänke.

- **Tipp:** Den Bus nach Manzanillo oder Sixaola bis zum Eingang Pto. Vargas nehmen (ca. 4 km). Nach etwa 2 km entlang dem Fahrweg kommt man zum beschriebenen Wanderweg, der im Dorf Cahuita endet.
- **Warnung:** Schwimmen ist im Bereich Pto. Vargas wegen der **Meeresströmung** nicht ungefährlich.

Von Cahuita nach Pto. Viejo

(16 km)

Die Strecke von Cahuita nach Pto. Viejo ist inzwischen durchgehend geteert. 400 m nach der Hauptzufahrt nach Cahuita befinden sich links zwei weitere Unterkünfte:

Unterkünfte

- **Isla del Mono:** 4 luxuriöse Bungalows (bis 4 Pers.), bp (WW), Vent., Korbmöbel; ca. 30/30/35 $.
- **Bungalows Quetzal Jardín:** 3 sehr ordentl. Bungalows (bis 3 Pers.), bp, Vent., Küche, Hängematte, sauber; ca. 40 $ (1-3 P.).

Nach 3,5 km zweigt links die Strecke zum **Nationalparkeingang Pto. Vargas** ab (s.o.: „Nationalpark Cahuita").

- Etwa 5,5 km nach dieser Zufahrt kommt man rechts zum **View Point Resort Hotel** (Tel./Fax 750.0238, mademar@racsa.co.cr): Finca in erhöhter Lage (12 ha), Wanderwege mit schönen Ausblicken, Picknickbänke (Eintritt 2 $), Pool, Gleitschirmstartrampe, freundliches Ehepaar, Rest.service, kinderfreundlich, schweiz. Leitung; 2 Bungalows (bis 4 Pers.) mit Küche, DV, Terasse mit Hängematte: 55/67/79 $; 1 Doppelhaus mit Küche (bis 12 Pers.); KK (+10 %).
- 10,5 km nach Cahuita, bei Hone Creek, führt rechts eine Abzw. zur **Rancho Tranquilo** (Fax 755.0015, tranquilo@direcpc.com): Infos zu biolog. Bananenanbau), schweiz. Leitung; 3 ordentl. Häuser (bis 5 Pers.) in ruhiger Umgebung, bp, Kühlschrank u. Kochgelegenheit, Vent., Hängematte: ca. 25 $/Tag, 120 $/Woche; empfehlenswert, wenn man seine Ruhe haben möchte.
- Kurz darauf zweigt rechts die Zufahrt ab (1,2 km) zur **Samasati Lodge & Nature Retreat** (Tel. 750.0315, Fax 224.5032, samasati @samasati.com): herrliche Lage mit Blick über das Meer, Privatreservat (120 ha), vegetar. Rest., Meditationskurse; Gästehaus mit 5 kl. Zi., bc: 90/138 $ (inkl. VP); 10 stilvolle Bungalows, bp: 162/214/267 $ (inkl. VP); KK (+7 %).

Nach 11 km **teilt sich die Straße:** Nach rechts führt die Teerstraße nach Bribrí und weiter nach Sixaola (siehe Kapitel „Der Süden" unter „Zur Grenze mit Panama"), geradeaus sind es etwa 5 km Teerstraße bis Pto.Viejo.

- Nach 900 m führt rechts eine Zufahrt zur **Iguana Farm:** kleines Aufzuchtprojekt der Kekoldi-Indianergemeinde, Eintritt 1 $, immer offen.

- 3,6 km nach der Abzweigung liegen links die **Cabinas Juanita's Place** (Tel. 750.0279): 500 m zum Strand, Frühstücksservice; 3 Zi. (bis 3 Pers.), bp (KW): DZ 17 $.
- Kurz danach liegt links die **Albergue Azulila** (Tel. 750.0048): 6 ältere Zi., bp, Vent.: EZ/DZ ab 20 $; mit Küche: 70 $ (3 Pers.); Haus für 10 Pers.: 100 $; keine KK.
- 4 km nach der Gabelung, an der Pulpería La Violeta, führt eine Abzw. links nach 400 m zu den **Cabinas Black Sands** (Tel. 750.0124, bsands@racsa.co.cr): älteres Holzhaus in Meernähe, ruhig gelegen; 3 einf. Zi., bp, mit Moskitonetz, Gemeinschaftsküche, einf., aber nett: ca. 12 $ p.P.
- Nebenan befinden sich zwei Ferienhäuser **Magic Moon** (Tel. 750.0115): 25 $/Tag, 150 $/Woche (bis 3 Pers.).
- 200 m weiter liegt das **La Perla Negra Beach Resort** (Tel. 750.0111, Fax 750.0114, hotel@perlanegra-beachresort.com): schöne Lage am Meer, Rest., Bar, Pool, Tennisplatz, Pferdeverleih; 24 recht ordentl. Zi. mit viel Holz, WW, Ventitator, z.T. MB: DZ ca. 55 $ (ÜF), Ostern und Weihnachten: 100 $; KK (VISA, +16 %).

Kurz darauf erreicht die Straße das Meer: Da die Flüsse kohlehaltige Gesteinspartikel aus den Bergen anschwemmen, ist der **Strand** hier **schwarz,** was aber das Badevergnügen nicht einschränkt.

- Am Black Beach liegen die **Cabinas/Restaurant Coco Congo** (Tel. 750.0652): ital. und karibische Küche; 6 Zi., bp: DZ 20 $; KK (ohne Zuschlag); Frühstück ab 2,50 $.
- 4,4 km nach der Abzw. rechts kommt man zu den **Cabinas Maribe:** (Tel. 750.0182), 7 einf. Zi., bp: 11/15/18 $.
- über die gleiche Zufahrt erreicht man links die **Cabinas Playa Negra** (Tel. 750.0063): 4 einf. Zi., bp (WW), Vent.: 33 $ (1-6 Pers.); 4 Häuser mit Küche etc.: 44 $ (1-6 Pers.).
- 4,7 km nach der Abzw. rechts führt ein Weg zur **El Pizote Lodge** (Tel. 750.0088, Fax 750.0226, pizotelg@hotmail.com): schöne Anlage mit parkähnl. Garten, gr. Pool, Rest., leider teuer; gr. Holzhaus mit 8 ordentl. Zi. mit Vent., bc: 52/66/83 $; 6 schöne Bungalows (bis 4 Pers.) mit Du./WC, Vent., Veranda: 70/83/99 $; 4 Luxuszi. mit AC und Küche; 1 Holzhaus (max 6 Pers.): je 93/115/139 $; KK (kein Zuschlag).
- Kurz vor Pto. Viejo liegt rechts das **Hotel Kaya's Place** (Tel. 750.0690, Fax 750.0713, jt@kayasplace.com): Rest., Bar, Radverleih, Wäscheservice; unterschiedl. Zimmerkategorien, z.T mit Küche, oder MB: bc ab 22/31/41 $ (NS: 16/24/33 $); bp: ab $ 35/47/58 $ (NS: 23/35/47); KK (Zuschlag).

Botanischer Garten

Hinter den Cabinas Maribe führt ein Weg (ca. 500 m) zum Botanischen Garten mit einer sehenswerten Sammlung von **Nutz- und Zierpflanzen** auf allen Teilen der Tropen. Geöffnet nur Fr/Sa/So/Mo 10-16 Uhr (sonst mit telefonischer Anmeldung, Tel. 750.0046), Eintritt mit Wanderweg im Regenwald: 5 $, geführte Tour (englisch/spanisch, ca. 1 Std.): 10 $, deutschsprachige Broschüre erhältlich. Infos im Internet: www.greencoast.com/garden.htm.

Puerto Viejo de Talamanca

Viele, denen Cahuita zu „touristisch" war, sind nach Pto. Viejo (nicht zu verwechseln mit Puerto Viejo de Sarapiquí) gekommen – mit der Folge, dass der kleine Ort rund 16 km südöstlich von Cahuita inzwischen stärker von Touristen heimgesucht wird wie sein nördlicher Nachbar. Vor allem **Surfer** kommen in der Trockenzeit (Nov.–April), um die Wellen zu bezwingen. Die legendäre *Salsa Brava* auf der Seite des Restaurants Stanford gilt unter Kennern als anspruchsvoll. Aber auch weiter südlich der Küste sind die Wellen nicht ohne. Zum Baden sollte man die Strände außerhalb der Ortsgrenze wählen, Korallen bieten gute Schnorchelgelegenheit. Für die Fischer des Ortes hat sich das Leben in den letzten fünf Jahren massiv verändert, und manche versuchen, sich auf die neue Einnahmequelle einzustellen. Pto. Viejo im Internet: www.puertoviejo.net.

Unterkünfte

Im Ort gibt es viele Billigunterkünfte, bessere Hotels findet man an der Straße in Richtung Manzanillo. Alle Unterkünfte – sofern nicht anders vermerkt – mit Bad und Ventilator. Reservierungen über ATEC: Fax 750. 0188, atecmail@racsa.co.cr.

●**Hotel Puerto Viejo:** altes Holzhaus mit JH-Charakter, Rest., Campingplatz mit Gem.küche; 55 sehr einf. Zi., bc (WW): 6 $ p.P.; bp (WW): 15/15 $; sowie 25 kl. Holzcab., bc (WW): 6 $ p.P.

●**El Café Rico** (Tel./Fax 750.0510): Rest., brit. Leitung; 2 Zi., bc/bp (WW): DZ ab 15 $.

●**Coconut Grove** (Tel. 750.0093): Frühstückscafé, Wäscheservice, Parkplatz, dt. Leitung; 6 Zi. mit Safe, WW: bc: 10 $ p.P; bp: 15 $ p.P.

*__Cabinas Jacaranda__ (Tel. 750.0069): schöner Garten, Küchenbenutzung, Parkplatz; 9 nette, individuelle Zi., Moskitonetz; bc (WW): 10/15/18 $; bp (WW): 15/20/25 $; KK (+7 %).

●**Hotel Maritza** (Tel. 750.0003, Fax 750. 0313): altes Haus, Rest., jeden Sonntag Live-Band (Calypso), Parkplatz, freundlich; 14 ordentl., z.T. ältere Zi. mit Kühlschrank; bc (WW): 13/15 $; bp (WW): 30/30/35 $; KK.

●**Cabinas Popular** (Tel. 750.0087): einf. aber ordentl.; 9 $ p.P.

●**Hotel Pura Vida** (Tel. 750.0002, Fax 750.0296, hotelpuravida@msn.com): renoviert, Küchenbenutzung schweiz. Leitung; 10 ordentl. Zi., bc: 15/19/24 $; bp 25/25/30 $; KK (kein Zuschlag).

●**Cabinas Grant** (Tel. 750.0292): Rest., Radverleih, 10 ordentl. Zi.; 15/20/30 $; KK (+6 %).

●**Hotel Los Sueños** (Tel. 750.0369, hotellossuenos@hotmail.com): mit Garten und MB, Radverleih, schweiz. Leitung; 4 ordentl. Zi., bc (je 2 Zi., WW), Terrasse: 16/20/24 $; KK (+7 %).

*__Cabinas Casa Verde Lodge__ (Tel. 750.0015, Fax 750.0047, casaverde@racsa.co.cr): beliebte und preiswerte Unterkunft, Parkplatz, Froschgarten, schweiz. Leitung; 7 helle, angenehme Zi., sauber, bc (WW): ab 25/28 $; 9 Zi.,bp (WW): 39/46/67 $; KK + ca. 13 %.

*__Cabinas Yucca__ (Tel. 750.0285, cabinasyucca@racsa.co.cr): kl. Garten am Meer, Parkplatz, dt. Leitung; 1 nettes Zi., bc, Terrasse: DZ 25 $; 4 nette Cab., Veranda mit MB: 20/25 $; 1 Häuschen m. Küche: 40 $ (bis 4 Pers.).

*__Cabinas Tropical__ (Tel./Fax 750.0283, rblancke@racsa.co.cr): ruhige Lage, schöner Garten mit Hängematten, Parkplatz, Besitzer bietet Touren an (s.u.), dt. Leitung; 9 angenehme Zi., bp (WW), Kühlschrank: 25/30/40 $.

*__Coco Loco Lodge__ (Tel./Fax 750.0281, cocoloco@racsa.co.cr): ruhige Lage, Garten, öster. Leitung; 5 nette Holzhäuschen mit Palmdach und Veranda, Frühstück, Hängematte, Moskitonetz, WW: 25/30/35 $; 1 Haus mit Küche: 50 $; KK.

●**Cabinas David** (Tel. 750.0542, Fax 750. 0356, palmetto@racsa.co.cr): dt. Leitung; 7 ordentl. Zi., bp (WW), Balkon: 30/38/43 $; KK +16 %.

●**Cabinas Guarana** (Tel. 750.0244): ruhige Lage, Garten, Gem.küche; Zi., bp (WW), Hängematte: 23/33/40 $.

●**Hotel Los Almendros** (Tel. 750.0235, Fax 750.0728, flchwg@racsa.co.cr): Parkplatz, Wäscheservice; 14 zweckmäßige Zi., bp (WW), TV: 20/40/60 $; mit AC, Kühlschrank, TV: DZ 60 $; KK (ohne Zuschlag).

Restaurants, Bars und Discos

Der Ort bietet eine große Auswahl an Lokalen (von Nord nach Süd):

●**The Place:** vegetar. Gerichte aus ökolog. Anbau ab 5 $, Seafood ab 6 $, tgl. geöffnet 15-21 Uhr.

●**Restaurant/Bar/Disco Jhonny's Place:** beliebter Treffpunkt am Meer, beliebte Disco, tgl. bis in die Morgenstunden.

● **Soda Isma:** klein und gemütlich, gute Fischgerichte und frische Fruchtsäfte.
● **El Loco Natural:** nettes Ambiente, exotische Küche (Jamaica/Indien/Mexico), v.a. vegetarisch, Gerichte ab 5 $, gelegentlich Livemusik, tägl. 18-23 Uhr; empfehlenswert.
● **Café Viejo:** gute Pizza, selbstgemachte Nudelgerichte ab 6 $, Fisch und Fleisch ab 8 $, 18-23 Uhr, Di. Ruhetag; KK (+13 %).
● **Hot Rocks Café:** Ami-Stil: Burger, Steak, Pizza ab 3 $; abends Spielfilme auf Großleinwand.
● **Pizzería El Coral:** nettes Lokal auf einer Veranda; Frühstück und Abendessen: Pizza ab 4 $, Mo. Ruhetag.
● **Bäckerei Momchies:** guter Bäcker *(Mister Patt)*, typ. karibische Backwaren wie Pan Bon und Bananenkuchen, Milchshakes, Frühstück ab 6 Uhr.
● **Pan Pay** (neben Johnny's Place): gutes Frühstück, Baguettes, Snacks.
● **Restaurant/Bar Tamara:** ordentl. einheim. Küche, im OG nette, ruhige Bar (gute Info-Börse).
● **El Parquecito:** Terrasse direkt am Meer, Bar, Rest.; Pizza, Fisch, Meeresfrüchte, 18-20 Uhr Happy Hour, öfters Livemusik, tägl. 7-24 Uhr; empfehlenswert.
● **El Café Rico** (s. Unterkünfte): nettes Lokal, guter Kaffee, Frühstück, Snacks, Dinner.
● **Restaurant/Bar Stanford:** im 1. Stock mit MB: Meeresfrüchte, Fisch; Fr/Sa Disco/Bar.
● **Soda Be Happy:** Snackbar, Tagesessen, preiswert und gut. Tägl. 8-21 Uhr, Di. Ruhetag.
● **Soda Britony:** Fastfood karibischer Art: frittiertes Huhn, Fisch etc.
● **Bar Bambú:** beliebter Treffpunkt, , freitags und montags Reggae-Night, Samstags Disco. Tagsüber Snackbar, direkt am Meer.
● **Restaurant Salsa Brava:** Tagesgericht ab 3 $, Gegrilltes ab 9 $, Mo. Ruhetag.
● **Restaurant Amimodo:** nettes Lokal am Meer, ausgezeichnete Pasta ab 4,50 $, Fleisch- und Fischgerichte ab 9 $, hausgemachte Spezialitäten, z.B. Haifischschinken, Lobster-Ravioli etc.; KK.
● **Lotus Garden** (gegenüber Restaurant Amimodo): chin., thail., jap. Küche, teuer (z.B. Sushi, All-you-can-eat: 14 $).
● Zahlreiche einf. **Sodas** mit einheimischer Küche ab 2,50 $ (Rest. Esmeralda, Soda Lidia, Soda Miss Sam, El Dorado etc.)
● **Weitere Restaurants** an der Straße in Richtung Manzanillo.

Infos von A bis Z

● **Apotheke:** neben der Post/Wäscherei/Licoreria, Medikamente z.T. auch erhältlich im Supermarkt.
● **Erste Hilfe:** Allgemeinärzte neben Restaurant *The Place* (Mo-Fr und Sa Vormittag), das nächste Krankenhaus befindet sich in Bribri (5 km).
● **Internet:** zahlreiche Cafés, u.a. c/o ATEC, im Hotel Puerto Viejo und im Cyber Café (1 Std.: 4 $, Nichtraucher).
● **Geldwechsel:** *Banco de Costa Rica* am Ortseingang. Geldanweisung *(Western Union)* bei *ATEC* oder *Pulpería Manuel Leon.*
● **Information:** *ATEC,* Tel./Fax 750.0188, Mo-Fr 7-21 Uhr (Mi 12-14 Uhr geschl.), Sa 8-12 und 13-21 Uhr, So 8-12 und 16-20 Uhr.
● **Kunsthandel:** *Casa Sistaz* gegenüber Cabinas Guarana, Ausstellung einheim. Künstler.
● **Pferdeverleih:** ca. 600 m Richtung Manzanillo links.
● **Post:** bei *ATEC* und neben Licor Shop.
● **Radverleih:** gegenüber ATEC, neben The Place sowie bei *Cabinas Yucca* und *Cabinas Grant.*
● **Tankstelle:** nächste Tankstelle 27 km Richtung Sixaola, Benzinverkauf im Ort (teuer).
● **Tauchschule:** *Reef Runners Divers* (neben „El Chino" am Meer, Tel./Fax 750.0480).
● **Taxi:** *Bruno* (Tel. 750.0426), *Charlie* (Tel. 750.0112), *Franco* (Tel. 750.0525).
● **Tourveranstalter:**

Bushmaster Expeditions: Der deutsche Biologe und Buchautor *Rolf Blancke* lebt seit vielen Jahren in Costa Rica und bietet fachkundlich geführte Regenwaldtouren und ornithologische Exkursionen in die Umgebung, z.B. in das Reservat Gandoca-Manzanillo oder nach Hitoy Cerere. Infos c/o Cabinas Tropical oder in D. unter Tel. 0861/165906.

ATEC bietet Touren an zu Indianerreservaten, nach Cahuita, Gandoca Manzanillo und Tortuguero.

Terra Aventuras (Tel./Fax 750.0426, terraventuras@hotmail.com): Touren mit klimatisierten Kleinbussen, z.B. Dschungeltour

(30 $), Indianerreservat, Rafting etc.; KK (Barzahlungs-Rabatt).

Weitere Veranstalter: **Puerto Viejo Tours** (neben Bushaltestelle, puertoviejotours@yahoo.com), **Jupi's and Tino's Adventure Tours** (neben der Tauchschule, Tel. 750.0621): Kayaktouren, Schnorchelausrüstung, Seekayaks etc.

Ein Erlebnis ist eine 4-Tages-Tour ins **Privatreservat La Danta Salvaje,** die der (deutschsprachige) Amerikaner **David Vaughan** anbietet. Im Preis von 210 $ p.P. sind die Anfahrt (das 410 ha große Reservat grenzt östlich an den Nationalpark Braulio Carrillo), 3 Übernachtungen in einer rustikalen Urwald-Lodge und Vollpension eingeschlossen. Vor Ort stehen rund 15 km „Wanderwege" zur Verfügung, die z.T. auf Tapirpfaden entlangführen. Um die Belastung durch Menschen gering zu halten, wird nur etwa alle 3 Wochen eine Tour durchgeführt. David wohnt etwa 400 m südlich von Cabinas Yucca, rechts, gegenüber Don Antonio's Pferdevermietung, Tel./Fax 750. 0012, ladanta@racsa.co.cr, Infos auch bei Cabinas Tropical oder im Internet: www.greencoast.com/ladanta/ladantasalvaje.htm.

- **Wäsche-Service:** *Lavanderia Flash* (neben Cabinas Coco Loco): 6 $/Maschine inkl. Trocknen, tgl. 9-17 Uhr, sowie neben der *Licorería Mani,* neben *Soda Isma* sowie in zahlreichen Unterkünften.

Busverbindungen

- **San José** (direkt): 7, 9, 11 und 16 Uhr, sonst über Limón; Fahrzeit 4,5 Std., Preis: ca. 7 $.
- **Limón:** tgl. 5.30, 6, 9, 13, 16, 17 und 17 Uhr.
- **Cahuita:** nach Limón oder San José.
- **Manzanillo:** ca. 7.30, 12, 16.30 u. 19.30 Uhr.
- **Sixaola** (Grenze Panama): ca. 6.30, 8.30, 9.30, 10.30, 12.30, 13.30, 14.30 und 15.30 Uhr (Busse aus San José).

Südlich von Pto. Viejo

Von Pto. Viejo nach Manzanillo sind es noch 13 km Teerstraße, und nur zweimal täglich gibt es eine Busverbindung. Obwohl inzwischen auch entlang dieser Strecke immer mehr Hotels entstehen, gibt es immer noch genug Platz, sich an einem ruhigen Ort zu erholen. Hier eine Auswahl an Restaurants und Unterkünften. Die Entfernungsangaben beziehen sich auf das südliche Ortsende von Pto. Viejo (Rest. Salsa Brava).

Unterkünfte

- **Cabinas Calalú:** (200 m rechts, Tel. 750.0042): Schmetterlingsfarm, Pool; 5 nette Holz-Bungalows: 26/34/42 $; mit Küche: +6 $; KK +10 %.
- **Cabinas Monte Sol** (daneben, Tel./Fax 750. 0098, montesol@rasca.co.cr): ruhige Lage, Touren (z.B. Gandoca-Manzanillo, Bri-Bri-Reservat), dt. Leitung; 8 freundl. Zi., bp (WW), Moskitonetz: DZ ab 20 $; Frühstücksbuffet 5 $; KK (+10 %).
- **Cabinas Kiré** (400 m, Tel. 750.0448): gutes Rest.; 3 Zi., bp (bis 4 Pers.): 20 $, mit Küche: 25/30/35 $.
- **Hotel Escape Caribeño** (400 m rechts, Tel./Fax 750.0103, escapec@racsa.co.cr): schöner Garten, ital. Leitung; 14 ordentl. Häuschen (bis 7 Pers.) m. Kühlschrank, WW, Hängematte: ab 52/58/70 $ (NS -10 $); 4 Holzcab. am Meer unter Palmen: 93 $ (bis 4 Pers.); KK (+6 %).
- **Hotel Casa Blanca** (600 m rechts, Tel./Fax 750.0001, casablanca@racsa.co.cr): Frühstücksservice, Internet; 5 ordentl. Zi, Moskitonetz, DV, bp: 15/20/30 $.
- **Luna Tica** (700 m rechts, Tel. 750.0635): dt. Leitung, 4 nette Holzhäuser im Wald: 30 $ (1-3 Pers.).
- **Casa Colorado** (800 m links, Tel. 750.0601, gyulatours@gmx.net): Touren, Vermietung von Surf- und Schnorchelausrüstung, dt. Lei-

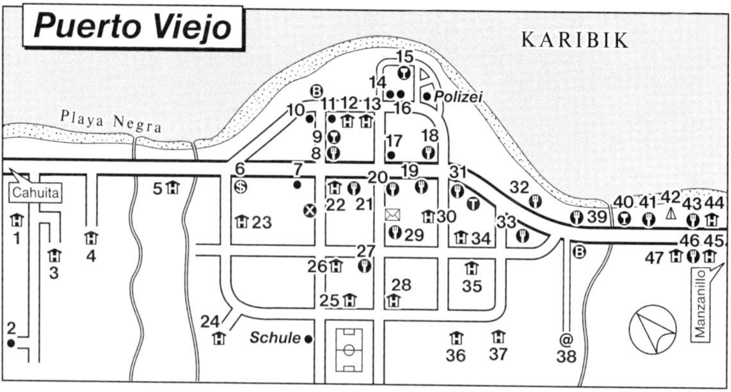

Hotels
1 Cab. Maribe
3 Cab. Playa Negra
4 El Pizote Lodge
5 Hotel Kaya's Place
12 Hotel Maritza
13 Hotel Los Almendros
22 Cab. Grant
23 Hotel Los Sueños
24 Coco Loco Lodge
25 Hotel Pura Vida
26 Cab. Guarana
28 Cab. Jacaranda
30 Hotel Puerto Viejo
34 El Café Rico
35 Cabinas Casa Verde Lodge
36 Cab. Popular
37 Cab. Tropical
44 Cab. Yucca
45 Coconut Grove
47 Cab. David

Restaurants + Bars
8 Loco Natural
9 The Place
15 Jhonny's Place (Disco)
18 Hot Rocks Café
19 Rest.+Bar Tamara
20 Café Viejo
21 Soda Isma
27 Bäckerei Momchies
29 Pizzería El Coral
31 El Parquecito
32 Be Happy
33 Soda Britony
39 Rest./Bar Stanford
40 Bar Bambú
41 Restaurant Salsa Brava
43 Restaurant Amimodo
46 Restaurant Lotus Garden

2 Botan. Garten
6 Banco de Costa Rica
7 Terra Aventuras
10 Pulpería Manuel Leon
11 Bike Shop
14 Pau Pay
16 Terra Aventuras
17 ATEC
38 Cyber Café
42 Camping

tung; 2 Apt. (bis 4 Pers.) mit Küche, bp (WW), Moskitonetz, MB: 25/35/45 $.

●**Cabinas El Tesoro** (1,3 km rechts, Tel. 750.0128, Fax 750.0756, cabinaseltesoro@puertoviejo.net): Rest., Bar (Mi Livemusik), Küchenbenutzung, ital. Leitung; 11 Zi. (bis 6 Pers.); bc: 9 $ p.P.; bp: ab 10/15 $ p.P.

●**La Isla Inn** (1,6 km rechts, Tel./Fax 750.0109, islainn@racsa.co.cr): schöne Anlage am Meer, 2 rustikale Holzhäuser, Bar, dt. Leitung: 4 ordentl. Zi., bp, DV, MB: 46/64/81 $ (ÜF), NS: 35/46/64 $; 6 Zi. mit AC: 70/93/116 $ (ÜF), NS: 46/70/93 $; 1 Apt. mit Küche, AC (bis 4 Pers.): 104/104/122 $ (ÜF), NS: 81/81/104 $; KK (+7 %).

●**Cabinas Beach Break** (neben La Isla Inn, Tel. 750.0326): Surfschule und -vermietung, Frühstück, Snacks, schweiz. Leitung; 5 Zi. mit MB: 40/50 $ (NS -10 $).

***Cariblue Hotel** (1,8 km rechts, Tel. 750.0035, Fax 750.0057, in D: Tel. 0861/165906, cariblue@racsa.co.cr): nette Anlage mit Gar-

238cr Foto: dk

ten, Rest., Pool, ital. Leitung; 16 nette Zi., bp: 87/87/105 $ (ÜF); gemütliche Bungalows mit Veranda: 105/105/122 $ (ÜF) (NS -10 $); KK.

*__Azánia Bungalows__ (1,9 km rechts, Tel. 750. 0540, Fax 750.0371, in D: Tel. 0861/165906, info@azania-costarica.com): Rest., Bar, Pool; 8 schöne Bungalows (bis 4 Pers.), bp (WW), Kühlschrank, Terrasse: 64/76/87 $ (ÜF); NS: 52/64/76 $ (ÜF).

●**La Costa del Papito** (2,2 km rechts, Tel./ Fax 750.0080, costapapito@yahoo.com): schöner Garten, Bar, US-Leitung; 10 nette Holzhäuser (bis 4 Pers.), bp (WW), Veranda, Hängematte: ab 41/46/54 $, (NS -9 $); KK +17 %!

*__Cabinas Río Cocles,__ (2,4 Km links, Tel. 750. 0847, Fax 750.0142, info@riococles.com): nette Anlage mit Garten am Meer, dt. Leitung, 4 ordentl. Zi., bp (WW), DV: DZ 30 $; 1 geräumiger Bungalow mit Veranda (2 weitere geplant): 60 $; 1 Apt. mit 2 Schlafzi. (bis 4 Pers.): 75 $; Frühstück: 5 $; keine KK.

Ab der Brücke über den Río Cocles beginnt der „Ortsteil" **Cocles** und nominell bereits das Tierschutzgebiet Gandoca Manzanillo. Die schönen **Strände** dieser Region (Playa Cocles, Playa Chiquita und Playa Uva) sind zumindest während der Woche wenig frequentiert. Beim Schwimmen sollte man wegen der teilweise gefährlichen Strömungen vorsichtig sein, zum Surfen gibt es gute Wellen.

Postkartenidylle bei Manzanillo

Unterkünfte & Restaurants

●**Hotel Yaré** (3,3 km rechts, Tel. 750.0420, Fax 750.0106, hotelyare@tutopia.com): nette Anlage mit Garten, Rest., recht einf. Zi.: ab 41/41/53 $; Apt. mit Küche (bis 4 Pers.): DZ 70 $; Zusatzperson: 12 $, KK.

●**Casa Camarona Lodge** (3,3 km links, Tel. 750.0151, Fax 750.0210, Büro: Tel. 283.6711, casacamarona@casacamarona.co.cr): am Meer mit Garten, Rest. (8/13/13 $), Bar; 20 ordentl. Zi., Vent., Safe: 69/69/87 $ (ÜF); AC: +15 $; KK.

●**Restaurant La Pecora Negra** (5,4 km rechts): gutes italienisches Rest..

●**Restaurant El Rinconcito Peruano** (3,4 km links): peruan. Küche, Fisch und Meeresfrüchte.

●**Cabinas Olé Caribe** (3,6 km rechts, 300 m, Tel. 750.9455): ruhige Lage, einf. aber nett; 8 Zi. mit Kühlschrank, bp: ca. 15/22/22 $.

●**Hotel Villas del Caribe** (4,1 km links, Tel. 750.0202, Büro: 233.2200, Fax 221.2801, info@villasdelcaribe.com): 12 Luxus-Apt. am Meer (bis 6 Pers.) auf 2 Etagen mit Du./WC, Küche, Balkon, MB: DZ 92 $ (ÜF).

●**Cabinas Sloth Club** (4,2 km links, Tel. 750.0358): kanad. Leitung, 2 sehr einf., rustikale Häuser, bp: ca. 44 $ (2 Pers.); mit Küche: 300 $/Monat.

●**Aguas Claras Cottages** (4,4 km links, Tel. 750.0131, Fax 256.0368, aguasclaras@racsa.co.cr): 5 stilvolle Holz-Cottages (bis 8 Pers.) mit gr. Küche, Wohnzi., bp, Vent., Balkon; DZ 60 $; Haus mit 2 Schlafzimmer ab 120 $; 3 Schlafzi. 180 $.

●**Hotel Punta Cocles** (4,9 km rechts, Tel. 750.0117, Fax 750.0043, reservations@hotelpuntacocles.com): gr. Anlage im Regenwald mit Rest.(7/13/13 $), Bar, Pool, Wanderwege, ca. 800 m zu schönem Sandstrand; 30 Häuser mit je 2 Zi., bp (WW), AC: 76 $ (bis 4 Pers.), NS: 70 $; mit Küche: 122 $ (1-6 Pers.), NS: 116 $.

●**Kashá Hotel** (5,2 km rechts, Tel. 750.0555, Tel./Fax 750.0205, reservations@costaricahotelkasha.com): ruhige Lage, Rest., Bar; 14 nette Zi., bp (WW), Vent., Balkon, Hängematte: 73/81/104 $ (ÜF); NS: 68/76/99 $ (ÜF); KK (+5 %).

●**Miraflores Lodge B&B** (5,4 km rechts, Tel./Fax 750.0038, mirafloreslodge@yahoo.com): ruhige Lage in Heliconiengarten, Rest.service; 10 einf., angenehme Zi., sauber, gut ventiliert: ab 35/47/58 $ (ÜF); Suite mit kl. Küche: DZ 76 $ (ÜF); Schlafraum: 10 $ p.P. (ÜF); KK (+10 %).

●**Restaurant El Duende Feliz** (5,5 km rechts): nettes zweist. Haus, gute italienische Küche.

●**Playa Chiquita Lodge** (5,7 km links, Tel. 750.0408, Fax 750.0062, info@playachiquitalodge.com): ruhige Lage, Garten, 200 m zum Strand, Rest. (7/7/12 $), dt. Leitung; 8 ordentliche Zi. (bis 4 Pers.), bp (WW), Veranda: 44/55/70 $ (ÜF), NS -25 %; 3 Häuser mit Küche: 69 $ (1-4 Pers.); KK (+6 %).

●**Shawandha Lodge** (5,7 km rechts, Tel. 750.0018, Fax 750.0037, info@shawandhalodge.com): gr. Anlage mit Rest., Garten, frz. Leitung; 10 komfortable Holz-Bungalows im Wald mit Bad, Terrasse, Hängematte, schön aber teuer: 105/105/128 $ (ÜF), NS: 87/87/111 $ (ÜF); KK.

●**Cabinas/Restaurant Selvin's** (6,9 km links): 100 m zum Strand, Rest. Mo/Di geschlossen; 8 einf. Zi. mit Moskitonetz, bc: EZ/DZ 7,50 $.

●**Cabinas Casa Angela** (8 km links, 500 m in Punta Uva, Tel./Fax 759.9092): schweiz. Leitung; 2 Zi., bc: DZ 11/18 $; 2 Apt. (bis 6 Pers.) mit Küche, bp: 10 $ p.P.

●**Hotel Suerre Caribean Beach** (8,6 km Abzw. links, 400 m, Tel. 759.9091, Fax 759.9076, caribe@suerre.com): am Meer mit Pool, Tennisplatz, Rest. (10/15/15 $); 40 Zi. mit AC, Kühlschrank, TV: 76/87/99 $; KK.

●**Minotel Las Palmas Beach Hotel** (8,6 km Abzw. links, 1 km, Tel. 759.9090, Fax 759.9222, info@laspalmashotel.com): am Meer mit Rest., Bar, Pool, Tennisplatz; 30 Zi. mit MB, AC, Kabel-TV, Kühlschrank: 70/99/122 $ (ÜF); 9 Junior-Suiten mit Balkon: DZ 145 $ (ÜF); KK (kein Zuschlag).

*__Almonds & Corals Lodge Tent Camp__ (ca. 10,5 km Abzw. links; Tel./Fax 759.9057, Büro: Tel. 272.2024, Fax 272.2220, almonds@racsa.co.cr): schöne Lage im Urwald, ca. 500 m zum Meer, Rest. (Mittagessen 18,50 $), Rad- und Schnorchelverleih, Canopy; 25 offene Holzhäuser mit Zelten (mit Betten, Vent., Hängematte, bp, WW): 100/150/200 $ inkl. HP; KK.

Manzanillo

13 km nach Pto. Viejo endet die Straße in dem keinen Fischerdorf, das bisher vom Tourismus noch kaum erfasst wurde. Es liegt mitten im **Reservat Gandoca-Manzanillo.** Von hier kann man schöne Spaziergänge am Meer unternehmen.

Unterkünfte & Restaurants

●**Cabinas/Restaurant Manzanillo** (am Ortseingang rechts, Tel./Fax 759.9033): Fisch und Meeresfrüchte ab 5 $; 8 Zi., bp (WW) Vent., TV: DZ 25 $; KK (+10 %).

●**Cabinas Las Veraneras** (Ortseingang rechts, Tel. 759.9050, 759.9021): Rest., Radverleih, Wäscheservice, ca. 200 m zum Meer; 13 Zi., bp (WW): 10/17 $; 1 Cab. mit Küche, TV für 5 Pers.: 55 $; keine KK.

●**Restaurant/Cabinas Maxi:** gute Fischgerichte ab 5 $; 5 einf. Zi., bp: 40 $ (1-4 Pers.); KK (+16 %).

- **Cabinas Pangea** (hinter Aquamor): ital. Leitung, 3 ordentl. Zi., bp (WW): 27/37 $ (ÜF).
- **Cabinas Something Different** (neben Pangea, Tel. 759.9014, Fax 759.9097): 10 Zi., bp (WW), TV, z.T. AC: 20/35/40 $.
- **Cabinas Villa Paradiso** (Tel./Fax 750.0322, palmetto@racsa.co.cr): nette Unterkunft, Rest., Gem.küche, schweiz. Leitung; 8 Zi., bp (WW): 25/30 $.

Infos von A bis Z

- **Ausflüge:** *Aquamor* (s.u.) bietet Bootstouren zur Delphinbeobachtung (Wahrscheinlichkeit 95 %): ca. 3 Std., 35 $.
- **Pferdeverleih:** Ortsmitte am Meer, 4 $/Std.
- **Touren:** *MANT* (Ortseingang links, gelbes Haus, Tel. 759.9064, guiasmant@yahoo.com): einheimische Tour guides bieten Touren an 2 Personen (Preise ab 25 $).
- **Wassersport:** Aquamor (Tel. 391.3417, aquamor1@racsa.co.cr): Tauchschule, Sea-Kajaks (6 $/Std.), Schnorchel- und Tauchausrüstung, Surfboards (auch Unterricht).

Busverbindung

- tgl. 5, 8.30, 13.15 und 17.15 Uhr über Pto. Viejo nach Limón.

Nationales Tierschutzgebiet Gandoca-Manzanillo

(Refugio de Vida Silvestre)

- **Fläche:** 9449 ha
- **Höhe:** Meeresniveau
- **Gegründet:** 29.10.1985
- derzeit **kein Eintritt,** einziger Posten im Sektor Gandoca
- **Übernachtung:** Campingmöglichkeit beim Gandoca-Posten
- **Anfahrt:** über Pto. Viejo nach Manzanillo oder über Bribrí Richtung Sixaola, in Daytona Abzw. links nach Gandoca

Die letzten 9 km Küste vor der Grenze zu Panama wurden, zusammen mit einem guten Stück Hinterland, zum Schutzgebiet erklärt, um die einzige natürliche **Mangroven-Muschelbank** der Korallenriff-Zone zu schützen. Das Schutzgebiet beginnt beim Río Cocles, umfasst die Ortschaften Manzanillo und Gandoca und reicht bis zur Grenze nach Panama. Zahlreiche Arten von Meeresbewohnern leben in diesem **Korallenriff,** in einem kleinen See gibt es sogar Süßwasserfische. Hier kommen auch Meeresschildkröten an die Strände zur Eiablage. Die riesigen Lederschildköten sind v.a. im April hier anzutreffen. Zum Schutzgebiet gehören auch einige Flecken wertvollen **Primärwaldes** (trop. Feuchtwald), einem der wenigen Überbleibsel der früher hier heimischen Küstenwälder, mit einer großen Vielfalt an Pflanzen- und Tierarten (u.a. Tapire und etwa 350 Vogelarten).

Zur Grenze mit Panama

Im äußersten Südosten des Landes gibt es praktisch **keinen Tourismus,** nur wenige Besucher verirren sich in diese Gegend, meist auf dem Weg ins Nachbarland Panama. Ursprünglich war diese Region Indianergebiet, und auch heute noch gibt es an den Hängen der Talamanca-Kordillere mehrere **Indianerreservate.** Der einst hier wuchernde Regenwald wurde für ausgedehnte **Bananenplantagen** gerodet, und so sind die Bananenfirmen auch hier der wichtigste Arbeitgeber.

8,5 km nach der Abzweigung nach Pto. Viejo erreicht man den Ort **Bribrí,** der als „Hauptstadt" des über 3000 km² großen Kantons Talamanca fun-

240cr Foto: dk

giert. Hier gibt es eine **Filiale der Banco Nacional** und einige Taxis. Im Ort werden Wandertouren angeboten zu einem schönen Wasserfall.

Unterkunft & Restaurant

- **Cabinas/Restaurant El Mango** (Tel. 758. 3353): Am Ortseingang rechts, 12 schlichte Zi., bp, Vent.; DZ ca. 10 $.

Am Ortseingang links zweigt eine geteerte **Straße** ab, die **nach Sixaola** führt (33 km). Die Fahrt geht durch ausgedehnte Bananenplantagen, vorbei an den tristen Siedlungen der Arbeiter. 13 km hinter Bribrí befindet sich die **einzige Tankstelle der Umgebung.** In **Daytona** führt eine Abzweigung links nach Gandoca im Tierschutzgebiet Gandoca-Manzanillo (Campingmöglichkeit). Am Ortsanfang von **Sixaola** gibt es einen Kontrollposten der Polizei.

Brücke über den Río Sixaola, die Grenze zu Panama

Sixaola ist eine hässliche Grenzsiedlung, die nichts touristisch Interessantes zu bieten hat – wer sich nicht auf dem Weg von oder nach Panama befindet, kann den Abstecher hierher getrost sparen.

Unterkünfte

Einfache Zimmer mit Bad (DZ um 8 $) bieten: **Hotel Imperio** (links neben Kontrollposten), **Nuevo Hotel Siquirreño** (1,3 km nach Polizeikontrolle, links neben Fahrradwerkstatt) und **Cabinas Sanchez** (gegenüber Hotel Siquirreño auf der anderen Seite der Bahngleise, vorbei an Bar Latico).

Busverbindungen

- **San José** (direkt): 5, 7.30, 9.30 und 14.30 Uhr, Fahrzeit ca. 5 Std., Preis: ca. 7 $; sonst über Limón; **Limón:** 10, 13, 15 und 17 Uhr.

520cr Foto: dk

Abstecher nach Panama

Eine große Stahlbrücke über den Río Sixaola bildet die Grenze zum Nachbarstaat Panama. Wer genügend Zeit und Unternehmungsgeist mitbringt, kann eine Rundreise durch den Nordwesten Panamas machen. Zunächst geht es mit dem Bus über Changuinola bis Almirante, von dort per Bus nach David (ca. 3,5 Std., Fahrpreis: ca. 7 $) und weiter nach Paso Canoas (ca. 1 Std., Fahrpreis: ca. 1,50 $), wo man wieder in den Süden Costa Ricas einreisen kann (weitere Infos im Kapitel „Der Süden").

Achtung: Wer einen Abstecher nach Panama plant, muss unbedingt sein Flugticket mitnehmen, da ihm u.U. die Wiedereinreise ohne Nachweis der Rückreise verweigert wird! Es gibt täglich eine direkte Busverbindung von San José nach Changuinola. Die Grenze ist tgl. geöffnet von 8-17 Uhr, mittags geschlossen.

Abstecher zu den Koralleninseln von Bocas del Toro

Längst kein Geheimtipp mehr ist der Abstecher über die Grenze nach Panama zur **Inselwelt von Bocas del Toro:** Traumhafte Korallenriffs, schöne Strände und günstige Unterkunftsmöglichkeiten sind handfeste Argumente für diesen Ausflug der inzwischen auch von Reisebüros in Pto. Viejo angeboten wird, problemlos auch selbst organisiert werden kann: Vom Grenzort Sixaola verkehren Busse über Changuinola nach Almirante, wo man per Wassertaxi (ca. 5 $) über eine Salzwasserlagune nach Bocas del Toro auf der Isla Colón gelangt. Von dort aus werden Bootsausflüge zu herrlichen Schnorchel- und Tauchrevieren angeboten. Noch schöner ist es auf der Nachbarinsel **Isla Bastimentos,** wo man z.B. im Corral Key in glasklarem Wasser schnorcheln kann.

Unterkünfte:

- **Hotel Hipocampo** (Anfang der Hauptstr., Tel./Fax 757.9261): einf., ordentl. Unterkunft, Zi., bp: DZ mit AC ab 20 $.
- **Hotel Laguna** (an der Hauptstraße, Tel. 757.9091, Fax 757.9092, hlaguna@cwp.net.pa): zentrale Lage, mäßiges Rest., Pool; ordentl./rustikale Zi. mit AC, bp: 58/58/68 $; KK.
- **Hotel Swan's Cay** (hinter dem Hauptplatz, Tel. 757.9090, Fax 757.9027, swanscayisla@cwp.net.pa): bestes Hotel am Ort, mit Rest. und Pool, Zi. mit AC, TV: ab 55/55/50 $ p.P./HP; KK.

...außerdem zahlreiche einf. Unterkünfte im ganzen Ort, z.B.:

- **Hospedaje Bastimentos** (Isla Bastimentos): Rest., Zi., bp (WW): ca. 10 $ p.P.
- **Beverly's Hill:** schöne Unterkunft in trop. Garten, dt. Leitung; DZ ab 15 $.

Die nördliche Karibikküste

Von Limón nach Moín

Auch die Küste nördlich von Limón wurde durch das **Erdbeben** von 1991 schwer in Mitleidenschaft gezogen, durch die Anhebung des Korallenriffs aus dem Meer gibt es heute hier praktisch **keine Badestrände** mehr. Die Hotels an diesem Abschnitt sind dann weniger für ausländische Touristen interessant, aber vor allem am Wochende kommen viele Ticos aus dem Hochland hierher. Nach etwa 7 km kommt man nach Moín, kurz darauf mündet die Straße in die Hauptstrecke Limón - San José.

Unterkünfte & Restaurants

- 3,5 km rechts: **Hotel Maribu Caribe** (Tel. 795.4010, Fax 795.3541, Büro: Tel. 253.1838, Fax 234.0193, maribu@racsa.co.cr), Rest., Bar, Pool; 17 Häuser mit insgesamt 56 ordentl. Zi., bp (WW), AC: 79/91/102 $; NS 70/77/91 $; KK.
- 4,2 km links: **Hotel Matama** (Tel. 758.1123, Fax 758.4499): schöne Anlage unter trop. Bäumen mit Rest., Bar, Pool; 2 Häuser mit 16 ordentl. Zi. (bis 6 Pers.), bp (WW), AC, TV und Tel.: ab 49/49/66 $ (ÜF); NS -12 $.
- Gegenüber liegt das **Apartotel Cocori** (Tel. 758.2930): Rest. mit MB, Bar; 22 Zi., bp (WW), Vent.: ca. 20/22 $; mit AC: ca. 26/28/31 $; KK.
- Etwas weiter links: **Cabinas Playa Bonita** (Tel. 795.3090, Fax 798.3612) : 7 ordentl. Zi., bp, AC: ca. 22/30/36 $; KK.

4,6 km nach Limón führt eine Abzweigung rechts zur **Playa Bonita:** ein kleiner, wenig aufregender Sandstrand mit einfachen Restaurants. Kurz danach liegt rechts der kleine Fischerhafen **Portete.** Nach weiteren 6,5 km kommt man zu einem **Aussichtspunkt** mit Blick auf die Hafenanlage von Moín und die Küste nach Norden.

Moín

Moín wäre nur ein kleines, unbedeutendes Dorf, wäre da nicht der **neue Containerhafen,** in dem vier riesige Containerschiffe gleichzeitig abgefertigt werden können - mehr als in irgendeinem anderen Hafen des Landes. Auch für Touristen hat der Ort Bedeutung: Hier beginnt das weitverzweigte **Kanalsystem der nördlichen Karibikküste,** und so ist Moín Ausgangspunkt für Bootsausflüge in den Nationalpark Tortuguero.

Verkehrsverbindungen

- Mit Taxi oder Bus ab Limón.
- Mit PKW aus San José ca. 5 km vor Limón Abzw. links.

Unterkünfte & Restaurants

- **Cabinas Chita** (400 m nach Brücke rechts), 7 sehr einf. Zi. mit Du./WC, ca. 8,50/8,50 $.
- **Hotel/Restaurant Moín Caribe** (nach Aussichtspunkt links, Tel./Fax 758.1112): 15 einf. Zi. m. Du/WC, TV: ca. 16/20/23 $ (beide Unterkünfte liegen etwa 600 m vom Bootsanleger entfernt).
- **Cabinas Colón** (am Kanal), sauber, Zi. mit Du/WC ca. 5 $ p.P.
- Nach der Brücke kommt man nach einigen Km zu den **Cabinas Tortuga Relax** (Tel. 758.5000, Fax 758.5100): schöne Lage direkt am Kanal, Motorboote (nach Tortuguero: ca. 22 $/4 Pers.); 3 rustikale Holzcab., bc: ca. 7 $ p.P.; 1 Zi., bp: ca. 18 $.

Im Boot nach Tortuguero

Eine Fahrt durch die natürlichen **Kanäle** ist ein großartiges Erlebnis, das nicht erst im Tortuguero-Nationalpark beginnt. Schon vorher kann man zahlreiche Reiher und andere Wasservögel sehen, manchmal bekommt man auch Affen, Leguane, Tukane und vielleicht sogar ein Krokodil zu Gesicht. Je nach der Niederschlagsmenge der letzten Tage kann es vorkommen, dass die Boote wegen niedrigem Wasserstand auf Grund laufen - keine Sorge, die Bootsführer kennen das Problem und wissen sich zu „befreien".

Nach dem Erdbeben 1991 wurde der **reguläre Fährverkehr ab Moín eingestellt,** da die Fährschiffe danach die Kanäle nicht mehr befahren konnten. Sie müssen also eine **Tour buchen** oder ein **Boot mieten.** Die Fahrzeit durch die Kanäle nach Tortuguero/Dorf beträgt etwa 3-4 Std., Fahrtstrecke ca. 77 km - eine Tagestour ist daher nicht empfehlenswert. Eine denkbare Kombination wäre auch die Anreise per Boot und die Rückreise nach San José mit dem Flugzeug. Da die Bootsfahrt an sich ein Erlebnis darstellt, ist Hin- und Rückreise per Flugzeug nicht empfehlenswert.

Touren nach Tortuguero inkl. Übernachtung bieten praktisch alle Reiseveranstalter an, meist ab San José.

Bei den **Ausflugspaketen** der Lodges ist der Transfer ab/bis San José inklusive. Zunächst geht es mit einem Bus über Guápiles nach Siquirres und dann weiter zu einem der Bootsanleger (z.B. Caño Blanco, Matina u.a.).

Wer **individuell** anreist, hat zwei Möglichkeiten: mit öffentlichem Bus nach Pto. Limón und per Taxi nach Moín und per Bus nach Cariari und von dort weiter nach La Gueest/Casa Verde (neue Bushaltestelle) oder nach La Pavona (alte Bushaltestelle). Diese Alternative ist schneller und von der Bootsfahrt her kürzer. Eine gute Idee ist daher die Anreise über Moín und die Rückfahrt über Cariari.

•**Tipp:** Regenschutz mitnehmen und überflüssiges Gepäck vermeiden!

Tourveranstalter

- Ein günstigster Anbieter vor Ort ist **Ecole Travel** (San José, C.7/Av.C.-1, in 7th Street Books, Tel. 223.7425), allerdings oft gr. Gruppen und sehr einf. Unterkünfte.
- **Jungle Tom Safari** (Tel. 280.0243) bietet Transfers von San José nach Tortuguero: Hinfahrt tgl. ca. 6 Uhr, Rückfahrt ca. 14 Uhr. Kosten: 60 $ (hin & zurück).
- **Laura's Tropical Tours** in Limón (Tel. 758. 2535) bietet Bootstouren nach Tortuguero und holt wieder ab.
- Attraktive Ausflugpakete mit der deutschen Biologin *Barbara Hartung* (Tel. 842.6561) ab 139 $ p.P. bietet der deutsche Spezialveranstalter **Costa Rica Reisedienst** (Tel. 0861. 165906).
- In La Gueest (bei Cariari) gibt es einen Veranstalter, der einen Bootstransfer nach Tortuguero anbietet: **Ruben Arragon** (bekannt als „Bananero"). In La Pavona bietet **Leo Bustos** Bootstransfers nach Tortuguero an.
- Wer sich **vor Ort ein Boot mieten** möchte, sollte früh in Moín sein (7 Uhr), um mit anderen Reisewilligen gemeinsam ein Boot zu chartern; manchmal fahren die Boote jedoch erst gegen 9.30/10 Uhr. Zahlreiche Bootsbesitzer bieten zweitägige Touren an, Preis ca. 50–60 $ p.P., mindestens 120 $. Wenn man Glück hat, bekommt man Platz auf einem Boot, das bereits andere Touristen befördert. Hier muss man etwa mit 30 $ (einf.) bzw. 50 $ (hin & zurück) rechnen. Anfragen z.B. an Sébastian Torres (Tel. 828.4787).

Parismina

Nach ca. 47 km Bootsfahrt erreicht man die Ortschaft Parismina an der Mündung des Río Reventazón, der hier Río Parismina heißt. Parismina ist neben Barra del Colorado der wichtigste Stützpunkt für **Sportfischerei** an der Karibikküste.

Einige Kilometer nördlich ist der Südeingang des Tortuguero-Nationalparks (Joluva).

Unterkünfte

- **Soda Iguana Verde** (im Dorf Parismina, Tel. 798.1494, nach Vickey oder Rick fragen): einf. Zi., Kaltwasser: 7 $ p.P.
- Ansonsten gibt es nur extrem teuere Lodges für „Sportfischer“: **Río Parismina Lodge** (Tel. 236.0348, Fax 222.8429, fish@riop.com) und **Jungle Tarpon Lodge** (Tel. San José 257.3553, Fax 222.1760).

Nationalpark Tortuguero

- **Fläche:** 18.947 ha (Land), 52.265 ha (Meer)
- **Höhe:** Meeresniveau bis 334 m
- **Niederschlag:** 5000 bis 6000 mm/Jahr
- **Geöffnet:** tgl. 5-18 Uhr
- **Eintritt:** 7 $, 3 Tage: 10 $
- **Info:** Tel. 710.2929
- **Übernachtung:** im Dorf Tortuguero, Campingmöglichkeit bei der Hauptverwaltung (nicht empfehlenswert: Regen, Schlangen)
- **Anreise:** nur per Boot von Süden (Eingang Joluva) oder von Norden (Nationalparkverwaltung im Dorf Tortuguero)

Der Nationalpark wurde zum Schutz der Eiablageplätze von Meeresschildkröten, von denen sich auch der Name ableitet (*tortuga* = „Schildkröte“), gegründet. Dieser 36 km lange Küstenabschnitt gilt als **wichtigste Brutstelle der grünen Meeresschildkröte in der ganzen Karibik,** aber auch die riesige Leder- und die Karettschildkröte gehen hier an Land.

Ein natürliches System von schiffbaren **Kanälen und Lagunen** mit einer einzigartigen Flora und Fauna durchzieht den Park von Südost nach Nordwest. Dieser Naturraum gilt als eines der Gebiete mit der größten biologischen Vielfalt, aber auch als eine der regenreichsten Regionen des Landes: Kurze, aber heftige Wolkenbrüche sind nichts Ungewöhnliches, gelegentlich treten auch Unwetter auf, die bis zu 14 Tage dauern können.

Flora und Fauna

Man unterscheidet 11 verschiedene Naturräume, u.a. Hügelwald, Sumpfwald und Küstenvegetation. Die häufigsten **Baumarten** Blutsbaum *(Pterocarpus officinales),* Gavilan *(Pentaclethra macroloba, Mimose),* Wasserkastanie *(Pachira aquatica),* Cativo *(Prioria copaifera),* Waldmandelbaum *(Dipteryx panamensis)* und Sandbüchsenbaum *(Hura crepitans)* sowie die Yolli-la-Palme *(Raphia taedigrada),* die ganze Wälder bildet. An den Uferbereichen der Kanäle schwimmen Wasserhyazinthen mit ihren violetten Kerzenblüten.

An **Säugetieren** kann man u.a. verschiedene Affenarten, Fischotter und Fledermäuse beobachten, z.B. die Hasenmaul-Fledermaus, die sich vorwiegend von Fischen ernährt, die sie im Flug aus dem Wasser greift.

Insgesamt 309 Arten von **Vögeln** sind bislang gesichtet worden, u.a. der vom Aussterben bedrohte Grüne Ara, dessen Hauptnahrung der Waldmandelbaum ist.

An Amphibien zählt man bisher 39 Arten, u.a. den Glasfrosch, dessen innere Organe durch die transparente Haut sichtbar sind, Pfeilgiftfrösche und den Ochsenfrosch. Neben zehn Arten von Schildkröten kommen als weitere **Reptilien** Krokodile, Kaimane, Basilisken und Schlangen vor.

Bootstouren

Eine Bootsfahrt auf den Kanälen ist immer wieder ein beeindruckendes Erlebnis, bei dem man mit etwas Glück und einem wachsamen Auge auch die verschiedensten Tierarten zu sehen bekommt. Auch eingefleischte Individualisten sind gut beraten, wenn sie an einer **organisierten Tour** teilnehmen, denn erstens ist dies billiger, als selbst ein Boot zu chartern, und zweitens bekommt man auf diese Weise mit Hilfe der Bootsführer und Guides weit mehr Tiere zu Gesicht, als wenn man auf eigene Faust losfährt.

Eine gute Kennerin der Region und eine sehr empfehlenswerte Führerin ist die **deutsche Biologin Barbara Hartung,** die Touren per Kanu, zu den Schildkröten und geführte Wanderungen (5 $/Std.) sowie Pakete 3 Tage/ 2 Nächte anbietet. Kontakt Tel. 842. 6561, Fax 710.0547, tinamon@racsa.co.cr, oder c/o Costa Rica Reisedienst, Tel. 0861.165906). Weitere empfehlenswerte Guides, die Englisch sprechen: Castor, Henry, Ernesto und der Kanadier Daryl, der auch Touren mit dem Elektroboot anbietet (2 Std.: 15 $).

• **Tipp:** Jacke oder Pullover und unbedingt Regenschutz mitnehmen.

Wanderwege

• Am **Eingang Jalova** gibt es zwei kurze Wanderwege, die sich durchaus lohnen: Beide sind einfach, u. U. matschig. Der nördliche Weg führt teilweise am Kanal entlang (max. 100 Besucher gleichzeitig).

• Bei der Nationalparkverwaltung am **Südende des Dorfes Tortuguero** führt ein kurzer Weg durch den Wald an den Strand.

• Zum **Cerro Tortuguero:** Manche Veranstalter bieten eine Exkursion auf den 119 m hohen Hügel an. Der Weg beginnt etwa 500 m nördlich der Tortuga Lodge und ist anstrengend und oft sehr matschig, dafür hat man von oben einen schönen Blick über die ganze Ebene, die Kanäle und das Meer. Momentan ist der Weg in einem sehr schlechten Zustand, die Ausrutschgefahr ist hoch. Es gibt jedoch auch einen schönen Weg um den Cerro herum.

• **Tipp:** Vor 9 Uhr oder nachmittags losgehen. Unbedingt an Mückenschutz denken!

• **Spaziergang am Strand:** Man kann beliebig am Strand spazierengehen, mit Baden sollte man sich der starken Strömungen jedoch zurückhalten.

Schildkrötenbeobachtung

Wer in den Monaten Juli bis Oktober die Grüne Meeresschildkröte bei der Eiablage beobachten möchte, soll-

Die Grüne Meeresschildkröte

Die Strände von Tortuguero sind die wichtigste Brutstelle der Grünen Meeresschildkröte (Suppenschildkröte) in der gesamten Karibik; Zehntausende von Tieren kommen während der Brutzeit von Juli bis Oktober hierher, um ihre Eier in den Sand zu vergraben.

Die *tortuga verde*, wie sie in Costa Rica heißt, erreicht eine Größe bis 1,50 m und ein Gewicht von bis zu 200 kg. Wirken die Tiere auch an Land recht unbeholfen, so sind sie dank ihrer Vorderflossen dennoch gute Schwimmer.

Seefahrer und Piraten erkannten schon früh diese ideale **Nahrungsquelle,** denn die Tiere konnten wochenlang an Bord überleben und waren so unverzichtbare Eiweißreserven für die Seeleute. Später begann man mit dem systematischen Abschlachten dieser wehrlosen Tiere: Zu Hunderten drehte man sie einfach auf den Rücken, um sie dann später einzusammeln.

Als Grundlage für die berühmte Schildkrötensuppe verwendete man das **Fleisch** und eine **grünliche, gallertartige Masse,** die sich unter dem Panzer der Tiere befindet (daher der deutsche Name *Suppenschildkröte* und der englische *„Grüne Schildkröte")*. Aus dem **Schildpatt** des Panzers wurden Schmuck und Brillengestelle hergestellt. Die **Haut** verarbeitete man als Ersatz für Krokodilleder zu Taschen und Schuhen, und die **Eier** gelten – roh gegessen – bis heute fälschlicherweise als potenzfördernd.

Die Folge des massenhaften Abschlachtens: Sechs von weltweit sieben Arten sind heute vom Aussterben bedroht! Auch wenn die Tiere heute unter strengem **Artenschutz** stehen und auch das Sammeln von Eiern weitgehend verboten ist, gestaltet sich die Kontrolle schwierig; Wachmannschaften sind – so vorhanden – oft bestechlich. 1954 wurde die Carribean Conservation Corporation zum Schutz der Grünen Meeresschildkröte in Tortuguero gegründet.

Die **Paarungszeit** ist von Juli bis Ende Oktober, und vor allem Ende August kommen die Weibchen in großen Mengen zum **Eierlegen** an die Sandstrände. Nach Einbruch der Nacht gehen sie an Land und graben mit den Hinterflossen eine etwa 60 cm tiefe Mulde, in die sie 100 oder mehr golfballgroße, weichschalige Eier legen. Danach wird das Gelege zugedeckt, das Tier kehrt ins Meer zurück und überlässt den Nachwuchs seinem Schicksal. Dieser Vorgang wiederholt sich mehrmals, in Abständen von zwei Wochen kommen die Weibchen bis zu siebenmal zurück, um erneut Eier abzulegen. So überbrücken sie die beiden fehlenden Fortpflanzungsperioden, denn zur nächsten Paarung kommt es erst in zwei bis vier Jahren.

Nach etwa zwei Monaten sind die **Eier ausgebrütet,** vorausgesetzt, Nesträuber wie Waschbären, Nasenbären, Hunde und Menschen lassen es überhaupt so weit kommen. Die nur wenige Gramm schweren Tierchen graben sich durch die Sandschicht und streben instinktiv Richtung Meer – ein gefährliches Unterfangen, bei dem Hunderte von ihnen Vögeln, Krebsen und anderen Räubern zum Opfer fallen.

Doch auch **im Meer** sind sie noch nicht sicher: Haie und andere Raubfische freuen sich über das leichte Fressen. Man rechnet, dass von ca. 1000 bis 10.000 Tieren nur eines die Geschlechtsreife (nach 25 bis 30 Jahren) erreicht. Die Tiere ernähren sich von Schildkrötengras und legen enorme Distanzen in den Weiten der Meere zurück. Im günstigsten Fall können sie ein Alter von 70 bis 85 Jahren erreichen.

Wenn die Tiere **geschlechtsreif** sind, kehren sie, wie man vermutet, an den Ort ihrer Geburt zurück, um sich zu paaren und am gleichen Strand die Eier abzulegen, an dem sie selbst geschlüpft sind. Man hat Zehntausende brütende Weibchen markiert und festgestellt, dass sie immer an den gleichen Strand zurückkehren.

te dabei **zurückhaltend vorgehen.** Die Beobachtung ist nur mit Führer gestattet (10 $ p.P., max 10 Pers. pro Gruppe). Taschenlampe, Kamera und rauchen sind verboten, man sollte unbedingt dunkle Kleidung tragen. Führungen von 20-22 und 22-24 Uhr von Anfang Juli bis Mitte Oktober.

Ab September können mit etwas Glück die kleinen Schildkröten auf ihrem Weg ins Meer beobachtet werden, am besten in den frühen Morgenstunden oder am späten Nachmittag. Es ist nicht erlaubt, sie anzufassen. Manche Guides bieten Touren an, aber graben oft die Schildkröten aus, dies ist nicht erlaubt und bedeutet meist den Tod der kleinen Tiere (auch wenn Ameisen im Nest sind).

Gelegentlich kann man auch außerhalb der Sommermonate Schildkröten beobachten. Die **Lederschildkröte** etwa geht von April bis Juni zur Eiablage an Land. In den letzten Jahren wurden einige Tiere mit **Satellitensendern** versehen. Im Internet kann man ihre Wanderungen verfolgen: www.ccc turtle.org.

• **Tipp:** Wer Schildkröten beobachten möchte, sollte daran denken, dass diese nur nachts an Land gehen. Manche Hotels sind durch die Kanäle vom Meer getrennt, und man muss ein Boot organisieren, um ans Meer zu gelangen.

Tortuguero

Am Nordrand des Nationalparks liegt das kleine Dorf Tortuguero auf einer Art Landzunge zwischen den Lagunas del Tortuguero und dem Meer. Ursprünglich ein Holzfäller- und Fischerdorf, richtet es sich heute immer mehr auf Tourismus ein: Die ersten Souvenirgeschäfte finden sich schon an der „Hauptstraße" des Ortes, in dem es keine Autos gibt. Am Nordende der Landzunge befindet sich eine Landebahn, südlich des Dorfes beginnt der gleichnamige Nationalpark. Seit 2003 ist das Dorf an das nationale Telefonnetz angeschlossen.

Die Strände sind zum Baden nicht besonders geeignet: Es gibt gefährliche Strömungen und gelegentlich auch Haie!

Nördlich des Dorfes liegt eine **Forschungsstation** der Caribean Conservation Corporation, eine Einrichtung zum Schutz der Meeresschildkröten (Tel. 709.8091, San José: 224.9215, Fax 225.7516). Angeschlossen ist ein kleines **Museum** (tgl. 10-12 und 14-17.30 Uhr, So. nur nachmittags, Eintritt 1 $). Für Studenten aus aller Welt werden „Volunteer-Programme" durchgeführt. Auf Anfrage gibt es Übernachtungsmöglichkeiten im Gemeinschaftsschlafraum (24 Pers.).

Restaurants und Kneipen

Im Zentrum von Nord nach Süd:

• **Restaurant Miss Junie:** gute einheim. Küche, um 5 $, Vorbestellung erforderlich.

• **Panaderia:** Bäckerei (an der Hauptstraße): Gebäck und Pizza.

• **Restaurant Caoba** (an der Hauptstraße): Pizza, Fisch, Crèpes, Eis, sehr gut, aber teuer.

• **Soda el Parquesito** (am Fußballplatz): einheim. Küche.

• **Restaurant La Casona** (am Fußballplatz): Lasagne mit Palmherz, Fisch, einheimische Gerichte, sehr gut.

●**Restaurant de Miriam** (am Fußballplatz und am Meer): Karibische Küche, Fisch, Garnelen um 5 $, sehr lecker.
●**Soda el Pancana:** einheim. Küche.
●**Soda Christel:** sehr gute einheim. Küche, Pizza.
●Einfache Lokale mit landestypischen Gerichten um 3-4 $: **Restaurant El Muellecito, Restaurant El Caribeño.**

Unterkünfte im Ort

Im Ort selbst gibt es nur einf. Unterkünfte (Reihenfolge von Nord nach Süd):
***Cabinas Miss Junie** (Tel. 709.8102): Rest., 12 saubere Zi., bp (WW), Vent.: DZ 35 $ (ÜF).
***Casa Marbella B&B** (am Kanal neben der Bäckerei, Tel. 709.8011, Fax 709.8094, safari@racsa.co.cr): 4 sehr hübsche Zi., bp (WW), Vent.: 35/40 $ (ÜF); NS: 25/35 $ (ÜF).
***Cabinas Miriam 1** (am Fußballplatz, Tel: 709.8002): Rest.; 6 schöne saubere Zi., bp (WW): 15/20 $.
***La Casona** (am Fußballplatz, Tel. 709.8047): 3 liebevoll eingericht. Zi., bp (WW): 15/20 $.
●**Cabinas Ella y Yo** (Tel. 709.8104): 3 schöne Zi., bp (KW), Umgebung ungepflegt, Vent: 15/15 $.
●**Cabinas Joruki** (Tel. 709.8068): am Fluss, ungepflegte Anlage, Rest. (Vorreservierung); 6 kl. Zi. mit bp (WW), sauber: DZ 15 $.
●**Cabinas Tortuguero** (Tel. 709.804): schöner Garten, Rest. für Gäste (vorbestellen, gute Küche), v.a. am Wochenende laut (Bar); 5 Zi, sehr sauber, bp (WW), 15/20/30 $.
***Cabinas Miriam 2** (am Strand, Tel. 709. 8107): Rest.; 8 schöne große Zi., sauber, bp (WW): 15/20 $.
●**Cabinas Evelyn** (Tel. 709.8120): einf. Zi., bp (WW): 7 $ p.P.
●**Hostel el Icaco** (am Strand, Tel. 709.8044): einf. Zi., bp (WW): 10 $ p.P.

Unterkünfte außerhalb

Außerhalb liegen die besseren Lod-ges, die oft nur mit dem Boot erreichbar sind. Meist sind sie nur mit einem **Komplett-Paket** buchbar (inkl. Transport ab San José, Bootsfahrt, Übernach-tung im DZ mit VP, Exkursionen),

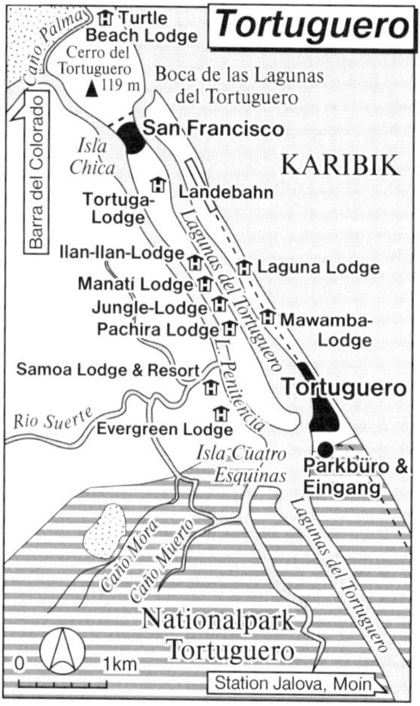

günstiger wird es, vor Ort zu fragen: sind Zi. frei, gibt es auch einen Preis.

Zwischen Lagune und Meer:
●**Mawamba Lodge** (Tel. 709.8181, Büro 293.8181, Fax 709.8080, Fax-Büro: 239.7657, info@grupomawamba.com): Rest., Bar, Pool; 54 rustikale Zi., bp (WW), Vent.: 3 Tage/2 Nächte 306/262 $ p.P. (NS: 272/228 $); 2 Tage/1 Nacht: 253/209 $ p.P. (NS: 209/165 $); KK.
●**Laguna Lodge** (Tel. Büro 225.3740, Fax 283.8031, info@lagunatortuguero.com): Rest., schöner Poolbereich; 80 Zi., bp, DV: Pakete ab San José, Touren etc.: 2 Tage/1 Nacht 219/199 $ p.P. (NS: 199/179 $); 3 Tage/2 Nächte 289/249 $ p.P. (NS: 269/229 $); KK.

Auf der westlichen Seite der Lagune:
●**Jungle Lodge Hotel** (1 km nördl., Tel. 200. 5146, 233.0133, Fax 233.0778, reservaciones @grupopapagayo.com): Bar, Rest.; 44 Zi., bp, Vent.; 3 Tage/2 Nächte: 320/253 $ p.P.; 2 Ta-

ge/1 Nacht: 220/187 $ p.P.; nur Übernachtung mit VP: 77 $; KK.

- **Manatí Lodge:** (Tel./Fax 382.8965, Buchung c/o Ecole Travel in San José): Forschungszentrum für *manatís* (Seekühe), Kajak- und Kanuverleih (5 $/Std.); 8 ordentl. Zi. mit Du./WC; 35 $ p.P. im DZ (ÜF); oft belegt.
- **Ilan-Ilan Lodge** (Tel. 200.5278, Büro: 255. 0766, Fax 255.1946, mitour@racsa.co.cr): Rest., Bar; 24 Zi. mit Du/WC, Vent.: 3 Tage/2 Nächte: 214/199 $ p.P.; 2 Tage/1 Nacht: 170/155 $ p.P.; KK.
- **Tortuga Lodge** (Tel. 710.8016, Büro: 257. 0766, Fax 257.1665, costarica@expeditions. co.cr): teure Luxus-Lodge, Rest., Bar, 27 Zi., bp, Vent.: 102/115 $; VP +52 $ p.P.; Paket: 3 Tage/2 Nächte: 455/379 $ p.P. inkl. Rückflug nach San José; Paket: 2 Tage/1 Nacht: 455/379 $ p.P. inkl. Hin- und Rückflug; KK.

*__Pachira Lodge__ (Tel. 382.2239, Büro: 256. 7080, Fax 223.1119, info@pachiralodge.com): angenehme Lodge mit Bar, Rest., gepflegte Anlage, Pool; 20 Holzhäuser mit je 4 komfortablen Zi., bp (WW), DV: 2 Tage/1 Nacht: 229/188 $ p.P.; 3 Tage/2 Nächte: 313/251 $ p.P.

Richtung Barra del Colorado:

- **Evergreen Lodge** (c/o Pachira Lodge): schöne Anlage, Rest., Bar, kl. Pool; 30 separate Holzhäuser, Preise wie Pachira Lodge.

*__Samoa Lodge & Resort__ (Tel. Büro: 258.6244, Fax 258.5687, in D: Tel. 0861/165906, reservas@samoalodge.com): renov. Lodge, schöne Gartenanlage mit Pool, Rest./Bar, umgeben vom Nationalpark; 16 Zi. bp (WW); Paket 2 Tage/1 Nacht 215/165 $ p.P.; 3 Tage/2 Nächte: 280/230 $ p.P.; 4 Komfort-Bungalows: +25 $ p.P. und Nacht.

- **Turtle Beach Lodge** (Tel./Fax 383.1652, info@turtlebeachlodge.com): am Meer, etwa 25 Min. Bootsfahrt von Tortuguero entfernt (Zufahrt über Caño Palma), schöne Gartenanlage mit Pool, Wanderwege, Internet-Service, Bar mit TV, US-Leitung; 30 Zi., bp; Paket 2 Tage/1 Nacht: 268/219 $ p.P. (NS: 244/ 204 $); Paket 3 Tage/2 Nächte: 378/308 $ p.P. (NS: 349/265 $).
- Etwa 30 km nördlich von Tortuguero auf dem Weg nach Barra del Colorado liegt in einer Seitenlagune die auf „Sportfischer" spezialisierte **Samay Laguna Lodge** (Tel. 390. 9062, Fax 228.6672, info@samay.com): Lodge in Holzbauweise, dt. Leitung, Zugang zum Meer, Bar, Rest., Bootsservice, Kanuverleih, Pferde, Touren; 22 Zi., bp (WW), Vent: 3 Tage/2 Nächte ab/bis San José: 282/235 $ p.P./VP; Anreise über Pto. Viejo/Río San Juan: 334/278 $ p.P./VP; Budget-Package ab/bis Puerto Viejo: 3 Tage/2 Nächte: 239/199 $ p.P.; KK (+6 %).

Infos von A bis Z

- **Canopy:** 6 Plattformen, 4 Brücken, längstes Seil 100 m, Dauer: ca. 1 Std. 15 Min.; buchbar über Pachira Lodge (s.o.).
- **Disco:** *La Bochinche,* tgl. geöffnet, aber nur am Wochenende gut besucht, Sa. Eintritt frei.
- **Einkaufen:** 4 Supermärkte, z.B. *Riveriana* (neben Souvenir Paraiso Tropical) und *Super Morpho* (teilweise teuer!).
- **Geldwechsel:** Reiseschecks wechselt *Souvenir Paraiso Tropical* (am Bootsanleger).
- **Internet:** *La Casona, SANSA Büro.*
- **Polizei:** neben Rest. Caoba.
- **Post:** derzeit nicht vorhanden.

Verkehrsverbindungen

Die meisten Besucher Tortugueros haben die Rückfahrt gleich mitgebucht, wenn nicht, gibt es zwei Möglichkeiten, den Ort zu verlassen:

- **Boot:** Preis vor Ort verhandeln, keine Fährverbindung (vor Ort erkundigen).
- **Flug:** *SANSA* (Büro geg. der kath. Kirche), tgl 6.55 Uhr, Flugzeit 55 Min., Preis 58 $ plus Gebühren (einf.); *Nature Air* (Tickets im Souvenirshop Paraíso Tropical), tgl. 7.15 Uhr nach San José/Pavas, Flugzeit 30 Min., Preis 66 $ (einf.).

Nationales Tierschutzgebiet Barra del Colorado

- **Fläche:** 98.000 ha
- **Höhe:** Meeresniveau bis 229 m
- **Niederschlag:** 5000-6000 mm/Jahr
- **Kein Eintritt,** kein Posten

Das Schutzgebiet wird im Norden begrenzt vom Río San Juan, der den Nicaragua-See mit dem karibischen Meer verbindet und gleichzeitig die Grenze zu Nicaragua bildet. Sein größter Seitenarm, der Río Colorado, der sich seinerseits teilt und den Caño Bravo bildet, mündet weiter südlich am Ort Barra del Colorado ins Meer. Zusammen mit dem Nationalpark Tortuguero und einem „biologischen Korridor" als Verbindungsglied bildet dieses *Refugio* die **zweitgrößte Schutzzone des Landes.**

Ein Zusammenschluss der beiden Schutzzonen ist geplant, und zusammen mit weiten Gebieten in Nicaragua soll ein neuer, riesiger International-Park entstehen.

Meist sind es amerikanische Sportfischer, die in den Kanälen und auf dem Meer auf Jagd gehen. Naturfreunde sind daher in Tortuguero besser aufgehoben.

Flora und Fauna

Die Tier- und Pflanzenwelt stimmt im wesentlichen mit Tortuguero überein. Besonders auffällig sind die über 240 Vogelarten, vor allem zahlreiche Reiher und andere Wasservögel kann man hier beobachten (z.B. Jabiru-Storch und Schlangenhalsvogel).

Der Ort Barra del Colorado

Das Dorf im Zentrum des gleichnamigen Naturschutzgebietes wird durch den Río Colorado, einen Seitenarm des Río San Juan, in zwei Hälften geteilt: Während die eigentliche Siedlung nördlich der Mündung liegt, hat sich im Süden, wo sich auch die Landebahn befindet, ein weiterer Ortsteil gebildet. Der Ort ist ein Zentrum der **Sportfischerei** in Costa Rica, was sich auch im Hotelangebot niederschlägt.

Unterkünfte

Praktisch alle Lodges bieten spezielle Pakete *(packages)* für Sportfischer an, die neben Anreise und VP auch meist Bootsausflüge (zum Fischen) und die entsprechende Ausrüstung beinhalten.

Südlich des Río Colorado:

- **Tarponland Lodge** (an der Landebahn, Tel. 710.6592, San José 221.9932, Tel./Fax 710. 2141, tarpon@racsa.co.cr): 12 Zi. mit Du./ WC, einf., aber ordentl.: ca. 25 $ (1-3 Pers.); 35 $ (1-5 Pers.).
- **Río Colorado Lodge** (Tel. 710.6879, Fax 231.5987, tarpon@riocoloradolodge.com): schöne Lage; 18 Zi., bp (WW), Vent., kl. Zoo, Bar, Rest.; 120 $ p.P./Tag; Paketangebote für Fischer; KK (+5 %).

Nördlich des Río Colorado:

- **Tropical Tarpon Lodge:** 5 einf. Cab., direkt neben dem Dorf.
- Weiter nördlich liegen die Fischer-Lodges **Casa Mar** (Tel. 381.1380, Tel./Fax 293.7916, info@casamarlodge.com): exklusiv für Sportfischer, teuer und **Silver King Lodge** (Tel. 711.0708, Büro: 381.1403, Fax 369.7912, hal @silverkinglodge.com): Pool; 10 Zi., bp, AC: ca. 150 $ p.P./VP; Paketpreise für Fischer.

Verkehrsverbindungen

- **Boot:** Es gibt keine reguläre Fährverbindung, aber Boote können gemietet werden. Eventuell gibt es ein Cargoboot Richtung Pto. Viejo Sarapiquí.
- **Flug:** Die Landepiste befindet sich in der südlichen Ortshälfte. *SANSA* (Tel. 710.6592): tgl. 6.55 Uhr nach San José/Intern. Flughafen, Flugzeit 35 Min., Preis 58 $ plus Gebühren (einf.); *Nature Air* (Tel. 220.3054) tgl. 6.55 Uhr nach San José, Preis 66 $ (einf.).

Der Norden

Tropischen Regenwald und Wildwasserflüsse, einen der aktivsten Vulkane der Welt, den größten (Stau-)See des Landes, weite Ebenen und ein außergewöhnliches Vogelreservat – der Norden Costa Ricas hat mehr zu bieten, als man auf den ersten Blick annimmt. Im Süden durch die Cordillera de Tilarán und die Cordillera Central vom restlichen Teil des Landes abgetrennt und im Norden an Nicaragua grenzend, ist diese Region geprägt von **weiten Ebenen,** die bislang noch dünn besiedelt sind. Größte Stadt und regionales Versorgungszentrum ist Ciudad Quesada mit rund 30.000 Ew., auf 650 m Höhe in unmittelbarer Nähe der Berge gelegen. Weiter nördlich gibt es nur noch kleine Ortschaften und verstreute Siedlungen, die meist erst im 20. Jahrhundert entstanden. Wirtschaftliche Grundlage ist neben **Viehzucht** der Anbau von Zuckerrohr und Zitrusfrüchten und – vor allem im Bereich des Arenal-Sees – der Tourismus.

Das **Klima** ist in der Nähe der Berge niederschlagsreich, im Norden recht heiß und in der Region Arenal gemäßigt, aber oft auch windig.

Region Sarapiquí

Dieses Kapitel umfasst in etwa den nördlichen Teil der Provinzen Heredia und Alajuela. Es wird die Region Sarapiquí, also der Bereich um den nördlichen Teil des Nationalparks Braulio Carrillo behandelt, danach die Route über Cd. Quesada nach Los Chiles im äußersten Norden und abschließend die Umgebung des Arenal-Sees.

Von San José nach Pto. Viejo

Es gibt zwei Möglichkeiten, von der Hauptstadt nach Pto. Viejo de Sarapiquí zu gelangen. Die **schnellere** und daher von den meisten Bussen benutzte **Strecke** führt über die Schnellstraße Braulio Carrillo (s. „Von San José nach Limón" im Kapitel „Karibische Küstenebene") und Horquetas nach Pto. Viejo – sie ist inzwischen komplett geteert. Die **landschaftlich schönere Strecke** über Heredia und San Miguel soll hier beschrieben werden, man kann diese Fahrt auch gut mit einem Besuch des Vulkans Poás verbinden. Theoretisch kann man auch eine Tagestour rund um den Nationalpark Braulio Carrillo unternehmen; doch sollte man sich besser einige Tage Zeit nehmen, um nicht an den interessantesten Punkten vorbeizufahren.

Von San José geht es über Sto. Domingo oder auf der Autobahn Richtung Flughafen bis zur Puente Juan Pablo II. und von dort über **Heredia** nach **Barva** (nicht beschildert). Nach der Ortsmitte Barva, an der nächsten Abzweigung links, führt die Ruta 9 über **Birrí** nach **Carrizal,** wo sie mit der Straße aus Alajuela zusammentrifft. 1 km hinter Carrizal liegt links ein kleines **Gartencafé,** wo auch einfache Zimmer mit Gemeinschaftsbad vermietet werden: DZ ab 1000 C.

Auf kurviger, bergiger Straße geht es an **Kaffeeplantagen** vorbei, bis die Straße kurz nach dem Kilometer 27

253cr Foto: dk

Der Wasserfall Cascada La Paz

ihren höchsten Punkt erreicht (über 2000 m). Bald darauf kommt man in den langgezogenen Ort **Vara Blanca,** einem Zentrum für Viehwirtschaft. Weiter geradeaus zweigt eine schlechte Straße zur **Poas Volcano Lodge** und zum **Vulkan Poás** ab (siehe Kapitel „Valle Central", „Von Alajuela zum Vulkan Poás"). An der Kreuzung liegt das **Restaurant Vara Blanca** (Tel. 260. 2366), eine rustikale Kneipe mit landestypischer Küche.

Es folgt eine landschaftlich äußerst reizvolle Strecke, die durch das **Tal des**

Río Sarapiquí bergab führt, mit Blick auf die waldbedeckten Hänge des Nationalparks Braulio Carrillo im Osten und mit zahlreichen rot blühenden Korallenbäumen am Straßenrand. Bald überquert man den Río La Paz, einen der Quellflüsse des Río Sarapiquí, der am Poás-Massiv entspringt. Kurz vorher liegt links die Anlage **Waterfall Gardens** (siehe Kapitel „San José" unter „Ausflüge nach San José"). Direkt hinter der Brücke stürzt der **Wasserfall Cascada La Paz** recht malerisch über einen steilen Abhang. Kurz darauf erreicht man den Ort **La Cinchona,** der von Nordamerikanern gegründet wurde, um hier Chinarindenbäume *(cinchona)* zur Gewinnung von Chinin anzubauen, das fiebersenkend wirkt und als Malariamittel Verwendung findet.

Nach dem Ort **Isla** zweigt links die Zufahrt ab zum **Wasserfall Catarata del Angel.** Nach rechts führt ein holpriger Weg (Allrad empfehlenswert) in den Ort Colonia Virgen del Socorro. Hier ist ein guter Standort zur Vogelbeobachtung. Vor dem Ort Cariblanco wurde ein Mautposten eingerichtet – die Bezahlung ist freiwillig und dient der Instandhaltung der Straße. Kurz darauf führt eine Abzweigung links zur **Laguna Hule,** einem hübschen Kratersee (Schild „Refugio de Vida Silvestre", 6,4 km bis Aussichtspunkt, Allrad erforderlich). Einfache Unterkunft „Mirador Bosque Alegre".

25 km hinter Vara Blanca verlässt man die Berge und erreicht **San Miguel** (510 m). Geradeaus führt die Straße nach La Virgen (12 km, s.u.).

Abstecher nach Aguas Zarcas

Nach links zweigt im spitzen Winkel die Straße nach Aguas Zarcas ab, über die man Cd. Quesada, Los Chiles, Fortuna, Arenal etc. erreicht. Die Straße ist geteert, und in gutem Zustand. Im Nachbarort **Río Cuarto** geht es rechts zur Laguna Kooper. Einige Kilometer nach Río Cuarto führt links eine beschilderte Zufahrt über die Ortschaft Bajos del Toro (Cabinas) zum Nationalpark Juan Castro Blanco (s. in diesem Kapitel „Über Cd. Quesada nach Los Chiles") und zu dem Wasserfall **Catarata del Toro** (13,7 km), der als höchster Wasserfall des Landes gilt! (Eintritt: ca. 1,50 $). Unterkunft (Tel. 454.4557, Fax 454.4220): 2 rustikale Zimmer im OG des Restaurants: 37/37/50 $ (ÜF) Wer ins Valle Central weiterfahren möchte: nach 27 km gelangt man über die fast durchgehend asphaltierte Straße (ca. 5 km Holperpiste) nach Sarchí.

In der Ortsmitte von **Aguas Zarcas** führt nach rechts eine gute Straße nach Muelle und weiter nach Fortuna oder Los Chiles. Geradeaus sind es noch 4 km zum Zoo La Marina und 16 km bis Cd. Quesada (s.u. „Umgebung von Cd. Quesada" in diesem Kapitel).

Unterkünfte

- Nach 1,2 km Richtung Cd. Quesada liegt links das **Hotel/Restaurant Río Mary** (Tel./Fax 474.4080): 10 ordentl. Zi., bp: ca. 20/30/35 $; KK.
- Etwas abgelegen, nahe der Grenze zu Nicaragua, aber mit dem PKW erreichbar (von Aguas Zarcas über Pital nach Norden zum Río San Carlos, 7 km hinter Boca Tapada,

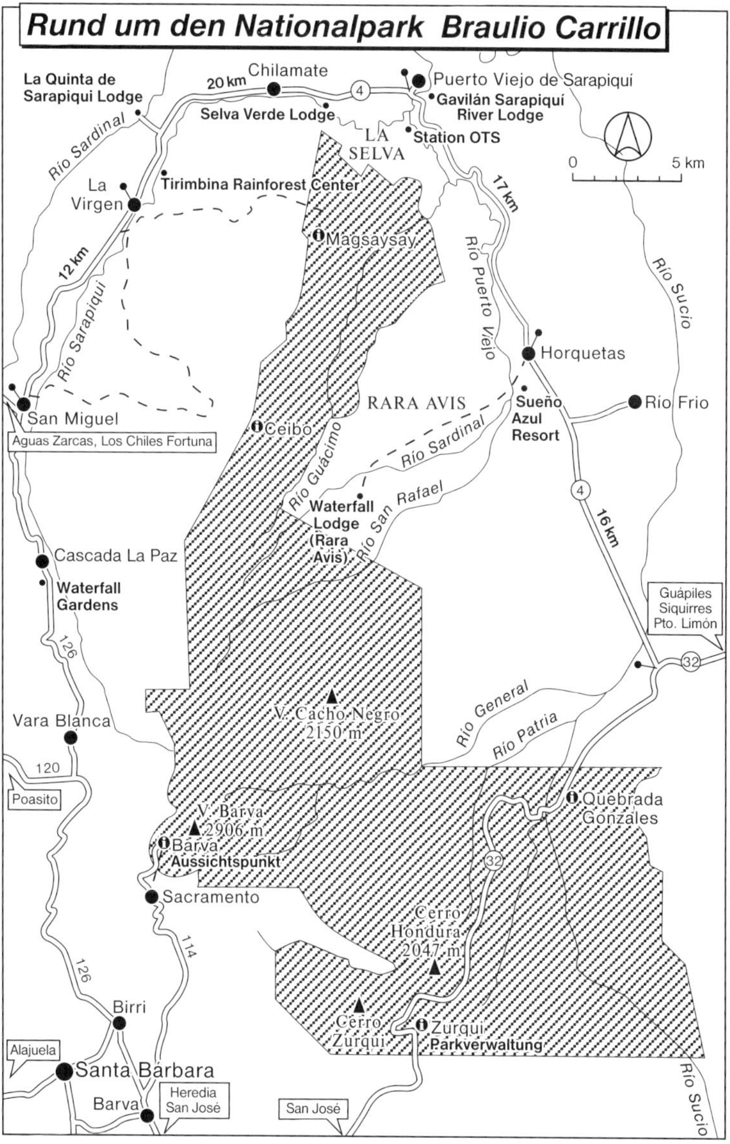
Rund um den Nationalpark Braulio Carrillo
La Quinta de Sarapiqui Lodge
20 km
Chilamate
4
Puerto Viejo de Sarapiquí
Gavilán Sarapiquí River Lodge
Selva Verde Lodge
LA SELVA
Station OTS
Río Sardinal
0
5 km
La Virgen
Tirimbina Rainforest Center
17 km
Magsaysay
12 km
Río Puerto Viejo
Río Sucio
Río Sarapiquí
Horquetas
San Miguel
RARA AVIS
Sueño Azul Resort
Río Frio
Aguas Zarcas, Los Chiles Fortuna
Ceibo
Río Guácimo
Río Sardinal
4
Waterfall Lodge (Rara Avis)
Río San Rafael
16 km
Cascada La Paz
Waterfall Gardens
Guápiles Siquirres Pto. Limón
126
32
V. Cacho Negro 2150 m
Río General
Vara Blanca
Río Patria
120
Poasito
Quebrada Gonzales
V. Barva 2906 m
Barva Aussichtspunkt
32
Sacramento
114
Cerro Hondura 2047 m
126
Birri
Cerro Zurqui
Zurqui Parkverwaltung
Alajuela
Santa Bárbara
Río Sucio
Barva
Heredia San José
San José

schlechte Schotterpiste) liegt die ***La Laguna del Lagarto Lodge** (Tel. San José 289.8163, Tel./Fax 289.5295, in D. 0861/165906, lagarto@racsa.co.cr): privates Regenwaldreservat (ca. 500 ha), dt. Leitung, Rest.service (6/12/12 $), Schmetterlingsgarten, Ausflüge: Bootstour (3 Std.: 25 $ p.P.), Reiten (1-2 Std.: 15 $), Kanu (gratis); 18 ordentl. Zi. (3 Häuser), Vent., bp: 52/68/79 $, NS: 39/51/59 $; Sonderrabatt ab 3 Nächten; KK (nur VISA +5 %).

La Virgen

12 km hinter San Miguel (20 km vor Pto. Viejo) erreicht man die kleine Ortschaft **La Virgen,** die auf einer Höhe von 187 m am Río Sarapiquí liegt. Hier gibt es einige einfache Unterkünfte und Sodas, Läden, ein Fahrradgeschäft und eine Tankstelle - und man kann von hier Touren mit dem Schlauchboot oder Kajak unternehmen.

Unterkünfte

- **Cabinas del Río** (Ortseingang rechts, Tel. 761.1126): 8 einf. Cab. mit Vent., klein, bc (sauber); ca. 5 $ p.P.
- **Restaurant/Hostal Rancho Leona** (500 m nach Cabinas del Río rechts, Tel. 761.1019): „Stainglass"-Studio; 8 sehr einf. Gemeinschaftszi., Typ Jugendherberge, bc: 9 $ p.P. (25 $ p.P./VP), für Kajakfahrer gratis (haben Vorrang).
- **Cabinas/Restaurant Tía Rosita** (neben Rancho Leona, Tel. 761.1032): 8 einf., gute Cab., bp: 8 $ p.P.
- **Cabinas/Restaurant Claribel** (Ortsende links, Tel. 761.1190): 6 Cab., bp, Vent., einf. und sauber: 10/15 $.
- **Cabinas Sarapiquí Outdoor Center** (Tel./Fax 761.1123): Raftingtouren (1/2 Tag: 40 $), Kajakverleih, Pferde, kl. Privatreservat mit Wanderwegen zur Aufzucht von Pfeilgiftfröschen; einf. Unterkunft: ca. 8 $ p.P. (ÜF).
- **Centro Neotrópico Sarapiquís** (1,2 km Richtung Pto. Viejo rechts, Tel. 761.1004, Fax 761.1415, magistra@racsa.co.cr): am Río Sarapiquí, Wanderwege (Tirimbina Rainforest Center), Rest. (6/12/12 $), archäolog. Museum, Pferdetouren; 36 geschmackvoll eingerichtete Zi., bp (WW), DV: 95/95/125 $ (NS 82/82/111 $); Deluxe-Zi.: 105/105/134 $ (NS 90/90/119 $); Kinder (4-16 Jahre): 17 $; KK (+7 %).
- **Finca Pedro y el Lobo** (Tel./Fax 761.1406): 3 km außerhalb von La Virgen, Rafting-, Kajak- und Abenteuertouren, dt. Leitung; Camping: 7 $ p.P., 3 Gemeinschaftszi.: 12 $ p.P.; 2 Zi., bp: 15 $ p.P.

Busverbindungen

- **San José:** direkt 8, 9.30 und 17 Uhr; 4, 6, und 15.30 Uhr über Pto. Viejo.
- **Pto. Viejo:** regelmäßige Verbindung.

Infos von A bis Z

- **Einkaufen:** Supermarkt in San Miguel
- **Erste Hilfe:** Rotes Kreuz in San Miguel (Tel. 476.0220).
- **Geldwechsel:** *Banco Nacional* in San Miguel.
- **Internet:** Café neben der Schule: Mo-Fr 14-22 Uhr, Sa/So 9-22 Uhr, 500 C./Std.
- **Kajaktouren:** *Kajak Jungle Tours* (über Rancho Leona, Tel. 761.1019) bieten ganztägige Kajaktour für Anfänger (Kl. I) inkl. Picknick und 2 Übern. für 75 $ p.P. (mind. 2 Pers.); Ausrüstungs-Verleih für erfahrene Kajaker sowie *Cabinas Sarapiquí Outdoor Center* (s.o.).
- **Post:** im Ortszentrum; Mo-Fr 7.30-18 Uhr.
- **Tourist-Info:** Auskünfte bei *Cabinas Sarapiquí Outdoor Center* (s.o.).

Reserva Biológica Tirimbina (Tirimbina Rainforest Center)

Privatreservat auf ehemaliger Finca mit 300 ha Sekundär- und Primärwald, 6 km Wanderwege, angeblich die längste Hängebrücke von Costa Rica (262 m), 110 m *Canopy Walkway.*

- **Öffnungszeiten:** tgl. 7-17 Uhr, Eintritt: 10 $ (inkl. Guide, 8.30 und 13.30 Uhr: 12 $), Studenten 9 $, Kinder (ab 6 J.) 6 $.
- **Info:** Tel. 761.1418, Fax 761.1415, www.tirimbina.org.

Von La Virgen nach Pto. Viejo (20 km)

Etwa **5 km nach La Virgen** zweigt bei der Pulpería Las Brisas links ein schlechter Weg (1,3 km) zur **La Quinta de Sarapiquí Lodge** ab. 4 km weiter, im Ort Chilamate, liegt rechts am Rio Sarapiquí die **Islas del Río Lodge.** Nochmals 1,5 km weiter passiert man den Zugang zum **Privatreservat Selva Verde Lodge** (s.u.). Einen Kilometer vor Puerto Viejo schließlich kommt man an den **Cabinas Yacaré** vorbei, kurz danach an **Floribel B&B.**

Unterkünfte

*__La Quinta de Sarapiquí Country Inn__ (Tel. 761. 1052, Fax 761.1395, quinta@racsa.co.cr): schöne Anlage, ruhige Lage am Río Sardinal, Rest. (7,50/11/12,50 $), Pool, Schmetterlingsgarten, Museum, Touren mit Mini-Bus oder Boot; 25 schöne Zi. (bis 4 Pers.), bp (WW), Vent., Terrasse: 68/68/85 $; KK (kein Zuschlag).

- **Selva Verde Lodge** (Tel. 766.6800, Fax 766.6011, selvaver@racsa.co.cr): gr. Anlage am Río Sarapiquí mit Privatreservat (ca. 200 ha, Tagesbesuch 15 $), Schmetterlingsgarten (5 $), Pferde (2-3 Std.: 20 $), Rest. (6/8/10 $), vorwiegend von US-Amerikanern besucht; 12 Lodges mit 45 Zi. (max. 2 Pers.), bp, DV, Safe: 90/144/180 $ (inkl. VP), NS 71/114/141 $; nur Zi.: 66/96/108 $ (NS 47/66/69 $); Kinder bis 12 Jahre frei; Kinder 12-15 J. 32 $; KK (kein Zuschlag).
- **Cabinas Yacaré:** 10 schlichte, aber passable Zi. mit Vent., bc: EZ 5 $, bp: 7/10 $.
- **Posada Andrea Cristina** (Tel./Fax 766. 6265, alex6265@hotmail.com): 500 m vor der Abzw. nach Horquetas links, schöner Garten; 6 ordentl. Zi., bp, Vent., Küche, Veranda: 25/40/44 $ (ÜF); keine KK.

Puerto Viejo de Sarapiquí

- **Einwohner:** 7000
- **Höhe:** 37 m ü.M.
- **Tagestemperaturen:** 24-30 °C

Puerto Viejo – nicht zu verwechseln mit dem gleichnamigen Ort an der Karibikküste – liegt am Zusammenfluss des Río Pto. Viejo in den Río Sarapiquí, der etwa 40 km weiter nördlich in den Río San Juan mündet. Bevor Eisenbahn und Straßen das Hochland mit der Karibikküste verbanden, war der Ort ein wichtiger Hafen (*puerto viejo* = „alter Hafen"), von dem aus Frachtboote zum Río San Juan und über Barra del Colorado bis nach Limón verkehrten. Heute hingegen macht die Hauptstadt des rund 2350 km² großen Bezirkes Sarapiquí eher einen **geruhsamen Eindruck,** der Schiffsverkehr ist praktisch ohne Bedeutung, die Menschen leben von Viehzucht und dem Anbau von Bananen. In letzter Zeit kommen auch immer mehr Touristen in den Ort, um von hier aus die Naturreservate der Umgebung (Selva Verde, La Selva, Rara Avis etc.) zu besuchen oder auf dem Wasserweg nach Barra del Colorado zu reisen.

Eine **Bootsfahrt auf dem Río Sarapiquí** ist zwar kein Ersatz für einen Besuch der Tortuguero-Kanäle, man kann aber auch hier zahlreiche Tiere sehen, u.a. Affen, Faultiere, Leguane, Krokodile, Schildkröten und zahlreiche Vögel.

Orientierung

Noch vor dem eigentlichen Ort befindet sich an der Abzweigung nach

Horquetas eine Polizeikontrolle. Von hier führt die geteerte Hauptstraße an allen Unterkünften vorbei, zweigt nach knapp 1 km rechts ab und führt zum Bootsanleger am Río Sarapiquí (1,3 km ab Abzweigung). Alle hier genannten Entfernungsangaben beziehen sich auf diese Abzweigung am Ortseingang.

Unterkünfte

Inzwischen gibt es eine ganze Reihe einfacher Unterkünfte und ein besseres Hotel im Ort. Weitere Unterkunftsmöglichkeiten in den Lodges Richtung La Virgen und Horquetas.

- **Cabinas Laura** (1 km links): 12 Cab., bp, Vent., einf., sauber: 9 $ (1-3 Pers.).
- **Cabinas Monteverde** (750 m links, Tel. 766. 6236): 6 sehr einf. Zi., bp, Vent.: 5,50/ 7,50/9 $.
- **Hotel Mi Lindo Sarapiquí** (650 m rechts, OG, Tel. 766.6074): 6 ordentl. Zi., bp und Vent.: 18/24/35 $.
- **Hotel El Bambú** (700 m links, Tel. 766. 6005, Fax 766.6132, info@elbambu.com): das beste Hotel am Ort, Rest. (5/9/9 $), Bar, Pool, Parkplatz; 16 ordentl. Zi., bp (WW), DV, TV, z.T. zur Straße; 11 neue Zi. im Bau: 52/ 64/82 $; NS 47/58/76 $; KK.

Außerhalb:

- 1,2 km nach der Abzw. Richtung Horquetas links, dann noch steinige 1 km, liegt am gegenüberliegenden Flussufer die **Gavilán Sarapiquí River Lodge** (Tel. 766.6743, Büro 234.9507, Fax 253.6556, gavilan@racsa.co.cr): schöne Anlage in gepfl. Garten, ruhig, 100 m zum Río Sarapiquí, Privatreservat, Bootstouren (20 $ p.P.), Rest. (9/11/15 $); 13 Zi., bp (WW), Vent., Veranda, einf./ordentl., harte Betten: 52/58/87 $ (ÜF); KK (+7 %).
- **Biologische Station La Selva:** 2,6 km südöstl. Von Pto. Viejo, s.u.
- **Congo Lodge** (Tel. 766.6257 oder 388. 6475, Fax 766.6087): ca. 1,5 km nördlich von Pto. Viejo am Río Sarapiqui: DZ 25 $ p.P.

*__Cabinas Trinidad__ am Zusammenfluss des Río Sarapiquí und Río San Juan (Zufahrt per Boot, ca. 3–4 Std.), nähere Auskunft: Traveldesign, München, Tel. 089/325134: ruhige und schöne Lage am Fluss, Möglichkeit zur Weiterfahrt nach Barra del Colorado und Tortuguero, Rest.service (4 $ pro Mahlzeit); 6 einf. Hütten, bp: 10 $ p.P.

Restaurants

- **Restaurant Mi Lindo Sarapiquí** (650 m rechts): Standard-Karte, nicht teuer, geöffnet tgl. 10-1 Uhr.
- **Restaurant Monteverde** (700 m links): Frühstück ab 6 Uhr, einf. Küche zu günstigen Preisen.
- **Restaurant im Hotel Bambú**: recht ordentl., freundl. Bedienung.
- **La Abuelita Típica** (an der Abzw. Richtung Horquetas): nettes, rustikales Lokal, landestypische Gerichte, Di Ruhetag.
- Es gibt auch zahlreiche günstige **Sodas.**

Infos von A bis Z

- **Apotheke:** 850 m rechts.
- **Erste Hilfe:** Rotes Kreuz (500 m rechts, Tel. 766.6212).
- **Einkaufen:** *Super Sarapiquí* (900 m rechts): tgl. 8-21 Uhr; *Supermercado Pto. Viejo* (900 m links): Mo-Sa 7-18 Uhr, So 7-12 Uhr; *Super La Perla,* an der Abzw. Richtung Horquetas.
- **Geldwechsel:** *Banco Nacional* (950 m links), Mo-Fr 8.30-15.45 Uhr.
- **Post:** 950 m rechts, Mo-Fr 7.30-18 Uhr, Sa 7.30-12 Uhr.
- **Tankstelle:** 300 m Richtung Horquetas.
- **Taxi:** Standplatz am Fußballplatz (850 m rechts), Tel. 766.6168, 766.6038; Fahrpreis nach La Selva oder Horquetas: ca. 10 $.
- **Tourist-Info:** *Souvenir Rio Sarapiqui,* 900 m links, Tel. 766.6727: Andenkenladen, vermittelt Rafting- und Bootstouren, Businfos.
- **Tour-Veranstalter:** *Peace Rainbow,* über Hotel El Bambú: Bootssafari Río Sarapiqui (10 $ p.P.), Rafting (45 $) etc., oder über El Gavilán Lodge (Tel. San José 234.9507): Bootstour auf dem Río Sarapiqui (2 Std.: 20 $ p.P.), Tagestour zum Río San Juán (2 Pers.: 120 $), Pferdetour (2 Std.: 15 $ p.P.); der o.g. Souvenirladen vermittelt eine Bootstour nach Tortuguero inkl. Übernachtung für 200 $/2 Pers.

Bootstouren

- Bootstouren nach **Barra del Colorado/Tortuguero** ca. 200 $ hin und zurück (mindestens 4 Pers.). **Infos** bei Soda el Río am Bootsanleger (Tel. 766.6019) oder im Hotel Bambú.
- Es verkehren auch Boote nach **Arbolitos** und **Trinidad** (11 Uhr), Preis: : ca. 1.700 C. (ca. 3,70 $).

Busverbindungen

Abfahrtsstelle: am Sportplatz im Ortszentrum nach:

- **San José:** direkt (über Horquetas) 5.30, 7, 8, 11, 13.30, 15, 16.30 und 17.30 Uhr; über La Virgen: 7.45, 11.30 und 16.15 Uhr, Fahrzeit ca. 4 Std.
- **Horquetas:** Bus nach Río Frío um 5.45, 8, 9, 12, 14.30, 15.30 und 18 Uhr oder Bus nach Guápiles.
- **Guápiles:** 5.30, 7, 9.30, 12, 13.15, 14.30, 16 und 18 Uhr.
- **Cd. Quesada/San Carlos:** 5.30, 9, 12.15, 13.30 und 16 Uhr, Fahrzeit: 3 Std.
- **La Virgen:** San José-Bus um 7.45, 11.30 und 16.15 Uhr oder Bus nach Cd. Quesada/San Carlos.
- **Fortuna:** über Cd. Quesada/San Carlos.

Biologische Station La Selva

- **Fläche:** 1538 ha (ca. 90 % Primärwald)
- **Höhe:** 35-150 m
- **Niederschlag:** 4100 mm/Jahr (Feb./März nur je 200 mm)
- **Lage:** am Nordrand des Nationalparks Braulio Carrillo
- **Eintritt:** Tagestour mit Guide. 40 $ p.P. (1/2 Tag 25 $), max. 65 Besucher/Tag (Anmeldung empfehlenswert)
- **Übernachtung:** 78/135/191 $ inkl. VP und halbtägiger Tour
- **Anfahrt:** 2,6 km südöstl. von Pto. Viejo Abzw. rechts (Bushaltestelle mit OET-Beschriftung), dann 2 km
- **Infos und Reservierung:** OTS San José, Tel. 524.0628, Fax 524.0629, nat-hist@ots.ac.cr, in D: Tel. 0861/165906

Die Station *La Selva* („Regenwald“) wird geführt von der Organisación para Estudios Tropicales (OET), einem Konsortium aus US-amerikanischen, puertoricanischen und costaricanischen Universitäten zur **Erforschung der ökologischen Zusammenhänge im tropischen Regenwald.** Seit der Gründung im Jahre 1968 entstanden hier über 1000 wissenschaftliche Arbeiten, Artikel und Bücher. Neben dem Besucherzentrum befindet sich eine Bibliothek und mehrere Forschungs- und Experimentierstationen.

La Selva ist in erster Linie eine wissenschaftliche Station, Besucher sind aber willkommen. Die Flora und Fauna ist sehr artenreich, so dass man 1986 den benachbarten Nationalpark Braulio Carrillo nach Norden erweiterte, um so eine zusammenhängende Schutzzone zu schaffen. Rund 800 **Baumarten,** u.a. 32 Palmenarten, sowie unzählige Orchideen, Bromelien und andere Epiphyten findet man hier. Zu den über 100 **Säugetierarten** zählen Brüll-, Klammer- und Kapuzineraffen, Pekaris, Agutis, Nasenbären und Fledermäuse. Außerdem gibt es rund 500 **Vogelarten,** Schlangen (Buschmeister), Amphibien (Pfeilgiftfrösche), bunte Schmetterlinge und andere Insekten – ideale Bedingungen für Forscher und naturliebende Besucher.

25 **Wanderwege** mit einer Gesamtlänge von über 50 km führen durch das Gebiet am Río Frío, und man hat die Wahl, ob man allein mit einem kleinen Handbuch, das man vor Ort erwerben kann, oder mit einem Führer das Gebiet durchstreift, der einen in

die komplexen Zusammenhänge des tropischen Regenwaldes einführt. Inzwischen sind einige Unterkünfte entstanden mit Privatbad und Veranda.

Von Pto. Viejo nach Horquetas

(17 km)

Im Ort **Tigre** verkaufen Frauen der Kooperative MUSA medizinische Kräuter und pflanzliche Produkte wie Shampoo aus eigenem Anbau, eine Besichtigung der Pflanzungen ist ebenfalls möglich.

Etwa 16 km nach Pto. Viejo rechts nach **Horquetas,** Ausgangspunkt für den Transfer nach Rara Avis. 16 km weiter südlich kommt man auf die Hauptstraße nach Limón (s. „Von San José nach Limón" im Kapitel „Karibische Küstenebene").

Unterkunft

***Sueño Azul Resort** (Tel. 764.4244, Büro: Tel. 253.2020, Fax 224.3552, info@suenoazulresort.com): schöne Anlage am Río San Rafael, ca 1 km außerhalb von Horquetas (Ortsende über Hängebrücke). Schöne Lage, Pool, Rest. (7/12/12 $), Privatreservat (ca. 300 ha) mit Wanderwegen; 25 ansprechende Zi., bp (WW), DV, Terrasse: 82/100/112 $.

Privatreservat Rara Avis

- **Fläche:** 1280 ha
- **Höhe:** ca. 700 m
- **Tagestemp.:** um 25° C
- **Eintritt:** nur inkl. Übernachtung; Anmeldung unbedingt erforderlich!

- **Unterkünfte** (Preise inkl. Transfer ab Horquetas und Guide): **Waterfall Lodge** (Tel. 766.6872): Holzhaus, Veranda; 10 ordentl. Zi., bp, Balkon m. Hängematte, kein Strom: ab 80/140/180 $ inkl. VP, Kinder (4–15 J.) 50 %; KK
2 Casitas, bc: 45 $ p.P./VP; **2 Baumhäuser,** bp: ca. 145/250 $ inkl. VP; KK
- **Anreise:** von San José oder Pto. Viejo nach Horquetas (Parkmöglichkeit), von dort Transfer per Traktor (ca. 4-5 Std.)
- **Info:** Horquetas, Tel. 764.3131, Fax 764.4187, Büro Tel. 256.4993, Fax 257.0438, raraavis@racsa.co.cr

Das Privatreservat Rara Avis machte weltweit Schlagzeilen durch die Forschungsarbeit des Amerikaners *Donald Perry,* der mit Hilfe eines aufwändigen **Seilbahnsystems** das Leben in der bisher weitgehend unerforschten Baumkronenregion des tropischen Regenwalds untersuchte. Um es gleich vorweg zu sagen: Diese Seilbahn existiert nicht mehr.

Was einen Besuch von Rara Avis dennoch lohnt, ist die **schöne Natur** – nahezu unberührter Regenwald mit zahlreichen Flüssen und Wasserfällen, der über mehrere Wanderwege zugänglich ist. In kleinen Gruppen macht man **Exkursionen** in den tropischen Urwald, begleitet von jungen Biologie-Studenten, die (in englisch) die Besonderheiten der lokalen Flora und Fauna erklären. Rund 330 **Vogelarten** leben hier *(Rara Avis* = „seltener Vogel"), u.a. Glockenvögel, Papageien, Tukane und Tangaren. Die Säugetiere sind ebenfalls artenreich vertreten, da das Reservat direkt an den riesigen Nationalpark Braulio Carrillo grenzt.

Dennoch sehen viele Besucher ihre **Erwartungen nicht erfüllt:** Die mühsame Anreise (ein befestigter Weg wurde „bewusst" nicht gebaut – warum eigentlich nicht?), das einfache und oft mäßige Essen und die nicht immer befriedigenden Exkursionen in den Regenwald stehen wohl nicht ganz im richtigen Verhältnis zum Preis.

Über Cd. Quesada nach Los Chiles

Von San José nach Cd. Quesada

(94 km)

Die Hauptzufahrt nach Cd. Quesada (und damit auch Los Chiles und Fortuna) führt von San José in Richtung Nordwesten über die Autobahn, am Flughafen vorbei bis zur Ausfahrt nach Naranjo. Wer möchte, kann auch schon in Alajuela die Autobahn verlassen und auf der im Kapitel „Valle Central" unter „Die Umgebung von Alajuela" beschriebenen Route über Grecia und Sarchí nach Naranjo fahren. Eine weitere Möglichkeit, nach Fortuna zu gelangen, ist die Route von San Ramón über Los Angeles und Tigre.

Nationalpark Juan Castro Blanco

- **Fläche:** 14.258 ha
- **Höhe:** 800 m bis 2267 m (Volcán Porvenir)
- **Lage:** südöstlich von Cd. Quesada, im Nordwesten der Cordillera Central
- **Gegründet:** 22.4.1992
- **Geöffnet:** 8-16 Uhr
- derzeit **kein Eintritt**
- **Anfahrt:** über Sarchí oder Zarcero nachBajos del Toro (Wasserfälle, Nationalparkposten) oder von Cd. Quesada

Dieser erst 1992 gegründete und selten besuchte Nationalpark, am nordwestlichen Ende der Cordillera Central gelegen, ist **von großer hydrologischer Bedeutung** für den ganzen Norden und liefert Trinkwasser u.a. für Cd. Quesada. Im Gebiet des Nationalparks entspringen u.a. die Flüsse Río Platanar, Río Toro, Río Aguas Zarcas, Río Tres Amigos und Río La Vieja. Der Vulkan Platanar (2183 m), der nordwestlichste Ausläufer der Zentralkordillere, ist als aktiv einzustufen, während die beiden anderen Vulkane Cerro Viejo (2060 m) und Cerro Pelón bereits erloschen sind.

Flora und Fauna

Etwa 60 % der Fläche sind von Primärwald bedeckt, der mit einzelnen Flecken von Sekundärwald vermischt ist. Vom prämontanen Feuchtwald bis zum Bergregenwald unterscheidet man, je nach Höhenlage, fünf **verschiedene Vegetationsstufen.** Die Vegetation ist sehr vielfältig. In den höhergelegenen Regionen ist die Ve-

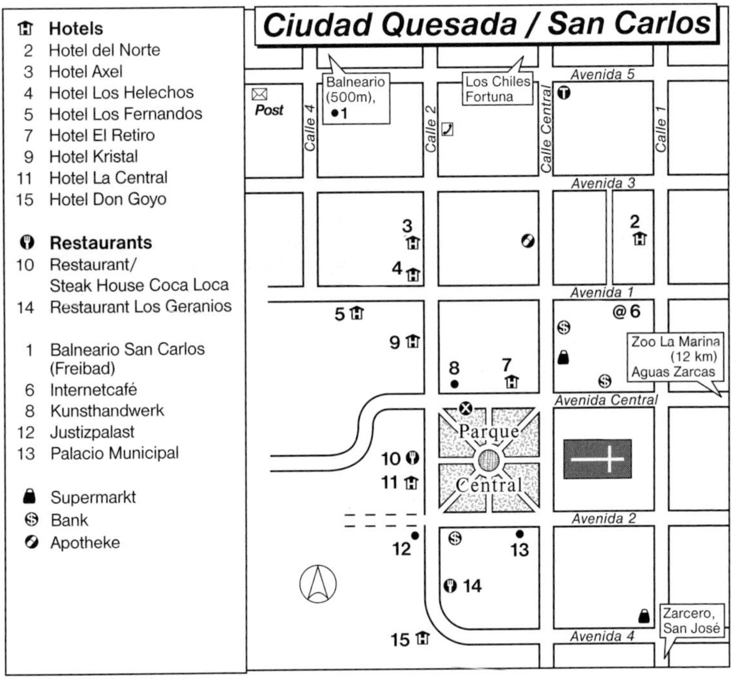

getation verkümmert und von Epiphyten und Lianen bedeckt, charakteristisch für ein kaltes, windiges und feuchtes Klima.

Die **Tierwelt** ist ebenfalls sehr artenreich. An Säugetieren findet man hier u.a. den Spießhirsch, zwei Arten von Affen, Gürteltier, Paka, Tapir und verschiedene Arten Raubkatzen. Besonders auffällige Vögel sind der Quetzal, der Tuberkelhokko, der Schwarzbauch- und der Braunflügelguan.

Ciudad Quesada/San Carlos

- **Einwohner:** ca. 30.000 (mit Vororten)
- **Höhe:** 650 m
- **Durchschnittstemperaturen:** 22-24 °C
- **Niederschlag:** 4450 mm/Jahr

Ciudad Quesada (oder San Carlos, wie die Stadt oft genannt wird) ist ein wichtiges **landwirtschaftliches Regionalzentrum** (Viehzucht, Zuckerrohr) und die einzige richtige Stadt im Norden. Sie ist Hauptstadt des Bezirks San Carlos (daher der Name), des mit über 3350 km² und rund 100.000 Einwohnern größten der 81 Bezirke des Landes. In der Nähe der Stadt entspringt der Río San Carlos, der an der Grenze zu Nicaragua in den Río San Juan mündet. Auch wenn die Stadt selbst für Touristen wenig attraktiv ist, so ist sie doch ein **wichtiger Verkehrsknotenpunkt** und Ausgangspunkt für einen Besuch des Nationalparks Juan Castro Blanco.

Unterkünfte

- Zahlreiche **Billighotels** liegen an C.2 und der Av.1, alle mit einf. Zi. (bc), meist dunkel, für anspruchslose Reisende, DZ um 5 $: **Hotel Kristal** (Tel. 460.0541); **Hotel Los Helechos** (Tel. 460.1502), **Hotel Axel**, **Hotel Los Fernandos, Hotel El Retiro** (Tel. 460.0463) und **Hotel Plaza** (Tel. 460.0654).
- **Hotel del Norte** (C.1/Av.1-3, Tel. 460.1758): 9 einf., ordentl. Zi. mit Vent.: ca. 6 $ p.P. (bc); mit bp, TV: 7,50/11 $.
- **Hotel Don Goyo** (C.2/Av.4, Tel. 460.1780, Fax 460.6383): gute, relativ ruhige Lage, Rest.; 20 ordentl. Zi., bp, z.T. Vent., z.T. Ausblick: 14/24/30 $.
- **Hotel La Central** (Parque Central, Westseite, Tel. 460.0301, Fax 460.0391: hcentral@racsa.co.cr): auffällige Betonkonstruktion am Zentralpark; 50 renovierte, ordentl. Zi., bp (WW), Vent., TV, z.T. Balkon: ab 15/23/34 $; KK.

Außerhalb:

- **Hotel/Restaurant La Mirada** (4 km nördl., Tel. 460. 2222): schöne Aussicht; 13 ordentl. Zi., bp (WW), Vent.: DZ 20 $; beliebt bei einheimischen Paaren.
- **Hotel Termales del Bosque** (ca. 7 km in Richtung Aguas Zarcas links, Tel. 460.4740, Fax 460.1356, termales@racsa.co.cr): schöne Badegelegenheit am Fluss mit Thermalwasser (tgl. 9-21 Uhr, Eintritt 8 $, Kinder 5 $), Rest. (Mittag-/Abendessen 9 $), Canopy-Tour (45 $), Pferde (15 $/Std.); 25 Zi., bp, Terrasse, TV: 49/61/72 $ (ÜF); Kinder (6-12 Jahre) 7 $; 6 Zi. mit AC: +5 $; KK (kein Zuschlag).
- **Hotel Occidental Tucano** (Tel. 460.6000, Fax 460.1692, tucano@racsa.co.cr): 9 km in Richtung Aguas Zarcas links; beliebtes Wochenendhotel mit Rest., Pool, Heilbad mit medizin. Anwendungen (Thermalquellen, sehr gepflegt), Tennisplätze, Sauna, Pferde; 86 schöne Zi., bp, Vent.: ab ca. 105/105/130 $ (ÜF); NS ab ca. 88/88/105 $.

Restaurants

- **Restaurant Los Geranios** (C.2/Av.2-4): nettes Lokal.
- **Restaurant/Steak House Coca Loca** (Parque Central, Westseite): Fleisch ab 5 $; KK.
- Einfache **Sodas und Imbisslokale** gibt es an der Nordseite des Parque Central.

Infos von A bis Z

- **Disco:** im Restaurant Los Geranios und *Disco Titanic.*
- **Einkaufen:** Supermarkt (Av.C./C.C.) tgl. bis 22 Uhr.
- **Erste Hilfe:** Rotes Kreuz (Tel. 460.0101), Hospital (460.0533).
- **Fahrradzubehör:** *Ciclo Rafael Abarca* (C.2/Av.3).
- **Freibad:** *Balneario San Carlos* (C.4 Norte, Tel. 460.0747), tgl. 7-19 Uhr, Do bis 22 Uhr, Schwimmbecken mit olymp. Maßen.
- **Geldwechsel:** *Banco de Costa Rica* (Parque Central, Südseite): Mo-Fr 9-15 Uhr, in der Filiale C.C./Av.1 kein Geldwechsel!; *Banco Nacional* (Av.C./C.C.-1): Mo-Fr 8.30-15 Uhr.
- **Internet:** Av.1/C.1, Mo-Sa 9-20 Uhr, So 15-20 Uhr, 400 C./Std.

Busverbindungen

- Der **Busbahnhof** befindet sich außerhalb, etwa 1 km in Richtung Fortuna.
- **San José:** direkt 6.45-18.15 Uhr etwa stündlich, Fahrzeit 2,5 Std.; *corriente* (mehrere Stopps): 5-17.30 Uhr etwa alle 1,5 Std., Fahrtzeit ca. 3 Std.
- **Tilarán:** 6.30 und 16 Uhr, Fahrzeit 4 Std.
- **Fortuna** (Tel. 460.0326): 9.30 bis 20 Uhr etwa stündlich, Fahrzeit 1,5 Std, 1 $.

256cr Foto: dk

- **Pto. Viejo Sarapiquí** (Tel. 460.0638): 4.40, 6, 10 und 15 Uhr.
- **Los Chiles:** 5, 8 (aus San José), 9.30, 11, 12, 13.30, 15, 17, 18 (aus San José) und 19 Uhr, Fahrzeit ca. 2,5 Std.
- **San Rafael/Upala:** 11.30 und 16.45 Uhr.

Umgebung von Cd. Quesada

In Richtung Aguas Zarcas fahrend, erreicht man nach 9 km das **Hotel El Túcano;** kurz davor führt eine beschilderte Abzweigung zu den **Termales de Bosque,** einem kleinen Privatreservat mit schöner Badegelegenheit am Thermal-Fluss (Eintritt 8 $). Etwa 12 km nach Cd. Quesada, links gegenüber einer Tankstelle, liegt der **Zoo La Marina.**

Etwa 4 km weiter erreicht man den Ort **Aguas Zarcas,** von wo aus man nach San Miguel und Puerto Viejo weiterfahren kann (s. in diesem Kapitel: „Von San José nach Pto. Viejo").

Zoo La Marina

- **Geöffnet:** tgl. 8-16 Uhr
- **Eintritt:** 1500 C. (= ca. 4,50 $), Kinder 500 C., Tel. 460.0946
- **Anreise:** 12 km hinter Cd. Quesada links gegenüber Tankstelle

Kein Zoo im üblichen Sinne, eher ein **Heim für verletzte Wildtiere** aus den

Das Zuckerrohr auf dem Weg zur Rohrzuckerfabrik

Nationalparks und Reservaten sowie für ausgesetzte Haustiere und solche, die als illegale Handelsobjekte missbraucht wurden, ist diese in privater Initiative entstandene Einrichtung. Hier hat man besser als anderswo im Land die Gelegenheit, einheimische Tiere kennen zu lernen, auch solche, die man in freier Natur gar nicht oder nur sehr selten zu sehen bekommt. Neben zahlreichen Vogelarten wie Adlern, Tukanen und Aras bekommt man auf einem Rundweg Raubkatzen, Reptilien, Affen, Tapire, Wildschweine, Waschbären, Rehe, Koyoten, Nasenbären und viele Tiere mehr zu sehen.

Trotz der knappen Finanzen der Besitzer, die keine staatliche Unterstützung erhalten und auch über den Eintritt nur einen kleinen Teil der Kosten decken können, ist man bemüht, den Tieren einen halbwegs artgerechten Platz zu schaffen. Dies ist zumindest in einigen Fällen auch schon gelungen (Tapir, Affen, Krokodile), aber es gibt immer noch viel zu tun.

Nach Los Chiles

Die Hauptroute sowohl nach Fortuna und zum Arenal-See als auch nach Los Chiles führt nördlich aus der Stadt Cd. Quesada und teilt sich etwa 8 km weiter im Ort **Florencia:** Geradeaus geht es über Tanque nach Fortuna (siehe dort), zweigt rechts eine Straße ab nach Muelle und weiter an die Grenze zu Nicaragua.

Die **Region nördlich von Florencia** liegt bereits in der weiten Ebene des Nordens und ist geprägt vom Anbau und der Verarbeitung von Zuckerrohr. Das Klima ist hier bereits schwül-heiß, statt der schwarz-weiß gescheckten Holstein-Rinder beherrschen die (im doppelten Wortsinn zähen) Zebu-Rinder das Bild.

5,5 km nach Florencia in Richtung Muelle liegt rechts die **La Quinta Lodge,** nach 7,2 km führt in **Platanar** links eine Abzweigung zum **Hotel La Garza.**

Etwa 13 km nach Florencia erreicht man die mit einer Tankstelle bestückte **Kreuzung von Muelle.** Geradeaus führt eine Teerstraße nach Los Chiles (ca. 74 km), rechts geht es über Aguas Zarcas nach San Miguel und links nach San Rafael und Upala und über Tanque nach Fortuna. An dieser Straße liegt auch das Luxushotel **Tilajari Country Club.**

Kurz nach der Kreuzung lohnt sich im Ort Muelle ein Stopp: Von der Brücke kann man **Leguane** beobachten und bequem fotografieren.

Die Straße **nach Los Chiles** führt nun fast schnurgerade vorbei an Zuckerrohrplantagen, die im weiteren Verlauf immer mehr von ausgedehnten Orangenplantagen der Tico Fruit abgelöst werden.

Autofahrer seien gewarnt: Der vermeintlich gute Zustand der Straße täuscht – zahlreiche unauffällige, aber um so wirkungsvollere **Schlaglöcher** bestrafen nachhaltig für zu schnelles Fahren (Reifenwechsel!).

Hotels und Restaurants

- **La Quinta Lodge** (Tel./Fax 475.5260): Pool, Rest., freundlich; 2 saubere Cab. (bis 10

263cr Foto: dk

Pers.), bp (WW), Etagenbetten: 10 $ p.P.; 5 ordentl. Zi. im Haupthaus, bp (WW), Vent.: ca. 30 $ (1-3 Pers.); 1 Apt. mit Küche, Kinderzi., 2 Bädern: ca. 60 $ (bis 6 Pers.).

- **Hotel La Garza** (Tel. 475.5222, Fax 475. 5015, info@hotellagarza.com): Vieh-Hacienda am Fluss mit 300 ha Primärwald, Rest., Bar, Pool, Pferdeverleih (2-3 Std.: 40 $); 12 schöne Zi. in 6 Bungalows, bp (WW), AC, DV, Balkon, sehr angenehm und gepflegt, ruhige Lage; 87/87/105 $ (ÜF); NS 76/76/93 $ (ÜF); Kinder (6-12 J.): 7 $; KK (kein Zuschlag); nicht billig, aber schön.
- **Tilajari Resort Hotel** (Tel. 469.9091, Fax 469.9095, San José: Tel. 291.4081, Fax 291. 4082 info@tilajari.com): ruhige Lage am Fluss, Bar, Rest. (11/18/18 $), Tennisplatz, Pool, Sauna, Disco, Pferde, Schmetterlingsgarten; 76 gute Zi., bp, AC: ab 92/104/115 $ (NS 79/79/91 $); Kinder bis 12 Jahre frei, ab 12 Jahre 12 $; KK.

Ausflugsboote zur Regenzeit

Los Chiles

Rund 200 km nordwestlich von San José, an der **Grenze zu Nicaragua,** liegt dieses verschlafene Nest mit etwa 8500 Einwohnern, und wäre es nicht Ausgangspunkt für **Bootstouren** nach Caño Negro und Nicaragua, würde sich wohl kaum jemals ein Tourist hierher verirren. Die meisten Besucher kommen als Tagesausflügler aus San José und Fortuna und steigen von hier nur ins Boot, doch inzwischen gibt es auch einige akzeptable Unterkünfte im Ort, so dass man eine Tour auch auf eigene Faust unternehmen kann.

Wer beabsichtigt, über Los Chiles **nach Nicaragua weiterzureisen,** sollte sich vorher bei der nicaraguanischen Botschaft in San José nach den Einreisebestimmungen erkundigen. Derzeit ist eine Ausreise über Los Chiles möglich.

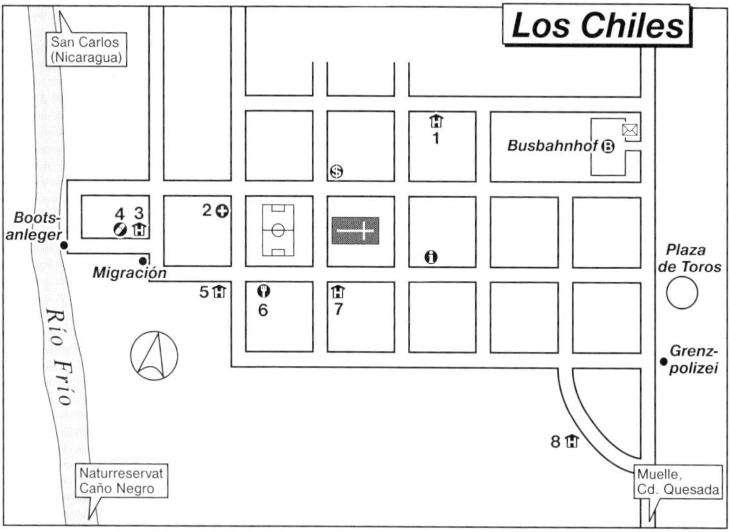

Unterkünfte

- Sehr einfache Zimmer (bc ab 3 $ p.P., bp: DZ ca. 8 $) bieten **Hotel Onassis** (Tel. 471. 1001), **Hotel Central** (Tel. 471.1096) und **Hotel Carolina** (Tel./Fax 471.1151).
- **Cabinas Jabiru** (Tel./Fax 471.1496): 10 ordentl., einf. Cab., bp (WW), Vent.: 9/12/15 $.
- **Rancho Eco-Directa** (Tel./Fax 471.1414, cocas34@hotmail.com): Rest.; 8 ordentl. Zi., bp (WW), AC: 25/30/35 $ (ÜF).

Außerhalb:

- **Natural Lodge Caño Negro** (in der Nähe des Naturreservats, Tel. 265.3302, Fax 265. 4310, info@canonegrolodge.com): Rest., Pool, Bootsausflüge; 21 Zi., bp, AC, Safe: 93/ 105/116 $ (ÜF); KK.
- **Caño Negro Fishing Club** (Tel. 656.0071, Fax 656.0260, info@canonegro.com): Bootstouren; 4 Bungalows mit je 2 Zi.: 55/55/69 $ (ÜF); NS 45/45/57 $ (ÜF); KK.

Restaurants

- Beschränkte Auswahl an Restaurants; einf. Gerichte gibt es im **Restaurant El Parque.**

	Hotels
1	Cabinas Jaribu
3	Rancho Eco-Directa
5	Hotel Onassis
7	Hotel Central
8	Hotel Carolina
	Restaurants
6	Restaurant El Parque
2	Rotes Kreuz
4	Apotheke

Ein guter Platz zum Frühstücken (ab 7.30 Uhr) ist die **Cafetería Los Petates.**

Infos von A bis Z

- **Apotheke:** gegenüber *Migración*.
- **Ein-/Ausreise:** *Migración,* Nähe Bootsanleger (Tel. 471.1061).
- **Erste Hilfe:** Rotes Kreuz (Fußballplatz Westseite, Tel. 471.1037).
- **Geldwechsel:** *Banco Nacional* (nördl. der Kirche).

- **Polizei:** am Ortseingang, Tel. 471.1103.
- **Post:** neben Busbahnhof.
- **Supermarkt:** gegenüber Tourist-Info.
- **Tankstelle:** ca. 2 km südlich.
- **Tourist-Info:** *Servitur* vermitteln Touren nach Caño Negro, Pferde und Unterkunft, Tel./Fax 471.1055.

Busverbindungen

- **San José:** tgl. 5 und 15 Uhr, Fahrzeit ca. 5 Std.; oder über Cd. Quesada.
- **Cd. Quesada:** 4.30, 6, 6.45, 7.30, 9.30, 11, 12.30, 16 und 17.45 Uhr, oder mit dem Bus nach San José.

Bootsverbindungen

- **Caño Negro:** Bootstouren dauern etwa 3-4 Std. und schließen meist einen Führer und ein Picknick mit Getränken ein: Wer sich einer **Gruppe** anschließt, muss mit etwa 29 $. p.P. rechnen, eine **eigene Tour** kostet 20 $ p.P. (bei 5 Pers.), **Buchung** in Fortuna oder vor Ort bei der Tourist-Info oder bei *Viajes Cabo Rey* (Tel. 470.1063).
- **San Carlos (Nicaragua):** unregelmäßige Bootsverbindung, meist Mi und Fr, ca. 6 $.

Flugverbindung

- In der Nähe des Ortes gibt es eine kleine Landebahn. Keine regelmäßigen Flüge.

Naturschutzgebiet Caño Negro

- **Fläche:** 9969 ha
- **Höhe:** 30 m ü.M.
- **Niederschlag:** 3500 mm/Jahr
- **Temperaturdurchschnitt:** 26 °C
- **Lage:** südl. des Nicaragua-Sees
- **Geöffnet:** 8-16 Uhr, Eintritt: 200 C.
- **Anreise:** mit Booten ab Los Chiles oder San Rafael Guatuso, zum Ort Caño Negro ungeteerte Straße ab Los Chiles, Feb.-April mit Pferd ab Los Chiles
- **Tipp: Mückenschutzmittel** benutzen!

Das Naturschutzgebiet liegt etwa 20 km südlich des Nicaragua-Sees und umfasst weite **Feucht- und Sumpfgebiete,** die einen rund 500 ha großen **Süßwassersee** umschließen. Ähnlich dem Neusiedler See ist dieser See nur etwa 3 m tief und verschwindet während der Trockenzeit (Feb.-Mai) fast völlig.

Caño Negro ist mit seiner großen Vielfalt an Pflanzen und Tieren eines der bedeutendsten Feuchtgebiete Mittelamerikas und dient als **Zwischenstation für viele Zugvögel,** vor allem in den Monaten März und April. In den Grenzen des Schutzgebietes gibt es Pflanzen und Tiere, die in anderen Teilen des Landes nicht vorkommen. Der Name leitet sich vom Schilfrohr *(caño),* das am Rande des Sees steht, ab.

Flora und Fauna

Es gibt fünf verschiedene **Vegetationsräume:** Die Ufervegetation wird vorwiegend von Gräsern und kleinen Bäumen gebildet. Eine große Baumvielfalt prägt den regelmäßig überschwemmten Primärwald (u.a. die Tamarinde). Klammeraffen, Puma, Jaguar, Ozelot, Tapir und Faultiere sind die hier lebenden **Säugetiere.**

Über 300 **Vogelarten** hat man bisher registriert. Zu den häufigsten Wasservögeln zählen Schlangenhalsvogel, Rosa Löffler, Silberreiher, Weißer Ibis, Gelbstirnjassana (Wasserhuhn), Amerika-Nimmersatt, Pfeifgans und der mächtige Jabiru. Ebenfalls in Caño Negro lebt die größte Kolonie von Biguascharben, einer Kormoran-Art.

Die Region Arenal

Fortuna

- **Einwohner:** ca. 5000
- **Höhe:** 253 m ü.M.

Fortuna de San Carlos, wie der kleine Ort vollständig heißt, ist ein aufstrebendes **Touristenzentrum** zu Füßen des Vulkans Arenal. Wegen der zahlreichen ordentlichen Unterkünfte und Restaurants, der recht guten Verkehrsverbindung und seiner touristischen Infrastruktur (Reisebüros, Pferdeverleih etc.) bietet sich der angenehme Ort als Ausgangspunkt für Ausflüge in die attraktive Umgebung an – allem voran zum Vulkan Arenal. Was den einen beruhigen mag, ist für den anderen eher enttäuschend: Fortuna liegt auf der „ruhigen" Seite des Vulkans – dessen regelmäßige Aktivitäten kann man nur von der westlichen Seite aus beobachten (s. in diesem Kapitel unter „Von Fortuna zum Arenal" und „Vom Vulkan Arenal nach Nuevo Arenal"). Zum Ort Fortuna hin präsentiert er sich von seiner grünen Seite und gibt vor allem bei Sonnenuntergang eine eindrucksvolle Kulisse ab – wenn er sich nicht gerade hinter einem Wolkenmantel versteckt.

Unterkünfte

- Einf. Unterkunft um 7 $ p.P. findet man bei **Cabinas Jerry** (Tel. 479.9707), **Cabinas Las Palmas** (Tel. 479.9379, Pferdetouren), **Cabinas El Bosque** (Tel. 479.9365) sowie in vielen Privathäusern.
- **Cabinas Gringo Petes** (Tel. 479.8521, gringopetes2003@yahoo.de): freundliche Billigunterkunft: 3 $ p.P. im Schlafsaal; DZ: 4 $ p.P.; Lesertipp!
- **Cabinas Hervi** (Tel. 479.9430, Fax 479.9100): 4 Zi., bc: 6 $ p.P.; 4 bessere Zi., bp, im OG: DZ 20 $; KK (ohne Aufschlag).
- **Cabinas Wally** (Tel. 479.9486): ruhige Lage, freundlich; 6 saubere Zi., bp, TV: DZ 16-20 $; Lesertipp!
- **Cabinas Grijalba** (Tel./Fax 479.9129): 8 sehr ordentl. Zi., bp, DV, etwas laut: 15/20/25 $; 7 Zi. mit AC: 20/30/35 $; KK (+16 %).
- **Cabinas La Amistad** (Tel. 479.9364, Fax 479.9342): 17 einf. Zi.: DZ 25 $; KK (+7 %).
- **La Choza Inn** (Tel. 479.9361, Fax 479.9091): ruhige Lage, Parkplatz; 8 Zi., bp (WW): 12/25/30 $; KK (+7 %).
- **Cabinas Oriuma** (Tel./Fax 479.9111, oriuma@racsa.co.cr): 12 Zi., bp (WW): 15/25/35 $; weitere Zi. im Bau.
- **Mayol Lodge:** (Tel./Fax 479.9110, diegorc67@hotmail.com): kl. Pool, 12 nette Zi., bp (WW), DV: 17/22/27 $; größere Zi. mit Kühlschrank, Kabel-TV: 27/37/42 $; KK (kein Zuschlag).
- **Hotel/Restaurant Fortuna** (Tel. 479.9197, Tel./Fax 479.8563, fortunainn@ice.co.cr): Touren, Internet; 7 einf. Zi., bp: 16/26/33 $ (ÜF); KK (+7 %).
- **Hotel Colinas** (Tel./Fax 479.9305, hcolinas@racsa.co.cr): älteres Hotel, Touren: 15 $ p.P. (NS 10 $ p.P.).
- **Cabinas Las Tinajas** (Tel. 479.9308, Fax 479.9099, msanchez@bncr.fi.cr): 4 Zi., bp: 25/30/35 $.
- **Cabinas La Rivera** (Tel. 479.9048): etwas abgelegen, ruhig, Pool; 9 Zi. (bis 5 Pers.), bp, Vent., AC: 20/40/54 $ (ÜF).
- **Cabinas Rodriguez** (Tel./Fax 479.9843): 6 ordentl. Zi. mit AC: 30/40/50 $.
- **Cabinas Villa Fortuna** (600 m vor Fortuna, Tel./Fax 479.9139, villafort@racsa.co.cr): schöner Pool; 12 ordentl. Zi. (bis 4 Pers.), bp AC, sehr sauber: 35/40/50 $; Frühstück 5 $; KK (kein Zuschlag).
- **Hotel San Bosco** (Tel. 479.9050, Fax 479.9109, fortuna@racsa.co.cr.): Pool, Whirlpool; 31 Zi., alle mit AC: 11 einf., aber ordentl. Zi., bp, Vent.: 35/40/50 $; bessere Zi. in neuerem Haus: 45/50/55 $; 2 Mini-Suites mit Küche: 80 $ (1-4 Pers.); KK (ohne Zuschlag).

●**Hotel Arenal Carmela** (Tel./Fax 479.9010, info@hotelarenalcarmela.com): mit Parkplatz; 22 ordentl. Zi., bp, AC, Kabel-TV, kl. Kühlschrank, Safe: 35/45/55 $ (ÜF); KK (kein Zuschlag).

●**Hotel Monte Real** (Tel./Fax 479.9357, info @monterealhotel.com): ruhige Lage, großer Garten, Pool, Parkplatz; 3 ordentl. Zi. mit Bad, Kabel-TV, z.T. Kühlschrank: 35/45/52 $ (NS 30/40 $); 6 Luxuszi., AC: 50/60/67 $ (NS 40/45 $); KK (ohne Zuschlag)

*__Cabinas Guacamaya__ (Tel. 479.9393, info@ cabinasguacamaya.com): Parkplatz; 9 freundliche Zi., AC, kl. Kühlschrank, Safe: 41/47/ 58 $ (NS 35/41/53 $); KK.

●**Hotel Arenal Jireh** (Tel. 479.9004, Fax 479.9259, info@hotelarenaljireh.com): 6 Zi. mit AC, TV: 47/58/70 $.

●**Hotel Paraíso Tropical** (Tel. 479.9222, Fax 479.9722, paraisotropical_res@hotmail.com): 10 Zi. mit Kabel-TV, AC, Kühlschrank: 58/58/ 64 $; KK (kein Zuschlag).

●**Luigi's Lodge** (am Ortsausgang, Tel. 479.9636, Fax 479.9909, info@luigislodge. com): Rest., Pool, Fitnessraum, Casino, Parkplatz, ital. Leitung; 21 Zi. mit Vulkanblick, bp (WW), AC, Teppich, Kühlschrank, gute Betten: 70/70/84 $ (ÜF); KK; 20 weitere Suiten im Bau.

●**Hotel Las Cabañitas** (Tel. 479.9343, Fax 479.9408, cabanita@racsa.co.cr): Rest. (6/ 12/12 $), Pool; 30 Holzhäuser, bp, AC, kl. Veranda, ordentlich, teuer: 90/102 $ (NS 80/92 $); 6 neue Luxuszi. mit Minibar: 110/125 $; Kinder unter 12 J. 50 %; KK.

Außerhalb:

●**Hotel Rancho Corcovado** (6 km vor Fortuna in El Tanque, Tel. 469.1818, Fax 469.1919): gr. Pool (renovierungsbedürftig!), Rest.; 23 ordentl. Zi. (bis 4 Pers.), bp, TV, AC, Vent.: 31/52/70 $; KK.

●**Arenal Country Inn** (ca. 500 m Richtung Wasserfall, Tel. 479.9670, Fax 479.9433, info @arenalcountryinn.com): Bungalowanlage auf ehemaliger Hacienda zu Füßen des Arenal, Pool, 20 gepflegte Bungalows mit AC: 95/100/115 $ (ÜF), NS 80/85/100 $ (ÜF).

●**Cabinas Sierra Arenal** (ca. 500 m nach Ortsende Fortuna in Richtung Vulkan rechts, Tel. 479.9751, Fax 479.0029): mit Vulkanblick; 4 Zi. mit DV: 25/25/35 $; 6 Zi. im OG. mit AC: 40 $.

*__Villas Vista Arenal__ (ca. 800 m rechts, Tel./ Fax 479.9808): 14 nette kl. Holzhäuser mit Vulkanblick, AC: 35/47/52 $, Frühstück 5 $, KK (ohne Aufschlag); gutes Preis-Leistungs-Verhältnis.

*__Cerro Chato Lodge__ (etwa 1,9 km in Richtung Vulkan Abzw. links, Tel. 479.9494, Fax 479.9404, cerrochato@racsa.co.cr): ruhige Lage, Vulkanblick, familiär; 7 Zi., bp, DV: 20/ 36/48 (ÜF); KK (+10 %); Camping möglich (3 $/Zelt).

●**Albergue La Catarata** (hinter Cerro Chato Lodge, Tel. 479.9522, Fax 479.9168, cata rata@racsa.co.cr): schöne Lage (Vulkanblick), Rest., Schmetterlingsgarten; 9 Zi., bp: 30/45/ 55 $ (ÜF); KK, Camping möglich.

●**Hotel Arenal Rossi** (Tel. 479.9023, 479. 9521, Fax 479.9414, contactos@hotelarenal rossi.com): Rest.service; 24 Zi. mit AC: 47/ 55/70 $ (ÜF); NS 42/ab 49/63 $ (ÜF).

●**Villas Vilma** (ca. 2 km rechts, Tel. 479. 9215, Tel./Fax 479.8153, villasvilma@racsa. co.cr): schöner Garten mit Vulkanblick, 5 Häuser mit je 2 ordentl. Zi., Vent. (4 Zi. mit AC), TV, z.T. Kühlschrank: 40/50/60 $; KK.

●**Cabinas Las Flores** (Tel. 479.9307, Tel./ Fax 479.8042): mit AC: 25/30/35 $ (NS 16/ 23/28 $); keine KK.

●**Hotel La Pradera del Arenal** (Tel. 479. 9597, Fax 479.9167, info@lapraderadelare nal.com): Rest., Pool, Touren; 15 Zi. mit DV, Kabel-TV: DZ 55 $ (ÜF); 5 Zi. mit AC: DZ 60 $ (ÜF); 8 Luxuszi.: DZ 70 $; mit AC: 80 $; KK.

*__Hotel de Montaña Lomas del Volcán__ (2,4 km Richtung Vulkan Zufahrt links, Tel. 479.9000, Fax 479.9770, in D Tel. 0861/ 165906, info@lomasdelvolcan.com): empfehlenswert, ruhige Lage, Frühstücksrest. Schöne Holzbungalows mit Veranda und Blick zum Vulkan Arenal: 81/81/93 $ (ÜF).

●Weitere **Unterkünfte** an der Straße zum Vulkan siehe in diesem Kapitel unter „Von Fortuna zum Arenal".

Restaurants und Bars

●**Antojería Las Brasitas:** gemütliches Rest., mexikan. Spezialitäten, reichhaltige Portionen, mittlere Preisklasse.

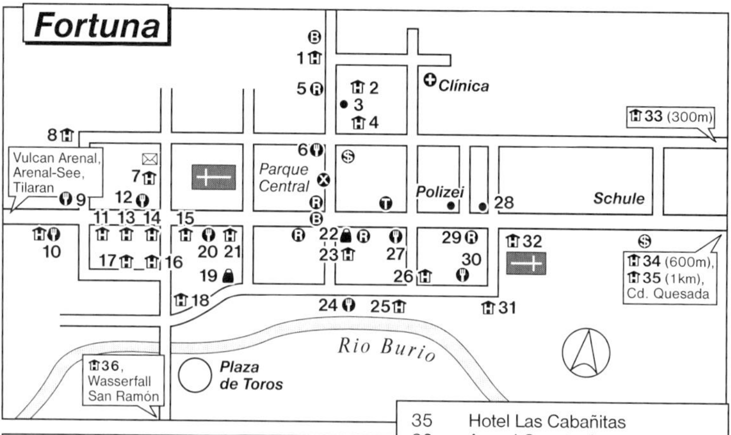

Hotels

1 Cabinas Las Tinajas
2 Hotel San Bosco
4 Cabinas Oriuma
7 Cabinas El Bosque
8 La Choza Inn
10 Luigi's Lodge
11 Cabinas Grijalba
13 Cabinas La Amistad
14 Hotel Arenal Jireh
15 Hotel Paraíso Tropical
16 Cabinas Hervi
17 Cabinas Las Palmas
18 Cabinas Jerry
21 Hotel Arenal Carmela
23 Hotel Colinas
25 Mayol Lodge
26 Hotel/Restaurant Fortuna
31 Hotel Monte Real
32 Cabinas Guacamaya
33 Cabinas La Rivera
34 Cabinas Villa Fortuna
35 Hotel Las Cabañitas
36 Arenal Country Inn

Restaurants

6 Restaurant Rancho La Cascada
9 Antojería Las Brasitas
10 Luigi's Pizza
12 Restaurant La Choza del Laurel
20 Lava Rocks Café
24 Soda El Río
27 Restaurant El Jardín
30 Soda Casa de Ara

3 Desafío Adventure Company
5 Sunset Tours
19 Supermarkt
22 Supermarkt
28 Bäckerei
29 Aventuras Arenal

Reisebüro
Taxi
Post

- **Lava Rocks Café:** beliebtes Lokal mit Tourist-Info, Internet, ordentl. Küche, nicht teuer.
- **Restaurant Rancho la Cascada:** unter palmgedecktem Spitzdach, Fisch- und Fleischgerichte ab 6 $ (nicht besonders), Frühstück ab 6 Uhr; KK.
- **Restaurant El Jardín:** beliebtes Rest. im Zentrum, Fleisch, Fisch und Pasta ab 7 $, Frühstück ab 6 Uhr.
- **Luigi's Pizza** (Ortsende Richtung Vulkan links): gut und teuer.
- **Restaurant La Choza del Laurel:** nettes Freiluftrest. mit typisch costaricanischer Küche ab 5 $, große Portionen, Frühstück ab 6.30 Uhr, keine KK.
- **Pizzería Vagabondo** (2,2 km Richtung Vulkan links): nettes Lokal mit guter (original italienischer) Pizza & Pasta, nicht billig.

●**Bar Vagabondo** (neben Pizzeria): Mo/Di/Fr-So 19.30-2.30 Uhr:

●**Restaurant La Pradera** (2,4 km Richtung Vulkan rechts): gute Fleischgerichte und landestypische Küche.

●Einf. und günstig isst man in den zahlreichen Sodas, z.B. **Soda Fortuna** (im gleichnamigen Hotel), **Soda la Parada** (vis-a-vis von der Bushaltestelle, gute Küche), **Soda El Río** oder **Soda Casa de Ara** (reichhaltiges Frühstück).

Infos von A bis Z

●**Autovermietung:** *Alamo* (neben Restaurant Choza de Laurel, Tel. 479.9090), *Poas* (im Büro der Canopy-Tour, Tel./Fax 479. 8027).

●**Camping:** bei der *Cerro Chato Lodge* und *Albergue La Catarata* und im *Reservat Los Lagos* (s.u.).

●**Disco:** *Volkan Look:* 4,9 km Richtung Vulkan links, Tel. 479.9690, geöffnet Mi-Sa 19-1 Uhr.

●**Erste Hilfe:** Krankenhaus; Allgemeinarzt Dr. *Liliana Cordero-Rodriguez* (25 m südl. von der Banco de Costa Rica), Zahnarzt: *Clinica Dental* (hinter Banco de Costa Rica, Tel. 479. 9696, 479.8384) oder *Clinica Dental „perfect smile"* (an der Hauptstraße bei der Tankstelle, 479.8551).

●**Geldwechsel:** *Banco Nacional* (Park Ostseite): Mo-Fr 8.30-15 Uhr, *Banco de Costa Rica* (am Ortseingang, von Tanque kommend): Mo-Fr 8.30-15.45 Uhr, *Banco Popular* (links neben Tankstelle): Mo-Fr 8.15-15 Uhr, Sa 8.15-11.45 Uhr; *Banco de San Jose* (50 m nördl. der Tankstelle), *Banco Coosique* (neben Hotel Fortuna).

●**Markt:** Am Freitag findet von 15-19 Uhr an der Plaza de Toros ein Gemüsemarkt statt.

●**Pferdeverleih:** u.a. bei *Cabinas La Rivera, Cabinas Las Palmas, Caves Tours* (Tel. 479.9823) und *Desafío Adventure Company* (Tel. 479.9494, Tour nach Monteverde).

●**Post** (nördl. der Kirche): Mo-Fr 7.30-18 Uhr, Sa 7.30-12 Uhr.

●**Radverleih:** *Bike Arenal* (50 m nördl. der Clinica, Tel. 479.9454): Mountainbikes (halber Tag: 12 $, ganzer Tag 18 $), auch geführte Touren.

●**Reisebüro:** *Sunset Tours* (neben Restaurant La Cascada und an der Hauptstraße gegenüber Alamo R.C., Tel. 479.9800; Fax 479.9415, info@sunset-tours.com): Tour-Veranstalter und Reisebüro mit ICT-Lizenz, öffentlicher Fernsprecher.

●**Supermarkt:** u.a. gegenüber Tankstelle, auch So (bis 11 bzw. 12 Uhr), sowie *Megasuper, Super Cristian* (So von 8 bis 8 Uhr).

●**Taxi:** Standplatz Park (Ostseite), Tel. 479. 8522.

●**Tourist-Info:** bisher keine offizielle Info-Stelle des ICT, überall vermeintliche Auskunftsbüros, die aber alle nur Ausflüge verkaufen wollen. Wer Infos braucht, wendet sich am besten an *Sunset Tours* oder *Canoa Aventura* (s.u.).

●**Tour-Veranstalter:** *Aventuras Arenal* (Hauptstraße, gegenüber Bäckerei Musmanni, Tel. 479.9133, Fax 479.9295, avarenal@racsa.co.cr): gute Touren: Caño Negro (48 $) und Palo Verde mit eigenen Booten, Pferdetour zum Wasserfall (30 $), Mountainbike-Tour (45 $), Vulkan Arenal & Tabacón (45 $); KK; *Canoa Aventura* (Tel. 479.8200, Fax 479.8219, canoaaventura@racsa.co.cr): empfehlenswerte Kanutouren und Touren zum Vulkan Arenal; *Desafío Adventure Company* (Tel./Fax 479. 9464, desafio@racsa.co.cr): River-Rafting, Pferdetouren, Caño Negro, Canopy-Tour; *Eagle Tours* (Tel. 479.9091): Rafting (ab 44 $), Reittour Wasserfall (17 $) etc.; *Jacamar-Tours* (Lava Rocks Café, Tel. 479.9767, Fax 479.9456, jacamar@racsa.co.cr): Floating-Trip (45 $), Canopy-Tour (50 $), Caño Negro (50 $); *La Choza Tours* (im gleichnamigen Restaurant, Tel./Fax 479.9231); *Sunset Tours* (s. Reisebüro): tgl. Tagestour Caño Negro (54 $), Vulkan Arenal (27 $), Ausritt zum Wasserfall (34 $); das Hotel Las Colinas (s.o.) bietet Touren an: u.a. Tagestour zum Vulkan Tenorio: 79 $ (inkl. Anfahrt, Pferd, HP).

Achtung: Viele Touren werden an der Straße angeboten, meist zu überhöhten Preisen und mit falschen Informationen!

●**Wäsche-Service:** : *Lavanderia La Fortuna* (an der Hauptstraße, gegenüber der Schule, Tel. 479.9737), sowie gegenüber Hotel San Bosco und in vielen Hotels.

Busverbindungen

Abfahrtsstelle am Parque (Südseite, gegenüber Soda La Parada).

- **San José:** 12.45 und 14.45 Uhr, Fahrzeit 4-5 Std., Preis: 1300 C. (= ca. 2,80 $), sonst über San Ramón (guter Anschluss!) oder Cd. Quesada; mit *Interbus* um 8 Uhr (25 $).
- **San Ramón:** 5.30, 9, 13 und 16 Uhr, Preis: 1000 C. (= ca. 2,20 $), Fahrtzeit ca. 2 Std.
- **Cd. Quesada:** 4.45, 5.10, 5.40, 6.30, 7.40, 9.30, 9.45, 10.30, 12.15, 12.45, 14.45, 15.15, 15.30, 16.40, 17.30 Uhr, Fahrzeit 1,5-2 Std., Preis: ca. 1 $; sonst mit dem Taxi nach El Tanque (6 km) und von dort Bus nach Quesada.
- **Arenalsee/Tilarán:** 8 und 17 Uhr (Bus kommt aus Cd. Quesada), Fahrzeit ca. 3 Std., Preis: 1200 C. (= ca. 2,60 $).
- **Pto. Viejo Sarapiqui:** über Cd. Quesada: tgl. 8 Uhr mit *Interbus* (25 $).
- **Liberia/Rincon de la Vieja:** tgl. 8.20 Uhr mit *Interbus* (38 $), sonst über Tilarán/Cañas.
- **Samara:** tgl. 8.20 Uhr mit *Interbus* (30 $).
- **Playa Tamarindo:** tgl. 8.20 Uhr mit **Interbus** (25 $).
- **Sta. Elena/Monteverde:** tgl. 8.20 Uhr mit *Interbus* (38 $), „Taxi/Boot/Taxi": 19 $ p.P., Buchung über Hotels u. Agenturen, z.B. *Jocar.*
- **Jacó/Manuel Antonio:** tgl. 8 Uhr mit *Interbus* (25 $).

Aktivitäten und Ausflüge

- **Cascada La Fortuna:** Dieser schöne **Wasserfall** liegt etwa 5 km südwestlich des Ortes, also in einer angenehmen Entfernung für einen schönen Spaziergang (etwa 3 Std. hin und zurück). Wer möchte, kann sich hier aber auch ein Rad mieten (sehr anstrengend!) oder den Ausflug mit dem Pferd machen (4 Std./ 25-30 $), das letzte Stück muss man aber auf alle Fälle zu Fuß gehen (ca. 15 min, steil, oft rutschig; hier wird gutes Schuhwerk benötigt). Ein Taxi kostet ca. 4 $ (einfache Fahrt). An den Fällen herrliche Badegelegenheit. Geöffnet tgl. 8-17 Uhr, der Eintritt ist jedoch unverschämt hoch: 6 $ p.P.!
- **Vulkan Arenal:** Die Aktivitäten des Vulkans sind am besten von der Westseite zu beobachten, besonders eindrucksvoll bei Nacht (s. in diesem Kapitel unter „Von Fortuna zum Arenal"). Nächtliche Ausflüge werden von verschiedenen Veranstaltern angeboten, sind jedoch teilweise illegal, da sie in die Gefahrenzone führen.
- **Thermalquellen:** mehrere Möglichkeiten stehen zur Auswahl. Empfehlenswert sind die *Manantiales Volcanicos Termales* (Anmeldung erforderlich!) und die *Baldi Termae* (beide ca. 5 km Richtung Arenal) mit mehreren Becken und Vulkan-Blick. 7 Km weiter kommt man zur teuren Anlage *Balneario Tabacón Resort.* Direkt gegenüber liegt ein weiteres Bad. Die günstigste Möglichkeit: 1,7 Km weiter kann man links der Straße ganz umsonst im Fluss (leider verschmutzt)!
- **Wasserrutsche „Balneario Nacional":** Diese 52 m lange Rutsche am Ortsende links (Richtung Vulkan) ist die Attraktion für Badefans. Eintritt: 4,50 $, Kinder/Schüler: 1,50 $, geöffnet: 10-20 Uhr, Info: Tel. 479.9468.
- **Venado-Höhlen:** In nur etwa 45 Min. kann man die Höhlen erreichen. Tour: ca. 35 $ (inkl. Eintritt und Ausrüstung, s. in diesem Kapitel „Von Fortuna nach Upala"), Veranstalter: *Bobo Adventure,* Tel. 479.9390 www.boboadventures.com. Alte Kleidung und Taschenlampe mitnehmen.
- **Caño Negro:** Ein lohnenswerter Tagesausflug ins Tierparadies, ca. 48 $ p.P. (s.o.: „Nach Los Chiles").

• **River-Rafting:** Desafío Adventure Company (hinter der Kirche, Tel. 479. 9464) bieten Schlauchboot-Touren auf dem Río Sarapiquí (Kl. II-III): 55-65 $ inkl. Anfahrt, Frühstück und Mittagessen im Restaurant; 3-4 Std. auf dem Wasser. Canoa Aventura (s.u.) bietet eine Safari-Tour im Schlauchboot an. In den Monaten Feb./März wegen niedrigem Wasserstand weniger zu empfehlen.

• **Kanutouren:** Cano Aventuras Tel. 479.8200, Fax.479.8219, canoaaventu ra@racsa.co.cr) bieten Touren in Zweierkanus auf dem Río Penas Blancas (Halbtagestour 49 $) sowie im Reservat Caño Negro an (Ganztagestour 120 $). Zweitagestour/Kombination Kanufahren und Wanderung im Regenwald 250 $.

• **Ecocentro Danaus** (800 m Richtung El Tanque, Abzw. links, 600 m, neben Hotel Jardines Arenal): mit Schmetterlingsfarm und botanischem Garten: geöffnet tgl. 8-15.30 Uhr, Info: Tel. 460.8005.

• **Schmetterlings- und Orchideengarten:** Seit kurzem befindet sich ca. 1,5 km in Richtung Vulkan Arenal diese Anlage mit über 50 Arten an Schmetterlingen und einer Vielfalt an Orchideen. Eintritt 10 $ inkl. geführte Tour. Geöffnet tgl. 8-16 Uhr, Info: Tel. 479.8273 oder 479.9246.

• **Canopy-Tour:** am Thermalbad Tabacón, Preis: 45 $, Infos z.B. bei Jacamar Tours. *Arenal Canopy Tour* (Tel. Tel. 479.9769) bietet eine Kombination mit Pferden und den Ziplines: 45 $.

• **Reittour nach Monteverde:** Ein sehr anstrengendes und doch unvergessliches Erlebnis (vor allem für die Pferde, falls Sie es überleben): auf dem Pferderücken in die Cordillera de Tilarán nach Monteverde auf 1500 m Höhe. Diese rund 5-stündige Tour wird immer beliebter und wird von praktisch allen Veranstaltern angeboten, der Preis liegt etwa bei 50 $ p.P. inkl. Anfahrt und Packpferd.

Hinweis: Wenn überhaupt, nur in der Trockenzeit und mit einem renommierten Veranstalter buchen, da die Wege häufig steil und rutschig sind und z.T. viel zu dünne und immer wieder lahme Pferde mit schlecht oder gar nicht beschlagenen Hufen eingesetzt werden. Als Retour-Trip nicht empfehlenswert (für Pferd und Reiter zu anstrengend!). Desafío Adventure Company (s.o.) bietet die Reittour nach Monteverde für 65 $ an.

Von Fortuna nach Upala

Auch wenn die Straße über El Tanque bis San Rafael geteert ist, so befindet sie sich doch vor allem auf dem letzten Stück in einem schlechten Zustand (Schlaglöcher). In Jicarito gibt es eine Möglichkeit, einen Abstecher zu den **Venado-Höhlen** zu machen. Zwischen Jicarito und San Rafael durchquert man ein Reservat der Guatuso-Indianer, in dem etwa 400 Mitglieder eines Indianerstamms leben, die eine eigene Sprache (Maleku) sprechen.

Ab San Rafael sind es nochmals 40 km staubige und steinige Piste bis **Upala.**

Venado-Höhlen

- **Geöffnet:** tgl. 8-15 Uhr, in der Regenzeit nur vormittags
- **Eintritt:** 7 $ (inkl. Guide), eine Tour dauert etwa 2 Std., u.U. Wartezeit
- **Verleih:** Taschenlampe 200 C., Gummistiefel 150 C., Helm 50 C.
- **Anfahrt:** Von Fortuna über Tanque Richtung San Rafael. Nach etwa 21 km in Jicarrito Abzw. links nach Venado (kurvige, aber schöne Strecke). Nach 8 km endet in Venado die Teerstraße, ab dort 2,6 km.
- **Hinweis:** Die Höhle ist teilweise eng, eine Besichtigung nur für Schlanke möglich. Mundschutz muss getragen werden!

Erst 1942 entdeckte man zufällig dieses Höhlensystem, von dem erst rund 2 km und Verzweigungen erforscht sind. 600 m sind zugänglich. Die Höhlen sind im Privatbesitz, eine Besichtigung ist nur mit einem (spanischsprachigen) Führer möglich. Da man meist durch einen Fluss geht und es in der Höhle absolut dunkel ist, sind Gummistiefel und eine Taschenlampe unverzichtbar. Ein bisschen Abenteuergeist sollte man außerdem mitbringen, denn es ist teilweise sehr eng und niedrig, an manchen Stellen muss man sogar auf allen Vieren kriechen. Zu sehen gibt es interessante Formationen von Stalagmiten und Stalaktiten, mit etwas Glück sieht man auch Fledermäuse und (kleine) Spinnen. Am Eingang gibt es ein Soda und eine Duschmöglichkeit.

Im Schein der Taschenlampe: Venado-Höhlen

267cr Foto: dk

San Rafael de Guatuso

Etwa auf halber Strecke zwischen Tanque und Upala liegt am Río Frío die Hauptstadt des erst 1970 gegründeten Bezirks Guatuso. Neben einigen einfachen Unterkünften gibt es hier eine Tankstelle, mehrere Läden und zwei Banken. Von Ujuminica kann man Bootsausflüge zum Naturschutzgebiet Caño Negro unternehmen.

Eine steinige Piste führt zum Arenal-See (20,5 km): Eine Fahrt ohne Allrad ist zwar u.U. möglich, aber nicht empfehlenswert.

Unterkünfte

- Einf. Zi. findet man u.a. bei **Cabinas El Gordo** (bp ab 4 $. p.P.) und **Albergue Tío Henry** (Tel./Fax 464.0211): DZ 14-20 $.

Upala

Rund 40 km nach San Rafael erreicht man über eine löchrige Teerstraße diese **Provinzhauptstadt,** die von Siedlern aus Nicaragua gegründet wurde (zur Grenze sind es ca. 8 km). Etwa 6 km vor Upala zweigt recht im Ort Colonia Puntarenas die Piste ab nach Cano Negro (ca. 25 km, Allrad erforderlich). Von dort sind es noch etwa 19 km bis zur Hauptstraße nach Los Chiles.

Eine Alternative zur Weiterreise ist die Teerstraße zur Interamericana zwischen Cañas und Bagaces, die auch manche Busse benutzen.

Upala ist ein wenig attraktives **Landwirtschaftszentrum** (Viehzucht, Milchwirtschaft, Reisanbau) am Río Zapote, 48 m hoch gelegen, dementsprechend mit feuchtheißem Klima. Außer einer Tankstelle und einer Bank gibt es hier auch eine Landepiste, auf der aber nur selten eine Propellermaschine landet. Von hier kann man mit dem Bus oder einem allradgetriebenen Fahrzeug nach Caño Negro reisen.

Unterkünfte

- **Hotel Rosita** (Tel. 470.0198): 17 Zi. (bc): 5 $ p.P.; bp: 10 $ p.P.
- **Cabinas/Restaurant Buena Vista** (Tel. 470.0186): bp ca. 5 $ p.P.
- **Hotel Upala,** (am Parque Central, Tel. 470.0169): 17 einf. Zi, bp (WW): 9/12/15 $.

Erste Hilfe

- **Rotes Kreuz** (Tel. 470.0080), **Hospital** (Tel. 470.0181).

Busverbindungen

- **San José:** 5 und 9 Uhr (Autotransportes Upala), 14 Uhr, So 13.30 Uhr (Transportes Cañas); sonst über **Cañas** oder **Cd. Quesada.**

Nationalpark Vulkan Tenorio

Etwa 24 km von Upala in Richtung Cañas liegt der Ort **Bijagua** zu Füßen des Nationalparks Vulkan Tenorio. 5 km nördlich von Bijagua Abzw., 6 km Piste kommt man zu folgenden Unterkünften:

- **Carolina Lodge** (Tel. 380.1656, info@lacarolinalodge.com): nette Lodge mit Garten, US-Leitung; einf., rustikale Zi., bc: 55 $ p.P./VP inkl. Touren.
- **Heliconia Ecotourist Lodge** (Tel. 466.8483, cooprena@racsa.co.cr): einf. Lodge am Hang des Tenorio Vulkans, geleitet von örtlichen Familien, Privatreservat (110 ha) mit Wanderwegen (Eintritt 3 $), Rest. (ca. 5/8/

270cr Foto: dk

8 $); 6 rustikale Zi., bp (WW): 35/45/60 $ (ÜF).

Der (anstrengende) Aufstieg zum Kratersee des Vulkans lässt sich am besten von der Heliconia Lodge aus machen. Ein weiterer sehr lohnenswerter Ausflug führt zum **Río Celeste,** einem türkisblau gefärbten Fluss im Nationalpark Tenorio mit schöner Badegelegenheit.

• **Anfahrt:** Von Upala: ca. 19 km in Richtung Bijagua links (von Bijagua: 5,3 km nach Ortsende rechts) Zufahrt (Piste), nach ca. 5 km geht es links zur Carolina Lodge und rechts zum Eingang Nationalpark (ca. 7 km, Allrad erforderlich!). Eine etwa 4-stündige Tour bieten Pedro Alvarado Duran und „Pepe" von der *Soda La Paz* für 17 $ p.P. (inkl. 6 $ NP-Eintritt) an. Info unter Tel. 296.2626.

Von Fortuna zum Arenal

An der Straße, die in Richtung Vulkan aus dem Ort führt, liegen Unterkunfts- und Campingmöglichkeiten. Nach etwa 5,5 km erreicht man das **Privatreservat Los Lagos.** Zuvor hat man jedoch in den Thermalquellen **Baldi Ter-**

Blick von Fortuna auf den Arenal

mae die Möglichkeit, im warmen Wasser des Río Tabacón zu baden (Tel. 479.9651, Eintritt 10 $, tgl. 12–22 Uhr). Einige Kilometer weiter gelangt man zum **Balneario Tabacón Resort.**

Rund 14,5 km nach Fortuna (ca. 2,5 km ab Tabacón) zweigt links eine holprige Piste ab, die zum See und zu einem Parkplatz in Nähe des Vulkans führt (nach ca. 1 km Abzweigung links). Kurz vor dieser Abzweigung geht links die Zufahrt ab zum **Privatreservat El Silencio.**

Über den gleichen Zufahrtsweg erreicht man drei Unterkünfte, von denen man die Möglichkeit hat, die **nächtlichen Ausbrüche des Vulkans** zu beobachten: die Arenal Observatory Lodge, die Linda Vista del Norte Lodge und die Arenal Vista Lodge.

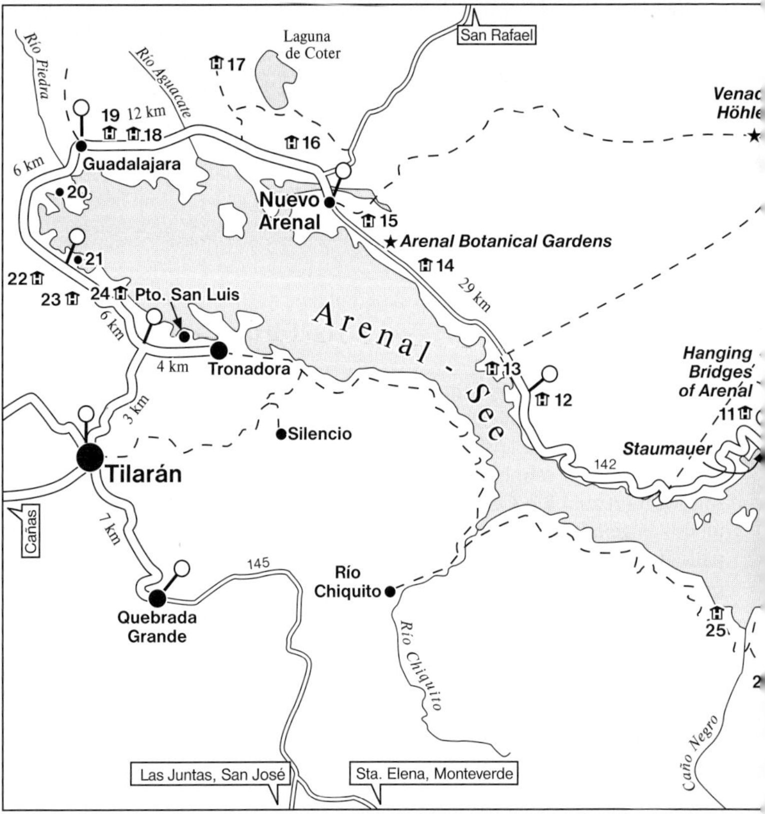

Privatreservat Los Lagos

- **Geöffnet:** tgl. 7-22 Uhr
- **Eintritt:** 3000 C. (= ca. 6,50 $)
- **Info:** Tel. 479.9126, Fax 479.8009
- **Unterkunft:** Cabinas (s.u).
- **Anfahrt:** 5,5 km in Richtung Arenal-Vulkan links

Die Betreiber dieses rund 500 ha großen Privatreservates bieten eine Vielzahl von Aktivitäten an: Im unteren Bereich der Anlage befindet sich eine kleine Krokodilfarm, ein Schwimmbad mit einer 60 m langen Rutsche und ein Restaurant. Etwa 2 km bergauf in Richtung Vulkan kommt man zu einem schönen See mit Picknickmöglichkeit. Von hier kann man auf einem über 6 km langen Wegenetz im Umfeld des Vulkans wandern (gute Möglichkeiten

Hotels

1 Arenal Observatory Lodge
2 Albergue La Catarata und Cerro Chato Lodge
3 Villas Vista Arenal
4 Hotel Arenal Rossi
5 Hotel de Montaña Lomas del Volcán
6 Hotel Los Lagos
7 Volcano Lodge
8 Hotel Arenal Paraíso
9 Hotel Montaña de Fuego
10 Balneario Tabacón Resort
11 Arenal Lodge
12 Los Héroes
13 La Mansion Inn
14 La Ceiba Tree Lodge
15 Cabinas Colima
16 Chalet Nicholas B&B
17 Eco Lodge Lake Coter
18 Villas Alpino
19 Rock River Lodge
22 Mystica Lake Lodge
23 Hotel Tilawa
24 Cabinas Arelago
25 Arenal Vista Lodge
26 Linda Vista del Norte Lodge

20 Tico Wind
21 Tilawa Windsurfing Center

Arenal – der aktivste Vulkan des Landes

Bis zu seiner Erstbesteigung im Jahre 1937 glaubte man nicht einmal an einen vulkanischen Ursprung des etwa 1633 m hohen Berges, der damals noch völlig überwachsen war. Doch die erste **große Eruption** im 20. Jahrhundert, am 29. Juli 1968, machte allen klar: Der Arenal ist da! Der Druck, der sich über 450 Jahre aufgebaut hatte, löste sich in einer gewaltigen Explosion, mehrere Quadratkilometer wurden mit Lava, Felsen und Asche bedeckt, das Umfeld des Vulkans verwandelte sich in wenigen Minuten in eine Mondlandschaft, die man noch heute beobachten kann. Dabei wurden auch die Ortschaften Pueblo Nuevo und Tabacón völlig zerstört; 80 Menschen kamen ums Leben.

Bis heute blieb der Arenal **einer der aktivsten Vulkane der Welt** (nur 5 oder 6 sind fortwährend aktiv), regelmäßig fließt Lava an den Hängen zu Tal, und immer wieder wirft er glühende Gesteinsbrocken, deren Durchmesser bis zu 7,50 Meter betragen, bis 300 m hoch in den Himmel. Es kann mehrmals täglich zu Eruptionen kommen, manchmal ist aber auch für einen ganzen Monat Ruhe. Bei gutem Wetter kann man tagsüber „Blumenkohl"-Wolken vom Krater aufsteigen sehen, begleitet von einem weithin hörbaren Grollen. Besonders eindrucksvoll ist ein Besuch bei **Dunkelheit,** wenn orangeglühende Lava die Nacht erhellt. Doch es gibt auch hierfür keine Garantie, denn oft ist es bewölkt, und der Vulkan ist wie gesagt nicht immer voll aktiv.

Seit 25 Jahren beobachten Seismologen des Smithonian Institute und der Universidad de Costa Rica (UCR). den Vulkan und registrieren jede Aktivität. Von 1987 an hatten sie ihre Beobachtungsstation an der Arenal Observatory Lodge, die heute den Touristen vorbehalten ist. Von der Lodge kann man eine schöne Wanderung zum Cerro Chato (1100 m) unternehmen, der ebenfalls vulkanischen Ursprungs ist und einen Krater mit einem See besitzt. Doch er ist nicht aktiv und völlig überwachsen – genau wie der Arenal vor 1968...

zur Vogelbeobachtung). Es werden auch Touren mit Pferden angeboten (ab 5 $).

Balneario Tabacón Resort

- **Geöffnet:** tgl. 8-22 Uhr
- **Eintritt:** 29 $ (kein Druckfehler!); ab 19 Uhr: 19 $
- **Lage:** ca. 12 km nach Fortuna links zu Füßen des Arenal

Die gepflegte Anlage mit einem großen Garten am Warmwasserfluss Río Tabacón verfügt über ein großes und 4 kleinere Schwimmbecken mit Temperaturen zwischen 27 und 38°C. Ferner gibt es eine Rutschbahn, Jacuzzi und ein Restaurant (Mittagessen/Abendessen: 16 $).

Der Eintrittspreis ist leider unverhältnismäßig hoch, günstiger kann man sich bei folgenden (etwas einfacheren, aber auf alle Fälle empfehlenswerten) Bädern ins Thermalwasser begeben: **Manantiales Volcanicos Termales** (4,9 km nach Fortuna in Richtung Vulkan rechts gegenüber Disco, 600 m Piste, Reservierung erforderlich, Infos im Restaurant Las Brasitas in Fortuna) 7 naturbelassene Warmwasserbecken im Wald, gepflegt und ruhig, kl. Restaurant; Eintritt: 15 $. **Baldi Termae** (ca. 5 km nach Fortuna in Richtung

Vulkan links), tgl. 10-22 Uhr, Eintritt: 15 $.

Man kann auch an zwei anderen Stellen im Río Tabacón (ca. 38°C) baden: Schräg gegenüber vom Eingang des Tabacón Resort befinden sich rechts am Fluss die *Termales Las Fuentes* (schöne Anlage mit Liegewiese, Mo-Fr 10-21.30 Uhr, Eintritt 8 $, Sa/So 8-21.30 Uhr, Eintritt 10 $). 1,7 km hinter Tabacón kann man links der Straße kostenlos im warmen Flusswasser baden!

Privatreservat El Silencio

Dieses Privatreservat liegt ideal auf der aktiven Seite des Vulkans und bietet von einem sicheren Aussichtspunkt einen herrlichen Blick zum Vulkan Arenal (Sonnenuntergang!), ein Wanderweg führt z.T. durch dichten Regenwald, gute Möglichkeiten zur Vogelbeobachtung.

Eintritt: 1000 C., geöffnet bis 21 Uhr.

Unterkünfte & Restaurants

An der Strecke zum Arenal, **zwischen Fortuna und Tabacón,** gibt es eine ganze Reihe von Unterkünften. Die nachfolgenden liegen bereits im Bereich der **aktiven Zone des Vulkans,** d.h. man kann bei entsprechendem Wetter vom Zimmer aus das nächtliche Schauspiel eines Vulkanausbruchs beobachten (wofür aber gesalzene Preise verlangt werden!). Entfernungsangaben ab Ortsende La Fortuna:

- **Hotel Los Lagos** (5,5 km links, Tel. 479. 8000, Fax 479.8009, loslagos@racsa.co.cr): Rest., Pool etc.: Camping: ca. 6 $ p.P. (inkl. Eintritt); einf. Unterkunft in kl. Häuschen am See (bis 4 Pers.), bp (KW): ca. 20/25/30 $ (keine Bettwäsche); 18 ordentl. Zi. mit AC, bp (WW), TV, Kühlschrank, z.T. Veranda mit Vulkanblick: 80/100/120 $ (NS -10 $); KK.
- **Volcano Lodge** (6,7 km rechts, Tel. 460. 6022, Fax 460.6020, volcanolodge@racsa. co.cr): Gruppenhotel mit Rest., Pool; 40 gute Zi., bp (WW), AC, Blick zum Vulkan: 93/93/ 100 $ (ÜF); KK.
- **Hotel Arenal Paraíso** (Tel. 460.5333, Fax 460.5343, arenalpa@racsa.co.cr): gr. Hotelanlage mit Rest. (Mittag-/Abendessen: 17 $), Pool und Thermalbecken, viele Gruppen, überteuert; 20 ältere Holzbungalows an der Straße mit TV, Kühlschrank: 76/76/99 $ (ÜF); 54 größere, ansprechende „Superior"-Bungalows mit AC: 111/111/134 $ (ÜF); Kinder bis 12 Jahre: 7,50 $.
- **Hotel Montaña de Fuego** (8,5 km rechts, Tel. 460.1220, Fax 460.1455, monfuego@racsa.co.cr): ruhige Lage, Blick zum Vulkan, Rest.; 22 nette Holzhäuschen, bp, Veranda (z.T. kein Vulkanblick), überteuert: 105/105/ 125 $ (ÜF) sowie 28 Luxus-Bungalows: 128/ 128/148 $ (ÜF).
- **Restaurant Mirador Arenal:** Steakhouse mit Vulkanblick.
- **Hotel Lavas Tacotal** (8,7 km links, Tel. 460. 9998): Rest., Pool; 15 gr., ordentl. Zi. mit Vulkanblick, AC, TV: 70/90/118 $ (ÜF).
- **Cabinas Los Guayabos** (9,6 km links, Tel. 460.6644): 5 Cab. mit Vulkanblick, ordentl. und sauber, bp (WW): 55 $ (1-3 Pers.), keine KK.

*__Cabinas Erupciones Inn__ (ca. 10 km links, Tel./Fax 460.8000, arenal_erupciones@hotmail.com): kl., mit Vulkanblick, deutschsprachig; 3 nette Zi., bp: 50/60/70 $ (ÜF); 2 größere Zi. mit AC und TV: 60/70/80 $.

- **Steak House El Novillo** (11,4 km rechts, Tel. 460.6433): einf. Lokal mit Vulkanblick, ausgezeichnete Fleischgerichte.
- **Balneario Tabacón Resort** (12 km rechts, Tel. 256.1500, Fax 221.3075, sales@tabacon. com): Luxusunterkunft in der Nähe der Thermalbäder; 95 Zi. mit AC, TV, Safe, Balkon mit Vulkanblick; leider teuer: DZ ab 185 $ (ÜF, inkl. Eintritt Thermalbad); 11 Junior-Suites: DZ ab 267 $; KK.

Über die **Piste,** die 2,5 km hinter Tabacón **zum See und zum Nationalpark** führt, erreicht man drei weitere Hotels:

- **Arenal Observatory Lodge** (Tel. Büro: 290.7011, Fax 290.8427, info@arenal-obser vatory.co.cr): Lage südl. d. Vulkans, durch Tal geschützt, Farm (350 ha) inkl. 120 ha Wald mit Wanderwegen, gegr. 1987 als Standort für Wissenschaftler zur Beobachtung des Vulkans; Aussichtsterrasse, Rest., Ausflüge: geführte Wanderungen (inkl.), Pferde, Bootstour Arenal-See 5 einf. Casona-Zi. ohne Blick mit bc: 55/75/90 $; 8 Standardzi. (bis 5 Pers.) ohne Blick, bp: 80/100/110 $ (ÜF); 23 bessere Zi. mit Vulkanblick: ab 110/135/145 $ (ÜF); KK, Kinder bis 10 J. frei. Anfahrt: 4,5 km bis Fluss und weiter 4 km bergauf, in der Trockenzeit ohne Allrad möglich.

- **Linda Vista del Norte Lodge** (Tel. 692. 2090, Fax 479.9443): einf. Unterkunft mit Rest. (Abendessen 9 $), schöner Blick zum Vulkan und Arenalsee, Pferdetour (2,5 Std.: 12 $); 10 plüschige Zi., bp (WW): ca. 60/70/ 80 $ (ÜF); der hohe Preis lohnt nur wegen der schönen Lage.
- **Arenal Vista Lodge** (Tel. 382.2565, Büro 221.0965, Fax 221.6320, arenalvi@racsa.co. cr): tolle Lage mit Blick auf See und Vulkan, Rest. (7/10/12 $), Bar, Aussichtsterrasse; Wanderwege, Boote, Pferde (2,5 Std.: 10 $); 25 angenehme Zi. (bis 4 Pers.), bp (WW), Vulkan-Blick: 76/87/99 $, viele Busgruppen, Reservierung empfehlenswert; Anfahrt: 10,7 km ab Hauptstraße (ausgeschildert), nur mit Allrad zu empfehlen (mehrere Flussdurchquerungen). Gäste können per Boot abgeholt werden.

Nationalpark Vulkan Arenal

- **Fläche:** 5208 ha
- **Höhe:** ca. 400-1633 m
- **Eintritt:** 6 $
- **Geöffnet:** tgl. 8-22 Uhr
- **Info:** Tel. 460.1412 oder 460.0055
- **Anfahrt:** ca. 14 km nach Fortuna Abzw. links, dann noch 2 km Piste

Dieser erst 1991 gegründete und 1995 erweiterte Nationalpark umfasst neben dem Vulkan und dessen Umfeld auch den nur schwer zugänglichen Nordsektor der Sierra de Tilarán mit ein. Im Gebiet des Nationalparks leben u.a. Jaguar, Tapir, Paka, Faultier, Nasenbär und Rotwild. An Vögeln trifft man unter anderen den Quetzal an. Häufige Baumarten sind u.a. der Bergguavebaum, Lorbeerbaum, Rosenholz *(Lecythis costaricensis)*, Breiapfelbaum und Balsabaum.

Wanderwege

Vom Eingang führt ein etwa 2 km langer Fahrweg zu einem *Mirador* („Aussichtspunkt") zu Füßen des Arenal. Von hier kann man sich allerdings nicht weiter dem Vulkan nähern. Ein Wanderweg beginnt an einem Parkplatz auf halbem Weg: Über den Sendero Natural **Las Coladas** (2 km) erreicht man einen noch jungen Lavafluss (1992), wer möchte kann diesen überqueren und auf dem Sendero **Los Tucanes** weiterwandern (2 km). An dessen Ende führt der Sendero **El Pilón** (2,5 km) wieder zurück zum Sendero Las Coladas, so dass sich insgesamt eine Wanderung von 8,5 km Länge ergibt.

Vom Vulkan Arenal nach Nuevo Arenal

Etwa 16 km hinter Fortuna überquert man die 962 m lange und etwa 60 m hohe Staumauer des Arenal-Sees. Kurz nach der Staumauer führt eine Abzweigung rechts nach 3 km (ohne Allrad) zur **Arenal Lodge.** Direkt nach der Staumauer zweigt rechts die Zufahrt zu den **„Hanging Bridges"** ab.

Der Arenal-Stausee

Als die staatliche Energiebehörde ICE 1973 mit dem Bau eines Staudamms am Río Arenal begann, gab es in der natürlichen Senke zwischen der Cordillera de Tilarán im Nordwesten und der Cordillera de Guanacaste im Südosten bereits einen kleinen See. Mit der Flutung 1978 wuchs dieser jedoch um das Dreifache auf 80 km² an und ist heute der **größte See und die wichtigste Energiequelle** des Landes, die Strom bis nach Nicaragua und Honduras liefert. Auch die trockene Provinz Guanacaste profitiert vom Arenal-See, der eigentlich nach Nordosten zur Karibik abfließt: Über ein aufwändiges System von Stollen und Kanälen werden Reisfelder östlich des Río Tempisque bewässert. Auf der anderen Seite wurden natürlich große Flächen von Naturräumen zerstört.

Inzwischen hat auch der **Tourismus** die Region entdeckt: Immer mehr Hotels und Unterkünfte entstehen am Nordufer zwischen dem Vulkan Arenal und Tilarán, das milde Klima auf 538 m Höhe und zahlreiche **Wassersportmöglichkeiten** wie Bootfahren, Fischen und Windsurfen werben für den an Süßwasserfischen reichen See. Das Westufer sei während der Hochsaison (Dez.-April) aber nur erfahrenen Windsurfern empfohlen, denn vor allem nachmittags bläst ein starker Nordostwind, der Geschwindigkeiten bis zu 120 km/h erreichen kann.

Arenal Hanging Bridges

- **Geöffnet:** tgl. 7-16.30 Uhr
- **Eintritt:** 20 $, Senioren (ab 60 Jahre): 15 $, Schüler und Studenten mit Ausweis 10 $, Kinder bis 12 J. frei
- **Tel.:** 694.4273, Fax 694.4086
- **Anfahrt:** direkt nach dem Staudamm rechts
- **Info:** Tel. 479.9686, 4601881, www.hangingbridges.com

Eines der neuesten Hängebrücken-Systeme in Costa Rica liegt inmitten eines 250 ha großen Privatreserates, das überwiegend aus Primärwald besteht. Auf einem 3,1 km langen Rundgang (Dauer: ca. 1,5-2 Std.) überquert man zahlreiche Brücken, einen Tunnel und 6 Hängebrücken bis 92 m Länge, die sich in bis zu 60 m Höhe über dem Boden erstrecken. An zahlreichen Stellen bietet sich ein herrlicher Blick zum Vulkan Arenal. Nachtwanderungen werden angeboten.

Es folgt eine schöne Fahrt durch tropischen Regenwald, der noch nicht vom Menschen zerstört wurde. Es lohnt sich, langsam zu fahren (nicht nur wegen der Schlaglöcher!) und gelegentlich anzuhalten, denn es gibt jede Menge zu sehen: Zahlreiche Affenarten leben hier, Papageien und andere Vögel schwirren umher. Oft finden sich am Straßenrand auch neugierige Nasenbären ein, die versuchen, von den entzückten Autofahrern etwas Essbares zu ergattern. (Bitte NICHT füttern!)

14 km nach der Staumauer liegt, bereits in der Provinz Guanacaste, rechts

das **Hotel/Restaurant Los Héroes** mit einer Schmalspureisenbahn nach Schweizer Vorbild. Etwa auf halber Strecke nach Nuevo Arenal passiert man etwa 16,5 km nach der Staumauer das Hotel **La Mansion Inn Arenal.** Hier zweigt rechts eine Piste ab nach Venado.

Vorbei an der **Alondra Lodge** beginnt ca. 25 km nach dem Staudamm eine **Piste,** die während der Trockenzeit auch ohne Allrad befahrbar ist. Bis Nuevo Arenal sind es 8,5 km, aber die Straße soll demnächst geteert werden ...

Nach etwa 3 km **Piste** führt rechts ein gut befestigter Weg bergauf zur empfehlenswerten und herrlich schön gelegenen **La Ceiba Tree Lodge.** Vorbei an den leider nicht mehr empfehlenswerten **Arenal Botanical Gardens** erreicht man nach gut 34 km den Ort **Nuevo Arenal.**

Unterkünfte & Restaurants

- **Arenal Lodge:** (Tel. 253.5080, Fax 253.5016, info@arenallodge.com): schöne Lage, Rest., Bar, Pool-Billard, Whirlpool; 34 angenehme Zi., bp; 6 Standard-Zi. ohne Blick: 75/83/106; 16 Junior-Suites (größer, mit Balkon, Blick auf Arenal): 133/139/162; 10 Chalets: 136/145/169 $; KK.
- **Hotel/Restaurant Los Héroes** (Tel. 692.8012, Fax 692.8014, heroes@racsa.co.cr): Hotel im Schweizer Stil mit Rest. (schweizer und andere Spezialitäten), Pool, Pferde, Schmalspureisenbahn; 12 nette Zi., bp, Kabel-TV: 55/55/80 $ (ÜF); mit Balkon (Seeblick): 65/65/90 $ (ÜF); 2 Apt. mit kl. Küche: 115 $ (ÜF); keine KK.
- **La Mansion Inn Arenal** (Tel. 692.8018, Fax 692.8019, info@lamansionarenal.com): Luxus-Bungalowanlage mit schönem Blick über den Arenalsee; 16 individuell ausgestattete Bungalows: DZ 204-1106 $ (ÜF); KK (kein Zuschlag).
- **Restaurant Toad Hall** (neben La Mansion Inn Arenal, Tel. 692.8020): Souvenir-Galerie (teuer), schöner Blick über den See, modern-biologische Speisekarte, Gerichte um 8 $, tgl. 8-17 Uhr.
- **Cabinas/Restaurant La Alondra** (kurz vor Ende der Teerstraße rechts, Tel. 692.8036): 10 einf., aber recht ordentl. Cab., bp: 20/35/40 $ (ÜF).

*__La Ceiba Tree Lodge__ (Tel. 814.4004, Fax 692.8050, in D: Tel. 0861/165906, ceibaldg@racsa.co.cr): tolle Lage, dt. Leitung, Pferdeverleih, Mountainbikes, Wanderwege, Orchideensammlung; 5 nette Zi., bp (WW): 39/64/79 $ (ÜF), Apt.: 99 $ (ÜF), Maisonette-Apt. mit kl. Küche und Kamin (bis 4 Pers.): DZ 149 $ (NS 119 $); noch keine KK; Reservierung empfohlen.

*__Cabinas Colima__ (beschilderte Zufahrt ca. 500 m vor Nuevo Arenal, Tel./Fax 694.4516, colima@racsa.co.cr): Privathaus am Hang mit Seeblick schweiz. Leitung; 2 nette Zi., bp; 30/45 $ (ÜF); keine KK.

Botanischer Garten Arenal

(Arenal Botanical Gardens)

- **Geöffnet:** tgl. 9-17 Uhr, in der Nebensaison: Mo-Fr 9-16 Uhr, Sa 9-14 Uhr
- **Eintritt:** 8 $
- **Info:** Tel. 694.4273, Fax 694.4086
- **Anfahrt:** 1,5 km nach La Ceiba rechts, 4 km östlich von Nuevo Arenal

Das Hauptinteresse der Betreiber dieses Botanischen Gartens ist die Erhaltung von heimischen Pflanzenarten, um damit eine Heimat zu schaffen für Vögel, Insekten und andere Tiere. Begonnen wurde das Projekt 1991, um heute dient es als „lebendiges Klassenzimmer“ für Studenten und Pflanzenliebhaber.

Etwa 1200 Pflanzenarten aus aller Welt findet man hier, u.a. Bromelien,

Heliconien, Orchideen und viele mehr sowie einen Schmetterlingsgarten. Viele Besucher kritisieren jedoch den **überhöhten Eintrittspreis!**

Nuevo Arenal

Als die Bevölkerung von Arenal in den Jahren 1973-78 wegen des neuen Stausees umgesiedelt werden musste, schlug die Geburtsstunde von „Neu-Arenal". Der größte Ort zwischen Fortuna und Tilarán, der etwas abseits vom See liegt, war touristisch zunächst unbedeutend, hat sich aber in den letzten Jahren zu einem **wichtigen Standort** am Arenal-See entwickelt. Kurz hinter dem Ort zweigt eine sehr schlechte **Piste nach Guatuso** ab, die nur mit Allrad befahren werden sollte.

Unterkünfte

- **Cabinas Rodriguez** (Tel. 694.4237): 12 kl. Cab., sehr einf., bc 8 $ p.P.; bp 10 $ p.P.
- **Cabinas El Río** (Tel. 694.4007): 800 m in Richtung Tilarán; einf. Zi., bc: 10 $ p.P.
- **Tom's Pan** (Tel./Fax 694.4547, ebtica@yahoo.de): hinter der Bäckerei gibt es ein Zi., bp (WW) und Wasserbett: DZ 45 $ (ÜF), freier Internet-Zugang für Hausgäste.
- **Aurora Inn** (Tel. 694.4245, Fax 694.4262): Pool, US-Leitung; 12 ordentl. Zi., bp (WW), Vent., z.T. Seeblick: 35/45/55 $ (ÜF); unverhältnismäßig teuer, keine KK.
- **Cabinas Catalina** (Tel. 819.6793): 5 saubere, kl. Zi., bp: DZ 25 $.

Restaurants

- Frühstück und Hauptgerichte zu günstigen Preisen bietet **Bar/Restaurant Mirador Típico.**
- Ein angenehmes Rest., in dem man auch draußen sitzen kann, ist die **Pizzería Tramonti:** gute Pizza und Pasta ab 4 $, Mo Ruhetag; KK.
- **Tom's Pan:** gute Brotzeit (u.a. Weißwurst oder Leberkäse mit Weißbier!), Mittagessen (z.B. Bratwurst mit Sauerkraut), Kaffee & Kuchen - nicht ganz billig!
- **Restaurant Bamboo:** ordentl. Küche, Gerichte ab 5 $.

Infos von A bis Z

- **Autoverleih:** c/o La Rana de Arenal (6 km westl., Tel./Fax 694.4031), Jeep ab 55 $/Tag.
- **Bäckerei:** *Panadería Alemana,* 300 m südl. der Tankstelle. Brot & Backwaren vom deutschen Bäcker.

	Hotels
1	Cabinas El Río (800 m)
2	Cabinas Catalina
9	Aurora Inn
11	Cabinas Rodriguez
14	Cabinas Colima (500 m)
	Restaurants
4	Tom's Pan
6	Restaurant Bamboo
10	Bar/Restaurant Mirador Típico
12	Pizzeria Tramonti
3	Bus n. Tilarán
5	Bus n. Fortuna
7	Clínica
8	Supermarkt
13	Camping

- **Camping:** ein herrliches Plätzchen zum Campieren (kostenlos!) ist der Gemeindegrund am See.
- **Einkaufen:** Supermarkt, Mo-Fr 8-18 Uhr, Sa 8-17 Uhr sowie Nähe Banco Nacional (auch So geöffnet); Souvenirs und Kunsthandwerk gibt's bei *Arenal Adventures* und in der *Pizzería Tramonti.*
- **Erste Hilfe:** Krankenhaus, Tel. 694.9163.
- **Geldwechsel:** *Banco Nacional,* Mo-Fr 8.30-15 Uhr.
- **Internet:** bei *Tom's Pan* sowie *Arenal Adventures und Internet Café* (neben Polizeistation): 9-21 Uhr, Mi geschl., 1 Std. ca. 2,20 $.
- **Post:** Mo-Fr 7.30-18 Uhr, Sa 7.30-12 Uhr.
- **Radverleih:** c/o Arenal Adventures, Mountainbikes für 20 $/Tag.
- **Tourist-Info:** *Arenal Adventures* (Tel. 694.4445, Fax 694.4435): Bill aus Texas gibt in seinem Laden jede Menge Infos (in Englisch) und organisiert Touren.

Busverbindungen

- **Abfahrt** neben der Tankstelle bzw. Haltestelle an der Hauptstraße.
- **Fortuna:** tgl. 8 und 13.30 Uhr
- **Tilarán:** täglich 6, 8, 10, 12.30, 15.30 und 19 Uhr.
- **San Rafael/Upala:** Guatuso-Bus, ca. 13 Uhr.
- **Liberia:** über Tilarán/Cañas

Von Nuevo Arenal nach Tilarán (27 Km)

An der Straße um das **Nordwestufer des Arenal-Sees** reihen sich zahlreiche Unterkünfte unterschiedlicher Preiskategorien. 4,5 km hinter Nuevo Arenal kann man zum **Privatreservat Lake Coter** abbiegen. Etwa 14 bzw. 18 km hinter Nuevo Arenal, an der Westseite des Sees, gibt es bei Tico Wind und beim Tilawa Windsurfing Center die Möglichkeit, die Ausrüstung zum **Windsurfen** zu leihen. Das Gebiet gehört zu den besten Starkwind-Revieren der Welt – nur etwas für Könner.

24,4 km hinter Nuevo Arenal (3 km vor Tilarán) zweigt links eine Straße nach **Tronadora** ab, an der sich weitere Unterkünfte befinden. 4,3 km nach der Abzweigung endet im Ort Tronadora die Teerstraße. Eine Weiterfahrt am Südufer des Arenal-Sees ist – wenn überhaupt – nur mit Allrad-Fahrzeug möglich, da mehrere Flüsse durchquert werden müssen.

Privatreservat Lake Coter

- **Fläche:** 520 ha (inkl. 200 ha Primärwald)
- **Höhe:** ca. 600–800 m
- **Unterkunft:** Eco-Lodge Lake Coter: gr. Anlage mit Rest. (Buffet: 9/18/18 $), Kaminzi., Bar, Pool-Billard; 23 kl., aber ordentl. Zi. im Haupthaus, bp (sehr sauber): 48/57/66 $; 14 angenehme, geräumige Zi. (6 Häuser), bp, Vent., Veranda mit See-Blick: 56/77/87 $; KK
- **Info:** Tel. San José 440.6768, Lodge 694.4470, Fax 440.6725, Lodge 694.4460, ecolodge@racsa.co.cr
- **Anfahrt:** 4,5 km nach Nuevo Arenal Abzw. rechts, dann nochmal 3 km Piste

Das Privatreservat grenzt im Westen an ein Forstreservat und hängt so mit der Schutzzone Guanacaste zusammen. Es liegt um den schönem See Lago del Cote (10 ha) und umfasst 11 km angelegte Wanderwege. Den Besuchern der erhöht über dem Arenal-See gelegenen Lodge werden geführte Wandertouren angeboten

276cr Foto: dk

(evtl. deutschsprachig); weitere Aktivitäten sind Reiten (2-3 Std.: 20 $), Kanu und Kajak auf dem Arenalsee, Mountainbike (je 1/2 Tag: 20 $), Canopy-Tour (45 $) und geführte Wanderung in Privatreservat (15 $).

Unterkünfte & Restaurants

An der Straße nach Tilarán:

(Km-Angaben ab Nuevo Arenal)

*__Chalet Nicholas B&B__ (2,8 km rechts, Tel. 694.4041, info@chaletnicholas.com): Privathaus mit schönem Garten (Orchideen), Wanderwege, Pferde, US-Leitung, nur Nichtraucher; 3 freundl. Zi., bp (WW), sauber: 57/79/81 $ (ÜF), keine KK.

• **La Rana de Arenal** (5,7 km links, Tel./Fax 694.4031): nettes Rest. mit Seeblick, Tennisplatz, dt. Leitung; 6 ordentl. Zi., bp, Terrasse, z.T. Seeblick; ab 25/40 $ (ÜF); KK (VISA, +2 %).

• **Hotel Alturas del Arenal** (6 km links, Tel./Fax 694.4039): 12 ordentl.Zi., bp, etwas kl.: 35 $ p.P. (ÜF).

• **Villas Alpino** (10,3 km, Abzw. rechts, Tel. 692.2010, Fax 695.5387): 5 schöne Holzhäuser (bis 4 Pers.), bp, Küche, Balkon mit Seeblick, ital. Leitung; ca. 35 $ (1-4 Pers.).

• **Rock River Lodge** (11 km rechts, Tel. 692.1180, Büro Tel. 293.8537, Fax 293.8536, reservations@ecogoals.com): Rest. (6/15/19 $), Bar, Radverleih; 6 schöne Zi., bp, Vent., Seeblick: 67/76/85 $; 8 etwas größere Bungalows (bis 4 Pers.), bp: 85/94/102 $; KK (VISA +6 %).

• **Cabinas Río Piedras** (13,3 km rechts): 2 km zum See; 6 Cab. mit Du/WC, einf. und sauber, z.T. Seeblick: ca. 9/13/13 $.

Ceiba am Arenal-See

●**Xiloe Lodge** (14,9 km rechts, Tel. 692. 1101): 5 einf. Holzhäuser in ruhiger Lage; 2 kl. Bungalows, bp, Kühlschrank, einf. und nett: 18 $. (1-3 Pers.); 3 größere Bungalows mit Küche: 30 $ (1-6 Pers.).

***Mystica Lake Lodge** (15,2 km, Abzw. rechts, 600 m, Tel. 692.1001, Fax 692.1002, mystica @racsa.co.cr): gepflegte Anlage am Hang mit Blick auf See und Vulkan, **Pizzería** mit Holzofen, Yoga und Meditation, ital. Leitung; 6 schöne Zi., bp, Veranda: 47/70/87 $ (ÜF); KK (VISA, +5 %).

●**Hotel Tilawa** (20,4 km Abzw. rechts, 500 m, Tel. 695.5050, Fax 695.5766, info@hotel-tila wa.com): Rest. (6/10/10 $), Bar, Pool, Tennispaltz; 25 ordentl. Zi., bp, Seeblick, teuer: 58/ 68/78 $, Economy-Zi. ohne Seeblick: 48/58/ 68; KK.

●**Art Studio Lago Arenal** (ca. 1 km nach dem Hotel Tilawa): tolle Kunst, schöner Blick über den See und auf den Vulkan, Kaffee und Kuchen.

●**Cabinas Arelago** (22,5 km, Tel. 695.8573, arelago@hotmail.com): Rest.service, freundlich, hilfsbereit, schweiz. Leitung; 3 Bungalows, bp (WW), z.T. Seeblick: DZ 23 $; Lesertipp!

Surfen am Arenal-See

Die Westseite des Arenal-Sees zählt zu den besten Windsurf-Revieren der Welt. Vor allem in den Monaten November bis April ist der Wind sehr beständig. Allerdings ist dies nicht der richtige Ort für Anfänger: Der Arenal-See ist Starkwind-Revier! Wer keine eigene Ausrüstung mitführt, kann sich diese leihen:

●**Tico Wind** (geöffnet Dez.-März): 14,2 km nach Nuevo Arenal links schmaler Weg zum See (1,2 km). Surfbretter mit Segel: 1/2 Tag 30 $, 1 Tag 45 $, Surfanzüge (Angebot begrenzt). Infos: Tel. 692.2002, www.ticowind.com.

●**Tilawa Windsurfing Center** (gehört zum Hotel Tilawa): 18,2 km nach Nuevo Arenal links Weg zum See (600 m). Surfbrett mit Segel: 1/2 Tag 35 $, 1 Tag 45 $; Fieberglas-Brett: 45 bzw. 55 $; Anzüge: 3 $/Tag, z.T. veraltetes Material und teuer.

An der Straße nach Tronadora:

●**Hotel Bahía Azul** (1,6 km nach der Abzw. links, 500 m, Tel./Fax 695.5750): Rest., Pool, kostenlose Bootsbenutzung; 4 Zi., bp (WW), Vent.: EZ/DZ ca. 25 $; 10 Zi. mit TV, Kühlschrank: ca. 35 $ (1-3 Pers.); 5 einf., aber zweckmäßige Cab., bp: ca. 10/20/20 $; KK.

●**Cabinas Caracol** (2,7 km nach der Abzw. rechts, Tel. 695.5904): dt. Leitung; 3 schöne, gr. Häuschen (bis 4 Pers.), bp (WW), Küche, sauber: 45 $.

●**Cabinas/Restaurant Texas** (in Tronadora): 8 zweckmäßige Cab., bp: 5 $ p.P.

Tilarán

Die kleine und ruhige Stadt mit ihren 9000 Einwohnern liegt etwa 4 km vom Arenal-See entfernt auf 560 m Höhe. Tilarán ist das **Verwaltungszentrum** für die Region Arenal, Bischofssitz und Hauptstadt des gleichnamigen Bezirks, der bereits zur Provinz Guanacaste gehört. In der Sprache der Indianer bedeutet der Name „Stadt mit viel Wasser" oder „Ort des vielen Regens". Zunächst betrieb man in der Gegend Holzwirtschaft, danach Ackerbau (u.a. Zuckerrohr) und zunehmend auch Viehwirtschaft, die heute neben Tourismus der wichtigste Wirtschaftsfaktor ist.

Am letzten Wochenende im April steht die Stadt Kopf: Es gibt einen großen **Viehmarkt mit Rodeo** und anderen Vergnügungen.

Auch wenn der Ort selbst touristisch wenig attraktiv ist, so ist er doch eine

wichtige Umsteigestation: nach Westen über Cañas (21 km) nach Guanacaste und an die Strände der Nicoya-Halbinsel, nach Süden in die Region Monteverde und nach Osten zum Arenal-See.

Die **Straße nach Sta. Elena/Monteverde** (39 km) ist zwar nicht gerade als ausgezeichnet zu bezeichnen, aber bei Trockenheit manchmal auch ohne Allrad befahrbar (Fahrzeit ca. 2 Std.): bis Quebrada Grande geteert (6,7 km), am Ortseingang Abzweigung links, nach 21,7 km im Ort Dos de Tilarán links abzweigen, auf Schilder achten.

Unterkünfte

Im Ort gibt es eine kleine, aber ausreichende Auswahl an Unterkünften, alle mit Warmwasser; das nächste bessere Hotel ist das Tilawa am See.

- **Hotel Tilarán** (Tel./Fax 695.5043): Rest.; 30 Zi., einf./ok, sauber: bc 5 $ p.P., bp: DZ 16 $; Billig-Tipp.
- **Cabinas Mary** (Tel./Fax 695.5479): Rest., US-Leitung; 18 ordentl. Zi.: bc 8 $ p.P.; bp 15/20/24 $.
- **Hotel Guadalupe** (Tel./Fax 695.5943): im 1. Stock; 25 ordentl. Zi., bp, TV (Aufpreis: 2 $): 16/28/40 $ (ÜF); KK.
- **Hotel Naralit** (Tel. 695.5393, Fax 695.6767): 26 Zi., bp, Vent., TV: 14/24/31 $; KK (VISA).
- **Cabinas El Sueño** (Tel. 695.5347): im 1. Stock, 12 ordentl. Zi., bp, TV, Vent.; 15/25/30 $; KK.
- **La Carreta B&B** (Tel. 695.6593): 6 nette Zi., bp, TV, Vent.: 35/40/65 $; KK.

Restaurants und Bars

- **Restaurant Las Lenitas** (100 m südl. von der Coopmex links): nettes kleines Lokal.
- **Restaurant Tilarán** (im Hotel Tilaran): Frühstück ab 6 Uhr, *Casado* 3,50 $, Fischgerichte um 6 $, Fleischgerichte um 7 $.
- **Restaurant Mary** (in Cabinas Mary): ordentl. Lokal mit Fleisch- u. Fischgerichten um 7 $, Frühstück ab 6.30 Uhr.
- **Restaurant Catalá:** angenehmes Lokal, Hauptgerichte um 5 $; KK (VISA).
- **Bambú Bar** (neben Restaurant Catalá): nette kl. Bar, gelegentlich Livemusik.

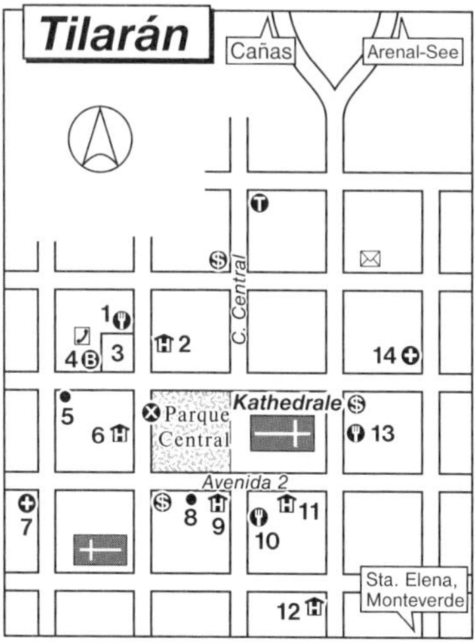

Hotels
- 2 Cabinas El Sueño
- 6 Hotel Tilarán
- 9 Cabinas Mary und Soda La Catedral
- 11 Hotel Naralit
- 12 Hotel Guadalupe
- 13 La Carreta B&B

Restaurants
- 1 Restaurant Tin Jo
- 10 Restaurant Catalá

- 3 Markt
- 4 Busbahnhof
- 5 Internet Café
- 7 Hospital
- 8 Apotheke
- 14 Rotes Kreuz

- **Restaurant Tin Jo:** chinesische Küche; KK.
- **Restaurant La Carreta** (in La Carreta B&B): nettes Rest. mit Terrasse, aber teuer.
- **Soda La Catedral:** gutes Frühstück, günstig.

Infos von A bis Z

- **Apotheke:** neben Restaurant Mary.
- **Disco:** *Discotheque Tila* (Park, Südseite), Sa/So ab 20 Uhr.
- **Erste Hilfe:** Rotes Kreuz (Tel. 695.5256); Krankenhaus (200 m westl. Parque).
- **Geldwechsel:** *Banco de Costa Rica* und *Banco Nacional,* beide Mo-Fr 8-15 Uhr.
- **Internet:** gegenüber Busstation, Mo-Fr 9-22 Uhr, Sa 12-20 Uhr, So 12-22 Uhr, 2 $/Std.
- **Post:** Mo-Fr 7.30-18 Uhr, Sa 7.30-12 Uhr.
- **Radbedarf:** *Ciclo Tila* (Westseite Parque, Tel. 695.6540).
- **Supermarkt:** *COOPECOMPRO* (unter Cabinas El Sueño) u.a.
- **Taxi:** Standplatz Park, Westseite, Tel. 695. 5324, Fahrpreis nach Sta. Elena ca. 40 $.

Busverbindungen

- Der **Busbahnhof** liegt neben dem Markt an der Nordwestecke des Parks, **Tickets** im nebenstehenden Büro.
- **San José:** 5, 7, 14 und 16.55 Uhr, (4 Std.); sonst über Cañas oder Puntarenas.
- **Sta. Elena** (Monteverde): 12.30 Uhr, (3 Std.).
- **Cañas:** 5, 6.40, 7.30, 9, 10, 11.30 und 15.30 Uhr sowie San-José-Bus.
- **Liberia:** über Cañas.
- **Nuevo Arenal:** 5, 6, 10, 14.30 und 16.30 Uhr sowie Bus nach Fortuna/Cd. Quesada.
- **Fortuna:** Bus nach Cd. Quesada (3 Std.)
- **Cd. Quesada/San Carlos:** 7 und 12.30 Uhr, Fahrzeit 4 Std.
- **Puntarenas:** 6 und 13 Uhr, sonst über Cañas.

Der Nordwesten

Der Nordwesten: Das ist trockenes Grasland, sind riesige Rinderherden und viele sehenswerte Naturparks. Doch bevor man nach Guanacaste, dem Land der costraricanischen Cowboys, kommt, sollte man auf alle Fälle einen Abstecher in die feuchten Waldgebiete der Cordillera de Tilarán mit ihrer überreichen Tier- und Pflanzenwelt machen. Gute Ausgangspunkte hierfür sind die Umgebung der Stadt San Ramón und die Region Monteverde.

Die nördlich gelegene Provinz Guanacaste lebt vorwiegend von Viehzucht und Landwirtschaft. Wie ein roter Faden zieht sich die Interamericana durch die Provinz, bis hinauf zur Grenze nach Nicaragua. In der Umgebung der angenehmen Provinzhauptstadt Liberia liegen mehrere Nationalparks, in denen Trockenwälder und immergrüne Primärwälder im Umfeld von aktiven Vulkanen, aber auch die Nistplätze von Meeresschildkröten und Seevögeln geschützt werden.

Cordillera de Tilarán

Von San Ramón nach Monteverde

Die Interamericana von San Ramón nach Westen in Richtung Puntarenas führt über zahlreiche Kurven bergab, wegen des Schwerlastverkehrs kommt man oft nur langsam voran. Im Ort **Esparza** gibt es einige Straßenrestaurants und zahlreiche Obststände, viele Busse halten hier für eine Essenspause.

Etwa 5 km nach Esparza verzweigt sich die Straße: Geradeaus geht es nach **Puntarenas,** links über Caldera an die **zentrale Pazifikküste,** und rechts führt die Interamericana nach **Nordwesten** in Richtung Cañas.

3,5 km nach der Abzweigung Puntarenas führt an einer Shell-Tankstelle rechts eine Straße nach **Miramar** und weiter über Palmital nach Zapotal. Nach 1,3 km zweigt links die Zufahrt ab (800 m Piste) zum:

• **Restaurant Gran Mirador** (Tel./Fax 639.9245): schöner Blick über den Golfo de Nicoya und zur Halbinsel sowie ins Hinterland (Mo Ruhetag; 10 Zi., bp: EZ/DZ ca. 58 $).

In Miramar (Höhe: 350 m, durchschnittliche Temperatur: 27 °C, Niederschlag: 3000 mm) gibt es ein bescheidenes **Tourist Information Center** (Tel. 639.8923) sowie einige einfache Unterkünfte, z.B.:

• **Cabinas Conde** (direkt neben der Post, Tel. 639.8254): 4 Zi.: 9 $ p.P., mit Vent.
• Cabinas Mora (an der Hauptstraße im unteren Ortsteil): 6 Zi.: 9 $ p.P.; mit AC: 11 $.

Über die gleiche Zufahrt gelangt man (oberhalb von Miramar) nach 12 km (Teerstraße) zum:

* **Hotel Vista Golfo de Nicoya** (Tel./Fax 639.9900, Fax 639.8130, in D: Tel. 0861/165906, vistago@canopy.de): schöne Lage auf 700 m Höhe mit herrlichem Blick, dt. Leitung, Rest. (Frühstück 5 $, Menü 6-10 $), Quellwasser-Pool, 2 Canopy-Touren (11 Kabel: 45 $, 25 Kabel über 11 Wasserfälle: 79 $), Finca (27 ha), Wander- und Pferdetouren (z.B. 2-tägiger Ausflug ins Reservat Manuel Breñes mit Übernachtung in rustikalen Cab.: 99 $ p.P.); 4 einf./ordentl. Zi., bc: DZ ab 30 $; 7 bessere Zi.: EZ/DZ 58 $; KK.

Ca. 1,5 m weiter gibt es eine weitere Unterkunft in Montes de Oro:

• **Cabañas Finca El Mirador** (Tel./Fax 639.8774, in D: 07361/37330, heckmann@racsa.co.cr): ca. 600 m Höhe, schöne Aussicht, tropischer Garten, Pool, dt. Leitung; 2 Bungalows mit Wohn-Schlafraum, Du. und Küche: DZ: 38 $, Frühstück: 5 $

Tipp: In der Nähe von Zapotal (Zufahrt mit Allrad!) liegen zwei kleine, nur selten besuchte **Biologische Nebelwald-Reservate:** La Mancuerna und La Orquidia, sowie das rund 7800 ha umfassende Biologische Reservat Manuel A. Breñes. Nähere Infos c/o Hotel Vista Golfo. Weiter nördlich (an der Interamericana) zweigt links eine beschilderte *(„Costa de Pajaros")* Zufahrt nach **Punta Morales** (ca. 15 km) und in das Dorf **Abangaritos** ab. Etwa 3 km weiter liegt die:

* **Ensenada Lodge** (Abangaritos, Tel. 289.6655, Fax 289.5281, la_ensenada@yahoo.com): einf. Lodge am Meer inmitten einer gr. Hacienda, Rest. (landestypische Küche, 4/10/11 $), Pool, Tennisplatz, Pferde (Tour 15 $ p.P.), Boote, Wanderwege im Naturreservat La Ensenada (ca. 400 ha); 20 Zi., bp (WW), Hängematte, MB: 38 $ p.P./VP.

Zufahrt nach Monteverde

Es gibt mehrere Straßen, die von der Interamericana **nach Sta. Elena** hinaufführen, alle sind nicht asphaltiert und in schlechtem Zustand, die Anfahrt mit einem Allradfahrzeug wird daher empfohlen. Über den aktuellen Zustand der Straßen informieren die Hotels und Buchungsbüros.

• Die direkteste Route (von San José) führt über Rancho Grande/Sardinal

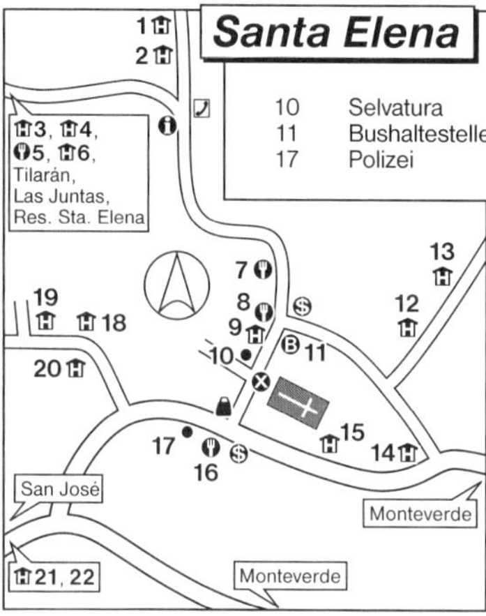

Hotels
1 Cabinas Don Taco
2 Cabinas Marin
3 Sunset Hotel, Sunkiss Hotel
4 Swiss Hotel Miramontes
6 Los Cipreses B&B
9 Camino Verde
12 Pensión El Colibrí
13 Arco Iris Lodge
14 Cabinas El Tucán
15 Pensión El Sueño
18 Hotel Claro de Luna
19 Hotel El Atardecer
20 Cabinas Tina's Casitas
21 Cabinas Los Laureles
22 Cabinas El Sol

Restaurants
7 Restaurant Marquez
8 Bäckerei Jimenez, Restaurant Quetzal, Restaurant Maravilla
16 Morpho's Restaurant
5 Restaurant Marilidi

und Guacimal. Der erste Teil (12 km) wurde geteert, der Rest der Strecke (etwa 23 km) ist in schlechtem Zustand, konnte jedoch Ende 2004 auch ohne Allrad befahren werden. Fahrtzeit: ca. 1,5 Std. Empfohlen für Reisende aus dem Zentraltal und dem Süden.

- Die frühere Hauptstrecke zweigt kurz vor der Brücke über den Río Lagarto rechts ab (aus Richtung San José kommend) und ist durchgehend Piste. Fahrtzeit: ca. 1,5-2 Std. In Guácimal trifft diese Strecke mit der o.g. Zufahrt aus Sardinal zusammen. Empfohlen für Reisende aus Richtung Liberia und aus Nicoya.
- Eine weitere Strecke führt 13 km weiter nördlich über den Ort Las Juntas nach Santa Elena und ist bis 8 km nach Las Juntas geteert. Von der Interamericana bis nach Santa Elena sind es etwa 35 km, davon etwa 20 km Piste, für die grundsätzlich Allrad empfohlen wird. Fahrtzeit: je nach Fahrzeug und Jahreszeit ca. 1,5-2 Std. Die Zufahrt aus Tilarán ist im vorigen Kapitel unter „Tilarán" beschrieben. Empfohlen für Reisende aus Fortuna/Arenalsee.

Sta. Elena und Monteverde

- **Einwohner:** ca. 6000 (Sta. Elena, Cerro Plano und Monteverde)
- **Höhe:** 1330-1530 m
- **Niederschlag:** 2500 mm/Jahr (vor allem Mai-Nov.)
- **Temperatur:** 13-24 °C (durchschnittl. Tagestemp.)

Der kleine Ort Sta. Elena ist Ausgangspunkt für Exkursionen in das inzwischen weltberühmte Monteverde-Reservat und das weniger bekannte Reservat Sta. Elena. Monteverde ist die Bezeichnung für die ganze Region, an der Straße zum Reservat Monteverde liegen die „Ortsteile" Cerro Plano und Monteverde.

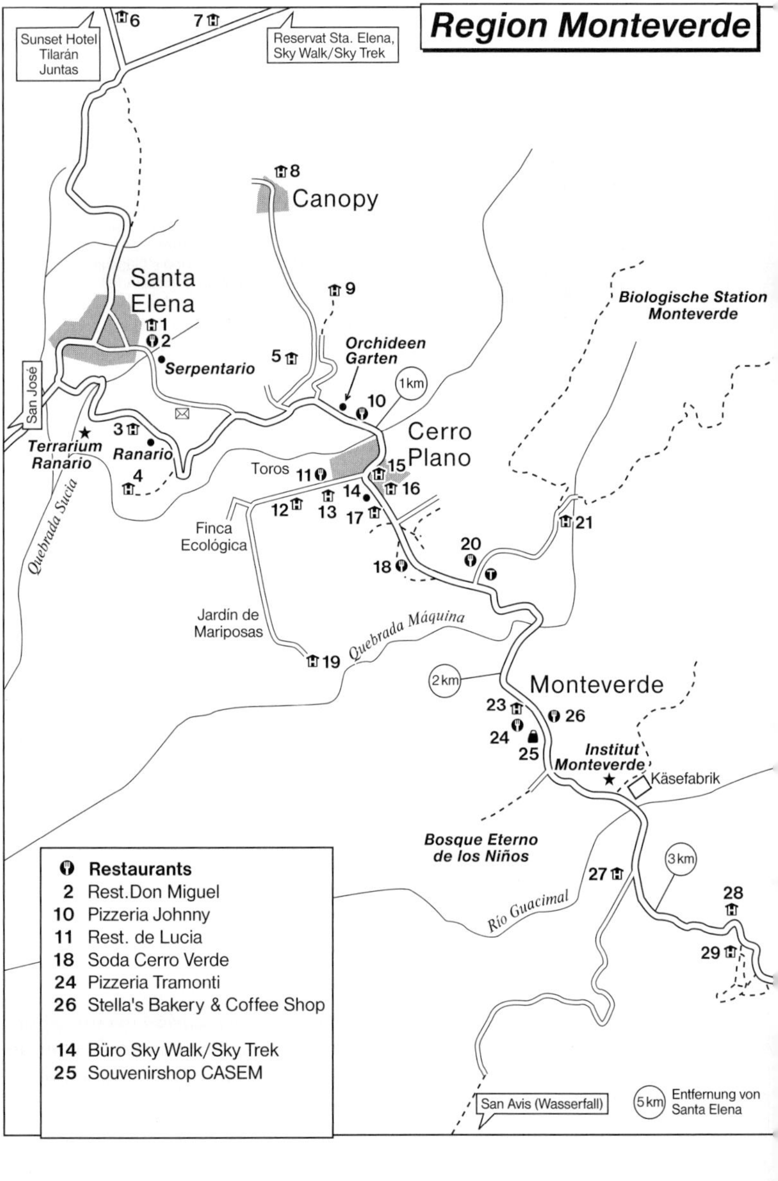

Region Monteverde
Sunset Hotel Tilarán Juntas
Reservat Sta. Elena, Sky Walk/Sky Trek
6
7
8
Canopy
9
Santa Elena
1
2
Serpentario
5
Orchideen Garten
1km
10
Cerro Plano
San José
3
Terrarium Ranario
Ranario
4
Toros
11
15
16
14
12
13
17
Finca Ecológica
18
20
21
Biologische Station Monteverde
Quebrada Sucia
Jardín de Mariposas
19
Quebrada Máquina
2km
Monteverde
23
26
24
25
Institut Monteverde
Käsefabrik
Bosque Eterno de los Niños
27
3km
28
29
Río Guacimal
San Avis (Wasserfall)
5km
Entfernung von Santa Elena
Restaurants
2 Rest.Don Miguel
10 Pizzeria Johnny
11 Rest. de Lucia
18 Soda Cerro Verde
24 Pizzeria Tramonti
26 Stella's Bakery & Coffee Shop
14 Büro Sky Walk/Sky Trek
25 Souvenirshop CASEM

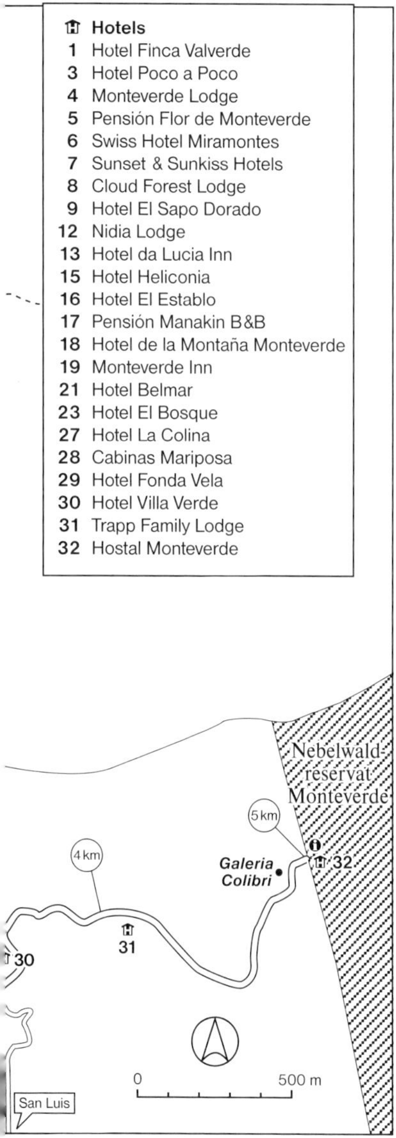

Obwohl es tagsüber oft recht heiß ist, kann es auch im Sommer **abends empfindlich kühl** werden, manchmal weht ein starker Wind, der die Mitnahme einer Jacke empfehlenswert macht. Camping ist daher nur eingeschränkt zu empfehlen.

Das Gebiet wurde erstmals in den 1940er Jahren von fünf costaricanischen Familien besiedelt, die den Ort Sta. Elena nannten. 1951 kam dann eine Gruppe **Quäker** aus den USA hierher, die mit der Produktion von Käse und anderen Milchprodukten begannen und die Region *Monteverde* („grüner Berg“) nannten. Die Anhänger der im 17. Jh. in England gegründeten Society of Friends, die 1947 den Friedensnobelpreis erhielt, wurden in den USA mit Haftstrafen belegt, weil sie als Pazifisten den Dienst an der Waffe verweigerten. Daraufhin entschlossen sie sich, einen neuen Lebensraum zu suchen, und Costa Rica, das erst wenige Jahre zuvor die Armee abgeschafft hatte, bot sich hierfür geradezu an und nahm die 9 Familien auf. Von den ursprünglich 41 Quäkern leben heute nur noch 9 Mitglieder in der Region, doch der Monteverde-Käse, mit deren Produktion sie schon vor über 40 Jahren begannen, gilt heute als der beste Käse Zentralamerikas und schafft zahlreiche Arbeitsplätze in der Region.

Durch die zunehmende Popularität des ursprünglich als Wasserschutzgebiet gegründeten Reservates Monteverde kam dann auch der **Tourismus** in die Region, und nicht wenige Quäker fühlten sich in ihrer Ruhe und Abgeschiedenheit gestört.

Inzwischen hat der weiterhin zunehmende Besucherstrom einen wahren Boom ausgelöst: immer mehr Hotels und Billigunterkünfte öffnen ihre Pforten, neue Attraktionen werden aus dem Boden gestampft, selbsternannte „Tourist offices" bieten ihre oft zweifelhaften Dienste an, und wenn ein Bus ankommt, werden die Neuankömmlinge von „Schleppern" umringt, die versuchen, die erschöpften Reisenden in ein Hotel zu zerren, das ihnen entsprechende Provision bezahlt - schöne neue Welt des Tourismus!

Unterkünfte

In Sta. Elena gibt es eine ganze Reihe einfacher und billiger Unterkünfte, meist Privatzimmer, während die besseren Hotels an der Straße nach Monteverde liegen. Wegen der kühlen Temperaturen verfügen alle Unterkünfte über Warmwasser-Duschen, die billigeren Pensionen haben allerdings oft nur elektrische Durchlauferhitzer.

•**Camping:** bei Pensión Sta. Elena (2 $ p.P.) und am Swiss Hotel Miramontes (4 $ p.P., mit Du.), und bei Sunkiss Hotel (6 $).

•Einfache Unterkünfte in Privathäusern gibt es bei **Pensión El Colibri** (Tel. 645.5682, sauber, Rest.service, bp ca. 5 $ p.P.), **Cabinas El Tucán** (Tel. 645.5170; Rest.service ab 3 $; Zi. hellhörig, aber ordentl.; bp: ÜF 10-15 $ p.P.) und **Hotel Camino Verde** (Tel./Fax 645. 5916, Gem.küche, Frühstück: 3 $; 16 einf., ordentl. Zi.; bc: 8/10/15 $; bp: 16/20/30 $; KK).

•**Cabinas Tina's Casitas** (Tel. 645.5641, 820. 4821, tinas_casitas@hotmail.com): Wintergarten mit MB, dt. Besitzerin vermittelt und veranstaltet Touren, Gemeinschaftsküche, Wäscheservice; 4 Häuschen mit 4 sauberen Zi., bc (WW): ab 5 $ p.P.; 3 gr. Zi., bp (WW): bis 20 $ p.P.

•**Hotel El Atardecer** (ca. 500 m südwestl., Tel. 645.5685, Fax 645.5462, cjimenez5239@ hotmail.com): Rest. mit guter landestyp. Küche, familiäre Atmosphäre; Zi., bp: 10 $ p.P.; Frühstück: 5 $.

•**Cabinas Marin** (Tel. 645.5279): sauber, ruhige Lage, bc: DZ 10 $ p.P.; bp: 12 $ p.P. (ÜF).

*__Hotel Las Orquideas__ (am Ortseingang von Sta. Elena an Hauptstraße, Tel. 645.5509, Fax 645.7575, tresbosques@racsa.co.cr): Aussichtsplattform, saubere Zi.: Budget-DZ 24 $; sonst 40-75 $.

•**Cabinas Don Taco** (Tel. 645.5263, cab_don_taco@racsa.co.cr): 9 einf., ordentl. Cab., bp, sehr sauber, schöner Blick: 17/32/44 $ p.P. (ÜF); KK (+22 %!).

*__Arco Iris Lodge__ (Tel. 645.5067, Fax 645. 5022, arcoiris@racsa.co.cr): angenehm ruhige und dennoch zentrale Lage, dt. Leitung, nach ökologischen Gesichtspunkten geführt, Pferdetouren; 10 schöne Cab. (bis 6 Pers.), bp (WW): Budget 22/35/45 $; Standard 50/65/75 $; Frühstück 5 $; KK.

•**Pensión El Sueño** (Tel./Fax 645.5021): gutes Essen, freundlich, 15 Zi., bp: 25/35/40 $.

•**Sunset Hotel** (Tel. 645.5048, Fax 645. 5228): außerhalb in schöner Lage mit Blick auf den Golf von Nicoya, dt. Leitung, Bar, Rest. (für Hausgäste), Infos am Ortseingang; 7 Zi. (bis 4 Pers.), bp, Terrasse: 25/36/45 $ (ÜF); KK.

•**Los Cipreses B&B** (Tel. 645.5761): sauber: 30/40/50 $ (ÜF).

*__Swiss Hotel Miramontes:__ (Tel. 645.5152, Fax 645.5297, miramont@racsa.co.cr): Rest., Garten mit über 1000 Orchideen, schweiz. Leitung; 1 Budget-DZ 40 $; 4 ordentliche Zi., bp: 40/50/58 $; zwei schöne 2-Zi.-Chalets, Terrasse: 70/70/78 $ (ÜF); KK.

•**Hotel Claro de Luna** (Tel. 645.5269, claro delunamv@hotmail.com): am Ortseingang, ab 55/64/80 $; Deluxe 60/72/84 (ÜF); KK.

•**Sunkiss Hotel** (Tel. 645 6984, Fax 645 6987, sunkiss@hotels.co.cr): neben Sunset, schöne Aussicht, Rest. für Hausgäste: 45/65/80 $ (ÜF), Suite 80 $ (ÜF).

Außerhalb:

*__Cabinas El Sol__ (in La Lindora, ca. 5 km vor Sta. Elena links, Tel. 645.5838): gepflegte Anlage mit Pool, Garten, Rest.service (8/10/15 $), Pferdetouren (10 $/Std.), Sauna (5 $), deutschsprachig; 2 nette Bungalows bis 4 Pers., bp (WW): DZ ab 60 $.

●**Cabinas Los Laureles** (in Los Llanos, 1,5 km vor Sta. Elena, Tel. 645.5417, loslaureles@racsa.co.cr), öster. Leitung; 4 saubere Zi., Kochgelegenheit: 30/35/40 $; Leser-Tipp!

●**Ecoverde Lodge** (an der Straße nach Tilarán, Tel./Fax 645.5948, Fax: 645.6396, carogo911@yahoo.com): ruhige Lage, Rest. (typische Küche), Wanderwege, Pferde; 5 Zi., bc (WW) und 4 Cab., bp (WW): 20/30/40 $; 4 Cab., bp (WW): 45/50/60 $ (ÜF).

●**Ecolodge San Luis** (in San Luis, unterhalb von Monteverde auf ca. 1200 m, Tel. 645. 8049, Fax 645. 8050): Wasserfälle, Pferdetouren.

●**Albergue Estacion Biológica San Gerardo** (kurz vor Reservat Sta. Elena Abzw. links 3 km, Tel. 645.5087, 468.0148): Forschungsstation auf 1200 m mit Aussicht auf Vulkan Arenal, 5 km Wanderwege; Schlafsaal (12 Pers.), bc; 6 Zi., bp: DZ 77 $ (ÜF).

An der Straße nach Monteverde, einer gut 5 km langen, relativ schlechten Strecke, gibt es neben einigen einfachen Pensionen auch eine ganze Reihe besserer Hotels (WW, z.T. überteuert), deren Zimmer teilweise über einen schönen Blick auf den Golf von Nicoya verfügen. Die Entfernungsangaben sind ab Sta. Elena gerechnet:

●**Hotel Finca Valverde** (100 m links, Tel. 645. 5157, Fax 645.5216, fincaval@racsa.co.cr): ruhige Lage, Rest.; 22 ordentl. Zi., bp, Terrasse: ab 81/81/98 $, Kinder bis 12 J. frei; KK.

●**Hotel Poco a Poco** (Tel. 645.6000, pocoapoco@racsa.co.cr): kl. Hotel mit Rest.; nette Zi., bp, TV, DVD: 58/75/87 $; KK (VISA).

●**Monteverde Lodge** (300 m Abzw. rechts, Tel. 645.5057, Fax 645.5126, mol@expeditions.co.cr): Gruppenhotel, Rest., Jacuzzi; 27 Zi., bp, ordentl., aber ohne Luxus: 114/127/154 $; KK.

●**Pensión Flor de Monteverde** (650 m Abzw. links, Tel. 645.5236, Fax 645.6082, flormonteverde@racsa.co.cr): hilfsbereit, ruhige Lage, Rest.; 8 einf., saubere Zi., bp: 20/30/45 $ (ÜF); KK (kein Zuschlag).

●**Cloud Forest Lodge** (650 m Abzw. links, 1,5 km, Tel. 645.5058, Fax 645.5168, info@cloudforestlodge.com): ruhige Lage, etwas abseits in Seitental, Rest., Privatreservat mit Wanderwegen (5 km), Canopy-Tour, Pferde; 10 Holzhäuser mit je 2 Zi., bp, rustikal, aber ordentl.: 70/82/93 $; KK.

●**Hotel El Sapo Dorado** (750 m Abzw. links, Tel 645.5010, Fax 645.5180, reservations@sapodorado.com): Rest., Bar; 20 schöne gr. Zi. (bis 4 Pers.), bp, Kamin, Balkon: 92/104/123 $; bessere Zi. (Mini-Bar, Ausblick): 104/115/137 $; KK.

●**Hotel da Lucia Inn** (1,1 km Abzw. rechts, Tel./Fax 645.5337): 12 schöne Zi.: 58/75/87 $; KK.

●**Nidia Lodge** (1,1 km Abzw. rechts, Tel. 645. 5236, Fax 645.6082, nidialodge@racsa.co.cr): Rest.; 17 Zi., bp (WW); Standard: 35/50/60 $ (ÜF); Deluxe: 45/70/80 (ÜF); Junior-Suite: 90 $ (ÜF); KK (kein Zuschlag).

●**Monteverde Inn** (1,1 km Abzw. rechts, 900 m, Tel. 645.5156): ältere Pension, freundlich und hilfsbereit, Rest.; 10 einf. Zi., bp: 12 $ p.P.

●**Hotel Heliconia** (1,1 km links, Tel. 645.5109, Fax 645.5007, info@hotelheliconia.com): Rest.-service; 38 ordentl. Zi., bp: 99/99/111 $; 10 Junior-Suites: 111/111/125 $s; KK (nur VISA).

●**Hotel El Establo** (1,2 km links, Tel. 645.5033, Fax 645.5041, establo@racsa.co.cr): 56 ordentl. Zi., bp, Zi. im OG heller; ab 67/83/112 $ (ÜF); KK.

●**Pensión Manakin B&B** (1,3 km Abzw. rechts, Tel. 645.5080, Fax 645.5517): Wäsche- und Rest.service; 8 Zi., einf. und gut: bp 52/52/70 $ (ÜF); KK (+8 %).

●**Hotel de la Montaña Monteverde** (1,4 km rechts, Tel. 645.5772, Fax 645.5320, info@monteverdemontainhotel.com): Rest., Sauna, Jacuzzi; 41 schöne Zi. mit Du./WC, z.T. Ausblick: EZ/DZ ab 68-132 $; KK.

●**Hotel Belmar** (1,7 km Abzw. links, 500 m, Tel. 645.5201, Fax 645.5135, belmar@racsa.co.cr): 2 gr. Holzhäuser im Chalet-Stil, Rest., Bar; 34 angenehme Zi., bp u. Ausblick: 64/70/81 $; Chalet-Zi. 81/87/102; KK (+3 %).

●**Hotel El Bosque** (2,3 km Abzw. rechts, Tel./Fax 645.5221, elbosque@racsa.co.cr): Rest. (Pizzeria Tramonti), 28 Zi., bp, einf., aber brauchbar: 33/37/45 $; KK.

●**Hotel La Colina** (3,1 km rechts, Tel. 645. 5009, Fax 645.5580,): nettes Rest., 4 einf. Zi., bc: 44 $ (ÜF); 7 Zi., bp: 52 $ (ÜF).

●**Cabinas Mariposa** (3,6 km links, Tel. 645. 5013, rafarargas@racsa.co.cr): 3 passable Zi., bp: 25/35/45 $ (ÜF).

●**Hotel Fonda Vela** (3,7 km rechts, Tel./Fax 645.5125, info@fondavela.com): schöne Anlage mit Bar, Rest.; 40 ordentl., helle Zi., bp, z.T. Ausblick: 99/109/120 $, Junior-Suite: 109/130/141 $; KK.
●**Hotel Villa Verde** (3,9 km links, Tel. 645. 5327, Fax 645.5115, favargas@racsa.co.cr): Rest.; 22 angenehme Zi., bp: 50/62/73 $ (ÜF); KK (nur VISA, +10 $).
●**Trapp Family Lodge** (Tel. 645.5858, trappfam@racsa.co.cr): kühle Atmosphäre; 26 große Zi., zu teuer: 87/87/101 $, Mountain Suites mit Kühlschrank: 105/105/119 $; KK.
●**Hostal Monteverde** (Eingang Reservat Monteverde, Tel. 645.5564, Fax 645.5034): 7 Schlafräume (je 6-10 Pers.) mit bc: 10 $ p.P., mit VP: 27 $ p.P.; KK (nur VISA).

Restaurants

Die Auswahl an Lokalen **im Zentrum** Sta. Elenas ist gering, es gibt aber einige Möglichkeiten, einfache typische Gerichte zu bekommen.
●**Restaurant Miramontes** (im Swiss Hotel Miramontes): nettes Lokal mit europäisch-costaricanischer Küche, HG (z.B. Geschnetzeltes mit Maniok-Rösti, Hühnerfilet *Cahuita)* 4-10 $, Käsefondue (auf Vorbestellung), Fondue, leckere Eisbecher und mehr.
●**Morpho's Restaurant** (gegenüber Supermarkt im OG): nettes Lokal, günstig, gutes Essen (landestypisch, Burger, Sandwiches, Tagesteller).
●Günstige einheim. Küche bieten: **Restaurant Marilidia** (am Fußballplatz), **Restaurant Maravilla** (gegenüber Bushaltestelle), **Restaurant Quetzal** (über Bäckerei Jimenez), **Restaurant El Tucán** (in Cabinas El Tucán), **Restaurant Marquez** (gegenüber Bank Sta. Elena) und **Restaurant Kiosko** (neben der Kirche).

An der Straße nach Monteverde gibt es noch weitere Restaurants (Entfernungen ab Sta. Elena):
●**Restaurant Don Miguel** (100 m links): Frühstück, einheimische Küche.
●**Restaurant Sapo Dorado** (750 m Abzw. links): angenehmes Lokal, nicht ganz billig.
●**Pizzería Johnny** (900 m links): Pizza (ab 10 $) und Pasta, Grillhähnchen; gehobenes Ambiente; KK.
●**Restaurante de Lucia** (1,1 km Abzw. rechts): sehr gute Fleisch- und Fischgerichte ab 6 $, mexikanische Vorspeisen; Mo Ruhetag.
●**Soda Cerro Verde** (1,7 km links vor Tankstelle): nettes kl. Rest. mit landestypischer Küche, normale Preise.
●**Pizzeria Tramonti** (2,3 km rechts): Pizza und Pasta ab 5 $, geöffnet tgl. 6-22 Uhr.
●**Stella's Bakery & Coffee Shop** (2,4 km links): Kuchen etc. in Selbstbedienung, guter Platz zum Frühstücken (ab 6 Uhr), Garten.
●**Moon Shiva:** schöne Lage, mit Feuerstelle, orientalisches Essen, am Wochenende Livemusik.

Infos von A bis Z

●**Auskunft:** u.a. bei den Hotels Miramontes, und Tina's Casitas; im Internet: www.monteverdeinfo.com.
●**Einkaufen:** Sta. Elena: *Supermercado La Esperanza,* tgl. 6-20 Uhr; So 8 bis 14 Uhr; Ein guter Tipp ist die *Bäckerei Jimenez* im Ortszentrum.
●**Erste Hilfe:** *Clínica de Monteverde* (hinter dem Fußballplatz, Tel. 645.5076), Mo-Fr 6-16 Uhr, kein Service am Sa und So! Im Notfall: Rotes Kreuz (Tel. 645.6128, Notruf 128). Ärztin: *Dr. Ileana Floravanti* (Tel. 645.6264, im Notfall: 296.2626), Praxis neben Post, Sprechzeiten: Mo-Fr 6-20 Uhr, englischsprachig.
●**Geldwechsel:** *Banco Nacional* in Sta. Elena, Mo-Fr 8.45-15.30 Uhr; *Hotel Camino Verde* und im *Supermercado La Esperanza.*
●**Internet:** *Internetcafé Tranquilo* (Ortseingang, Tel. 645.6782): ca. 2 $/Std.; außerdem im *Hotel Camino Verde.*
●**Kunsthandwerk:** *Souvenir Ary Bello* (1,1 km rechts) und *Mercado de Artesanía CASEM* (2,4 km rechts), Mo-Sa 8-12, 13-17 Uhr, Dez.-April auch So 10-16 Uhr. 75 % des Verkaufspreises geht an die Hersteller, neben kunsthandwerklichen Artikeln aus der Region gibt es hier auch Kaffee aus Monteverde.
●**Pferdeverleih:** alle Preise inkl. Guide: *Sabines Smiling Horses* (Tel. 645.6894 oder 385. 2424): tierfreundliche Reittouren, deutschsprachig, 2 Stunden: 25 $, *La Estrella* (Sta.

Elena, gegenüber Pensión Sta. Elena, Tel. 645.5075) 8 $/Std.; *Cabinas El Tucán* (Sta. Elena), 8 $/Std.; *Hotel El Establo* (1,2 km links): 8 $/Std. mit Guide; bei *Cabinas Los Pinos* (1,3 km links): 7 $/Std.; *MEG's Riding Stable* (2,3 km links gegenüber Hotel El Bosque, Tel. 645.5052), 12 $/Std., Tour zum El Mirador 45 $ (ca. 4 Std.); *Hotel Fonda Vela* (3,6 km rechts): 8 $/Std.; *Pensión El Colibri* 7 $/Std.

- **Post:** Mo-Fr 7.30-18 Uhr, Sa 7.30-12.30 Uhr.
- **Sprachschule:** *CPI* (1,6 km links), Tel./Fax 645.5448, www.cpiedu.com.
- **Tankstelle:** 1,7 km Richtung Monteverde, Mo-Sa 6-21 Uhr, So 7-16 Uhr.
- **Taxi:** Allradtaxis ab Ortszentrum (Tel. 645. 6969, 645.6262, 645.5273), Fahrpreis zum Reservat Monteverde: 7,50 $, zum Reservat Sta. Elena: 9 $.
- **Wäscherei:** *Laundromat Chunches* (gegenüber der Pension Sta. Elena, Tel. 645. 5147), *Lavandería Rosita* (ca. 600 m Richtung Monteverde rechts, Tel. 645.5907, 7-20 Uhr), *Lavandería Cerro Plano* (neben Restaurante de Lucia, Tel. 645.5468, 8-21 Uhr); Wäscheservice auch in den meisten Pensionen.

Busverbindungen

Die Verbindung mit öffentlichen Bussen ist **beschränkt,** nach San José gibt es nur zwei Verbindungen pro Tag. Es ist daher ratsam, sich frühzeitig Tickets zu besorgen (Büro gegenüber Hotel Camino Verde).

- **Abfahrtsstelle** ist im Ortszentrum gegenüber der Bank.
- **Infos** bei *Auto Transportes Tilarán* (Tel. 645.5159).
- Richtung **San José:** tgl. 6.45 und 14.30 Uhr; Fahrzeit ca. 5 Std.; sonst über Puntarenas; *Direktbus:* tgl. 13.30 Uhr, Fahrzeit ca. 3,5 Std, ca. 4 $, *Interbus* (s.u.).
- **Fortuna:** *Interbus* (s.u.); „Taxi/Boot/Taxi" (Taxi zum Rio Chiquito, Boot über den Arenalsee zur Staumauer, Taxi nach Fortuna): 25 $ p.P. (mind. 2 Pers.), Infos und Buchungen im Hotel Camino Verde sowie bei allen Hotels.
- **Puntarenas:** tgl. 5 Uhr (über Las Juntas), Fahrtzeit ca. 3,5 Std.
- **Tilarán:** tgl. 7 Uhr ab Kirche, Fahrtzeit ca. 2-3 Std.
- **Las Juntas:** tgl. 4.40 Uhr, Fahrtzeit ca. 2 Std.
- **Liberia:** keine Direktverbindung, mit dem Bus nach San José oder Puntarenas bis zur Interamericana fahren, dort auf Anschluss warten.
- **Interbus:** klimatisierte Kleinbusse ab/bis Hotel (Res.: Tel. 283.5573 oder bei allen Hotels): tgl. nach San José (8 und 14.30 Uhr, 30 $), Liberia (8.30 Uhr, 38 $), Playa Tamarindo (8.30 Uhr, 38 $), Samara (10.30 Uhr, 38 $), Fortuna (8 Uhr, 38 $), Quepos (8 Uhr, 38 $).
- **Reservat Sta. Elena:** privater Shuttlebus, Reservierung erforderlich; Mo-Sa 6.45, 11 und 13 Uhr (Rückfahrt 10.30, 12 und 15.30 Uhr), So 6.45 Uhr (Rückfahrt 12 Uhr) ab Dorfzentrum, (Tel. 645.5159), ca. 2 $ p.P.
- **Reservat Monteverde:** Mo-Sa 6.15 und 13 Uhr ab Banco Nacional (zurück 12 und 16.10 Uhr), 2 $ p.P.

Weiterreise: Pferdetour, Trekking

Eine denkbare Alternative für die (mit öffentlichen Bussen sehr umständliche) Weiterreise nach Fortuna/Vulkan Arenal ist eine Tagestour auf dem **Pferderücken,** wie sie ab San Gerardo angeboten wird. Diese anstrengende „Expedition" **dauert etwa 5 Std.** und sollte aus Rücksicht auf die Pferde nur in der Trockenzeit oder besser: gar nicht (!) unternommen werden. Besser ist es, die Tour auf Schusters Rappen zu anzugehen (neudeutsch: „Trekking").

- Kostenpunkt: Pferdetour ca. 65 $ p.P. (inkl. Bootsfahrt und Taxi nach Fortuna), Packferd 25 $; Trekking (ca. 5 Std.) mit 2 Pferden 70 $ (2-6 Personen). Auskunft und Buchung beim Reitstall **La Estrella** (Tel. 296.2626) oder bei der **Arco Iris Lodge.**

Der Göttervogel Quetzal

Schon bei den Mayas und Azteken wurde der Quetzal, die bekannteste und farbenprächtigste Art aus der Famlie der Trogone, als **Göttervogel** verehrt. Seine Federn waren Symbol höchster Macht und schmückten die Federkrone des Aztekenherrschers Montezuma, deren Original sich heute in Wien befindet. Der Quetzal ist der **Nationalvogel Guatemalas,** wo sogar die Landeswährung nach ihm benannt ist.

Der legendäre Vogel lebt ausschließlich in den Gebirgswäldern Mittelamerikas, sein **Verbreitungsgebiet** reicht vom südlichen Mexiko bis nach Panama. In Südamerika gibt es eine ähnliche Art, den Pfauentrogon. Durch die schonungslose Verfolgung durch den Menschen, der es auf seine langen, wunderschönen Schwanzfedern abgesehen hat, die bis über 1 m lang werden können, und die voranschreitende Vernichtung seines Lebensraumes ist der Quetzal heute **nur noch selten anzutreffen.** Nur in schwer zugänglichen Gebirgswäldern bis in fast 3000 m Höhe und in Schutzgebieten hat er einige Rückzugsgebiete gefunden.

Das Federkleid des Quetzal ist überwiegend schillernd grün, die Bauchpartie ist rot, der Schnabel gelb. Er ernährt sich bevorzugt von den Samenkörnern des Wilden Avocado *(Nectandra sanguinea),* einer Baumart, die in Costa Rica als *ira rosa* oder *aguacatillo* bekannt ist. Wie alle Trogone **brütet** der Quetzal in Baumhöhlen, die er zwischen 4 und 20 m Höhe in morschen Baumstämmen anlegt. Die Brutzeit

cr 384

fällt auf die Trockenmonate (März, April, in Costa Rica wurden zwei Bruten pro Jahr beobachtet), besonders eindrucksvoll ist dann der Balzflug des Männchens. Die übrige Zeit verbringen die Tiere oft in kleinen Gruppen in tieferen Lagen (ca. 1000 bis 1400 m Höhe). Das Weibchen legt meist zwei hellblaue Eier, die etwa 35 x 30 mm groß sind und abwechselnd bebrütet werden (Weibchen nachts und mittags, Männchen vormittags und nachmittags).

Die Jungen schlüpfen nach 17 bis 18 Tagen; sie sind zunächst nackt und blind. Die Augen öffnen sich erst nach einer Woche, nach zwei Wochen sind die **Küken** bis auf den Kopf mit Federn bedeckt. In den ersten Tagen werden sie fast ausschließlich mit Insekten gefüttert, später bekommen sie auch Früchte, kleine Frösche und Eidechsen. Erwachsene Tiere dagegen ernähren sich überwiegend von Früchten. Die Jungen bleiben bis zu einem Monat im Nest, und selbst nachdem sie flugfähig sind, bleiben sie noch längere Zeit bei den Eltern. Die schöne Färbung der Federn entwickelt sich nur langsam, die Schwanzfedern der Männchen erreichen erst nach etwa drei Jahren ihre volle Länge.

Die besten Chancen, **in Costa Rica einen Quetzal zu sehen,** hat man in den Nebelwäldern am Cerro de la Muerte, südlich von Cartago, und in der Cordillera de Tilarán, speziell in den Reservaten Monteverde und Sta. Elena. Vor allem braucht man Geduld und ein gutes Auge, denn die Tiere sind gut getarnt und sitzen oft lange Zeit regungslos auf einem Ast. Hat man andererseits eines der seltenen Tiere erspäht, kann man es dafür um so länger bewundern!

Privatreservat Monteverde

(Reserva Biológica Bosque Nuboso Monteverde)

- **Fläche:** ca. 10.500 ha
- **Höhe:** ca. 900 m-1680 m
- **Durchschnittstemperatur:** 16-18 °C
- **Niederschlag:** 2460 mm/Jahr
- **Geöffnet:** tgl. 7-16 Uhr (max. 120 Pers.)
- **Eintritt:** 15 $; Schüler u. Stud. 7,40 $, Kinder (6-12 J.) 6 $; Guide-Service: Spanisch und Englisch, 1/2 Tag ca. 12 bis 15 $ p.P., Gummistiefel- und Fernglas-Verleih, Laden, Snack-Bar, Restaurant
- **Unterkunft:** Hostal Monteverde (s.o.), einf. Schutzhütten im Reservat (Anmeldung erforderlich).
- **Anfahrt:** ab Sta. Elena 5 km, Taxi 7,50 $
- **Info:** Tel. 645.5122 und 645.5564, Fax 645.5034, montever@racsa.co.cr, www.cct.orr.cr
- **Hinweis:** Während der Hochsaison (Dez.-April) ist es ratsam, sich früh zum Reservat zu begeben, da sich Warteschlangen bilden: Die **Besucherzahl** ist auf 120 begrenzt.

Von den zahlreichen privaten Naturreservaten des Landes ist dieses wohl mit Abstand das bekannteste und meistbesuchte (rund 30.000 Besucher im Jahr). Vor allem Amerikaner, aber auch viele Europäer kommen hierher, um einmal im Nebelwald zu wandern und vielleicht sogar den sagenhaften Quetzal zu sehen, der wohl zu den schönsten Vogelarten der Welt zählt.

1972 **gründeten** die beiden amerikanischen Wissenschaftler *George* und *Harriet Powell* zusammen mit dem Quäker *Wilford Guindon* hier auf einer Fläche von 328 ha ein Tierschutzgebiet, das später vom Centro Científico Tropical übernommen wurde, einem 1962 gegründeten Privatverband von

Biologisches Nebelwald-Reservat Monteverde
Quebrada Cuecha
Wasserfall
Sendero Río
1.580 m
1.540 m
S. Bosque Eterno
1.670 m
1.530 m
1.650 m
EL TRIAN
S. Río
1.570 m
Sendero George Powell
Monteverde
Sendero Chomogo
1.550 m
Eingang
1.600 m
1.530 m
PAZIFIKSEITE
1.570 m
Sendero Bosque Nuboso
El Camino
1.540 m
Sendero Bosque Nuboso
1.530 m
0
200 m

Wissenschaftlern zur Erhaltung und Erforschung des tropischen Regenwaldes. 1975 wurde dieses Gebiet mit dem 554 ha großen Wasserschutzgebiet der Gemeinde zusammengeschlossen, das Mitte der 60er Jahre von der Quäkergemeinschaft als *Bosque Eterno* gegründet wurde. Mit Unterstützung der Monteverde Conservation League konnten weitere Flächen hinzugefügt werden, so dass das Reservat heute rund 10.500 ha zählt, umgeben von weiteren Schutzgebieten (Forstreservate, Reservat Sta. Elena etc).

Das Reservat liegt genau auf der kontinentalen Wasserscheide, wird also klimatisch von der atlantischen (=karibischen) wie der pazifischen Seite beeinflusst. Die Folge sind **drastische Klima-Umschwünge** innerhalb kurzer Zeit und eine relativ **hohe Niederschlagsmenge.** Viele Flüsse entspringen hier und bilden Wasserfälle, die meisten sind Nebenflüsse des Río Peñas Blancas, der zum karibischen Meer entwässert. Auf der pazifischen Seite fällt während der Trockenzeit (Dez.-April) wenig Niederschlag, während die Karibikseite unter permanentem Einfluss des Nordost-Passats steht.

Flora und Fauna

Im tropischen Nebelwald von Monteverde leben etwa 2500 Pflanzenarten an unterschiedlichsten Standorten: Während an exponierten Stellen, die Wind und Wetter ausgesetzt sind, die Pflanzen verkümmert sind und Zwergenwuchs aufweisen, erreichen die Bäume in geschützten Wäldern enorme Höhen und sind behangen mit

Spaziergang durch den Nebelwald

Orchideen, Bromelien, Kletterpflanzen, Farnen und Moosen. In Gebieten mit schlechtem Wasserablauf bilden sich Sumpfwälder. Auf einem Rundgang sieht man bis zu 12 m hohe Baumfarne und zahlreiche Blütenpflanzen, die oft von Kolibris bestäubt werden.

Über 100 Arten Säugetiere wurden bisher beobachtet, u.a. Jaguar, Puma, Ozelot, Brüll- und Kapuzineraffe, Tapir, Makibär, Opossum, Halsbandpekari und Faultiere. Diese Tiere leben allerdings vorwiegend in abgelegenen und unzugänglichen Teilen des Reservats.

Von den über 400 **Vogelarten** ist der Quetzal wohl die bekannteste. Vor allem von März bis Mai (Brutzeit April und Mai) sichtbar, wandert er während der Regenzeit in tiefere Lagen. Daneben gibt es andere Trogons, Baumhühner, den Glockenvogel und zahlreiche Kolibris.

Unter den über 120 Arten von Reptilien und Amphibien ist die Goldkröte *(Sapo Dorado)* bemerkenswert. Diese erst 1964 entdeckte Art ist endemisch für die Region, wurde aber seit 1988 nicht mehr gesichtet, das Tier gilt inzwischen als ausgestorben.

Wanderwege

Nur ein kleiner Teil des riesigen Reservates wird regelmäßig von Touristen besucht. Auf diesem etwa 2 x 2,5 km großen Areal, das als *El Triangulo* („Dreieck") bekannt ist, wurden einige schöne Wanderwege angelegt, die mit Holzscheiben ausgelegt sind. Jeder Besucher erhält am Eingang eine Karte, auf der die Wanderwege eingezeichnet sind. Empfehlenswert ist ein Rundweg über die Wanderwege Bosque Nuboso, Pantanoso und Río (ca. 6 km). Neueren Datums ist eine Hängebrücke mit etwa 100 m Länge.

Außerdem gibt es die Möglichkeit, mehrtägige Wanderungen zu unternehmen und in einfachen Schutzhütten zu übernachten.

- **Sendero Bosque Nuboso:** 1,9 km, Gehzeit 45-60 Min., leicht/mittel, schattig, Lehrpfad (engl. Broschüre am Eingang, 300 C.), schmaler Weg, gut befestigt mit Holzscheiben, gegen Ende leichte Steigung. Zu sehen sind

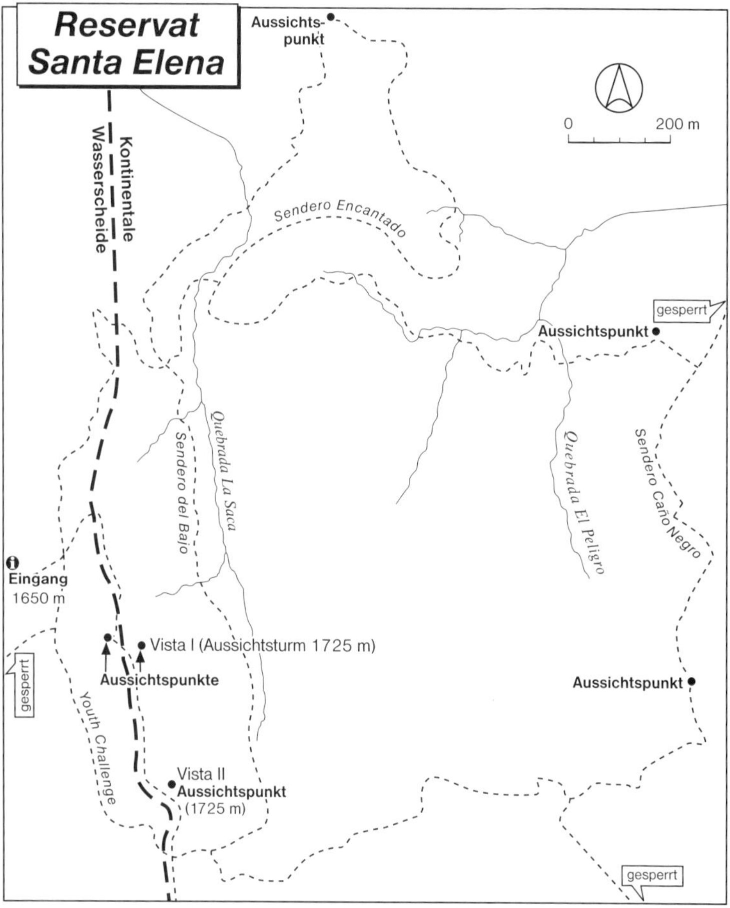

Würgefeigen, Baumfarne, Blütenpflanzen und eventuell der Quetzal.

- **Sendero Brillante:** Am Ende des o.g. Weges nach rechts erreicht man nach 300 m einen schönen Aussichtspunkt *(La Ventana)*. Der Weg ist über diesen Punkt hinaus gesperrt.
- **El Camino:** 2 km, leicht, Gehzeit 30-45 Min., breiter Weg, stellenweise matschig, nur teilw. schattig. Man sieht zahlreiche Schmetterlinge und Vögel, mit etwas Glück auch Affen, Pekaris und den Schwarzbauchguan.

- **Sendero Pantanoso:** 1,4 km, schöner Weg, z.T. durch dichten Wald und Sumpfgebiet, mit Holzstegen gut befestigt: Magnolien, Pflanzen mit Stelzwurzeln und die Steineibe, die einzige Nadelholzart im Reservat.
- **Sendero Chomogo:** 1,8 km mit Steigungen, daher anstrengend, gutes Schuhwerk (Gummistiefel) ist empfehlenswert. Zu sehen sind Eiche, Bambus, Heliconien, Orchideen, Kolibris, Pekaris, manchmal Tapirspuren.
- **Sendero Río:** 2,5 km, lohnenswert, vom Eingang zunächst durch Sekundärwald, Abzweigung zu einem Wasserfall, danach leichte Steigung. Zu sehen sind Pochote-Bäume sowie Lauraceae-Bäume, deren Früchte die Nahrung für den Quetzal sind.
- **Sendero G. Powell:** kleiner Rundweg (ca. 400 m) für Besucher ohne Zeit: Trogone und andere Vogelarten.
- **Sendero Bosque Eterno:** 900 m, bildet zusammen mit einem Teil des Sendero Río einen kleinen Rundweg (ca. 1,7 km inkl. Wasserfall): Zu sehen sind Laucharassis (Grüner Tukan), Schwarzbauchguane sowie evtl. Pekaris und Affen.
- Außerdem besteht die Möglichkeit, in den **tieferliegenden Teil des Reservats** zu wandern: In Verlängerung des *El Camino* führt ein Weg in das Tal des Río Peñas Blancas (ca. 5-6 Std. ab Eingang). Übernachten kann man in einfachen Schutzhütten, einen Schlafsack und Verpflegung sollte man dabeihaben. Wer über gute Kondition verfügt, kann auch eine Tageswanderung machen: Am Ende des Sendero Pantanoso führt der Sendero El Valle zu einem schönen Wasserfall und trifft bei La Leona auf den o.g. Weg im Tal des Río Peñas Blancas. Nähere Auskünfte und Anmeldung am Eingang.

Nebelwaldreservat Santa Elena

- **Fläche:** 319 ha (davon 80 % Primärwald)
- **Geöffnet:** tgl. 7-16 Uhr
- **Eintritt:** 9 $; Stud. 5 $, geführte Tour: 7.30 und 11.30 Uhr, 23 $ p.P. (inkl. Eintritt)
- **Info:** Tel./Fax 645.5390, reserve@monteverdeinfo.com
- **Anfahrt:** Von Sta. Elena Richtung Tilarán, nach ca. 1 km Abzw. rechts, nach 2 km Abzw. rechts (schlechte Strecke); Shuttlebus ab Sta. Elena 2 $; Abfahrt Hotel Camino Verde/Mo-Sa um 6.45, 11 und 15 Uhr, Rückfahrt 10.30, 12 und 15.30 Uhr, Taxi ab Sta. Elena ca. 9 $
- Gummistiefel-Verleih, Ausstellungsraum, einf. Cafetería, Guide (7 $ p.P.)

Inspiriert durch den Erfolg des Monteverde-Reservates, eröffnete Anfang der 90er Jahre dieses Reservat, das etwas höher liegt und kleiner ist als Monteverde. Auch wenn der Bekanntheitsgrad dieses Nebelwaldreservates schnell ansteigt, wird es doch bislang weit weniger besucht als sein „großer Bruder" und stellt somit eine gute Alternative dar, zumal man nur von hier einen Blick zum Vulkan Arenal hat (entsprechendes Wetter vorausgesetzt).

Das Land, auf dem sich das Reservat befindet, ist im **Besitz des Staates,** ge-

Sky Walk

522cr Foto: dk

leitet von einer **Stiftung** (Centro Ecológico Bosque Nuboso de Monteverde), die u.a. getragen wird von der landwirtschaftlichen Schule von Sta. Elena, deren Elternvertretung und der Gemeinde von Puntarenas. Die Ziele der Stiftung sind, den Nebelwald zu erhalten, die ökologische Bildung an lokalen Schulen zu fördern und einen Forschungsort für Studenten zu schaffen. Mit Eintrittsgeldern und Spenden soll weiteres Land hinzugekauft werden.

Flora und Fauna

Die Tier- und Pflanzenwelt stimmt im wesentlichen überein mit der im Reservat Monteverde. Im Gegensatz zu Monteverde leben hier auch Klammeraffen, ansonsten trifft man weitgehend die gleichen Säugetierarten an. Durch die niedrigeren Besucherzahlen hat man eine größere Chance, Vögel zu beobachten – auch der Quetzal lebt im Reservat.

Wanderwege

Auf einem Areal von etwa 1,4 x 1,6 km gibt es vier angelegte Wanderwege (zwischen 1,4 und 4,8 km), die zusammen eine Länge von mehr als 9 km haben. Am Eingang erhält jeder Besucher eine Karte, auf der die Wege eingezeichnet sind. Alle Wege sind schattig, nach Regen sind Gummistiefel unbedingt zu empfehlen.

- **Youth Challenge:** Rundweg (1,4 km), leicht/mittel, Höhenunterschied ca.

100 m, Gehzeit 30-45 Min. Dieser schöne Rundweg zu beiden Seiten der kontinentalen Wasserscheide führt durch Sekundär- und Primärwald. Es gibt zwei Aussichtspunkte, vor allem von *Vista 2* hat man bei gutem Wetter einen schönen Blick zum Arenal.

- **Sendero del Bajo:** 1,8 km, leicht/mittel, z.T. Steigungen, meist mit Holzscheiben befestigt. Der Weg führt durch Sekundärwald (seit 1977 bzw. 1981) und durch dichten Primärwald entlang eines kleinen Flusses. Man sieht z.T. riesige Baumfarne, mit etwas Glück kann man einen Quetzal entdecken.
- **Sendero Caño Negro:** großer Rundweg (3,8 km, ges. 5,3 km von/bis Info-Zentrum), ca. 1,5-2 Std., nicht so gut angelegt wie Sendero del Bajo, leichte Steigungen, schattig, mehrere Aussichtspunkte zum Arenal-Vulkan (Gummistiefel empfehlenswert).
- **Sendero Encantado:** Rundweg 2,8 km, mittel/anstrengend, leichte Steigungen. Dieser Weg ist gut begehbar. Hier sieht man die höchsten Bäume, an einem Aussichtspunkt kann man zum Vulkan Arenal schauen. Auf dem nur gering frequentierten Weg wurde mehrmals ein Puma gesichtet.

Weitere Sehenswürdigkeiten in der Region Monteverde

Sky Walk / Sky Trek

Der einfache Weg in die Baumkronenregion: per Drahtseil von Plattform zu Plattform. Diese Top-Attraktion im Raum Monteverde ist eine gute Alternative zur überteuerten Seilbahn bei Guápiles, obwohl sich inzwischen auch hier die Besucher zu manchen Zeiten drängen. Auf einem 2 km langen Rundweg durch ein Privatreservat (228 ha) überquert man 6 **Hängebrücken,** die bis zu 42 m über dem Urwaldboden schweben (Die neueste Brücke ist 250 m lang). So bekommt man einen guten Eindruck über das Leben in der Baumkronenregion des tropischen Regenwaldes. Außerdem wird eine **Canopy-Tour** (Sky Trek) angeboten mit Stahlgerüsten anstatt Baumplattformen, die mit 11 Stahlseilen von 190 bis 700 m Länge verbunden sind. Eine Plattform mit einem 360°-Rundblick, eine 90 m lange Hängebrücke und ein 2,3 km langer Wanderweg ergänzen das Angebot.

- **Geöffnet:** tgl. 7-16 Uhr, Eintritt: 15 $, Studenten 12 $, Kinder bis 12 Jahre: 6 $., Guide: 15 $ (bis 4 Std.). Sky-Trek-Touren tgl. 7.30, 9.30, 11.30, 13.30 und 14 Uhr (2,5-3 Std.).
- **Info:** Tel./Fax 645.5238, 645.5796, info@skywalk.co.cr.
- **Anfahrt:** Richtung Reservat Santa Elena, der Eingang liegt etwa 3 km vorher an der Straße (ausgeschildert).
- **Eintritt:** Sky Trek: 40 $, Studenten 32 $, Kinder 28 $.

Selvatura

Ähnlich wie die original Canopy-Tour lockt man hier an der Straße zum Reservat Sta. Elena mit 20 Plattformen Gepflegten Anlage mit Rundweg 3 km über 8 Hängebrücken bis 170 m Länge – eine interessante Alternative zum „Sky Walk“.

- **Anfahrt:** ca. 500 Meter vor dem Eingang zum Reservat Santa Elena.

- **Geöffnet:** tgl. ab 7 Uhr. Touren tgl. 8, 10.30, 12.30 und 14 Uhr (2,5 Std.).
- **Eintritt:** 20 $, Studenten 12 $ (Hängebrücken), Schmetterlinggarten: 10 $, Canopy Tour 40 $, Studenten 30 $, Kinder 25 $ (reservieren!), Kolibrigalerie: 5 $, Herpetarium 12 $, „Nature history walk" (Führung) 35 $, Kombi Hängebrücken & Canopy: 45 $.
- **Info:** Tel. 645.5929, Fax 645.5822, info@selvatura.com.

Aventura-Canopy

An der Straße nach Las Nubes/Tilarán liegt diese erst kürzlich eröffnete Canopy-Attraktion mit 16 Kabeln und Wanderwegen.

- **Info:** Tel. 645.6959, 645.6388, Fax 645.6901, reservations@aventuracanopy.com.
- **Geöffnet:** Touren: 7.30, 10.30, 12.30 und 14.30 Uhr, Dauer 2,5 Std.
- Eintritt : 35 $.
- **Original Canopy Tour** (Tel. 645.5243, in San José: 257.5149, 256.7626, canopy@racsa.co.cr), tgl. 7.30, 10.30 und 14.30 Uhr (2,5 Std.): 45 $, Studenten, 39 $, Kinder 25 $.

Jewels of the Rainforest

Diese inzwischen berühmte **Insektensammlung** von *Richard Whitten* ist nach längerer Odyssee inzwischen in Monteverde gelandet und hat neben dem Hauptgebäude von Selvatura eine neue Heimat gefunden. Auf einer Fläche von 240 m² sind Schmetterlinge, Käfer, Skorpione, Spinnen etc. aus der ganzen Welt ausgestellt und schön präsentiert. Führung ca. 1 Std. inkl. Videoshow, Eintritt mit Führung: 10 $.

Orchideengarten

(Proyecto de Investigación Orquídeas de Monteverde)

Dieses Orchideen-Forschungsprojekt wird von dem Experten *Gabriel Barboza* geführt. Zu sehen sind über **380 Arten,** darunter auch die kleinste Orchideen-Art der Welt.

- **Geöffnet:** tgl. 8-15 Uhr, Eintritt: 5 $, Kinder bis 12 J. frei.
- **Info:** Tel. 645.5510 oder 645.5339.
- **Lage:** ca. 850 m in Richtung Monteverde rechts.

Orchideengarten Las Nubes

Noch einen Orchideengarten gibt es an der Straße nach Las Nubes/Tilarán nach 2,5 km: ruhige Lage, als Spazierweg angelegt; geöffnet: tgl. 8-16 Uhr, Eintritt: 5 $.

Serpentario

Diese kleine, aber feine Sammlung von einheimischen Schlangen und anderen Reptilien und Fröschen wurde eingerichtet von den Betreibern des Reservates Sta. Elena. Zu sehen sind unter anderem Korallenschlangen, Lanzenottern, Korallenschlangen und eine *Boa constrictor.*

- **Geöffnet:** tgl. 7-17 Uhr, Eintritt: 7 $, Studenten 5 $, Kinder 3 $.
- **Info:** Tel./Fax 645.5238.
- **Anfahrt:** 150 m Richtung Monteverde links (nach Restaurant Finca Valverde).

Ranario

Ein schön angelegtes Terrarium mit Fröschen, Kröten etc., etwa auf halbem Weg von Santa Elena zum Reservat Monteverde.

- **Geöffnet:** tgl. 9-20.30 Uhr, Eintritt: 8 $.
- **Info:** Tel. 645.6320, ranariomv@racsa.co.cr.

Santuario Ecologico Monteverde

Eine Garantie, wildlebende Tiere zu sehen, gibt es auch hier in der frühe-

Der ewige Wald der Kinder

1987 sammelte eine Gruppe von schwedischen Kindern, die über den weltweiten Verlust von tropischem Regenwald besorgt waren, Gelder zum Kauf und Schutz von Forstgebieten bei Monteverde, die sie an die Asociación Conservacionista de Monteverde schickten, einer 1986 gegründeten, gemeinnützigen Organisation, mit dem Ziel, den bedrohten Regenwald der Region Monteverde zu bewahren. Bald folgten Kinder aus England, den USA, Deutschland und Japan ihrem Beispiel, und der Traum des **internationalen Kinder-Regenwaldes** wurde Wirklichkeit.

1992 konnte man die Forstgebiete zu einem 13.285 ha großen Reservat zusammenschließen, welches das Reservat Monteverde umfasst: Der *Bosque Eterno de los Niños* war geboren. Das Gebiet reicht von 700 m bis 1507 m Höhe, der jährliche Niederschlag liegt bei etwa 3000 mm. Zahlreiche Flüsse durchfließen den „Kinderwald", u.a der Río Peñas Blancas, Río La Esperanza, Río Aguas Gatas, Río La Tigra und Río Caño Negro.

1994 wurde im Sektor San Gerardo eine biologische Station für Wissenschaftler und Studenten mit Unterkunftsmöglichkeiten, Forschungsräumen und Waldwegen eröffnet.

- **Informationen:** Asociación Conservacionista de Monteverde, 1,7 km Richtung Monteverde links (vor Tankstelle), Tel. 645.5305, acmmcl@racsa.co.cr, im Internet: www.acmonteverde.com.

ren Öko-Farm nicht – aber immerhin eine hohe Wahrscheinlichkeit. Wer mit Ruhe und offenen Augen auf einem der vier angelegten Wege wandert, kann mit etwas Glück Kapuzineraffen, Faultiere, Nasenbären, Agutis, Stachelschweine und andere Säugetiere entdecken (die Tiere sind angefüttert). Mit Sicherheit sieht man zahlreiche Vögel, u.a. leben hier Tukane, Glockenvögel und Motmots.

Am Eingang erhält man eine Karte, auf der die einzelnen Wege verzeichnet sind, die etwa je zur Hälfte durch Primär- und Sekundärwald und z.T. auch durch Kaffee- und Bananenpflanzungen führen. Die Gehzeit beträgt je nach Weg zwischen 30 Min. und 1,5 Std, geführte Wanderungen tgl. 7 und 15 Uhr (+13 $).

- **Geöffnet:** tgl. 7-17 Uhr.
- **Eintritt:** 7 $ (Stud. 5 $).
- **Nachttour:** 17.30-19.30 Uhr, 15 $.
- **Anfahrt:** Abzw. rechts 1 km Richtung Monteverde.
- **Info:** Tel. 824.8017.

Aventuras Aéreas (Aerial Adventures)

Diese langsame Schwebebahn mit 2-Personen-Sesseln führt etwa 1,5 km durch den Wald (max. Höhe: 12 m), Dauer: ca. 1.15 Std. Eingang vor der Santuario Ecologico Monteverde. Spazierwege, Elektrokarren für Behinderte (30 $/Std.).

- **Geöffnet:** tgl. 9-17 Uhr.
- **Eintritt:** 12 $.
- **Info:** Tel. 645.5960, wmbargas@racsa.co.cr

Schmetterlings-Garten

(Jardín de Mariposas)

Im Gegensatz zu anderen ähnlichen Einrichtungen dient der Schmetterlings-Garten von Monteverde ausschließlich Bildungszwecken, es werden keine Schmetterlings-Puppen exportiert. Alle Pflanzen und Schmetterlinge, die hier zu sehen sind, sind in der Region Monteverde heimisch; rund 550 Spezies gibt es, immerhin fast die Hälfte aller in Costa Rica vorkommenden Arten.

Die beste Zeit für einen Besuch ist gegen Mittag (ca. 10-14 Uhr), dann kann man Hunderte von aktiven Tieren beobachten. Eine etwa einstündige Tour mit engagierten Erklärungen in Spanisch oder Englisch (eine deutschsprachige Broschüre ist in Vorbereitung) führt durch mehrere Freifluggehege, die jeweils einen anderen Lebensraum repräsentieren.

- **Geöffnet:** tgl. 8-17 Uhr,
Eintritt m.Tour: 7 $, Studenten 5 $.
- **Info:** Tel. 645.5512.
- **Anfahrt:** 1,1 km Richtung Monteverde, Abzw. rechts, dann 700 m (ausgeschildert).

World of Insects

Schmetterlingsgarten, lebende Insekten, Amphibien. Eintritt: 7 $ (am Ortseingang Sta. Elena).

Monteagro Farm Tour

Bei der neuen Klinik Sta. Elena, gute Führung durch Farmbetrieb, Kaffee, Michproduktion, verschiedene Nutzpflanzen, Medizinalpflanzen, Zierpflanzen, etc. Geöffnet: 8-15 Uhr, Eintritt mit Führung: 15 $.

Käsefabrik

(Fábrica de Quesos)

In den 1950er Jahren von Quäkern als kleiner Betrieb gegründet, ist die Käserei heute eine moderne Fabrik mit über 350 Angestellten und einer Tagesproduktion von über 900 kg Käse.

Inzwischen wurden aus hygienischen Gründen Besichtigungstouren durch die Fabrik eingestellt, hinter dicken Glasscheiben kann man aber einen kleinen Einblick in das Geschehen bekommen. Außerdem gibt es in dem dazugehörigen Laden eine große Auswahl an frischem Käse, der als der beste in ganz Mittelamerika gilt.

- **Führung:** tgl. 9 und 14 Uhr.
- **Eintritt:** 8 $ (inkl. Diashow und Degustation).
- **Info:** Tel. 645.7090, crstudy@racsa.co.cr.
- **Anfahrt:** 2,8 km Richt. Monteverde, links.

Monteverde Coffee-Tour

Wissenswertes zum Thema „Kaffee" mit Besichtigung einer Plantage, Trocknerei und Rösterei. Ein Teil des Eintritts kommt direkt den Kaffeepflanzern zu Gute.

- **Touren** tgl. 8 Uhr und 13 Uhr, Preis: 15 $, Info: Tel. 645.7090, crstudy@racsa.co.cr.

Kolibri-Galerie

(Hummingbird-Gallery)

Diese Ausstellung außergewöhnlicher Natur-Fotografien der Amerikaner *Michael* und *Patricia Fodgen* ist sehenswert. Abzüge stehen als Postkarten und in größerem Format zum Verkauf.

Nebenan findet tgl. um 9.30 und 16.30 Uhr eine englischsprachige **Diashow** über die Natur der Region statt (Eintritt 500 C.). Vor der Galerie sind mehrere Futterschalen mit Zuckerwasser aufgehängt, um so eine Vielzahl von Kolibris anzulocken – gute Möglichkeit, selbst Fotos zu machen (hochempfindlicher Film!).

- **Geöffnet:** tgl. 9-17 Uhr, Eintritt frei.
- **Anfahrt:** kurz vor Reservat Monteverde links.

Wanderwege

Nicht nur die beiden Reservate bieten schöne Möglichkeiten, die außergewöhnliche Natur dieser Region zu erleben. Mehrere weitere Wanderwege erschliessen das Gebiet, nähere Informationen beim ICT-Büro in Sta. Elena:

- **Zur TV-Station:** am Hotel Belmar führt ein Weg bergauf, ca. 3 Std. (ohne Guide möglich).
- **Sendero Bajo del Tigre:** 2,5 km Richtung Monteverde, Abzweigung rechts, geöffnet tgl. 8-16 Uhr, Eintritt 400 C., der Wanderweg führt durch einen Teil des *Bosque Eterno de los Niños* und wird von der Monteverde Conservation League verwaltet, zusammen 3 km auf etwa 1200 m Höhe, Rundweg ca. 2 Std., Eintritt 5 $, Infos: Tel. 645.5305. Twilight-Walk von 17.30 bis 19.30 Uhr, Eintritt: 15 $, Tel. 645. 5923, twilightwalk@racsa.co.cr.
- **Sendero Tranquilo:** 2,8 km lang, an der Käsefabrik Abzweigung links, Privatreservat (200 ha), Führung tgl. 5 und 14 Uhr (max. 12 Besucher gleichzeitig), Dauer: 3-4 Std., Preis: 20 $, Infos: Tel. c/o Hotel Sapo Dorado, Tel. 645.5010.
- **Catarata San Luis:** 3,1 km Abzweigung rechts (bei der Pensión Flor Mar) Richtung San Luis, ab dort ca. 3 Std. zum Wasserfall/ab Ende Fahrstraße etwa 2,5 Std.
- **Vom Reservat Monteverde zum Reservat Sta. Elena:** ca. 3 Std. (Guide empfehlenswert).
- **Nachtwanderung** im Monteverde-Reservat: 15 $ inkl. Guide u. Eintritt.

Die Interamericana bis Liberia

Von Monteverde nach Cañas

Die Fahrtstrecke von San Ramón bis zur Abzweigung nach Monteverde wurde im vorigen Kapitel beschrieben. Von Sta. Elena bzw. Monteverde gibt es zwei Fahrtstrecken zur Interamericana. Wer die **Strecke über Juntas** wählt, kommt durch eine Region, in der man 1884 erstmals Gold fand, das dann im großen Stil abgebaut wurde. Ein Denkmal im Ort Las Juntas erinnert an diese Zeit.

4 km nachdem die Strecke von Las Juntas in die Interamericana einmündet, führt links eine **Straße zur Halbinsel Nicoya** (siehe dort).

- Die Brücke über den Río Tempisque ist fertig, der Fährbetrieb wurde eingestellt.

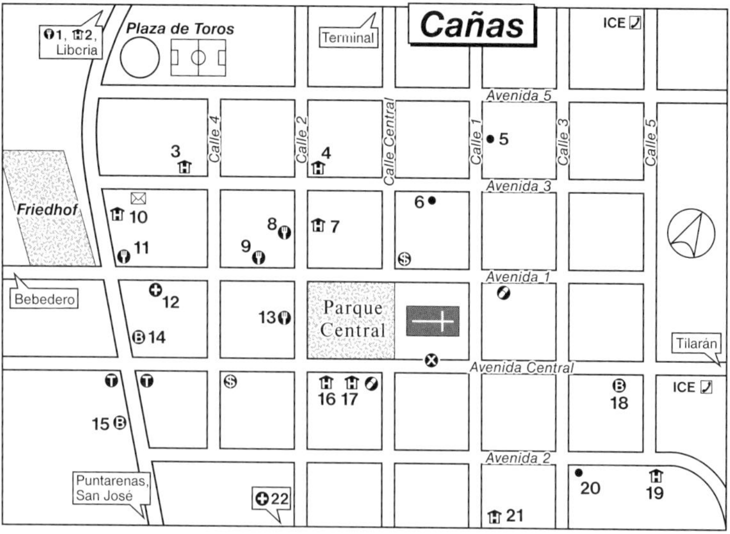

	Hotels
2	Hotel Capazuri
3	Nuevo Hotel Cañas
4	Hotel Cañas
7	Gran Hotel
10	Hotel El Corral
16	Hotel El Parque
17	Hotel Guillen
19	Cab. Corobici
21	Hotel White Inn
	Restaurants
1	Rest. Rincón Corobici
8	Rest. Amán
9	Rest. Lei Tu
11	Rest. El Corral
13	Rest. La Central
5	Internet Café
6	Western Union
12	Krankenhaus
14	Bus n. Liberia
15,18	Bus n. San José
20	Wäscherei
22	Rotes Kreuz

Cañas

- **Einwohner:** 23.000,
Provinz: Guanacaste, Bezirk: Cañas
- **Lage:** 86 m ü.M.;
von San José 170 km, Liberia 46 km
- **Klima:** Durchschnittstemp. 27°C;
Niederschlag 1200 mm/Jahr

Cañas ist eine ruhige **Kleinstadt** und Hauptstadt eines kleinen Bezirks, der überwiegend vom Anbau von Reis, Zuckerrohr, ein wenig Baumwolle und natürlich von Viehzucht lebt. Der Name dürfte sich wohl auf das verwilderte Zuckerrohr (*caña* = Zuckerrohr) beziehen, das am Ufer des nahe gelegenen Flusses Río Cañas wächst; vielleicht steht er aber auch im Zusammenhang mit dem General *José María Cañas,* der die Truppen bei der Entscheidungsschlacht gegen *William Walker* im Jahre 1856 anführte. Erstmals erwähnt wurde der Ort im Jahre 1620, aber es dauerte noch bis zum 12. Juli 1878, bis Cañas die Stadtrechte erhielt.

Das sympathische Städtchen verfügt über akzeptable Unterkünfte und Restaurants und ist ein guter Ausgangspunkt für Ausflüge in die umliegenden Berge, zum Nationalpark Palo Verde und zum Arenalsee. Auch eine Tour mit dem Schlauchboot auf dem Río Corobici ist möglich.

Unterkünfte

- Sehr einf., aber akzeptable Zi. mit bc um 3,50 $ p.P. bieten **Hotel Guillen** (Tel. 669.0070, 21 meist dunkle Zi. mit Vent., mit bp 4,50 $ p.P.); **Hotel El Parque** (17 Zi. mit Vent.) und **Gran Hotel** (6 Zi., bp 7/9 $). Achtung: Viele Hotels der unteren Preisklasse werden als Stundenhotels genutzt.
- **Cabinas Corobici** (Tel. 6690241): ruhige Lage, Nähe zum San-José-Bus, Parkplatz; 11 recht ordentl. Cab., bp, TV: ca. 10 $ p.P.
- **Hotel White Inn** (C.1/Av.4): nette Besitzer: DZ 22 $; Lesertipp!
- **Hotel Cañas** (Tel. 669.0039, Fax 669.1319): 50 Zi., bp, Vent: ca. 14/20 $; bessere Zi. mit AC, TV: 18/30/34 $; KK.
- **Hotel El Corral** (Tel. 669.1467): 28 ordentl. Zi., bp, AC: ca. 18/35 $ p.P.; KK.
- **Nuevo Hotel Cañas** (Tel. 669.1294, Fax 669.1319, hotelcanas@racsa.co.cr): Pool; 26 ordentl. Zi., bp, TV, AC: ca. 27/43/56 $; KK.

Außerhalb:

- **Hotel Capazuri** (Tel. 669.6280, Fax 669.6080, capazuri@racsa.co.cr): 2,5 km nördlich von Cañas, Rest., Pool, schöne Campingmöglichkeit: 7 $ p.P.; 6 Zi., bp, DV, TV, ok: (ÜF) ca. 20/36/50 $; 10 Zi., AC: 28/50/60 $; KK (kein Zuschlag).

Restaurants

- **Restaurant Hotel Cañas:** ordentl. Lokal, Frühstück ab 5.30 Uhr, Tagesmenü 3,50 $.
- **Restaurant El Corral:** Frühstück ab 7 Uhr; Sandwiches, *Casado* (4,50 $) und Fleischgerichte (ab 5 $).
- Aus der gr. Auswahl **chinesischer Lokale** scheinen erwähnenswert: Restaurant Amán, Restaurant La Central und Restaurant Lei Tu.
- Das **Restaurant Rincón Corobici** (Tel. 669.1234) befindet sich ca. 5 km nördlich am Río Corobici, nettes Lokal am Fluss, schweiz. Leitung; KK.

Infos von A bis Z

- **Disco:** *Discotheque Hollywood* (Ostecke Parque Central), Sa/So bis ca. 2 Uhr; *Discotheque Pampa Brava* (Av.7/C.5-7): Do/Fr/Sa.
- **Erste Hilfe:** Rotes Kreuz (Tel. 669.09184); Krankenhaus (Av. 1/Interamericana, Tel. 669.0069).
- **Geldwechsel:** *Banco Nacional* und *Banco de Costa Rica,* beide Mo-Fr 8.30-15.45 Uhr.
- **Polizei:** *Guardia Rural* (an der Straße nach Liberia, Tel. 669.0057).
- **Post:** Mo-Fr 7.30-18 Uhr, Sa. 7.30-12 Uhr.
- **Supermarkt:** *Super L* (C.C./Av.7), *Palí* (C.2/Av. 5).
- **Taxi:** Tel. 669.0898, Standplatz Av. Central.
- **Tourveranstalter:** *Safaris Corobici* (Tel. 669.6091, Fax 669.6091, safaris@racsa.co.cr), Büro ca. 4 km Richtung Liberia, 300 m vor Restaurant Corobici rechts): Schlauchboot-Tour: 2 Std.: 37 $, 3 Std.: 45 $; halber Tag inkl. Mittagessen: 60 $, *CATA-Tours* (Tel. 296.2133, Büro in Richtung Bebedero (siehe Plan): Schlauchboot-Touren und ganztägige Bootstour zum Park Palo Verde. *Aventuras Arenal* (Tel. 479.9133, in D: 0861/165906, avarenal@racsa.co.cr): veranstalten in Fortuna auch Bootstouren auf dem Río Bebedero; Preis inkl. Mittagessen und Getränke: 39 $.
- **Wäscherei:** siehe Plan.

Stolze Reiter: *Sabaneros* in Las Juntas

300cr Foto: dk

Busverbindungen

Der **Busbahnhof** befindet sich etwa 500 m nördlich des Zentrums. Transportes Cañas (Busse nach San José) findet man 300 m westl. des Parque Central. Ansonsten kann man auch an den beiden Bushaltestellen an der Interamericana auf einen der durchfahrenden Busse warten, die allerdings meist voll sind.

- **San José:** Transp. Cañas (Tel. 669.0145), 4 (nicht So), 5, 6, 9, 12.30 und 13.40 Uhr, So auch 17 Uhr, Fahrzeit 3 Std., Preis 1075 C. (ca. 2,70 $); sonst ab Bushaltestelle an der Interamericana.
- **Liberia:** 5.30, 6.20, 7, 7.40, 9, 11.20, 13, 14.30, 15 und 17 Uhr.
- **Tilarán:** 6, 9, 10.30, 12, 13.45, 15.30 und 17.30 Uhr.
- **Puntarenas:** 6, 6.40, 9.45, 11.30, 12.30, 13.45, 15.30 und 16.30 Uhr.

Von Cañas nach Liberia

(46 km)

Entlang dieser Strecke hat man die Möglichkeit, diverse private Einrichtungen und Nationalparks zu besuchen. 4 km nördlich von Cañas findet man die **Tierauffangstation Las Pumas.**

Direkt vor dem Río Corobicí befindet sich rechts das **Restaurant Rincón Corobici.** Von hier starten Schlauchboottouren auf dem Fluss (s.o. bei „Infos von A bis Z" unter „Cañas").

7 km nördlich von Cañas zweigt rechts eine Teerstraße ab, die zwi-

schen den Vulkanen Tenorio (1916 m) und Miravalles (2028 m) hindurchführt über Bijagua **nach Upala** im nördlichen Tiefland (siehe Kapitel „Von Fortuna nach Upala").

22 km nördlich von Cañas liegt rechts der Interamericana das Provinzstädtchen **Bagaces** an der Abzweigung nach **Miravalles** und zum **Nationalpark Rincón de la Vieja.**

Direkt an der Abzweigung zum **Nationalpark Palo Verde** rechts befindet sich:

- **Hotel/Restaurant Bagaces** (Tel. 671.1267): einf. Rest.; 13 ordentl. Zi., bp, Vent., DZ ca. 13 $.

Von Bagaces nach Liberia sind es noch 24 km gut ausgebaute Strecke auf der Interamericana. 14 km vor Liberia befindet sich im Ort Pijije die Abzweigung zum **Biologischen Reservat Lomas Barbudal** (s. dort). Im gleichen Ort hat die Polizei üblicherweise eine mobile Kontrollstelle eingerichtet, an der die Papiere aller Durchreisenden kontrolliert werden.

Tierauffangstation Las Pumas

Etwa 4 km nördlich von Cañas (ca. 300 m vor der Hacienda La Pacifica) liegt rechts etwas versteckt hinter dem Büro von Safaris Corobici das *Centro de Rescate* von *Lily Hagnauer* (verstorben 2001) und ihrem Ehemann, in dem zahlreiche **Raubkatzen** leben, die entweder verletzt oder als Jungtiere ohne Eltern hierhergebracht wurden. Pumas, Ozelote und andere Raubkatzen finden hier in geräumigen Käfigen ein Zuhause, denn in der freien Natur hätten sie wenig Überlebenschancen. Ferner haben auch andere Tiere hier ein Zuhause gefunden wie Affen, Papageien, Tukane u.v.m. Besucher sind täglich (außer montags) willkommen, der Eintritt ist frei, eine Spende erwünscht. Infos unter Tel. 669. 6044 und 669.6091.

Abstecher zum Vulkan Miravalles

Wer sich vom Touristenstrom entfernen will, sollte sich einmal zu Füßen des wenig besuchten Vulkans Miravalles umschauen. In **Bagaces** zweigt nach rechts eine löchrige Teerstraße ab, die sich im Ort **Torno** gabelt. Geradeaus kommt man durch den Ort **Guayabo** zu den einfachen Cabinas Las Brisas, die bessere Straße biegt rechts ab und führt zunächst ins Dorf **Fortuna** und weiter an dem **geothermischen Kraftwerk** von Miravalles vorbei zu den **Thermalquellen.** In Guayabo zweigt links die Straße ab zum Dorf Pueblo Nuevo am Nationalpark Rincón de la Vieja (Sektor Sta. Ana). Unterkunft: Rinconcito Lodge (s.u. unter „Unterkünfte im Umfeld des Parks" bei der Beschreibung „Nationalpark Rincón de la Vieja"). Kurz darauf führen die beiden Straßen wieder zusammen. Wenige Kilometer weiter in Richtung Aguas Claras kommt man zum Dorf Guayabal und kann über Pisten weiterfahren bis Upala.

Unterkünfte

- **Cabinas Las Brisas** (25 km hinter Bagaces links): 8 Zi., bp, Vent., einf. und ordentl.: ca. 6 $ p.P.

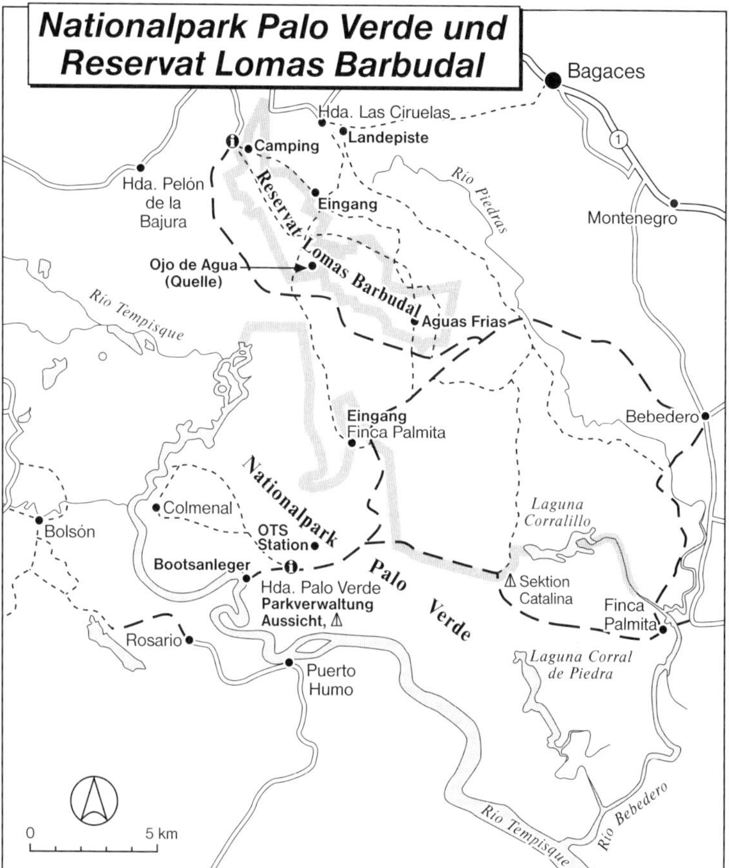

● **Centro Turistico Yökö** (wie Thermomania, 2 km nördl. des geothermischen Projektes, Tel. 673.0410, Fax 673.0770): mehrere Thermalbecken, Rest., Pferdetouren; 5 ordentl. Häuser mit je 2 Zi., bp (WW): 30/50 $ (ÜF).

● **Miravalles Canopy** (ca. 7 km nach Guayabo am Ortseingang von Guayabal rechts, Tel. 673.0697, Fax 673.0585): Pool, Rest. im Bau, Camping; Canopy-Tour: 14 Plattformen, 12 Seile (ca. 30 $), Touren zum Vulkan Miravalles (mind. 3 Pers., 10 $ p.P.); 4 einf. Zi., bp (WW): EZ/DZ 11 $.

Infos von A bis Z

● **Centro Turistico Thermomania** (ca. 27 km nach Bagaces rechts, Tel./Fax 673.0268): Thermalbecken mit Rutsche, Rest., geöffnet: 8-22 Uhr, Eintritt: ca. 3,50 $. Tipp: direkt dahinter befindet sich ein Areal mit Fumarolen und blubbernden Schlammpools (kl. Eintritt).

Nationalpark Palo Verde

- **Fläche:** 16.804 ha
- **Lage:** Nordufer des Río Tempisque
- **Durchschnittstemperatur:** 27 °C
- **Niederschlag:** 2700 mm/Jahr
- **Gegründet:** 20.12.1982
- **Geöffnet:** tgl. 8-16 Uhr
- **Übernachtung:** Camping sowie Cabinas der OTS und Albergue (s.u.)
- **Info:** Tel. 661.4717
- **Anfahrt:** ab Bagaces (Abzw. Interamericana) 20 km steinige Piste bis zum Park, 32 km bis zum Bootsanleger Puerto Chamorro

Der Nationalpark Palo Verde, der seinen Namen vom Palo-Verde-Baum, einer Parkinsonienart, ableitet *(palo* = „Stamm", *verde* = „grün"), ist ein Vogelparadies mit der **größten Konzentration von Wasservögeln** in ganz Zentralamerika. Zwischen September und März überwintern hier Tausende von Zugvögeln aus Nordamerika. Seine große ökologische Vielfalt verdankt das Gebiet in erster Linie den Überschwemmungen des Río Tempisque, der weiter südlich in den Golfo de Nicoya mündet. Das frühere Nationale Tierschutzgebiet *Dr. Rafael Lucas Rodríguez Caballero* im Nordwesten wurde in den Nationalpark integriert, ein Zusammenschluss mit dem Reservat *Lomas Barbudal* ist geplant.

Flora und Fauna

Der Park ist ein Mosaik aus verschiedenen Lebensräumen, Biologen unterscheiden 12 verschiedene **Vegetationszonen,** u.a. Salz- und Süßwasserlagunen, Mangrovensümpfe, Buschwälder, baumbestandene Savannen, Grasland, Laub-Mischwald, Hügel-Mischwald, Galeriewald (Uferwälder) und immergrüne Wälder.

Zu den 207 **Baumarten** zählt u.a. der *palo verde (Parkinsonia aculeata),* ein stachliger Strauch mit kräftig grünen Blättern, Ästen und Stamm und zarten gelben Blüten. An den Hügeln wachsen *cardones,* eine in Costa Rica endemische Kakteenart, und der Guajakbaum, ein vom Aussterben bedrohter Edelholzbaum.

Bevölkert wird der Park u.a. durch Brüll- und Kapuzineraffen, Nasenbären, Koyoten, Weißwedelhirsche, rote Eichhörnchen und Stachelschweine; außerdem zählte man bisher 173 Schmetterlingsarten. Unter den ebenfalls artenreich vertretenen Reptilien und Amphibien sind die Krokodile sicherlich die eindrucksvollsten.

Rund 280 **Vogelarten** wurden im Park bisher beobachtet. In der Zeit von September bis März brüten Tausende von Wasservögeln, die in den Lagunen Nahrung im Überfluss finden.

Orientierung

- **Anfahrt:** Die Straße zum Nationalpark ist nicht asphaltiert und in schlechtem Zustand (Steine!), kann aber in der Trockenzeit ohne Allrad befahren werden: 17 km nach Bagaces

Wohin des Weges, Fremder?
Schilderwald an der Interamericana

zweigt rechts ein Weg zum Reservat Lomas Barbudal ab. Links kommt man nach weiteren 3,5 km zum Eingang des Nationalparks.

- 5,6 km nach dem Eingang zweigt links ein Weg ab zur **Sektion Catalina** (9 km, Campingmöglichkeit, Wasser jedoch nicht immer vorhanden).
- Vier **Wanderwege** zweigen von der Straße ab.
- Nach knapp 8 km erreicht man die *Estación Biologica,* einen **Forschungsposten** der OTS, Übernachtung in einf. Cab., z.T. bp: 56 $ p.P./VP und inkl. geführter Tour. Infos und Anmeldung: Tel. San José 240.6696, Fax 240.6783, in D: Tel. 0861/165906, reservas@ns.ots.ac.cr.
- 9,5 km vom Parkeingang gibt es an der **Rangerstation** eine weitere Unterkunftsmöglichkeit: 6 Schlafräume mit je 6 Betten, Moskitonetz, Vent.: 10 $ p.P., Reservierung unter Tel. 671.1062, 695.0181. Campingplatz (2 $ p.P.). Ferner werden Mahlzeiten angeboten (4/6/6 $) und Pferde vermietet (5 $/ Std.).
- Nach 11,5 km endet die Straße am Río Tempisque. Hier, am Bootsanleger Puerto Chamorro, fahren **Ausflugsboote** zu den Brutstätten der zahlreichen Wasservögel (Buchung auch über OTS). Wer keinen Ausflug gebucht hat, sollte früh am Bootsanleger sein (8-9 Uhr) und versuchen, vor Ort auf ein Boot „aufzuspringen".

302cr Foto: dk

Biologisches Reservat Lomas Barbudal

- **Fläche:** 2279 ha
- **Höhe:** ca. 100 m bis max. 185 m
- **Niederschlag:** 1800 mm/Jahr
- **Gegründet:** 23.1.1986
- **Geöffnet:** tgl. 9-16
- **Übernachtung:** Campingmöglichkeit am Besucherzentrum (300 C.)
- **Info:** Tel. 659.9039
- **Anfahrt:** 14 km vor Liberia Abzw. links, 7 km steinige Piste; oder ab Bagaces Richtung Palo Verde, nach 17 km Abzw. rechts

Das biologische Reservat Lomas Barbudal (*lomas* = „Hügel", *barbudal* = „bärtig") besteht vorwiegend aus tropischem Trockenwald und verzeichnet deutlich weniger Niederschlag als der nahe gelegene Nationalpark Palo Verde. Im Gegensatz zu diesem hat es auch keinen direkten Einfluss vom Meer, entsprechend gibt es keine Feuchtgebiete. In der Zeit von November bis März fällt praktisch kein Tropfen Regen und das Reservat macht einen trostlosen Eindruck. Dennoch gibt es zahlreiche Quellen und Flüsse (z.B. Río Cabuyo) in dem Gebiet, das besonders spektakulär im März wirkt, wenn der Goldbaum blüht, eine gelbblühende Ipé Baumart (Fam. der Trompetenbaumgewächse). Das Reservat ist ungewöhnlich reich an Insekten, besonders Bienen, Wespen, Schmetterlinge und Nachtfalter.

1994 ereignete sich ein katastrophaler Waldbrand, von dem etwa 80 % der Fläche des Reservates betroffen waren sowie 500 ha des biologischen Korridors zwischen Lomas Barbudal und dem Nationalpark Palo Verde. Winde bis 80 km/h trieben das Feuer voran und viele Tiere kamen dabei um.

Flora und Fauna

Wissenschaftler unterscheiden sieben Vegetationszonen im Reservat: **Laubwald:** bedeckt 70 % des Reservates, die meisten Bäume sind laubabwerfend, häufig u.a. Mahagoni, Pochote, Weißgummibaum, Gelbe Balsampflaume, Sternenbaum und Rosenholz. **Flusswälder:** entlang von Flüssen und Bächen, überwiegend immergrün, sehr dicht und vielfältig, Heimat zahlreicher Bienenarten. **Grassavanne:** offenes Grasland mit vereinzelten Bäumen u.a. die größten *nances (Byrsonima crassifolia),* die in Costa Rica vorkommen. **Galeriewald:** niedriger Grundwasserstand, Mischung aus immergrünen und laubabwerfenden Bäumen wie Breiapfelbaum und *tempisque (Mastichodendron capiri)*. **Xerophytenwald:** extrem trocken, reich an Kakteen und Erdbromelien. **Eichenwald** und **Sekundärwald.**

Säugetiere sind nicht sehr häufig, am ehesten bekommt man Nasenbären, Eichhörnchen, Brüll- oder Kapuzineraffen zu Gesicht, mit etwas Glück auch Gürteltiere. Ferner leben hier Waschbären, Koyoten, Halsbandpekaris, Wieselkatzen und einige Weißwedelhirsche.

Rund 130 **Vogelarten,** z.B. Truthahngeier, Tuberkelhokko, Roter Ara, Regenbogentukan, Braunflügelguan, Amazonen, Baumwachtel, Königsreiher, können beobachtet werden; im südlichen Teil auch Wasservögel wie der Amerika-Nimmersatt, die Pfeifgans und Reiher. Unter den **Insekten** sind die 250 Arten Bienen und Wespen besonders zahlreich.

Wanderwege

Sendero de Monos: vom Eingang etwa 1 km entlang des Río Cabuyo bis zum Wasserfall, unterwegs *pozas* („natürliche Schwimmbecken"). Der **Camino Central** führt vom Eingang über Río Cabuyo ins Innere des Reservates. Der **Camino Palo Verde** schließt sich an Camino Central an und durchschneidet das Reservat in der Mitte. Der **Camino Linda Vista** befindet sich im Süden des Reservats, in der Nähe des Parkpostens Mal Punto.

Rund 4 km hinter Bagaces zweigt links eine beschilderte Zufahrt ab zu den Wasserfällen **Catarata Llanos de Cortes** (1,9 km, Allrad empfehlenswert): unterhalb des Parkplatzes (kein Gepäck im Wagen lassen !) überrascht ein schöner breiter Wasserfall mit einer herrlichen Badegelegenheit. Tipp für Busfahrer: in der „Pulpería" an der Abzweigung können Fahrräder gemietet werden.

Liberia

- **Einwohner:** ca. 25.000 (Stadt), ca. 37.000 (Bezirk)
- **Lage:** 144 m ü.M., 215 km nach San José, 75 km nach Nicaragua
- **Durchschnittl. Tagestemp.:** 26-28 °C
- **Niederschlag:** 1650 mm/Jahr

Liberia ist die Hauptstadt der dünnbesiedelten Provinz Guanacaste und größte Stadt im Nordwesten des Landes. Die „Weiße Stadt" wird sie genannt, doch längst sind die Straßen, die einst mit weißem, quarzhaltigem Gestein gepflastert waren, schwarz geteert, und auch von den weißgetünchten Adobehäusern sind nur noch wenige erhalten. Doch immer noch ist Liberia die Stadt der *Sabaneros*, der Cowboys von Costa Rica (*sabana* = Savanne), die sich hier mit Lebensmitteln und Viehzucht-Bedarf versorgen. Hier werden die **Viehmärkte** abgehalten, hier finden Rodeos und Stierkämpfe statt, und zweimal im Jahr steht die ganze Stadt Kopf: am vorletzten Februar-Wochenende bei einem großen **Festival** mit Stierrennen, Pferdeparaden, Feuerwerk, Festen, Konzerten und anderen kulturellen Aktivitäten, und am 25. Juli, dem **Jahrestag** der Lösung Guanacastes von Nicaragua.

Für Reisende ist Liberia ein wichtiger **Verkehrsknotenpunkt** und möglicherweise Umsteigestation auf dem Weg von oder zur Halbinsel Nicoya. Die angenehme Stadt, von einem trockenheißen Klima geprägt, ist auch ein guter Ausgangspunkt für Exkursionen zu zahlreichen Naturparks (Lomas Barbudal, Palo Verde, Rincón de la Vieja, Sta. Rosa, Guanacaste), aber auch zu den Stränden Nicoyas, von denen Playa del Coco der nächste ist.

Stadtgeschichte

Mitte des 18. Jh. gab es an der Stelle, wo heute das Hotel/Restaurant El Bramadero liegt, einen Rastplatz unter ei-

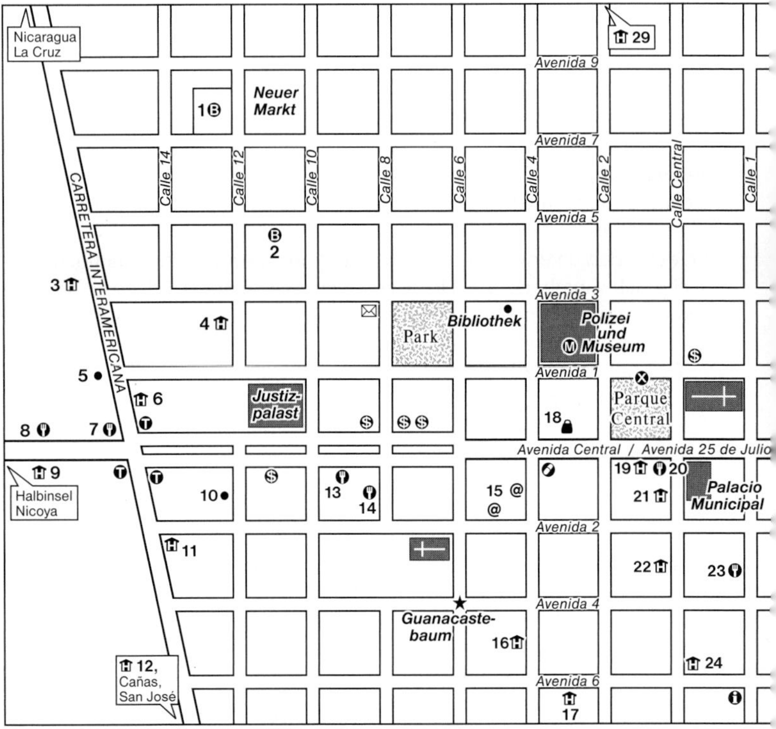

nem Guanacaste-Baum, schon damals an einer wichtigen **Wegkreuzung.** Nach und nach entstand hier, in der Nähe zum Río Liberia, eine kleine **Siedlung** mit Namen *Anexo de Guanacaste,* wohin die katholische Kirche dann 1769 einen Priester schickte, der etwas abseits in einer Einsiedelei lebte. Im Jahre 1801 zählte der Ort immerhin schon 912 Einwohner, darunter nur 45 Spanier und 47 Indios, der Rest Mischlinge.

Nach dem Anschluss Nicoyas an das von Spanien unabhängige Costa Rica forderte auch der Priester die Einwohner des Ortes auf, sich **von Nicaragua zu lösen,** was im Jahre 1828 geschah. Als Liberia im Jahre 1836 die **Stadtrechte** erhielt, zählte man bereits 1866 Einwohner; nur 28 Jahre später lebten bereits 4000 Menschen in der Stadt und den umliegenden Dörfern.

Nach dem **Krieg gegen die Filibuster** 1856, in dem die Stadt eine entscheidende Rolle spielte, hieß die Stadt, die bisher allgemein als *Ciudad Blanca* („weiße Stadt") bekannt war, offiziell *Moracia,* zu Ehren des damali-

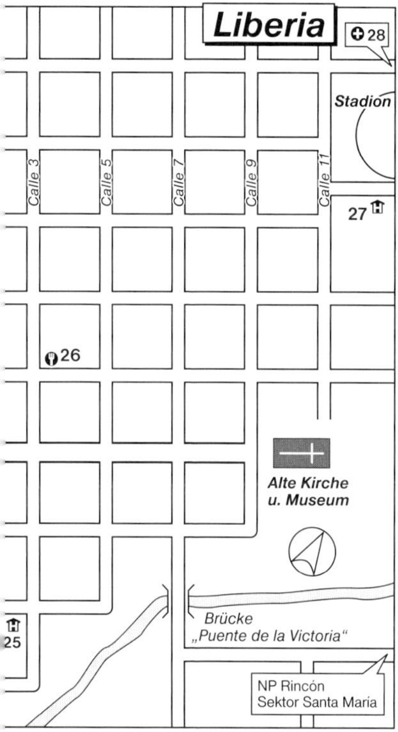

	Hotels
3	Hotel Aserradero
4	Hotel/Rest. Guanacaste
6	Hotel/Rest. El Bramadero
9	Hotel Best Western El Sitio
11	Hotel Boyeros
12	Hotel Best Western Las Espuelas
16	Hotel La Siesta
17	Hospedaje El Dorado
19	Hotel Primavera
21	Hotel Liberia
22	La Posada del Tope
24	Hospedaje La Casona
25	Hostal Ciudad Blanca
27	Hotel Daysita
29	Cabinas Paraiso
	Essen + Trinken
7	Burger King, Pizza
8	Rest. Pócopi
13	Rest. Jauja
14	El Café
20	Rest. Paso Real
23	Rest. Pizza Pronto
26	Rest. Chung San
	Busse
1	Busbahnhof
2	Bus n. San José
5	Sol Rent a Car
10	Clínica de 25 de Julio
15	Internet Cafés
18	Supermarkt
28	Krankenhaus

gen Präsidenten *Juan Rafael Mora*. Als dieser dann einige Jahre später in Ungnade fiel, wurde der Name abermals geändert in *Liberia*, abgeleitet vom Río Liberia.

Stadtrundgang

Cuatro Bombas (vier Tankstellen) nennen die Einheimischen die **Hauptkreuzung** an der Interamericana, und tatsächlich gab es bis vor kurzem an allen vier Ecken eine Tankstelle *(bomba)*. Hier beginnt die zweispurige Hauptstraße Avenida Central oder auch Av. 25 de Julio, die geradewegs ins Zentrum führt. Nach 200 m steht in der Mitte der Straße zwischen dem Justizpalast und dem Gebäude der staatlichen Versicherungsgesellschaft INS, das **Denkmal des Sabanero,** ein Reiterstandbild zu Ehren der Viehtreiber Guanacastes.

Wenn man nach rechts in die C. 6 einbiegt, kommt man nach 200 m zu einem riesigen **Guanacaste-Baum,** der mitten in der Straße steht. Nach weiteren 500 m durch ein ruhiges Wohnviertel erreicht man ein **altes**

Adobe-Haus (erbaut 1879) mit der für die Stadt typischen *Puerta del Sol* („Sonnentür"): Das Eckhaus hat zu beiden Seiten je ein hölzernes Portal, um die gewünschte Luft- und Lichtzufuhr zu regeln. Im Inneren des Hauses, das 1989 zur *Casa de la Cultura* erklärt wurde, ist das **Museo del Sabanero** untergebracht (Geöffnet: Mo-Sa 8-12 und 13.30-17 Uhr, Sa bis 16 Uhr).

Wieder stadteinwärts kommt man durch ein **altes Stadtviertel,** in dem noch weitere Adobe-Häuser mit einer „Sonnentür" zu sehen sind. Eines der schönsten alten Holzhäuser der Stadt ist der **Palacio Municipal** („Stadtverwaltung") an der Ecke C. Central/Av. Central. Gegenüber liegt der **Parque Central** mit einem Kiosk in seiner Mitte, auf dem sonntags Platzkonzerte stattfinden. An seiner Nordostseite steht eine moderne Kirche mit drei Spitzgiebeln, die vielleicht nicht besonders hübsch ist, dafür aber weit mehr Platz bietet als die **alte Kirche** Eremita de la Agonía aus dem Jahre 1790. Diese liegt am Ende der Av. Central und beherbergt heute ein kleines religiöses Museum.

Schräg hinter dem Park füllt die ehemalige **Kaserne** einen kompletten Häuserblock aus. Errichtet wurde das Gebäude, in dem seit Abschaffung der Armee die Polizei untergebracht ist, während der Regierungszeit von Präsident *León Cortez* (1936-1940). Im Inneren des Gebäudes befindet sich das kleine **Museo Regional** mit einigen interessanten präkolumbischen Keramiken (geöffnet tgl. 8-16 Uhr). Nördlich des Parque Central liegt das hektische **Geschäftsviertel** der Stadt, in dem es früher auch eine Markthalle gab; inzwischen wurde ein neuer Markt am Bus-Terminal eröffnet.

Unterkünfte

- **La Posada del Tope** (C.C./Av.2-4, Tel. 666. 3876: 17 einf., aber recht ordentl. Zi., bc: 5 $ p.P.; gr. Zi.: EZ/DZ 12 $.
- **Hospedaje La Casona** (C.C./Av.6, Tel. 666. 2971, Fax 665.0483, casona@racsa.co.cr): Privathaus mit 6 Zi., bc (KW): ca. 7/10/15 $; 4 Zi., bp: ca. 15/15/20 $.
- **Cabinas Paraíso** (C.2/Av.11, Tel./Fax 666. 3434): schweiz. Leitung; 8 saubere Zi, bc: 8/11/13 $; mit Kabel-TV: 9/13/15 $; mit bp, TV: 13/15/18 $.
- **Hotel Liberia** (C.C./Av.C.-2, Tel. 666.0161, Fax 666.4091, maicero@racsa.co.cr): 7 ältere, teilw. dunkle Zi. mit Vent., einf., aber akzeptabel, bp: ca. 6 $ p.P.; 11 neuere Zi.: ca. 9 $ p.P.; KK.
- **Hospedaje El Dorado** (Av.6/C.2-4, Tel. 666.3505, Fax 666.2532, ropeflo@hotmail. com): Pool; einf., sauber, 7 Zi., bc: ca. 10/14/ 17 $; KK.
- **Hotel Guanacaste** (C.12/Av.1-3, Tel. 666. 0085, Fax 666.2287, htlguana@racsa.co.cr): 28 schlichte, akzeptable Zi.; Schlafsaal mit bc: ca. 10 $ p.P.; Zi., bp: ca. 17/30/42 $; mit JH-Ausweis: 15 % Rabatt; KK (+6 %).
- **Cabinas Michelle** (C.2/Av.5-7, Tel. 666. 3951): 11 Zi., bp: 11 $ p.P.
- **Hotel La Siesta** (C.4/Av.4-6, Tel. 666.2950, Fax 666.2532, ropeflo@hotmail.com): kl. Rest., Bar, Pool, ruhige Lage; 24 Zi. um Innenhof, bp, AC (laut!): ca. 23/36/41 $; KK.
- **Hotel del Aserradero** (Interamericana/ Av.3, Tel. 666.1939, Fax 666.0475, abalto@ racsa.co.cr): 20 ordentl. Zi., bp: ca. 24/36/44 $ (ÜF); KK.
- **Hotel Primavera** (Av.C./C.C.-2, Tel. 666. 0464, Fax 666.2062): zentrale Lage, 30 ordentl. Zi., bp (KW), Kabel-TV, um gepflegten

Immer eine im Schatten: Sonnentüren

Hinterhof: ca. 26/37/44 $, mit AC: ca. 31/48 $; KK.

- **Hotel Daysita** (Av.5/C.11-13, Tel. 666.0197, Fax 666.0927): Rest., Pool; etwas abseits, aber ruhig; 22 einf., saubere Zi., bp, TV, AC: 20/40/50 $; KK (+7 %).
- **Hotel El Bramadero** (Interamericana/Av.C.-1, Tel 666.0371, Fax 666.0203, info@hotelelbramadero.com): Rest., Pool; 23 ordentl. Zi., bp, Kabel-TV, AC: 35/45/50 $; KK.
- **Hotel Boyeros** (Interamericana/Av.2, Tel. 666.0995, Fax 666.0809): gr. Hotel mit Rest., Pool; 70 Zi., bp, AC: 40/46/52 $; Kinder unter 10 J. frei; KK.
- **Hostal Ciudad Blanca** (Av.4/C.1-3, Tel. 666.3962, Fax 666.2715): kl. Hostal, 12 ordentl. Zi., bp, AC, DV, TV: ca. 30/50/60 $.
- **Hotel Best Western Las Espuelas** (ca. 2 km südl., Tel. 666.0144, Fax 666.2441, espuelas@racsa.co.cr): Bar, Rest., Pool, Internetzugang; 44 Zi., bp, AC, Kabel-TV, Safe: 55/64/75 $ (ÜF); KK.
- **Hotel Best Western El Sitio** (Straße Richtung Nicoya, Tel. 666.1211, Fax 666.2059, htlsitio@racsa.co.cr): renoviert, mit Rest., Bar, schöner Poolbereich; 54 gr. Zi., bp, Vent., AC, Kabel-TV, Tel.: 60/82/99 $ (ÜF).

Außerhalb: Zahlreiche Unterkünfte im Bereich Rincón de la Vieja (s. dort).

Restaurants

- **El Café** (C.8/Av.C.-2): nettes Café, Bar, Kuchen, Sandwiches, Wein etc.; Mo-Fr 10-19 Uhr.
- **Restaurant Pizza Pronto** (C.1/Av.2-4): gemütliches italienisches Rest. mit Holzofen-Pizza und Pasta um 6 $, beliebter Treff.
- **Restaurant Hotel Guanacaste** (C.12/Av.1-3): günstiges Lokal mit guter Küche: *Casado* 2,50 $, Steaks ab 4 $.
- **Restaurant El Bramadero** (Interamericana/Av.C.-1): beliebtes Lokal, mittlere Preisklasse, Frühstück ab 6.30 Uhr.
- **Restaurant Jauja** (Av.C./C.10): Gute Holzofen-Pizza und Pasta im Freien, So geschl.
- **Restaurant Paso Real** (Av.C./C.C.): im 1. Stock mit Blick über die Plaza, Fisch ab 6 $, außerdem *Ceviche, Pollo, Lomo* etc.; KK.
- **Restaurant Pocopí** (Straße nach Nicoya): gemütlich, aber teuer.
- **Jardín de Azúcar** (Av.3/C.C, Tel. 666.3563): gute landestypische Küche, günstig.
- Außerdem: zahlreiche **Sodas** und mehrere **chinesische Lokale** am Parque Central.

Infos von A bis Z

- **Autovermietung:** *Adobe*/Flughafen, 5 km Richtung Nicoya, (Tel. 667.0608); *Alamo* (1 km vom Flughafen entfernt, Tel. 668.1111); *Budget* (6 km nach dem Flughafen rechts); *Dollar* (am Flughafen, Tel./Fax 668.1061); *Europcar* (am Flughafen, Tel. 668.1023); *Poás Rent a Car* (Tel./Fax 667.0214); *SOL Rent a Car* (gegenüber Hotel Bramadero, Tel. 666.2222, Fax 666. 2898, solcar@racsa.co.cr); *ADA* (1 km vor dem Flughafen links, Tel. 666.2998); *Tricolor* (Tel./Fax 666.1526).
- **Disco:** *Discotheque Kurú* (an der Straße nach Nicoya neben R. 4), Mi-So bis 3 Uhr; *La Cueva* im Hotel Daysita: Do/Fr/Sa bis 2 Uhr.
- **Internet:** im Hotel Guanacaste und Hotel La Casona (Av.2/C.4).
- **Erste Hilfe:** Rotes Kreuz (Tel. 666.0994); Hospital (Tel. 666.0011); Allgemeinarzt: *Dr. Seidy Herrara* (C.C./Av.1-3, Tel. 666.2016).
- **Foto:** *Fuji* (C.3/Av.C.-1): Filme und Entwicklung.

307cr Foto: dk

Der Nordwesten

- **Geldwechsel:** *Banco Nacional* und *Banco de Costa Rica,* beide Mo-Fr 9-15 Uhr sowie *Banco Cuscatlan* (Av.C./C.6, Mo-Fr 9-18 Uhr, Sa 9-12 Uhr); am Wochenende beim *Restaurant Chung San* (Tel. 666.3106) und *Cuatro Mares* (Av.C./C.3-5).
- **Polizei:** Av.1/C.2-4, Tel. 665.0609.
- **Post:** C.8/Av.3, Mo-Fr 7.30-18 Uhr, Sa 7.30-12 Uhr.
- **Reisebüro:** *Viajes Colón* (an der Hauptstraße, Tel. 666.2363.
- **Supermarkt:** *Murillo* (C.C./Av.1-3); *Autoservicio* (C.C./Av.3-5); *Palí* (Av.3/C.C.-2); *Coopecompro* (C.4/Av.C-1).
- **Taxi:** Tel. 666.0409, Standplatz Parque Central/Nordseite sowie am Busbahnhof, Fahrpreis zum Nationalpark Rincón de la Vieja: ca. 25 $ (Lesertipp: an der Busstation nach *Debora Harris* fragen: Die Amerikanerin vermittelt Transfers für 20 $/2 Pers.) nach Peñas Blancas (Grenze Nicaragua): etwa 18 $.
- **Tourist-Info:** Info-Büro der Stadtverwaltung: C.1/Av.6, Tel. 665.0135, Mo-Sa 8-12 und 13.30-17 Uhr, Sa bis 16 Uhr (aber oft geschlossen!).

Busverbindungen

Meist fahren die Busse ab Terminal, (Av.7/C.12) sowie an der Kreuzung Interamericana/Av.C.

- **San José:** Pulmitan (Av.5/C.10-12, Tel. 666. 0458); 6-20 Uhr stündlich, Preis ca. 4 $, Fahrtzeit ca. 4 Std.; außerdem Bus aus Peñas Blancas ab Busbahnhof (5-mal tgl.); sonst Busse aus Nicoya ab cuatro bombas.
- **Puntarenas:** 5, 8.30, 10.30, 11.30, 12.30, 14.30 und 15.30 Uhr.
- **Arenal-See/La Fortuna:** Saragundí-Bus: 15 Uhr, 15 $ Arenal/25 $ La Fortuna (ab 4 Pers.).
- **Cañas:** 5.45, 13.30, 16.30 und 17.10 Uhr oder mit dem Bus nach San José oder Puntarenas.
- **La Cruz/Peñas Blancas:** stdl. 6.10-18.10 Uhr.
- **Sta. Cruz/Nicoya:** ca. 5-20.30 Uhr stdl.
- **Playa del Coco:** 5.30, 8.15, 12.30, 14, 16.30 und 18.15 Uhr.
- **Playa Hermosa/Playa Panamá:** Esquivel 7.30, 11.30, 15.30, 17.45, 19 Uhr.
- **Playa Tamarindo:** über Sta. Cruz.
- **Curubandé** (NP Rincón de la Vieja): tägl. 14 Uhr; Abfahrt hinter dem neuen Markt.
- Privater **Transferbus zum NP Rincón Vieja** um 7 Uhr ab Hotel Guanacaste: 12 $ p.P.
- **Managua/Guatemala City:** 3x tgl. mit Tica Bus aus San José (Büro im Hotel Guanacaste).

Flugverbindungen

- **Flughafen-Info:** Tel. 667.0092 u. 666.0695.
- Der **internationale Flughafen** Guanacaste/Daniel Oduber liegt 10 km außerhalb in Richtung Playa del Coco.
- **Nature Air:** tgl. um 5.35, 9.25 und 12.25 Uhr sowie So/Mi/Fr 18 Uhr nach San José/ Pavas Airport, Flugzeit 1 Std., Preis: 80 $ (einfach); außerdem Mi und Fr 7.15 und 16 Uhr sowie So 16 Uhr nach Granada/Nicaragua, Flugzeit: 35 Min., Preis: 65 $ (einfach).
- **SANSA** (Tel. 666.0306): tgl. 12.50 Uhr nach **San José,** Flugzeit 40 Min., Preis: 71 $ (einf.).

Nördlich von Liberia

Die Interamericana führt von Liberia aus in Richtung Norden zu mehreren Nationalparks und Schutzgebieten, die als **Area de Conservación Guanacaste** zusammengefasst wurden. Auch wer nicht beabsichtigt, nach Nicaragua weiterzureisen, sollte unbedingt einen Abstecher zu einem der lohnenswerten Naturparks einplanen.

Während der **Nationalpark Rincón de La Vieja** einen längeren Abstecher per Allradfahrzeug erforderlich macht, sind die **Nationalparks Sta. Rosa und Guanacaste** einfacher erreichbar. Von der Abzweigung, die zum Sektor Murciélago des Nationalparks Sta. Rosa führt, kann man auch das **Naturschutzgebiet Bahía Junquillal** erreichen. Über **La Cruz,** vorbei an der **Bahía Salinas,** erreicht man **Peñas Blancas,** den Grenzort nach Nicaragua.

Nationalpark Rincón de La Vieja

- **Fläche:** 14.084 ha
- **Lage:** Cordillera Volcánica de Guanacaste
- **Höhe:** ca. 700 m bis max. 1916 m
- **Gegründet:** 23.10.1973
- **Geöffnet:** tgl. 8-16 Uhr
- **Eintritt:** 6 $
- **Info:** Tel. 661.8139
- **Übernachtung:** schöne Campingmöglichkeit im Sektor Pailas (ca. 600 C. p.P.) und am Posten Sta. María, mehrere Lodges in der näheren Umgebung, Info: Tel. 655.5598
- **Anfahrt:**
  1.) **Sektor Las Pailas:** 4,6 km nördl. von Liberia Abzw. rechts über Curubandé (ca. 22 km Piste, im letzten Abschnitt Allrad empfehlenswert). Auf dem Weg durchquert man den Besitz der Hacienda Guachipelin (Straßenmaut 2 $. p.P.); Taxi 25 $.
  2.) **Sektor Santa María:** von Bagaces Richtung Aguas Claras, nach La Ese, Abzw. links über Limonal; oder von Liberia direkt über über Pta. de la Victoria (24 km Piste, Allrad empfehlenswert).

Dieser Nationalpark um den **aktiven Vulkan** Rincón de la Vieja ist einer der vielseitigsten Naturparks des Landes. Nicht nur die unterschiedlichen Vegetationszonen vom feuchten Regenwald im Nordosten bis hin zum Trockenwald im Süden, sondern vor allem die zahlreichen vulkanischen Erscheinungen wie Fumarolen oder blubbernde Schlammvulkane machen einen Besuch der Region zu einem unvergesslichen Erlebnis. Der Nationalpark ist ab 7 Uhr geöffnet.

Geologie

Der Stratovulkan Rincón ist 1806 m und breitet sich über eine Fläche von 400 km^2 aus. Bisher hat man neun **Krater** festgestellt, von denen jedoch mehrere stark erodiert und kaum zu erkennen sind. Der Hauptkrater hat einen Durchmesser von fast 1 km und einen kleinen Kratersee, ebenso wie der rund 500 m große Krater des benachbarten Vulkans Santa Maria (1916 m), der seit langer Zeit nicht mehr aktiv und vollkommen überwachsen ist. Südlich des Hauptkraters befindet sich eine 400 m lange Lagune mit klarem Wasser, an der sich auch häufig Tapire aufhalten. Zahlreiche Flüsse entspringen in diesem Massiv, darunter der Río Liberia, Río Caño Negro, Río Colorado und Río Tizate, die auch viele Wasserfälle bilden.

Die **aktivste Phase** hatte der Vulkan in der Zeit von 1966 bis 1970, als es zum Auswurf großer Aschewolken und zu Beben kam. Weitere Eruptionen folgten in den Jahren 1983 und 1984, die bislang letzte Eruption war 1991.

Auf der Südseite zu Füßen des Vulkans liegt auf rund 800 m Höhe ein **vulkanisch sehr aktives Gebiet** mit einer Fläche von 50 ha, das man als *Las Pailas* und *Las Hornillas* bezeichnet. Hier gibt es Solfatare und brodelnde Schlammtümpel, die kleine „Vulkane“ bilden, daneben treten aus Erdöffnungen heiße, nach Schwefel stinkende

Dampfwolken an die Oberfläche (vor allem während der Regenzeit gut sichtbar) und verhindern jeglichen Pflanzenwuchs. Thermalquellen mit nahezu kochendem Wasser speisen heiße Bäche.

Flora und Fauna

Die **Vegetation** ist je nach Höhenlage, Niederschlagsmenge und Vulkan-Beeinflussung verschieden. Die Nordostseite steht unter Atlantikeinfluss mit viel Niederschlag und dementsprechend dichtem Bewuchs. Der Wald ist hier wegen seines dichten Unterholzes nur schwer zu durchdringen, und die Bäume erreichen Höhen bis zu 40 m. Im Südwesten hingegen herrscht pazifisches Klima mit ausgeprägter Trockenzeit von Dezember bis April und entsprechender Vegetation. Im Park registrierte man auch das landesweit größte Vorkommen der Nationalblume *guaria morada (lat. Cattleya skinerii),* einer Catteleya-Orchideenart.

In den tiefsten Regionen findet man Lorbeerbaum, Guanacaste-Baum, Weißgummibaum, Bitterzeder. In den mittleren Höhenlagen (etwa 1200-1400 m) wachsen Klusie, Mönchspfeffer, *jícaro danto, papayillo, burío ratón, yos, mata-gente,* Eichen und weiße Zypressen. Die Wälder der oberen Höhenlagen (1400 - ca. 1800 m) sind von niedrigem Wuchs, die sehr verästelten Bäume sind von Moosen und anderen Epiphyten bedeckt. Die häufigsten Arten sind hier Klusie und *crespón (Urera caracasana).* Die Gipfelregion ist von lockerer Vulkanasche bedeckt, es existiert nur wenig Vegetation, u.a. Klusie und Gunnera.

Neben Raubkatzen und den in der Gipfelregion häufigen Tapiren leben Spießhirsch, Halsbandpekari, Aguti, Tayra, mexikanischer Ameisenbär, Zweizehen-Faultier, Gürteltiere sowie Brüll-, Kapuziner- und Klammeraffen im Parkbereich. 257 Vogelarten wurden beobachtet, u.a. Glockenvogel, Tuberkelhokko, *jilguero,* Montezuma-Stirnvögel, Laucharassari, Uferschwalbe, Kupferschwanztrogon, Brillenkauz, Goldschwanzkolibri, Weißstirnamazone und Lachhabicht.

Auch die Insekten sind zahlreich vertreten, vor allem die Tag- und Nachtfalter. Besonders auffällig sind die vielen Morphofalter, die in 4 Arten vorkommen.

Wanderwege (Sektor Las Pailas)

- **Las Pailas:** Rundweg (2,8 km ohne Abstecher) durch die vulkanisch aktive Zone mit Fumarolen, kochenden Schlammtümpeln etc., Gehzeit mit Abstechern ca. 2 Std.:

Nach etwa 300 m überquert man am schön gelegenen Picknick- und Campingplatz den Río Colorado über eine Hängebrücke. Kurz darauf zweigt der Rundweg an einer Info-Tafel links ab und führt durch einen eindrucksvollen Wald mit z.T. riesigen Bäumen, die oft von der Würgefeige in Beschlag genommen wurden. Etwas weiter kommt man zu einem kleinen Wasserfall, der allerdings nur in der Regenzeit ausreichend Wasser hat. Ein Abstecher führt zu einem Aussichtspunkt, von dem man einen guten Überblick

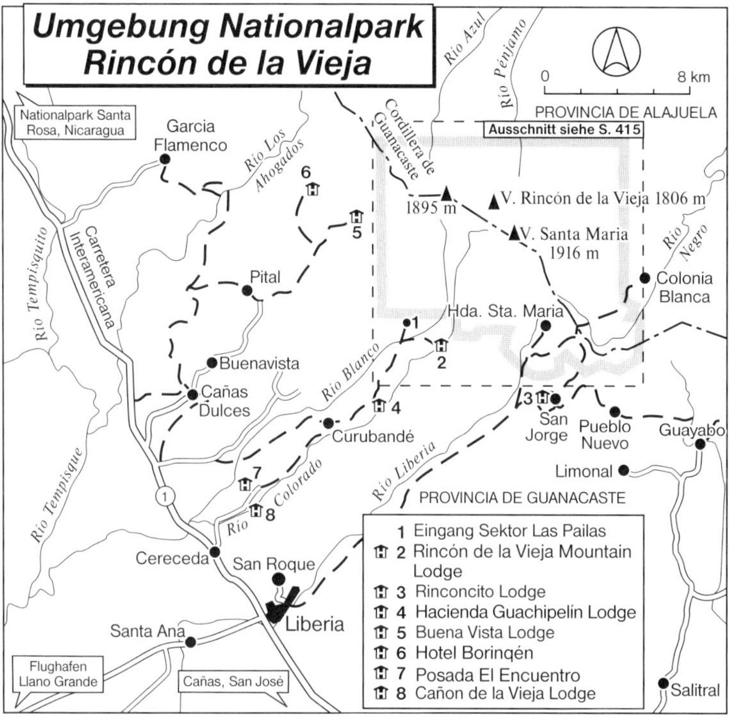

über das Gebiet hat, ein weiterer zu Fumarolen, deren Schwefelgeruch schon von weitem wahrnehmbar ist. Etwa auf der Hälfte des Rundweges zweigt ein Weg ab zum Sektor Santa María (7 km, Flüsse in der Regenzeit u.U. unpassierbar!). Im Süden erwartet den Besucher ein weiterer Höhepunkt: die *pailas de barro*, zahlreiche blubbernde und spritzende Schlammtümpel, die mit heißem Dampf aus dem Erdinnern gespeist werden und „Minivulkane" bilden, die langsam erhärten und schließlich austrocknen.

• **Aufstieg zum Vulkan:** Anstrengender Weg (7,7 km einfach) von etwa 700 m auf fast 1900 m Höhe, Gehzeit ab Parkverwaltung ca. 5–6 Std. (hin und zurück); ein Führer ist nicht nötig, aber die entsprechende Ausrüstung: gute Bergschuhe, warme Kleidung, Regenschutz, Wasser u. Verpflegung; möglichst früh starten (6 Uhr).

Neben der Ranger-Station führt der Weg zunächst etwa 1,5 bis 2 Std. durch einen Wald bergauf (Schild: *copelares volcán*), mit zunehmender Höhe erkennt man den Übergang von

Trockenwald in einen feuchteren Waldtypus mit Farnen, Kletterpflanzen, Pacaya-Palmen etc. Am Ende des Waldweges führt links ein schmaler Fußweg zu einem erhöhten Aussichtspunkt. Vor sich erkennt man klar den weiteren Verlauf des Weges, der sich relativ steil bergauf windet. Später richtet man sich nach den kleinen Steinpyramiden, die überall als Markierung aufgestellt wurden (im Zweifelsfall bergauf). Die Vegetation wird immer karger, nur noch wenige Gräser finden neben den Gesteinsbrocken Lebensraum. Das letzte Stück zum Gipfel ist zugleich das anstrengendste: Über lockeres Geröll geht es immer steiler bergauf, bis man schließlich den höchsten Punkt erreicht hat. Bei wolkenfreiem Wetter hat man von hier einen phantastischen Blick in den Krater und die umliegende Landschaft.

•**Wanderweg zu den Wasserfällen:** Der Hauptweg Richtung Vulkan führt kurz nach Beginn des Waldes links zum **Poza Río Blanco,** wo man sich in einem Naturbecken im Fluss herrlich erfrischen kann (600 m ab Eingang). Kurz darauf führt eine weitere beschilderte Abzweigung links zu den Wasserfällen: durch dichten tropischen Regenwald geht es zunächst auf einer Hängebrücke über den Río Blanco und mit leichtem Auf und Ab durch den Wald. Nach etwa einer Stunde Gehzeit kommt man zu einer weiteren Abzweigung: rechts geht es auf einem teilweise recht steilen (und daher nur selten begangenen) Weg hinauf zu den „versteckten Wasserfällen", den **Cataratas Escondidas** (4,3 km ab Eingang). Geradeaus führt der Weg über offene Grasflächen (Sonnenschutz!) mit riesigen Agaven und kleinen Waldabschnitten, bis man nach etwa 2 Std. den Abstieg zum Wasserfall **Catarata La Cangreja** erreicht (5,1 km ab Eingang). Der kleine See zu Füßen der Fälle namens **Laguna Azul** bietet eine herrliche Badegelegenheit und belohnt für die Mühen der Wanderung.

Unterkünfte im Umfeld des Parks

An den Hängen der Cordillera de Guanacaste gibt es eine ganze Reihe meist einfacher Unterkünfte, die aber durch ihre schöne Lage und die Möglichkeiten zu Wanderungen und Ausflügen mit dem Pferd jedes Luxushotel vergessen machen. Die Anreise ist schwierig und mit öffentlichen Verkehrsmitteln meist nicht möglich.

Direkt von Liberia aus kommt man in Richtung Sektor Santa María zur:

•**Rinconcito Lodge** (Tel. 666.2764, Lodge: Tel./Fax 200.0074, info@rinconcitolodge.com): Rest. (recht teuer), Pferdetouren; 7 einf., rustikale Zi., bp (WW): 17/28/38 $ p.P.; keine KK.

Etwa 4,6 km nördlich von Liberia zweigt rechts eine Piste ab zum Sektor Las Pailas (ca. 22 km). An dieser Straße liegen folgende Unterkünfte:

•**Cañon de la Vieja Lodge** (4,0 km rechts; Tel. 375.1543, 383.2787): Hotelanlage für Gruppen am Río Colorado, 30 Zi. (z.T. im Bau); kl. Canopy-Tour (10 Kabel/12 Plattformen): 25 $, Rafting: 40 $.

***Posada El Encuentro** (4,2 km links; Tel. 848.0616, in D: 0861/165906, Fax 282.0815, encuentrocr@hotmail.com): empfehlenswert, deutschsprachig, gemütliches Rest., Pool; schön dekorierte Zi. im Haupthaus: 80/90 $ (ÜF); 2 nette Zi. in kl. Haus: 50/70 $ (ÜF); KK.

●**Hacienda Guachipelín Lodge** (ca. 18 km rechts; Tel. Büro: 442.2818, Fax 442.1910, Tel. Lodge 666.8075, in D: 0861/165906, info@guachipelin.com): Vieh-Hacienda (1600 ha), Pool, Rest.service (landestyp. Küche, Mittag-/Abendessen 12,30 $), Pferde-Touren (30 $/Tag), gute Canopy-Tour im Kazm-Canyon (10 Plattformen, 2,5 Std.: 45 $, Transfer von/bis Liberia: je 25 $); 40 ordentl. Zi., bp (WW): 46/67/85 $ (ÜF); mit VP: DZ 63 $ p.P.; Kinder (bis 12 Jahre): 12 $ (ÜF).

●**Rincón de la Vieja Mountain Lodge** (ca. 2 km vor dem NP Abzw. rechts; Tel. 200.0238, Fax 666.2441, rinconlodge@hotmail.com): Rest. (7/10/10 $), Pool, Pferdetour (halber Tag: 30 $), Mountainbike (5 $/Std.), Canopy-Tour (18 Plattformen, 4 Std.: 50 $ p.P.); 30 rustikale Zi., bp (WW): 52/70/86 $ (NS 47/47/57 $); 11 Bungalows: 58/81/97 $ (NS 57/57/70 $); KK (kein Zuschlag).

12 km nördlich von Liberia in Richtung La Cruz zweigt bei Km 247 die Zufahrt ab nach Cañas Dulces (6 km Teerstraße) und weiter über eine schlechte Piste zu folgenden Unterkünften (Hinweis: eine Zufahrt zum NP ist über diese Strecke nicht möglich!):

●**Buena Vista Lodge** (13 km nach Cañas Dulces; Tel. 661.8158, Fax 661.8156, informacion@buenavistacr.com): schöne Lage zu Füßen des Vulkans Rincón mit tollem Blick, Privatreservat mit Wanderwegen (600 ha, grenzt an den NP), Rest., Bar, Pferdeverleih (z.B. Tour zum Wasserfall 30 $), Canopy-Tour

(35 $), Transfer ab Liberia: 45 $ hin und zurück (bis 4 Pers.), Gruppenhotel; 70 rustikale Zi., einf., bp (WW): ca. 35/47/59 $.
- **Hotel Borinqén** (vor Buena Vista Lodge beschilderte Abzw. links; Tel. 690.1900, Fax 666. 2931, info@borinquenresort.com): großzügige Anlage mit Pool, Thermalbecken, Wanderwegen, Touren mit Pferden und Quads, Rest.; sehr komfortable Bungalows mit AC, Veranda: 176/212/253 $ (ÜF)!

Nationalpark Santa Rosa

- **Fläche:** 115.000 ha, davon sind 2/3 Wassergebiete
- **Lage:** Pazifikküste, Halbinsel Sta. Elena
- **Höhe:** Meeresniveau bis max. 498 m
- **Niederschlag:** 2000 mm/Jahr
- **Geöffnet:** tgl. 7.30-16 Uhr
- **Eintritt:** 6 $
- **Info:** Tel. 695.5598 oder 695.5577
- **Übernachtung:** es gibt eine Lodge (Anmeldung) und mehrere Campingmöglichkeiten (300 C. p.P.), nähere Infos (s.u.)
- **Anfahrt:** von Liberia Richtung Nicaragua, genaue Infos bei den einzelnen Sektoren
- **Anmerkung:** Für einen Besuch des Playa Nancite bei Nacht ist eine Genehmigung erforderlich, max. 20 Pers.

Der Nationalpark nimmt die gesamte Halbinsel Sta. Elena ein, die wie ein Keil in den Pazifik ragt, und besteht aus zwei zusammenhängenden Sektoren, die über verschiedene Eingänge zu erreichen sind. Die Flora und Fauna wird geprägt von einem ausgedehnten **Trockenwald,** und da die meisten Bäume während der Trockenzeit (Dez.-April) ihre Blätter abwerfen, macht der Park dann einen etwas desolaten Eindruck. Ganz anders ist es in den Monaten Oktober und November, wenn auch Tausende von (Bastard-) Meeresschildkröten ihre Eier an den Stränden des Sektors Sta. Rosa ablegen und damit unfreiwillig für eine Touristenattraktion sorgen.

Doch der Grund, dass auch viele Einheimische den Weg hierher finden, ist weniger die Natur oder die schönen Strände, sondern vor allem die **historische Stätte,** an der im Jahre 1856 eine Schlacht gegen die Aggressoren aus dem Norden erfolgreich geschlagen wurde. Das historische Gebäude *La Casona* ist 2001 **abgebrannt,** soll jedoch wieder aufgebaut werden. Denn dieser Ort verkörpert wie kein anderer den Unabhängigkeitsgedanken der Costaricaner und ist daher eine Art nationale Weihestätte, an der den Helden ein Denkmal errichtet wurde.

Flora und Fauna

Im Gebiet des Nationalparks existieren etwa zehn Vegetationszonen, unter anderem die Grassavanne mit Jaragua-Gräsern und vereinzelten Bäumen (u.a. Steineiche, Akazie, Kalebassenbaum. Die Laubwälder enthalten 240 Arten von Bäumen und Sträuchern, z.B. den Guanacaste (der Nationalbaum Costa Ricas), den Weißgummibaum, die Savanneneiche, Gelbe Balsampflaume und Pochote. Die wichtigsten Arten der immergrünen Wälder sind der *guapinol (Hymenaea courbaril),* der Breiapfel baum, die Eiche, der *tempisque* und der Olivenbaum. An den Flussmündungen findet man die Weiße, die Schwarze, die Rote und die Knopfmangrove.

155 Arten **Säugetiere** wurden gezählt (davon über die Hälfte Fledermäuse): u.a. Brüll- und Kapuzineraffen, Tapire, Pumas, Jaguare, Gürteltiere, Weißwedelhirsche, Nasenbären und Waschbären. Das häufigste Säugetier ist die Stacheltaschenmaus.

Es gibt 253 Arten von **Vögeln,** u.a. Elsterhäher, Keilschwanzsittiche, Kupferschwanztrogone, den *soterrey matraquero* (Zaunkönigart), Tuberkelhockos, Krabbenbussarde und den *saltarín colilargo* (Schnurrvogel-Art).

Reptilien und Amphibien sind mit rund 100 Arten vertreten. Die **Bastardschildkröte** hat hier ihr wichtigstes Eiablagegebiet im tropischen Amerika, außerdem kommen grüne Meeres- und Lederschildkröte zur Eiablage.

Sektor Santa Rosa

- **Anfahrt:** 31 km nördlich von Liberia Abzweigung links (Bus nach Peñas Blancas bis Abzweigung), danach 7 km Teerstraße bis Casona.
- **La Casona:** Auf dem Gelände der Hacienda Sta. Rosa tobte am 20. März 1856 die Entscheidungsschlacht zwischen dem Aggressor *William Walker* und seinen Filibustern und den Truppen des Präsidenten *Juan Rafael Mora* (vgl. Geschichte). In den Räumen des schönen kolonialen Gebäudes ist heute ein **historisches Museum** mit Fotos und Dokumenten, Original-Waffen, Möbeln etc. untergebracht (geöffnet tgl. 8-16.30 Uhr).
- **Playa Naranjo** (13 km): Allrad erforderlich, nach etwa 9 km erreicht man eine Abzweigung: links zur Playa Naranjo (ca. 4 km), rechts zur Playa Nancite (ca. 6 km). Die Playa Naranjo ist ein schöner, gräulicher **Sandstrand** mit recht starken Wellen, die bei **Surfern** sehr beliebt sind. In der Nähe des Strandes kann man manchmal Affen und andere Tiere sehen.
- **Playa Nancite:** ca. 15-16 km, das letzte Stück zu Fuß (ca. 1 Std.). Dieser Strand ist nicht nur schön zum Baden, sondern einer der wichtigsten Eiablageorte für Meeresschildkröten: **Bastardschildkröten** (span. *tortuga lora)* kommen zu Tausenden hierher, manchmal kann man bis zu 10.000 Tiere gleichzeitig beobachten, wie sie um den besten Platz kämpfen. Solche Massenanlandungen, wie sie hier in den Monaten Oktober und November stattfinden, nennt man *arribadas*. Vereinzelte Tiere sieht man auch in den Monaten Aug./Sep. und Dezember, außerdem kommen gelegentlich auch Leder- und Suppenschildkröten hierher. Die Tiere – über 100.000 sind es jedes Jahr – kommen mit der ersten Flut bei Nacht, und zwar in der Phase zwischen Halb- und Vollmond (zunehmender Mond). Manchmal sieht man Geier, Pekaris, Nasenbären oder Koyoten, die sich an den Eiern zu schaffen machen.

Wer dieses Schauspiel erleben möchte, sollte sich frühzeitig bei der Nationalparkverwaltung anmelden, denn ein Besuch ist nur in Begleitung eines sachkundigen Führers erlaubt, und die Zahl ist auf 20 Pers./Nacht beschränkt.

- **Buchtipp:** Stephen E. Cornelius: *The sea turtles of Santa Rosa National Park,* National Park Foundation, Costa Rica, 1986.

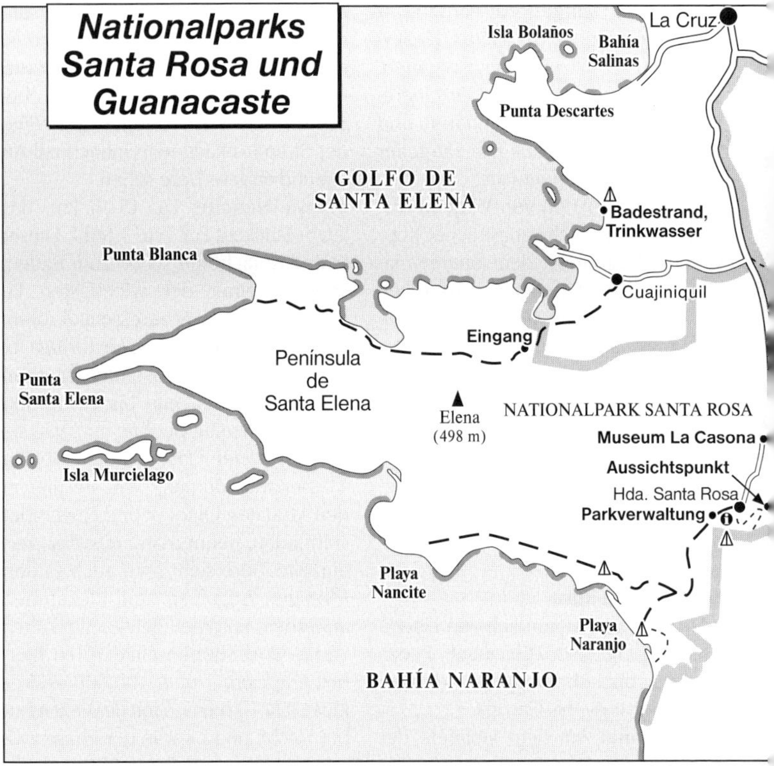

Unterkunft

- **Camping** bei Casona, Playa Naranjo und Playa Nancite.
- Neben dem Verwaltungsgebäude gibt es eine **Lodge,** die offiziell nur für Wissenschaftler bestimmt ist. Wenn Platz ist, kann man aber auch als „normaler" Tourist übernachten: 4 Zi. à 8 Betten, bc: ca. 13 $ p.P., Anmeldung erforderlich.

Wanderwege

- **Sendero Natural Indio Desnudo:** Kleiner Rundweg (500 m/1,5 km), beginnt neben Casona.
- **Sendero Laguna Escondida:** Bei der Parkverwaltung zweigt rechts dieser schmale Weg ab, der nach etwa 2 bis

3 km zu einem kleinen „See" kommt, wo man in der Trockenzeit mit etwas Geduld Tiere beobachten kann.

• **Zur Playa Naranjo:** Wer kein (Allrad-) Fahrzeug hat, muss zu Fuß zur Playa Naranjo/Playa Nancite wandern (bei Flut geht es die letzten 2 km durch das Wasser). Gehzeit etwa 3 Std., Sonnenschutz und Wasser mitnehmen!

• **Sendero Los Patos:** Etwa 3 km hinter der Parkverwaltung zweigt links dieser Weg ab, der nach 2 km zu einem Aussichtspunkt führt; evtl. kann man hier Tiere sehen.

• **Sendero Naranjo:** ca. 5 km hinter der Parkverwaltung rechts (1 km).

• **Sendero Carbonal:** Vom Playa Naranjo etwa 6 km um die Laguna El Limbo herum (Mangroven), dort leben u.a. Reiher u. Krokodile.

• **Sendero Playa Nancite:** ca. 1 Std. ab Ende der Piste.

Sektor Murciélago

• **Anfahrt:** 41 km nördlich von Liberia (10 km nach Einfahrt zum Sektor Sta. Rosa) Abzweigung links, nach 8 km die Teerstraße nach links verlassen, durch den Ort Cuajiniquil der Piste folgen, vorbei an einem Polizei-Trainingslager. Mit Bus ab Liberia und La Cruz nach Guajiniquil, der Rest zu Fuß ...

3,5 km nach Cuajiniquil führt rechts eine **Abzweigung** zur Bahía El Hachal (3 km) und weiter zur Bahía Danta (ca. 6 km, hierher Allrad erforderlich). Der Hauptweg führt weiter an einer Landebahn vorbei zum **Parkeingang** (9 km ab Abzweigung, während der Trockenzeit ohne Allrad möglich). Da die Parkwächter hier wohnen, ist der Park praktisch immer geöffnet.

• Vom Eingang führt eine Piste vorbei an der tief eingeschnittenen Bahía Santa Elena (8 km) zur **Bahía Playa Blanca** mit einem schönen, wenig frequentierten **Sandstrand** (17 km, Allrad empfehlenswert).

Unterkunft

- 600 m nach der o.g. Abzweigung im Ort Cuajiniquil rechts **Lodge B&B:** 3 einf., aber brauchbare Zi. mit bc. zu ca. 10 $ p.P.
- **Camping** am Parkeingang (Du/WC) und an der Playa Blanca (keine Einrichtungen).

Nationalpark Guanacaste

- **Fläche:** 32.512 ha
- **Lage:** Cordillera Volcánica de Guanacaste
- **Höhe:** ca. 100 m bis max. 1659 m ü.M.
- **Niederschlag:** ca. 2000 mm/Jahr
- **Gegründet:** 5.6.1991
- **Geöffnet:** tgl. 7.30-16 Uhr, Eintritt zu bezahlen beim Nationalpark Sta. Rosa
- **Info:** Tel. 695.5598 oder 695.5577
- derzeit **kein Eintritt**
- **Übernachtung:** Neben der Verwaltung gibt es ein neueres Gebäude mit 6 Zi. (offiziell nur für Wissenschaftler), außerdem mehrere einf. Unterkünfte ohne Strom (13 $ p.P.) sowie **Campingmöglichkeit** in den verschiedenen Stationen (300 C. p.P.).
- **Anfahrt:** 27 km nördl. Liberia Abzweig rechts

Der Nationalpark Guanacaste ist das gebirgige Pendant zum Nationalpark Sta. Rosa, von dem er nur durch die Interamericana getrennt ist. Zusammen ergeben sie einen Mega-Nationalpark, der in seiner Fläche nur vom Internationalen Park La Amistad übertroffen wird. Beherrscht wird der Park von den Vulkanen Orosí (1487 m) und Cacao (1659 m), den beiden nördlichsten Ausläufern der Cordillera de Guanacaste.

Durch die unterschiedlichen Höhenlagen ergibt sich eine **große ökologische Vielfalt** mit Trocken-, Feucht- und sogar Nebelwaldgebieten. Im Umfeld der Vulkane liegt auch das Quellgebiet des Río Tempisque und zahlreicher weiterer Flüsse, die z.T. in den nur rund 20 km nördlich gelegenen Nicaragua-See münden. Touristisch ist das Gebiet bisher **kaum erschlossen,** es gibt jeoch einige schöne Wege für mehrtägige Wanderungen.

Flora und Fauna

Je nach Höhenlage und Niederschlagsmenge findet man hier sowohl Trockenwald, Feuchtwald, Nebelwald und tropischen Regenwald. Durch die verschiedenen Vegetationszonen ergibt sich eine große ökologische Vielfalt mit etwa 3000 Pflanzenarten. In der Gipfelregion der Vulkane findet man Primärwald mit rund 3000 Arten von Epiphyten, u.a. Bromelien, Orchideen, Farne, Kletterpflanzen und Moose. Die NW-Seite steht unter atlantischem Einfluss mit entsprechend hohen Niederschlägen und dichtem Bewuchs.

Von den **Säugetieren** sind u.a. Paka, Rotwild, Jaguar, Puma, Tapir, Weißbart- und Halsbandpekari, Nasenbär, Gürteltier, Tayra und Zweifinger-Faultier vertreten.

Unter den 300 **Vogelarten** findet man Schwarzbauchguan, *jilguero,* Montezuma-Stirnvogel, Laucharassari, Königsgeier, Glockenvogel und den Schirmvogel.

316cr Foto: dk

La Casona, leider 2001 abgebrannt

Wanderungen

- **Cerro Cacao:** Anfahrt mit Allrad über Quebrada Grande (= Garcia Flamenco) bis ca. 1 km vor Vulkan (Genehmigung erforderlich) zur Nationalparkstation Cacao (ca. 1100 m), einf. Holzunterkünfte ohne Strom, von hier Aufstieg zum Vulkan. Alternative: mit Pferd ab Quebrada Grande.
- **Maritza:** ca. 15 km ab Eingang Guajiniquil (250 m) zur Station Maritza (500 m), einf. Unterkunft mit Strom, von hier Aufstieg zum Vulkan Cacao möglich, auch Wanderung zur Nationalparkstation Cacao.
- **Pitilla:** Anfahrt nach Sta. Cecilia (geteert, Busverbindung ab Liberia und La Cruz, einf. Unterkunft im Hotel Chuli), von dort ca. 9 km bis Nationalparkstation Pitilla an der Nordostgrenze des Parks (700 m), einf. Unterkunft ohne Strom.

Naturschutzgebiet Bahía Junquillal

(Refugio Nacional de Vida Silvestre)

- **Fläche:** 15.478 ha (inkl. Meeresanteil)
- **Anfahrt:** Etwa 42 km nördlich von Liberia zweigt links eine Teerstraße ab, die nach etwa 8 km links zum Ort Cuajiniquil abzweigt und weiterführt zum Eingang Sektor Murciélago des Nationalparks Sta. Rosa (s.o.). Geradeaus führt die geteerte Straße an einen kleinen Hafen, vorher (10,5 km ab Interamericana) zweigt rechts eine gute Piste ab: nach 4 km links, 600 m zum Erholungsgebiet. Die Piste führt weiter nach Norden bis zur Bahía Salinas und nach Sta. Cruz.
- **Geöffnet:** tgl. 7.30-17.30 Uhr
- **Eintritt:** 6 $

Die schöne Bucht gehört zum Schutzgebiet Guanacaste, und der weite **Sandstrand** ist ebenfalls ein Eiablageplatz für verschiedene Arten von Meeresschildkröten. Zum etwa 500 ha großen Erholungsgebiet gehören auch mehrere Wanderwege durch Trockenwald und zu Mangrovensümpfen. Es gibt hier einen herrlichen Campingplatz mit Tischen, WC und Duschen.

Unterkunft

- **Finca Castaneda** (Tel. 679.1054, in D: 08631/161578): kl. Haus am Ortsende von Cuajiniquil, einf. Ausstattung; 2 Schlafräume, Wohnraum, bp, Küche: 25 $ (bis 4 Pers.).

Zur Grenze mit Nicaragua

Vom Eingang zum Sektor Murciélago des Nationalparks Santa Rosa bis **La Cruz** sind es 14 km.

318cr Foto: dk

Unterkunft

- Kurz vor La Cruz zweigt von der Interamericana rechts eine gute Asphaltstraße ab. Nach 15 km liegt rechts die ***Los Inocentes Lodge** (Tel. 679.9190, Fax 679.9224, info@losinocenteslodge.com): Haupthaus einer Vieh-Hacienda (1000 ha) am Vulkan Orosí; Rest. (8/15/15 $), Pool, Pferdeverleih (3-4 Std.: 15 $); 11 ordentl. Zi., bp (z.T. auf anderem Stockwerk); 12 neuere Cab., bp: 48 $ p.P./VP; KK.

La Cruz

56 km nördlich von Liberia liegt dieses kleine Städtchen, das für Reisende eine wichtige Durchgangsstation auf dem Weg nach oder von Nicaragua darstellt. Es gibt eine Tankstelle, eine Bank und Post sowie eine Reihe von Unterkünften. Einige Häuser haben eine schöne Lage am Hang mit Blick auf die tieferliegende Bahía Salinas, so z.B. das Amalia's Inn und das Restaurant Mirador Ehecatl westlich des Hauptplatzes.

Unterkünfte

- **Cabinas Sta. Rita** (200 m südl. des Parque Central, Tel. 679.9062, Fax 679.9305): Gem.-küche, Parkplatz; 35 einf., brauchbare Zi., z.T. TV, bc (z.T. WW): ca. 4,50 $ p.P.; bp (z.T. WW): ca. 10 $ p. P.; AC gegen Aufpreis.

- **Hostal Julia** (400 m östl. des Parque Central Ri. Interamericana, Tel./Fax 679. 9084): gepflegtes Hostal mit Parkplatz; 12 Zi., bp, DV: ca. 21/30/36 $; KK.

*__Amalia's Inn__ (100 m südl. des Parque Central, Tel./Fax 679.9181): Privathaus eines Künstlers, schöne Terrasse mit herrlichem Blick, Pool; 8 ordentl., gr. Zi., bp (WW): ca. 15/30/40 $; KK.

- **Hotel Bella Vista** (an der Straße zur Bahía Salinas, Tel. 679.9339): Pool, TV-Zi., Pferde-, Bootstouren, niederl. Leitung; 20 kl. einf. Zi., bp (KW), DV: ca. 15 $ p.P. (ÜF); KK (+6 %).

Busverbindungen

- Der **Busbahnhof** nördlich des Hauptplatzes.
- **Liberia/San José:** 5, 5.45, 7, 8, 10, 11, 15.30, 16 und 17.30 Uhr.
- **Peñas Blancas** (Grenze Nicaragua): 6.30, 9.30, 10, 12, 15.20 und 17.30 Uhr.
- **Pto. Soley:** 5, 10.30 und 13.30 Uhr.

Bahía Salinas

Wegen seiner beständigen Winde (vor allem Nov.-April) gilt die weite Bucht im äußersten Nordwesten des Landes neben dem Arenal-See als der beste Platz für **Windsurfer,** doch finden bisher nur wenige Sportsfreunde den Weg hierher. In der Bucht liegt auch die Vogelinsel Isla Bolaños, Fischer bieten Bootsausflüge an. Zum Baden ist die Bucht wegen der starken Winde nicht geeignet, es gibt aber in der nähe schöne geschützte Badestrände.

Vom Parque Central in La Cruz geht in westlicher Richtung eine nur auf den ersten Kilometern geteerte Straße hinunter zum Meer. Nach 6 km zweigt nach rechts die Zufahrt ab zum Hafen **Puerto Soley,** wo man bei den Fischern Boote zur Isla Bolaños mieten kann.

Die Straße führt weiter nach Süden über Brasilito zur Bahía Junquillal.

Unterkünfte

- Nach einigen Kilometern liegt rechts die **Bar Salinas** (Tel. 382.2989): Rest., schöne Campingmöglichkeit am Meer, ruhige Lage, ungepflegter Sanitärbereich: 2 $ p.P.
- **Ecoplaya Beach Resort** (Tel. 676.1010, 228.7146, Fax 676.1072, ecohotel@racsa.co.cr): gepflegte Anlage am Meer mit nettem Rest. und Poolbereich, 36 gute Zi. mit AC, TV; Villas mit Küche: DZ ab 103 $ bzw. 75 $ p.P./VP.

Ausflüge

- Der Deutsche *Frank Schulz* ist Tauchlehrer und organisiert Bootstouren, u.a. zur Isla Bolaños sowie zur Delfin- und Walbeobachtung und natürlich zum Tauchen. Kontakt: *Frank's Dive Center,* Tel. 827.4109, Fax 679.9329, franksdiving@yahoo.de oder c/o Hotel Ecoplaya.

Tierschutzgebiet Isla Bolaños

- **Fläche:** 25 ha
- **Lage:** in der Bahía Salinas, 4 km östlich von Puerto Soley
- **Höhe:** max. 81 m
- **Niederschlag:** unter 1500 mm/Jahr
- **Eintritt:** Nur mit **Sondergenehmigung.** Eine **Bootstour** in die Nähe der Inseln ist aber jederzeit erlaubt, und man kann aus Distanz Brutstätten mehrerer Vogelarten beobachten.

Besondere Bedeutung hat die Insel als einer der wenigen Brutplätze der braunen Pelikane), der Prachtfregattvögel und der Amerikanischen Austernfischer in Costa Rica. Außerdem findet man Elsterhäher, Rabengeier, einige Fledermäuse sowie eine reichhaltige Population von Schwarzleguanen.

Ein Abstecher nach Nicaragua

Ein Kurztrip nach Nicaragua ist unbedingt empfehlenswert und problemlos möglich. (Ein Visum ist nicht mehr erforderlich!)

Der großartige Nicaraguasee mit seinen Inseln, der aktive Vulkan Pacaya und die bezaubernde Kolonialstadt Granada sind nur einige Argumente.

Nach Abwicklung der costaricanischen Grenzformalitäten kann man zu Fuß zum Grenzposten von Nicaragua gehen. Bei der Einreise wird eine Gebühr in Höhe von 7 $ erhoben. Der Umtauschkurs lag im Dezember 2004 bei 16 Córdoba für 1 US-$. Mindestaufenthaltsdauer in Nicaragua: 72 Std.

Danach geht es mit einem Sammeltaxi zur nächsten Ortschaft und von dort per Bus oder Taxi weiter nach **Rivas.** Nur wenige Kilometer entfernt liegt der Hafenort **San Jorge,** von wo eine Schiffsverbindung zur sehenswerten **Isla de Ometepe** besteht. Man kann auch weiter nördlich in die schöne **Kolonialstadt Granada** weiterreisen. Von dort aus ist es möglich, per Schiff über den Nicaraguasee nach **San Carlos** und von dort weiter nach **Los Chiles** in Costa Rica zu reisen (mühsam und anstrengend!).

Nach Peñas Blancas

Von La Cruz sind es noch etwa 19 km nach Peñas Blancas, dem Grenzort zu Nicaragua. Die Straße ist zwar geteert, aber zahlreiche tiefe **Schlaglöcher** erfordern eine langsame Fahrweise.

Unterkunft

***Finca Cañas Castilla** (5 km nördl. von La Cruz Abzw. rechts in die Ortschaft Sonzapote (1,6 km östlich der Panamericana) und 2 km Piste, Tel. 381.4030, Fax 679.9329, info@canas-castilla.com): schöne Flusslage, Rest.-Service (5/5/10 $), Pferdetour (8 $/Std.), Mountainbikes (10 $/Tag), Touren (auch nach Nicaragua!), schweiz. Leitung; 6 nette Bungalows (2 mit Küche): ab 32/44/57 $ (ÜF), Camping 5 $ p.P.

- 5,6 km nach La Cruz zweigt am Kilometer 300 links ein Weg ab zum **Hotel Colinas del Norte** (Tel. 392.6583, Fax 679.9768, fuocosa@racsa.co.cr): Holzhaus mit gemütlicher Terrasse inmitten einer Vieh-Finca (300 ha), mit ital. Rest. (nicht nur für Hausgäste), Bar, Pool, TV-Zi., Disco (Fr/Sa), Pferde-Touren (2-3 Std.: 15 $), ital. Leitung; 24 rustikale Zi. (bis 4 Pers.), bp (WW), DV, einf., ordentl.: 45 $ p.P./VP; KK.

Peñas Blancas

Es gibt wirklich nur einen Grund, diesen gesichtslosen **Grenzort** 19 km nördlich von La Cruz zu besuchen: die Weiterreise nach Nicaragua. Im Busbahnhof gibt es eine Bank und ein Restaurant. Im gleichen Gebäude ist die Ein- bzw. Ausreisebehörde untergebracht.

Unterkunft

- Es gibt keine nennenswerten **Unterkünfte.**

Busverbindungen

- Tgl. 11 und 15.30 Uhr über **Liberia** nach **San José,** Fahrzeit 6 Std.
- Außerdem Lokalbusse nach **La Cruz.**

523cr Foto: dk

Halbinsel Nicoya

Die Halbinsel Nicoya, ca. 50 km breit und mit einer maximalen Länge von rund 120 km, wird durch den Río Tempisque und den Golf von Nicoya vom Festland getrennt. Eine **Straßenverbindung** gibt es nur bei Liberia im Norden und über die neue Brücke nahe der Mündung des Tempisque. Die Halbinsel gehört verwaltungstechnisch bis auf den Südteil zur Provinz Guanacaste. Diesen erreicht man am besten mit einer Fähre von Puntarenas aus.

Die **Landschaft** der Halbinsel wird bestimmt von einem bis 1000 m hohen Hügelland und ist ansonsten vorwiegend mit Savannen bedeckt. Es gibt heute kaum noch Reste von tropischen Waldgebieten (Curú, Cabo Blanco), die einst die gesamte Halbinsel bedeckten. Zahlreiche Flüsse durchziehen das Gebiet, die entweder zum Río Tempisque, in den Golf von Nicoya oder in den Pazifik entwässern. An den Flüssen und an den Meeresküsten findet man eine Vielzahl von Wasservögeln, aber auch im Landesinneren leben zahlreiche Vogelarten. Häufig sind auch Leguane zu sehen, die im meist trockenen Klima ideale Lebensbedingungen vorfinden. An den Stränden befinden sich auch wichtige Eiablagegebiete verschiedener Meeresschildkröten-Arten, die wichtigsten stehen unter Naturschutz (Meeres-Nationalpark Las Baulas und Schutzgebiet Ostional).

Das **Klima** ist geprägt von einer ganzjährig gleichbleibenden Temperatur, die Tagestemperaturen schwanken regional zwischen 21 und 32 °C. Von Dezember bis April fällt kaum ein

Playas del Coco

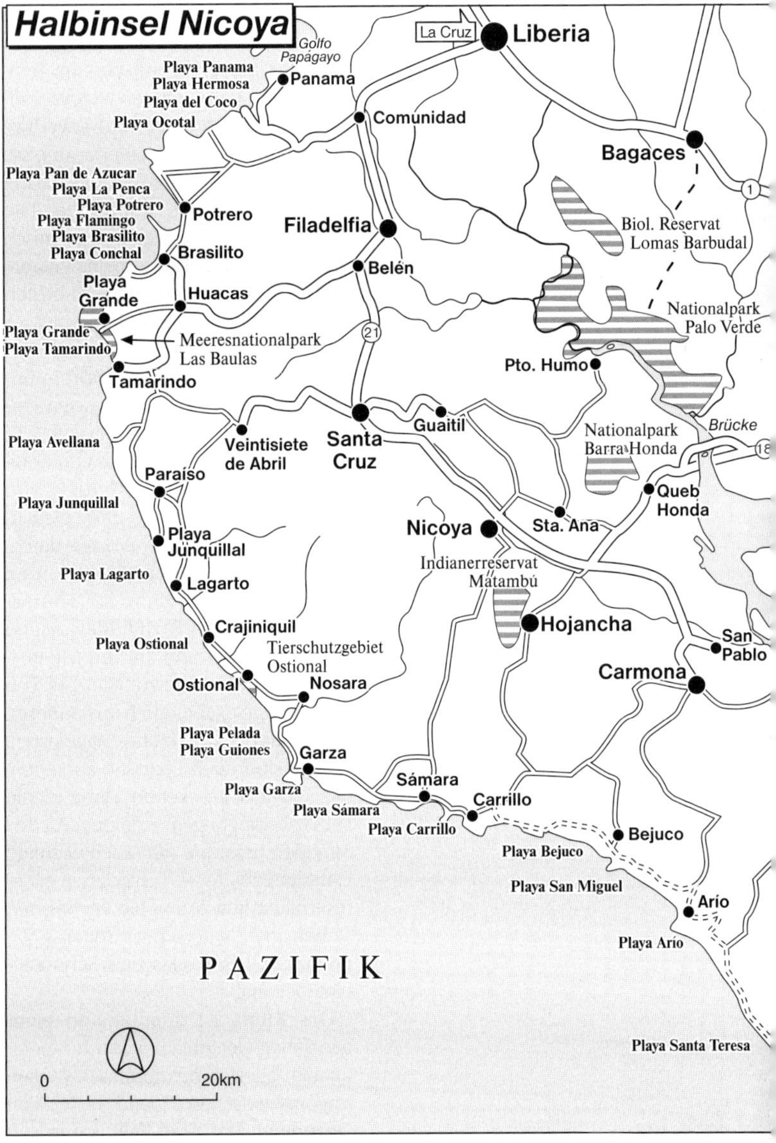
Halbinsel Nicoya
Golfo Papágayo
La Cruz
Liberia
Playa Panama
Playa Hermosa
Playa del Coco
Playa Ocotal
Panama
Comunidad
Bagaces
Playa Pan de Azucar
Playa La Penca
Playa Potrero
Playa Flamingo
Playa Brasilito
Playa Conchal
Potrero
Brasilito
Filadelfia
Belén
Biol. Reservat Lomas Barbudal
Playa Grande
Huacas
Nationalpark Palo Verde
Playa Grande
Playa Tamarindo
Meeresnationalpark Las Baulas
Tamarindo
Pto. Humo
Playa Avellana
Veintisiete de Abril
Santa Cruz
Guaitil
Nationalpark Barra Honda
Brücke
Paraíso
Playa Junquillal
Queb Honda
Playa Junquillal
Nicoya
Sta. Ana
Indianerreservat Matambú
Playa Lagarto
Lagarto
Hojancha
Crajiniquil
Playa Ostional
Tierschutzgebiet Ostional
San Pablo
Ostional
Nosara
Carmona
Playa Pelada
Playa Guiones
Garza
Playa Garza
Sámara
Playa Sámara
Carrillo
Playa Carrillo
Bejuco
Playa Bejuco
Playa San Miguel
Arío
Playa Arío
PAZIFIK
Playa Santa Teresa
0
20km

Tropfen Regen, die meisten Niederschläge registriert man in den Monaten September und Oktober. Vor allem während der Trockenzeit von Januar bis März bläst ein starker Nordwind, mit Schwerpunkt über dem Golf von Papagayo.

Die **Wirtschaft** der Region basiert vorwiegend auf Viehzucht, für den Export sind außerdem Zuckerrohr und Melonen von Bedeutung. Es gibt nur einige kleinere Städte wie Nicoya und Sta. Cruz, die nächste „Großstadt" ist Liberia.

Die Halbinsel war der ursprüngliche Siedlungsraum der **Chorotegas** (s. „Geschichte"), heute leben nur noch wenige Nachkommen dieses Volkes, u.a. im Reservat Matambú, zwischen Nicoya und Hojancha gelegen. Nur wenige indianische Traditionen haben die Jahrhunderte spanischer Herrschaft überlebt, doch die Kunst der **Töpferei** hat sich bis heute erhalten: Überall wird an den Straßen und in Läden Keramik mit indianischen Motiven angeboten, die aber nur selten von Indianern gefertigt wurden. Ein Zentrum für Töpferarbeiten ist Guaitil in der Nähe von Sta. Cruz.

Nicoya zählt vor allem wegen seiner **schönen Strände** zu einer der touristisch bedeutendsten Regionen des Landes. Wellenreiter finden hier vor allem während der Regenzeit (Mai bis Nov.) gute Surf-Bedingungen. Einsam sind die meisten Strände längst nicht mehr, an der ganzen Küste gibt es **zahlreiche Hotels und Unterkünfte.** Die meisten Hotels am Meer werden von Ausländern geleitet (vor allem

Deutsche, Schweizer, Italiener, aber auch US-Amerikaner, Niederländer). Als wichtigste Zentren gelten der Fischerhafen Playas del Coco, Playa Flamingo mit seinen Hotelburgen und die Strandorte Playa Tamarindo und Playa Sámara. Daneben gibt es noch viele weitere Strände mit einer bescheideneren touristischen Infrastruktur. Südlich von Sámara lässt der Tourismus nach, erst im südöstlichen Küstenabschnitt werden die Strände wieder belebter. Die Versorgung mit Banken und Tankstellen ist allgemein mäßig und beschränkt sich auf die größeren Orte im Landesinneren.

Playas del Coco und Umgebung

Die Strände bei Coco sind vielleicht nicht die schönsten des Landes, dafür aber über Liberia schnell zu erreichen und gut geeignet für alle, die „Action" suchen.

Von Liberia nach Playas del Coco

Knapp 13 km hinter Liberia liegt rechts der **Internationale Flughafen Guanacaste** auf dem seit 1996 auch Charterflieger aus den USA und Kanada landen. Kurz hinter dem Flughafen liegt links die „Deutsche Bäckerei/ Café Europa" (Tel. 668.1081).

Nach dem Ort Guardia überquert man den **Río Tempisque,** den mit 159 km zweitlängsten Fluss des Landes, der die Grenze der Nicoya-Halbinsel zum „Festland" bildet. Direkt hinter der Brücke zweigt rechts eine Asphaltstraße ab zu den Hotelanlagen, die im Rahmen des **Papagayo-Projektes** entstehen (s. Exkurs „Das Projekt Golfo Papagayo").

Etwa 20 km ab Liberia zweigt hinter dem Ortsende von **Comunidad** rechts die Zufahrtsstraße nach Playas del Coco und Umgebung ab. Nach 7 km liegt linker Hand die Ortschaft **Sardinal,** kurz danach erreicht man die **einzige Tankstelle der Gegend** (volltanken!). Nach links führt eine Zufahrt durch den Ort nach 4 km zum **Countryside Attractions Park El Chapernal** (Tel. 273.4545): Swimmingpool, Mountainbike- und Wanderwege, Pferdeverleih, Restaurant, Camping.

Kurz nach dem Ortsende von Sardinal zweigt links die Zufahrt ab zur **Mono Congo Trail Canopy Tour** (Tel./Fax 666.4422): Mit Hilfe von Gurten bewegt man sich an Stahlseilen „aufgehängt" durch die Baumkronen – von Plattform zu Plattform. Die Tour wird von zahlreichen Agenturen angeboten. Kosten: ca. 45 $.

10,8 km nach der Hauptstraße zweigt rechts die Straße nach Playa Hermosa und Playa Panamá ab (Beschreibung s.u.). Links führt die Straße nach Playas del Coco (4 km).

Die Straße führt nach etwa 20 km zum Ort Puerto Culebra am „Eingang" zur Papagayo-Halbinsel, welche die Bahia Culebra nach Nordwesten hin begrenzt. Die Fahrt endet abrupt an einem pompösen Eingangsportal, wo nur Gästen des dahinter liegenden Luxus-Hotelkomplexes Four Seasons Einlass gewährt wird. Das Four Seasons Resort – wohl derzeit die exklusivste und **teuerste Hotelanlage Mittelamerikas** – ist die bisher größte Anlage im Rahmen des Projektes Golfo de Papagayo und nimmt fast die gesamte Papagayo-Halbinsel ein. Einzige Möglichkeit, zumindest einen Blick über die landschaftlich sehr reizvolle Halbinsel zu erhaschen, ist der rechts vor dem Haupteingang abbiegende Besucher- und Lieferantenzugang. Folgen Sie dem Schild „Visitors".

Man befährt nach einer kurzen Einlasskontrolle eine Privatstraße, durchquert einen 18-Loch-Golfplatz, passiert mehrere Aussichtspunkte und Zugänge zu verträumt gelegenen Strandbuchten, um schließlich 7,8 km weiter vor dem eigentlichen Hotelzugang zu stehen, der allerdings ausschließlich den Gästen des Resorts Durchlass bietet. Links vor dem Haupteingansportal befindet sich ein öffentlicher Parkplatz, von dem aus ein sehr schöner, kaum belebter Strand zu Fuß erreicht werden kann.

- Wer glaubt, sich diesen Luxus leisten zu müssen, erreicht das **Four Seasons** unter Tel. 696.0000 oder Fax 696.0010, www.fourseasons.com. Die Preise bewegen sich quer durch sieben verschiedene Raumklassen von 624 $ (NS 365 $) im einfachen DZ bis 6287 $ (NS 4208 $) für eine 3-Schlafraum-Suite. Die Preise verstehen sich pro Nacht (nicht pro Woche), Frühstück ist nicht inklusive, doch wen wird das bei solchen Zimmerpreisen noch stören?

Playas del Coco

Coco ist vielleicht der einzige Strand Nicoyas, an dem man mehr Einheimische als Touristen trifft. Besonders wegen seiner Nähe zu Liberia ist er **bei Ticos beliebt,** die vor allem am Wochenende hierherkommen, um sich zu entspannen und vergnügen. Der Ort bietet eine intakte Infrastruktur mit zahlreichen Unterkünften, Restaurants, Internetcafés, Ärzten, Post, etc. Der Strand zählt zwar nicht zu den schönsten des Landes, aber per Boot gelangt man in kürzester Zeit zu herrlichen und einsamen Stränden (ein echter Geheimtipp!). Es gibt **jede Menge Unterhaltung:** Schwimmen, Tauchen (zwei Tauchschulen), Beachvolleyball, Bars. Wer seine Spanischkenntnisse aufbessern will, dem stehen mehrere Spachschulen zur Auswahl.

Ursprünglich war Coco ein Fischerort, doch die Nähe zu Liberia und seine halbrunde Bucht, an der heute nur noch wenig Kokospalmen stehen, lockte eine immer größere Zahl von Besuchern an und änderte das Leben seiner Bewohner. Doch die **Fischer** gehen weiterhin ihrem Handwerk nach, und es ist interessant, ihnen zuzusehen, wenn sie vom Meer zurückkommen und ihren Fang entladen.

Unterkünfte

Die Unterkünfte und der Strand sind am Wochenende und während der Ferienzeit (vor allem Weihnachten/Neujahr und Ostern) meist überfüllt. Wer Ruhe sucht, sollte diese Zeit meiden.

- **Cabinas Chale** (650 m ab Hauptstraße, Tel. 670.0036, Fax 670.0303): Pool; 25 einf. Cab., bp (KW), DV, Kühlschrank: 10/20/30 $; Kinder unter 10 J. frei; keine KK.

●**Coco Azul** (Tel. 670.0431): 13 ordent. Zi. (KW) mit Vent.: ca. 15/20/30 $; 2 Cab. für 6 Pers., bp, DV: 40 $; KK; Billig-Tipp!

●**Hotel/Restaurant Luna Tica** (Tel. 670.0279, Fax 670.0459): 15 Zi., bp (KW), DV: 11/22/33 $; KK (nur VISA + 5 %).

●**Hotel Anexo Luna Tica** (Tel. 670.0279, Fax 670.0459): 16 Zi., besser als im Haupthaus (s.o.): 11/22/33 $, Frühstück extra; KK (nur VISA + 5 %).

***Villa Casa Talamanca** (Tel./Fax 670.0717, ti7wgi@racsa.co.cr): schöne Anlage, dt. Amateurfunker, Boots- und Angeltouren, individuelle Spanischkurse; 2 Zi.: DZ 25 $, Zustellbett 10 $; 2 nette Apt. mit Küche und TV: 40 $ (bis 3 Pers.); 1 gr. Apt. für 7 Pers., TV: 70 $; Frühstücksbuffet: 4 $.

●**Laura's House** (Tel. 377.3119, casalauracr @yahoo.com): Unterkunft mit Pool; 7 Zi., bp (KW), DV: DZ 26 $ (ÜF); mit AC: 36 $ (ÜF), Zusatzperson: 11 $; KK (+7 %).

●**Cabinas Sol y Mar** (Ortseingang links, Tel./Fax 670.1111): Pool; 6 ordentl. Zi. mit AC, bp (KW), DV: 35/35/43 $; 1 Apt. mit Küche: 100 $ (bis 8 Pers.); KK.

●**Coco Palms Hotel** (Tel. 670.0367, Fax 670.0117, cocopalms@yahoo.com): zentrale Lage, deutsche Leitung, Restaurant, Bar, großer Pool, Parkplatz; 20 ordentl. Zi. (z.T. zur Straße), bp (WW), DV, Safe, gute Betten: DZ 36 $; 3 Apt.: 65 $ (bis 4 Pers.); Frühstück 3 $; KK.

●**Apartamentos Casa Lora** (Tel./Fax 670. 0642, casalora@yahoo.com): am Ortseingang links, Pool, Parkplatz, deutsche Leitung; vier eingerichtete Apt., bp (WW), TV: DZ ab 40 $.

●**Hotel La Flor de Itabo** (Ortseingang rechts, Tel. 670.0292, Fax 670.0003, itabo@ hotels. co.cr): gepflegte Anlage mit Rest., Bar, Casino, Pool, Garten; 1,5 km zum Strand; 10 ordentl. Zi., bp, Vent: EZ/DZ 40 $; 8 angenehme, gr. Zi. mit AC, kl. TV: 50 $; 8 Apt. mit Küche: 120 $ (1-6 Pers.), für 1 Monat 700 $; Junior Suite 85 $; KK.

●**Hotel Vista Mar** (Tel./Fax 670.0753, jpal mar@racsa.co.cr): nette Atmosphäre, schöner Garten, hilfsbereit, kanad. Leitung; 9 sehr ordentl. Zi., ohne MB, bp, DV: 30/45/60 $ (ÜF), NS -10 $; Zi. mit MB 55 $; 7 Cab. mit AC, bp (WW); KK (+ 7 %).

***Pato Loco Inn** (Tel./Fax 670.0145, patoloco @racsa.co.cr): ital. Rest., Parkplatz, niederl.-ital. Leitung; 4 sehr gepflegte Zi. mit DV, Bad (WW): 47/47/59 $, mit AC: 59/59/70 $; Apt. mit Küche: 70 $ oder 700 $/Monat (1-4 Pers.); KK (VISA).

●**Hotel Playa del Coco** (Tel. 670. 0110, Fax 670.0167): ältere Anlage am Meer, 50 einf. Zi. mit DV, bp (WW): 53 $ (ÜF, 2-4 Pers.); mit AC: 68 $ (ÜF); KK.

●**Villa del Sol B&B** (Tel./Fax 670.0085, info @villadelsol.com): gepflegtes Privathaus mit Garten, Pool, 100 m zum Strand, kanad. Leitung; 7 Zi., bp, DZ 55 $ (ÜF), AC +10 $, NS -10 $; KK.

***Hotel Villa Flores** (Tel. 670.0269, Fax 670. 0787, villafloresbb@yahoo.com): unfreundlich!, 10 Zi. bp (WW), AC: 69/69/79 $ (ÜF), NS: 54/54/64 $; Deluxe-Zi. mit Kabel-TV: 79/79/89 $ (ÜF), NS: 64/64/74 $ (ÜF); KK (5 % Barzahlungs-Rabatt).

●**Hotel La Puerta del Sol** (Tel. 670.0195, Fax 670.0650, hotelsol@racsa.co.cr): nette Anlage mit Rest., Pool, Fitnessraum, ruhige Lage, ca. 150 m zum Meer, ital. Leitung; 8 freundl. Zi. mit AC, DV, Bad (WW): DZ 70 $ (ÜF); 1 Suite: DZ ca. 128 $ (ÜF); KK (VISA, +3 %).

●**Hotel Best Western Coco Verde** (Tel. 670. 0494, Fax 670.0555, cocoverd@racsa.co.cr): Hotel mit Rest., Bar, Casino, Pool, 33 ordentl. Zi. mit Du./WC, (WW), AC: 65/80/90 $ (ÜF); NS: 50/65/80 $ (ÜF); KK.

Restaurants und Bars

●**Restaurant La Guajira:** einfaches Fischlokal am Meer, relativ günstig.

●**Restaurant Bohio:** chines. Küche.

●**Soda Jardín Tropical:** Pizza, landestypische Küche, Frühstück ab 6.30 Uhr, sehr zu empfehlen, unter deutscher Leitung.

●**Lizard Lounge:** beliebter Treffpunkt.

●**Restaurant El Sol y la Luna:** (im Hotel La Puerta del Sol): nettes ital. Lokal, hausgemachte Pasta; KK.

●**Pizza & Seafood Cocos:** gutes Essen, Pizza ab 4 $, Spaghetti ab 6 $, Fisch ab 7 $, schöner Garten.

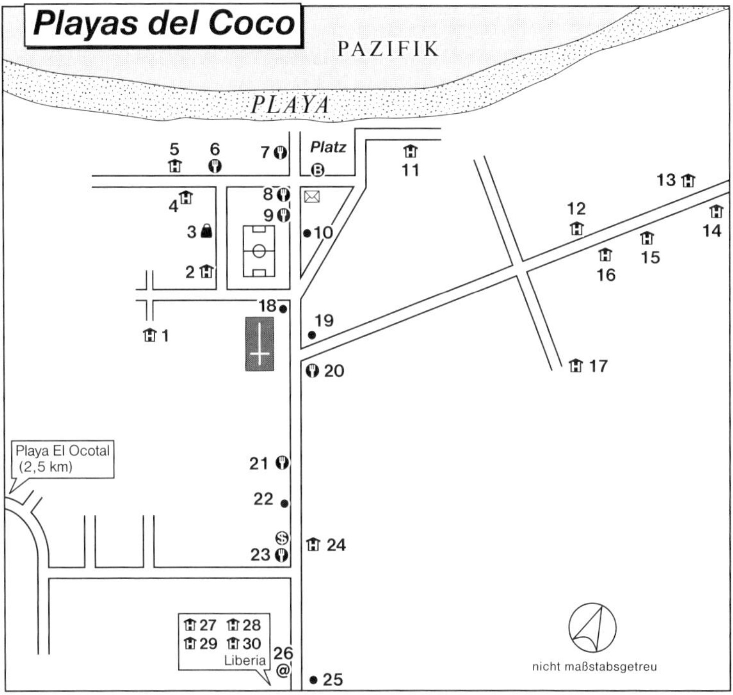

	Hotels		Restaurants + Bars
1	Coco Azul	6	Restaurant La Guajira
2	Coco Palms Hotel	7	Restaurant Bohío
4	Hotel Anexo Luna Tica	8	Soda Teresita (Busticket)
5	Hotel/Restaurant Luna Tica	9	Soda Jardín Tropical
11	Hotel Playa del Coco	20	Lizard Lounge
12	Hotel Villa Flores	21	Pizza & Seafood Cocos
13	Hotel Vista Mar	23	Restaurant Papagayo
14	Villa del Sol B&B		
15	Cabinas Chale	3	Supermarkt
16	Laura's House	10	Capitanía del Puerto
17	Hotel La Puerta del Sol	18	Migración und Bäckerei
24	Hotel Best Western Coco Verde	19	Tauchschule Deep Blue Diving
27	Cabinas Sol y Mar	22	Tauchschule Rich Coast Diving
28	Pato Loco Inn	25	Tauchschule Mario Vargas
29	Hotel La Flor de Itabo		Expeditions
30	Villa Casa Talamanca	26	Internet-Café

- **Restaurant Papagayo:** gute Meeresfrüchte, geöffnet ab 6.30 Uhr, Tauchbedarf, gehobene Preise, aber gut.
- **Spaghetteria L'Angoletta di Roma** (im Pato Loco Inn): gute Pasta ab 4,50 $, Tagesgerichte (18-21 Uhr), Do. Ruhetag; KK.
- **Restaurant La Flor de Itabo:** ital. Steakhouse und Pizzeria, gehobene Preisklasse; KK.
- **Restaurant Chile Dulce:** empfehlenswertes Rest. an der Playa Petzweller (Richtung Playa Ocotal).

Infos von A bis Z

- **Autoverleih:** im *Hotel Coco Verde.*
- **Disco:** *Coco Mar* (neben Hotel Playa del Coco): tgl. bis 2 Uhr; *Astillero Disco Club* (850 m ab Abzweigung Ocotal): nur Do-So.
- **Erste Hilfe:** Rotes Kreuz in Sardinal (Tel. 670.0190).
- **Fahrradbedarf:** *Triciclo Shop,* vor Villa del Sol B&B links Richtung Meer, Tel. 670.0545: Radreparatur und Ersatzteile.
- **Geldwechsel:** *Banco Nacional,* Mo-Fr 8.30-15.45 Uhr, sonst beim Hotel Flor de Itabo.
- **Internet:** bei *Villa del Sol B&B* und *Internet Café 2000:* 6 $/Std. inkl. 1 Drink, Büchertausch, nicht sehr freundlich.
- **Post:** Mo-Fr 7.30-18, Sa. 7.30-12 Uhr, Fax.
- **Supermarkt:** *Luperon* (neben Coco Palms Hotel), Mo-Sa 7-20 Uhr, So 7-13 Uhr.
- **Tankstelle:** 7 km in Richtung Sardinal.
- **Tauchschule:** *Rich Coast Diving* (gegenüber Hotel Coco Verde, Tel./Fax 670.0176, dive@richcoastdiving.com), Halbtagestour (1 Flasche): 35 $, Bootstour zu Catalina Islands: 85 $ (2 Flaschen), Tauchgeräte-Verleih (15 $), Segelboot-Touren; *Deep Blue Diving* (am Hotel Coco Verde); *Mario Vargas Expeditions* (neben Cabinas Las Brisas, Tel./Fax 670.0351, mvexped@racsa.co.cr), Halbtagestour (1 Fl.): 40 $, Anfänger-Kurs 90 $ (1 Tauchgang) und 110 $ (2 Tauchgänge), 4 Tages-Kurs (Tauchlizenz) 300 $, Tauchgeräte-Verleih.

Busverbindungen

- Tickets und Infos im *Soda Teresita.*
- **San José** (direkt): 8 und 14 Uhr, Fahrzeit: ca. 5 Std., Preis: ca. 5,50 $; sonst über Liberia oder mit modernem Nicoya-Bus ab Hauptstraße (15 km).
- **Liberia:** 5.30, 7, 9.15, 14.30, 15.15 und 18 Uhr.
- **Filadelfia:** 11.30 und 16.30 Uhr.

Playa El Ocotal

Nur etwa 3,5 km südwestlich von Coco liegt diese kleine Bucht, die aus Fels- und Sandstrand besteht. Das gesamte Areal wird eingenommen von einigen **Luxus-Hotels,** für Budget-Traveller also nicht gerade die richtige Adresse.

Anfahrt

In Coco Abzweigung links. Am Ortsanfang von Ocotal rechts zu den Villas Los Almendros, alle anderen erreicht man durchs „Stadttor".

Unterkünfte

- **Villas Los Almendros Ocotal** (Tel. 670. 0442, Fax 670.0526, almocotal@yahoo.com): Luxusapt. in Meernähe; Apt. für 4 Pers.: 139 $ (NS 92 $); 4 Villas (120 m²) mit 3 Schlafzi., Wohnzi., Küche etc.: 162 $ (NS 104 $).
- **Hotel Villa Casa Blanca** (Tel. 670.0518, Fax 670.0448, vcblanca@racsa.co.cr): schöne Anlage mit Pool, 600 m zum Strand, kanad. Leitung; 10 Zi. (bis 4 Pers.) bp, DV, AC, geschmackvoll eingerichtet: DZ 80-125 $ (ÜF), NS: 60-105 $ (ÜF); Zusatzbett 10 $.
- **Ocotal Beach Resort** (Tel. 670.0321, Fax 670.0083, info@ocotalresort.com): Luxushotel, über dem Meer; Rest., Disco, Pool, Tennisplatz; 42 angenehme Zi., mit MB, AC, DV, TV: 99/113/130 $; 19 Zi. in Bungalows: ab 129/146/169 $ (ÜF), Junior- Suite-Bungalow: DZ ab 210 $ (ÜF); Suite: DZ 274 $; KK.

Playa Hermosa

Der „wunderschöne Strand" nordöstlich von Coco gilt als einer der besten der Umgebung und erfreut sich zu-

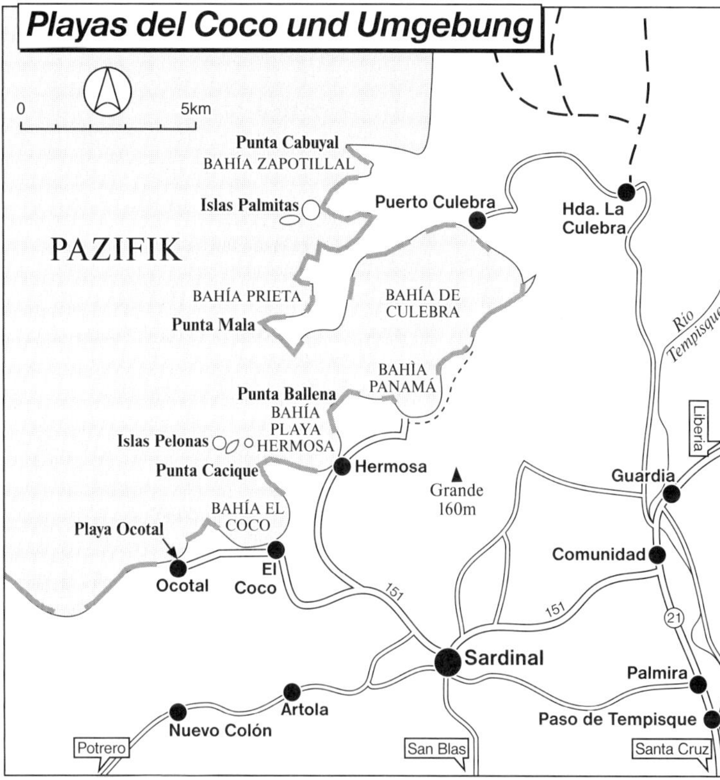

nehmender Beliebtheit. Die Folge ist eine Diskrepanz zwischen Qualität und Preis. Es gibt wenig Billigunterkünfte.

Anfahrt

10,8 km nach Comunidad in Richtung Playas del Coco Abzweigung rechts, nach 5 km führt links eine Zufahrt zu den Cabinas La Casona, Villa del Seño, Playa Hermosa und Vallejos, die Hauptzufahrt zweigt etwa 1 km später nach links ab.

Unterkünfte

Über die **1. Zufahrt** erreicht man:

***Hotel Villa del Sueño** (Tel./Fax 672.0026, delsueno@racsa.co.cr): nettes Haus in ruhige Lage, 200 m zum Meer, Pool, gutes Rest. (HP: 36 $), kanad. Leitung; 14 schöne Zi. bp (WW), DV: 69/69/81 $ (NS: 62/62/75 $); Superior-Zi. mit AC: 104/104/116 $; Studio mit Balkon, AC: 139/139/151 $; Apt. mit Küche, AC: 197/197/209 $ (1-3 Pers.); KK.

***Hotel La Finisterra** (Tel. 672.0227, Fax 672. 0293, finisterra@hotmail.com): Hotel in erhöhter Lage, Pool, gutes Rest., Touren mit Segelboot, kanad. Leitung; 10 schöne Zi. mit

Das Projekt Golfo Papagayo

Am Golfo Papagayo wird kräftig gebaut. Hinter Playa Hermosa wurden bereits die Hotels Costa Smeralda, Costa Blanca und Malinche Real fertig gestellt. Dies sind nur drei der insgesamt 12 Luxushotel-Anlagen, die im Rahmen des Projektes Golfo de Papagayo entstehen. Geplant sind eine Marina für 200 Boote, zwei 18-Loch-Golfplätze und ein Dorf für Angestellte.

Hinter diesem gigantischen Projekt, steht maßgeblich die Grupo Situr, eine mexikanische Firmengruppe aus 85 unabhängigen Unternehmen mit Sitz in Guadalajara. Mit rund 900 ha Land besitzt sie den größten Brocken unter den 12 Teilhabern am Papagayo-Projekt.

Im Gespräch ist das Großunternehmen schon seit 1974 – und seither umstritten: Umweltschützer sehen ein weiteres Stück Natur unwiederbringlich dem Massentourismus geopfert. Dennoch legte der damalige Präsident Angel Calderón im Dezember 1993 den Grundstein für den Ausbau der Region. Zunächst wurde an der Bahía Culebra begonnen, später soll dann auch weiter nördlich bis an die Grenzen des Nationalparks Santa Rosa gebaut werden. Im Zusammenhang mit den Hotelneubauten ist auch der Ausbau des neuen internationalen Flughafens bei Liberia zu sehen, über den Touristen aus Nordamerika und Europa direkt hierher befördert werden.

Die Frage besorgter Umweltschützer, ob der Schaden für die Natur vertretbar sei, wird meist mit dem Argument beantwortet, dass das Projekt ein wichtiger Arbeitgeber für die strukturschwache Region ist: Es sollen 34.500 Arbeitsstellen geschaffen werden, weitere werden mittelbar dazukommen.

Ausblick, DV, Bad (WW): DZ 82 $ (ÜF); Deluxe-Zi. mit AC: 94 $ (ÜF); KK.

- **Hotel Playa Hermosa** (Tel. 672.0046, Fax 672.0019, info@hotelplayahermosa): umgebaute Anlage am Meer mit Rest.; 22 Zi., bp, DV; DZ mit DV: 52 $ (ÜF) (NS 41 $); mit AC: 76 $ (ÜF) (NS 52 $).

Die **2. Zufahrt** führt zu den Unterkünften:

- **Villa Huetares** (Tel./Fax 672.0051): Pool, Jacuzzi, Internetcafé, ca. 300 m zum Strand; 15 Apt. mit AC, TV, Küche: DZ 50 $ (NS 30 $); 4 Pers.: 65 $ (NS 45 $); 6 Pers.: 90 $ (NS 60 $); KK.
- **Hotel Mangaby** (Tel. 672.0048, info@hotelmangaby.com): Pool, 300 m zum Meer; 13 Zi. mit Kabel-TV, AC: DZ 109 $; 2 Minisuites mit kl. Küche: DZ 131 $; 2 Apt.-Suites mit Küche, Wohnzi., 2 Schlafzi., 2 Bäder: 182 $.
- **Villa Acacia** (Tel. 672.1000, Fax 672.0272, reservation@nativo.net): schöner Garten, Jacuzzi, Pool, Konferenzraum, Café, Rest.; 8 komfortable Villas mit Küche, TV, Terrasse: DZ 125-160 $ (NS 95-135 $), Deluxe-Zi.: (ÜF) 95/95/105 $ (NS 76/76/88 $); KK.
- **Hotel Atardecer Playa Hermosa Inn** (Tel. 672.0063, Fax 672.0060, samaci@racsa.co.cr): direkt am Meer, Pool, Parkplatz, US-Leitung; 3 Zi, bp (WW), DV, Safe, ok: 50/50/60 $ (ÜF); 5 Zi. mit AC und kl. Kühlschrank: 60/60/70 $ (ÜF); 1 Apt. (bis 7 Pers.) mit kl. Küche, Balkon, MB: $ 70/70/80 $ (ÜF); Kinder (5-12 Jahre): 5 $; KK (kein Zuschlag).
- **Hotel El Velero** (Tel. 672.1015, Fax 672.0016, elvelerocr@yahoo.com): kl. Hotel direkt am Meer mit Rest., kl. Pool, nette Terrasse, kanad. Leitung; 22 angenehme, helle Zi. (2 mit MB), Bad (WW), AC, DV, Safe, TV: EZ/DZ 84 $; Aufpreis 02.12.-03.01.: 44 $! (NS 69 $); KK (ohne Zuschlag).

Am **Ortsende** links:

- **Hotel Villas Sol Playa Hermosa** (Tel. San José 257.0607, Fax 223.3036, infosocios@villassoltc.com): hässlicher Betonklotz; 54 Zi. mit MB: ca. 137/137/148 $; 45 Villas ohne MB: ab ca. 156 $ (1-6 Pers.).
- **Hotel Condovac La Costa** (Tel. 672.0155, Büro 281.0850, Fax 224.7667, condovac@racsa.co.cr): Luxus-Anlage am Hang mit Rest., Bar, Pool, Tennisplatz etc.: 107 Villas mit AC, Küche, Kabel-TV: ca. 99/111/128 $; KK.

Restaurants und Bars

- **Restaurant Villa del Sueño:** ausgewählte Gerichte ab 10 $ (nicht billig, aber gut).
- **Restaurant La Finisterra:** schöne Lage, gute internat. Küche, gehobene Preisklasse
- **Restaurant Aqua Sport:** nettes Lokal in Meernähe, große Auswahl, v.a. Fisch (ab 8 $), Hummer 26 $; KK.
- **Restaurant/Bar El Velero:** angenehmes Rest. in Garten am Meer, Preise akzeptabel.
- **Rest. Pescado Loco** (gegenüber Hotel El Velero): sehr freundlich, lecker, preiswert.
- **Rest. Puesta de Sol:** Meeresfrüchte und Fisch, mit MB, ab 8 $, kein Ruhetag; KK.
- **Rest. Bahia Culebra:** intern. Küche, gute Bedienung, sicherer Parkplatz.

Infos von A bis Z

- **Einkaufen:** Supermarkt neben Aqua Sport, tgl. 6-22 Uhr.
- **Tauchschule:** *Diving Safaris* (Tel. 670. 0012), Hotel Sol Playa Hermosa.
- **Telefon:** öffentl. Fernsprecher (2. Zufahrt)
- **Wassersport:** *Aqua Sport* (am Strand): Sea-Kajaks (10 $/Std.), Surfboard und Segel (10 $/Std.), Banana (15 Min. inkl. Motorboot ca. 20 $), Wasserski (60 $/Std.).

Busverbindungen

- Die Busse kommen aus Playa Panamá.
- **San José:** ca. 5 Uhr, Fahrzeit 5 Std.
- **Liberia:** 5 (Bus nach San José), 6, 10, 14, 16 und 17 Uhr.

Playa Panamá

Folgt man der Straße an Playa Hermosa vorbei weiter nach Nordwesten, erreicht man diese Bucht. Der Strand ist inzwischen recht gepflegt und für den Autoverkehr gesperrt, Zelten und offenes Feuer sind verboten. Der Strand ist flach abfallend und es gibt keine hohen Wellen (ideal mit Kindern!), vor Ort gibt es ein Restaurant mit Parkplatz, Bootstouren werden angeboten.

Die Straße führt weiter zu den Luxushotelanlagen im Bereich des Golfo Papagayo, wie z.B. die überteuerten All-Inclusive-Resort-Hotels Costa Smeralda oder Blue Bay. Für den „Normalreisenden" erübrigt sich also die Weiterfahrt.

Playa Tamarindo und Umgebung

Südlich von Playas del Coco liegen einige recht schöne Strände und zwei besuchenswerte Naturschutzgebiete. Playa Tamarindo selbst gilt als eines der wichtigsten und bestausgestatteten Touristenzentren an der nördlichen Pazifikküste.

Von Liberia nach Brasilito

(65 km)

Etwa 13 km nach Comunidad in Richtung Süden (30 km ab Liberia) liegt links etwas abseits der Hauptstraße das Städtchen **Filadelfia** (Tankstelle). Nach weiteren 5 km zweigt nach der Ortschaft **Belén** rechts die Zufahrtsstraße zu den Stränden Tamarindo, Brasilito und Flamingo ab. Die asphaltierte Straße ist in relativ schlechtem Zustand (viele Löcher) und gabelt sich nach 25 km im Ort **Huacas** erneut: Links geht es nach Tamarindo (12 km), geradeaus zur Playa Grande und etwas weiter zweigt rechts die Teerstraße zur Playa Brasilito (5 km) ab, vorbei am Luxushotel-Komplex Melia Playa Conchal.

Playa Brasilito

Auch wenn der Ort selbst nicht allzuviel zu bieten hat, lohnt sein schöner Sandstrand durchaus einen Besuch. In dem **kleinen Fischerdorf** gibt es keine Luxushotels, dafür aber einige ordentliche Unterkünfte der gemäßigten Preisklasse – ein netter Platz also für Reisende ohne allzuhohe Komfortansprüche. Die Ortsmitte besteht aus einem vertrockneten Fußballplatz, doch gibt es am Meer einige schattenspendende Meermandelbäume, unter denen man gut entspannen kann. Lohnenswert ist ein Strandspaziergang zur nahe gelegenen **Playa Conchal** (1,5 km südlich mit Allradfahrzeug erreichbar), die mit feinem Muschelsand und intensiv türkisblauem Wasser zum Baden einlädt. Leider ist die Ruhe inzwischen v.a. am Wochenende getrübt, nicht nur durch die Kunden des Luxushotels Paradisus Playa Conchal. So werden u.a. Jetski und Schnorchelausrüstung vermietet und Pferdetouren angeboten.

Unterkünfte

Aufgelistet nach Lage; die ersten vier Unterkünfte nach dem Hotel Melía befinden sich am Ortseingang rechts.

- **Paradisus Playa Conchal** (Tel. 290.0798, Fax 290.1967, travel@costarica-travelinfo.com): Hotelanlange mit 18 Loch-Golfplatz, riesigem Pool, Rest. etc.: 399/658/905 $; 26 Royal Suites ohne MB: 469/798/1097 $; mit MB: 569/998/1372 $; KK.
- **Cabinas Conchal** (Tel. 654.4257): 450 m zum Meer; 8 schlichte Cab., bp, Vent.: DZ ca. 30 $.
- **Cabinas/Restaurant El Caracol** (Tel. 654. 4073): 400 m zum Strand; 9 einf. Cab., bp, Vent.: ca. 18/36/42 $.
- **Cabinas Nany** (Tel./Fax 654.4320): etwa 10 Apt. mit AC, Küche: 60 $ (2 Pers.).
- **Cabinas Ojos Azules** (Tel./Fax 654.4346): 350 m zum Strand, (CH); 13 ordentl. Cab., bp, Vent.: DZ 35 $; mit AC, TV: 50 $.
- **Hotel Brasilito** (nach Brücke links, Tel. 654. 4237, Fax 654.4247, hotel@brasilito.com): klein, am Meer, Rest., dt. Leitung; 15 einf. Zi., bp, DV, MB: 30/30/35 $; KK (VISA +6 %).
- **Brasilito Lodge & Camping** (hinter Restaurant Brasilito, Tel. 654.4452, Fax 654.4890, brasilitolodge@brasilito-conchal.com): am Meer, Gemeinschaftsküche, Rad- u. Zeltvermietung, Rest. im Bau, dt. Leitung; 10 einf. Zi., bp: 9 $ p.P., Camping (Du./WC ok): 3 $.

Restaurants und Bars

- **Rest. Perro Plano:** (im Hotel Brasilito), gute Fischgerichte.
- **Ristorante El Forno** (Ortseingang rechts): nettes Lokal im Freien, ital. Küche.
- **Restaurant Happy Snapper** (am Strand): öfters Livemusik.
- **Restaurant La Casita del Pescado** (neben Hotel Brasilito): gute landestypische Küche, frische Obstsäfte.
- **Restaurant/Bar Camaron Dorado** (Richtung Flamingo links): schöne Lage direkt am Meer, Tische unter Palmen, spezialisiert auf Meerestiere, nicht billig, Frühstück ab 8 Uhr.
- **Soda Coca** (nebenan): gutes und günstiges Essen ab 3 $.

Infos von A bis Z

- **Einkaufen:** *Supermercado Lopez,* großer Supermarkt an der Hauptstraße; *Super Brasilito,* kl. Laden am Fußballplatz, oder Supermarkt in Playa Flamingo.
- **Internet:** gegenüber Restaurant El Forno: 2 $/Std., 9-20 Uhr.
- **Pferdeverleih:** c/o Hotel Brasilito: 2,5 Std. mit Guide/30 $.
- **Post:** Villareal (ca. 13 km) oder Sta. Cruz (34 km).
- **Reisebüro:** *TourPro* (Ortseingang rechts, Tel. 654.4585), Ausflüge, Mietwagen, Agentur von SANSA.
- **Telefon:** internationale Gespräche bei *Cabinas Ojos Azules* und im *Restaurant Camaron Dorado.*

Busverbindungen

- **San José:** 2.45 Uhr (Tralapa über Liberia), 8.45 Uhr (über Sta. Cruz) und 14 Uhr (über Liberia), Fahrzeit 6 Std., ca. 6 $.
- **Liberia:** über Belén (Bus nach Sta. Cruz).
- **Sta. Cruz:** 5.30, 6, 8, 11, 14, 16, 17, 20.45 und 21.40 Uhr.

Playa Flamingo

Rund 4 km hinter Brasilito erreicht man den **Luxusbadeort.** Auf beiden Seiten einer spitzen Halbinsel befindet sich je ein schöner Sandstrand, dazwischen mehrere weithin sichtbare Luxushotels, teure Restaurants und eine Yacht-Marina. Der Ort ist fest in den Händen der High-Society und nordamerikanischen Luxustouristen. Im costaricanischen Mini-Marbella ist unter 80 $ kein Zimmer zu haben.

Hotels und Restaurants

- **Flamingo Marina Resort** (Tel. Büro: 290. 1858, Hotel: 654-4141, Fax 231.1858, tickled pink@flamingomarina.com): unpersönliches Luxushotel: 128/128/145 $ (ÜF); KK.
- **Flamigo Bay Resort Hotel & Casino** (Tel. 654.4350, fun@flamingobayresort.com): 53 Zi. mit AC etc.: DZ ab 99 $ (ÜF).

Infos von A bis Z

- **Autoverleih:** *Tropical R.C.* im Flamingo Marina Hotel, Tel. 654.4041.
- **Post:** im Ort Potrero, ca. 5 km nördlich.
- **Segeltouren:** siehe „Playa Tamarindo".
- **Supermarkt:** tgl. 7-19 Uhr.
- **Tauchschulen:** *Costa Rica Diving* (Tel./ Fax 654.4148, coridive@sol.racsa.co.cr): empfehlenswerte Tauchschule am Ortseingang, dt. Leitung; *Flamingo Divers* (Tel. 654.4021, Fax 654.4115): Halbtagstour 60 $, 3-Tages-Kurs auf Dt. 210 $, Geräteverleih; *Pacific Coast Diving* (Tel. 653.0267, pacificcoastdive center@hotmail.com): 65 $ inkl. Ausrüstung.

Busverbindung

- **San José:** tgl. ca. 9 und 14 Uhr über **Sta. Cruz.** (Wer fährt hier schon mit dem Bus? Nehmen Sie einen Helikopter oder chartern Sie eine Jacht!)

Playa Potrero

Die Bahia Potrero ist eine langgezogene Bucht nördlich der Flamingo-Halbinsel, an deren Ende sich eine kleine Ortschaft befindet. Wer sich nicht am Anlick der Betonklötze von Playa Flamingo stört, findet hier eine Alternative zum benachbarten Luxus-Strand.

Unterkünfte

Die Kilometer-Angaben beziehen sich auf die Abzweigung nach Playa Flamingo, nach 2,3 km knickt die Hauptstraße am Restaurant La Perla nach links ab.

- **Cabinas Mayra** (1 km links, Tel. 654.4213): Privathaus direkt am Meer, freundlich und hilfsbereit; schöne Campingmöglichkeit im Garten, Du./WC ok: 3 $ p.P.; 6 einf. Zi., bp: 12 $ p.P. (NS 50 %).
- **Bahía Potrero Beach Front Hotel** (2 km, Tel. 224.7290, Fax 654.5182): 6 km ab Brasilito; gepflegte Anlage am Meer mit Rest., Bar, Pool; 10 Zi., bp (WW), AC: 93/93/117 $, Deluxe-Zi.: 111/111/134 $; 10 Suiten: ab 146/146/169 $.
- **Cabinas Cristina** (2,3 km geradeaus, Tel. 654.4006, Fax 654.4128, info@cabinascristina.com): kl. Pool, 700 m zum Strand; 7 Zi., bp (WW), Vent.: ab 35/35/47 $; Zi. mit Kochgel., Kühlschrank: 47/47/58 $; Mini-Apt. mit AC, Kabel-TV: 58/58/82 $; KK (VISA).
- **Cabinas Isolina** (2,7 km li., Tel. 654.4333, Fax 654.4313, admin@isolinabeach.com): schöner Garten, 250 m zum Strand, (I); 11 sehr ordentl. Zi., bp, DV, AC, TV: 41/53/64 $ (ÜF); Mini-Apartment mit Küche, AC: 64/70/82 $; Villa mit 2 Schlafz.: 93/93/105 $; KK.
- **Hotel Bahía Esmeralda** (3,8 km, Tel. 654. 4480, Fax 654.4479): gepflegter Garten, ital.

Rest., Pool; ordentl. Zi., bp (WW), DV, sehr sauber: (ÜF) ab 51/66/89 $; Apt.: 173 $; KK (nur VISA, +6 %).

- **Puesta del Sol** (Tel. 654.5005, danevickie @racsa.co.cr): schöne Anlage am Strand in Potrero (beim Supermarkt): DZ ab 80 $.

Restaurants und Bars

- **Restaurant Plea Mar** (Richt. Flamingo am Meer): landestypische Gerichte, Burger, Fisch, gut & günstig.
- **Restaurant La Conchita** (nach La Perla): einf. Lokal, mit Bar, mexikan. Küche.
- **Restaurant/Bar Las Brisas** (am Strand): einf. Küche, mittwochs „Ladies Night".

Busverbindung

- 8.30 Uhr über **Sta. Cruz** nach **San José.**

Playa La Penca

Hinter dem Zentrum von Potrero zweigt links eine Straße ab zu dem kleinen Sandstrand, der nur ca. 300 m breit ist.

Unterkünfte u. Restaurants

- **Cabinas Penca** (Tel. 654.4107 und 654. 4535): 6 recht ordentl. Cab., bp, DV, Kühlschrank: ca. 33 $ (1-4 Pers.).
- **Restaurant Penca:** einf., aber gute landestypische Küche.

Playa Pan de Azúcar

Weiter nördlich erreicht man diese kleine Bucht, die teils aus Sand-, teils aus Felsstrand besteht. Die Weiterfahrt nach Playas del Coco ist nur mit Allrad möglich.

Unterkunft

- **Hotel Sugar Beach** (Tel. 654.4242, Fax 654.4239, sugarb@racsa.co.cr): Rest. mit MB; 26 Zi., bp (WW), AC: 128/128/152 $; 4 Zi. mit MB: 161/161/184 $; 6 Deluxe-Zi.: EZ/DZ 180 $; 6 Suiten: DZ ab 192 $; „Beach House" mit Küche, 2 Schafz.: 407 $ (bis 8 Pers.); KK.

Playa Conchal/Playa Real

Die Straße zur Playa Grande führt von Huacas geradeaus nach Matapalo. Dort rechts ab zur Playa Conchal. Nach 4 km zweigt am Hotel Condor Club links die Zufahrt ab zur Playa Real (+ 3 km).

Unterkünfte

- **Condor Lodge and Beach Resort** (Tel. 654.4050, Fax 654.4044, inkadosa@racsa.co. cr): erhöht gelegene Hotelanlage, mit Pool, Tennisplatz, ca. 800 m zur Playa Conchal; 30 Zi. mit AC, TV etc.: 105/105/116 $.
- **Hotel Bahía de los Piratas** (Tel. 654.4654, Fax 654.4650, info@bahiadelospiratas.com): Bungalowanlage am Meer mit ital. Rest., Pool etc.; 14 luxuriöse Villas am Hang (bis 6 Pers.) mit je 2 Schlafz., 2 Bädern, Küche, Wohnz., Veranda: DZ 134 $; Suites ab 102 $; KK.

Playa Grande

In Huacas führt die (geteerte) Straße geradeaus zum Ort Matapalo, dort biegt links eine Piste ab, die nach 5,4 km zur Playa Grande führt. Der Strand ist vor allem von Oktober bis Mitte März ein wichtiger Eiablageplatz verschiedener **Meeresschildkröten** und wurde daher zum Meeresnationalpark erklärt (s.u.). Schwimmen gilt in diesem Abschnitt wegen der starken Strömung bei Ebbe als gefährlich, dafür schätzen die Surfer den beständigen Surfbreak des Meeres, vor allem bei Flut, und zählen Playa Grande zu den besten Plätzen des Landes. Ansonsten bietet sich der weite Sandstrand durchaus zum Baden und vor allem für lange Strandspaziergänge an.

Kurz vor dem Strand liegt links ein ungewöhnliches Museum: das **Museo El Mundo de la Tortuga** *(Leatherback Turtle Museum)* ist von 16 Uhr bis in die frühen Morgenstunden geöffnet und beherbergt eine interessante Ausstellung über das Leben der Lederschildkröten. Infos: Tel. 653.0471.

Unterkünfte u. Restaurants

Etwa 700 m **vor der Playa Grande** liegen im „Ort" Playa Grande folgende Unterkünfte und Restaurants:

●**Rest. Horno de Leña** (Tel. 653.0853): gute Holzofenpizza, nebenan: Supermarkt.

●**Cabinas/Restaurant Kirk's Place:** kl. Pool; 8 Cab., bp und Kochgel.: ca. 6 $ p.P.; Camping mit ordentl. Du./WC: ca. 3 $ p.P.

●**Cabinas Las Baulas** (dahinter): 10 zweckmäßige Cab., bp und Vent.: ca. 20 $ (bis 4 Pers.); Camping 2 $ p.P.

300 m **hinter dem Ort** führt eine Abzweigung links zu folgenden Hotels:

*__Hotel Cantarana__ (ca. 2,5 km, Tel. 653. 0486, in D: 0861.165906, Fax 653.0491, cantarana@hotmail.com): Hotel in Strandnähe mit Pool, gepflegter tropischer Garten, ruhiges Ambiente, ausgezeichnetes Rest., Internetraum, Funball-Platz, Bootstaxi und Kayakverleih, dt. Leitung; 5 komfortable Zi. mit Terrasse zum Pool, AC, Bad (WW), TV, Safe: (ÜF) 60/85 $ (NS 45/70 $); KK.

●**Hotel Bula Bula** (Tel. 653.0975, Fax 653. 0978, frontdesk@hotelbulabula.com): US-Leitung, Rest., Bar, netter Pool- und Gartenbereich, Bootstaxi nach Tamarindo; 10 bunte, nette Zi. mit AC: 59/99 $.

●**Hotel Villa Baula** (3,5 km, Tel. 653.0493, Fax 653.0459, info@hotelvillabaula.com): schöne Lage zwischen Mangroven und Meer, Pool, Rest.; 2 palmengedeckte Holzhäuser: 20 einf. Zi., mit Vent.; 5 kl. Häuser mit je 2 Zi. und 1 Bad; 70/70/82 $; KK; zu teuer!

Kurz **vor der Playa** Grande kommt man links zu folgenden Unterkünften:

●**Hotel El Bucanero** (Tel./Fax 653.0480, jandrews@elbucanero.com): Rest., Fußweg zum Meer; 7 ordentl. Zi., bp: ab 45/45/55 $; KK (nur VISA, +6 %).

●**Playa Grande Inn** (Tel./Fax 653.0719, paradise@playagrandeinn.com): Rest., Bar, Pool, US-Leitung; Holzhaus mit 8 einfachen Zi. für Surfer, bp, AC, DV: ca. 65/65/75 $; mit VP 59 $ p.P.; 5 Zi. in neuerem Haus, z.T. mit AC: ca. 75/75/85 $; KK; unverhältnismäßig teuer.

●Direkt an der Playa Grande befindet sich **Hotel Las Tortugas** (Tel. 653.0423, Fax 653.0458, surfegg@cool.co.cr): Rest. mit Terrasse, Bar, Pool, Kanuverleih (30 $/Tag, 2 Pers.), Pferde; 11 schöne Zi. mit AC, Bad (WW): DZ ab 59 $ (NS -20 $); KK (nur VISA, +5 %).

Meeresnationalpark Las Baulas und Naturschutzgebiet Tamarindo

●**Fläche:** 620 ha (Land), 22.000 ha (Meer)
●**Lage:** Bahía de Tamarindo, Westküste Nicoya-Halbinsel
●**Gegründet:** Refugio seit 1977, Nationalpark seit 5.6.1991
●**Info-Posten** im Ort bei Playa Grande: tgl. 8-17 Uhr, Tel. 653.0470
●**Geöffnet**: nur 20. Okt. bis 15. Februar, Zutritt tagsüber jederzeit (kostenlos), nachts nur mit Führer (7 $) + Eintritt 6 $
●**Eiablagezeit:** Oktober bis Mitte März, die Schildkröten kommen mit der ersten Nachtflut
●**Anfahrt:** zur Playa Grande über Huacas und Matapalo oder per Boot ab Tamarindo, in das Mangrovengebiet mit Ausflugsbooten ab Tamarindo
●**Kosten:** inkl. Museumsbesuch und Transfer ab Tamarindo: 35 $ (Tel. 653.0471)

Das Mündungsgebiet des Río Matapalo mit seinem schützenswerten **Mangrovenbestand** wurde bereits 1977 zum Naturschutzgebiet erklärt. 1991 kam ein etwa 50 m breiter Küstenstreifen dazu, der zum **Meeresnationalpark** erklärt wurde, denn die Playa Grande ist einer der wichtigsten **Eiablageorte der Lederschildkröte** am gesamten Pazifik. Bis zu 180 Lederschildkröten wurden gleichzeitig bei der Eiablage am Playa Grande beobachtet. Diese größte Meeresschildkrötenart kann über 2 m lang werden und bis 700 kg wiegen. Außerdem trifft man hier in der Zeit von Oktober bis März auf Bastard-, Karett- und Grüne Meeresschildkröten.

Die Beobachtung der Meeresschildkröten bei der Eiablage hat sich zu einer wichtigen touristischen Einnahmequelle in der Region entwickelt – nicht zum Vorteil der Tiere, wie man sich denken kann. Boote kommen aus dem nahe gelegenen Touristenort Tamarindo und bringen eine Vielzahl Besucher.

Nach der Erklärung zum Nationalpark gelten inzwischen **strikte Vorschriften:** Der nächtliche Zutritt zum Strand ist nur mit Nationalpark-Führer erlaubt, Fotografieren mit Blitzlicht verboten (die Schildkröten kehren sonst ins Meer zurück, ohne Eier abzulegen), Taschenlampen sind ebenfalls nicht erlaubt, der Führer hat eine Lampe mit Rotfilter. Vielleicht wäre es sogar besser, die Tiere überhaupt nicht zu stören und gar nicht hinzugehen?

Die bisher ungelösten **Probleme** des Parks: Landbesitzer fordern Entschädigungszahlungen, ein ausreichender Schutz für die Schildkröten kann aus Personalmangel nicht gewährleistet werden, die Strände sind von Müll verunreinigt. Auch der Drogenhandel macht sich in dieser Region breit. Der Sultan von Brunei, der reichste Mann der Welt, hat Gelder für den Park zugesagt: ein Hoffnungsschimmer?

Flora und Fauna

In den Mangrovensümpfen 440 ha) findet man alle Arten Mangroven, die an der Pazifikküste des Landes vorkommen, vor allem Rote Mangroven, die größte Art, die in gleichmäßigen „Wäldchen" wachsen und Höhen bis über 30 m erreichen können. Am Rande der Mangroven gibt es noch einige Flecken mit intaktem Trockenwald, in denen u.a. folgende Bäume wachsen: Guanacaste-Baum, Pochote, Tamarinde, Akazie, Regenbaum, Mahagoni und Kaschubaum.

Häufig vorkommende Säugetiere sind Waschbären, Nasenbären, Brüllaffen und Ameisenbären. Der schön gefärbte Rosa Löffler, der weiße Ibis, Cayenne-Nachtreiher und verschiedene weitere Reiher- und Eisvogelarten gehören zu den auffälligsten der 57 hier gesichteten Vogelarten. Am Strand trifft man häufig auf Möwen, Strandläufer und andere Wasservögel. Raubvögel wie den Seeadler oder den Mangroven-Habicht sieht man häufig gegen Mittag.

An Reptilien treten neben den Meeresschildröten auch Krokodile, Kaimane und Schlangen (giftig!) auf.

Playa Tamarindo

Tamarindo zählt zu den beliebtesten Strandorten des Landes (vor allem bei nordamerikanischen Besuchern) und verfügt über zahlreiche Hotels und Restaurants verschiedener Preisklassen. Dennoch gibt es nur wenig Möglichkeiten, günstig zu schlafen und zu essen. Speziell in der Hochsaison ist das Angebot in der unteren Preisklasse beschränkt, und die Cabinas sind meist ausgebucht. Neben dem langen **Sandstrand,** der auch bei Surfern beliebt ist (gut geeignet auch für Anfänger), lohnt sich ein Bootsausflug ins Mangrovengebiet des Naturschutzgebietes Tamarindo und während der Schildkröten-Saison in den nahe gelegenen Nationalpark Las Baulas (ebenfalls nur per Boot erreichbar).

Tamarindo im Internet: www.tamarindo.net oder www.tamarindo.com.

Anfahrt von Norden

Ca. 12 km hinter Huacas Piste bis Villareal, dort links nach Tamarindo (4 km). Die Straße ist inzwischen geteert.

Anfahrt von Sta. Cruz

400 m nördlich der Haupteinfahrt nach Sta. Cruz (Richtung Liberia) zweigt hinter der Brücke links eine zunächst löchrige Asphaltstraße ab. Kurz vor dem Ort 27 de Abril zweigt rechts die ca. 12 km lange Piste bis Villareal ab.

Unterkünfte

Die meisten Unterkünfte sind überteuert und nicht empfehlenswert.

●**Sunami Backpacker:** neue Billigunterkunft, bp: DZ je nach Saison 10-20 $.

●**Cabinas Roda Mar** (Tel. 653.0109): 30 Zi. mit Vent.; bc: 8 $ p.P.; bp: 10 $ p.P.

●**Cabinas Coral Reef** (Tel. 653.0291): Gem.-küche, Kaffee gratis; 13 einf. Zi., bc: DZ 20 $ (NS 8/13/15 $).

●**Cabinas Frutas Tropicales:** (Tel. 653.0041), 3 ordentl. Zi., bp (WW), AC, TV: 25/30/35 $; KK.

●**Cabinas Mapache** (Tel. 653.0882) und **Cabinas Tamalimo** (Tel. 653.0263): Gem.küche, einf. Zi. mit Hängematte: DZ 30 $.

●**Villa Amarilla B&B:** (Tel. 653.0038, carpen @racsa.co.cr): kl. Gemeinschaftsküche; 4 einf. Zi., DV, bc: DZ 35 $; 8 gr., ordentl. Zi., bp (WW), AC, TV, MB: DZ 45 $; Frühstück 5 $; KK (+ 7 %).

*__Villas Macondo__ (Tel. 653.0812, in D: 0861. 165906, info@villasmacondo.com): persönlich geführte Anlage in Strandnähe (ca. 200 m), Pool, Gem.küche, dt. Leitung; 6 freundliche Zi., bp (WW), Safe, DV, Terrasse mit Hängematte: 30/35/40 $ (NS -10 $); 8 gr. Zi. mit AC, TV, Kühlschrank: 45/50/55 $ (NS -10 $); 2 Apt. (bis 2 Pers.) auf 2 Etagen mit Küche, AC: 80 $ (NS -20 $, 480 $/Woche); 2 Apt. mit 2 Schlafz. (bis 4 Pers.): 100 $ (NS -20 $, 600 $/Woche); KK.

●**El Mono Loco Hotel** (Tel. 653.0238): etwas abseits an der Straße zur Playa Langosta, kl. Pool, Restaurantservice; Schlafraum (14 Pers.): ca. 15-20 $ p.P. (je nach Saison), recht ordentl. Zi., bp: DZ 60 $; AC: 75 $; KK (+10 %).

*__Cabinas Maleko:__ (Tel. 653.0065, Fax 653. 0629, loremark@racsa.co.cr): 3 gr. Zi., (6 weitere Zi. im Bau), bp (WW), DV, AC, TV, 40/40/45 $ (NS -5 $).

●**Cabinas Marielos** (Tel./Fax 653.0141): 20 Zi., bp (alle KW), Vent., Safe; z.T. ältere, einf., z.T. neuere, gr. Zi.: ab 35/40/45 $; mit AC + 13 $; KK (+7 %).

●**Cabinas Arco Iris** (Tel. 653.0330): Yoga; 3 nette Zi. mit Vent., Bad (WW): 30/40 $; 1 kl. Häuschen (bis 3 Pers.), bp (WW), Vent., teils mit Kochgelegenheit, Kühlschrank; DZ 50 $.

●**Hotel Mamiri** (Tel./Fax 653.0079, hotelmamiri@hotmail.com): Rest., Gem.küche; 10 einf. Zi., bp, nett dekoriert: DZ 41/41/50 $; für den Preis ganz ok.

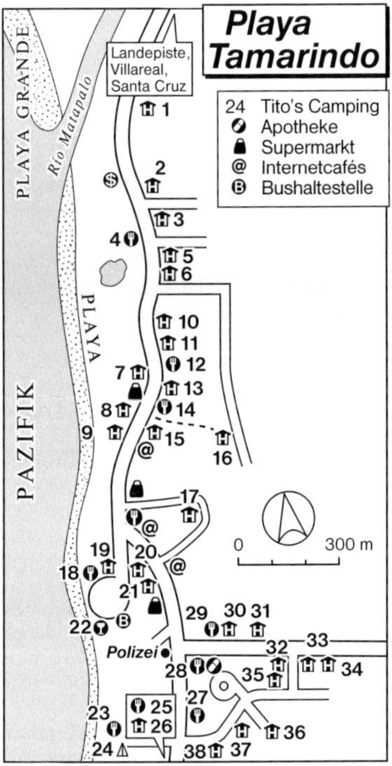

●**Cabinas Zullymar** (Tel. 653.0140, Fax 653. 0028): 18 schlichte, akzeptable Cab., bp (KW), Vent., DZ ab 46 $.

●**Hotel Zullymar** (Tel. 653.0140, Fax 653. 0028, zullymar@racsa.co.cr): Pool; 23 funktionelle Zi., bp (KW), DV: 55/58/69 $; bessere Zi. mit AC, WW: 61/64/75 $; KK.

●**Casa Azul** (Tel. 653.0294, nweber@nmd.de): Privathaus am Strand, dt. Leitung; kl. Apt. an Beachfront (2 Pers.): 60 $ (mit AC: 75 $; gr. Apt. „Baumhaus", mit 2 Schlafz., AC: 160 $ (mit AC: 175 $).

●**Laguna del Cocodrilo** (Tel. 653.0255, claude@racsa.co.cr): Rest., nette Zi. (bis 4 Pers.), bp, teils AC, TV, MB: DZ 65-80 $ (je nach Ausstattung); KK.

●**Hotel Portofino:** (Tel. 653.0578, Fax 653. 0576, portofino@racsa.co.cr): Rest., Pool, Garten, ital. Leitung; 7 nette Apt., bp (WW), Küche, DV: 68/68/86 $; mit AC: +10 $.

●**Hotel Pueblo Dorado** (Tel. 653.0008, Fax 653.0013, pueblodorado@racsa.co.cr): Pool, dt. Leitung; 28 saubere Zi., bp (WW), AC, Safe, zweckmäßig: 58/69/87 $; KK (+7 %); soll verkauft und umgebaut werden.

●**Hotel Pasatiempo** (Tel. 653.0096, Fax 653. 0275, passtime@racsa.co.cr): nette Anlage, Rest., Pool, Garten; 14 Zi. mit DV: 80/80/94 $ (ÜF), mit AC: 92/92/106 $ (ÜF); 2 Apt. (bis 4 Pers.): DZ 99 $ (ÜF), Zusatz-Pers. 14 $.

	Hotels		
1	Cabinas Maleko	32	Hotel Mamiri
2	Sunami Backpacker	33	Cabinas Mapache
3	Hotel Pueblo Dorado	34	Cabinas Tamalimo
5	Hotel Best Western Vista Villas	35	Cabinas Arco Iris
6	Hotel El Milagro	36	Bella Vista Village Resort
7	Cabinas Dolly	37	Hotel Portofino
8	Villa Amarilla B&B	38	Hotel Luna Llena
9	Hotel Tamarindo Diriá		
10	Cabinas Roda Mar		**Restaurants + Bars**
11	Cabinas Frutas Tropicales	4	Bakery de Paris, Laguna del Cocodrilo
13	Cabinas Marielos	12	Restaurant Coconut
15	Hotel Tropicana	14	Refugio del Moro
16	Hotel Jardín del Eden	18	Restaurants Zullymar, La Caracola
17	Villas Macondo	22	Bar Noqui
19	Cabinas Palapa	23	El Pescador
20	Hotel u.Cabinas Zullymar	25	Taco Stop
21	Cabinas Coral Reef	27	Gil's Place & Gecko's
26	Hotels El Mono Loco und Capitán Suizo	28	Bruno's Pizzeria
30	Tamarindo Backpacker	29	Lazy Wave
31	Hotel Pasatiempo		

●**Hotel Luna Llena:** (Tel. 653.0082, Fax 653. 0120, lunalle@racsa.co.cr): Pool, ital. Leitung; 6 gr., schöne Zi. mit AC; 7 nette Bungalows mit Küche, Vent.: DZ 85 $, Zusatz-Pers. 26 $; 1 kl. Haus; KK.

●**Hotel El Milagro** (Tel. 654.0042, Fax 653. 0050, flokiro@racsa.co.cr): Rest., Pool; 32 ordentl. Zi., bp (WW), aber zu teuer; mit DV 81/87/99 $ (ÜF); mit AC: 93/97/110 $ (ÜF).

●**Cabinas Palapa** (Tel./Fax 653.0362, lapa lapa@racsa.co.cr): direkt am Meer, private Atmosphäre, frz. Leitung; 7 nette Zi., mit DV, Safe: DZ 90 $; mit kl. Küche, Safe, AC: DZ 110 $, Zusatz-Pers. 10 $.

●**Bella Vista Village Resort** (Tel./Fax 653. 0036, belvista@racsa.co.cr): Bungalowanlage mit Pool, erhöht gelegen; 5 schöne Bungalows (bis 4 Pers.), bp (WW), Küche etc.: ca. 76/76/87 $; KK (nur VISA, +6 %).

●**Hotel Tropicana** (Tel./Fax 653.0261, reser vations@tropicanacr.com): 44 Zi., 80/90/ 100 $, mit AC: +10 $, Kinder unter 12 J. frei.

●**Hotel Best Western Vista Villas** (Tel. 653. 0114, Fax 653.0115, tamvv@racsa. co.cr): 17 ordentl. Zi. ab 104 $; 16 Suiten ab 185 $ (1-4 Pers.); KK.

●**Hotel Tamarindo Diriá** (Tel./Fax 653.0031, salestno@racsa.co.cr): Luxus-Strandhotel mit Rest., Bar, Pool, gepflegtem Garten; 113 Zi. mit AC, Kabel-TV, Safe, Mini-Bar, etc: 144/ 144/185 $ (ÜF); bessere Zi. mit MB: ab 189/ 189/230 $ (ÜF); KK.

●**Hotel Jardín del Eden** (Tel. 653.0137, Fax 653.0111, frontdesk@jardindeleden.com): Luxushotel, schöne Lage mit Garten, Rest., Pool, ca. 200 m zum Strand; 20 angenehme Zi. mit Balkon o. Terrasse, MB, AC etc.: ab 99/146/169 $ (ÜF); 2 Apt. mit kl. Küche: DZ 157 $ (ÜF); Kinder 5-12 J. 18 $.

***Hotel Capitán Suizo** (Tel./Fax 653.0075, Fax 653.0292, (capsuizo@racsa.co.cr): nette Hotelanlage am Meer mit Pool, Rest.; 22 Zi. mit MB: 163/163/186 $; mit AC: +23 $; Apt. (bis 8 Pers.): 456 $; KK.

Restaurants und Bars

Die Restaurants liegen meist in der mittleren bis gehobenen Preisklasse. Reihenfolge ab Ortseingang nach Süden.

●**El Estero** (ca. 1 km vor Ortseingang): spezialisiert auf argentinische Fleischgerichte. Relativ günstig und ordentlich.

●**Restaurant Milagro** (im Hotel El Milagro): nettes Lokal mit kl. Garten, Frühstück (Buffet) ab 7 Uhr, leichte Küche: Fisch etc.

●**Restaurant Jardín del Eden** (im Hotel Jardín del Eden): frz. Küche, angenehme Atmosphäre, teuer.

●**Restaurant Coconut:** nettes Rest., gehobene Küche, Fleisch- und Fischgerichte ab 11 $, geöffnet tgl. ab 18 Uhr, Cocktails.

●**Refugio del Moro:** gute internat. Küche, schweizer. Leitung, Pizza, Specials mit Getränk ab 8 $; Service manchmal langsam.

●**Frutas Tropicales** (in Cabinas Frutas Tr.): Snacks; Frühstück ab 7 Uhr, gut und günstig.

●**Hotel Tamarindo Diriá**: nettes Strandcafé, nicht billig, aber ein toller Platz zum Sitzen.

●**Restaurant Zullymar:** beliebtes Lokal direkt am Meer, aber teuer und nicht so gut.

●**La Caracola:** sehr guter Mittagstisch (u.a. vegetarisch), gute Küche, angenehme Atmosphäre, nette kleine Bar.

●**Bar Nogui:** Frühstück ab 6 Uhr, mittags Salate und Sandwiches, abends Fleischgerichte, mittwochs Ruhetag, empfehlenswert.

●**Pedros** (hinter Bar Nogui): kl. einheimisches rustikales Fischlokal am Strand.

●**California Lounge** (neben Pedros): nette Bar im New-York-Style mit AC, ab 22 Uhr.

●**Restaurant Hotel Pasatiempo/Yucca Bar** (s. Hotel Pasatiempo): angenehme Atmosphäre, internationale u. mexikanische Küche, dienstags Livemusik.

●**Pachanga** (im Hotel Mamiri): klein, aber sehr feines Menü (v.a. Fisch und Fleisch), Specials (Schokoladenmousse!), Gerichte um 10 $. So Ruhetag. Ein Muss!

●**Bruno's Pizzería** (gegenüber Polizei): gute Küche, nette Atmosphäre, nicht zu teuer.

●**Gil's Place** (morgens) **& Gecko's** (abends): nettes Lokal, morgens/mittags mex. Küche, abends intern. Gut, aber nicht billig, meist voll, beste Zeit vor 19 Uhr oder nach 21 Uhr.

●**Al Bacio:** ital. Fastfood, gute Säfte, frische Pastasoßen und Fertiggerichte, ab und zu Tiramisu, ital. Wurst- und Käsespezialitäten.

●**Lazy Wave:** täglich wechselndes Menü, oft außergewöhnliche Fischsorten. Gut, aber meist längere Wartezeiten.

●**Taco Stop,** Richtung Playa Langosta: Quesadillas, Burritos etc., günstig und lecker.
●**El Pescador,** einf. Fischlokal am Strand nach dem Big Bazar, gute Küche, günstige Speisen wie Casados, Reisgerichte, ganzen gegrillten Fisch (sehr gut !), aber auch Camarones, Langusten etc.
●Frische Backwaren und Pizza gibt es in der **Bakery de Paris** am Ortseingang.

Infos von A bis Z

●**Autovermietung:** : zahlreiche Anbieter entlang der Hauptstraße, z.B. *ADOBE* (Ortseingang rechts), *Alamo R.C., Economy* (neben Cabinas Frutas Tropicales), *Elegante* (c/o Hotel Pueblo Dorado), *Europcar* (neben Alamo, s.o.), *Hola* (im Hotel Tamarindo Diriá), *Thrifty* (im Hotel *Best Western Vista Villas*).
●**Erste Hilfe:** *Emergencia 2000* (Tel. 653.0611, 380.4125); *Pacific Emergencias* Tamarindo und Huacas (Tel. 653.8785, 653.8423 und 824.5252).
●**Einkaufen:** Centro Comercial, gegenüber Hotel Tamarindo Diriá, sowie zahlreiche weitere entlang der Hauptstraße, meist 9-19 Uhr.
●**Fahrradverleih:** *Blue Trailz* (neben Hotel *Portofino*): Mountainbike 15 $/Tag, 75 $/Woche sowie *Tamarindo Adventures:* 16 $/Tag.
●**Geldwechsel:** *Banco Nacional,* Mo-Fr 8.30-15.45 Uhr. Geldautomat: mit „MAESTRO" im Hotel *Best Western Vista Villas.*
●**Information:** Tourist-Info *CR Paradise* neben Supermarkt, tgl. 7-18 Uhr, in erster Linie Vermittlung von Hotels und Touren (5 $ Aufschlag auf Greyline und Interbus!). Ein Leser warnt vor erheblichen Falschinformationen z.B. über Fahrtzeiten von öffentlichen Bussen, um eigene Transfers oder Touren zu verkaufen.
●**Internet:** *Interlink* (gegenüber Rest. Zullymar): 3 $/Std., tgl. 8-23 Uhr sowie bei *Iguana Surf,* schneller und teurer neben ABC-Immobilien (5 $/Std., tgl. 9-21 Uhr).
●**Post:** in Villa Real.
●**Pferdeverleih:** *Finca Casagua,* Portegolpe (Tel. 653.8041) sowie über die meisten Hotels. Hände weg von Führern, die mit ihren Pferden am Strand stehen!
●**Reisebüro:** SANSA-Agentur (gegenüber *Refugio del Moro* (Rest.), Tel. 654.4223).
●**Segeltouren:** *Lazy Lizzard Catamaran Sailing* (Tel. 654.4192): Halbtages-Sunsettouren ab Flamingo inkl. Schnorcheln mit erfahrenem Führer: 75 $ (inkl. Transfer). *Maratonga Sailing Tours* (Tel. 653.8341, maratonga@racsa.co.cr): der österreichische Weltumsegler *Jakob Ladstaetter* bietet Tagestörns (85 $), Halbtagestörns (60 $) und Sunset-Cruises (45 $) ab Playa Flamingo (Durchführung ab 5 Pers.); *Mandingo Sailing* (Tel. 653.0623, mandingo@racsa.co.cr): ebenfalls deutschsprachige Touren ab Playa Tamarindo (bis 15 Passagiere). Sunset-Cruise 60 $ (3 Stunden).
●**Sprachschule:** *Instituto de Español Wayra,* hinter Gil's Place & Gecko's, (Tel./Fax 653.0359, in D: Tel. 0861.165906, spanishw@racsa.co.cr).
●**Tankstelle:** zwischen Villa Real u. Huacas.
●**Tauchbasis:** *Agua Rica Diving Center* (Tel./Fax 653.0094): Tauchgang (2 Flaschen) inkl. Bootsanreise nach Isla Catalinas: 65 $ p.P. (Equipment 20 $), Night-Dive (1 Flasche) inkl. Bootsfahrt: 50 $ p.P., Tauchkurse, Schnorcheltour: 45 $ inkl. Bootsfahrt. *Costa Rica Diving* und *Pacific Coast Diving* (mit Minibus ab Tamarindo).
●**Taxi:** am Hotel Zullymar und gegenüber Hotel Tamarindo Diriá.
●**Tennis:** *Tamarindo Tennis Club,* vor Hotel Jardín del Eden (Tel. 653.0898), mit Flutlicht.
●**Tourveranstalter:** *Papagayo Excursions* (Ortseingang rechts, Tel./Fax 653.0254, papagayo@racsa.co.cr): neben Hochseefischerei u.a. Bootstour in Mangrovensümpfe: 2 Std./30 $, Schildkröten-Beobachtung (Nov.-März): 45 $ mit Museumbesuch. Weitere entlang der Hauptstraße und im Zentrum.
●**Wassersport:** *Gil's Place* (Tel. 653.0148), begleitete Touren in Ocean-Kayaks (2 Std. 31 $ + Eintritt NP 6 $), Paddelboote, Surfbrettern (12-25 $/Tag), Schnorchelausrüstung etc., auch neben Refugio del Moro (Rest.), sowie *Tamarindo Adventures, Blue Trailz* etc.; Surfschule: *Tamarindo Surfschool* (an der Hauptstraße, gegenüber Hotel Zullymar): 2 Stunden 25 $; *Pura Mar* (gegenüber Witch's Rock, Tel. 653.1355) u.a.
●**Wäscherei:** *Punto Limpio* (vor Tamarindo Adventures an der Ecke, Tel. 653.0870).
●**Wellness:** *Fitnessstudio Planetarium:* Aerobic-Kurse, Yoga, Gerätetraining; „Overloo-

king-the-ocean"-Yoga im Hotel Casa Azul bei der Yogalehrerin *Nina Weber.* 15 $ für 90 Min.; Massage, Frisör und Kosmetik: u.a. *Essence Day Spa,* neben Cabinas Coral Reef.

Busverbindungen

- **Tickets:** im Büro von Alfaro.
- **San José:** Mo-Sa 3.30 Uhr und 5.45 Uhr (direkt) und 6.45 Uhr (umsteigen in Sta. Cruz), So 12.30 Uhr, Fahrzeit 5,5 bzw. 6 Std.
- **Sta. Cruz:** 6, 7, 9, 11.45, 14.30, 16.15 Uhr sowie Bus nach San José.
- **Liberia:** 5.30, 9, 11.30, 13.00, 14.00 und 16.30 (nur bis Huacas) sowie Bus nach San José.
- **Interbus nach San José:** 7 Uhr, 25 $, Fantasy Greyline: 14 Uhr, 25 $.

Flugverbindungen

- Die **Landepiste** liegt an der Strecke in Richtung Villareal. 2,4 km nach *Papagayo Excursions* zweigt links (neben einem Viehgatter) ein beschilderter Weg ab (500 m).
- **SANSA** (Tel. 653.0001): tgl. 6.20, 9.35, 12.55, 14.15, 15.40 und 16.55 Uhr nach San José/Int. Flughafen, Flugzeit: 55 Min., Preis: 71 $ (einf.).
- **Nature Air:** tgl. 6, 9 und 12 Uhr (NS 9, 12, 14 Uhr) nach San José/Pavas Airport, Preis: 80 $ (einf.).
- **Macaw Air** (Tel. 653.1362, info@macawair.com): Charterflüge entlang der Küste (z.B. Nosara 45 $) und alle Flughäfen in Costa Rica, Sunsetflüge.

Playa Langosta

Südlich von Playa Tamarindo schließt sich die **Playa Langosta** an, wo sich viele reiche Nordamerikaner niedergelassen haben. Der Strand ist schön, aber felsig und daher nur bei Flut zum Baden geeignet. Mittlerweile gibt auch einen Supermarkt, Restaurants etc. Die Unterkünfte sind allesamt sehr teuer:

- **Hotel Cala Luna** (südl. des Hotel Capitán Suizo an der Playa Langosta, Tel. 653.0214, in D: Tel. 0861/165906, Fax 653.0213, reservations@calaluna.com): Luxushotel mit Rest. (9/15/18 $), Pool; 20 geschmackvoll eingerichtete Hotelzimmer mit AC, Satelliten-TV, Safe: 194/104/229 $; 20 luxuriöse Villas mit Privat-Pool (!), 2 Schlafzi. mit AC, Küche etc: 388 $ (bis 4 Pers.); 5 Master-Villas mit 3 Schlafzi.: 489 $ (bis 6 Pers.); KK.
- **Casa Doble B&B** (Tel. 653.0312, Fax 653.0192, townley@racsa.co.cr): Privathaus mit MB, US-Leitung; 7 Zi. mit DV oder AC: DZ 100-150 $; auch 2 Villas.
- **Villa Alegre B&B** (Tel. 653.0270, Fax 653.0287, vialegre@racsa.co.cr): nette Villa in Meernähe (Felsen), Pool, US-Leitung; 5 gute Zi. im Haupthaus, bp oder bc, DV, Safe, AC möglich: (ÜF) DZ 169 $ (NS 123 $); 2 geschmackvoll eingerichtete Villas mit Wohnzi., kl. Küche: (ÜF) DZ 227 $ (NS 169 $); Zusatzperson 29 $; KK.

Playa Avellana

Dieser **weite Sandstrand** – mit einigen felsigen Abschnitten im südlichen Teil – verfügt bisher erst über eine bescheidene touristische Infrastruktur, doch erfreut er sich besonders bei (nordamerikanischen) Surfern wegen seines konstanten „Breaks" steigender Beliebtheit.

Anfahrt

- Wer **von Tamarindo aus** südlich fährt, kann 3,6 km nach **Villareal** in **Hernández** rechts abzweigen, nach insgesamt 10,3 km kommt man zur Playa Avellana.
- Von Santa Cruz sind es etwa 34 km: 400 m nördlich der Haupteinfahrt nach **Sta. Cruz** (Richtung Liberia) zweigt nach der Brücke links eine zunächst ungeteerte Straße ab, die bald darauf zu einer löchrigen Asphaltstraße wird. Nach 14 km geht es rechts über Villareal nach Tamarindo, in Hernández links abbiegen zur Playa Avellana.

Unterkünfte

- **Cabinas Las Olas** (kurz vor Erreichen des Meeres rechts, Tel. 658.8315, Fax 658.8331, olassa@racsa.co.cr): ruhige Lage, ca. 300 m zum Meer, beliebt bei Surfern, großzügige Anlage mit Rest.; 5 Bungalows mit je 2 ordentl. Zi., bp (WW) und Terrasse, Hängematte: 64/76/87 $ (NS 47/58/70 $); KK.
- Am Meer führt eine Piste nach links zu den **Cabinas/Restaurant Gregorio**: ca. 100 m zum Strand; einf. Cab., bc.
- In der Gegend gibt es noch **weitere einfache Unterkünfte** für Surfer ab 5 $ p.P.
- **Restaurant Lola** (am Strand): Pizzas und Snacks, leckere Fruchtsäfte. Ab 17 Uhr und im Oktober geschlossen.

Die **Weiterfahrt** zur Playa Negra ist nur mit Allrad möglich, bis Pargos sind es etwa 4 km. **Playa Junquillal:** siehe im nächsten Abschnitt.

Santa Cruz und Umgebung

Die nachfolgend beschriebenen Strände erreicht man am leichtesten über Sta. Cruz, man kann aber auch von Playa Tamarindo aus an der Küste nach Süden fahren.

Sta. Cruz

- **Einwohner:** 16.500
- **Höhe:** 49 m ü.M.
- **Klima:** Tagestemp.: 24-30 °C

Santa Cruz ist Hauptstadt des gleichnamigen Kantons und ein wichtiges **Versorgungszentrum** für die Region. Für Touristen dient die Stadt als Umsteigestation auf dem Weg zu den Stränden der Umgebung, ferner gibt es hier Banken, eine Post und zahlreiche Einkaufsmöglichkeiten; und wem die Hotels am Strand zu teuer sind, kann hier billiger wohnen und zum Strand pendeln.

Der Ort selbst, der sich stolz *ciudad folclórica* nennt, wirkt auf den Besucher **nicht sonderlich attraktiv.** Der Platz am Busbahnhof ist ziemlich verwahrlost. Die einzige Sehenswürdigkeit ist der **alte Kirchturm,** an dessen Seite eine neue Kirche errichtet wurde. Im Januar gibt es eine Fiesta, die eine Woche dauert: Am 14.1. findet eine **Wallfahrt** zu Ehren des Schwarzen Chistus von Esquipulas statt.

Unterkünfte

- **Hospedaje Avellanas:** 6 vertretbare Zi. mit Vent., bc: ca. 5,50 $ p.P.; bp: ca. 7,50 $ p.P.
- **Cabinas La Estancia** (Tel. 680.0476): Typ Motel; 15 akzeptable Cab., bp, AC, TV: 19/30/37 $; KK.
- **Hotel La Pampa** (Tel. 680.0586): im Zentrum; 27 ordentl. Zi., bp, TV, Vent.: 22/28/35 $; mit AC: 22/33/41 $.
- **Hotel Diriá** (Tel. 680.0080, Fax 680.0442, hoteldiria@hotmail.com): ältere Anlage mit Rest., schöner Palmengarten, Pool; 43 ordentl. Zi., bp, Vent., TV: 25/40/50 $; mit AC: ca. 30/45/55 $; KK.
- **Hotel La Calle de Alcalá** (Tel. 680.1515, Fax 680.1633): nette Anlage, Rest., Pool; 29 Zi., bp (WW), AC, TV: ca. 23/46/58 $; KK.

Restaurants

- Neben einigen Sodas an der Hauptstraße gibt es zahlreiche günstige **chinesische Lokale:** Ordentlich ist das **Restaurant Jardín de Luna** und das **Restaurant Cantonés** in der Nähe des Parque Central, außerdem gibt es die Restaurants **El Campeón, Bárbara** und **El Jardín.** Neu ist die **Casa Fonda** neben dem Kino: schön und preiswert.

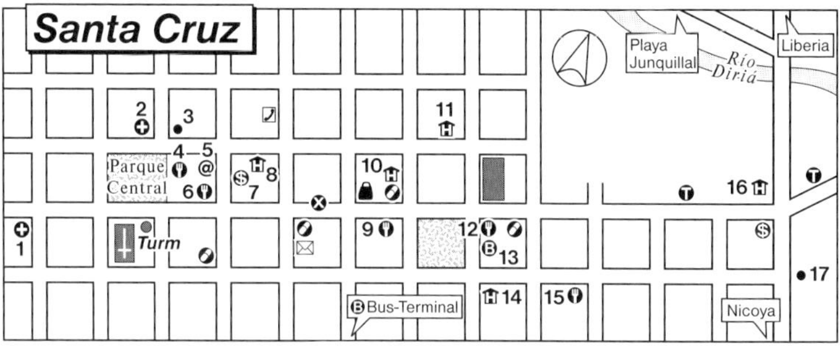

	Hotels
8	Hospedaje Avellanas
10	Hotel La Pampa
11	Cabinas La Estancia
14	Hotel La Calle de Alcalá
16	Hotel Diriá
	Restaurants
4	Restaurant Jardín de Luna
6	Restaurant Cantonés
9	Restaurant Bárbara
12	Restaurant El Campeón
15	Restaurant El Jardín

1	Krankenhaus
2	Rotes Kreuz
3	Rathaus
5	Internet Café
7	Joyeria Mundial
13	Bus n. Liberia, Nicoya
17	Polizei
	Apotheke
	Bank
	Supermarkt
	Tankstelle

Infos von A bis Z

- **Erste Hilfe:** Rotes Kreuz (am Parque Central/Nordseite, Tel. 680.0330); Krankenhaus (100 m westl. Parque Central).
- **Geldwechsel:** *Banco Nacional:* Mo-Fr 8.30-15 Uhr sowie *Banco de Costa Rica;* außerhalb der Banköffnungszeiten wechselt die *Joyería Mundial* Dollars oder im *Super KION.*
- **Internet:** Mo-Sa 8-21 Uhr, So 15-21 Uhr, 2 $/Std.
- **Polizei:** am neuen Busbahnhof.
- **Post:** Mo-Fr 7.30-18 Uhr, Sa 7.30-12 Uhr.
- **Supermarkt:** *Super KION, Super Caman* und *Super Sta. Cruz,* liegen alle an der Hauptstraße.
- **Tankstelle:** an der Hauptstraße und Av. C.
- **Taxi:** Tel. 680.0706, Standplatz Av. C.
- **Telefon:** ICE, Mo-Fr 7.30-17 Uhr.

Busverbindungen

Busse nach Liberia und Nicoya sowie die Tralapa-Busse nach San José fahren vom **alten Busbahnhof** neben dem Restaurant El Campeón ab. Die Alfaro-Busse fahren an der Tankstelle *La Central* ab, 10.30, 14.30 und 17 Uhr, Tickets gibt es neben der Post. Alle anderen Busse fahren ab dem **neuen Terminal,** 300 m südl. der Post. Die Busse nach San José nehmen die schnellere Verbindung via neue Brücke über den Río Tempisque.

- **Info:** *Tralapa,* Tel. 680.0392.
- **San José:** 3-17 Uhr, alle 2 Stunden, Fahrzeit 4½ Std., Preis ca. 5 $; sonst über Liberia (umsteigen).
- **Liberia:** 4.30-19.50 Uhr, etwa alle 30 Min.
- **Guaitil:** 7, 11, 14 und 17 Uhr.
- **Nicoya:** 6-21,30 etwa alle 30 Min.

- **Playa Brasilito/Flamingo/Potrero:** 15.30 Uhr.
- **Playa Tamarindo/Puntarenas:** 6 u. 15.20 Uhr.
- **Playa Junquillal:** Auskunft vor Ort.

Guaitil

Etwa 10 km östlich von Sta. Cruz liegt das kleine Dorf Guaitil, das ebenso wie sein Nachbarort **San Vicente** berühmt ist für seine Keramiken. Bis heute werden die Töpferwaren in der Tradition der **Chorotega-Indianer** gefertigt. Die hierzu benötigten Materialien wie Tonerde, Sand und Farbpigmente stammen aus der Umgebung, gebrannt wird in einem einfachen Holzofen bei Temperaturen bis 800 °C. Um ihre Produkte besser vermarkten zu können, gründeten die Künstler vor 20 Jahren eine Kooperative. Fast vor jedem Haus werden getöpferte Krüge, Vasen und andere Keramikgegenstände verkauft, und wer möchte, kann den Töpfern jederzeit bei der Arbeit zusehen. Die Preise sind allgemein günstig, so dass Handeln kaum nötig ist.

Unterkunft und Restaurants

- In den beiden Orten gibt es **keine offizielle Übernachtungsmöglichkeit.**
- Am Ortseingang von Guaitil ist rechts ein kleines **Soda.**

Anfahrt

Von Sta. Cruz Richtung Nicoya, nach ca. 2 km Abzweigung links (ausgeschildert), ca. 8 km bis Guaitil, nach San Vicente noch ca. 2 km weiter.

Playa Negra

Für Surfer ist dieser Strandabschnitt längst kein Geheimtipp mehr, aber auch für Nicht-Surfer gibt es trotz überwiegend felsiger Küste einige Badestrände und gute Schnorchelmöglichkeiten.

Anfahrt

400 m nördlich der Haupteinfahrt nach **Sta. Cruz** (Richtung Liberia) zweigt nach der Brücke links eine zunächst ungeteerte Straße ab, die bald darauf zu einer löchrigen Asphaltstraße wird. Nach 14 km geht es links zum Ort **27 de Abril,** und kurz darauf führt rechts eine recht ordentliche Piste nach 13 km in den Ort **Paraíso.** 4 km nach Paraíso führt in **Pargos** eine Abzweigung rechts in Richtung Playa Avellana (schlechte Straße, in der Regenzeit unpassierbar, besser über Tamarindo), links geht es zur Playa Negra.

Unterkünfte

- 1 km nach Pargos in Richtung Playa Avellana liegt links die **Mono Congo Lodge** (Tel. 658.8261, Fax 658.8260, info@monocongo lodge.com): gr. Holzhaus (3 Stockwerke), 500 m zum Meer (Fels); 4 angenehme Zi. mit Vent., AC, Moskitonetz, Balkon mit Hängematte, bc: 50/65 $; Suite mit AC: 85 $; KK.
- **Hotel Playa Negra** (Tel. 658.8034, Fax 658. 8035, playaneg@racsa.co.cr): am Meer mit Pool und Rest., schweizer. Leitung; 10 runde Bungalows, bp (WW), DV: 64/77/87 $; KK.
- In der Gegend gibt es noch **weitere einfache Unterkünfte** für Surfer ab 5 $ p.P. (z.B. Avellanas Surf Ranch).

Playa Junquillal

Südlich von Playa Avellana liegt dieser etwa 4 km lange naturbelassene Sandstrand. Das Meer ist wegen der z.T. heftigen Wellen zum Schwimmen nur bedingt geeignet (Baden o.k.). Es gibt einige kleine versteckte Lagunen mit Mangroven, die zahlreichen Wasservögeln Lebensraum bieten.

Anfahrt

In Paraíso links, von dort 5 km bis zum Meer (vgl. Playa Negra, s.o.).

Unterkünfte und Restaurants

Alle Unterkünfte sind nach ihrer Lage aufgeführt.

• **Hotel Iguanazul** (Tel. 658. 8124, Fax 658. 8123, info@iguanazul.com): 2,5 km nach Paraíso rechts, schöne Lage direkt am Meer (felsig), ca. 500 m zum Badestrand; Pool, Rest., Bar; 24 ordentl. Zi., bp (WW), TV: 70/81/93 $ (ÜF); mit MB: 81/93/105 $ (ÜF); Poolside, mit AC: ÜF 93/105/116 $ (NS ab 55/64/75 $); KK.

• **Camping Los Malinches** (Tel./Fax 658. 8429, manuelesquivel@hotmail.com): kurz nach dem Igunanazul Abzweigung rechts, dann 750 m; schöne Anlage, etwas erhöht über dem Meer 10 Min. zur Playa Blanca (Sandstrand); Du./WC ordentl.: 5 $ p.P.; wegen der Lage empfehlenswert.

• **Villa Roberta:** (Tel 658.8127, Fax 658. 8128, dietzcon@racsa.co.cr): Pool, dt. Leitung; 1 nettes Zi., bp, DV: 60 $ (ÜF); 1 Apt. mit Küche, AC: 80 $ (ÜF).

• **El Castillo Divertido** (Tel./Fax 658.8428, castillodivertido@hotmail.com): auffälliges Gebäude, dt. Leitung; 7 ordentl. Zi., bp, Vent., z.T. MB: 28/35/45 $; KK (+ 6 %).

*__Guacamaya Lodge__ (Tel. 658.8431, Fax 658. 8164, in D: Tel. 0861/165906, alibern@racsa.co.cr): gepflegte Anlage in erhöhter Lage mit Pool, Rest. mit MB, schweizer. Küche und Leitung, Pool; 6 ordentl. Zi., bc: DZ 20 $, bp (WW), Vent.: 52/58 $; 4 neue Zi. mit Küche, AC: 81/87/92 $; schönes Haus mit Küche: 140 $ (1-4 Pers.).

• **El Lugarcito B&B** (Tel./Fax: 658.8436, lugarcito@racsa.co.cr): niederl. Leitung; 2 einf. Zi., bc: 30/50 $ (ÜF).

• **Hotel Tatanka** (Tel. 658.8426, Fax 658.8312, tatanka@racsa.co.cr): Pizzeria, Pool; 10 nette Zi., bp (WW), DV: 30/60/70 $ (ÜF); KK.

• **Hotel Hibiscus** (Tel./Fax: 658.8437): Speiseraum, Garten, 50 m zum Strand, dt. Leitung; 5 ordentl. Zi., bp (WW), DV: 35/40/50 $ (ÜF); NS -5 $; KK.

• **Cabinas/Restaurant Junquillal** (Tel. 658. 8432, hotel@playa-junquillal.com): direkt am Meer, Rest. (einheimische Gerichte und Fisch ab 5 $); 4 einf. Zi., bp (WW), DV, sauber: 25/30 $.

• **Hotel Villa Serena** (Tel./Fax 658.8430, serenaho@racsa.co.cr): schönes Terrassen-Rest. mit MB, Garten, Pool, US-Leitung; 12 schöne, gr. Cab., bp, Vent., Hängematte: 70/70/85 $; KK (+ 6 %).

Infos von A bis Z

• **Reittouren:** *Paradise Riding* (Tel./Fax 658. 8162, prerika1@racsa.co.cr): Anfänger und Fortgeschrittene, Kurz-, Tages-, Mehrtagestouren, deutsche Leitung.

Weiter in Richtung Süden

Es besteht keine direkte Straßenverbindung von Playa Junquillal nach Süden. Die Straße endet in einer Sackgasse. Wer beabsichtigt, weiter die Küste entlang nach Süden zu fahren, muss zunächst zurück nach Paraíso. Hinter dem Ortsende führt die Abzweigung rechts über **Venado** und **Lagarto** (Fischerdorf, schwarzer Sandstrand mit Fels) in Richtung **Ostional.** Die Strecke ist während der Trockenzeit auch ohne Allrad befahrbar (Playa Ostional s.u.).

Nicoya und seine Strände

Über die Stadt Nicoya erreicht man die bisher noch relativ ruhigen Strände von Nosara und das nahe gelegene Tierschutzgebiet Ostional, aber auch den aufstrebenden Touristenort Sámara.

Nicoya

- **Einwohner:** 25.000, Bezirk ca. 48.000
- **Lage:** im Zentrum der Nicoya-Halbinsel
- **Klima:** trocken, Niederschlag 2200 mm/Jahr

Wie Sta. Cruz ist auch Nicoya ein wichtiges **Regionalzentrum** und für Touristen Umsteigeort zu den Stränden. Das Angebot an Unterkünften und Restaurants ist dürftig, und auch die Stadt selbst hat nicht viel zu bieten.

Einzige Sehenswürdigkeit ist die **Kirche San Blas** im Norden des Parque Central aus der 1. Hälfte des 19. Jh., die zurückgeht auf eine Pfarrkirche, die hier im Jahre 1522 gegründet wurde – womit Nicoya die älteste noch bestehende von Spaniern gegründete Stadt in Costa Rica ist. In der Kirche, deren heutiges Gebäude auf einen Bau aus dem Jahre 1644 zurückgeht, (welcher allerdings bei einem Erdbeben 1822 stark beschädigt wurde), befindet sich ein **Museum religiöser Kunst** *(Museo de Arte Religioso)*, geöffnet Mo-Fr 8-16, Sa 8-11 Uhr.

Der **Name der Stadt** geht zurück auf das Indianerwort *Necocyauh*, was soviel bedeutet wie „Wasser zu beiden Seiten". Nach der Unabhängigkeit von Spanien entschieden sich die Bewohner der Stadt am 25. Juli 1824 zum Anschluss an den neuen Staat Costa Rica, und im Jahre 1848 wurde Nicoya Hauptstadt eines Bezirks. Die wichtigsten **Feiertage** der Stadt sind der 25. Juli (Jahrestag der Annektion von Guanacaste) und der 12. Dezember mit einem Fest zu Ehren der Jungfrau von Guadelupe.

Unterkünfte

Anders als in den Strandorten gibt es fast nur einfache Unterkünfte:

- Sehr einfache Zimmer für den kleinen Geldbeutel (ab ca. 4 $ p.P.) bieten das **Hotel Chorotega** (Tel. 685.5245) und die **Pensión Venecia** (Tel. 685.5325).
- **Hotel Las Tinajas** (Tel. 685.5081, Fax 685.5096): 28 schlichte Zi., bp, Vent.: ca. 11/15/21 $, mit AC: DZ 13 $; KK.
- **Hotel Jenny** (Tel. 685.5050): 24 ältere Zi., bp, AC, kl. TV, einf., aber akzeptabel: ca. 16/21/26 $; KK (VISA).
- **Hotel Best Western Curime** (etwa 2 km nach Ortsausgang in Ri. Sámara links; Tel. 685.5238, Fax 685.5530): Rest., gr. Pool; 6 gr. Zi., bp, AC: ca. 21/31/36 $; 20 Cab. mit AC, Kühlschrank, TV, WW: ca. 31/39/46 $; KK (VISA); trotz „Best Western" macht die Anlage einen ungepflegten Eindruck.

Außerhalb:

- **Hotel Río Tempisque** (Tel. 686.6650): außerhalb an der Hauptstraße, etwa 1 km nach der Kreuzung in Ri. Sta. Cruz, Pool, Rest. im Bau; 4 gute Cab. mit AC, Bad (WW), Kühlschrank, TV: 55/55/66 $; 1 gr. Cab.: ca. 66/66/77 $.
- **Hotel Matambú** (Tel. 685.1049, Fax 685.1073, info@matambu.com): neue gepflegte Hotelanlage in ruhiger Lage in Caimital (10 km nach Nicoya in Ri. Sámara rechts), Rest./Bar, Pool, gr. Garten, frz. Leitung; 4 Bungalows mit je 2 Zi., bp (WW), AC: 37 $ p.P. im DZ (inkl. HP); Mai und Oktober geschlossen.

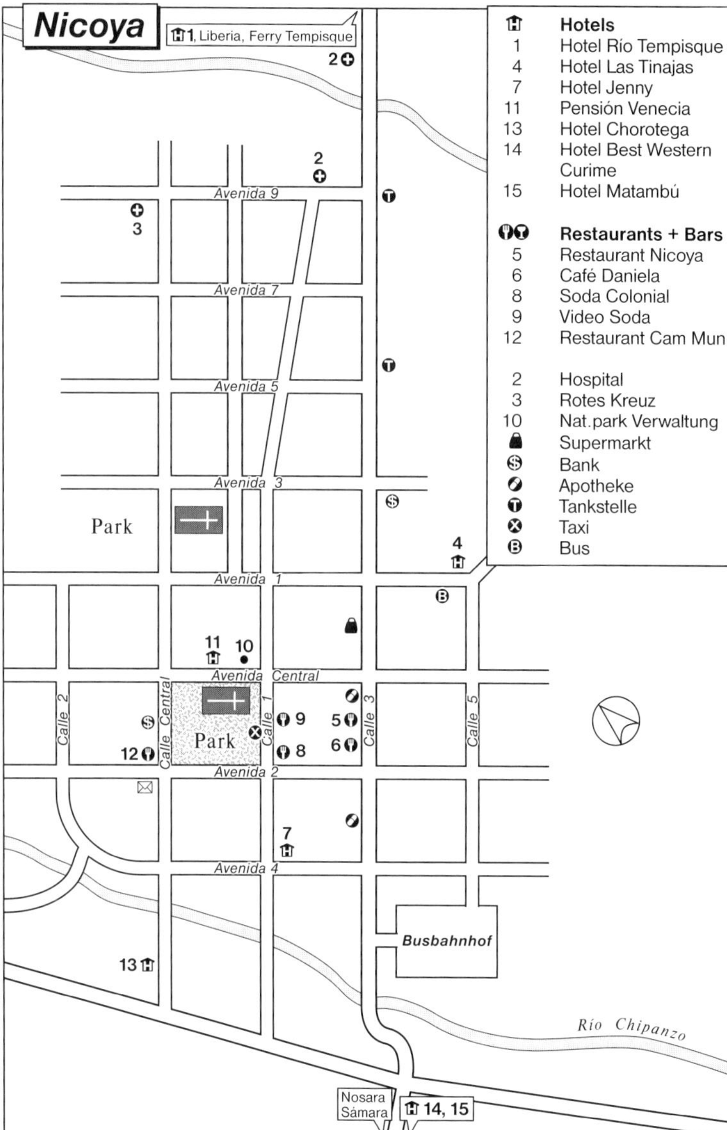
Nicoya
1, Liberia, Ferry Tempisque
Hotels
1 Hotel Río Tempisque
4 Hotel Las Tinajas
7 Hotel Jenny
11 Pensión Venecia
13 Hotel Chorotega
14 Hotel Best Western Curime
15 Hotel Matambú
Restaurants + Bars
5 Restaurant Nicoya
6 Café Daniela
8 Soda Colonial
9 Video Soda
12 Restaurant Cam Mun
2 Hospital
3 Rotes Kreuz
10 Nat.park Verwaltung
Supermarkt
Bank
Apotheke
Tankstelle
Taxi
Bus
Avenida 9
Avenida 7
Avenida 5
Avenida 3
Avenida 1
Avenida Central
Avenida 2
Avenida 4
Calle 2
Calle Central
Calle 1
Calle 3
Calle 5
Park
Park
Busbahnhof
Río Chipanzo
Nosara
Sámara
14, 15

520cr Foto: dk

Restaurants

- Außer einigen einfachen Sodas, z.B. **Soda Colonial** und **Video Soda,** beide Parque Central, ist die Auswahl beschränkt:
- **Soda Yadira** (Nähe Park): eine der besten Sodas in Nicoya, gutes und günstiges Tico-Essen.
- **Restaurant Cam Mun** und **Restaurant Nicoya:** chinesische Küche
- **Café Daniela:** Frühstück ab 8 Uhr, kl. Gerichte.

Infos von A bis Z

- **Erste Hilfe:** Rotes Kreuz (Tel. 685.5458), Krankenhaus *(Hospital de la Anexión)* Ortsanfang.
- **Fahrradzubehör:** *Ciclo Mireya* (Parque Central/Südwestseite).
- **Geldwechsel:** *Banco Nacional* (Mo-Fr 8.15-15.45) und *Banco de Costa Rica,* (Mo-Fr 8.30-15 Uhr). Tipp: bei der *Banco Popular* (direkt am Park) ist die lange Schlange/Wartezeit kürzer als bei der *Banco Nacional;* es gibt 3 Geldautomaten, wo man mit Maestro-Karte Geld abheben kann: am Park, an der Hauptstraße sowie an der *Banco Nacional.*
- **Nationalparkverwaltung:** Tel./Fax 659.9039.
- **Post:** Mo-Fr 7.30-18 Uhr, Sa. 7.30-12 Uhr.
- **Supermarkt:** *Supercompro,* Mo-Fr 8-19 Uhr, Sa bis 18 Uhr, So bis 11 Uhr (gut sortiert aber teuer), sowie *Pali* (günstig, wie ALDI).
- **Taxi:** Tel. 685.6226 und 686.6857, Standplatz Parque Central/Südostseite, nach Sámara ca. 20-25 $, Paquera ca. 60 $.
- **Telefonkarten:** Geschäfte mit Schild „Tarjetas Telefónicas", u.a. an der Südseite des Parks.

Busverbindungen

Busse nach Sta. Cruz und Liberia fahren gegenüber dem Hotel Las Tinajas ab, alle anderen vom neuen **Terminal** im Süden. Busse nach San José fahren meist über die neue Tempisque-Brücke.

- **San José:** *ALFARO* (Tel. 222.2970): 3, 4.30, 5 (Liberia), 5.15, 7 (Liberia), 8.30, 9.30 (Liberia), 12 (Liberia), 14.30 (Liberia), 14.45 (aus Nosara) und 17.20 Uhr, Fahrzeit 6 Std., Preis ca. 5 $.
- **Sta. Cruz/Liberia:** 4.30-19 Uhr etwa alle 30 Min.
- **Nosara:** *Empr. Rojas* (Tel. 685.5352), 13 Uhr.
- **Playa Sámara:** *Empr. Rojas,* tgl. 8, 12, 15 und 17 Uhr
- **Puerto Humo:** 10.30, 14.45 Uhr.
- **Sta. Ana** (Nationalpark Barra Honda): 12 Uhr.
- **Quebrada Honda:** 10.30 und 15.30 Uhr.
- **Playa Naranjo:** 5.15 und 13 Uhr.

Von Nicoya nach Nosara

(58 km)

Im Süden der Stadt Nicoya führt eine Straße an die Küste, die inzwischen bis Sámara geteert ist (35 km). Etwa 30 km hinter Nicoya zweigt rechts eine akzeptable Piste nach Nosara ab

(28 km, kann auch ohne Allrad befahren werden).

Es besteht **keine direkte Straßenverbindung** von Nicoya nach Nosara, wie dies auf einigen Karten fälschlicherweise eingezeichnet ist. Die einzige Verbindung ist die hier beschriebene Strecke!

Kurz bevor man das Meer erreicht, liegt linker Hand eine Texaco-Tankstelle, an der man **unbedingt tanken** sollte – es ist die einzige Tankstelle weit und breit.

Etwa 200 m nach der Tankstelle zweigt rechts die Piste nach Nosara ab, zunächst über **Barco Quebrado** zur **Bahía Garza** (16 km ab Tankstelle).

In Barco Quebrado führt links eine Piste nach Sámara (ohne Allrad nur in der Trockenzeit!), bald darauf (ca. 3 km) weist ein Schild nach rechts zur **Bahía Montereyna,** eine kleine einsame Sandbucht an der Mündung des Río Buenavista (Unterkunft siehe Sámara).

Bahía Garza

Die weite Bucht hat vorwiegend feinen **Sandstrand,** nur an den Flanken gibt es einige felsige Abschnitte. Im gleichnamigen Ort leben bisher erst wenige Ausländer.

Unterkünfte

- **Casa Pacífico** (Tel. 656.8018): direkt am Meer, 6 einf. Zi., bp und DV: DZ 20 $.
- Etwa 700 m nach der Ortsmitte führt eine Abzweigung links nach 900 m zum **Hotel Villaggio** (Tel. 656.8000, Büro 288.1915, info@villaggiohotel.com): gr. Ferienanlage mit Rest. (teuer), Pool, Strand felsig; 30 einf. Bungalows, bp, DV, Terrasse: 70/100/120 $; KK (+7 %).

Playa Guiones (Nosara)

Dieser lange Strand ist im Südabschnitt felsig mit kleinen Sandbuchten, im Norden weiter Sandstrand mit guten Surfmöglichkeiten, aber ohne Schatten.

Unterkünfte

Etwa 6,5 km nach Garza zweigt **links** ein Weg ab zu folgenden Unterkünften:

- **Café de Paris** (Tel. 682.0087, Fax 682.0089, info@cafedeparis.net): frz.. Bäckerei, Rest./Pizzeria (ab 7 Uhr), Pool, schweizer. Leitung; 6 ordentl. Zi., bp (WW), DV: 45/57/69 $; 14 Deluxe-Zi. mit Küche: 69/80/92 $; KK.
- **Hotel Villa Taype** (Tel. 682.0333, Fax 682. 0187, info@villataype.com): gr. Anlage mit 2 Pools, Tennisplatz, Rest., 200 m zum Strand, dt. Leitung; 24 DZ, bp, DV, AC, Veranda ab 90 $ (ÜF); 6 Bungalows mit AC, TV, Kühlschrank: 133 $ (ÜF, 1-4 Pers.); KK.
- **Casa Tucan** (Tel. 682.0113, Fax 682.0451, info@casatucan.net): Rest., Pool, US-Leitung; 4 Zi., bp (WW), AC: 39/39/43 $; 4 gr. Zi. mit Küche: 49/49/54 $; KK (+ 7 %).
- **Harbor Reef** (Tel. 682.0059, Fax 682.0060, reservations@harborreef.net): Rest., Bar, Pool, 200 m z. Meer, US-Leitung: 16 Zi., bp (WW), Kühlschrank, DV, AC: 86/92/103 $; KK.

Nur **300 m weiter** führt **links** eine weitere Zufahrt zu folgenden Unterkünften:

- **Hotel Casa Romántica** (Tel./Fax 682.0272, info@casa-romantica.net): schöne Anlage mit Garten, Pool, gutes Rest., ca. 200 m zum Meer, familienfreundlich; 8 gr. Zi., bp (WW), DV: ÜF 63/75/93 $ (NS 52/63/78 $); AC: +10 $; KK.
- **Casita Romantica** (Tel./Fax 682.0019, casroma@racsa.co.cr): Gästehaus mit Pool, schöner Garten, nette Zi. und Apt. mit Küche: 60/85/95 $; AC +10 $; KK.

●**Guilded Iguana** (Tel./Fax 682.0259): Rest./ Bar, Pool US-Leitung; 6 Zi., bp, Kühlschrank: DZ ab 52 $ (NS ab 35 $); 6 neue schöne Zi. mit AC; KK (+5 %).
●**Blew Dogs** (Tel. 682.0080, blewdogs@hotmail.com): Bar/Rest., kleiner Pool US-Leitung; 4 ordentl. Cab., bc: DZ 40 $; keine KK.

An der Hauptstraße Richtung Nosara liegen **links:**
●**Hotel Giardino Tropicale:** (Tel. 682.0258, Fax 682.0353, info@giardinotropicale.com): 400 m zum Strand, schöne Gartenanlage, gr. Pool, Internet, Pizzeria (s.u.), öffentl. Telefon, schweizer. Leitung; 4 renovierte Zi., bp (WW), DV: 64/70/76 $ (NS 46/52/58 $); 4 neue Deluxe-Zi. mit AC, Kühlschrank: 87/93/ 99 $ (NS 64/70/76 $); AC +10 $; KK (+6%).
●**Rancho Congo** (Tel./Fax 682.0078, rcongo @infoweb.co.cr): kl. Anlage mit Garten dt. Leitung, 2 schöne, gr. Zi., bp: DZ 35 $ (ÜF).

Restaurants und Bars

●Etwa 4,5 km nach Garza liegt links das italienische Restaurant **La Dolce Vita** (tgl. ab 18 Uhr, Mi. Ruhetag).
●**Pizzeria Giardino Tropicale** (im Hotel Giardino Tropicale): nettes Lokal mit Holzofen, Pizza und Pasta ab 5 $.
●**Trees Lounge** (gegenüber Café de Paris): veget. Café, Säfte und leichte Gerichte.
●**Marlin Bill's** (gegenüber Café de Paris): diverse Fisch- und Fleischgerichte, US-Leitung.

Infos von A bis Z

●**Einkaufen:** *Mini Super Delicias del Mundo* (100 m vom Hotel Blew Dogs), u.a. ital. Spezialitäten, Internet, Mo-Sa; *Mini-Mall* (unterhalb Café de Paris) mit Wäscheservice, Yoga Institut, Massage, Physiotherapie, Souvenirs.
●**Geldwechsel:** *Banco Popular* (beim Café de Paris), nur Di und Fr.
●**Surferbedarf:** *Coconut Harrys Surf Shop* (gegenüber Café de Paris) und *Nosara Surf 'n Sport:* Surfausrüstungsverkauf u. -vermietung.
●**Touren:** *Gunter's Quads* (bei Hotel Villa Taype, Tel. 682.0575). Vermietung von Quads.

Playa Pelada (Nosara)

8,5 km nach Garza kommt man zu einer **Kreuzung** mit vielen Schildern: Rechts führt ein Weg zum Hotel Estancia Nosara (100 m), geradeaus nach Nosara (3,3 km) und Ostional (10 km), halblinks zur Lagarta Lodge (1,8 km) und links zur Playa Pelada (1,4 km).

Die Playa Pelada ist neben der Playa Guiones der eigentliche „Hausstrand" von Nosara. Die weiter nördlich gelegene Playa Nosara ist nur schwer zugänglich, es gibt dort keine Unterkünfte. Der weite, flache Strand mit hellem Sand wird im Norden durch die Mündung des Río Nosara begrenzt und im Süden durch ein kleines Felskap vom Playa Guiones getrennt.

Unterkünfte

Die meisten der fast alle empfehlenswerten Unterkünfte liegen nicht direkt am Meer.
●**Lodge Vista del Mar** (Tel. 682.0633, Fax 682.0611, g_ottley@yahoo.com): neues Haus in schöner Lage, Pool: 6 Zi., bp (WW), DV, z.T. mit MB, AC: 49/56/65 $ ÜF; AC +5 $.
●**Almost Paradise** (Tel./Fax 682.0173): Holzhaus in schöner Lage, MB, mit kl. Rest., gute Küche, Frühstück ab 7 Uhr, frz. Leitung; 5 nette Zi., bp (WW), DV, Moskitonetz, Balkon, Hängematte: 60/75/80 $ (ÜF); KK.
●**Hotel Playas de Nosara** (Tel. 682.0121, Fax 682.0123, vailas@racsa.co.cr): schöne Lage, Bar, Rest., Pool; 16 einf. Zi., bp (WW), DV, Balkon, MB: 70/90/90 $; keine KK.

Etwas ruhiger liegen diese Hotels:
●**Rancho Suizo Lodge** (Tel. 682.0057, Fax 682.0055, rsuizo@infoweb.co.cr): ca. 400 m zum Strand, schweiz. Leitung, Bar, Rest., Gartenanlage, Pool, Vogelvolieren, Pferdetouren, Bootstour; 11 z.T. kl. Zi., bp (WW), Vent., Veranda: 38/55/86 $ (ÜF); KK (+6 %).
●**Villa Teca** (Tel. 682.0240, alex@lastecas.net): 400 m vom Meer, kl. Anlage mit Pool: 4

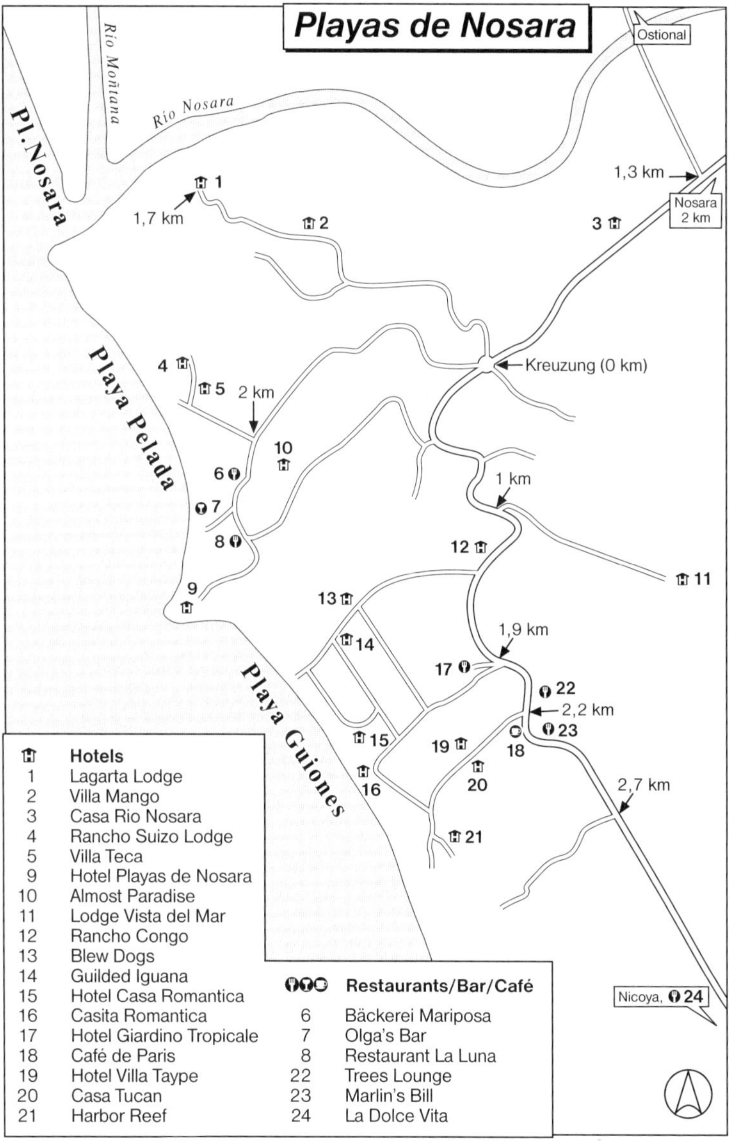
Playas de Nosara
Ostional
Río Moñtana
Río Nosara
Pl. Nosara
1,3 km
Nosara 2 km
1,7 km
Kreuzung (0 km)
Playa Pelada
2 km
1 km
1,9 km
2,2 km
2,7 km
Playa Guiones
Nicoya, 24
Hotels
1 Lagarta Lodge
2 Villa Mango
3 Casa Rio Nosara
4 Rancho Suizo Lodge
5 Villa Teca
9 Hotel Playas de Nosara
10 Almost Paradise
11 Lodge Vista del Mar
12 Rancho Congo
13 Blew Dogs
14 Guilded Iguana
15 Hotel Casa Romantica
16 Casita Romantica
17 Hotel Giardino Tropicale
18 Café de Paris
19 Hotel Villa Taype
20 Casa Tucan
21 Harbor Reef
Restaurants/Bar/Café
6 Bäckerei Mariposa
7 Olga's Bar
8 Restaurant La Luna
22 Trees Lounge
23 Marlin's Bill
24 La Dolce Vita

neue 2 Zi-Apt. (bis 6 Pers.), mit Küche, Kühlschrank, DV: 90 $.

*Lagarta Lodge** (Tel. 682.0035, Fax 682. 0135, lagarta@racsa.co.cr): tolle Lage, MB, ca. 10 Min. Fußweg zum Strand, Pool, gutes Rest., Internet, öffentl. Telefon, Privatreservat mit Wanderwegen (Eintritt für Nicht-Hotelgäste 6 $), veranstaltet Touren auf dem Río Nosara (Vogelparadies), Pferdetouren und Ausflüge nach Ostional, unter schweiz. Leitung; 6 gr., schöne Zi., bp (WW), DV, Balkon oder Terrasse, MB: 70/76/82 $ (NS 53/58/ 64 $); KK.

- **Villa Mango** (Tel. 682.0130, villamango@ racsa.co.cr): neues Gästehaus in schöner Lage mit Pool, Aussichtsterrasse; 6 Zi., bp, DV, MB: 80/92/103 $ ÜF (NS 57/68/80 $ ÜF).
- **Casa Río Nosara** (Tel. 682.0117, osensi@ hotmail.com): Gem.küche, Kanu-, Kajak und Reittouren dt. Leitung; Schlafraum, bc: ca. 7 $ p.P.; 6 Zi. in rustikalen Hütten, bp (KW): ca. 15/25 $.
- **Cabinas Panchos** (Tel. 682.0591, panchos nosara@racsa.co.cr), 300 m vom Meer, Garten mit Pool, mexikan. Rest., kl. Supermarkt: 4 neue Bungalows, bp, Kühlschrank, Mikrowelle, DV, AC: ab 75 $; KK +8 %.

Restaurants

- **Olga's Bar:** direkt am Pelada-Strand, typische lokale Gerichte.
- **Restaurant La Luna** (oberhalb Olga's Bar), gute mediterrane Küche.
- **Bäckerei Mariposa** (hinter Olga's Bar): gute Backwaren, schweizer. Leitung, Rest. ab 6.30 Uhr geöffnet.

Infos von A bis Z

- **Einkaufen:** *Supermarkt Panchos* (100 m hinter der Bäckerei Mariposa).
- **Touren:** *Tony's Vogelbeobachtungen* (Tel 682.0610, nosaratours@yahoo.com): Tony ist ein erfahrener Naturbeobachter; mit einem geräuschlosen Elektroboot können die Tiere auf dem Rio Nosara und Río Montana aus nächster Nähe beobachtet werden. Reittouren mit *Beate* (Tel 682.0610, carinos@racsa. co.cr): für Reitanfänger oder Könner, nur Kleingruppen.

Nosara

Der kleine Ort liegt etwa 5 km vom Meer entfernt und ist das Versorgungszentrum für die vorgenannten Strände. Es gibt einige einfache Bars und Restaurants, ein Postamt und mitten im Ort eine Landepiste.

Unterkünfte

Im Ort selbst gibt es nur einfache Unterkünfte, schönere Zimmer bekommt man am Playa Pelada und Playa Guiones (s.o.).

- **Beatle Bar** (Ortsanfang links, Tel. 843.0608): 4 Cab., einf. Zi., bc oder bp: ca. 6 $ p.P.
- **Cabinas Agnnel** (Tel. 682.0142): 16 einf., kl. Zi., bp, DV: 7 $ p.P.

Restaurants und Bars

- Landestypische Küche zu günstigen Preisen bieten: **Restaurant Paloma** (im Super Paloma), **Tipico Gasona** (Ortseingang links), das **Restaurant Rancho Tico** (400 m nach Beatle Bar links, gut), **Soda Vanessa** (100 m vor dem Fußballplatz) sowie **Las Iguanas Locas** (beim Fußballplatz).
- **Bar/Restaurant La Buena Nota:** nette Bar mit Restaurantservice unter Palmendach, geöffnet ab 14 Uhr, Mo geschl.
- **Bar/Restaurant Bambú:** recht nettes Lokal.
- **Cactus-Bar:** einf. Bar, tgl. bis 23 Uhr.
- **Tropicana Bar:** Disco am Dorfplatz.
- **Beatle Bar** (Ortsanfang links).

Infos von A bis Z

- **Apotheke:** am Fußballplatz (Tel. 682.0282, Fax 682.0347), Mo-Sa 8-12, 14-16 Uhr.
- **Polizei:** am Fußballplatz (Tel. 682.0088, 682.0288).
- **Einkaufen:** *Super Paloma* (200 m nach Abzweigung Ostional links) und *Super Nosara* (neben Beatle Bar).
- **Geldwechsel:** in Hotels und Supermarkt.
- **Post:** Mo-Fr 8-12, 13-17.30 Uhr.
- **Reisebüro:** *SANSA* (am Platz, Tel. 682. 0168); *Nature Air* (1,5 km nach der Post, Richtung Los Arenales, Tel. 682. 0181).

- **Sprachschule:** Escuela Rey de Nosara (im Ortszentrum, neben der Touristeninformation, Tel. 682.0215, 682.4057, reydenosara@ ice.co.cr).
- **Internetcafé:** in der Sprachschule *Escuela Rey de Nosara.*
- **Tankstelle:** nächste Tankstelle 28 km Richtung Nicoya, Benzinverkauf (teuer) 300 m links von der *Gasona Tipica* (Ortseingang), neue Tankstelle zwischen Playa Pelada und Nosara ist im Bau.
- **Taxi:** Tel. 682.0257, Standplatz neben der *Soda Lorena* (am Dorfplatz), Fahrpreis nach Garza 15 $, nach Nicoya ca. 40 $.
- **Touristeninformation:** im Ortszentrum am Fußballplatz.
- **Telefon:** neben der neuen Kirche und am Dorfplatz.

Busverbindungen

- **Fahrkarten** vorher kaufen (*Agencia Alfaro* neben der Soda Lorena). Der Bus hält überall an der Strecke nach Nicoya.
- **San José:** *Alfaro* (Tel. 221.4214): 12.30 Uhr, ca. 6 $; sonst über Nicoya.
- **Nicoya:** *Empr. Rojas* (Tel. 685.5352), 5/7/12.15/15 Uhr sowie Bus nach San José.
- **Sámara/Playa Carrillo:** 15 Uhr.

Flugverbindungen

- **SANSA** (Tel. 682.0168): tgl. 8.25 und 12.55 Uhr nach San José/Int. Flughafen, Flugzeit: 1 Std., Preis: 71 $ (einf.).
- **Nature Air:** tgl. 10.30 und 14 Uhr nach San José, Pavas Airport: 80 $ (einf.).

Playa Ostional

Ostional ist eine kleine, unbedeutende Ortschaft am Meer, etwa 6 km nordwestlich von Nosara. Die einzige Attraktion ist der Schildkrötenstrand, der zum Tierschutzgebiet erklärt wurde. Weiter nördlich gibt es einige schöne und recht einsame Strände.

Unterkunft

- **Cabinas Guacamayas** (Tel. 682.0430): 4 Cab., bp oder bc, sehr einf., aber akzeptabel, ca. 4 $ p.P.
- **Cabinas Ostional** (682.0428): 8 einf. Zi., bp, DV: 6 $ p.P.

***Hotel Luna Azul** (Tel. 821.0075, info@hotel lunaazul.com): ruhige Lage mit MB, privates Naturschutzgebiet, gepflegter Garten, Pool, Jacuzzi, Gourmet-Rest., Bar, schweiz. Leitung, freundlich: 7 geschmackvoll eingerichtete Bungalows mit offenem Bad und gr. Terrasse, AC, DV, Kühlschrank, Safe: ÜF 87/110/133 $, (NS 70/87/104 $); AC +10 $; KK.

Tierschutzgebiet Ostional

- **Fläche:** 162 ha (Land), 587 ha (Meer)
- **Lage:** Westküste Nicoya-Halbinsel, ca. 200 m Strandabschnitt zw. Punta India und der Mündung des Río Nosara

Der Strand von Ostional gilt neben der Playa Nancite im Nationalpark Sta. Rosa als wichtigstes Eiablagegebiet der **olivfarbenen Bastard-Meeresschildkröte.** An einem Strandabschnitt von etwa 900 m Länge kommen ganzjährig, vor allem in der Zeit von Juli bis November, während des letzten Mondviertels mit der ersten Flut der Nacht oft Tausende von Tieren gleichzeitig an den Strand, um ihre Eier im Sand zu vergraben. Sie graben dabei die frischen Nester von anderen Schildkröten auf und zerstören dabei deren Gelege.

Daher ist es den Anwohnern während der ersten 36 Stunden einer *arribada* – so nennt man die 3-5 Tage dauernde Massenlandung von Schildkröten – gestattet, deren **Eier zu sammeln.**

Dabei werden etwa 2-3 % der Eier kontrolliert eingesammelt, die dann bei der örtlichen Genossenschaft verkauft werden. Dennoch gibt es viele Eiräuber, denn Schildkröteneier sind gefragt als Ergänzung des Speiseplans, und viele Menschen glauben immer noch an deren potenzsteigernde Wirkung. Die Anwohner von Ostional jedoch wachen über „ihre" Schützlinge und patroullieren wäh-rend der Eiablagezeit nächtelang am Strand, um illegalem Eierraub vorzubeugen.

Das Hinterland wird von **Mischwald** bedeckt, eine häufige Baumart ist der Pagodenbaum (Frangipani).

Playa Sámara

Sámara ist neben Tamarindo der beliebteste **Badeort** an der Nicoya-Küste und speziell an den Wochenenden und in der Hauptreisezeit stark frequentiert. Die schöne, weit geschwungene Bucht mit ihrem Sandstrand ist teilweise mit Palmen bestanden und ist durch ein vorgelagertes Riff geschützt und daher gut zum Baden geeignet (auch für Kinder). Weitere Infos zu **Sámara im Internet** unter: www.samarabeach.com.

Anfahrt

- **Von Nicoya** die im Kapitel „Von Nicoya nach Nosara" beschriebene Strecke bis zur Tankstelle fahren, von dort nochmals gut 5 km.
- **Von Nosara** aus gibt es eine direkte Strecke ab Barco Quebrado, ohne Allrad nur während der Trockenzeit befahrbar.

Unterkünfte

Eine Reihe einfacher und preisgünstiger Unterkünfte findet man im **Ortsteil Cangrejal,** ca. 1,5 km westlich in Richtung Nosara; u.a. Hostal Diego Marenco (10 $ p.P.).

- **Camping Cocos:** direkt am Meer unter Palmen, schlechte Sanitäreinrichtung: 3 $ p.P.; Campen auch möglich bei Rest. El Lagarto.
- **Cabinas El Ancla** (Tel. 656.0254): 15 sehr einf. Cab. am Meer, bp: 20/25/35 $.
- **Cabinas Magaly** (Tel. 656.0052): 200 m zum Strand; 8 Cab., einf. und sauber:, bp (KW): 15 $ p.P.
- **Cabinas Arenas** (Tel. 656.0320): 200 m zum Strand; 12 einf., aber akzeptable Cab., bp, Vent.: 9/18/27 $ (NS 5/9/14 $).
- **Cabinas Cantamar** (Tel. 656.0284): Café & Art Gallery; 3 einf. Zi. am Meer, bp: DZ 25-40 $, kein Frühstück.
- **Cabinas Bahía** (Tel. 656.0106): am Meer, Rest.; 9 einf. Cab., bp, Vent.: 15 $ p.P.

***Cabinas Entre Dos Aguas** (Ortseingang rechts, Tel./Fax 656.0641): Haus aus Natursteinen und Holz, familiäres Ambiente unter ital.-öster. Leitung; geschmackvoll eingerichtete Zi., DV, bp (WW): DZ ab 29 $ (ÜF); keine KK.

***Belvedere B&B** (Tel./Fax 656.0213, in D: 0861/165906, michaela@racsa.co.cr): Pool, freundlich und hilfsbereit, erhöhte Lage am Hang, Terrasse mit Frühst.-Rest., Jacuzzi, dt. Leitung; 10 sehr ordentl. Zi., bp (WW), z.T. Kabel-TV, Safe: ab 25/42/55 $ (ÜF); mit AC ab 30/52/65 $ (ÜF); 2 voll ausgestattete Apt. (bis 5 Pers.) mit Vent.: 55/65/75 $; KK.

***Casa Valeria B&B** (Tel. 656.0511, Fax 656.0317, casavaleria_af@hotmail.com): am Meer, Gem.küche, freundlich; 8 ordentl. Zi., bp (WW), Vent.: 25/30/50 $ (NS 20/25/45 $); keine KK; vielleicht die beste Wahl am Meer.

- **Casa Paraíso** (Tel. 390.0453, Fax 656.0534): 9 ordentl. Zi., bp (KW), Vent.: DZ: 35 $; KK.
- **Hotel Marbella** (Tel./Fax 656.0121): Rest., Pool, tschech. Leitung (deutschsprachig); 15 Zi., bp (WW), Balkon, DV: 15 $ p.P.; AC +10 $; KK (+8 %).
- **Hotel Casa del Mar** (Tel. 656.0264, Fax 656. 0129): gepflegte Anlage, Garten, Pool, frz. Leitung; 16 ordentl. Zi.; bc: 35/41/46 $ (ÜF); bp (WW), AC: 46/58/70 $ (ÜF).

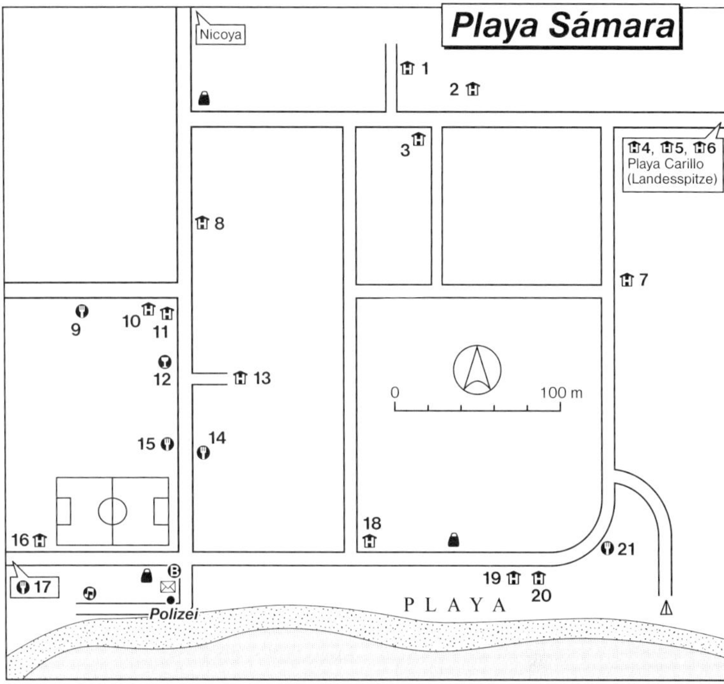

	Hotels
1	Belvedere B&B
2	Aparthotel Miramar de Sámara
3	Hotel Marbella
4	Cabinas Bahia
5	Hotel Las Brisas del Pacifio
6	Cabinas Cantamar
7	Casa Paraíso
8	Hotel Giada
10	Cabinas Magaly
11	Cabinas Arenas
13	Hotell Sámara Beach
16	Hotel Playa Sámara
18	Hotel Casa del Mar
19	Casa Valeria B&B
20	Cabinas El Ancla

	Restaurants + Bars
9	Restaurant El Dorado
12	Bar La Gondola
14	Soda El Jardin Marino
15	Restaurant Las Brasas
17	Restaurants Olas, El Lagarto und Tutti Frutti
21	Restaurant Aquarius

Disco
Supermarkt
Camping
Bushaltestelle
Post

***Hotel Giada** (Tel. 656.0132, Fax 656.0131, info@hotelgiada.net): angenehm, kl. Pool, Rest. (Frühstück, Snacks), 250 m z. Strand, ital. Leitung; 13 schöne, gr. Zi., bp (WW), AC, Kabel-TV, Rattanmöbel, Liebe zum Detail: 45/60/70 $ (ÜF), Kinder u. 12 J. frei; KK.

●**Hotel Sámara Beach** (Tel. 656.0218, Fax 656.0326, info@hotelsamarabeach.com): ital./ intern. Rest., Bar, Pool, 150 m zum Strand; 20 Zi., bp (WW), Safe, Terrasse, AC, Kabel-TV,: 65/75/85 $; mit AC 75/90/100 $ (ÜF); KK.

●**Hotel Las Brisas del Pacifico** (Tel. 656. 0250, Fax 656.0076, info@brisas.net): gepflegte Hotelanlage am Meer, Rest., Bar, Pool, schöner Garten, dt. Leitung; 34 ordentl. Zi., bp (WW), DV, meist MB: ab 76/82/88 $; mit AC ab 99/105/117 $; KK.

●**Aparthotel Mirador de Sámara** (Tel. 656. 0044, Fax 656.0046, mdsamara@racsa. co.cr): erhöhte Lage, schöner Blick über die Bucht, dt. Leitung; 6 gr. Apt. mit Küche, Veranda: DZ 105 $ (NS: 82 $), Zusatzperson: 12 $, Kinder bis 12 J. frei; KK.

●**Villas Kalimba** (Tel. 656.0929, Fax 656. 0930, villaskalimba@racsa.co.cr): neues Hotel in Meernähe mit Pool, Wäscheservice, Ausflüge; 5 schöne Villas mit Küche, 2 Schlafzi., 2 Bäder, AC, Kabel-TV, Safe, Terrasse mit Hängematte: DZ 105 $, 3 Pers: 128 $, 4 Pers. 151 $, 5 Pers. 163 $; KK (kein Zuschlag, aber Rabatt bei Barzahlung).

Außerhalb:

●**Hotel Mágica Cantarrana** (ca. 3 km nördl. von Sámara, Tel. 656.0071, Fax 656.0260, samara@playasamara.com): Pool, Rest., ital. Leitung; 6 Zi., bp: 55/55/69 $ (ÜF); AC +10 $; 4 Apt. ab 79 $ (ÜF).

***Flying Crocodile Lodge** (Bahía Montereina, 5 km nördl. von Sámara an der Piste nach Nosara, Tel. 656.8048, Fax 656.8049, in D: Tel. 0861/165906, flycroco@web.de): Gästehaus, ca. 600 m vom Meer in tropischem Garten mit Pool, Gem.küche, Rest.service, Gratis Safe- und Internetnutzung, Rundflüge und Schulungen mit UL-Flugzeugen, Reit- und Kanutouren (Mangroven), Mountainbikes, Motoradvermietung, dt. Leitung; 3 schöne, individuell ausgestattete Zi., bp, DV, AC: ÜF 45/55 $ (NS 35/45 $); 3 gr. Zi. mit AC (bis 4 Pers.), 1 Bungalow mit Küche: ÜF 65/75 $ (NS 50/60 $); Kinder bis 12 J. frei.

●**Paraíso de Cocodrilo** (nebenan, Tel. 656. 8055, Fax 656.8056): Rest., Pool, Pferdetouren, Bootsausflüge, dt. Leitung; 8 ordentl. Zi., bp (WW), DV: DZ ca. 38 $ sowie Zelt (5x 8 m), mit WC, Küche, 3 Betten: ca. 6 $ p.P.

Restaurants und Bars

●**Restaurant Aquarius:** nettes ital. Rest., Frühstück, Snacks, Fleisch (gegrillt auf heißem Stein), mittlere Preisklasse.

●**Bar La Gondola:** nette Bar, ab 20 Uhr.

●**Restaurant El Dorado:** gute Pizza.

●**Restaurant El Manglar:** gute Pizza, mittlere Preisklasse.

●**Restaurant El Lagarto:** direkt am Strand, gute Steaks vom Holzofen.

●**Rest. Olas:** am Strand, Frühstück ab 7 Uhr.

●**Tutti Frutti:** Disco, Bar & Fast Food

●**Restaurant Las Brasas:** gemütl. Lokal, gute span. und intern. Küche (z.B. Paella), mittlere Preisklasse; KK (VISA).

●**Soda El Jardin Marino:** gute, einf. Küche.

●**Bar/Restaurant Bahía** (bei Cabinas Bahia): am Meer im Freien; tgl. wechselnde Karte, ordentliche Küche.

Infos von A bis Z

●**Autovermietung:** Buchung über Hotels.

●**Disco:** *Tutti Frutti, Rest. El Lagarto.*

●**Einkaufen:** *Super Sámara,* Mo-Sa 7.30-20 Uhr, So bis 14 Uhr.

●**Fahrradverleih:** rechts neben der Kirche.

●**Geldwechsel:** die nächste Bank befindet sich in Nicoya, sonst in den Hotels oder im Supermarkt versuchen.

●**Internet:** c/o Super Samara.

●**Pferdeverleih:** c/o Belvedere B&B (8 $/ Std.; 16 $ mit Guide).

●**Post:** Mo-Fr 7.30-18 Uhr.

●**Tankstelle:** 5 km Richtung Nicoya, tgl. 24 Std. geöffnet.

●**Taxi:** neben Pulpería Mileth; nach Nicoya ca. 15 $.

●**Telefon:** öffentl. Fernsprecher mit Tel.-Karte.

●**Tourist-Info:** im Belvedere B&B.

●**Tourveranstalter:** eine Bootstour zur Delphinbeobachtung mit Zeit zum Schnorcheln bietet das Hotel Giada: 4-5 Std./35 $.

● **Wassersport:** *Tours Tio Tigre* (Tel. 656.0098): am Strand bei *Shakes Joe:* Kajakverleih, Boogieboards, Schnorcheln, Tauchen.

Busverbindungen

● **Abfahrt** an Kreuzung Nähe Fußballplatz (San José) bzw. *Soda Auanas* (Nicoya).
● **San José:** Mo-Sa 4 und 8.45 Uhr, So 13 Uhr, Fahrzeit ca. 5 Std., ca. 5,50 $; Interbus (Kleinbusse von/bis Hotel): tgl. 9 Uhr, 30 $.
● **Nicoya** (*Empresa Rojas,* Tel. 685.5352): 5.30, 6.30, 8.45, 11.30, 13.30 und 16 Uhr.
● **Nosara-Bus** aus Nicoya hält ca. 10.30 Uhr an der Tankstelle (ca. 5 km Richtung Nicoya).

Flugverbindungen

● **Landepiste** an der Playa Carillo, ca. 8 km südöstlich des Ortes.
● **SANSA** (Tel. 656.0131): tgl. 9.15 und 12.55 Uhr nach **San José,** Flugzeit 50 Min., 71 $ (einf.).

Zur Playa Carillo

Abgesehen von der nahe gelegenen Playa Carillo sind die **Strände** südlich von Sámara **nur schwer zugänglich,** einige von ihnen selbst in der Trockenzeit nur mit Allrad, und in den Regenmonaten oft überhaupt nicht. Dennoch kann man über San Pedro und Bejuco an die weiter südlich gelegenen Strände gelangen.

Unterkünfte

● **Hotel Fénix** (Tel. 656.0158, Fax 656.0162, confenix@racsa.co.cr): ca. 1 km nach Sámara rechts, am Meer, kl. Pool, kanad. Leitung; 6 nette Apt. mit Küche: 76/76/82 $.
● **Cabinas Villa Magia Kunterbunt** (Tel./Fax 656.0235, contact@cabinas-villa-kunterbunt.com): bunte Dekoration, nur ca. 100 m zum Strand, Gem.küche, Garten mit Hängematten, dt. Leitung; 2 saubere Zi., bc sowie 5 individuell gestaltete Zi., bp, 15/25/30 $ (NS 9/15/21 $).
● **Villas Playa Sámara** (Tel. San José 256.8228, Fax 220.3348, info@villasplayasamara.com): 3,4 km nach Sámara rechts am Meer, gr. Anlage mit 57 Bungalows, Pool etc.: EZ/DZ ab 128 $ (ÜF); inkl. VP ab 155/190 $; KK.

Playa Carillo

Die schöne halbrunde Sandbucht **Playa Carillo** ist mit Kokospalmen bestanden und stellt zum Baden (und Schnorcheln!) eine gute Alternative zum oft überfüllten Playa Sámara dar. Hinter der Landepiste liegt am Ende der Bucht eine kleine Siedlung und eine Luxushotelanlage.

Unterkünfte u. Restaurants

● Etwa in der Mitte des Playa Carillo führt links eine Abzweigung bergauf zum **Sunset Hotel** (Tel. 656.0009, Fax 656.0011): schöne Lage, Pool; 7 gr. Zi. mit Kühlschrank, AC: ca. 60 $ (1-3 Pers.); KK.
● **Hotel Guanamar** (Tel. 656.0054, Fax 656.0001, info@hotelguanamar.com): Luxushotel am Ende der Bucht mit Bar, Rest., Pool; 41 komfortable Zi. mit Gartenblick: 87/87/105 $ (ÜF); Deluxe-Zi. mit MB: 111/111/128 $ (ÜF); Suite: DZ 186 $ (ÜF); KK.
● **Cabinas Popo's:** 100 m nach Guanamar, Kajaktouren; einf. Zi., bp, DZ ca. 25 $.
● **Cabinas/Pizzeria El Tucan:** gute Pizza, einf. Zi., bp: ca. DZ 25 $.
● **Hotel Esperanza** (200 m hinter Hotel Guanamar, Zufahrt links, Tel./Fax 656.0564, esperanzs@racsa.co.cr): Garten, Restaurant, kanad. Leitung; 7 gute Zi., bp (WW), Vent.: 48/53/63 $ (ÜF); KK (+7 %).
● **Cabinas El Colibrí** (200 m hinter Hotel Guanamar, Zufahrt links, Tel. 656.0656, colibricarrillo@yahoo.com.ar): deutschsprachig, 5 einf., ordentl. Zi. mit DV, Bad (WW), davon 3 mit kl. Küche: DZ 35 $ (NS 25 $).
● **Carillo Club** (Tel. 656.0334, info@carrilloclub.com): dt. Leitung, 8 Zi. mit MB, Pool, AC: DZ 30-70 $.

3 km weiter liegt links:

*__Hotel El Sueño Tropical__ (Tel. 656.0151, Fax 656.0152, suetrop@racsa.co.cr): großzügige Anlage im Urwald mit Pool, gutes ital. Rest., Gratistransfer zum Strand, ital. Leitung; 12 schöne Zi., bp, Vent., AC: ÜF 58/64 $ (NS 41/41 $); 3 Apt.: DZ 128 $ (NS 93 $); KK.

Busverbindung

- 5 Uhr über Sámara nach **Nosara,** Fahrzeit: ca. 1,5 Std.

Nach Playa Nuevo

Etwa 1 km nach dem Hotel El Sueño Tropical zweigt rechts ein Weg ab, der an der Küste entlang nach Islita und weiter nach Pueblo Nuevo führt. Diese Strecke ist während der Trockenzeit inzwischen auch ohne Allrad befahrbar. Wer in der Regenzeit ohne Allrad unterwegs ist, biegt kurz darauf im Ort Estrada rechts ab in Richtung Carmona (die Straße links führt nach Hojancha) und muss schon bald einen Fluss durchqueren. Im Carman, dem nächsten Dorf, links abbiegen, im Ort La Soledad (Cangrejal) die Abzweigung rechts nehmen. Nach 17,5 km erreicht man dann ebenfalls Pueblo Nuevo. Diese Strecke ist ohne Allrad nur mit Einschränkung zu empfehlen, vor allem nach längeren Regenfällen. Besser ist es, über Nicoya nach Jicaral zu fahren, von dort beschilderte Zufahrt zur Playa Coyote.

In der Nähe von Pueblo Nuevo befinden sich die **Playa Bejuco** (Korallenfelsen, nicht zum Schwimmen geeignet) und die schöne **Playa Corazal.** Weiter südlich gelangt man zu den nachfolgend beschriebenen Stränden San Miguel und Coyote.

Unterkunft

- **Hotel Punta Islita** (Tel. 290.4259, Fax 232.2183, info@hotelpuntaislita.com): Luxushotelanlage in toller Lage über dem Meer, Pool, Tennisplätze, Privatreservat; stilvoll eingerichtete Bungalows, MB: EZ/DZ ab 230 $ (ÜF); Junior Suites 384 $ (ÜF); Casitas und Villas mit Privat-Pool 524 $ (ÜF).

Busverbindung

- Tgl. 5 Uhr über **Sta. Cruz** nach **San José,** Fahrzeit 5 Std.

Flugverbindung

- SANSA: tgl. 9.15, Preis: 66 $ (einf.).
- Nature Air: tgl. 14.05 Uhr über Carillo und Tambor nach **San José**/Pavas Airport, Flugzeit: 1,5 Std., Preis: 80 $ (einf.).

Playa San Miguel

Dieser weite Sandstrand nimmt den Nordwestteil einer riesigen Bucht ein, zu der auch die Playa Coyote gehört. Die meisten Strandgrundstücke sind in Privatbesitz, es gibt inzwischen einige einfache Unterkünfte.

Unterkünfte u. Restaurants

- **Bar Los Maderos** (direkt am Meer): gute Tico-Küche.
- **Soda Ranchito:** 4 einf. Cab., bc: DZ ab ca. 7 $.
- **Chez Bruno** (Tel. 655.8157, Fax 655.8156, brunokobelt@yahoo.com): erhöhte Lage, tolle Aussicht, Rest.service, schweiz. Leitung: 3 Apt. mit Küche: 40/50/60 $.
- **Blue Pelikan** (Tel. 390.7203): 4 Zi. in Strandnähe: DZ ca. 25 $.
- **Arca de Noe** (an der Straße von S.F. de Coyote nach Pta. Islita, Tel./Fax 656.0065, arcanoe@racsa.co.cr): Rest., Pool, freier Internetzugang, ital. Leitung; 14 Zi., bp (WW), DV: DZ ab ca. 40 $ (ÜF); 4 Zi. für Surfer: DZ ca. 20 $; KK.

Playa Coyote

Der südöstliche Teil der etwa 10 km langen Bucht mit flachem Sandstrand wird als Playa Coyote bezeichnet. Vom Playa San Miguel kommend, gelangt man zunächst an den mittleren Teil, der bisher erst spärlich bebaut ist. Hier gibt es (noch) keine Restaurants oder Unterkunftsmöglichkeiten.

5 km weiter erreicht man den Ort **San Francisco de Coyote.** Von hier führt eine akzeptable Piste (36 km) nach Jicaral (nächste Tankstelle in Playa Naranjo, s.u.). Es besteht sogar **Busverbindung** nach San José: tgl. 4.30 Uhr über Ferry Tempisque, Fahrzeit ca. 5 Std.

Südlich des Ortes gibt es eine weitere Zufahrt zur Playa Coyote (5 km); das südöstliche Ende der Bucht ist leider verdreckt, es gibt zwei Unterkünfte.

Unterkünfte

- **Bar La Veranera** (200 m zum Strand): 3 sehr einf. Cab., bc: DZ ca. 10 $; Camping 2 $ p.P.
- **Loma Clara** (an der Straße von Jicaral nach Sámara, Tel. 656.0465): 5 km zum Strand, Rest.; 8 einf. Zi., bp (KW): ca. 10 $ p.P.

Östlich von Nicoya

Im Nordosten der Stadt Nicoya liegt der kleine Ort Puerto Humo, ein guter Ausgangspunkt für Bootsausflüge auf dem vogelreichen Río Tempisque und in den Nationalpark Palo Verde. Ein weiterer Nationalpark liegt östlich von Nicoya. Hauptattraktion von Barra Honda sind die zahlreichen Kalksteinhöhlen, von denen einige auch zu besichtigen sind. Im Südosten schließlich gelangt man über Jicaral und Playa Naranjo in den Süden der Halbinsel.

Puerto Humo

Das kleine, verschlafene Dorf am Río Tempisque war früher ein wichtiger Hafen zur Ausfuhr landwirtschaftlicher Produkte von der Nicoya-Halbinsel nach Puntarenas. Heute ist es ein noch relativ unbekannter Ausgangspunkt für **Bootsausflüge auf dem Río Tempisque,** an dessen gegenüberliegendem Ufer sich der Nationalpark Palo Verde befindet.

Anfahrt

Von Nicoya geradeaus über die Hauptstraße, 26 km ordentliche Piste.

Busverbindung

2-mal tgl. nach Nicoya.

Nationalpark Barra Honda

- **Fläche:** 2295 ha
- **Lage:** östl. der Tempisque-Mündung
- **Geöffnet:** 8-16 Uhr (letzte Tour 13 Uhr)
- **Eintritt:** 7 $, Guide (bis 4 Pers. ca. 26 $), Ausrüstung (12 $ p.P.); Besichtigung der Höhlen nur mit Guide möglich
- **Info:** Tel. 685.5667 und 685.5667
- **Unterkunft:** 3 einf. Cab. mit je 7 Stockbetten an der Parkverwaltung: 5,50 $ p.P. (Studenten 4 $), Camping 300 C.
- **Anfahrt:** Von Nicoya Richtung Pto. Humo, nach 3,5 km Abzweigung rechts nach Sta. Ana; von Osten ausgeschilderte Abzweigung
- **Bus:** 12.30 Uhr ab Nicoya bis Sta. Ana

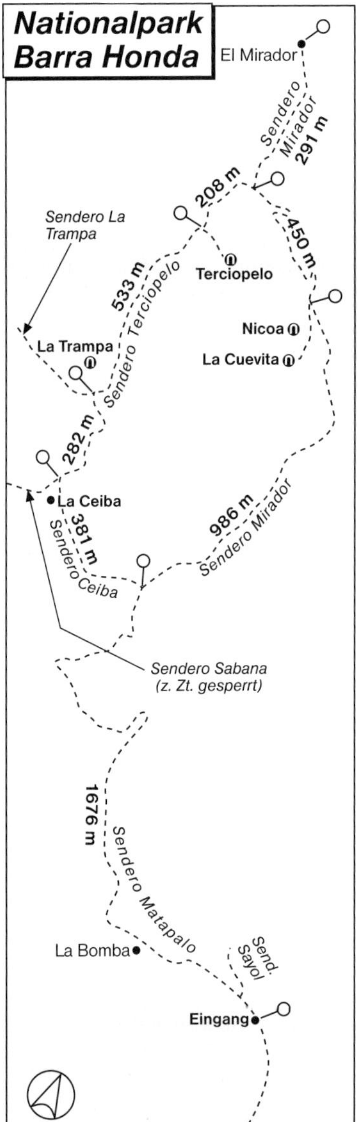

Das Gebiet um den Cerro Barra Honda (423 m) besteht aus Kalkstein, der vor etwa 60 Mio. Jahren aus Korallenriffs gebildet wurde. Die Hauptattraktion des Parks sind seine **Höhlen.** Von den über 40 Höhlen, die nicht miteinander verbunden sind, wurden bis heute erst 19 erforscht. Die Tiefe der Höhlen ist unterschiedlich, die größte ist die **Sta. Ana-Höhle** mit 240 m. Als schönste Höhle mit der größten Vielfalt an Tropfsteinen gilt **La Terciopelo** (Tiefe 62 m), die größten Säle findet man in der Höhle **La Trampa** (Tiefe 110 m), deren vertikaler Höhenunterschied 52 m beträgt. In der **Nicoa-Höhle** hat man 1970 menschliche Knochen und präkolumbische Keramik gefunden.

Flora und Fauna

Die Vegetation wird von blattabwerfendem Trockenwald gebildet. Häufige Baumarten sind Gelbe Balsampflaume, Sternenbaum, Tempisque, Weißgummibaum und Schneckensame.

Die Tierwelt im Park ist nicht sehr artenreich. Auf **Fledermäuse,** deren Exkremente einen furchtbaren Gestank verursachen, trifft man vor allem in der **Pozo-Hedondo-Höhle.**

Wanderwege

- Wer keine Höhle besichtigen möchte, kann jederzeit alleine im Park wandern. Ein **Rundweg** zum *mirador* (insges. ca. 6,8 km) bietet sich hierfür an. Der östliche Teil (Las Cascadas) ist derzeit nicht zugänglich.

- **Sendero Matapalo** (1,7 km): teilweise bergauf, führt zu allen anderen Wegen.
- **Sendero Mirador** (1,7 km): Am Ende des Sendero Matapalo rechts, nach knapp 1 km Abzweigung links zur Höhle La Cuevita, nach 450 m Abzweigung rechts zum *mirador* (300 m): aus ca. 400 m Höhe Blick über den Golf von Nicoya.
- **Senderos Terciopelo und Ceiba** (1,4 km): 200 m nach der Abzweigung zum Mirador führt links ein Weg zur meistbesuchten Höhle Terciopelo; nach gut 500 m zweigt rechts ein derzeit gesperrter Weg zu weiteren Höhlen ab. Knapp 300 m weiter beginnt an einem Ceiba-Baum der gleichnamige Weg (der rechts abzweigende Sendero Sabana ist ebenfalls gesperrt), der nach knapp 400 m wieder in den Sendero Matapalo mündet.

Von Nicoya nach Playa Naranjo

Etwa 10 km südöstlich von Nicoya zweigt rechts die Zufahrt ab nach **Hojancha,** und etwa 2 km weiter geht es links zur neuen Brücke über den Río Tempisque. An dieser Straße liegt nach 1,5 km links eine Zufahrt ab zum **Nationalpark Barra Honda.** Die **Brücke** über den Río Tempisque, an der Mündung des Río Bebedero, wurde im April 2003 eröffnet. Mit einer Länge von 764 m ist sie nach der Brücke über den Panama-Kanal die zweitgrößte Brücke Mittelamerikas. Die Baukosten lagen bei rund 22 Mio. $. Geringe Mautgebühr.

Geradeaus verzweigt sich die Straße nach ca. 17 km und führt dann rechts nach **Carmona** und links über Jicaral nach **Playa Naranjo** (überwiegend geteert).

- **Finca La Pura Vida** (Tel. 385.8634, Fax 657.7366, sdrei@vr-web.de): am Cerro Azul inmitten einer Finca (50 ha), gr. Pool, 4 ha Garten, Rest. (8-12 $), Reiten, Paragliding, dt. Leitung; 4 Apt. (35 m²) mit Terrasse, Balkon: ca. 35/41/46 $ (ÜF); Anfahrt: vom Sportplatz in Carmona rechts, 4 km aufwärts Richtung Zapotal, dann links 3 km Richtung Cerro Azul.

Isla Chira

Diese bewohnte Insel im Golf von Nicoya gilt mit rund 10 km Breite als zweitgrößte **Insel** Costa Ricas (nach Isla del Coco) und ist touristisch bisher noch nicht erschlossen. Es gibt auch keine offiziellen Unterkünfte oder Restaurants. Einige Reiseveranstalter (z.B. Cruceros del Sur in San José, Tel. 220. 1679, oder Blue Sea Cruises in Puntarenas, Tel. 257.0181) bieten Touren zu dieser Insel an, die vor allem wegen ihrer tief eingeschnittenen Bucht mit Mangrovenwäldern und einer entsprechend interessanten Vogelwelt einen Besuch lohnt. Wer es auf eigene Faust versuchen möchte, kann sich am westlichen Fähranleger Pto. Moreno oder im Hafenort Pto. Jesus, ca. 20 km östlich von Nicoya, ein Boot mieten.

Forstreservat Monte Alto

Etwa 3 km hinter Hojancha liegt im Ort Pilangosta dieses Schutzgebiet, das seit 1992 als **„Non-Profit"-Projekt** existiert. Ein 5 km langes Netz von

Wanderwegen führt zum Río Nosara und zu einem Wasserfall, ein Aussichtspunkt auf 833 m Höhe bietet einen herrlichen Ausblick hinunter an die Küste. Nähere Infos in München bei *Traveldesign,* Tel. 089/325134.

• 5 einf. Zi., bp: ca. 20/30/40 $, Rest. (4/5/5 $). **Info:** Tel./Fax 659.9347, montealto92@terra.es.

Playa Naranjo

Der Ort ist wichtig wegen der **Fährverbindung nach Puntarenas,** sein Kiesstrand ist zum Baden nicht besonders attraktiv. Es gibt eine Tankstelle, einen Supermarkt und einige ordentliche Unterkünfte.

Anfahrt

Von Nicoya Richtung Carmona, nach 29 km Abzweigung links, nach Pavones nur teilweise geteert. In **Jicaral** (22 km ab Hauptstraße) gibt es Läden, eine Tankstelle und einfache Unterkünfte. Im Ort führt die Abzweigung rechts nach Playa Coyote (s.o.), geradeaus nach Playa Naranjo (20 km). Ab Jicaral bis Lepanto 11 km gut befahrbare Piste, danach bis Playa Naranjo Teerstraße.

Unterkünfte und Restaurants

• **Cabinas Maquinay** (1,3 km ab Tankst. Richtung Jicaral, Tel. 382.7261): Rest., Disco, Bar, Pool, Tennisplatz; 14 Zi., bp, Vent., einf., aber ordentl.: ca. 9 $ p.P.

• **Hotel El Paso** (400 m ab Tankst. Ri. Jicaral, Tel./Fax 661.2610): Rest., kl. Pool; 14 akzeptable Zi., bp, TV, Vent.: ca. 22/26/31 $; mit AC: ca. 22/30/35 $; KK.

• **Hotel Playa Naranjo** (hinter der Tankstelle, Tel. 661.3877, Fax 438.2501): Rest. (El Ancla, ordentl.), Pool; 9 ordentl. Zi., bp, Vent.: ca. 22 $ (1-3 Pers.); mit AC ca. 26 $.

• **Hotel Oasis del Pacifico** (400 m Ri. Paquera, Tel./Fax 661.1555, wilhow@racsa.co.cr): ältere Anlage am Meer mit Pool und Rest., 29 Zi., bp (WW), DV (3x mit AC sowie 7 gr. *family rooms*): ca. 41/52/65 $.

• Außerdem gibt es einige **Sodas** am Anleger.

Infos von A bis Z

• **Pool:** bei Cabinas Maquinay, 2 $.

• **Telefon:** c/o Hotel Oasis del Pacífico.

Fährverbindungen

• Nach **Puntarenas** (Tel. 661.1069, Fax 661.2197): 7.30, 12.30 17 und 19 Uhr, Preise: ca. 2 $ p.P., PKW ca. 12 $.

Busverbindungen

• Nach **Jicaral/Nicoya** entsprechend der Ankunftszeiten der Fähre aus Puntarenas.

Nach Paquera

Die Straße nach Paquera ist zwar nicht geteert aber in der Trockenzeit auch ohne Allrad befahrbar, eine Busverbindung existiert derzeit nicht. Von **Bahía Gigante,** etwa 9 km vom Fähranleger in Playa Naranjo entfernt, kann man mit einfachen Fischerbooten überfahren zur vorgelagerten **Isla Gitana**. Von hier sind es noch etwa 18 km ordentliche Piste bis Paquera.

Unterkunft

• **Hotel Bahía Luminosa** (Tel. 641.0386, Fax 641.0387, tropics@racsa.co.cr): ca. 10 km vor Paquera, ältere Anlage mit Rest., Pool, vorwiegend US-Publikum; 14 einf. Zi., bp, z.T. MB, z.T. AC, teuer: ab 64/64/76 $; Haus mit Küche, 2 Schalfzi.: DZ 163 $; AC + 6 $; KK (VISA +10 %, ab 3 Nächte ohne Zuschlag).

Der Südosten der Halbinsel

Die südöstliche Spitze der Nicoya-Halbinsel ist mit öffentlichen Verkehrsmitteln von Puntarenas aus zu erreichen. Von dort verkehrt eine Fähre nach Playa Naranjo. Wer mit dem PKW unterwegs ist, kann von Playa Naranjo nach Paquera oder sogar von Playa Coyote aus an der Küste entlangfahren (nur mit Allrad empfehlenswert, Flussüberquerung). Neben einigen schönen Stränden sind es vor allem die Naturschutzgebiete und natürlich Montezuma und die Strände bei Malpaís/Sta. Teresa, die zahlreiche Besucher in diese Region locken.

Paquera

In der Nähe dieses kleinen Ortes (5 km) liegt die Anlegestelle der beiden **Fähren aus Puntarenas,** wo die meisten Besucher dieser Region ankommen. Wer mit dem Auto unterwegs ist, sollte hier noch einmal volltanken, in Richtung Montezuma gibt es keine Tankstelle mehr. Im Ort gibt es je eine Filiale der Banco Nacional und Banco de Costa Rica und einige einfache Unterkunftsmöglichkeiten.

Unterkünfte

- **Cabinas El Paraíso:** (an der Hauptstr., neben ICT, Tel. 641.0234, Fax 641.0340): 13 kl. Zi., sauber: bc ca. 5 $ p.P.; bp ca. 8 $ p.P.
- **Cabinas/Restaurant Ginana** (im Ort, Hauptstr. rechts, Tel. 641.0119): 19 einf. Zi., bp, Vent., z.T. mit AC: DZ ab ca. 20 $.
- **Cabinas Margerita de Oro** (am Sportplatz, Tel. 641.0003): 3 Zi., bc: ca. 7 $ p.P.; 8 einf. Cab., bp, ordentl.: ca. 13 $ p.P.; mit AC ca. 26 $ p.P.

Busverbindungen

- Nach **Playa Tambor, Cóbano und Montezuma:** 6.15, 7.30, 10, 12.30, 16.30, und 18.15 Uhr; keine Busverbindung nach Playa Naranjo.
- **Tipp:** nach Ankunft der Fähre aus Puntarenas sollte man sich möglichst schnell zum Bus begeben, da sich dieser v.a. in der Hochsaison schnell füllt und man dann 2 Std. auf den nächsten Bus warten muss!

Fährverbindungen Paquera – Puntarenas

- **Personenfähre** („Lancha", Tel. 641.0118): ca. 7,30, 12.30 und 17 Uhr, Info: Tel. 641.0118.
- **Autofähre** (Naviera Tambor, Tel. 641.0515): 4.30, 6.30, 8.30, 10.30, 12,30, 14, 16, 18,20 und 21.30 Uhr; Fahrtzeit: 1 1/4 Std., Preis: 2 $, Motorrad 3,50 $, PKW 12 $ (inkl. Fahrer).

Biologische Reservate Guayabo, Negritos und Pájaros

- **Fläche:** 147 ha (zusammen)
- **Lage:** 4 Inseln, im Golf von Nicoya verstreut
- **Zutritt** zu den Inseln nur **mit Genehmigung** der Nationalparkverwaltung (SPN) möglich, die aber nur Wissenschaftlern erteilt wird. Auf den **Bootsausflügen** von Puntarenas zur Tortuga-Insel (s.u. Puntarenas) kommt man aber an die Insel Guayabo so nahe heran, dass man mit einem Fernglas die Seevögel beobachten kann

Die vier Inseln (Negritos besteht aus zwei Inseln) sind wichtige Brutgebiete vor allem des Braunen Pelikans, aber auch des Prachtfregattvogels, der Aztekenmöwe und des Brauntölpels. Außerdem leben hier Weißschwanztauben, Schwarzleguane und zahlreiche Meerestiere.

Isla Guayabo

Südwestlich von Puntarenas liegt dieser etwa 50 m hohe Felsblock aus Sedimentgestein. Die Insel ist einer der vier Nistplätze des Braunen Pelikans in Costa Rica, mit einer Population von 200-300 Tieren. Hier überwintert auch der Wanderfalke.

Islas Negritos

Die beiden länglichen Inseln bestehen aus Basalt und Durchbrüchen, die zum Nicoya-Komplex gehören. Sie sind bedeckt von Laubwald, vorherrschende Bäume sind der Pagodenbaum, Pochote-Baum und Weißgummibaum.

Isla de los Pájaros

Die kleine, nur 4 ha große Insel liegt etwa 500 m von der Küste entfernt nordwestlich von Puntarenas. Sie ist nahezu rund. Vorherrschend ist die wilde Guave *(güísara)*, zusammen mit Guanacaste-Baum und Feigenarten. Zahlreiche Seevögel brüten auf der Insel.

Tierschutzgebiet Curú

- **Fläche:** 84 ha
- **Lage:** Ostküste Nicoya-Halbinsel
- **Geöffnet:** tgl. 6-16 Uhr,
Eintritt: 5 $ p.P.
- Eine vorherige **telefonische Anmeldung** ist nach Auskunft vor Ort nicht mehr notwendig
- Ausgebildete **Guides:** in Valle Azul
- **Anfahrt:** etwa 5 km nach Paquera links (Portal), ca. 10 km vor Tambor

Dieses Tierschutzgebiet stellt eine Besonderheit dar, da es zwar unter staatlichem Schutz steht, sich aber **auf Privatgrund** befindet. Neben dem Waldgebiet gehören drei schöne Strände mit sehr feinem Sand zum Schutzgebiet, die wegen des geringen Wellengangs und dem klaren Wasser sehr gut zum Schwimmen und Schnorcheln geeignet sind. Vorgelagert sind die unbewohnten **Inseln Alcatraz und Tolinga,** die auch als *Islas Tortugas* bekannt sind. Tolinga wird regelmäßig von Ausflugsbooten angesteuert.

Flora und Fauna

Die Pflanzen- und Tierwelt zeichnet sich trotz der kleinen Fläche durch eine große Vielfalt aus, sowohl an Land als auch im Meer. Man findet Mischwald, der sich aus immergrünen und laubabwerfenden Bäumen zusammensetzt, Hangwald (in Strandnähe), Laubwald (vorherrschend ist Rote Mangrove) und Strandvegetation. Häufig und biologisch sehr interessant ist der cornizuelo (Acacia costaricensis), ein akazienartiger Strauch, der eine Symbiose mit Ameisen der Gattung Pseudomyrmex eingeht, welche in seinen hohlen Stacheln leben.

In den Wäldern des Reservates und seiner Umgebung leben u.a. Weißwedelhirsche, Waschbären und Pakas. In den strandnahen Abschnitten trifft man auf Kapuzineraffen. Außerdem hat man 115 Arten Land- und Meeresvögel identifiziert. Häufig sind die riesigen Abgottschlangen (Boas).

Playa Tambor

Dieser Strand ist Teil der Bahía Ballena, einer fast vollständig runden Bucht, und ist zum Schwimmen gut geeignet, da es keine starken Wellen gibt. Der Strand ist auch bei Ticos beliebt (vor allem am Wochenende!). Obwohl kein „Traumstrand", kann man sich hier wohlfühlen, am Strand Volleyball spielen oder eine Bootsfahrt auf dem Río Pánico machen. Es gibt ein begrenztes Angebot an Unterkünften und Restaurants.

Anfahrt

Etwa 16 km Teerstraße ab Paquera.

Unterkünfte

- **Cabinas Río Mar** (Hauptstraße links, Tel./Fax 683.0025): Rest., Bootstouren, Pferde; 7 einf. Zi., bc oder bp (KW): DZ ca. 15 $.
- **Hotel Costa Coral** (Hauptstraße links, Tel. 683.0105, Fax 683.0016, coscoral@racsa.co.cr): nette Anlage mit Rest., Pool, Pferde-, Motorrad- und Fahrradverleih; 8 schön dekorierte Zi., bp (WW), AC, DV, TV und Küche: ÜF 70/70/86 $ (NS 64/64/78 $); KK.
- **Cabinas Tambor Beach** (Haupstraße links, Tel. 683.0057): Rest.; 9 einf. Cab., bp, DV: ca. 20 $ (1-4 Pers.).
- **Cabinas El Bosque** (Hauptstraße links, Tel. 683.0039): 3 ordentl. Cab., bp, Vent.: 30 $ (1-4 Pers.); 2 Cab. m. Küche: ca. 59 $ (1-6 P.).
- **Hotel Dos Lagartos** (Ortsmitte, Tel. 683.0236): schöne Lage am Meer, Palmengarten, kl. Rest., US-Leitung; 23 Zi., recht einf., aber sauber, bc: ca. 15/20/23 $; 6 Zi., bp: EZ/DZ ca. 30 $.
- **Hotel Tambor Tropical** (Tel. 365.2872, Fax 371.2471, info@tambortropical.com): Pool, Garten, Rest., Bar, US-Leitung; 5 luxuriöse Holzhäuser am Meer, je 2 Zi. mit Küche, DV: DZ 175 $ (ÜF); im OG: 204 $ (ÜF); KK.
- **Cabinas Christina** (an der Straße zum Meer, Tel. 683.0028): Rest.; 6 einf. Zi., ok; bc: EZ/DZ ca. 13 $, bp (KW): ca. 18 $ (1-3 Pers.).

Außerhalb:

- **Hotel Barceló Playa Tambor** (Tel. 683.0303, Fax 683.0304, tambor@racsa.co.cr): riesige Hotelanlage mit gr. Pool, Disco etc., „all inclusive", schöner Strand, teuer, für Individualtouristen nicht empfehlenswert.
- **Tango Mar Golf & Beach Resort** (ca. 1 km in Richtung Montezuma Abzw. links, Tel. 683.0001, Fax 683.0003, tangomar@racsa.co.cr): Golfplatz, Reitstall, Tennisplätze, Wanderwege, Pool, Rest., gr. Hotelgebäude direkt am Meer; 18 Zi. mit Balkon und MB; 17 luxuriöse Suiten: ÜF ab 233/233/256 $ (NS -13 %); 3 Villas (auf Anfrage); KK.

Restaurants

- **Scruffys Restaurant** (Str. Ri. Cóbano links): Terassenrest. mit bekannt guter Küche, Fisch und Shrimps um 13 $.
- **Rest. Perla Tambor** (Str. Ri. Cóbano links): nettes Lokal in in Meernähe, schweiz. Leitung, Nudelgerichte um 7 $, Fisch um 9 $.
- **Restaurant Bahía Ballena Yacht Club** (Bucht/Südseite): amerikan. Rest. am Meer, Steaks & Fisch, gehobene Preisklasse.
- Außerdem einf. Sodas am Strand.

Infos von A bis Z

- **Bootstouren:** *Turismo Curu* (Tel. 641.0004) bietet Touren an zur Isla Tortuga ab Curu, Preis: 15 $ p.P. + Eintritt Reservat (5 $), Schnorchelverleih (5 $).
- **Einkaufen:** *Super Lapa,* an der Straße zum Meer.
- **Geldwechsel:** bei *Super Lapa* und *Abastacedor Los Gitanos.*
- **Taxi:** c/o *Cabinas Río Mar* (Paquera 20 $).
- **Telefon:** internationale Gespräche bei *Abastacedor Los Gitanos,* Fernsprecher neben Scruffys.

Busverbindungen

- **Paquera** (Fähre nach Puntarenas): siehe Bus aus Cóbano, plus ca. 15 Min.
- **Cóbano/Montezuma:** ca. 6.15, 8.15, 10.45, 13, 14.30, 17 und 19.30 Uhr (= ca. 2 Std. nach Abfahrt der Fähre in Puntarenas).

Flugverbindungen

- Einige Kilometer in Richtung Paquera befindet sich rechts eine **Landepiste.**
- SANSA (Tel. 683.0105) fliegt tgl. um 11.05 und 17.05 Uhr, nach **San José/Int. Flughafen;** Preis: 55 $ (einf.).
- Nature Air fliegt tgl. 9.10 und 13.40 Uhr (über Pta. Islita und Camillo) nach **San José**/Pavas Airport; Preis: 66 $ (OW).
- **Taxi:** an der Hauptkreuzung, nach Montezuma 5 $.
- **Telefon:** an der Hauptkreuzung.

Busverbindungen

- **Montezuma:** aus Paquera.
- **Paquera** (Fähre nach Puntarenas): 4.30, 5.45, 8.30, 10.30, 12.15, 14.30 und 16.30 Uhr.
- **Malpais/Sta. Teresa:** tgl. 10.30 Uhr und 14.30 Uhr.

Cóbano

Die kleine Stadt 13 km nach Tambor ist ein Regionalzentrum für die umliegenden Dörfer und ein wichtiger Verkehrs-Kreuzungspunkt: Geradeaus führt eine Straße nach Malpaís (16 km) und an die Strände der Westküste (s.o.), links nach Montezuma (7 km). Wer an diese Strandorte fährt, findet hier eine Bank, Post und Einkaufsmöglichkeiten.

Unterkünfte

- **Hotel Caoba** (Ortsmitte, Tel. 642.0219): 9 saubere Zi., einf. und ordentl.: bc ca. 6 $ p.P.; bp ca. 8 $ p.P.
- **Cabinas Villa Grace** (Str. Ri. Montezuma rechts, Tel. 642.0225): 12 einf., kl. Zi.: bp: ca. 5 $ p.P.

Infos von A bis Z

- **Apotheke:** neben *Emergencia 2000* (Tel. 642.0485).
- **Einkaufen:** *Megasuper* (Supermarkt), Mo-Sa 8-20 Uhr Uhr, So 8-18 Uhr, Super Maya.
- **Erste Hilfe:** *Clínica* (Tel. 642.0208), *Emergencia 2000* (für Notfälle, gegenüber Megasuper, Tel. 380.4125).
- **Geldwechsel:** *Banco Nacional,* Mo-Fr 8.30-15.45 Uhr.
- **Internet:** nach der Busstation rechts.
- **Polizei:** neben der Post, Tel. 642.0570.
- **Post:** ca. 200 m Richtung Tambor rechts, Mo-Fr 7.30-18 Uhr.
- **Tankstelle:** Mo-Fr 6-19 Uhr, So 7-19 Uhr.

Montezuma

Nein, ein Geheimtipp ist Montezuma längst nicht mehr, immer mehr Besucher kommen in den Ort nahe der Südspitze der Nicoya-Halbinsel. Waren es früher vorwiegend Aussteiger und Freaks, die es hierher zog, so ist das Publikum inzwischen gemischt, auch wenn immer noch ein bisschen „alternatives" Flair zu verspüren ist – nicht allerdings in den Preisen!

Der Ort selbst verfügt nur über einen kleinen **Strand,** doch nordöstlich liegt in nächster Nähe die herrliche Playa Grande (Gehzeit ca. 30 Min.). Eine **Wanderung** führt entlang dem Strand nach Nordosten zu einem Wasserfall (Gehzeit ca. 2 Std.). Ein weiterer Wasserfall liegt südlich des Ortes: Gegenüber des Hotel Amor de Mar führt ein Pfad einen Bach entlang nach etwa 10-15 Minuten dorthin - eine schöne Badegelegenheit. Der schönste **Ausflug** führt von Montezuma zur Südspitze der Halbinsel zum Naturreservat Cabo Blanco, mehrere Veranstalter im Ort bieten Tagesausflüge an.

Weitere Infos zu **Montezuma im Internet:** www.playamontezuma.net.

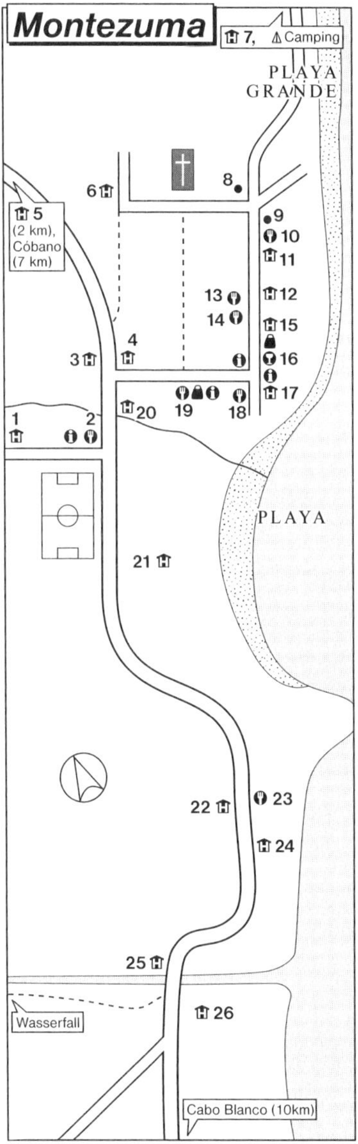

Hotels
1 Cabinas Jenny
3 Hotel El Jardín
4 Hotel La Aurora
5 Hotel Horizontes de Montezuma
6 Hotel Montezuma Pacific
7 El Sano Banano Beach Bungalows
11 Cabinas El Pargo Feliz
12 Cabinas El Capitán
15 Cabinas Mar y Cielo
17 Hotel Montezuma
20 Cabinas El Tucán
21 Pensión Arenas
22 Hotel Los Mangos
24 Hotel Lucy
25 Hotel La Cascada
26 Hotel Amor de Mar

Restaurants + Bars
2 Soda Rico Rico
10 Restaurant Cocolores
13 Soda Las Gemelas
14 Pizzeria Romana
16 Bar El Chico/Pizza Net
18 Soda Monte Sol/Café Iguana
19 Restaurant El Sano Banano
23 Restaurant Playa de los Artistas

8 Pferdeverleih, Bäckerei
9 Buchladen

Tourist-Information
Supermarkt
Camping

Unterkünfte

Viele Europäer (u.a. Deutsche und viele Italiener) haben sich hier niedergelassen und bieten Unterkünfte der mittleren und gehobenen Preisklasse. Billiger ist es, bei Ticos in Privathäusern zu übernachten.

● **Camping:** Wildcampen ist nicht ungefährlich (Diebstahlgefahr), derzeit einziger Campingplatz am Ort ist **El Rincón de los Monos** (Tel./Fax 642.0048): ca. 500 m nördlich an der Playa Grande, schweiz. Leitung, Soda, Surfbrett-, Zeltvermietung; Camping: 3 $ p.P.

● Einf. Zi. mit Vent. und bc zu Preisen ab 7 $ p.P. bieten: **Cabinas Jenny** (Tel. 642.0306), **Cabinas El Tucán** (Tel. 642.0284), **Pensión Arenas** (Tel. 642.0649), **Hotel Lucy** am Meer (Tel./Fax 642.0273, 10 $ p.P.), **Cabinas El Capitán** (Tel. 642.0069, DZ, bp 18 $) und **Soda Rico Rico, Hotel Montezuma** (Tel.642.0058, 8-10 $ p.P.).

● **Hotel La Aurora** (Tel./Fax 642.0051, hotelaurora04@yahoo.de): Hängematten auf Gemeinschaftsterrasse; 16 Zi. mit verschiedenen Standards: DZ 15-30 $

● **Cabinas El Pargo Feliz** (Tel. 642.0064): 8 Zi.: DZ ab 20 $.

● **Mochila Inn** (Tel. 642.0030, info@mochilainn.com): neue Dschungellodge außerhalb (Richtung Cabo Blanco), schöne Lage am Hang im Wald, US-Leitung; 2 Häuser mit kl. Küche, Balkon sowie 1 kl. Häuschen, bc (KW): DZ 25 $. Lesertipp!

● **Hotel Montezuma Pacific** (Tel./Fax 642.0204): einf. Zi., bp: 25/30 $; KK (VISA).

● **Cabinas Mar y Cielo** (Tel./Fax 642.0261): 6 Cab. am Meer, bp, einf. und ordentl.; DZ 35 $; KK.

● **Hotel La Cascada** (Tel./Fax 642.0057): 14 Zi. 25/40 $; KK (+7 %).

***Hotel Amor de Mar** (Tel./Fax 642.0262, info@amordemar.com): gepflegte Anlage am Meer mit Garten, Tagesrest., kinderfreundlich, dt.-amerik. Leitung; 11 schöne Zi. mit Vent.: DZ, bc (WW): 44 $; DZ, bp (KW): 43 $; bp (WW): 62 $; KK (+7 %).

● **Hotel Los Mangos** (Tel. 642.0076, Fax 642.0384, homangos@racsa.co.cr): gr. Anlage mit schönem Pool, Yaccuzi, Yoga; 10 Zi. im alten Gebäude mit Vent., einf. und ordentl.: bc ab 45 $; bp 72 $ (1-4 Pers.); sowie 10 angenehme Holzhäuser, verstreut in kl. Mangohain, bp, DV: 81 $ (1-3 Pers.).

● **Hotel El Jardín** (Tel./Fax 642.0548, jardin@racsa.co.cr): 15 ordentl. Zi., bp, Vent., Kühlschrank, schöner Pool, Jaccuzi, DZ ab 65 $; KK (+10 %).

● **El Sano Banano Beach Bungalows:** (Tel. 642.0638, Fax 642.0631, elbanano@racsa.co.cr): gepflegter Garten direkt am Strand (ca. 10 Min. nördl.), Pool; 3 Zi. im Dorf: DZ 76 $ (ÜF), 7 nette Bungalows am Strand, bp, Vent., Kühlschrank: DZ ab 99 $ (ÜF); Bungalow: DZ 152 $ (ÜF); 1 Haus: 186 $; KK.

Außerhalb (an der Zufahrtsstraße von Cóbano nach Montezuma, Km-Angaben ab Cóbano):

***Finca Los Caballos Nature Lodge** (4,3 km links + 600 m, Tel./Fax 642.0124, naturelc@racsa.co.cr): nette Lodge in schöner Lage mit Rest., Pool, MB, Pferdetouren (12 $/Std.), kanad. Leitung; 7 Zi.: 72/82/99 $, Bungalows: DZ ca. 102 $ (1-3 Pers., mind. 3 Nächte).

***Hotel Horizontes de Montezuma** (4,5 km links, Tel. 642.0534, Fax 642-0625, collina@racsa.co.cr): nettes Hotel in schöner Lage, MB, Garten, Sprachschule, Frühstücksrest., Pool, dt. Leitung: 7 angenehme Zi., bp (WW) ab 39/58/87 $; Sonderpreise für Sprachschüler, keine KK.

● **Cabinas Valysuafu** (4,5 km rechts, Tel. 642.0291): ruhige Lage, Cab. ab ca. 35 $.

● **Cabinas Linda Vista** (5,7 km rechts, Tel. 642.0104): 4 Cab., bp (WW), Kühlschrank, Terrasse, schöner Blick: ca. 30 $ (1-4 Pers.); 3 Häuser à 2 Zi.: DZ 20 $.

Restaurants und Bars

Hinweis: die Küche in den Restaurants und Sodas schließt spätestens um 21 Uhr.

● gutes Frühstück gibt es im **Hotel Amor de Mar, Soda Monte Sol** und in der Bäckerei.

● **Restaurant El Sano Banano:** Frühstück ab 7 Uhr, Früchte, Sandwiches, vegetarische Gerichte, Vollwertkost; Casado 4,50 $, Fisch 9 $.

● **Restaurant Cocolores:** gute Steaks und Fischgerichte, nicht zu teuer.

● **Bar/Restaurant Montezuma** (in Hotel Montezuma, s.o.): span. Rest. im 1. Stock, Blick aufs Meer, zivile Preise.

● **Bar El Chico:** direkt im Zentrum, abends beliebter Treffpunkt.

- **Bar/Restaurant Chico's Playa:** sehr nett direkt am Meer hinter Chicos Bar, Sushi & argentinische Steaks.
- **Soda Monte Sol:** gute einheimische Küche.
- **Soda Las Gemelas:** einf. Rest. mit einheimischer Küche.
- **Soda Rico Rico:** ital. Küche, sehr gute hausgemachte Pasta und Pizza.
- **Restaurant Lucy** (in Hotel Lucy): gute lokale Küche; frischer Fisch, Meeresfrüchte; ca. 5 bis 12 $.
- **Restaurant Playa de los Artistas:** romantisches Plätzchen, sehr gute mediterrane Küche, empfehlenswert!
- Ital. Küche und Pizza bei: **Pizzeria Romana** und **Pizza Net** sowie **Rico Rico,** s.o.
- **Restaurant La Cascada** (in Hotel Cascada, s.o.): span. Rest. mit MB, gute Meeresfrüchte ab 9 $, Frühstück ab 7 Uhr.

Infos von A bis Z

- **Buchverleih/Zeitung:** gegenüber Bäckerei, Richtung nordöstlicher Strand.
- **Einkaufen:** *Minimarkt* (8-12 und 16-20 Uhr), Supermarkt 8-20 Uhr.
- **Geldwechsel:** in den Supermärkten, *Banco Nacional* in Cóbano.
- **Internet:** *PizzaNet, Aventuras Montezuma* (1000 C./Std.), *Sano Banano Net* (1500 C./Std.).
- **Radverleih:** bei *Ecotours:* 11 $/Tag (MTB).
- **Sprachschule:** im Hotel Horizontes de Montezuma.
- **Taxi:** Tel. 845.7363, nach Cóbano ca. 5 $.
- **Telefon/Fax:** bei *Aventuras Montezuma;* sowie bei *Cabinas Mar y Cielo.*
- **Tourveranstalter/Info:** mehrere Infobüros buhlen um Kunden: *Aventuras Montezuma* (Tel./Fax 642.0050); *Montezuma Expeditions* (Tel. 642.0919); *Cocozuma* (Tel. 642.0911); *Ecotours* (642.0467); *Canopy Montezuma* (Tel. 642.0347). Preise: Rafting, Kajak (25 $), Pferde (25 $) etc., Isla Tortuga: 40 $ p.P., Tierschutzgebiet Curú: 30 $ (inkl. Abendessen), Cabo Blanco: 5,50 $ (inkl. Frühst.); Isla Tortuga: 40 $ (6 Std., inkl. Abendessen), Pferdetour zum Wasserfall: 25 $ p.P. (ca. 4 Std.), Canopy: 30 $.
- **Wäscherei:** im Hotel Lucy.

Busverbindungen

- **Cobano/Paquera** (Anschluss zur Puntarenas-Fähre): 5.30, 8, 10, 12, 14 und 16 Uhr.
- **Cabo Blanco:** tgl. 8, 9 und 10 Uhr, zurück gegen 15 und 16 Uhr, Fahrpreis ca. 6 $ (Buchung bei Aventuras Montezuma).
- **Cabuya:** 8.15, 10.15, 14.15 und 18.15 Uhr.

Südlich von Montezuma

Die Küste südlich von Montezuma ist meist felsig, gelegentlich von kleinen Sandbuchten unterbrochen. Die ungeteerte Straße – die Hauptzufahrt nach Cabo Blanco – ist während der Trockenzeit ohne Allrad befahrbar. Im Ort **Cabuya** gibt es einige einfache Restaurants bzw. Sodas.

Unterkünfte

Km-Angaben ab Hotel Amor de Mar in Montezuma:

- **Cabinas Las Rocas** (1,9 km links, Tel./Fax 642.0393, lasrocas@racsa.co.cr): am Meer, (CH); Radverleih, Schnorchel etc., 2 Apt., bp (WW), Küche: DZ ca. 50 $, 3 Pers. 70 $, 4 Pers. 80 $; keine KK.
- **Cabo Blanco Hotel** (5,1 km links, Tel./Fax 642.0332, coyotedecabuya@hotmail.com): am Meer, Pool, Rest.; 9 ältere, renovierte Zi., bp (KW), DV, TV: ca. 10 $ p.P., AC + 10 $.
- **Hotel Celaje** (5,6 km links, Tel./Fax 642. 0374, celaje@racsa.co.cr): schöne Anlage unter Palmen am Meer mit Rest. und Pool; 7 angenehme Holzhäuser (bis 4 Pers.), bp (WW), Terrasse, Hängematte: 41/53/64 $ (ÜF); KK (VISA + 6 %).
- **El Ancla de Oro** (5,9 km rechts, Ortseingang Cabuya, Tel. 642.0369): nettes Rest. (Meeresfrüchte); 3 Häuser mit Palmendach auf Pfählen, Moskitonetz; einf., aber nett: DZ ca. 20 $.
- **Cabinas Cabuya** (Ortsmitte Cabuya, Tel./ Fax 642.0328): 4 einf. Cab., bc: ca. 5 $ p.P.
- **Cabinas Yugo** (Ortsmitte Cabuya links, Tel./Fax 642.0303): 5 Häuser am Meer: DZ ca. 25 $.

Busverbindungen

- Nach **Montezuma:** 7, 9, 13 und 16 Uhr. Buszeiten können sich kurzfristig ändern.

Naturreservat Cabo Blanco

- **Fläche:** 1172 ha (Land), 1790 ha (Meer).
- **Lage:** Südspitze der Nicoya-Halbinsel.
- **Besucher 1997:** 7269 (davon 75 % Ausländer)
- **Geöffnet:** Mi-So 8-16 Uhr (Mo/Di geschl.!).
- **Eintritt:** 6 $.
- **Info:** Tel. 642.0093.
- **Anfahrt:** 8,5 km ab Montezuma, 1,8 km nach Cabuya.

Das Reservat umfasst das letzte geschütze **Trockenwaldgebiet** im Süden der Nicoya-Halbinsel und ist ein wichtiges Brut- und Rückzugsgebiet für **Seevögel.** Die **Insel Cabo Blanco,** eine völlig vegetationslose Felskuppe mit Steilwänden, liegt 1,6 km vor der Küste am südlichsten Punkt der Halbinsel. Sie ist völlig von weißem Guano (Vogelkot) überzogen und gibt dem Reservat seinen Namen *(Cabo Blanco*: „weißes Kap"). Beidseitig des Kaps liegen die Sandstrände Balsitas und Cabo Blanco.

Flora und Fauna

Die Vegetation ist überwiegend immergrün, z.T. vermischt mit laubabwerfenden Bäumen wie dem Pochote. Einige Exemplare dieses am häufigsten vorkommenden Baumes erreichen bis zu 50 m und einen Durchmesser bis 3 m. Insgesamt zählt man 119 Baum-Arten im Reservat (u.a. Gelbe Balsampflaume, Weißgummibaum, Cecropie und Pagodenbaum). Im Primärwald herrschen Pochote, Breiapfel und Espavel vor.

Die **Tierwelt** ist artenreich, aber nicht sehr zahlreich. Neben Grauhörnchen *(chizas),* die es in großen Mengen gibt, leben hier Ozelots, Stachelschweine, Gürteltiere, Brüll-, Kapuziner- und Klammeraffen, Weißwedelhirsche, Agutis und Pakas, Wickelbären und Koyoten.

Zahlreiche **Seevögel** bevölkern das Reservat, vor allem Braune Pelikane, Fregattvögel, Aztekenmöwen, Uferschwalben und die größte Brauntölpel-Kolonie des Landes (über 500 Paare). Es gibt 3 Schlafplätze der Pelikane entlang der Küste und im Inneren des Reservates, an denen sich abends nicht weniger als 150 Tiere versammeln. Außerdem leben im Park Kuh- und Grünreiher, Eisvögel, Keilschwanzsittiche, Elsterhäher, Kupferschwanztrogone, Braunflügelguane, und Truthahngeier. Arten- und zahlreich sind auch die Meerestiere.

Wanderwege

Derzeit ist nur ein Weg geöffnet, der von der Verwaltung zum Strand Cabo Blanco führt. Ein zusätzlicher kürzerer Rundweg ist geplant. Für diese kleine, aber sehr lohnenswerte Wanderung durch tropischen Wald (fast immer schattig) sollten Sie Trinkwasser, einen Imbiss, ein Handtuch und Badekleidung sowie Sonnenschutz mitführen. Am Eingang gibt es neben Toiletten auch Duschen, Campingtische und ein Soda mit Getränken und kleinen Speisen.

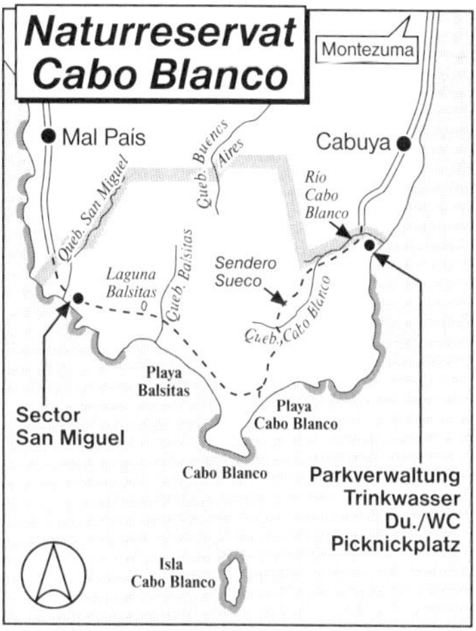

• **Sendero Sueco** (ca. 4 km): Gehzeit einfach 1,5 bis 2 Std., zahlreiche Steigungen, Weg in gutem Zustand. Man hört viele Tiere, sieht aber außer zahlreichen Vögeln und Schmetterlingen (u.a. der blauschillernde Morpho) kaum ein Tier. Ein Knacken in den Zweigen deutet oft auf die Anwesenheit von Affen hin, mit etwas Glück begegnet man einem neugierigen Nasenbären. Waschbären sind im Reservat ebenfalls häufig, allerdings vorwiegend nachtaktiv.

Von Cóbano an die Westküste

So gut es auch den meisten in Montezuma und Umgebung gefällt, es gibt einen großen Nachteil: Man kann von dort nicht die Sonne über dem Meer untergehen sehen. Also nichts wie los an die **Strände** der Westküste, die zwar inzwischen nicht mehr das Prädikat „einsam" verdienen, aber vielleicht zu den schönsten des Landes zählen. Die Folge: Seit einigen Jahren hat ein regelrechter Bauboom eingesetzt, und bald wird man wohl in Malpaís und Sta. Teresa Liegestühle und Sonnenschirme mieten können ...

Von Cóbano führt eine Straße nach Westen, die während der Trockenzeit auch ohne Allrad befahrbar ist (einige steile Abschnitte). Nach 1,8 km links abbiegen, nach 11,5 km kommt man an eine Weggabelung: Rechts geht es zur Playa Sta. Teresa und den weiter nördlich liegenden Stränden, geradeaus nach 200 m zur Playa Carmen (Wildcamping, einf. Rest., Surfboard-Verleih) und links nach Malpaís (3 km). Von dort führt eine schwierige Piste nach Cabuya (7 km).

Unterkunft

• **Cabinas/Restaurant Frank's Place** (an der o.g. Abzw. rechts, Tel. 640.0096): Pool, 9 einf. Zi., bc: ca. 8/16/24 $; 4 Zi., bp: ca. 14/22/30 $; 11 Häuser mit Küche: ab ca. 50 $ (1-3 P.).

Malpaís

Malpaís ist ein guter Ort zum Entspannen. Überall dösen Leguane in der Sonne, das Leben ist ruhig und beschaulich, doch es wird auch hier immer mehr gebaut. Ein Standort für Massentourismus wird es dennoch nicht werden, denn der Kiesstrand mit vorgelagerten Felsen ist kein ausgesprochener Badestrand. Einige Abschnitte sind felsig, bei Flut bilden sich kleine natürliche Meerwasserbecken.

362cr Foto: dk

Weitere Infos zu **Malpaís im Internet** unter: www.malpais.net.

Unterkünfte

Km-Angaben ab Abzweigung:

- **Cabinas Ritmo Tropical** (200 m links, Tel./Fax 640.0174): Rest.; 5 ordentl. Zi., bp (WW), DV: ca. 25/30/35 $.

*__Bungalows The Place__ (300 m links, Tel. 640. 0001, Fax 640.0234, info@theplacemalpais. com): geflegt, mit Garten, Rest., Bar, gutes Ambiente, schweiz. Leitung; geschmackvoll eingerichtete Zi. und Bungalows, bp (WW), DV, MB: DZ ab 47 $; Bungalows DZ 93 $; KK (+6 %).

- **Mal Pais Surf Camp** (500 m links, Tel. 640. 0031, Fax 640.0061, surfcamp@racsa.co.cr): gepflegt, schöner Pool, Rest., US-Leitung; Camping: 8 $ p.P.; 4 einf. Zi., bc: DZ 29 $; 5 offene Hütten mit Hängematte, bc, MB: DZ 47 $; 6 schöne Holzhäuser, bp (WW), DV: DZ 88-99 $.
- **Blue Jay Lodge** (600 m links, Tel. 640.0089, Fax 640.0141, bluejay1@racsa.co.cr): gr. Anlage, Rest.; 7 Bungalows, bp (WW), MB, Balkon, DV: 93/93/116 $ (ÜF).
- **Cabinas Lauramar** (1,8 km rechts): 10 Cab. am Meer, bp, DV: DZ ca. 12 $.
- **Cabinas Bosque Mar** (2,3 km links, Tel. 640.0074): 7 ordentl. Cab., bp (WW), Vent.: 52 $ (1-4 Pers.).
- **Cabinas Mar Azul** (2,3 km Abzweigung rechts 100 m): Rest.; Camping 2 $; 13 ältere Cab. am Meer, bp, Vent., Hängematte: 35 $; Haus 70 $ (1-5 Pers.); Haus mit Küche, 93 $ (bis 8 Pers.).
- **Sunset Reef Marine Hotel** (3,9 km, Tel. 282. 4160, Fax 282.4162, info@sunsetreefhotel. com): am Felsstrand, Rest., Pool, Rad- und Kajakverleih; Holzhaus mit 14 ordentl. Zi. mit AC, DV, Bad (WW), teuer: 99/99/116 $, Kinder unter 12 J. frei; KK (VISA).

Auf dem Weg zum Reservat Cabo Blanco

Restaurants

- **Restaurant Italiana Albimat** (2,3 km rechts): tgl. 12-21 Uhr, Holzofenpizza, Spaghetti etc.
- **Pizzeria Carmen** (direkt am Strand Playa Carmen): sehr gute Pizza und Teigwaren.
- **La Cantina Mexicana** (in Bungalows The Place): mex., sehr gut.
- **Piedra Mar** (direkt am Strand zwischen Felsen): lokales Tico Rest., super Sonnenuntergang, gute Casados.
- **Mar Azul** (in kleiner, charmanter Bucht): super Sonnenuntergang, Essen nicht besonders.
- **Bella Napoli:** geführt von einer Schweizerin, lockeres Ambiente, sehr gute Teigwaren mit Meeresfrüchten etc.

Infos von A bis Z

- **Busverbindung nach Cóbano:** ab St. Teresa: 6.45 und 11 Uhr; ab Malpaís: 19 Uhr.
- **Camping:** hinter Auberge Casa Cecilia, Playa Sta. Teresa.
- **Canopy:** *Canopy del Pacifico* (Tel. 640.0360, silmon@racsa.co.cr): am Eingang zum Cabo Blanco Reservat; 9 Plattformen, 300-m-Seil über Canyon etc.
- **Tauchschule:** *Pacific Divers* (c/o Café Bambu, Tel./Fax 640.0169, wingnut@racsa.co.cr): PADI-Tauchschule, dt. Leitung, Schnorchelausrüstung (8 $/Tag), Tauchtouren: 1 Flasche (48 $), 2 Flaschen (80 $), Pakete u. Ausbildung (ab 300 $).

Playa Sta. Teresa

Angeblich gibt es an diesem schönen, weißen Sandstrand keine Mücken, dafür sind die Surfbedingungen sehr gut. Nördlich von Sta. Teresa befinden sich u.a. Playa Hermosa und Playa Manzanillo, danach muss der Río Bongo überquert werden, was nur während der Regenzeit selbst mit Allrad oft nicht möglich ist. Der frühere „Geheimtipp" hat sich längst zu einem touristischen Zentrum entwickelt, es herrscht rege Bautätigkeit.

Unterkünfte

Es gibt eine ganze Reihe von Unterkünften für jeden Geldbeutel (Km-Angaben ab Abzweigung). Eine Auswahl:

- **Tropico Latino Lodge** (800 m links, Tel. 640.0062, Fax 640 0117, troplat@racsa.co.cr): schöne Anlage am Meer mit Rest. (Menü), Pool, Palmengarten, gepflegt, brit. Leitung: 3 sympatische Zi., bp (WW), AC, DV, Moskitonetz, Veranda, Hängematte: 70/85/100 $; 8 Bungalows mit AC: 80/96/111 $; mit MB: 100/115/130 $; keine KK.
- **Camping Sunset** (1,3 km links): neuer Campingplatz direkt am Strand, Du./WC einf. aber sauber: 2,50 $ p.P.
- **Ranchos Itaúna** (1,6 km links): Rest., öster. Leitung: 4 Zi., bp (WW), Kühlschrank: ca. 40 $ (1-4 P.).
- **Cabinas/Camping Zeneida's** (2,7 km links): schöner Campingplatz unter Palmen, direkt am Meer, Rest.service: Camping 3 $ p.P., 4 einf. Zi., bc: ca. 6 $ p.P.
- **Cabinas Playa Santa Teresa** (2,8 km r., Tel. 640.0137): 150 m vom Strand, Rest., Pferde- und Surfbrettverleih, dt. Leitung; 6 Cab., bp (KW), DV ab ca. 18 $ (bis 4 P.); 2 Apt. mit Kühlschrank, Kochgelegenheit ca. 25 $.
- **Auberge Casa Cecilia** (3,9 km links, Tel. 640.0115): Privathaus am Meer; 4 ordentl. Zi., bp (WW), DV: DZ ca. 35 $ (ÜF); nur Dezember bis Ende März geöffnet!
- **Hotel Milarepa** (4,2 km links, Tel. 640.0023, Fax 640.0168, milarepa@racsa.co.cr): Anlage am Meer mit frz. Rest., Pool; 4 geschmackvolle Bungalows in balinesischem Stil aus Bambusholz, hell, Moskitonetz, DV, AC, Kühlschrank, Bad im Freien: DZ mit MB: 120 $; Beachfront-Bungalow: 145 $; KK (ohne Zuschlag).
- **Florblanca Hotel** (Tel. 640.0232, Fax 640.0226, florblanca@expressmail.net): neues Luxushotel für Betuchte: Villa für 2 Pers. 419 $ (ÜF); Villa mit 2 Schlafzi. und 2 Bädern: 640 $ (ÜF).

523cr Foto: dk

Zentrale Pazifikküste

Die zentrale Pazifikküste, das Kernstück der Provinz Puntarenas, erstreckt sich von der Provinzhauptstadt Puntarenas über 200 km bis zur Halbinsel Osa. Die **Strände** im nördlichen Teil sind wegen ihrer Nähe zum Valle Central an den Wochenenden meist überfüllt. Von San José bis Tarcoles sind es rund 90 km Strecke, bis Jacó fährt man mit dem Bus nur 3 Stunden. Die Strände in der Umgebung von Puntarenas und an der Mündung des Río Tarcoles sind für Touristen jedoch wenig attraktiv, Jacó und Manuel Antonio sind schöner, aber sehr beliebt – wer seine Ruhe haben möchte, sollte es weiter südlich versuchen.

Gewarnt sei vor den **gefährlichen Strömungen,** die mehrere Schwimmer das Leben gekostet haben. Wegen der starken Wellen ist die Region jedoch beliebt bei **Surfern,** die hier gute Bedingungen vorfinden.

Das **Klima** ist allgemein heißer und trockener als im Hochland: Die Temperaturen liegen durchschnittlich um 8-10 °C. höher (Höchsttemperaturen) 32-25 °C.), die Niederschlagswerte etwa um 10-20 % niedriger.

Puntarenas

- **Einwohner:** 40.000, Bezirk ca. 99.000
- **Lage:** Halbinsel am Golf von Nicoya, 120 km westl. von San José
- **Durchschnittstemperatur:** um 28 °C
- **Niederschlag:** 1600 mm/Jahr (vor allem Mai-Okt.)

Puntarenas, die Hauptstadt der größten Provinz des Landes, die bis zur Grenze nach Panama reicht, liegt auf

Playa Ocotal

einer langgestreckten **Halbinsel** am Eingang des Golf von Nicoya. Seit ca. 20 km weiter südlich der neue Frachthafen Puerto Caldera eröffnet wurde, sind die großen Zeiten als wichtige Hafenstadt vorbei. An der Nordseite der Halbinsel gibt es zwar noch einen geschäftigen **Fischerhafen,** die großen Fracht- und Containerschiffe legen jedoch nicht mehr an - mit ein Grund, weshalb die Eisenbahnverbindung nach San José eingestellt wurde.

Puntarenas ist eine Stadt der Kontraste: Während im Zentrum geschäftige Hektik dominiert, läuft das Leben im westlichen Teil der Stadt deutlich geruhsamer ab. Die einzige Abwechslung sind hier die **Touristen** aus dem In- und Ausland, die vor allem zwischen Dezember und Februar hierherkommen. Das Hauptargument für Tourismus ist die Nähe zum Valle Central, außerdem ist die Stadt ein wichtiger Ausgangspunkt zur Halbinsel Nicoya (12 Fährverbindungen täglich) und für Tagesausflüge zur Isla Tortuga. In letzter Zeit legen am langen Pier auf der Südseite regelmäßig Kreuzfahrtschiffe an, was zu einem regelrechten Bauboom geführt hat.

Die **Strände** der Stadt sind zwar nicht besonders schön, aber durchaus zum Baden geeignet, und man ist bemüht, die Strände im Bereich der Hotels sauber zu halten. Von hier hat man einen schönen Blick über die Bucht von Nicoya und oft einen eindrucksvollen Sonnenuntergang.

Sehenswert ist die von einem kleinen Park eingerahmte **Kirche;** daneben wurde in einem historischen Gebäude das *Casa de la Cultura* eröffnet, mit einer Bibliothek, Veranstaltungs- und Ausstellungsräumen. Auf der Südseite liegt der Eingang zum **Seefahrtsmuseum** *(Museo Histórico Marino);* geöffnet Di-So 9.45-12 und 13-17.15 Uhr, Eintritt ca. 2 $. Tel. 661.5036.

Eine der neueren Attraktionen ist der **Puntarenas Marine Park:** 28 Aquarien mit Fischen und anderen Bewohnern der costaricanischen Gewässer. Geöffnet tgl. 8-16 Uhr, Eintritt 7 $, Studenten 4 $, Kinder unter 12 Jahre 1,50 $, Senioren über 60 freier Eintritt. Info: Tel. 661.5272.

Unterkünfte

Im Zentrum gibt es einige **Billighotels,** allerdings ist die Gegend abends nicht sehr angenehm (Betrunkene, Kriminalität, Prostitution etc.). Die besseren Hotels findet man entlang der Südküste am Paseo de los Turistas.

- **Pensión Montemar** (Av.3/C.1-3, OG, neben Gran Hotel Chorotega, Tel. 661.2771): Zi. sehr einf., 4 $ p.P.
- **Hotel Río** (Av.3/C.C., Tel. 661.0331): ca. 100 enge Zi. in 2 Gebäuden, sehr einf., aber akzeptabel, bc: 5 $ p.P.; bp: ab 7,50 $ p.P.
- **Hotel Cabezas** (Av.1/C.2-4, Tel. 661.1045): 28 Zi. mit Vent., einf., aber akzeptabel; bc: 6 $ p.P.; bp: DZ 15 $.
- **Hotel Ayi Con** (C.2/Av.1-3, Tel. 661.0164): 44 Zi.; bc: 7 $ p.P.; bp: 10 $ p.P.; AC: 16 $.
- **Cabinas Central** (C.7/Av.2-4, Tel. 661.1484): 9 Zi., einf. und sauber; bc: 8 $; bp: 13 $ p.P.
- **Hotel El Padrino** (Av.4/C.13-15, Tel. 661.2507): 7 Zi. einf., aber sauber; bc: 12/15 $; 7 Apt. mit 2 Schlafz., Küche, bp: 350 $/Monat.
- **Gran Hotel Imperial** (Av.4/C.C.-2, Tel. 661.0579): altes Holzhaus, Nähe Busbahnhof; 11 Zi., Vent., bp: 12/20 $.
- **Gran Hotel Chorotega** (Av.3/C.1, Tel. 661.0998): 38 Zi., einf., aber sauber; bc: ca. 10/17/22 $; bp: ca. 14/24/27 $; beste Billigunterkunft.

- **Cabinas El Joron** (Av.4 bis/C.25 Tel. 661. 4559): 5 Zi. zur Straße (max. 5 Pers.), AC, Kühlschrank, nicht luxuriös, aber brauchbar, bp: DZ ca. 21 $.
- **Cabinas Midey** (C.13/Av.2-4, Tel./Fax 661. 1553): kanad. Leitung; 10 Zi., AC, TV, bp: 35/45/50 $; Apt. (bis 6 Pers.): 67 $.
- **Hotel La Punta** (C.35/Av.1, Tel./Fax 661. 0696): nahe zu Autofähren, Pool, Bar, Rest.; 11 Zi., Vent., Balkon, ohne Luxus, aber angenehm ruhig, bp: ca. 30/35/40 $; mit AC ca. 38/45/52 $; KK.
- **Hotel Tioga** (Av.4/C.17-19, Tel. 661.0271, Fax 661.0127, costarica@hoteltioga.com): Rest., Pool; 46 ordentl. Zi., TV, AC, teils MB, bp (WW): ab 59/59/74 $ (ÜF); KK.
- **Hotel Las Brisas** (Av.4/C.31-33, Tel. 661. 4040, Fax 661.2120, hotellasbrisascostarica@ice.co.cr): Pool, Rest., Internet, Parkplatz; 18 gr. Zi., mit AC, ohne Luxus, aber ordentl., im 2. Stock MB: 79/79/89 $ (ÜF bei Barzahlung); KK.
- **Hotel Alamar** (Av.4/C.31-33, Tel. 661.4343, Fax 661.4959, info@alamarcr.com): Rest., Pool, Parkplatz; Zi. mit AC, Kabel-TV: DZ 80 $ (ÜF).
- **Hotel Yadran** (Av.4/C.35-37, Tel. 661. 2662, Fax 661.1944, info@hotelyadran.com): besseres Hotel mit Pool, Rest., Bar, Disco, Casino, etc.; 42 Zi. (und 1 Suite), AC, Kabel-TV, Safe, bp (WW): ÜF 76/76/96 $; mit Balkon (MB): 88/88/108 $; KK (ohne Zuschlag).

Außerhalb des Zentrums:

- **Hotel Portobello** (Tel. 661.1322, Fax 661. 0036): ca. 3,5 km östl. des Zentrums, mit Rest., Garten, Pool, Bootstouren; 35 Zi., bp (WW), AC, TV: 38/47/54 $ (ÜF); KK (ohne Zuschlag).
- **Weitere Hotels** s.u. „Strände südlich von Puntarenas".

Restaurants

Im Zentrum finden sich zahlreiche einfache **Sodas** und **chinesische Lokale.** Die besseren Restaurants reihen sich am Paseo de las Turistas am Südufer der Halbinsel aneinander. Die Aufzählung der Restaurants erfolgt von Ost nach West:

- **Restaurant Cevichito** (Av.2/C.3), *Ceviche* ab 4 $, andere Gerichte (ab 5 $).
- **La Casa de los Mariscos:** sehr gute Fisch- und Meeresfrüchte ab 5 $.
- **Restaurant Tioga** (im 4. Stock des Hotel Tioga): schöne Aussicht über die Bucht von Nicoya; einf. Karte, Gerichte ab 6 $.
- **Restaurant Caravelle:** frz. Küche, Meeresfrüchte etc., angenehme Atmosphäre, gehobene Preisklasse, Mo/Di geschl.
- **Bierstube:** Fleisch, Fisch etc.
- **Steak House Las Yuntas:** MB, Fleischgerichte ab 5,50 $.
- **Restaurant Las Brisas** (im Hotel Las Brisas): einf. Rest. mit MB; empfehlenswerte Küche zu vernünftigen Preisen (div. Fleisch- und Fischgerichte ab 5 $).
- Im nördlichen Teil der Stadt, in der Nähe des Fischerhafens liegen die beiden einf. und recht günstigen Fischlokale **Marisquería Kahite Negro** und **Kahite Blanco.**

Infos von A bis Z

- **Autovermietung:** *Elegante R.C.* (Av.1/C.1-3, Tel. 661.1958); *Aventura R.C.* (im Hotel Fiesta, Tel. 663.0808-431).
- **Disco:** im Hotel Yadran.
- **Erste Hilfe:** Rotes Kreuz (Tel. 661.0184), Krankenhaus (C.9/Av.4, Tel. 663.0033).
- **Fahrradbedarf:** *Ciclo Gabi* (Av.1/C.1-3).
- **Geldwechsel:** *Banco de Costa Rica* (C.3/ Av.2, Mo-Fr 8.30-15 Uhr) und **Banco Nacional** (Av.3/C.1, Mo-Fr 8.30-15.45 Uhr), *Western Union* (Geldanweisungen): Av.C./C.4.
- **Internet:** *Internet Café* (Av.1/C.3) sowie bei COONATRAMAR (gegenüber Anleger Autofähre).
- **Polizei:** hinter *Banco Nacional,* Tel. (Notruf) 117.
- **Post:** Av.3/C.C.-1., Mo-Fr 8-16.30 Uhr.
- **Taxi:** Tel. 663.2020, 663.3030, Standplatz C.C./Av.C.-1.
- **Touristinfo:** *COONATRAMAR* (gegenüber Anleger Autofähre, Tel. 661.1069): Tickets für Fähre, Geldwechsel, allgemeine Infos etc.
- **Tourveranstalter:** Ganztägige Jachtausflüge zur Isla Tortuga mit Badeaufenthalt und Mittagessen (ca. 75-90 $ p.P.) bieten *Sea*

Ventures (Tel. 257.2904), *Fantasia Fun Cruises* (Tel. 661.0697), *Bay Island Cruises* (Tel. 239. 4951), *Calypso Tours* (Tel. 256.2727).

Busverbindungen

- Der **Terminal** nach San José befindet sich südlich des Zentrums (Av.4/C.2), 5–10 Min. Gehzeit vom Hafen (Personenfähre), alle anderen Busse fahren von der Haltestelle gegenüber am Meer ab (Av.4/C.2-4); Tel. 661. 2158.
- **San José:** 5.30-20 Uhr stündl. (direkt, Fahrtzeit 2 Std.); 8-mal tgl. 4.15-20 Uhr (indirekt).
- **Tilarán:** 11.45 und 16.30 Uhr.
- **Sta. Elena** (Monteverde): tgl. 13.15 und 14.15 Uhr.
- **Las Juntas/Monteverde**: tgl. 13.15 Uhr.
- **Liberia:** 4.40, 5.30, 7, 8.30, 9.30, 11, 12 und 15 Uhr.
- **Jacó/Quepos:** tgl. 5, 11, 14.30 und 16.30 Uhr, Fahrzeit 3,5 Std.
- **Orotina:** (ab Av.1/C.1-3): 6, 12 und 18 Uhr.

Fährverbindungen

- Die beiden Autofähren zur Nicoya-Halbinsel legen am Nordwestende der Halbinsel ab (Av.3/C.33-35), die Personenfähre *(lancha)* nördlich des Zentrums hinter dem Markt.
- **Playa Naranjo** (Autofähre): COONATRAMAR (Tel. 661.1069) tgl. 6, 10, 14 und 19 Uhr; Fahrzeit: 75 Min., Preis: 2 $ p.P., PKW: 12 $.
- **Paquera** (Autofähre, Naviera Tambor, Tel. 661.3034): 4.30, 6.30, 8.30 10.30, 12, 14.30, 16, 18, 20 und 22 Uhr, Preis: 2 $ p.P., Motorrad 3,50 $, PKW 12 $.
- **Paquera** (Personenfähre, Tel. 661.2830): ca. 6, 11 und 15.15 Uhr; Preis: ca. 1 $, Fahrzeit: 75 Min.

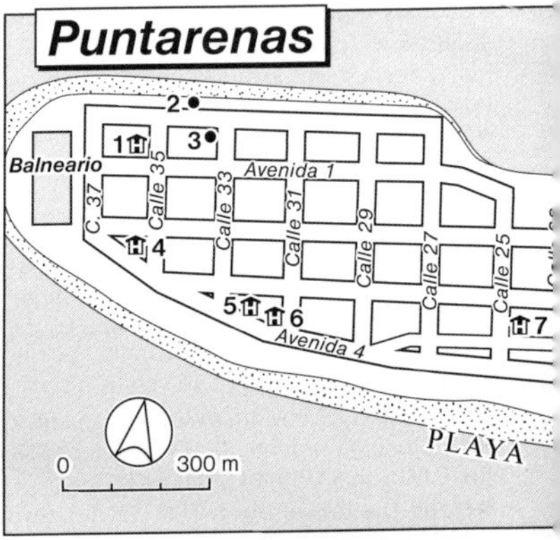

Von Puntarenas nach Jacó (70 km)

Strände südlich von Puntarenas

Die Straße nach Jacó ist durchgehend geteert und in gutem Zustand. Autofahrer aufgepasst: Die breite Straße verleitet zum schnellen Fahren, aber nur 80 km/h sind erlaubt und Radarkontrollen häufig (Strafe: ca. 15 $).

Durch ihre Nähe zum Valle Central sind die Strände bei Puntarenas vor allem bei Ticos beliebt und daher an den Wochenenden meist voll. Leider ist das Meer hier nicht immer sehr sauber, was nicht zuletzt an dem Unrat liegt, den der Río Tarcoles aus dem Hochland mitbringt. Besonders im Bereich der Mündung verschandelt der Müll die ansonsten schönen Strände, denn die Hauptströmungsrichtung des Meeres geht nach Nord-

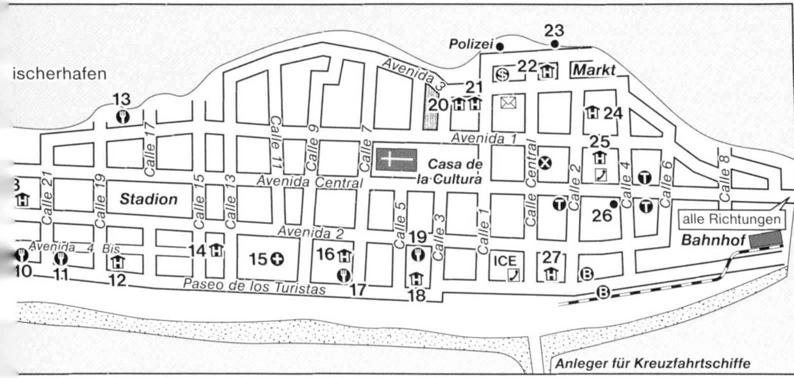

🏨	**Hotels**	22	Hotel Rio	2	Autofähre Playa Naranjo, Paquera
1	Hotel La Punta	24	Hotel Ayi Con	3	Tickets Paquera
4	Hotel Yadran	25	Hotel Cabezas	15	Krankenhaus
5	Hotel Las Brisas	27	Gran Hotel Imperial	23	Personenfähre Paquera
6	Hotel Alamar			26	Western Union
7	Cabinas El Joron		**Restaurants + Bars**		
8	Hotel El Padrino	9	Bierstube		
12	Hotel Tioga	10	Restaurant Caravelle	$	Banken
14	Cabinas Midey	11	Steak House Las Yuntas	B	Bushaltestellen
16	Cabinas Central	13	Marisqueria Kahite Negro, Kahite Blanco	⊗	Taxi
18	Hotel El Oasis del Pacifico	17	La Casa de los Mariscos	T	Tankstellen
20	Pensión Montemar	19	Restaurant Cevichito	✉	Post
21	Gran Hotel Chorotega				

westen. Außerdem gibt es Gerüchte, dass vom Hospital bei Chacarita Spritzen und andere Krankenhausabfälle ins Meer gelangen (eine Kläranlage ist im Bau) ...

Zur Playa Doña Ana

Wenn man von Puntarenas aus am Meer nach Osten fährt, kommt man zunächst am Krankenhaus bei Chacarita vorbei, in dessen Umgebung einige Hotels und Clubs liegen. 11 km östlich von Puntarenas erreicht man am **Hotel Fiesta** eine Straßenkreuzung. Die Route führt von dort in südlicher Richtung am Meer entlang.

Unterkünfte

Kilometerangaben ab Puntarenas:

- **Hotel/Cabinas San Isidro** (8 km, Tel. 663.0031, Fax 663.2170, csisidro@racsa.co.cr): Ferienanlage am Meer mit Rest., Pool; 4 Zi.: 18/35 $; 48 Apt., Küche, bp (KW): 56 $ (4 Pers.), 76 $ (6 Pers.), 95 $ (9 Pers.).
- **Costa Dorada** (9 km): gepflegte Anlage am Meer, Garten, kl. Pool; 5 Häuser (bis 8 Pers.), Küche etc., bp: ca. 30 $ (bis 4 Pers.).
- **Casa Canadiense** (10 km rechts, Tel./Fax 663.0287): Privathaus in Meernähe, Pool (keine Kinder!); 5 einf. Apt., Vent., Küche, bp: 22/26/31 $; mit AC: 33/33/40 $.

●**Hotel Villa del Roble** (10 km, Fax 255.3122): Meernähe, Pool, Liegewiese; 10 ältere, ordentl. Zi. mit AC, bc (je 2 Zi.); 2 Zi., bp: ca. 15/28/33 $; 2 Villas m. Küche: DZ ca. 48 $.
●**Hotel Fiesta Resort** (11 km, Tel. 663.0808, Büro: 220.2412, Fax 232.9507, fiesta@racsa.co.cr): All-inclusive-Resort am Meer, weitläufiger Poolbereich, 3 Rest., Bars, Casino etc.; 240 Zi., AC, TV, bp (WW): ca. 114/183/248 $.

Hinter der Kreuzung am Hotel Fiesta liegen **in südlicher Richtung:**
●**Cabinas Oasis:** 8 Cab., bp, TV und AC: ca. 12/14 $.
●**Hotel Río Mar** (Tel. 663.0158): am Río Barranca, Rest.; 48 Zi. (bis 8 Pers.), Vent., einf. aber sauber, bp: ca. 12/17/22 $; KK.

Kurz hinter der **Brücke über den Río Barranca** liegt rechts:
●**Paradero Turístico Playa Ana**: kl. Bucht mit flachem Sandstrand, Rest., Picknicktische, bp etc.; geöffnet Mo-Fr 8-17 Uhr, Sa/So 7.30-17.30 Uhr, Eintritt.

Südlich gibt es weitere Unterkünfte (Entfernungsangaben ab Río Barranca):
●**Cabinas Wendy** (3,5 km rechts): 7 einf. Cab., bp: ca 5/7 $.
●**Cabinas Angie** (3,8 km links): 2 kl. Cab., einf. und ordentl., bp; 1 Haus (bis 5 Pers.) mit Küche: ca. 7/12/14 $.

Der Hafen von Puntarenas

368cr Foto: dk

Puerto Caldera

Die **moderne Hafenanlage** wurde 1978-1982 von den Regierungen von Costa Rica und Japan mit zusätzlichen Geldern aus Venezuela erbaut. Der Hafen ist eine der wenigen geeigneten Anlaufstellen für riesige **Kreuzfahrtschiffe,** die vor allem aus den USA hierher kommen, ansonsten ist Puerto Caldera unattraktiv.

Mata de Limón

Dieser kleine Ort in unmittelbarer Nähe zu den Hafenanlagen von Puerto Caldera liegt links der Straße hinter einer **kleinen Lagune.** In den Mangroven kann man viele Wasservögel und gelegentlich auch Krokodile beobachten. Ansonsten ist der Ort touristisch weitgehend uninteressant: Wer möchte schon im Umfeld einer Hafenanlage baden? Wer dennoch bleiben möchte, hat die Wahl zwischen einigen einfachen Cabinas und Restaurants.

Unterkunft und Restaurants

- **Marina Resort** (Tel. 634.4194, Fax 634. 4056, mcpusa@racsa.co.cr): Rest., Pool; 12 einf. Zi., AC, TV, bp (WW): DZ ca. 37 $; KK.
- **Restaurant Costa del Sol** (Tel. 634.4008): nettes Lokal am *estero* (Lagune), frischer Fisch & Meeresfrüchte, Mo. Ruhetag.
- **Restaurant Tabaris** (an der Hauptstraße, Tel. 634.4196): frischer Fisch und Meeresfrüchte, nicht teuer.

Playa Tivives

Den nächsten **Strand** erreicht man über 6 km Piste (ausgeschildert), Unterkünfte wird man dort allerdings vergeblich suchen. Am Meer gibt es ausschließlich Privathäuser, deren Besitzer meist aus dem Valle Central kommen, um hier am weiten flachen Sandstrand das Wochenende zu verbringen. Am Ortseingang besteht ein Kontrollposten der Polizei, von dort nach rechts kommt man zum **Restaurant Las Olas:** günstige Fischgerichte.

Playa Guacalillos

Dieser schwarze Sandstrand, auch Playa Tarcoles genannt, ist leider über weite Strecken mit Wohlstandsmüll überfüllt, der vom Río Tarcoles angeschwemmt wurde. Man erreicht ihn über die gleiche Zufahrt wie zur Playa Bajamar: Nach 5,5 km links, nach weiteren 5 km ist man an einem Strand mit wenig Müll.

Ewa 1 km weiter endet die Straße am Río Tarcoles. Eine **Weiterfahrt nach Süden** ist nicht möglich.

Zum Río Tárcoles

Etwa 25 km südlich des Hotels Fiesta zweigt eine zunächst gut ausgebaute Straße ab, die über Orotina nach Atenas (s. Kap. „Valle Central") und weiter nach San José führt. Über diese Straße erreicht man auch den **Vergnügungspark Turu Ba-Ri** (s.u.).

Die Küstenstraße quert nach 11,5 km einen der größten und wichtigsten Flüsse des Landes, den **Río Grande de Tárcoles.** Hier lohnt sich ein kurzer Stopp, da am Fluss recht häufig Krokodile und Wasservögel zu beobachten sind. Vor allem wenn der Wasserstand des Flusses durch Ebbe des nahe gelegenen Meeres niedrig ist, lauern die Krokodile an Sandbänken und im Fluss bewegungslos auf Beute, oft nur mit den Nasenlöchern über Wasser. Von der Brücke sind es noch etwa 25 km Teerstraße nach Jacó.

Achtung: Immer wieder werden am Parkplatz hinter der Brücke Autos aufgebrochen, während die Fahrzeughalter abgelenkt sind. Lassen Sie das Fahrzeug nicht unbeaufsichtigt! Der Polizeiposten ist nicht immer besetzt!

Unterkunft und Restaurant

- **Cabinas/Restaurant Los Cocodrilos** (vor der Brücke, Tel. 661.8261): 5 einf. Zi., bp (KW), DZ ab ca. 7,50 $.

Vergnügungspark Turu Ba-Ri

- **Anfahrt:** von Orotina Richtung Puriscal, nach ca. 7 km Abzw. nach Turrubares
- **Info:** Tel. 250.0706, info@turubari.com
- **Eintritt:** 55 $ (mit 1 Tour: 80 $), Kinder (bis 12 Jahre)/Studenten 40 $, zusätzlich: Canopy (20-30 $), Sky Ride (15 $), Pferdetour (10-20 $)

Dieser Vergnügungspark setzt v.a. auf betuchte amerikanische Kundschaft, die mit Kreuzfahrtschiffen im nahe gelegenen Pto. Caldera oder Puntarenas anlegen und ein paar Stunden Landgang haben. Der „Eco-adventure oriented theme park“ (Themenpark Öko-Abenteuer) hat einen Schmetterlings- und Orchideengarten, eine Seilbahn *(Sky Ride)*, Canopy, Pferdetouren und mehr – zu gesalzenen Preisen!

Nationalpark Carara

- **Fläche:** 4700 ha
- **Lage:** am Südufer des Río Tarcoles
- **Geöffnet:** 8-16 Uhr (von Nov.-April 7-17 Uhr)
- **Eintritt:** 8 $
- **Info:** Tel. 383.9953
- **Übernachtung:** Cabinas/Restaurant Los Cocodrilos (s.o.) oder in Playa Tarcoles
- **Anfahrt:** Hauptverwaltung 3 km südlich des Río Tarcoles links, Zugang zum Sendero Laguna Meandrica 500 m nach der Brücke links (vorher Eintritt bezahlen); Busse kommen zwar regelmäßig vorbei, halten jedoch nicht immer an.
- **Tipp:** Die Hauptbesuchszeit meiden (ca. 9-12 Uhr). Die beste Zeit ist der frühe Morgen (Vogelbeobachtung!) oder nach 14 Uhr, wenn der Hauptandrang vorbei ist.

Verkehrsgünstig an der Hauptzufahrt nach Jacó und Quepos/Manuel Antonio gelegen, wurde das ehemalige Biologische Reservat zum Carara Nationalpark erklärt. Nach den Besucherzahlen liegt er an fünfter Stelle aller staatlichen Schutzgebiete. In einer **Übergangsregion** zwischen Trockenwald im Norden und niederschlagsreicheren Gebieten im Süden bildet er das einzige Schutzgebiet in dieser bioklimatischen Region. Trotz der isolierten Lage inmitten landwirtschaftlich genutzter Flächen gibt es zahlreiche Tiere und eine überraschend artenreiche Vegetation. Auf engstem Raum trifft man auf verschiedene Ökosysteme: Galeriewald, Sekundär- und Primärwald, Sumpfgebiete und ein Altwasser. Zahlreiche Wasserläufe durchfließen das Reservat, die meisten ganzjährig.

Im Gebiet des Reservates hat man auch zahlreiche Spuren **präkolumbischer Siedlungen** gefunden: Insgesamt gibt es 15 archäologische Stätten aus der Zeit von 300 v. Chr. bis zur spanischen Eroberung. Man geht davon aus, dass diese frühen Siedler vorwiegend von Landwirtschaft lebten (Subsistenzwirtschaft).

Finanzielle wie personelle Probleme beeinträchtigen die Arbeit der Verwaltung. Dazu kommen Waldbrände, Wilderei und vor allem der wachsende Besucherdruck.

Flora und Fauna

Die Vegetation des Reservates ist mit über 750 Arten sehr vielfältig. Man unterscheidet fünf Ökosysteme. Die **Sumpfgebiete** im Nordosten sind durch jahreszeitlich wiederkehrende Überschwemmungen entstanden. In ihnen leben zahlreiche Wasservögel, insektenfressende Vögel, Amphibien und Reptilien. In einem ausgedehnten Mäander des Río Tarcoles liegt ein u-förmiges **Altwasser,** das vollkommen von Wasserhyazinthen *(choreja)* und anderen Wasserpflanzen bedeckt ist. Häufig sind hier Amphibien und Reptilien (Krokodile bis 3 m Länge) und Wasservögel. Der größte Teil des Reservates mit seinen teilweise sehr steilen Abhängen ist von **Primärwald** bedeckt. Durch die hohe Niederschlagsmenge findet man hier eine große Pflanzenvielfalt auf verschiedenen Vegetationsschichten mit zahlreichen Kletterpflanzen und Epiphyten. Einige der größten Bäume sind der Kapokbaum, Guanacaste-Baum, Feigenbaum, Sandbüchsenbaum. Am Rand der Flüsse findet man hohen **Galeriewald,** der sehr dicht und artenarm ist. Eine charakteristische Baumart ist der Kaschubaum. Vor allem im Nordosten des Reservates *(Lomas Entierro)* findet man **Sekundärwald,** der frühere landwirtschaftliche Nutzgebiete bedeckt und in dem die dornige Viscoyol-Palme ganze Wälder bildet.

Das Reservat ist Heimat vieler **Säugetiere:** Große Ameisenbären, Vieraugenbeutelratten, die seltenen Zweifinger-Faultiere, Agutis, Wickelbären, Tayras, Ozelots, Halsbandpekaris, Weiß-

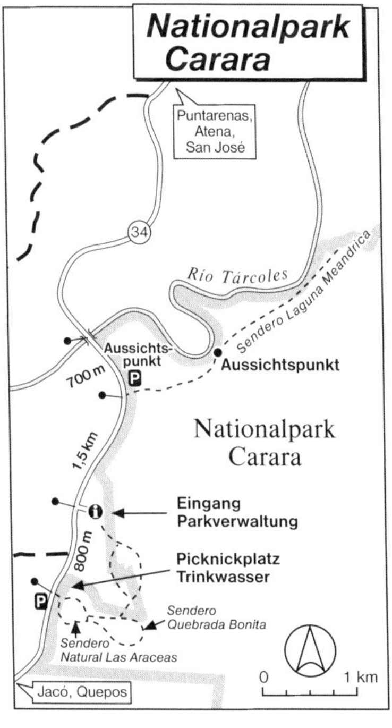

wedelhirsche, Nasenbären, Waschbären, Kapuziner- und Brüllaffen.

In der **Vogelwelt** ist das Vorkommen des Roten Aras besonders wichtig. Im pazifischen Trockenraum ist er sonst praktisch völlig verschwunden, und trotz Schutzbemühungen wird er immer seltener. Neben den Krokodilen leben auch Basilisken und Leguane im Gebiet.

Wanderwege

Je Weg sind maximal 60 Personen pro Stunde zugelassen.

- **Sendero Natural Las Araceas:** 1,3 km, Gehzeit 15-20 Min., überwiegend flach, nach Regen matschig. Dieser kurze Rundweg führt durch dichten Regenwald, das Klima ist entsprechend feucht-heiß. Eingeschränkt wird das Naturerlebnis ein wenig durch den Lärm der nahe gelegenen Straße.

- **Sendero Quebrada Bonita:** Weiterführung des o.g. Sendero Las Araceas, Gehzeit etwa weitere 30 Min. Mit etwas Glück begegnet man einem Nasenbären und kann in den Bäumen Kapuzineraffen beobachten (es gibt auch eine kleine Population an Brüllaffen). Neben dem Fensterblatt, einer Kletterpflanze, die dem Weg seinen Namen gegeben hat (*Arazeen* sind eine Familie der Aronstabgewächse), ist vor allem eine Pflanze für diesen Vegetationstypus charakteristisch, die in Costa Rica endemisch ist und außer bei San Carlos nur hier vorkommt: der *cafecillo*, ein kleiner Baum (max. 3 m) mit länglichen Blättern, verwandt mit dem Zitronenbaum.

- **Sendero Laguna Meandrica:** ca. 4 km einfach, Gehzeit je etwa 1-1,5 Std., überwiegend flach (rollstuhlgeeignet, nach Regenfällen allerdings oft nur schwer passierbar), meist schattig: Der breite und gut befestigte Weg führt etwas versetzt am Río Tarcoles entlang durch Primärwald und erreicht nach ca. 2,5 km einen Aussichtspunkt am Fluss, der Weg ist dann im letzten Stück leicht ansteigend. **Achtung:** Der Parkplatz am Weganfang ist nicht immer bewacht. Diebstahlgefahr!

Mit etwas Zeit (und vor allem einem Fernglas) kann man auf diesem Weg zahlreiche Vögel beobachten, die in den Ästen der Bäume sitzen. Mit zusätzlich etwas Glück sieht man auch einige Tukane oder sogar die wunderschönen Roten Aras, die vor allem im Flug ihre Farbenpracht entfalten. Neben den ebenfalls in den Bäumen sitzenden Leguanen sieht man im dichten Unterholz gelegentlich auch einen Nasenbären oder ein Aguti.

Playa Tarcoles

5 km hinter der Brücke über den Río Tarcoles führt eine Abzweigung rechts nach 1 km (ungeteert) zu dem kleinen Dorf am Meer. Der Strand besteht aus dunklem Sand und Kies. Nach weiteren 2,5 km kommt man zur Mündung des Río Tarcoles, wo mehrere Anbieter mehr oder weniger spektakuläre Bootstouren zur Krokodilbeobachtung anbieten (Dauer 1½-2 Std., 30 $ p.P., Anbieter u.a.: Jungle Crocodile Safari, Tel. 637.0338, Fax 292.2316, Carillan @racsa.co.cr). Die Weiterfahrt zur

ebenfalls mit reichlich Müll „verzierten“ Playa Azul (2 km) lohnt sich nicht.

Unterkünfte

- 1 km vor der Abzw. nach Tarcoles führt links ein beschilderter Weg nach 600 m zum ruhig gelegenen **Hotel Villa Lapas** (Tel. 637.0232, Fax 637.0227, info@villalapas.com): Rest., Bar, Pool, Minigolf, Schmetterlingsgarten, Canopy-Tour, Rain Forest Safari; 46 ordentl. Zi., AC, Safe, teuer, bp (WW): 83/83/98 $; 93/76/70 $ p.P./VP.

Sky Way

Im Privatreservat des Hotels Villa Lapas gibt es ein Hängebrücken-System mit dem phantasievollen Namen *Sky Way:* Über 5 Hängebrücken geht es in unmittelbarer Nachbarschaft des Reservates Carara durch den tropischen Wald, ein Führer erklärt Pflanzen und Tiere, mit etwas Glück sieht man auch rote Aras (v.a. morgens und am späten Nachmittag).

- **Kosten:** 20 $ inkl. Guide, Info c/o Hotel Villa Lapas, www.villalapas.com.

Catarata Bijagual

Die gleiche Zufahrt führt zum angeblich „größten Wasserfall des Landes“. Um diesen zu sehen, muss man 10 $ Eintritt zahlen und ca. 45-60 Min. auf einem anstrengenden Weg zu Fuß gehen. Nicht empfehlenswert!

Playa Lapita

Etwa 7 km nach der Brücke erreicht man den kleinen Ort Lapita mit einigen Restaurants und einer Tankstelle am Ortsende. Der Ort liegt direkt an einer schönen Bucht mit einem **vorgelagerten Felsenriff mit Weichkorallen.** Das Meer ist zum Baden gut geeignet.

Die aufgeführten **Unterkünfte** liegen alle rechts der Hauptstraße:

- **Cabinas Villa Lilly** (Infos über Rest. Steve & Lisa's): Pool, direkt am Meer; 4 etwas beengte Apt. (bis 8 Pers.) mit Küche, bp, 2 Schlafzi., Vent.: ca. 30/30/45 $.
- **Cabinas Paradise** (Tel. 637.0168, Infos über Rest. Steve & Lisa's): kl. Pool, 400 m zum Meer; 14 nette Apt. in spitzgiebligen Holzhäusern, bp, Vent., z.T. mit MB, ab 3 Pers. mit Küche: 9 $ p.P.; mit AC: 13,50 $ p.P.
- **Restaurant La Fiesta del Marisco,** (Tel. 637.0046): beliebtes Fischlokal, gute Qualität, Languste: 15 $/kg.

Punta Leona

Dieser gepflegte **feine Sandstrand** zählt mit Sicherheit zu den schönsten, die Costa Rica zu bieten hat. Das wussten auch die Produzenten des Kinofilmes „1492“, für den hier am Playa Blanca im Februar 1992 die Ankunft von Kolumbus auf dem amerikanischen Kontinent gedreht wurde (der Kinozuschauer kann ja nicht erkennen, dass diese Szene an der Pazifikküste aufgenommen wurde). Wer allerdings ein paar Stunden an diesem Strand entspannen möchte, muss Eintritt bezahlen (20 $!). Anfahrt: 3,5 km nach der Tankstelle in Lapita rechts (Kontrollposten), danach 4 km durch Primärwald. Wer sich vom benachbarten Playa Herradura mit dem Boot übersetzen lässt, kann den Strand kostenlos genießen (bis auf die Kosten für das Boot ...).

Unterkünfte

- **Hotel Punta Leona** (Tel. 231.3131, Fax 232. 0791, info@hotelpuntaleona.com): schöner Strand, Rest. (9/12/15 $), Pool, Tennisplätze; 108 Zi. mit AC: 89/102/113 $; Chalets bis 4 Pers., Vent., ohne Küche 128 $; mit Küche 192 $.
- 3 km weiter führt rechts ein geteerter Weg (2 km) zum traumhaft hoch über dem Meer gelegenen **Hotel Villa Caletas** (Tel. 637. 0505, Büro 257.3653, Fax 222.2059, caletas @racsa.co.cr): Pool mit MB(!), Aussichts-Rest.; 10 Standard-Zi.: ab 140/140/180 $; 25 Villas und Suiten: ab 360/360/400 $. Auch wer keine Nacht in diesem Luxushotel verbringt, sollte einen Abstecher auf eine Tasse Kaffee machen, schon allein wegen der Aussicht.

Playa Herradura

Diese schöne halbrunde Bucht mit flachem **Sandstrand** liegt nur wenige Kilometer nördlich von Jacó, doch gibt es hier keine Strömung und der Wellengang ist nicht so stark wie Jacó – der Strand ist also zum Baden weit besser geeignet, Surfer werden enttäuscht sein.

Anfahrt

- 4,5 km hinter der Tankstelle in Lapita Abzweigung rechts, dann 2,5 km (geteert) bis zum Strand.

Unterkünfte

- **Cabañas del Río** (Tel./Fax 643.3275): Frühstücksrest., 200 m zum Meer, Flughafentransfer und Abholung aus Jacó, Schnorcheln; dt. Leitung; 6 Cab. (bis 7 Pers.), bp (KW), Vent., z.T. Küche: ca. 12 $ p.P.
- **Camping Herradura** (kurz vor dem Strand links): guter Platz, am Wochenende laut, ca. 3 $ p.P.
- **Hotel Marriott Los Sueños** (Tel. 630.9000, Fax 630.9090, costaric@marriott.co.cr): Luxushotel am Meer mit 18-Loch-Golfplatz, Marina, div. Rest., Casino, gr. Pool, Tennisplätzen etc.: 191 luxuriöse Zi.: ab 280/280/ 280 $; 10 Suiten (Preis auf Anfrage).

Teleferico del Pacifico Aerial Tram

- **Öffnungszeiten:** Di-So 6.30-16 Uhr, Mo 9-16 Uhr
- **Eintritt:** 55 $ (inkl. Führer), Kinder bis 13 Jahre und Studenten: 27,50 $
- **Anfahrt:** Vor der ersten Zufahrt nach Jacó (aus San José kommend) etwa 200 m südlich des Restaurants El Faro links, 4 km in Richtung Berge. Allrad nicht erforderlich.
- **Info:** Tel. (Büro in SJO): 257.5961, Fax 257.6053, info@rainforesttram.com

2003 wurde hier eine zweite **Seilbahn durch den Regenwald** eröffnet, genannt „Teleférico del Bosque Lluvioso Pacífico“. Die Anlage umfasst 18 Gondeln für 8 Personen plus Guide. Die Fahrt auf der 1,6 km langen Strecke dauert 1-1,5 Std. und überwindet dabei rund 700 Höhenmeter. Anschließend wird ein geführter Rundgang von ca. 30-45 Min. auf einem Dschungelpfad angeboten.

Playa Jacó

Wegen seiner Nähe zum Valle Central ist der Strand von Jacó nicht nur bei ausländischen Besuchern beliebt. Das Meer mit seinen recht starken Wellen ist zum Baden nur bedingt geeignet, dafür aber bei **Surfern** beliebt. Jacó lebt ausschließlich vom Tourismus, doch der Ort ist nicht gewachsen und hat keinen Charme, auch das Hinterland ist wenig attraktiv. Angesagt ist hier nur beach life – als Kontrast zu „Natur pur" durchaus geeignet. Jacó ist „Hauptstadt" des Bezirks Garabito und zählt rund 4000 Einwohner.

•**Warnung:** die Strömung in der Bucht kann auch für geübte Schwimmer lebensgefährlich sein!

Unterkünfte

Am **Wochenende** sind die Hotels oft schnell ausgebucht und noch dazu teurer, es empfiehlt sich daher **vorherige Reservierung.**

Um die **riesige Auswahl** an Hotels und Cabinas übersichtlicher zu ordnen, werden sie nachfolgend nach ihrer Lage in 3 Abschnitte unterteilt: zunächst die Unterkünfte im Umfeld der Bushaltestelle am nordwestlichen Ende des Strandes (meist untere Preisklasse), anschließend im Zentrum und dann im südöstlichen Teil, geordnet jeweils nach Übernachtungspreis im DZ.

Im Nordwesten:

•**Cabinas Antonio** (Tel. 643.3043): 14 passable Cab. (bis 4 Pers.), bp, Vent.: 25/35/40 $.

•**Hotel El Jardín** (Tel. 643.3050): Pool; 7 Zi., bp: 35/35/40 $; mit AC: +5 $; KK.

•**Cabinas Las Palmas** (Tel. 643.3005): schöner Garten mit Palmen; 14 ältere Cab., Vent., einf. und ordentl., bp (KW): ca. 32/32/40 $; 10 Cab. mit Kochgelegenheit, Kühlschrank, bp (WW): DZ 48 $.

•**Cabinas Gaby** (Tel. 643.3160, Fax 441.5922): Pool; 9 Cab. (bis 6 Pers.), AC, Küche, bp: ca. 50 $ (1-3 Pers.).

•**Hotel Pochote Grande** (Tel./Fax 643.3236, pochote@racsa.co.cr): gepflegte Anlage am Meer, Bar, Rest., Pool, dt. Leitung; 24 Zi., DV, Balkon (z.T. MB), bp (WW): 60/60/70 $; mit AC +10 $; KK.

Im Zentrum:

•**Camping El Hiaco** (Tel. 643.3004): ordentl. Anlage, Kleideraufbewahrung; 3,50 $ p.P.

•**Cabinas Mar del Plata** (Tel. 643.3580): 8 saubere Cab., bp: 23/23/23 $.

•**Chuck's Cabinas** (Tel. 643.3328): 8 Zi. teilen zwei saubere Bäder: 7,50 $ p.P.

•**Cabinas Roble Mar** (Tel. 643.3173): Gem. küche und Gem.Wohnzi., sauber; 8 Cab. mit DV: 23/23/33 $.

•**Cabinas Calipso** (Tel. 643.3208, Fax 643.1881): Pool; 20 ordentl. Zi., bp, AC, TV, Kühlschrank, bp: ca. 31/31/36 $.

•**Cabinas La Cometa** (Tel./Fax 643.3615): zentrale Lage, (CDN); 4 ordentl. Zi. mit Vent., bc (WW, sehr sauber): ca. 22/22/25 $; 6 Zi., DV, bp (WW): ca. 32/32/37 $; AC +5 $.

•**Cabinas Bohío** (Tel. 643.3017): Pool; 15 einf., akzeptable Cab., bp, Vent.: EZ/DZ: 26 $; mit Küche: 41 $ (bis 4 Pers.).

•**Cabinas Calu** (Tel. 643.1107): 6 saubere Cab., bp, DV: 15/23/23 $.

•**Hotel Los Ranchos** (Tel. 643.3070, Fax 643.1810, covjim16@racsa.co.cr): Pool, US-Leitung; 12 Zi., Vent., bp: 40 $ (1-3 Pers.); mit Kochgelegenheit, Kühlschrank: 52 $ (1-3 Pers.).

•**Cabinas Jacó Mar** (Tel. 643.1934): 4 Cab., bp, DV: (ÜF) 18/23/27 $; mit Küche 40 $ (1-3 Pers.

•**Apartamentos El Mar** (Tel./Fax 643.3165): Pool; 12 Apt., Küche, bp: 35/35/40 $.

•**Cabinas Alice** (Tel. 643.3061): Rest., Pool; 22 Cab., bp, Vent., einf., ordentl.: ca. 40/40/50 $; mit AC: +10 $; KK.

•**Cabinas Zabamar** (Tel./Fax 643.3174): Rest.; 20 ordentl. Cab. (bis 4 Pers.), bp, Vent., z.T. Kühlschrank: 30/35/40 $; mit AC: ca. 35/55/65 $ (ÜF).

•**Cabinas Villas Miramar** (Tel. 643.3003, Fax 643.3617, villasmiramar@racsa.co.cr): großzügige Anlage mit schönem Garten, Pool, Grillgelegenheit, dt. Leitung; 12 ordentl. Apt., Küche, bp: 35/35 $.

•**Hotel Paradise** (Tel. 643.2567): kl. Pool, Jacuzzi; 20 Zi., TV, bp (WW): 60/60/65 $.

*__Hotel Mar de Luz__ (Tel./Fax 643.3259, mardeluz@racsa.co.cr): angenehmes Hotel, Pool, 150 m z. Strand, niederl. Leitung; 29 freundliche Zi. mit TV, Safe, Küche, AC: 88/92/105 $ (ÜF).

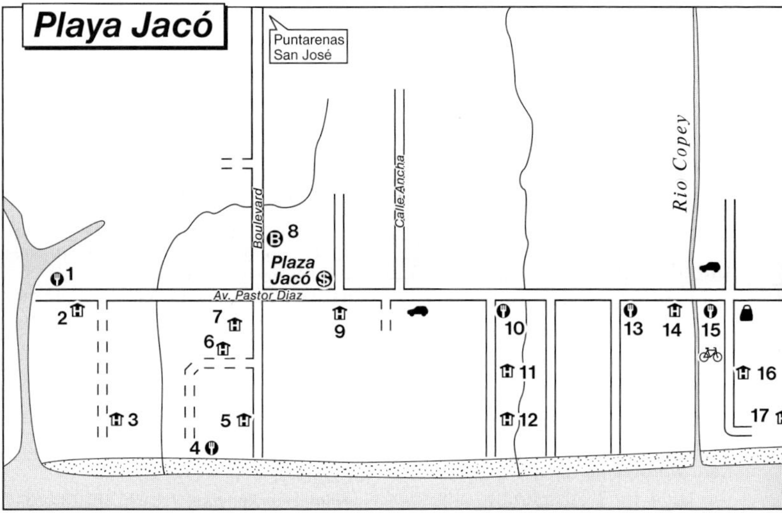

Hotels

2	Cabinas Gaby
3	Hotel Pochote Grande
5	Hotel El Jardín
6	Cabinas Las Palmas
7	Cabinas Antonio
9	Hotel Best Western Jacó Beach
11	Chuck's Cabinas
12	Hotel Copacabana
13	Cabinas Bohío
14	Hotel & Chalets Tangeri
17	Hotel Balcón del Mar
16	Cabinas Mar del Plata
17	Hotel Balcón del Mar
18	Cabinas La Cometa
20	Cabinas Calu, Cabinas Jacó Mar
21	Cabinas Roble Mar
22	Cabinas Villas Miramar
23	Cabinas Zabamar
26	Apartotel Gaviotas
29	Hotel Mango Mar
35	Cabinas Alice
36	Apartementos El Mar
37	Apartotel Sole d'Oro
38	Cabinas Calipso
48	Hotel Poseidon
41	Hotel Amapola
43	Cabinas El Naranjal
44	Hotel Paraíso Escondido
45	Hotel Jacó Fiesta
47	Apartotel Catalina
48	Hotel Arenal Pacifico
49	Hotel Kangaroo

Zelten

34	Camping El Hiaco
50	Camping Madrigal

Restaurants

1	Restaurant Estero
4	Restaurant Clarita
10	Restaurant La Bruja
13	Sunrise Grill
15	Restaurant/Marisquería La Ostra
19	Restaurant Colonial
24	Restaurant Rioasis
27	Restaurant El Barco
42	Restaurant Roberto's Place

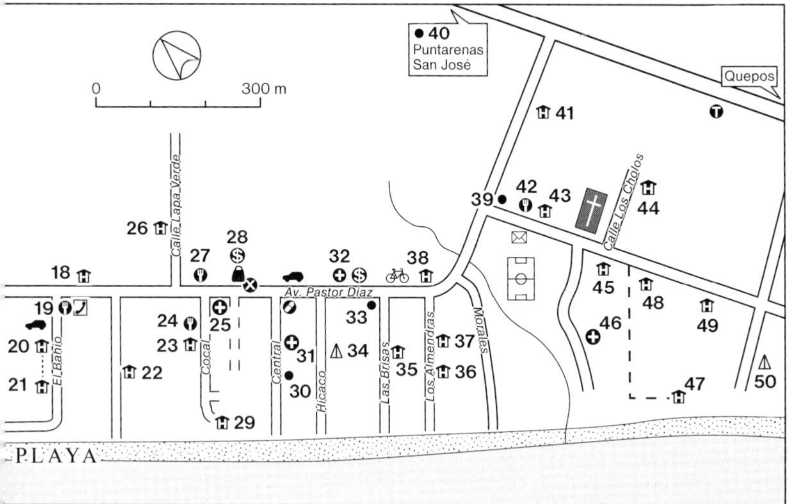

8	Busbahnhof
25	Arzt
28	Supermarkt und Geld-automat für ec-Karte
30	Rollerverleih
31	Arzt
32	Rotes Kreuz
33	Waschsalon
39	Rathaus
40	Pferdeverleih „Happy Trails“
46	Klinik

- Supermarkt
- Fahrradverleih
- Autovermietung
- Taxi
- Tankstelle
- Bank
- Apotheke

●**Hotel Poseidon** (Tel. 643.1642, Fax 643. 3558, poseidon@racsa.co.cr): nettes Hotel mit kl. Pool, Rest.: 56/56/66 $.

●**Apartotel Gaviotas** (Tel./Fax 643.3092): Pool; 12 ordentl. Apt., AC, Küche, TV, bp: 89 $ (1-3 P.).

***Hotel Mango Mar** (Tel./Fax 643.3670): kl. Pool, Meernähe; 14 nette Zi., AC, Küche, bp (WW): ca. 44/55/65 $.

●**Apartments Kubanas** (Calle de la Nacion, Nähe Hauptstraße San José, Quepos, Tel. 643. 1824 oder 643.2831, kubanas@gmx.com): 4 Apt. (24 m²) für 2-4 Pers., mit Küche, bp: 25-30 Euro; Ferienhaus 35 Euro (bis zu 4 Pers.).

●**Hotel Copacabana** (Tel./Fax 643.3131, hotcopa@racsa.co.cr): am Meer, renoviert, Rest. (MB), Pool, kanad. Leitung; 30 Zi., AC, TV, Kühlschrank, bp: 115/115/173 $.

●**Apartotel Sole d'Oro** (Tel./Fax 643.3172): Pool; 10 ordentl. Zi., Kühlschrank, TV, bp: 80 $ (bis 3 Pers.); mit AC: 100 $ (2-3 Pers.); KK.

●**Hotel Balcón del Mar** (Tel./Fax 643.3251): Rest., kl. Pool, Meernähe; 30 Zi., Balkon, TV, MB, AC, bp (WW): 93/93/110 $ (ÜF).

●**Hotel & Chalets Tangeri** (Tel. 643.3001, Fax 442.0977): Bar, Rest., Pool; 14 Zi., AC, TV, Safe, Kühlschrank, Balkon (MB), bp: 99/99/119 $ (ÜF); 10 Apt. mit Küche: ab 130 $ (bis 8 Pers.); KK.

● **Hotel Best Western Jacó Beach** (Tel. 643.1000, Fax 643.4023, htljaco@bestwestern.co.cr): gr. Luxushotel, Bar, Rest., Pool; 125 Zi., AC, bp: 135/208/273 $/VP; KK.

***Hotel Paraíso Escondido** (Tel. 643.2883, Fax 643.2884, paraisoescondido@racsa.co.cr): mit Pool, trop. Garten, ca. 350 m zum Strand, schweiz. Leitung; 10 Zi., z.T. mit Himmelbetten, Vent., bp (WW): 30/30/37 $ (NS 25/25/32 $); Küche, Vent. oder AC +5 $.

Im Südosten:

● **Camping Madrigal** (Tel. 645.3329): Bad passabel; 2,50 $ p.P.

● **Hotel Kangaroo** (Tel./Fax 643.3351, virgoo@racsa.co.cr): Rest., Pool; 10 ordentl. Zi., DV, bp (WW): 35/35/45 $; KK.

● **Cabinas El Naranjal** (Tel. 643.3006): Pool; 28 ordentl. Zi. mit DV: 35/35 $; mit AC und TV: 50/50/55 $; mit Küche: 60 $.

● **Apartotel Catalina** (Tel. 643.3217, Fax 643.3544): Pool, direkt am Meer, schweiz. Leitung; 15 nette Zi., DV, Küche, bp (WW): ca. 40 $ (1-3 Pers.); mit AC ca. 50 $ (1-3 Pers.); keine KK.

***Hotel Arenal Pacifico** (Tel. 643.3419, Fax 643.3770, apacific@racsa.co.cr): schöne Anlage am Meer mit Rest., Pool: 30 nette Zi., AC, TV, bp (WW): (ÜF) 105/105/115 $, Deluxe-Zi.: 128/128/138 $; KK.

● **Hotel Amapola** (Tel. 643.2255, Fax 643.3668, amapola@racsa.co.cr): gepflegte Hotelanlage mit Rest., gr. Pool; 53 Zi. mit AC, TV, Kühlschrank: DZ 120 $ (ÜF); 105/140/192 $ inkl. VP; KK.

● **Hotel Piccolo Pueblo** (Tel. 643.4062): Zi. mit Kühlschrank, DV: DZ 60 $; mit AC: 70 $.

● **Hotel Jacó Fiesta** (Tel. 643.3147, Fax 643.3149, jacofies@racsa.co.cr): gr. Luxushotel mit Rest., Pool, AC; 88 Zi.: 100/150/210 $ inkl. VP; KK.

Restaurants

● **Restaurant Roberto's Place:** romantisch dekoriert, gute regionale und internat. Küche, Pasta, Pizza und Meeresfrüchte.

● **Restaurant Rioasis:** die beste Pizza in Jacó!

● **Plaza Jacó:** moderner Komplex mit Geschäften, Rest. und Bars.

● **Sunrise Grill:** Frühstück ab 7 Uhr, Mi. geschl.

● **Restaurant/Marisquería La Ostra:** angenehm, Fisch ab 5 $, Frühst. ab 7 Uhr; KK.

● **Restaurant Sol y Luna:** gute Pasta und lokale Küche; nicht zu teuer.

● **Restaurant El Bohío** (in Cabinas El Bohío): beliebtes Rest. direkt am Strand, gute einheimische Gerichte, Steak-House, *Mariscos*.

● **Restaurant La Bruja:** nettes Lokal mit witziger Einrichtung; sehr gute schweizer Küche, nicht ganz billig (nur abends, Mo Ruhetag); KK.

● **Cevichería Raquel:** *Ceviche* und Fischgerichte, lecker und preiswert.

● **Restaurant Clarita** (in Cabinas Clarita): gut, gr. Portionen.

● **Restaurant Colonial:** nettes Lokal, amerikan. Küche.

● **Restaurant El Barco:** Pizza und Meeresfrüchte.

● **Restaurant Estero:** regionale Küche.

Infos von A bis Z

● **Autovermietung:** *Budget* (gegenüber Hotel Best Western Jacó Beach, Tel./Fax 643.1719); *Economy R.C.* (Tel. 643. 3280); *Elegante R.C.* (Tel. 643.3224), *ZUMA* (Tel. 643.3207), *Nacional* (Tel. 643.1752).

● **Disco:** *Discotheque La Central* und *Club Olé*.

● **Erste Hilfe:** *Clinica Jacó* (neben Polizei, geg. Post), Rotes Kreuz (Tel. 643.3090), Arzt im Haus sowie in Apotheke bei Banco Nacional und in *Emergencias 2000* (24 Std., im „F y M"-Komplex an der Straße nach San José).

● **Fahrradreparatur:** *Ciclo el Pacífico* (neben Hotel Paradise).

● **Fahrradverleih:** neben ADA R.C. (2 $/Std., 7 $/Tag); 50 m weiter Richtung Rotes Kreuz (2 $/Std., 8 $/Tag, Dreirad 2,50 $/Std.).

● **Geldwechsel:** *Banco Nacional*, Mo-Fr 8.30-15.45 Uhr; *Banco de Costa Rica* (im Plaza Jacó): Mo-Fr 8-15 Uhr; *Western Union* (Geldanweisungen) beim Laden Jacó Sarchí.

● **Internet:** mehrere Internetcafés im Zentrum.

● **Pferdeverleih:** *Diana's* und *Happy Trails*.

● **Post:** Mo-Fr 8-17 Uhr, Sa 8-12 Uhr.

- **Rollerverleih:** 10 $/Std., 30 $/Tag; neben Restaurant La Bruja.
- **Supermarkt:** *Mas y Menos* bei Banco Nacional, Mo-Sa 8-21, So bis 20 Uhr.
- **Taxi:** bei Banco Nacional, Tel. 643.3030, 643.2121, 643.2020.
- **Telefon:** *ICE,* neben Sportplatz, Mo-Fr 8-15.30 Uhr sowie Telefonzellen, Telefonkarten bei der Post und in den Läden.
- **Tourveranstalter:** Touren nach Carara, Manuel Antonio, Arenal u.v.m. (z.T. gr. Gruppen!). Schlauchbootfahrten u Pferdeverleih bieten *Gray Line Tours* (im Hotel Best Western Jacó Beach, Tel. 643.3231) und *King Tours* (an der Kreuzung zur Calle Lasa Verde, Tel. 643.2441), Solutions (im Einkaufszentrum Costa Brava).
- **Wäscherei:** u.a. neben *Cruz Roja.*

Busverbindungen

- Die **Abfahrtsstelle** nach San José liegt vor dem Plaza Jacó-Komplex, neben Pizza Hut. **Ticketverkauf** und Info am Schalter (Tel. 643.3135). Weitere Haltestellen im Ort (nach San José, Puntarenas, Quepos und Orotina).
- **San José:** 5, 7.30, 11, 15 und 17 Uhr, Fahrzeit ca. 3 Std., ca. 2,50 $; mit *Interbus* (Kleinbusse, ab/bis Hotel): 10.15 und 15.45 Uhr (17 $).
- **Puntarenas:** 6, 9, 12 und 16.30 Uhr (Bus kommt aus Quepos), Fahrzeit 1 Std. 15 Min.
- **Orotina:** 5.30, 7, 9, 12.30, 14, 16, 17 Uhr.
- **Quepos:** 6, 12, 15.30 und 17.30 Uhr (Bus kommt aus Puntarenas); *Interbus:* 12.00 Uhr (17 $).

Von Jacó nach Quepos (65 km)

Die Strände südlich von Jacó

Zwischen Jacó und Quepos liegen einige schöne Strände, die jedoch meist ungeschützt den Gewalten des Meeres ausgeliefert sind und somit wegen **hoher Wellen und gefährlicher Strömungen** teilweise zum Baden nicht geeignet sind – aber zum Surfen. Die Fahrt geht meist nicht an der Küste entlang, hinter Esterillos beginnen ausgedehnte Ölpalmen-Plantagen und dazwischen die gleichförmigen Dörfer der Plantagenarbeiter – ein Bild, das sich noch bis weit in den Süden fortsetzen wird. Die Straße ist bis Quepos durchgehend geteert.

Playa Hermosa

2,5 km hinter Jacó liegt rechts ein *Mirador,* von dem man einen schönen Blick auf die Bucht von Jacó hat. 1 km weiter ist ein weiterer Aussichtspunkt, diesmal nach Süden auf den langen dunklen Sandstrand der Playa Hermosa, die fast schnurgerade nach Süden verläuft. Aufgrund der hohen Wellen und gefährlichen Strömungen ist das Baden hier bedenklich, **Surf-Fans** kommen dagegen voll auf ihre Kosten. Von Dezember bis Februar ist das Meer relativ ruhig, ab März werden die Wellen heftiger; die beste Zeit zum Wellenreiten sind die (Regen-) Monate Juli und August sowie Oktober und November.

Unterkünfte

Reihenfolge ab Jacó:

- **Hotel Terraza del Pacífico** (Tel. 643.3222, Fax 643.3424, terraza@racsa.co.cr): Strandhotel mit Bar, Rest., Pool etc.; 43 Zi., AC, Kabel-TV, bp: 92/92/92 $; KK.
- **Hotel Fuego del Sol** (Tel. 643.3737, Fax 643.3736): gepflegte Anlage am Meer, Rest., Bar, Pool, Fitnessraum; 18 nette Zi. mit AC, DV, bp (WW): 80/92/103 $, Master-Suite mit TV und Küche: 164 $; KK.
- **Hotel Villa Hermosa** (Tel. 643.3373, Fax 643.3506, taycole@ racsa.co.cr): am Meer, kl.

Pool; 12 Zi. (bis 5 Pers.), AC, Küche, bp: 33/40/44 $; KK (+7 %).

- **Cabinas Rancho Grande** (Tel. 643.3529): gr. Holzhaus mit Gem.küche, beliebt bei Surfern; 6 rustikale Zi., bc: ca. 10 $ p.P.
- **Cabinas Vista Hermosa** (Tel. 643.3422): direkt am Meer, Pool; 12 einf. Cab. (bis 8 Pers.), AC, Küche, TV, bp: 55/55/66 $ (ÜF).

Playa Esterillos Oeste

19 km nach Jacó zweigt rechts eine geteerte Straße ab (1,5 km) zum westlichen Abschnitt der Playa Esterillos. Warnschilder weisen auf die **gefährliche Strömung** hin, die hier ebenfalls das Badevergnügen einschränkt. Dennoch kommen nicht nur **Surfer,** sondern auch viele Ticos hierher, die vor allem am Wochenende den Strand bevölkern. Der Standard der Unterkünfte und Sodas ist allgemein einfach.

Unterkünfte

Einfache Zimmer mit Bad bieten **Cabinas Zoricar** (am Ortseingang rechts), **Cabinas Esterillos Oeste** (am Meer, Tel. 446.5967) und **Cabinas Las Brisas** (auch Camping).

Playa Esterillos Centro

4 km nach der Zufahrt zur Playa Esterillos Oeste führt eine Abzweigung zur Playa Esterillos Centro.

Unterkunft

- **Auberge La Felicidad:** (am Meer rechts, Tel./Fax 778.8123, reservation@lafelicidad.com): Rest., Pool, nette Anlage am Meer; 10 Zi., teils behindertengerecht, bp: 35/47/57 $ (ÜF); mit kl. Küche oder Wohnzi. und MB: 40/55/65 $ (ÜF); KK. Die Anlage steht allerdings zum Verkauf.

Playa Esterillos Este

3 km weiter geht es zum östlichen Abschnitt des Esterillos-Strandes, einem flachen, fast einsamen Sandstrand.

Unterkunft

An der Landepiste geht es nach links zu den beiden **Unterkünften:**

***Auberge du Pélican** (Tel./Fax 778.8105, aubergepelican@racsa.co.cr): schöne Anlage am Meer, mit Pool, frz. Rest.; 9 nette Zi. mit AC, Safe, bp (WW): (ÜF) DZ 70 $ (NS 52 $); 2 rollstuhlgerechte Zi.; keine KK.

- **Flor de Esterillos** (Tel. 778.8045, business@racsa.co.cr): am Meer, Rest., Pool; 8 ordentl. Zi. (bis 6 Pers.), DV, Küche, bp (WW): DZ ab 50 $.
- Zurück an der Hauptstraße, zweigt 2,5 km weiter die Zufahrt ab zum **Hotel Delfín:** schöne Lage am Meer (Playa Bejuco), älteres Hotel mit Rest., Pool; 15 Zi., AC, Vent., TV, Safe, Balkon (MB), bp (WW): ca. 30 $ p.P.

Playa Palma (Playa Bandera)

Dieser schöne Sandstrand in der Nähe der Ortschaft Bandera ist auf den Karten meist als Playa Palma eingezeichnet, bei den Einheimischen jedoch als Playa Bandera bekannt.

Anfahrt

Es gibt zwei Möglichkeiten:

- 6 km nach Abzweigung zum Hotel Dolfin rechts Schild, nach ca. 1,5 km durch Palmenhain rechts, den Schildern folgen (gesamt 5 km).
- 4 km weiter an der Hauptstr. nach dem Ort La Palma rechts: 9 km.

Unterkünfte

- Einfache Zimmer mit Bad bieten **Cabinas Las Brisas** (am Meer rechts), **Cabinas Mal-**

donado (am Meer rechts, Tel. 227.0400), **Cabinas/Restaurant Alex** (2,6 km südlich am Meer, Camping möglich) und **Rancho Florida** (Tel. 390.9404).

Parrita

Das kleine Provinznest Parrita, der größte Ort zwischen Jacó und Quepos, ist Hauptstadt des gleichnamigen 12.000 Einwohner zählenden Bezirks. Es gibt hier eine Tankstelle, eine Bank, Läden, Restaurants und einige einfache Cabinas an der Hauptstraße. Touristen bleiben hier allerdings selten hängen, zu sehr locken die Strände der Umgebung.

Playa Palo Seco

Den „Hausstrand" von Parrita erreicht man, wenn man hinter der Stahlbrücke am Ortsende die 2. Straße rechts abbiegt: 4 km bis zum Strand.

Unterkünfte

*__Auberge Beso del Viento B&B__ (ca. 5 km ab Hauptstr., Tel. 779.9674, Fax 779.9675, bviento@racsa.co.cr): nettes Privathaus mit Pool, ruhige Lage zwischen Meer und Mangroven, Rest., kanad. Leitung; 4 Zi., DV, bp (WW): DZ 68 $ (ÜF); 2 Zi. mit AC: DZ 73 $ (ÜF); 3 Apt. mit Küche: 100 $ (1-4 Pers.); mit AC 110 $.

- **Hotel La Isla** (3 km weiter, Tel. 779.9393, Fax 779.9494, info@laislahotel.com): Rest., Bar, Pool; Pferde-, Kanu- und Bootstouren (für Hausgäste kostenlos); 16 Zi., AC, TV, bp (WW): 70/87/104 $ (ÜF).

Nach Quepos

Von Parrita sind es noch ca. 25 km bis Quepos, die Straße ist geteert und in gutem Zustand (bis auf die schmalen Brücken). Kurz vor Quepos führt eine Abzweigung links zum Flughafen und den südlich liegenden Stränden.

Quepos und Manuel Antonio

Quepos

- **Einwohner:** 11.000, Bezirk ca. 17.000 Ew.
- **Lage:** zentr. Pazifikküste, San José 150 km
- **Klima:** Tagestemp. um 26 °C., Niederschlag 3840 mm/Jahr

Eingebettet zwischen Hügeln und durch einen Damm vom Meer getrennt, hat man in Quepos zunächst nicht den Eindruck, in **einem der bedeutendsten Touristenorte** des Landes am Meer zu sein.

Genau genommen ist der Fischerort, der selbst keine schönen Strände hat, auch nur Ausgangspunkt für Manuel Antonio und seine berühmten Strände.

Die alten, zum großen Teil restaurierten Holzhäuser in der Fischersiedlung Boca Vieja lohnen einen Besuch. Quepos selbst ist ein angenehmer Ort, die Unterkünfte und Restaurants sind hier weit günstiger als an der Straße nach Manuel Antonio.

1939 entstand hier ein Hafen zum Abtransport von Bananen, die damals

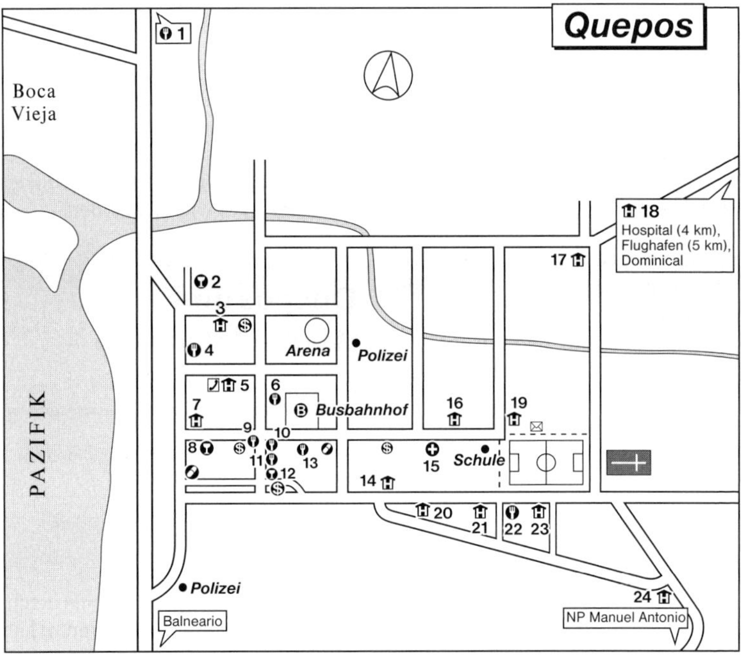

Hotels

3	Hotel Sirena
5	Hotel Malinche
7	Hotel Best Western Kamuk
14	Cabinas Hellen
16	International Backpackers
17	Hotel El Cisne
18	Hotel Rancho Casa Grande
19	Cabinas Doña Alicia
20	Hotel Ceciliano
21	Hotel Quepos
23	Cabinas Mary
24	Hotel Villa Romántica

Bars

8	Bar Mar y Blues
12	Bar Sargento Garcia

Restaurants

1	Restaurant/Marisquería Jhiubert
2	Café El Patio
4	Rest. El Gran Escape
6	Rest. El Pueblo
9	L'Angulo
10	Rest. Dos Locos
11	Pizzería Escalofrio
13	Bar/Rest. Quepoa
22	Tico Pollo

15	Rotes Kreuz
✉	Post
	Apotheke

in dieser Gegend angebaut wurden. Später, in den 50er Jahren, stellte man die Produktion zunehmend auf **Ölpalmen** um, die auch heute noch - neben Reis, Viehzucht, Fischfang und Tourismus - das Haupt-Wirtschaftsprodukt der Region darstellen. Quepos - der Name stammt vom Quepoa-Indianerstamm - ist Hauptstadt des Bezirks Aguirre mit etwa 17.000 Einwohnern.

Unterkünfte

Die Unterkünfte im Ort bewegen sich vorwiegend in der unteren und mittleren Preisklasse, und da die Busverbindung nach Manuel Antonio gut ist, sollte man durchaus erwägen, sich hier niederzulassen und zu pendeln, zumal in Quepos abends mehr los ist als in den Hotels an der Straße nach Manuel Antonio. Außer den genannten Unterkünften gibt es noch weitere Cabinas und Hospedajes am Ort:

- **International Backpackers** (Tel. 777.2798): ruhige Lage, 200 m zum Busbhf., Parkplatz; Bett im Schlafsaal (5, 8 oder 11 Pers.): 7 $ p.P., Zi.: 25/25/30 $.
- **Cabinas Doña Alicia** (Tel. 777.0419): 6 schlichte, akzeptable Zi. (bis 4 Pers.), bp (KW), Kühlschrank, Vent.: DZ 8-15 $.
- **Cabinas Mary** (Tel. 777.0128): 8 Zi. (bis 4 Pers.), DV, einf., sauber, bp (KW): 8 $ p.P.
- **Hotel Malinche** (Tel./Fax 777.0093): Parkplatz; 12 einf., ordentl. Zi. im Altbau, Vent., bp (KW): DZ 10-25 $; 12 bessere Zi. (bis 5 Pers.) im Neubau, AC, TV, z. T. Balkon, bp (WW): DZ 30-40 $.
- **Cabinas Hellen** (Tel. 777.0504): 6 saubere Cab., Kühlschr., Vent., bp (KW): DZ 17-25 $.
- **Hotel Quepos** (Tel. 777.0274): älteres Hotel; 25 saubere Zi., bp: 15 $ p.P.
- **Hotel Ceciliano** (Tel./Fax 777.0192): 24 ordentl. Zi., mit AC, TV, bp (WW): DZ 30 $ (NS 20 $).
- **Hotel El Cisne** (Tel./Fax 777.0719): 15 gute Zi., DV, TV, Kühlschrank, bp (WW): DZ 30-45 $; 12 neuere Zi., mit AC: DZ 37-55 $.
- **Hotel Sirena** (Tel. 777.0528, Fax 777.0165): Rest., Pool; 14 ordentl. Zi., bp, AC: ca. 45/55/65 $ (ÜF).
- **Hotel Best Western Kamuk** (Tel. 777.0811, Fax 777.0258, info@kamuk.co.cr): Bar, Rest., Casino, Pool; 35 ordentl. Zi., AC, Kabel-TV, bp: EZ/DZ 70 $ (ÜF), Superior-Room: 99/99/111 $; KK.

*__Hotel Villa Romántica__ (Tel. 777.0037, Fax 777.0604, villarom@racsa.co.cr): ruhige Lage am Wald, Pool, dt. Leitung; 16 gute Zi., DV, bp (WW): (ÜF) 69/98/115 $ (NS 64/86 $); mit AC: +5 $; KK.

Außerhalb:

- **Hotel Rancho Casa Grande** (Tel. 777.3130, Fax 777.1575: hotelrcg@racsa.co.cr): 5 km in Richtung Flughafen an der Straße nach Süden, großzügiger, gepflegter Gartenbereich, Pool, gutes Rest., Privatreservat (85 ha); 14 gute Zi. mit AC: 100 $ (1-3 Pers.); 5 stilvolle Bungalows für 2 Pers.: 115 $; 5 Bungalows mit Kühlschrank, Microwelle: 145 $ (4 Pers.).

Restaurants

- Zahlreiche Rest. haben sich auf Fisch spezialisiert. Empfehlenswert ist das **Restaurant/Marisquería Jhiubert** (gemütliches Fischlokal und gleichzeitig Kunstwerkstatt, ca. 1 km Richtung Jacó).
- Auffällig ist die gr. Zahl italienischer Rest. Gute Holzofenpizza und und das beste Eis am Platz bietet die **Pizzería Escalofrio** (Tel 777.0833); außerdem: **Pizzería La Lanterna, Pizza 2x1** (Tel. 777.4236) und **Pizza New York** (an der Straße Richtung Manuel Antonio, Tel. 777.3535). **L'Angulo** ist ein typisch italienischer Lebensmittelladen, der auch ausgezeichnete Sandwiches und Pasta bietet.
- **Restaurant Dos Locos** (Tel. 777.1526): gute mexikanische Küche, große Portionen ab 5 $.
- **Restaurant El Gran Escape** (Tel. 777.0395): beliebtes Rest. im Zentrum, laut; mexikanische Gerichte, Fisch, Hamburger, gehobene Preisklasse. Mit dazu gehört außerdem eine Pizzeria und ein Sushi-Restaurant.

●**Restaurant Kamuk** (im Hotel Best Western Kamuk): Fisch ab 7 $, Fleischgerichte um 9 $.
●**Restaurant Mira Olas** (im Hotel Best Western Kamuk): angenehmes Lokal mit MB, Fleisch- u. Fischgerichte ab 7 $; sterile Pub-Bar an der Straße.
●**Bar/Restaurant Quepoa:** einf. Lokal mit günstigen Preisen, nicht sehr gemütlich.
●**Restaurant Mary** (in Cabinas Mary): sehr gute kleine Soda, einfach und preiswert, nur abends.
●**Restaurant El Pueblo:** 24-Std. geöffnet, Essen sehr einfach (Reis mit Huhn/Meeresfrüchten, Pommes, Hamburger etc.) aber nicht schlecht und günstig.
●**Café El Patio:** guter Kaffee und leckere Backwaren, ab 18 Uhr gutes Abendessen.
●**Tico Pollo** (Tel. 777.4030): einfaches Fastfood-Lokal, gutes Grillhuhn.
●**La Tortuga Floating Restaurant:** auf einem Hausboot außerhalb, guter Fisch und Shrimps. Anfahrt: Straße in Richtung Jacó, 250 m nach der Mobil-Tankstelle am Schild: „Pueblo Real" links, 1 km bis zum Meer. Mo Ruhetag. Anmeldung: Tel. 382.6378.

Bars

●**Banco Bar & Restaurant:** nette Bar, manchmal Livemusik, Di und Do „Lady's Night" und immer brechend voll.
●**Bar Mar y Blues:** kl. Bar im Zentrum.
●**Bar Wacky Wandas:** einzige Bar mit AC, klein aber fein, beliebteste Anlaufstelle der Amerikaner.
●**Bar Sargento Garcia:** nette Kneipe, auch mit Essen fast rund um die Uhr.
●**Disco Arco Iris:** Fr und Sa ab 1 Uhr!

Infos von A bis Z

●**Autovermietung:** *ADOBE R.C.* (im Zentrum neben Bluefin Sportfishing, gegenüber vom Fußballplatz, Tel. 777.4242), *Alamo R.C.* (am Fußballplatz, Tel. 777.3344), *Elegante/Payless R.C.* (Straße Richtung M. Antonio, 50 m nach Fußballfeld, Tel. 777.0115, So geschl.), *Economy Rent-a-Car* (ca 3,5 km Richtung Manuel Antonio, Tel. 777.5260).
●**Bootsausflüge:** Sunset Sails (Tel. 777.1304), Halbtagesausflug 69 $ inkl. Mittagessen, Delfintouren s.u. „Manuel Antonio".
●**Einkaufen:** Supermärkte *Super Mas* (Zentrum, gegenüber Busterminal) und *Super 2000* (Nebenstraße Richtung Jacó): (beide auch So bis mittags offen), *Pali* (tägl. geöffnet), kl. Obst- u. Gemüseladen neben Pali, jeden Samstag vormittag frischer Obst- und Gemüsemarkt an der Strandpromenade.
●**Erste Hilfe:** Rotes Kreuz (Tel. 777.0116), Krankenhaus (5,5 km Richtung Flughafen), Notruf 911.
●**Geldwechsel:** *Banco Nacional,* Mo-Fr 8.45-15.45 Uhr; *Banco de Costa Rica,* Mo-Fr 8.30-15 Uhr; *Banco de San José* (Mo-Fr 8-17, Sa 8-12 Uhr); Reisebüro *Lynch Travel.* Geldautomat (MAESTRO) bei *Coopealianzia,* VISA in allen Banken, MasterCard in der *Banco de San José. Banco Promerica* (ca. 3 km Richtung M. Antonio, neben New York Pizza) hat in der Hochsaison auch sonntags geöffnet!
●**Internet:** Zahlreiche Cafés z.B. *ArteNet* (zwischen Banco Popular und Farmacia Quepos, tgl. 8.30-20 Uhr) und gegenüber Rest. El Pueblo, jeweils ca. 1,50 $/Std, *Internet El Chante* (2,5 km Richtung M. Antonio mit dem besten MB): ca. 2 $/Std .
●**Post:** Mo-Fr 8-12 und 13-16.30 Uhr, Sa 7.30-12 Uhr.
●**Pferdeverleih:** am Strand bei Manuel Antonio (ca. 20 $/Std.), *Marlboro Stables* (ca. 5,5 km in Richtung M. Antonio links, Tel. 777. 1108): 2 Std. Reitausflug im Privatreservat: 35 $ p.P.
●**Reisebüro:** *Lynch Travel* (Tel. 777.0161, Fax 777.1571, lyntur@racsa.co.cr).
●**Sprachschulen:** alle an der Straße nach Manuel Antonio: *Centro de Idiomas del Pacifico* (1,1 km rechts bei Cab. Miguel, Tel. 777.0805); *COSI* (3 km rechts, Tel. 777. 0021), *Escuela de Idiomas d'Amore* (3,4 km rechts, Tel. 777.1143), *Si Se Language Center* (Tel. 777.3632).
●**Taxi:** Tel. 777.0425, 777.1693, 777.3080, 777.1207, Busbahnhof Südseite vor Rest. Quepoa.
●**Tourveranstalter:** *Estrella Tour* (gegenüber Rest. El Pueblo, Tel. 777.1206, estrellatour@hotmail.com): Mountainbike-Touren (ab 37 $), Reiten (halber Tag: 40 $), Rafting (ab 55 $), Mangroventour (55 $), Canopy-Tour (65 $); *Iguana Tours* (am Fußballplatz, Tel./Fax 777.1262, info@iguanatours.com): Rafting-

Trips (ab 65 $), Bootstour Damas Island (60 $), Kajaktour (65 $), Pferde (55 $), etc.; *Cambute Tours* (Tel./Fax 777.3229): Bootsausflüge; *Ave Natura* (Tel. 777.0973): Bootstouren Damas Island, Nationalpark.

- **Wäscherei:** beim Busbahnhof im Marktgebäude und östlich vom Busbahnhof neben der Banco Nacional (8-17.30 Uhr), an der Straße nach Manuel Antonio sowie in vielen Hotels/Cabinas.

Busverbindungen

- Alle Busse fahren ab dem **Busbahnhof** im Stadtzentrum.
- **San José:** (Transp. Morales, Tel. 777.0263): direkt 6, 9.30, 12 und 17 Uhr, So auch 15 Uhr (Bus kommt aus M. Antonio); Fahrzeit 3,5 Std., Preis ca. 5 $; indirekt 5, 8, 14 und 16 Uhr (+2 Std.); *Interbus* 13.15 Uhr/Manuel Antonio 13 Uhr, *Grayline* 14 Uhr (beide 25 $).
- **Puntarenas:** 4.30, 7.30, 10.30 und 15 Uhr; Fahrzeit ca. 3,5 Std.
- **Jacó:** Bus nach Puntarenas, Fahrzeit 2 Std.; mit *Interbus:* 13.45 Uhr (25 $).
- **Dominical/San Isidro:** 5 und 13.30 Uhr; Fahrzeit ca. 3,5 Std.
- **Dominical/Uvita:** 9.30 Uhr (nur Hochsaison und Wochenende, Bus aus San José) und 19 Uhr, Fahrzeit bis Uvita ca. 3,5 Std.
- **Manuel Antonio:** 5.40 Uhr, ab 06.30-19 Uhr regelmäßig alle 30 Min. (Hochsaison alle 15 Min.), 20 und 21.30 Uhr.

Flugverbindungen

- **Flughafen:** ca. 5 km Richtung Dominical.
- **SANSA** (Tel. 777.0683): 6-mal tgl. 8.30, 9.35, 11.45, 13.35, 15.25 und 17.10 Uhr (NS: 4-mal tgl.) nach **San José**/int. Flughafen; Flugzeit ca. 30 Min., Preis: 50 $ (einf.).
- **Nature Air** (Büro im Zentrum über Iguana Tours, Tel. 777.2548): tgl. nach **San José**/Pavas Airport, Flugzeit 25 Min., Preis: 50 $ (einf.).

Von Quepos zum Nationalpark Manuel Antonio

Eine kurvige Straße führt von Quepos rund 6 km bergauf und bergab zum Nationalpark Manuel Antonio. Entlang der Straße liegen zahlreiche Hotels, die meist zur gehobenen (Preis-)klasse zählen und fast alle ausländischen Besitzern gehören. Nach ca. 5 km erreicht man wieder das Meer. Die **Playa Espadilla Norte** ist meist voller Menschen, nur morgens sind wenig Leute am Strand, der auf den ersten Blick recht schön ist. Aber leider ist das Wasser durch die Abwässer der umliegenden Hotels teilweise belastet, und Berichte von Diebstählen häufen sich. Wen wundert es da, dass es immer mehr Badefreunde an die bewachten Strände des Nationalparks zieht?

Unterkünfte

Die Hotels im Bereich Manuel Antonio liegen meist am Hang und haben Meerblick, die wenigsten allerdings befinden sich in unmittelbarer Strandnähe. Das Preisniveau ist allgemein überhöht, einige fordern sogar unverschämte Preise. Dennoch ist in den Spitzenzeiten (Weihnachten/Neujahr, Ostern) ohne Reservierung kaum ein Zimmer zu bekommen. Die folgenden Unterkünfte werden ihrer Lage entsprechend aufgelistet (Entfernung ab Quepos/Sportplatz).

An der Straße Quepos – Manuel Antonio (Playa Espadilla):

- **Cabinas Pedro Miguel** (1,1 km rechts, Tel./Fax 777.0035): ruhige Lage mit Garten, Rest., kl. Pool; 18 ältere, schlichte Zi., AC, Kühlschrank, TV im OG., Terrasse mit MB, bp (KW); 5 gr. Cab. mit Küche, Hängematte (bis 6 Pers.): DZ 45-70 $.
- **Hotel Plinio** (1,1 km links, Tel. 777.0055, Fax 777. 0558, plinio@racsa.co.cr): Hotelanlage mit viel Holz am Hang, Rest., Pool, Pri-

Pazifikküste

vatreservat (30 ha) mit Wanderwegen, Aussichtsturm, dt. Leitung; 12 Zi., bp (WW), DV: 76-88 $ (ÜF); AC +11 $; 1 Dschungelhaus (bis 5 Pers.): ab 100 $ (ÜF); 1 Studio-Apt. mit Balkon: ab 130 $ (ÜF); KK (+6 %).

●**Hotel El Mirador del Pacífico** (1,2 km links, Tel. 777.0119, Fax 777.3560, mirador @racsa.co.cr): schöne Hanglage mit Rest., Pool, dt. Leitung; 22 ältere Zi., bp, Vent., z.T. MB: 47/82/99 $ (ÜF); mit AC 93/93/111 $; KK (VISA).

●**Mimos Aparthotel** (1,4 km links, Tel. 777. 0054, Fax 777.2217, hmimos@racsa.co.cr): Rest., Pool, ital. Leitung, TV, Balkon, Safe, bp (WW); 4 Standard-Zi. ab 58/58/76 $ (ÜF); 7 Apt. ab 100 $ (ÜF); KK (+5 %).

●**Hotel El Mono Azul** (1,5 km rechts, Tel. 777.1548, monoazul@racsa.co.cr): 3 Pools, 4 Rest., Internet, Souvenirladen; 9 kl. Zi., bp (WW): DV/AC ab 52/58/64 $; 9 bessere Zi. mit TV, AC: ab 70/76/82 $; KK (nur VISA).

●**Hotel California** (1,5 km Abzw. links, Tel. 777.1234, Fax 777.1062, hotelcal@racsa.co. cr): schöne Lage am Hang mit Pool, 2 Rest., Sonnenterrasse, Privatreservat (27 ha) mit Wanderwegen, kanad. Leitung; 22 individuell bemalte Zi., TV, Safe, DV, Minibar, AC, bp (WW): EZ/DZ ab 122 $ (ÜF); KK.

*__Apt. Villa Kristina__ (1,5 km rechts Richtung Villa Teca, 400 m links, 300 m, Tel./Fax 777. 2134, in D: Tel. 0861/165906, villa_kristina@ hotmail.com): schöne Lage im Grünen, ca. 400 m zum Meer (Playa La Macha), ca. 2 km nach Quepos, öster. Leitung; 1 kl. Apt. (38 m²): DZ 60 $ (NS 36 $); 2 komfortable Apt. (88/92 m²) mit MB, TV, AC, Küche: DZ 84/ 164 $ (NS 57/101 $); 4 Pers. 133/164 $ (NS 92/101 $); vergünstigte Wochen-Tarife; KK (+6 %). Hinweis: die Apartments sind manchmal auf längere Zeit vermietet.

●**Hotel La Colina** (2,5 km rechts, Tel. 777. 0231, Fax 777.1553, lacolina@racsa.co.cr): kl. Pool, Bar (MB); Holzhaus in Straßennähe mit 5 kl. Zi., DV, AC, bp: 64/64 $; 13 Zi. in neuem Haus, DV, Balkon (MB), AC, bp: 99/99/ 111 $ (ÜF); KK (+5 %).

●**Tulemar Bungalows** (3,4 km rechts, Tel. 777.0580, Fax 777.1579, tulemar@racsa.co. cr): großzügige Anlage am Hang mit Privatstrand, Pool, Shuttlebus etc.; 14 Luxus-Bungalows mit AC, Küche, TV, MB: EZ/DZ 207-453 $ (ÜF); Villen mit 2 Schlafzi., 2 Bäder, Balkon, AC, TV, Küche: 286-649 $ (ÜF); zusätzl. Person ca. 30 $; Kinder unter 12 J. frei; KK.

●**Hotel Mariposa** (3,7 km rechts, Tel. 777. 0456, Fax 777.0050, mariposa@racsa.co.cr): etabliertes Luxushotel in herrlicher Lage am höchsten Punkt von Manuel Antonio, Restaurant und Pool mit MB: DZ je nach Zimmerkategorie ab 204/204/250 $; KK.

●**Villas Makanda By the Sea** (3,7 km rechts, Tel. 777.0442, Fax 777.1032, makanda@rac sa.co.cr): Pool, Rest. (teuer!); schön eingerichtete Bungalows mit TV, AC, Küche, Balkon/Terrasse, MB: Studios: EZ/DZ ab 265 $; 5 Villas: EZ/DZ ab 400 $; KK.

●**Nature's Beachfront Apartotel** (Abzw. rechts, Tel. 777.1473, Fax 777.1475, beaches@ racsa.co.cr): Lage am Meer; Studios, bp, Kühlschrank: 45/52 $; größere Studios mit Küche, Safe und MB: DZ 104 $.

●**La Mansion Inn** (Tel. 777.3489, Fax 777. 0002, quepos@racsa.co.cr): Luxushotel mit MB, luxuriöse Zi.: ab 219 $ (ÜF); Suiten ab 553 $ (ÜF).

●**Hotel Parador** (3,7 km rechts, (Tel. 777. 1414, Fax 777.1437, info@hotelparador.com): Luxushotel in schöner Lage: viele Reisegruppen; 78 Zi.: DZ ab 204 $ (ÜF); Junior-Suite: 355 $ (ÜF); KK.

●**Villas El Parque** (3,8 km rechts, Tel. 777. 0096, Fax 777.0538, reservas@hotelvillasel parque.com): Rest. (MB), schöner Poolbereich; Zi. mit Balkon (MB), AC, TV: DZ ab 114 $ (NS ab 77 $).

●**Villas Nicolás** (3,9 km rechts, Tel. 777. 0481, Fax 777.0451, sales@villanicolas.com): nette Hotelanlage am Hang mit Pool; 18 schön eingerichtete Zi. ohne AC mit Balkon (MB): DZ 130 $ (NS 76 $); mit Küche: ab 105 $.

●**Hotel Si Como No** (4,0 km rechts, Tel. 777. 0777, Fax 777.1093, information@sicomono. com): schön gelegene Anlage mit Rest., Bar, Pool, Kino(!); 60 luxuriöse Zi. und Suiten mit AC, DV, Mini-Bar: DZ ab 186 $; KK.

*__Hotel Villa Roca__ (4,2 km rechts, Tel./Fax 777.1349, info@villaroca.com): schöne Lage am Hang, Gay-Hotel, dt. Leitung; 5 nette Zi., DV, Kühlschrank, Terrasse (MB), z.T. Kabel-TV, bp (WW): DZ ab 88 $ (NS ab 45 $); 3 Apt. ab 140 $ (NS 69 $).

●**Hotel Casitas Eclipse** (4,3 km links, Tel./Fax 777.0408, 777.1738, eclipseh@racsa.co.cr): geschmackvoll angelegte Anlage (kein MB) mit 3 Pools, grenzt an NP, frz. Leitung; 22 schöne Zi. mit AC, DV, Kühlschrank, Balkon: EZ/DZ 130 $ (NS 100 $); 8 Suiten mit Kochgelegenheit: EZ/DZ 180 $ (NS 120 $); 1 Casita mit 2 Schlafzi., 2 Bäder, Küche (bis 5 Pers.): 320 $ (NS 200 $); KK (kein Aufschlag).

●**Hotel Costa Verde** (4,7 km links, Tel. 777.0584, Fax 777.0560, reservations@costaverde.net): großzügige Anlage am Hang mit Rest. (mit MB, 7/11/14 $), 2 Pools; 14 nette Zi. mit viel Holz, bp (WW), DV, AC, Balkon: EZ/DZ 104 $; 28 gr. Zi. im Haupthaus mit AC, Balkon (meist MB): EZ/DZ ab 134 $; KK.

●**Villas de la Selva** (ca. 4,8 km rechts, Tel./Fax 777.1137, villasdelaselva@latinmail.com): ältere Anlage in Strandnähe, Pool, dt. Leitung; 2 „Studentenzi.", bp: 30 $; 4 Apt. mit kl. Küche bis 6 Pers.: DZ 70 $; zusätzl. Pers. +10 $; mit AC +10 $; Haus mit Küche, MB: DZ 100 $ (bis 4 Pers.); 140 $ (bis 6 Pers.); 160 $ (bis 8 Pers.).

An der Playa Espadilla:

●**Hotel Karahé** (5,3 km links, Tel. 777.0170, Fax 777.1075, in D: Tel. 0861/165906, information@karahe.com): nettes Rest. (MB), Pool; 32 gute Zi., mit AC in 3 Wohnbereichen: an der Straße (laut), am Hang mit MB (Schrägaufzug): 94/94/117 $ (ÜF) und in Meernähe: 128/128/152 $ (ÜF); KK.

●**Cabinas Piscis** (5,4 km rechts, Tel./Fax 777.0046, vivipisc@racsa.co.cr): ca. 150 m zum Meer, Rest.; 6 ältere, einf. Cab. mit Vent., bc (KW): 20/25 $; 6 Cab.; bp (KW): 30/40/50 $; KK. (nur VISA).

●**Hotel Verde Mar** (5,5 km rechts, Tel. 777.1805, Fax 777.1311, verdemar@racsa.co.cr): Pool, ca. 150 m zum Strand, kanad. Leitung; 20 freundlich dekorierte Zi., bp (WW), AC, DV, kein MB: 82 $ (1-3 Pers.), mit kl. Küche: 93 $; KK.

●**Cabinas Ramirez** (5,8 km rechts, Tel. 777.5044): Rest., 16 akzeptable Zi. in Meernähe, bp (WW), Vent.: 10 $ p.P.

Die **Abzweigung vor Restaurant Marlin** (6,2 km links) führt zu folgenden Unterkünften (alle Nähe Strand und Nationalpark):

●**Cabinas Costa Linda** (Tel. 777.0304): Traveller-Hotel, Rest., dt. Leitung, 20 einf., aber akzeptable Zi., bc: 10 $ p.P.; 1 Apt. m. Küche, TV: DZ 35 $.

●**Cabinas Espadilla** (Tel./Fax 777.0416, cabinas@espadilla.com): Pool, Zugang zum Privatreservat; 12 Zi., bp (WW), AC: 84/84/102 $; KK.

●**Hotel Vela Bar** (Tel. 777.0413, Fax 777. 1071, velabar@velabar.com: mit Rest.; 2 einf. Zi., bp (KW); 9 Zi., bp (WW), Vent.: ab 44/53/64 $, DZ mit AC ab 54/62/74 $; 2 Apt. mit Kühlschrank, DV und Küche; KK.

●**Hotel Playa Espadilla** (Tel./Fax 777.0903, hotel@espadilla.com): Privatreservat (15 ha) mit Wanderwegen, Pool, Rest., Bar, ruhige Lage; 16 ordentl. Zi., bp (WW), AC (kein DV), Kabel-TV, Safe, teils Kochgelegenheit und Kühlschrank: ab 105/125/143 $ (ÜF); KK.

●**Hotel Villa Bosque** (Tel. 777.0463, Fax 777.0401, info@hotelvillabosque.com): Rest., Pool; 17 akzeptable, ordentl. Zi., bp (WW), AC, Vent., Safe: : 82/96/103 $; KK.

●**Cabinas Los Almendros** (Tel./Fax 777.0225): Rest., Bar, Pool; 21 ordentl. Zi., bp (WW), DV: 45 $ (1-3 Pers.); mit AC: 60 $ (1-3).

Am Ende der Hauptstraße, **kurz vor dem Nationalpark-Eingang,** liegt links:

●**Hotel Ola del Pacifico** (6,2 km, Tel. 777.1974, Fax 777.1944): große Zi. mit AC, TV, Kühlschrank: DZ ca. 35 $.

●**Hotel Manuel Antonio** (6,4 km, Tel. 777.7237): Rest.; 26 renovierte Zi., bp (WW), AC, TV: 60/70/80 $; KK.

Restaurants u. Bars

Neben den zahlreichen einf.n Sodas am Strand und den Restaurants in den Hotels, die entsprechend ihrer Umgebung meist nicht ganz billig sind, gibt es eine Reihe von Restaurants, die ebenfalls meist zur gehobenen Preisklasse zählen (günstiger isst man in Quepos). Eine Auswahl:

●**Restaurant Plinios** (1,1 km links): nettes Lokal, italienische und thailändische Küche.

- **Dulce Sueños** (1,5 km links, im Hotel California): Schokolade, Kekse & Kuchen aus eigener Herstellung.
- **Restaurant Mar Luna** (ca. 2,5 km rechts): schöner Ausblick, gute, günstige Küche.
- **Restaurant Barba Roja Cantina** (ca. 3,5 km rechts, Tel. 777.0331): schöner Blick, mexikanische Gerichte, Meeresfrüchte & Steaks.
- **Karolas Restaurant** (ca. 3,6 km rechts, Tel. 777.0424): schöner Blick, mexikan. Küche, Meeresfrüchte, vegetarische Gerichte, gute Desserts, tgl. ab 16 Uhr, So Brunch.
- **Rico Tico** (im Hotel Si Como No): Tex-Mex.
- **El Avion** (4,3 km rechts): Bar in altem Militärflugzeug, auch Snacks.
- **Restaurant Gato Negro** (4,3 km links, am Hotel Eclipse, Tel. 777.1728): renommiertes Feinschmeckerlokal, frz.-mediterz Küche.
- **Restaurant La Cantina** (4,7 km rechts, gegenüber Hotel Costa Verde/Eisenbahnwaggon): Treffpunkt im Freien, kl. Auswahl, frisch am Grill zubereitet, tgl. Livemusik ab 19 Uhr.
- **Restaurant Mar y Sombra** (5,8 km rechts): einf. Rest. unmittelbar am Meer, ordentl. Küche, nicht zu teuer, Do, Fr und Sa abends Disco.
- **Vela Bar** (6,2 km Abzw. links): vegetarische Gerichte, Fisch und *dinner specials*.

Busverbindungen

- **Quepos:** 6-22 Uhr regelmäßig, in der Hochsaison etwa alle 30 Min.

Nationalpark Manuel Antonio

- **Fläche:** 683 ha (Land), 55.000 ha (Meer)
- **Lage:** Pazifikküste, 7 km südl. von Quepos
- **Klima:** hohe Temperaturen; Jahresniederschlag 3875 mm
- **Geöffnet:** Di-So 8-16 Uhr (Hochsaison 7-16 Uhr), Mo geschl., max. 600 Besucher gleichzeitig (Sa/So 800)
- **Eintritt:** 7 $
- **Info:** Tel. 777.0644, Fax 777.0654
- **Übernachtung:** keine Campingmöglichkeit (Unterkunft und Camping s.o.), im Park Tische, Duschen und Toiletten
- **Anfahrt:** 7 km ab Quepos (Teerstr.)
- **Hinweis:** Füttern Sie keine Tiere, bewahren Sie Lebensmittel sicher auf, wenn Sie schwimmen gehen. Nacktbaden ist nicht erlaubt. Verzichten Sie beim Duschen auf Seife oder Shampoo: Sie befinden sich in einem Nationalpark!

Wegen seiner **traumhaften Strände** zählt Manuel Antonio zu den beliebtesten Nationalparks des Landes, 1997 lag er an 3. Stelle (nach Nationalpark Poás und Irazú). Leider werden die Tiere regelmäßig von den Parkbesuchern gefüttert und sind daher (unnatürlich) zutraulich und auch aggressiv. (Wer beim Füttern erwischt wird, muss den Park sofort verlassen!). In der Hochsaison sind die Strände Espadilla Sur und Manuel Antonio dermaßen überfüllt, dass man sich wie am Strand von Bibione oder Torremolinos vorkommt, von Schutz der Tier- und Pflanzenwelt ist keine Rede mehr. **Folgen des zunehmenden Tourismus** sind u.a. die Verschmutzung des Meeres und eine massive Störung der Tierwelt im Park durch Müll, Lärm, Füttern etc. Inzwischen entschloss sich die Parkverwaltung, Konsequenzen zu ziehen: Die Besucherzahl wird auf 600 bzw. 800 Besucher beschränkt (früher zählte man bis zu 2000 Besucher gleichzeitig), und der Park beibt montags geschlossen, wegen der Aufräumarbeiten des vergangenen Wochenendes.

Zum Park gehören auch 12 meist vegetationslose **Inseln** in der Nähe, die ausgezeichnete Rückzugsgebiete für Seevögel bilden. Insbesondere für den Brauntölpel liegt hier ein wichtiges Brutgebiet.

Flora und Fauna

Insgesamt wurden bisher 350 **Pflanzenarten** innerhalb des Nationalparks identifiziert. Zu den wichtigsten Bäumen im Primärwald zählt der *guapinol negro,* Gummiapfel, Kuhbaum, Regenbaum und Kapokbaum. Im Sekundärwald findet man den Balsabaum, Affenkamm und Cecropie. Rund 18 ha sind mit Mangrovensümpfen bedeckt, in denen Rote, Weiße und Knopfmangroven vorkommen. Die Strandvegetation wird geprägt vom **giftigen Manzanillobaum,** dem Meermandelbaum und Kokospalmen.

109 Arten **Säugetiere** kommen im Park vor, u.a. Totenkopf-, Kapuziner- und Brüllaffen, Zwei- und Dreifinger-Faultiere, Nasenbären, Waschbären, Gürteltiere und Agutis. Das hübsche Totenkopfäffchen, dessen Unterart *citrinellus* in Costa Rica endemisch ist, ist durch die Zerstörung seines Lebensraumes und die Haltung als Mas-

Brüllaffen-Mama mit Anhang

kottchen vom Aussterben bedroht. Es kommt nur noch an wenigen Orten der südlichen Pazifikküste vor und ist nur in diesem Park geschützt.

184 **Vogelarten** wurden im Park beobachtet, u.a. Laucharassari, Brauner Pelikan, Lachhabicht, Schwarzhalsbussard, Grüner Eisvogel und Gelbstirnjassana.

An **Meeresflora und -fauna** wurden bislang 10 Arten Meeresschwämme, 19 Korallenarten, 24 Arten Krustentiere, 17 Algenarten und 78 Fischarten gezählt. Delfine sind häufig, manchmal beobachtet man vorbeiziehende Wale.

Wanderwege

- Um **in den Park** zu gelangen, muss man zunächst einen Wasserlauf überqueren, was je nach Wasserstand trockenen Fußes möglich ist. Bei Flut stehen Boote bereit. Danach führt ein leichter ebener Weg entlang der Playa Espadilla Sur, meist im Schatten über Sand. Eine erste Abzweigung führt rechts zum Sendero Punta Catedral. Geht man, vorbei an einer Hütte, bergauf, erreicht man nach ca. 10 Min. eine Abzweigung: Links beginnt der Sendero El Perezoso, geradeaus geht es zum Puerto Escondido und zu einem Aussichtspunkt.
- **Sendero Punta Catedral:** ca. 30 Min., schattig, z.T. etwas matschig, ca. 1 km (Rundweg). Zunächst führt der Weg ansteigend bis zum *mirador* (schöner Blick auf vorgelagerte Inseln), dann über Treppen wieder bergab, vorbei an weiteren Aussichtspunkten an der Steilküste. Der Weg steigt nochmals kurz an und führt dann bergab zu einem kleinen Strand, kurz danach führt er zurück zum Ausgangspunkt.
- **Sendero El Perezoso:** 1,5 km einfach, meist eben, geringe Steigungen, ca. 30 Min. Der breite Weg ist bequem zu gehen, allerdings gibt es kaum Schatten. Unterwegs sieht man mit etwas Glück Tukane und Faultiere (span. *perezoso*). Der Weg endet an einem Nebeneingang des Parks, den man hier verlassen kann (kein Eingang).
- **Sendero Puerto Escondido:** anfangs einfach, geringe Höhenunterschiede, Halbschatten, der größte Teil des Weges ist betoniert. Nach etwa 10 Min. führt eine Abzweigung links zum Aus-

sichtspunkt, rechts nach wenigen Minuten über Treppen steil bergab zum Meer in eine schöne kleine Bucht (kein Badestrand). Achten Sie auf Bewegungen in den Bäumen: Hier leben Totenkopfäffchen.

● **Sendero El Mirador:** schmaler Waldpfad, unter Umständen rutschige Lianen, leicht ansteigend. Nach ca. 10 Min. erreicht man einen Aussichtspunkt mit Blick auf eine tiefer liegende Bucht und das Meer.

● **Warnung:** Die Blätter und Früchte des Manzanillobaumes sind **giftig,** schon eine Berührung kann zu einem unangenehmen Hautausschlag führen! Daher sollte man sich auch nicht unter diese Bäume legen.

Privatreservat Rainmaker

● **Fläche:** 600 ha
● **Geöffnet:** nur geführte Touren ab Manuel Antonio/Quepos: Abf. Mo-Sa 7.35 und 14 Uhr ab Hotel Si Como No, Dauer: ca. 3,5 Std., So geschl.
● **Eintritt:** 65 $ p.P. inkl. Anfahrt, Guide, Getränke, Snacks; für Selbstfahrer: 30 $
● **Info:** Tel. 777.3565, www.rainmaker-costarica.com

Dieses Privatreservat befindet sich nordöstlich von Quepos und umfasst verschiedene Naturräume (es reicht bis in 1700 m Höhe). Neben Wanderwegen, die überwiegend durch Primärwald führen, gibt es auch zahlreiche Wasserfälle mit schönen Badegelegenheiten. Die Hauptattraktion des Reservates ist allerdings das System von etwa 10 **Hängebrücken,** die bis zu 84 m lang sind und in einem Fall sogar 145 m über dem Boden schweben. Leider kann das Reservat nur im Rahmen einer geführten Tour betreten werden. Ein Leser schreibt, dass die Tour eine Zumutung sei! Unqualifizierter Guide, mühsame Anreise, Hängebrücken z.T. noch nicht fertig, keine Tiere zu sehen etc.

Weitere Attraktionen in der Umgebung

Canopy Safari

Überall im Land werden inzwischen so genannte „Canopy-Tours“ angeboten – jetzt auch hier. Mit Gurten gesichert gleitet man an Stahlseilen **von Baum zu Baum** oder seilt sich vertikal ab, mit insgesamt 19 Platt-formen ein schönes, aber nicht ganz billiges Vergnügen. Die ganztägige Tour inkl. Anfahrt, Frühstück oder Mittagessen kostet zwischen 55 und 65 $.

● **Infos & Buchung:** *Canopy Safari,* Tel. 777.0100 und *Titi Canopy,* Tel. 777.3130.

Damas Island

Eine interessante **Boots- oder Kajaktour** durch die Mangrovenwelt nördlich von Quepos, bei der man zahlreiche Wasservögel und mit etwas Glück auch Kapuzineraffen und andere Tiere zu sehen bekommt. Preis: 60 $ inkl. Mittagessen.

● **Infos & Buchung:** *Iguana Tours, Ave Natura* oder *Amigos del Rio.*

Delfin-Tour

Mehrere Veranstalter bieten halb- und ganztägige **Bootsausflüge** entlang der Küste, bei denen man regelmäßig Delfine zu sehen bekommt. Hierbei hat man außerdem Gelegenheit, näher an die vorgelagerten Inseln heranzufahren und die dort brütenden Wasservögel zu beobachten. Auch Schnorcheln und Schwimmen ist möglich. Preis: 65-70 $ p.P.

● **Anbieter:** *Sunset Sails* (Tel. 777.1304, Segelboote) und *Planet Dolphin* (Tel./Fax 777. 1647, dolphncr@racsa.co.cr, Motorboot oder Katamaran).

River-Rafting

Zwei Flüsse in der Umgebung versprechen **Wildwasser-Abenteuer:** der Río Naranjo (schwieriger, Klasse 3-4, Halbtagestouren: 65 $ inkl. Snack) und der Río Savegre (Klasse 2-3, Ganztagestour 89 $ inkl. Mittagessen). Letzterer ist landschaftlich am schönsten.

● **Anbieter:** *Iguana Tours* (siehe Stichpunkt unter „Infos von A bis Z"), *Amigos del Río* (Büro an der Straße Richtung M. Antonio, ca. 2 km li, Tel./Fax 777.0082), *Rios Tropicales* (Richtung M. Antonio, Nähe Fußballfeld, Tel. 777.1829).

Reit-Touren

Eine gute Gelegenheit, schöne Landschaften und die faszinierende Tierwelt zu erleben. Gepflegte Pferde, ursprüngliche Bergwelten, atemberaubende Ausblicke und Natur pur – das ganze gekrönt von einem Bad unter einem Wasserfall, bevor es zurück zur Ranch und einem wohlverdienten Mittagessen geht. Ein Muss für Pferde-, Tier- und Naturfreunde.

● **Anbieter:** *Finca Valmy* (Villa Nueva, ca. 30 Min von Quepos, Tel. 779.1118): Touren für Anfänger und Fortgeschrittene, gute Pferde, kompetente Guides, gutes Mittagessen; *Brisas del Nara* (in Londres, ca. 30 Min. von Quepos, Tel. 779.1235): gute Pferde, nette Guides, größerer Wasserfall.

● **Preis:** um 65 $ inkl. Transport und Mittagessen.

Weitere Aktivitäten: Sea Kajaking, Jet-Ski, Segeln, Surfen, Fischen, Wandern, Mountainbike und, und, und ...

Südlich von Quepos

Die Strände zwischen Quepos und Dominical

(45 km)

Südlich von Quepos sind die Strände überwiegend einsam, nur in Matapalo hat sich bisher eine touristische Infrastruktur entwickelt. Rund 5 km südlich von Quepos erreicht man bei einer **Tankstelle** die Hauptstraße nach Süden. Alle nachgenannten Entfernungsangaben beziehen sich auf diese Tankstelle. Kurz darauf endet am Flughafen die Teerstraße. Die Straße ist zwar mit normalem PKW befahrbar, nach der Regenzeit allerdings oft in sehr schlechtem Zustand. Die Weiterführung der Teerstraße nach Dominical ist geplant.

Unterkunft

● Kurz nach dem Flughafen führt links eine ungeteerte Straße zum Ort Londres. Hier liegen am Río Naranjo die Villas **El Mirador del Río** (Tel. 777.0290, Fax 779.1001): 4 Cab. (2 Stockw.), bp, Küche, Wohnzi.: ca. 30 $ (1-4 Pers.); KK. (+7 %); empfehlenswert ist ein Ritt durch den Regenwald zu einem Wasserfall.

Playa El Rey und Playa Savegre

Ein einsamer, schöner, weiter Sandstrand mit großen Wellen und mit Blick auf Manuel Antonio und die vorgelagerten Inseln. Es gibt nur einige Privathäuser, aber keine Unterkünfte oder Restaurants.

Anfahrt

• 13,5 km nach der Tankstelle im Ort Maritima, weist ein Schild *Playa El Rey* nach rechts. Nach 900 m abermals rechts, nach weiteren 1,4 km an einem Holzhaus links an einem Bach entlang, nach 2,5 km erreicht man den Strand. Die Anreise ist per Bus ab Quepos in Richtung Dominical möglich. Ab Maritima sind es zu Fuß 4,8 km durch Palmenhaine, am Strand ist wenig Schatten.

Unterkunft

• Nach 15,7 km führt nach der Brücke über den Río Savegre links eine Abzweigung nach ca. 6 km zur **Albergue El Silencio** (Tel./Fax 779.8250, in San José: Tel. 286.4203, Fax 226.6027): einf., aber nette Lodge, von einer Cooperative betrieben, mit Rest. (landestypische Küche, Mittag-/Abendessen 6 $), Pferde, Wanderwege, Touren zu landwirtschaftlichen Projekten; 10 einf. Zi.: ca. 35/60/65 $ (ÜF); zu teuer!

*__Rafiki Safari Lodge__ (gleiche Zufahrt wie El Silencio, 9 km über Sto. Domingo, Tel. 236. 6034, info@rafikisafari.com): schöne, im afrikanischen Stil gehaltene Anlage am Río Savegre mit Rest., Pool mit Waterslide, Privatreservat mit Wanderwegen, Pferde- und Raftingtouren; 9 luxuriöse Safarizelte (bis 4 Pers.) mit gemauertem Bad (WW), Vent.: leider sehr teuer: 168/144/118 $ p.P./VP.

Playa Matapalo

Matapalo ist ein kleiner Standort, der mit seinem schönen, weiten Strand mit seinem feinkörnigen Sand eine gute Alternative zu den überfüllten Stränden von Jacó oder Manuel Antonio bildet. Das Meer ist zwar manchmal etwas rauh, aber mit der entsprechenden Vorsicht durchaus zum Schwimmen geeignet. Zahlreiche Meermandelbäume am Strand bilden eine natürliche Grenze zu den Unterkünften, die derzeit weniger zahlreich sind. Im Norden schließt sich der selten besuchte und tierreiche Naturpark Matapalo an.

Anfahrt

• 26,5 km nach der Tankstelle zweigt am Ortsende der Ortschaft Matapalo nach einer Brücke die Zufahrt zur Playa Matapalo ab (1,3 km).

Unterkunft und Restaurants

Die Unterkünfte und Restaurants liegen alle nahe zum Meer, ein Moskitonetz ist empfehlenswert. Reihenfolge ab Ortseingang:

*__El Coquito del Pacífico__ (Tel./Fax 384.7220, el_coquito@gmx.net): schön gelegene Anlage mit Bar, Rest., Pool, Fahrradverleih, Surf- und Boogieboards, Wäscheservice, dt. Leitung; Zi. im Holzhaus, bp: 39/49 $ (NS 25/35 $); 6 ordentl. Zi. (bis 4 Pers.), bp (WW), Vent.: 45/55/65 $ (NS 31/41/49 $).

*__Albergue Suiza__ (Tel. 382.7122, Tel./Fax 787.5068, alberguesuiza@racsa.co.cr): Rest., schweiz. Leitung; 3 geschmackvoll eingerichtete Zi., bp (WW), DV: 35/40/45 $.

• **Bar/Restaurant Tico Gringo** (links am Meer): einf. Lokal mit MB, schöner Garten, landestyp. Küche, Grill.

- **Cabinas Terraza del Sol** (Reservierung: Tel. 771.0711): links am Meer, Bar, Rest. (fran-zösische Küche); 4 einf. Cab., bp, Vent., Moskitonetz: ca. 22 $ (bis 4 Pers.).

***Bahari Beach Bungalows** (Tel./Fax 384. 7220, Tel. in D: Tel. 0861/165906, andrea ludwig10@hotmail.com): gepflegte Anlage direkt am Meer, Rest., Pool, Reiten, Rafting, Mangroventouren, österr. Leitung; 4 komfortable Safari-Zelte (bis 4 Pers.) mit gemauertem Bad: 93/93/122 $ (NS 70/70/99 $); 2 nette Zi. im Haupthaus: 58/58/76 $ (NS 52/52/79 $); mit AC: +12 $.

- **Cabinas Matapalo** (links gegenüber Terraza del Sol, Tel. 787.5246): 2 ordentl. Holz-Cab., bp (WW), Vent., Moskitonetz, Kühlschrank, Veranda: DZ 25 $.
- **Jungle House** (ca. 800 m ab Ortseingang, charlie@junglehouse.com): 2 kl. Apt., DV, AC, 2 Schlafzi., bp (WW): 75 $; 3 Bungalows mit Kochgelegenheit: 50 $; 1 Haus am Meer mit 5 Schlafzi., AC: 150 $.
- **Tipp: Pferdetouren** mit *Claudia* (Tel. 787. 5133 oder bei den Hotels).

Naturschutzgebiet Hacienda Barú

Refugio Nacional de Vida Silvestre

- **Fläche:** 325 ha
- **Geöffnet:** im Prinzip jederzeit, Eintritt: 3 $
- **Unterkunft:** 6 ordentl. Zi. (bis 5 Pers.), bp (WW), Kühlschrank und Safe: DZ 70 $ (ÜF; NS 45 $) jede weitere Person 12 $, Rest. (HG ab 7 $)
- **Info**: Tel. 787.0003, Fax 787.0004, hacbaru@racsa.co.cr
- **Anfahrt:** 11,6 km nach Matapalo (4,6 km nach Hatillo) vor einer Tankstelle beschilderte Abzw. rechts

Dieses Privatreservat wurde zum *Refugio de Vida Silvestre* erklärt und damit in das staatliche Naturschutzprogramm einbezogen. Zum Besitz gehören rund 80 ha geschützter Primärwald und 75 ha Sekundärwald, in denen seit 1976 nicht mehr gejagt werden darf. Das Haupthaus dieser über 320 ha großen Hacienda liegt 1,7 km nach der Tankstelle bei Guapil. Auf vielen Wanderwegen am Strand und durch den Regenwald kann man das Gebiet bestens erkunden. Für Wanderungen im Primärwald ist allerdings ein Guide vorgeschrieben (halbtägige Tour inkl. Mittagessen: 35 $). Angeboten werden außerdem Pferdetouren (25 $), Kajak-Touren im Mangrovengebiet (40 $), Tree Climbing (45 $), Canopy Beobachtungs-Plattform (35 $) und eine Dschungel-Übernachtung (60 $). Alle Preise verstehen sich p.P. bei mindestens 2 Teilnehmern.

Playa Guapil

Ein noch unbekannter, weiter Strand mit Kies und Sand.

Anfahrt

- Abzweigung zur Hacienda Barú (s.o.), dann 800 m zum Strand.

Unterkünfte

- **Cabinas Texas** (1,9 km ab Abzw.): 100 m zum Meer, Soda/Bar nebenan, Kochmöglichkeit; 3 einf., aber akzeptable Cab. (bis 4 Pers.), bp, Vent.: DZ ca. 27 $; (geöffnet Hauptsaison).
- **Camping** möglich.

Playa Dominical

Auf der Südseite des Río Barú liegt dieser kleine Ort mit langem Sandstrand, der vor allem bei Rucksackreisenden und Surfern beliebt ist. Das

388cr Foto: dk

Meer ist hier etwas rau, was gut zum Surfen ist, das Schwimmen jedoch nicht ungefährlich macht. Außerdem bringt der Río Barú nicht immer sauberes Wasser aus den Bergen. Die schöneren Strände liegen weiter südlich, wo das Angebot an Unterkünften wächst. Für die Zukunft gibt es große Pläne – bislang allerdings erst auf dem Papier, geplant sind Ferienwohnungen und ein großer Jachthafen.

Unterkünfte und Restaurants

- **Hotel Río Lindo** (Tel. 787.0028, Fax 787 0078): 10 ordentl. Zi., bp, Vent., sehr sauber: ca. 55/55/65 $; mit AC: ca. 75/75/88 $; KK. (+3 %).
- **Cabinas/Restaurant San Clemente:** Poststelle, Wäscherei; 5 sehr einf. Zi., bc (KW): ca. 8/12/16 $.
- **Restaurant Su Raza**: einf. Terrassenlokal, ordentl. Essen, günstig.
- **Cabinas Posada del Sol** (Tel./Fax 787. 0085): kl. Privatpension, freundlich; 4 saubere Zi., bp (WW): ca. 30/35/40 $; 1 EZ (KW): 20 $.
- **Cabinas Sundancer** (Tel. 787.0125): 8 Zi., bc: DZ ca. 18 $.
- **Cabinas/Restaurant El Coco:** 10 einf. Zi., eng, aber sauber, bc: ca. 10/14 $.
- **Cabinas Diuwak** (Tel. 787.0087, Büro Tel. 280.8907, Fax 224.9128, diuwak@racsa.co. cr): Rest., Bar, Pool; 8 Zi., DV, bp (WW): DZ 58 $ oder 70 $ (ÜF); 4 Deluxe-Zi. (bis 5 Pers.) mit AC; 4 Bungalows (bis 5 Pers.) mit Wohnzi., Kühlschrank: DZ 82 $ oder 93 $ (ÜF); KK.

Direkt **am Meer** liegen:

- **Cabinas Tortilla Flats** (Tel./Fax 787.0033): Rest., US-Leitung; 28 ältere Cab., bp, Vent.: ca. 25 $ (bis 3 Pers.); ordentl. Cab., bp (WW), AC: ca. 35 $ (1-3 Pers.).
- **Cabinas San Clemente** (Tel. 787.0158, Fax 787.0055): US-Leitung; 10 ältere Zi., bp (KW) ab 15/20/30 $; 6 nette Zi., bp (WW), DV, teurer: ca. 35/50/60 $, AC +10 $; 5 Häuser ab 200 $/Woche.

Etwas außerhalb **am Río Barú** (unter der Brücke nach 800 m) liegt:

●**Villas Río Mar** (Tel. 787.0052, Fax 787.0054, info@villasriomar.com): gr. Anlage mit Rest. (16,50 $ HP),) Pool, Tennisplatz etwas abseits, aber ruhig; 10 Häuser mit je 4 Zi., bp, Vent., Kühlschrank, gemütl. Sitzecke, Hängematte, Terrasse: 70/82/93 $, (NS 58/64/76 $); Familienzi.: 130 $ (NS 102 $); Deluxe-Junior-Suite mit AC, Sat-TV: DZ 122 $; Kinder unter 12 J. frei.

Busverbindungen

●Linie Quepos/San Isidro, Abfahrt Ortsmitte.
●**San José:** 5.45 und 13.50 Uhr oder über San Isidro.
●**Quepos:** 8.15 und 15 Uhr sowie San José-Bus.
●**Uvita:** 10.20, 11.40, 17.20 und 19 Uhr.
●**San Isidro:** 7, 7.30 (aus Uvita), 14.45 und 15.30 Uhr.

Von Dominical nach San Isidro

(ca. 30 km)

Eine landschaftlich überaus reizvolle Strecke führt von Dominical ins Landesinnere. Inzwischen geteert, windet sie sich über ungezählte Kurven vom Meer bergauf bis auf über 1000 m Höhe. In den höhergelegenen Regionen wird die Sicht oft durch Nebel eingeschränkt, und nach heftigen Regenfällen kommt es immer wieder vor, dass ein Hang auf die Straße abrutscht. Bevor man nach etwa 30 km sein Ziel erreicht, hat man von einer Anhöhe einen schönen Blick auf San Isidro und die dahinterliegenden Berge der Sierra Talamanca.

Nauyaca-Wasserfälle

(Cataratas Nauyaca)

9,3 km nach Dominical zweigt vor dem Ort Platanillo rechts eine Straße nach Líbano ab (Informationsbüro an der Hauptstraße; Tel. 771.3187 oder 787.0198, Fax 771.2003). Von dort sind es noch etwa 4 km (zu Fuß oder mit Pferden) zu den beiden Wasserfällen, die eindrucksvoll aus 20 bzw. 45 m Höhe in eine 6 m tiefes Becken stürzen (Eintritt 3 $), Pferdetour 45 $.

Unterkünfte

●Vor Ort gibt es eine einf. **Unterkunft;** Auskunft bei *Lulo Jimenez* (Tel. 771.0944), Tour mit Pferden: 40 $ inkl. Mittagessen.
*__Hotel Villas Paraíso Tropical__ (ca. 6 km nach Dominical links in Platanillo, Tel. 787.8016, Fax 390.1901, info@villasparaisotropical.com): schöne Lage auf Anhöhe, gutes Rest., Pool; 4 schöne Bungalows (bis 4 Pers.) bp (WW), Wohnzi., Kochgelegenheit: 47/52/64 $; 3 einf. Cab.: ca. 25/30/36; KK (+4 %).

Von Dominical nach Süden

Die Straße von Dominical nach Süden wurde geteert. Die Folge: Der gesamte Schwerlast-Transitverkehr vom nördlichen Zentralamerika (Guatemala, Nicaragua etc.) auf dem Weg nach Panama wird in Zukunft diese Küstenstraße benutzen.

Unterkünfte & Restaurants

Entfernungsangaben ab Dominical:
●**Hotel/Restaurant Roca Verde** (1,3 km rechts, Tel. 787.0036, Fax 787.0013): nettes Lokal (MB), Pool dt. Leitung; 10 geschmackvoll eingerichtete Zi. mit gekacheltem Bad (WW), AC: ca. 99 $ (1-3 Pers.).
*__Costa Paraíso Lodge__ (2,4 km rechts, Tel./Fax 787.0025, costapar@racsa.co.cr) gepflegte Anlage am Meer; 2 ordentl. Zi. im Haupthaus, bc: DZ 75 $ (ÜF); 5 Apt., bp, Küche, DV: DZ ab 85 $; keine KK.
*__Bella Vista Lodge__ (3,6 km Abzw. links, ca. 5 km, Info Tel. 388.0155, 787.8069, reserva

tions@bellavistalodge.com): Anfahrt nur mit Allrad, Abholung möglich, Kontakt über Funk (Haus neben Abzw.); renoviertes Farmhaus in traumhafter Lage hoch über dem Meer, kl. Rest., gr. Veranda, Pferdetouren; 4 Zi. im Hauptgebäude mit bp (WW), DV: DZ 45 $; 2 Apt. (bis 6 Pers.) mit Küche, bp: DZ ab 55 $ (NS 45 $); Zusatzperson 5 $.

- **Finca Brian & Milena** (3,6 km Abzw. links, 2,5 km; Fax 717.1903, Info über Albergue Wildale oder Hacienda Barú): Anreise per Pferd, ebenfalls erhöhte Lage; rustikale Cab., bp: ca. 50 $ p.P./VP (wer bereit ist, mitzuarbeiten, bekommt Rabatt).
- **Pacific Edge Cabinas** (4,2 km Abzw. links, ca. 1 km, Tel./Fax 787.8010, pacificedge@racsa.co.cr): Anfahrt nur mit Allrad, Gäste werden abgeholt; herrliche Panoramalage mit weitem Blick, Rest.; 3 Zi., bp (WW), DV: ab 58/58/69 $; 1 Bungalow, Küche, Wohnzi., 2 Schlafzi., Balkon: 87/87/106 $; KK (+5 %).

Playa Dominicalito

Der kleine Strand ist besser zum Baden geeignet als Playa Dominical und ruhiger, da nur wenige Leute hierherfinden.

Anfahrt

- 3,8 km nach Dominical erste Zufahrt (kl. Soda), nach 1 km weitere Zufahrt, diese führt nach 1,2 km zur einzigen

Unterkunft

*Cabinas/Restaurant Punta Dominical (Tel. 787.0016): tolle Lage auf Felsenkap, Rest. mit MB (Fisch/Fleisch ab 5 $); 4 Häuser (bis 6 Pers.), Hanglage, bp (WW)/WC, Vent., Terrasse, Hängematte: ca. 58/58/68 $; nicht billig, aber schön.

Südlich von Dominicalito

- **Las Casitas de Puertocito** (9,1 km rechts, Tel. 771.4582, Fax 771.8841): kl. Rest., Pool, Pferdetouren, ital. Leitung; 5 Zi. auf 2 Stockwerken, bp (WW), DV: DZ ca. 55 $.

Etwa 6,5 km weiter kommt man zu zwei **Privatreservaten:**

- **Biolog. Reservat Oro Verde** (15,6 km links, 3,5 km in San Josecito de Uvita, Tel. 743.8072, 843.8833): Touren zur Vogelbeobachtung (30 $ inkl. Frühstück), im Regenwald (5 Std., 35 $ inkl. Mittagessen), Reiten (3 Std., 25 $ inkl. Snack) etc.
- **Biolog. Privatreservat Rancho La Merced** (15,7 km rechts, Tel. c/o Selvamar, San Isidro: 771.1903).

Uvita

Etwa 18 km nach Dominical führt eine Abzweigung rechts in das Dorf Uvita und links zu einigen Unterkünften. Geradeaus kommt man über eine Brücke, kurz danach führt nach rechts eine Zufahrt in Richtung Meer. Nach 2 km erreicht man den Ortsteil Bahía. An der Mündung des Río Uvita öffnet sich eine weite, schattenlose Bucht mit Sandstrand und einem vorgelagerten Korallenriff, wo man gefahrlos baden und schnorcheln kann. Nach Süden gelangt man zum Nationalpark Ballena, wo zwischen Juli und Januar Meeresschildkröten zur Eiablage anlanden.

Uvita selbst ist ein verschlafenes Nest, in dem nach wie vor das Pferd als Haupttransportmittel genutzt wird. Es erstreckt sich von der Hauptstraße bis hin zum Meer (Ortsteil „Bahia"). Strom gibt es erst seit Ende 1995. Es existiert eine Landepiste für Kleinflugzeuge, die auch als Startbahn für UL-Flüge genutzt wird; eine Tankstelle findet man an der Hauptstraße, 300 m in Richtung Dominical.

391cr Foto: dk

Unterkünfte

Links der o.g. Kreuzung (also ca. 3 km vom Meer entfernt) liegen folgende Unterkünfte:

- **Cabinas Los Laureles** (200 m Abzw. links, Tel. 771.7648): schöne Lage in kl. Wald, gute Vogelbeobachtung; 5 einf. Zi., bp: ab ca. 12/15 $.
- **Cabinas Coco Tico** (250 m, Info bei Pulpería): 6 saubere Cab. (bis 3 Pers), bp: ca. 14/20/20 $.
- **Balcon de Uvita** (Tel./Fax 743.8034, info@balcondeuvita.com): oberhalb von Uvita, Zufahrt nur mit Allrad oder zu Fuß (etwa 30 Min.), herrlicher Ausblick, Rest., Pferdetouren, dt. Leitung; 3 Bungalows, bp (WW): 55 $ (1-3 Pers.); NS: 45 $; Zusatzperson: 10 $; Frühstück 5 $.
- **Tucan Hotel** (100 m, Tel. 743.8140, tucanhotel@yahoo.com): Bar, Billardtisch, Gem.küche, Internet (für Gäste 30 min. gratis), Wäscheservice, Zeltmöglichkeit (4 $ p.P.), US-Leitung; Schlafraum: 7 $ p.P.; 10 einf., saubere Zi., bc: DZ 18 $, mit WW und AC: 35 $; keine KK

Uvita: Immer noch verschlafen

Im **Ortsteil Bahía** (in Meernähe) liegen:

- **Cabinas/Camping Hegalva** (vor Bahía rechts an der Landepiste): Privathaus mit Garten; 8 Zi., bp: 20 $ (bis 3 Pers.); Schlafraum: ca. 7 $ p.P.; schöne Campingmöglichkeit: ca. 2 $ p.P.
- **Cabinas Pta. Uvita** (Tel. 771.2311): einf. Cab. mit bc: ca. 3,50 $ p.P., bp: DZ ca. 11 $.

Rundflüge

- **Skyline de Costa Rica** (an der Landepiste, Tel. 380.1199): der deutsche Pilot *Georg Kiechle* bietet Rundflüge an: 20 Min. 65 $, 30 Min. 95 $, 60 Min. 150 $. Das *Café Lindbergh* bietet Frühstück, Kaffee, Kuchen und Eis.

Busverbindungen

- **Abfahrtstelle:** Hauptstr., am Rest. El Viajero.
- **Quepos/San José** *(Transportes Delio Morales):* tgl. 7 und 13 Uhr, Fahrtzeit ca. 6 Std.
- **Dominical:** tgl. 9 Uhr.
- **San Isidro** *(Transportes Blanco):* tgl. 6 und 14 Uhr, Fahrtzeit ca. 2 Std.
- **Ciudad Cortez** *(Transportes Terraba):* tgl. 5 und 11 Uhr, Fahrtzeit ca. 1 Std.

• **Palmar Norte/Ciudad Neily** *(Transportes Terraba):* tgl. 11 Uhr (Bus nach Cortez) sowie ab Cortez (7x tgl.) oder über San Isidro.

Meeresnationalpark Ballena

• **Fläche:** 110 ha (Land), 5375 ha (Meer)
• **Lage:** zentrale Pazifikküste zwischen Uvita und Punta Piñuela
• **Geöffnet:** zurzeit keine Öffnungszeiten
• **Eintritt:** derzeit (6 $) nur an der Playa Ballena
• **Übernachtung:** Campingmöglichkeit
• Etwa 300 m nach dem Ortsende von Uvita/Bahía liegt rechts das Büro der **Nationalparkverwaltung,** daneben ein **Bootsverleih.** Bei Ebbe Möglichkeit zum **Strandspaziergang** zum Riff, sonst **Bootsausflüge** (2 Std., bis 4 Pers. ca. 30 $)

Der Küstenstreifen zwischen Uvita und Punta Piñulea wurde samt der vorgelagerten Inseln 1989 zum „Meeresnationalpark" erklärt. Der Grund hierfür war neben den Inseln, die wichtige Brutgebiete für viele Meervogelarten bilden, ein Korallenriff, in dessen Hohlräumen viele Tier- und Pflanzenarten Lebensraum finden. Der Name des Parks (spa: *ballena* = „Wal") deutet auf Wale hin, die hier gelegentlich zu beobach-ten sind (beste Zeit: Februar/März).

Flora und Fauna

Der verbreitetste Vegetationstyp sind Mangroven, insgesamt kommen 5 Arten vor.

Auf der Insel Ballena und den Inselchen Tres Hermanas leben Grüne Leguane und Basilisken. Fregattvögel, Brauntölpel, Pelikane und weiße Ibisse benutzen die Inseln nur als Ruhestätte, nicht zum Brüten. Im Meer leben Gemeiner Delfin und Großer Tümmler; Buckelwale werden manchmal mit Jungen in Gruppen beobachtet.

Von Uvita nach Palmar Norte (43 km)

Die Straße von Uvita weiter nach Süden ist inzwischen durchgehend geteert. Wer mit öffentlichen Verkehrsmitteln reist, muss in Cortez umsteigen oder einen Umweg über San Isidro in Kauf nehmen. Unterwegs wird man von dem Komplex 5 Ventanas überrascht: eine Tankstelle sowie ein Restaurant und ein Supermarkt wurden hier mitten im Nirgendwo bereits fertig gestellt.

Etwa 13,6 km nach Uvita liegt links die Ortschaft **Ojochal,** in der sich zahlreiche Franco-Kanadier niedergelassen haben. Hier gibt es Unterkünfte, ein Internet-Café und sogar eine Touristen-Information (!), ein Restaurant und Cabinas sowie Campingmöglichkeit. Nach ca. 33 km erreicht man die Ortschaft **Cortez,** etwa 1 km weiter zweigt die Straße links nach **Palmar Norte** ab (9 km) und trifft dort auf die Interamericana.

Unterkünfte und Restaurants

Entfernungsangaben ab Uvita (Brücke):

• **Villas Bejuco** (1,7 km links, Tel./Fax 771. 0965): Rest. (3/5/5 $), Pool, Häuschen am Hang mit MB, 10 einf. Zi., bp (KW): DZ 40 $.
• **Villas Maria Luisa** (1,7 km rechts, Tel. 236.6185): Anlage mit Pool, 200 m zum Strand; 3 einf. Ferienhäuser bp (KW), DV: ca. 35 $ (bis 4 Pers.).

526cr Foto: dk

•**La Cusinga Rainforest Lodge** (4,3 km rechts, Tel./Fax 770.2549, info@lacusingalodge.com): schöner Bick auf Playa Arco, Privatreservat mit Wanderwegen; 8 schön eingerichtete Zi., bp (WW), DV, MB: 93 $ p.P./VP.
***Finca Bavaria** (4,9 km li, kein Tel., in D: Tel. 0861/165906, info@finca-bavaria.de): erhöhte Lage mit MB, Garten, Rest. (Frühstück 6 $, 3-Gänge-Menü am Abend: 12 $), Pool, Wanderwege, dt. Leitung; 3 kl. Zi. (24 m²) bp (WW geplant), DV, Bambusmöbel: DZ 52 $; 2 gr. Zi. (30 m²): DZ 59 $; Zusatzperson 12 $.
***Hotel Resort Cristal de Ballena** (ca. 6 km links, Tel. 365.6285, Tel./Fax (Büro): 231.7962, in D: 0861/165906, info@cristal-ballena.com): in erhöhter Lage mit 180° MB auf vorgelagerte Felsinseln, Gartenanlage, Pool (500 m²), Rest., Bar, Privatreservat (12 ha) mit Wanderwegen, öster. Leitung; 4 gr. Zi. mit Holz: 66/66/90 $ (ÜF); 19 großzügige Luxus-Suiten mit Balkon, MB, AC, DV, Sat.-TV, Minibar, Safe: ab 125/125/160 $ (ÜF); Kinder (4-12 Jahre): 12 $ (ÜF); Einführungspreise, gültig bis 12/05; KK (+4 %).
•**Restaurant/Cabinas Katakolo** (ca. 7 km rechts, Tel.770.2698, 368.2477, Fax 771.2370): empfehlenswertes Rest., 200 m zum Meer, großer Garten mit Hängematten, 5 Zi., bp (KW): 10 $ p.P.; Lesertipp!
•**Rest./Cabinas Flamingo** (ca. 7 km rechts, Tel. 787.0150, Fax 787.0116): 300 m zum Meer, gr., Garten, Rest., Kajakverleih, Pferde, Wandertouren; 4 einf. Zi. bp (KW): 25 $ (1-4 Pers.).
***Hotel Villas Gaia** (13,0 km, Tel./Fax 363.3928, Büro: 244.0316, info@villasgaia.com): ca. 1 km zum Strand (Playa Tortuga), schöner Pool mit MB, Rest. Pferde-, Kajak-, Rad- und Bootsausflüge etc., niederl. Leitung; 12 freundliche Bungalows in Naturbauweise im Wald, bp (WW), DV und Terrasse, 75/87/135 $ oder 60 $ p.P. inkl. HP; KK.
•**Hotel El Perezoso** (13,6 km links, nach der Brücke rechts, kein Tel., elperezosocr@yahoo.com): Hacienda-Stil mit Pool, schöne Lage am Hang mit Ausblick; 7 freundliche Zi., ÜF; bc: DZ 55 $; bp: 70 $; mit Balkon: 80 $.
•**Posada Playa Tortuga** (13,5 km rechts, Tel. 384.5489, info@hotel-posada.com: mit schönem Blick auf die Playa Tortuga, Rest. ist geplant, Pool, Garten, Kajak-, Pferde-, Wander- und Bootstouren, US-Leitung; 17 gute Zi. bp (WW), DV: DZ 105-145 $ (ÜF), Honeymoon-Suite mit Jacuzzi.

Der Süden

Über einen rund 3300 m hohen Pass erreicht man von San José aus den Süden Costa Ricas, eingebettet zwischen den höchsten Bergen des Landes (Cordillera de Talamanca) und dem Pazifischen Ozean.

Das Gebiet, das schon lange vor Ankunft der Spanier von Indianern bewohnt war (auch heute noch gibt es hier zahlreiche Indianerreservate), erschien den spanischen Eroberern wenig attraktiv. Die **Besiedlung** durch die Weißen begann erst Ende des 19. Jahrhunderts, die meisten Orte wurden gar erst im 20. Jahrhundert gegründet. Vor allem, als sich die *United Fruit Company* in den 1930er Jahren aus der Karibikregion zurückzog und auf der pazifischen Seite Bananenplantagen anlegte, kamen viele neue Siedler in den Süden des Landes, und Städte wie Palmar, Golfito und Cd. Neily entstanden. Doch auch heute noch ist diese Region dünn besiedelt: In den 5 Bezirken südlich von San Isidro (Buenos Aires, Coto Brus, Osa, Golfito und Corredores), die zwischen 1940 und 1973 gegründet wurden, leben nur knapp 200.000 Menschen – das entspricht nur etwa 6 % der Gesamtbevölkerung – auf einer Fläche von 8348 km², also über 16 % des Staatsgebietes. Bis auf den Raum San Isidro gehört das Gebiet zur Provinz Puntarenas und wird von dort aus verwaltet.

Die **Wirtschaft** der Region wird auch nach dem Rückzug der amerikanischen Multis noch von Bananen bestimmt – ausgedehnte Plantagen finden sich vor allem in der Gegend von Palmar und Golfito. Im Tal des Río General bei Buenos Aires liegen die größten Ananas-Plantagen des Landes, im Valle Coto Brus bei San Vito gedeiht Kaffee. Ferner wird auch hier vielerorts Viehzucht betrieben, in beschränktem Maße auch Fischfang. Auf der Osa-Halbinsel ist Holzwirtschaft von Bedeutung und die (oft illegale) Suche nach Gold.

Für Reisende, die auch bereit sind, auf Komfort zu verzichten, bietet diese Region eine Vielzahl sehr lohnenswerter Ziele: Nebelwald mit guten Möglichkeiten zur Quetzal-Beobachtung in der Nähe des Cerro de la Muerte, fast unberührte Wildnis und „Natur pur" im Gebiet der Cordillera de Talamanca, im Nationalpark Corcovado und im Schutzgebiet Golfito, eine außergewöhnliche Pflanzensammlung im Jardín Wilson und noch immer ziemlich einsame Strände auf der Halbinsel Osa und südlich von Golfito – um nur einige Beispiele zu nennen. Wer möchte, kann von hier auch ohne viel Probleme einen Abstecher ins Nachbarland Panama unternehmen.

Das Klima ist im Umfeld der Berge gemäßigt-kühl, in Küstennähe feuchtheiß und sehr niederschlagsreich.

Der höchste Punkt der Panamericana: am Cerro de la Muerte

Von San José nach San Isidro (137 km)

Über den Cerro de la Muerte

Die Strecke von San José nach Süden führt zunächst über die Autobahn nach Cartago und beginnt dann langsam anzusteigen. Die Fahrzeit von San José zum Cerro de la Muerte liegt je nach Verkehr etwa bei 1,5 bis 2 Std., von dort bis San Isidro noch eine weitere Stunde; die Entfernung beträgt ab San José 133 km. Eine landschaftlich schöne, aber zeitaufwändigere Alternative ist die Strecke über Asserí, Tabarca (s. Kapitel „San José", „Ausflüge von San José") und Frailes, evtl. sogar über Sta. María.

Bei Kilometer 58 zweigt links die Zufahrt zum privaten **Nebelwaldreservat Genesis II.** ab. Gegenüber führt eine Zufahrt nach Copey de Dota, wo man nach 8 km zur **Toucanet Lodge** kommt. Etwa 4 km weiter auf der Interamericana liegt links auf etwa 2600 m Höhe das **Hotel/Albergue Tapantí.** Rechts führt eine Zufahrt zum **Artemis Cloud Forest Reserve** (Allrad empfohlen).

Hier beginnt nun der mühsame **Aufstieg** zum höchsten Punkt der Panamericana zwischen Alaska und Feuerland. LKWs und Busse quälen sich über zahllose Kurven bergauf, und häufig behindert dichter Nebel die Sicht. Bei klarem Wetter hat man jedoch stellenweise eine Sicht wie aus einem Flugzeug, wenn die Bergspitzen der Cordillera de Talamanca aus einem Nebelsee herausragen.

Bei Kilometer 70 geht es rechts zum **Mirador de Quetzales** (1 km). Bei Km 80 zweigt rechts die Zufahrt nach **San Gerardo de Dota** ab (Allrad empfehlenswert): nach 6 km erreicht man die schön gelegene **Trogon Lodge**, 1 km weiter die **Cabinas El Quetzal** und nach insgesamt 10 km die **Albergue de Montaña Savegre.** Auf halber Strecke zweigt die Zufahrt ab zu den **Cabañas Las Cataratas.**

Etwa bei Kilometer 89 der Interamericana ist es dann geschafft, der **höchste Punkt der Straße (und der Panamericana in Zentralamerika!)** ist erreicht: Die dichte Vegetation täuscht darüber hinweg, dass man sich auf einer Höhe von rund 3300 m ü.M. befindet. Neben der Straße liegt der **Cerro de la Muerte,** der „Gipfel des Todes", fast 3500 m hoch. Der Name stammt noch aus der Zeit, als man den Weg vom Süden ins Hochland mit Ochsenkarren zurücklegte. Nicht wenige ließen ihr Leben bei der mühsamen Überquerung dieses Bergpasses, denn die Nächte sind kalt hier oben. Auch heute kommt es auf dieser Strecke immer wieder zu tödlichen Unfällen, so dass der Name immer noch seine Berechtigung hat ...

Bei Kilometer 89,5 führt rechts ein Weg zum Gipfel, der nur für eine Wanderung geeignet ist: ca. 45 Min. zum Gipfel (3491 m – höher als der Vulkan Irazú). Bei entsprechendem Wetter hat man einen atemberaubenden Blick auf die beiden Ozeane! Warme Kleidung und Regenschutz sollte man auf alle Fälle dabeihaben, da sich

395cr Foto: dk

hier das Wetter unvermittelt ändern kann.

Einige Kilometer weiter (Straßen-Km 95) findet man einfache Unterkunft im **Hotel Georgina,** dem wohl höchstgelegenen Hotel des Landes. Das nette kleine **Restaurante Vista del Valle** bei Km 119 auf 2400 m Höhe bietet neben einem schönen Ausblick landestypische Küche und einen Holzbungalow mit Warmwasser für 5 Personen (60 $/ÜF, Tel./Fax 284.4685). Vom **Restaurant Mirador El Torre** bei Km 130 bietet sich ein schöner Ausblick auf San Isidro und die umliegende Bergwelt (Hauptgerichte um 5 $, montags geschlossen; KK).

Privates Nebelwaldreservat Genesis II.

(Genesis II. Cloud Forest Preserve)

- **Fläche:** 39 ha
- **Höhe:** 2360 m
- **Niederschlag:** 2300 mm/Jahr (Jan.-Mai trocken)
- **Eintritt:** 10 $, Stud. 5 $
- **Info:** Tel./Fax 381.0739 info@genesis-two.com
- **Unterkunft:** Genesis II Lodge: 5 ordentl. Zi. mit bc / z.T. bp (WW): 88 $ p.P. (Stud. 60 $) inkl. VP, (NS 80 $ p.P., Stud. 50 $), max. 8 Pers.; Zelt-Plattform für Camping; Canopy-Tour (35 $, für Hausgäste 25 $)
- **Anfahrt:** Kurz nach dem Kilometerstein 58 zweigt links die Zufahrt ab (4,5 km, die letzten 500 m nur mit Allrad oder zu Fuß!)

Das **Privatreservat** liegt im Norden des Talamanca-Massivs, zwischen den Nationalparks Tapantí und Chirripó, und grenzt unmittelbar an ein rund 200.000 ha großes staatliches Forstreservat. Daher hat man hier auf relativ kleinem Raum eine große Artenvielfalt. Vor allem Vogelfreunde kommen hier auf ihre Kosten. Unter den rund 20 Baumarten fallen besonders die bis über 30 m hohen Eichen auf, die mit Bromelien, Orchideen und anderen Epiphyten überladen sind. Hohe Baumfarne und Bambus sind weitere typische Pflanzen.

Säugetiere bekommt man nur selten zu Gesicht, da sie sehr zurückgezogen leben und viele nachtaktiv sind. Manchmal entdeckt man in den Bäumen ein Zweizehen-Faultier, auch Tapire, Gürteltiere, Wickelbär, Tayras und Eichhörnchen kommen vor. Von den hier lebenden Pumas kann man bestenfalls Spuren entdecken.

Um so häufiger kann man Vögel beobachten: Über 200 Arten hat man hier schon gezählt, u.a. den sagenumwogenen Quetzal, und die Chancen sind nicht schlecht, selber einen zu sehen. Weiterhin leben hier Schwarzbauchguan, Halsbandtrogon, Regenbogentukan sowie zahlreiche tropische Singvögel, Fliegenschnäpper, Tangaren, Finken und Kolibris.

Unterkünfte am Cerro de la Muerte

***El Toucanet Lodge** (Copey de Dota, Tel./Fax 541.3045, toucanet@racsa.co.cr): US-Leitung, in der Nähe des Forstreservates Los Santos auf 1900 m, ruhige Lage, Rest. (5/7/9 $), Pferdetouren (2 Std., 20 $), Wandertouren (z.B. im Biolog. Reservat Las Vueltas); 8 gemütliche Zi., bp (WW), Balkon: 58/68/78 $ (ÜF); KK (ohne Zuschlag). Anfahrt: von der Interamericana bei Km 58 rechts über Cima nach Copey (8 km, Allrad empfehlenswert) oder in Empalme (Km 51,5) rechts nach Sta. Maria de Dota (14 km, Teerstr.) und weiter nach Copey (8,5 km, kein Allrad).

●**Hotel/Albergue Tapantí** (Interamericana Km 62, Tel. 290.7641, Fax 290.7641): rustikales Rest., Wanderwege; 10 recht ordentl. Zi. (bis 5 Pers.), bp (WW), z.T. Balkon: ca. 68/68/85 $.

●**Artemis Cloud Forest Reserve** (km 62 re. über Esperanza, kein Tel.): schön gelegenes Privatreservat mit Primärwald und reichhaltiger Vogel- und Pflanzenwelt; Unterkunft bei Aufenthalt von mind. 1 Monat und bei Mitarbeit sowie Kostenbeteiligung (700 $ pro Monat inkl. Verpflegung und Unterkunft) möglich. Die Familie ist spanisch- und englischsprachig.

*__Mirador de Quetzales, Finca Eddie Serrano__ (Km 70, Tel. 381.8456 und 454.4746): Rest., Privatreservat (43 ha, auf 2650 m), vorwiegend Primärwald, hohe Quetzal- „Trefferquote"; 6 rustikale Zi. (bis 4 Pers.), Stockbetten, bc (WW); 4 Cab. (bis 5 Pers.): 37 $ p.P. inkl. HP und Quetzal-Tour (5 $).

●**Cabañas Las Cataratas** (San Gerardo de Dota, Tel. 571.1840): Wanderwege, 2 einf. Cab. (4 Pers.): 5 $ p.P.

●**Cabañas Suría Mountain Lodge** (km 80 rechts, nach 10 km links, Tel./Fax 740.1004, suriacabins@racsa.co.cr): Pferdetouren, Touren zum Wasserfall und Vogelbebachtung; 5 Zi. (bis 4 Pers.), bp (WW): 66 $ p.P./VP, (NS 60 $ p.P.).

*__Trogon Lodge__ (San Gerardo de Dota, Tel. Büro: 223.7490, Fax 222.5463, in D: Tel. 0861/165906, mawamba@racsa.co.cr): gepflegte Lodge auf 2300 m, schön in einem Taleinschnitt gelegen, Rest. (9/12/12 $), Privatreservat mit 6 km Wanderwegen (Río Macho Forest Reserve, Eintritt für Nicht-Gäste: 5 $); 8 gepflegte Holzhäuser mit je 2 angenehmen, komfortabel-rustikalen Zi. mit Heizung, bp (WW): DZ 73 $; KK.

●**Cabinas El Quetzal** (San Gerardo de Dota, Tel. 771.2077): 3 ordentl. Cab. neben Privathaus, modern oder rustikal mit Kamin, bp (WW): ca. 25 $ p.P. (VP).

●**Hotel de Montaña Savegre** (San Gerardo de Dota, Tel. 740.1028, Fax 740.1027, savegrehotel@racsa.co.cr): Familienbetrieb auf ca. 2200 m mit 200 ha Nebelwald (Eintritt: 5 $), ca. 12 km Wanderwege, Rest. (nicht sehr gemütlich); 24 Zi. mit Heizung, bp (WW), wenig Ambiente: 73/73/97 $, mit VP und Touren: 105/156/208 $; 9 Junior-Suites mit Kamin: 99/99/130 $, mit VP und Touren: 146/205/270 $; KK. Günstiger ist es, nur die Übernachtung zu buchen und das Essen vor Ort zu bezahlen.

●**Hotel Georgina** (km 96, Tel. 770.8043, Fax 279.9511): altes Holzhaus mit Rest.; 7 einf. Zi., bc (WW): ca. 4 $ p.P.; bp (WW): DZ ca. 9 $; 1 Cab., Kamin, Küche: 60 $ (bis 6 P.); DZ 20 $.

San Isidro

●**Einwohner:** 40.000, Bezirk ca. 110.000
●**Lage:** Valle de El General, 136 km südl. von San José
●**Höhe:** 700 m ü.M.
●**Klima:** Durchschnittstemp. 24 °C

San Isidro de El General, die größte Stadt des Südens, gehört zur Provinz San José und ist Hauptstadt des **Bezirkes Perez Zeledon** (für viele steht dieser Name auch gleichbedeutend für die Stadt selbst). Der Bezirk lebt zu über 60 % von der Landwirtschaft, 24 % entfallen auf den Handel und gut 9 % auf Industrie. Die Stadt liegt am Río Quebrada am Anfang des Valle de El General. Der Río General, der ca. 5 km westl. der Stadt fließt, mündet rund 85 Straßenkilometer südöstl. in den Río Grande de Terraba, den größten Fluss des Landes.

General *Bernardo Soto Alfaro* (1836-1889) war der erste Präsident Costa Ricas, der im Jahre 1887 das später nach ihm benannte *Valle de el General* besuchte und daraufhin den Bau der Straße von Orosí nach General veran-

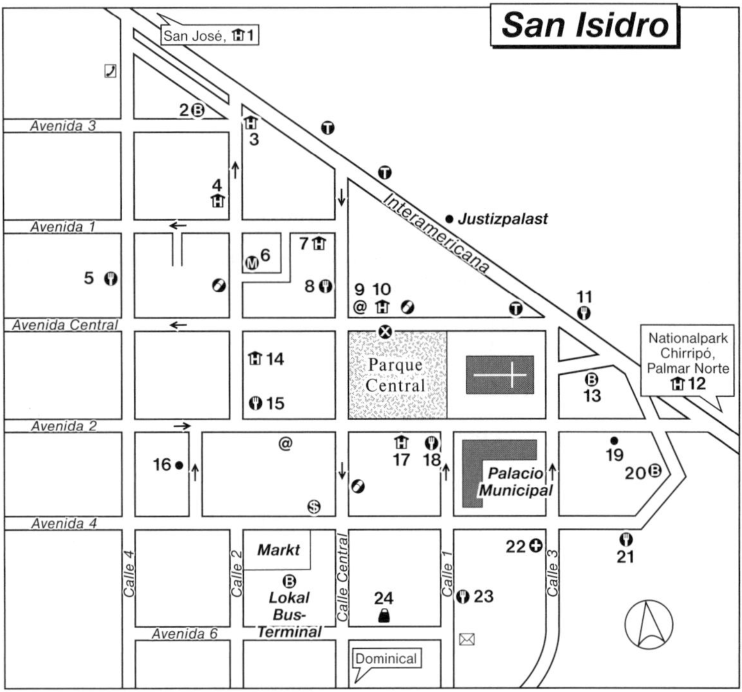

lasste. Hauptverantwortlich für die Entwicklung des Valle de El General war *Pedro Perez Zeledon* (1854-1930), der u.a. 1910/11 Schutzhütten am Cerro de la Muerte bauen ließ.

Für den Reisenden ist San Isidro ein Ausgangspunkt für Ausflüge zum Nationalpark Chirripó und zu den Stränden südlich von Quepos (siehe Kapitel „Zentrale Pazifikküste"). Die Stadt hat wenig Sehenswertes, Zentrum ist der Parque Central, an dessen Ostseite eine Kathedrale den Blick auf sich zieht.

Wer etwas Zeit hat, sollte den **Complejo Cultural** besuchen (C.2/Av.C.-1). In diesem Kulturzentrum befindet sich neben einem Theater, einer Bibliothek und Werkstätten für Musik, Malerei und Tanz auch das **Museo Regional del Sur.** In diesem kleinen Museum mit Fundstücken aus präkolumbischer Zeit und der Kolonialepoche, werden auch Fotos und Ausstellungsstücke aus der jüngeren Geschichte des Landes und der Gegenwart der Region gezeigt (Mo-Fr 9-12, 13-17 Uhr, Eintritt frei). Auskunft über laufende Ausstellungen und kulturelle Aktivitäten gibt es unter Tel. 771.5273.

	Hotels
1	Cab. El Prado
3	Hotel/Rest. Amanelli
4	Hotel Balboa
7	Hotel Iguazú
10	Hotel Astoria
12	Hotel del Sur
14	Hotel El Valle
17	Hotel Chirripó
	Restaurants
5	Taquería Mexico Lindo
8	Rest. El Tenedor
11	Restaurant Fu-Kuai-Lau/Fu-Jou
15	Rest./Bar La Cascada
18	Soda Chirripó
21	Ristorante Marta
23	Marisquería Marea Baja
2	Bus n. San José
6	Museum
9	Internet Café
13	TRACOPA (Bus)
16	Nationalpark-Büro
19	Polizei
20	Transporte Blanco (Bus)
22	Rotes Kreuz
24	Bäckerei
	Apotheke
	Taxi

Unterkünfte

In der **Innenstadt** gibt es nur Unterkünfte der einfachsten Kategorie:

- **Hotel Balboa** (C.2/Av.1, Tel. 771.0606): 31 einf. Zi.: bc ca. 3 $ p.P.; bp ca. 9 $ p.P.
- **Hotel Astoria** (Tel. 771.0914): 55 einf. Zi, meist nach innen, z.T. eng und dunkel; bc: 4,50/8/12 $; bp: ab 7,50/12/18 $; bessere Zi. zum Innenhof, ruhig, Parkplatz, bp (WW): 15/21/31 $.
- **Hotel El Valle** (Tel. 771.0246, Fax 771.0220): 5 Zi. mit bc, ok: 6 $ p.P.; 25 ordentl., saubere Zi. bp, TV: 9/10/19 $.
- **Hotel Iguazú** (über Super-Lido, Tel. 771.2571, Fax 771.0076): 21 ordentl. Zi., bp (WW), Vent., TV, sauber: bc EZ 9 $; bp: 13/22/31 $.
- **Hotel Chirripó** (Tel. 771.0529): beliebtes Hotel im Zentrum; 41 einfache, annehmbare Zi., sauber; bc: 5,50/11 $; bp (WW): 9/15/20 $.
- **Hotel/Restaurant Amanelli** (Tel. 771.0352): Nähe San-José-Bus; 41 ordentl. Zi., bp (WW), Vent., z.T. zur Straße (laut): 9 $ p.P.
- **Cabinas El Prado** (Straße gegenüber Schule 12 de Marzo, Tel. 771.0578, Fax 771.0453): ruhige Lage, etwas abseits, Typ Motel, Parkplatz, Pool; 32 ordentl. Cab., bp, TV, Vent.: 12/22/30 $ (ÜF); empfehlenswert, außer Fr-So (Disco-Lärm).

Außerhalb:

- **Hotel del Sur** (5,5 km südlich; Tel. 771.3033, Fax 771.0527, htlsur@racsa.co.cr): gr. Anlage mit Rest., Bar, gr. Pool, Tennisplatz; 27 ordentl. Zi., bp (WW): DZ ab 48 $, 20 renovierte „Superior"-Zi.: DZ ab ca. 69 $; mit AC +6 $; 10 ältere, ruhig gelegene Cab., Küche, bp: ca. 64 $ (bis 6 Pers.); KK.
- Weitere Unterkünfte (in ruhigerer Lage) finden sich an der Straße nach San Gerardo de Rivas (s.u. bei „Umgebung von San Isidro").

Restaurants

- **Restaurant Fu-Kuai-Lau/Fu-Jou** (Av.2, Interamericana/Av.C.): empfehlenswertes chinesisches Lokal, mittleres Preisniveau, auch günstige Gerichte; KK.
- **Ristorante Marta:** nettes kl. Lokal, familiär, original ital. Küche (Pasta), Di. Ruhetag.
- **Taquería México Lindo:** kl. Lokal, günstige mexikan. Gerichte, Mittwoch geschlossen.
- **Restaurant Chirripó** (im Hotel Chirripó): Frühstück, gr. Auswahl.
- **Soda Chirripó** (Metallkäfig neben Restaurant Chirripó): Frühstück ab 6 Uhr.
- **Restaurant El Tenedor** (Av.3, C.C./Av.C.-1 OG): diverse Gerichte ab 4 $, Pizza und Pasta.
- **Marisquería Marea Baja** (C.1/Av.4-6): gutes Fischrest., Gerichte ab 5 $; KK.
- **Sodas** gibt es nahe der Busabfahrtsstellen nach San José (Av.3/C.2-4).

Abends

- **Restaurant/Bar La Cascada:** beliebtes Lokal im 1. Stock.
- **Disco**: *El Prado,* im nördl. Stadtteil (bei Cabinas El Prado), nur am Wochenende.
- **Kino**: Av.2/C.2, Eintritt ca. 2,50 $.

Die Kathedrale von San Isidro

Infos von A bis Z

- **Autovermietung:** *National R.C.* (C.1/Av.4, Tel. 771.1037).
- **Erste Hilfe:** Rotes Kreuz (C.3/Av.4, Tel. 771. 0481), Krankenhaus (C.1/Av.14).
- **Fahrradbedarf:** *Ciclo El Valle* (Av.2/C.C.-2), *Ciclo Cento 2000* (C.4/Av.C.-2), Reparatur bei *Ciclo Luis Ramirez* (C.4/Av.2-4).
- **Foto:** Film/Entwickl. bei *Fuji* (Av.1/C.2-4).
- **Geldwechsel:** *Banco Nacional:* Mo-Fr 8.30-15.45 Uhr, *Banco de Costa Rica* (Av.4/C.C.): Mo-Fr 8.30-15 Uhr.
- **Internet:** *Brunc@net Café,* Mo-Sa 8-20 Uhr, So 9-17 Uhr; 3 $/Std.
- **Nationalparkbüro:** C.2b/Av.2-4, gegenüber Camera de Cañeros, Tel. 771.3155, Fax 771.3297, Mo-Fr 8-16 Uhr, Reservierung nur bis 12 Uhr möglich.
- **Polizei:** Av.2/C.3-5, Tel. 771.3447.
- **Post:** C.1/Av.6, Mo-Fr 7.30-18 Uhr, Sa. 7.30-12 Uhr.
- **Reiseveranstalter:** *Brunca Tours* im Hotel del Sur (Tel. 771.3033, 771.3100, ciprotur@racsa.co.cr): Rafting, NP Corcovado Tour, Isla del Caño.
- **Taxi:** Standplatz Parque Central/Nordseite, Tel. 771.0045 (Coopetaxsur), Preis nach San Gerardo (Nationalpark Chirripó) ca. 12 $.

Verkehrsverbindungen

Busse, die aus San José kommen, sind mit Stern (*) gekennzeichnet. Der Terminal in der C.C./Av.6 dient nur für Lokalbusse.

- **San José** (Av.3/C.2-4): *TUASUR* (Tel. 771. 0419) und *MUSOC* (Tel. 771.0414): 5 Uhr, 5.30-16.30 Uhr stündl., Fahrzeit: 3 Std., Preis: ca. 3 $.
- **Dominical/Quepos** (C.5/Av.4): *Transp. Blanco* (Tel. 771.2550): 7 und 13.30 Uhr.
- **Dominical/Uvita** (C.5/Av.4): *Transp. Blanco,* 9 und 16 Uhr.
- **San Gerardo/Nationalpark Chirripó** (Terminal C.C./Av.6): 5 und 14 Uhr.
- **Buenos Aires** (C.3/Av.C.-2, *TRACOPA):* 4.45, 7.30, 12.30 und 15 Uhr; Busse aus San José (bis Abzw.).
- **Palmar/Cd. Neily** (C.3/Av.C.-2, *TRACOPA):* 4.45, 7.30, 12.30 und 15 Uhr sowie Bus nach Paso Canoas.
- **Pto. Jiménez** (C.5/Av.4): 9 und 15 Uhr.
- **San Vito** (C.3/Av.C.-2, *TRACOPA):* 5.30 Uhr, aus San José um 9, 11.30, 14.30 und 17.30 Uhr *(directo),* Fahrzeit 3,5 Std.
- **Paso Canoas*** (C.3/Av.C.-2, *TRACOPA):* 8.30, 15.45 und 19.30 *(directo).*
- **David/Panamá*** (C.3/Av.C.-2, *TRACOPA):* ca. 10 Uhr.
- **Golfito*** (C.3/ Av.C.-2, *TRACOPA):* 10 und 18 Uhr *(directo).*

Umgebung von San Isidro

San Gerardo de Rivas

Dieses langgestreckte, ruhige Bergdorf liegt auf etwa 1350 m Höhe im Tal des Río Chirripó und ist Ausgangspunkt für Wanderungen im Nationalpark Chirripó. Um frühmorgens und ausgeruht die Wanderung zum Cerro Chirripó zu beginnen, muss man in San Gerardo übernachten, es gibt eine Reihe einfacher Unterkünfte sowie einige Läden und Restaurants.

Anfahrt

Etwa 1 km südlich von San Isidro am Schild *Univ. Nacional* Abzweigung links, weitere 11 km bis Rivas geteert, dann 9 km steinige Piste (ohne Allrad möglich) bis San Gerardo. Die Nationalparkverwaltung befindet sich am Ortseingang links.

Unterkünfte & Restaurants

An der **Straße** von San Isidro **nach San Gerardo** (Entfernungsangaben ab Abzw. Interamericana):

***Talari Mountain Lodge** (5,6 km rechts, Tel./ Fax 771.0341, talaripz@racsa.co.cr): nette Lodge, ruhige Lage, Bergblick, persönlich geführt, niederl. Leitung (Mittagessen 8 $, Abendessen ca. 10 $), Pool, ca. 2 km Wanderwege, gute Vogelbeobachtung (über 170 Arten), guter Ausgangspunkt für Wanderungen zum Chirripó (Besitzer organisiert Touren, z.B. 4 Tage/3 Nächte: 198 $ p.P. inkl. Transfers, VP, Träger etc.), kostenlose Abholung von San Isidro, 16.9.-31.10. geschl.; 8 ordentl. Zi., bp (WW), z.T. Kühlschrank: 36/56/76 $ (ÜF); NS -10 %; KK.

•**Rancho La Botija del Sur** (6,1 km links, Tel. 770.2147, Tel./Fax 770.2146, labotija@racsa.co.cr): gemütl. Rest. (u.a. mexikan. Küche, Fleisch- und Fischgerichte um 5,50 $, Mo. Ruhetag), schöner Poolbereich (Eintritt für Nicht-Gäste 5 $), Wanderwege; 4 recht nette Zi., bp (WW): 45/61/75 $ (ÜF); KK (+4,5 %).

•**Río Chirripó Retreat** (17,6 km Abzw. rechts, Tel. 771.7065, riochirripo@yahoo.com): Rest., Pool (WW) und Naturpool am Fluss, Wanderwege, Pferdetouren; 8 rustikale, ordentl. Zi., bp (WW), Terrasse: ca. 65/65/75 $ (ÜF); NS: ca. 45/45/65 $ (ÜF); KK.

***Albergue de Montaña El Pelicano** (17,8 km Abzw. li., Tel. 382.3000): gr. Holzhaus, Rest. (Casado 3 $, Forelle 5,50 $); 11 sehr ordentl. Zi., bc (WW): ca. 11/23/32 $ (ÜF).

Im Ort San Gerardo (Reihenfolge ab Ortseingang, die Entfernungsangaben beziehen sich auf das Nationalpark-Büro):

•**Cabinas Marin** (Ortsanfang links, neben Nationalparkbüro, Tel. 308.6735): Soda, kl. Laden; 8 einf. Zi., eng, aber sauber, bc (KW): 6 $ p.P.; bp: DZ 14 $.

537cr Foto: dk

Der rote Ara, einer der farbenprächtigsten Vögel Costa Ricas

- **Cabinas El Bosque** (100 m rechts, Tel./Fax 771.4129): 7 einf. Zi., bc: ab 8 $ p.P.
- **Cabinas/Restaurant El Descanso** (300 m rechts, Tel. 771.1866, Tel./Fax 375.3752): einf. Rest., Pferdeverleih, Besitzer organisiert Touren; 10 einf., enge, aber akzeptable Zi., bc (WW): 7 $ p.P.; 2 ordentl., gr. Zi., bp (WW): 20 $ (1-3 Pers.).
- **Cabinas Elimar** (400 m rechts, Tel. 771.1866): Rest., einf. Rest. (Hauptgericht um 3,50 $); 4 einf. Zi., bc (KW): 5,50 $ p.P.; 4 einf., ordentl. Zi. bp (WW): ca. 9/14/14 $.
- **Hotel Roca Dura** (700 m rechts, am Dorfplatz, Tel. 771.1866): kl. Rest.; 4 einf. Zi., bc (WW): 3,50 $ p.P.; 2 Zi., bp (WW): DZ 9 $.
- **Hotel Uran** (Tel. 388.2333, Tel./Fax 771.1669, rohelr@yahoo.com): einf., direkt am Eingang zum NP Chirripó, landestypisches Rest.; 13 einf., enge Zi., hellhörig, bc: 7 $ p.P.; 8 Zi., bp: DZ 38 $.

Busverbindung

- **San Isidro:** 7 und 16 Uhr ab Dorfplatz.

Nationalpark Chirripó

- **Lage:** Cordillera de Talamanca, Höhe: ca. 1500 m; max. 3820 m
- **Klima:** Mai-Dez. sehr feucht, Jan.-April trocken; Temperatur je nach Höhe, es wurden -9 °C gemessen (niedrigste je in Costa Rica gemessene Temp.)
- **Geöffnet:** Nationalparkbüro in San Gerardo tgl. 5-17 Uhr; Zugang zum Nationalpark nur bis 12 Uhr möglich (außer Tagesbesucher), da sonst die Schutzhütte nicht mehr rechtzeitig erreicht werden kann.
- Eine **Anmeldung** ist unbedingt vorgeschrieben, da die Kapazität auf 60 Pers./Nacht beschränkt ist. Vor allem in der Hochsaison muss man oft wochenlang (!) auf einen Platz warten. Anmeldung unter Tel. 770.8040 oder in San Isidro (Tel. 771.3155 und 771.5166). Einzelreisende können mit etwas Glück vor Ort noch einen Restplatz erwischen, diese Methode ist allerdings sehr unsicher.
- **Eintritt:** 8 $ + 8 $/Nacht
- **Übernachtung:** nur in den Refugios Base Crestones (Schlafsack mitbringen, keine Verpflegung), Übernachten im *Refugio Llano Bonito,* Campen ist nicht erlaubt
- **Anfahrt:** einziger Zugang über San Gerardo (s. dort), Bus ab San Isidro (oder bis Rivas und weiter zu Fuß/Trampen)

Der drittgrößte Nationalpark des Landes grenzt im Osten an den Internationalen Park Amistad und ist somit Teil des Biosphären-Reservates Amistad-Talamanca, dem größten zusammenhängenden Schutzgebiet des Landes (fast 250.000 ha). In seiner Mitte liegt der Cerro Chirripó, der **höchste Berg des Landes** (3839 m) und die höchste Erhebung zwischen den Vulkanen Guatemalas und den Anden. Innerhalb der Parkgrenzen entspringen viele wichtige Flüsse, u.a. der Río Chirripó Pacífico, der Hauptquellfluss des Río Térraba, sowie der Río Chirripó Atlántico, der in den Río Matina mündet.

Nach Bestätigung eines Indianers war Pater *Augustín Blessing* der erste Weiße, der diesen Gipfel im Jahre 1904 bestieg. Weitere erfolgreiche Expeditionen wurden in den Jahren 1905, 1913, 1915, 1920, 1932 und 1942 durchgeführt, heute ist der **Aufstieg** zum Chirripó zu einer Art „Breitensport" geworden. Wer ihn selbst unternehmen möchte, sollte daran denken, dass der Anstieg teilweise sehr anstrengend ist und in einen Bereich führt, in dem bereits die Höhenkrankheit auftreten kann.

Flora und Fauna

Entsprechend der Höhe unterscheidet man im Park zwei Haupt-Vegetationstypen: In den unteren Regionen herrscht immergrüner **Nebelwald** vor, in dem es meist feucht und kalt ist. Eichen und Steineichen werden bis 50 m hoch, sie haben verkümmerte Kronen und ledrige Blätter. Charakteristisch sind die sehr zahlreichen Baumfarne, Moose, Bromelien und Orchideen. Über 3400 m beginnt der **Páramo,** eine Lebenszone mit verkümmerter Vegetation. Bäume werden nicht größer als 4 m und sind manchmal stark verästelt, was das Durchkommen erheblich erschwert.

An Säugetieren sind Puma, Ozelot, Jaguar, Tapir, Halsbandpekari, Eichhörnchen, Kaninchen, Koyote, Tayra und Ameisenbär im Park heimisch. Es gibt eine große Vielfalt von Vögeln, u.a. den Schwarzgesichtclarino, Kolibris und den Quetzal.

Der Aufstieg zum Gipfel

- **Dauer:** Am 1. Tag bis Schutzhütte (6-8 Std.), 2. Tag zum Gipfel (1,5-2 Std.) und zurück nach San Gerardo (5-6,5 Std.). Möglich ist auch, mehrere Nächte im *refugio* zu verbringen.
- **Vorbereitung:** Rechtzeitige Reservierung, Einschreiben beim Nationalparkbüro in San Gerardo (tgl. 6-18 Uhr).
- **Ausrüstung:** Warme Kleidung, Regenschutz, Wanderschuhe, Warmer(!) Schlafsack, Wasser, Verpflegung und Gaskocher, Sonnencreme, Kompass, Taschenlampe, Verbandszeug, evtl. Detailkarte und Tabletten gegen Höhenkrankheit.
- **Hinweis:** Das größte Problem der Parkverwaltung ist die **hohe Brandgefahr.** Daher bitte nicht rauchen oder kochen, kein Feuer machen.
- **Route:** Von San Gerardo zu den Schutzhütten rechnet man etwa 6-8 Std. Gehzeit, der Höhenunterschied beträgt etwa 2200 m: Möglichst früh geht es von **San Gerardo** zunächst entlang der Straße, am Dorfplatz vorbei, bis man ein **Hinweisschild** zum Nationalpark erreicht. Der Weg führt rechts über eine **Viehkoppel** (kein Schatten) und später durch einen **Wald**. Bereits dieser erste Abschnitt, auf dem man die Grenze zum Nationalpark überquert, ist recht anstrengend, da es permanent bergauf geht. Nach knapp 8 km und 3-4 Std. (je nach Kondition) erreicht man das *Refugio Llano Bonito*, eine kleine **Schutzhütte** auf etwa 2600 m Höhe, in der man aber weder Feuer machen noch übernachten darf. Von hier führt der Weg weiter recht steil bergauf durch einen **Wald** (z.T. schlammig), bis man nach der Baumgrenze einen **Bergrücken** erreicht. Der Weg ist nun **leicht ansteigend,** bis man nach insgesamt 14,5 km und weiteren 3-4 Std. die beiden *Refugios Base Crestones* erreicht, zwei einfache Steinhäuser (12 Zimmer mit je 4 Stockbetten) mit Matratzen, WC und Duschen. Die Nächte sind kalt und windig.

Den **Aufstieg zum Gipfel** (Höhenunterschied: ca. 350 m) macht man im Normalfall am nächsten Morgen, wer früh dran und in guter Verfassung ist, kann aber auch am gleichen Tag noch aufsteigen (nicht nach 15 Uhr!). Zunächst geht es meist nur leicht bergauf, mit **schöner Sicht** auf einige kleine Seen, im letzten Abschnitt geht es dann steil über Geröll, es ist meist windig und oft bewölkt. Nach 5,1 km und etwa 2,5 bis 3 Std. hat man es endlich geschafft: Man ist auf dem höchsten Punkt Costa Ricas angekommen!

Für den **Rückweg** zu den *Refugios* rechnet man etwa 1,5-2 Std., für den Abstieg zum Refugio Llano Bonito und von dort bis nach San Gerardo etwa je 2,5-3 Std.

Von San Isidro nach Palmar Norte (124 km)

Die Zeiten, als das Tal des Río General noch von dichtem Regenwald überwachsen war, sind Vergangenheit. Heute führt die Strecke von San Isidro nach Süden durch abgeholzte Nutzlandschaft mit ausgedehnten Kaffee-, Zuckerrohr- und Ananasplantagen.

Schätzungsweise eine Busstunde südlich von San Isidro zweigt am Straßenkilometer 164 bei Río Sonador die Zufahrt ab (ca. 15 Min. zu Fuß) zur **Finca Congo Mai** (Tel. 771.4239): Die Finca (800 ha) mit Kaffeeplantagen, Zuckerrohr und Regenwald wird von Mittelamerikanern und Europäern gemeinsam bewirtschaftet. Einige einfache Unterkunftsmöglichkeiten sind vorhanden (5 $ p.P.), Mitarbeit in der Landwirtschaft ist möglich und natürlich gern gesehen. Info: www.sonador.org

Buenos Aires

- **Lage:** 361 m ü.M., zu Füßen der Cordillera de Talamanca
- **Klima:** Tagestemp. um 23 °C, Niederschlag: 2800 mm/Jahr
- **Niederschlag:** 2800 mm/Jahr

Nach 63 km Fahrt ab San Isidro auf der Carretera Interamericana zweigt links die Zufahrt nach Buenos Aires ab (3 km). In der Umgebung des wichtigen Agrarzentrums (vor allem Ananas) findet man zahlreiche Indianerreservate. Die Stadt ist ein möglicher Ausgangspunkt für Wanderungen im Nationalpark Amistad. Im Ort gibt es einige einfache Restaurants und zwei Banken am Parque Central. Bisher ist man auf Tourismus noch nicht eingestellt.

Unterkünfte

Die beiden genannten Unterkünfte erreicht man von der Abzw. von der Interamericana (Tankstelle).

- **Cabinas Kanjaka** (1 km nach Abzw. rechts, Tel. 730.0764): 9 einf., recht ordentl. Cab., bp: ca. 6/9/12 $.
- **Cabinas Mary** (2 km nach Abzw. Zufahrt rechts, Tel. 730.0187): 8 einf. Zi., bp: 4 $.

Zum Nationalpark Amistad

Von Buenos Aires führt nach Norden eine Piste nach **Ujarrás** (9 km), wo ein Nationalpark-Posten errichtet werden soll. Von dort sind es noch etwa 9 km zu Fuß bis zur Parkgrenze. In dieser Gegend soll es auch Themalquellen *(aguas termales)* geben.

Weiter südlich führt die Interamericana durch die von Menschen noch wenig zerstörte Natur im Tal des Río

General. 24,5 km nach der Abzweigung bei Buenos Aires geht es bei **Paso Real** nach links in Richtung San Vito (s. „Ein Abstecher nach San Vito").

Indianerreservat Boruca

Mal ehrlich: Was stellt man sich unter einem „Indianerdorf" vor? Malerisch gekleidete Frauen mit langem schwarzem Haar, die auf dem Kopf Wasserkrüge balancieren und über dem Lagerfeuer Essen zubereiten? Wer mit dieser Vorstellung nach Boruca kommt, wird sicherlich enttäuscht sein. Boruca nämlich ist ein ganz normales Dorf mit Häusern aus Stein und Beton, einer Kirche, einer Schule und ganz „normal" gekleideten Bewohnern.

Bis vor nicht allzu langer Zeit lebten an den wenigen **Feiertagen** die alten Bräuche auf und die typische Tracht kam zum Einsatz. Am 8. Dezember beispielsweise, dem *día de los negritos*, oder zur Jahreswende (30. Dez.-2. Jan.), als man hier verkleidet den Teufelstanz, den *baile del diablo*, tanzte. (Nach Aussage eines Lesers finden die Tänze seit einigen Jahren nicht mehr statt.) Die alte Tradition stirbt auch hier aus und macht dem Gott Zivilisation Platz, der heute fast die ganze Welt beherrscht. Nur die Älteren sprechen noch die Sprache ihrer Vorfahren, viele nur Spanisch sprechende Ticos leben schon im Dorf und beschleunigen diesen Prozess zusätzlich.

In jüngster Zeit hat man begonnen, die alten Bräuche und Traditionen wieder aufleben zu lassen und zu bewahren. Ein Komitee *(La Flor de Boruca)* aus 19 Frauen und 6 Männern wurde gebildet. Erstes sichtbares Ergebnis ihrer Arbeit ist das **Museo Comunitario Indígena de Boruca** (am Ortseingang geradeaus, Eintritt 150 C.), das im traditionellen Stil erbaut wurde und mit Fotos, Infotafeln und einigen Ausstellungsstücken einen Einblick gibt in das Leben und die Kultur dieses Volkes.

Anfahrt

11 km hinter Paso Real (36 km nach der Abzweigung nach Buenos Aires, 25 km vor Palmar Norte) führt eine Abzweigung rechts nach Boruca. Die Strecke (8 km) ist steinig, staubig, manchmal steil, dafür aber landschaftlich sehr reizvoll mit tollen Ausblicken auf die umliegende Berglandschaft; ein Allradfahrzeug ist empfehlenswert. Eine Wanderung (Gehzeit ca. 2,5-3 Std.) ist anstrengend, da es z.T. steil bergauf geht und kein Schatten vor der Sonne schützt.

- **Tipp:** Wer mit öffentlichen Verkehrsmitteln unterwegs ist, sollte sein Gepäck in Palmar Norte oder Buenos Aires lassen und mit dem Bus bis zur Abzweigung nach Boruca fahren.

Unterkunft

Es gibt keine Hotels, aber man kann im Dorf privat bei einer **Familie** übernachten. Möglichst einen Tag vorher anmelden: Tel. 771.2533 (Ansprechpartner: *Padre Joaquín Calderón Vargas*), ca. 10 $ p.P./VP.

Ausflüge in die Umgebung

- Im Museo Comunitario kann man einen **Führer** bekommen und **Pferde** leihen.

• **Aussichtspunkt:** Die Zufahrtsstraße führt am Orteingang rechts weiter bergauf und erreicht nach etwa 1 km ihren höchsten Punkt. Von hier hat man einen herrlichen Blick auf die Berge der Umgebung und das tieferliegende Dorf Boruca.

• **Wasserfälle:** Am Ortseingang links, immer geradeaus, führt ein ca. 1 km langer leichter Weg bis zum Río Boruca. Auf der anderen Seite zweigt links ein schmaler Pfad ab (der Hauptweg führt zur Interamericana). Auf ihm gelangt man zu einem kleinen Wasserfall, etwas weiter unterhalb kommt man zu einem etwa 30 m hohen Wasserfall. Ein schmaler Pfad führt weiter bergab zu einem noch größeren Wasserfall.

Palmar Norte

• **Einwohner:** 18.50
• **Lage:** 124 km südlich von San Isidro, Höhe 26 m
• **Klima:** Durchschnittstemperatur um 25 °C, Niederschlag 3670 mm/Jahr)

Eine mächtige Stahlbrücke überspannt den Río Grande de Térraba, den mit 196 km längsten Fluss des Landes, und trennt den (nördlich liegenden) Ortsteil Palmar Norte von Palmar Sur. Vor der Brücke führt rechts eine Abzweigung nach Ciudad Cortés und ans Meer. Eine Weiterfahrt nach Uvita und an die Strände der zentralen Pazifikküste ist möglich.

Palmar Norte gehört zum über 2200 km² großen Bezirk Osa, dessen Hauptort ist jedoch Ciudad Cortés. Nachdem weite Teile der Bananenplantagen an der Atlantikküste von der Panama-Krankheit befallen waren, entschied sich die United Fruit Company, auf der Pazifikseite des Landes neue Plantagen zu gründen. 1936 begannen rund 600 Männer, im Gebiet des heutigen Palmar Sur Bananen zu kultivieren, die bis heute die wirtschaftliche Grundlage der Region bilden.

Für Besucher ist Palmar eine Zwischenstation auf dem Weg nach Süden und nach Sierpe (siehe „Die Halbinsel Osa“).

Unterkünfte

• **Brunka Lodge** (an der Hauptstraße, Ortsanfang gegenüber Banco Nacional, Tel. 786. 7944, Fax 786.6358, brunkalodge@costarricense.cr): Rest., kl. Pool; 5 kl. Holzhäuschen, bp, AC, TV: 35/35/45 $.
• **Cabinas Tico-Aleman** (Interamericana links, Tel. 786.6232): 25 zweckmäßige Zi., bp: 8 $ p.P.; 8 bessere Zi., bp (WW), kl. TV, AC: ca. 24/24/32 $.
• **Cabinas/Restaurant Wah-Lok** (Interamericana links): 12 zweckmäßige Cab., bp (KW): ca. 5 $ p.P.
• **Hotel Casa Amarilla** (an der Hauptstr. in der Nähe zur Plaza, Tel. 786. 6251): 19 Zi., sehr einf., aber akzeptabel, bc (KW): 4 $ p.P.; 8 akzeptable Zi., bp (KW), Vent.: ca. 10/17/25 $; mit AC 2 $.

Infos von A bis Z

• **Einkaufen:** Supermarkt *CONSUCOOP*, Interamericana links (100 m nach TRACOPA-Busbahnhof).
• **Post:** Abzw. Interamericana (Schild) am Parque Central hinter Hotel Casa Amarilla.
• **Taxi:** Standplatz Hauptstraße, Fahrpreis nach Sierpe 15 $ (bis 4 Pers.).

Busverbindungen

Abfahrtsstelle: TRACOPA-Terminal (Nähe Interamericana), Tel. 786.6511.

- **San José:** 5.25, 6.15, 8, 10, 13 (direkt), 14.30, 16.45 Uhr; ca. 6 Std., ca. 4,50 $.
- **San Isidro:** 8.30, 11.30, 14.30 und 16.30 Uhr, Fahrzeit ca. 2,5 Std.
- **Sierpe** (vor Super Terraba): 7.30, 9, 11.30, 14 und 16 Uhr.
- **Pto. Jiménez:** 9, 11 und 17 Uhr (Bus aus San José).
- **Cd. Neily:** 8, 9, 10, 10.30, 13, 14.30, 15, 15.30, 17 und 17.20 Uhr; Fahrzeit ca. 2 Std.
- **Paso Canoas:** 10.30 Uhr (direkt) und Bus aus San José.
- **David/Panamá:** ca. 13 Uhr (Bus aus San José), hält nicht immer!
- **Golfito:** ca. 12.30 Uhr (Bus aus San José).

Flugverbindungen

- Eine **Landepiste** ist im Ortsteil Palmar Sur.
- **SANSA** (Tel. 786.6353): tgl. 10.30 Uhr nach **San José**/Int. Flughafen; Flugzeit: 50 Min., Preis: 66 $ (einfach).
- **Nature Air** tgl. 10.10 Uhr über **Quepos** nach **San José**/Pavas Airport, Flugzeit 1 Std., Preis: 73 $ (einfach).

Ein Abstecher nach San Vito

International-Park La Amistad

- **Fläche:** 193.929 ha (Anteil Costa Rica)
- **Lage:** Cordillera de Talamanca
- **Höhe:** 100 m bis max. 3549 m (Cerro Kámuk)
- **Klima:** Tagestemperatur um 18°C, je nach Höhe variabel, Niederschlag: 4000 mm/Jahr (3200-7000 mm)
- **Gegründet:** 4.2.1982
- Keine **Öffnungszeiten**
- **Eintritt:** 6 $
- **Nationalpark-Posten:** Ujarras (nicht besetzt), Tres Colinas, Potrero Grande, Altamira (Hauptverwaltung), Pitier
- **Info:** Büro in San Isidro (Tel. 771.3155)
- **Übernachtung:** Campingmöglichkeit bei den Stationen Cafrosa, Los Alturas, und Altamira; einfache Unterkunft im Dorf El Carmen bei Altamira sowie die *Monte Amou Lodge* (Zufahrt über Potrero Grande, s.u.)
- **Anfahrt:** Von der Interamericana zwischen San Isidro und Palmar bei Paso Real Richtung San Vito abbiegen, nach 4 km führt die Abzweigung links nach Portrero Grande (5 km), einige Kilometer weiter in Richtung San Vito zweigt bei der Soda Guácimo links die Zufahrt ab über Alto Sábalo in Richtung Berge nach Altamira, wo sich inzwischen die Hauptverwaltung befindet (Campingmöglichkeit).

Der mit Abstand größte Nationalpark des Landes bildet zusammen mit einem 207.000 ha großen Stück auf panamaischer Seite den „International-Park der Freundschaft Costa Rica – Panama", und mit dem angrenzenden Nationalpark Chirripó das größte zusammenhängende Naturschutzgebiet Mittelamerikas (über 4500 km²). An das Gebiet des Nationalparks grenzen vier Indianerreservate auf der Atlantikseite sowie drei Reservate auf der Pazifikseite. Die gesamte Schutzregion, die aus den Nationalparks Amistad, Chirripó und Tapantí, dem Biologischen Reservat Hitoy Cerere, der Biologischen Station Las Cruces sowie einigen Forst- und den Indianerreservaten besteht, wurde wegen ihres außergewöhnlichen Wertes für die Wissenschaft als auch zur Erhaltung der Naturschönheiten 1982 von der UNESCO zum Biosphärenreservat (*Reserva da la Biosphera*) und im Jahr darauf zum Weltkulturerbe erklärt.

Im Park findet sich reichhaltige tropische Vegetation und Tierwelt, ungestört vom Menschen, da der Park nahezu unzugänglich ist. Bisher gibt es kaum so etwas wie eine Infrastruktur.

Flora und Fauna

Der größte Teil des Territoriums wird bedeckt von hohen und sehr feuchten **Nebelwäldern,** die teilweise von ausgedehnten Eichenwäldern gebildet werden, deren Äste mit Epiphyten schwer behängt sind. Einige der größten Baumarten sind Eiche, Mexikanische Ulme, Magnolie, Wilder Avocado, Steineibe und Schweinsgummibaum.

Die **Tierwelt** ist ebenfalls vielfältig. Man schätzt, dass in diesem Megapark 60 % aller Wirbeltiere und Wirbellosen des Landes vorkommen, u.a. alle sechs Arten Raubkatzen. Quetzal, Würgadler, Tuberkelhokko, Eichelspecht und Harpyie gehören zu den rund 400 beobachteten Vogelarten. Auch Reptilien und Amphibien sind mit 263 Arten vertreten.

Wandermöglichkeiten

- Ab Portrero Grande mit dem Jeep bis **Helechales** und weiter zum Nationalpark-Posten **Tres Colinas.** Von dort z.B. drei- bis viertägige Wanderung zum Cerro Kámuk.
- Ab San Vito über Brisas, Colonia Gutierrez Braun, Agua Caliente und Sta. María de Pitier zum Nationalpark-Posten **Pitier.** Von hier sind z.B. grenzüberschreitende Wanderung zum Cerro Fábrega (3336 m) in Panamá möglich.
- Ab San Vito über Sabalito, Río Negro, La Lucha nach 3 km zum Nationalpark-Posten **La Lucha.**

Unterkunft

- Eine private Unterkunft am Rande des Parks gibt es am Río Mosca (Zufahrt: 13 km nach Potrero Grande): **Monte Amou Lodge** (Tel. San José 265.6149, Fax 265.6532): 4 palmgedeckte Holzcab., je 2 Zi. bp (WW), abends Stromgenerator: ca. 130 p.P./VP.

San Vito

- **Einwohner:** 12.500, Bezirk ca. 55.000
- **Lage:** 1010 m ü.M., am Südende des Valle Coto Brus
- **Klima:** Durchschnittstemp. 24° C

San Vito ist die Hauptstadt des erst 1965 gegründeten Bezirks Coto Brus, benannt nach dem gleichnamigen Fluss. Mitte des 20. Jahrhunderts gab es hier nur einige verstreute Kaffee-Fincas, ohne Straßenanschluss an den Rest des Landes. Erst als 1951 die italienische Gemeinschaft Sociedad Italiana de Colonización Agrícola einen Vertrag mit der Regierung über die Gründung einer Siedlung schloss, entstand die Stadt San Vito de Jaba, benannt nach dem italienischen Schutzheiligen für Stadtgründungen. Es begann ein wirtschaftlicher Aufschwung, der vor allem auf Landwirtschaft basierte – besonders Kaffee gedeiht ausgezeichnet im ausgeglichenen Klima dieser Region.

Die meisten Touristen kommen hierher, um den 6 km südlich liegenden *Jardín Wilson* zu besuchen, doch die Stadt ist auch als Basis für Ausflüge in die Sierra de Talamanca geeignet.

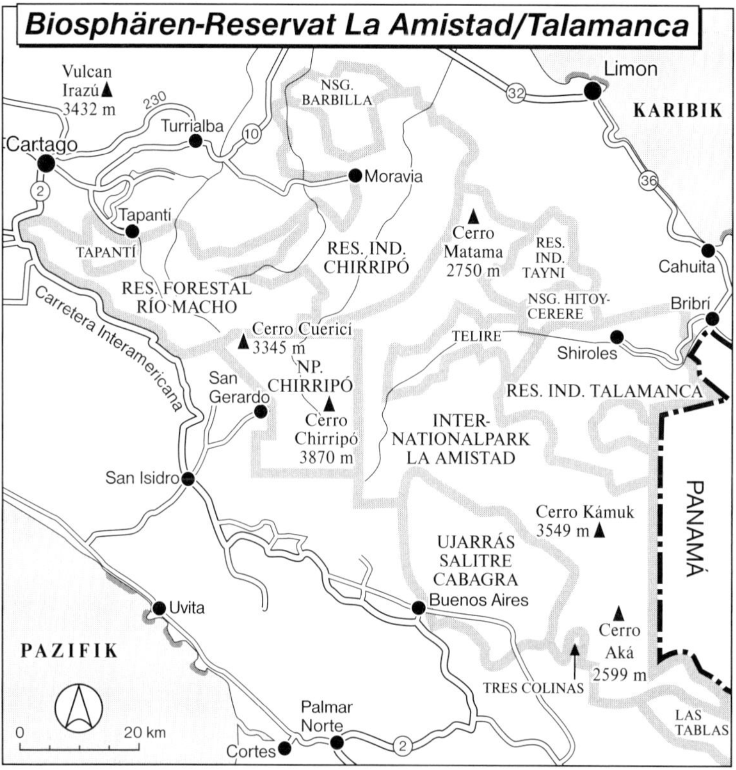

Der Süden

Unterkünfte

- Es gibt eine Reihe Billigunterkünfte, die bis auf das **Hotel Tropical** (schmuddelig) akzeptabel sind, u.a.: **Hotel Colono** (spartanisch, bc: 3,50 $ p.P.), **Hotel Pitier** (alte Zi., bp: 5 $ p.P.), **Cabinas Firenze** (Tel. 773.3741, schlichte Zi., bp: 4,50 $ p.P.), **Hotel Collina** (Tel. 773.3173, sehr einf., dunkle Zi. bp: 7/9 $).
- **Cabinas Las Huacas** (Tel. 773.3115): etwas abseits, Typ Motel mit Bar; 13 akzeptable Cab., bp (WW), TV: ca. 8/12 $.
- **Cabinas Las Mirlas** (Tel. 773.3714): Nähe San Josés Busbhf., rel. ruhig; 5 einf. Häuschen, bp (WW), ok: ca. 6/8/11 $.
- **Cabinas/Hotel Rino** (Tel. 773.3071, Fax 773.4214): an der Hauptstraße, ca. 50 m nördl. des Parks; große Zi. mit Bad (WW): DZ ca. 20 $ – Lesertipp.
- **Hotel El Ceibo** (Tel./Fax 773.3025): sicherlich das beste Hotel am Ort, Rest., Bar, Parkplatz; 40 ordentl. Zi., bp (WW), z.T. TV: 25/35/45 $; KK (nur VISA).

Außerhalb:

- **Cabinas/Restaurant Las Cascadas** (Tel. 773.4345): 5,5 km südl., etwa 500 m vom Eingang des Botanischen Gartens Wilson; günstiges Rest., kl. Garten; 3 kl., sehr einf.

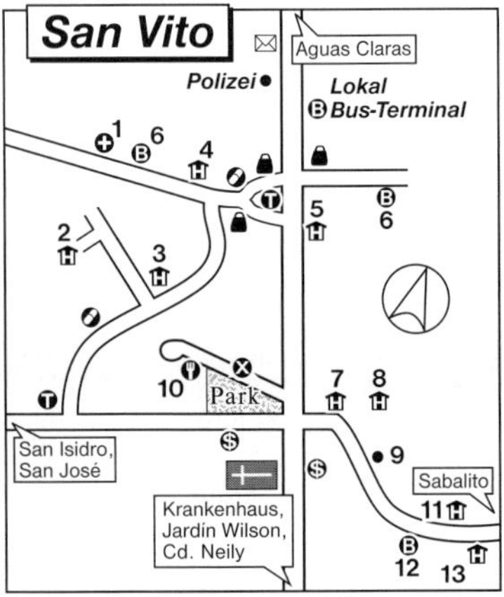

	Hotels
2	Cabinas Las Huacas
3	Cabinas Firenze
4	Hotel Collina
5	Hotel Tropical
7	Hotel Colono
8	Hotel El Ceibo
11	Cabinas Las Mirlas
13	Hotel Pitier
	Restaurant
10	Pizzeria Liliane
1	Rotes Kreuz
6	Bus „Cepul“
9	Rathaus
12	Bus n. San José

Holzhäuser in ruhiger Lage, bp: DZ ca. 9 $; nur für anspruchslose Traveller.

- **Jardín Wilson:** s.u. „Botanischer Garten Wilson“.
- **Hotel Riviera** (Tel. 773.3305): in Sabalito (8 km), Ortsanfang links gegenüber Supermarkt Coope-Sabalito; 10 recht ordentl. Zi. um einen schönen Innenhof, bp (WW), größere Zi. m. TV, Badewanne: ab ca. 10 $ p.P.; KK.
- **La Amistad Lodge:** s.u. „Private Schutzzone Las Tablas“.

Restaurants

- Zahlreiche einf. **Sodas** an der Hauptstraße, u.a. **Restaurant Collina** (im OG des Hotel Collina, Hauptgerichte um 3,50 $).
- Empfehlenswert sind das **Restaurant im Hotel El Ceibo** und die **Pizzería Liliana:** große Auswahl an Pasta, Pizza und Fleisch, gemäßigte Preise.

Infos von A bis Z

- **Einkaufen:** zahlreiche Supermärkte um die Tankstelle (Ortsmitte).
- **Erste Hilfe:** Rotes Kreuz (Tel. 773.3191), Krankenhaus (1 km Richtung Süd).
- **Geldwechsel:** *Banco Nacional:* Mo-Fr 8.30-15.45 Uhr und *Banco de Costa Rica:* Mo-Fr 9-15 Uhr, keine Reiseschecks.
- **Post:** Mo-Fr 7.30-18 Uhr, Sa. 7.30-12 Uhr.
- **Taxi:** Standplatz an kl. Park; Jardín Wilson (ca. 2,50 $).

Busverbindungen

- Es gibt **mehrere Abfahrtsstellen** im Ort: Busse nach San José und San Isidro fahren an der Straße nach Sabalito, die Haltestelle von *CEPUL* liegt neben dem Roten Kreuz, der Lokal-Busbahnhof nördlich.
- **San José:** *Alfaro* (Tel. 773.3410), direkt 5, 7.30, 10 und 13.30 Uhr; Fahrzeit ca. 7 Std., Preis: ca. 5,50 $.
- **San Isidro:** 6.45 und 15 Uhr, Fahrzeit ca. 3 Std., Preis: ca. 3 $; sonst mit Bus nach San José.
- **Mellizas (Las Tablas):** 9.30, 14 und 17 Uhr ab *CEPUL.*
- **Cd. Neily:** 5.30, 7, 7.30, 9, 11, 14 und 17 Uhr ab *CEPUL:* Fahrzeit: 1 h 45 Min.

Private Schutzzone Las Tablas

- **Fläche:** ca. 19.000 ha
- **Lage:** im Südosten des Nationalparks Amistad, Grenzgebiet zu Panamá
- **Höhe:** ca. 1300-2200 m
- **Eintritt:** für Hausgäste der Lodge frei, sonst auf Anfrage
- **Übernachtung:** La Amistad Lodge
- **Anfahrt:** 35 km ab San Vito. Ohne Allrad ist die Fahrt bis Mellizas gut möglich: ab San Vito 8 km Teerstraße bis Sabalito, an der Tankstelle links, 17 km bis La Lucha, dann 6,2 km bis Mellizas (ausgeschildert). Für die letzten 3,5 km bis zur Lodge ist Allrad empfehlenswert. Mit Bus ab San Vito dreimal tgl. nach Mellizas, von dort 3,5 km (Abholung gratis).

Das **größte private Schutzgebiet** Costa Ricas grenzt an den Nationalpark La Amistad und gehört mehreren Fincabesitzern, die sich auf Schutzmaßnahmen einigten und jegliche Nutzung untersagten. Neben dem Tourismus werden Methoden organischen Gemüse- und Kaffeeanbaus erprobt *(Ecosystemas Tropicales)*.

Flora und Fauna

Es gibt zahlreiche Eichenwälder und niederen Bergwald, einen Vegetationstypus, den man fast nirgends mehr findet. Die Tier- und Pflanzenwelt stimmt im Wesentlichen mit dem Nationalpark La Amistad überein. Innerhalb der Grenzen der Schutzzone leben 215 Säugetierarten und etwa 400 Vogelarten.

Wanderwege

Bisher gibt es 37 km angelegter Wanderwege verschiedener Schwierigkeitsstufen. Vom einfachen, flachen Weg (auch für ältere Besucher geeignet) bis zu anstrengenden und abenteuerlichen Ganztagestrips; außerdem stehen Pferde zur Verfügung.

Unterkunft

*__La Amistad Lodge__ (Tel. 200.5037, Büro 289. 7667, Fax 289.7858, amistad@racsa.co.cr): ehem. Wohnhaus des Kaffeeplantagen-Besitzers auf 1280 m Höhe, gr. Holzhaus mit Ruhebereich, Kamin, Veranda: 10 nette Zi., z.T. mit Bad: 96/85/79 $ p.P./VP und Touren; KK (o. Zuschlag); Anmeldung erforderlich!

Botanischer Garten Wilson

- **Fläche:** 235 ha (Garten 10 ha)
- **Lage:** Küstengebirge zwischen San Vito und Cd. Neily auf 1250 m Höhe
- **Klima:** Temperatur 21-26 °C (durchschnittl. Tagestemp.); Niederschlag ca. 4000 mm/Jahr
- **Geöffnet:** tgl. 8-16 Uhr, früherer Eintritt möglich (Anmeldung am Tag vorher unter Tel. 773.3278 oder 773.4004)
- **Info**: OTS (Tel. 240.6696, Fax 240.6783, reservas@ots.ac.cr)
- **Eintritt:** 6 $/Tag; inkl. Mittagessen 14 $ (Anmeldung bis 10 Uhr oder am Tag zuvor)
- **Übernachtung:** 12 Zi., bp (WW): 78/140 $ (inkl. VP und Führung)
- **Weitere Einrichtungen:** Bibliothek, Terrasse zur Vogelbeobachtung, kein Rest.- oder Getränkeservice (nur nach **Anmeldung**)
- **Anfahrt:** 6 km südlich von San Vito oder ab Cd. Neily (27 km)

Die **Biologische Station Las Cruces** besteht aus dem Botanischen Garten Wilson (*Jardín Wilson*) und einem 145 ha großen Forstreservat. Sie wird von der Organización para Estudios Tropicales (OET) verwaltet, einem Konsortium von 50 Universitäten und Forschungseinrichtungen aus den USA, Puerto Rico und Costa Rica. Neben der öffentlichen Nutzung dient sie vor allem als **Zentrum für Forschung und wissenschaftliche Fortbildung.**

Im Jahre 1983 wurde die Station Las Cruces in Anerkennung ihres außergewöhnlichen Artenreichtums zu einem Teil des Biosphären-Reservates Amistad erklärt.

Der botanische Garten Wilson ist eine der wichtigsten Sammlungen tropischer und subtropischer Pflanzen in Mittelamerika, mit über 2000 heimischen Arten sowie Pflanzen aus Mittel- und Südamerika, den pazifischen Inseln, Afrika und Asien.

Der heute rund 10 ha große Garten wurde 1960 von den beiden Gartenkünstlern *Robert* und *Catherine Wilson* aus Florida gegründet, die zunächst einen kleinen botanischen Garten anlegten. 4 Jahre später ermöglichten sie der OET, ihre **Pflanzensammlung** für Ausbildungszwecke zu nutzen. In den frühen 70er Jahren ging der Besitz an die OET über, um den Fortbestand im Sinne der Gründer zu garantieren.

Über 1000 Pflanzengattungen aus 212 Familien findet man hier; u.a. Palmen (mit 680 Arten die zweitgrößte Sammlung der Welt), Farne, Bromelien und Heliconien. Zahlreiche gut beschilderte **Wege** führen durch den Garten (Gehzeit 1 bis 5 Std.).

Das Forstreservat

Der größte Teil (rund 145 ha) von Las Cruces wird von Primär- und Sekundärwald eingenommen. Der Schutz der Artenvielfalt und des Ökosystems Nebelwald in diesem Reservat ist eine der Hauptaufgaben der Station. In einer Studie von 1979 wurden hier u.a. 125 Farnarten, 226 Orchideenarten und über 200 Pilzarten registriert.

Die Fauna des Waldes besteht u.a. aus vielen Arten kleiner Säugetiere wie Kaninchen, Pakas, Opossums, Stachelschweinen und Gürteltieren, aber auch Faultieren, Tayras, Eichhörnchen, Affen, Weißwedelhirschen und kleinen Raubkatzen. Forscher haben über 35 Arten Fledermäuse registriert, und man nimmt an, dass sich noch viele weitere insektenfressende Arten im Reservat befinden.

Man hat über 300 Schmetterlings- und fast ebenso viele Vogelarten registriert.

Von San Vito nach Cd. Neily

Die früher fast unpassierbare Straße nach Cd. Neily (33 km) ist zwar inzwischen asphaltiert. Es besteht regelmäßige Busverbindung.

13 km nach San Vito erreicht man den Ort Agua Buena. Es folgt eine schöne, wenn auch kurvenreiche Strecke mit tollen Blicken auf die tieferliegende Stadt Cd. Neily, eine Art „Schwarzwaldhochstraße der Tropen".

Ciudad Neily

Wer vom kühlen San Vito über die Berge nach Cd. Neily kommt, wird gleich das feuchtheiße Klima bemerken. Auf einer Höhe von 32 m klettern die Temperaturen nicht selten über 30° C.

In den 50er Jahren ließ sich der Geschäftsmann *Ricardo Neily* hier nieder, um mit seinem Laden den täglichen Bedarf der Arbeiter von den Bananenplantagen zu decken. *Villa Neily*, wie sich die langsam entstehende Ortschaft nannte, entwickelte sich schon bald zum Versorgungszentrum der Region. Seit 1973 ist die heute fast 20.000 Einwohner zählende Stadt am Rande der Interamericana Hauptstadt des Bezirks Corredores.

Für Touristen hat der Ort wenig zu bieten, höchstens als Durchgangsstation auf dem Weg nach Panamá oder an die Küste. Wer aber gleich weiterreist, hat wohl nicht viel verpasst ...

Unterkünfte

Obwohl es eine recht große Auswahl an Billighotels gibt, kann es an Markttagen schwierig sein, eine Unterkunft zu finden.

- **Cabinas Heileen** (200 m nördl. vom Busbahnhof, Tel. 783.3080): 9 einf. Cab., bp, Vent.: ca. 10/15 $; KK (VISA).
- **Cabinas/Hotel Andrea** (Nähe Busbhf., gegenüber ICE, Tel./Fax 783.3784): 35 Zi. mit TV, bp (KW), sauber: ca. 23/23/30 $; mit AC, bp (WW): ca. 30/30/33 $.

Infos von A bis Z

- **Erste Hilfe:** Rotes Kreuz (Straße nach San Vito links), Krankenhaus (knapp 2 km Richtung Paso Canoas rechts).
- **Geldwechsel:** *Banco Nacional* (Mo-Fr 8.30-15 Uhr), *Banco de Costa Rica* (9-15 Uhr).
- **Post:** Mo-Fr 7.30-17 Uhr (Straße nach San Vito rechts).
- **Taxi:** Standplatz südöstlich Parque Central, Tel. 783.3862.

Busverbindungen

- Der **Busbahnhof** liegt im Nordosten der Stadt.
- **San José:** direkt 6-mal tgl., sonst Busse aus Paso Canoas ab der Interamericana.
- **Paso Canoas:** tagsüber etwa alle Std.
- **Golfito:** 6-mal tgl., sonst über Río Claro (umsteigen).

Flugverbindungen

- Eine **Landebahn** befindet sich bei **Coto 47,** etwa 4 km südl. des Ortes.
- **SANSA** (Tel. 783.3275): tgl. 7.10 Uhr nach **San José**/Int. Flughafen, Flugzeit ca. 1 Std., Preis: 66 $ (einf.).

Die Halbinsel Osa

Sierpe

Dieser unscheinbare Ort südlich von Palmar ist Ausgangspunkt für **Bootstouren** auf dem Río Sierpe und weiter in die Bahía Drake sowie auf die Isla del Caño. Die **Anfahrt** über Palmar Sur (16 km ab Palmar Norte, davon 7 km geteert) geht im Zickzackkurs durch Bananen- und Ölpalmplantagen. Alternativ führt eine nur 11,5 km lange, teilweise etwas steinige Piste nach Sierpe, die 8,5 km südlich von Palmar von der Interamericana abzweigt und an der Eco Manglares Sierpe Lodge vorbeiführt (Allrad empfehlenswert).

Unterkünfte

- **Hotel Margerita** (100 m hinter der Plaza): freundlich; 18 einf. Zi., bc (KW): 3 $ p.P.; bp (WW): DZ ca. 10 $.
- **Hotel Oleaje Serreno** (am Bootsanleger, Tel. 786.7580, Fax 786.7111, oleajeserreno@racsa.co.cr): kl. Rest., Bootstour, Kanuverleih

Der Süden

419cr Foto: dk

Ceiba

(25 $/Tag), Mountainbikes (10 $/Tag); 10 ordentl. Zi., bp (WW), AC, sauber: 30/40/50 $; KK (VISA).

●**Cabinas Las Gaviotas** (600 m vor Ortseingang, Tel. 786.7591, Fax 786.7579, Info c/o *Pennzoil,* rechts neben Restaurant Las Vegas am Bootsanleger): 6 einf., aber recht ordentl. Zi., bp, DV, ruhigere Zi. mit Blick zum Fluss: 12 $ p.P.; KK (VISA).

***Veragua River House** (1,1 km vor Ortseingang links auf der gegenüberliegenden Flussseite, PKW-Zufahrt an Eco Manglares Sierpe Lodge vorbei, Tel. 786.7460, Reservierung: Tel. 296.3896, Fax 231.7089): schöne Lage am Fluss, Holzhaus in Gartenanlage, Rest.-Service (Box-Lunch 7 $, mehrgängiges Abenessen 15 $), Billard, ital. Leitung; 3 gemütliche Zi. im Haupthaus, geschmackvoll eingerichtet, bc; 4 einf., aber nette Häuser: ca. 35/70/100 $ (ÜF).

●**Eco Manglares Sierpe Lodge** (2,4 km vor Sierpe Abzw. links, Tel. 786.7414, Fax 786. 7441, in San José: Tel. 293.5695): am Río Estero Azul, gepflegte Gartenanlage, gutes Rest. (Pizza u.a.), Bootsausflüge, Pferde, Kajaks; 9 nette palmgedeckte Holzcab. (bis 4 Pers.), bp (WW): ca. 41/53/64 $; KK.

Bootsausflüge

Wer mit dem Auto unterwegs ist, findet gegenüber dem Restaurant Las Vegas am Bootsanleger einen überdachten **Parkplatz:** 500 C./Tag.

●**Eco Manglares Sierpe Lodge:** u.a. Sierpe-Kanäle (ab 75 $), NP Corcovado (185 $), Isla del Caño (195 $). Alle Preise pro Boot (bis 8 Pers.).

●**Hotel Oleaje Serreno:** u.a. Isla del Caño (160 $), Isla Violinas/Bahía Drake (70 $), NP Corcovado (160 $). Kosten pro Boot (bis 4 Pers.).

●Die **Hotels an der Bahía Drake** holen Gäste für 20 $ p.P. ab (s.u.).

Busverbindung

●**Palmar Norte:** 5.45, 8.30, 10.30, 13 und 15 Uhr; Infos und Tickets im Laden „El Fenix".

Bahía Drake

Südlich der Mündung des Río Sierpe liegt diese Bucht, benannt nach dem englischen Seehelden *Sir Francis Drake,* der hier Anno 1579 bei seiner Weltumsegelung ankerte. Zur *Drake Bay,* wie sie auch genannt wird, gelangt man im Normalfall per Boot ab Sierpe. Schon die Anfahrt ist ein großartiges Erlebnis, denn der Río Sierpe gilt mit seinen zahlreichen Seitenarmen und Nebenflüssen als **größtes Mongrovengebiet Mittelamerikas.** Die Anfahrt ist auch von Norden her möglich: eine recht ordentliche Piste führt von Rincón zur Drake Bay (bei Trockenheit auch ohne Allrad zu befahren). An der Nordküste der Halbinsel Osa, zwischen der Ortschaft Agujitas und dem Nationalpark Corcovado, gibt es eine ganze Reihe Lodges, alle gute Ausgangspunkte für Ausflüge (zu Fuß, per Boot und auch per Pferd) in die hier fast unberührte Natur. Natürlich kann man auch einfach nur am Sandstrand relaxen. Nördlich von Agujitas gibt es eine Landepiste für kleine Propellermaschinen.

Unterkünfte

Viele Unterkünfte an der Nordküste der Osa-Halbinsel werden fast ausschließlich von Nordamerikanern frequentiert und sind daher total überteuert! Günstiger ist es, in Sierpe zu übernachten und von dort Bootsausflüge zu unternehmen.

Auch die Unterkünfte in der autofreien Ortschaft Agujitas, deren verdreckter Strand wenig einladend wirkt, bieten keine echte Alternative. Es gibt aber einige kleine Lodges, bei denen das Preis-Leistungs-Verhältnis deutlich besser ist.

Am **Río Sierpe:**

● **Sábalo Lodge** (Tel. 770.1457, Fax 771.5586, info@sabalolodge.com): an einem Nebenarm des Río Sierpe, Spanischkurse (12 $/Std.), Pferdetouren (35 $), Bootstouren (z.B. Isla Violinas oder NP Corcorado: 65 $ p.P.); 5 Zi., z.T. bp: 60 $ p.P./VP.

An der **Straße zur Landebahn** Bahía Drake:

***Pirate Cove Lodge** (Tel. 234.6154, 393.9449, in D: Tel. 0861/165906, erlane@racsa.co.cr): schöne Lage am Hang, Tauchschule (dt. Leitung); Paket 4 Tage/3 Nächte inkl. Tagestour Isla del Caño mit Schnorcheln, Tauchen oder Delfintour, Tagestour NP Corcovado: DZ 450 $ p.P./VP; DZ 500 $ p.P./VP (Deluxe oder Bungalow); NS -50 $ p.P.; Zusatznacht: 58 $ p.P. bzw. 70 $ (Deluxe oder Bungalow); NS -10 $.

In der Ortschaft **Agujitas** bzw. in der Nähe:

● **Rancho Corcovado Lodge:** Agujitas, am Nordende der Bucht, schöne Meerlage; einf. Zi. ohne Vent., bp: ca. 35 $ p.P. (VP).

● **Jinetes de Osa Lodge** (Tel. Büro: 236.5637, Fax 777.2273, reservations@drakebayhotel.com): Rest., Tauchexkursionen (2 Flaschen ohne Ausrüstung: 85 $, Schnorcheln 50 $); 5 recht einf. Zi., z.T. Stockbetten, bc: DZ 70 $ p.P./VP; 4 Zi. bp: DZ 87 $ p.P./VP; KK.

● **Aguila de Osa Inn** (Tel. 296.2190, Fax 232.7722, info@aguiladeosa.com): an der Mündung des Río Agujitas, gepflegte Gartenanlage, Rest., spezialisiert auf Sportfishing (800 $/Tag) und Tauchen (2 Tanks: 110 $ inkl. Ausrüstung), Pferde (55 $), Bootsausflüge (NP Corcovado oder Isla del Caño: 75 $ p.P., Abholung Sierpe: 40 $ p.P.); 11 luxuriöse, gr. Zi., bp (WW), DV, MB, viel Holz: 198/308 $ inkl. VP; 2 Suites: DZ ab 308 $ inkl. VP.

● **Drake Bay Resort** (Tel. 770.8012, 221.4948, emichaud@drakebay.com): an der Mündung des Río Agujitas direkt am Meer gelegen, Boots- u. Tauchtouren, Kanus; 25 einf., ordentl. Zi. (2-4 Pers.), bp (WW), Vent.; 7 Zelte mit Betten und Strom: Paket 4 Tage/3 Nächte: 630 $ p.P. im DZ (Zelt: 530 $) inkl. VP und 2 Touren; Zusatznacht 95 $ p.P.; KK (ohne Zuschlag).

● **La Paloma Lodge** (Tel. 293.7502, 293.5400, Tel./Fax 239.0954, info@lapalomalodge.com): auf einem Hügel oberhalb vom Drake Bay Resort, Blick zur Isla del Caño, nettes Rest. (MB), Pool, 4 sehr gepflegte, schöne Zi. mit Balkon (MB), bp, DV; 5 gr., zweistöckige Holzhaüser (bis 8 Pers.) mit Terrasse: Paket 4 Tage/3 Nächte ab/bis San José: 1000 $ p.P. (kein Druckfehler!) inkl. Flüge, Bootstransfers, Vollpension, 2 Ausflüge.

● **Cabinas El Mirador Lodge** (Tel. 387.9138, Fax 735.5440): am Hang mit Blick über die Bucht: 35 $ p.P./VP.

An der **Nordküste** der Osa-Halbinsel in **Richtung NP Corcovado:**

● **Corcovado Jungle Lodge** (Tel. 384.6369, 829.2640, berrybend@aol.com): am Meer, Bootstouren (z.B. Isla del Caño oder NP Corcovado: 70 $ p.P.); 9 Zi., bp (WW): ab 86/74/62 $ p.P./VP; KK (+6 %).

***Cabinas Las Caletas** (Tel. 381.4052, 826. 1460, Fax 381.4052, info@caletas.co.cr): persönlich geführte Lodge am Hang, deutschsprachig, Bootstouren (Isla de Caño, NP Corcovado etc.), Badestrand anbei; 4 Zi. und 1 kl. Haus, bp (WW), Balkon (MB): 85/130/180 $ p.P./VP; Bootstransfer ab Sierpe: 20 $ p.P. (einfach); KK (+3,5 %).

●**Delfin Amor Eco Lodge** (Tel. 394.2632, Fax 786.7626, reservations@divinedolphin.com): spezialisiert auf Delfinbeobachtung (Bootstour 95 $ p.P.), Isla del Caño, NP Corcovado (75 $ p.P.), Pferdetouren (50 $), Kajakverleih (15 $/Std.), 5 Zi. bp, MB: 140/85/65 $ p.P./VP; KK (+6 %).

●**Corcovado Adventures Tent Camp** (Tel. 384.1679, Fax 257.4171, info@corcovado.com): schöne Lage direkt am Meer, Bootstouren (z. B. Isla de Caño, NP Corcovado: 70 $ p.P.), Kajakverleih, Schnorchelausrüstung gratis, Bootstransfer ab Sierpe: 20 $ p.P. (einf.); 8 Zelte auf Plattformen mit Betten: 45 $ p.P./VP (NS-Preis!); Paket 4 Tage/3 Nächte inkl. VP und 2 Ausflüge: 355 $ p.P.

●**Marenco Beach & Rainforest Lodge:** (Tel. 258.1919, Fax 255.1346, info@marencolodge.com): Privatreservat (500 ha), Lodge auf Hügel, Generator (17-22 Uhr); 8 rustikale Zi. bp, Vent., Terrasse mit MB: 65/65/73 $; 17 Bungalows: 75/75/85 $.

***Punta Marenco Lodge** (Tel./Fax 222.5852, in D: Tel. 0861/165906, info@puntamarenco.com): nette kl. Lodge in herrlicher Lage über dem Meer, persönlich geführt, Privatreservat Río Claro (526 ha); 7 rustikale, palmgedeckte Bungalows, bp (KW), Terrasse mit MB: 140/87 $ p.P./VP; Bootstransfer ab Sierpe: 20 $ p.P. (einf.); Paket 3 Tage/2 Nächte ab/bis Palmar Sur: 296 $ p.P./VP und Transfers.

●**Poor Man's Paradise** (Tel. 771.4582, Fax 771.8841, selvamar@ice.co.cr): an der Bucht von San Josecito, Bootsausflüge (NP Corcovado 50 $ p.P., Isla del Caño 65 $); Abholung in Sierpe 40 $ p.P.; 6 Cab., bc (KW): 50 $ p.P./VP; bp: 60 $ p.P./VP; 2 Zelte: 45 $ p.P./VP.

●**Casa Corcovado Jungle Lodge** (Tel. 256.3181, Fax 256.7409, corcovado@racsa.co.cr): grenzt unmittelbar an den NP Corcovado, Rest., nette Bar, Pool mit Quellwasser, gepfl. Gartenanlage; 10 einzeln stehende Häuser mit Ziegeldach, DV, gekachelter Fußboden, harte Betten, teilw. WW: Paket 3 Tage/2 Nächte, 1 Ausflug inkl. Fluganreise ab S. José: 803/703 $ p.P./VP.

Flugverbindungen

●**SANSA:** tgl. 10.40 Uhr, Hochsaison auch 15.05 Uhr, Flugzeit: 70 Min., Preis: 73 $.

●**Nature Air:** tgl. 9.25 Uhr, Hochsaison auch 09.40 und 14.55 Uhr, Flugzeit: 75 Min., Preis: 85 $.

Reservat Isla del Caño

●**Fläche:** 200 ha (Land), 2700 ha (Meer)
●**Lage:** 15 km östlich der Osa-Halbinsel
●**Klima:** 26° C Tagestemp., Niederschlag: 4000-5000 mm
●**Geöffnet:** 8-16 Uhr
●**Übernachtung:** Zelten ist offiziell verboten, vor Ort jedoch eventuell möglich
●**Anfahrt:** Ausflugsboote ab Sierpe, den Lodges an der Bahía Drake sowie ab Uvita

Die gesamte Insel wurde bereits 1978 zum Schutz des tropischen Regenwaldes und wichtiger Lebensräume im Meer unter Schutz gestellt. Die Insel ist von bis 70 m hohen Felsklippen umgeben, dazwischen liegen einige schmale Sandstrände, die nicht breiter als 100 m sind und bei Flut meist völlig verschwinden. Das Inselinnere liegt auf einer Hochfläche (rund 90 m) mit immergrünem Regenwald. Neben der schützenswerten Natur hat die Insel auch große archäologische Bedeutung als präkolumbischer Friedhof. Noch heute kann man einige der mysteriösen Steinkugeln sehen, die vom Volk der Bruncas gefertigt wurden (siehe Kapitel „Land und Leute“, Stichpunkt „Geschichte"). Interessant ist in diesem Zusammenhang die Tatsache, dass das Gestein, aus dem die Kugeln gefertigt wurden, auf der Insel nicht vorkommt. Die tonnenschweren Kugeln müssen also per Floß oder Schiff auf die Inseln geschafft worden sein – die Frage nach dem Warum bleibt nach wie vor unbeantwortet.

Flora und Fauna

Auf der Hochfläche mit tropischem Regenwald kommen rund 158 **Pflanzenarten** vor, die meist immergrün sind. Eine der häufigsten Baumarten ist der *arbol vaco* („Kuh-" oder „Milchbaum"), der bis 50 m Höhe erreicht. Den Namen *Milchbaum* trägt er wegen des weißen, trinkbaren Latex, das er abgibt. Man nimmt an, dass diese riesigen Bäume von einem Garten stammen, der von den Indianern angelegt wurde. Weitere häufige Bäume, an denen epiphytische Pflanzen wie Bromelien und Orchideen wachsen, sind der *guapinol* und Feigenarten, wilder Kakao, der Kautschukbaum und die Cecropie. Außerdem findet man Farne, Arazeen, Heliconien, Kletterpflanzen, grasartige Pflanzen und einige eingeführte Arten wie Mango, Orange, Guave und Banane.

Die **Tierwelt** ist artenarm: Vieraugenbeutelratte, Paka (wiedereingeführt), und andere Nagetiere (Ratten) sowie verschiedene Fledermaus-Arten zählen zu den wenigen Säugetieren; lediglich 10 Vogelarten sind zu finden, u.a. Kuhreiher, Brauntölpel, Krabbenbussard und Fischadler. Es gibt diverse Reptilien und Amphibien, so die *Boa constrictor* (Abgottschlange), kleine Schlangen, Eidechsen und den Glasfrosch. Auch die Insekten sind mit nur wenigen Arten vertreten.

Die Fauna im Gezeitenbereich hingegen ist sehr vielfältig: Neben der schier unendlichen Zahl an Fischen sind Seesterne und Seeigel häufig. Zwei vom Aussterben bedrohte Arten sind Langusten und Riesenseemuscheln. Im Umfeld der Insel liegen fünf Korallenbänke, in denen 15 Korallenarten vorkommen. Wale und Delphine sind ebenfalls zu beobachten.

Von Palmar nach Puerto Jiménez

(110 km)

33 km nach Palmar Norte zweigt an einer Tankstelle rechts die Zufahrt nach Puerto Jiménez ab (76 km). Es folgt eine kurvige Teerstraße, die durch tropischen Regenwald führt, soweit dieser noch nicht von Menschenhand gerodet wurde. Oft begegnet man vollbeladenen LKW, die die tropischen Baumriesen abtransportieren ...

Etwa 28 km nach der Abzweigung kommt man zur:

***Suital Lodge** (Tel./ Fax 826.0342, in D: Tel. 0861/165906, lodge@suital.com): schöne Lodge am Golfo Dulce, kl. Regenwald-Reservat mit Wanderwegen (28 ha), Kajaks, Ausflüge (NP Corcovado: 195 $ p.P. inkl. Transfers), Rest.service (5/5/8 $), deutschsprachig; 2 Zi., bc: 19 $ p.P.; 3 rustikale Bungalows, bp (WW), DV, Veranda: 35/52/70 $; KK.

Kurz vor Rincón hat man einen schönen Blick auf die Bahía Rincón, die zum Golfo Dulce gehört:

●Restaurant/Cabinas Ventana al Golfo (Tel. 837.2169): gutes lokales Essen, schöne Aussicht, 2 einfache Holzcab., bp (KW), DV und Veranda: 10 $ p.P.

Im kleinen Dorf **Rincón** befinden sich direkt am Meer:

●Cabinas Golfo Dulce (Tel. 775.0244): schöne Lage, kl. Palmengarten, Rest.service, Bootstouren; 7 einf. Zi., bp (KW), DV, ok: ca. 7/12/14 $.

Hier endet auch genau 44 km nach der Abzweigung von der Interamericana die Teerstraße. Die nun folgende 35 km lange Ansammlung von Schlaglöchern und Bodenwellen kann man nur mit viel gutem Willen als „Straße" bezeichnen. Dennoch ist sie normalerweise auch ohne Allrad befahrbar.

Etwa 2 km nach Rincón zweigt vor der Brücke rechts die Piste ab, die über den Ort **Rancho Quemado** zur Bahía Drake führt (s.o. unter Bahía Drake). Allrad wird ganzjährig auf dieser Piste empfohlen.

8 km nach Rincón erreicht man den Ort **La Palma.** Der Bus nach San José kommt hier um 6 Uhr vorbei, nach Pto. Jimenez um 10 und 19 Uhr.

●Übernachten kann man in den **Cabinas Tucán:** 8 einf. Cab., bp: ca. 4/6 $.

In La Palma zweigt rechts die Zufahrt zum Río Rincon, Nationalparkeingang Los Patos sowie zum Dorf Guadelupe ab (s.u. „Nationalpark Corcovado", „Wanderung durch den Park"). Über diese Straße erreicht man auch:

●Restaurant/Cabinas Osa Palmas: Finca (ca. 120 ha) mit Regenwald, schöne Aussicht, Touren; einf. Zi., bc (WW), DV: 35 $ p.P./VP; bessere Zi., bp (WW), DV: 50 $ p.P./VP.

Indianerreservat Roga Ngöbere

●Unterkunft: einf., saubere Unterkunft mit Vollverpflegung im Haus einer Ngöbe-Familie: 3 einf. 3-Bett-Zi. und 1 DZ: 20 $ p.P./VP
●Info: via *CEDOE* (Tel./Fax 214.0769, cedeocr@racsa.co.cr, *Klaus Beisswenger*), oder via *Osa Natural* in Pto. Jiménez (Tel. 735.5440, osanatural@racsa.co.cr)
●Zufahrt: von La Palma mit PKW oder Pickup (ca. 4 $) nach Guadalupe, dort Parkmöglichkeit, anschl. ca. 40 Min. Fußweg, dann rechts zum Eingang in das Indigena-Reservat Osa, am Fluss Hinweisschild zur Albergue

Die Organisation CEDOE hat sich die Verbesserung der Lebensbedingungen der **Ngöbe-Indígenas** im Süden des Landes zum Ziel gesetzt. Gemeinsam wird ein Konzept zur Verbesserung in den Comunidades entwickelt. Inzwischen besteht auch für Touristen die Möglichkeit für einen Aufenthalt im Dorf. Eine einfache Herberge liegt direkt am Zusammenfluss von Río Rincón und Río Pavon.

13 km hinter La Palma bzw. ca. 4 km vor Los Patos befindet sich im **„Goldgräberdorf" Cerro de Oro:**

●Cerro de Oro Ecolodge (Tel./Fax. 286. 4203, osanatur@racsa.co.cr): Holzhaus mit 6 Zi., bc; 2 einf. Cab.: 35 $ p.P./VP.
●Tamandu Lodge (Tel. 821.4525, tamandulodge@gmx.net): im Indianerreservat „Alto Laguna". Von La Palma aus mit Taxi ins Reservat (wird organisiert), der Rest der Strecke zu Fuß oder per Pferd (ca. 1,5 Std.); einf. Holzcab.: 45 $ p.P./VP und inkl. 1 Tour.

Etwa 2 km weiter biegt die Hauptstraße rechts ab, geradeaus kommt man nach 1 km zur **Playa Blanca** mit einem einfachen Restaurant, Unterkunft: **Cabinas Rodimar.** Etwa 3,5 km hinter La Palma zweigt rechts eine beschilderte Zufahrt ab zur:

- **Köbö Farm and Lodge** (Tel. 351.8576, osalero@hotmail.com): ökologisch geführte Farm (v.a. Kakao), Touren auch für Nicht-Gäste; 2-stöckiges Holzhaus mit 5 Zi.; bc (WW), DV: 35 $ p.P./VP.

Ca. 5 km nach La Palma zweigt nach der Brücke über den Río Conte rechts die Zufahrt ab (Holzschild) in das Dorf **Palo Seco** (ca. 1,5 km). Etwa 17 km nach La Palma liegt links an der Straße:

- **Jardin de Las Aves** (Tel. 735.5676, safariosa@hotmail.com): Finca mit versch. Nutzpflanzen, Primär- und Sekundärwald, eigene Pferde, versch. Touren, Volontäre willkommen; 4 einf. Holzcab. im Wald, bp (KW), DV: 20 $ p.P. (ÜF); ein Haus: 175 $/Woche; Mahlzeiten auf Anfrage.

Nach gut 30 km (4,5 km vor Pto. Jiménez) zweigt rechts die Zufahrt ab in den Ort **Dos Brazos** (9 km) an der Westgrenze des Nationalparks Corcovado. Am Ortsende gibt es einen Nationalpark-Posten (Camping).

- **Bosque del Río Tigre Lodge** (Tel. 735.5725, Fax 735.5045, info@osaadventures.com): gepflegtes Holzhaus in ruhiger Lage, kl. Reservat (12 ha) mit Wanderwegen, Rest.service, Kajaks, Ausflüge (35 $/Tag); 4 einf., offene Zi. mit Mosquitonetz, bc; ein Zi., bp: 98/88 $ p.P./VP; KK (+6 %, +10 $); spezielle Touren zur Vogelbeobachtung!
- **Río Nuevo Lodge Tent Camp** (Tel. 735.5411, 735 5511, Fax: 735.5407): ca. 3 km vor Puerto Jiménez rechts abzweigen; 10 Zelte auf überdachten Holzplattformen für 2 Pers., einf. Anlage, schön gelegen, bc: 50 $ p.P./VP, versch. Touren.

Puerto Jiménez

Pto. Jiménez, der Hauptort der Osa-Halbinsel, ist ein kleines Städtchen mit etwa 7000 Einwohnern, das hauptsächlich aus einer inzwischen geteerten Hauptstraße besteht. Durch die zunehmende Bekanntheit des nahe gelegenen Nationalparks Corcovado kommen immer mehr Touristen in den Ort, viele mit dem Fährschiff aus Golfito. Vor einem Besuch des Parks muss man sich bei der Nationalparkverwaltung im Ort anmelden.

Unterkünfte

- **Camping:** beim Yacht-Club.
- **Cabinas Tomson:** 5 einf., ordentl. Cab. (bis 4 Pers.) bp, Vent.: ca. 5 $ p.P.
- **Cabinas La Esquina (The Corner):** 2-stöckiges Haus, renoviert, 4 einf. Zi. im OG, bc (WW), DV, sauber: 6 $ p.P.; 1 Zi., bp (WW), DV: 8 $ p.P.
- **Cabinas Oro Verde** (Tel. 735.5241): 10 Zi., bp (KW): 8 $ p.P.
- **Cabinas Bosque Mar** (Tel. 735.5681): 12 Zi., bp (WW), DV: 8 $ p.P.; mit AC: 10 $ p.P.
- **Cabinas Iguana Iguana** (Tel. 735.5158, Fax 735.5261): am Ortseingang, Rest., Pool; 10 einf. Zi., bc: 10 $ p.P..
- **Cabinas Brisas del Mar** (Tel. 735.5028, Fax 735.5012): 10 Zi., bc, DV: 10 $ p.P.; 4 Zi., bp (WW), DV, AC: DZ 40 $.
- **Cabinas Marcelina** (Tel. 735.5007, osanatur@racsa.co.cr): 6 recht ordentl. Zi., bp (WW), Vent.: DZ 25 $; 2 neuere Zi. mit AC: 35 $.
- **Cabinas Eilyn** (Tel. 735.5465, Fax 735.5590, cabinaseilyn@hotmail.com): am südlichen Ortsende; 3 Zi., bp (KW), DV: DZ 40 $ (ÜF).
- **Cabinas Jiménez** (Ortseingang links, Tel. 735.5090, cabinasjimenez@yahoo.com): 9 renovierte Zi. (bis 4 Pers.), bp (WW), AC, DV: 30/40/50 $; 1 Bungalow: 60/60/75 $.
- **Cabinas Agua Luna** (Tel. 735.5393, agualu@racsa.co.cr): Rest.; 8 Zi., bp (KW), AC: 30/

47 $; 8 Deluxe-Zi., bp (WW), TV, AC, Kühlschrank: 47/64 $; KK (VISA).

- **Cabinas La Choza del Manglar** (Tel./Fax 735.5002, info@manglares.com): schöne Anlage mit Garten und Mangroven (Vögel, Waschbären etc.), Restaurant; 10 ordentl. Zi., bp (WW), AC: 46/64 $ (ÜF); Deluxe: 57/79 $ (ÜF).

Außerhalb:

An der **Playa Platanares** (Zufahrt an der Landepiste vorbei):

- **Black Turtle Lodge** (Tel. 735.5043, info@blackturtlelodge.com): schöne Anlage, Touren; 2 Zi., bp (WW), DV: 99/81 $ p.P./VP; 2 „Tree-House"-Cab., 2-stöckig, bp (WW), DV: 128/99/93 $ p.P./VP; KK (VISA +7 %).
- **Iguana Lodge** (4,7 km, Lodge (Tel. 735.5205, Fax 735.5436, info@iguanalodge.com): Rest., Tischtennis, Touren, US-Leitung; 11 Zi. mit DV, Safe, bp: 169/122/105 $ p.P./VP; KK (+4 %).
- **Iguana's Pearl of the Osa** (4,8 km, Tel. 735.5205, Fax 735.5436, info@pearloftheosa.com): gr. Haus mit Rest., Bar, kanad. Leitung, Gem.terrasse (MB); 8 ordentl. Zi. im OG, bp (KW), DV: EZ/DZ ab 82 $; NS ab 70 $.
- **Playa Preciosa Lodge** (5,4 km, Tel. 818.2959, Fax 735.5043, playa-preciosa@web.de, Infos im Büro an der Tankstelle in Pto. Jiménez): nette Gartenanlage, Dschungelpfade, Touren, Rest.service; 4 ordentl. palmengedeckte Rundbungalows, bp (KW), DV: 40/50/60 $ (ÜF); KK.
- Zahlreiche **weitere Unterkünfte** finden sich in Dos Brazos (s.o.) und in Richtung Carate (s.u.).

Restaurants und Bars

- **Bar El Rancho:** tgl. geöffnet, *bocas,* am Wochenende Tanz.
- **Restaurant La China:** gutes chinesisches Lokal, günstige Gerichte.
- **Restaurant/Soda Carolina:** beliebter Treffpunkt im Ortszentrum, mäßiges Essen.
- **Restaurant Agua Luna:** im Freien, schöne Lage am Hafen, gutes Essen.
- **Juanitas Mexican Bar & Grille:** im Ortszentrum, mex. Küche und Seafood.
- **Il Giardino:** im Zentrum, ital. Spezialitäten.
- **Jade Luna Restaurant:** an der Straße nach Platanares, gutes Essen!

Infos von A bis Z

- **Erste Hilfe:** Krankenhaus (Tel. 735.5061) und Rotes Kreuz: gegenüber bzw. hinter der Post.
- **Geldwechsel:** *Banco Nacional* (Mo-Fr 8.30-15.45 Uhr).
- **Internet:** *Café Net el Sol* (im Ortszentrum, Tel. 735.5718, Fax 735.5717): auch Tourist-Info, Reservierungen, Touren, Transporte, Telefon und Fax.
- **Nationalparkbüro:** an der Landebahn, Mo-Fr 8-16 Uhr, Tel. 735.5036, Fax 735.5045.
- **Post:** Park, Mo-Fr 8-12, 13-18, Sa 8-12 Uhr.
- **Reisebüro:** SANSA-Agentur (Tel. 735. 5017), Mo-Sa 7-17 Uhr.
- **Tankstelle:** am Ortsende rechts.
- **Taxi:** vor Soda Carolina, Fahrpreis nach Carate oder Río Rincon: 40-60 $.
- **Tourist-Info:** *Osa-Natural* beim Fußballplatz, Ortseingang rechts (Tel./Fax 735.5440, osanatur@racsa.co.cr): sehr hilfreich, Reservierung NP Corvocado, Vermittlung von Hotels und Touren: Mo-Sa 8-12 und 14-17 Uhr.
- **Tourveranstalter:** *Everyday Adventure* (neben Cabinas Tomson, Tel./Fax 735.5138) bietet englischsprachige Touren: Wanderung, Kajak (3 Std., 45 $), Tree-Climbing (45 $ inkl. Mittagessen), *Escondido Trex* (Tel./Fax 735.5210, osatrex@ racsa.co.cr): Touren in Reservate, zu den Herrera Botanical Gardens, Aufforstungsprojekte etc.; weitere Anbieter sind *Osa Aventura* (Tel./Fax 735.5670), *Cacique Tours* (Tel. 735.5564), *Aguadulce Tours* (Tel. 735.5468), *Aventuras Tropicales* (Tel. 735.5675), *Rio Nuevo Lodge Tours* (Tel. 735.5411) und *Changing Tide Diving and Boat Tours* (PADI, Tel. 735.5669).
- **Wäsche-Service:** über Cabinas Mariela (Ortseingang rechts).

Busverbindungen

- Die **Abfahrtsstelle** liegt hinter dem Roten Kreuz.
- **San José:** *Transportes Blanco* (Tel. 771.4744), tgl. 5 Uhr, in der Hauptsaison evtl. auch 11 Uhr, Fahrzeit ca. 9 Std., Preis ca. 6 $.

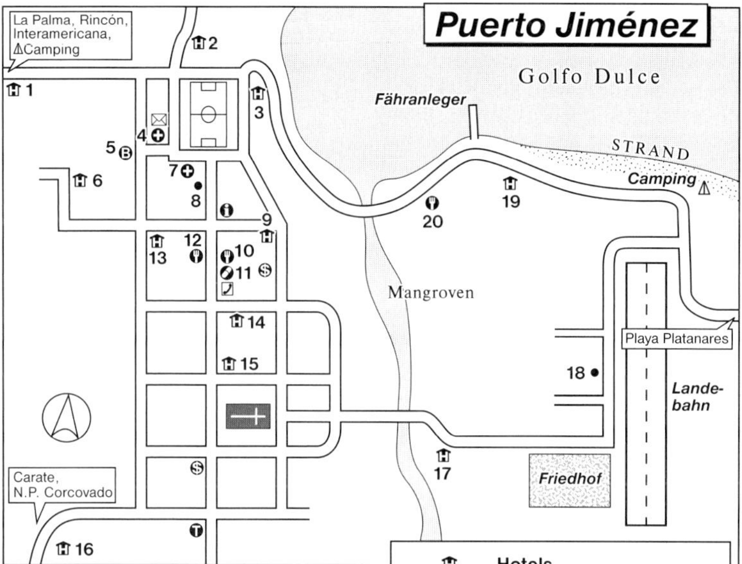

	Hotels
1	Cabinas Iguana Iguana
2	Cabinas Jiménez
3	Cabinas Brisas del Mar
6	Cabinas Tomson
9	Cabinas Bosque Mar
13	Cabinas La Esquina
14	Cabinas Oro Verde
15	Cabinas Marcelina
16	Cabinas Eilyn
17	Cabinas La Choza del Manglar
19	Cabinas Agua Luna

	Restaurants
10	Restaurant La China
12	Restaurant/Soda Carolina
20	Restaurant Agua Luna

4	Rotes Kreuz
5	Busabfahrtsstelle
7	Krankenhaus
8	Polizei
11	Apotheke
18	Nationalpark-Büro

- **San Isidro/Palmar:** mit Bus nach San José, tgl. 6 Uhr, Fahrzeit ca. 4 Std.
- **Carate** (NP Corcovado): Sammeltaxi, Fahrzeit 2 Std., Preis: ca. ca. 6-8 $.
- **Golfito:** Bus nach Cd. Neily, in Río Claro umsteigen.
- **Cd. Neily:** tgl. 6 und 14 Uhr, Fahrzeit etwa 4 Std.

Schiffsverbindungen

- Personenfähre nach **Golfito** tgl. 6 Uhr, Fahrzeit 1,5 Std., ca. 3 $; Bootstaxi nach Golfito ca. 50 $.

Flugverbindungen

- **Landepiste** am Meer.
- *SANSA* (Tel. 735.5017): tgl. 7.05, 10.30 und 15.05 Uhr nach **San José**/Int. Flughafen, Flugzeit: ca. 1 Std., Preis: 71 $ (einf.).
- *Nature Air:* tgl. 7, 9.50, 12 und 15.20 Uhr über **Golfito** nach **San José**/Pavas Airport, Flugzeit 1 Std., Preis: 84 $ (einf.).
- Kleinflugzeuge nach **Sirena:** *Alfa Romero* (Tel. 735.5178): 220 $ (bis 5 Pers.).

Von Jiménez nach Carate (43 km)

Die wichtigste Zufahrt zum Corcovado-Nationalpark führt von Pto. Jiménez nach Süden an der Tankstelle vorbei; ohne Allrad kommt man in der Regenzeit meist nicht sehr weit. 17,5 km nach dem Ortsende von Pto. Jiménez (Tankstelle) zweigt links die Zufahrt ab zur Encanta Lodge und zur Hacienda Clandestina (2 km) am Cabo Matapalo. Ca. 200 m weiter geht es nach rechts zum Hotel Lapa Ríos, rund 20 km nach Jiménez zweigt links die Zufahrt ab zu den Bungalows Bosque del Cabo.

Unterkünfte und Restaurants

• **Ojo del Mar** (Tel. 306.8556, ojodelmar@yahoo.de): direkt am Meer (Playa Carbonera), tropischer Garten, Yogaklassen und Massagen, Touren; 3 rustikale, alleinstehende Cab. (offene Bauweise) pb, Moskitonetz, Hängematte: 55/90/105 $ (ÜF), Kinder u. 12 J.: 20 $.

• **Restaurant/Cabinas Martinas Bar (La Buena Esperanza):** ca. 15 km nach Jiménez in Carbonera (nach der Schule), deutschsprachig; 2 Zi.: 20 $ p.P. (ÜF).

• **Encanta La Vida Lodge** (Tel. 735 5062, info@encantalavida.com): div. Touren; 3 Zi., bp DV: 75 $ inkl. VP; Honeymoon-Haus: 125/170 $ inkl. VP.

• **Hacienda Bahía Clandestina** (Tel. 381. 8521, 828.2516, Fax 735.5648, osaclandestina @racsa.co.cr): schöne Lage am Hang, Rest. service, Naturpool; 3 freistehende, angenehme Holzhäuser mit gr. Balkon (z.T. MB), DV, schön gekacheltes Bad (WW): 150/250 $ inkl. VP; KK (+5 %).

• **Hotel Lapa Ríos** (Tel. 735.5130, Fax 735. 5179, info@laparios.com): in schöner Lage hoch über dem Meer mit Rest., Bar, Pool, Privatreservat (über 400 ha); 14 palmgedeckte Bungalows, bp, Balkon, MB: 341/222/213 $ p.P./VP; NS: 263/178/168 $ p.P.; KK.

• **Bosque del Cabo** (Tel./Fax 735.5206, boscabo@racsa.co.cr): gr., parkähnliche Anlage hoch über dem Meer, angenehmes Rest., Pool, ca. 15 Min. Fußweg zum Strand; 9 sehr schöne Holz-Bungalows mit Terrasse (MB): DZ ab 165 $ (ab 140 $) p.P./VP; KK (VISA).

• **El Remanso** (Tel./Fax. 735.5569, info@elremanso.com): Treeclimbing, Waterfall-Rapelling, Reiten etc.; 4 Zi., bp (WW), Balkon, umgeben von Regenwald, MB: 120/190 $ (VP); Deluxe Cabina: 145/230 $ (VP); Casa Osa: 85 $ p.P./VP (ab 4 Pers.); KK (Aufschlag).

Carate

Die „Ortschaft" am Ende der Straße besteht im Wesentlichen aus einer *Pulpería* und einer Landepiste für Kleinflugzeuge. Hier beginnt die Wanderung in den Nationalpark Corcovado (s.u.). Campingmöglichkeit. Ein Sammeltaxi fährt tgl. außer So gegen 8.30 Uhr nach Pto. Jiménez.

Unterkünfte

• **Terrapin Lodge** (Tel. 735.5182, 735.5431, BArgyle@aol.com): ca. 2 km vor Carate rechts, etwas abseits; 5 einf. Holzbungalows, bp: 75/70 $ p.P./VP.

***Carate Jungle Camp** (kein Tel., leegott@aol.com): ca. 150 m zum Strand, Rest., Touren mit Guide (ca. 35 $ p.P.), Camping US-Leitung; 6 einf. kl. Holzhäuser (bis 4 Pers.) im Wald, offene Bauweise, Moskitonetz, Hängematte, bc: ab 40 $ p.P./VP; Kinder (bis 12 J.): 15 $/VP; Camping 15 $/Zelt.

• **Lookout Inn** (Tel./Fax 735.5431, info@lookout-inn.com): oberhalb von Carate, schönes Haus in Hanglage, MB; 3 sehr geschmackvolle Zi. im Haupthaus, bp (WW): 99/109 $ p.P./VP; Master-Suite und 2 Cab.: 120 $ p.P./VP; KK (+6 %).

• **Old Gold Mining Camp** (Tel. Büro 225. 9960): am Ende der Piste; einf. Camping-Möglichkeit (5 $ p.P.), einf Zi.; bc (KW): 15 $ p.P.

• **Luna Lodge** (Tel./Fax 380.5036, information@lunalodge.com): schöne Lodge in erhöhter Lage am Hang, US-Leitung; 7 Bungalows, bp: 190/150/130 $ p.P./VP (NS 150/120/105 $); 1 Tour, Übernachtung im Zelt: 110/85 $ p.P./VP (NS 100/75); KK (nur VISA, +4,5 %).

• **Corcovado Lodge Tent Camp** (Tel. Büro: 257.0766, Fax 257.1665, col@expeditions.co.cr): ca. 30 Min. am Strand Richtung Madrigal; Meerlage, Rest. (teuer: 13/18,50/ 21 $), Ausflüge: Canopy-Tree-Platform (69 $), Wanderung Madrigal (4 Std., 25 $), Sunset-Ride (35 $); 20 ältere, geräumige Zelte: 75 $ p.P./VP.

• **La Leona Eco Lodge Tent Camp** (Tel./Fax 735.5704, info@laleonalodge.com): Rest.service (auch für Nichtgäste), Touren mit Guide; 13 Zelte auf Holzplattformen: 17/23 $; mit VP: 75/140 $.

Busverbindungen

• **Pto. Jiménez:** Sammeltaxi 8.30 und 16 Uhr.

Flugverbindungen

• **Nature Air:** tgl. 9.55 Uhr nach San José/ Pavas Airport, 70 Min., 75 $ (einf.).

Nationalpark Corcovado

• **Fläche:** 54.539 (Land), 2400 ha (Meer)
• **Lage:** Südosten der Osa-Halbinsel
• **Klima:** regenreich (bis 5500 mm)
• **Gegründet:** 24.10.1975
• **Geöffnet:** 8-16 Uhr
• **Eintritt:** 8 $/Tag
• **Info:** Büro in Pto. Jiménez, Tel. 735. 5036, Fax 735.5276
• **Übernachtung:** In den Parkstationen La Leona, Sirena, Los Patos und San Pedrillo kann gezeltet werden (4 $ p.P.), in Sirena auch eine einfache Übernachtungsmöglichkeit (8 $ p.P.). Reservierung ist vorgeschrieben (Tel. s.o.). Unbedingt rechtzeitig über die aktuelle Lage informieren, die Stationen sind nicht immer geöffnet!
• **Anfahrt:** Mit Allrad über Carate nach La Leona oder über La Palma zum Río Rincon, mit Booten zur Station San Pedrillo, Sirena und La Leona, mit Kleinflugzeug zur Station Sirena oder nach Carate.

Der zweitgrößte Nationalpark des Landes liegt in einem der regenreichsten Gebiete des Landes. Daraus resultiert eine große Vielfalt an unterschiedlichen Vegetationstypen und dementsprechend auch an Tieren. Wegen dieser außergewöhnlichen biologischen Vielfalt wurde der Park zu einem internationalen Forschungszentrum, um den tropischen Regenwald zu studieren – Corcovado ist das letzte Ökosystem seiner Art in Mittelamerika.

Eine ernsthafte Bedrohung stellen die illegalen Goldsucher dar, die in abgelegenen Gebieten nahezu ungehindert operieren können. Zum überwiegenden Teil sind es arbeitslose Bananenarbeiter, die hier nach dem begehrten Edelmetall graben, Bäume fällen und Tiere jagen.

Flora und Fauna

Allein rund 500 Baumarten gibt es innerhalb der Parkgrenzen – das sind über ein Viertel aller in Costa Rica vorkommenden Arten. Einige der größten sind *nazareno* und der seltene endemische *poponjoche* – sie erreichen bis 50 m Höhe. Im Flachland findet man einen über 70 m hohen Kapokbaum, der als größter Baum des Landes gilt.

Über die Hälfte des Parks ist bedeckt von **Bergwald,** in dem man die größte Vegetationsvielfalt vorfindet. In den höchsten Regionen des Parks gibt es **Nebelwald,** der sehr reich an Eichen und Baumfarnen ist. Im **Palmenwald** dominiert die Bastpalme (Raphiapalme). An den Flussmündungen des Río Llorona, Corcovado und Sierra liegen **Mangrovensümpfe,** im Umfeld der Flüsse bewaldete **Schwemmlandebenen** und **Sumpfwald,** der fast das ganze Jahr überschwemmt ist. Einen ausgezeichneten Rückzugsort für Wildtiere bildet der krautartige **Grassumpf,** der sich in der Laguna de Corcovado gebildet hat. Die über 1000 ha große Oberfläche des Süßwassersees ist dicht mit Büschen und Gräsern überwachsen.

160 Arten von Säugetieren sind vertreten. Gruppen von Kapuzineraffen, aber auch die anderen drei Affenarten Costa Ricas leben im Park. Auch alle sechs Arten Raubkatzen Costa Ricas und bedrohte Arten wie Tapir und Riesen-Ameisenbär kommen vor.

Bislang wurden 367 Vogelarten beobachtet. So findet man hier die größte Population der Roten Aras im Land, außerdem Königsgeier, Weißbussard, Keilschwanzsittich, Kolibris, Gelbstirnjassana, Rotbauch-Schakuhuhn, Regenbogentukan und Salomonreiher. Artenreich vertreten – mit 117 Arten – sind auch Reptilien und Amphibien. Am weiten Playa Llorona legen mit relativer Häufigkeit 4 Arten Meeresschildkröten Ihre Eier ab. In den Seen, Bächen und Flüssen des Parkgebiets hat man 40 Süßwasserfische gezählt. Die Vertreter der Insekten können nur geschätzt werden: Man vermutet rund 6000 Arten.

Wanderung durch den Park

Diese 4-tägige Wanderung von Carate nach La Palma (oder umgekehrt) ist ein einmaliges Naturerlebnis. Ein Führer ist nicht nötig, da die Wege gut ausgeschildert sind. In der Hochsaison sind viele Wanderer unterwegs, so dass man eventuell keinen Schlafplatz bekommt. Deshalb Zelt mitnehmen!

Eine **empfehlenswerte Variante** für die Wanderung durch den Nationalpark ist die Tour **entgegen dem Uhrzeigersinn:** am 1. Tag früh morgens per Taxi zum Eingang Los Patos und Wanderung nach Sirena (Übernachtung), am 2. Tag Wanderung zum Eingang La Leona und Übernachtung in Carate. Vorteil: die Übernachtung im Sektor Los Patos und die Suche nach einem Taxi nach Pto. Jiménez entfällt.

1.Tag: Von Pto. Jiménez nach Madrigal (43+3,5 km): Von Pto. Jiménez mit Allrad-PKW (Taxi oder Sammeltaxi) nach Carate. Von dort am Strand entlang zum Parkeingang La Leona (3,5 km, ca. 45 Min., leicht). Übernachtung im Corcovado Lodge Tent Camp oder La Leona Eco Lodge Tent Camp (s.o. unter „Carate") oder in Madrigal an der **Parkstation La Leona** (nur Zelt, keine Verpflegung verfügbar!). Wer wenig Zeit hat, kann auch an einem Tag von Jiménez bis zur Station Sirena gelangen, sinnvoller ist auf jeden Fall eine Zwischenübernachtung.

2.Tag: Von Madrigal nach Sirena (16 km): Möglichst vor Ebbe loslaufen (Fluttabelle bei Parkstation), damit man nicht von der Flut überrascht wird. Zunächst geht es wieder am Strand entlang bis Punta La Chancha (Gehzeit ca. 1,5 Std.). Mit etwas Glück kann man die farbenprächtigen Roten Aras sehen, manchmal sogar Meeres-

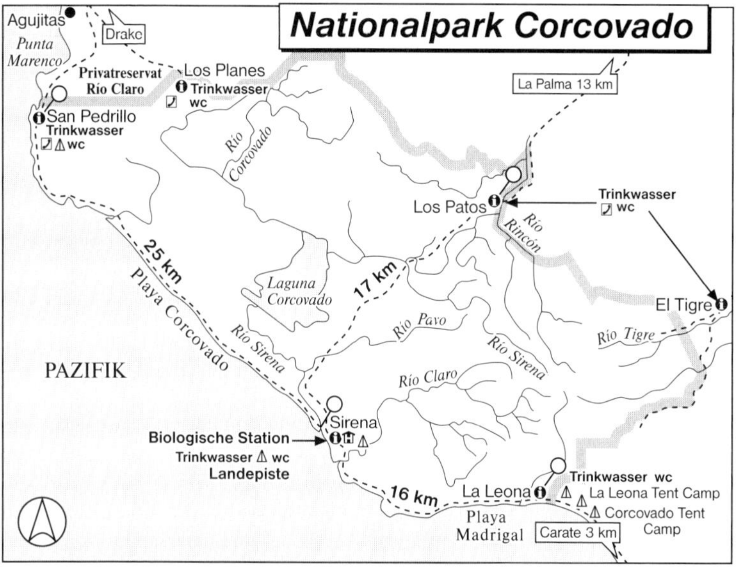

schildkröten. Überall bieten sich wunderschöne Badegelegenheiten im Meer (Vorsicht: Haie!) und an den Flüssen. Der Weg ist eindeutig erkennbar, die Sonne ist jedoch nicht zu unterschätzen (Kopfbedeckung und Sonnencreme!). 10 Min. nach der Durchquerung des Río Claro (bei Ebbe max. knietief, bei Flut oft unmöglich) weist ein Schild zur Station Sirena.

Die gesamte Wanderung dauert etwa 5-6 Std., Badepausen nicht eingerechnet, und ist (bis auf die Sonne) nicht sehr anstrengend. Die **Station Sirena** verfügt über etwa 30 einf. Betten (Mücken!) Essenspreise: Frühstück für 8 $, Mittag- und Abendessen je 11 $. In der Nähe gibt es einen kleinen Lehrpfad, wo man vor allem abends Affen beobachten kann.

3.Tag: Von Sirena nach Los Patos (20 km): Der anstrengendste aber vielleicht schönste Tag. Auf einem breiten Pfad durch den Wald (Schatten) geht es auf und ab, insgesamt muss ein Höhenunterschied von etwa 300 m überwunden werden. Gute Schuhe sind Bedingung, der Weg ist oft matschig und teilweise anstrengend (Steigung). Unterwegs zweigt ein Weg zur Station San Pedrillo ab. Nach rund 6-8 Std. Gehzeit erreicht man erschöpft die **Station Los Patos,** wo es jedoch weder Essen noch Zimmer gibt.

4.Tag: Von Los Patos nach La Palma (13 km): Ein guter Weg führt etwa 2,5 km durch den Wald aus dem Park hinaus in eine von Goldgräbern geprägte Region. Nach 45-60 Min. erreicht man den Río Rincon. Von dort führt eine (außerhalb der Regenzeit) mit Allrad befahrbare Straße am Fluss entlang. Überall sind die Verwüstungen durch die Goldsucher sichtbar. Manchmal hat man das Glück, von ebendiesen mitgenommen zu werden (oder man hat sich vorausschauend ein Taxi hierherbestellt), sonst muss man den ganzen Weg bis La Palma zu Fuß gehen (der Fluss muss mehrmals durchquert werden, kein Schatten, Gehzeit etwa 3-4 Std.). In La Palma gibt es einen Bus zurück nach Jiménez oder sogar nach San José. Es besteht auch eine Übernachtungsmöglichkeit (s.o. unter „Von Palmar nach Pto. Jiménez").

Die Wanderung von Sirena zur Station **San Pedrillo** ist sehr anstrengend (25 km!) und nur für trainierte und motivierte Wanderer zu empfehlen.

- **Vorbereitung:** Anmeldung bei Büro der Nationalverwaltung in Jiménez; evtl. ein Taxi für den 1. bzw. 4. Tag bestellen.
- **Ausrüstung:** Wanderschuhe (evtl. Gummistiefel), Regenschutz, Sonnencreme und Hut, Badekleidung und Handtuch, Kleidung für 4 Tage, zusätzl. Socken zum Wechseln, Bettzeug o. leichter Schlafsack, Moskitonetz, Verbandszeug, kleines Zelt oft hilfreich, Taschenlampe, evtl. Kompass; Getränke (an den Stationen gibt es nur Wasser) und Verpflegung.

Golfito und seine Strände

Golfito

- **Einwohner:** 14.000, Bezirk ca. 40.000
- **Lage:** am Golfo Dulce, ca. 350 km südl. von San José
- **Klima:** tagsüber WW (bis 32° C.), abends kühl, Niederschlag 4800 mm/J.

Das Besondere an Golfito ist seine schöne Lage an einer kleinen, langgestreckten Bucht, die durch einen schmalen Ausgang mit dem Golfo Dulce verbunden ist, umgeben von Bergen, die vielfach noch von Urwald bedeckt sind.

Zu Beginn des 20. Jahrhunderts gab es hier nur drei Indianer-Dörfer. In den Jahren 1935/36 wurde dann auch auf der pazifischen Seite mit der Anpflanzung von **Bananen** begonnen. Die geschützte Lage des kleinen Golfes (= *golfito*) bot sich als natürlicher Hafen an, und so baute die Bananengesellschaft hier den Haupthafen zum Abtransport der gelben Früchte. Die Bevölkerung des Ortes setzte sich aus Amerikanern und Ticos zusammen, die entsprechend ihrer Stellung in getrennten Wohnvierteln lebten: die amerikanischen Verwalter in luxuriösen Holzvillen im Nordwesten, die einfachen Arbeiter aus Costa Rica in armseligen Holzhütten weiter südlich.

Als sich in jüngerer Zeit die Bananenmultis aus der Region zurückzogen, begann für Golfito, Hauptstadt des gleichnamigen Bezirkes, eine Zeit des **Niedergangs und Verfalls.** Die

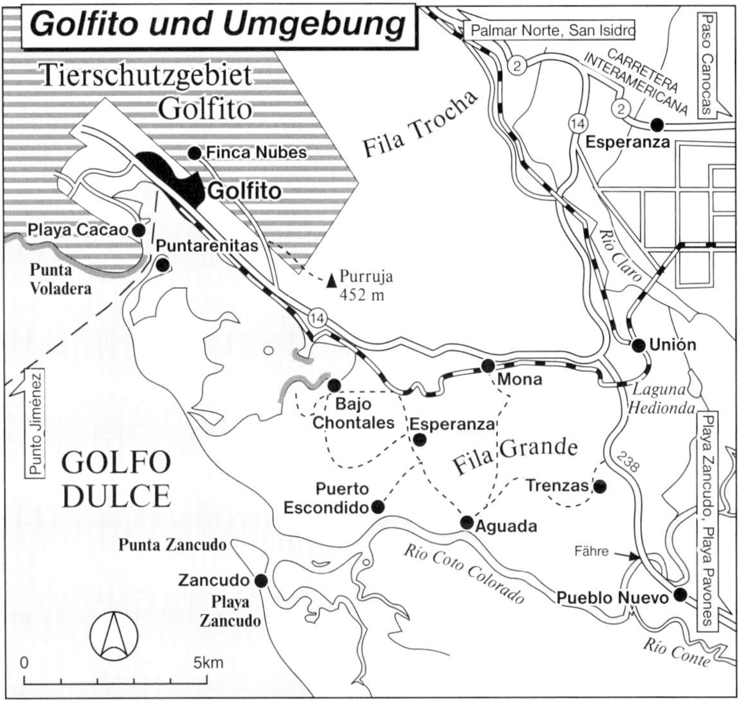

Regierung erklärte daraufhin 1990 eine **Freihandelszone** in der Stadt und erlaubte den Bürgern, in einer steuerfreien Zone *(Depósito Libre)* alle 6 Monate ausländische Waren bis zu einem Wert von 600 US-$ steuerfrei einzukaufen, was die Lage verbesserte. Für ausländische Besucher ist das steuerfreie Warenangebot aber wenig attraktiv – wer dennoch Interesse hat: ein Berechtigungsschein muss 24 Std. vorher beantragt werden, Mo. sind die Geschäfte geschlossen.

Heute versucht man, neben dem Einkaufs-Tourismus auch **Gäste** zu gewinnen, die sich mehr für die attraktive Umgebung des Ortes interessieren, der selbst nur wenig zu bieten hat. Die Möglichkeiten sind vielfältig: Baden an den Stränden der Umgebung, Wanderungen im Tierschutzgebiet, Bootsausflüge (z.B. auf dem Río Coto und im Golfo Dulce).

Anfahrt

Zwischen Palmar und Cd. Neily zweigt in **Río Claro** (Restaurants, Tankstelle, Cabinas La Amistad) die Zufahrt ab nach Golfito, oder per Fähre ab Pto. Jiménez (nur Personentransport).

Unterkünfte

Das Angebot an **Unterkünften** ist vielfältig, doch kann es vor allem an **Wochenenden zu Engpässen** kommen, da dann viele Ticos zum Einkaufen hierherkommen - eine Reservierung ist auf alle Fälle empfehlenswert. Fast alle Unterkünfte befinden sich an der Hauptstraße, die Entfernungsangaben beziehen sich auf den Ortsanfang (Hotel El Gran Ceibo). Ein gutes Wohnviertel ist das Barrio Las Alamedas mit zahlreichen schönen Holzhäusern.

- Außer den o.g. Unterkünften findet man ab Km 4,4 beidseits der Straße **Privatunterkünfte** (DZ um 10 $), ebenso in der Nähe des Busbahnhofs (6,5 km, Abzw. links). Weitere Unterkünfte an den nahe liegenden Stränden (s.u. „Ausflüge in die Umgebung").
- **Hotel El Gran Ceibo** (Ortseingang links, Tel. 775.0403, Fax 775.2303, info@hotelelgranceibo.com): Rest., Pool, Parkplatz; 27 ordentl. Zi. (bis 5 Pers.) bp (WW), z.T. DV: 16/16/21 $; AC, TV: 37 $ (1-3 Pers.); KK (+2 $).
- **Hotel Las Gaviotas** (100 m links, Tel. 775.0062, Fax 775.0544, lasgaviotas@hotmail.com): schöne Lage am Meer, kl. Garten, Rest., Bar, Pool; 14 Standard-Zi., bp (WW), AC, DV, TV, Safe, z.T. laut (Straße): 55/55/61 $; 4 Junior-Suites mit 2 Schlafzi., Kühlschrank: 65/65/71 $; 3 Bungalows mit 2 Schlafzi., Küche, AC: 108/108/114 $ (bis 4 Pers.); KK.
- **Cabinas Mar y Luna** (200 m links, Tel. 775.0192, Fax 775.1049): gutes Fischrest., 8 einf. Cab., bp (WW), DV, kl. TV, ok: 14/18/22 $, AC +24 $; KK.
- **Hotel Costa Rica Surf** (2,5 km, im Ortszentrum, Tel./Fax 775.0034): Bar, Rest., Pferde (7 $/Std.), Bootstouren; 20 einf., aber annehmbare Zi. mit Vent., bc: EZ/DZ 10 $; 15 Zi., bp: 14 $ (1-3 Pers.).
- **Hotel Golfito** (2,6 km links nach Tankstelle, Tel. 775.0047): 8 einf. Zi., bp, Vent. (2 Zi. mit MB), etwas laut, aber sauber: DZ 14 $; mit AC 25 $.
- **Hotel Samoa del Sur** (2,9 km links, Tel. 775.0233, Fax 775.0573): schöne Lage direkt am Meer, Restaurant (laut!), Bootstouren, frz. Leitung; 14 Zi., bp (WW), AC, TV: 35/45/45 $.
- **Cabinas Casa Blanca** (ca. 5,5 km rechts im Barrio Las Alamedas, Tel. 775.0124): 12 Zi., bp, ok: DZ 14 $.
- **Hotel Golfo Azul** (5,5 km Abzw. rechts im Barrio Las Alamedas, Tel. 775.0871, Fax 775.1849): Frühstücks-Rest., Parkplatz, in Flughafen-Nähe; 20 ordentl. Zi. bp, AC, DV, sauber: 15/28/30 $.
- **Hotel Sierra** (6,7 km Abzw. rechts, Tel. 775.0366, Fax 775.0506): unpersönlich, an der Landepiste mit Rest., Pool; 72 ordentl. Zi., bp, AC, Vent., TV: 32/32/36 $.
- **Cabinas San Martín** (7,1 km, am Ortsende vor der Brücke links, Tel. 775.0041, Fax 775.1833): nettes Rest., guter Ausgangspunkt für Golfito-Schutzgebiet; 12 einf. Cab., bp, Vent.: DZ 12 $; 6 Häuschen, nett, bp: DZ 17 $.

Außerhalb:

*__Buena Vista Lodge__ (ca. 1 km vor dem Ortseingang Zufahrt rechts, Tel. 775.2065, petergolfito@hotmail.com): MB, Pool (Quellwasser ohne Chlor), Touren (z.B. Bootstour zur Delfinbeobachtung im Golfo Dulce), dt. Leitung; 4 Zi. (bis 5 Pers.) mit Kabel-TV, bp (WW), DV: 25/30/40 $; Frühstück 4 $ p.P.

*__La Purruja Lodge__ (Tel./Fax 775.1054, info@purruja.com): 3,8 km vor Ortseingang links; schöne Lage, gepflegter Garten (gute Vogelbeobachtung!), Frühst.rest., Billard, Darts, schweiz. Leitung; 5 sehr ordentl. Zi., bp (KW), DV: 20/25 $; Camping (Bad): 2 $/Zelt. Der Besitzer bietet Touren an, u.a. Tagestouren (Golfito Naturreservat, Höhlentour, Bootsfahrt auf dem Río Coto zur Krokodilbeobachtung) und mehrtägige Trekking-Touren (NP Corcovado, Goldwaschen auf der Osa-Halbinsel).

- **Cabinas Playa Cacao** (Tel. 221.1169, Fax 256.4850, Tel. San José: 221.1169, isabel@racsa.co.cr): Anfahrt mit Bootstaxi ab *Mercado*, kostenlose Benutzung von Booten und Kajaks; 6 palmgedeckte Hütten am Meer für Selbstversorger mit kl. Küche, bp (WW): DZ 35 $, Frühstück 5 $.

*__Golfo Dulce Lodge__ (Tel. 821.5398, Fax 775-0573 oder c/o ARA Tours: Tel. 232.

0400, Fax 232.0363, info@golfodulcelodge.com): Schöne Lage im Urwald, deutschsprachig; 8 Bungalows ab 130/105/85 $ p.P./VP; Bootstransfer ab/bis Golfito: 25 $ p.P.

- **Rainbow Adventures Lodge** (Tel. 775.0220, info@rainbowcostarica.com): Privatreservat mit 3-stöckigem Holzhaus, brit. Leitung; 3 Zi. (bis 2 Pers.), bp (WW), Veranda mit MB; Cab. (bis 4 Pers.), bp (WW), Küche: DZ 198 $ p.P./VP inkl. Transfer ab Golfito.

*__Esquinas Rainforest Lodge__ (Tel./Fax 775.0901, in D: Tel. 0861/165906, esquinas@ racsa.co.cr): in Umgebung von Golfito (6 km): 130/100/80 $ p.P./VP; Paket 3 Tage/2 Nächte ab/bis Golfito: 195 $ p.P. im DZ; KK.

- **Tropenstation La Gamba** (Tel. 841.6898, in Österreich: Tel. 04277/54083, Tropenstation_LaGamba@web.de): biologische Forschungsstation neben Esquinas Rainforest Lodge, Unterkunft auch für Touristen; 3 einf. Zi. (20 Betten), bc, Kochgel.: 40 $ p.P./VP.

Restaurants

- **Restaurant Rancho Grande** (ca. 200 m von Buena Vista Lodge): gute Küche, Fisch- und Fleischgerichte um 4-5 $.
- **Bar Escondite** (ca. 100 m von Buena Vista Lodge): gemütlicher Platz, um ein Bierchen zu trinken, gute *bocas*.
- **Cabinas Mar y Luna** (200 m links): nettes Lokal am Meer, gute Fischgerichte und Meeresfrüchte, Mo Ruhetag.
- **Restaurant Hai Piu** (chines.) und **Restaurant La Cubana** (im Zentrum): einf., aber ordentl. Lokale mit Ausblick auf die Bucht.
- **Restaurant/Bar Samoa del Sur** (2,9 km links): nett, unter Palmendach am Meer, aber überteuert: Pizza, Fischgerichte um 7 $, Fleischgerichte um 11 $.
- **Restaurant Buenas Dias** (gegenüber Tankstelle): neu, nat. und internat. Küche.

Abends

- **Rana Tropical** (gegenüber Tankstelle): neue Tanzbar, Disco, Karaoke.
- **Bar Samoa del Sur** (2,9 km links): Dart, Billard, Kicker; Achtung: überteuerte Cocktails!
- **Karaoke-Bar Comales** (4,5 km links): sehr beliebt, jeden Tag Tanz und Karaoke.
- **Bar/Restaurant Maderos** (50 m von der Tankstelle): Hähnchengrill, *mariscos*, samstags Tanz mit Livemusik.

Infos von A bis Z

- **Camping:** Purruja Lodge (s.o.).
- **Einkaufen:** *Supermercado Pearson* (2,7 km rechts) sowie *Mega Super* (4,5 km links) und *Comercio Costaricense* (unterhalb der Post).
- **Erste Hilfe:** Rotes Kreuz (1,2 km rechts, Tel. 755.0397), Krankenhaus (5,1 km rechts).
- **Geldwechsel:** *Banco Nacional* (4,8 km rechts, Mo-Fr 8.30-15 Uhr).
- **Internet:** unterhalb Hotel Golfito sowie *Foto Rojas* (unterhalb der Post).
- **Post:** oberhalb Restaurant Hai Piu, Mo-Fr 7.30-18 Uhr, Sa 7.30-12 Uhr.
- **Reisebüro:** SANSA-Büro (Ortszentrum gegenüber Restaurant El Chino).
- **Tankstelle:** 2,6 km links, tgl. 24 Std., keine KK.
- **Tourist-Info:** ICT-Büro am Hafen.
- **Tourveranstalter:** s. Purruja Lodge und c/o Buena Vista Lodge (Tagestouren mit Jeep und Boot).
- **Wäscherei:** *Lavandería Ilona* (2,3 km links, unterhalb Hotel Delfin).

Busverbindungen

- Der **Terminal** liegt 6,3 km, das TRACOPA-Büro 4,3 km links vom Ortseingang.
- **San José** (*TRACOPA*, Tel. 775.365): direkt 5 und 13 Uhr, Fahrzeit ca. 6 Std. (direkt), Fahrpreis: ca. 10 $; Alternative: mit Lokalbus bis Río Dulce (Interamericana) und umsteigen.
- **Cd. Neily/Paso Canoas:** 6-mal tgl., sonst über Río Paro.
- **El Banco (Playa Pavones):** tgl. 10 u. 15 Uhr.

Schiffsverbindungen

- Tgl. 11.30 Uhr **Fähre** nach **Pto. Jiménez,** Fahrzeit 1,5 Std., Preis: ca. 3 $, Kapazität: 25 Pers., Abfahrtstelle hinter Tankstelle (Ortsmitte).
- **Bootstaxi:** 4,2 km links und bei Hotel Golfito, ca. 25 $/Std. (1-4 Pers.), Tel. 775.0353.
- **Playa Cacao:** einf. ca. 2 $ *(Colectivo)*.
- **Playa Zancudo/Pta. Encanto:** einf. ca. 18 $, hin und zurück (ganzer Tag) ca. 60 $ (1-8 Pers.).
- **Playa Puntarenitas:** ca. 2,50 $ einf.

Flugverbindungen

- **Landepiste** 6,7 km, Abzw. rechts.
- SANSA (Tel. 775.0303): tgl. 7.10, 11.40 und 15.25 Uhr nach **San José**/intern. Flughafen; Flugzeit 1 Std., Preis: 66 $ (einf.).
- Nature Air: tgl. 7.20 Uhr nach **San José**/Pavas; Flugzeit 50 Min., Preis: 84 $ (einf.).

Ausflüge in die Umgebung

- **Aussichtspunkt:** 800 m Abzweigung rechts (am Sportplatz), dann 4,1 km bergauf (zu Fuß oder mit Allrad): **Rancho Relámpago** – herrlicher Blick über Golfito und die vorgelagerte Landzunge, an klaren Tagen bis Osa-Halbinsel. Der Ort ist in Privatbesitz, statt Eintritt zu zahlen darf sich jeder Besucher ins Gästebuch eintragen. 4 km weiter kommt man zu einem Verstärkerturm, dort kein Ausblick. Da die Wanderung bergauf anstrengend ist, ist es eine gute Idee, mit einem Taxi hinzufahren und zu Fuß wieder zurück zu gehen.
- **Playa Cacao:** Dieser Strand mit Palmen in der Nähe von Golfito ist zwar beliebt, aber um ehrlich zu sein: Es gibt schönere Strände in der Gegend! **Anreise** am besten mit dem Bootstaxi ab *Mercado* (1 $), sonst nur mit PKW: 6,5 km links, am städtischen Müllplatz vorbei.
- **Playa Puntarenitas:** Kleiner Sandstrand auf einer Landzunge gegenüber von Golfito. Es gibt keine Unterkünfte oder WC.
- **Playa Encanto:** Kleiner Sandstrand, Unterkunft: **Cabinas Enchanted Point** (Tel./Fax 775.0230): Zi., bp, Ventilator.
- **Playa San Josecito:** Etwas weiter nördlich liegt diese einsame Bucht, in der sich 1979 ein nordamerikanisches Ehepaar niederließ, um Orchideen und andere tropische Pflanzen anzubauen. Seit 1990 ist ihr 1,6 ha großer **Botanischer Garten Casa Orquídeas** mit fast 100 Orchideen- und vielen weiteren Pflanzenarten der Öffentlichkeit zugänglich: Touren durch den Garten: So-Do 7 und 10 Uhr, 5 $ p.P. (ab 4 Pers.). **Anfahrt** nur per Boot, Fahrzeit ab Golfito ca. 90 Min.; Unterkunft: Golfo Dulce Lodge (s.o.).
- **Playa Cativo:** An dieser nördlich des Playa San Josecito gelegenen Bucht, die nur per Boot erreichbar ist, liegt die Rainbow Adventures Lodge (s.o.).
- **Río Coto:** Südlich von Golfito mündet dieser Fluss in den Pazifik, im letzten Abschnitt von ausgedehnten Mangrovensümpfen flankiert. Bei einem Bootsausflug auf dem Fluss kann man neben zahlreichen Reihern und anderen Vogelarten mit etwas Glück auch Affen, Krokodile und Seeotter beobachten. Bootstouren werden ab Golfito oder ab Playa Zancudo über Cabinas/Restaurant Sol y Mar angeboten.
- **The Paradise Tropical Garden:** Botanischer Garten in Rio Claro mit wunderschönem Heliconien-Garten (ca. 25 verschiedene Sorten), Naturheilpflanzen.

Tierschutzgebiet Golfito

(Refugio Nacional de Fauna Silvestre Golfito)

- **Fläche:** 1309 ha
- **Lage:** im Hinterland von Golfito
- **Niederschlag:** 4800 mm/Jahr
- **Gegründet:** 12.6.1985
- Keine **Öffnungszeiten,** kein Eintritt
- **Anfahrt:** mehrere Möglichkeiten, u.a.: am Ortsende von Golfito über Brücke bis Residencial Ureña (mit PKW oder Bus, 1,2 km ab Bus-Terminal), weiter geradeaus zu Fuß (Wanderweg)

Hinter der Stadt Golfito liegt dieses staatliche Schutzgebiet, das zu 70 % mit Primärwald bedeckt ist. Im Norden grenzt es an das Forstreservat Reserva Forestal Golfo Dulce (76.803 ha). Das niederschlagsreiche Gebiet ist stark zerklüftet und daher nur schwer zugänglich. Die Existenz einer wichtigen tektonischen Falte könnte das Vorhandensein eines sehr steilen, fast 400 m hohen und 13 km langen Steilhanges erklären. Aus biologischer Sicht ist bisher noch recht wenig bekannt über das Schutzgebiet, das besonders wichtig ist für die Wasserversorgung der nahegelegenen Stadt Golfito.

Flora und Fauna

Das Schutzgebiet besteht überwiegend aus dichtem und sehr hohem immergrünen Wald mit über 200 Baum- und Straucharten. Der Kronenbereich wird von riesigen Bäumen gebildet wie Butternussbaum, Regenbaum und dem Milchbaum. Eine recht häufige Palmenart ist die *chonta* (Schwarze Palme). Im Unterwald sieht man häufig Heliconien mit gelben, roten oder orangeroten Blüten.

An Säugetieren hat man u.a. Jaguar, Tigerkatze, Nasenbär, Riesen-Ameisenbär, Aguti, Tayra, Baumwollratte, Halsbandpekari, Waschbär, Kapuziner, Klammer- und Brüllaffen, Gürteltier, Rothörnchen und Bergziege entdecken können.

Brauner Pelikan, Königsgeier, Schlangenhalsvogel, Braunrückentukan, Nimmersatt, Cayenne-Milan, Großtao, Graureiher, Rotkopf-Amazone, Scharlachbürzel-Tangare, Schleiereule, Gelbbauch-Höhlentyrann, Aztekenmöwe, Zahnhuhn, Blautangare, Scharlachtangare gehören zu den bisher gesichteten Vogelarten.

Playa Zancudo

Südlich der Mündung des Río Coto liegt dieser weite, flache und dunkle Sandstrand mit Blick auf die gegenüberliegende Halbinsel Osa. Das Meer ist hier relativ ruhig und daher sicher zum Schwimmen, das Wasser in der Trockenzeit angenehm warm. Er ist bei Ticos wie bei Touristen beliebt. Außerdem gilt die Region als eines der besten Reviere für Sportfischer (17 Weltrekorde bzgl. Fischgröße) und erfreut sich auch bei Surfern zunehmender Beliebtheit (bester Monat: Dezember).

Einst war Zancudo ein verschlafenes Fischerdorf, bis es der Tourismus aus seinem Dornröschenschlaf erweckte: In letzter Zeit fällt eine rege Bautätigkeit auf ...

Anfahrt

Am schönsten und einfachsten ist die Anreise per Boot ab Golfito. Wer mit dem PKW unterwegs ist, muss einen kleinen Umweg in Kauf nehmen: 8,3 km von Golfito (ca. 10 km ab Río Claro) führt eine Abzweigung nach Süden. 10 Kilometer Teerstraße führen bis zu einer Fähre über den Río Coto Colorado (tgl. 5-21 Uhr). 3,5 km weiter gibt es rechts eine Abzweigung nach Conte. Nach weiteren 5,5 km endet die Teerstraße und 11,5 km nach der Abzweigung (gut 15 km nach der Fähre) zweigt in Conte die Zufahrtsstraße zu den südlichen Stränden nach rechts ab. 1,5 km weiter geht es links zur Playa Pavones (18 km) und rechts zur Playa Zancudo (20 km). Der Strand ist viele Kilometer lang, am Ende liegt ein kleines Dorf.

Unterkünfte und Restaurants

Aufgelistet nach Lage, Entfernungsangabe ab Ortseingang (Zancudo Beach Club).

- **Oasis on the Beach** (Ortsanfang links, Tel. 776.0087, Fax 776.0052, reservations@oasisonthebeach.com): nettes Rest., Bar mit MB (Frühstück ab 3 $, Pasta und Fisch um 7 $, Steak 14 $), Lage am Meer, US-Leitung; Haus mit 2 Zi.; 4 freistehende, nette Holzhäuser mit Veranda, bp (WW), DV, Kühlschrank, gut: DZ 60 $.
- **Restaurant Tranquilo** (200 m rechts): nettes Lokal, einf. Küche, vernünftige Preise; 6 einf. Zi. mit Vent., bc: ca. 6 $ p.P.
- **Cabinas Los Colosos del Mar** (300 m links, Tel./Fax 776.0050): schöner Garten am Meer, deutscher Besitzer; 6 Zi. bp: ca. 20/30/35 $ (ÜF).
- **Cabinas/Restaurant Sol y Mar** (2,2 km links, Tel. 776.0014, solymar@zancudo.com): Bootstour, Kajak- und Radverleih, Pferde; 5 Cab. (4 Pers.), bp (WW), Vent., Moskitonetz: 23-42/23-48/51-53 $; KK (VISA +6,5 %).
- **Cabinas Los Cocos** (2,7 km links, Tel./Fax 776.0012, loscocos@loscocos.com): Kajakverleih, Bootstouren (Transfer Golfito: 10 $ p.P.), brit. Leitung; 4 gepflegte, kl. Häuser am Meer, bp (WW), Moskitonetz, Vent., Kochgelegenheit, Kühlschrank, Veranda: DZ ab 64 $.
- **Ristorante Macondo** (3,7 km rechts): nettes ital. Rest., mit Pool(!)
- **Cabinas/Restaurant/Pulpería El Tío Froilan** (4 km links): 20 einf., akzeptable Cab. (bis 5 Pers.), bp, Vent.: 7/9/15 $.
- **La Palmera de Oro** (4,4 km re., Tel. 776.0121, Fax 776.0134): kl. Pool; 8 Zi. bp, AC, TV: ca. 48/56/65 $; KK.

Bahía de Pavón

Südlich von Zancudo liegt diese weitgestreckte Bucht, die in mehrere kleine Buchten unterteilt ist. Die Strände sind zwar recht einsam, aber zum Baden nicht immer geeignet: erstens gibt es nur wenig Sand (viel Steine, z.T. Felsen), zweitens ist die Brandung hier stärker und Schwimmen deshalb nicht ungefährlich. Wegen der hohen Wellen ist die Bucht dafür beliebt bei Surfern, sie gilt sogar als einer der besten Surfplätze in Costa Rica.

Anfahrt

Bis Conte: s.o. unter „Playa Zancudo". Nach der Abzweigung in Conte kommt man nach 11 km zum Meer, Straße nach links, nach 16 km führt eine Abzweigung links weiter nach Süden. Geradeaus kommt man in die kleine Ortschaft **Río Claro de Pavones.** (Alternative: per Boot ab Golfito, ca. 17 $.)

Unterkunft

- Sehr einfache Zimmer bieten Cabinas/ Restaurant **Esquina del Mar** und **Pensión Mauren.**

Weiter Richtung Süden

Nach knapp 7 km erreicht man das Dorf **Banco** (Pulpería), 800 m weiter endet die Straße. Es gibt von dort sogar Busverbindung nach Golfito: tgl. 5 Uhr (Fahrzeit ca. 3 Std.). An der Straße in Richtung Süden (ohne Allrad nicht immer möglich) liegen die **Unterkünfte** (Entfernungs-Angaben ab o.g. Abzweigung):

- **Casa Siempre Domingo B&B** (2,4 km links, Tel. 820.4709, heidi@casa-domingo.com): schöne Lage über dem Meer (Zufahrt 800 m bergauf), gr. Wohnhaus, Terrasse mit herrlichem Blick, US-Leitung; 4 simple Zi., bp (WW), AC geplant: 70/70/105 $ (ÜF); keine KK.
- **Cabinas La Ponderosa** (3,2 km links, Tel. 284.7430; Nachricht hinterlassen): 5 ordentl. Zi., bp (WW), DV: ca. 30 $ p.P. (inkl. VP ca. 250 $/Woche); Campingmöglichkeit.
- **Tisquita Jungle Lodge** (6,1 km Abzw. links bergauf, Reservierung über C. R. Sun Tours, Escazú, Büro Tel. 296.8125, Fax 296.8133, tiskita@racsa.co.cr): erhöhte Lage über dem Meer, Privatreservat (ca. 165 ha, z.T. Primärwald), Obst-Experimentierfarm, Pool, einf. Rest., Landepiste; 16 nicht übermäßig komfortable Zi. (bis 4 Pers.), bp: 145/240/315 $ (inkl. VP); Kinder (bis 12 Jahre) 60 $; Paket 2 Tage/2 Nächte inkl. VP, Fluganreise und 2 geführte Wanderungen: 435/375 $ p.P.
- **Rancho Burica** (7,7 km, kein Tel., info@ranchoburica.com): schöne Lage zwischen Regenwald und Meer, Rest.service (Frühst. 6 $, Abendessen 8 $), Pferde- und Wandertouren (z.B. Indianerreservat), niederl. Leitung; 5 sehr einf. Zi., bc (KW): ab 10/22/30 $, 1 Haus, bp, Moskitonetz, Camping, keine KK – guter Tipp für Low-Budget-Traveller.

Zur Grenze mit Panama

Paso Canoas

Paso Canoas ist keine eigentliche Stadt, sondern nur ein hässlicher **Grenzort,** 350 km von San José und rund 550 km von Panama-City entfernt. Für Touristen, die nicht auf der Durchreise von oder nach Panama sind, gibt es deshalb auch keinen ersichtlichen Grund, hierher zu kommen.

Die Interamericana mündet 18 km südöstlich von Cd. Neily direkt in die Grenzstation. In den Straßen links und rechts, die parallel zur Genze verlaufen, haben fliegende Händler ihre Waren aufgebaut. Die dahinterliegenden Geschäfte werden von Kunden aus beiden Staaten besucht: Es gibt jeweils einen Eingang von Panama und Costa Rica. Dennoch ist Paso Canoas keine offizielle Freihandelszone wie etwa Golfito.

Tipp: man kann mit öffentlichen Bussen über David nach Almirantes und weiter zu den Bocas-del-Toro-Inseln reisen (vgl. „Ein Abstecher zu den Koralleninseln von Bocas del Toro“ im Kapitel „Die Südliche Karibikküste“) und dort über Sixada wieder nach Costa Rica einreisen (Flugticket mitnehmen!).

Unterkünfte

Wegen der Lage an der Grenze gibt es zahlreiche **einfache Unterkünfte,** die wegen der starken Nachfrage auch meist **schnell belegt** sind. Da sich alle mehr oder weniger in

228cr Foto: dk

Cashewapfel

der gleichen Preiskategorie befinden, werden sie hier nach ihrer Lage aufgeführt.

- An der Straße vor der Grenze rechts gibt es drei **nicht empfehlenswerte Unterkünfte** mit muffigen und verwahrlosten Zimmern. Aber an der **Parallelstraße** (am Comando Sur, also 2. Straße vor der Grenze rechts) liegen **Cabinas Interamericano, Cabinas Hilda** und **Pensión El Paso,** Zimmerpreise ab 5 $ p.P.

Die **besseren Unterkünfte** der Stadt liegen ein Stück weiter, am Restaurant Cuates rechts:

- **Hotel Real Victoria** (Tel. 732.2586): 33 Zi., bp, AC, TV: ca. 10/14 $; KK (+6 %).
- **Cabinas Jiménez** (Tel. 732.2258): 18 Zi., bp (KW), Vent.: ca. 3,50 $ p.P.; mit AC: ca. 7 $ p.P.
- **Hotel Azteka** (Tel. 732.2217): 49 einf. Zi., bp, Vent.: ca. 7/11 $; mit AC, TV: DZ ca. 21 $.
- **Hospedaje El Descanso** (Tel. 732.2261): 80 einf. Zi. bp, Vent.: ca. 7 $ p.P.; KK.
- In der Gegend gibt es noch zahlreiche weitere Unterkünfte, u.a.: **Pensión Tania** (Tel. 732.2199), **Cabinas Velice** (Tel. 732.2302), **Cabinas Alpina** (Tel. 732.2012).

Restaurants

Entsprechend dem Niveau der ganzen Stadt ist die Zahl an empfehlenswerten Restaurants beschränkt.

- **Gegenüber des Zollgebäudes** gibt es einige einfache Restaurants.
- Chinesische Küche bietet das Restaurant **Nueva China,** am *Comando Sur* 100 m rechts.

Infos von A bis Z

- **Fahrradbedarf:** *Ciclo Frick* (vor der Grenze rechts 250 m).
- **Geldwechsel:** *Banco de Costa Rica* (200 m vor der Grenze links, Mo-Fr 8-11, 13-14.30 Uhr.
- **Polizei:** 200 m vor Grenze rechts, Tel. 732.2106.
- **Post:** gegenüber der Grenze rechts, Mo-Fr 7.30-18 Uhr, Sa 7.30-12 Uhr.
- **Tourist-Info:** Das *ICT* hat im Zollgebäude eine Info-Stelle (Mo-Sa 7-22 Uhr, Tel 732.2035); im Grenzgebäude gibt es ein Büro der panamaischen Tourismusbehörde *IPAT* (tgl. 7-23 Uhr).

Busverbindungen

- **Abfahrtsstelle** hinter der Zollstation.
- **San José:** *directo* 4 und 9 Uhr, Fahrzeit ca. 7 Std., Preis ca. 7 $; sowie *corriente* 7.30 und 15 Uhr, Fahrzeit ca. 8 Std., Preis: ca. 6 $. Tickets bei *TRACOPA*.
- **Cd. Neily:** etwa alle Std.
- **David/Panama:** regelmäßige Verbindung ab panamaischer Seite.
- **Panama-City:** Bus aus San José ca. 18 Uhr, sonst über David, ca. 8 Std. inkl. Pause.
- **Golfito:** 6-mal tgl., ca. 1,5 Std., 1 $.

Isla del Coco

- **Fläche:** 2400 ha (Land), 97.235 ha (Meer)
- **Lage:** ca. 550 km südöstlich vom Festland im Pazifik
- **Höhe:** 0-634 m (Cerro Iglesias)
- **Niederschlag:** etwa 7000 mm/Jahr
- **Gegründet:** 22.6.1978
- **Eintritt:** 15 $/Tag (keine Verbilligung)
- **Info:** Tel. 233.4533
- **Anreise:** nur mit dem Schiff möglich (keine Landepiste). Da es keine regelmäßigen Verbindungen gibt, muss man sich über eine Reiseagentur um einen Platz auf einer Jacht bemühen – dieses ist ein kostspieliges und zeitraubendes Unterfangen (siehe Exkurs „Ein Abstecher nach Panama"). Die Überfahrt dauert etwa 30 bis 36 Stunden.

Die verhältnismäßig kleine Insel (24 km^2, nur geringfügig größer als die Nordseeinsel Amrum) wurde im Jahre 1526 vom spanischen Steuermann *Joan Cabezas* entdeckt und bereits 1556 in der Weltkarte von *Nicólas Deliens* stolz als *Isla de Cocos* verzeichnet. Während des 17. und 18. Jh. diente die Insel als Versteck für Piraten und Korsaren, die entlang der Pazifikküste des spanischen Amerika auf Beute gingen. Nach Erzählungen haben sie hier wertvolle Schätze versteckt – wie etwa den von Lima *(William Tompson),* den wertvollsten von allen, der aus Tonnen von Gold- und Silberbarren bestehen soll, sowie aus goldenen Metallplatten, die die Kuppeln der Kirchen bedeckten und einer Statue der Muttergottes aus reinem Gold.

Bekannt sind auch die Schätze von *William Davies,* der 1684 versteckt wurde und von *Benito „Blutiges Schwert" Bonito* von 1819.

Dieser vermeintliche Reichtum war Anlass für über 500 Expeditionen, u.a. auch von der Regierung von Costa Rica, die am 15. September 1869 von der Insel Besitz ergriff.

Nationalpark Isla del Coco

Wie die rund 700 km südwestlich liegenden Galápagos-Inseln ist auch die „Kokos-Insel" vulkanischen Ursprungs. Sie erhebt sich rund 3000 m vom Meeresboden und ist damit die höchste Erhebung der Kokosschwelle, einem untermeerischen Bergrücken. Die gesamte Insel ist zum Nationalpark erklärt und unbewohnt. Ihre Oberfläche ist stark zerfurcht, mit vielen Wasserfällen, die sich nicht selten aus großer Höhe spektakulär ins Meer ergießen. Die Steilküste fällt bis 183 m ins Meer ab, es gibt eine Unzahl untermeerischer Höhlen. Das Meer ist hier türkisblau und außerordentlich transparent mit äußerst reicher Meeresfauna. Das Revier gilt daher als Traum für Schnorchler und Taucher.

Flora und Fauna

Die Insel ist bedeckt von einem dichten, immergrünem Wald, der eine verblüffende Verwandschaft mit Südamerika aufzeigt. Im Bereich des Cerro Iglesias ist sie oft in Wolken gehüllt, die Niederschlagswerte sind extrem hoch.

Ähnlich wie auf den Galapagos-Inseln kam es auch hier durch die isolierte Lage zu einer getrennten Entwick-

420cr Foto: dk

Ein Abstecher nach Panama

Wer ein wenig Zeit hat, kann von Costa Rica ohne viel Formalitäten ins Nachbarland Panama reisen, das nicht nur landschaftlich einiges zu bieten hat. Mit einer Fläche von 77.082 km² ist es zwar gut 50 % größer als Costa Rica, aber mit nur 3,1 Mio. Einwohnern noch dünner besiedelt. Wirtschaftlich lebt das Land vom Handel (Panama-Kanal) und vom Bananenexport. Ein Panama-Handbuch ist ebenfalls im Reise Know-How Verlag erschienen.

Praktische Infos

- **Einreiseformalitäten:** Eine Einreisekarte gibt es bei den Transportgesellschaften oder an der Grenze. Ein Weiterreise- bzw. Rückflugticket und genügend Geldmittel für den Aufenthalt werden offiziell verlangt. Deutsche, Österreicher und Schweizer benötigen einen Reisepass, der ab der Einreise mindestens noch sechs Monate gültig ist. Die Aufenthaltsdauer ist auf maximal 90 Tage begrenzt und kann vor Ort bei Bedarf verlängert werden. Die Grenze ist täglich von 9 Uhr bis Mitternacht geöffnet (aber: 11.30 bis 12.30 und 17 bis 8 Uhr geschlossen).

- **Sprache:** Landessprache ist Spanisch, weit verbreitete Verkehrssprache ist Englisch.
- **Geld:** Währung ist der Balboa (1 B. = 1 US-$), von dem es nur Münzen gibt, als Scheine werden US-$ benutzt.
- **Zeitunterschied:** +1 Std. (Costa Rica 12 Uhr = Panamá 13 Uhr).
- **Sicherheitslage:** In einigen ärmeren Vierteln der Hauptstadt und in Colón ist Vorsicht geboten, insbesondere nachts.

Reisetipps

Nationalpark Vulkan Barú

- **Anfahrt:** Bus Paso Canoas – David: ca. 1 Std.; David – Boquete ca. 1 Std.
- **Wanderung** zum Vulkan Barú (ca. 21 km): Das erste Stück ist geteert (mit Taxi oder trampen) und ab dem Eingangsposten (Eintritt 3 $) führt ein ungeteerter Fahrweg ohne schattenspendende Bäume bis zum Gipfel. Die Gehzeit ab dem Eingang beträgt ca. 6-8 Std., zurück 3-4 Std. Übernehmen Sie sich nicht! Weniger trainierte sollten unbedingt eine Mitfahrgelegenheit suchen (z.B. fahren 3-mal die Woche Arbeiter für Wartungsarbeiten hinauf). Auch Selberfahren mit Allradantrieb ist riskant: Die Strecke ist z.T. extrem steil! Einmal oben gibt es keine Übernachtungsmöglichkeit.
- **Unterkunft:** Cabañas Kokys (Tel. 771. 4864, an der Straße zwischen Volcán und Bambito, 4,5 km): 15 $ pro Person. Sehr einf. Zi., bp, WC. Kleine Anlage in karger Umgebung, mit Blick auf den Vulkan Barú.

Von Küste zu Küste

Für unternehmungslustige Traveller besteht die Möglichkeit, an die Pazifikküste zu fahren und dort wieder nach Costa Rica einzureisen: Mit dem Bus von David nach Chiriqui Grande, mit einem Boot nach Almirante und weiter mit dem Bus zur Grenze Guabito/Sixaola.

Panamá-City

- **Anfahrt:** Bus David – Ciudad Panamá: ca. 7 Std., Preis: 11 $ (Abendbus: 14 $).
- **Unterkünfte:** Es gibt eine Vielzahl von Hotels aller Arten und Preisklassen.

Von Unterkünften in der Altstadt *Casco Viejo* wird aus Sicherheitsgründen abgeraten.

lung der Tier- und Pflanzenarten. Von den 235 bisher identifizierten **Pflanzenarten** sind 70 endemisch, d.h. sie kommen weltweit nur hier vor.

Es gibt keine heimischen **Land-Säugetiere,** im Meer leben Delfine und Wale. Im 18. Jh. wurden von vorbeifahrenden Seeleuten Schweine ausgesetzt, die verwilderten und schweren Schaden an der Vegetation anrichten. Man schätzt ihre Zahl auf etwa 5000 Tiere.

Von den 97 **Vogelarten** sind drei endemisch: der Isla-del-Coco-Kuckuck *(Coccyzus ferrugineus),* der *Mosquitero de la Isla del Coco (Nesotriccus ridgwayi)* und der Cocofink *(Pinaroloxias inornata),* eine Art der berühmten Darwinfinken, deren andere Vertreter auf den Galapagosinseln leben. In den Wäldern trifft man häufig auf den *Espíritu Santo,* einen weißen Vogel, der die Insel zum Brüten besucht und der dadurch auffällt, dass er über den Köpfen der Besucher umherflattert. Vor allem auf den nahe liegenden Inselchen brüten zahlreiche Seevögel, z.B. Fregattvögel.

Unter den **Reptilien und Amphibien** gibt es je eine endemische Art: die Eidechse *Norops townsendi* und die Salamanderart *Spaerodactylus pacificus.*

In der Umgebung der Insel wurden über 200 **Fischarten** gezählt. Häufig sind u.a. der Riesen-Hammerhai *(Sphyrna lewini),* der bis zu 4 m Länge erreicht, außerdem Papageienfische, Thunfische und Rochen. Im Meer leben auch 18 Korallenarten, 57 Arten Krustentiere und 510 Arten Meeres-Weichtiere.

Unter den Insekten (362 Arten) wurden 70 endemische Arten gezählt, u.a. eine Schmetterlingsart.

Jachtausflüge zur „Kokosinsel"

- **Cruceros del Sur** (Tel. 289.3333, 661.0939, Fax 289.3737, info@okeanos.net, www.okeanos.com): Die Jacht Okeanos Agressor (Länge 36,5 m, 10 Doppelkabinen, eine 3-Bett-Kabine; älteres Schiff, Sicherheitsmängel!) startet 2-mal monatlich zu einer 10-tägigen Tauchtour: DZ 2900 $ p.P/VP inkl. Transfer ab San José, Tauchtouren, „schwere" Ausrüstung (Gewichte, Flaschen) und Getränke.
- **Escenarios Tropicales** (Tel./Fax 224.2555, Tel. 661.0939, www.underseahunter. com): 2-mal monatlich starten die Jachten Undersea-Hunter (Länge 30,5 m, 4 Doppelkab., drei 3-Bett-Kab.) und Sea Hunter (Länge 35 m, 6 Doppelkab., drei 3-Bett-Kabinen) zu einer 10-tägigen Tauchtour. Kabinen mit AC, gute Beiboote, gute Ausstattung.
- Außer den genannten Jachten gibt es **keine regelmäßigen Verbindungen** zur Isla del Coco. Gelegentlich fahren weitere Schiffe ab Puntarenas oder Golfito. Wer als Gruppe eine eigene Jacht chartern möchte, kann bei *Costa Sol Cruises* (Tel. 239.4544) ein Angebot einholen.

525cr Foto: dk

Golfo Dulce

607cr Foto: dk

Anhang

608cr Foto: dk

609cr Foto: dk

Reise-Gesundheits-Information Costa Rica

Stand: 5.1.2005

Die nachstehenden Angaben dienen der Orientierung, was für eine geplante Reise in das Land an Gesundheitsvorsorgemaßnahmen zu berücksichtigen ist. Die Informationen wurden uns freundlicherweise vom *Centrum für Reisemedizin* zur Verfügung gestellt. Auf der Homepage: **www.travelmed.de** werden diese Informationen stetig aktualisiert. Es lohnt sich, dort noch einmal nachzuschauen.

Klima: Tropisches Klima, im Osten ganzjährig feucht, im Westen wechselfeucht, südl. Bereiche der Pazifikküste (Golfo Dolce) immerfeucht; mittlere Jahrestemperatur in den Tiefländern um 26° C, im Hochland um 20° C.

EINREISE-IMPFVORSCHRIFTEN

Keine.

EMPFOHLENER IMPFSCHUTZ

Tetanus, Diphtherie, Hepatitis A

Je nach Reisestil und Aufenthaltsbedingungen im Lande sind zu erwägen:

Impfschutz	Reisebedingung 1*	Reisebedingung 2**	Reisebedingung 3
Typhus	x		
Hepatitis B (1)	x		
Tollwut (2)	x		

(1) vor allem bei Langzeitaufenthalten und engerem Kontakt zur einheimischen Bevölkerung.

(2) bei vorhersehbarem Umgang mit Tieren

***Reisebedingung 1:** Reise durch das Landesinnere unter einfachen Bedingungen (Rucksack-/Trekking-/Individualreise) mit einfachen Quartieren/Hotels; Camping-Reisen, Langzeitaufenthalte, praktische Tätigkeit im Gesundheits- o. Sozialwesen, enger Kontakt zur einheimischen Bevölkerung wahrscheinlich;

****Reisebedingung 2:** Aufenthalt in Städten oder touristischen Zentren mit (organisierten) Ausflügen ins Landesinnere (Pauschalreise, Unterkunft und Verpflegung in Hotels bzw. Restaurants mittleren bis gehobenen Standards);

Reisebedingung 3: Aufenthalt ausschließlich in Großstädten oder Touristikzentren (Unterkunft und Verpflegung in Hotels bzw. Restaurants gehobenen bzw. europäischen Standards).

Wichtiger Hinweis:
Welche Impfungen letztendlich vorzunehmen sind, ist abhängig vom aktuellen Infektionsrisiko vor Ort, von der Art und Dauer der geplanten Reise, vom Gesundheitszustand, sowie dem eventuell noch vorhandenen Impfschutz des Reisenden. Da im Einzelfall unterschiedlichste Aspekte zu berücksichtigen sind, empfiehlt es sich immer, rechtzeitig (etwa 4 bis 6 Wochen) vor der Reise eine persönliche Reise-Gesundheits-Beratung bei einem reisemedizinisch erfahrenen Arzt oder Apotheker in Anspruch zu nehmen.

MALARIA
Malaria-Risiko: ganzjährig. **Mittleres Risiko** in den Kantonen Matina und Talamanca (Provinz Limón) und Los Chiles (Provinz Alajuela) – alle Atlantik-Regionen; **geringes Risiko** in ländlichen Gebieten der übrigen Landesteile, als **malariafrei** gelten Höhenlagen und Städte.
Vorbeugung: Ein konsequenter Mückenschutz in den Abend- und Nachtstunden verringert das Malariarisiko erheblich (Expositionsprophylaxe).

In der Dämmerung und nachts Aufenthalt in mückengeschützten Räumen (Räume mit aircondition, Mücken fliegen nicht vom Warmen ins Kalte)

Beim Aufenthalt im Freien in Malariagebieten abends und nachts weitgehend körperbedeckende Kleidung (lange Ärmel, lange Hosen).

Anwendung von insektenabwehrenden Mitteln an unbedeckten Hautstellen (Wade, Handgelenke, Nacken). Wirkungsdauer ca. 2-4 Std.

Im Wohnbereich Anwendung von insektenabtötenden Mitteln in Form von Aerosolen, Verdampfern, Kerzen, Räucherspiralen.

Schlafen unter dem Moskitonetz (vor allem in Hochrisikogebieten).

Ergänzend ist die Einnahme von **Anti-Malaria-Medikamenten** (Chemoprophylaxe) zu empfehlen. Zu Art und Dauer der Chemoprophylaxe fragen Sie Ihren Arzt oder Apotheker, bzw. informieren Sie sich in einer qualifizierten reisemedizinischen Beratungsstelle. Malariamittel sind verschreibungspflichtig.

Aktuelle Meldungen
HIV-Test: Für Langzeitaufenthalte wird ein HIV-Test in spanischer Sprache verlangt.

Unter www.travelmed.de finden Sie Adressen von
- Apotheken mit qualifizierter Reise-Gesundheits-Beratung (nach Postleitzahlen).
- Impfstellen und Ärzte mit Spezialsprechstunde Reisemedizin (nach Postleitzahlen).
- Abruf eines persönlichen Gesundheitsvorsorge-Briefes für die geplante Reise.

KURZBESCHREIBUNG DER ERWÄHNTEN ERKRANKUNGEN:

Hepatitis B: Diese Viruserkrankung der Leber ist weltweit verbreitet, besonders in tropischen Ländern. Die Inkubationszeit liegt zwischen 2 Wochen und 6 Monaten. Die Krankheit beginnt mit Grippegefühl, Fieber, Appetitlosigkeit, Übelkeit und Erbrechen. Nach einigen Tagen wird der Urin dunkel, der Stuhl hell, es kommt zur Gelbsucht (zuerst im Weiß der Augen bemerkbar). Der weitere Verlauf ist unterschiedlich. Die Krankheitsdauer liegt nicht unter 4 Wochen. In ca. 10 % der Fälle rechnet man mit Komplikationen, schweren oder chronischen Verläufen, vereinzelt mit Dauerschäden.

Infektiös sind Blut und andere Körperflüssigkeiten von Erkrankten und Virusträgern (in Mitteleuropa 0,1 - 0,5 %, in einzelnen tropischen Ländern über 20 % der Bevölkerung). Die Übertragung erfolgt über entsprechende Kontakte; Bluttransfusionen, unsterile Spritzen, Nadeln und Instrumente (z.B. bei unqualifizierten medizinischen Eingriffen, Drogenabhängigen, Tätowierungen) sowie beim Geschlechtsverkehr.

Malaria: Malaria wird durch einzellige Parasiten (Plasmodien) verursacht und durch bestimmte Stechmücken (Anophelen) übertragen. Leitsymptom ist Fieber, begleitet von Kopf- und Gliederschmerzen mit starkem Krankheitsgefühl. Schüttelfröste und Schweißausbrüche können vorkommen. Die „bösartige" Malaria (tropica) hat eine Inkubationszeit von 7-12 Tagen. Sie kann rasch zu lebensbedrohlichen Zuständen mit Koma, Nierenversagen und Schock führen. Die „gutartige" Malaria (tertiana) kann nach 9-16 Tagen auftreten, bisweilen noch bis zu einem Jahr nach der Rückkehr. Spätere Rückfälle sowie eine dritte Art (Malaria quartana) sind extrem selten. Die Diagnose wird während der akuten Erkrankung durch den mikroskopischen Parasitennachweis im Blut gesichert, nachträglich kann sie noch durch spezielle Antikörperuntersuchungen geführt werden. Trotz zunehmender Resistenzprobleme ist die Malaria bei rechtzeitiger Behandlung heilbar.

Typhus: Typhusbakterien werden mit verunreinigter Nahrung und Trinkwasser aufgenommen. Nach einer Inkubationszeit von ca. 2 Wochen entwickelt sich hohes Fieber mit schwerem Krankheitsgefühl und Lethargie, das unbehandelt mehrere Wochen anhalten kann. Komplikationen wie Darmblutung und Bauchfellentzündung können tödlich verlaufen. Beim Paratyphus handelt es sich um verwandte Erreger, die ein ähnliches, meist etwas milderes Krankheitsbild hervorrufen. Die Diagnose ist aus dem Blut, später aus dem Stuhl zu sichern.

Tollwut: Viruserkrankung von Tieren, die gelegentlich auf den Menschen übertragen wird und immer tödlich endet. Die Inkubationszeit liegt in der Regel zwischen 1-3 Monaten. Infektiös ist der Speichel eines tollwütigen Tieres, und zwar 3-5 Tage vor Ausbruch der Symptome bis zu seinem Verenden nach 7-10 Tagen. Der Mensch infiziert sich durch Bissverletzungen, meist von Hunden und Katzen, aber auch durch Einbringen von deren Speichel in verletzte Hautstellen oder unverletzte Schleimhäute (Augen). Die Krankheit beginnt beim Menschen mit Schmerzen und Kribbeln im Bereich der meist bereits verheilten Bissstelle und führt über Krämpfe, Erregungszustände und Lähmungen innerhalb von 2 Wochen zum Tod.

Literaturempfehlungen

Natur

- *Denzer, Wolfgang:* **Reiseführer Natur Costa Rica,** BLV-Verlag, München 2002 (nur noch Antiquariat). Die wichtigsten Nationalparks und Reservate werden vorgestellt, Tierlisten im Anhang; 160 Seiten, mit zahlreichen farbigen Abbildungen.
- *Alvarado, Guillermo:* **Costa Rica, Land of Volcanoes,** Gallo Pinto Press, San José 1993. Vulkanismus allgemein und in Costa Rica, erhältlich im Buchhandel in San José
- *Blancke, Rolf:* **Farbatlas Pflanzen der Karibik und Mittelamerikas,** Verlag Eugen Ulmer, Stuttgart 1999. Ausgezeichnetes Nachschlagewerk für heimische Pflanzen, 288 Seiten, Farbfotos auf jeder Seite.
- *Blancke, Rolf:* **Farbatlas Exotische Früchte,** Verlag Eugen Ulmer, Stuttgart 2000. Nachschlagewerk für Obst & Gemüse der Tropen und Subtropen, 315 Farbfotos.
- *Bärtels, Andreas:* **Tropenpflanzen,** Verlag Eugen Ulmer, Stuttgart 2003. Gutes Standardwerk tropischer Zier- und Nutzpflanzen mit Farbfotos auf jeder Seite.
- *Boza, Mario A.:* **Parques Nacionales Costa Rica,** Incafo. Schöner Bildband über die Natur Costa Ricas, erhältlich im Buchhandel in San José (oder gebraucht bei Internetbuchhandlungen).
- *Boza, Mario A.:* **Parques Nacionales/National Parks Costa Rica,** Guías Periplo, Sto. Domingo de Heredia 1992. Handlicher Kurzführer fast aller Naturparks mit zahlreichen Fotos, erhältlich im Buchhandel in San José (oder gebraucht bei Internetbuchhandlungen).
- *Fuchs, Jochen:* **Costa Rica, Natur in Zentralamerika,** Schiler, H., 1997.
- *Grandjot, Werner:* **Reiseführer durch das Pflanzenreich der Tropen,** Kurt Schröder Verlag, Köln (nur Antiquariat). Einführung in die Botanik der Tropen mit Fotos und Zeichnungen.
- *Lötschert, W.* und *Beese, G.:* **Pflanzen der Tropen,** BLV-Verlagsgesellschaft München (nur noch Antiquariat). Gute Beschreibungen von 323 Zier- und Nutzpflanzen, Farbteil in der Buchmitte.
- **Pflanzenführer Tropisches Lateinamerika,** Goldstadt Verlag, Pforzheim 1993 (nur noch Antiquariat). Zahlreiche Pflanzenbeschreibungen, empfehlenswert, aber etwas teuer.
- *Carrillo, E. und Wang, G. und Sáenz, J.,* **Maníferos de Costa Rica,** In Bio 1999. Gut gemachtes Bestimmungsbuch für die Säugetiere Costa Ricas, (span./engl) mit 99 Detailbeschreibungen, erhältlich im Buchhandel in San José.
- **Grzimeks Enzyklopädie – Säugetiere,** Brockhaus 1997. Standardwerk über Säugetiere.
- *Stiles, F. Gary* und *Skutch, Alexander F.,* **A Guide to the Birds of Costa Rica,** Cornell University Press 1990. Genaue Beschreibungen aller Vogelarten des Landes, mit Farbtafeln, in Costa Rica im Buchhandel oder bei Internetbuchhandlungen erhältlich.
- *Tuck, Gerhard* und *Heinzel, Hermann:* **Die Meeresvögel der Welt,** Verlag

Paul Parey, Hamburg, Berlin 1990 (nur noch Antiquariat). Nützliches Taschenbuch mit Karten der Brutgebiete von Meeresvögeln.

Wirtschaft, Geschichte und Politik

- *Bundesagentur für Außenwirtschaft:* **Aktuelle und ausführliche Marktanalysen, Wirtschaftsdaten und Länderberichte,** www.bfai.com.
- *Altenburg, Tilman:* **Wirtschaftlich eigenständige Regionalentwicklung,** Univ. Hamburg, Institut f. Geogr., Arb.-Ber. Wirtsch.-Geogr./GeoILH, 1992.
- *Heintz, Annette:* **Costa Rica: Interne Aspekte der Entwicklung einer Demokratie in Lateinamerika,** Vervuert 1998.
- *Lutterbach, Wolfgang:* **Costa Ricas Grenzen der Autonomie – zur Außenpolitik eines Kleinstaates in Mittelamerika,** Verlag f. Entwicklungspolitik Saarbrücken 1989.
- *Von Ellenberg, Ludwig; Bergemann, Anneliese:* **Entwicklungsprobleme Costa Ricas,** Verlag f. Entwicklungspolitik Saarbrücken 1990.

Sprachführer

- *Rauin, Regine:* **Spanisch für Costa Rica – Wort für Wort,** Kauderwelsch Band 113, Reise Know-How Verlag, Bielefeld. Praktische Sprachhilfe für unterwegs mit Tipps zu Alltagssituationen; mit dem *Pachuco-Slang* der Landbevölkerung. Begleitendes Tonmaterial (Kassette oder CD) erhältlich.
- **Patois für Jamaika,** Kauderwelsch Band 59, Reise Know-How Verlag, Bielefeld. Für Langzeitaufenthalte.

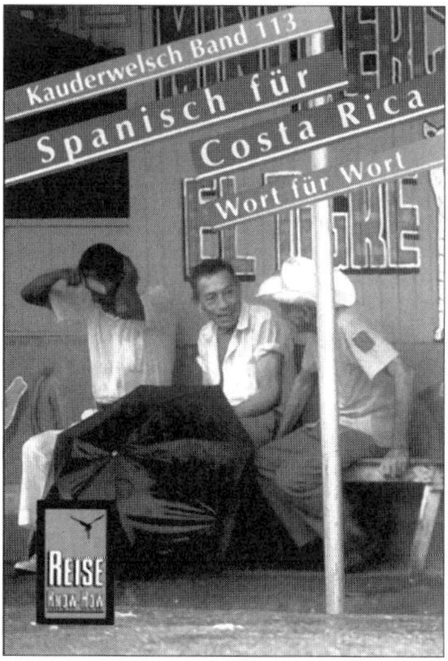

Sprachhilfe Spanisch

aus: **Spanisch für Costa Rica,** Kauderwelsch Bd. 113, RKH-Verlag, von Regine Rauin

Aussprache und Betonung

Buchstabenkombinationen, deren Aussprache vom Deutschen abweicht:

ie, eu, ei	jeden Selbstlaut einzeln sprechen
b, v	Laut zwischen deut schem „b" und „w"
c	vor **e** und **i** wie „ss" in „Mu**ss**"; sonst wie „k"
cc	wie „kß"
ch	wie „tsch" in „Ma**tsch**"
g	vor **e, i** wie „ch" in „i**ch**"; sonst wie dt. „g"
gue, gui	wie „ge" bzw. „gi"
güe, güi	wie „gue" bzw. „gui"
gua	wie „gua"
h	wird nicht gesprochen
j	vor a, o, u wie „ch" in „Ba**ch**"; vor e und i wie in „i**ch**"
ll	wie „j" in „**J**unge"
ñ	wie „nj" in „A**nj**a"
qu	wie „k" (nie „kw"!), das **u** ist „stumm"
r	Zungenspitzen-r mit einmaligem „Schlag", nur am Wortanfang gerollt
rr	**rr** wird stark „gerollt"
s	wie „ss" wie in „Mu**ss**"
y	vor Selbstlauten wie „j" in „**J**unge"; alleinstehend oder am Wortende wie „i"
z	wie „ss" in „Mu**ss**"

Betonung: Wörter, die auf einen Selbstlaut, auf **-n** oder **-s** enden, werden auf der vorletzten, alle anderen auf der letzten Silbe betont. Ausnahmen werden durch einen Akzent angezeigt (**á, é, í, ó, ú**).

Zahlen

0	**cero**	16	**dieciséis**	50	**cincuenta**
1	**uno/un/-a**	17	**diecisiete**	60	**sesenta**
2	**dos**	18	**dieciocho**	70	**setenta**
3	**tres**	19	**diecinueve**	80	**ochenta**
4	**cuatro**	20	**veinte**	90	**noventa**
5	**cinco**	21	**veintiuno/-un/-una**	100	**cien(to)**
6	**seis**	22	**veintidós**	200	**doscientos/-as**
7	**siete**	23	**veintitrés** usw.	300	**trescientos/-as**
8	**ocho**	30	**treinta**	400	**cuatrocientos/-as**
9	**nueve**	31	**treinta y uno/...**	500	**quinientos/-as**
10	**diez**	32	**treinta y dos**	600	**seiscientos/-as**
11	**once**	33	**treinta y tres** usw.	700	**setecientos/-as**
12	**doce**	40	**cuarenta**	800	**ochocientos/-as**
13	**trece**	41	**cuarenta y uno/...**	900	**novecientos/-as**
14	**catorce**	42	**cuarenta y dos**	1000	**mil**
15	**quince**	43	**cuarenta y tres**	2000	**dos mil**

Die wichtigsten Floskeln und Redewendungen

ja – nein	**sí – no**
bitte (um etwas bitten)	**por favor**
(Vielen) Dank!	**¡(Muchas) gracias!**
Keine Ursache!	**¡De nada! ¡con muchogusto!**
Guten Tag!	**¡Buenos días!** (Vormittag)
	¡Buenas tardes! (Nachmittag)
Guten Abend!	**¡Buenas noches!**
Herzlich willkommen!	**¡Bienvenidos!** (Mehrzahl)
Wie geht es dir/Ihnen?	**¿Cómo estás/está usted?**
Wie geht's?	**¿Qué tal?**
(Sehr) gut. – Schlecht.	**(Muy) bien. – Mal.**
Auf Wiedersehen!	**Adiós.**
Hallo! – Tschüss!	**¡Hola! – ¡Chau!**
Bis dann!/Bis gleich!	**¡Hasta luego/ahora!**
In Ordnung!	**¡Muy bien!**
Ich weiß nicht.	**No sé.**
Guten Appetit!	**¡Buen provecho!**
Zum Wohl!/Prost!	**¡Salud!**
Die Rechnung, bitte!	**¡La cuenta, por favor!**
Entschuldigung!	**¡Perdón!**
Es tut mir sehr Leid!	**¡Lo siento mucho!**
Schon gut!	**Está bien.**
Gestatten Sie!	**¡Con permiso!**
Helfen Sie mir bitte!	**¡Ayúdeme, por favor!**
Könnten Sie bitte etwas langsamer sprechen?	**Por favor, ¿podría hablar más despacio?**

Die wichtigsten Zeitangaben

ayer	gestern	**(más) tarde**	spät(er)
hoy	heute	**(más) temprano**	früh(er)
mañana	morgen	**pronto**	bald
pasado mañana	übermorgen	**luego, entonces**	dann
por la mañana	morgens	**en seguida**	sofort
al mediodía	mittags	**ahora**	jetzt
por la tarde	nachmittags	**después**	nachher
por la noche	abends	**antes**	vorher
por la noche	nachts	**siempre**	immer
diariamente	täglich	**nunca**	nie

Die wichtigsten Fragen

Haben Sie...?	**¿Tiene usted...?**
Gibt es...?	**¿Hay...?**
Ich suche...	**Estoy buscando...**
Ich brauche...	**Necesito...**
Ich will... / Ich möchte...	**Quiero... / Quisiera...**
Geben Sie mir bitte...	**Por favor, déme...**
Wo kann man ... kaufen?	**¿Dónde se puede comprar...?**
Wie viel kostet das da?	**¿Cuánto cuesta esto?**
Was ist das?	**¿Qué es esto?**
Wo ist/befindet sich...?	**¿Dónde está...?**
Ich möchte nach... fahren.	**Quiero ir a...**
Wie komme ich nach...?	**¿Cómo hago para ir a...?**
Ist das der Zug nach...?	**¿Es éste el tren para...?**
Wo hält der Bus nach...?	**¿Dónde para el autobús para...?**
Wann fährt der Bus nach ... ab?	**¿A qué hora sale el autobús para...?**
Bringen Sie mich bitte zu/nach...	**Por favor, lléveme a...**

Die wichtigsten Fragewörter

¿dónde?	wo?	**¿cuál?**	welcher?
¿de dónde?	woher?	**¿quién?**	wer?
¿adónde?	wohin?	**¿cuánto?**	wie viel?
¿por qué?	warum?	**¿(desde) cuándo?**	(seit) wann?
¿cómo?	wie?	**¿qué?**	was?

Die wichtigsten Richtungsangaben

a la izquierda	(nach) links	**a la derecha**	(nach) rechts
derecho, recto	geradeaus	**atrás**	zurück
enfrente	gegenüber	**al lado de**	neben
delante de	vor	**detrás de**	hinter
lejos	weit	**cerca, cercana**	nah
acá, aquí	hier	**allá, allí**	dort
por acá	hierher	**por allá**	dorthin
fuera de la ciudad	außerh. d. Stadt	**en el centro**	im Zentrum
calle (w)	Straße	**cruce** (m)	Kreuzung
semáforo	Ampel	**plaza**	Platz
esquina	Ecke	**barrio**	Stadtviertel
cuadra	Häuserblock	**en dirección**	in Richtung

Glossar

Abarrotes	Lebensmittel
Abastacedor	kleiner Lebensmittelladen
Aeropuerto	Flughafen
Agencia de Viajes	Reisebüro
Albergue	Herberge, Lodge
Alojamiento	Privatunterkunft
alquilar	vermieten
Apartotel	Hotel, Zimmer mit Kochgelegenheit
Artesanía	Kunsthandwerk
Avenida	Straße von Ost nach West
Bahía	Bucht
Balneario	Freibadeanstalt
Baño Compartido	Gemeinschaftsbad
Baño Privado	Bad (im Zimmer)
Barrio	Stadtviertel
Boca	Flussmündung
Bomba	Tankstelle
Bomberos	Feuerwehr
Cabañas	einzelne Holzhäuser
Cabinas (Cab.)	einfache Zimmer mit Du./WC
Cafetal	Kaffeeplantage
Calle	Straße von Nord nach Süd
Canton	Verwaltungseinheit, Bezirk
Carnicería	Metzgerei
Carreta	Ochsenkarren
Carretera	Landstraße
Carretera Interamericana, Panamericana	„Traumstraße" von Alaska bis Feuerland
Casa	Haus
Casa de Cambio	Wechselstube
Casado	Mittagsmahl
Cerro (Co.)	Berg, Berggipfel
Cine	Kino
Ciudad (Cd.)	Stadt
Colectivo	Sammeltaxi, Stadtbus
Cordillera (Cord.)	Bergkette
Correos	Postamt
Cortel	Staatliche Postgesellschaft
Cruz Roja	Rotes Kreuz
Desayuno	Frühstück
Districto	Distrikt
Edificio	großes Gebäude, Hochhaus
endemisch	Vorkommen einer Tier- oder Pflanzenart beschränkt sich auf ein kleines, bestimmtes Gebiet
Epiphyten	Aufsitzerpflanzen, die vom Standort der Wirtspflanze profitieren, ohne von dieser Nährstoffe zu beziehen
Esquina	Ecke
Extensión	Durchwahl (Telefonzentrale in kleineren Orten, von der Gespräche vermittelt werden)
Farmacia	Apotheke
Finca	Bauernhof, kleineres Landgut
Fumarolen	Gas- u. Wasserdampfausströmungen aus Spalten erstarrender Lava

Gasolina	Benzin
Hacienda (Hda.)	größeres Landgut
Hospedaje	einf. Unterkunft
Hostal	(Jugend-) Herberge
ICE	Elektrizitäts- u. Telefongesellschaft
Iglesia	Kirche
Isla	Insel
Josefinos, Josefinas	Bewohner(innen) von San José
Laguna	See
Lavandería	Wäscherei
Librería	Buchhandlung
Llanura	Ebene, Flachland
Mariposario	Schmetterlingsgarten
Marisquería	Fischrestaurant
Mercado	Markt
Meseta	Hochebene
Metate	Mais-Reibestein, später kultischer Steintisch
Mirador	Aussichtspunkt
Mochilero	Rucksackreisender
Monumento Nacional	Nationalmonument
Panadería	Bäckerei
Parada/Paradero	Haltestelle
Parque Nacional	Nationalpark
Pastelería	Konditorei
Playa	Strand
Pollo	Hähnchen
Primärwald	natürlich gewachsener „Urwald"
Provincia	Provinz
Puerto (Pto.)	Hafen
Puesto de Salud	Krankenstation
Pulpería	Lebensmittelladen
Punta (Pta.)	Landzunge
Quebrada (Queb.)	Bach
Refresco	Erfrischungsgetr.
Refugio	Schutzhütte, Schutzgebiet
Refugion Nacional de Vida/Fauna Silvestre	Nationales Naturschutzgebiet/ Wildtierreservat
Reserva Biológica	Biologisches Reservat
Río	Fluss
Sabanero	Kuhhirte in Guanacaste
Saumriff	Korallenriff, nur durch Wasserstreifen vom Festland getrennt
Sekundärwald	nach Rodung nachgewachsener, nicht forstwirtschaftlich genutzter Wald
Sendero	Pfad, Wanderweg
Serpentario	Schlangenzoo
Servicio	Service, Toilette
Soda	einf. Restaurant
Solfatare	vulkanisches Ausströmen von Schwefelgas und Wasserdampf
Stratovulkan	kegelförmiger Vulkan aus wechsellagernden Lava- und Tuffschichten, auch: Schichtvulkan
Teléfono Público	Öffentliches Telefon
Terminal	Busbahnhof
Tico/Tica	Costaricaner/-in
Urbanisación (Urb.)	städtische Wohnsiedlung
Valle	Tal

Pflanzennamen

Spanisch, Deutsch *(Wissenschaftl. Name)*

aceituno, Olivenbaum *(Simarouba glauca)*
aguacatillo, Wilder Avocado *(Nectandra sanguinea)*
ajo, Butternussbaum *(Caryocar costaricense)*
alcornoque *(Mora oleifera)*
almendro, Indischer Mandelbaum *(Terminalia catappa)*
amarillón *(Terminalia amazonia)*
arbol de flor blanca, Pagodenbaum/ Frangipani *(Plumeria rubra)*
arbol vaco, Milchbaum/Kuhbaum *(Brosimum utile)*
ardillo *(Pithecellobium arboreum)*
azahar de monte, Balsamfeige/Klusie *(Clusia odorata)*
balsa, Balsabaum *(Ochroma lagopus)*
botarrama *(Vochysia ferruginea)*
burío blanco *(Heliocarpus appendiculatus)*
cacao, Kakaobaum *(Theobroma cacao)*
candelillo, Magnolienbaum *(Magnolia poasana)*
canilla de mula *(Licania arborea)*
cantarillo *(Conostegia oerstediana)*
canuela batamba *(Swallecochloa ubtessellata)*
caoba, Mahagoni-Baum *(Swietenia macrophylla)*
caobilla *(Guarea rhopalacarpa)*
capulín blanco *(Trema micrantha)*
carao, Goldregenbaum *(Cassia grandis)*
cativo *(Prioria copaifera)*
cedro amargo, Bitterzeder *(Cedrela mexicana)*
cedro dulce, Süßzeder *(Cedrela tonduzii)*
cedro macho, Andiroba (Crabbaum) *(Carapa guianensis)*
ceiba, Kapokbaum *(Ceiba pentandra)*
cerillo, Schweinsgummibaum *(Symphonia globulifera)*
chaperno *(Lonchocarpus costaricensis)*
choreja, Wasserhyazinthe *(Eichhornia crassipes)*
chumico de palo *(Curatella americana)*
ciprés blanco, Weiße Zypresse *(Podocarpus oleifolius)*
ciprés lorito, Steineibe *(Podocarpus montanus)*
cipresillo, Eskallonie *(Escallonia poasana)*
cocobolo, Rosenholz *(Lecythis costaricensis)*
cocotero, Kokospalme *(Cocos nucifera)*
copey, Balsamfeige/Klusie *(Clusia major)*
cornizuelo, Akazie *(Acacia costaricensis)*
corteza amarillo, Goldbaum *(Tababuia ochracea)*
crespón *(Urera caracasana)*
cristobál, Trebol (macawood) *(Platymiscium pinnatum)*
cuajada, Mönchspfeffer *(Vitex cooperí)*
espavel, Kaschubaum *(Anacardium excelsum)*
fruta de pan, Brotfruchtbaum *(Artocarpus altilis)*
fruta dorada *(Virola sebifera)*
gallinazo *(Schizolobium parahybum)*
gavilán *(Pentaclethra macroloba)*
gomero, Gummibaum *(Ficus elastica)*
guabo, Regenbaum *(Pithecellobium macradenium)*
guácimo *(Guazuma tomentosa)*
guácimo colorado, Lühea (whiptree) *(Luehea seemannii)*
guanacaste, Guanacaste-Baum *(Enterolobium cyclocarpum)*
guapinol *(Hymenaea courbaril)*
guapinol negro *(Cynometra hemitomophylla)*
guaria morada, Cattleya-Orchidee *(Cattleya skinneri)*
guarumo, Cecropie *(Cecropia obtusifolia)*
guava maría, Inga *(Inga montaniana)*
guayabillo, Eugenie (Kirschmyrte) *(Eugenia cartagensis)*
guayabo de monte, Bergguavebaum *(Psidium guajava)*
guayabón *(Terminalia chiriquensis)*
guayacán real, Guajakbaum *(Guaiacum sanctum)*
güísero, Guavenbaum *(Psidium guineense)*
helecho lengua, Zungenfarn *(Elaphoglossum lingua)*
higuerón, Würgfeige *(Ficus sp.)*
higuerón colorado, Feigenbaum *(Ficus costaricana)*
higuerón de corona, Feigenart *(Ficus ovalis)*
hule, Kautschukbaum *(Hevea brasilensis)*
indio desnudo, Weißgummibaum *(Bursera simaruba)*

ira (rosa), Wilder Avocado *(Nectandra sanquinea)*
jaul, Erle *(Alnus acuminata)*
javillo negro, Sandbüchsenbaum *(Hura crepitans)*
jícaro, Kalebassenbaum *(Crescentia alata)*
jícaro danto *(Permentiera valerji)*
jobo, Gelbe Balsampflaume *(Spondias mombin)*
laurel, Brustbeerbaum *(Cordia alliodora)*
lechozo, Milchbaum/Kuhbaum *(Brosimum utile)*
lengua de vaca *(Miconia sp)*
lirio de agua, Wasserhyazinthe *(Eichhornia crassipes)*
llana de bosque, Afrikan. Tulpenbaum *(Spathodaea Campanulata)*
lorito *(Weinmannia pinnata)*
madroño *(Calycophyllum candidissimun)*
magnolia, Magnolienbaum *(Magnolia poasana)*
mangle botoncillo, Knopfmangrove *(Conoparpus erectus)*
mangle colorado, Rote Mangrove *(Rhizophora mangle)*
mangle mariquita, Weiße Mangrove *(Laguncularia racemosa)*
mangle piñuela, Mangrovenart *(Pelliciera rhizophorae)*
mangle salado, Schwarze Mangrove *(Avicennia germinans)*
mango, Mangobaum *(Mangifera indica)*
mano de tigre, Fensterblatt *(Monstera deliciosa)*
manú, Butternussbaum *(Caryocar costaricense)*
manzanillo, Manzanillobaum *(Hippomanea mancinella)*
maría, Gummiapfel/Kalababaum *(Calophyllum brasiliense)*
matapalo, Würgfeige *(Ficus sp.)*
mora, Brotnussbaum *(Brosimum alicastrum)*
nance *(Byrsonima crassifolia)*
nazareno *(Peltogyne purpurea)*
níspero, Breiapfelbaum *(Manilkara zapota)*
paira *(Melanthera nivea)*
palma yolillo, Bastpalme *(Raphia taedigera)*
palmera viscoyol, Viscoyol-Palme *(Bactris minor)*
palo de hierro *(Sacoglottis holdridgei)*
palo verde, Parkinsonie *(Parkinsonia aculeata)*
papaturro, Meertraube/Seetraube *(Coccoloba uvifera)*
papayillo *(Didymopanax pittieri)*
pasto jaragua, Jaragua-Gras *(Hyparrhenia rufa)*
peine de mico, Tibourbou (Affenkamm) *(Apeiba tiburbu)*
pilón *(Hieronyma alchornoides)*
pochote, Pochote-Baum *(Bombacopsis quinatum)*
poró, Korallenbaum *(Erythrina abyssinica)*
poroporo, Schneckensame *(Cochlospermum vitifolium)*
quira *(Caryodaphnopsis burgeri)*
quizarrá *(Phoebe valeriana)*
roble, Schwarzeiche *(Quercus costaricensis)*
roble de sabana, Savanneneiche *(Tabebuia rosea)*
roble encino, Steineiche *(Quercus oleoides)*
rojo, Rote Mangrove *(Rhizophora mangle)*
ron-ron, Sternenbaum *(Astronium graveolens)*
sangregao, Flügelfruchtbaum *(Pterocarpus officinalis)*
sombrilla de pobre, Gunnera *(Gunnera insignis)*
soncoya, Flaschenbaum *(Annona purpurea)*
surá *(Terminalia lucida)*
súrtuba, Erdpalme *(Geonoma binervia)*
tamarindo, Tamarinde *(Tamarindus indica)*
teka, Teakholzbaum *(Tectona grandis)*
tempisque *(Mastichodendron capiri)*
tirrá, Mexikanische Ulme *(Ulmus mexicana)*
yos *(Sapium oligoneurum)*
zapote, Breiapfelbaum *(Manilkara zapota)*

Deutsch, Spanisch

Affenkamm, peine de mico
Afrikanischer Tulpenbaum, llana de bosque
Akazie, cornizuelo
Andiroba, cedro macho
Balsabaum, balsa
Balsamfeige, azahar de monte, copey
Bastpalme, palma yolillo
Bergguavebaum, guayabo de monte
Bitterzeder, cedro amargo
Breiapfelbaum, níspero, zapote
Brotfruchtbaum, fruta de pan
Brotnussbaum, mora

Brustbeerbaum, laurel
Cattleya-Orchidee, guaria morada
Cecropie, guarumo
Crabbaum, cedro macho
Erdpalme, súrtuba
Erle, jaul
Eskallonie, cipresillo
Eugenie, guayabillo
Feigenbaum, higuerón colorado
Fensterblatt, mano de tigre
Flaschenbaum, soncoya
Flügelfruchtbaum, sangregao
Frangipani, arbol de flor blanca
Gelbe Balsampflaume, jobo
Genisarobaum, cenízaro
Goldbaum, corteza amarillo
Goldregenbaum, carao
Guajakbaum, guayacán real
Guanacaste-Baum, guanacaste
Guavenbaum, güísero
Gummiapfel, (cedro) maría
Gummibaum, gomero
Gunnera, sombrilla de pobre
Indischer Mandelbaum, almendro
Inga, guava maría
Jaragua-Gras, pasto jaragua
Kakaobaum, cacao
Kalababaum, (cedro) maría
Kalebassenbaum, jícaro
Kapokbaum, ceiba
Kaschubaum, espavel
Kautschukbaum, hule
Kirschmyrte, guayabillo
Klusie, azahar de monte, copey
Knopfmangrove, mangle botoncillo
Kokospalme, cocotero
Korallenbaum, poró
Kuhbaum, arbol vaco, lechozo
Lühea, guácimo colorado
Magnolienbaum, candelillo, magnolia
Mahagonibaum, caoba
Mangobaum, mango
Mangrove, mangle
Manzanillobaum, manzanillo
Meertraube, papaturro
Mexikanische Ulme, tirrá
Milchbaum, arbol vaco, lechozo
Mönchspfeffer, cuajada
Olivenbaum, aceituno
Pagodenbaum, arbol de flor blanca
Parkinsonie, palo verde
Pochote-Baum, pochote
Regenbaum, guabo
Rosenholz, cocobolo
Rote Mangrove, mangle colorado, rojo
Sandbüchsenbaum, javillo negro
Schneckensame, poroporo
Schwarze Mangrove, mangle salado
Schwarze Palme, palmera chonta
Schwarzeiche, roble
Schweinsgummibaum, cerillo
Steineibe, ciprés lorito
Steineiche, roble encino
Sternenbaum, ron-ron
Süßzeder, cedro dulce
Tamarinde, tamarindo
Teakholzbaum, teka
Tibourbou, peine de mico
Trebol, cristobál
Viscoyol-Palme, palmera viscoyol
Wasserhyazinthe, lirio de agua, choreja
Weiße Mangrove, mangle mariquita
Weiße Zypresse, ciprés blanco
Weißgummibaum, indio desnudo
Wilder Avocado, aguacatillo, ira (rosa)
Würgfeige, higuerón, matapalo
Zungenfarn, helecho lengua

Tiernamen

Säugetiere

Spanisch, Deutsch
(Wissenschaftl. Name)

ardilla, Zwerghörnchen (*Microscirus alfiri*)
ardilla roja, Rothörnchen (*Sciurus granatensis*)
armadillo, Gürteltier (*Dasypus novemcintus*)
ballena azul, Blauwal (*Balaenoptera musculus*)
ballena jorobada, Buckelwal (*Megaptera novaeangliae*)
breñero, Wieselkatze (*Herpailurus yagouaroundi*)
cabro de monte, Roter Spießhirsch (*Mazama americana*)
cacomistle, Katzenfrett (*Bassariscus sumichrasti*)
cariblanco, Weißbartpekari (*Tayassu pecari*)
caucel, Ozelotkatze (*Felis tigrina*)
chiza, Grauhörnchen (*Sciurini sp.*)

colmenero, Ameisenbär (*Tamandua mexicana)*
comadreja, Langschwanz-Wiesel (*Mustela frenata*)
conejo de monte, Waldkaninchen (*Silvilagus brasiliensis*)
coyote, Kojote (*Canis latrans*)
cusuco, Gürteltier (*Dasypus novemcintus*)
danta, Tapir (*Tapirus bairdii*)
delfín común, Delphin (*Delphinus delphis*)
delfín de nariz de botella, Großer Tümmler (*Tursiops truncatus*)
guatusa, Aguti (*Dasyprocta puntacta*)
manatí, Seekuh (*Trichechus manatus)*
manigordo, Ozelot (*Felius pardalis*)
mapache, Waschbär (*Procyon lotor*)
mapache cangrejero, Krabbenwaschbär (*Procyon cancrivorus*)
mapachín, Waschbär (*Procyon lotor*)
margay, Baumozelot (*Leopardus wiedii)*
martilla, Wickelbär (*Potos flavus*)
mono carablanca, Kapuzineraffe (*Cebus capucinus*)
mono colorado, Klammeraffe (*Ateles geoffroyi*)
mono congo, Mantelbrüllaffe (*Alouatta palliata*)
mono tití, Totenkopfäffchen (*Saimiri oerstedii*)
murciélago pescador, Hasenmaul-Fledermaus (*Noctilio leporinus*)
nutria, Fischotter (*Lutra longicaudus*)
olingo, Makibär (*Bassaricyon gabbii*)
oso caballo, Großer Ameisenbär (*Myrmecophaga tridactyla*)
oso hormiguero, Ameisenbär (*Tamandua mexicana)*
perezoso de tres dedos, Dreifingerfaultier (*Bradypus variegatus*)
pizote, Nasenbär (*Nasua narica*)
puercoespín, Baumstachler (*Coendou mexicanus*)
puercoespín, Greifstachler (*Coendou prehensilis*)
puma, Puma/Berglöwe (*Felis concolor*)
rata algodonera, Baumwollratte (*Sigmodon hispidus*)
ratón semiespinoso, Stacheltaschenmaus (*Liomys salvini*)
saíno, Halsbandpekari (*Tayassu tajacu*)
serafín de platanar, Zwergameisenbär (*Cyclopes didactylus*)
tepezcuinte, Paka (*Agouti paca*)
tigre, Jaguar (*Panthera onca*)
tigrillo, Tigerkatze (*Felis tigrina*)
tolomuco, Tayra (*Eira barbara)*
vaca marina, Seekuh (*Trichechus manatus)*
venado, Weißwedelhirsch (*Odocoileus virginianus*)
zorra gris, Graufuchs (*Urocyon cinereoargenteus*)
zorro cuatro ojos, Vieraugenbeutelratte (*Philander opossum*)
zorro de balsa, Wollbeutelratte (*Caluromys derbianus*)
zorro hediondo, Stinktier (*Conepatus semistriatus*)
zorro pelón, Opossum (*Didelphis marsupialis*)

Deutsch, Spanisch

Aguti, guatusa
Ameisenbär, colmenero
Ameisenbär, oso hormiguero
Baumozelot, margay
Baumstachler, puercoespín
Baumwollratte, rata algodonera
Buckelwal, ballena jorobada
Delphin, delfín común
Dreifingerfaultier, perezoso de tres dedos
Fischotter, nutria
Graufuchs, zorra gris
Grauhörnchen, chiza
Greifstachler, puercoespín
Großer Ameisenbär, oso caballo
Großer Tümmler, delfín de nariz de botella
Gürteltier, armadillo, cusco
Halsbandpekari, saíno
Hasenmaul-Fledermaus, murciélago pescador
Jaguar, tigre
Kapuzineraffe, mono carablanca
Katzenfrett, cacomistle
Klammeraffe, mono colorado
Kojote, coyote
Krabbenwaschbär, mapache cangrejero
Langschwanz-Wiesel, comadreja
Makibär, olingo
Mantelbrüllaffe, mono congo
Nasenbär, pizote
Ozelot, manigordo
Ozelotkatze, caucel

Paka, tepezcuinte
Puma/Berglöwe, puma
Roter Spießhirsch, cabro de monte
Rothörnchen, ardilla roja
Seekuh, manatí
Seekuh, vaca marina
Stacheltaschenmaus, ratón semiespinoso
Stinktier, zorro hediondo
Tapir, danta
Tayra, tolomuco
Tigerkatze, tigrillo
Totenkopfäffchen, mono tití
Vieraugenbeutelratte, zorro cuatro ojos
Waldkaninchen, conejo de monte
Waschbär, mapache
Waschbär, mapachín
Weißbartpekari, cariblanco
Weißwedelhirsch, venado
Wieselkatze, breñero
Wollbeutelratte, zorro de balsa
Zwergameisenbär, serafín de platanar
Zwerghörnchen, ardilla

Vögel

Spanisch, Deutsch
(Wissenschaftl. Name)

águila arpia, Harpyie, Haubenadler *(Harpia harpyia)*
águila crestada, Würgadler *(Morphnus guianensis)*
águila pescadora, Fischadler *(Pandion haliaetus)*
bobo chizo, Cayennekuckuck *(Piaya cayana)*
buchón, Brauner Pelikan *(Pelecanus occidentalis)*
búho de anteojos, Brillenkauz *(Pulsatrix perspicillata)*
calandria, Hämmerling *(Procnias tricaruncu-lata)*
capulinero colilargo, Langschwanzseidenschnäpper *(Ptilo gonys candatus)*
carancho, Karakara *(Polyborus plancus)*
cargahuesos, Karakara *(Polyborus plancus)*
carpintero careto, Eichelspecht *(Melanerpes formicivorus)*
chachalaca, Braunflügelguan *(Ortalis vetula)*
chocuaco, Kahnschnabel *(Cochlearius cochlearius)*
cigüeñón, Amerika-Nimmersatt *(Mycteria americana)*
codorníz, Baumwachtel *(Colinus leucopogon)*
codorníz corcovado, Zahnhuhn *(Odontophorus gujanensis)*
colibrí colidorado, Goldschwanzsaphir *(Hylocharis eliciae)*
colibri pechiazul, Blaubrustamazilie *(Amazilla amabilis)*
cormorán neotropical, Biguascharbe *(Phalacrocorax olivaceus)*
curré negro, Regenbogentukan *(Ramphastos sulfuratus)*
curré verde, Laucharassari *(Aulacorhynchus prasinus)*
escarchero, Rußdrossel *(Turdus nigrescens)*
espátula rosada, Rosa Löffler *(Ajaia ajaja)*
falaropa picofino, Odinshühnchen *(Phalaropus lobatus)*
galán sin ventura, Jabiru (Großstorch) *(Jabiru mycteria)*
gallina de agua, Zwergsultanshühnchen *(Porphyrula martinica)*
gallina de monte, Weißkehlwachtel *(Odantophorus leucolaemus)*
gallito de agua, Gelbstirnjassana *(Jacana spinosa)*
garceta tricolor, Dreifarbenreiher *(Hydranassa tricolor)*
garcilla bueyera, Kuhreiher *(Bubulcus ibis)*
garcilla verde, Grünreiher *(Butorides virescens)*
garcilla verde, Mangrovenreiher *(Butroides striatus)*
garza nocturna, Cayenne-Nachtreiher *(Nyctanassa violacea)*
garza real, Silberreiher *(Casmerodius albus)*
garza rosada, Rosa Löffler *(Ajaia ajaja)*
garzón, Amerika-Nimmersatt *(Mycteria americana)*
garzón azul, Graureiher *(Ardea herodias)*
gavilán blanco, Weißbussard *(Leucopternis albicollis)*
gavilán cabecigris, Cayenne-Milan *(Leptodon cayanensis)*
gavilán cangrejero, Krabbenbussard *(Buteogallus anthracinus)*
gavilán pescador, Schwarzhalsbussard *(Busarellus nigricollis)*

gaviota reidora, Aztekenmöve *(Larus atricilla)*
golondrina de mar, Königseeschwalbe *(Thalasseus maximus)*
golondrina de ribereña, Uferschwalbe *(Riparia riparia)*
gran curré negro, Braunrückentukan *(Ramphastos swainsonii)*
guaco, Lachhabicht *(Herpetotheres cachinans)*
halcón peregrino, Wanderfalke *(Falco peregrinus)*
ibis blanco, Weißer Sichler *(Eudocimus albus)*
ibis morito, Brauner Sichler *(Plegadis falcinellus)*
ibis verde, Cayenne-Ibis *(Mesembrinibis cayennensis)*
jilguero, Schwarzgesichtsclarino *(Myadestes melanops)*
lapa roja, Hellroter Ara *(Ara macao)*
lapa verde, Grüner Ara *(Ara ambigua)*
lechucita porda, Ridgwaykauz *(Aegolius ridgwayi)*
lechuza ratonera, Schleiereule *(Tyto alba)*
lora frenitblanca, Weißstirnamazone *(Amazona albifrons)*
loro cabeciazul, Schwarzohrpapagei *(Pionus menstruus)*
loro frentirojo, Rotstirnamazone *(Amazona autumnalis)*
martín peña, Salomonreiher *(Tigrisoma fasciatum)*
martín pescador, Grünbrauner Eisvogel *(Chloroceryle)*
martín pescador collarejo, Rotbrustfischer *(Ceryle torquata)*
martinete coroninegro, Nachtreiher *(Nycticorax nycticorax)*
ostrero americano, Austernfischer *(Haematopus palliatus)*
pajaro bobo, Blauscheitelmotmot *(Eumomota superciliosa)*
pájaro campana, Hämmerling *(Procnias tricarunculata)*
pájaro sombrilla, Schirmvogel *(Cephalopterus ornatus)*
paloma coliblanca, Weißschwanztaube *(Hirundo megaensis)*
paloma morada, Schuppenbrusttaube *(Columba speciosa)*
pato aguja, Schlangenhalsvogel *(Anhinga anhinga)*
pava granadera, Rotbauch-Schakuhuhn *(Penelope purpurascens)*
pava negra, Schwarzbauchguan *(Chamaepetes unicolor)*
pavón grande, Tuberkelhokko (Baumhuhn) *(Crax rubra)*
pecho amarillo, Gelbbauch-Höhlentyrann *(Myiodynastes luteientris)*
pelícano pardo, Brauner Pelikan *(Pelecanus occidentalis)*
perico frentianaranjada, Elfenbeinsittich *(Aratinga canicularis)*
piche, Pfeifgans *(Dendrocygna autumnalis)*
piquero moreno, Brauntölpel *(Sula leucogaster)*
pitorreal, Langschwanzseidenschnäpper *(Ptilogonys candatus)*
quetzal, Quetzal *(Pharomachrus pentadactylus)*
rey de zopilote, Königsgeier *(Sarcoramphus papa)*
ribereña, Uferschwalbe *(Riparia riparia)*
saltarín colilargo, Langschwanzpipra *(Chiroxiphia linearis)*
saltarín toledo, Langschwanzpipra *(Chiroxiphia linearis)*
sargento, Scharlachbürzeltangare *(Pipra mentalis)*
sotorrey matraquero, Rotnackenzaunkönig *(Campylorhyuchus rufinucha)*
tangara escarlata, Scharlachtangare *(Piranga olivacea)*
tijereta de mar, Prachtfregattvogel *(Fregata magnificens)*
tinamú grande, Großtao (Steißhuhn) *(Tinamus major)*
tortolita azulada, Schmucktäubchen *(Claravis pretiosa)*
trepador rojizo, Kappenbaumsteiger *(Dendrocincla homochroa)*
trogón coliplomizo, Massena-Trogon *(Trogon massena)*
trogón collarejo, Halsbandtrogon *(Trogon collaris)*
trogón violaceo, Veilchentrogon *(Trogon violaceus)*
tucán de swainson, Braunrückentukan *(Ramphastos swainsonii)*
tucán pico iris, Regenbogentukan *(Ramphastos sulfuratus)*

tucancillo, Laucharassari *(Aulacorhynchus prasinus)*
tucancillo collarejo, Halsbandarassari *(Pteroglossus torquatus)*
urraca copetona, Elsterhäher *(Calocitta formosa)*
verdirrojizo, Grünbrauner Eisvogel *(Chloroceryle)*
viuda azul, Blaugrau-Tangare *(Thraupis episcopus)*
viuda roja, Kupferschwanztrogon *(Trogon elegans)*
yiguirro, Schlichtdrossel *(Turdus plebejus)*
zambullidor piquipinto, Bindentaucher *(Podilymbus podiceps)*
zapoyol, Keilschwanzsittich *(Aratinga canicularis)*
zopilote cabecirrojo, Truthahngeier *(Cathartes aura)*
zopilote negro, Rabengeier *(Coragys atratus)*

Deutsch, Spanisch

Amerika-Nimmersatt, cigüeñón, garzón
Austernfischer, ostrero americano
Aztekenmöve, gaviota reidora
Baumwachtel, codorníz
Biguascharbe, cormorán neotropical
Bindentaucher, zambullidor piquipinto
Blaubrustamazilie, colibri pechiazul
Blaugrau-Tangare, viuda azul
Blauscheitelmotmot, momoto cejiceleste, pajaro bobo
Brauner Pelikan, buchón, pelícano pardo
Brauner Sichler, ibis morito
Braunflügelguan, chachalaca
Braunschnabeltukan, gran curré negro, tucán de swainson
Brauntölpel, piquero moreno
Brillenkauz, búho de anteojos
Cayenne-Ibis, ibis verde
Cayenne-Milan, gavilán cabecigris
Cayenne-Nachtreiher, garza nocturna
Cayennekuckuck, bobo chizo
Dreifarbenreiher, garceta tricolor
Eichelspecht, carpintero careto
Elfenbeinsittich, perico frentianaranjada
Elsterhäher, urraca copetona
Fischadler, águila pescadora
Gelbbauch-Höhlentyrann, pecho amarillo
Gelbkopfamazone, lora de copete amarillo
Gelbstirnjassana, gallito de agua
Goldschwanzsaphir, colibrí colidorado
Graureiher, garzón azul
Großtao, tinamú grande
Grünbrauner Eisvogel, martín pescador, verdirrojizo
Grüner Ara, lapa verde
Grüner Eisvogel, martín pescador verde
Grünreiher, garcilla verde
Halsbandarassari, tucancillo collarejo
Halsbandtrogon, trogón collarejo
Hämmerling, calandria, pájaro campana
Harpyie, águila arpia
Haubenadler, águila arpia
Hellroter Ara, lapa roja
Jabiru, galán sin ventura
Kahnschnabel, chocuaco
Kappenbaumsteiger, trepador rojizo
Karakara, carancho, cargahuesos
Keilschwanzsittich, zapoyol
Königsgeier, rey de zopilote
Krabbenbussard, gavilán cangrejero
Kuhreiher, garcilla bueyera
Kupferschwanztrogon, viuda roja
Lachhabicht, guaco
Langschwanzpipra, saltarín colilargo, saltarín toledo
Laucharassari, curré verde, tucancillo
Mangrovenreiher, garcilla verde
Massena-Trogon, trogón coliplomizo
Montezuma-Stirnvogel, oropéndola de montezuma
Nachtreiher, martinete coroninegro
Nicaragua-Bootsschwanz, clarinero nicaraguense
Odinshühnchen, falaropa picofino
Pfeifgans, piche
Prachtfregattvogel, tijereta de mar
Quetzal, quetzal
Rabengeier, zopilote negro
Regenbogentukan, curré negro, tucán pico iris
Ridgwaykauz, lechucita porda
Rosa Löffler, espátula rosada, garza rosada
Rotbauch-Schakuhuhn, pava granadera
Rotbrusttaucher, martín pescador collarejo
Rotnackenzaunkönig, soterrey matraquero
Rotschopfspecht, carpintero cando
Rotstirnamazone, loro frentirojo
Rußdrossel, escarchero

Salomonreiher, martín peña
Scharlachbürzeltangare, sargento
Scharlachtangare, tangara escarlata
Schirmvogel, pájaro sombrilla
Schlangenhalsvogel, pato aguja
Schleiereule, lechuza ratonera
Schlichtdrossel, yiguirro
Schmucktäubchen, tortolita azulada
Schuppenbrusttaube, paloma morada
Schwarzbauchguan, pava negra
Schwarzgesichtsclarino, jilguero
Schwarzhalsbussard, gavilán pescador
Schwarzohrpapagei, loro cabeciazul
Schwarzweiß-Haubenadler, águila blanco y negro
Silberreiher, garza real
Waldsänger, reinita garganta de fuego
Streifenkehl-Helmspecht, carpintero lineado
Truthahngeier, zopilote cabecirrojo
Tuberkelhokko, pavón grande
Uferschwalbe, golondrina de ribereña
Veilchentrogon, trogón violaceo
Wanderfalke, halcón peregrino
Weißbussard, gavilán blanco
Weißer Sichler, ibis blanco
Weißkehlwachtel, gallina de monte
Weißschwanztaube, paloma coliblanca
Weißstirnamazone, lora frenitblanca
Würgadler, águila crestada
Zahnhuhn, codorníz corcovado
Zwergsultanshühnchen, gallina de agua

Reptilien und Amphibien

Spanisch, Deutsch (Wissenschaftl. Name)

boa, Abgottschlange, Boa *(Boa constrictor)*
caimán, Krokodilkaiman *(Caiman crocodilus)*
cascabel, Klapperschlange *(Crotalus durissus)*
cherepo, Helmbasilisk *(Basiliscus basiliscus)*
cocodrilo, Spitzkrokodil *(Crocodylus acutus)*
corál, Korallenotter *(Micrurus spec.)*
garrobo, Schwarzleguan *(Ctenosaura similis)*
iguana verde, Grüner Leguan *(Iguana iguana)*
matabuey, Buschmeister *(Lachesis mutus)*
rana coronado, Grüner Baumfrosch *(Anotheca spinosa)*
rana ternero, Ochsenfrosch *(Leptodactylus pentadactylus)*
rana transparente, Glasfrosch *(Centrolenella valerioi)*
rana venenosa, Giftlaubfrosch *(Prynohyas venulosa)*
rana roja venenosa, Pfeilgiftfrosch *(Dendrobates pumilio)*
salamandra, Tropensalamander *(Oedipina sp.)*
sapo dorado, Goldkröte *(Bufo periglenes)*
sapo marino, Aga-Kröte *(Bufo marinus)*
terciopelo, Lanzenotter *(Bothrops asper/atrox)*
tortuga baula, Lederschildkröte *(Dermochelys coriacea)*
tortuga carey, Karettschildkröte *(Eretmochelys imbricata)*
tortuga jicotea negra, Unechte Karettschildkröte *(Caretta caretta)*
tortuga lora, Bastardschildkröte *(Lepidochelys olivacea)*
tortuga verde, Grüne Meeresschildkröte *(Chelonia mydas agassizi)*

Deutsch, Spanisch

Abgottschlange, boa
Agakröte, sapo marino
Bastardschildkröte, tortuga lora
Bergsalamander, salamandra montañera
Boa, boa
Buschmeister, matabuey
Giftlaubfrosch, rana venenosa
Glasfrosch, rana transparente
Goldkröte, sapo dorado
Grüne Meeresschildkröte, tortuga verde
Grüner Baumfrosch, rana coronada
Grüner Leguan, iguana verde
Helmbasilisk, cherepo
Karettschildkröte, tortuga carey
Klapperschlange, cascabel
Korallenotter, corál
Krokodilkaiman, caimán
Lanzenotter, terciopelo
Lederschildkröte, tortuga baula
Ochsenfrosch, rana ternero
Pfeilgiftfrosch, rana roja venenosa
Schwarzleguan, garrobo
Spitzkrokodil, cocodrilo
Tropensalamander, salamandra
Unechte Karettschildkröte, tortuga jicotea negra

CHARMING + NATURE
HOTELS
OF COSTA RICA
Hotel Rincón de San José – San José
Ceiba Tree Lodge – Arenal See
Swiss Hotel Miramontes – Monteverde
Hotel Cantarana – Playa Grande
Flying Crocodile Lodge – Bahia Monte Reina
El Coquito del Pacifico – Playa Matapalo
Orosi Lodge – Valle de Orosi
El Encanto Inn – Cahuita
Suital Lodge – Peninsula de Osa
www.charminghotels.net
Buchungsadresse
Costa Rica Reisedienst
Brunnwiese 17
D-83278 Traunstein
info@costaricareise.de
Tel. +49 (0)86116-5906
Fax +49 (0)86116-66872

Entfernungstabelle

Entfernungsangaben in km

San José																	
52	**Empalme**																
134	82	**San Isidro del General**															
17	69	153	**Alajuela**														
41	93	177	24	**Atenas**													
73	125	209	56	60	**Ciudad Quesada**												
81	133	217	64	68	8	**Florencia**											
23	29	111	40	54	96	108	**Cartago**										
68	79	156	85	99	141	153	45	**Turrialba**									
12	64	146	12	36	68	76	35	80	**Heredia**								
67	119	201	79	103	57	65	119	164	67	**Puerto Viejo**							
131	180	264	148	172	181	189	151	106	131	124	**Limón**						
47	96	180	64	88	97	105	70	70	47	57	84	**Guápiles**					
115	167	212	98	79	108	116	138	183	103	170	246	162	**Puntarenas**				
99	151	195	82	58	95	103	113	158	94	161	225	141	21	**Caldera**			
117	169	140	100	76	144	152	131	176	112	179	243	159	75	54	**Jacó**		
192	244	71	175	151	119	227	182	227	187	254	333	239	150	129	75	**Quepos**	
162	110	28	179	199	235	243	139	187	174	241	290	219	187	172	118	43	**Do**
201	149	67	218	242	274	282	178	223	213	280	329	348	288	267	213	138	95
309	262	180	331	351	387	395	291	336	326	393	442	371	339	324	270	195	152
320	268	186	337	358	393	401	291	342	332	399	448	379	355	347	284	209	162
332	285	203	354	374	410	418	314	359	349	416	465	394	362	347	293	218	175
271	219	137	288	312	344	352	248	293	283	333	399	418	338	317	263	190	165
217	269	351	200	176	185	187	240	285	205	272	348	264	132	127	191	263	309
149	201	283	132	108	131	159	172	217	137	204	280	196	65	59	123	198	241
202	254	336	185	164	210	202	225	273	197	264	333	249	118	113	161	242	295
253	305	387	236	212	221	213	276	314	238	305	384	300	169	164	218	293	336
274	326	408	257	233	272	264	297	335	269	336	405	321	190	185	239	314	357
191	243	325	174	150	115	107	214	252	186	253	322	236	107	102	156	231	274
304	346	428	277	253	223	215	317	355	289	383	425	341	210	205	259	334	377

minical											
Buenos Aires											
146	**Golfito**										
123	54	**Paso Canoas/südl. Grenze**									
169	127	159	**Puerto Jimenez**								
74	69	49	152	**San Vito**							
433	461	471	454	486	**Liberia**						
365	393	403	416	398	68	**Anlegestelle Ferry Tempisque**					
412	442	452	465	467	83	53	**Nicoya**				
453	483	493	506	500	36	104	75	**Playa del Coco**			
478	524	534	527	549	69	125	72	61	**Tamarindo**		
391	421	431	444	446	70	42	95	106	139	**Tilarán**	
494	524	534	547	549	77	171	160	113	146	173	**Penas Blancas/nördl. Grenze**

Alle Reiseführer von Reise

Reisehandbücher
Urlaubshandbücher
Reisesachbücher
Rad & Bike

Afrika, Bike-Abenteuer
Afrika, Durch, 2 Bde.
Agadir, Marrak./Südmarok.
Ägypten individuell
Ägypten Niltal
Alaska ⇗ Kanada
Algarve
Algerische Sahara
Amrum
Amsterdam
Andalusien
Apulien
Äqua-Tour
Argentinien, Uru., Para.
Athen
Äthiopien
Auf nach Asien!
Australien, Osten/Zentr.
Auvergne, Cevennen

Bahrain
Bali und Lombok
Bali, die Trauminsel
Bangkok
Barcelona
Berlin
Borkum
Botswana
Brasilien
Brasilien kompakt
Bretagne
Budapest
Bulgarien
Burgund

Cabo Verde
Canada ⇗ Kanada
Chile, Osterinseln
China Manual
Chinas Norden
Chinas Osten
Cornwall
Costa Blanca
Costa Brava
Costa de la Luz
Costa del Sol
Costa Dorada
Costa Rica
Cuba

Dalmatien
Dänemarks Nordseek.
Disneyland Resort Paris
Dominik. Republik
Dubai, Emirat

Ecuador, Galapagos
El Hierro
Elsass, Vogesen
England – Süden
Erste Hilfe unterwegs
Europa BikeBuch

Fahrrad-Weltführer
Fehmarn
Florida
Föhr
Friaul, Venetien
Fuerteventura

Gardasee
Golf v. Neapel, Kampan.
Gomera
Gotland
Gran Canaria
Großbritannien
Guatemala

Hamburg
Hawaii
Hollands Nordseeins.
Holsteinische Schweiz
Honduras
Hongkong, Macau, Kant.

Ibiza, Formentera
Indien Norden, Süden
Iran
Irland
Island
Israel, palästinens. Gebiete, Ostsinai
Istrien, Velebit

Jemen
Jordanien
Juist

Kairo, Luxor, Assuan
Kalabrien, Basilikata
Kalifornien, USA SW
Kambodscha
Kamerun
Kanada Alaska, USA Ost, NO, West
Kap-Provinz (Südafr.)
Kapverdische Inseln
Kenia
Kerala
Korfu, Ionische Inseln
Korsika
Krakau
Kreta
Kreuzfahrtführer

Ladakh, Zanskar
Langeoog
Lanzarote
La Palma
Laos
Lateinamerika BikeB.
Libyen
Ligurien
Litauen
Loire, Das Tal der
London

Madagaskar
Madeira
Madrid
Malaysia, Singapur, Brunei
Mallorca
Mallorca, Leben/Arbeiten
Mallorca, Wandern auf
Malta
Marokko
Mauritius/La Réunion
Mecklenb./Brandenb.: Wasserwandern
Mecklenburg-Vorp. Binnenland
Mexiko
Mexiko kompakt
Mongolei
Motorradreisen
München
Myanmar

Namibia
Nepal
Neuseeland BikeBuch
New York City
Norderney
Nordfriesische Inseln
Nordseeküste NDS
Nordseeküste SLH
Nordseeinseln, Dt.
Nordspanien
Normandie

Oman
Ostfriesische Inseln
Ostseeküste MVP
Ostseeküste SLH
Outdoor-Praxis

Panama
Panamericana, Rad-Abenteuer
Paris
Peru, Bolivien
Peru kompakt
Phuket
Polens Norden
Prag
Provence
Pyrenäen

Qatar

Rajasthan
Rhodos
Rom
Rügen, Hiddensee

Sächsische Schweiz
Salzburg
San Francisco
Sansibar
Sardinien
Schottland
Schwarzwald – Nord
Schwarzwald – Süd
Schweiz, Liechtenstein
Senegal, Gambia
Singapur
Sizilien
Skandinavien – Norden
Slowenien, Triest

Know-How auf einen Blick

Spaniens Mittelmeerk.
Spiekeroog
Sri Lanka
St. Lucia, St. Vin., Gren.
Südafrika
Südnorwegen, Lofoten
Südwestfrankreich
Sydney
Sylt
Syrien

Taiwan
Tansania, Sansibar
Teneriffa
Thailand
Thailand – Tauch- und Strandführer
Thailands Süden
Thüringer Wald
Tokyo
Toscana
Transsib
Trinidad und Tobago
Tschechien
Tunesien
Tunesiens Küste
Türkei, Hotelführer

Uganda, Ruanda
Umbrien
USA/Canada
USA, Gastschüler
USA, NO, S, SW, W
USA – Südwesten, Natur u. Wandern
USA SW, Kalifornien, Baja California
Usedom

Venedig
Venezuela
Ver. Arab. Emirate
Vietnam

Wales
Warschau
Westafrika – Sahel
Westafrika – Küste
Wien
Wo es keinen Arzt gibt

Yukatan

Zypern

Edition RKH

Abenteuer Anden
Burma – Land der Pagoden
Durchgedreht
Finca auf Mallorca
Geschichten/Mallorca
Goldene Insel
Mallorca, Leib u. Seele
Mallorquinische Reise
Please wait to be seated!
Salzkarawane, Die
Südwärts Lateinamerika
Taiga Tour
Traumstr. Panamerikana
Unlimited Mileage

Praxis

(Auswahl, vollständiges Programm siehe Homepage.)

Aktiv Algarve
Aktiv Andalusien
Aktiv Dalmatien
Aktiv frz. Atlantikküste
Aktiv Gardasee
Aktiv Gran Canaria
Aktiv Istrien
Aktiv Katalonien
Aktiv Marokko
Aktiv Polen
Aktiv Slowenien
Als Frau allein unterwegs
Australien: Reisen/Jobben
Australien: Outback/Bush
Auto durch Südamerika
Ayurveda erleben
Bordbuch Südeuropa
Clever buchen/fliegen
Clever kuren
Drogen in Reiseländern
Fernreisen, Fahrzeug
Fliegen ohne Angst
Fun u. Sport im Schnee
Geolog. Erscheinungen
Gesund. Dtl. Heilthermen
GPS f. Auto, Motorrad
GPS Outdoor
Inline-Skaten Bodensee
Inline Skating
Islam erleben
Kanu-Handbuch
Konfuzianismus erleben
Kreuzfahrt-Handbuch
Küstensegeln
Maya-Kultur erleben
Mountain Biking
Mushing/Hundeschlitten
Orientierung mit Kompass und GPS
Paragliding-Handbuch
Reisefotografie
Reisefotografie digital
Respektvoll reisen
Richtig Kartenlesen
Safari-Handbuch Afrika
Selbstdiagnose unterwegs
Shoppingguide USA
Sicherheit/Bärengeb.
Spaniens Fiestas
Sprachen lernen
Tango in Buenos Aires
Transsib – Moskau-Peking
Trekking-Handbuch
Trekking/Amerika
Trekking/Asien Afrika
Tropenreisen
Unterkunft/Mietwagen
Verreisen mit Hund
Wandern im Watt
Was kriecht u. krabbelt in den Tropen
Wein-Reiseführer Italien
Wein-Reiseführer Toskana
Wildnis-Ausrüst., Küche
Wohnmobil-Ausrüstung
Wohnmobil-Reisen
Wüstenfahren

KulturSchock

Ägypten
Argentinien
Australien
Brasilien
China, VR/Taiwan
Cuba
Familenmanagement
Finnland
Golf-Emirate, Oman
Indien
Iran
Islam
Japan
Jemen
Kambodscha
Kaukasus
Laos
Leben in fremd. Kulturen
Marokko
Mexiko
Pakistan
Polen
Russland
Spanien
Thailand
Türkei
USA
Vietnam

Wo man unsere Reiseliteratur bekommt:
Jede Buchhandlung Deutschlands, der Schweiz, Österreichs und der Benelux-Staaten kann unsere Bücher beziehen. Wer sie dort nicht findet, kann alle Bücher über unsere **Internet-Shops** bestellen.
Auf den Homepages gibt es **Informationen** zu allen Titeln:

www.reise-know-how.de oder **www.reisebuch.de**

HILFE!

Dieses Reisehandbuch ist gespickt mit unzähligen Adressen, Preisen, Tipps und Infos. Nur vor Ort kann überprüft werden, was noch stimmt, was sich verändert hat, ob Preise gestiegen oder gefallen sind, ob ein Hotel, ein Restaurant immer noch empfehlenswert ist oder nicht mehr, ob ein Ziel noch oder jetzt erreichbar ist, ob es eine lohnende Alternative gibt usw.

Unsere Autoren sind zwar stetig unterwegs und versuchen, alle zwei Jahre eine komplette Aktualisierung zu erstellen, aber auf die Mithilfe von Reisenden können sie nicht verzichten.

Darum: Schreiben Sie uns, was sich geändert hat, was besser sein könnte, was gestrichen bzw. ergänzt werden soll. Nur so bleibt dieses Buch immer aktuell und zuverlässig. Wenn sich die Infos direkt auf das Buch beziehen, würde die Seitenangabe uns die Arbeit sehr erleichtern. Gut verwertbare Informationen belohnt der Verlag mit einem Sprechführer Ihrer Wahl aus der über 170 Bände umfassenden Reihe „Kauderwelsch" (siehe unten).

Bitte schreiben Sie an:

REISE KNOW-HOW Verlag Peter Rump GmbH, Postfach 140666, D-33626 Bielefeld, oder per e-mail an: info@reise-know-how.de

Danke!

Kauderwelsch-Sprechführer – sprechen und verstehen rund um den Globus

Afrikaans • Albanisch • Amerikanisch - *American Slang, More American Slang,* Amerikanisch oder Britisch? • Amharisch • Arabisch - Hocharabisch, für Ägypten, Algerien, Golfstaaten, Irak, Jemen, Marokko, • Palästina & Syrien, Sudan, Tunesien • Armenisch • *Bairisch* • Balinesisch • Baskisch • Bengali • *Berlinerisch* • Brasilianisch • Bulgarisch • Burmesisch • Cebuano • Chinesisch - Hochchinesisch, kulinarisch • Dänisch • Deutsch - *Allemand, Almanca, Duits, German, Nemjetzkii, Tedesco* • *Elsässisch* • Englisch - *British Slang, Australian Slang, Canadian Slang, Neuseeland Slang,* für Australien, für Indien • Färöisch • Esperanto • Estnisch • Finnisch • Französisch - kulinarisch, für den Senegal, für Tunesien, *Französisch Slang, Franko-Kanadisch* • Galicisch • Georgisch • Griechisch • Guarani • Gujarati • Hausa • Hebräisch • Hieroglyphisch • Hindi • Indonesisch • Irisch-Gälisch • Isländisch • Italienisch - *Italienisch Slang,* für Opernfans, kulinarisch • Japanisch • Javanisch • Jiddisch • Kantonesisch • Kasachisch • Katalanisch • Khmer • Kirgisisch • Kisuaheli • Kinyarwanda • *Kölsch* • Koreanisch • Kreol für Trinidad & Tobago • Kroatisch • Kurdisch • Laotisch • Lettisch • Lëtzebuergesch • Lingala • Litauisch • Madagassisch • Mazedonisch • Malaiisch • Mallorquinisch • Maltesisch • Mandinka • Marathi • Modernes Latein • Mongolisch • Nepali • Niederländisch - *Niederländisch Slang,* Flämisch • Norwegisch • Paschto • Patois • Persisch • Pidgin-English • *Plattdüütsch* • Polnisch • Portugiesisch • Punjabi • Quechua • *Ruhrdeutsch* • Rumänisch • Russisch • *Sächsisch* • *Schwäbisch* • Schwedisch • *Schwiizertüütsch* • *Scots* • Serbisch • Singhalesisch • Sizilianisch • Slowakisch • Slowenisch • Spanisch - *Spanisch Slang,* für Lateinamerika, für Argentinien, Chile, Costa Rica, Cuba, Dominikanische Republik, Ecuador, Guatemala, Honduras, Mexiko, Nicaragua, Panama, Peru, Venezuela, kulinarisch • Tadschikisch • Tagalog • Tamil • Tatarisch • Thai • Tibetisch • Tschechisch • Türkisch • Twi • Ukrainisch • Ungarisch • Urdu • Usbekisch • Vietnamesisch • Walisisch • Weißrussisch • *Wienerisch* • Wolof • Xhosa

Register

Der Autor

Detlev Kirst, Jahrgang 1962, lebt am Chiemsee. Er studierte Publizistik an der Universität Salzburg und arbeitet als Fotograf, Reisejournalist und Reiseleiter. Seit vielen Jahren ist er privat und beruflich in Mittelamerika unterwegs. Sein besonderes Interesse für Flora und Fauna führte ihn immer wieder nach Costa Rica. Seit einigen Jahren betreibt er eine Spezialagentur für Costa Rica (www.costarica-reise.de).

Anhang

707cr Foto: dk

Kartenverzeichnis

Ortspläne

Regionalkarten

Kartenatlas

Kartenatlas

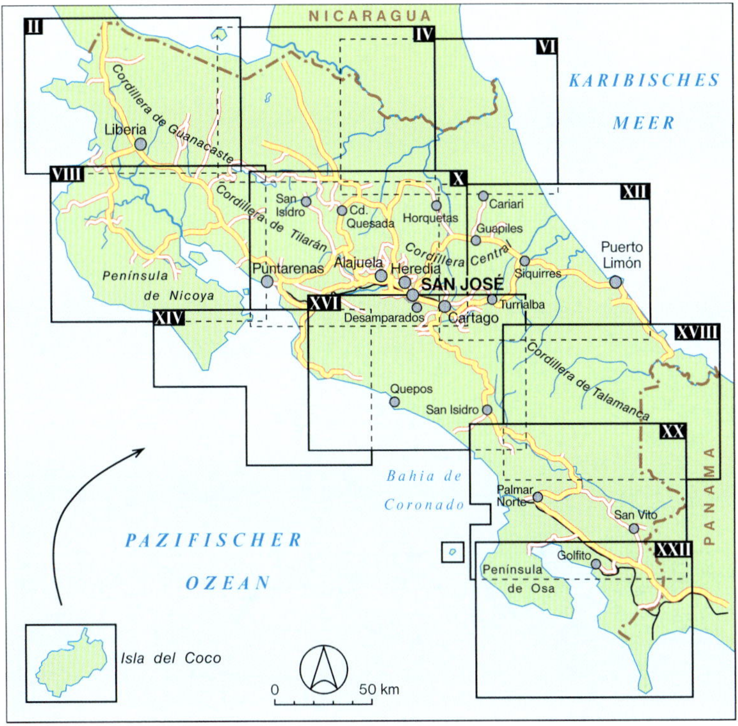

Zeichenerklärung

0 10 km

Maßstab 1 : 550.000

- CA1 Interamericana
- 1 Hauptstraße
- Nebenstraße
- Piste
- Naturpark
- ★ Sehenswürdigkeit

2500 m
2000 m
1000 m
500 m
0

A
B
0
10 km
NICARAGUA
Peñas Blancas
Cárdenas
OCÉANO PACÍFICO
1
El Ostional
Sonzapote
La Garita
La Cruz
Refugio Nacional de Fauna Silvestre Isla Bolaños
Bahía Salinas
4
Pta. Descartes
CA1
GOLFO DE SANTA ELENA
Brasilito
Naturschutzgebiet Bahía Junquillal
Sta. Rita
Volcán Orosi 1487
Parque Nacional Guanacaste
Pta. Blanca
Cuajiniquil
Cabo Santa Elena
2
Islas Murciélago
Parque Nacional Santa Rosa
Quebrada Gde.
Casona Sta. Rosa
Potrerillos
Playa Nancite
Playa Naranjo
CARRETERA INTERAMERICANA
Cañas Dulces
GOLFO DE PAPAGAYO
Hda. La Culebra
3
Sta. Ana
Pta. Mala
Liberia
Playa Panamá
Playa Hermosa
Puntarenas
Puerto Limón
San José
Guardia
El Coco
Comunidad
Hda. El Real
Playa Ocotal
21
Pta. Zapotal
Sardinal
Palmira
Nuevo Colón
VIII

Nordwesten
C
D
1
2
3
LAGO DE NICARAGUA
Islas Solentiname
I. San Fernando
I. Atravesada
I. Mancarrón
I. La Venada
I. Mancarroncita
NICARAGUA
ALAJUELA
GUANACASTE
CORDILLERA DE GUANACASTE
Orosi
El Tigre
Colón
Sta. Cecilia
Brasilia
México
San José
Delicias
San Isidro
Upala
Porvenir
Co. Cacao 1659
Col. Dos Ríos
Brisas
Col. Puntarenas
Volcán Rincón de la Vieja 1806
Volcán Sta. Maria 1916
Parque Nacional Rincón de la Vieja
Aguas Claras
Volcán Miravalles 2028
Bijagua
Curubandé
San Jorge
Guayabo
Limonal
Fortuna
Río Naranjo
Volcán Tenorio 1916
Torno
Liberia
Hda. Tenorio
6
Tierras Morenas
Guadalajara
Palmira
La Palma
Laguna de Arenal
CA1
Bagaces
Reserva Biológica Lomas Barbudal
Hda. Las Ciruelas
Montano
IV
IX

A
B
I. San Fernando
I. Atravesada
I. Mancarrón
Islas Solentiname
I. La Venada
I. Zapote
San Carlos
0
10 km
Río Frío
Los Chiles
Isla Chira
Trocha
Llanura de los Guatusos
México
Medio Queso
Primavera
San Emilio
Parque
San Pablo
Delicias
San Isidro
Upala
Caño Negro
Lago Caño Negro
Virgen
Angeles
San Macario
Cristo Rey
Amparo
Pavón
4 Esquinas
Refugio Nacional de Vida Silvestre Caño Negro
Col. Puntarenas
III
Letras
35
Caño Ciego
Buenavista
ALAJUELA
San Jorge
Volcán Tenorio 1916
Río Frío
Triunfo
San Rafael de Guatuso
Pataste
Acapulco
Cabanga
San Miguel
Sta. Rosa
Tierras Morenas
Laguna de Cote
4
Delicias
San Andrés
Guadalajara
Venado
Nuevo Arenal
Venado Höhlen
La Palma
Monterrey
Arenal Botanical Garden
Laguna de Arenal
Sta. Eulalia
Mirador
Palma
Tilarán
Tronadora
Tabacón Hot springs
Fortuna
Tanque
IX
X
1
2
3

Norden
C
D
Liberia
Puntarenas
San José
Puerto Limón
1
2
3
NICARAGUA
El Castillo de la Concepción
San Juan
Pocosol
San Isidro
Jocote
Llano Verde
Crucitas
Azucena
Banderas
Rubi
Moravia
Ceiba
Boca San Carlos
Finca Chorro
L. Maquenque
San Vito
Coopevega
Lag. Canacas
Sta. Rita
Cascada
Betania
San Carlos
Boca Tapada
Tambor
Pavas
Laurel Galán
HEREDIA
Castelmare
Sta. Delia
San Gerardo
Tabla Gde.
Mollejón
Quebrado Gde.
Chaparrón
Pangola
Sardinal
Terrón Colorado
Chambacú
L. Astillero
Palmar
Pitahaya
Boca Arenal
Corazón de Jesús
Veracruz
S. Fernando
San Rafael
Altamira
Muelle (de San Carlos)
Muelle
Sardinal
C
D
VI
XI

A
B
0
10 km
1
2
3
NICARAGUA
ALAJUELA
HEREDIA
El Castillo de la Concepción
San Isidro
Jocote
Crucitas
Llano Verde
Azucena
San Juan
Moravia
Boca San Carlos
Finca Chorro
L. Maquenque
Lag. Canacas
San Vito
Coopevega
Cascada
Sta. Rita
Trinidad
Ceiba
Betania
San Carlos
Boca Tapada
Tambor
Pavas
Laurel Galán
Castelmare
Sta. Delia
Sarapiquí
Tabla Gde.
Mollejón
Chambacú
Quebrado Gde.
Chaparrón
Pangola
Sardinal
L. Astillero
Palmar
Pitahaya
Altamira
Corazón de Jesús
Veracruz
S. Fernando
San Rafael
Muelle
Sardinal
Puerto Viejo de Sarapiquí
4
4
Pital
Vuelta de Kopper
Palmera
Tabla
S. Gerardo
Zona Protectora La Selva
Finca Los Maderos
V
XI

Nördl. Karibik, Norden
C
D
Liberia
Puntarenas
Puerto Limón
San José
1
2
3
MAR CARIBE
Pta. Castilla
San Juan del Norte
San Juan
Isla Calero
Barra del Colorado
Caño Bravo
Isla Brava
Colorado
Tigra
I. Buena Vista
Chirripó
Refugio Nacional de Fauna Silvestre Barra del Colorado
Llanura de Tortuguero
Cerro Tortuguero 119
Turtle Research Station
Tortuguero
LIMÓN
Canta Gallo
Encina
Zacatales
Parque Nacional Tortuguero
4 Esquinas
Co. Negro
Porvenir
Palmitas
Carolina Tica
Maravilla
Finca 2
C
D

XII

Halbinsel Nicoya, Nordwesten
A
II
B
0
10 km
1
2
3
Nuevo Colón
21
Potrero
Playa Flamingo
Filadelfia
Brasilito
Tempate
Los Planes
Belén
Guinea
Río Tempisque
El Viejo
Parque Nacional
Cartagena
Corralillo
Cabo Velas
Salinas
Parque Nacional Marino Las Baulas
Finca Palmas
Playa Grande
Hda. Jirona
Playa Tamarindo
Villarreal
Playa Tamarindo
Playa Langorta
Hernández
Caimito
Sta. Cruz
Sta. Bárbara
Lagunilla
Guaitil
San Vicente
S. José Pinilla
27 de Abril
Arado
San Juan
Nambí
San Antonio
GUANACASTE
Paraíso
Piave
Playa Junquillal
Río Tabasco
Juan Díaz
Venado
Florida
Vista al mar
Nicoya
La Mansión
Fortuna
Lajas
Caimital
Hojancha
Guastomal
Caimitalito
San Juanillo
Limonal
Belén
Maravilla
Refugio Nacional de Fauna Silvestre de Ostional
Pilas Blancas
Las Huacas
Cuesta Gde
Ostional
Nosara
PENÍNSULA
OCÉANO PACÍFICO
Delicias
Altos del Socorro
Playa Guiones
Garza
Buenos Aires
Pta. Guiones
Buenavista
San Pedro
Barco Quebrado
Sámara
Estrada
Pto. Carrillo
Pta. Indio
Islita
Pta. El Roble
Liberia
Puntarenas
Puerto Limón
San José

III
XIV
X
C
D
1
2
3
Bagaces
Montano
Hda. Las Ciruelas
La Palma
Laguna de Arenal
Tronadora
Tilarán
CORDILLERA DE TILARÁN
Tierauffangstation Las Pumas
Vergel
Hda. Tamarindo
Cañas
Queb. Grande
Líbano
Col. Menonita
Hda. Mojica
Río Bebedero
Dos de Tilarán
Parque Nacional Arenal
Bebedero
San Miguel
Cabaceras
Hda. Palo Verde
Palo Verde
Hda. Taboga
Río Tempisque
Pto. Humo
CA1
Sierra
Ecomuseo de Las Minas de Abangares
Las Juntas de Abangares
Cerros
Porozal
S. Joaquín
Limonal
Parque Nacional Barra Honda
18
CARRETERA INTERAMERICANA
Guacimal
Pto. Moreno
Fähre
Queb. Honda
Colorado
Pozo Azul
S. Buenaventura
Copal
Pita
Pueblo Viejo
Montero
Manzanillo
San Gerardo
Pto. Jesús
Isla Chira
Nancite
Morales
Rancho Gde.
Lagartero
Limonal
Reserva Biológica Isla Pájaros
Sta. Juana
GOLFO DE NICOYA
San Pablo
Chomes
Sta. Rita
Carmona
Zapotal
I. Bejuco
Corozal
I. Venado
I. Caballo
Fähren
Canjel
San Ramón
Puntarenas
Jicaral
Lepanto
I. San Lucas
PUNTARENAS
Playa Naranjo
Montaña Gde.
Reserva Biológica Isla Guayabo
DE NICOYA
S. Ramón de Río Blanco
Jabillo
Dulce Nombre
Bejuco
I. Cedros
Río Seco
Guadalupe
S. Francisco de Coyote
Paquera
Playa S. Miguel
S. Rafael
Reserva Biológica Islas Negritos

IV
IX
XV
XVI
ALAJUELA
PUNTARENAS
SAN
Tabacón Hot springs
Laguna de Arenal
Volcán Arenal 1633
Wasserfall
Fortuna
Tanque
Angeles
Muelle (de San Carlos)
Cordillera de Tilarán
Parque Nacional Arenal
Zona Protectora de Arenal
Col. Menonita
Chachagua
Platanar
Palmera
Jabillos
San Isidro
Florencia
Cabaceras
Pocosol
La Tigra
Vieja
Bosque Eterno de los Niños
Santa Elena
Reserva Biológica Bosque Nuboso Monteverde
Ciudad Quesada (San Carlos)
Bajo Rodríguez
Volcán Porvenir 2267
Buena Vista
Cerros
San Lorenzo
Zona Protectora San Ramón
Corazón de Jesús
Col. Palmareña
S. Antonio
Bajo Jamaical
Zapote
Guacimal
Bajo Caliente
Palmira
Zarcero
Guadalupe
Finca Paz
S. Rafael
Unión
San Juanillo
Cabuyal
Refugio Silvestre de Peñas Blancas
Socorro
Volio
Piedades Sur
San Juan
Zagala Nva.
Miramar
San Ramón
Naranjo
Rancho Gde.
Salvador
Mirador Espíritu Santo
San Isidro
Constancia
Palmares
Zaragoza
Candelaria
Carretera Interamericana
CA1
S. José Norte
Pitahaya
Berlín
Esparza
San Rafael
Atenas
17
3
Puntarenas
Jesús María
Desmonte
Concepción
Desamparados
Caldera
San Mateo
Reserva Biológica Isla Guayabo
Puerto Caldera
Orotina
Hda. Vieja
Ceiba
San Pablo de Turrubares
27
Corradillo
Golfo de Nicoya
S. Jerónimo
S. Juan de Mata
San Pedro
Tivives
I. Cedros
S. Luís
Bajamar
Mercedes Sur
34
San Rafael
Reserva Biológica Isla Negritos
Río Tárcoles
0
10 km
Reserva Biológica Carara
Carara
I. Tolinga
Salitrales
Tárcoles
A
B
1
2
3

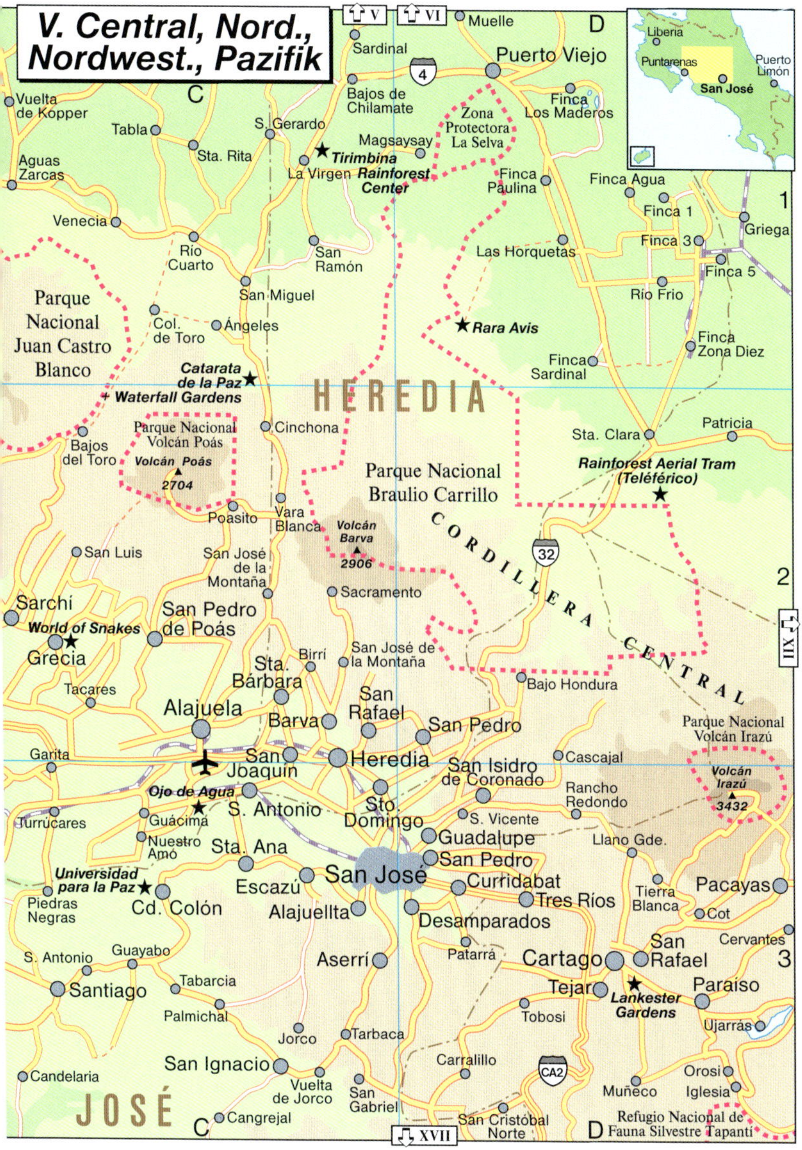
V. Central, Nord., Nordwest., Pazifik
V
VI
XII
XVII
C
D
1
2
3
Muelle
Sardinal
Puerto Viejo
Bajos de Chilamate
Vuelta de Kopper
Tabla
S. Gerardo
Zona Protectora La Selva
Finca Los Maderos
Magsaysay
Sta. Rita
Tirimbina Rainforest Center
La Virgen
Aguas Zarcas
Finca Paulina
Finca Agua
Finca 1
Venecia
Griega
Finca 3
Río Cuarto
San Ramón
Las Horquetas
Finca 5
San Miguel
Río Frío
Parque Nacional Juan Castro Blanco
Col. de Toro
Ángeles
Rara Avis
Finca Zona Diez
Finca Sardinal
Catarata de la Paz
Waterfall Gardens
HEREDIA
Cinchona
Patricia
Bajos del Toro
Parque Nacional Volcán Poás
Volcán Poás
2704
Sta. Clara
Rainforest Aerial Tram (Teleférico)
Parque Nacional Braulio Carrillo
Poasito
Vara Blanca
Volcán Barva
2906
CORDILLERA CENTRAL
32
4
San Luis
San José de la Montaña
Sacramento
Sarchí
World of Snakes
San Pedro de Poás
Grecia
Birrí
San José de la Montaña
Sta. Bárbara
Tacares
Bajo Hondura
San Rafael
Alajuela
Barva
San Pedro
Parque Nacional Volcán Irazú
Garita
San Joaquín
Heredia
San Isidro de Coronado
Cascajal
Volcán Irazú
3432
Ojo de Agua
Rancho Redondo
Turrúcares
Guácima
S. Antonio
Sto. Domingo
S. Vicente
Nuestro Amó
Sta. Ana
Guadalupe
Llano Gde.
San Pedro
Universidad para la Paz
San José
Escazú
Curridabat
Tierra Blanca
Pacayas
Piedras Negras
Cd. Colón
Tres Ríos
Cot
Alajuelita
Desamparados
Cervantes
S. Antonio
Guayabo
Patarrá
San Rafael
Aserrí
Cartago
Santiago
Tabarcia
Tejar
Paraíso
Lankester Gardens
Palmichal
Tobosi
Ujarrás
Jorco
Tarbaca
Carralillo
San Ignacio
CA2
Orosi
Candelaria
Vuelta de Jorco
San Gabriel
Muñeco
Iglesia
JOSÉ
Cangrejal
San Cristóbal Norte
Refugio Nacional de Fauna Silvestre Tapantí
Liberia
Puntarenas
Puerto Limón
San José

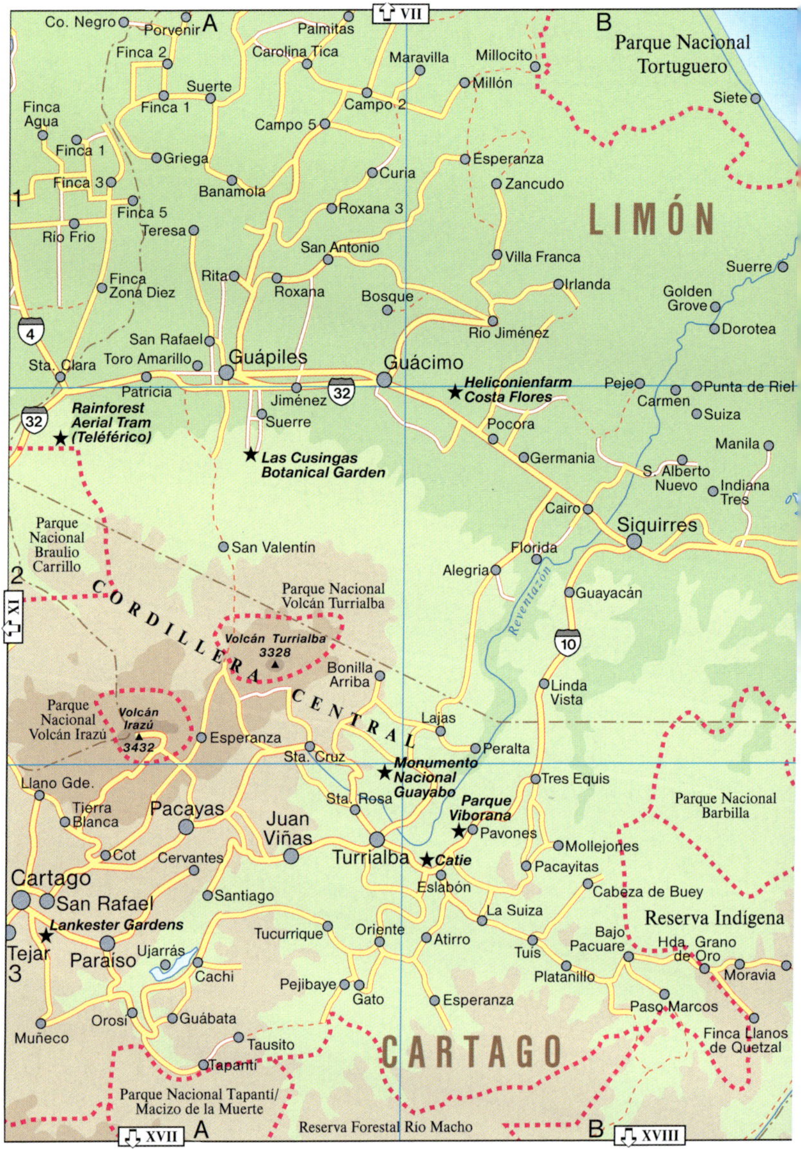
VII
XI
XVII
XVIII
A
B
1
2
Parque Nacional Tortuguero
LIMÓN
CARTAGO
Co. Negro
Porvenir
Palmitas
Finca 2
Carolina Tica
Maravilla
Millocito
Millón
Suerte
Finca Agua
Finca 1
Campo 2
Campo 5
Siete
Griega
Esperanza
Curia
Zancudo
Finca 3
Banamola
Finca 5
Roxana 3
Río Frío
Teresa
San Antonio
Villa Franca
Suerre
Rita
Roxana
Irlanda
Finca Zona Diez
Bosque
Golden Grove
Dorotea
Río Jiménez
San Rafael
Guápiles
Guácimo
Sta. Clara
Toro Amarillo
Heliconienfarm Costa Flores
Peje
Punta de Riel
Patricia
Jiménez
Carmen
Suiza
Rainforest Aerial Tram (Teleférico)
Pocora
Manila
Las Cusingas Botanical Garden
Germania
S. Alberto Nuevo
Indiana Tres
Cairo
Siquirres
Parque Nacional Braulio Carrillo
San Valentín
Florida
Alegria
Guayacán
Reventazón
CORDILLERA CENTRAL
Parque Nacional Volcán Turrialba
Volcán Turrialba 3328
Bonilla Arriba
Linda Vista
Parque Nacional Volcán Irazú
Volcán Irazú 3432
Lajas
Esperanza
Peralta
Sta. Cruz
Monumento Nacional Guayabo
Tres Equis
Llano Gde.
Sta. Rosa
Parque Viborana
Parque Nacional Barbilla
Tierra Blanca
Pacayas
Juan Viñas
Pavones
Mollejones
Cot
Cervantes
Turrialba
Catie
Pacayitas
Cartago
Eslabón
Cabeza de Buey
San Rafael
Santiago
La Suiza
Reserva Indígena
Lankester Gardens
Tucurrique
Oriente
Atirro
Bajo Pacuare
Hda. Grano de Oro
Tejar
3
Paraíso
Ujarrás
Tuis
Moravia
Cachi
Pejibaye
Platanillo
Gato
Esperanza
Paso Marcos
Orosi
Guábata
Muñeco
Finca Llanos de Quetzal
Tausito
Tapantí
Parque Nacional Tapantí/ Macizo de la Muerte
Reserva Forestal Río Macho
4
10
32

Südl. Karibik, Valle Central
C
D
1
2
3
Liberia
Puntarenas
San José
Puerto Limón
0
10 km
MAR CARIBE
Jaloba
Parismina
San Rafael
Perla
Canal
Sara
Sta. Marta
Barra de Martina Norte
4 Millas
Barra de Martina Sur
Batán
Margarita
San Edmundo
Estrada
Bristol
Venecia
Larga Distancia
Río Cuba
32
Liverpool
Moín
Puerto Limón
Isla Uvita
Corina
Río Blanco
Sta. Rosa
Trébol
Beverly
Westfalia
Bomba
Asunción
Aguas Zarcas
Bananito Norte
Bananito Sur
Finca Banaga
San Andrés
36
San Clemente
Privatreservat Selva Bananito
Privatreservat Aviarios del Caribe
Hortensia
Penshurst
Platanillo
Chirripó
Chirripó del Atlantico
Co. Matama
2251
Catie
Chirripó Abajo
Armenia
Fortuna
Pandora
Finca 7
Finca 2
Finca 12
Reserva Indigena Tayní
Vesta
XIX

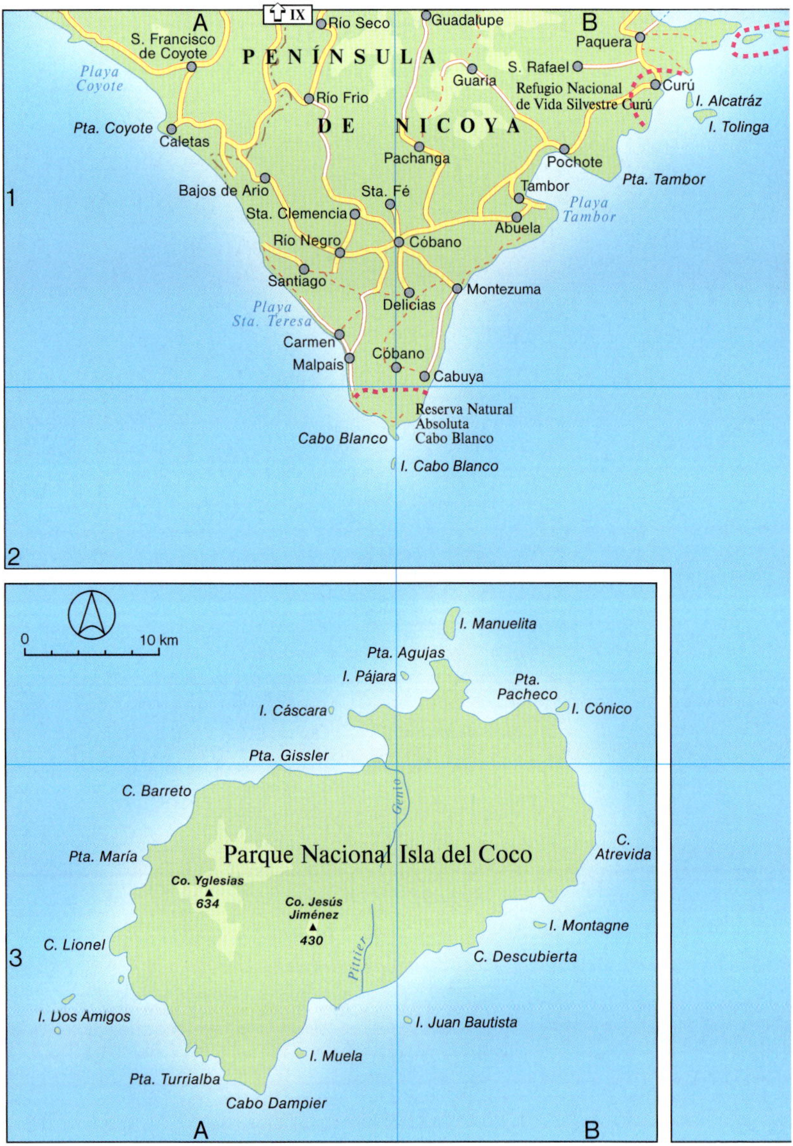

A
B
IX
1
2
3
Río Seco
Guadalupe
S. Francisco
de Coyote
Paquera
PENÍNSULA
DE NICOYA
Playa
Coyote
S. Rafael
Guaria
Curú
Refugio Nacional
de Vida Silvestre Curú
I. Alcatráz
I. Tolinga
Río Frio
Pta. Coyote
Caletas
Pachanga
Pochote
Pta. Tambor
Bajos de Ario
Sta. Fé
Tambor
Playa
Tambor
Sta. Clemencia
Abuela
Río Negro
Cóbano
Santiago
Montezuma
Delicias
Playa
Sta. Teresa
Carmen
Cóbano
Malpaís
Cabuya
Reserva Natural
Absoluta
Cabo Blanco
Cabo Blanco
I. Cabo Blanco
0
10 km
I. Manuelita
Pta. Agujas
I. Pájara
Pta.
Pacheco
I. Cáscara
I. Cónico
Pta. Gissler
C. Barreto
Genio
Parque Nacional Isla del Coco
C.
Atrevida
Pta. María
Co. Yglesias
634
Co. Jesús
Jiménez
430
I. Montagne
C. Lionel
Pittier
C. Descubierta
I. Dos Amigos
I. Juan Bautista
I. Muela
Pta. Turrialba
Cabo Dampier

Süden der Halbinsel Nicoya, Zentr. Pazifikküste

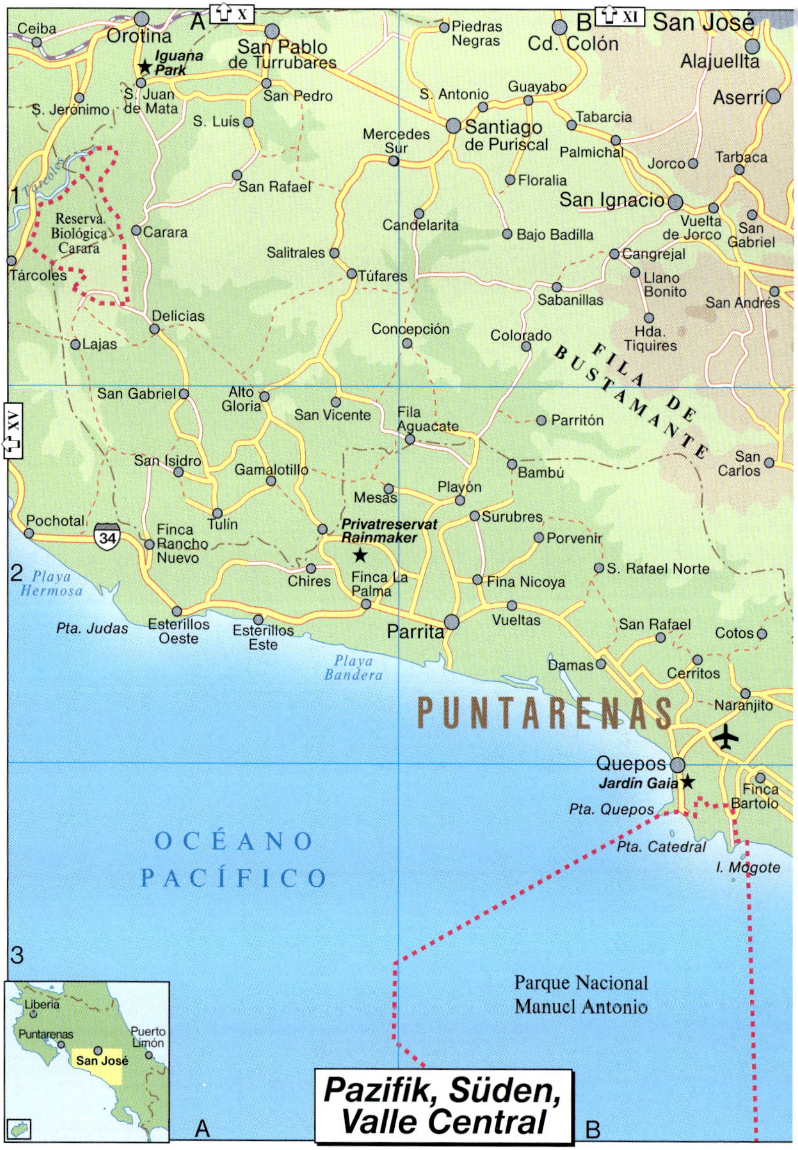
X
XI
XV
A
B
1
2
3
Ceiba
Orotina
Iguana Park
San Pablo de Turrubares
Piedras Negras
Cd. Colón
San José
Alajuellta
Aserrí
S. Juan de Mata
San Pedro
S. Jerónimo
S. Luis
S. Antonio
Guayabo
Santiago de Puriscal
Tabarcia
Mercedes Sur
Palmichal
Jorco
Tarbaca
Tárcoles
San Rafael
Floralia
San Ignacio
Reserva Biológica Carara
Carara
Candelarita
Bajo Badilla
Vuelta de Jorco
San Gabriel
Salitrales
Cangrejal
Tárcoles
Túfares
Llano Bonito
Sabanillas
San Andrés
Delicias
Concepción
Colorado
Hda. Tiquires
Lajas
FILA DE BUSTAMANTE
San Gabriel
Alto Gloria
San Vicente
Fila Aguacate
Parritón
San Isidro
Gamalotillo
Bambú
San Carlos
Mesas
Playón
Pochotal
34
Tulín
Surubres
Finca Rancho Nuevo
Privatreservat Rainmaker
Porvenir
Chires
Finca La Palma
S. Rafael Norte
Playa Hermosa
Fina Nicoya
Pta. Judas
Esterillos Oeste
Esterillos Este
Parrita
Vueltas
San Rafael
Cotos
Playa Bandera
Damas
Cerritos
PUNTARENAS
Naranjito
Quepos
Jardín Gaia
Finca Bartolo
Pta. Quepos
Pta. Catedral
I. Mogote
OCÉANO PACÍFICO
Parque Nacional Manuel Antonio
Liberia
Puntarenas
Puerto Limón
San José
Pazifik, Süden, Valle Central

Kartenatlas

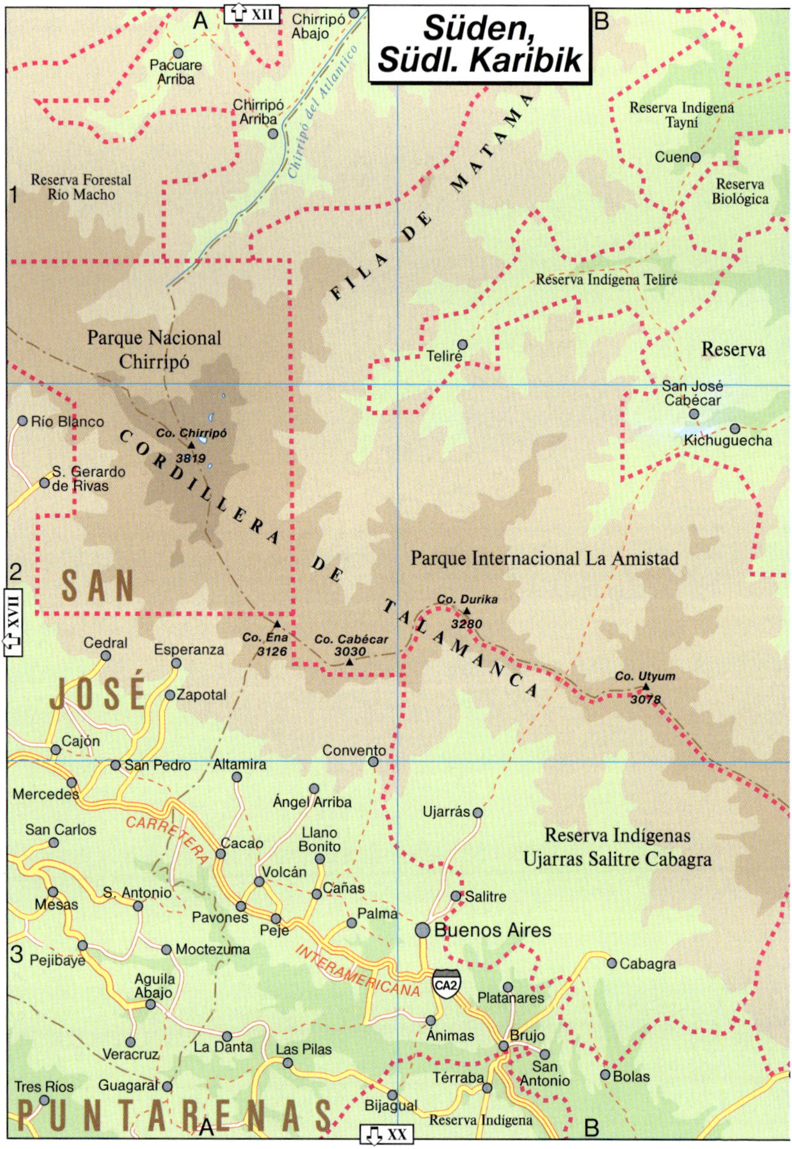
Süden, Südl. Karibik
XII
XVII
XX
A
B
1
2
3
Chirripó Abajo
Pacuare Arriba
Chirripó Arriba
Chirripó del Atlántico
Reserva Forestal Río Macho
FILA DE MATAMA
Reserva Indígena Tayní
Cuen
Reserva Biológica
Reserva Indígena Teliré
Parque Nacional Chirripó
Teliré
Reserva
San José Cabécar
Kichuguecha
Río Blanco
Co. Chirripó 3819
CORDILLERA DE TALAMANCA
S. Gerardo de Rivas
Parque Internacional La Amistad
SAN JOSÉ
Co. Durika 3280
Co. Ena 3126
Co. Cabécar 3030
Co. Utyum 3078
Cedral
Esperanza
Zapotal
Cajón
Convento
San Pedro
Altamira
Mercedes
Ángel Arriba
Ujarrás
CARRETERA INTERAMERICANA
Reserva Indígenas Ujarras Salitre Cabagra
San Carlos
Llano Bonito
Cacao
Volcán
Cañas
Mesas
S. Antonio
Salitre
Pavones
Palma
Peje
Buenos Aires
Pejibaye
Moctezuma
Cabagra
Aguila Abajo
CA2
Platanares
Ánimas
Brujo
Veracruz
La Danta
Las Pilas
San Antonio
Bolas
Tres Ríos
Guagaral
Térraba
Bijagual
Reserva Indígena
PUNTARENAS

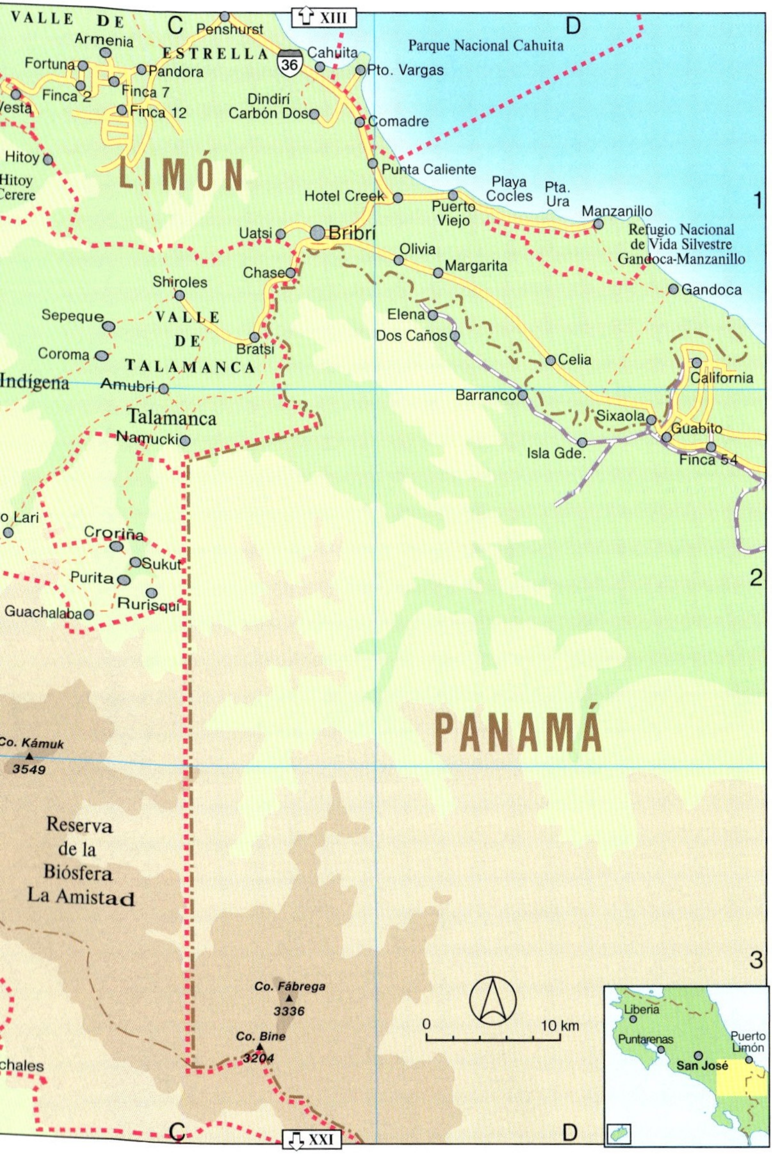
XIII
C
D
VALLE DE ESTRELLA
Penshurst
Armenia
Fortuna
Pandora
Finca 2
Finca 7
Finca 12
36
Cahuita
Pto. Vargas
Parque Nacional Cahuita
Dindirí
Carbón Dos
Comadre
Hitoy
Hitoy Cerere
LIMÓN
Punta Caliente
Hotel Creek
Puerto Viejo
Playa Cocles
Pta. Ura
Manzanillo
Refugio Nacional de Vida Silvestre Gandoca-Manzanillo
1
Uatsi
Bribrí
Olivia
Margarita
Chase
Shiroles
Gandoca
Sepeque
VALLE DE TALAMANCA
Elena
Dos Caños
Bratsi
Coroma
Celia
California
Indígena
Amubri
Barranco
Talamanca
Sixaola
Guabito
Namuckí
Isla Gde.
Finca 54
Lari
Croriña
Sukut
Purita
Rurisquí
Guachalaba
2
PANAMÁ
Co. Kámuk
3549
Reserva de la Biósfera La Amistad
3
Co. Fábrega
3336
Co. Bine
3204
0
10 km
chales
Liberia
Puntarenas
Puerto Limón
San José
C
XXI
D

XVII
XXII
A
B
1
2
3
CORDILLERA
CARRETERA INTERAMERICANA
CA2
Alfombra
Palmares
Cajón
San Pedro
Altamira
Convento
Angostura
Reyes
Mercedes
Ángel Arriba
Ujarrás
San Luis
Llano Bonito
Mollejones
San Carlos
Cacao
Volcán
San Rafael
S. Antonio
Cañas
Salitre
Mesas
Pavones
Peje
Palma
Buenos Aires
Uvita
Pejibaye
Moctezuma
Aguila Abajo
Queb. Grande
Platanares
Parque Nacional Marino Ballena
Veracruz
La Danta
Las Pilas
Ánimas
Brujo
San Antonio
Tortuga Abajo
Tres Ríos
Guagaral
Térraba
Bijagual
Agua Buena
Reserva Indígena (Indian Reserve)
Maiz de Boruca
Boruca
I. Boca Brava
Ojo de Agua
Curré
Pto. Nuevo
BAHÍA DE CORONADO
Ciudad Cortés
Palmar Norte
Delicias
Cajón
I. Boca Chica
Finca 5
Paraiso
Olla Cero
Cambiar
Finca 9
I. El Coco
Finca 18
Alto Ángeles
I. Zacate
Fila
Villa Colón
Reserva Biológica Isla del Caño
Finca Jafaca
Sierpe
Isla del Caño
Mangrovendelta
Finca Puntarenas
Venecia
Río Sierpe
VALLE DE DIQUIS
Finca Cartago
Potrero
Chacarita
Pta. Violin
Sábalo
La Navidad
Pta. Sierpe
Mogos
Riyito
Bahía Drake
Drake
Pta. Estrella
Parque Nacional Piedras Blancas
Rincón
Pta. Marenco
Agujitas
Charcos
Pto. Escondido
Privatreservat Río Claro
PENÍNSULA DE OSA
La Palma
Pta. Adela
Pta. San Pedrillo
San Pedrillo
GOLFO DULCE
Barrigones
Los Patos
Parque Nacional Corcovado

Süden, Pazifik
XVIII
C
D
Liberia
Puntarenas
Puerto Limón
San José
0
10 km
1
2
3
Co. Kámuk
3549
TALAMANCA
Reserva Indígenas
Ujarras Salitre Cabagra
PANAMÁ
Cabagra
Co. Fábrega
3336
Co. Bine
3204
Bolas
Helechales
Finca Colorado
Potrero Gde.
Naranjal
Caracol
Zona Protectora Las Tablas
Alto Cacao
Boca Limón
Alto Sábalo
Agua Caliente
Coto Brus
Sta. Fé
Palmira
Alturas
Changuena
Santa Elena
Jabillo
Bonanza
Progreso
Pilón
Maravilla
Poma
Flor del Robe
Las Mellizas
La Lucha
Paraíso
Sabanilla
Aguas Claras
Brisas
Zambrano
Desamparados
FILA COSTEÑA
San Vito
Limoncito
Sabalito
Río Sereno
Sta. Clara
San Antonio
Wilson Botanical Gardens
San Francisco
Guaria
Bajo Cedros
Agua Buena
Cañas Gordas
Plaza de Caisán
CA2
Bajo Bonita
Campo Dos y Medio
Los Planes
Km 29
Tigre
Río Claro
Caño Seco
Ciudad Neily
Dominical
Caracol
Golfito
Finca 61
Sta. Cruz
Abrojo
Finca 24
Km 7
Finca 41
14
Km 16
San Andrés
Sta. Marta
XXIII

XX
A
B
1
2
3
Bahía Drake
Drake
Agujitas
Charcos
Rincón
Pta. Estrella
Riyito
Parque Nacional Piedras Blancas
Pto. Escondido
La Palma
Pta. Adela
Pta. Gallardo
San Pedrillo
Los Patos
Barrigones
GOLFO DULCE
Pta. Llorona
Agujas
Sándalo
Lajitas
Parque Nacional Corcovado
Tigre
Pto. Jiménez
Dos Brazos
Pavo
PENÍNSULA
Río Nuevo
Sirena
DE OSA
Finca Catalina
Madrigal
Pta. Salsipuedes
Carate
Agua Buena
Finca Ojo de Agua
Cabo Matapalo
OCÉANO PACÍFICO
0
10 km
Liberia
Puntarenas
Puerto Limón
San José

XXI
Süden
C
D
Bajo Bonita
Campo Dos y Medio
Los Planes
CARRETERA INTERAMERICANA
amba
Km 29
Tigre
Río Claro
Caño Seco
Ciudad Neily
Dominical
Caracol
Finca 61
Sta. Cruz
Golfito
Finca 54
Abrojo
gio Nacional
una Silvestre
Golfito
Finca 41
Km 7
14
Km 16
Sta. Marta
San Andrés
1
Finca 44
CA2
Portón
Coto
Sta. Rita
Gómez
Zancudo
Pueblo Nuevo
Colorado
Gloria
Paso Canoas
Playa Zancudo
Riviera
Sta. Marta
Campiña
VALLE DE
Guay
Sábalos
COTO
Santo Domingo
La Cuesta
COLORADO
Gariche
Bahía de Pavón
Bella Luz
Laurel
Progreso
Pto. Pilón
Q. Cacao
Conte
El Higo
Caracol
La Esperanza
Divalá
Finca Cañaza
Colorado
Playa Pavones
Nicaragua
Finca Zapote
Corotú Civil
2
ta. Banco
Banco
Blanca Arriba
Finca Corredor
Los Planecitos
Los Potreros
PANAMÁ
Palo Blanco
Majagual
San Bartolo
El Rompio
Puerto Armuelles
Guanábano
Pta. de Piedra
BAHÍA DE CHARCO AZUL (DAVID)
Las Peñas
Mellicita
Clarita
PENÍNSULA
Queb. Calabazo
DE
Queb. Corotú
3
BURICA
Pta. El Mangle
Queb. del Medio
Resbalosa
Pta. Burica
I. Burica
C
D

Legende San José, Zentrum

Hotels

2 Hotel Mesón del Angel
3 Classic Hotel B&B
4 Hotel Musoc
5 Hotel Cocorí
6 Hotel Boruca
8 Hotel Bienvenido
10 Best Western Hotel
12 Hotel Crucero
14 Hotel Capital
15 Nuevo Hotel Central
16 Hotel Compostela
17 Hotel Generaleño
19 Hotel Diplomat
21 Hotel Boston
23 Hotel Príncipe
31 Taylor's Inn B&B
32 Hotel Inca Real
33 Pangea Hostel
34 Hotel Britannia
36 Hotel Dunn Inn
37 Hotel Joluva
38 Pensión Otoya
39 Hotel Santo Tomás
40 Aurola Holiday Inn
41 Diana's Inn
44 Gran Hotel Costa Rica
49 Hotel Don Carlos
50 Hotel Casa Morazan
51 Hotel Kekoldi
53 Tranquilo Backpackers
54 Hemingway Inn
57 Hotel del Rey
60 Hotel Doña Inés
67 Casa Ridgway
68 Casa Leon
69 Hotel Fleur de Lys
73 Hotel Vesuvio
74 Kap's Place
75 Hotel Aranjuez
77 Cinco Hormigas Rojas B&B
79 Hotel Rincón de San José
84 Hotel Costa Rica Backpackers

Museen

11 Museo del Niño
45 Goldmuseum
56 Jademuseum
80 Museum für zeitgenössische Kunst
81 Museum der Formen, Räume und Töne
82 Nationalmuseum
83 Kriminologisches Museum

Restaurants + Bars

1 México Bar
22 Padrísimo
24 Restaurant El Imán
25 Manolo's Churrería
26 Coffee Shop El Correo
29 Kamakiri Steak-House
30 Café Loft
35 Nuestra Tierra
42 Restaurant Goya
43 Repostería Spoon
47 Soda Chelles
55 La Palma
58 Restaurant Magnolias
59 El Balcon de Europa/Franco
61 Don Wang, Tin-Jo
62 Nirvana
64 Soda Blues
65 Shakti
70 Nuestra Tierra
76 Restaurant Zermatt
78 Café Mundo
85 Restaurante Alpino Rodrigo

Information
Apotheke
Supermarkt
Tankstelle
Bushaltestelle: Siehe Kap. San José „Verkehrsverbindungen"
Fußgängerzone